성경핵심전과 2

신약 / 구약 : 예언서

성경핵심전과 2

지은이 신현주
펴낸이 김명식
펴낸곳 (주)넥서스

초판 1쇄 인쇄 2013년 10월 5일
초판 1쇄 발행 2013년 10월 10일

출판신고 1992년 4월 3일 제311-2002-2호
121-840 서울시 마포구 서교동 394-2
Tel (02)330-5500 Fax (02)330-5555

ISBN 978-89-6790-424-1 03230

ISBN 978-89-6790-422-7 03230 (세트)

가격은 뒤표지에 있습니다.
잘못 만들어진 책은 구입처에서 바꾸어 드립니다.

www.nexusbook.com
넥서스CROSS는 (주)넥서스의 기독 브랜드입니다.

말씀의 기초와 성경통독을 튼튼히 세우는

성경 핵심 전과 2

신현주(실로암성경학교 대표) 지음

신약 / 구약 : 예언서

넥서스CROSS

감수 및 추천의 글

신학과 목회가 겸비된 교재

이 책을 비롯한 실로암성경학교의 성경통독 교재들은 오랜 시간 목회 현장에서 활용하며 얻은 결과와 성서신학을 공부하여 연구한 결과물의 합작이다. 장로회신학대학교에서 구약학 석사 과정을 공부할 때에도 성경을 사랑하고 연구하는 모습이 인상적이었고, 그 결과들이 현장에 나타났다. 따라서 이론에 치우치거나 반대로 적용만 강조하는 그런 교재와는 출발점이 다르다. 내용 소개가 적당한 분량으로 있으며, 우선 성경을 읽은 후 문제를 풀면 흥미 있게 답을 할 수 있어서 성경지식과 생활 적용에 중점을 둔 권장할 만한 교재이다.

강사문 박사(장로회신학대학교, 구약학, 한국구약학회 회장 역임)

입체적인 통독으로 이끄는 성경전과

본인이 총장으로 섬기는 한국신학교의 구약학 교수인 신현주 박사는 꾸준히 학문적이면서도 목회 실용적인 교재들을 집필해 왔다. 그 결과 교회 현장에 좋은 목회 자료를 제공하고 신학생들에게 유익한 강의를 하고 있다. 시중에 많은 성경통독 교재들이 있지만, 주로 성경을 요약하는 데 그치고 만다. 그러나 이 책은 학문과 목회가 적절한 조화를 이루고 있어, 두 날개의 새처럼 안정적인 장점이 있다. 다른 책에서는 볼 수 없는 깊이 있는 각종 신학적인 해설이나 고고학 자료들은 입체적인 성경통독을 하게 이끌어 준다.

양승오 박사(한국신학교 총장, Th. D., Ph. D.)

역사적이고 고고학 연구까지 되어 있는 교재

오랜 세월 연구하고 또 목회 현장에서 실제 사용한 실로암성경학교의 성경통독 교재들은 그가 대학원에서 연구한 분야지만, 지금까지 나온 어떤 성경통독 교재보다도 교회의 여러 계층의 성도들이 성경을 통독할 수 있도록 돕는 좋은 교재이다. 좋은 안내문이 있고, 지도 지침이 구체적이며, 성경공부의 내용 개론이 잘 되어 있고, 각 성경구절에 대한 배경이 역사적이며 고고학적인 연구가 잘 되어 있다.

원용국 박사(안양대학교 명예교수, 구약학, 성경고고학)

성서의 숲과 나무를 통찰하는 교재

저자는 성서신학자이며 현장 사역자로서 균형 잡힌 모습을 유감없이 발휘하고 있다. 해설은 저자의 학문성이 빛나며, 적용은 현장 사역자로서의 강점을 살려 본문의 현대적 의미를 정확하게 전달하고 있다. 특히 이 교재는 성경 전체의 숲과 그 숲에 담겨진 각각의 나무를 자세히 일러주는 특징을 가지고 있다. 꾸준히 구약성경과 신약성경을 균형 있게 읽고 공부하면 큰 유익이 될 것이다.

차준희 박사(한세대학교 구약학, 한국구약학회 부회장)

전체를 통독하게 하는 교재

오랫동안 목회 현장에서 임상 실습하고 펴낸 성경통독 교재들은 다른 성경 교재에 비해 훌륭하다. 첫째, 성경을 전체적으로 읽는 교재이다. 둘째, 읽기를 돕는 줄거리를 제시하고, 각 책과 각 장을 소개하고 궁금한 부분을 해설하고 있다. 셋째, 읽은 말씀에 대한 피드백을 위하여 성경문제를 풀면서 읽기를 확인시킨다. 이 책은 적용 질문이나 요절 제시를 통해 신앙적 지식과 삶을 연결시키는 노력을 기울이고 있다.

이달 박사(한남대학교, 신약학, 한국신약학회 회장 역임)

체계적이고 본문 공부가 잘 되어 있다

이 책은 첫째, 체계적이다. 과거의 성경 교재와는 다르게 말씀을 읽으며 공부하도록 구성되어 있어서 성경통독을 하는 교회의 교역자 및 성도가 공부하기에 좋은 책이다. 둘째, 본문 연구가 잘 되어 있다. 과거의 교재들은 본문에 대한 올바른 검토 없이 적용점을 많이 강조했다면, 이 책은 본문에 관해서도 많은 연구를 통해 만들어졌기에 공부하기에 좋다. 셋째, 본문의 메시지를 잘 깨달을 수 있게 되어 있다.

최재덕 박사(장로회신학대학교, 신약학)

남미에서도 알려진 교재

수 년 전, 미국의 코헨신학대학교에서 있었던 컨퍼런스에서 실로암성경학교의 교재들을 알게 되었고, 브라질 선교지에서도 유용하게 활용하고 있다. 이 책은 성경의 중요한 내용을 잘 정리하여 이해하기 쉽게 다루었을 뿐 아니라 고고학을 비롯한 다양한 자료들까지 제공해 주고 있다. 깊이 있게 성경을 통독하고 지식을 넓히며 신앙 성숙에 큰 도움이 되리라고 확신한다. 이미 실로암성경학교의 책은 브라질 Fatefe신학대학교에서도 활용되고 있으며, 이번의 책도 브라질어로 번역해야겠다는 욕심이 생긴다.

이한우 선교사(브라질 Fatefe신학대학교 총장, Th. D., Ph. D.)

영혼을 사랑하는 마음이 담긴 교재

한국 교회의 성도로 하여금 성도답게, 빛을 잃어가고 맛을 상실해 가는 한국 교회를 교회되도록 성서 위에 세우려는, 한 생애 전부를 드리는 역작이다. 몸이 상해가면서도 심혈을 기울여 전념하여 한 영혼을 사랑하는 목회자로서, 구약 신학자로서 하나님을 향한 고백이요, 성도들을 향한 사랑의 편지이다. 성경으로 사는 길 만이 마르틴 루터의 말씀에로의 종교개혁 이후의 개신 교회의 본래의 길을 가는 것이 될 것이다.

전영섭 박사(대진교회 담임목사, 협성대학교, 목회학)

성경을 차례대로 읽으며 통독할 수 있는 교재

이 방면의 책이 많지 않은데 실로암성경학교에서 귀한 책을 내어 기쁘게 생각하며 축하한다. 요즈음 성경공부를 한다고 해서 가 보면 교리공부를 많이 하고 있는데 실로암성경학교의 성경통독 교재는 성경을 차례대로 읽으면서 통독할 수 있도록 만들어져 있어서 성도들이 성경을 체계적으로 공부하는 데 참으로 좋은 책이다. 이 책은 성경을 정독해서 성경에 대한 지식을 넓힐 뿐만 아니라, 그 말씀을 적용하도록 해 준다.

장영태 교수(前 대전신학대학교, 조직신학)

주보 성경공부를 폐지하고 선택한 교재

본인이 섬기는 새밝교회에서도 실로암성경학교의 교재 특성대로 새벽 기도회나 가정 성경공부 교재들을 사용하였다. 주보에 내던 성경공부를 폐지하고 전 교인이 실로암성경학교의 성경통독 교재를 도입하였다. 과거에는 성경공부 참여도가 낮아 효율이 적었는데, 실로암성경학교의 교재는 등록자만을 공부하도록 한 결과 300여 명이 등록을 하여 깊이 있고 체계 있게 성경통독을 하고 있다. 커리큘럼이 잘 되어 있어 실속 있는 교육 목회 자료로 적합하여 기존 신자뿐 아니라 새 신자들에게도 접근이 쉽다.

강상원 목사(새밝교회, 광주기독교교단협의회장 역임)

다독(多讀)에서 오는 결점 해결

첫 느낌이 "꼭 필요한 책이 나왔구나." 하는 생각이다. 그 이유는 첫째, 성경 다독에서 오는 결점을 해결한 점이다. 둘째, 포인트가 되는 말씀을 적절히 나타낸 점이다. 셋째, 바쁜 목회자들에게 도움을 주는 책자라는 점이다. 교회마다 여러 형태로 성경공부를 하고 있지만 교안을 만드는 일이 쉽지 않은 현실에서 이런 전문적인 교재를 활용하면 목회에 많은 도움이 되리라고 기대한다.

곽전태 목사(베다니교회, 기독교대한감리회 감독회장 역임)

개인 스스로 공부하게 하는 교재

실로암성경학교에서 성경 연구를 많이 하여 오래전부터 성서신학원, 교역자회, 기독교연합회, 교사 강습회, 각 교회 등에서 성경통독에 대한 강의를 하며 노력한 일들이 이 교재의 모체가 되었다고 본다. 이 교재는 성경을 체계 있고 깊이 있게 읽도록 안내하며 성경을 생활 속에서 실천하게 해 준다. 따라서 목회 현장에서 그대로 사용할 수 있는 교재로 목회적으로나 신학적으로 안정적이다. 뿐만 아니라 개인이 커리큘럼을 따라 성경을 통독할 수 있게 되는 좋은 교재이다.

김형준 목사(성지교회, 충청지구 평신도훈련원장 역임)

가장 실제적인 성경통독 교재

성경통독 교재가 봇물처럼 쏟아져 나오고 있는 것은 한국 교회가 그만큼 성경통독에 관심이 있다는 것을 반증한다. 교재마다 특성이 있겠지만, 실로암성경학교의 교재는 이론과 실제가 병합되어 성경을 읽도록 안내하고, 훌륭한 해설과 문제를 제공하여 피드백을 하게 하는 장점이 있다. 본인이 섬기는 교회와 선교회에서도 인기 있는 교재로 실제적인 성경읽기에 가장 좋은 안내서가 되고 있다. 이 교재는 진보나 보수 어느 쪽에도 치우침이 없이 양면을 보게 해 주므로 한국 교회에 기쁘게 소개한다.

성명희 목사(벧엘교회 담임목사, 기름부음목회선교회 회장)

덮어 놓고 믿으라는 위험을 막는 교재

한국 교회에 내려오는 말 중에 "덮어놓고 믿으시오."라는 말이 있다. 알아볼 것 없이 무조건 믿으라는 말이지만 위험한 말이다. "베뢰아에 있는 사람들은 데살로니가에 있는 사람보다 더 너그러워서 간절한 마음으로 말씀을 받고 이것이 그러한가 하여 날마다 성경을 상고하므로"(행 17:11)라고 했다. 예수님을 믿되 하나님의 말씀을 따라 믿어야 한다. "이 율법책을 네 입에서 떠나지 말게 하며"(수 1:8).

박조준 목사(갈보리교회 담임목사 역임)

질적 향상을 하는 목회적인 교재

한국 교회가 수적으로 성장되었으나, 질적으로는 많은 문제가 있어서 교회 성장에 장애물이 되었다. 외적인 문제보다는 내적인 문제의 해결을 위한 고민으로 한국 교회에 좋은 성경통독 교재를 출간하여 질적 향상에 크게 기여하게 되었음을 무한 기쁘게 생각한다. 전 교회적으로 실시할 수 있는 목회적인 교재로서 건전한 신앙으로 보수 온건한 신학적 배경에 좋은 내용이기에 한국 교회에 이 교재를 추천한다.

박태희 목사(성락교회, 기독교대한성결교회 총회장 역임)

오케스트라단의 연주를 보고 듣는 것 같은 행복

병원에서 환자를 치료할 때, 또는 의과대학생들을 가르칠 때, 해당 분야의 기본서를 완전히 머릿속에 정리하고 있어야 의사로서 생활을 할 수가 있다. 성경을 통독하면서 많은 내용을 다 숙지하기는 쉬운 일이 아니다. 이 책은 성경을 읽으며, 요점을 정리하고, 중요한 내용들을 외우기 쉽게 만들어 놓은 훌륭한 성경통독 지침서이다. 이 책을 읽고 있노라면 음악당의 VIP석에 앉아서, 교향악단을 한눈에 바라보며, 아름답고도 오묘한 연주를 듣는 느낌이다.

박해영 교수(한양대학교 의과대학 비뇨기과 교수, 덕수교회 장로)

성경 읽는 재미에 빠지다

교회에서 성경을 읽으라는 가르침을 따라 과거에는 무작정 읽었지만, 이제는 실로암성경학교의 좋은 책으로 성경공부를 하며 통독을 하는 재미에 빠졌다. 신앙생활에서 성경읽기 만큼 큰 감동을 주는 것은 없다. 실로암성경학교의 교재들은 성경 전체의 흐름을 보게 해 주며 성경책으로만 읽을 때 보지 못한 고고학 자료나 각종 사진 자료와 통계 등이 늘 새롭게 다가와서 성경읽기의 재미를 더해 주고 있다.

이은숙 권사(군포 양무리교회)

실제 성경을 읽게 하는 교재

실로암성경학교의 교재들을 만나게 된 것은 내게 큰 복이다. 성경읽기에 관심이 있어서 여러 책들을 참고했으나 늘 해설뿐이어서 다른 참고할 자료들이 있었으면 하는 아쉬운 마음이었다. 그런데 실로암성경학교의 책들을 만나면서 기대가 충족되고 있다. 해설과 적용과 문제들이 잘 배합되어 있고 다양한 자료들이 있어서 성경통독에 획기적인 책으로 받아들이게 되었다. 직원들과 함께 성경공부를 재미있게 하며 새로운 책들에 대한 기대감으로 늘 크게 설렌다.

장미연 권사(기쁨의집 원장, 기쁜성결교회)

미국에서도 매우 유용하게 사용

성경 66권을 '숲과 나무 보기' 형태로 개론과 장별 각론을 구속사적 중심으로 강의해 오던 중에 한국에서 구입해 온 실로암성경학교의 교재를 겸하여 사용하게 되니 더욱 입체적인 성경 연구가 되었다. 그동안 《딱! 50일에 끝내는 성경통독》과 《체험! 성경통독》으로 공부했으며, 이제 다시 《성경핵심전과》를 만나게 되어 더욱 깊은 성경 연구의 즐거움을 맛보게 되었다. 전 교인이 교재에 따라 성경을 읽되, 마치 숲에 들어가 나무를 살피며 산책하듯 공부를 하는데, 역사적인 자료들과 당시의 문화적 배경들이 곁들여져 있어 이해의 폭을 넓혀 준다. 특히 신학적으로나 교리적으로도 건전하기에 성경 전체를 체계적으로 연구하며 가르치기를 원하는 목회자는 물론 평신도들에게 좋은 책으로 추천한다.

최동진 목사(샌디에고 반석교회)

성경통독으로 은혜를 체험합시다

실로암성경학교는 1983년 설립하여 지난 30년간 꾸준히 성경통독 교재를 개발하고 세미나를 인도해 왔습니다. 국내외 700여 교회 10만 명(판매부수 기준)의 성도들이 이 교재를 사용합니다. 홍보가 미흡했음에도 실로암성경학교의 교재가 알려지는 것은 이 책이 실용적인 교재로서 먼저 사용한 교회와 독자들의 입소문이 큰 역할을 했습니다.

성경은 생명의 양식이기에 늘 읽어서 삶의 표준으로 삼고 주님을 섬기며, 하나님 나라로 가는 길을 안내 받아야 합니다. 교회에서 성경을 읽으라는 독려는 받지만 실제로 성경을 읽거나 성경공부반에 참여하여 공부하는 분들은 적습니다.

이번 《성경핵심전과》는 과거 주보성경공부나 성경통독 교재들의 장점을 살리고 현대 교인들에게 맞는 책으로 거듭나 성경을 계속 읽도록 지도합니다. 내용 면에서나 운영 방식에 있어서 어느 교재보다도 월등하므로 이 교재를 통하여 한국 교회의 성경읽기 붐이 일어나기를 꿈꾸고 있습니다.

이 책의 진정한 저자는 제가 섬기는 교회와 협력해 주신 분들입니다. 한국구약학회 동료 교수님들, 은사이신 장로회신학대학교 강사문 박사님, 구약학 교수의 기회를 주신 한국신학교 양승오 총장님, 미국 코헨대학교 강신권 설립총장님(Dr. Paul S. Kang), 멘토이신 벤데메이 박사님(Dr. Ronald Vandermey)께 감사합니다.

성서지도와 성지사진을 제공해 주신 이원희 목사님, 실무에 힘쓰신 조남용, 유경준 목사님, 설재종 집사님, 평생 힘이 되어 주신 김형준, 성명희, 전영섭, 정훈우 목사님, 조병훈, 최중권, 박의일 집사님, 김송자, 장미연 권사님께 감사드립니다.

미흡함에도 이 책의 가치를 인정하고 출판해 주신 ㈜넥서스의 임준현 사장님과 김명식 목사님, 까다로운 저자와 협력하며 실무를 해주신 크로스팀 가족들에게 감사드립니다.

무엇보다 이 교재를 사용해 주시는 독자 여러분께 감사드리며, 실로암성경학교는 계속 실용적이면서도 학문적인 교재 집필과 강의로 섬기겠습니다. 부담 없이 초청해 주시면 연구 결과를 함께 나눌 수 있습니다.

오직 성경을 붙잡고 기도하며

실로암성경학교 대표 **신현주 목사**

목차

01 예언서란 무엇인가? _031

02 복음서란 무엇인가? _305

03 바울서신이란 무엇인가? _425

04 공동서신이란 무엇인가? _553

05 묵시문학이란 무엇인가? _595

이 책에 대하여

《성경핵심전과》는 이런 책입니다.

우리는 초등학생 시절에《전과》를 활용하여 공부를 했습니다. 숙제를 하던 자습을 하던《전과》는 공부에서 어려운 문제를 해결해 주는 요술책이었습니다. 이번에 출간되는《성경핵심전과》는 책 이름 그대로 성경공부의《전과》가 되기를 바랍니다. 이 책은 짧은 기간에 책상에서 집필된 것이 아니고 오랜 세월 사용하면서 보완을 하며 현장에 맞게 다듬어져서 최종 종합적인 자료로서 다시 독자들을 만납니다.

《성경핵심전과》로 성경공부를 하며 통독하는 이 프로그램에 참가하신 여러분을 환영하며 축하합니다. 이 교재는 성경을 깊이 있고 체계 있게 공부하는 과정입니다. 하나님께서 여러분의 눈을 열어 주셔서 주의 율법에서 놀라운 것을 보며(시 119:18), 마음이 뜨거워져서(눅 24:32) 말씀의 조명 아래서 살 수 있게 되기를 바랍니다.

통째로 읽기(통독)를 체험하는 교재	이 과정은 누구나, 언제든지 참가할 수 있으며, 시간이나 공간적인 제한을 받지 않습니다. 아울러 신앙연륜에 관계없이 성경통독을 하며 공부할 수 있어서 교회적으로 폭넓게 활용되는 장점이 있습니다. 이 교재는 성경읽기를 안내하며 실제 통독을 체험하고 이를 통하여 지성, 영성, 감성을 지니게 하므로 여러분의 성경읽기/통독에 좋은《전과》가 되기를 기대합니다.
1) 공부 체험(지성)	성경 전체를 읽으며 공부합니다. 어떤 교재들은 본문을 요약하는데 그쳐서 분석적이지 못하고 감정에만 치우칩니다. 그러나 이 교재는 목회자요 신학자가 제공하는 분석과 바른 적용, 고고학 자료, 신앙고백적인 예술품, 각종 통계 자료를 통해 실제적인 성경공부로 지성을 키웁니다.
2) 은혜 체험(영성)	성경읽기를 통하여 하나님의 구원사적인 섭리를 보게 되며 구원자이신 예수님을 체험하게 됩니다. 구약에서 신약으로 이어지는 성경말씀을 공부하면서 예수님을 만나면 새 생명 가운데 사는 은혜를 누리게 되고 믿음의 복을 받습니다.

3) 변화 체험(감성)

성경지식은 넓어졌고 예수님을 만나 은혜는 받았다는데 삶이 변화되지 않는 자기도취에 빠진 신앙인들이 있습니다. 진정한 그리스도인은 삶으로 변화된 모습을 드러내야 합니다. 성경읽기/통독을 통하여 변화된 자신의 모습을 체험하게 됩니다.

성경 전체를 200묶음으로 나누었고 한 묶음의 공부 분량이 보통 성경 6장 정도지만, 이를 공부하려면 성경 본문과 해설을 읽고 문제에 답을 달아야하므로 실제로는 한 번에 성경 20~30장을 읽는 효과가 있습니다. 자세한 것은 다음의 '이 책의 활용법'을 보십시오.

교재를 사용한 교회들의 반응

이 책은 여러 해 동안 다양한 모습으로 사용하면서 다듬어져서 오늘의 형태를 갖추었습니다. 이 교재의 반응을 요약하면 이렇습니다. ① 커리큘럼이 분명하여 교회 현장감이 뛰어나다. ② 원고가 좋다. ③ 분량이 많아 깊은 공부가 된다. ④ 다양한 자료들이 제공되어 좋다.

1) 커리큘럼

이 교재는전체 200묶음으로 되어 있고 한 묶음을 성경 6장 가량으로 하여 매일/매주 성경읽기로 이끄는 실제적인 통독 교재입니다. 본문에 대한 해설과 문제로 되어 있어서 단순한 성경읽기가 아닌 읽은 후의 확인 과정을 거칩니다. 두꺼운 책일지라도 한 묶음씩 되어 있는 과정을 차근차근 공부하면 쉽게 전 과정을 깊이 있게 공부합니다.

2) 좋은 원고

좋은 교재는 오랫동안 꾸준히 집필되어 교회 현장에서 사용하면서 검증이 되어야 합니다. 여러 목회자들과 신학자들이 동참하여 다양한 의견들이 반영되었습니다. 신학적인 검토를 거쳐서 최종의 출판 원고가 되기까지는 오랜 세월이 걸리는데, 이 교재는 30년 세월 동안 사용하면서 다듬으며 현장감 있게 만들어졌습니다.

3) 많은 분량

실로암성경학교의 성경통독/읽기 교재들은 각각의 특성이 있습니다. 사용 기간으로만 보아도 《딱! 50일에 끝내는 성경통독》은 단기간 통독을 목표로 한 것이고, 《성경통독 365일》은 매일 3장씩 읽어 1년에 통독하는 교재이며, 이번의 《성경핵심전과》는 총 200묶음으로 되어 있어서 활용 기간을 자율적으로 정할 수 있으며, 집필 중인 《성경통독 1189장》은 전문적인 교재로서 매일 1장씩 읽으면 3년 반, 한 주간에 1장씩 읽으면 23년에 통독합니다.

4) 다양한 자료

시중의 여러 성경공부 교재들과 눈에 띄게 다른 것을 발견할 것입니다. 이는 커리큘럼이 분명하며, 고고학의 결과로 나타난 자료들이나, 여러 성서적인 예술품들, 각종 통계 자료를 보게 되는 것이며, 또한 매 묶음마다 본문에 대한 성서신학적 해석과 적용, 그리고 해당 성경의 문제 풀이를 하게 하는 실제적인 방법론입니다. 그러면서도 어렵지 않아 초등학생도 할 수 있으며, 석학이라 할지라도 성경을 깊이 있게 읽도록 하는 양면성을 모두 가지고 있습니다.

이번 기회에 이 교재의 가르침을 따라 꾸준히 성경읽기를 하여 체계 있고 깊이 있는 성경통독의 기쁨을 맛보시기 바랍니다. 공부하다 보면 어느새 성경에 대하여 친근감이 생기고 성경을 사랑하는 행복한 전문가가 되어 있는 자신을 발견할 것입니다.

집필에 사용된 참고서적

집필을 위해 수많은 책이 사용되었으나 참고문헌을 별도로 제시하지 않고 특별히 의존한 대표적인 몇 권만 소개합니다.

특히 독일성서공회판 《관주해설 성경전서》, 강사문 외 《구약성서 개론》, 박창환 외 《신약성서 개론》은 기본적인 방향을 잡고 집필하는데 도움이 되었고, 세계 성서공회판 《굿뉴스 스터디바이블》은 구약의 내용분해에 도움을 얻었고, 《윌밍턴 성경연구》는 시가서와 예언서의 각종 통계자료에 도움이 되었고, 이원희의 《포토바이블》은 성지자료에 도움을 받았습니다.

성서연대는 전통 견해와 현대 견해를 모두 제시하려 했으며 보편적으로는 존 브라이트의 연대를 참고로 하였습니다.

성경류

국내공인성서(7종) : 개역한글, 개역개정, 공동번역(개정), 표준새번역(개정), 가톨릭새번역

BHS – Biblia Hebrica Stuttegartensia, 1998.

GREEK – The Greek New Testament, UBS, 1974.

Deutsche Bibelgesllschaft, 독일성서공회판, 관주 해설 성경전서, 1992.

Good News Study Bible, 세계성서공회판, 굿뉴스 스터디바이블, UBS, 1997.

NIV Study Bible, 홀리원 주석성경, 예장출판사, 2008.

주석류

일본 생명의 말씀사, 신성서주해 전10권, 기독교문사, 1986.

안병무 외, 국제주석 시리즈 전20권, 한국신학연구소, 1995.

강병도, QA 성경연구 시리즈, 전15권, 1987.

성서유니온, Bible Study Commentary, 성서연구 시리즈 전20권, 1995.

버클레이 주석(신약) 전17권, 버클레이 패턴 주석(구약) 전20권, 기독교문사, 1978, 1988.

사전류

이원희, 성지 자료 및 성서 지도 다수

원용국, 고고학사전, 생명의 말씀사, 1984.

Packer, J. I. Illusrated Encyclopedia Bible Facts, (Tomas Nelson Publishers), 1995.

단행본	강사문 외, 구약성서개론, 장로교출판사, 2000. 박창환 외, 신약성서개론, 기독교서회, 1985. The Divine Word Center, Guide Study Program in the Catholic Faith Journey, 성서의 길을 따른 여정, 전10권, 생활성서사, 1989. David, Pat Alexander. The Lion Handbook to the Bible, (Anzea Publishers), 1977. Dorze Marcel Le. 성서백주간 1~3권, 분도출판사, 1991. John Bright, A History of Israel, 김윤주 역, 이스라엘 역사, 분도출판사, 1971. M. K. Batchelor, Illustrated Bible Companion, (Thomas Nelson Publishers), 1996. William S. Deal, Pictorial Introduction to the Bible, (Baker Book House Company), 1983 Willmington Harold L., 윌밍턴 성경연구(구약 · 신약), 나침반사, 1991.
자료집	한국구약학회, 학술 세미나 자료들 한국성서고고학회, 학술지 〈성경과 고고학〉, 계간지,

이 책의
활용법

이 책으로 성경읽기나 통독 이렇게 하세요

보고 듣는 것에 익숙한 디지털 시대에 읽고 써야 하는 아날로그 방식의 성경읽기나 통독이 부담스러운 것은 사실이지만, 공부에는 왕도가 없으며 몸과 마음과 시간을 미련하게 투자해야 합니다. 영상으로 보는 것은 이해가 쉬운 것 같지만 금방 잊어버리고 맙니다. 그러나 눈으로 보고 소리내어 성경을 읽고 해설을 공부하며 성경문제에 글을 쓰며 풀이하다 보면 말씀이 몸에 배는 체험을 하게 됩니다.

신앙생활을 오래했으면서도 성경통독을 하지 못한 분들이 많습니다. 교회의 성경공부 프로그램들이 특정한 사람들만 참여하여 성경의 일부분만을 공부하므로 전체적이지 못한 한계가 있습니다. 이러한 문제의 해결 방안인 이 교재는 전 교인이 체계 있고 깊이 있는 성경통독의 체험을 갖는데 목표를 두었습니다. 교회는 공동체로서 작은 모임도 전체와 연결을 지으며, 전체적인 것도 소외되는 개인이 없으면 이상적이라 할 수 있는데, 이런 면에서 이 책은 전 교인을 대상으로 하고 있어서 이상적입니다.

1. 대략적인 방향

성경전체를 200묶음으로 나눈 본 교재를 하루에 한 묶음 씩 공부하면 200일이 걸리고, 두 묶음 씩 공부하면 100일에 성경통독이 됩니다. 또한 전교회적으로 사용할 때에 과거의 주보성경공부처럼 한 주간에 한 묶음씩 공부하면 200주간(4년)이 걸릴 수도 있습니다. 욕심 같아서는 단 시간에 성경통독을 했으면 좋겠다고 생각하지만, 깊이 있는 공부는 많은 노력과 시간을 들여야 합니다. 간단한 초보에만 머무르려 한다면 이는 어리석은 자세입니다(히 6:1~2).

이 교재를 활용하는 기본 틀은 다음과 같습니다.

(1) 해당 범위의 성경을 정독하십시오. 교재를 참고하는 것은 그 다음입니다.

(2) 해설(각 성경 개요, 말씀 묵상, 더 살펴보기)을 읽으며 성경에 적절한 표시를 하십시오.

(3) 문제에 답을 적다보면, 이때 자연스레 성경을 또 정독하게 될 것입니다.

(4) 공부한 것을 부록의 모범해답을 참고하여 맞추어 보십시오.

(5) 전 교인이 함께할 경우는 지도자의 확인절차를 거쳐야 밀리지 않게 성경통독이 지속됩니다.

1. 이 교재의 사용방법은 세 가지입니다.

혼자서 읽던, 교회에서 함께 읽던 지루하지 않게, 본문을 소리 내어 읽으면 더 효율적이 됩니다. 성경통독 오디오 자료 등을 활용하여서 함께 읽을 수도 있습니다. 한 묶음을 하루에 공부하면 200일, 한 주간에 하면 200주간/4년이 소요됩니다.

(1) 전 교인 성경읽기/통독

① 교회의 지도로 전 교인이 교재를 구입하고, 200일(또는 100일)에 읽는 계획입니다. '성경통독 새벽기도회'에서 해당 본문을 읽고 집에서 문제를 풀어 다음 날 교회에서 확인을 받는 형식입니다.

② 교회의 지도로 전 교인이 교재를 구입하고, 200주간에 걸쳐 공부합니다. 주보에 매 주간 읽을 말씀(범위)을 안내하며, 매주 수요예배에서 목사는 범위 중에서 한 단락을 설교하고 나머지는 교인들이 집에서 성경을 읽고 문제풀이를 하여 다음 주에 교회에서 확인을 받는 과정입니다.

※ 공부한 것을 교회에서 확인하는 과정은 개인이 구입한 책의 해당 부분에 고무인을 찍거나 출석 부르듯이 공부했는가를 확인하면 됩니다. 그러나 답지를 내게 한다면(굳이 이럴 필요가 없는 것은 뒷면에 해답이 있기 때문에) 교회가 자체적으로 답지 노트를 만들 수 있습니다. 어떠한 경우든 교재를 복사하거나 베끼면 안 됩니다.

(2) 성경통독반 조직

교회에서 성경통독반을 구성하고 특별한 기간을 정하여 교인들이 집에서 예습해 오고, 교회에 매일(또는 매주간) 모여 목회자의 지도로 200일/주간에 통독할 수 있습니다.

(3) 개인 단기 성경통독

개인이 특별기간을 설정하여 매일/매주간 1~2시간 정도를 투자하여 한 묶음씩 성경을 읽고 공부하면 200일/주간에 깊이 있는 통독을 할 수 있습니다. 물론 한 번에 두 묶음씩 하면 시간은 반으로 단축되어 100일이나 100주간에 통독을 할 수 있습니다.

2. 구성 및 특성

1. 복사나 문제만을 베껴 인쇄하면 안 됩니다.

이 교재를 복사하거나 또는 문제만을 따로 인쇄하거나 주보에 베껴 내는 것은 불법이며, 이 교재의 성격과 다릅니다. 어떤 문제들은 해설을 꼭 읽어야 답을 달 수 있으며, 성경통독을 할 때에도 해설을 함께 공부해야 효과적입니다. 목적이 선한만큼 선한 방법으로 전 교인이 교재를 구입해야 합니다.

2. 한 번에 6장 전후를 읽어 통독하는 과정입니다.

한 묶음인 성경 본문 6장 전후를 공부하기 위해서는 성경 읽는 습관이 필요합니다. 마음만 먹으면 매번 1~2시간을 투자하여 주어진 분량을 읽고 문제에 답을 다는 것은 어려움이 없습니다. 일단 성경을 다 읽고 나중에 답을 달도록 하여 먼저 해당 범위의 성경읽기에 마음을 써야 합니다.

3. 어느 교단이나 사용할 수 있습니다.

신앙적이거나 신학적인 차이로 염려할 필요가 없습니다. 이 교재는 현장 목회자의 사용 경험과 성서신학자의 연구 결과로 집필되었고 초교파적으로 시험 사용해 왔습니다. 해설은 늘 보편적인 견해를 견지했으며 신학적인 논쟁은 다루지 않았습니다. 성서신학자들과 각 교단의 목회자들로부터 감수와 추천을 받은 검증된 교재이므로 어느 교단에서든지 그대로 사용할 수 있습니다. 개신교의 일반적인 교단(감리교, 순복음, 장로교, 침례교)은 물론이거니와 '성공회'에서도 실로암 성경학교의 교재를 사용했고 해외의 한인교회들에서도 널리 사용되고 있습니다.

4. 어느 때든지 시작할 수 있습니다.

보통 연초에 시작하여 연말에 마치는 계획을 세우지만, 학기 시작인 3월이나 9월도 좋고, 복잡한 신년을 피하여 11월이나 12월에 시작해도 됩니다. 어느 때 시작해도 200일(단기 100일)/주에 마치는 것은 마찬가지입니다. 교회가 이 공부를 진행하는 중에도 개인이 도중에 시작할 수 있으며 특히 새로운 책(예를 들어 〈창세기〉를 마치고 〈출애굽기〉로 넘어갈 때)이나 큰 묶음인 율법서에서 역사서(시가서, 예언서, 신약성서 등)로 넘어갈 때마다 새롭게 시작하면 200일/주 후에는 처음으로 돌아오게 되므로 수료하는 시간적인 차이만 있을 뿐 통독하는 것은 같습니다. 물론 같이 시작하여 같이 끝내야 관리가 쉽습니다.

3. 교회 사용의 실제

1. 성경통독 기간을 정하십시오.

교회적으로 이 교재를 수용하려면 먼저 기간을 정해야 합니다. '200일(단기 100일)/주 성경읽기'를 기본으로 한 전교회적인 성경통독 프로그램이지만 범위를 형편에 따라 조정하면 됩니다. 일정으로는 '사순절'이나 '성경통독 새벽기도회'를 하거나, 다른 일정한 성경통독 기간을 정하여 〈성경핵심전과〉로 공부하기로 하여 책을 떼는 일에 도전하면 됩니다.

2. 전 교인(청장년 중심)을 대상으로 하십시오.

이 교재는 청장년을 위한 성경통독 과정이긴 하지만, 중고등학생은 물론 초등학생도 문제에 답을 다는 일에는 어려움이 없습니다. 그러므로 교회에서는 전 교인을 대상으로 공부할 사람을 모집해서 일정한 등록금(교재 대금)을 받고 운영하되, 새로운 교인들이 동참하도록 개방하고 홍보해야 합니다. 세례교인은 의무적으로 참여하도록 하고, 구역장(속장)들로 하여금 모든 구역원(속원)이 함께 공부하도록 격려하되 상황이 어려운 교인이나 새신자는 교재 대금을 구역(속)에서 부담해도 좋습니다.

3. 다음 것들을 준비해야 합니다.

(1) 세미나 참석

저자의 세미나에 참석하여 이 교재의 성격과 운영지침, 공부방법, 성서역사 강의(성서연대표 활용법)를 듣고 실시하면 좋습니다. 세미나에 참석을 못하더라도 전화로 상담을 하십시오. 대형 교회나 지역 교회 연합의 경우 실로암성경학교의 출장 강의를 통하여 교역자들이 몇 시간의 교육을 받기도 합니다.

(2) 홍보 및 설득

교회적인 공감대를 얻기 위해 교회의 동의를 얻고, 참여하겠다는 다짐도 받아야 합니다. 중직들의 경우 성경을 잘 안다는 착각을 하는데, 실제는 그렇지 않습니다. 전교회적인 성경통독의 분위기가 되도록 광고를 합니다. 홍보에 적절한 구호로는 "매일/매주 한두 시간 투자로 성경통독에 도전합시다", "성경통독, 당신도 할 수 있습니다" 등의 문구를 사용하십시오.

(3) 관리 명부 및 자료

각자의 교재를 가지고 전 교인이 공부하도록 필요한 분량을 주문하면 됩니다. 실로암성경학교에 상담을 하면 교재와 별도로 〈관리명부〉와 〈공부 확인 현황표〉, 〈수료증〉과 함께 〈성서연대표〉 등 자료를 안내 받게 됩니다. 이를 응용하여 교회 현장에 맞게 활용하면 담임목사님은 공부하는 교인들의 상태를 한눈에 보게 되어 목회적인 자료로 격려 및 심방대상도 알게 됩니다.

4. 공부한 것을 확인하십시오.

(1) 확인하기

교인들이 가정에서 매일/주에 공부하여 부록에 있는 모범해답으로 자체 검토를 할 수 있습니다. 공부한 책에 적절한 모양의 고무인을 준비하였다가 찍어 줌으로써 공부한 것에 대한 가치를 부여하면 좋습니다. 아울러 교회는 교인들이 공부한 것을 확인하고 기록을 남겨야 시상의 근거를 마련할 수 있습니다. 공부하는 사람이 많으면 '만번인장'(퍼마트)을 맞추거나(1~2만원), 유치원 용품 매장에 가면 다양한 모양의 고무인(1~2천원)을 구입할 수 있습니다.

(2) 성경통독반

성경통독을 더 효과적으로 하려면 별도의 성경통독반 모임을 가져야 합니다. 성경을 책별로 마치고 새 책으로 들어갈 때에 전체 모임을 가지면 좋습니다. 주일 오후 예배 프로그램으로 하면 좋지만, 여건이 안 되면 별도의 모임을 하면 됩니다. 처음에 큰마음 먹고 시작한 성경공부를 도중에 포기한 사람, 새로 시작하기를 원하는 교인들을 함께 참석시켜서 동기유발을 시켜 주십시오. 이런 모임에 성경통독의 전문가인 이 책의 저자를 강사로 초빙하면 더욱 유익할 것입니다.

4. 목회에의 적용

1. 신앙을 계속 점검하십시오.

계속 공부하던 교인이 2~3번 건너뛰면 문제가 있는 것이므로 심방을 해야 할 대상입니다. 이런 관심을 위해서 목회자는 성도들이 공부한 것을 확인하지 않고는 알 수 없는 일입니다. 매번 확인을 하여 신앙적인 면도 살펴야 공부하는 교인들도 미루지 않고 공부하게 됩니다.

2. 설교나 기도회에 활용할 수 있습니다.

여러 성도가 이 공부를 한다면 이는 전교회적인 프로그램이므로 목회자의 설교 마인드가 공부하는 교인들과 같아야 합니다. 주일 낮이나 오후 예배 설교, 또는 수요성서 강해나 새벽 설교를 이 교재의 진도와 맞추면 성경 전체를 살펴보는 설교 계획을 갖는 장점도 있습니다. 그러나 한 묶음의 성경 범위가 넓기 때문에 본문 전체를 다루려는 욕심을 버리고 한 본문을 선정하여 설교를 해야 합니다. '성경통독 새벽기도회'를 하면 매일 본문으로 한 묶음 전체를 할 수 있으나 성경 한 장씩만 본문으로 삼는다면 한 묶음을 한 주간 분량으로 나누면 됩니다.

3. 공부한 것에 대해 시상과 수료식을 하십시오.

(1) 시상

성경통독반 모임 때에 적절한 매듭과 함께 간단한 시상도 좋습니다. 시상의 기준은 공부한 것이 확인된 횟수에 근거하므로, 시상에 앞서서 미리 밀린 것을 공부하고 확인을 받도록 하여 도중에 포기자가 다시 분발하여 공부할 수 있도록 기회를 주어야 합니다.

(2) 수료

전 과정을 마치면 교회의 수료자 명부에 기록하고, 수료증을 구입하여 사용하거나 실로암성경학교 홈페이지에 올라와 있는 수료증 견본을 응용하여 시행한 교회와 담임목사의 명의로 인쇄하여 수료식을 하면 됩니다. 적절한 패나 메달을 만들어 주는 등은 교회의 방침에 따르면 됩니다. 수료증은 주일 예배 때에 주어 격려도 하고 다른 성도들에게는 동기유발이 되게 하십시오.

4. 성공과 실패는 목회자의 관심에 달려 있습니다.

교인들의 공부 참여율을 높이는 길은 목회자의 관심에 있습니다. 그동안 한국 교회는 성경을 읽으라고만 강조했지 적절한 자료 제시를 못했습니다. 이 교재는 쉽게 사용하도록 커리큘럼화 되었으므로 전교회적인 프로그램으로 수용하면 성경읽기나 통독에 큰 효과를 거둘 것입니다. 이런 모든 운영에 대해 아이템과 이끄는 일은 담임목사의 마인드와 연결됩니다. 부교역자나 교인대표자를 새워 운영할 때에도 이 일의 성공을 위한 마음을 쏟아야 전 교인 성경통독에 성공합니다.

이 책의 활용에 대한 문의는 언제든지 저희 실로암성경학교로 연락하십시오. 목회자 한 사람 뒤에는 은혜를 사모하는 여러 성도들이 있다는 사실을 기억하고 연구 결과를 함께 나누겠습니다.

성경핵심전과12

한눈에 보기

구약 : 예언서 〈이사야〉~〈말라기〉

주	전체	책	장수	제 목	주	전체	책	장수	제 목
1	110	이사야	1~6	유다에 대한 책망과 약속	27	136	겔	44~48	이스라엘 장래의 영광
2	111		7~13	임마누엘과 메시야 왕국	28	137	다니엘	1~6	다니엘에 관한 이야기
3	112		14~20	열국에 대한 예언	29	138		7~12	다니엘의 이상
4	113		21~27	하나님의 심판과 약속	30	139	호세아	1~7	이스라엘의 상징적 예언
5	114		28~33	이스라엘의 불신자에 대한 경고	31	140		8~14	이스라엘의 회개와 축복
6	115		34~39	예루살렘의 위험과 그 구원	32	141	욜	1~3	여호와의 날 예언
7	116		40~48	위로의 심판, 유다의 구원	33	142	암,옵	1~6	열방과 이스라엘의 죄와 심판
8	117		49~55	메시야의 고난과 영광	34	143		7~9,1	다섯 가지 환상/ 에돔의 멸망
9	118		56~60	심판과 예언	35	144	욘	1~4	이방에 대한 보편적 구원
10	119		61~66	이스라엘의 회복과 메시야 왕국	36	145	미	1~7	이스라엘과 유다의 심판과 구원
11	120	예레미야	1~6	예레미야의 소명	37	146	훔,합	1~3,1~3	니느웨의 멸망/ 의인의 고뇌
12	121		7~12	우상숭배와 그에 대한 징벌	38	147	습,학	1~3,1~2	남은 백성 회복/ 성전건축 촉구
13	122		13~19	개인 탄식시와 심판 예언	39	148	스가랴	1~7	여덟 가지 환상과 설교
14	123		20~25	지도자들에 대한 말씀	40	149		8~14	이방의 심판과 이스라엘의 미래
15	124		26~31	거짓선지자들과 논쟁	41	150	말	1~4	회개하고 돌아오라
16	125		32~38	여호야김과 시드기야 당시의 예언					
17	126		39~45	예루살렘 함락 후의 예레미야					
18	127		46~52	열방들에 대한 하나님의 경고					
19	128	애	1~5	죄의 고백					
20	129	에스겔	1~5	에스겔의 소명과 행위 예언					
21	130		6~12	경고와 심판의 말씀					
22	131		13~19	와야 할 파멸과 그 이유					
23	132		20~24	심판에 대한 말씀과 경고들					
24	133		25~32	열방들에 대한 심판 예언					
25	134		33~37	이스라엘의 회복 예언			보충	구약	예언서 총정리 문제
26	135		38~43	곡과 마곡, 새 성전 이상					

신약 : 〈마태복음〉~〈요한계시록〉

주	전체	책	장수	제 목	주	전체	책	장수	제 목
1	151	마태복음	1~4	왕의 출현	26	176	고전	1~6	교회의 분쟁과 무질서
2	152		5~7	왕의 교훈(산상보훈)	27	177		7~11	교회의 여러 문제들
3	153		8~13	왕의 복음 선포	28	178		12~16	은사, 연보, 부활
4	154		14~19	왕의 나라와 반대자들	29	179	고후	1~7	바울의 복음 사역의 태도
5	155		20~24	왕의 예루살렘 사역	30	180		8~13	바울의 복음 사역의 권위
6	156		25~28	왕의 고난과 부활	31	181	갈	1~6	그리스도 안에서의 자유
7	157	마가복음	1~5	복음의 시작	32	182	엡	1~6	그리스도 안의 연합
8	158		6~11	예수님의 사역들	33	183	빌	1~4	그리스도 안에서의 기쁨
9	159		12~16	고난과 부활	34	184	골	1~4	그리스도 안에서의 생활
10	160	누가복음	1~6	예수님 출현과 제자를 부르심	35	185	살전	1~5	그리스도의 재림(격려)
11	161		7~12	제자 파송과 기도	36	186	살후	1~3	주님의 날 (설명)
12	162		13~18	비유와 가르침	37	187	딤전	1~6	믿음을 보호함
13	163		19~24	예수님의 고난과 부활	38	188	딤후	1~4	믿음을 전파함
14	164	요한복음	1~7	하나님의 아들의 출현	39	189	딛,몬	1~3,1	믿음을 실천, 형제를 용서
15	165		8~14	하나님의 아들에 대한 반대	40	190	히브리서	1~6	더 나으신 그리스도
16	166		15~21	하나님의 아들의 고난과 부활	41	191		7~13	더 나은 제사장
17	167	사도행전	1~4	교회의 능력	42	192	약	1~5	역사하는 믿음
18	168		5~9	교회의 진보와 박해	43	193	벧전	1~5	고난 중의 인내
19	169		10~14	바울의 1차 전도여행	44	194	벧후	1~3	거룩한 성도
20	170		15~18	바울의 2차 전도여행	45	195	요일	1~5	그리스도인의 삶의 권장
21	171		19~23	바울의 3차 전도여행	46	196	요이, 삼,유	1,1,1	거짓대적, 사랑실천, 신앙변론
22	172		24~28	바울의 로마 여행	47	197	요한계시록	1~5	일곱교회를 향한 편지
23	173	로마서	1~6	인간의 불의와 하나님의 의	48	198		6~11	일곱인, 일곱 나팔 재앙
24	174		7~11	하나님의 의로우신 계획	49	199		12~18	보충 게시 및 일곱 대접 재앙
25	175		12~16	성도의 실천적인 삶	50	200		19~22	새 하늘과 새 땅
							보충	신약	총정리 문제

용어통일 및 용어해설

이 책에서 사용한 특별한 용어들을 해설하고
혼용되는 경우에는 다음과 같이 통일합니다.

1. 성경 · 성서

필자는 두 용어를 같이 보며 모두 자연스럽게 혼용하지만, 본 교재에서는 '성경'이라는 용어로 통일하려고 했습니다. 이 용어는 "대한성서공회"가 〈성경전서〉를 발간하여 두 용어를 사용하는 어색함이 영향을 준 듯합니다. 한국에서는 두 용어 혼용으로 인한 진보와 보수 간에 용어 선택의 차이가 있지만, 중국에서는 '성경'을 사용하고, 일본에서는 '성서'를, 가톨릭도 '성서'를 사용합니다.

2. 수혼제 · 계대혼인제

요즘 신학계의 선호도에 따라 '수혼제'라는 용어로 통일합니다. 죽은 형을 대신하여 동생이 죽은 형의 상속자를 잇게 하는 이 제도를 학자들이 수혼제(嫂婚制)와 계대혼인(繼代婚姻, Levirate marriage, 창 38장, 신 25:5~10)이라고 서로 다르게 번역하지만 요즘에는 거의 '수혼제'를 선호합니다(《성경핵심전과1》에 있는 창 38장, 신 25장 해설 참고).

3. 이합체시(離合體詩) · 알파벳시

시의 각 행의 첫 단어를 히브리 알파벳을 따라 차례대로 사용하여 시를 지었다고 하여 이합체시 · 답관체 · 알파벳시 등으로 불립니다. 신학용어는 아크로스틱(acrostic)인데, 이 책에서는 '이합체시(acrostic)'로 통일합니다(시 119편 해설 참고).

4. 예언서(豫言書) · 선지서(先知書)

같은 말로서 한국의 신학계에서는 예언서, 예언자를 선호하는데 따라 '예언자 · 예언서' 로 통일을 합니다. 예언자란 '앞일을 미리 알고(선지, 先知) 말해주는(예언, 豫言) 사람'으로 오해를 하고 있으나, 히브리어 '나비'나 헬라어 '프로페테스'는 제 스스로에게서 비롯되지 않은 것, 즉 '하나님의 말씀(신언[神言], 신탁[神託])을 외쳐 알리는 자'라는 뜻입니다.

5. 시가서(詩歌書), 성문서(聖文書)

가끔 기독교 서적에 '시가서'를 '성문서'라고 잘못 기록하고 있는데 이는 서로 다른 것입니다. 유대교에서 히브리어 성경을 세 개로 구분할 때에 성문서의 범위는 넓습니다. 기독교의 구약성경을 네 개로 구분할 때에는 성문서가 아닌 '시가서'입니다(《성경핵심전과1》의 22쪽 "구약성경 책들의 배열 비교"와 28쪽 '성경분류 및 상식' 그리고《성경핵심전과1》의 445쪽 '시가서란 무엇인가' 참고). 따라서 여기서는 시가서(욥, 시, 잠, 전, 아)라고 합니다.

6. 불가타(Vulgata) 역, 벌게이트(Vulgate)

4세기 말(실제는 405년에 완성?) 제롬(예로니모)이 구약성경을 로마어(나전어)로 번역한 것으로 영어식 신학용어로 Latin Vulgate(라틴 벌게이트)라고 발음했으나, 신학계에서는 나전어 발음대로 '불가타 역'이라 하므로 그렇게 통일합니다. Vulgata(불가타)라는 말은 '공통의', '대중의'라는 뜻입니다. 제롬은 이 번역을 하고 박해를 받았으나, 천 년 이상이 지난 트랜트 공의회(1546년)에서 로마 가톨릭교회의 공식적인 성서가 되었습니다.

7. 칠십인 역(LXX), 칠십인 그리스어 역본

셉투아진타(Septuagint, 라:Septuaginta 70, LXX) 라고 하는데 이 책에서는 '칠십인 역(LXX)'이라는 용어를 사용합니다. 'LXX'는 로마숫자로 70입니다. 알렉산더 이후 헬라문화가 세계를 지배하던 시대에 히브리어 구약성경을 당시의 통용어인 헬라어(그리스어)로 번역할 필요가 있었습니다. 전승에 의하면 알렉산드리아의 도서관 사서 '데메트리우스'가 프톨레미 2세(필라텔프스, 주전 283~246년경)에게 번역을 제안했고, 이에 동의한 왕은 유대의 제사장들에게 부탁하여 이스라엘 12지파에서 각 6인씩을 모아 72인(또는 70인)을 차출했습니다. 72개의 독방에 갇혀 72일 동안 두문불출한 채 작업을 하여 그리스어 번역본을 268년(?)에 완성했는데, 맞추어 보았더니 모두 똑같은 번역본이 되었다는 전설이 있습니다. 그러나 실제로는 주전 3세기에 시작하여 주전 2세기(100년대)가 되어서야 완성된 것으로 추정됩니다.

성경 장절(章節)에 대한 이해

성경이 기록된 때에는 성경말씀이 오늘날처럼 장절로 나뉘어 있지 않았다. 그러나 세월이 지나면서 필요에 따라 장절이 생겼다. 그 장점을 예로 들면, 〈욥기〉에서 욥과 그의 친구들의 말을 장별로 나누었기에 그 내용을 쉽게 이해할 수 있는 것을 보면 장절이 얼마나 편리한 기능인지를 알게 된다.

성경의 '장'은 약 800년 전에, '절'은 약 500년 전에 구분되어 대중화되었다. 연대가 일치하지 않으나 대략적인 연대는 비슷하다.

성경 '장'의 구분(Chapter Divisions)

- 프랑스 파리 대학의 랑똥(E. Langton) 학장이 성경의 어느 한 부분을 쉽게 찾을 수 있도록 하는 방법을 모색하던 중, 1226년 드디어 성경의 '장'을 구분하였다.
- 또 다른 문헌에 의하면 1205년에 영국 캔터베리의 대주교인 랭튼(Stephen Langton, 1150년경~1228)은 라틴어 성경 불가타(Latin Vulgate)의 '장'을 구분하였다. 먼저는, 라틴역 불가타(Vulgata)의 성구사전을 작성하기 위해 이것을 이용한 추기경 후고(Cardinal Hugo, 1263)가 이것을 창시했다고 생각한 적도 있었다.
- 랍비 솔로몬 벤 이스마엘은 불가타의 '장' 구분을 히브리어 성경에 받아들였다.
- 영어 성경의 '장' 구분은 당시 라틴어로만 번역되어 있던 성경을 영어로 번역한 위클리프(John Wycliffe, 1320/29~1384, 영국 종교개혁의 선구자) 역의 영어 성경에서 시작되었다.

자료 간의 차이가 있으나 대략 1200년대 정도로 이해하면 좋겠다.

성경 '절'의 구분(Verse Divisions)

- 1551년 파리의 인쇄업자 에띠엔느(R. Etienne)가 1226년의 '장'의 구분을 근거로 하여 '절' 구분을 연구 발표하여 오늘날 대부분의 성경에 이것을 그대로 사용하고 있다.
- 또 다른 문헌에 의하면, 1563년에 〈시편〉에 적용하였으며, 1571년에는 구약 전체에 적용하였다. 히브리어 성경에서는 절을 구분할 때에 소프 차스크(:)로 표기한다.
- 또 다른 문헌에 의하면, '영어성경'의 경우, 1557년 신약, 1560년 신구약에 절 적용을 반영한 《제네바 성경》이 출간되었다.

따라서 하나님이 직접 사람에게 '장'과 '절'을 구분하여 그대로 사용하도록 명령하신 것은 아니다.

성경 절수에 대한 차이

히브리어 성경과 기독교의 성경에서 〈시편〉을 비롯하여 몇 곳에서 절수에 차이가 있다. 즉 히브리어 성경의 〈시편〉은 그 제목(표제)을 1절로 사용하지만 기독교 성경의 〈시편〉은 이를 절수로 계산하지 않기에 히브리어 성경 〈시편〉의 2절이 기독교 성경에서는 1절이 된다.

〈시편〉 150편 중 116개의 시편에 제목(표제)이 붙어 있다. 예를 들면 3편의 "다윗이 압살롬을 피할 때에 지은 시"처럼 〈시편〉과 관련이 있는 이름이나 〈시편〉이 만들어진 상황을 간략하게 언급한다. 또는 4편의 "다윗의 시, 영장으로 현악에 맞춘 노래"처럼 작곡의 형태와 음악적 사용법에 관한 정보를 제공하는데, 이것을 첫 절로 여긴 것이다.

또 한편 〈출애굽기〉 7:26~8:28도 히브리어 성경과 라틴어 성경의 절수가 다르며, 오늘날 성경에서도 절수 차이를 보인다. 그 외에 〈욥기〉 등 몇 곳에서 절수 차이가 있다. 따라서 주석서나 원전을 사용할 때에는 유의해야 한다.

성경분류 및
상식

이 책에는 성경 각 책으로 들어가기 전에 성경 구분에 따른 정보를 제공하여 해설 및 문제를 효과적으로 학습하도록 돕는다.

먼저 전체를 보는 성경 분류 및 상식 자료가 나오고, 현대의 성경들이 구분하는 대로 율법서,역사서, 시가서, 예언서를 안내한다(히브리어 성경은 구약을 율법, 예언, 성문 이렇게 셋으로 구분한다). 신·구약을 연결하는 중간시대 자료에 이어 신약에서는 복음서(공관복음, 제4복음), 서신서, 계시록을 소개한다.

1. 성경의 분류(성경책을 참고하여 나머지를 기록하시오)

구약성경

1) 율법서:5권	(창) (출) (레) (민) (신)
2) 역사서: 12권	(여) (사) (룻) (사) (사) (열) (열) (역) (역) (에) (느) (에)
3) 시가서: 5권	(욥) (시) (잠) (전) (아)
4) 예언서: 17권	• 4 대예언서: 5권 (이) (예) (예) (에) (다) • 12 소예언서: 12권 (호) (요) (아) (오) (요) (미) (나) (하) (스) (학) (스) (말)

신약성경

1) 복음서: 4권	• 공관복음(共觀福音) (마)(마)(누) • 제4복음(第四福音) (요)
2) 역사서: 1권	(사)
3) 서신서: 21권	• 바울서신: 13권, (《히브리서》 제외, 작자 미상설), 4가지로 분류, 수신자(교회나 개인)의 이름이 책 제목 ① 교리서신 (로)(고)(고)(갈) ② 옥중서신 (에)(빌)(골)(빌) ③ 일반서신 (데)(데)(히) ④ 목회서신 (디)(디)(디) • 공동서신: 7권, 공동 수신하는 회람용, 발신자(저자)의 이름이 책 제목 (야)(베)(베)(요)(요)(요)(유)
4) 묵시서: 1권	(요)

2. 신약성경이 말하는 성경

(1) (요 5:39) 너희가 ( )에서 영생을 얻는 줄 생각하고 ( )하거니와 이 성경이 곧 내게 대하여 ( )하는 것이니라.

(2) (딤후 3:15~16) 또 네가 어려서부터 ( )을 알았나니 성경은 능히 너로 하여금 ( ) 안에 있는 믿음으로 말미암아 ( )에 이르는 지혜가 있게 하느니라. 모든 성경은 ( )으로 된 것으로 ( )하기에 유익하니.

(3) (벧후 1:21) 예언은 언제든지 ()의 뜻으로 낸 것이 아니요 오직 ( )하심을 받은 사람들이 ( ) 말한 것임이라.

(4) (눅 24:44) 내가 너희와 함께 있을 때에 너희에게 말한바 곧 ( )과 ( )과 ( )에 나를 가리켜 기록된 모든 것이 이루어져야 하리라 한 말이 이것이라.

(5) (계 1:3) 이 예언의 말씀을 ( )와 ( )와 그 가운데 기록한 것을 ( )는 복이 있나니 때가 가까움이라.

3. 성경에 대한 상식

(1) 구약성경(대부분 히브리어로 기록되었으며, 일부는 아람어이다)은 ( )권이고 신약성경(헬라어)은 ( )권으로 모두 ( )권이다(참고: 3×9 = 27로 암기).

(2) 신 · 구약 성경은 ( )장이고 ( )절이다. (참고: 1,189장, 31,373절)

(3) 한글 공인본 성경은 2013년 현재, 7종으로서 실제 4종에서 개정판이 추가된 것이다(2005년 이후).

1) **개역한글판** — 1911년 《성경전서: 구역(舊譯)성경》은 초의 신구약 합본이며 이를 1938년 《성경개역》으로, 1956년에 맞춤법에 따라 《개역한글성경》으로 출간하여 현재까지 사용한다.

2) **개역개정판** — 《개역한글판》을 개정하여 1998년에 출간했고 2005년 4판을 최종판으로 했다. 여러 교단에서 공식적인 강단용으로 허락하고 있으며 대중적인 성경이 되었다.

3) **표준새번역** — '원문에 충실한다'는 기준으로 1993년에 출간했으나 일부 교단에서 번역에 이의를 제기했고 많은 논쟁이 있었다.

4) **표준새번역개정판** — 《표준새번역》에 대한 논쟁 후에 2001년에 낸 개정판으로 성경 원문에 가장 가깝게 번역되었다는 평을 받는다. 강단용으로 사용하는 교회들도 늘고 있다.

5) **공동번역** — 구교(천주교)와 신교(개신교) 학자가 공동으로 번역하여 1977년 부활절에 출간했다. 의역을 많이 했다는 평을 받는다. 천주교와 성공회에서는 공식적인 강단성경으로 사용하였다.

6) **공동번역개정판** — 《공동번역》을 근 20년간 사용하며 문제가 되었던 여러 부분들을 개정하여 1999년 개정판으로 발간하였고 이해가 쉽다는 좋은 평을 받는다.

7) **가톨릭새번역** — 천주교에서 1988년부터 17년에 걸쳐 완역하여 2005년부터 공용성서로 승인했다. 직역을 했다는 평을 받는다. 《우리말 새번역》 성서의 이름을 '성경'으로만 쓰기로 내부적인 결정을 했으나 다른 공인본 성경들과 구분해야 하므로 통상 '《가톨릭새번역》' 성경이라 한다.

(4) 성경(대한성서공회 발행)을 읽다보면 본문 가운데 작은 글씨 본문이나 다양한 괄호들이 있다. 이것의 의미들을 살펴본다.

1) **'작은 글자', (예: 시 136:12, 마 10:2)** – 원문에는 없으나 이해를 돕기 위하여 본문의 뜻을 보완하는 첨가문이다.

2) **소괄호 ( ), (예: 대상 5:1~2, 요 1:38)** – 〈개역개정판〉에 155곳에 나오며 주석적 성격을 지닌 본문이나 문맥의 흐름을 끊는 본문이다.

3) **대괄호 [ ], (예: 막 3:14, 요 5:3~4)** – 어떤 사본에는 있고 어떤 사본에는 없어서 원문의 반영임이 분명하지 않은 본문이다

4) **겹괄호 [( )], (예: 막 16:9~20)** – 때로는 [ ]로도 표시되는데, 후대에 첨가된 본문이지만 교회에서 일찍부터 중요하게 여기고 읽어온 본문이다.

• 본서는 《개역개정판 제4판》 본문을 우선적으로 사용했다.

예언서란 무엇인가?

1. 성경에서 예언서의 위치

기독교(개신교)의 구약성경 본문은, 《칠십인역(LXX)》에 포함된 외경을 수용한 가톨릭의 성경보다는 유대교의 타나크(토라, 네비임, 케트빔의 첫 자)와 같으며 배열만 다르다(《성경핵심전과1》 22쪽 '구약성경 책들의 배열 비교' 참고). 즉 기독교는 율법서, 역사서, 시가서, 예언서로 구분하는데 유대교는 율법서, 예언서, 성문서로 구분한다. 기독교의 예언서에서 대예언서 5권은 〈이사야〉~〈다니엘〉이고, 소예언서 12권은 〈호세아〉~〈말라기〉이다. 한편 유대교의 예언서(네비임)는 전기 예언서로 〈여호수아〉, 〈사사기〉, 〈사무엘〉, 〈열왕기〉이고, 후기 예언서로 〈이사야〉, 〈예레미야〉, 〈에스겔〉, 〈열두 선지자〉이다. 기독교의 예언서에 속한 〈예레미야애가〉나 〈다니엘〉은 성문서이며, 12권의 소선지서를 한 권으로 묶었다. 기독교에서 역사서로 분류한 책들의 일부를 유대교에서 예언서로 분류하는 것은 모두 예언의 역사이기 때문이다.

2. 예언자라는 의미

선지자/예언자(The Prophets)를 한자 문화권에서 혼용하여 같은 단어로 본다. 〈개역한글판〉이나 〈개역개정판〉은 '선지자'로, 〈표준새번역〉이나 〈공동번역〉은 '예언자'로 번역했으며 신학계에서도 '예언자'를 선호한다. 이 단어의 '선지(먼저 先, 알 知)'나, '예언(미리 豫, 말씀 言)'에서 오는 어감으로 인한 오해들이 있다. 이 한자말이 이 낱말의 본뜻이 아니고, 헬라어 '프로페테스'나 히브리어 '나비(파생어를 포함하여 315회 사용)'에도 그런 뜻은 없다. 히브리어 '나비'의 의미는 '제 스스로에게서 비롯되지 않은 것을 외쳐 널리 알리는 사람'을 뜻하고, 또한 '부르심을 받은 사람 곧 하나님이나 하나님의 영에게 징발당한 사람'을 뜻한다.

3. 대예언서 – major prophets(《이사야》~《다니엘》)

예언자 내용	이사야	예레미야	에스겔	다니엘
활동 연대	주전 740~680	주전 627~587	주전 593~570	주전 605~536
부름받은 장	사 6장	렘 1 : 4~19	겔 1~3장	
성경적 배경	왕하 15~20장 대상 26~30장	왕하 24~25장	단 1~6장	단 1~6장
역사적 배경 (통치자 중심)	* 유다왕: 웃시야, 요담 , 아하스, 히스기야(사 1:1)	* 유다왕: 요시야, 여호야스, 여호야김, 시드기야(렘 1:2,3)	* 유다왕: 시드기야 * 바벨론왕: 느부갓네살	* 유다왕: 여호야김, 여호야긴 * 이방왕: 느부갓네살, 다리오, 벨사살
정치적 배경	* 수리아와 북 이스라엘의 유다 침공 위협, * 앗수르의 유다 침공 * 북 이스라엘 멸망	* 앗수르 패망과 바벨론 부흥기 * 애굽, 바벨론의 적대관계 * 1차 바벨론 포로	* 2차 바벨론 포로 * 예루살렘 훼파	* 1차 바벨론 포로 (전통 견해) * 헬라의 유다 박해 때 성도 위로(현대 견해)
종교적 배경	* 이방 우상의 흥왕 * 형식적 종교 * 종교 개혁(히스기야)	* 부흥기(요시야) * 요시야 이후의 영적, 도덕적 타락	최악의 영적, 도덕적 위기	* 선민으로서의 자질 상실 * 남은 자를 통한 섭리
사역 대상	유다 본토의 유다인	본토 및 포로지에 있는 유다인	바벨론 포로지의 유다인	열국 군왕 및 포로된 유다인
경고 대상	유다 및 열방 (예루살렘, 사 1:1, 2:1)	유다 및 열방 (렘 1:5,9~10, 2:1,2)	온 이스라엘 (겔 2:3~6, 3:4-10,17)	이방 및 이스라엘 (단 2~9장)
예언 내용	* 하나님의 공의의 심판 및 남은 자의 보호 * 오실 메시아	* 심판 연기에 따른 회개 촉구 * 필연적인 바벨론 포로 및 회복	* 멸망의 이유 고지 및 회복의 약속, 경건 생활의 고취	* 세계와 이스라엘의 역사를 주관하시는 하나님의 주권 회복 약속, 메시아 왕국 도래
별 명	* 왕족 출신 선지자 * 메시아 복음의 선지자	* 눈물의 선지자 * 심판의 선지자	* 환상의 선지자 * 포로민들의 선지자	* 이방 세계의 선지자

4. 예언자의 시대적 위치와 대상자를 찾는 것은 필수이다.

예언서의 예언이 어느 왕 때인지는 예언서 1:1~3에 나와 있다. 다음 예언자의 예언 시기(활동 시기)를 통해 살펴본다.

(1) 예레미야(포로 전) – 〈예레미야〉 1:1~3 "베냐민 땅 아나돗의 제사장들 중 힐기야의 아들 예레미야의 말이라. 아몬의 아들 유다 왕 요시야가 다스린 지 십삼 년에 여호와의 말씀이 예레미야에게 임하였고 요시야의 아들 유다의 왕 여호야김 시대부터 요시야의 아들 유다의 왕 시드기야의 십일년 말까지 곧 오월에 예루살렘이 사로잡혀 가기까지 임하니라."

1) 예언 시기 - 예레미야에게 요시야(주전 640~609) 13년(주전 627/6년)에 여호와의 말씀이 임했으나(소명), 실제 예언한 때는 요시아가 애굽의 바로 느고에게 므깃도에서 죽임을 당한 후에(609년, 왕하 23:29) 여호야김(609~598) 시대부터(이 때 고향 아나돗에서 나왔을 듯) 예언하여 시드기야(597~587) 말년까지 예언하여 유다의 멸망을 목격하였다.

2) 예언 대상 - 예루살렘과 남 유다에 대하여 예언했다. 본문 내용에 보면 46~51장은 이방(열방)에 대한 예언도 나온다.

(2) 에스겔(포로 중) - 〈에스겔〉 1:1~2 "서른째 해 넷째 달 초닷새에 내가 그발 강가 사로잡힌 자 중에 있을 때에 하늘이 열리며 하나님의 모습이 내게 보이니 여호야긴 왕이 사로잡힌 지 오 년 그 달 초닷새라."

1) 예언 시기 - 여호야긴(주전 598년 3개월 통치)이 사로잡힌 지 5년(약 593년)부터 예언했다.

2) 예언 대상 - 바벨론에서 포로민인 유다인에게, 또한 25~31장에는 이방(열방)에 대한 예언도 나온다.

(3) 학개(포로 후) - 〈학개〉 1:1 "다리오 왕 제이년 여섯째 달 곧 그 달 초하루에 여호와의 말씀이 선지자 학개로 말미암아 스알디엘의 아들 유다 총독 스룹바벨과 여호사닥의 아들 대제사장 여호수아에게 임하니라."

1) 예언 시기 - 유다는 주전 587년 바벨론에 멸망되어 포로가 되었다가 539년 바벨론을 멸망시킨 바사에 의해 해방을 맞게 되었다(538년, 스 1:1). 유다에는 왕이 없었고 바사의 왕을 기준으로 하여 다리오(주전

522~486년) 2년은 주전 520년이다.

2) 예언 대상 - 바벨론 포로에서 귀환한 유다 백성이며, 그 대표자인 총독 '스룹바벨'과 제사장 '여호수아(예수아)'이다.

2. 소예언서 – mainor prophets(〈호세아〉~〈말라기〉)

소예언서 12권은 예언의 분량이 적은 것이지 결코 예언자의 사명이 작거나 연대기적으로 분류한 것도 아니다. 소예언서 예언의 시기(12권 중에 6권에는 왕들의 통치 시기가 나타나지 않는다)를 파악하며 각 책의 개요를 살펴보라.

예언서 \ 내용		이름의 뜻	사역시기	역사적 배경	경고 대상	예언 내용, 특징
1	호세아	구원하다, 구해내다	주전 745~715	북: 여로보암 2세 남: 웃시야, 요담, 아하스, 히스기야 왕하 15~18장	북 이스라엘	영적 음행(우상숭배)을 하는 이스라엘. 음란한 아내 고멜과 그 자식 자체가 메시지이다
2	요 엘	여호와는 하나님이시다	? 830 경 ? 586~583	? 북: 여로보암 2세 ? 왕하 11:1~15:17	남 유다	'여호와의 날'이 임하였음을 선포하며 메뚜기의 재앙을 통해 이방의 침입과 경책을 한다.
3	아모스	짐지는 자	760~753	남: 웃시야 북:여로보암 2세 왕하 14:23, 15:7	북 이스라엘 및 이방	우상숭배와 사치와 방종이 만연하여 이를 책망하며 경고했다. 다섯 가지의 이상을 보았다.
4	오바댜	여호와의 종	? 848~841	? 북 여로보암 2세 시대	에돔	에돔의 심판, 더 나가서 하나님의 공정한 심판과 이스라엘의 회복.
5	요 나	비둘기	? 793~753	? 왕하 13~14장	앗수르 수도 니느웨	유대 독자들에게 만인구원을 보여줌. 요나를 니느웨에 보내 이방의 회개와 구원을 이룸.
6	미 가	하나님과 같은 자 누구인가?	735~700	유다: 요담, 아하스, 히스기야.(이사야와 동시대)	사마리아와 예루살렘	사마리아와 예루사렘의 멸망, 구원, 경고의 메시지. 메시아의 탄생지점예고.
7	나 훔	위로	? 664~654	유다: 히스기야시대 (715~687	앗수르 수도 니느웨	니느웨의 심판을 예언하며 아울러 세계를 지배하고 계신 하나님의 진노를 알림.
8	하박국	하나님께 안긴 자(포옹)	? 609~605	바벨론 침략이전	갈대아인을 두려워하는 유다인	불의한 세력(갈대아=바벨론)이 세계를 통치하는 것에 대한 의인의 고뇌와 해답.(2:4)
9	스바냐	여호와께서 숨기시다	632~628	유다: 요시야 (642~609)	예루살렘과 열방	거짓 예배에 대한 하나님의 진노인 여호와의 날과 남은 자에 대한 회복에 대한 예언이다.
10	학 개	나의 축제 나의 절기.	520	바사: 다리오 2년 6월 (스가랴와 동시대)	성전재건을 중단한 유다인	바벨론 포로에서 돌아와 성전 재건에 나섰다가 중단한 지 16년 될 때에 성전재건 독려를 받음.
11	스가랴	여호와께서 기억하신다	520~480	바사: 다리오 2년 8월 (학개와 동시대)	성전재건을 중 단한 유다인	성전재건과 함께 도덕적 개혁을 촉구하였다. 여덟 가지 환상과 메시아 왕국에 대해 나온다.
12	말라기	나의 사자 (使者)	? 432~424	유다의 마지막 선지자	의문과 회의에 빠진 유다인	성전 재건 이후 침체된 영적인 분위기 속에 영적 회복을 위함. 죄를 지적하고 회개를 촉구함.

1. 위 표의 연대는 모두 주전(BC)이며 확정적이 아니다.
2. 사역시기에 ?표가 있는 것은 성경에 어느 왕 때인지 나오지 않아 추정치이며 학자에 따라 다르게 본다.

이사야 | 예언서 |

Isaiah

대예언서와 소예언서 구분

예언서의 책 이름은 모두 예언자의 이름을 따라 지어졌다. 예언서를 대예언서(〈이사야〉, 〈예레미야〉, 〈에스겔〉, 〈다니엘〉, 〈예레미야애가〉)와 소예언서(〈호세아〉~〈말라기〉)로 구분하는 것은 예언자의 능력이나 활동 범위에 의한 것이 아니라 예언서의 분량에 근거한 것이다.

제목 및 저자와 기록 연대

본서의 히브리어 성경의 책 이름은 주인공 예언자의 이름을 따라 '예사야후' 또는 그 단축형 '예사야'로, '여호와는 구원이시다'라는 뜻을 갖는다. 이사야의 부친은 아모스(12 소예언서의 아모스가 아님)인데(1:1, 2:1, 13:1), 유다 왕 요아스의 작은 아들로 추정되기에 그를 왕족(왕가의 혈통)의 귀족 청년이라고 본다. 그는 주로 예루살렘에 살았고 결혼하여 '스알야숩'과 '마헬살랄하스바스'(7:3, 8:3)라는 두 아들을 낳았다.

이사야의 활동시기(1:1, 6:1)는 웃시야 왕이 죽은 해(주전 742년)부터 요담(주전 742~735년), 아하스(주전 735~715년), 히스기야(주전 715~687년),

므낫세(주전 687~642년)의 통치 기간 중 약 60여 년간으로 오랜 세월 예언한 것으로 추정하고 있다. 저자는 전통적으로 이사야 자신일 것으로 보며 따라서 그의 말년에 본서를 기록했다고 본다.
그러나 제2, 제3 〈이사야〉를 다른 시대로 볼 때 바벨론 포로 직전이나 포로 시대로 보는 현대 학자들의 견해가 있다.

제2, 제3 이사야에 대하여

〈이사야〉를 〈제1 이사야〉(1~39장), 〈제2 이사야〉(40~66장)로 구분하는 것은 18세기 독일의 되덜라인(J. C. Doederlein, 1745~1780)으로부터 시작된 학설이다.
1~39장의 배경은 동시대인 왕정시대이지만 40~66장은 왕정시대의 이사야가 아닌 포로기 이후(주전 545~536년경)의 다른 이사야가 저자라는 것이다. 현대에는 〈제3 이사야〉(56~66장)를 따로 나누고 주전 400년경의 기록이라 한다. 그러나 전통적으로는 왕정시대 한 사람의 저작으로 이해한다.

배경 본문과 시기

(1) 배경의 이해를 돕기 위해서 〈이사야〉와 함께 읽을 성경은 〈열왕기하〉 15~20장과 〈역대하〉 26~32장이다. 또한 본서의 저자는, 지금까지 보존되어 있는 책은 아니지만 다른 책도 썼다. 〈웃시야 행적〉(대하 26:22), 〈이사야의 묵시 책〉(원문에는 '예언', 이 책을 〈이사야〉로 보기도 한다), 또 〈유다와 이스라엘의 열왕기〉(대하 32:32) 등이다.
(2) 이사야 예언자와 직접 관계되는 것은 1~39장으로 보며 이 본문의 순서가 역사 사건의 순서와 딱 맞는 것은 아니다. 이사야의 활동 초기에 관한 예언은 6:1~9:7에 나오고, 말기에 대해서는 22장, 28~32장, 36~39장(주전 701년 앗수르의 예루살렘 포위). 그 중간 시기에 속하는 것이 1~5

장, 9:8~12:6에 나온다. 특히 24~27장은 세상 끝에 관한 묵시문학적인 본문이다.

교훈과 메시지

(1) 메시아 사상

〈이사야〉에는 〈시편〉 다음으로 그리스도에 대하여 많이 예언하고 있다. 그의 성육신부터 유년기와 기적들, 고난과 죽음, 부활과 승리 뿐 아니라 천년 통치까지 다양한 예언은 독자들을 감탄하게 만든다. (62쪽 '〈이사야〉에서의 그리스도 예언'을 참고하여 신약성경과 대조해 보라.)

(2) 거룩하신 하나님의 주권

이사야가 소명을 받을 때에 '높이 들린 보좌'에 앉으신 거룩하신 하나님을 뵈었다. 스랍들은 "거룩하다"를 세 번 반복하므로 최상의 존재로 표현한다(6장). 이스라엘의 거룩하신 자'라는 이사야 특유의 여호와에 대한 칭호는 〈이사야〉에 12회 나타난다. 여호와 하나님은 온 땅과 하늘의 하나님으로 유일신 신앙에 바탕을 둔다. 이사야의 메시지는 여호와의 주권적인 권능과 그의 백성을 향한 구원과 구속의 사랑에 의지할 것을 외치는 것으로서 여호와에 대한 신앙이 그 바탕에 자리 잡고 있다.

(3) 인간의 원죄

다른 예언자들이 인간의 '자범죄'에 대하여 지적했다면 이사야는 주로 '원죄'에 대해 지적하고 있다. 유다뿐 아니라 이스라엘, 그리고 이방 민족 모두 죄를 지었다. 거룩하신 하나님 앞에서 인간은 심각한 죄를 발견하게 되고 하나님은 이러한 죄인들을 향하여 변론하시며 순종하여 구원을 얻고 복을 받도록 부르신다(1:18~20, 55:1~5).

1
이스라엘의 위선
이스라엘은 알지 못하고

2
장차 올 왕국
여호와의 빛에 행하자

3
유다에 대한 심판
시온의 딸들이 교만하여

4
영광된 미래
시온에 남아 있는 자

5
포도원의 노래
들포도를 맺었구나

6
이사야의 소명
내가 여기 있나이다

이사야 1~6장

유다에 대한 책망과 약속 (중요구절 사 1:18)

〈이사야〉 전체의 서론적 의미를 내포하여 이스라엘의 죄를 지적하며 회개를 촉구한다(1장). 여호와의 날에는 여호와께서 홀로 높임을 받으실 것이다(2장). 유다에 대한 심판과(3장) 예루살렘의 영광된 미래를 말한다(4장). 포도원의 노래를 통해 들포도를 맺는 이스라엘을 책망하며 희망찬 주의 날을 내다본다(5장). 이사야는 소명을 통해 이스라엘 백성들에게 보냄을 받는다(6장). 〈이사야〉는 연대기적으로 기록되지는 않았음을 감안하고 연대자료를 참고하며 성경을 읽으면 도움이 된다.

1. 〈이사야〉는 이사야가 "유다와 예루살렘에 관하여 본 계시"이다(사 1:1). 처음 문장부터 "그들이 나를 거역하였도다"(2절), "나의 백성은 깨닫지 못하는도다"(3절)는 등 여러 말씀으로 책망하신다. 이런 유다를 향하여 "너희가 어찌하여 매를 더 맞으려고 패역을 거듭하느냐"(5절)고 경고하신다. 그 백성들이 맞은 매(징벌)를 사람의 몸에 비유한다(5~6절). 이런 징벌은 1:7~9에 나타나는 상황 같이, 앗수르의 산헤립이 예루살렘(딸, 시온)을 에워 쌌던 주전 701년에 선포한 것으로 보인다(사 36~37장). 하나님의 말씀에 순종해야 하는 이스라엘은 하나님의 기대에 미치지 못하였다.
2. 하나님께서 이스라엘에게 "나는 숫양의 번제와 살진 짐승의 기름에 배불렀고…… 피를 기뻐하지 아니하노라"(1:11)고 하심은 예배를 싫어하심이 아니다. "헛된 제물을 다시 가져오지 말라"(13절)고 하시므로 형식적인 예배가 아니라 바른 예배를 원하신다. 주님께 나가는 자는 모든 죄를 용서받는다(18절).
3. 유다의 교만함과 불손함의 책망이(2:12~17) 3장에서는 "시온의 딸들"(예루살렘의 여인들)과 관련하여 심판의 말씀을 하신다. "시온의 딸들이 교만하여 늘인 목, 정을 통하는 눈으로 다니며 아기작거려 걸으며 발로는 쟁쟁한 소리를 낸다"(3:17)는 것을 지적하며 여러 장식들을 제하시리라고 하신다(3:16~26). 그러나 "시온에 남은 자…… 기록된 모든 사람은 거룩하게 칭함을 얻으리니"(4:3)라고 하여 심판의 때가 지나면 하나님께서 다시 성장과 다산(多産)의 선물을 내리실 것을 약속하신다.

4. '포도원의 노래'라 일컬어지는 5장에서는 하나님의 아픔이 잘 나타나 있다. 하나님은 좋은 포도 맺기를 원하시나 이스라엘은 '들포도'가 되고 말았다. 오늘, 하나님께서 내게 기대하는 바는 무엇인가?
5. 이사야의 소명(召命)은 "웃시야 왕이 죽던 해"(6:1)에 성전에서 이루어진다. 자신의 부정을 깨달은 이사야에게 "이것이 네 입에 닿았으니 네 악이 제하여졌고 네 죄가 사하여졌느니라"(7절)며 능력을 주신다. 그러기에 부르심에 "내가 여기 있나이다 나를 보내소서"(8절)라고 응답할 수 있었다.

더 살펴보기

1. 이사야의 내용

(1) 〈이사야〉는 4대 예언자(이사야, 예레미야, 에스겔, 다니엘)의 5대 예언서(앞의 책들과 〈예레미야 애가〉)의 하나이다. 대예언서(major prophets)나 소예언서(mainor prophets)로 구분하는 것은 예언서의 분량에 근거한다. 이사야의 예언 기간은 약 60여 년간이나 되는 긴 세월동안 예언했다.

(2) 예언서 이해를 위해서는 예언의 시기를 알아야 한다. "유다 왕 웃시야와 요담과 아하스와 히스기야 시대에 아모스의 아들 이사야가 유다와 예루살렘에 관하여 본 계시라"(사 1:1)고 하므로 이사야의 예언은 네 명의 왕이 통치하던 시대임을 알 수 있고 또한 예언의 대상은 '유다와 예루살렘' 및 열방에 대하여 예언했다.

2. 〈이사야〉의 사해 사본

1947년 한 베두윈(Bedouin, 무하마드, Mohammed Edh-Dhib)이 잃은 양을 찾으려고 동굴에 돌을 던졌다가 우연히 발견하게 된 사해 근처 쿰란 동굴에서 많은 성경 사본들이 발견되었다. 동굴에서 나온 '사해사본'(Dead Sea Scroll) 가운데 〈이사야〉도 있는데 이 사본은 주전 2세기경에 필사(筆

내용 분해
1~39장 – 징계에 대한 예언
1~12장 – 경고와 약속들
13~23장 – 열방(이방)에 대한 징벌
24~27장 – 열방심판과 하나님 백성 구원
28~33장 – 이스라엘의 불신자 경고
34~35장 – 징벌과 회복
36~39장 – 유다 왕 히스기야와 앗수르
40~66장 – 회복에 대한 예언
40~55장 – 위로와 격려의 말씀들
56~66장 – 회복된 예루살렘에서의 삶

쿰란 동굴에서 발견된 〈이사야〉 두루마리
사해사본의 이 두루마리는 그 이전의 제일 오래된 레닌그라드 사본(1008년)이나 표준 마소라 본문보다 천 년 이상 더 오래된 것이었으나 너무도 흡사하여 말씀에 대한 신뢰를 더해 주었다.

마소라 본문(The Massoretic Text)
히브리어 성경의 표준 본문을 마소라 본문(마소라 텍스트, 마소라 사본)이라 한다(약어는 MT). 주후 5세기 말부터 바벨론과 디베랴에서 일한 '마소라'('전승자'란 뜻)로 알려진 학자들에 의해 만들어졌다. 이 과정을 통해 발성기호, 모음을 붙였다. 현재 주로 대본으로 사용하는 것은 930년경 완성된 것으로 현재 예언서만 예루살렘에 남아 있는 알렙포 코덱스(Codex Aleppo, Aleppo는 시리아 북부에 있는 지방)와 다른 하나는 가장 대표적인 것으로 1008년에 완성된 레닌그라드 코덱스(Codex Leningradensis)로서 구약성서 전체를 포함하고 있다. 이밖에도 1105년에 쓰여진 예언서로 "로이클린 코덱스(Codex Reuchliana of the Prophets)" 등 500년이 이후 여러 코덱스들이 만들어졌다. (UBS 세계성서공회판, 굿뉴스 바이블, 용어사전) 〈대한성서공회 홈페이지 '성서에 관하여'〉.

히브리어 본문(구약성서: 타나크).
아래의 것들은 모두 독일성서공회에서 출간하였다.

(1) BHK(베하카) - Biblia Hebraica Kittel. 1909년 판은 랍비성서를, 1937년판은 레닌그라드 코덱스(Codex Leningradensis)를 주로 사용하였다. BHS 이전까지 사용하였다.

(2) BHS(베하에스) - Biblia Hebraica Stutgartensia. 1967년 출간, 역시 레닌그라드 코덱스 사용하였다, 오늘날 세계적으로 제4판을 사용하고 있다.

(3) BHQ(베하쿠) - Biblia Hebraica Qiunta. 1990년 편집위원회 구성, 알렙포 코덱스(Codex Aleppo)와 레닌그라드 코덱스(Codex Leningradensis) 사용. 현재도 작업 중이다. (한동구, 《구약세계》 참고)

寫)되었고, 높이 25cm, 총 연장 7.3m에 달하며 17장으로 이루어져 있다. 이 사본은 주후 11세기의 '표준 마소라 본문'과 놀랄 만큼 흡사하여 성경의 신뢰를 더 얻게 했다.

3. 하늘, 땅, 소, 나귀(사 1:2~3)

(1) 1장에 들어 있는 예언자의 말씀은 그의 활동 말기로 보인다. 따라서 예언의 말 자체가 백성에게 준 영적인 유언이었던 것 같다. 예언자는 일찍이 들어보지 못한 무서운 죄를 백성이 저질렀다고 증언할 자로서 "하늘이여 들으라 땅이여 귀를 기울이라"(1:2)며 하늘과 땅을 불러낸다. 즉 창조의 법과 질서를 지키며 창조 목적을 따르는 자연을 향해 '들으라'고 하신다.

(2) "소는 그 임자를 알고 나귀는 그 주인의 구유를 알건마는 이스라엘은 알지 못하고"(1:3)라 하여 하나님의 사랑을 깨닫지 못한 이스라엘을 책망하기를 유다 백성이 짐승만도 못하다는 것이다.

4. 언제 전쟁이 그치겠는가?(사 2:4)

(1) "그가 열방 사이에 판단하시며 많은 백성을 판결하시리니 무리가 그들의 칼을 쳐서 보습을 만들고 그들의 창을 쳐서 낫을 만들 것이며 이 나라와 저 나라가 다시는 칼을 들고 서로 치지 아니하며 다시는 전쟁을 연습하지 아니하리라"(2:4)고 하였다. 이처럼 인류는 전쟁이 필요 없는 평화의 나라를 소망하지만 세계 각처에서는 전쟁을 통하여 자신들의 세력을 키워나가고 있다.

(2) 열방들이 여호와의 말씀대로 산다면(2:3) 더 이상 전쟁은 없겠고 전쟁 무기(칼, 창)는 농사도구(보습, 낫)가 되어 평화로운 세상이 될 것이므로 그런 날을 소망하여 2:4의 말씀을 유엔본부 앞에 새겨 놓았다. 그러나 온전한 실현은 그리스도의 재림 때에 가서 새 하늘과 새 땅을 통하여 이루어질 것이다.

이사야 7~13장

임마누엘과 메시아 왕국 (중요구절 사 7:14)

임마누엘에 대한 예언이 나온다(7장, 마 1:23). 이사야의 아들 마헬살랄하스바스의 출생은 유다가 심판당할 것임을 예고하고 있다(8장). 메시아의 탄생과 통치를 예언한다(9장). 앗수르의 교만과 그들이 받을 벌, 그리고 구원받을 유다의 남은 백성에 대해 예언한다(10장). 메시아 왕국은 평화로워서 짐승과 어린아이가 함께 하며 이러한 구원에 감사한다(11~12장). 13장부터는 이방에 대한 경고이다.

1. 믿음이란 하나님께서 함께하심을 믿는 것이다. "임마누엘이여 그가 펴는 날개가 네 땅에 가득하리라 하셨느니라…… 이는 하나님이 우리와 함께 계심이니라"(8:8, 10). 이는 앗수르의 군대가 온 유다를 점령할지라도 하나님이 그들과 함께(임마누엘) 하실 것이므로 보호를 받을 것을 예언한 말씀이다. 임마누엘, 이는 메시아의 이름에 대한 예언이기도 하다. 또한 "보라 처녀가 잉태하여 아들을 낳을 것이요 그의 이름을 임마누엘이라 하리라"(7:14, 마 1:23에서 성취) 하였다. 나는 삶에서 임마누엘의 은혜를 누리고 사는가?
2. 이사야가 전한 말씀을 왕과 백성들은 귀 기울여 듣지 아니하였으므로 한동안 공개적으로 선포하지 않았다. 그러나 이사야의 존재 자체와 그 자녀들의 이름(7:3, 8:1~3)이 그가 이전에 선포한 말씀들을 생각나게 하고 경고가 되었다. 이사야는 "너는 증거의 말씀을 싸매며 율법을 내 제자들 가운데에서 봉함하라"(8:16)고 자기를 따르는 사람(제자들)에게 부탁한다. 즉 이사야는 자신의 선포를 글로 적었고 두루마리를 묶어 봉합하였다. 우리의 신앙의 삶에서도 성경과 목사의 설교 노트를 덮어버리게 하면 안 된다.
3. 〈이사야〉에 나오는 많은 메시아에 대한 예언 중에 "흑암에 행하던 백성이 큰 빛을 보고 사망의 그늘진 땅에 거주하던 자에게 빛이 비치도다"(9:2). 이는 예수님의 오심으로 성취되었다(마 4:14~16). 그렇다면 예수님을 믿는 내 심령에도 이 말씀이 성취되었는가? 나는 아직도 흑암 가운데, 그늘진 곳에 거하지는 않는가? 예수님을 영접하면 마음속에 큰 빛이 비춰고 복된 삶으로 이어진다.

7
이름을 임마누엘이라
처녀가 잉태하여
아들을 낳을 것이요

8
마헬살랄하스바스
앗수르 왕 앞에
옮겨질 것임이라

9
메시아 탄생의 예고
큰 빛을 보고

10
앗수르의 교만 여호와께서
채찍을 들어

11 12
메시아 왕국
이새의 줄기에서 한 싹이

13
바벨론에 관한 경고
너희는 애곡할지어다

4. 〈이사야〉의 메시아 예언은 다양하게 나타난다. "이는 한 아기가 우리에게 났고 한 아들을 우리에게 주신 바 되었는데 그의 어깨에는 정사를 메었고 그의 이름은 기묘자라, 모사라, 전능하신 하나님이라, 영존하시는 아버지라, 평강의 왕이라 할 것임이라"(9:6)고 하여 메시아의 이름(별명)에 그 사역을 잘 나타내고 있다. 이사야의 예언에 다윗 왕국의 재건을 미리 내다 본다. 여기에 '평강의 왕' 예수 그리스도에 대한 암시가 들어 있다고 보는 것이다(눅 1:32~33, 2:14, 29~32).

더 살펴보기

1. 이사야가 이름으로 상징 예언(사 8:1~4)

(1) 아름을 지을 때에 그 뜻을 생각하여 짓는 전통은 어느 시대 어디에서나 마찬가지이다. 야곱의 12아들들의 이름은 특별나다(창 29:31~30:24, 35:18). 예언자들도 그러하여 이름이 그들의 메시지가 되기도 하여 호세아는 특별한 이름들을 지어 자녀들의 이름이 당시의 메시지가 되게 했다(호 1:3~9).

(2) 이사야는 아하스 왕과 이야기를 했지만 아무런 변화가 없자 이제는 일반인들에게 경고를 한다. 그는 서판에 적은 이름을 믿을 만한 두 사람에게 보여주었는데 이들은 예루살렘의 정치 상황이 아직 어떻게 전개될 지 모를 때에 이사야가 상징적으로 심판을 예고했다는 사실을 확증할 수 있는 사람들이었다.

(3) '마헬살랄하스바스'라는 이름은 노략질하고 약탈하라는 명령을 뜻하는 이름이 아니라 '노략이 급하고 약탈이 빠르리라'는 사실을 확증해 주는 이름이다. 오래되지 않아 다메섹은 앗수르에게 정복당하였다(주전 732년, 왕하 16:9). 그리고 북국 이스라엘은 앗수르의 포로가 된다(주전 721년, 왕하 17장).

2. 〈이사야〉에 나오는 세 아기

(1) 임마누엘 - "주께서 친히 너희에게 징조를 주실 것이라 보라 처녀가 잉태하여 아들을 낳을 것이요. 그의 이름을 임마누엘이라 하리라" (7:14) 하였다. 이는 메시아 예언으로 마태복음 1:23에서 예언이 성취되었다.

(2) 스알야숩 - '남은 자가 돌아오리라'는 뜻이다(7:3). 이사야는 믿지 않는 아하스 왕에게, 이 아들이 선악을 구별하는 나이가 되기 전에 아하스의 두 원수 베가와 르신이 멸망될 것이라고 말하였다. 이 예언은 앗수르 왕 디글랏빌레셀(주전 732년 다메섹 왕 르신을 살해, 왕하 16:9)과 호세아(이로부터 오래지 않아 베가를 살해, 왕하 15:30)에 의해서 문자 그대로 성취되었다.

(3) 마헬살랄하스바스 - 위 1의 (3) 내용 참고.

3. 예언자(선견자, 선지자, 대언자로도 부름)의 5대 메시지

(1) 역사는 하나님의 손안에 있다(사 10:5~15, 겔 38:3~4, 10~11).

(2) 하나님과의 바른 관계를 촉구했다(사 30:15).

(3) 윤리적 생활을 강조했다(렘 7:1~15, 암 2:7~8).

(4) 하나님의 심판을 경고했다(사 6:13, 28:5, 29:5, 31:5, 암 1:11이하).

(5) 메시아 왕국을 선포했다(사 54:10, 렘 31:31~34, 겔 37:26~27).

4. 선지서를 읽는 시각은 입체적이어야 한다.

(1) 선지자들의 사명은 ① 그때 당시를 위한 사명과 ② 미래의 사건을 예언하는 사명이 있다.

(2) 선지자들의 말씀은 대부분 역사상의 다음의 4개 시점을 대상으로 삼았다. ① 선지자의 당대, ② 다가올 포로 시기(앗수르, 바벨론)와 그 뒤의 회복, ③ 메시아의 강림, ④ 천년왕국시대이다.

예언의 4개 대상 시점

예언자들의 예언 대상은 당대뿐 아니라 미래를 내다보는 여러 시점을 보여주는 경우가 많다. 위의 [더 살펴보기]와 이 그림을 잘 살펴보라. 이 그림은 어빙 젠센이 작성한 것이다.(Jensen L. Irving, 《A Self-study Guide》, Vol 15, p.31)

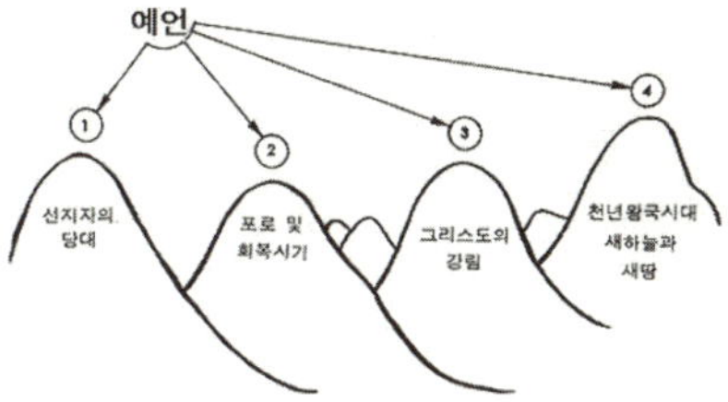

14
조롱당하는 바벨론
아침의 아들 계명성이여

15
모압에 관한 경고
하룻밤에 모압 알이 망하여

16
모압의 죄악과 심판
모압의 교만을 들었나니

17
다메섹에 관한 경고
많은 민족이 소동하였으되

18
구스의 멸망과 회개
슬프다 구스의 강 건너편 땅

19
애굽의 쇠퇴와 패망
어지러운 마음을
섞으셨으므로

20
앗수르에 망할 애굽과 구스
벗은 몸, 벗은 발로 다니며

이사야 14~20장

열국(열방)에 대한 예언 (중요구절 사 14:24)

13~23장은 '이방 나라(열방, 열국)에 대한 경고'가 나온다. 이방에 대한 예언을 공부할 때에 각 장의 예언 대상이 누구인가를 아래의 '더 살펴보기'에서 살펴보며 성경에 표시를 하라. 시대를 꿰뚫는 이사야의 예리한 메시지를 들을 수 있다.

1. 모압에 임할 심판에 대한 말씀(15~16장) 가운데 "다윗의 장막에 인자함으로 왕위가 굳게 설 것이요"(16:5)는 메시아를 예언하고 있는 말씀이다. 힘 있는 자가 힘없는 자를 괴롭히는 이 세상에 드디어 메시아가 등장하여 공평과 정의로 행하게 될 때가 올 것을 예언하고 있다. '힘이 곧 정의이다'라는 세상의 논리는 정치나 경제 세계에서 그대로 이루어졌다. 따라서 의로운 자들의 고난도 이어졌다. 메시아의 왕위는 '인자함으로'이다. 재림하실 주님은 정의와 공평을 이루는 분이시다.
2. 이사야는 '다메섹, 모압, 바벨론의 동향'등 세계의 정세를 잘 알고 있는 역사에 민감한 예언자였다. "다메섹이 장차 성읍을 이루지 못하고 무너진 무더기가 될 것이라"(17:1), "슬프다 많은 민족이 소동하였으되…… 주께서 그들을 꾸짖으시리니"(17:12~13)라고 예언하였다. 설교자가 하나님 말씀은 들려주지 않고 시사 해설만 한다면 문제겠지만 그렇다고 세계의 정세를 모르고는 복음을 전할 수 없다. 복음은 추상적인 것이 아니라 세계 속에 살아가며 이 시대에서 고통당하는 사람들을 향해 들려주는 것이어야 한다. 이사야는 현실 속에서 여전히 희망을 가지고 하나님의 길을 부단히 발견하고자 했던 것이다.
3. 〈이사야〉 18장의 배경은 이렇다. 당시 유다 왕 히스기야는 앗수르의 침입에 대항하기 위하여 애굽에 의지하기를 원했고, 이에 대해 구스(누비아) 왕 샤바카(주전 711~700년)는 사절단을 예루살렘에 보내어 원조를 자청하여 외교 교섭을 하게 했다. 그러나 여호와께서 앗수르를 심판하시기 때문에 구스의 자청을 거절하라는 것이 이사야의 예언이다. 정치적으로는 당시 애굽까지 지배를 했던 구스를 의지하는 것이

사는 길 같아 보이는데 하나님은 구스를 의지하지 말라는 데 인간의 고민이 있다. 보이지 않는 하나님과 당장 눈앞의 보이는 계산에 오늘을 사는 많은 그리스도인들도 고민한다.

4. 〈이사야〉 19장은 애굽에 내릴 심판을 예언하는데. 마지막 23~25절은 구약성경의 다른 여러 곳에서도 나타나는 기대를 표현한다(2:2~4, 습 2:11, 3:9~10, 시 47:9). "그 날에 이스라엘이 애굽 및 앗수르와 더불어 셋이 세계 중에 복이 되리니"(19:24)라 하였다. 이 표현은 〈창세기〉 12:3을 연상하게 해 준다. 이스라엘의 적수였던 애굽과 앗수르와 더불어 하나님을 경배하는 '그 날'이 온다.

더 살펴보기

1. 계명성은 무엇을 말하는가?(사 14:12~14)

(1) 계명성(루시퍼, Lucifer)은 태양의 거대한 빛 앞에 곧 사라지는 샛별에 관한 라틴어(루시퍼)인데, 바벨론 왕의 교만에 대한 이 구절을 〈누가복음〉 10:18과 연관하여 하나님께 반기를 든 막강한 권세를 지닌 타락한 천사로, 사탄이나 마귀로 이해해 왔다. 한편 분명히 인간을 가리키는 〈이사야〉 본문에 사탄의 교리를 내 세우려는 것은 무리라는 견해도 있다(Harold Willmington, 《Bible Study》). 왜냐하면 구약성경 어디에도 이를 말하고 있지 않으며, 신약성경에서는 늘 예수 그리스도께서 통치권을 넘겨받으시려는 것과 관련시키기 때문이다(눅 10:18, 요 12:31, 계 12:7~12).(독일성서공회판《관주해설 성경전서》)

(2) "너 아침의 아들 계명성이여, 어찌 그리 하늘에서 떨어졌으며 너 열국을 엎은 자여 어찌 그리 땅에 찍혔는고 네가 네 마음에 이르기를 내가 하늘에 올라 하나님의 뭇별 위에 내 자리를 높이리라. 내가 북극 집회의 산 위에 앉으리라. 가장 높은 구름에 올라가 지극히 높은 이와 같아지리라 하는도다"(사 14:12~14).

(3) 이 본문에서 다섯의 "내가…… 하리라"(I will)는 말들은 다음과 같다.

이방 나라에 대한 예언(13~23장)

이방나라(열국, 열방)에 해당하는 히브리어 '고임'은 〈이사야〉에서만 보아도 열국(13:4), 열방(14:9), 뭇나라(49:22), 이방나라(60:5) 등으로 번역되었다.《개역한글판》과《개역개정판》이 서로 다르기도 하나, '민족'이라는 번역도 보인다. '고임'은 '열방', '암밈'은 '민족'이 맞는 번역 같다.

성경에 표시를 하면 전체 읽기에 도움이 된다.

(1) 13~14장 – 바벨론의 멸망을 경고
(2) 15~16장 – 모압에 대한 경고
(3) 17장 – 다메섹에 대한 경고
(4) 18장 – 구스(이디오피아)에 임하게 될 재앙
(5) 19장 – 애굽(이집트)에 대한 경고
(6) 20장 – 앗수르 인의 접근
(7) 21장 – 세 가지를 더 경고
①바벨론 정복(1~10절)
②두마(에돔 혹 북아라비아)(11~12절)
③아라비아에 대한 경고(13~17절)
(8) 22장 – 환상의 골짜기에 대한 경고
(9) 23장 – 두로에 관한 경고

21
바벨론, 에돔, 아라비아
함락되었도다
바벨론

22
이상 골짜기에 관한 경고
다윗의 집의 열쇠를

23
두로에 관한 경고
칠십 년이 찬 후에

24
우주적인 심판
영원한 언약을 깨뜨렸음이라

25
여호와를 찬양
주의 이름을
찬송하오리니

26
이스라엘의 찬양
여호와를 신뢰하라

27
구원에 대한 확실성
너희를 하나하나
모으시리라

① "내가 하늘에 올라가리라", ② "내가 하나님의 뭇별 위에 내 자리를 높이리라", ③ "내가 북극 집회의 산 위에 앉으리라", ④ "내가 가장 높은 구름에 오르리라", ⑤ "내가 지극히 높은 자와 같아지리라".

2. 몸으로 예언한 이사야(사 20장)

앗수르의 속국인 블레셋의 도읍 아스돗 왕 아마니는 유다, 기타 제국과 동맹하여 애굽, 구스의 원조에 의뢰하여 앗수르에 대한 반란을 일으켰다. 앗수르 왕 사르곤은 군대를 파견하여 아스돗을 공격하여 주전 711년에 이를 함락시켰다. 그 함락에 이른 3년 간(주전 713~711년), 이사야는 스스로 포로의 복장(벗은 몸, 벗은 발)을 하고 예루살렘 거리를 거닐며 애굽에 의존하는 정책은 무익하다는 것을 몸으로써 예언한 것이다. 3년 뒤에 사르곤의 명령으로 다르단(사령관이었을 것)이 아스돗을 정벌한 뒤에 하나님은 이사야의 상징 행위의 뜻을 밝히신다. 다시 20장을 읽어보면 이해가 쉬울 것이다.

이사야 21~27장

하나님의 심판과 약속 (중요구절 사 26:3)

이방 나라(주변 민족들)에 대한 예언(13~23장)의 연속이다. 즉 유다 주변의 이방 민족에 대한 경고를 하고 있으며 이와 대조적으로 여호와께서 시온에 세우실 그 확고한 기초이며 귀중한 모퉁이 돌이신 메시아를 신뢰하라고 호소한다. 각 장이 어느 나라에 대한 예언인지는 쉽게 구분할 수 있다.
24~27장은 "이사야의 묵시록"이라고도 한다. 묵시록이란 주로 종말의 일을 이상이나 상징으로 묘사한 부류의 문학에 붙여진 명칭이다. 24~27장은 13~23장의 '열방에 대한 예언'의 결론부에 해당한다. 죄악의 세력을 모두 징벌하심으로 최후의 승리를 거두시는 하나님의 모습이 그려져 있다. 24장은 심판에 관한 장이라면 25~27장은 영광스러운 구원에 관한 장이다. 무력하고 보잘 것 없는 백성을 관심의 대상으로 삼으시고 하나님의 백성을 기다리는 기쁨에 대해 묘사한다(25장). 다시 노래로 돌아가 신뢰에 바탕을 둔 노래를 한다(26장). 포도원의 노래는 5장과 대조를 이룬다(27장).

1. 엘리아김은 궁중의 문을 아침에는 열고 저녁에는 닫는 책임을 맡았다. 즉 "다윗의 집의 열쇠를…… 열고…… 닫으면"(22:22)이라는 권한은

오직 왕에게만 속해 있으나 왕이 청지기에게 위임하여 결정(판단)을 내릴 권한을 주었던 것이다. 왕이신 예수님께서 베드로와 교회에게 위임하신 권세의 성격은 바로 그러한 것이다(마 16:19, 18:18, 계 3:7). 따라서 교회는 그 사명이 크다.

2. "땅이 온전히 공허하게 되고 온전히 황무하게"(24:3) 되는 것은 다시 창조 이전의 세계로 돌아간다는 뜻이다. 그 원인은 "땅이 또한 그 주민 아래서 더럽게 되었으니 이는 그들이 율법을 범하며 율례를 어기며 영원한 언약을 깨뜨렸음이라"(24:5)에 나타나 있다. 이것은 창조의 질서, 영광이 파괴된 공허한 세계의 책임이 인간에게 있음을 말한다. 재앙이 어디에서 비롯되었는가를 간파하는 것은 힘이 들 때가 있다. 그러나 율법을 범하고 율례를 어기었음을 인식하고 하나님께 돌아가는 것이다.

3. 25장은 메시아의 왕국 설립을 이스라엘이 찬양하는 것이다. 여호와는 옛적에 정하신 뜻대로 기사를 성실함과 진실함으로 행하셨기 때문이다. 시의 형식을 갖추고 있는 1~5절은 마치 〈시편〉을 연상하게 한다.(시 31:15, 40:6, 86:12, 118:28, 143:10, 145:1). 모세의 노래와 유사한 점이 많이 나타나기도 한다(예를 들면, 출 15:2 - 사 12:2, 25:2, 하나님은 나의 구원이라./ 출 15:7 - 사 47:14, 지푸라기 같이 사른다./ 출 15:16 - 사 8:13, 두려워하며 무서워할 자로 삼으라). 우리는 하나님의 행하신 이적과 기사로 인해 찬양하며, 그 정하신 뜻을 성실하고 진실하게 행하심을 찬양해야 한다.

4. "믿는 이는 다급하게 되지 아니하리로다"(28:16)라고 하였다. 하나님께서 오늘도 나를 사랑해 주시는 줄 믿는 자는 이 세상사에 좌우되지 않음을 말한다. 현실에 사로잡히는 것이 아니라 현실을 포착하는 것이다. 고난이면 고난으로 받아들이고, 기쁨이면 기쁨으로 받아들인다. 바울은 "나는 비천에 처할 줄도 알고 풍부에 처할 줄도 알아"(빌 4:12)라고 하여 우리에게 모범이 되었다.

5. 27:2~11은 '포도원의 노래'이다. 5장의 포도원의 노래와 연속성을 가

이사야의 모습
이사야는 "무리가 그들의 칼을 쳐서 보습을 만들고 그들의 창을 쳐서 낫을 만들 것이며 이 나라와 저 나라가 다시는 칼을 들고 서로 치지 아니하며 다시는 전쟁을 연습하지 아니하리라" 외쳤다(사 2:4). (모싸예 마란츠의 조각 작품)

진다. "여호와는 포도원지기가 됨이여, 때때로 물을 주며 밤낮으로 간수하여 아무든지 이를 해치지 못하게 하리로다"(27:3)라고 하였다. 여기에 하나님의 사랑이 있다. 열매 맺는 포도나무를 돌보는 것은 즐겁지만 열매 없는 포도나무, 기대에 부응하지 못하는 포도원을 돌보며 가꾸는 것은 헛된 일이 아닐까 하며 염려와 아픔이 있다. 이처럼 우리의 상태와 상관없이 하나님은 우리를 사랑해 주신다.

더 살펴보기

1. 리워야단과 용은 무엇인가?(사 27:1)

(1) 리워야단은 우가랏(Ugarit) 문헌에 나오는 '로탄(Lotan)', 즉 바알에게 죽임을 당한 바다 괴물과 같은 말이다. 그 문헌에 의하면 리워야단은 일곱 개의 머리가 있으며 그 몸의 형태가 꼬불꼬불한 뱀과 같았음을 알 수 있다(27:1).

(2) 욥기 3:8, 41:1, 시 74:14, 104:26에는 등장하는데, 〈개역한글판〉에서 '악어'로 번역하던 것을 〈개역개정판〉을 비롯하여 모든 공인본(표준새번역, 공동번역, 가톨릭새번역-레비아탄-)에서는 모두 '리워야단'으로 음역했고, CEV는 마술적 힘이 있는 자(magic powers)로 의역했다. 리워야단은 신화적 영물로만 알려져 있고 그 존재가 밝혀지지는 않았다. 따라서 성경에서는 이 말이 단지 시적, 상징적인 의미로만 쓰여지고 있다. (《성경핵심전과1》469쪽 참고)

(3) 뱀과 용은 성도들을 핍박하는 사탄의 세력을 의미하기도 하지만, 여기서 용은 애굽을, 뱀은 앗수르와 바벨론을 상징하는데, 이들은 틈만 있으면 이스라엘을 집어 삼키려한 적대 세력이다.

리워야단의 멸망(사 27:1)
그 날에 여호와께서 그 견고하고 크고 강한 칼로 날랜 뱀 리워야단, 곧 꼬불꼬불한 뱀 리워야단을 벌하시며 바다에 있는 용을 죽이시리라(구스타브 도레의 그림).

2. 이사야의 예언에 대한 이해

(1) 〈이사야〉를 '예언서 전집'이라 할 수 있다. 1~39장은 역사적 순서와 일치하지는 않는다. 이사야의 활동 초기에 대한 내용은 6:1~9:27이

고, 그 중간 시기는 1~5장, 9:8~12:6에 나오는 여러 진술이며, 말기는 22장, 28~32장, 36~39장(주전 701년 앗수르에 의한 예루살렘 포위)에 해당한다. 다른 부분들은 그 시기를 알기 어렵다. 즉 13~23장은 이방 민족에 대한 심판 선언을 담고 있다. 24~27장은 세상 끝에 관한 묵시 문학적인 본문이다. 33~35장이 역사와 어떻게 연관이 되는지는 거의 알 수가 없다. 36~39장의 〈이사야〉 이야기는 〈열왕기하〉 18~20장과 일치한다.

(2) 40~55장에서는 문체가 완전히 바뀐다. 내용도 바벨론 포로 생활에서 해방되어 예루살렘이 재건될 것에 대해 말한다. 56~66장은 고향으로 돌아온 뒤의 시기를 보여준다. 1~39장의 저자를 이사야로 보는 것과는 달리 40~55장과 56~66장의 저자를 서로 다르게 보는 신학적인 경향들도 있다. (35~37쪽 〈이사야〉 개요 참고)

이사야 28~33장

이스라엘의 불신자에 대한 경고
(중요구절 사 33:15~16)

역사적으로는 28~33장은 주로 유다와 앗수르와의 관계를 언급한다. 그 중에 28~31장은 하나님을 거역하는 백성들에 대한 경고가 나오고, 32~33장은 영광스러운 미래가 나온다.
사마리아(함락 전)와 유다의 지도자들에게 미칠 화에 대해 말하나, 남은 자는 그대로 있게 될 것이다(28장). 입술로만 하나님을 경배하는 예루살렘에 미칠 화에 대하여 말한다(29장). 앗수르의 침략을 두려워하는 유다는 애굽을 의지하고자 하나 애굽을 통해 도움을 얻지 못한다. 구원자는 오직 하나님이시다(30~31장). 먼 미래를 내다보며 의의 왕과 성령의 역사하심으로 얻게 될 항구적인 화평과 공의와 의의 시대를 내다본다(32장). 하나님의 함께하심으로 그의 백성은 버린 바 되지 아니한다(33장).

28 **지도자들의 타락**
술에 빠진 자의 성

29 **예루살렘에 미칠 화**
슬프다 아리엘이여

30 **패역한 나라에 임할 화**
여호와는 정의의 하나님

31 **예루살렘을 보호하심**
새가 그 새끼를 보호함 같이

32 **장차 올 의의 왕**
공의의 결과는 평안

33 **하나님이 함께 하심**
우리를 구원하실 것임

1. 이사야는 "에브라임의 술취한 자들의 교만한 면류관은 화 있을진저"(28:1)라며 책망한다. 술 취한 상태에서 직무를 수행하는 "제사장과 선지자도 독주로 말미암아 옆 걸음 치며…… 환상을 잘못 풀며 재판할 때에 실수하나니"(7절)라 하여 지도자들의 영적 상태를 지적한다. 하

나님의 이름으로 율법을 앞세워 말한다 해도 하나님은 이들을 인정할 수 없고 화가 있을 것이라고 하는 것이다.

2. 성경을 읽으면 얼마나 이해하고 깨닫는가? "그러므로 모든 계시가 너희에게는 봉한 책의 말처럼 되었으니"(29:11) 라고 하였다. 우리가 성경의 인물들과 같은 자세로 서서 성령의 조명하심을 받아야 진정한 의미를 알 수 있다. 성경에 대한 좋은 참고서들은 성경 이해에 도움을 주지만, 본문을 외곡하는 책은 잘못된 길로 인도한다. 우리의 눈이 열리게 기도하며 성경을 읽어야 한다.
3. 하나님은 당신의 백성들을 보호하심에도 불구하고 이스라엘은 애굽에 도움을 구하고, 앗수르를 두려워하였다(31:1~4). 그러나 하나님은 "새가 날개 치며 그 새끼를 보호함 같이 나 만군의 여호와가 예루살렘을 보호할 것이라"(5절) 하셨다. 믿음이란 어떤 상황에서도 하나님이 보호해 주신다는 신정론에 대한 확신이 있어야 한다. 어려울 때에도 세상보다 하나님을 의지해야 한다.
4. 주전 701년 앗수르의 산헤립이 해안지방으로 예루살렘을 함락하고자 공격해 왔을 때를 유다의 히스기야 왕은 협상을 원했고 산헤립은 막대한 예물을 요구하였다. 유다는 이를 수행하고자 했으나 끝내 앗수르는 이 조약을 파기하고 예루살렘 공격을 감행하려 했다. 앗수르의 이러한 배반 행위에 즈음하여 진술한 것이 33장으로 보인다. "여호와를 경외함이 네 보배니라"(33:6)고 하였다. 우리의 보배는 앗수르도, 강대한 어떤 세력도 아닌 여호와를 경외함이다.

더 살펴보기

1. 아리엘은 어디를 가리키는가?(사 29:1~8)

"슬프다 아리엘이여"(29:1)라는 구절에서 '아리엘'은 시온 산(29:8), 즉 예루살렘을 가리킨다고 볼 수 있다. '세삭'이 바벨론의 이름인 것(렘 25:26)처럼 아리엘은 '하나님의 사자(獅子)', '강한 사자'라는 의미가 있어 성읍들도 사람처럼 별명이나 애칭을 갖고 있음을 알 수 있다. 사자가 동물의 왕인 것처럼 예루살렘은 성읍들의 왕으로 실력을 행사하였다(창 49:9). 아리엘이 에스겔 43:15~16에서는 '번제단의 화덕'을 가리킨다. 다윗이 한 때 이 성을 에워쌌듯이(삼하 5:6~9) 하나님께서 예루살렘을 에워싸 하나님의 제단 화덕으로 만드시겠다는 뜻이 있다. 그러나 매년 절기가 돌아오지만 죽은 자처럼 슬프다고 하였다.

2. 예언적인 경고들(유다와 앗수르와의 관계, 사 28~33장)

(1) 28:1~6 사마리아 멸망에 대한 선포, 예루살렘으로 담론을 건넴. / 7~22 애굽을 신뢰하는 어리석음을 지적. / 23~29 하나님의 목적이 확실히 이루어질 것.

(2) 29:1~8 시온도 공격 받을 것이나 원수가 궁극적으로 패배할 것. / 9~16 심판의 원인들. / 17~24 궁극적인 회복을 이야기.

(3) 30:1~7 애굽을 신뢰하는 죄와 그 어리석음. / 8~26 백성의 믿음의 결핍과 그 특징, 영적 상호간의 관계를 묘사. / 27~33 애굽을 의존하는 것은 어리석다.

(4) 31:4~9 여호와께서 자기 백성을 구원하실 것이며 백성은 돌아가야 한다.

(5) 32:1~8 왕이신 주님이 공의로 통치하시기에 그 안에서만 복이 있다. / 9~10 황폐가 계속되어 높으신 곳에서 성령이 부어질 것이다.

(6) 33:1~24 침략하는 앗수르의 결말이 선포되며 황폐된 다음 회복될 것이다.

출토된 이스라엘의 토기들 (렘 18:1~4)
하나님께서 예레미야에게 "토기장이의 집으로 내려가라"(렘 18:2)하여 진흙으로 토기장이 손에서 그릇이 만들어지듯 하나님의 절대권을 보여주고 있다. (이스라엘 갈릴리 가나, 물항아리로 사용한 것들이다. ©이원희.)

3. 애굽을 의지하는 유다의 죄(사 30:1~3)

(1) 남국 유다는 북국 이스라엘을 치기 위하여 아람 군대에게 도움을 요청했으며(왕하 16:7), 앗수르의 침공을 막기 위하여 애굽에 도움을 요청하였다. 그러나 하나님은 "바로의 세력이 너희의 수치가 되며 애굽의 그늘에 피함이 너희의 수욕이 될 것이라"(30:2)고 하였다.

(2) 하나님의 백성은 동맹을 체결하되 하나님의 동의(하나님의 신)로 하지 아니하였고 '하나님의 입'에 묻지 않았다. 즉 그들은 환난의 날에 하나님을 떠났다. 그리고는 '애굽의 그늘'에 피하려 하였기에 결국 하나님의 힘과 능력에 대한 불신이 되었고 하나님은 "애굽의 그늘에 피함이 너희의 수욕이 될 것이라"(30:3)고 경고했다.

(3) 애굽으로 내려간 유다의 죄는 물질주의로 부패한 정신이며 인본주의의 노예가 된 것이다. 하나님의 백성이 핍박을 당할 때에 하나님의 약속을 불신하고 인간적 도움에 의지한 것이 인류의 죄이다. 이러한 현상은 현대교회나 성도들도 범하기 쉬운 죄이다(왕상 8:38, 시 42:8, 행 1:14, 롬 12:12). (강병도,《QA시리즈 이사야》)

34
나라들에 대한 심판: 에돔
큰 살륙이 에돔 땅에 있음이라

35
이스라엘의 장래
구속함을 입은 자들

36 37
도전하는 앗수르
다윗을 위하여
이 성을 보호하리라

38
죽을병이 나은 히스기야
네 수한에 십오 년을 더하고

39
히스기야의 실수
바벨론으로 옮긴 바 되고

이사야 34~39장

예루살렘의 위험과 그 구원 (중요구절 사 34:16)

에돔을 심판하시듯이 또한 열방에 내릴 심판을 말씀하신다(34장). 반면에 구속함을 입은 하나님의 백성에 대한 축복의 미래를 보여 준다(35장). 앗수르 왕 산헤립이 예루살렘을 공격하려 하나 히스기야는 기도하므로 이 일에서 구원받는다(36~37장). 히스기야가 병들어 죽게 되었을 때에 하나님께 기도하여 병에서 놓임을 받고 십오 년의 생명이 연장된다(38장). 그러나 히스기야는 바벨론 왕 므로닥발라단이 보낸 사신에게 교만하므로 하나님은 '바벨론으로 옮긴바 되리라'고 말씀하신다(39장).

1. 구원을 노래한다. "황야와 메마른 땅이 기뻐하며 사막이 백합화 같이 피어 즐거워하며…… 그 때에 맹인의 눈이 밝을 것이며 못 듣는 사람의 귀가 열릴 것이며 그 때에 저는 자는 사슴 같이 뛸 것이며 말 못하는 자의 혀는 노래하리니"(35:1, 5~6). 장애로 고생하는 분들에게 이 보다 더 큰 소망은 없다. 그 소망의 곳에는 "여호와께 속량함을 받은 자"(10절)만이 갈 수 있게 된다.
2. 앗수르 왕 산헤립의 유다에 대한 침략(주전 701년)에 대처하는 히스기야 왕(주전 715~687년)은 무엇보다 하나님께 나가서 "여호와여 귀를 기울여 들으시옵소서. 여호와여 눈을 뜨고 보시옵소서"라고 간절

히 기도한다(37:14~20). 하나님은 "내 종 다윗을 위하여 이 성을 보호하며 구원하리라"(37:35)고 하신다. 그대는 어려운 문제를 만나면 어떻게 해결하려 하는가? 기도하기 전에 인간적으로 도움 얻을 사람을 먼저 떠올리는가? 모든 일에 여호와께 먼저 묻는 지혜가 필요하다(수 9:14~15).

3. 히스기야 왕이 병들어 죽게 되었을 때 "여호와여 구하오니 내가 주 앞에서 진실과 전심으로 행하며 주의 목전에서 선하게 행한 것을 기억하옵소서"(38:3)라고 통곡하므로 하나님의 긍휼을 입어 수한이 15년을 더한다(38:1~8). 히스기야가 병이 나은 때 기록한 기도문(노래)은 〈열왕기〉에는 나오지 않고 이곳에만 나온다(38:9~20). 우리가 죽음 앞에 놓였을 때 히스기야처럼 하나님께 매달리는 것이 믿음이요 또한 하나님의 은혜를 체험한 후에는 신앙고백(기도)을 할 수 있어야 한다.
4. "바벨론 왕 므로닥발라단이 히스기야가 병 들었다가 나았다 함을 듣고"(39:1) 사신을 보낸다. 그런데 히스기야는 자랑삼아 궁중의 소유와 전 국내의 소유를 다 보여주므로 이사야를 통하여 책망을 받는다. "오늘까지 쌓아둔 것이 모두 바벨론으로 옮긴 바 되고 남을 것이 없으리라"(6절)고 예언한다. 이 예언에 대해 "여호와의 말씀이 옳소이다…… 내 생전에는 평안과 견고함이 있으리로다"(8절)라는 것은 이기적인 것 같지만 하나님의 뜻을 수용한다는 의미로 볼 수 있다(왕하 20:19).

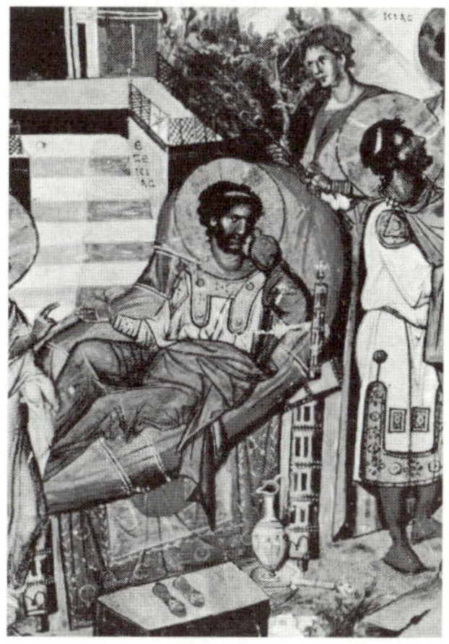

병들어 죽게 된 히스기야(사 38장)
이사야의 예언을 들은 히스기야 왕은 벽을 향해 통곡하므로 죽을 병에서 구원받았다(왕하 20:1-11, 대하 32:24~26). (10세기의 '파리의 시편'의 삽화, 파리 국립도서관 소장)

더 살펴보기

1. 히스기야 생애의 역사적 위치

구약성경을 보다 잘 이해하려면 역사적인 위치를 살펴보는 연구가 필요하다. 〈이사야〉 36~39장의 대부분은 〈열왕기하〉 18~19장(대하 32장)과 광범위하게 일치하다. 같은 사건을 다른 관점에서 기록한 것이다. 38:9~20의 히스기야가 병들었다가 나을 때에 기록한 글은 이사야의 감사의 노래(기도)는 〈열왕기〉에는 없고 〈이사야〉에만 나온다.

(1) 북 이스라엘이 앗수르에 멸망한 것은 주전 721년이다. - 왕하 17장

(2) 앗수르가 유다를 침략한 때는 주전 701년이다. - 왕하 18~19장, 렘 36~39장

(3) 앗수르는 612년 바벨론의 나보폴라살에게 멸망한다.

(4) 이사야의 예언 시기는 길기 때문에 그의 예언이 어느 왕의 통치 때인가를 살펴보고, 〈열왕기〉와 〈역대기〉를 함께 보면 예언의 배경 및 연대를 연결해서 알 수 있다. 이것은 결코 어려운 작업이 아니므로 시도해 볼 만한 가치가 있다. (《성경핵심전과1》의 왕하 14~25장, 대하 31~36장 '더 살펴보기' 내용 참고).

2. 메시아에 대한 예언 살펴보기(사 35:5~6)

본문은 천년왕국시대에 가서야 궁극적으로 성취될 것이지만, 부분적으로는 그리스도의 사역을 언급한다.

(1) 눈먼 자의 눈이 밝아질 것이다(마 9:29, 막 8:25, 요 9:7, 마 12:22, 20:34).

(2) 못 듣는 자의 귀가 열릴 것이다(마 11:5, 막 7:34).

(3) 저는 자의 굽은 발이 곧아질 것이다(마 9:2, 막 2:13, 요 5:8).

3. 〈이사야〉에 나타난 노래들

〈이사야〉는 예언서지만 노래와 후렴이 본서 전체에 걸쳐 나타난다. 대표적인 몇 가지만 본다.

(1) 포도원의 노래(5장)

(2) 구원받은 자의 노래(12장)

(3) 꽃 피는 사막의 노래(35장)

(4) 회복된 아내의 노래(54장)

〈이사야〉를 인용한 신약성경

다음의 신약성경을 찾으면 〈이사야〉의 어느 곳을 인용했는지를 '관주'를 통해 쉽게 찾게 되며 성경공부의 재미를 발견하게 될 것이다

(1) 세례 요한의 사역 (마 3:3, 눅 3:4, 요 1:23)
(2) 그리스도의 이방 사역 (마 4:14~16, 12:17~21)
(3) 장차 있을 그리스도의 이방 통치 (롬 15:12)
(4) 그리스도의 치유 사역(마 8:17)
(5) 이스라엘의 눈 먼 상태 (마 13:14~15, 행 28:25~27)
(6) 이스라엘의 위선(마 15:7~9)
(7) 이스라엘의 불순종(롬 10:16, 20)
(8) 이스라엘의 구원받은 남은 자들 (롬 9:27~29)
(9) 그리스도의 고난(행 8:28~33)
(10) 그리스도의 기름부음 (눅 4:17~19)

이사야 40~48장

위로의 심판, 유다의 구원 (중요구절 사 42:6~7)

1~39장은 주로 앗수르의 위협을 다루어 왔으나 이제는 그 위기가 사라졌고 새로운 상황을 위한 말씀이 주어진다. 즉 바벨론 포로가 되지만 하나님의 택한 종 고레스에 의해 고국으로 돌아오게 됨으로 위로를 받는다. 40~48장은 포로생활의 막바지에 이른 바벨론의 유다 백성에 대해 말씀하고 있다(현대학자들은 40~55장을 '제2이사야', 56~66장을 '제3이사야'로 분류하는 경향이 있다. ['더 살펴보기' 참고]).
바벨론에서의 노역(포로생활)이 끝났으므로 해방에 대한 소망을 준다(40장). 민족들을 소환하는 소리는 준엄하나 이스라엘에게는 사랑으로 대하여 도와주리라 하신다(41장). 만민을 구원하시는 메시아의 예언이다(42장). 불순종한 이스라엘이지만 용서하시고 사랑하신다(43장). 하나님은 이방인 고레스를 '내 목자'라시며 그를 통해 행하실 구원을 말씀하신다(44~45장). 벨과 느보를 섬기는 바벨론의 우상은 파괴되며 그 나라도 몰락할 것이다(46~47장, 13~14장, 렘 50~51장). 패역한 이스라엘이 하나님을 거역함에도 하나님은 참으시며 당신의 이름과 영광을 다른 자에게 주지 아니하신다(48장).

1. "두려워하지 말라…… 놀라지 말라…… 너를 도와주리라"(41:10). 듣기에 좋고 감사한 말씀이다. 이렇게 하시는 목적은 무엇일까? "너를 세워 백성의 언약과 이방의 빛이 되게 하리니"(42:6)라는 말씀에서 보듯이 할 일을 찾아 해야 한다. 하나님께 받을 것만 생각하지 말고 은혜에 응답해야 한다.
2. 메시아의 성품은 복음서에서 얼마든지 볼 수 있다. "상한 갈대를 꺾지 아니하며"(42:2~3). 예수님은 간음하다 현장에서 붙잡힌 여인을 용서하시며 '다시는 죄를 짓지 말라'고 하셨다(요 8:1~11). "꺼져 가는 등불을 끄지 아니하고"(42:2~3)는 악한 영의 군대를 쫓아내신 일에서도 알수 있다(막 5:1~20).
3. "고레스에 대하여는 이르기를 내 목자라 그가 나의 모든 기쁨을 성취하리라"(44:26) 했고 "여호와께서 그의 기름 부음을 받은 고레스에게 이같이 말씀하시되 내가 그의 오른손을 붙들고"(45:1)라 하였다. 하나님은 바사가 바벨론을 무찌르고 유다에게 준 해방령(스 1:1, 주전 538년)은 역사적 사건보다 하나님의 섭리에 의한 해방임을 말씀하신다(45:4~5). 그래서 그를 '기름 부음을 받은 자'(메시아), '그의 오른손을 붙들어 주신다'고 하신다. (《성경핵심전과1》 406~409쪽 〈에스라〉 1~6장

40
여호와로 인한 위로
내 백성을 위로하라

41
이스라엘의 궁극적 위로
두려워 말라 놀라지 말라

42
만민을 위한 빛
내가 택한 사람을 보라

43
이스라엘의 구속과 회복
너는 내 것이라

44 45
이스라엘의 귀환 예언
고레스: 그는 내 목자라

46
바벨론 우상의 파괴
벨은 엎드러 졌고

47
바벨론의 몰락
재앙이 네게 임하리라

48
패역과 구원약속
내 이름을 위하여

내용 참고)

4. "너희가 노년에 이르기까지…… 백발이 되기까지 내가 너희를 품을 것이라"(46:4). 하나님께서 이스라엘 집의 남은 자에 대한 위로의 약속이다. 〈시편〉 기자도 "하나님이여 내가 늙어 백발이 될 때에도 나를 버리지 마시며"(시 71:18)라고 하였다. 장수 자체도 복이며 복과 함께 하나님께서 품어(보호해) 주신다.

더 살펴보기

1. 〈이사야〉의 〈제1, 제2 이사야〉에 대한 견해

〈이사야〉를 〈제1이사야〉(1~39장), 〈제2이사야〉(40~66장)로 구분하는 것은 18세기 독일의 되덜라인(1745~1780, J. C. Doederlein)부터 시작된 학설이다. 1~39장의 배경은 동시대인 왕정시대이지만 이사야 40~66장은 왕정시대의 이사야가 아닌 포로기 이후의 다른 이사야가 저자라는 것이다. 현대에는 제3이사야(56~66장)를 따로 나눈다. 유대에 해방령(주전 538년)을 내린 바사의 "고레스에 대하여는 이르기를 내 목자라"(44:28)는 구절을 보면 "웃시야와 요담과 아하스와 히스기야 시대에"(1:1)라는 구절이 지적하듯 주전 700년대의 배경이므로 그 시차를 제2이사야로 보는 것이다. 여기에 대하여 전통적인 입장에서는 반론을 펴며 왕정시대의 이사야, 한 사람의 저작으로 본다.

바벨론의 궁중 복원도
예언자들은 다가올 바벨론으로 인한 유다의 멸망을 예언하였다. 또 바벨론의 파멸도 예고되었다(사 3~14장, 렘 50~51장). 전설적인 이 공중정원이 웅장하게 복원된 이시탈문 뒤로 보인다.

2. 〈이사야〉에 언급된 대표적 인물 10인

(1) 이사야(6:1~3) - 〈이사야〉의 저자이며 하나님의 영광을 본 선지자이다. 하나님의 신실하심을 보여 주는 징조를 악한 왕 아하스에게 전하도록 명령받았다(7:3). 두 아들에게 장차 일어날 일을 예언하는 이름을 지어 주었다(스알야숩, 마헬살랄하스바스, 7:3, 8:3). 하나님께서 애굽과 구스에게 내리실 환난을 상징적으로 나타내기 위해 삼 년 동안 맨발로 벌거벗고 지낼 것을 명령받았다(20:1~6).

(2) 아하스(7:1~25) - 유다의 12대 왕으로 아들 히스기야와 달리 악을 행하였다. 유다의 곤고한 시기에 하나님께서 신실함을 보이신 은혜로운 징조를 거부하였다.

(3) 셉나(22:15~25) - 히스기야 통치 초기의 인물로 보인다. 방탕하고 이기적인 궁중 관리인이었으며, 하나님으로부터 질책을 받아 관직에서 쫓겨나고 무시당하였다.

(7) 히스기야(36:1) - 하나님께서 예루살렘을 구원하실 때에 왕위에 있었던 유다의 제13대 왕(주전 715~687년 통치)으로, 후에 하나님으로부터 생명을 15년 연장받았다(왕하 18~20장).

(5) 랍사게(36:2) - 앗수르 왕 산헤립이 예루살렘을 포위할 때의 오만한 앗수르의 떠벌이 대변인이다.

(4) 엘리아김(36:3) - 이기적인 셉나를 대신하였으며, 앗수르 왕 산헤립의 침략으로 인한 위기 때에 히스기야의 대변인이다.

(6) 산헤립(37:21) - 예루살렘을 파괴하려는 앗수르의 왕이자 총사령관인 산헤립의 계획은 하나님께서 보내신 죽음의 천사들에 의해 완전히 좌절되었다.

(8) 므로닥발라단(39:1) - 히스기야의 병세 회복을 축하한다는 명목으로 사신들을 보낸 바벨론의 왕이다. 이들은 정탐꾼들로 보이며 진짜 사명은 예루살렘의 부(富)가 어느 정도인지, 어디에 있는지를 알아내는 것이었다.

(9) 외치는 자(40:3~5) - 여기서 '세례 요한'이라고 직접 언급되지는 않았으나 〈마태복음〉 3:1~3, 〈마가복음〉 1:2~3, 〈누가복음〉 3:2~6, 〈요한복음〉 1:23과 비교하면 세례 요한에 대한 예언으로 해석한다.

(10) 고레스(44:28, 45:1) - 바사 왕으로, 그의 이름과 유다의 남은 자들에게 베풀어 줄 일(예루살렘으로 돌아가 성전을 재건하도록 허락함)을 〈이사야(제2이사야)〉가 예언하였다. (Harold Willmington, 《Bible Study》).

49
여호와의 종의 임무
나의 종이요
내 영광을 네 속에

50
여호와의 종의 고난
내 얼굴을 가리지 아니함

51
시온에 대한 영원한 구원
노래하며 시온으로

52
구원과 해방의 선언
하나님의 구원을 보았도다

53
메시아의 고난
우리의 죄악 때문이라

54
회복된 이스라엘의 영광
너를 긍휼히 여기리라

55
여호와의 구원의 초대
돈 없이, 값없이 와서

이사야 49~55장

메시아의 고난과 영광 (중요구절 사 53:5)

49장부터 나온 '이스라엘의 사명'에 대한 말씀이 55장까지 계속된다. 여호와의 종은 이방의 빛이시며 절망자를 위로하며 동정과 회복을 이루신다(49장, 42:1~7도 보라). 여호와의 종의 고난과 배척이 처음 언급된다(50장, 53장에서는 구체적으로 언급). 특히 고난을 당하는 메시아의 모습이 두드러진다. 하나님의 분노의 잔을 마신 이스라엘은 흑암 중에 낙망하나 하나님은 그들을 위로하신다(51장). 하나님은 이방에 있는 이스라엘에게 구원을 나타내실 것을 말씀하신다(52장). 메시아의 고난에 대한 구체적인 묘사가 되어 있다(53장, 복음서의 수난 장면들을 함께 보라). 하나님은 그의 백성에게 사랑을 확약하신다(54장). 장막터를 넓혀서 모든 사람을 초청하시고, 돈 없이 값없이 와서 하나님을 만나라 하신다(55장).

1. 이스라엘의 사명은 하나님의 영광을 만방에 나타내는 것이다(49:3). 그러나 이스라엘은 선민사상에 사로잡혀 이 일을 감당하지 못했다. 출애굽하고 시내 산에 도착했을 때도 하나님은 이스라엘에게 "너희가 내게 대하여 제사장 나라가 되며 거룩한 백성이 되리라"(출 19:6) 하였다. 하나님께서 나를 구원하신 목적은 나만 믿고 천국 가라는 것이 아니라 구원의 소식을 전하라는 사명이 있는 것이다.
2. 믿음은 하나님으로 인해 희망을 갖는 것이다. 바벨론 포로 생활로 지친 자들에게 "시온이여 깰지어다 깰지어다"(52:1)라고 하였듯이 예수님도 제자들을 향해 "깨어 있으라"(마 24:42, 25:13)는 말씀을 자주 하셨다. 우리는 눈에 보이는 현실에 집착하기 쉽지만, 참다운 현실은 하나님이 원하시는 일이다. 38년 동안 병을 앓아온 사람이나 주변의 사람들은 단념했으나 예수님은 "네가 낫고자 하느냐"(요 5:6)는 새 현실을 제시한 것이다. 포로생활이 일상생활이 되어 있는 자에게 '깨라'하심처럼 내게 '깰지어다'하신다.
3. 〈이사야〉에는 메시아 예언이 많이 나온다. 그 중에 53장은 수난받는 그리스도의 모습을 보여 준다. "그가 찔림은 우리의 허물 때문이요…… 곤욕을 당하여 괴로울 때에도 그의 입을 열지 아니하였음이여"(53:5, 7). 이러한 예언대로 예수님께서 친히 고난을 겪으신다. 그 분의 낮아지심과 고난은 자기 백성들을 위한 것이다. 그 은혜에 감사하고 사는 것은 당연한 일이다.

4. 예언자는 하나님의 위탁을 받아서 귀환한 백성에게 다가올 알찬 삶을 선포한다. 마치 장터의 언어와 같이 "돈 없이, 값없이 와서 포도주와 젖을 사라"(55:1) 하시는 하나님의 은혜의 초청이다. 이런 은혜는 계속됨으로 예수님은 "수고하고 무거운 짐 진 자들아 다 내게로 오라"(마 11:28) 하신다. 목마름을 해소해 보려고 방황하는 인생에게 이보다 더 큰 은혜의 초청은 없다.

더 살펴보기

1. 메시아에 대한 노래(여호와의 종)

(1) 첫 번째 노래(42:1~7) - 이스라엘을 사랑과 정의로 베푸실 메시아에 대한 예언으로 그는 상한 갈대를 꺾지 않고 진리로 공의를 베푸시는 분이다. 백성의 언약과 이방의 빛이 되신다.

(2) 두 번째 노래(49:1~7) - 메시아는 탄생 때부터 이름(예수)이 주어질 것(49:1, 마 1:21)과 이스라엘 뿐 아니라 이방인들을 구원하실 분이라는 사실이 예언되었다.

(3) 세 번째 노래(50:4~11) - 그리스도는 아버지께서 가르치신 대로 학자처럼 말씀할 것이며, 수난과 모욕을 당하실 것을 예언하고 있다.

(4) 네 번째 노래(52:13~53:12) - 고난 받으실 메시아 그리스도의 모습을 구약성경에서 가장 구체적으로 예언하고 있다. 자기 백성들의 죄를 짊어질 '고난의 종'이 오실 것이다.

〈이사야〉에서 말하는 '종'은 누구인가?(37:35, 41:8, 42:1 등)

(1) 다윗(37:35) - "대저 내가 나를 위하여, 내 '종' 다윗을 위하여 이 성을 보호하며 구원하리라"

(2) 이스라엘 민족(41:8~11, 43:1~10, 44:1~8, 21장, 45:4, 48:20)
41:8 - "나의 '종' 너 이스라엘아, 나의 택한 야곱아"

(3) 메시아(42:1~12, 49:5~7, 50:4~6, 52:13~15, 53:1~12)
42:1 - "내가 붙드는 나의 '종' 내 마음에 기뻐하는 자, 곧 내가 택한 사람을 보라"

2. 종 되신 메시아에 대한 예언의 실제(사 49:1~6)

'종'은 매우 천한 위치의 사람이지만 '하나님의 종'이라고 하면 오히려 자랑스러운 위치이다. 메시아는 "여호와 보시기에 영화롭게 되었으며"(49:5)라고 하였고 "네가 나의 종이 되어"(6절)라고 하였다. 여호와의 종은 지극히 낮아진 자요, 지극히 높아져 존귀해지신 자로서 이중적인 요소를 함께 지닌다.

(1) 지극히 낮아지신 종 - 육신으로 세상에 오셨다./ 천하게 마구간에서 태어나셨다./ 동족 때문에 고국에서 쫓겨났다./ 머리 둘 곳조차 없으셨다./ 제자에게 배신을 당하셨다./ 죄인처럼 감금을 당하셨다. / 매를 맞고 조롱을 당하시며 침 뱉음을 당하셨다./ 십자가에 못 박혀 죽으셨다./ 무덤 속에 장사 지내셨다.

(2) 높아지셔서 존귀해 지신 종 - 죽으시고 음부에 내려가셔서 옥에 있는 영들에게 선포하시고 지옥의 권세를 무너뜨린 후에 부활하셨다. 죽음의 권세를 이기시고 40일간 무리들에게 나타나셨으며, 그 후 승천하셔서 하나님 우편에 앉으셨다. 〈빌립보서〉 2:9~12은 그의 높아지심을 말씀하신다.

3. 메시아의 고난 예언과 성취

(1) 복음서에서 〈이사야〉의 예언의 성취를 찾는 것은 쉬운 일이다.
53:5~9 →마 27:11~13, 26~31, 41~44, 57~60과 비교하라.
53:4~6, 10~12 → 롬 5:6~9, 18~19, 벧전 2:21~24, 빌 2:5~13과 비교하라.

(2) 아래의 표는 더 구체적으로 〈베드로전서〉의 내용과 비교한 것이다.

이사야	베드로전서	비교 (중심 내용)
53:4	2:21	죄인들을 위해 고난 받으심
53:5	2:24	대속자 예수 그리스도
53:6	2:25	죄인들을 하나님께로 인도하심
53:7	2:23	그리스도의 순종하는 인내심
53:9	2:22	거짓이 없는 의인의 입
53:12	2:24	죄를 대속하기 위해 십자가를 지심

이사야 56~60장

심판과 예언 (중요구절 사 56:7하반절)

56~66장(이 부분을 '제3이사야'로 분류하기도 한다)까지는 이스라엘의 수치와 영광에 대해, 즉 죄와 실패에 대한 말씀과 미래에 대한 말씀이 함께 나온다. 주전 538년 바벨론 포로에서 귀환한 후에 예루살렘에서의 삶을 주로 다루고 있다. '이스라엘에 대한 하나님의 책망'이 나오고(56~59장) '회복된 시온의 영광'에 대해 말씀한다(60장).

1. 이스라엘은 자식 없음을 저주로 여긴 이유는 죽은 자에 대한 기억이 보존될 수 없기 때문이다. 후손들의 이름 가운데 계속 살아남을 수 없는 경우, 예루살렘 성전 구내에 있는 "기념물과 이름"(56:5)이 잊혀지지 않도록 할 것이다(신 25:10). 20세기 나치에 의한 유대인의 대학살 희생자를 기념하여 예루살렘에 만들어둔 장소가 '야드 와쉠'인 것은 이 성경구절을 따른 것인데, 이는 곧 "기념물(손)과 이름"을 뜻한다.
2. "내 집은 만민이 기도하는 집이라"(56:7, 막 11:17 참고). 유대인들의 일반적인 인식은 자신들만 구원받는다는 선민사상에 근거하여 이방인을 무시했다. 그러나 56:1~8에는 이방인에 대한 언약을 말씀하고 있다. 만민이 기도하는 집이니 결국은 이방인도 성전에서 기도하며 하나님을 만나게 되는 것이다. '주의 집에 사는 자들은 자는 복이 있다'(시 84:4)는 고라 자손들의 시처럼 성전에 모여 기도하는 것이 복이다.
3. "이스라엘의 파수꾼들은 맹인이요 다 무지하며 벙어리 개들이라"(56:10). 이 독설은 당시의 영적 지도자들의 무지와 무책임을 꼬집은 말이다. 어찌 맹인 된 지도자가 사람들을 인도하겠는가? 짖어야 될 개가 짖지 못하듯, 외쳐야 할 하나님의 종이 외치지 못하면 맹인이요 벙어리 개인 것이다.
4. 당시의 유대인들은 안식일이나 금식 등의 종교의식을 열심히 준수하면 안심이라는 생각에 빠져 있었다. 그들은 "우리가 금식하되 어찌하여 주께서 보지 아니하시오며"(58:3) 하면서 자신의 의를 내세우며 응답하시지 않는 하나님께 불만을 갖고 있었다. 이에 대해 하나님은 "너희가 금식하는 날에 오락을 구하며 온갖 일을 시키는도다. 보라 너희

56
이방인들의 구원
내 집은 만민이 기도하는 집

57
회개자에게 위로
통회하고 겸손한 자

58
열납하시는 예배
내가 기뻐하는 금식은

59
죄의 고백과 구원
우리의 죄악을 아나이다

60
회복된 시온의 영광
일어나라 빛을 발하라

가 금식하며 논쟁하며 다투며 악한 주먹으로 치는도다"(58:3~4)고 답변하신다. 주님이 기뻐하시는 금식에 대해서는 6절 이하에 말씀한다(마 6:16~18).

5. 기도의 응답에 대하여 이사야는 "여호와의 손이 짧아 구원하지 못하심도 아니요. 귀가 둔하여 듣지 못하심도 아니라. 오직 너희 죄악이 너희와 너희 하나님의 사이를 갈라놓았고 너희 죄가 그의 얼굴을 가리어서 너희에게서 듣지 않으시게 함이니라"(59:1~2)라 하여 죄에 대한 해결을 전제한다. 기도의 응답은 분명히 있으므로 낙심하지 말고, 응답이 없으면 죄의 문제를 살펴보는 영적 민감성이 필요하다.

더 살펴보기

1. 부패한 지도자의 특징(사 56:9~12)

(1) 맹인이다(10절) - 영안이 어두운 죄인들로서 가야할 곳을 모르며(59:10) 사람들을 죄악의 구덩이로 인도한다(마 15:14).

(2) 무지하며 벙어리이다(10절) -하나님에 대한 지식과 선한 일에 대한 지식이 없다. 이방의 침략에 대한 경고를 하지 않는, 사명을 모르고 짖지 못하는 벙어리 개와 같다.

(3) 게으른 자이다(10절) - "꿈꾸는 자들이요. 누워있는 자들이요. 잠자기를 좋아하는 자들"이라는 표현처럼 게으른 직무 태만자이다.

(4) 탐욕이 심하다(11절) - 탐욕은 족한 줄을 몰라서 자기 이익만을 도모한다.

(5) 술에 취한다(12절) - 포도주와 독주에 취하는 방탕한 자들이며, 하나님 보시기에 악하다(사 5:11, 잠 23:30).

〈이사야〉에서의 그리스도 예언

〈이사야〉는 〈시편〉 다음으로 메시아 그리스도에 대한 예언이 많이 나온다.

(1) 성육신(7:14~15, 9:6)
(2) 나사렛에서의 유년기(11:1~2, 53:2, 7:15)
(3) 아버지 하나님과의 관계(42:1, 50:4~5)
(4) 기적(35:5~6)
(5) 메시지(61:1~2)
(6) 이방인에 대한 특별한 사역(9:1~2)
(7) 만민에 대한 은혜로우신 사역(42:2~3)
(8) 고난과 죽음(50:6, 52:14, 53:1~10)
(9) 부활, 승천, 찬양 받으심 (52:13, 53:10~12)
(10) 천년 통치(9:7, 11:3~5, 32:1, 33:22, 42:4~7, 49:1~12, 59:16~21).

2. 예언자의 안식일 교훈(사 58:13~14)

58장 1~12절에서는 거짓 금식과 참 금식에 대한 교훈을 했고 이어서 13~14절은 안식일에 대한 교훈이다. 당시에 그들은 안식일에 하는 행동에서 금식에서의 예처럼 자신의 이익이 앞섰다. 바벨론 포로에서 돌아와 어려운 재건기에 사람들은 하루하루를 유익하게 쓰려고 안식일에도 자기 일('오락'은 히브리어에서 오히려 '일')에 전념하였다. 그러나 하나님의 '성일'이 실제적으로는 하나님에게만 속할 때 백성이 행하는 것에 하나님이 복을 내리실 것이고 백성은 선조 야곱에게 약속하신 땅의 소산물을 먹으며 살 수 있다(신 32:13).

남쪽에서 본 오늘날의 시온 산
〈이사야〉 60장은 회복된 시온의 영광을 말해 준다. 오늘날의 시온 산은 도시화되었다.

3. 일어나라 빛을 발하라(사 60장)

〈이사야〉는 부분적으로 변화된 문장으로 구성되어 있다. 60~62장도 글의 분위기는 56~59장에 특징지어진 심판에서 새로워진 백성들 가운데 충만한 기쁨으로 전환된다. 그래서 60장은 하나님이 돌보시는 빛 아래서 화평과 공의가 다스리는(60:17~22) 예루살렘을 회복하기 위해 "일어나 빛을 발하라"며 어떻게 예루살렘(시온)의 영광을 도울 것인가를 말하고 있다(60:1~16). 포로 후에 예루살렘에는 가난과 곤경과 압제와 슬픔이 넘쳤다(57:15, 58:12, 59:1, 9~11, 61:1~4, 62:1). 이런 현실은 포로 후의 기록인 〈에스라〉, 〈느헤미야〉, 〈욥기〉 등에서도 볼 수 있다. 장래 희망의 근거는 "여호와의 영광이 네 위에 임하였음이로다"(60:1)에서 보여 주듯이 오직 여호와께서 자기 백성에게 오심으로 이루어진다.

이사야 61~66장

이스라엘의 회복과 메시아 왕국
(중요구절 사 65:17)

〈이사야〉의 마지막 부분이다. 메시아의 초림과 재림에 대한 예언으로 백성들이 가질 기쁨과 영광에 대해 나온다(61장, 눅 4:16~21 참고). 계속적으로 이스라엘의 구원과 영광, 새로운 칭호들에 대해 예언한다(62장). 하나님의 백성을 위한 기도는 감동적이며 호소력이 있다(63~64장). 여기에 대한 하나님의 응답으로서 새 하늘과 새 땅에 대한 말씀과 하나님 나라의 완성에 대한 예언이 나온다(65~66장).

61 62
이스라엘 백성의 영광
헵시바, 쁄라

63
환난 중의 기도 1
주는 우리 아버지시라

64
환난 중의 기도 2
우리는 진흙, 주는 토기장이

65
새 하늘과 새 땅
기뻐하며 즐거워 할지니라

66
하나님 나라의 완성
그에게 평강을 강 같이

1. 하나님은 새로운 이름을 주셨다. "오직 너를 헵시바라 하며 네 땅을 쁄라라 하리니"(62:4). 이처럼 구원받은 유다를 히브리어로 "헵시바"('나의 기쁨이 그녀 안에 있다'는 뜻)라 하고 그 땅을 "쁄라"('결혼한 여자'라는 뜻)라고 했는데, 이는 유다 사람들이 바벨론 포로로 인해 황폐해졌던 땅은 복구되고 회복되어(61:4~5) 결혼의 기쁨과 같은 즐거움을 갖게 된다는 것이다. 여러 곳에서 하나님과 그의 백성과의 관계를 남편과 아내의 관계로 묘사한다(62:5, 49:18, 54:5~6, 엡 5:22~32, 계 19:7). 신랑 신부가 모든 것을 주며 서로 기뻐하듯이 우리의 신앙에 이러한 즐거움이 있어야 한다.
2. 〈이사야〉 63장 후반을 통해 당시 이스라엘은 하나님의 선택된 민족임에도 참으로 합당하지 못한 상태에 있었음을 알 수 있다. 그러한 곤란 속에서도 여전히 그들은 "그러나 여호와여, 이제 주는 우리 아버지시니이다"(64:8)라는 자세를 잃지 않았다. 현실이 자신에게 부당한 것으로 여겨져도 하나님의 선택과 사랑의 관계를 다르게 보지는 않았다. 이처럼 신앙의 자세 중에 중요한 하나는 변치 않는 태도이다.
3. "보라 내가 새 하늘과 새 땅을 창조하나니"(65:17). 주님께서 택하신 백성들을 위하여 새 하늘과 새 땅을 창조하시어 그들에게 기쁨과 즐거움을 주신다(계 21:1~4). 이는 그리스도를 통하여 이루어지는 하나님의 나라이다(마 3:2, 4:17, 12:22~29). 영원한 나라(롬 14:17, 벧후 1:11)의 시민이 된 성도들은 이미 임한 그의 나라를 전파하며(행 8:12), 그리스도의 재림으로 그의 나라가 완성되도록 기도해야 한다(마 6:10, 계

7:10).

4. 토기장이로 비유된 하나님은 창조주이심을 함께 보여준다(렘 18:9, 시 138:8). "우리는 진흙이요 주는 토기장이시니 우리는 다 주의 손으로 지으신 것이니이다"(64:8)라고 하였다. 진흙에게 책임을 묻는 것은 합당하지 않은 것 같은데, 비유의 핵심은 아버지 하나님은 모든 피조물에 대해 절대적인 주권을 지니신 분이라는 것이다. 그래서 "주는 우리 아버지시니이다"(8절)라고 고백하는 것이다. 그 믿음에는 예루살렘을 지켜주실 것에 대한 신정론(神正論)이 들어 있다.

더 살펴보기

1. 기름을 붓는 일에 대하여(사 61:1)

(1) "여호와께서 내게 기름을 부으사"(61:1) - 기름 부음이 의미하는 것은 성별(聖別, 레 8:11, 민 7:1), 하나님께서 선택하신 자에게 주시는 직위에 대한 임명(출 29:7, 삼상 10:1, 왕상 19:16, 대하 22:7), 특별한 명예(삼상 24:6, 10), 특권의 수여(시 105:15), 하나님의 은혜(시 23:5) 등이다.

(2) 누구에게 기름을 부었는가? - ① 성전 예배의 주관자인 '제사장'에게 기름을 부었다(출 29:7, 30:30). ② 하나님 말씀의 전달자인 '선지자'에게 기름을 부었다(왕상 19:16). ③ 이스라엘 백성의 통치자인 '왕'에게 기름을 부었다(삼상 16:13, 왕하 9:3).

(3) 기름 부음을 받으면 따라오는 것들 - 기름부음을 받는 사람들에게는 직분과 함께 '성령'께서 같이 하시며 또 성령이 주시는 능력도 받게 된다(삼상 10:1, 16:13~14, 단 9:24). 이러한 일을 완전히 행하신 분은 영적 선지자(눅 24:19)시며, 대제사장(슥 3:1~5, 히 4:14)이시고, 만왕의 왕(눅 1:32~33, 딤전 1:17) 되신 그리스도이시다. (강병도, 《QA시리즈 이사야》 일부 요약 안용)

돼지고기를 먹는 문제에 대하여 (사 65:4, 66:17)

출애굽 당시 광야에서 주신 율법에 의하면 정(淨)한 것과 부정(不淨)한 음식, 즉 먹을 수 있는 것과 먹지 못할 것을 나누어 주셨다(레 11장, 신 14장). 이는 이방인과 구별하여 이스라엘은 선택받은 백성이라는 증거를 해야 했으며 광야 생활의 위생과도 관계가 있었을 것이다. 따라서 율법에 금한 것을 먹는 이스라엘에 대하여 진노를 발하신 것이다(66:17). 그러나 복음 시대에는 음식으로 정과 부정을 나누지는 않는다(행 10:9~16, 골 2:16~17).

경주에서 발견된 돌 십자가
기독교와 한국의 접촉은 언제인가? 네스토리안들이 635년 당나라 초기에 알로펜을 파송하여 중국에서 경교(景敎)라는 독특한 종교로 발전하였고, 당나라와 교류가 잦았던 통일신라에 영향을 미쳤을 것이라는 주장이 있다. (마리아상과 함께 경주에서 1956년 출토된 돌 십자가, 숭실대학교 기독교박물관 소장)

2. 유대 민족이 받게 될 새 이름(사 62:10~12)

62:11에 "딸 시온"이라 일컬어지는 예루살렘 주민들(52:2)은 아직 바벨론에서 돌아오지 못한 이스라엘 백성들이 곧 돌아올 것이므로 그들을 맞을 준비를 하러 성문으로 나가라고 하신다(62:10). 여호와께서 땅 끝까지 선포하시므로 친히 간섭하신다. 그들에게는 네 가지로 일컬어지는데 이는 신약시대 성도들을 의미하는 이름으로도 본다(고전 1:2, 살후 2:13~14). (1) 거룩한 백성. (2) 여호와께서 구속하신 자. (3) 찾은 바 된 자. (4) 버림 받지 아니한 성읍.

4. 벌레가 죽지 아니하며 그 불이……(사 66:24)

"그들이 나가서 내게 패역한 자들의 시체들을 볼 것이라 그 벌레가 죽지 아니하며 그 불이 꺼지지 아니하여 모든 혈육에게 가증함이 되리라"(66:24)하였다. 〈마가복음〉 9:48에 인용된 본문으로 예루살렘 남쪽에 위치한 힌놈의 골짜기(히, 게힌놈)는 시체들이 드러나는 장소이다. 이 골짜기의 이름이 영원한 저주의 장소로서 신약에서 '지옥'으로 번역된 '게헨나'는 히브리어의 헬라어식 음역이다. 아하스 왕 때는 이곳에서 아이들이 암몬족의 신 몰렉에게 제물로 바쳐졌다(왕하 16:3, 대하 28:3 외). 이곳은 예루살렘의 쓰레기장이 되었고 지옥에 대한 묘사가 되었다. 성 밖으로 나가는 자들은 저주받은 자들이 운명에서 악에 대한 하나님의 승리를 보지만 그들의 괴로움(벌레)은 기뻐하지는 않을 것이다. 유대인 회당에서는 23절을 의도적으로 24절 다음에 되풀이하여 희망적으로 읽는다.

B I B L E

성경 질문지

이사야 1~6장 유다에 대한 책망과 약속

제1장 [이스라엘의 위선]

다음 물음에 답하시오(1~3문), 말씀의 (　　) 안을 채워 완성하시오(4~6문).

1. 이사야가 예언하던 시대 유다 왕들 네 명의 이름을 쓰시오(1).

   1)　　　　2)　　　　3)　　　　4)

2. 발바닥에서 머리까지 성한 곳이 없는 유다의 다음 형편은 어떠했는가?(2~9)

   1) 땅 -
   2) 성읍들 -
   3) 토지 -
   4) 딸 시온 -

3. (　　　절) 너희의 (　　　　)이 내게 무엇이 유익하뇨?……, (　　　절) (　　　　)을 다시 가져오지 말라.

4. (　　　절) 너희가 많이 (　　　　) 내가 듣지 아니하리니 이는 너희의 손에 (　　　　)이라.

5. (　　　절) 너희의 죄가 주홍 같을지라도 (　　　)과 같이 희어질 것이요. 진홍 같이 붉을지라도 (　　　) 같이 희게 되리라.

6. (　　　절) 네 재판관들을 (　　　)과 같이, 네 모사들을 (　　　)와 같이 (　　　)할 것이라.

제2장 [장차 올 왕국에 대한 약속]

다음 말씀의 (　　)를 채우고 몇 절에 나오는 지 그 절수를 쓰시오.

1. 무리가 그들의 칼을 쳐서 (　　　)을 만들고 그들의 창을 쳐서 (　　　)을 만들 것이며…… 다시는 (　　　)을 연습하지 아니하리라. - (　　　절)

2. 야곱 족속아 오라 우리가 (　　　　)에 행하자. - (　　　절)

3. 여호와께서 홀로 (　　　)을 받으시리라. - (　　　절)

4. 경배하려고 만들었던 은 (　　　)과 금 (　　　)을 그 날에 두더쥐와 박쥐에게 던지고. - (　　절)

5. 너희는 (　　　)을 의지하지 말라.- (　　　절)

제3~4장 [예루살렘과 유다에 대한 심판과 영광된 미래]

서로 관계 있는 말씀을 연결하시오.

1. 유다가 의뢰하며 의지하는 것을 제하여 버리시되 •　　　• 가)
2. 예루살렘이 멸망하였고 유다가 엎드러졌음은 •　　　• 나)
3. 의인에게 복이 있으리라 말하라 •　　　• 다)
4. 악인에게는 화가 있으리니 이는 그의 손으로 •　　　• 라)
5. 시온의 딸들이 교만하여 늘인 목, 정을 통하는 눈으로, •　　　• 마)
6. 그 날에 일곱 여자가 한 남자를 붙잡고 •　　　• 바)
7. 시온에 남아 있는 자, 예루살렘에 머물러 있는 자 •　　　• 사)

가) 언어와 행위가 여호와를 거역하여
나) 그들의 행위의 열매를 먹을 것임이요

다) 양식, 물, 용사, 전사, 재판관, 선지자
라) 다만 당신의 이름으로 우리를 부르게 하여
마) 행한 대로 그가 보응을 받을 것임이니라
바) 정수리에 딱지, 하체가 드러나게 하시리라
사) 거룩하다 칭함을 얻으리니

a) 이제 나를 멸시하나이다
b) 마음이 괴로운 대로 말하리라
c) 엉긴 젖처럼 엉기게 하셨다
d) 잠시나마 평안하게 하시되
e) 광명도 흑암 같으니이다

제5장 [포도원의 노래]
다음 물음에 답하시오.

1. 극상품 포도나무를 심고 좋은 포도 맺기를 바랐으나 그 결과는?(1~2)
   -
2. 포도원은 누구이며, 나무는 누구인가?(3~7)
   -
3. 어떤 자들에게 화가 있게 되는가?(8~12)
   -
4. 만군의 여호와는 어떠하시기에 높임과 거룩하다 함을 받으시는가?(13~17)
   -
5. 악을 선하다 하며 선을 악하다 하며 흑암으로 광명을 삼는 그들에게는 무엇이 있게 되는가?(18~23)
   -
6. 기를 세우고 먼 나라들을 불러 땅 끝에서부터 오게 하는 자는 누구인가?(24~30)
   -

제6장 [이사야의 소명]
다음 말이나 행동은 누구에 해당하는지 이름을 쓰시오(본문의 '나'는 이사야).

1. 이사야가 소명을 받던 해에 죽은 왕
   -
2. 여섯 날개가 있으며 서로 불러 거룩하다 거룩하다 거룩하다 만군의 여호와여……
   -
3. 화로다 나여 망하게 되었도다 나는 입술이 부정한 사람이요…… 여호와이신 왕을 뵈었음이로다. -
4. 보라 이것이 네 입에 닿았으니 네 악이 제하여졌고 네 죄가 사하여졌느니라.
   -
5. 내가 누구를 보내며 누가 우리를 위하여 갈꼬?
   -
6. 내가 여기 있나이다. 나를 보내소서…… 주여 어느 때까지니이까?
   -
7. 베임을 당하여도 그 그루터기는 남아 있는 것 같이 거룩한 씨가 이 땅의 그루터기니라.
   -

이사야 7~13장 임마누엘과 메시아 왕국

제7장 [그 이름을 임마누엘이라]
다음에 해당되는 이름을 쓰고 근거 절수를 제시하시오.

1. (　　　절) 웃시야의 손자요 요담의 아들로서 당시의 유다 왕 -
2. (　　　절) 아람 왕과 연합군을 형성해서 예루살렘을 쳤으나 이기지 못한 이스라엘 왕 -
3. (　　　절) 아람 왕 르신과 르말리야의 아들(베가)을 '연기 나는 두 부지깽이 그루터기'라고 이사야에게 말씀 주신 자 -
4. (　　　절) '나는 구하지 아니하겠나이다. 나는 여호와를 시험하지 아니하겠나이다'라고 한 왕
   -

5. (　　　절) 주께서 징조를 너희에게 주실 것이라며 '보라 처녀가 잉태하여 아들을 낳을 것이요, 그의 이름을 임마누엘이라 하리라'를 전해준 선지자 -

6. (　　　절) 주께서 '하수 저쪽에서 세내어 온 삭도'는 누구를 가리키는 말인가? -

제8장 [마헬살랄하스바스의 표적]
다음 물음에 답하시오.

1. 이사야의 아들 마헬살랄하스바스 -'노략이 급하고 약탈이 빠르리라'라는 뜻- 는 어떻게 될 일을 예표 하는가?(1~4) - 답은 4절에서
   -

2. 다음은 누구를 비유하는 말인가?(5~8)
   1) 실로아 물 -
   2) 흉용하고 창일한 큰 하수 -

3. 〈마태복음〉 1:23에 나오는 말을 〈이사야〉 8장 8절, 10절에서 찾아 쓰시오
   -

4. 만군의 여호와는 우리에게 어떤 분이신지 두 가지로 말해 보시오(9~15, 답은 13절에서)
   1)
   2)

5. 이사야 자신과 그의 자녀들이 이스라엘 중에 무엇이 되는가?(16~22)
   -

제9장 [메시아 탄생의 예고]
성경을 읽으며 다음 (　　) 안에 알맞은 말을 써 넣으시오.

1. 〈마태복음〉 4:14~16은 〈이사야〉 9장 (　　　~　　　절)의 인용이다(1~7).

2. 한 아기, 즉 한 아들의 이름은 (　　　), (　　　), (　　　), (　　　), (　　　)이다(1~7).

3. 에브라임과 사마리아의 주민이 교만하여 여호와께서 이스라엘을 벌하려고 사용하는 세 나라는?(8~12)
   1) (　　　)의 대적들을 일으켜
   2) 앞에는 (　　　) 사람
   3) 뒤에는 (　　　) 사람

4. 그 백성이 자신들을 치시는 자에게로 (　　　) 만군의 여호와를 (　　　) 아니하도다(13~17).

5. 므낫세는 (　　　)을, 에브라임은 (　　　)를 먹을 것이요. 또 그들이 합하여 (　　　)를 치리라(18~21).

제10장 [앗수르의 교만과 구원 받을 유다]
다음 말씀을 완성하시오(해당 절 안에서만).

1. (　　　절) 화 있을진저~

2. (　　　절) 그러므로~

3. (　　　절) 이스라엘의 빛은~

4. (　　　절) 그 날에 이스라엘의 남은 자와~

5. (　　　절) 그 날에 그의~

6. (　　　절) 이 날에 그가~

제11~12장 [메시아 왕국]
다음 서로 관계있는 것끼리 연결하시오.

1. 이새의 줄기에서 한 싹이 나며 •　　　• 가)
2. 그의 입의 막대기로 세상을 치며 •　　　• 나)
3. 젖 먹는 아이가 독사의 구멍에서 장난 •　　　• 다)
4. 앗수르에서 남은 자들을 위하여 •　　　• 라)

5. 주께서 전에는 내게 노하셨사오나 • • 마)
6. 여호와를 찬송할 것은 • • 바)

가) 젖 뗀 어린 아이가 독사의 굴에 손을 넣음
나) 그 뿌리에서 한 가지가 나서 결실할 것이요
다) 입술의 기운으로 악인을 죽일 것이며
라) 극히 아름다운 일을 하셨음이니
마) 이제는 진노가 돌아섰고 나를 안위하시오니
바) 큰 길이 있게 하시되

제13장 [바벨론에 관한 경고]
다음 ( ) 안에 알맞은 말을 적으시오.

1. 13장, 14장은 아모스의 아들 ( )가 ( )에 대하여 받은 경고이다.
2. 내가 거룩하게 ( )에게 명령하고 나의 위엄을 기뻐하는 ( )을 불러 나의 노여움을 ( )하였느니라. - (절)
3. 여호와의 날 곧 잔혹히 분냄과 ( )이 이르러 땅을 황폐하게 하며 그 중에서 죄인들을 멸하리니 ( )들과 ( ) 무리가 그 빛을 내지 아니하며 ( )가 돋아도 어두우며 ( )이 그 빛을 비추지 아니할 것이로다. - (~ 절)
4. 보라 은을 돌아보지 아니하며 금을 기뻐하지 아니하는 ( )을 내가 충동하여 그들(바벨론)을 치게 하리니…… .열국의 영광이요 ( )의 자랑하는 노리개가 된 ( )이 하나님께 멸망당한 ( )과 ( ) 같이 되리니…… . - (, 절)
5. 그의 ( )에는 승냥이가 부르짖을 것이요, ( )에는 들개가 울 것이라. - (절)

이사야 14~20장 열국(열방)에 대한 예언

제14장 [조롱당하는 바벨론]
다음 말과 관계된 것을 보기에서 찾아 적으시오.

보기 아침의 아들 계명성(루시퍼) / 아하스 왕이 죽던 해 / 바벨론 왕 / 여호와의 땅(예루살렘) / 안식을 주시는 날 / 여호와의 말 / 앗수르

1. 야곱, 즉 이스라엘이 돌아오는 '그들의 땅', '본토'는 어디를 가리키는가?(1~2)
   -
2. '압제하던 자…… 통치자의 규를 꺾으셨도다'는 바벨론 왕을 향한 노래는 언제 부르는가?(3~8)
   -
3. '구더기가 네 아래 깔림이여 지렁이가 너를 덮었도다'는 이 조롱은 누구를 가리키는가?(3~11)
   -
4. '가장 높은 구름에 올라가 지극히 높은 이와 같아지리라'는 누가 마음에 이른 말인가?(12~20)
   -
5. '이름과 남은 자와 아들과 후손을 바벨론에서 끊으리라'는 누구의 말인가?(21~23)
   -
6. '나의 땅에서 파하며 나의 산에서 짓밟으리니'는 어느 나라를 그렇게 한다는 말인가?(24~27)
   -
7. '블레셋 온 땅이여 너를 치던 막대기가 부러졌다고 기뻐하지 말라'는 경고는 언제인가?(28~32)
   -

제15장 [모압에 관한 경고]
다음 물음에 답하시오.

1. 15장에 나오는 나라나 도시의 지명을 모두 적으시오(같은 지명이 여러 번 나와도 한 번만 기록).
   ( )
   ( )

2. 다음 사건이 일어난 지명을 쓰시오.
   1) 하룻밤에 망하여 황폐할 곳들 -
   2) 그 피난민들은 이곳으로 도망하여 운다 -
   3) 이곳에 물이 마르고 풀이 시들었다 -
   4) 이곳의 물에는 피가 가득하다 -

제16장 [모압의 죄악과 심판]
다음 말씀이 나온 절수와 해당 절의 본문을 쓰시오.

1. (　　　절) 모압의 딸들은~

2. (　　　절) 다윗의 장막에 인자함으로~

3. (　　　절) 모압이 그 산당에서~

4. (　　　절) 여호와께서 말씀하여 이르시되~

제17장 [다메섹에 관한 경고]
다음 말씀 중에 틀린 한 곳에 밑줄을 긋고 바르게 고치시오.

1. 다메섹이 장차 성읍을 이루고 무너진 무더기가 될 것이라 →
2. 그 날에 야곱의 영혼이 쇠하고 그의 살진 몸이 파리하리니 →
3. 그 날에 사람이 자기를 지으신 이를 바라보겠으며 그의 눈이 이스라엘의 거짓된 이를 뵙겠고 →
4. 열방이 충돌하기를 많은 물이 몰려옴과 같이 하나 주께서 그들을 영접하시리니 →

제18장 [구스의 멸망과 회개]
다음 (　　) 안에 알맞은 말을 써서 성구를 완성하시오.

1. 슬프다 (　　　)의 강 건너편 날개 치는 소리 나는 땅이여 (　　　)를 물에 띄우고 그 사자를……
2. 세상의 모든 거민, (　　　) 너희여 산들 위에 (　　　)를 세우거든 너희는 보고 (　　　)을 불거든 너희는 들을지니라.
3. 만군의 여호와께 드릴 (　　　)을 가지고 만군의 여호와의 (　　　) 시온 산에 이르리라.

제19장 [애굽의 쇠퇴와 패망]
다음 물음에 답하시오.

1. 19장은 어디에 관한 경고인가?(1~5)
   -
2. 애굽인의 정신이 쇠약해지고 그의 계획을 깨뜨리면 그들은 누구에게 묻게 되는가?(1~4)
   -
3. 소안의 방백과 바로의 모사의 책략은 어떻게 되었는가?(5~15)
   -
4. 애굽에 여호와를 가리켜 맹세하는 다섯 성읍이 있을 것이며 그 중 하나의 이름은?(16~22)
   -
5. 그 날에 세계 중에 복이 되는 세 나라는 어디인가?(23~25)
   -

제20장 [앗수르에게 망할 애굽과 구스]
다음 말이 맞으면 O표, 틀리면 X표 하시오.

1. 앗수르 왕 아모스가 군대 장관을 아스돗으로 보내어 쳐서 취하던 해의 여호와의 말씀이다. - (　　　)
2. 여호와께서 이사야에게 삼 년 동안 벗은 몸과 벗은 발로 다니라고 한 것은 애굽과 구스가 앗수르 왕에게 포로로 끌려갈 일에 대한 예표이다. - (　　　)
3. 해변 주민은 앗수르를 의지하였다. - (　　　)

이사야 21~27장 하나님의 심판과 약속

제21장 [바벨론, 에돔, 아라비아에게 경고]
다음은 어디에 대한 경고인지 보기에서 그 지명을 찾아 쓰시오.

보기 두마(에돔) / 바벨론(해변 광야)/아라비아

1. 다음 단락은 어디에 관한 경고인가?
   1) 1~10절:
   2) 11~12절:
   3) 13~17절:
2. 파수꾼이 이르되 아침이 오나니 밤도 오리라.
   -
3. 엘람이여 올라가고 메대여 에워싸라. -
4. 품꾼의 정한 기한같이 일 년 내에 게달의 영광이 다 쇠멸하리니. -
5. 함락되었도다. 바벨론이여, 그들이 조각한 신상들이 다 부서져 땅에 떨어졌도다. -

제22장 [이상 골짜기에 관한 경고]
다음에 이어지는 말씀을 쓰시오.

1. (　　　절) 내가 말하노니 돌이켜 나를 보지~
2. (　　　절) 환상의 골짜기에 주 만군의~
3. (　　　절) 만군의 여호와께서 친히 내 귀에 들려~
4. (　　　절) 내가 또 다윗의 집의 열쇠를~
5. (　　　절) 그 날에는 단단한 곳에 박혔던~

제23장 [두로에 관한 경고]
다음 물음에 답하거나(1번), (　/　) 안의 말 중에 틀린 것은 =로 지우시오(2~4).

1. 23장에 나오는 모든 나라나 도시 이름을 쓰시오 (여러 번 나오는 것도 한 번만).
   -
2. 1~14절의 '두로의 몰락'을 읽어 보면 두로는 (무역 / 농업)이 발전한 나라로 보인다.
3. 갈대아(바벨론)의 멸망은 (다시스 / 앗수르)에 의한 것으로 두로에게 경고가 되었다(13~14).
4. 15~18절은 칠십 년 후에는 '두로가 다시 (번영 / 멸망)할 것을 예언'한 것이다.

제24장 [우주적인 심판: 대환란에 대한 예언]
다음 물음에 답하시오.

1. 여호와의 대환란 때(1절)에 누가 서로 일반이 되는지 상대되는 사람들을 기록하시오(1~2).
   1) 백성 -　　　　　　2) 종 -
   3) 여종 -　　　　　　4) 사는 자 -
   5) 빌려주는 자 -　　　6) 이자를 받는 자 -
2. 재앙들(3~5절의 형편)이 온 이유는 무엇인가?(1~5절 읽고 답은 5절에서)
   -
3. 1~12절의 대환란(재앙)은 누구에게 오는가?(답은 13절에서) -
4. 무리가 동방과 바다 모든 섬에서 여호와의 이름을 어떻게 하는가?(14~20) -
5. 그날에 여호와께서 높은 군대와 땅의 왕들을 어떻게 하시는가?(21~23) -

제25장 [여호와를 향한 찬양]
다음 성경을 읽으며 (　　) 안에 알맞은 말을 적으시오.

1. (　　　절) 여호와여 주는 (　　　　　)이시라. 내가 주를 (　　　) 주의 이름을 (　　　)하오리니……

2. (　　　절) 강한 민족이 (　　　　　) 하며 포학한 나라들의 성읍이 (　　　　　)하리이다.

3. (　　　절) (　　　　　)께서 이 산에서 만민을 위하여 (　　　　) 것과 오래 저장하였던 (　　　)로 연회를 베푸시리니 곧 골수가 가득한 (　　　)과 오래 저장하였던 (　　　　　)로 하실 것이며.

4. (　　　절) 사망을 영원히 (　　　　) 것이라. 주 여호와께서 모든 얼굴에서 (　　　　　) 자기 백성의 수치를 온 천하에서 (　　　　　). 여호와께서 이같이 (　　　　)하셨느니라.

5. (　　　절) 그가 우리를 (　　　　)하시리로라. 이는 (　　　　)시라. 우리가 그를 기다렸으니 우리는 그의 (　　　　　) 즐거워하리라.

제26장 [이스라엘의 찬양]
다음 구절에서 틀린 단어 두 곳에 밑줄을 긋고 바르게 고치시오.

1. (　　　절) 주께서 심신이 견고한 자를 평강하고 평강하도록 인도하시리니 이는 그가 주를 신뢰함이니이다.→

2. (　　　절) 의인의 길은 정확함이여, 정직하신 주께서 의인의 첩자를 평탄하게 하시도다.

→

3. (　　　절) 악인은 은총을 입을지라도 악을 배우지 아니하며 정직한 자의 땅에서 불의를 피하고 여호와의 위엄을 돌아보지 아니하는도다.

→

4. (　　　절) 여호와여 주께서 주를 위하여 평강을 베푸시오리니 주께서 우리 모든 일도 주를 위하여 이루심이니이다.→

5. (　　　절) 여호와께서 그의 처소에서 나오사 땅의 거리의 죄악을 벌하실 것이라. 땅이 그 위에 잦았던 피를 드러내고 그 사랑한 자를 다시는 덮지 아니하리라.→

제27장 [이스라엘의 구원에 대한 확실성]
각 항에서 해당 없는 한 가지의 번호에 X표 하시오.

1. 여호와께서 견고하고 크고 강한 칼로 벌하시며 죽이는 것은?(아닌 것 한 가지를 고르는 것임)
   1) 날랜 뱀 리워야단
   2) 꼬불꼬불한 뱀 리워야단
   3) 바다에 있는 괴물
   4) 바다에 있는 용

2. 아름다운 포도원에 대한 것은?
   1) 여호와는 포도원지기
   2) 밤낮으로 간수
   3) 포도원에 대하여 노함
   4) 결실로 지면을 채움

3. 야곱의 불의가 속함을 얻으며 그의 죄를 없이 함을 받을 결과는 무엇으로 말미암음인가?
   1) 제단의 모든 돌을 부서진 횟돌 같게
   2) 아세라와 태양상이 다시 서지 못하게
   3) 견고한 성읍을 적막하게

4. 이스라엘 자손들에게 그 날에 여호와께서 베푸는 은혜는?
   1) 은혜를 베풀지 아니한다
   2) 너희를 하나하나 모으신다
   3) 큰 나팔을 분다
   4) 쫓겨난 자들이 돌아와서 예루살렘 성산에서 여호와께 예배한다

이사야 28~33장 이스라엘의 불신자에 대한 경고

제28장 [지도자의 타락을 경고]
다음 (　　) 안에 알맞은 말을 쓰시오.

1. 에브라임의 술취한 자들의 (　　　　　) 화 있을진저 (　　　　　)의 성, 곧 영화로운 관같이 기름진 골짜기 꼭대기에 세운 성이여…… 에브라임

의 술취한 자들의 (   )이 발에 (   ) 것이라.

2. 그날에 만군의 여호와께서 자기 (   )에게 (   )이 되시며 아름다운 화관이 되실 것이라.

3. 그리하여도 (/ 유다사람) 포도주로 말미암아 옆 걸음 치며 독주로 말미암아 비틀거리며 (   )도 독주로 말미암아 옆걸음 치며 포도주에 빠지며 독주로 말미암아 비틀거리며……

4. 보라. 내가 (   )을 시온에 두어 기초를 삼았노니 곧 (   )이요, 귀하고 견고한 (   )이라. 그것을 (   )는 다급하게 되지 아니하리로다.

5. 대저 여호와께서 (   )에서와 같이 일어나시며 (   ) 골짜기에서와 같이 (   )하사……

제29장 [예루살렘에 미칠 화]
다음 (/) 안의 말에서 틀린 것은 두 줄로 지우시오.

1. 예루살렘의 멸망에 대한 말씀 중에 "아리엘"은 (시온 산 즉 예루살렘 / 열방 즉 이방나라)을 가리킨다(1~8, 해당 '더 살펴보기' 내용 참고).
2. 그들의 취함은 (포도주와 독주 / 깊이 잠들게 하는 영) 때문이다(9~12).
3. 이 백성이 입으로는 여호와를 공경하나 그들의 (마음은 / 입술은) 여호와에게서 멀리 떠났다(13~16).
4. 그날에 (겸손한 자 / 빈핍한 자)에게 여호와로 말미암아 기쁨이 더 하겠다(17~24).

제30장 [패역한 나라에 임할 화]
다음 서로 관계 있는 것끼리 연결하시오.

1. 애굽의 그늘에 피하려 하여 애굽으로 • 가)
2. 패역한 백성이 선견자들에게 선견하지 말라 • • 나)
3. 너희가 조용히 있어야 구원을 얻을 것이요 • • 다)
4. 여호와께서 너희에게 은혜를 베풀려 하심 • • 라)
5. 여호와의 목소리에 앗수르가 낙담할 것이라 • • 마)

가) 잠잠하고 신뢰하여야 힘을 얻을 것이거늘
나) 주께서는 막대기로 치실 것인데
다) 나의 입에 묻지 아니하였도다
라) 선지자에게 바른 것을 보이지 말라
마) 이는 너희를 긍휼히 여기려 하심

제31장 [예루살렘을 보호하실 여호와]
다음 말씀이 나온 절수를 쓰고 물음에 답하시오.

1. (절) 애굽으로 내려가는 자들은 무엇을 의지하는가? -
2. (절) 새가 날개 치며 그 새끼를 보호함 같이 여호와께서 하실 일은? -
3. (절) 칼에 엎드러질 것이나 사람의 칼로 말미암지 않고 여호와의 칼 앞에서 도망하는 나라는? -
4. (절) 여호와의 불과 여호와의 풀무는 어디에 있는가? -

제32장 [장차 올 의의 왕]
다음에 물음에 답하시오.

1. 장차 공의로 통치할 한 왕에 대한 다음 말을 이어서 쓰시오(1~4).
   1) 광풍을~
   2) 폭우를~
   3) 마른 땅에~
   4) 곤비한 땅에~
   5) 보는 자의 눈이~
   6) 듣는 자가 귀를~
   7) 조급한 자의 마음이~

8) 어눌한 자의 혀가~

2. 다음 사람들에 대해 이어지는 말을 쓰시오 (5~15).
   1) 악한 자 -

   2) 존귀한 자 -

   3) 염려 없는 자 -

3. 공의의 결과는 무엇인가?(16~20)
   -

제33장 [하나님이 함께 하심]
다음에 이어지는 말씀을 기록하시오(해당 절만).

1. (　　　절) 네 시대에 평안함이 있으며~

2. (　　　절) 너희 먼데 있는 자들아~

3. (　　　절) 우리 절기의 시온 성을 보라~

4. (　　　절) 대저 여호와는 우리 재판장이시요~

이사야 34~39장 예루살렘의 위험과 그 구원

제34장 [나라들에 대한 심판: 에돔]
다음 물음의 답의 번호에 O표 하시오.

1. 열국(열방)에 임할 주의 진노 중에 특히 어느 나라 위에 내려 심판하실 것을 말했는가?(1~7)
   1) 모압　　2) 에돔
   3) 암몬　　4) 바산

2. 에돔에 내릴 재앙과 다르게 짝지어진 것은?(8~15)
   1) 시내 - 역청
   2) 티끌 - 유황
   3) 당아새와 고슴도치 - 그 땅을 차지
   4) 궁궐 - 무화과나무

3. 여호와의 책과 관계해서 맞지 않는 것은?(16~17)
   1) 빠진 것이 하나도 없다
   2) 제 짝이 없는 것이 있다
   3) 여호와의 입이 이를 명령하셨다
   4) 그의 영이 이것들을 모으셨다

제35장 [이스라엘의 장래]
다음 물음에 답하시오.

1. 그때에 다음 사람은 어떻게 되는가?(1~6)
   1) 맹인의 눈 -
   2) 못 듣는 사람의 귀 -
   3) 저는 자 -
   4) 말 못하는 자의 혀 -

2. '거룩한 길' 대로를 지날 수 있는 자는?(7~10)
   -

3. 누가 돌아오되 노래하며 시온에 이르는가?(7~10)
   -

제36~37장 [도전하는 앗수르]
다음 말이나 행동은 누가 한 것인지 그 신분이나 이름을 쓰시오.

1. 히스기야 십사 년에 유다의 모든 견고한 성을 쳐서 취하고 랍사게를 히스기야 왕에게 보냈다(36:1~3). -

2. 내 주 앗수르 왕과 내기하라(4~10).
   - (　　　)가 (　　　)에게

3. 우리가 아람 방언을 아오니 청하건대 그 방언으로 말하고 유다 방언으로 말하지 마소서(11~12).
   - (　　,　　,　　)가 (　　　)에게

4. 히스기야가 너희에게 이르기를 '여호와께서 우

리를 건지시리라' 할지라도 속지 말라(13~22).

- (　　　　)가 (　　　　)의 말을 유다인들에게

5. 옷을 찢고 굵은 베옷을 입고 여호와의 전으로 갔고, 사람들을 이사야에게 보냈다(37:1~4).

- (　　　　)

6. 너희가 들은 바 앗수르 왕의 종들이 나를 능욕한 말로 말미암아 두려워하지 말라(5~13).

- (　　　)가 (　　　)의 말을 (　　　　)에게

7. 여호와여 귀를 기울여 들으시옵소서. 여호와여 눈을 뜨고 보시옵소서(14~20).

- (　　　　　)의 기도

8. 내가 나를 위하여 내 종 다윗을 위하여 이 성을 보호하며 구원하리라 하셨나이다(21~38).

- (　　　)가 (　　　)의 말을 (　　　　)에게

제38장 [죽을병이 나은 히스기야]

다음 말에서 틀린 곳에 밑줄을 긋고 바르게 고치시오.

1. 이사야가 히스기야에게 '너는 네 집에 유언하라. 네가 살고 죽지 못하리라'하였다(1~8). →

2. 히스기야가 얼굴을 성전으로 향하고 여호와께 원망하여 심히 통곡했다(1~8). →

3. 히스기야의 수명은 십 년을 더하고, 이 성을 보호하고, 이룰 징조로 해 그림자를 앞으로 십도를 더 가게 하리라 하였다(1~8). →

4. 원하건대 나를 치료하시며 나를 살려 주옵소서. 보옵소서 내게 새 생명을 더하신 것은 내게 평안을 주려 하심이라(9~20). →

5. 이사야가 이르기를 '한 뭉치 떡 반죽을 가져다가 종처에 붙이면 왕이 나으리라'(21~22). →

제39장 [히스기야의 실수]

다음 물음에 간단히 답하시오.

1. 히스기야가 바벨론의 사자에게 보여준 것은? (1~2)

-

2. 이사야가 히스기야에게 전한 하나님의 말씀은? (3~6)

-

3. 히스기야의 자손 중 몇은 어떻게 된다고 했는가? (7~8)

-

이사야 40~48장 위로의 심판, 유다의 구원

제40장 [여호와로 인한 위로]

다음 (/) 안에서 맞는 말에 O표, 틀린 것은 두 줄로 지우시오.

1. 40:3~5의 "외치는 자의 소리여"는 (눅 3:4~6 / 벧전 1:24~25)에 세례요한으로 성취되었다.

2. 40:6~8은 (다윗 / 모세)의 기도에 나오며, (눅 3:4~6 / 벧전 1:24~25)에 인용되었다(시 90편의 표제와 5~6절).

3. 주 여호와께서 장차 (급한 / 강한) 자로 임하실 것이요. 친히 그의 (발 / 팔)로 다스리실 것이라.

4. 우상은 (장인(匠人) / 장색(匠色))이 부어 만들었고 (장인 / 장색)이 금으로 입혔고……

5. 누가 이 모든 것을 (창조 / 제조)하였나 보라. 주께서는 수효대로 (만상 / 만물)을 이끌어 내시고……

6. 오직 여호와를 (사랑 / 앙망)하는 자는 새 힘을 얻으리니 독수리가 (날개 / 소리)치며 올라감 같을 것이요. 달음박질하여도 (곤비 / 피곤)하지 아니하겠고 걸어가도 (곤비 / 피곤)하지 아니하리로다.

제41장 [이스라엘의 궁극적 회복]

다음에 이어지는 말을 한 문장만 쓰시오.

1. 1) 섬들아~
   2) 민족들아~
   3) 가까이 나아오라~

2. 1) 나의 종~
   2) 내가 택한~
   3) 나의 벗~

3. 1) 두려워하지 말라~
   2) 놀라지 말라~
   3) 너를 도와주리라~

4. 시온에게 너희는 이제 그들을 보라 하였노라~

5. 그들의 행사는 허무하며~

제42장 [만민을 위한 빛]
다음 물음에 답하시오.

1. 하나님은 누구를 '보라'하였는가?(1~4) - 내가 붙드는~

2. 하나님의 종의 성품은?(3절에서만)
   -

3. 하나님께서 종을 세워 하시는 두 가지 일은?(5~9)

   1) 백성의 2) 이방의

4. 항해하는 자들과 바다 가운데의 만물과 거기에 사는 사람들이 해야 하는 일은?(10~13)
   -

5. 우상을 의지하며 '너희는 우리의 신이라'하는 자는 어떻게 되는가?(14~17)
   -

6. 순종하지 아니하는 야곱과 이스라엘에게 하나님이 하신 일은?(18~25)
   -

제43장 [이스라엘의 구속과 회복]
다음에 이어지는 성구를 써서 완성하시오(해당 절 안에서).

1. 너는 두려워하지 말라~

2. 내 영광을 위하여 창조한 자를~

3. 보라 내가 새 일을 행하리니~

4. 이 백성은 내가 나를 위하여~

5. 나는 나를 위하여 네 허물을~

제44장 [유일신 참 여호와]
다음 서로 관계 있는 것을 연결하시오.

1. 너를 도와줄 여호와가 말하노라 •	• 가)
2. 내가 네 허물을 빽빽한 구름같이 •	• 나)
3. 예루살렘에 대하여는 이르기를 •	• 다)
4. 고레스에 대하여는 이르기를 •	• 라)
5. 성전에 대하여는 •	• 마)

가) 네 죄를 안개 같이 없이하였으니
나) 나의 종 야곱, 나가 택한 여수룬아
다) 네 기초가 놓여지리라
라) 내 목자라 그가 나의 모든 기쁨을 성취하리라
마) 거기에 사람이 살리라

제45장 [기름 부음 받은 고레스]
다음 설명과 성구는 누구에 관한 말인지 이름이나 신분을 쓰시오.

1. 하나님의 기름 부음을 받은 자로 바사의 왕이 되어 유다인에게 해방령을 준 자(1~7, 스 1:1~4)
   -

2. 빛도 짓고 어둠도 창조하며 평안도 짓고 환난도

창조하는 자(1~13) -

3. 부끄러움을 당하며 욕을 받아 다 함께 수욕 중에 들어갈 자(14~19) -

4. 다 여호와로 말미암아 의롭다 함을 얻고 자랑하리라는 자들은 누구인가?(20~25) -

5. "나 밖(외)에 다른 이(신)가 없느니라"는 말씀이 나온 절수는?(1~25, 6곳)

-

제46장 [바벨론 우상의 파괴]
다음 말에서 맞는 것에는 O표, 틀린 것은 X표 하시오.

1. '벨'이나 '느보'는 바벨론의 우상인가 사람인가?(1~2, 렘 50:2)
   1) 우상 이름( ), 2) 사람 이름( )
2. "노년에 이르기까지…… 백발이 되기까지 품어 준다"는 말은 무엇인가?(3~7)
   1) 바벨론을 향한 말( ),
   2) 이스라엘 집의 남은 자를 향한 말( )
3. "나를 누구에 비기며"에서 '나'와 '누구'는?(5절)
   1) 하나님, 우상( )
   2) 이스라엘, 바벨론( )
4. 하나님께서 이스라엘을 위하여 시온에 베푸시는 것은?(8~13)
   1) 영광( ) 2) 구원( )

제47장 [바벨론의 몰락]
다음 단어가 나온 절수를 쓰고 본문의 뜻에 맞는 번호에 O표 하시오.

1. 구원자는?(절)
   1) 어려움에 빠진 사람을 도와주는 사람
   2) 죄로부터 건져서 살려준 자(救援者)
2. 주술은?(절)
   1) 초자연적인 존재의 힘을 빌리는 행위(呪術)
   2) 술을 먹고 주태를 부리는 행위
3. 주문은?(절)
   1) 주술가가 술법을 행할 때 외는 글귀(呪文)
   2) 어떤 것을 해줄 것을 요구함(注文)
4. 초개는?(절)
   1) 일을 처음 시작함(初開)
   2) 풀이나 지푸라기처럼 보잘 것 없음(草芥)

제48장 [이스라엘의 패역과 구원 약속]
다음 말씀의 ( )를 채우고 몇 절인지를 쓰시오.

1. (절) ( ) 집이여…… 이스라엘의 ( )으로 일컬음을 받으며 ( )의 허리에서 나왔으며 ( )의 이름으로 ( )하며 이스라엘의 하나님을 ( )하면서도 진실이 없고 ( )가 없도다.
2. (절) 너는 완고하며 네 목은 ( )의 힘줄이요, 네 이마는 ( )이라.
3. (절) 어찌 내 ( )을 욕되게 하리요. 내 ( )을 다른 자에게 주지 아니하리라.
4. (절) 너희는 ( )에서 나와서 ( )인을 피하고 즐거운 소리로 이를 ( )하여 들려주며 땅 끝까지 반포하여 이르기를 여호와께서 그의 종 ( )하라.

이사야 49~55장 메시아의 고난과 영광

제49장 [여호와의 종의 임무]
다음의 네 가지 중에 다른 한 곳의 번호에 ○표 하시오.

1. 하나님께서 이스라엘(또는 종)에 대한 것이 아닌 것은?(1~4)
   1) 태에서부터 나를 부르셨다
   2) 복중에서부터 내 이름을 기억하셨다
   3) 내 입을 날카로운 칼 같이 만드셨다
   4) 나의 종, 내 영광을 감추일 자라 하였다
2. 하나님의 종이 되어 할 일이 아닌 것은?(5~7)

1) 야곱의 지파들을 일으킨다
2) 이스라엘 중에 보전된 자를 돌아오게 한다
3) 어려운 일을 하게 한다
4) 이방의 빛으로 삼아 하나님의 구원을 베푼다

3. 하나님께서 종에게 하시는 일이 아닌 것은?(8~13)
1) 은혜의 때에 응답하신다
2) 구원의 날에 돌아오신다
3) 장차 보호하신다
4) 백성의 언약으로 삼는다

4. 하나님께서 뭇 나라(열방)에 대한 징벌의 결과가 아닌 것은?(14~26)
1) 왕들은 양부가 된다
2) 왕비들은 유모가 된다
3) 얼굴을 땅에 대고 절한다
4) 수치를 당하지 않는다

제50장 [고난 받는 여호와의 종]
다음의 물음에 답하시오.

1. 너희(유다)는 무엇으로 말미암아 팔렸고, 그 어미는 무엇으로 말미암아 내보냄을 받았는가?(1~3) - (　　　　　,　　　　　)

2. 학자의 혀를 주사 무엇하게 하시는가?
-

3. '고난당하는 메시아'의 모습이라고 볼 수 있는 구절은?(4~9절 중에서 한 절을 선택) - (　　　　절)

4. 주 여호와께서 도우신 결과 '아니하는 것' 세 가지는?(7.9절) - (예시가 본문과 똑 같지는 않음)
1) 내가 (　　　　) 하지 아니한다.
2) 내가 (　　　　)를 당하지 아니한다.
3) 나를 (　　　　)할 자 없다.

5. 흑암 중에 행하여 빛이 없는 자라도 어떻게 해야 하는가? -

제51장 [시온에 대한 영원한 구원]
다음 물음에 답하시오.

1. "아브라함과 너희를 낳은 사라를 생각하여 보라" 고 한 이유는?(1~3)
-

2. 하나님께 귀를 기울여야 하는 이유는 무엇이 여호와에게서 나오기 때문인가?(4~6) -

3. 영원히 있고 폐하지 아니하는 것이 무엇인가?(6, 8절, 두 단어를 쓰시오) -

4. 여호와께 구속(救贖)받은 자들이 돌아와 되어지는 일은?(7~11)
-

5. 너희(이스라엘, 또는 시온)를 위로할 자는 누구인가?(3, 12~16) -

6. 1) 이스라엘은 무엇을 마셨으며(17~20)
-
2) 하나님께서는 분노의 큰 잔을 어떻게 하시겠다고 했는가?(21~23) -

제52장 [구원과 해방의 선언]
다음 절수를 쓰고 구절을 완성하시오(해당 절만).

1. (　　　　절) 시온이여 깰지어다~

2. (　　　　절) 너희가 값없이~

3. (　　　　절) 좋은 소식을 전하며~

4. (　　　　절) 여호와께서 너희 앞에 행하시며~

제53장 [메시아의 고난]
다음 성경을 읽으며 (　　) 안에 알맞은 말을 적으시오.

1. (　　　　절) 그는 주 앞에 자라나기를 (　　　　)

같고 마른 땅에서 나온 (　　　) 같아서 고운 모양도 없고 (　　　)도 없은즉 우리가 보기에 (　　　)할 만한 (　　　) 것이 없도다.

2. (　　　절) 그는 실로 우리의 (　　　)를 지고 우리의 (　　　)을 당하였거늘 우리는 생각하기를 그가 (　　　)을 받아서 하나님께 맞으며 (　　　)을 당한다 하였노라.

3. (　　　절) 그가 찔림은 (　　　) 때문이요. 그가 상함은 (　　　) 때문이라. 그가 징계를 받으므로 우리는 (　　　) 그가 채찍에 맞으므로 (　　　)을 받았도다.

4. (　　　절) 그가 곤욕을 당하여 괴로울 때에도 그의 (　　　) 하였음이여……

5. (　　　절) 그가 많은 사람의 (　　　)를 담당하며 (　　　)를 위하여 (　　　)하였느니라.

제54장 [회복된 이스라엘의 영광]
다음 물음에 답하시오.

1. 장막터를 넓혀야 하는 이유는 무엇인가?
   -

2. 하나님에 대한 다양한 칭호나 수식을 쓰시오(5절에서 여섯 가지).
   1) 너를 지으신 이　　　2)
   3)　　　4)
   5)　　　6)

3. 하나님께서 '아니하리라'하신 네 가지를 쓰시오(9~10).
   1) 네게 노하지 아니한다.
   2)
   3)
   4)

4. 하나님께서 자녀들에게 어떻게 해주신다고 하셨는가?(11~17)
   -

제55장 [여호와의 구원의 초대]
다음 (/) 안의 말 중 맞는 것에는 O표, 틀린 것은두 줄로 지우시오.

1. 너희 목마른 자들아 물로 나아오라. 돈 (없는 자 / 있는 자)도 오라. 너희는 와서 (거저 먹되 / 사 먹되) 돈 없이, 값 없이 와서 포도주와 젖을 (사라 / 팔라).

2. 내가 너희를 위하여 영원한 (규례 / 언약)을 맺으리니 곧 (다윗 / 다수)에게 허락한 확실한 은혜이니라.

3. 여호와를 (만날 수 없을 때도 / 만날 만한 때에) 찾으라. 가까이 계실 때에 그를 (부르짖으라 / 부르라).

4. 내 입에서 나가는 (말 / 소리)도 이와 같이 헛되이 내게로 돌아오지 아니하고 나의 기뻐하는 (꿈 / 뜻)을 이루며 내가 보낸 일에 형통함이니라.

이사야 56~60장 심판과 예언

제56장 [이방인들의 구원]
다음 물음의 답을 보기에서 골라 쓰시오.

> **보기** 기도 / 복 / 포도주 / 이방인 / 독주 / 파수꾼 / 영영한 이름

1. 안식일을 지켜 더럽히지 않으며 악을 행하지 않는 사람, 굳게 잡는 사람은 무엇이 있는가? -

2. "여호와께서 나를 그의 백성 중에서 갈라내시리라 말하지 말라"는 것은 누구에게 한 말인가? -

3. 안식일을 지키며, 기뻐하는 일을 선택하며, 언약을 굳게 잡는 고자들에게 주어 끊어지지 않게 하는 것은? -

4. "내 집(하나님의 집)은 만민이 무엇 하는 집"이기에 이방인도 기꺼이 받게 되는가? -

5. '맹인, 벙어리 개, 꿈꾸는 자, 누워있는 자, 잠자기

를 좋아하는 자'는 누구를 비유한 말인가? -

6. 파수꾼(부패한 이스라엘의 지도자)들이 '가져오리라', '잔뜩 마시자'하는 것은? -

제57장 [회개하는 자에게 임하는 위로]
다음 말씀이 나온 절수를 쓰고 ( ) 안에 알맞는 말을 채우시오.

1. (, 절) ( )의 자식, 간음자와 ( )의 자식들아 너희는 가까이 오라…… 너희가 상수리나무 사이, 모든 푸른 나무 아래에서 ( )을 피우며 골짜기 가운데 바위틈에서 자녀를 ( )하는도다.
2. (절) 나를 의뢰하는 자는 ( )하겠고 나의 ( )을 기업으로 얻으리라.
3. (절) 내가 높고 거룩한 곳에 있으며 또한 ( )하고 마음이 ( )와 함께 있나니 이는 겸손한 자의 영을 소생시키며 ( )의 마음을 소생시키려 함이라.
4. (절) 내가 그의 길을 보았은즉 그를 ( ) 것이라. 그를 인도하며 그와 그를 슬퍼하는 자들에게 ( )를 다시 얻게 하리라.
5. (절) 내 하나님의 말씀에 악인에게는 ( ) 하셨느니라.

제58장 [열납하시는 예배]
다음 물음에 관계된 성경을 읽고 답은 제시한 절수에서 쓰시오.

1. 잘못된 금식의 예를 두 세 가지 써 보시오(3~5절).
   -
2. 하나님이 기뻐하시는 금식은?(6~7절)
   -
3. 바른 금식을 하는 자에게 주어지는 약속에 대한 구절은? - (~ 절)
4. 안식일을 지키는 자세는?(13절)
   -
5. 58장에 나온 '금식'이라는 단어는 몇 번인가?
   -

제59장 [죄의 고백과 구원]
다음 말에서 맞는 것에는 O표 , 틀린 것은 X표 하고 근거 구절을 쓰시오.

1. (절) 여호와의 손이 짧아 구원하지 못하심이요 귀가 둔하여 듣지 못하심이다. - ( )
2. (절) 이스라엘의 죄악이 이스라엘과 하나님 사이를 갈라놓았다. - ( )
3. (절) 이스라엘에게는 허물이 함께 했으나 그들은 죄악을 알지 못하였다. - ( )
4. (절) 공의를 갑옷으로 삼고 구원을 머리에 써서 투구로 삼으며, 보복을 속옷으로 삼아 열심을 입어 겉옷으로 삼으라 하였다. - ( )
5. (절) 이스라엘과 세운 언약은 하나님의 영과 말이 영원하도록 입에서 떠나지 아니하리라는 것이다. - ( )

제60장 [회복된 시온의 영광]
다음에 이어지는 말씀을 써서 완성하시오(해당 절만).

1. 일어나라 빛을 발하라~
2. 그 때에 네가 보며 기쁜 빛을~
3. 전에는 네가 버림을~
4. 다시는 낮에 해가 네 빛이~

이사야 61~66장 이스라엘의 회복과 메시아 왕국

제61~62장 [이스라엘 백성의 영광]

다음 물음에 답하시오.

1. 61:1~3은 어디에 일부 인용되었는가?

보기 〈갈라디아서〉 6:6~10
〈누가복음〉 4:16~21

-

2. 다음 슬퍼하는 자에게 무엇으로 대신하는가?
   1) 재 - 2) 슬픔 -
   3) 근심 -

3. 너희(유다)는 무엇이라 일컬어지는가?(6절로)
   1) 여호와의~
   2) 하나님의~

4. 여호와는 어떤 일을 하시는가?(8절)
   -

5. 뭇 나라들이 여호와의 행하심을 보고 인정하는 말은?(9절)
   -

6. 하나님께서 입히시고 더하신 옷은?(10절)
   -

7. 62:1~4을 읽고 시온에 대한 히브리어 칭호 두 가지의 뜻을 쓰시오(전면의 해설 참고).
   1) 헵시바 -
   2) 쁄라 -

8. 곡식을 원수에게, 포도주를 이방인에게 주지 않고 추수한 자가 먹고 무엇을 하는가?
   -

9. 사람들이 너(유다)를 일컬어 하는 말들은?
   1) 2)
   3) 4)

제63장 [환란 중의 기도 1]

다음 말씀이 되게 서로 연결하여 완성하시오.

1. 에돔에서 오며 •	• 가)	a)
2. 여호와께서 말씀 •	• 나)	b)
3. 여호와의 영이 •	• 다)	c)
4. 주는 우리 아버지시라 •	• 라)	d)

가) 그들은 나의 백성이요
나) 큰 능력으로 걷는 이
다) 주의 백성을 인도하사
라) 아브라함은 우리를 모르고,
a) 거짓을 행하지 아니하는 자녀라
b) 주의 이름을 우리의 구속자라
c) 공의를 말하고 구원하는 능력가진 이
d) 이름을 영화롭게 하셨다

제64장 [환란 중의 기도 2]

다음 말씀의 (　　)를 채우고 몇 절에 나오는지를 쓰시오(순서대로 아님).

1. 여호와여, 이제 주는 우리 (　　　) 시니이다. 우리는 (　　　)이요. 주는 (　　　)시니 우리는 다 주의 손으로 지으신 것이니이다.

   - (　　　절)

2. 주께서 기쁘게 (　　　)와 주의 길에서 (　　　)를 선대하시거늘 우리가 (　　　)하므로 주께서 진노하셨사오며 이 현상이 이미 오래 되었사오니 우리가 어찌 (　　　)을 얻을 수 있으리이까? - (　　　절)

3. 우리의 (　　　)하고 아름다운 (　　　)이 불에 탔으며 우리가 즐거워하던 곳이 다 (　　　)하였나이다 - (　　　절)

4. 주의 원수들이 (　　　)을 알게 하시며 이방 나라들로 (　　　)에서 떨게 하옵소서.

   - (　　　절)

제65장 [새 하늘과 새 땅]

다음의 물음에 답하시오.

1. 패역한 백성들의 행위를 5가지 이상 써보시오(3~7). -
   1) 동산에서 제사
   2)
   3)
   4)
   5)
   6)

2. 다음의 장소는 어떤 곳으로 변하게 되는가?(8~12)
   1) 샤론 -
   2) 아골 골짜기 -

3. 하나님을 섬기지 않는 자들(너희)이 당할 일 6가지를 써보시오(13절: 3가지, 14절: 1가지, 15절: 2가지).
   1) 주릴 것
   2)
   3)
   4)
   5)
   6) 죽임을 당할 것

4. 언제 '이전 것은 기억되거나 마음에 생각나지 아니할'것인가?
   -

5. 새 하늘과 새 땅의 창조로 변화될 많은 일들 중에 관심이 가는 6 가지를 자유롭게 선택하여 써보시오.
   1) 백세에 죽는 자를 젊은이라
   2)
   3)
   4)
   5)
   6)

제66장 [하나님 나라의 완성]

다음에 이어지는 말씀을 써서 성구를 완성하시오.

1. 무릇 마음이 가난하고~

2. 네 하나님이 이르시되 나는 해산하게~

3. 내가 그에게 평강을~

4. 여호와께서 불과 칼로~

5. 내가 지을 새 하늘과~

예레미야 | 예언서 |

Jeremiah

제목에 대한 해설

본서의 히브리어 성경의 책 이름은 '이르메야후(예레미야)'로 예언자의 이름을 따라 붙여졌다. 《칠십인역(LXX)》이나 《불가타역(Latin Vulgate)》들도 모두 예레미야의 이름을 책 이름으로 정하였고, 후대의 영어역이나 한글 성경도 역시 이를 따르고 있다.

저자와 기록 연대

저자는 전통적으로 예레미야 자신이라는 데 이견이 없었다. 본문 36장에 의하면 여호야김 4년에 여호와께서 선지자에게 "두루마리 책을 가져다가 모든 예언을 기록하라" 하므로 바룩을 통하여 기록하게 되는데, 그때를 주전 605년경으로 본다. 본서에는 찬란한 문학형식들이 혼합되어 있다. 즉 산문과 시, 냉소와 애가, 행동을 통한 비유, 자서전과 역사가 담겨 있다. 현대 학자들은 기본 전승은 예레미야로부터 왔으나 일부(특히 50~51장 등)는 주전 5세기 후반에서 4세기 초반에 다른 사람에 의하여 첨가되었다고 주장하기도 한다.

예레미야의 생애와 사역

예레미야는 제사장과 선지자적 성격을 겸비한 선지자로서 '눈물의 선지자', '고독의 선지자'라는 별명이 있다. 예레미야에 대해서는 〈열왕기하〉 22~25장과 〈역대하〉 34~36장을 함께 읽으면 다른 예언자들보다 자세한 정보를 얻을 수 있다.

예레미야는 아나돗 제사장 힐기야의 아들로 젊은 나이인 요시야 13년(주전 626년)에 예언을 시작하여 여호아하스, 여호야김, 여호야긴, 그리고 시드기야 때인 주전 587년 바벨론에 의해 예루살렘이 함락되는 것을 지켜보았고 이후 얼마 동안 지속되었다. 즉 예레미야는 민족의 비극적인 상황에서 약 40년간 예언하였다. 예레미야가 소명을 받던 이때에는 앗수르 왕이 죽던 해로(주전 626년) 북방에서는 신흥 바벨론이 앗수르를 제압할 때이며 남방에서는 애굽이 재기할 때이다.

즉 남국 유다가 멸망해 가는 쇠퇴기에 예언을 하여 하나님의 공의와 사랑을 전하였는데, 메시지는 심판과 구원이라는 양면성을 가지고 있다.

연대기적 배열

〈예레미야〉의 기록이 연대기적으로 되어 있지는 않으므로 연대기적으로 배열하여 읽는 것이 필요하다. 시대순으로 사건을 배열하여 본다. (해당 본문은 강사문 외 4인 공저, 《구약성서 개론》, p. 657~665 참고)

제1기 - 626년 예레미야의 소명에서 621년 요시야의 종교개혁 이전까지
제2기 - 621년 요시야 종교개혁 이후부터 609년 요시야 죽음까지
제3기 - 609년 요시야 죽음부터 605년 갈그미스 전쟁까지
제4기 - 605년 갈그미스 전쟁부터 597년 여호야긴의 포로까지
제5기 - 598년 여호야긴 포로에서부터 587년 유다 예루살렘 멸망까지

교훈과 메시지

(1) 회개의 메시지

〈예레미야〉는 〈에스겔〉처럼 초월적 신관(렘 23:23)보다 내재적(內在的) 신관을 갖는다. 여호와는 예레미야를 이해하고 알고 계시며(9:24), 북방의 모든 족속을 불러서 유다를 심판하시며(1:15), 이방의 역사까지 지배하시므로 느부갓네살까지도 '그의 종'(27:6), '그의 도구'(27:6~9)로 사용하셔서 역사 속에서 활동하신다. 예레미야는 하나님의 백성을 구원에 이르도록 하기 위하여 죄와 심판과 회개와 용서를 끊임없이 선포하였다(3:1~4:4). 예루살렘 멸망을 예언했으며 멸망 이후 예레미야의 메시지는 급격히 변화하여 주로 개인 신앙과 새 역사의 메시지로 발전하게 된다.

(2) 미래 예언과 메시아 사상

〈예레미야〉의 신관이 내재적이었으므로 〈예레미야〉의 예언에는 전우주적으로 펼쳐지는 종말론적인 심판과 구원의 시각은 없다. 역사 안에서 일어나는 이스라엘 회복에 관한 현실적인 미래의 대망이 있을 뿐이다. 이러한 미래에 대한 소망의 메시지는 역시 새 계약의 약속에서 절정에 이르며 다윗에게서 난 의로운 가지(David a righteous Branch)에 관한 두 개의 메시아 예언으로 이어지게 된다(23:5~6, 33:15~16).

예레미야 1~6장

예레미야의 소명 (중요구절 렘 1:19)

예레미야는 하나님의 선지자로 부름을 받는다(1장). 하나님은 자기 백성의 부정을 책망하신다(2장). 하나님은 '이스라엘아 돌아오라'며 애타게 부르시지만(3장), 그들은 불순종하여 재앙이 다가온다(4장). 부패한 유다는 그 범죄로 인해 심판을 받을 것이며(5장), 그 멸망에 대한 전쟁이 선언된다(6장).

1. 예레미야는 "아나돗의 제사장"의 아들로서 소명을 받을 때에 "나는 아이라 말할 줄을 알지 못하나이다"(1:6)고 하였다. 하나님께 부름받는 사람들은 부름에 사양하는 경우가 많으나 하나님께서 사명과 함께 능력을 주시므로 감당하게 된다. 모세는 "나는 입이 뻣뻣하고 혀가 둔한 자니이다"(출 4:10~17) 하였으며, 기드온은 숨어서 타작을 하다 소명을 듣고 "나의 집은 므낫세 중에 극히 약하고 나는 내 아버지 집에서 가장 작은 자니이다"(삿 6:15) 하였다. 나는 부르심에 어떻게 응답하는가?
2. 하나님은 이스라엘 집(왕, 지도자, 제사장, 선지자)이 수치를 당하리라고 하신다(2:26). 그 원인은 "나무를 향하여 너는 나의 아버지라 하며 돌을 향하여 너는 나를 낳았다"(27절)며 하나님을 배반하였다. 이스라엘의 아버지는 하나님이신데(신 32:6, 18, 사 64:8~9) 나무나 돌로 자기들의 신을 삼았다(사 44:14~20). 성읍마다 수호신을 만들고 성읍 이름으로 삼는 관습을 가졌는데(28절) 이는 하나님을 배반한 행위였다. 하나님보다 눈에 보이는 것에 가치성을 더 두는 어리석음이 없어야 한다.
3. 하나님을 배반하므로 닥친 재난들에 대하여 이스라엘은 그 원인을 몰라했다. "단비가 그쳤고 늦은 비가 없어졌느니라"(3:3)는 말씀은 비가 특정 계절에만 내리므로 그 때 비가 내리지 않으면 곡식 수확에 비참한 결과가 나타난다(14:1~6). 그럼에도 이스라엘은 깨닫지 못하고 마치 "창녀의 낯을 가졌으므로 수치를 알지 못하느니라"(3절)는 말처럼 어리석고 뻔뻔하였던 것이다. 우리가 고난이 닥칠 때에 깨닫지 못하면 고난은 깊어지고 그 기간은 길어지게 된다.

1
예레미야의 소명
네가 무엇을 보느냐?

2
범죄하는 유다
영광을 무익한 것과 바꾸었도다

3 5
이스라엘아 돌아오라
이스라엘이 간음을 행하여서

6
민족의 부패
한 사람이라도 찾으면

7
유다 멸망의 예언
너는 훈계를 받으라

4. 하나님은 이스라엘을 받아 줄 준비가 되어 있으므로 "이스라엘아 네가 돌아오려거든 내게(여호와께)로 돌아오라"(4:1) 하신다. "너희는 스스로 할례를 행하여 너희 마음 가죽을 베고 나 여호와께 속하라"(4절)고 가르쳐 주신다. 여호와께 돌아와서 여호와께 속하는 삶은 복된 길이요 생명의 길이다.
5. 하나님은 "예루살렘에서…… 정의를 행하며 진리를 구하는 자를 한 사람이라도 찾으면 내가 이 성읍을 용서하리라"(5:1)하셨다. 마치 아브라함 시대에 소돔과 고모라가 의인 열 명이 없어서 멸망했듯이(창 19~20장) 단 한 사람, 그 사람이 없어서 교회가 어려움을 당하지 말아야 한다.

더 살펴보기

내용 분해
1장 – 예레미야의 소명과 환상
2~25장 – 유다와 예루살렘에 대한 하나님의 심판
26~45장 – 예레미야의 시대(전기)
46~51장 – 열방에 대한 심판
52장 – 역사적인 부록 (예루살렘의 멸망과 바벨론 유수)

1. 〈예레미야〉의 내용

예레미야의 예언은 요시야 왕 13년부터이다(1:2). 예레미야가 소명을 받던 이때에는 앗수르 왕이 죽던 해(주전 626년)로서 북방에서는 신흥 바벨론이 앗수르를 제압할 때이며 남방에서는 애굽이 재기할 때이다. 〈예레미야〉의 역사적 배경은 〈열왕기하〉 22~25장과 〈역대하〉 34~36장이므로 함께 읽어야 한다.

2. 〈예레미야〉는 심판서인가?

〈예레미야〉를 '심판서'라 일컫는 것은 그의 말씀의 두드러진 주제가 '심판'이며 특히 유다 멸망의 심판이 절정을 이루고 있기 때문이다. 유다의 마지막 시기를 산 예레미야의 예언은 백성들의 입장에서는 심히 불쾌하고 자극적이었다. 때와 장소를 가리지 않고 하나님에 대한 자신들의 불성실함이 노골적으로 드러나고(3:1~2), 좋아하는 우상이 조롱당하고(10:2~5), 인성이 폭로당하고, 정치 정책이 공격당했기 때문이다. 이들에게 회개하고 구원을 받으라는 예레미야의 예언은 인기가 없었고 '심판의 선지자'로 보일 수 밖에 없었다. 거짓 선지자들은 "평강하다. 평강하다"(8:11) 하였으나 실제 평강은 없었다. 사람들이 거짓 선지자의 말을 듣고 예레미야를 상대하지 않는 것은 당연했다. 그러나 엄연한 사실은 예레미야가 예언한 대로 멸망이 다가오고 있었다.

3. 연대기적으로 본 예레미야 생애의 주요 사건(주전, BC기준)

626년 예레미야가 선지자로 부름을 받는다. 앗수르의 마지막 왕 아슈르바니팔이 죽는다.

621년 성전 수리를 하다가 율법 책을 발견하고 요시야의 종교개혁이 시작된다.

612년 앗수르의 수도 니느웨가 바벨론에게 함락된다.

609년 애굽군대가 앗수르를 지원하기 위해 북진하는데, 요시야 왕이 저지하려다가 므깃도에서 전사한다. 앗수르에서 귀국하는 길에 바로 느고가 새 왕 여호아하스를 폐위하고 여호야김을 왕으로 세운다.

605년 애굽 군대가 갈그미스에서 바벨론 왕 느부갓네살에게 참패한다.

604년 느부갓네살이 아람(수리아)과 유다와 블레셋 성읍을 정복한다.

598년 애굽과 맺은 동맹이 다시금 바벨론 군대를 유다로 내려오게 한다.

597년 여호야김 왕이 죽는다. 두 달간의 포위공격 끝에 예루살렘이 바벨론 군대에게 함락된다. 새 왕 여호야긴이 다른 백성과 함께 바벨론에 사로잡혀 간다. 그의 아자비 시드기야가 왕위에 오른다.

588년 친애굽파의 압력으로 시드기야가 바벨론과의 신의를 저버린다. 예루살렘이 18개월간의 포위당한다.

587년 바벨론 군대가 예루살렘 성을 함락시키고 백성이 사로잡혀 간다. 3개월 뒤에 총독 그다랴가 살해당한다. 예레미야가 애굽으로 끌려간다. (David, Pat Alexander,《Lion Handbook to the Bible》, p.397, '예레미야의 소명과 아슈르바니팔의 죽음'이 627년으로 되어 있는데, 일반적인 연대인 626년으로 수정했음.)

고뇌하는 모습의 예레미야
예레미야는 조국의 앞날을 내다보며 멸망할 유다로 인해 괴로워했다. (시스티나 예배당의 천장 프레스코화. 미켈란젤로)

예레미야 7~12장

우상숭배와 그 징벌 (중요구절 렘 9:24)

길과 행위를 바르게 하라고 권면한다. 유다 백성이 성전에서 제사를 드리면서 우상 숭배한 큰 죄를 지적하며, 회개하지 않으면 큰 형벌을 내리겠다고 선포한다(7장). 백성이 회개하고 돌아오지 않음에 대해 징계받을 것을 말한다(8장). 유다 백성은 하나님을 알지 못하므로 심판받을 것이라 말한다(9장). 여호와를 버리고 우상을 섬기는 자들이 멸망받게 될 것을 말한다(10장). 유다와 이스라엘은 하나님과 언약의 관계에 있는 선민이었으나, 이 언약을 깨뜨리고 저주아래 놓이게 된다. 언약 파기에 대한 책망을 듣는 그들은 오히려 예레미야를 해치려 한다(11장). 예레미야는 악한 자의 형통에 대해 하나님께 불평한다. 하나님은 직접 대답하지 아니하시나 유다가 머지않아 멸망할 것을 말씀하신다(12장).

7
성전 문에서 촉구한 회개
길과 행위를 바르게 하라

8
죄를 깨닫지 못하는 유다
여호와의 규례를
알지 못하도다

9
불순종으로 인한 심판
마음에 할례를
받지 못하였도다

10
무익한 우상숭배
여호와는 참 하나님이시요

11
깨어진 언약
언약의 말을 듣고 지키라

12
예레미야의 질문과
하나님의 응답
악한 자의 길이 형통?

1. 하나님은 예레미야에게 "네가 그들에게 이 모든 말을 할지라도 그들이 너에게 순종하지 아니할 것이요"(7:27)라고 하셨다. 결국 예레미야의 사역은 실패로 끝날텐데 그것을 알면서도 계속 사역을 감당한 것은 하나님의 명령이기 때문이다. 오늘 그대가 전하는 말씀대로 성취되지 않는다 할지라도 하나님께서 소명을 주셨으니 낙심하지 말고 사명을 감당해야 한다(고후 4:1).
2. "어찌하여 내 머리는 물이 되고 내 눈은 눈물 근원이 될꼬"(9:1). 예레미야는 하나님 앞에서 무서운 심판을 받아야할 사람들을 볼 때에 늘 한탄하지 않을 수 없었다. 예레미야는 "죽임을 당한 딸 내 백성을 위하여 주야로 울리로다"(1절)라고 하였다. 예레미야를 '눈물의 선지자'라 함은 백성을 위한 이러한 안타까움이 있기 때문이다. 그대는 구원받지 못한 가족, 친구, 이웃을 위해 눈물을 흘려보았는가?
3. 무엇을 자랑하는가? "지혜로운 자는 그의 지혜를 자랑하지 말라. 용사는 그의 용맹을 자랑하지 말라. 부자는 그의 부함을 자랑하지 말라"(9:23). 그러면 무엇을 자랑할까? 명철하여 여호와를 아는 것, 사랑과 정의와 공의를 땅에 행하는 자인 줄 깨닫는 것, 바로 이런 것을 자랑하는 것이다(9:24). 바울은 예수 그리스도의 십자가를 자랑했다. 우리는 '큰 구원'을 자랑해야 한다(히 2:3). 자식 자랑, 남편(아내) 자랑, 돈 자랑, 실력 자랑 등 남을 불편하게 하는 자랑만 하고 있지는 않는가?
4. 오랜 동안 질문되어 왔던 것을 예레미야도 "악한 자의 길이 형통하며

반역한 자가 다 평안함은 무슨 까닭이니이까?"라며 불평했다(12:1). 의로운 사람에게 선한 결과가, 악한 사람에게 악한 결과가 주어지는 것이 당연하지만 세상은 반드시 그렇지가 않은 현실로 인해 하박국도 욥도 괴로워했다. 그들은 해답을 얻었다. 결국 하나님의 백성이 최후의 승리를 얻기에 신정론을 갖고 여호와를 의지한다.

5. 예레미야는 아나돗의 제사장 집안 출신(1:1)이지만, 아나돗 사람들이 예레미야를 찾아와서 "너는 여호와의 이름으로 예언하지 말라. 두렵건대 우리 손에 죽을까 하노라"(11:21)고 하였다. 고향 사람, 아는 사람은 실제 더 이해해 주어야 하는데 현실은 그렇지 못하다. 예수님께서도 "선지자가 고향에서는 환영을 받는 자가 없느니라"(눅 4:24)고 하셨다. 그러나 예레미야의 예언을 막고자 했던 아나돗 사람들에게는 재앙이 찾아오는 것이다(11:23).

오늘날 힌놈의 골짜기(렘 7:31~32)
유다 백성들은 이곳에서 우상을 숭배했기에 책망받았다(왕하 23:10). 예레미야도 그곳에 임할 재앙을 예언했다.

더 살펴보기

1. '힌놈의 골짜기'는 어디를 가리키는가?(렘 7장 외)

힌놈의 골짜기(Valley of Hinnom)는 '힌놈의 아들의 골짜기'(렘 7:31~32, 19:2, 6, 수 15:8, 왕하 23:10)라고도 불리운다. 이 이름은 이곳의 최초 거주자였던 여부스족 땅 임자의 이름에서 유래한 듯하다. 유다 백성들은 이곳에 음란한 사당(祠堂)을 세워놓고 거기서 자기의 자녀들을 우상의 제물로 바치기 위해 불살랐다(왕하 23:10). 이와 같은 행위는 이방에서 많이 행해졌는데(왕하 3:26~27), 이스라엘에서는 므낫세 왕 때에 시작되어 나라 전체에 만연하였으며, 요시야 왕 때에 잠시 금지되었다가 여호야김 왕 때에 다시 성행하였다(렘 19:5, 32:35, 겔 20:31).

예레미야의 예언과 신명기
(렘 11장, 신 7, 27~28장)
예레미야의 예언에 대하여 백성들은 모세 시대에 하나님과 맺은 '언약'의 조항들을 순종하기를 거부하였다. 따라서 하나님은 백성이 순종하면 주시기로 하신 복 대신, 불순종하면 내리신다고 경고한 저주(심판)를 내리고 있는 것이다(신 7:12~8:20, 28:1~68). 하나님은 크게 진노하시므로 예레미야에게 백성을 위한 기도까지 금하셨다. "그런즉 너는 이 백성을 위하여 기도하지 말라 그들을 위하여 부르짖어 구하지 말라 내게 간구하지 말라 내가 네게서 듣지 아니하리라"(7:16). 그러나 하나님께서 원하시는 것은 "나의 모든 명령을 따라 행하라. 그리하면 내 백성이 되겠고 나는 너희의 하나님이 되리라"(11:4)는 시내 산 언약의 가르침을 되새기고 있다(출 19:5~6).

2. "순한 어린 양"이란 말의 의미(렘 11:19)

(1) "순한 어린 양"은 히브리어로 '케페쉬 알루프'로서 '길들여져 사랑받는 양'이란 뜻이다. 유대인이나 아라비아 인의 풍속 중에 어리고 순한

양을 어린 아이처럼 귀하게 키우는 경우가 있었다. 나단이 다윗을 책망할 때에 든 비유 속에 이 어린 양이 나온다(삼하 12:3).

(2) 예레미야가 자신을 '순한 어린 양'이라 함은 당시 집에서 기르는 양은 죽이지 않았는데, 마찬가지로 자신도 가족들에게 해를 당하지 않을 것이라고 생각했기 때문이다.

(3) 예레미야가 진리를 위해 일을 할 때에 그의 생명을 위협하는 일들이 일어났지만 선지자는 자신을 돌보지 않고 하나님의 말씀을 전하는 일에만 전심전력하는 일편단심의 행동을 했다.

(4) 세례 요한은 예수님을 가리켜 "보라 세상 죄를 지고 가는 하나님의 어린 양"(요 1:29)이라 하였다. 순한 어린 양 같은 예레미야는 예수님의 그림자이기도 하다.

예레미야 13~19장

개인 탄식시와 심판 예언 (중요구절 렘 14:20)

베 띠, 포도주 가죽부대의 비유를 통해 그들의 실상을 교훈하신다(13장). 심각한 가뭄이 계속된다. 예레미야는 하나님께 기도한다(14~15장). 하나님은 예레미야에게 결혼, 초상집 출입, 잔칫집 출입을 금지시킨다(16장). 유다의 죄는 지울 수 없는 철필로 기록한 것과 같지만 하나님의 말씀을 청종한다면 심판을 면할 수 있다. 안식일을 거룩히 지키도록 권면하신다(17장). 하나님은 예레미야를 토기장이의 집으로 보내 인생이 하나님의 손 안에 있음을 말씀하신다(18장). 깨어진 옹기의 교훈을 통해 예루살렘 성과 백성을 파하리라는 말씀을 하신다(19장).

1. 하나님의 말씀을 모르고 또 그것을 떠나서 기독교는 절대 존재할 수 없다. 〈예레미야〉는 "내가 주의 말씀을 얻어 먹었사오니 주의 말씀은 내게 기쁨과 내 마음의 즐거움"(15:16)이라 하였다. 〈시편〉에서도 하나님의 말씀을 "꿀보다 더 달다"(시 119:103)고 하였다. 하나님의 말씀을 맛있게 대하는 것은 순종을 통하여 이루어진다. 〈히브리서〉 기자는 "들은 바 그 말씀이 그들에게 유익하지 못한 것은 듣는 자가 믿음과 결부시키지 아니함이라"(히 4:2)고 하였다. 말씀으로 기쁨과 즐거움을 얻

어야 한다.

2. 하나님은 예레미야에게 "너는 이 땅에서 아내를 맞이하지 말며 자녀를 두지 말지니라"(16:1)며 가정생활을 포기하게 한다. 이는 예언자가 자신이 전한 심판의 말씀을 삶으로 증거하여 미래의 재난을 미리 보여주는 '상징예언'을 하는 것이다. 호세아의 혼인(호 1:3), 이사야의 자녀들(사 8:18), 자기 아내가 죽었을 때 에스겔의 태도(겔 24:15~18)도 상징예언이다.('더 살펴보기'내용 참고)
3. 토기장이가 그릇을 잘못 만들면 부수고 다시 자신의 의도대로 다른 그릇을 만든다. "진흙이 토기장이의 손에 있음 같이 너희가 내 손에 있느니라"(18:6)는 하나님의 말씀은 이스라엘이 그리고 우리 인생이 하나님의 손 안에 있음을 말해준다. 토기장이의 손에서 좋은 그릇이 만들어지므로 하나님의 뜻에 순종해야 한다. 장갑이 낀 사람의 손 모양대로 되는 것처럼 하나님께 붙잡힌 바 되면 하나님의 뜻을 이룬다.
4. '옹기의 교훈'(19장)은 18장의 토기장이 손에 들린 진흙과는 다르다. 진흙 상태에서는 잘못 만들어 졌을 때에 부수고 다시 만들 수 있으나, 이미 만들어져 굳어진 옹기는 깨뜨리는 수밖에 없다. 녹로 위에 있는 부드러운 진흙과 같은 상태, 즉 통회하는 심령으로 회개해야 한다. 그러나 이스라엘은 그러한 기회를 잃어 버렸으므로 깨어질 수밖에 없었다. 그런데 복음 안에서는 예수 그리스도께서 십자가에서 죽으심으로 우리가 예수 그리스도의 보혈에 의해 구원받은 것이다.

더 살펴보기

1. 〈예레미야〉의 상징적인 언어

〈예레미야〉에는 상징적인 언어, 즉 상징예언이 많이 나온다. 예레미야가 직접 경험한, 하나님께서 그에게 가르치고 따라서 유다에 가르치고 있던 중요한 영적 진리를 담고 있다.

(1) 썩은 베 띠(13:1~11) - 아름다운 베 띠를 띠는 사람에게 칭송과 영광

앗수르의 어부 모습(렘 16:16)
하나님께서는 심판을 선포하시며 "내가 많은 어부를 데려다가 그들을 낚게 하며"(렘 16:16)라 하였는데, 어부는 바벨론 사람들을 가리킨다. (사진은 앗수르의 어부 모습, 주전 700~692년, 니느웨 출토, 앗수르 남서쪽 궁전 부조, 대영박물관, ©이원희.)

을 가져다 줄 수 있듯이, 귀한 존재였던 이스라엘이 교만과 악행으로 쓸모없는 베 띠와 같이 되었음을 상징한다.

(2) 예레미야의 독신생활(16:1~9) - 예레미야에게 "이 땅에서 아내를 맞이하지 말며 자녀를 두지 말지니라". 즉 하나님께서는 남자와 군대뿐 아니라 가족들에게도 다가올 심판을 예고한다.

(3) 토기장이와 진흙(18:1~8) - 이스라엘이 토기장이의 손에서 쓸데없이 된 진흙과 같을지라도, 토기장이이신 하나님께서 그 분이 쓰시기에 합당한 그릇으로 만들 수 있다는 것을 가르친다.

(4) 깨어진 옹기(19:1~13) - "사람이 토기장이의 그릇을 한 번 깨뜨리면 다시 완전하게 할 수 없나니 이와 같이 내가 이 백성과 이 성읍을 무너뜨리리니"라며 돌이킬 수 없는 심판을 가르친다.

(5) 멍에를 목에 메라(27:1~22) - 유다의 왕과 백성에게 "바벨론 왕의 멍에를 목에 메고 그와 그의 백성을 섬기소서"라며 바벨론에 항복할 것을 예언했다. 반역자나 거짓 선지자로 오해를 받았다.

(6) 아나돗의 밭(32:6~44) - 하나님께서는 예레미야에게 고향 "아나돗에 있는 내 밭을 사라"고 하심으로 포로 기간이 끝나면 돌아올 것에 대한 확실한 미래를 약속하신다.

(7) 큰 돌을 감춤(43:8~13) - "큰 돌 여러 개를…… 바로의 궁전 대문의 벽돌로 쌓은 축대에 진흙으로 감추라"하심으로 바벨론이 애굽을 정복할 것이라는 것을 예언한다.

(8) 말씀을 책에 기록(51:59~64) - 바벨론에 닥칠 예언을 한 책에 기록하여 스라야를 보내 바벨론에서 읽게 하고 책에 돌을 메어 강에 던짐으로 바벨론이 이같이 몰락할 것을 예언했다. (Harold Willmington)

2. 하나님께서 기도를 듣지 아니하실 때도 있다 (14:11~12)

"여호와께서…… 너는 이 백성을 위하여 복을 구하지 말라 그들이 금식할지라도 내가 그 부르짖음을 듣지 아니하겠고 번제와 소제를 드릴지라도 내가 그것을 받지 아니할 뿐 아니라"(14:11~12)를 보면 하나님께서 하나님의 백성의 기도를 듣지 않으시고 응답을 거부하시는 것으로 나타난다.

(1) 하나님은 이미 심판을 결정하셨기 때문에 더 이상 기도에 응답하지 않으실 수 있다. 유다 백성들은 오랫동안 하나님의 경고에 귀를 기우리지 않았기 때문에 이제 심판은 사실상 진행되고 있었다. 그들의 기도는 너무도 작고 너무 늦은 것이었다.

(2) 사람들은 때로 자신의 기도를 스스로 방해할 수 있다. 성경은 기도를 방해할 수 있는 태도와 행동들에 대해 언급하고 있다. 예를 들면 죄, 불순종, 위선과 불성실, 잘못된 동기, 믿음이 없거나 부족함 등이다 이런 것들이 방해 장벽처럼 자기 기도가 하나님께 상달되는 것을 스스로 막고 있다. (Zondervan,《The Quest Study Bible》, p.1073)

예레미야 20~25장

지도자들에 대한 책망 (중요구절 렘 23:5~6)

핍박받는 예레미야는 다시는 여호와를 선포하지 않으리라 하면 중심이 불붙는 것 같은 심정임을 토로한다(20장). 유다의 마지막 왕 시드기야는 위로의 말을 기대하지만, 예레미야는 예루살렘이 확실히 멸망할 것과 항복하는 자는 살 것을 말한다(21장). 백성들과 유다 쇠퇴기의 왕들에 대한 책망이 나온다. 시대적으로는 21장 보다 앞의 예언이다(22장). 정치적으로나(1~8) 종교적으로 타락(9~40)하여 책망을 듣는다. 한 의로운 가지(다윗 혈통에 속한 의로운 왕: 메시아)를 일으킬 것을 말씀한다. 거짓 선지자를 향한 책망으로 예레미야는 고난을 받았을 것이다(23장). 무화과 두 광주리 비유를 통해 포로된 자들과 그 땅에 남아 있는 자들의 형편을 말한다(24장). 유다의 바벨론 포로 생활이 칠십 년이 될 것을 예언한다. 이 말은 훗날 에스라에 의해 인용된다(25장, 스 1:1).

1. 예레미야는 민족의 멸망을 바라보고 눈물을 흘리며 하나님의 말씀을 전한다. 그러나 백성들은 말씀을 듣지 않고 그를 체포하고 때리며 나무 고랑으로 채운다(20:1~3). 그래서 또 눈물을 흘리며 외친다. "내가 다시는 여호와를 선포하지 아니하며 그의 이름으로 말하지 아니하리라 하면 나의 마음이 불붙는 것 같아서 골수에 사무치니 답답하여 견딜 수 없나이다"(20:9). 이 심정이 우리에게도 필요하다.
2. "너희가 평안하리라", "재앙이 너희에게 임하지 아니하리라"(23:17).

20
예레미야의 애가
마음이 불붙는 것 같아

21
바벨론의 침략 예고
생명의 길과 사망의 길

22
쇠퇴기 왕들에 대한 권고
살룸, 여호야김, 고니야

23
거짓 선지자에 대한 책망
의로운 가지를 일으킬 것이라

24
무화과 두 광주리 비유
좋은 무화과 같이
잘 돌볼 것이라

25
포로 생활의 예언
칠십 년 동안 바벨론 왕을

얼마나 듣기 좋은 말인가? 그런데 문제는 하나님이 보낸 선지자의 말이 아니라 거짓 선지자의 말로서 듣기에만 좋은 이 말대로 판단하고 대처하다가는 낭패를 당한다. 예레미야는 참 선지자로서 백성들에게 인기가 없었다. 왜냐하면 바른 말을 했기 때문이다. 듣기 좋은 말에만 현혹되지 말고, 듣기에 싫어도 하나님의 말씀이라면 청종하고 순종하는 자세가 필요하다. 듣기 싫어하는 참말은 진정 가까운 주의 종이 하기 때문이다.

3. 거짓 선지자에 대한 예언(23:9~40)은 어느 시대를 막론하고 적용된다. ① 하나님의 이름을 빙자하고(17절), ② 거짓 예언을 하며(16, 25 등), ③ 보냄을 받지 않았다(21, 32 등). 그럼에도 그들은 가장 신령한 선지자 행세를 한다. 이 시대에 사역자들이 영적으로 주님과 깊이 교제하고 지적으로 많은 노력으로 공부를 하지 않는다면 거짓 선지자처럼 되어 버리고 말 것이다.
4. "내가 다윗에게 한 의로운 가지를 일으킬 것이라"(23:5) 하였다. 여기서 '가지'는 '싹'(슥 3:8, 6:12)이라고도 한다. 예루살렘이 함락되면서 멸망한 다윗의 왕조에서 새 왕이 탄생하여 통치하실 것을 가리키는데(사 11:1~5) 그가 곧 예수 그리스도이시다. 어두움 후에는 언제나 새 날이 밝아 온다.

더 살펴보기

1. 유다의 마지막 왕들에 대하여(렘 21~22장)

21장에는 '시드기야', 22:11에는 '살룸=여호아하스', 22:18에는 '여호야김', 22:24에는 '고니야=여호야긴=여고냐'가 나오는데 이들은 유다의 마지막 네 왕이다. 이들이 차례대로 나오지는 않으므로 이름을 가지고 시기를 알 수 있다. 이름이 여러 가지로 쓰임도 기억하며 성경을 읽으면 도움이 될 것이다. 물론 관계된 〈열왕기〉나 〈역대기〉를 읽는 것도 중요하다. (왕하 20~25장, 대하 31~36장 내용 참고)

(1) 17대 여호아하스(살룸, 주전 609, 3개월) : 요시야의 아들로서 애굽에 포로됨, 왕하 23:31~33, 대하 36:1~4.

(2) 18대 여호야김(주전 609~598년) : 예루살렘 포위 때에 죽은 것으로 추정, 왕하 23:34~24:5, 대하 36:5~7, 단 1:1~2.

(3) 19대 여호야긴(고니야=여고냐, 주전 598년 - 3개월 통치) : 바벨론에 잡혀 감, 왕하 24:6~16, 대하 36:8~10, 겔 1:1~2.

(4) 20대 시드기야(주전 597~587년) : 눈이 뽑히고 바벨론에 잡혀 감, 왕하 24:17~25:30, 대하 36:11~21.

2. "칠십 년 동안 바벨론의 왕을 섬기리라"는 예언(렘 25:11)

(1) 바벨론 포로의 기간이 칠십 년이 되리라는 예언은 25:11~12, 29:10에 분명하게 나타난다.

(2) 예루살렘 멸망(왕하 25:1~7, 주전 587년)을 기준으로 보면 바사의 고레스 왕의 해방령으로 귀환(제1차 귀환, 주전 538년, 스 1:1)했으므로 실제 포로기간이 약 50년간이다(주전 587-738 = 약 50년). 그러면 칠십 년을 어떻게 해석할 것인가?

(3) 두 가지 해석 방법이 있다. 즉 ① 제1차 포로를 605년(바벨론의 느브갓네살이 갈그미스에서 애굽 군대를 쳐부수고 수리아와 팔레스틴 지역에서 신 바벨론 제국의 지배권을 굳힌 해, 단 1:1~2, 대하 36:5~7)으로 보면 제1차 귀환인 538년을 계산하면 약 70년이 된다. ② 예루살렘 성전의 파멸(587년)에서 귀환 후에 성전 재건(주전 515년, 스 6:15)까지를 보면 약 70년이 된다. (왕하 20~25장, 스 1~6장 내용 참고)

3. 이방 나라의 멸망에 대해 언급(25:14~26)

(1) 이 부분은 46~51장에 나오는 예언의 서론 같은 것이다. 이들 나라는 바벨론과 애굽, 모든 잡족과 우스 땅에 모든 왕, 블레셋, 에돔, 모압, 암몬, 두로, 시돈, 드단, 데마, 부스 왕들과 아라비아의 잡족, 시므리의 왕, 엘람, 메데, 북방 원근의 왕들이다. 부록 지도에서 이들 나라들을 살펴

두루마리를 펼쳐 든 예레미야
예레미야는 주의 말씀이 기쁨과 즐거움이라 하였다(렘 15:16). 감금되자 바룩에게 말씀을 기록하게 하여 전하였다(렘 36:4~6). (라벤나 성당의 모자이크, 6세기)

보라.

(2) "내가 너를 보내는 바"(25:15)라는 말은 "진노의 술잔"을 건네주는 것과 마찬가지로 비유적으로 이해해야 할 것이다(25:17). 진노의 술잔이라는 비유는 적수를 따돌리거나 죽이려고 그를 술 취하게 만드는 과정을 연상시킨다(삼하 13:28, 합 2:15~16).

26
죽음의 위협받는 예레미야
네가 반드시 죽으리라

27
줄과 멍에의 상징
바벨론 왕을 섬기라
그리하면 살리라

28
하나냐의 거짓 예언
이 백성에게 거짓을
믿게 하는도다

29
포로들에게 보낸 편지
내게 와서 기도하면
들을 것이요

30 31
새 언약의 약속
내 백성, 너희의 하나님

예레미야 26~31장

거짓 선지자들과의 논쟁 (중요구절 렘 29:13)

예레미야는 여호야김의 통치 시대에 성전과 예루살렘 성에 대해 불길한 예언을 하므로 죽음의 위협을 받는다(26장). 시드기야(유다의 마지막 왕) 시대에는 하나님의 명령대로 줄과 멍에를 목에 얽고 다녔으며 이는 바벨론 포로에 대한 상징이었다(27장). 거짓 선지자 하나냐는 평화를 예언하고 예레미야 목의 멍에를 꺾으며 이처럼 바벨론의 멍에를 자신이 꺾을 것이라 했으나 오히려 자신이 죽게 된다(28장). 예레미야는 포로들에게 편지를 보내 그곳에서의 삶과 소망에 대해 격려한다(29장). 바벨론의 포로민들에게(포로는 예루살렘 멸망 전에도 이미 잡혀갔었다) 주어진 미래에 대한 위로와 소망의 말씀이다. 이는 포로의 귀환뿐 아니라 그리스도 안에서 이루어지는 새 언약을 보여 준다(30~33장, 33:15~16).

1. 예레미야가 죽음의 위협을 당하는 것은 바른 예언을 했기 때문이다. "이 성전을 실로 같이 되게 하고 이 성을 세계 모든 민족의 저줏거리가 되게 하리라"(26:6)는 하나님의 경고의 메시지에 대하여 제사장과 선지자들은 예레미야를 "죽는 것이 합당"(11절)한 자라고 판단했다. 반면에 방백들과 백성들은 "죽일 만한 이유가 없느니라"(26:16)는 입장을 가졌다. 예수님께서 바리새인과 서기관들을 향해서 책망하셨고(마 23장), 야고보는 "선생된 우리가 더 큰 심판을 받을 줄을 알라"(약 3:1)고 하였다.
2. "너희는 그들(거짓 선지자들)의 말을 믿지 말고 바벨론의 왕을 섬기라"(27:17). 이 말이 백성들에게 설득력이 적은 이유는 이방 왕을 섬기라 했기 때문인데, 그럼에도 예레미야는 하나님의 말씀을 그대로 전한 것이다. 여기에 예레미야의 위대함이 있다. 하나님의 말씀에 대해서 그

대로 믿고 순종한다고 하면서도 많은 경우에 내 판단이 앞서는 경우가 많다.

3. '하나냐'는 백성들에게 듣기 좋은 '평화를 예언하는 선지자'로 하나님이 보낸 선지자가 아닌 거짓 선지자였다. 사람들 듣기 좋으라고 포로로 잡혀간 왕과 유다 모든 포로를 2년 안에 돌아오게 하겠다고 장담했다(28:10~11). 그는 백성들로 하여금 거짓을 믿게 하였으므로(15절) 하나님은 두 달 뒤인 그 해 칠월에 하나냐를 죽이셨다(1, 17절). 오늘날에도 하나님께서 보내셨느냐가 중요하다.
4. '이스라엘과 유다에 대한 구원의 말씀'이 30~33장에 나온다. 물론 34~38장에도 '구원 예언'을 따로 모아 놓은 것을 볼 수 있다. 그러나 30~31장은 "이스라엘과 유다"(30:3), 두 나라의 미래에 구원 약속을 한데 묶은 '위로의 작은 책'이라는 별명까지 얻었다. 하나님께서는 비록 자기 백성이 죄를 지어 고난을 당한다 할지라도 다시 구원을 통하여 자기 백성들을 챙기신다.

더 살펴보기

1. 바벨론에 포로로 잡혀간 백성을 위로함(렘 29장)

예레미야는 바벨론의 유다인 포로들에게 격려의 편지를 썼다(29:1~32).
(1)칠십 년 동안 잡혀 있게 된다.
(2) 스스로의 목숨이 평안하기 위하여 바벨론의 평화와 번영을 기원해야 했다.
(3) 바벨론의 거짓 선지자들과 무당들의 거짓말을 무시해야 했다.
(4) 예레미야는 거짓 메시지를 조작하고 간음죄를 범한 선지자 아합과 시드기야에게 하나님께서 내리신 사형을 선포하였다(29:20~23).
(5) 바벨론에서 예레미야를 헐뜯는 무고 편지를 예루살렘의 지도자들에게 써 보낸 스마야에 관해서 포로들에게 경고하였다(29:24~32).
(6) 하나님께서 그들을 사랑하며, 언젠가 예루살렘으로 데려다 주실 것이

예언의 확실성

〈예레미야〉의 예언은 하나님의 말씀이므로 당연히 성취되었다.

(1) 26:18 – 〈미가〉 3:12을 보라. 미가의 예언은 1세기 뒤인 예레미야의 시대에 기억되어져서 예레미야가 인용하였다.
(2) 28:15~17, 27:9~22을 52:17~23과 비교하여 보라.
(3) 31:15 – 라마: 라헬은 베들레헴(에브랏) 근처 라마에서 죽었다. 예레미야는 포로된 아들을 인하여 슬퍼하는 라헬의 모습을 묘사했다. 〈마태복음〉 2:18은 이것이 라헬이 어린 아이들을 학살한 일로 인한 슬픔을 가리키는 한 예언으로 간주한다.

하나냐와 예레미야(렘 28장)
거짓 선지자 하나냐는 바벨론에 포로로 갈 것에 대한 상징인 예레미야의 목의 멍에를 빼앗아 꺾어 버리므로 하나님의 예언을 우습게 여겼다(렘 28:10~11). 〈프랑스 아미앵 대성당 정면 현관의 부조(浮彫)〉

다(29:14).

2. 새 언약(신약)의 의미(렘 31:31~33)

유대교에서는 자신들의 경전을 '구약성경'이라 하지 않는다. 토라(율법서), 네비임(예언서), 케투빔(성문서)의 첫 자를 모아 '타나크'라 한다.

(1) 유대교의 경전 내용과 같은 기독교의 구약성경은 배열과 편집만 다르다. 즉 타나크는 일부 책(사무엘, 열왕기, 역대기)의 상하 구분이 없고, 또한 12소선지서(호~말)도 한 권(열두 예언자)으로 되어 있고, 배열 순서가 다르다. 내용은 같으면서도 책 수는 기독교의 39권에 비해 유대교는 24권으로 편집되어 있다.

(2) '구약'이라는 명칭은 '신약'과 구별하여 기독교적 이해가 내재되어 있으며, 이러한 명칭은 구약 자체에서 유래되었다. 예레미야 31:31~33에서 하나님께서는 이스라엘 집과 유다 집에 '새 언약'을 맺겠다고 말씀하신다. '새 언약'(신약)에 대한 상대적인 용어는 '옛 언약'(구약)이다. 따라서 이 구절이 기독교 성경의 '구약'과 '신약'이라는 용어의 근거가 되었다.

(3) 〈예레미야〉에 나온 이 언약은 이스라엘이 파괴한 옛 언약과 같지 않다고 하셨다. 이스라엘은 출애굽 때에 하나님과 언약을 맺었지만(출 24:7~8, 왕상 8:9), 이들은 우상을 숭배하며 언약을 파기했다. 결국 하나님께서는 율법적인 옛 언약을 파기하고 새 언약(New Covenant)을 맺으시므로 생명의 원리를 세우신다(렘 31:31, 겔 37:26, 히 8:6, 10:16).

(4) 신약에서는 구약의 책들을 '하나님의 영에 의해 형성된 성경'(딤후 3:16, 눅 4:21, 24:27 이하 참고)으로 보아 그 권위를 인정하였다. (예언에 대해서는 103쪽의 도표를 보라.)

예레미야 32~38장

여호야김과 시드기야 당시의 예언
(중요구절 렘 33:15)

포로에서 귀환할 것이라는 증거로 예레미야는 밭을 산다(32장). 역시 미래에 대한 회복을 약속받는다(33장). 시드기야는 율법을 따라 히브리 종들을 자유하게 했다가 다시 노비를 삼는다(34장). 레갑 족속의 순종과 유다 백성의 불순종을 대조적으로 말한다(35장). 감금된 예레미야는 바룩에게 두루마리에 말씀을 기록하여 여호와의 집에 가서 낭독하게 하므로 여러 가지 파문이 일어난다. 급기야는 여호야김 왕이 두루마리 책을 불에 태워 버린다(주전 604/5년, 36장). 주전 597년 시드기야가 유다의 마지막 왕이 된다. 시드기야는 바벨론 왕에게 항복하라는 예레미야의 예언을 듣고 오히려 예레미야를 옥에 가둔다. 그러나 에벳멜렉의 도움으로 석방된다. 시드기야는 하나님의 말씀을 알려고도 했으나 실천하는 용기가 없었다(37~38장).

1. "아나돗에 있는 밭을 사는데 은 십칠 세겔을 달아 주되"(32:9). 예레미야는 옥에 갇혀 있을 때에 숙부의 아들 하나멜의 밭을 산다. 곧 멸망할 땅인데, 그 땅을 산 이유는 포로에서 돌아와 "사람이 이 땅에서 집과 밭과 포도원을 다시 사게 되리라"(32:15)는 것을 확실히 보여주기 위함이었다. 자신이 말하면서도 자신은 믿지 않는 경우가 있다. 시한부 종말론자들은 내세를 강조하여 재산을 포기하게 하고 자신들은 그것을 차지하기에 혈안이 된다. 나는 내가 말하는 것에 대해 확신을 갖는가?
2. 예루살렘이 파멸 직전인 듯하다(32:1~2). 이어지는 말씀에 "너는 내게 부르짖으라 내가 네게 응답하겠고"(33:3)라고 하신다. 이스라엘의 하나님은 모든 것을 이루시는 분이다. 그 어느 누구도 상상하지 못할 위대한 일을 이루신다. 부르짖을 대상이 없으면 불쌍한 인간이다.
3. 감금을 당한 예레미야는 여호와의 집에 들어갈 수 없어서 바룩이 예레미야가 불러 주는 대로 두루마리에 기록한 여호와의 말씀을 여호와의 집에 있는 백성들에게 낭독하도록 한다(36:4~6). 예수님은 "너희는 가서 모든 민족을 제자로 삼아"(마 28:19)라고 하셨다. 직접 가기도 하고 예레미야처럼 대신 보내기도 하고, 전화로도 하고, 편지로도 하고, 어떤 방법으로든 가서 말씀을 전해야 한다.
4. 유다의 마지막 왕 시드기야는 예레미야의 '바벨론에 항복하라'는 예언을 듣고 못마땅하게 생각한다. 그러나 예레미야는 "원하옵나니 내

32
밭을 산 예레미야
이 땅에서 다시 살게 되리라

33
유다 회복에 대한 약속
너는 내게 부르짖으라

34
자유하게 했다가 다시 종
너희가 나에게 순종하지 않고

35
레갑 족속의 순종
이 백성은
내게 순종하지 않도다

36
두루마리 책을 태운 여호야김
백성의 귀에 책을 낭독하고

37
옥에 갇힌 예레미야
예레미야가
뚜껑 씌운 웅덩이에

38
구덩이에서 살아난 예레미야
예레미야가
진창 속에 빠졌더라

두루마리를 불태우는 여호야김
바룩이 기록한 예레미야의 예언을 들은 여호야김 왕은 분노하며 면도칼로 그 두루마리를 잘라 불태웠다(렘 36:20-23).

가 왕에게 아뢴 바 여호와의 목소리에 순종하소서"(38:20)라며 충고를 한다. 예레미야는 정치가들을 향하여 바벨론에 항복하라고 했으므로 붙잡혀 투옥당하고 진흙 구덩이에 던져지기도 했다. 그럼에도 그는 왕을 향하여 '말을 들으라'고 다시 충고한다.

더 살펴보기

1. 레갑 사람들에 대하여(렘 35장)

(1) 순종의 모본으로 보여준 레갑 사람들은 '미디안 족속'으로 '겐 종족'이라고 불리기도 했다(대상 2:55).

(2) 기원에 대해서는 〈열왕기하〉 10:15~17에 기록되어 있는데, 모세의 장인인 호밥도 레갑 사람이었다(민 10:29).

(3) 이들은 건실한 삶을 살았는데(35:6~8) 그 이유는 유목 생활을 종교적으로 의무화시키고 하나님을 떠나는 배교 행위를 방지하고자 함이었다(35:6, 14, 왕하 10:15, 23).

(4) 이들은 히브리 족속은 아니었지만 많이 섞여 살았고(삿 4:11, 17, 삼상 27:10), 쉽게 동화되어 하나님을 충성스럽게 섬겼다(삿 5:14~31, 왕하 10:15~28).

2. 갈대아인은 누구인가?(렘 37:8)

갈대아(히, 카스딤)라는 지역은 원래 메소보다미아의 남부 지역으로 페르시아 만 부근 유브라데 강과 티그리스 강 사이에 있는 지역을 가리킨다. 과거에 '시날'이나 '칼두'같은 작은 국가 형태를 지녔으나 주전 626년 신바벨론을 창건하여 주전 612년 앗수르를 물리침으로 역사의 전면에 등장한다. 따라서 이때부터 그 지역을 지칭하던 '갈대아'는 '바벨론'이라는 말과 동의어로 사용하게 되었다. 이스라엘의 남왕국 유다도 갈대아 왕조의 느부갓네살 왕에 의해 주전 587년에 멸망당하였다. 이들은 마르둑을 주요 신으로 섬기며 상업, 건축술, 천문학 등을 발달시켰으나 주전 539년 바사(페르시아)에 의해 멸망되었다. 따라서 바벨론의 포로로 갔던 유다인은 바사의 유화정책에 의하여 해방을 맞게 된다(스 1:1).

3. 성경에 나온 언약들(렘 31:31~34)

명 칭	관련성경	대별	형태	체 결 자	내 용
선악과 언약	창 2:16~17	행위 언약	편무(片務) 언약	범죄 이전의 최초의 인류인 아담과 하와	금단의 열매와 생명나무를 통해 순종과 불순종 및 그에 따른 영생과 죽음을 판가름함
여자의 후손 언약	창 3:15	은혜 언약	편무(片務) 언약	범죄 이후 인류인 아담과 하와	인류 구원과 메시아의 궁극적 승리를 다룬 원시 언약
노아(무지개) 언약	창 9:8~17	은혜 언약	편무(片務) 언약	노아와 그 후손 및 호흡하는 생물	다시는 물심판의 비극이 없을 것임을 시사함
아브라함 언약 (1, 횃불 언약)	창 15:18	은혜 언약	편무(片務) 언약	이신득의(以信得義)한 아브라함	가나안에 대한 불변의 약속
아브라함 언약 (2, 할례 언약)	창 17장	은혜 언약	쌍무(雙務) 언약	히브리 민족, 모든 인류를 대표한 아브라함	하나님이 아브라함과 그의 후손의 하나님이 되실 것에 대한 약속
시내 산 언약	출 19~24장	은혜 언약	쌍무(雙務) 언약	믿음의 조상 아브라함의 후손인 출애굽한 이스라엘	하나님이 율법을 근거로 그들의 통치자요 보호자가 되실 것을 약속. 행위적 측면이 강조
비느하스 (제사장) 언약	민 25:10~31	은혜 언약	편무(片務) 언약	이스라엘에 내릴 재앙을 막은 제사장 비느하스	비느하스 가문의 영구적 제사장직, 이스라엘의 제사장 나라 됨을 암시
다윗 언약	삼하 7:5~16	은혜 언약	편무(片務) 언약	이스라엘의 실질적 건설자인 다윗	다윗 왕권의 영구성 및 메시아 도래에 대한 암시
새 언약	렘 31:31~34	은혜 언약	편무(片務) 언약	불순종과 우상 숭배로 인해 쫓겨날 이스라엘	불순종한 이스라엘의 허물을 씻기시는 하나님의 사랑을 보여주고 새 언약을 맺으실 것을 약속
십자가(보혈) 언약	마 26:26~29	은혜 언약	편무(片務) 언약	전체 교회를 대표하는 열두 사도	피 흘린 예수님의 지고한 사랑과 그를 믿는 자에게 내릴 구원 약속, 모든 언약의 핵심
보혜사(성령) 언약	요 14:16	은혜 언약	편무(片務) 언약	성령을 기다리는 모든 성도	예수님 승천 후 대신하여 성도들과 동행하시며 그 분의 말씀을 생각나게 하고 진리로 이끄실 성령약속
재림 언약	요 14:2~3 행 1:11	은혜 언약	편무(片務) 언약	예수 재림을 고대하는 모든 성도	하나님의 나라 완성과 성도의 궁극적 구원을 이루시기 위해 예수님께서 곧 다시 오실 것을 약속

39
예루살렘의 멸망
바벨론의 느부갓네살 왕

40 41
총독 그다랴를 암살
이스마엘이 그다랴를 죽임

42
기도를 요청한 백성들
애굽으로 가지 말라

43
애굽으로 끌려간 예레미야
바벨론 왕을 불러 오리니

44
예레미야의 호소
애굽 땅에서 사는
유다 사람이여

45
바룩에 대한 말씀
내가 너에게
생명을 노략물 주듯

예레미야 39~45장

예루살렘 함락 후의 예레미야(중요구절 렘 42:3)

결국 예루살렘 성은 바벨론의 느브갓네살에 의해 포위되고 시드기야 십일 년(주전 587년)에 함락되고 만다(39장, 왕하 25장, 대하 36장을 함께 보라). 유다 포로를 바벨론으로 옮기던 중에 예레미야는 해방을 받는다. 바벨론은 유다에 그다랴 총독을 세웠으나 이스마엘과 그 무리는 그다랴를 암살한다(40~41장). 요하난과 백성들은 여호와의 뜻을 물었으면서도 자기들의 기대와 다르게 '애굽으로 가지 말라'는 예언을 듣자, 이를 불순종한다(42장). 예레미야와 바룩도 요하난의 일행에게 끌려 애굽으로 가게 되고(43장), 예레미야는 애굽에서도 예언하여 하나님을 버리지 말 것을 당부한다(44장). 바룩은 하나님으로부터 그의 생명을 구해 주실 것을 약속받는다(45장).

1. 유다 총독 그다랴는 요하난이 '이스마엘이 너를 죽이려 하니 내가 죽이게 해 달라'고 요청했으나 그다랴는 "네가 이 일을 행하지 말 것이니라. 네가 이스마엘에 대하여 한 말은 진정이 아니니라"(40:16)고 하였다. 정보를 무시할 수는 없으나 확인되지 않은 정보를 가지고 가까운 사람을 불신한다는 것도 쉬운 일은 아니다. 그다랴는 이스마엘을 그럴 사람이 아닌 것으로 믿고 있었던 듯하다. 그러나 믿는 도끼에 발등 찍히는 것이 이 세상의 원리인지라 그다랴는 결국 이스마엘에게 죽임을 당한다(41:2).
2. 요하난과 그 주변 사람들이 예레미야에게 기도를 요청하여 "우리에게 좋든 좋지 않든지를 막론하고 순종하려 함이라"(42:6)고 했으면서도 자신들의 뜻과 다르게 "애굽으로 가지 말라"(42:19)는 응답이 있자 "여호와의 목소리를 순종하지 아니하였"(42:21)던 것이다. 우리가 미리 뜻을 정해 놓고 기도한다면 기도의 의미를 상실하고 만다. 예수님은 "아버지의 원대로 하옵소서"(마 26:39)라고 기도하셨다.
3. 선지자 예레미야와 바룩은 "너희는 애굽으로 가지 말라"(42:19)"는 하나님의 명령과는 다르게 요하난과 군대장관에게 끌려 애굽으로 간다(43:6~7). 주동자격인 요하난은 여호와의 목소리를 순종하는 것이 복(42:6)인 줄 아는 자였으니 더욱 예레미야의 마음을 아프게 했을 것이다. 교회에서도 하나님의 뜻을 알면서도 고집스런 인간들의 타락한 모습으로 인해 교회가 어려움을 당할 때가 얼마나 많은가?

4. 바룩은 예레미야가 자기를 격려하려고 전해 준 하나님의 말씀으로 자기의 글을 마무리한다. "바룩이 예레미야가 불러 주는 대로 이 모든 말씀(36~45장)을 책에 기록하니라"(45:1)는 말처럼 직무를 잘 감당한 바룩에게 하나님은 심판의 소용돌이 속에서도 "네가 가는 모든 곳에서는 내가 너에게 네 생명을 노략물 주듯 하리라"(5절)며 지켜주실 것을 약속하신다.

더 살펴보기

1. 예루살렘의 멸망에 대하여(렘 39장)

예레미야 39장은 예루살렘 "성이 함락되니라"(39:2)고 기록하고 있다. 하나님의 도성이요 성전이 있는 성이 이방인에 의해 함락된다는 것은 유대인으로서 상상도 할 수 없는 일이었다. 그러나 시드기야 제십일년(주전 587년)에 예루살렘 성은 함락되었다.

(1) 예수님은 바리새인과 사두개인들을 향하여 "회개에 합당한 열매를 맺고 속으로 아브라함이 우리 조상이라고 생각하지 말라…… 하나님이 능히 이 돌들로도 아브라함의 자손이 되게 하시리라"(마 3:8~9)고 하셨다. 예레미야는 온 마음으로 하나님의 말씀을 전했으나 백성들은 그 말을 배척하였다.

(2) 예루살렘의 멸망에 대하여는 〈예레미야〉 39장, 52장. 그리고 〈열왕기하〉 24~25장, 〈역대하〉 36장을 함께 보면 더 구체적으로 볼 수 있다. 예루살렘의 멸망은 이미 수차례에 경고되었다.

(3) 예루살렘의 멸망 때에 오직 예레미야만이 그의 장래에 대하여 선택할 수 있는 유일한 사람이 되었다(39:12, 40:1~5). (멸망은《성경핵심전과1》 344쪽 참고, 그리고 이 책 108쪽 '더 살펴보기'(렘 52장)를 보라.)

2. 예레미야의 열여덟 가지 예언

(1) 예루살렘의 몰락(1:14~16, 4:5~9, 5:15~17, 6:1~6, 32:2~3, 38:17~18)

파괴되는 예루살렘 성전(렘 39장)
예레미야의 예언대로 예루살렘은 바벨론에 의해 정복되어 성전의 보물은 바벨론으로 옮겨진다(39장, 52장).

(2) 성전의 파괴(7:11~15, 26:6~9)

(3) 시드기야의 억류(21:3~7, 34:1~5, 37:17)

(4) 폐위당한 여호아하스 왕이 애굽에서 죽음(22:10~12)

(5) 여호야긴 왕의 왕통 단절(22:24~30)

(6) 바벨론에 있는 경건한 포로들에 대한 친절한 대접(24:1~7)

(7) 유다의 칠십 년에 걸친 바벨론 포로 생활(25:11, 29:10)

(8) 칠십 년 후 바벨론의 패배(25:12, 27:7)

(9) 칠십 년 후 예루살렘으로의 귀환(27:19~22, 30:3, 10~11, 18~21, 31:9, 12, 38~39, 33:3~9)

(10) 예루살렘 거짓 선지자의 죽음(28:13~17)

(11) 거짓 선지자들의 죽음과 다른 자들(바벨론에 거주하는 세 사람)의 응징(29:20~32)

(12) 이스라엘 백성의 종국적 회집(30:3, 10, 31:8~12)

(13) 이스라엘 땅의 종국적 재건(30:18~21, 31:38~39, 33:7~9)

(14) 여호야김의 애도받지 못하는 죽음(36:27~30)

(15) 바벨론에 대항한 애굽과 유다 간의 군사 동맹의 실패(37:5~10)

(16) 애굽의 바벨론 점령(43:9~13)

(17) 갈그미스 전투에서 바벨론의 애굽에 대한 승리(46:1~12)

(18) 친구 스라야의 체포와 추방(51:59) (윌밍턴 성경연구)

예레미야 46~52장

열방들에 대한 하나님의 경고 (중요구절 렘 50:20)

<예레미야>를 크게 두 부분으로 나누면 1~45장은 '유다에 대한 심판 예언'이고, 46~52장은 '이방 나라에 대한 심판 예언'이다. 이번 호 본문에는 이방 나라 아홉에 대한 심판이 나온다(그 구체적인 분해는 '더 살펴보기'참고). 이방 나라에 대한 예언도 결국은 하나님의 백성을 위한 것이며 하나님께서 온 세상을 다스리고 계심을 보여준 것이다. 52장은 예루살렘의 함락에 대한 기사이며, 끝 부분(31~34절)은 바벨론 포로로 가서 옥중에 있던 여호야긴 왕이 옥에서 나오게 됨으로 유다 회복에 대한 희망을 보여 준다.

1. 주전 605년. 애굽은 갈그미스 전투에서 바벨론에게 패배하였다(46:1~2). 유다와 예루살렘 사람들은 애굽의 군대가 승리하여 자신들을 구원해 줄 것으로 기대했으나 패하자 낙담하게 되었다. 이들을 향해 주시는 말씀, 곧 "내 종 야곱아, 내가 너와 함께 있나니 두려워하지 말라"(46:28)는 것이다. 마음의 평안은 하나님이 주시는 것이지, 세상의 힘이 주는 것이 아님을 말씀하신다. 예수님은 "내가 너희에게 주는 것은 세상이 주는 것과 같지 아니하니라"(요 14:27) 하셨다. 하나님께 소망을 품고 기대를 걸며 살아가는 복을 누리자.
2. 바벨론은 오랜 세월 동안 강대국으로서의 권력과 명성을 떨치고 있었다. 그러나 하나님의 눈으로 볼 때는 고작 키질당하는 왕겨에 불과하여 "내가 타국인을 바벨론에 보내어 키질하여 그의 땅을 비게 하리니"(51:2)라고 하셨다. 반면에 유다나 이스라엘은 작은 민족으로서 힘도 없으나 하나님의 긍휼하심에 의해 기억되었다. 하나님의 선택 속에 있다는 것은 얼마나 든든한 배경인가?
3. "여호와 보시기에 악을 행한지라"(52:2). 시드기야에 대한 이 말은 마치 <열왕기>의 한 구절과 같다. 사람들 앞에서는 '무엇을 했느냐?'가 중요하겠지만, 하나님 앞에서는 '어떻게 살았는가?'가 더 중요하다. 유다는 왕이나 백성들이 여호와 보시기에 악을 행하여 결국 이방나라 바벨론에 의하여 멸망을 당하는 아픔을 겪어야 했다.
4. 유다와 이스라엘 주변의 여러 나라들에 대한 기록이 나온 49장에서

46
이방나라들에 대한 심판 예언
애굽

47
블레셋

48
모압

49
암몬, 에돔, 다메섹,
그달과 하솔, 엘람

50 51
바벨론

52
예루살렘의 함락
여호야긴의 회복

먼저 나온 암몬 자손들은 '밀곰'이라는 신을 섬겼다. 그들의 수도인 '랍바'는 삼면이 산으로 둘러 싸여 있어서 어떤 군대가 침략해 와도 안전하다고 믿었다. 그러나 "주 만군의 여호와의 말씀이니라 보라 내가 두려움을 네 사방에서 네게 오게 하리니"(49:5)라 하였다. 2절에는 랍바의 파멸에 대한 기록이 있다. 인간이 안심하다고 생각해도 하나님의 심판은 위로부터 임하고 또한 하나님을 믿는 자의 구원도 위로부터 임한다.

더 살펴보기

1. 이방 족속에 대한 심판과 함께 볼 다른 예언들(렘 46~51장)

(1) 애굽(렘 46장 / 사 19~20장, 겔 29~32장) - 1~12절: 주전 605년 갈그미스 전투

(2) 블레셋(렘 47장 / 사 14:28~32, 겔 25:15이하, 암 1:6~8, 습 2:4~7, 슥 9:5 · 7)

(3) 모압(렘 48장 / 사 15~16장, 겔 25:8~11, 암 2:1~3, 습 2:8~11)

(4) 암몬(렘 49:1~6 / 겔 25:1~7)

(5) 에돔(렘 49:7~22 / 사 21:11~12)

(6) 다메섹(렘 49:23~27 / 사 17장)

(7) 게달과 하솔(렘 49:28~33)

(8) 엘람(렘 49:34~39)

(9) 바벨론(렘 50~51장 / 사 13~14장, 46~47장)

두 바벨론(렘 50~51장)

(1) 역사적 바벨론 - 주전 538년에 바사(페르시아)의 고레스에게 함락되었다.

(2) 미래의 바벨론 - 대환난 때에 하나님에 의해서 함락될 것이다(계 18:18). 바벨론의 멸망 후(계 18장) 이 성에 다시 사람이 거주하지 않을 것이다(렘 51:26). 불경한 나라들이 두 바벨론의 멸망을 슬퍼할 것이다(계 18장, 렘 50:46). 이스라엘인들이 두 바벨론에서 도망할 것이다(계 18:4, 렘 51:6). 두 바벨론은 금잔, 곧 민족들이 마시며 미치게 되는 불의로 가득찬 금잔으로 묘사되었다(계 17:1~6, 렘 51:7). 온 하늘이 두 바벨론의 파멸을 기뻐한다(렘 51:10, 48, 계 18:20). 두 바벨론의 멸망 후 이스라엘은 그들의 하나님을 찾게 될 것이다. 이는 역사적으로 일어났으며(스 1장) 장차에도 일어날 것이다(슥 13:9).

3. 예루살렘의 함락에 대한 예언(렘 52장)

(1) 본문은 이미 살펴본 39장의 내용과 거의 일치한다. 예루살렘의 함락에 대한 기록이 나온 열왕기하 24~25장을 함께 보라.

(2) 유다는 바벨론에 의해 몇 차례에 걸쳐 포로로 잡혀갔다.

① 주전 605년(여호야김) ② 주전 597년(여호야긴)

③ 주전 587년(시드기야) ④ 주전 582년(예루살렘 멸망 후)

이처럼 네 가지의 연대가 제시되는데, 3차에 걸쳐 포로가 되었다는 것이 일반적이다. 위의 ① ② ③의 연대를 주장(단 1:1, 겔 1:1~3, 왕하 24~25장, 대하 36:5~7)하거나, 또는 ② ③ ④의 연대를 주장(왕하 24~25장, 렘 52:28~30)하거나, 또는 ① ② ③ ④의 연대를 모두 주장하여(할레이) 4차에 걸친 포로였다고도 한다.

(3) 〈예레미야〉 52:28~30에 나온 '느부갓네살'(주전 605~562년에 통치) 7년은 주전 597년, 18년은 587년, 23년은 582년이 된다. 그러나 〈열왕기하〉 24:12에는 바벨론 왕 8년, 25:8에는 느부갓네살 19년 5월로 되어 있어서 〈예레미야〉와 1년씩의 차이가 있다.

바벨론 연대기 (렘 52장)
〈예레미야〉 52장에는 바벨론의 느부갓네살의 연대가 나온다. 주전 6세기에 편집된 것으로 보이는 이 바벨론 연대기는 1887년 발견되어 1956년 번역된 넷 중의 하나로서 주전 612년 나보폴라살의 앗수르 정복 및 유다의 포로 연대 등 중요한 정보가 들어 있다.

BIBLE

성경 질문지

예레미야 1~6장 예레미야의 소명

제1장 [예레미야의 소명]

다음 성경을 읽으며 (   ) 안에 알맞은 말을 적으시오.

1. 예레미야는 베냐민 땅 (   )의 제사장 중 (   )의 아들이다(1~3).

2. 예레미야가 소명을 받던 해는 유다 왕 (   )가 다스린 지 (   ) 년에 여호와의 말씀이 예레미야에게 임하였고, 유다 왕 (   )의 십일년 말까지 임하였다(*시드기야 11년은 주전 587년으로 예루살렘이 멸망하던 해이다. 왕하 25장, 대하 36장).

3. 하나님께서 예레미야를 구별하였고 "너를 여러 나라의 (   )로 세웠노라"고 할 때에 예레미야는 "나는 (   )라 말할 줄을 알지 못하나이다"라고 하였다(4~10).

4. 예레미야가 본 환상은 '(   ) 가지'와 '(   ) 가마'로서 그 윗면이 북에서부터 기울었다.

5. 하나님께서 예레미야로 하여금 그 온 땅과 유다 왕들과 그 족장들과 그 제사장들과 그 땅 백성 앞에 (   ), (   ), (   )이 되게 하여서 이기게 하시겠다고 약속했다(13~19).

제2장 [범죄하는 유다]

다음 물음에 답하시오.

1. 그때에 이스라엘은 여호와를 위한 성물로서 무엇이 되었는가?(1~3) -

2. 하나님의 인도로 기름진 땅에 들어간 다음 사람들의 영적 형편은?(4~8)
   1) 제사장들 -
   2) 율법을 다루는 자들 -
   3) 관리들 -
   4) 선지자들 -

3. 여호와께서 지적한 유다 백성이 행한 두 가지 악은 무엇인가?(9~13)
   1)
   2)

4. 당시 유다가 의지하려했던 두 나라는 어디이며, 그 결과는?(18, 36)
   -

5. 하나님께서 참 종자, 곧 귀한 포도나무로 심었는데 그 결과는?(20~25)
   -

6. 유다가 우상을 많이 섬겨서 그 수가 무엇과 같다고 하였는가?(26~28)
   -

7. 유다가 어떤 말을 하였기에 하나님께서 심판하리라 하셨는가?(29~37)
   -

제3~4장 [이스라엘아 돌아오라]

다음 말씀을 이어서 완성하시오(해당 절 안에서만, 1~4번은 3장, 5~8번은 4장).

1. (절) 네가 길가에 앉아 사람들을~

2. (　　　절) 배역한 이스라엘아 돌아오라~

3. (　　　절) 내 마음에 합하는 목자들을~

4. (　　　절) 이스라엘의 구원은 진실로~

5. (　　　절) 시온을 향하여 깃발을 세우라~

6. (　　　절) 예루살렘아 네 마음의 악을~

7. (　　　절) 슬프고 아프다~

8. (　　　절) 내 백성은 나를 알지 못하는~

제5장 [민족의 부패]

다음 단어가 나온 절수를 쓰고 본문의 뜻에 해당하는 한자 옆에 O표 하시오.

1. 정의(　　　절)는 1) 바른 의의이다(正義/　　　)
   2) 선과 악을 공평하게 하는 성품이다(定義/　　　)
2. 보복(　　　절)은 1) 남에게 받은 해를 되돌려 주는 일, 원수를 갚는 것이다(報復/　　　)
   2) 되갚음이 되도록 마련한 보복의 하나이다(報服/　　　)
3. 반역(　　　절)은 1) 한번 번역한 것을 다시 본래말로 옮기는 것이다(反譯/　　　)
   2) 새로운 것을 취하려고 대항하여 거스르는 것이다(反逆/　　　)
4. 공포(　　　절)는 1) 무서워서 떠는 것이다(恐怖/　　　)
   2) 일반에게 널리 알리는 것이다(公布/　　　)
5. 송사(　　　절)은 1) 분쟁이 있을 때 호소하여 판결을 구함이다(訟事/　　　)
   2) 떠나는 사람에게 마음을 담아 하는 인사말이다(送辭/　　　)

제6장 [유대 멸망에 대한 예언]

다음 성구 중 (　/　) 맞는 것은 O표, 틀린 것은 두 줄로 지우시오.

1. (　　　절) 아름답고 우아한 (시온 / 바벨론)의 딸을 내가 멸절하리니
2. (　　　절) 예루살렘아 너는 (지도 / 훈계)를 받으라. 그리하지 아니하면 내 마음이 너를 싫어하고 너를 황폐하게 하여 주민이 (없는 땅 / 사는 땅)으로 만들리라.
3. (　　　절) 그 귀가 (할례 / 치료)를 받지 못하였으므로 듣지 못하는도다.
4. (　　　절) 그들이-거짓을 행하는 선지자나 제사장- 내 백성의 상처를 가볍게 여기면서 말하기를 평강하다 평강하다 하나 평강이 (있도다 / 없도다)
4. (　　　절) 보라 한 민족이 (남방 / 북방)에서 오며 큰 나라가 (산 위 / 땅 끝)에서부터 떨쳐 일어나나니……

예레미야 7~12장 우상숭배와 그 징벌

제7장 [성전 문에서 촉구한 회개]

다음 물음에 답하시오.

1. 7:1~8:3은 예레미야가 어디에 서서 누구에게 선포한 말씀인가?
   -
2. 길과 행위를 바르게 하여 이 곳(성전)에 거하려면 다음에 대해 어떻게 해야 되는가?(1~7)
   1) 이웃들 사이 -
   2) 이방인과 고아와 과부들 -
   3) 무죄한 자의 피 -
   4) 다른 신들 -

3. 여호와의 이름으로 일컬음을 받는 이 집(성전)을 백성들의 눈에는 무엇으로 보였는가?(8~11)

-

4. 자식들, 아버지, 부녀들이 함께 무엇을 하였기에 하나님의 노를 격동시켰는가?(12~20)

-

5. 하나님께서 선지자를 끊임없이 보냈으나 그 결과는?(21~26)

-

6. 하나님께서 유다 성읍들과 예루살렘 거리에 무슨 소리가 끊어지게 하는가?(27~34)

-

제8장 [죄를 깨닫지 못하는 유다]
다음 서로 관계 있는 것을 연결하시오.

1. (　　　절) 뼈를 그 무덤에서 끌어내어 • 　• 가)
2. (　　　절) 예루살렘 백성이 여호와를 떠나 물러감 • 　• 나)
3. (　　　절) 비둘기와 제비와 두루미는 올때를 지키거늘 • 　• 다)
4. (　　　절) 내 백성의 상처를 가볍게 여기면서 • 　• 라)
5. (　　　절) 평강을 바라나 좋은 것이 없으며 • 　• 마)
6. (　　　절) 나의 근심이여 어떻게 위로 받을 수 있을까 • 　• 바)
7. (　　　절) 내 백성의 심히 먼 땅에서 부르짖는 소리 • 　• 사)

가) 평강하다 평강하다 하나 평강이 없도다.
나) 거짓을 고집하고 돌아오기를 거절하도다.
다) 내 백성은 여호와의 규례를 알지 못하도다.
라) 해와 달과 하늘의 뭇 별 아래에서 분토 같을 것
마) 내 마음이 병들었도다.
바) 고침을 입을 때를 바라나 놀라움뿐이로다.
사) 여호와께서 시온에 계시지 아니한가?

제9장 [불순종으로 인한 심판]
다음 각 항에서 관계 없는 것 한 가지의 번호에 X표 하시오.

1. 선지자가 "내 머리는 물이 되고 내 눈은 눈물 근원이 될꼬"라고 하는 이유는?(1~9)
   1) 내 백성을 위하여　2) 주야로 울지 않으려고
   3) 광야에서 나그네가 머무를 곳을 얻지 못하여

2. 하나님은 예루살렘과 유다 성읍들로 어떻게 하시는가?(10~11)
   1) 무더기를 만든다　2) 승냥이 굴이 되게 한다
   3) 평화의 성이 된다　4) 주민이 없게 한다.

3. 이 땅(유다)이 멸망하여 광야같이 불타서 지나가는 자가 없게 된 이유는?(12~16)
   1) 하나님의 율법을 버림　2) 하나님을 순종함
   3) 하나님의 말씀을 행하지 않음
   4) 바알들을 따랐음

4. 시온에서 통곡하는 소리가 들려온 말은 무엇인가?(17~22)
   1) 우리가 아주 망하였구나
   2) 우리가 크게 부흥하였구나
   3) 우리가 크게 부끄러움을 당하였구나

5. 할례 받은 자와 할례 받지 못한 자를 다 벌하는 이유는?(23~26)
   1) 머리털을 모지게 깎아서
   2) 모든 민족은 할례를 받지 못하여서
   3) 이스라엘은 마음에 할례를 받지 못하여서

제10장 [무익한 우상숭배]
다음에 이어지는 성구를 써서 완성하시오(해당 절만).

1. 여러 나라의 길을~

2. 주는 크시니~

3. 오직 여호와는~

4. 사람마다 어리석고~

5. 야곱의 분깃은~

6. 사람의 길이~

제11장 [깨어진 언약]
다음 '언약'이라는 단어가 나오는 말씀의 본문을 완성하시오(해당 절만).

1. (　　　절) 너희는 이 언약의 말씀을 듣고~

2. (　　　절) 이 언약의 말을 따르지 않는 자는~

3. (　　　절) 이 언약은 내가 너희 조상들을~

4. (　　　절) 그들에게 젖과 꿀이 흐르는 땅을~

5. (　　　절) 유다 성읍들과 예루살렘 거리에서~

6. (　　　절) 내가 그들에게 행하라 명령하였어도~

7. (　　　절) 다른 신들을 따라 섬겼은즉~

제12장 [예레미야의 질문과 하나님의 응답]
다음 (　　) 안에 알맞은 말을 써 넣으시오.

1. (　　　절) 악한 자의 길이 (　　　)하며 반역한 자가 다 (　　　)은 무슨 까닭이니이까?…… 그들의 (　　　)은 주께 가까우나 그들의 (　　　)은 머니이다.

2. (　　　절) 네 형제와 아버지의 집이라도 너를 (　　　) 네 뒤에서 (　　　) 그들이 네게 좋은 말을 할지라도 너는 믿지 (　　　).

3. (　　　절) 무리가 밀을 심어도 (　　　) 수고하여도 (　　　) 그 소산으로 말미암아 스스로 수치를 당하리니 이는 (　　　)로 말미암음이니라.

4. (　　　절) 그들이 내 (　　　)를 부지런히 배우며 살아 있는 (　　　)라는 내 이름으로 맹세하기를 자기들이 내 백성을 가리켜 (　　　)로 맹세하게 한 것 같이 하면 그들이 내 백성 가운데서 (　　　)을 입으려니와……

예레미야 13~19장 개인 탄식시와 심판 예언

제13장 [베띠와 포도주 가죽부대의 비유]
다음 물음에 간단히 답하시오.

1. 여호와의 말씀대로 베띠를 유브라데 바위틈에 감추었다가 취하여 보니 어떻게 되었는가?(1~7)
   -

2. 베띠를 통하여 가르친 교훈의 뜻은?(9~11) - 9절만 기록:

3. 유다인 모두가 잔뜩 취하게 하고 피차 충돌하여 상하게 할 것은 무엇으로 비유했는가?(12~14)
   - 12절 : 모든 가죽부대가 (　　　)로 차리라.

4. 유다인(또는 이스라엘)이 악에 익숙하여 선을 행할 수 없다는 뜻으로 든 두 가지 비유는?(15~27)
   - 23절 :

5. 어디를 향하여 '화 있을전저'라고 했는가?(15~27) -

제14장 [가뭄과 예레미야의 기도]
다음 말씀은 몇 절에 있는지 그 절수를 쓰시오.

1. (　　　절) 우리의 죄악이 우리에게 대하여 증거할지라도 주는 주의 이름을 위하여 일하소서.

2. (　　　절) 우리는 주의 이름으로 일컬음을 받는 자이오니 우리를 버리지 마옵소서.

3. (　　　절) 그들이 금식할지라도 내가 그 부르짖음을 듣지 아니하겠고 번제와 소제를 드릴지라도 내가 받지 아니할 뿐 아니라.

4. (절) 그들(거짓 예언자)이 거짓 계시와 점술과 허된 것과 자기 마음의 거짓으로 너희에게 예언하는도다.

5. (절) 여호와여, 우리의 악과 우리 조상의 죄악을 인정하나이다. 우리가 주께 범죄하였나이다.

제15장 [유다를 향한 주의 진노]
다음 말씀 중 틀린 두 단어에 밑줄을 긋고 바르게 고치시오.

1. 여호와께서 내게 이르시되 모세와 아론이 내 앞에 섰다 할지라도 내 사랑은 이 백성을 향할 수 없나니 →

2. 내가 그들을 네 가지로 벌하리니 곧 죽이는 칼과 찢는 개와 삼켜 멸하는 공중의 매와 땅의 짐승으로 할 것이며 →

3. 여호와께서 이르시되 내가 진실로 너를 착하게 할 것이요. 너에게 복을 막게 할 것이며…… →

4. 만군의 하나님 여호와시여, 나는 주를 이용하여 일컬음을 받는 자라. 내가 주의 말씀을 얻어 들었사오니 →

5. 내가 너로 이 백성 앞에 견고한 놋 성전이 되게 하리니 그들이 너를 칠지라도 이롭지 못할 것은…… →

제16장 [결혼이 금지된 예레미야]
다음 물음에 답하시오.

1. 하나님께서 예레미야에게 '하지 말라'고 한 것 세 가지를 쓰시오(1~9).
   1) 2절 -
   2) 5절 -
   3) 8절 -

2. 11~13절의 여호와의 말씀은 백성들의 어떤 질문에 대한 답인지 그 질문을 쓰시오(10~13).
   10절:

3. 여호와의 인도하심을 두 가지로 표현했는데, 그 중에 어떤 여호와의 사심으로 맹세하리라 했는가?(14~15)
   -

4. 그들의 악과 죄를 배나 갚을 것이라는 이유는?(16~18) (참고, 미운물건의 시체: 생명력이 없는 우상을 빗댄 말)
   -

5. 여호와는 누구시라고 표현되었는가?(19~21)
   - 여호와는 나의   , 나의   ,   날의 피난처.

제17장 [철필로 기록된 죄, 안식일]
다음 (   ) 안에 알맞은 말을 적으시오.

1. 유다의 죄는 (   )로 기록되되 그들의 (   )과 그들의 (   )에 새겨졌거늘……

2. 무릇 (   )을 믿으며 (   )으로 그 힘을 삼고 마음이 여호와에게서 (   ) 그 사람은 저주를 받을 것이라…… 무릇 여호와를 (   )하며 여호와를 (   )하는 그 사람은 (   )을 받을 것이라.

3. (   )보다 거짓되고 심히 부패한 것은 (   )이라. 누가 능히 이를 알리요마는…….

4. 여호와여, 주는 나의 (   )이시오니 나를 (   ). 그리하시면 내가 낫겠나이다.

5. (   )에 너희 집에서 (   )을 내지 말며 어떤 일이라도 하지 말고…… 안식일을 (   ) 할지어다.

제18장 [토기장이와 진흙]
다음 말에서 관계가 없거나 틀린 말 한 가지의 번호에 X 표 하시오.

1. 1) 토기장이의 집으로 내려가라.

2) 진흙으로 만든 그릇이 토기장이의 손에서 터짐.
3) 토기장이의 하는 것 같이 내가 능히 너희에게 행하지 못하겠다.
4) 너희가 내 손에 있느니라.

2. 1) 민족이나 국가를 뽑거나 부수거나 멸하리라 - 악에서 돌이키면 재앙에 대하여 뜻을 돌이키겠고,
2) 건설하거나 심으려 한다 - 악한 것을 행하여 청종하지 아니하면 선한 뜻에 대하여 뜻을 이루리라.
3) 여호와께서 재앙을 내리려 한다 - 각기 악한 길에서 돌이키며 길과 행위를 아름답게 하라.

3. 1) 처녀 이스라엘: 심히 가증한 일을 함.
2) 내 백성: 하나님을 잊고 허무한 것에게 분향함.
3) 그들의 땅: 놀라고 치사한 곳이 되게함.
4) 재난의 날: 하나님이 등을 보이고 얼굴을 보이지 않음.

4. 1) 나의 생명을 해하려고 구덩이를 팠나이다.
2) 그들을 위하여 유익한 말을 한 것을 기억하옵소서.
3) 그들의 집에서 부르짖음이 들리게 하옵소서.
4) 그들을 주의 앞에서 사라지게 하시되……

제19장 [깨어진 옹기의 교훈]
다음 물음에 답하시오.

1. 바알을 위하여 산당을 건축하고 거기서 무슨 제사를 드렸는가?(1~5)
-

2. '힌놈의 아들의 골짜기'의 또 다른 이름과, 앞으로 무엇이라 부르는 날이 이를 것인가?(6~9)
-

3. 옹기를 깨뜨려서 가르치고자 한 교훈은?(10~13절 읽고 답은 11절에서)
-

4. 하나님께서 성읍과 촌락에 재앙을 내리시는 이유는?(14~15)
-

예레미야 20~25장 지도자들에 대한 책망

제20장 [예레미야의 애가]
성경을 읽으며 다음 (   ) 안에 알맞은 말을 적으시오.

1. 예레미야를 때리고 목에 씌우는 나무 고랑으로 채웠던 총감독의 이름은 (   )인데, 하나님은 (   )이라 하신다.

2. 원수의 손에 붙여 바벨론으로 가져가리라 한 것은 모든 (,   ,   ,   )이다(단어만 쓰시오).

3. 내가 다시는 여호와를 (   )하지 아니하며, 그의 이름으로 말하지 아니하리라 하면 나의 마음이 (   ) 같다.

4. 예레미야의 친한 벗도 예레미야가 (   )를 기다렸다.

5. 14~18절은 욥이 자기 생일을 저주한 욥기 몇 장의 것과 같은가?(〈욥기〉 1~5장 중에서)
-

제21장 [바벨론의 침략 예고]
다음 물음에 답하거나 해당하는 답에 O표 하시오.

1. 시드기야 왕이 예레미야에게 보낸 두 사람은?(1~3)
- 말기야의 아들 :
- 제사장 마아세야의 아들 :

2. 사람을 보낸 이유는?(맞는 것에 O표)
1) 우리를 위하여 여호와께 간구하라. (   )
2) 우리를 떠나라. (   )

3. "그것들을 이 성 가운데 모아들이리라"(4절)에서 그것들은? (   ),
이 성은? (   )이다.

4. 하나님이 무엇으로 치리라 하셨는가?
   1) 5절 - (진노, ,)
   2) 6~7, 9절 - (전염병, ,)
   3) 7절 - (느부갓네살 왕의 손, ,)

5. 갈대아 인에게 나가서 어떻게 하는 자는 사는가?
   1) 대항하는 자 ( ) 2) 항복하는 자 ( )

6. 유다 왕의 집에 대한 여호와의 말은 다음에서 어느 것인가?
   1) 정의롭게 판결하여 탈취 당한 자를 압박자의 손에서 건지라. ( )
   2) 행위대로 벌할 것이니라. ( )

제22장 [쇠퇴기 왕들에 대한 권고]
다음 ( ) 안에 알맞은 말을 적으시오(1~3은 백성들에게, 4~6은 왕들에게).

1. (절) 너희가 ( )와 ( )를 행하여 탈취 당한 자를 압박하는 자의 손에서 건지고 ( )과 ( )와 ( )를 압제하거나 학대하지 말며 이곳에서 ( ) 피를 흘리지 말라.

2. (~ 절) 서로 말하기를 여호와가 이 ( )에 이같이 행함은 어찌 됨인고 하겠고…… 이는 그들이 자기 하나님 ( )을 버리고 ( )들에게 절하고 그를 섬긴 까닭이라.

3. (절) 네가 어려서부터 ( )를 청종하지 아니함이 ( )이라.

유다 쇠퇴기의 왕들에 대한 말들 중 누구에 대한 것인지 왕의 이름을 본문대로 쓰시오(4~6문).

> **보기** 11절, 살룸(여호아하스) / 18절, 여호야김/ 24절, 고니야(여고냐, 여호야긴)

4. 그가 끌려 ( ) 문 밖에 던져지고 ( ) 같이 매장함을 당하리라. -

5. 너희는 이 사람이 ( )이 없겠고 그의 평생 동안 ( )라 기록하라. -

6. 그가 이곳으로 다시 돌아오지 ( ) 잡혀간 곳에서 그가 거기서 ( ) 이 땅을 다시 보지 못하리라. -

제23장 [거짓 선지자에 대한 책망]
거짓 선지자나 거짓 목자에게는 "거짓", 참 선지자나 참 목자에게는 "참"이라 쓰시오.

1. (절) 내 양떼를 흩으며 그것을 몰아내고 돌아보지 아니하였도다. - ( )

2. (절) 내가 다윗에게 한 의로운 가지를 일으킬 것이라(의로운 가지=영원한 목자 메시아). - ( )

3. (절) 그들이 말한 묵시는 자기 마음으로 말미암은 것이요, 여호와의 입에서 나온 것이 아니니라. - ( )

4. (절) 완악한 대로 행하는 모든 사람에게 이르기를 '재앙이 너희에게 임하지 아니하리라' 하였느니라. - ( )

5. (절) 내 말을 받은 자는 성실함으로 내 말을 말할 것이라. - ( )

6. (절) 내가 그들을 보내지 아니하였으며 명령하지 아니하였나니 그들은 이 백성에게 아무 유익이 없느니라. - ( )

7. (절) 너희가 살아 계신 하나님, 만군의 여호와, 우리 하나님의 말씀을 망령되이 사용함이니라. - ( )

제24장 [무화과 두 광주리 비유]
다음 물음에 답하시오.

1. 예루살렘에서 바벨론으로 옮겨진 사람들은?
   -

2. 갈대아인의 땅에 이르게 한 유다 포로를 어느 무

화과에 비유했는가?

-

3. 유다 백성과 하나님과의 관계는?(7절) - 그들은 ~

4. 누구를 '먹을 수 없는 나쁜 무화과'같이 버린다고 하셨는가?

-

제25장 [포로 생활의 예언]
다음에 이어지는 말씀을 써서 성구를 완성하시오(해당 절에서만).

1. 유다 왕 아몬의 아들~
2. 너희가 내 말을 순종하지 아니하고~
3. 이 모든 땅이 폐허가 되어~
4. 칠십 년이 끝나면~
5. 내가 너희 가운데 보내는 칼 앞에서~
6. 보라 재앙이 나서~
7. 진노의 잔을 마실 이방에 대한 구절은?
(~ 절) (또 애굽의 왕 바로와~ 그 후에 마시리라) -

예레미야 26~29장 거짓 선지자들과의 논쟁

제26장 [심문받는 예레미야]
다음 물음에 답하시오.

1. 다음 각 장들의 말씀은 언제 여호와께로부터 예레미야에게 임하였는가?
   1) 26장 -
   2) 27장 -
2. 예레미야가 하나님의 말씀을 전해야 하는 대상은?(1~7, 답은 2절에서)
   -
3. 1) 여호와의 말을 듣고 악한 길에서 돌아오면
   -
   2) 만일 다시 듣지 아니하면 이 성전과 이 성(예루살렘)은? -
4. 예레미야의 예언을 들은 다음 사람들의 예레미야의 생명에 대한 반응은 무엇인가?(8~19)
   1) 제사장과 선지자들(11~15) -
   2) 고관들과 모든 백성(16~19) -
   3) 장로 중 몇 사람(16~19) -
5. 여호와의 이름으로 이 성과 이 땅에 경고하여 예언한 기랏여아림 스마야의 아들은?
   -
6. 왕이 우리야를 죽이려하자 애굽으로 도망갔으나 결국은 어떻게 되었는가?(20~24)
   -
7. 아히감이 예레미야에 대하여 한 일은?
   -

제27장 [줄과 멍에의 상징]
다음 (/) 안의 말 중에 틀린 것은 두 줄로 지우시오.

1. 줄과 멍에를 만들어 목에 걸은 것은 (바벨론 왕을 섬김 / 거짓 선지자를 섬김)에 대한 상징이다(1~11).
2. 줄과 멍에를 예루살렘에 온 사신들의 손에도 주었는데 그 나라들은 (에돔 / 애굽 / 모압 / 앗수르 / 아람 / 암몬 / 두로 / 시돈 / 갈대아)로서 이들도 바벨론의 지배를 받게 된다는 것이다(1~11).
3. 왕과 백성에게 '바벨론 왕을 섬기지 아니하리라' 하는 것은 (바른 예언 / 거짓 예언)이다(12~15).
4. 너희는 거짓 선지자들의 말을 듣지 말고 바벨론의 왕을 (섬기라 / 대항하라) 그리하면 살리라(16~22).
5. 여호와의 성전과 유다의 왕의 궁전과 예루살렘에 남아 있는 기구들이 바벨론으로 옮겨지고 그

후에 예루살렘으로 (다시는 옮겨오지 못 한다 / 다시 옮겨온다)(16~22).

제28장 [하나냐의 거짓 예언]

다음 말은 누가 누구에게 한 것인지를 쓰시오.

1. 이곳에서 바벨론으로 옮겨간 여호와의 성전 모든 기구를 이 년 안에 다시 이곳으로 되돌려 오리라. →(　　　)가 (　　　)에게
2. 유다의 왕 여호야김의 아들 여고니야와 바벨론으로 간 유다 모든 포로를 다시 이곳으로 돌아오게 하리니 →(　　　)가 (　　　)에게
3. 평화를 예언하는 선지자는 그 예언자의 말이 응한 후에야 그가 진실로 여호와께서 보내신 선지자로 인정 받게알게 되리라. →(　　　)가 (　　　)에게
4. 내가 이 년 안에 모든 민족의 목에서 바벨론 왕 느부갓네살의 멍에를 이와 같이 꺾어 버리리라. →(　　　)가 (　　　)에게
5. 너는 가서 하나냐에게 말하여 이르기를 여호와의 말씀에 네가 나무 멍에들을 꺾었으나 그 대신 쇠 멍에들을 만들었느니라. →(　　　)가 (　　　)에게
6. 여호와께서 너를 보내지 아니하셨거늘 네가 이 백성에게 거짓을 믿게 하는도다. →(　　　)가 (　　　)에게

제29장 [포로들에게 보낸 편지]

다음 물음에 간단히 답하시오.

1. 선지자 예레미야가 이 편지를 누구에게 보냈는가?(1~4)
   -
2. 포로민이 바벨론의 성읍을 위하여 기도해야 하는 이유는?(5~9)
   -
3. 바벨론에서의 포로 기간이 얼마나 된다는 말씀인가?(10~14)
   -
4. 하나님을 만나는 방법은?(13절에서)
   -
5. 하나님께서 벌하시는 방법을 세 단어로 쓰시오(29:7~18 읽고 답은 18절에서, 27:8, 32:36).
   -
6. 7:25, 25:4, 29:19에서 공통적으로 지적하고 있는 내용을 요약하시오.
   -
7. 하나님께서 보내지 아니하였으나 포로에게 예언하고 거짓을 믿게 한 자는?(24~32)
   -

제30장 [구원하시는 하나님]

다음 (　) 안에 알맞은 말을 적어 성구를 완성하시오.

1. 내가 내 백성 (　　　)과 (　　　)의 포로를 돌아가게 할 날이 오리니 내가 그들을 그 (　　　)으로 돌아오게 할 것이니 그들이 그 땅을 차지하리라(1~3).
2. 그날에 내가 네 목에서 그 (　　　)를 꺾어 버리며 네 (　　　)을 끊으리니…… 내가 그들을 위하여 세울 그들의 왕 (　　　)을 섬기리라(4~11).
3. 내가 너를 (　　　)으로부터 구원하고 네 자손을 (　　　)에서 구원하리니(4~11)
4. 여호와께서 이와 같이 말씀하시니라. 네 (　　　)는 고칠 수 없고 네 (　　　)은 중하도다……. 내가 너의 상처로부터 (　　　)이 돋아나게 하여 너를 (　　　)주리라(12~17).
5. 그 (　　　)는 그들 중에서 나올 것이요. 그 통치자도 (　　　)에서 나오리라……. 너희는 내 (　　　)이 되겠고 나는 너희들의 (　　　)이

되리라(18~24).

제31장 [새 언약의 약속]
다음 말씀과 관계 있는 성구를 보기에서 찾아 적으시오.

보기 〈마태복음〉 2:18 / 〈신명기〉 24:16 / 〈스가랴〉 14:10 / 〈출애굽기〉 6:7 / 〈출애굽기〉 4:22

1. (　　　절) 나는 이스라엘의 아버지요, 에브라임은 나의 장자니라. -
2. (　　　절) 나는 그들의 하나님이 되고 그들은 내 백성이 될 것이라. -
3. (　　　절) 신 포도를 먹는 자마다 그의 이가 신 것 같이 누구나 자기의 죄악으로 죽으리라.
   -
4. (　　　절) 라마에서 슬퍼하며 통곡하는 소리가 들리니 라헬이 그 자식 때문에 애곡하는 것이라.
   -
5. (　　　절) 이 성은 하나넬 망대로부터 모퉁이에 이르기까지 여호와를 위하여 건축될 것이라.
   -

예레미야 32~38장 여호야김과 시드기야 당시의 예언

제32장 [밭을 산 예레미야]
다음 물음에 답하시오.

1. 유다 왕 시드기야는 무엇이라 하며 예레미야를 가두었는가?(1~5)
   -
2. 15절은 포로 후에 다시 거래가 있으리라는 것인데 그 증표로 예레미야는 무엇을 샀는가?(6~15)
   -
3. 하나님이 이스라엘에 재앙을 내리신 이유는?(16~25) - 23절 요약:
   -
4. 이스라엘 자손과 유다 자손이 예로부터 여호와의 눈 앞에 행한 것은?(26~35)
   -
5. 하나님께서 이스라엘에게 복을 주시기 위하여 세우는 영원한 언약은 무엇인가?(36~44)
   -

제33장 [유다 회복에 대한 약속]
다음 성구를 완성하시오.

1. (　　　절) 너는 내게 부르짖으라~
2. (　　　절) 그 날 그 때에 내가~
3. (　　　절) 내가 그와 같이 내 종 다윗의~
4. (　　　절) 야곱과 내 종 다윗의 자손을~

제34장 [자유하게 했다가 다시 종을 삼음]
다음 말이 맞으면 O표, 틀리면 X표 하시오.

1. 예루살렘 성을 바벨론 왕의 손에 넘기리니 그가 이 성을 불사를 것이라 하였다(1~7). - (　　　)
2. 히브리 동족 유다인을 종으로 삼지 못하게 한 것은 〈신명기〉 25:39~46의 율법이다(8~11). - (　　　)
3. 종에게 칠 년째에 자유를 주었다가 다시 노비로 삼은 것은 정당한 것이었다(8~16). - (　　　)
4. 송아지를 둘로 쪼개고 언약을 세웠던 것은 하나님과 모세와의 일이다(17~22, 창 15:10). - (　　　)

제35장 [레갑 족속의 순종]
다음 물음에 답하시오.

1. 레갑 사람들을 여호와의 집 한 방으로 데리고 가서 그들에게 무엇을 마시라고 권했는가?(1~11)
 -
2. 레갑 사람들의 선조 요나답이 자손들에게 명령한 말은 무엇인가?(1~11)
 -
3. 레갑 사람들은 선조의 명령을 순종하였으나 유다 백성은 어떻게 했는가?(12~17) -본문에 반복적으로 기록된 표현으로 간단히 쓰시오.
 -
4. 레갑 족속에게 주어질 복은 무엇인가?(18~19)
 -

제36장 [두루마리 책을 불태운 여호야김]
사건이 순서대로 되도록 번호를 적으시오.

1. 고관이 여후디를 바룩에게 보내어 두루마리를 가지고 오라 했고 바룩이 그들의 귀에 낭독했다. -(　　　)
2. 예레미야에게 두루마리 책을 가져다가 이스라엘과 유다와 모든 나라에 대하여 알려준 말을 기록하라. -(　　　)
3. 바룩이 여호와의 성전 윗뜰에 있는 그마랴의 방에서 그 책에 기록된 예레미야의 말을 백성에게 낭독함. -(　　　)
4. 두루마리를 왕과 모든 고관의 귀에 낭독하니 왕이 면도칼로 베어 화로 불에 던져 두루마리를 태웠다. - (　　　)
5. 예레미야가 다른 두루마리를 가져다가 바룩에게 주매 여호야김이 불사른 책의 말을 전하는 대로 기록. - (　　　)
6. 바룩이 예레미야가 불러주는 대로 기록한 두루마리를 여호와의 성전과 성읍에서 낭독했다. - (　　　)

제37장 [옥에 갇힌 예레미야]
다음 물음에 답하시오.

1. 1) 요시야의 아들로 유다의 왕이 된 자는?(1~2)
 -
 2) 유다 땅의 왕으로 삼은 자는? -
2. 시드기야 왕이 여후갈과 스바냐를 예레미야에게 보내 청한 말은?(3~5)
 -
3. 유다를 도우려고 왔던 바로의 군대는 어디로 돌아 갈 것이라고 했는가?(6~10)
 -
4. 예레미야의 예언은 갈대아인의 군대가 유다를 떠난다는 것인가? 다시 온다는 것인가?(6~10)
 -
5. 1) 예언의 말을 듣지 아니한 문지기 우두머리는 누구인가?(11~15) -
 2) 고관들이 예레미야에게 어떻게 했는가?
 -
6. 1) 시드기야 왕이 예레미야를 이끌어 내고 비밀히 물은 말은?(16~21)
 -
 2) 시드기야 왕의 질문에 대한 예레미야의 대답은? -

제38장 [구덩이에서 살아난 예레미야]
틀린 한 부분에 밑줄을 긋고 바르게 고치시오.

1. 예레미야가 모든 백성에게 이르는 여호와의 말은 '갈대아인에게 반항하는 자는 살리라.'는 것이다. →
2. 고관들이 예레미야를 감옥 뜰, 왕의 아들 말기야의 물이 있는 진창 구덩이에 던져 넣었다(1~6). →
3. 구스인 에벳멜렉이 왕의 허락으로 예레미야를 구덩이에서 사다리로 끌어내었다(7~13). →

4. 예레미야가 시드기야에게 '가령 내가 왕을 권한다 할지라도 왕이 듣고 잊으리이다.'하였다(14~16).→

5. 시드기야 왕이 예레미야에게 '나는 갈대아인에게 항복한 유다인을 두려워하지 않노라.'하였다(17~23).→

6. 예레미야가 예루살렘이 회복되는 날까지 감옥 뜰에 머물렀더라(24~28).→

예레미야 39~45장 예루살렘 함락 후의 예레미야

제39장 [예루살렘의 함락]
다음 (　　) 안에 알맞은 말을 적으시오.

1. 유다의 (　　　　　) 왕의 제구년 열째 달에 바벨론의 (　　　　　) 왕과 그의 모든 군대가 와서 (　　　　　)을 에워싸고 치더니 시드기야의 (　　　　　)에 성이 함락되니라. (　　　　　) 이 함락되매……

2. 유다의 시드기야 왕과 모든 군사가 그들을 보고 (　　　　)하되 밤에 왕의 (　　　　)을 따라 두 담샛문을 통하여 성읍을 벗어나서 (　　　　)로 갔더니 갈대아인의 군대가 그들을 따라 (　　　　)에서 시드기야에게 미쳐 그를 잡아서……

3. 바벨론의 왕이 립나에서 시드기야의 (　　　　)에서 그의 (　　　　)을 죽였고 왕이 또 유다의 모든 (　　　　)을 죽였으며 왕이 또 시드기야의 (　　　　　) 하고 바벨론으로 옮기려고 사슬로 (　　　　)하였더라.

4. 바벨론의 느부갓네살 왕이 예레미야에 대하여 사령관 (　　　　　)에게 명령하여 이르되 그를 데려다가 (　　　　)하고 (　　　　) 말며 그가 네게 말하는 대로 (　　　　).

5. 예레미야를 (　　　　　)에서 데리고 사반의 손자 아히감의 아들 (　　　　　)에게 넘겨서 그를 집으로 데려가게 하매 그가 (　　　　) 가운데에 사니라.

6. (　　　　)의 말씀이니라. 내가 그 날에 너를 (　　　　)하리니 네가 그 (　　　　　)의 손에 넘겨지지 아니하리라.

제40~41장 [총독 그다랴를 암살]
다음은 누구에 대한 말인지 이름을 쓰시오(1~4: 40장 / 5~7: 41장).

1. 유다의 포로를 바벨론으로 옮기는 중에 예레미야를 라마에서 풀어준 느부갓네살의 사령관은?(40:1~6) -

2. 바벨론 왕이 유다 성읍들을 맡도록 세운 사반의 손자 아히감의 아들은?(5, 7절) -

3. 그다랴가 갈대아인 섬기기를 두려워하지 말고 이 땅에 살면서 어느 왕을 섬기면 유익하리라 했는가?(7~12) -

4. 그다랴를 죽이려 하는 '이스마엘을 죽이게 하라'고 그다랴에게 요청했다가 거절당한 사람은?(13~16) -

5. 바벨론 왕의 그 땅을 위임 받은 그다랴를 칼로 쳐 죽인 왕의 종친 엘리사마의 손자 느다냐의 아들로서 왕의 장관은?(41:1~3) -

6. 1) 여호와의 성전로 나가려하는 팔십 명을 그다랴에게로 가자고 속여 죽이고 그들을 구덩이에 던진 사람은?(4~11) -
   2) 이때에 살아 난 사람의 숫자는? -

7. 이스마엘이 여덟 사람과 함께 요하난을 피하여 누구에게로 갔는가?(11~18) -

제42장 [기도를 요청한 백성들]
다음 서로 관계가 있는 것끼리 연결하시오.

1. 당신의 하나님 여호와께 기도해주소서 • • 가)
2. 당신을 우리 하나님 여호와께 보냄은 • • 나)
3. 너희는 바벨론 왕을 겁내지 말라 • • 다)
4. 너희는 애굽으로 가지 말라 하셨고 • • 라)
5. 너희가 그 목소리를 순종하지 아니하였은즉 • • 마)

가) 내가 너희와 함께 있어 너희를 구원하며 건지리니
나) 우리가 마땅히 갈 길과 할 일을 보이시기를
다) 우리에게 좋든 좋지 않든지를 막론하고 순종하려
라) 칼과 기근과 전염병에 죽을 줄 분명히 알지니라.
마) 나도 너희에게 경고한 것을 너희는 분명히 알라.

제43장 [애굽으로 끌려간 예레미야]
다음 말이 맞으면 O표, 틀리면 X표 하시오.

1. 하나님 여호와께서 '너희는 애굽에 가지 말라'고 말하지 않았다(42:15~16, 19, 43:1~3). - ( )
2. 바룩이 예레미야를 부추겨서 사람들을 대적하여 갈대아 사람의 손에 넘겨 죽이려 했다(1~3). - ( )
3. 요하난과 군대 지휘관이 여러 사람들과 예레미야와 바룩을 거늘이고 애굽 땅 다바네스에 이르렀다(4~7). - ( )
4. 하나님은 예레미야에게 큰 돌을 가져다가 바로의 궁전 대문의 축대에 진흙으로 감추고 그들에게 말하기를 '바벨론의 느부갓네살 왕을 불러오리니 그의 왕좌와 장막을 그 위에 치리라'고 하셨다(8~13). - ( )

제44장 [애굽에서 전한 예레미야의 호소]
다음 물음에 답하시오.

1. 44장은 어디에 있는 누구에게 전한 말씀인가?(1, 24)
   -
2. 여호와께서 유다 모든 성읍에 내린 재난의 결과는 무엇인가?(2절) -
3. 큰 악을 행하면 무엇을 해(害)하게 되는가?(1~10 읽고 답은 7절에서) -
4. 42:15~17의 예언은 44장 몇 절에서 다시 성취됨을 말하는가?(11~14) -
5. 애굽 땅에 간 유다 여인들은 어떤 신을 섬겼는가?(15~19, ~여신) -
6. 유다 성읍들과 예루살렘 거리들에서 분향한 자들은?(20~23)
   -
7. 생명을 찾는 자들의 손에 넘겨지게 될 자는 누구인가?(24~30) -

제45장 [바룩에 관한 말씀]
다음 물음에 해당하는 답의 번호에 O표 하시오.

1. 예레미야가 불러주는 대로 책에 기록한 때와 예레미야 몇 장에 대한 언급인지를 맞게 짝지어진 것은?
   1) 요시야 사년-34장
   2) 여호야김 구년-35장
   3) 여호야김 사년-36장
   4) 시드기야 구년-39장
2. 3~4절은 여호와께서 누구에 대하여 한 말인가? 즉 "나"는 누구인가?
   1) 여호와 2) 예레미야
   3) 이스라엘 백성 4) 바룩
3. 여호와의 성품과 다른 것은?
   1) 탄식으로 피곤해 하신다
   2) 세운 것을 헐기도 하신다
   3) 심은 것을 뽑기도 하신다
4. 여호와께서 바룩이 가는 모든 곳에서는 무엇을 얻게 하며, 같은 약속을 받은 사람은?(39:15~18)
   1) 노략물 - 느부사라단

2) 생명 - 에벳멜렉
3) 사람 - 예레미야
4) 대적 - 그다랴

예레미야 46~52장 열방에 대한 하나님의 경고

제46장 [열국에 대한 예언 : 애굽에 대하여]
다음 말에서 맞는 것의 ( )에 O표 하시오.

1. 46장에서 51장은 이방 나라들에 관한 예언이다.( ) / 유다에 관한 예언이다.( )
2. 46장은 바벨론을 논한 것이다.( ) / 애굽을 논한 것이다.( )
3. 갈그미스에서 패한 쪽은 바벨론의 느부갓네살 왕이다.( ) / 애굽의 바로느고 왕이다.( )
4. 애굽이 도망가지 못하고 넘어진 곳은 북쪽 유브라데 강가이다.( ) / 애굽의 나일 강가이다.( )
5. 애굽에 대한 표현은? (맞는 것 2가지를 선택하시오. / 11, 20절)
   - 원수( ), 처녀 딸( ), 암송아지( ), 도끼( )
6. 딸 애굽이 수치를 당하여 뱀의 소리와 같을 것이다.( ) / 북쪽 백성의 손에 붙임을 당할 것이다.( )

제47장 [블레셋에 대한 예언]
다음 물음에 답하시오.

1. 47장에 나오는 나라나 도시 이름을 모두 쓰시오(반복해서 나와도 한 번씩만).
   -
2. 블레셋의 5대 도시 국가 중에 본문에 나온 두 도시 국가는?(삼상 6:17)
   -
3. 다음 사람들에게 어떻게 하는가?(4~5)
   1) 블레셋 사람 -
   2) 가사 -
   3) 아스글론 -

제48장 [모압에 대한 예언]
다음의 성구를 완성 하시오(해당 절 안에서만).

1. 여호와의 일을 게을리~
2. 이스라엘 집이 벧엘을~
3. 우리가 모압의 교만을 들었나니~
4. 모압 산당에서 제사하며~
5. 모압이 여호와를 거스려 자만하였으므로~

제49장 [암몬 등 열방에 대한 예언]
서로 관계있는 말씀끼리 연결하시오.

1. (1~6) •	• 가) 엘람 •	• a)
2. (7~22) •	• 나) 에돔 •	• b)
3. (23~27) •	• 다) 다메섹 •	• c)
4. (28~33) •	• 라) 암몬 •	• d)
5. (34~39) •	• 마) 게달, 하솔 •	• e)

a) 찬송의 성읍, 나의 즐거운 성읍이 버린 것이 되었느냐?
b) 에서의 재난을 그에게 닥치게 하여 그를 벌할 때가 이르게 하리로다.
c) 그들을 사방으로 흩으리니 쫓겨난 자가 가지 않는 나라가 없으리라.

d) 패역한 딸아, 어찌하여 골짜기 곧 네 흐르는 골짜기를 자랑하느냐?
e) 바벨론의 느부갓네살 왕이 너를 칠 모략과 계책을 세웠음이라.

제50~51장 [바벨론에 대한 예언]
다음 말씀이 나온 절수와 (　　)를 채우시오.

1. (　　:　　) (　　)이 함락되고 (　　)이 수치를 당하며 (　　)이 부스러지며…… (50:1~10)

2. (　　:　　) 이스라엘은 (　　)이라. 사자들이 그를 따르도다. 처음에는 (　　)이 먹었고, 다음에는 (　　)이 그의 뼈를 꺾도다(11~20).

3. (　　:　　) 그가 일한 대로 갚고…… 그(바벨론)가 이스라엘의 거룩한 자 (　　)를 향하여 (　　)하였음이라(21~32).

4. (　　:　　) 그들의 구원자는 (　　)하니 그의 이름은 (　　)라(33~46).

5. (　　:　　) (　　)이 갑자기 넘어져 (　　)되니 이로 말미암아 울라(51:1~14).

6. (　　:　　) 시온에서 모든 악을 행한 대로 내가 (　　)과 (　　) 모든 주민에게 갚으리라(15~24).

7. (　　:　　) 바벨론이 (　　)가 되어서 승냥이의 거처와 혐오의 대상과 (　　)가 되고 주민이 없으리라(25~40).

8. (　　:　　) 바벨론의 (　　)은 훼파되겠고 그 (　　)들은 불에 탈 것이며…… (41~64)

제52장 [예루살렘의 함락]
다음 물음에 답하시오.

1. 바벨론 군대가 예루살렘을 포위하고 점령하기까지 걸린 기간은?(1~11) - 약　　년　　개월

2. 누가 언제 여호와의 성전과 왕궁을 불살랐는가?(12~16)
   -

3. 갈대아 인이 여호와의 전에서 바벨론으로 가져간 것들은?(17~24, 답은 17~19절에서: 이름만 쓰시오.)
   -

4. 바벨론에 잡혀 간 숫자는(24~30) 〈아라비아 숫자로 쓰시오.〉
   1) 느부갓네살 제칠년 -
   2) 열여덟째 해 -
   3) 제이십삼년 -
   4) 총수 -

5. 유다 왕 여호야긴이 감옥에서 나온 것은 사로잡혀간 지 몇 년이며, 그를 내어놓은 바벨론 왕은?(31~34) -

예레미야애가(哀歌) | 예언서 |

Lamentations

제목에 대한 해설

히브리어 성경의 책 이름에 〈예레미야〉라는 말은 없고 히브리인들이 1:1의 첫 단어인 '에카'라고만 불렀다. 이 말은 탄식의 부르짖음인 '아, 어찌하여!'또는 '슬프다!'라는 감탄사인데, 한글 애가(哀歌)와 발음이 유사하다. 랍비들은 이 말 대신에 애가(哀歌)라는 뜻을 가진 '키노드'라 했으며, 《칠십인역》(LXX: 주전 3세기의 구약성경 헬라어역)에서도 이것을 제목으로 채택했다.

키노드 앞에 '예레미야'를 붙인 〈예레미야애가〉는 시리아역(페시타-단순한-는 2~3세기에 편집)이나 《불가타역》(Latin Vulgate: 4세기 말 제롬이 번역)에서부터 시작된 것으로 현대의 성경들은 이를 따르나 히브리어 원문에는 익명의 애가이다.

〈애가〉는 후대의 성경들이 예언서로 분류한 것과는 다르게 히브리어 성경에서는 성문서에 두었다.

저자와 기록 연대

저자는 예루살렘의 멸망을 지켜본 예레미야로 보고 따라서 그 저작 연대를 주전 587년 예루살렘 멸망 직후로 보게 된다. 이는 〈역대하〉 35:25의 진술과 또 〈예레미야〉와 일치하는 시대상황 때문이다. 그러나 현대 학자들은 예루살렘의 멸망을 보는 관점이 다르며 '주'라는 용어가 〈애가〉에는 3장에서만 14번 나오지만 〈예레미야〉에는 한 번밖에 나오지 않는다는 등 여러 가지 이유로 예레미야 저작설에 의문을 제기한다.

본서의 특징

본서는 단순히 예루살렘 멸망을 되새기게 하려 하기보다는 과거의 교훈을 통해 어려운 재난에 직면할지라도 하나님을 믿는 신앙의 자세를 굳게 지키도록 하기 위한 목적이 있다.

〈애가〉는 다섯 두루마리(메길로트-Megilloth-〈전도서〉, 〈아가〉, 〈룻기〉, 〈애가〉, 〈에스더〉)에 속했던 것으로 아브월(태양력 7, 8월) 제9일 예루살렘 성전이 파괴된 날에 낭독되었는데 항상 5장 21절을 22절 뒤에 반복 낭독함으로 긍정적인 내용에 가까워지도록 했다. 로마 가톨릭에서는 지금까지 이것을 고난주간의 마지막 3일 동안에 읽고 있다.

형식적으로 본서는 이합체시(離合体詩)로 되어 있는데 1~4장은 시적 운율을 지녔고 5장은 기도문에 가깝다. 이합체시란 시의 각 절이 히브리어 알파벳 22자의 순서대로 되어 있는 것으로 언어유희와 함께 기억에 도움을 주려는 뜻이 있었을 것이다. (《성경핵심전과1》 518쪽 〈시편〉 119편 해설 참고)

시대적 배경

〈예레미야애가〉는 주전 587년 예루살렘 성전이 파괴되고(2:6이하), 기름부음 받은 왕도 함정에 빠지고(4:20), 가나안 땅의 유업과 집이 외인, 이방인에게 들어간(5:2) 때의 멸망의 상황을 애도하고 있다. 본서 전체의 분위기가 침울하고 비통하므로 예루살렘 멸망 사건을 목도한 사람에 의해서 기록되었다고 본다. 따라서 주전 587년 예루살렘 멸망에 관한 기록으로 시대적 배경은 〈예레미야〉와 같다. 〈열왕기하〉 25장과 〈역대하〉 36장의 예루살렘 멸망의 기록과 같은 상황의 묘사로 되어 있다.

교훈 및 메시지

(1) 민족적인 탄식

〈욥기〉가 개인의 탄식이라면 〈예레미야애가〉는 민족적이고 역사적인 고난에서의 탄식이다. 〈애가〉에는 하나님의 심판이 하나님의 의를 드러내는 행동의 결과가 나타나 있으며, 예루살렘의 파괴는 하나님의 명령에 반역한 결과로서 피할 수 없는 재난이라는 사실이 언급되어 있다. 그럼에도 본서는 제사장적 중보기도의 형태로 기록되어 하나님의 심판에 대하여 항변하는 가운데서도 예언자적인 사고의 흐름이 깊이 흘러가고 있다. 이런 가운데서도 저자는 미래의 소망을 찾을 수 있는 가능성을 하나님의 신실성에 두고 있다.

(2) 지혜사상도 보인다

〈예레미야애가〉의 신학에는 '남은 자'의 깊은 슬픔과 상한 마음과 애통하는 것으로서 예언자의 메시지에 깊이 뿌리박고 있다. 본서의 시적이면서도 신학적인 표현들은 고난의 문제가 민족과 역사의 차원에서 묵상된 지혜사상에 의해서 문학적으로 더욱 풍부하게 표현되는 과정을 거쳤다고 볼 수 있다.

예레미야애가 1~5장

죄의 고백 (중요구절 애 5:21)

화려하고 거룩한 도성 예루살렘이 비참한 형편에 처했음을 슬퍼한다(1장). 이러한 멸망은 하나님의 심판이다(2장). 백성과 함께 고난당하는 자(예레미야?)는 하나님의 자비를 구한다(3장). 현재와 과거를 비교하며 이러한 고난의 이유는 죄로 인한 결과임을 고백한다(4장). 구원을 기원하는 간절한 기도가 나온다(5장).

1
예루살렘 성의 황폐
슬프다 이 성이여

2
심판 목격자의 애가
내 눈이 눈물에 상하며

3
고난 당한 자의 탄원
쑥과 담즙을 기억하소서

4
유다의 죄과의 열매
선지자, 제사장들의 죄

5
구원을 기원하는 기도
우리를 주께로 돌이키소서

1. 성경 제목 〈애가〉(哀歌)에 '예레미야'를 붙인 것은 〈역대하〉 35:25과 〈예레미야〉와 일치하는 광범위한 시대적 상황 때문이었을 것이다. 원전의 이름 '에카'는 1, 2, 4장의 시작 단어로 "슬프다"('어찌!''아!')라는 탄식을 표현하는 감탄사이다. '에카'처럼 슬픈 탄식을 쏟아내는 것이 인생이기에 더욱 하나님을 붙잡고 이겨나가는 것이다. 비록 예루살렘이 파괴되었어도 회복의 날을 기다렸던 유다인처럼 말이다.
2. "이방인들을 막아 주의 성회에 들어오지 못하도록 명령하신 그 성소에 그들이 들어간 것을 예루살렘이 보았나이다"(1:10)라며 슬픔과 함께 분노한다. 율법에 이방인은 성소에 들어오지도 못하는데(신 23:2~3, 겔 44:7~9) 예루살렘 파멸은 성전이 수치를 당하게 되었으며 이로 인해 유대인들의 마음은 찢어지는 듯했을 것이다. 멸망의 원인은 죄에 있었으므로 죄의 결과는 이처럼 가장 깊고 수치스런 아픔이 동반함을 오늘도 기억해야 한다.
3. 언제 낙심하며 언제 소망을 갖는가? 이스라엘은 출애굽 당시의 홍해 기적을 회상하며 용기를 얻었고 신약의 성도들은 예수 그리스도의 십자가와 부활을 바라보며 소망을 갖는다. 〈애가〉의 시인은 "내 고초와 재난, 곧 쑥과 담즙을 기억하소서. 내 마음이 그것을 기억하고 내가 낙심이 되오나…… 내 마음에 담아 두었더니 오히려 나의 소망이 되었사옴은"(3:19~21)이라며 하나님의 자비와 긍휼이 무궁하므로 진멸하지 아니함을 믿었다. 성도들이 고난 중에도 소망을 갖는 이유가 바로 여기에 있다.
4. 시인은 예루살렘의 파멸 원인을 지도자들의 문제로 돌린다. "그의 선

지자들의 죄들과 제사장들의 죄악들 때문이니 그들의 성읍 안에서 의인들의 피를 흘렸도다"(4:13)라고 지적한다. 예루살렘은 안전한 요새라 여겼으나 바벨론에 의하여 일 년 반만에 함락되고 말았다(왕하 25:1~7). 선지자들은 백성들을 안전감에 사로잡히게 하였고(2:14), 제사장들은 율법을 거슬러 무고한 사람들에게 사형판결을 내렸다(렘 26:7~11). 예루살렘이 함락되자 지도자들도 살아보려고 도망을 가지만 "피에 더러워졌으므로"(14절) 부정하게 되고 말았다(레 13:45).

더 살펴보기

1. 〈애가〉의 목적

본서는 단순히 예루살렘 멸망을 되새기려는 목적에서보다는, 과거의 교훈을 통해 어려운 재난에 직면할지라도 하나님을 믿는 신앙의 자세를 굳게 지키도록 하기 위함이다.

3. 메길로트 중 하나인 〈애가〉

〈아가〉, 〈룻기〉, 〈애가〉, 〈전도서〉, 〈에스더〉을 일컫는 말이다. 유대교에 의하면 이 다섯 두루마리(메길로트, Megilloth)는 유대인의 명절 때마다 한 권씩 읽혔다. 즉 〈아가〉는 유월절에, 〈룻기〉는 오순절에, 〈애가〉는 아브월 제9일(예루살렘 파괴일)에, 〈전도서〉는 장막절(초막절)에, 〈에스더〉는 부림절에 각각 읽었다. 본서는 아브월(태양력 7,8월) 제9일 예루살렘 성전이 파괴된 날에 낭독되었는데 항상 5:21을 22절 뒤에 낭독함으로 긍정적인 내용에 가까워지도록 했다. 로마 가톨릭에서는 지금까지 고난 주간의 마지막 3일 동안에 읽는다. 〈애가〉를 '예레미야애가'라 하는 것은 시리아역(페시타-단순한-는 2~3세기에 편집)이나 불가타역(Latin Vulgate: 4세기말 제롬이 번역) 등에서부터 시작된 후대의 산물이다.

선지자 예레미야의 눈물(애가)

〈예레미야애가〉에서 보면 예루살렘의 파멸과 고통받는 백성들을 보며 예레미야가 '눈물'을 흘린다.

(1) 1:2 - "밤에는 슬피 우니 '눈물'이 뺨에 흐름이여 사랑하던 자 중에 그에게 위로하는 자가 없고 친구들도 다 배반하여 원수들이 되었도다."

(2) 1:16 - "이로 말미암아 내가 우니 내 눈에 '눈물'이 물 같이 흐름이여 나를 위로하여 내 생명을 회복시켜 줄 자가 멀리 떠났음이로다 원수들이 이기매 내 자녀들이 외롭도다."

(3) 2:11 - "내 눈이 '눈물'에 상하며 내 창자가 끊어지며 내 간이 땅에 쏟아졌으니 이는 딸 내 백성이 패망하여 어린 자녀와 젖 먹는 아이들이 성읍 길거리에 기절함이로다."

(4) 3:48~49 - "딸 내 백성의 파멸로 말미암아 내 눈에는 '눈물'이 시내처럼 흐르도다 내 눈에 흐르는 눈물이 그치지 아니하고 쉬지 아니함이여."

4. 이합체시로 기록된 〈애가〉

〈애가〉 1~4장은 이합체시로서 시적 운율을 지녔고, 5장은 기도문에 가깝다. 1, 2, 4장은 자모 22절, 3장은 66절로 세 절씩 같은 자모로 되어 있다. '이합체시'(離合體詩)란 히브리어의 알파벳순으로 배열되어 예술적인 면이 돋보이는 시이다. 즉 첫 연에서는 히브리어 알파벳의 첫 문자인 '알렙'으로 시작되고, 둘째 연에서는 '베트'로 시작된다. 이렇게 히브리어 자음 22개를 모두 사용한다. 이런 분위기는 히브리어 원전에서만 읽을 수 있다. 〈애가〉 외에 이합체시는 〈시편〉 9, 10, 25, 34, 37, 111, 112, 119, 145편으로 아홉 편이고, 〈잠언〉 31:10~31, 〈나훔〉 1:2~9이다. 이러한 표현법은 언어유희를 통해 기억을 돕기 위한 목적이었던 것으로 추측된다. 'Acrostic(아크로스틱)'이라 쓰며 문학에서는 '답관체'라 하기도 한다.
(《성경핵심전과1》518쪽 〈시편〉 119편 내용 참고)

5. 〈예레미야애가〉의 위치

다음의 도표에서 보여 주듯이 〈예레미야〉는 닥쳐올 예루살렘의 함락 예언(경고)을, 〈예레미야애가〉는 이미 함락된 예루살렘을 보며 애가(애도)를 한다.

〈예레미야〉 -경고- ⇨	예루살렘의 함락 (주전 587년)	⇦ 〈예레미야애가〉 -애도-

B I B L E

성경 질문지

예레미야애가 1~5장 예루살렘 멸망에 대한 애가

제1장 [예루살렘 성의 황폐]
다음 물음에 답하시오.

1. 다음 '전에는'의 경우에서 '이제는'어떻게 됐는지를 쓰시오.(1~3)
   1) 사람들이 많더니 -
   2) 열국 중에 크던 자가 -
   3) 열방 중에 공주였던 자가 -
2. 딸 시온의 모든 영광은 어떻게 되었는가?(4~7)
   -
3. 예루살렘이 조소거리가 된 이유는 무엇인가?(8~11)
   -
4. 대적이 손을 펴서 빼앗아 간 것은?(8~11)
   -
5. 멸망을 당한 유다의 고통을 보며 내(예레미야)가 어떻게 했는가?(12~22 읽고 답은 16절로)
   -
6. 내(저자)가 탄식하는 것을 들었으나 원수들은 어떤 태도를 가졌는가?(16~22, 답은 21절로)
   -

제2장 [심판을 목격한 자의 애가]
다음 물음에 관계 있는 단어를 보기에서 찾아 적으시오.

보기 묵시 / 눈물 / 주(여호와) / 진노 / 딸 / 원수

1. 시온이나 유다, 예루살렘을 말할 때에 그 앞이나 뒤에 붙인 말은?(1~22)
   -
2. 야곱의 거처들을 삼키고(2), 원수 같이 되어 이스라엘을 삼키며(5), 초막을 동산처럼 헐고(6), 자기 제단을 버리신(7) 자는 누구인가?(1~10)
   -
3. 당시 선지자들은 여호와의 무엇을 받지 못한 영적 무지자들이었나?(9)
   -
4. 예루살렘의 파멸을 보며 '우리가 바라던 날이 과연 이 날이라'하는 자는?(11~19)
   -
5. 딸 시온의 성벽, 곧 멸망을 당한 유다 백성이 밤낮으로 강처럼 흘려야 하는 것은?(11~19)
   -
6. 여호와께서 어떻게 하시는 날에 피하거나 남은 자가 없었는가?(20~22)
   -

제3장 [고난 당한 자의 탄원과 위로]
다음 (　　)안의 알맞은 말을 적으시오.

1. (　　　절) 여호와의 (　　　　　)로 말미암아 고난 당한 자는 (　　　).
2. (　　　~　　　절) 내가 부르짖어 (　　　)을 구하나 내 기도를 (　　　　) 다듬은 돌을 쌓아 내 길을 (　　　　) 내 길들을 굽게 하셨도다.

3. (　　~　　절) 내가 내 (　　)에 담아 두었더니 그것이 오히려 나의 (　　)이 되었사옴은 여호와의 (　　)와 긍휼이 (　　)하시므로 우리가 진멸되지 아니함이니이다. 이것들이 (　　　) 주의 성실하심이 크시도소이다.

4. (　　절) 사람이 여호와의 구원을 바라고 (　　)이 좋도다.

5. (　　절) 주께서 인생으로 (　　　) 하시며 (　　)하게 하심은 (　　)이 아니시로다.

6. (　　절) (　　)와 (　　)이 지존자의 입으로부터 나오지 아니하느냐?

7. (　　절) 우리의 마음과 손을 아울러 (　　)께 들자.

8. (　　절) 여호와여 내가 심히 (　　　)에서 (　　)을 불렀나이다.

제4장 [유다의 죄과의 열매]

다음 말로 시작하는 성구를 써서 완성하시오(해당 절 안에서만).

1. (　　절) 슬프다~

2. (　　절) 전에 소돔이~

3. (　　절) 그의 선지자들의~

4. (　　절) 우리가 헛되이~

5. (　　절) 딸 시온아~

제5장 [회개의 기도]

해당 절수와 성경에 기록된 순서대로 번호를 쓰시오.

1. (　　절) 여호와여, 주는 영원히 계시오며 주의 보좌는 대대에 이르나이다. (　　)

2. (　　절) 지도자들은 그들의 손에 매달리고 장로들의 얼굴도 존경을 받지 못하나이다. (　　)

3. (　　절) 우리가 애굽 사람과 앗수르 사람과 악수하고 양식을 얻어 배불리고자 하였나이다. (　　)

4. (　　절) 우리의 머리에서는 면류관이 떨어졌사오니 오호라 우리의 범죄 때문이니이다. (　　)

5. (　　절) 여호와여, 우리를 주께로 돌이키소서. 그리하시면 우리가 주께로 돌아가겠사오니 우리의 날들을 다시 새롭게 하사 옛적 같게 하옵소서. (　　)

에스겔 | 예언서 |

Ezekiel

제목에 대한 해설

본서의 히브리어 성경의 책 이름은 예언자 '에스겔'의 이름을 따라 '예헤즈켈'로서 '하나님이 강하게 하신다' 혹은 '하나님에 의해 강하게 되었다'라는 뜻이 있다.《칠십인역(LXX)》이나《불가타역(Latin Vulgate)》모두 '예제키엘'로 나타나는데, 영어역이나 후대의 모든 역들도 이를 따라 '에스겔'이라 불렸다. 한글 성경도 예언자의 이름대로 〈에스겔〉이라 하였다.

저자와 기록 연대

저자는 에스겔로서 바벨론 포로기에 자서전적이며 일인칭 단수로 기록하였다. 더욱이 예언의 많은 부분에 날짜가 나타나며 지방색이 있다. 전체적으로 나타나는 사상과 배열의 유사성은 이 책이 전부 한 사람 에스겔의 기록임을 나타낸다. 반면에 현대 학자들 중에는 40~48장은 후대에 첨가한 것이라고 주장하기도 하고, 또는 1,273절 중에 143절만이 에스겔의 것이고 나머지는 주전 500~400년경에 기록된 것이거나 여러 세대를 통하여 기록되었다고 주장하는 이들도 있다.

에스겔은 제사장 사독의 자손으로 여호야긴 왕과 함께 주전 597년에 바벨론 포로로 잡혀간 지 5년, 30세 때(1:1, 제30년 4월 5일)인 주전 593년에 그발 강가에서 부름을 받았다. 바벨론 땅 포로집단 거주지인 텔아비브에서 유다 백성들에게 예언했다(3:15). 에스겔의 예언 활동이 제27년까지 계속되었으므로(29:17) 에스겔의 활동 연대는 주전 593~571년 사이로 계산되며, 그는 적어도 52세까지 계속 활동하였다. 그의 아내는 주전 588년에 예루살렘이 포위되기 시작했을 때 죽었다(24:1, 15~18).

시대적 배경

예루살렘은 느부갓네살에 의해 세 차례에 걸쳐 침공을 받았다. 1차: 주전 605년 느부갓네살은 여호야김을 항복시키고 다니엘과 그의 친구들 등 유다의 주요 인물들을 포로로 잡아갔다. 2차: 주전 597년 그는 여호야김과 여호야긴의 반역에 대한 징계로서 예루살렘을 침공하여 여호야긴 왕과 에스겔 등 1만여 명의 포로를 잡아갔다. 3차: 주전 587년에 예루살렘을 함락시키고 유다 전역을 파괴했다. 또한 주전 582년의 포로를 언급하면 4차에 걸친 포로가 된다.

1차 포로 다니엘과 2차 포로 에스겔은 동년배로 포로기의 선지자였다. 〈예레미야〉 52장에 의하면 582년에도 포로가 있었다. 따라서 597년, 587년, 582년 3차에 걸친 포로로 보기도 하며, 605년의 포로(단 1:1, 대하 36:5~7)에 대해서는 역사성에 의문을 제기하기도 한다.

교훈 및 메시지

(1) 〈에스겔〉의 묵시적 요소

에스겔의 사역은 두 가지로, 하나는 포로들에게 그 죄를 상기시키는 것이었고, 다른 하나는 장차 있을 하나님의 축복으로 그들에게 용기를 북돋아 주는 것으로 묵시적인 표현법을 많이 사용했다. 묵시적인 구약성경은 〈에스겔〉을 비롯하여 〈다니엘〉, 〈스가랴〉이며, 신약성경에서는 바로 〈요한계시록〉이다.

(2) 여호와의 초월성과 심판 사상

〈에스겔〉의 신관은 초월적 신관으로서 여호와는 위대하시고 거룩하시므로 사람으로부터 멀리 떨어져서 하늘 높이 거하신다는 것이다. 그발 강가 환상 가운데 하나님의 말씀을 들었고, 두루마리를 받아먹었을 때에 경험한 하나님에 의하여 형성된 것인데 그의 전 존재를 압도하는 장엄하고 거룩하신 하나님이었다. 그 하나님은 모든 세계를 통치하시므로 현재 포로로 있는 낙심한 유다 백성의 눈을 온 세계를 다스리는 하나님을 향해 열어준다.

(3) 개인 신앙에 대한 교훈

18:2은 개인 신앙에 대해서 간결하게 언급하고 있다. "아버지가 신 포도를 먹었으므로 아들의 이가 시다"라는 조상의 죄로 인해 자손이 저주 아래 놓이게 된다는 전통 사상에 대해 정면으로 반박하면서, "아버지의 영혼이 내게 속함 같이 그의 아들의 영혼도 내게 속하였나니 범죄하는 그 영혼은 죽으리라"(18:4)라며 개인 신앙의 책임에 대하여 말한다.

(4) 신약성경과의 관계

본서는 〈요한계시록〉과 〈요한복음〉에 많은 영향을 미쳤다고 볼 수 있다. 1:22~28(계 1:15, 19:6)의 발(계 1:15), 보좌(계 4:3), 네 생물(계 4:6) 등도 모두 〈에스겔〉의 영향이다. 34, 37장의 목자(요 10장), 15장의 포도나무(요 15장), 38~39장의 곡과 마곡(계 20:8~10) 등 여러 곳이 신약에 영향을 주었다.

에스겔 1~5장

에스겔의 소명과 행위 예언 (중요구절 겔 3:17)

에스겔은 하나님의 영광이 나타난 환상(이상)을 통하여 선지자직에 부름 받았다(1장). 여호와께서는 "인자야 내가 너를 이스라엘 자손 곧 패역한 백성, 나를 배반하는 자에게 보내노라"고 말씀하신다(2장). 에스겔은 하나님의 명령을 따라 두루마리 책을 먹는다. 선지자로서 파수군의 임무를 맡게 된다(3장). 하나님이 에스겔을 부르셔서 4~24장까지에 걸쳐 이스라엘의 멸망에 대한 구체적인 예언을 하도록 명하신다. 에스겔은 예언적 행위를 통하여 이스라엘을 경고하고, 심판의 확실성을 증거한다(4~5장).

1
여호와의 영광
모양은 무지개 같으니

2
에스겔이 사명 받음
그들은 패역한 족속

3
파수군의 임무
그 피 값을 찾을 것이며

4
예루살렘 포위 예언
그 성읍을 에워싸되

5
머리털, 수염의 표징
불에 던져 사르라

1. 서른째 해…… 여호야긴 왕이 사로잡힌 지 오 년"(1:1~2, 왕하 24:15)이라는 때는 에스겔 나이 30세로 레위인이 제사장직을 할 수 있는 나이였다(민 4:3). 여호야긴 왕이 바벨론 포로로 온 해(597년)로부터 5년이 지났을 때이므로 에스겔이 소명받은 해는 주전 593년이라는 계산이 나온다.
2. 하나님은 에스겔에게 소명을 주실 때 먼저 "여호와의 권능"(1:3)이 임했고, "네 생물의 형상"(5절)과 "궁창 위에 보좌의 형상"(26절)을 보여 주셨다. 이것은 하나님의 거룩하심과 그의 지극하신 사랑을 상징한다. 에스겔은 이러한 이상을 통해 하나님을 확고하게 신앙하게 되었고 겸비하게 되었다.
3. 하나님께서는 에스겔에게 말씀하실 때에 "그 영"(2:2)이 임하였다(영=숨, 생기, 바람). 이는 하나님의 권능이 예언자의 속에 들어간다는 의미이다(1:12, 3:12, 24). 사명을 주시기를 "내가 너를 이스라엘 자손 곧 패역한 백성, 나를 배반하는 자에게 보내노라"(2:3)고 하셨다. 이스라엘은 광야시대부터(출 14:11~12) 선지자들의 시대에 이르기까지(사 1장, 렘 2장) 하나님께 배반하는 역사였다. 예언자는 그 반응이 좋지 않을 것도 각오하면서 "그들이 듣든지 아니 듣든지"(2:5) 전해야만 한다.
4. 하나님께서 에스겔에게 "내가 그의 피 값을 네 손에서 찾을 것이고"(3:18)라 하신다. 이전의 예언자들이 백성 전체를 향한 것이라면 에스겔은 백성 개개인을 향한 것이다(18장 참고). 에스겔의 메시지처럼 우리가 불신 영혼들에게 무관심하여 복음을 전하지 않으면 그들은 죄 가

운데 죽겠지만, 그 책임을 물으신다는 것을 기억해야 한다. 예수님처럼 제자를 삼으며 파수군의 역할을 해야 한다.

5. "내가 너를 치며 이방인의 목전에서 너에게 벌을 내리되"(5:8)라고 여호와께서 예루살렘에 대하여 말씀하셨다. 예루살렘이 세움을 받은 것은 이방을 비추는 빛이 되어 하나님을 증거할 목적이 있었는데(출 19:5~6) 예루살렘은 하나님의 규례를 지키지 않았을 뿐더러 이방인보다 더 악을 행하였다. 따라서 하나님은 이스라엘에게 전무후무한 벌을 내리시겠다(5:9)고 하신다.

처음 각 장의 내용들(겔 1~5장)
두루마리를 먹고 있는 에스겔(2장), 원수에게 포위된 예루살렘(3장), 이상한 모습으로 누워 있는 에스겔(4장), 머리털과 수염을 깎아 삼등분하여 태우고 칼로 자르고 날리는 모습(5장). (10세기 하이몬의 에스겔 주석서의 삽화, 파리 국립도서관 소장)

더 살펴보기

1. 〈에스겔〉의 내용

(1) 〈에스겔〉에는 특별한 표현들이 나타난다. "내가 하나님임을 그들이 알게 될 것이다", "인자", "여호와의 영광", "여호와의 말씀이 내게 임하니" 등이 반복되어 본서의 통일성을 보여준다.

(2) 에스겔의 사역은 두 가지였는데, 하나는 바벨론 포로민들에게 그 죄를 상기시키는 것이었고, 다른 하나는 장차 있을 하나님의 회복의 약속으로 그들에게 용기를 북돋워 주는 것이었다.

내용 분해
1~3장 – 에스겔의 소명
4~24장 – 유다에 대한 심판
25~32장 – 열방에 대한 심판
33~48장 – 이스라엘의 회복

3. 네 생물과 복음서(겔 1장, 계 4장)

〈에스겔〉 1:1~28에 나오는 네 생물은 〈요한계시록〉 4:7~8에서는 "그 첫째 생물은 사자 같고 그 둘째 생물은 송아지 같고 그 셋째 생물은 얼굴이 사람 같고 그 넷째 생물은 날아가는 독수리 같은데 네 생물은 각각 여섯 날개를 가졌고 그 안과 주위에는 눈들이 가득하더라"고 나온다. 어거스틴(주후 354~430년, 아프리카 히포의 주교)은 네 생물이 네 복음서를 의미한다고 하였다. 기독교회가 전통적으로 이 해석을 따르게 되어 다음과 같이 묘사를 한다.

(1) 〈마태복음〉: 유다인에게 – 그리스도를 메시아인 '사자'로

〈에스겔〉의 배경적 이해
에스겔보다 한 세대 앞선 예레미야가 소명을 받던 때에는 앗수르 왕이 죽던 해인 주전 626년으로 북방에서는 신흥 바벨론이 앗수르를 제압할 때이며 남방에서는 애굽이 재기할 때였다. 이와 비슷하게 〈에스겔〉 첫머리에서도 하나님이 에스겔을 예언자로 부르신 이야기가 나온다. 예레미야와 에스겔 두 사람 다 제사장 집안 출신으로 예루살렘의 멸망을 선포했는데 예레미야는 유다에서 말씀을 선포했고, 에스겔은 유다에서 바벨론 포로로 끌려온 사람들과 함께 살면서 말씀을 선포했다.

(2) 〈마가복음〉: 로마인에게 - 그리스도를 종인 '소'로
(3) 〈누가복음〉: 헬라인에게 - 그리스도를 완전한 '인간'으로
(4) 〈요한복음〉: 전 세계에게 - 그리스도를 전능하신 하나님인 '독수리'로 묘사하였다.

4. '남은 자'사상(5:3~4, 6:8)

'남은 자(The Remnant)'는 기근을 피하여 예루살렘과 그 땅에 남아 있는 자들(왕하 25:22, 렘 40:6)과 포로로 잡혀가서 하나님의 심판의 불로 징계받아 정화될 백성들을 의미한다. 하나님은 이러한 '남은 자'를 통하여 구원 역사를 계속 전개하신다. 이러한 사상은 〈이사야〉 1:9, 10:20 등과 〈예레미야〉 8:3, 39:9, 그리고 〈에스겔〉 9:8, 11:13 등에 스며들어 있다. '남은 자'사상은 이스라엘 백성의 범죄와 그에 대한 혹독한 심판 가운데에도 자기 백성을 향한 하나님의 긍휼은 면면히 흐르고 있음을 보여 준다. 선지자들의 소망은 '남은 자가 (포로에서 해방되어) 돌아오리라'는 것이었다. (게라르드 반 그로닝겐,《구약의 메시아 사상》)

에스겔 6~12장

경고와 심판의 말씀 (중요구절 겔 7:3)

하나님이 에스겔을 부르셔서 4~24장에 이스라엘의 멸망에 대한 예언을 하도록 명하신다.
에스겔은 하나님의 말씀의 대언을 통하여 이스라엘을 경고하고, 심판의 확실성을 증거한다(6~7장). 여호와께서는 이상(異像)을 통하여 성전에서 행하는 죄악을 선지자에게 보여 주심으로 심판의 불가피성을 말씀하신다(8장). 우상 숭배와 성전에서의 태양 숭배를 볼 때 유다의 죄악이 성전 중심부에까지 이르렀음을 절감할 수 있다(9장). 하나님의 영광은 급기야 성전을 떠나신다(10장). 교만한 지도자들의 안일성을 여실히 들추어내고 있으며(11장), 특이한 상징을 통해 예언의 말씀을 주신다(12장).

1. 여호와께서 이스라엘에 대하여 "음란한 마음으로 나를 떠나고 음란한 눈으로 우상을 섬겨 나를 근심하게"(6:9)했다고 책망하신다. 우상 숭배란 '하나님을 떠난 것, 하나님을 근심하게 한 것'으로 하나님의 진노

가 임하게 된다(렘 2:19, 골 3:5~6). 이것은 음란한 행위와 비교된다. 하나님을 떠나 하나님을 근심하게 하는 자가 아니라 그의 뜻을 행하여 그를 기쁘게 하는가?(롬 12:1~2).

2. 하나님의 심판의 특징은 (1) 행위대로 벌하심. (2) 모든 가증한 일을 드러내어 명백한 증거를 삼으심. (3) 항변할 수 없는 정당한 심판임. (4) 불쌍히 여기시나 긍휼이 없으심. (5) 심판으로 하나님 되심을 나타내심 등이다(7:3~4, 8~9). 따라서 성도는 심판을 집행하시는 의로우시고 거룩하신 하나님 앞에 거짓된 것을 버리고, 경외함으로 주를 섬기며, 주의 성령으로 인도함을 받아 주의 계명을 따르도록 해야겠다(롬 8:3~4).

3. 하나님께서는 에스겔에게 "인자야 이스라엘 족속이 행하는 것을 보느냐…… 나로 내 성소를 멀리 떠나게 하느니라"(8:6)고 책망하신다. 하나님은 성전의 주인이신데, 그 참된 목적과 기능을 잃고 가증한 일을 행하여 우상 숭배로 말미암아 하나님은 객이 되어 떠나시게 되었다. 신약의 성도들은 예수 그리스도 안에서 하나님의 성전이 되었으므로 이 말씀을 묵상해야 한다(고전 3:16~17).

4. 늙은 자와 젊은 자와 처녀와 어린이와 여자를 막론하고 심판은 임한다(9:6). 이들의 시신은 성읍을 가득 채울 것이며, 여호와의 긍휼을 입지 못할 것이다(9:10). 하나님은 이러한 심판을 숯불을 성읍 위에 흩는 광경을 통해 여실히 우리에게 제시하신다. 말세에 불신자들을 향한 최후의 불 심판이 예비되어 있다(벧후 3:12). 예수 그리스도로 말미암아 은혜의 표를 받은 성도들은(9:4, 6, 계 7:3, 14:1) 심판에 이르지 아니하고 구원에 이르게 된다.

6
우상숭배 징벌
너희 분향제단들이 찍히며

7
유다의 종말 임박
끝이 오는도다

8
성전에서 범죄
질투의 우상이 있더라

9 10
대학살 환상
행위대로 갚으리라

11
방백들에 대한 심판
벌을 내리리니

12
포로 예언(행구 상징)
사로잡혀 가리라

황폐될 예루살렘
– 에스겔의 12가지 상징 행위

1. 예루살렘 지도를 그림(4:1~3)
2. 390일 동안 좌편으로 누움(4:4, 5)
3. 40일 동안 우편으로 누움(4:6)
4. 부족한 양식을 예비함(4:9~17)
5. 머리털과 수염을 깎음(5:1~4)
6. 손뼉을 치고 발을 구름(6:11)
7. 성벽을 뚫음(12:1~16)
8. 떨면서 음식물을 먹음(12:17~20)
9. 칼로 벰(21:9~17)
10. 지도를 그림(21:18~23)
11. 물이 마른 가마를 끓임(24:1~24)
12. 아내의 장사를 지낼 때 조금도 애도하지 않음(24:15~18)

더 살펴보기

1. 〈에스겔〉의 시대적 배경

(1) 에스겔은 바벨론 포로 중의 한 사람으로 포로민들에게 예언을 하였다. 예루살렘은 느부갓네살에 의하여 3차(또는 4차)에 걸쳐 침공되었다. 그중 1차(또는2차) 주전 597년 그는 여호야김과 여호야긴의 반역에 대한 징계로서 예루살렘을 침공하여 여호야긴 왕과 에스겔 등 1만여 명의 포로를 잡아갔다.

(2) 에스겔이 주전 593~587년 사이에는, 곧 예루살렘이 점령당하고 파괴될 때까지는 죄로 가득 찬 성읍에 닥칠 심판은 돌이킬 수 없다고 선포한다. 예루살렘을 내어주실 리 없다고 생각하면서 자기들이 곧 고향으로 돌아갈 수 있으리라고 기대하던 사람들의 희망이 잘못되었다는 점을 지적한다(1~24장). 예루살렘이 점령당하고 성읍과 성전이 파괴된 다음에는 예언자의 임무가 달라진다. 이제 에스겔은 절망에 빠진 사람들을 일으켜 세우고 위로하며 이들의 마음을 하나님의 새로운 활동에 맞추게 하여 재건의 토대를 놓도록 보내심을 받는다(33~48장). 이스라엘에 대한 심판의 말씀과 구원의 말씀 사이에 이방 민족들을 향한 예언의 말씀(25~32장)이 들어 있다. 마지막 부분에서 에스겔은 전적으로 제사장 전통에 어울리는 새 이스라엘의 모습을 펼쳐 보여준다(40~48장).

2. 성전에서의 우상 숭배 (겔 8장의 환상)

(1) 불 같은 형상(8:2~4): 이 형상은 '허리 아래 모양은 불 같고 허리 위에는 광채가 나서 단 쇠 같은'모습이었다. 여기서 '불'은 심판을 비유하는 것이므로(히 12:29), 이 형상은 심판하시는 하나님을 상징한다고 이해되고 있다. 한편 이것은 '사람의 형상'으로도 번역될 수 있다. 히브리어로 이쉬(사람)와 에쉬(불)는 발음이 비슷하기 때문이다(1:27과 비교).

(2) 질투를 일어나게 하는 우상(8:3): 이것은 하나님이 질투하시는 우상을 말하는데(출 20:5), 므낫세 왕이 성전에 둔 아세라상과 바알을 가리키는 것으로 볼 수 있다(왕하 21:7).

(3) 담무스(8:14): 담무스는 봄 식물을 보호하는 수메르의 신이다. 이 담무스를 애곡하는 제사가 매년 6~7월(태양력)에 있었는데, 에스겔 당시에도 많은 여인들이 성전 북문에서 이 풍습을 따라 이방신들을 섬기고 있었다.

3. 예루살렘 거민 살육(〈에스겔〉 9장의 환상)

(1) 죽이는 기계(9:1): 히브리어로 '켈리 마쉬헤트'인데 칼(刀)이라기보다는 도끼나 철퇴 같은 무기를 가리킨다고 보나(렘 51:20) 정확히 무엇인지는 알 수 없다.

(2) 탄식하며 우는 자의 이마에 표를 그리라(9:4): '표'로 번역된 히브리어는 '타브'이다. 이는 하나님께서 택하신 자들에게 주시는 징표다. 이러한 '이마의 표'는 〈요한계시록〉 7:3~4, 3:16, 14:9,11, 20:4, 22:4에도 나온다.

(3) 어린이와 여자를 다 죽이되(9:6): 〈요나〉 4:11과 뚜렷한 대조를 보인다. 전적인 심판, 예외 없음을 보여준다.

에스겔 13~19장

와야 할 파멸과 그 이유 (중요구절 겔 18:9)

백성을 속이는 거짓 선지자에 대한 심판, 그리고 우상 숭배자들의 파멸에 대한 예언을 보여주고 있다(13~14장). 이스라엘은 마치 불에 던져질 땔감 같은 쓸모없는 포도나무처럼 되었고(15장), 남편에 대한 정절을 버린 간부(姦婦)처럼 되었다(16장). 하나님은 당시의 국제 정세를 비유를 사용하여, 애굽과 반바벨론 동맹을 맺은 유다에 대한 심판을 말씀하시며(17장), 각 사람의 행위대로 심판하심에 대하여(18장), 이스라엘 방백들을 위해 애가를 지어 부르라고 에스겔에게 명하신다(19장).

1. 거짓 선지자는 에스겔 당대에 있었을 뿐 아니라(13장) 오늘날에도 횡

13
거짓 선지자 심판
내가 너희를 치리라

14
우상 숭배 질책
우상을 떠나라

15
쓸모 없는 포도나무 비유
땔감이 될 뿐이라

16
부정한 아내의 비유
너를 벌할지라

17
독수리와 포도나무 비유
그 나무가 마르리라

18
심판의 정당성
범죄하는 그 영혼이 죽으리라

19
생포될 사자 비유
함정에 잡으리라

행한다. "도둑이 오는 것은 도둑질하고 죽이고 멸망시키려는 것 뿐이요"(요 10:10)라 하였다. 거짓 선지자는 이단자들의 교리에서 보듯이 참된 하나님의 말씀을 떠나 있다. 이들은 거짓 평안을 제공하고(13:10), 겉은 그럴듯해 보이나 실상은 진리가 없는 "회칠한 담"과 같으며(13:14), 사람의 영혼을 "근심하게 하며" 지옥의 나락에 빠지게 한다(13:22). 성도들은 영적인 분별력과 함께 하나님의 전신갑주를 입어야 한다.

2. 포도나무로 비유된 이스라엘 백성은 다른 민족과 비교해 볼 때 자랑할 만한 아무런 요소도 갖고 있지 못했다. 여호와께서 에스겔에게 "인자야 포도나무가 모든 나무보다 나은 것이 무엇이냐"(15:2) 고 하셨다. 포도가 열매를 맺기는 하지만 그 나무는 재목으로도 사용될 수 없는, 뽐낼만한 아무런 요소도 없다. 하나님은 이러한 비유를 통하여 이스라엘의 교만을 질책하신다. 교회는 본질상 이 세상의 불순종의 자녀이었음을 늘 인식하고 겸손히 하나님의 자비를 의지해야 한다.
3. 버려진 피투성이와 같은 존재였던 이스라엘을 여호와께서는 그 긍휼하심으로 처녀로 양육하셔서 "유방이 뚜렷하고 네 머리털(《공동번역》은 '거웃')이 자랐으나 네가 여전히 벌거벗은 알몸이더라"(16:8)며 책망하시지만 그럼에도 "너를 덮어 벌거벗은 것을 가리고"(9절) 여호와의 은혜로 왕후의 지위에까지 나아가게 하셨다(16:6~14). 그러나 이스라엘은 남편을 버리고 간음한 아내와 같이 하나님을 버리고 앗수르와 바벨론의 우상을 섬겼다(15~34절). 이스라엘은 하나님의 진노의 보응을 받을 것이다(35~59절). 그러나 신실하신 하나님은 "내가 너의 어렸을 때에 너와 세운 언약을 기억하고 너와 영원한 언약을 세우리라"(60절)고 하셨다. 변함없는 사랑과 징계를 통하여 이스라엘을 회복하려 하신다. 오늘 교회는 그리스도의 새로운 언약 안에서 변함없는 하나님의 은혜를 누리는 영적 이스라엘이다. 그러므로 교회는 어린 양의 신부의 지위에 걸맞는 거룩함으로 그 영혼을 치장해야 한다.

더 살펴보기

1. 상징적 언어 해설(겔 17장)

(1) 유다 왕 시드기야가 하나님의 말씀을 어기고, 바벨론을 대항하여 애굽을 의지하다가 예루살렘의 멸망당할 것을 비유로 설명하고 있다. 17:17~21의 예언은 불과 3~4년만인 주전 587년에 성취되었다(왕하 25장, 대하 36장, 렘 52장).

(2) 본문 3절의 첫 번 '큰 독수리'는 여호야긴 왕을 잡아간 바벨론 왕 느부갓네살을, 4절의 '연한 가지'는 여호야긴 왕을, 5절과 13절의 '그 땅의 종자'는 시드기야 왕을, 7절과 15절의 둘째 '또 다른 큰 독수리'는 애굽 왕을 가리킨다. 22절의 '백향목 꼭대기의 높은 가지, 연한 가지'는 메시아 그리스도에 대한 예언으로 해석할 수 있다.

(3) 새 이스라엘의 건설은 스룹바벨의 예루살렘 성 재건으로 인해 부분적으로 성취되지만(스 6:13~15) 궁극적으로는 장차 세워질 그리스도 왕국 건설을 통해 이루어질 것이다.

'인자(人子, 사람의 아들)'의 의미
인류를 가리키는 '인자'라는 말이 때로는 타락한 상태에 있는 인류를 가리킬 수 있지만, 여호와의 대언자로 언급된 개인을 가리킬 때에는 왕으로 창조되었으며 왕적 지위로 회복되었고 인류를 위한 여호와를 나타내는 역할을 하도록 소명 받은 인류를 가리킨다. 제사장이자 선지자이며 파수꾼이기도 한 에스겔은 하나님이 수여하신 왕적 신분이 있다. 그는 하나님의 임재에 의해 제사장-선지자의 역할을 할 수 있다. 그는 굴욕을 견디어야 할 것이나(4~5장, 24장), 언제나 이러한 왕적 신분으로 활동해야 한다. 이런 측면에서 에스겔은 그리스도의 모형이었고, 예수님은 자기 자신에 대한 적절한 묘사를 위해 이런 의미 속에서 '인자'라는 표현을 취하셨다. (게라르드 반 그로닝겐, 《구약의 메시아 사상》, pp.853~854 참고)

2. 범죄하는 그 영혼은 죽으리라는 개인 책임론(겔 18장)

이스라엘 속담에 "아버지가 신 포도를 먹었으므로 그의 아들이 이가 시다고 함은 어찌 됨이냐"(18:2)는 요즘 말로 하면 죄의 문제에 연좌제를 적용하는 것은 옳지 않다는 말씀이다.

이스라엘 땅에(렘 31:29), 또 바벨론에 사로잡혀 와 사는 사람들 사이에서도 떠돌았을 이 속담에는 선조들의 죗값을 치러야 하는 세대의 느낌이 표현되어 있다. 이에 대해 18장에서는 하나님이 '의롭게 심판하신다'는 점을 밝힌다. 이로써 '집단 책임론'의 옛 원칙(출 20:5)은 효력을 잃게 되고 '개인 책임론'이 수립되었다. 벌은 범죄하는 사람(영혼, 그 사람만)이 받아야 한다. 그래서 4절과 20절에서 그것을 분명하게 선을 긋는다. "범죄하는 그 영혼은 죽을지라. 아들은 아버지의 죄악을 담당하지 아니할 것이요. 아버지는 아들의 죄악을 담당하지 아니하리니 의인의 공의도 자기에게로

이스라엘의 포도(겔 15, 17장)
하나님은 이스라엘을 포도나무에 비유했다. 〈이사야〉 5, 27장, 〈에스겔〉 15, 17장, 〈요한복음〉 15장 등 여러 곳에 기록되어 있다.

돌아가고 악인의 악도 자기에게로 돌아가리라"(20절). 그러나 이 원칙에 어긋나는 경험의 문제를 〈욥기〉에서 '의인의 고난'을 보게 된다. (중간 부분은 독일성서공회판《관주해설 성경》참고)

에스겔 20~24장

심판에 대한 말씀과 경고들 (중요구절 겔 23:37)

본 장들에서는 지금까지 지속되어온 유다에 대한 하나님의 심판의 말씀이 최종적으로 선포된다. 과거 이스라엘과 하나님과의 관계가 고찰되어 있고 유다 민족의 범죄가 부각되어 있다(20장). 바벨론을 통해 닥칠 하나님의 진노를 '칼'의 상징으로 묘사한다(21장). 예루살렘 거민과 사마리아와 유다의 죄악들을 다루고 있으며(22~23장), 에스겔의 아내의 죽음을 통해 하나님은 예루살렘의 멸망을 묵시적으로 전달해 주고 있다(24장).

20
배역 이스라엘의 역사
나의 규례를 멸시하였고

21
칼의 심판
죽이는 칼이라

22
예루살렘의 죄
스스로 더럽히는 성아

23
두 음녀 사마리아, 예루살렘
행음함을
마지 아니하였느니라

24
녹슨 가마의 비유
그 뼈를 삶을지어다

1. 하나님은 예루살렘에 대한 심판을 칼의 살륙으로 비유하신다. "오호라 그 칼이 번개 같고 죽이기 위하여 날카로웠도다"(21:15)하신다. 칼은 온 백성을 멸망시킬 바벨론 왕인데(19절) 15절에서는 하나님께서 그 칼을 세워 놓았다고 하시므로 심판의 배후에 하나님이 계심을 예언하신다. 하나님의 무서운 진노, 그 심판의 가혹함을 바라보며 우리 성도들은 거룩하신 하나님을 항상 경외하며 살아야 하며 패역한 백성이 아니라 하나님 앞에 회개하며 바르게 사는 성도이어야 한다.
2. 이스라엘 백성들은 소득을 성별하여 여호와께 제물로 바쳐야 했다(신 12:6). 그러나 백성들은 이 같은 의무를 태만히 하였고 오히려 우상에게 희생 제사와 예물을 드렸다. 그러한 이스라엘의 태도는 하나님의 인정을 받지 못하였다. "너는 나의 성물들을 업신여겼으며"(22:8)라고 책망하셨다. 오늘의 성도들은 하나님이 주신 모든 소득을(신 8:17) 성별하는 믿음의 자세가 필요하다(말 3:10).
3. 23장은 16장처럼 여인을 비유로 하여 이스라엘의 범죄를 말한다. 사마리아와 예루살렘은 '오홀라'와 '오홀리바'로 불린다(23:4). '오홀라'(그 여자의 장막)는 여자가 혼자 독립된 생활을 하기 위해 소유한 집을

일컫는다. 이것은 북 왕국 이스라엘이 벧엘에 단을 세우고 우상을 숭배한 사실을 가리킨다. '오홀리바'(그녀 안에 있는 나의 장막)는 유다가 여호와의 성소를 소유하고 있음을 나타낸다. 그러나 유다 역시 우상숭배로 음녀와 같이 되었다. 이처럼 성령을 좇지 않고 육신적 소욕을 따라 간 자들은 수치와 부끄러움을 맛볼 수밖에 없다. 하나님 한 분에 대한 성도들의 충정은 신앙생활의 핵심이다.

4. 하나님은 아침에 에스겔에게 "네 눈에 기뻐하는 것을 한 번 쳐서 빼앗으리니"(24:16) 즉 아내가 죽어도 슬퍼하지 말라고 권고했다. 그런데 실제로 "저녁에 내 아내가 죽었으므로 아침에 내가 받은 명령대로"(18절) 큰 슬픔 중에도 예언자는 슬픔을 보이지 않아야 했다. 이처럼 백성들도 앞으로 예루살렘이 멸망했다는 소식을 들어도 슬퍼할 수 없다는 것을 예언하신다.

더 살펴보기

1. 고대 중근동의 인신제사(人身祭祀) 연구(겔 20:18~32)

(1) **인신 제사의 양상**

고대 중근동에서 인신 제사가 시행된 것은 최소 주전 13세기 이전으로 여겨진다. 성경의 기록만을 보더라도 고대 중근동의 인신 제사는 이스라엘 민족의 가나안 정착 이전까지 거슬러 올라간다(신 12:31). 이 시대의 사람들은 큰 재난이 닥쳤을 때 중지를 모아 특정한 한 사람을 죽여 신에게 제물로 드리기도 하였으며, 좀 더 시일이 흐른 뒤에는 부모가 그 자신에게 가장 귀한 존재인 어린 자식을 드려 소원을 이루려하는 습관이 급속히 확산되어 갔다. 이러한 관습은 고대 중근동 대부분의 민족들에게서 찾아볼 수 있으며 그 중에서도 몰렉을 주신으로 섬겼던 암몬 족속과 그모스를 주신으로 섬겼던 모압 족속에게서 더욱 두드러지게 나타난다.

(2) **이스라엘의 인신 제사와 그 평가**

사사 입다는 자신이 서원한 대로 전쟁에서 승리하고 돌아오는 자신을 가

〈에스겔〉에 나오는 연대 모음

〈에스겔〉의 연대는 비교적 계산이 쉽다. 에스겔은 주전 597년 여호야긴 왕과 몇 사람이 바벨론 포로로 사로잡혀 갔으며(왕하 24:8~17, 대하 36:9~10, 겔 1:2), 〈에스겔〉은 이때를 기준 연도로 한다. 여호야긴 왕(597년에 3개월 통치)과 같은 해에 왕이 된 사람은 '시드기야'(주전 597~587년)이다. 여호야긴 왕이 포로로 온 때(겔 1:2)는 시드기야 왕과 통치년도가 같으므로 24:1의 '제 9년 10월 10일'은 〈열왕기하〉 25:1에 나온 '시드기야 9년 10월 10일'에 바벨론이 예루살렘을 포위한 때와 같은 때를 말하는 것이다.

5년 4월 5일	에스겔이 그발 강가에서 환상을 봄(1~7장)
6년 6월 5일	우상에 대한 환상 (8~19장)
7년 5월 10일	장로들의 질문 (20~23장)
9년 10월 10일	끓는 가마 예표 (24~25장)
10년 10월 12일	애굽에 대한 진노 (29:1~16, 30:1~19)
11년 모월 1일	두로에 대한 진노 (26~28장)
11년 1월 7일	바로 왕에 대한 진노 (30:20~26)
11년 3월 1일	바로 왕의 교만에 대한 질책(31장)
12년 10월 5일	예루살렘 함락의 소식 (33장)
12년 12월 1일	애굽 멸망에 대한 애가 (32:1~16)
12년 모월 15일	애굽에 대한 마지막 예언(32:17~32)
25년 1월 10일	성전에 대한 환상 (40~48장)
27년 1월 1일	느부갓네살에게 정복당하는 애굽(29:17~21)

25
암몬, 모압, 에돔, 블레셋의 심판
너를 만민 중에서 끊어 버리며

26
두로에 대한 심판
어찌 그리 멸망하였는고

27
두로에 대한 애가
바다 한 가운데에
빠질 것임이여

28
두로 왕에 대한 예언
바다 가운데서 죽게 할지라

29
애굽에 대한 심판
황무지가 되리니

30
애굽과 동맹국의 파멸
내가 바드로스를
황폐하게 하며

31
레바논 백향목의 비유
그 굵은 가지가 꺾어졌으며

32
바로를 위한 애가
네 시체를 골짜기에
채울 것임이여

장 먼저 맞이한 외동딸을 하나님께 번제로 드렸다(삿 11:39). 그것은 당시에 인신 제사가 폭넓게 시행되었다는 가능성을 시사해 주는 행동이었다.(《성경핵심전과1》 244쪽 내용 참고). 이 습관은 분열 왕국 시대 후반기에 이르러 더욱 극심해졌다. 아하스, 므낫세 등은 인신 제사를 시행한 대표적인 왕들이다(대하 28:3, 33:6). 인신 제사는 하나님의 형상으로 창조된 인간, 그 생명의 주관자가 오직 하나님이신 인간을 무가치하게 죽이는 하나님 앞에 용납될 수 없는 행위이다.

에스겔 25~32장

열방들에 대한 심판 예언 (중요구절 겔 32:12)

24장까지 이스라엘에 관한 예언이 종결되고, 이제 25~32장은 열방에 대한 하나님의 심판이 다루어진다. 하나님의 심판은 그 백성뿐 아니라 주위의 이방 족속에게까지 미친다. 에스겔은 암몬, 모압, 에돔, 블레셋에서 시작하여 두로, 애굽에 이르기까지 많은 나라들에 대하여 예언한다. 유다의 인접 국가들의 죄악은 무엇인가. 그들은 유다가 멸망할 때 방관했고, 냉소했고, 또는 동조했다. 하나님은 그들 자체의 죄악 뿐 아니라 하나님의 백성 유다와의 관계성 속에서 이방 족속들을 심판하신다.
29~32장은 이방 국가들 중에서 특히 애굽에 관한 심판의 예언들을 포함하고 있다. 하나의 국가로서의 애굽의 멸망에 대한 기록 뿐 아니라, 애굽 왕 바로에 대한 메시지도 나타난다. 32장은 바로를 위한 애가가 나타남으로 하나님을 대적한 세속 국가와 그 왕들이 모두 하나님의 판단을 받을 것을 나타내고 있다. 이러한 세상 국가들의 종말은 다른 측면에서는 하나님의 백성들의 회복과 구원의 날이 된다. 앞으로 전개될 33장부터는 이스라엘의 회복의 장면이 아름답게 그려져 있다.

1. 암몬 족속은 이스라엘 땅이 황무할 때에, 그리고 유다 족속이 사로잡힐 때에 "아하, 좋다"하면서 하나님의 백성이 멸망당하는 것을 비웃으며 조롱하였다(25:1). 이것은 유다 족속에게 대한 비웃음 이전에 여호와 하나님에 대한 비웃음이었다. 왜냐하면 당시에 한 국가가 멸망하는 것은 그 국가의 수호신이 패배한 것이라고 생각했기 때문이다. 암몬은 유다의 멸망을 통하여 여호와의 엄위하신 심판을 보았어야 했음에도 불구하고 오히려 유다의 수호신이었던 여호와가 패배했다고 조소함으로 심각한 신성 모독의 죄를 범한 셈이다. 하나님은 이러한 죄악을 결코 좌시하지 않으시고 암몬을 징벌하신다. 심판 가운데서는 떨며 하

나님의 엄위를 바라봄이 마땅하다(롬 11:20이하 참고).

2. 팔레스틴 북쪽에 위치한 베니게(페니키아)의 수도 두로는 국제 무역의 요충지였다. 지중해의 상권을 장악하고 부를 구가하였다. 그러나 이러한 물질적 풍요는 극심한 영적 빈곤을 초래하였다(28:16). 이들은 타락하고 그 마음이 심히 교만하게 되었다(26~28장). 오늘날 교회에 침투하는 세속주의와 황금만능 사상의 확산은 하나님을 정면으로 대적하여 복음 대신 물량주의가 되게 했다.
3. 애굽의 번영을 앗수르의 번영에 빗대어 말씀한다(31:1~9). 그러나 이러한 앗수르도 바벨론에게 멸망을 당했듯이 애굽도 멸망당한다는 것이 31장의 메시지이다(10절 이하). 하나님 없이 교만이 하늘 끝까지 뻗치던 나라들은 필연적으로 멸망한다. 현재 서구 사회는 번영의 길을 치닫고 있으나 실상은 교회가 텅텅 비어가고 모슬렘 포교는 확장되고 있다. 또한 하나님 말씀에 대치되는 법안들을 입법화시키므로 애굽의 교만한 요소를 가지고 있다. 다시금 기독교 부흥의 역사가 일어나야 한다.

더 살펴보기

1. '원수'(겔 25:17)

'원수'에 해당하는 히브리어는 '네카마'이다.

(1) 복수의 주체는 누구인가? 성경은 인간이 복수의 주체가 되는 것을 엄히 금하며 복수는 오직 하나님께 맡길 것을 명한다. "너희가 친히 원수를 갚지 말고 하나님의 진노하심에 맡기라 기록되었으되 원수 갚는 것이 내게 있으니 내가 갚으리라고 주께서 말씀하시니라"(롬 12:19, 신 32:35, 히 10:30).

(2) 복수의 의미는 무엇인가? 하나님께서 복수하신다는 것은 그의 자비를 보여준다는 것을 나타낸다. 왜냐하면 하나님은 그의 영원한 언약 백성을 위하여 대적들에게 복수하시기 때문이다. 따라서 하나님께서 행하

시는 그의 백성의 대적자들에 대한 복수와 보복은 택한 백성에 대한 자비와 사랑의 증거라고 말할 수 있다. (《성경핵심전과1》494쪽 '저주시' 내용 참고)

2. '악어'의 의미(겔 29:3)

(1) '악어'에 해당하는 히브리어 '타님'은 '뱀'(출 7:9), '용'(렘 51:34)으로 번역되는 '타닌'과 동일한 단어로 취급된다. 본 구절에서도 이 말은 애굽 나일 강에 서식하는 뱀이나 물뱀, 혹은 다른 거대한 수중 동물을 뜻하는 말이라고 보는 사람들도 있다(창 1:21). 그러나 4절에 묘사된 사냥 방법으로 보아 악어로 보는 것이 더 타당할 듯하다.

(2) 한편 애굽이 장대한 강 나일을 끼고 있는 국가인 것을 고려할 때 그 왕을 이와 같이 나일 강에 서식하는 거대한 짐승인 악어로 비유한 것은 매우 적절한 표현으로 볼 수 있다(시 74:13~4, 사 27:1). 더욱이 그 짐승이 강에 누워 있다는 것은 안정되게 강을 지배하는 모습을 보여주는 표현으로 바로가 절대 권력을 가진 왕으로서 애굽을 주관하고 있다는 것을 상징적으로 묘사해 주고 있다. (Keil, 《에스겔 주석》, p.388) (《성경핵심전과1》469쪽과 이 책 48쪽 내용 참고)

3. 고대 애굽의 우상 숭배 중심 도시들(렘 30:13~19)

다신교 사상을 가졌던 고대 애굽 사람들은 수많은 종류의 신들을 만들어 내고 섬겼으며, 어느 한 도시를 특정 신의 소유지로 지정하여 신전을 짓고 그 신을 섬기는 의식을 성대히 거행하는 습관을 가지고 있었다. 본문에서 에스겔에 의하여 하나님의 심판이 선언된 도시들 가운데 몇몇 중심지는 다음과 같다. ① 놉(멤피스) - 불의 신 '프타(Ptah)', ② 노(테베) - 하늘의 신 '아몬(Amon)', ③ 아웬 - 태양신 '라(Ra)', ④ 비베셋 - 고양이 여신, ⑤ 페이윰 - 악어신 '소벡', ⑥ 텔엘 아마르나 - 태양신 '아톤(Aton)', ⑦ 시우트- 늑대신 '웁 와웨트(Up-wawet)', ⑧ 덴데레- 하늘의 여신 '하트 호르(Hat-Hor)'

두로의 유적(겔 26~28장)
두로는 항구로서 부유하였으나 교만하였다. 베이루트 남쪽 70km 거리에 있는 두로의 유적이다. 현재 지명은 '수레'로 불린다.

에스겔 33~37장

이스라엘의 회복 예언 (중요구절 겔 37:17)

앞의 25~32장은 모든 이방들이 심판을 받을 것에 대한 예언이었으나, 33장부터는 다시 이스라엘에 대하여 말씀하신다. 이스라엘이 심판에서 구원으로, 파멸에서 회복에 이를 것을 말씀한다

예언자의 파수꾼 임무를 지적하고 하나님은 각 사람을 그 행동에 따라 심판하신다(33장). 하나님께서는 친히 이스라엘 양떼를 찾으시고 먹이시겠다고 하신다(34장). 이스라엘의 대적자 에돔은 황폐하게 될 것이며(35장), 바벨론으로 사로잡혀 간 유다는 다시금 회복될 것이다(36장). 이러한 포로에서의 귀환은 죽은 자의 부활과 같이 어려운 일이나 전능하신 하나님께서는 이를 실행하시며 남북이 하나님 손에서 하나가 될 것도 말씀하신다(37장).

---

1. 이미 3:16~21에서 받은 파수군의 임무를 다시 말한다(33장). 많은 다른 사람들의 생사 문제가 그의 사역에 달려 있기 때문이다. 파수꾼 된 하나님의 사자가 죄악을 지적하지 아니하면, 그것은 사랑이 아닌 잔인함의 표시이다. 그 이유는, 그들이 죄악을 깨닫지 못하면 회개할 수 없으므로 멸망받기 때문이다. 그리스도 안에서 복음의 파수꾼 된 성도들도 그 책임을 이행해야 한다.
2. 여호와의 말씀이 "인자야 너는 이스라엘 '목자들'에게 예언하라"(34:2)며 복수형을 쓰는 것은 이스라엘과 유다 왕정 전체를 평가하고 있음을 알 수 있다. 목자를 비유로 말씀하심은 〈요한복음〉 10장의 선한 목자의 비유를 연상시킨다. 옛 중동에서 '백성들의 목자'라 함은 '임금'을 품위 있게 부르는 말이었다. 에스겔(인자)은 거의 같은 시대 예레미야도 말한 바(렘 23:1~6)를 다룬다. 참 목자가 되어야 할 지도자들에게 훨씬 높은 책임을 지우는 것은 이들이 백성을 보살피기는커녕 착취했기 때문이다. 선한 목자 되신 예수님처럼 각 시대에도 지도자들은 참 목자여야 한다. (독일성서공회판, 《관주해설 성경전서》, p.1192)
3. 마른 뼈의 환상에서 "인자야 이 뼈들이 능히 살 수 있겠느냐"(37:3)는 질문은 바벨론 포로로 희망을 잃은 유대 포로민들에게 희망의 메시지가 되었다. 마른 뼈가 명령을 받아 서로 맞춰지고 생기가 들어가니 "큰 군대"(10절)가 되었다. "이 뼈들은 이스라엘 온 족속이라"(11절) 하심처럼 비록 소망 없어 보이는 인생일지라도 하나님을 만나면 다시 살

33
파수꾼의 임무
나팔을 불어 백성에게 경고

34
참 목자 주 여호와
내가 내 양을 찾고

35
에돔의 멸망
놀라움과 황무지가 되게 하여

36
이스라엘의 귀환
새 영을 너희 속에 두고

37
마른 뼈 환상
너희가 살아나리라

에스겔이 본 환상(겔 37장)
에스겔은 여러 환상을 보았다. 이 조각은 해골골짜기의 환상으로 이스라엘의 회복을 예언하는 에스겔의 모습이 보인다.

수 있는 희망이 있는 것이다.

4. 막대기의 연합, 즉 분단된 남북(유다, 이스라엘)이 "네 손에서 둘이 하나가 되리라"(37:17)는 가르침은 분단된 한반도에 사는 우리로서는 하나님 안에서의 통일을 내다보며 기도하지 않을 수 없게 한다. 감정에 치우치는 것이 아니라 복음적인 자세로 대하는 것이 필요하다.

더 살펴보기

1. 에돔의 7가지 죄(겔 35장)

에돔의 심판 예언은 25:12~14에도 나온다. 그러나 여기서 다시 언급하는 것은 하나님 백성의 대표적 적대 세력이었던 에돔(혈연적으로 이스라엘과 가까운 형제국)의 멸망을 한 번 더 언급함으로서 하나님의 구속사를 거역하는 세력은 멸망한다는 진리를 이스라엘의 회복 예언 전에 위치시켜 강조하는 의미가 있다. 에돔의 죄악들은 다음과 같다.

(1) 하나님 백성을 약탈함(5절) (2) 피 흘리는 일을 즐거워함(6절)
(3) 이웃의 소유를 탐냄(10절) (4) 하나님의 백성을 항상 질투함(11절)
(5) 하나님께 모독적인 언사를 행함(12절)
(6) 악한 행위로 하나님을 대적함(13절)
(7) 타인의 파멸을 즐거워함(15절)

〈에스겔〉에 나타나는 약속과 성취의 신학
새 시대의 소망은 새 백성을 회복시킬 것을 약속한 여호와의 행위에 있다.
(1) 언약관계의 재개(36:20~36, 37:23,26, 39:25).
(2) 이스라엘의 고국 땅 귀환(36:1~15, 24, 37:14~23, 39:27).
(3) 백성이 영적으로 변화됨(36:25~27, 37:1~14, 39:29).
(4) 대적들에 대한 승리를 포함한(35:1~15, 36:36, 37:28, 38:1~39), 축복(36:8~12,29~30, 33~35, 36:26).
(5) 다윗 자손 왕 메시아의 복귀(37:24~25).
(6) 그의 성전 임재(37:26~27) 등을 포함한다. 새 행위들은 변화됨의 배경 안에서 (그 옛날) 창조, 아브라함, 모세, 다윗과 맺으셨던 언약들을 장엄하게 성취시킨다. (반게메렌, 《예언서 연구》, p.581)

2. 거룩한 땅과 여호와의 이름을 회복(겔 36:16~31)

포로민으로 있는 이스라엘에게 하나님은 "고국 땅에 거주할 때에 그들의 행위로 그 땅을 더럽혔나니"(36:17)라며 우상숭배로 여호와의 땅과 거룩한 이름(35:10, 36:20~24)을 더럽힌 일을 여인이 월경으로 부정하게 된 것으로 비유하였다(18절). 그러므로 그 땅에서 쫓겨나 바벨론의 포로가 되었지만 언제가는 "내가 너희를…… 모아 데리고 고국 땅에 들어가서"(24절) 회복할 것을 예고하신다. 그리고 "너희 조상들에게 준 땅에서 너희가 거주하면서 내 백성이 되고 나는 너희 하나님이 되리라"(28절)며 하나님과의 언약을 회복하는 것이다(출 19:6).

3. '막대기들의 연합'의 영적 의미(겔 37:15~22)

에스겔의 또 다른 상징예언은 두 개의 "막대기들을 서로 합하여 하나가 되게 하라"(37:17)는 것이다. 이는 유대인들이 바벨론에 포로로 와 있지만 언젠가 고국으로 돌아간 후에는 남북 양국으로 나뉘어 있지 않을 것이다. 이러한 유다의 통일은 "한 임금"(멜렉 에하드)을 통하여 이루어진다. 신약의 예수 그리스도로 말미암아 분열되었던 것들이 영적으로 통일될 것을 시사한 말씀으로 해석한다. (박윤선,《에스겔 주석》, p.273)

에스겔 38~43장

곡과 마곡, 새 성전 이상 (중요구절 겔 43:4~5)

하나님의 백성의 원수인 곡과 마곡에 대한 예언에서는 곡이 이스라엘 민족을 대적하나 하나님은 곡을 심판하신다(38장). 곡의 모든 병기들은 불살라질 것이며 그 군인들의 시체들은 새와 짐승이 먹을 것이다(39장). 이와 같이 대적들이 완전 멸망받을 것을 말씀하신 후에 하나님은 에스겔에게 새 성전의 환상을 보여 주신다. 성전의 각 부분의 모습과 그 측량에 대한 진술이 계속된다(40~43장). 43장에서는 여호와께서 성전으로 들어오시고 에스겔에게 이 성전을 이스라엘 족속에게 보이라고 하신다.

1. "곡과 마곡"(38장)은 기독교회로 말하면 적그리스도의 무리들이라고 할 수 있다. 그리스도인들은 많은 원수 앞에 두려워할 것은 없다. 그 원수들이 일어나는 것도 우연이 아니고 하나님의 경륜과 계획 가운데 들어 있기 때문이다. 그들이 무장하는 것과 전쟁을 준비하는 일도 하나님의 주권 하에서 되어지는 일이다. 우리는 하나님 안에서의 궁극적인 승리를 믿고 담대해야 한다.
2. 에스겔이 말하는 "우리가 사로잡힌 지 스물다섯 째 해"(40:1)는 주전 573년으로 상징적인 뜻을 띠는 것 같다(예루살렘 함락은 주전 587년), 오십 년 마다 7월(옛 이스라엘의 정월이다) 10일에 희년을 선포했다(레 25:9). 에스겔은 이때가 자기가 사로잡힌 지 25년이 되었다고 하므로

38
곡과 마곡
마곡 땅에 있는 곡

39
곡의 완전 멸망
네가 빈들에 엎드러지리라

40
새 성전 환상
바깥뜰과 안뜰

41
성전 내부

42
안뜰 내의 방들

43
제단과 봉헌

다시 25년이 지나면 사로잡혀 온 자들이 풀려날 것임을 암시하는 것 같다. 희망은 여러 길을 통해 보인다. 골짜기의 마른 뼈(37장) 같은 이스라엘에게도 희망은 서서히 다가오고 있었던 것이다.

3. "사독의 자손 레위 제사장"(43:19)들이 여호와를 가까이 하여 제사를 집행한다. 사독은 아론의 후손인데, 아론의 다른 자손들(이다말의 후손들)이 범죄하였으므로 솔로몬이 사독을 대제사장으로 세웠다(왕상 1:7~8, 2:26~27). 신약 시대에 그리스도인 신자들은 그리스도로 말미암아 의를 얻어 하나님 앞에 제사를 드릴 자격을 가진다. 우리는 범죄자이나 이렇게 그리스도로 말미암아 하나님 앞에 왕 같은 제사장들로 설수 있게 됨을 감사하자(벧전 2:9).
4. 제사장은 제물에 "소금을 쳐서 나 여호와께 번제로 드릴 것이며"(43:24)라 했다. 소금은 하나님과 인간 사이의 계약과 관련이 있다. 제물에 소금을 치는 것(레 2:13)은 계약을 의미한다(민 18:19, 대하 13:5). 하나님께 나아가 제물을 바칠 사람은 먼저 신앙에 의하여 이 계약에 참여해야 한다. 그대는 그리스도를 통하여 베푸신 하나님의 '새 언약'에 믿음을 가지고 참여하고 있는가?

'새 성전'의 신학적 의미 (겔 40~48장)

〈에스겔〉 40~48장에는 미래의 성전에 대한 환상이 나온다. 40~42장에는 새 성전의 구조가 언급되어 있고, 43장에는 여호와의 영광이 새 성전에 돌아오시는 복된 모습이 그려져 있다. 이 성전은 이스라엘의 포로 귀환 후에 이스라엘 땅에 세워진 제2성전(스룹바벨 성전)과는 다르다. 40~48장 전체는 이 팔레스틴 땅에 세워진 성전에 국한시켜 보기 어렵다. 〈에스겔〉의 새 성전은 〈요한계시록〉 21~22장의 내용과 상응한다. 따라서 새 성전은 그리스도의 보혈의 기초 위에 세워진 영적 성전인 교회로 보는 것이 합당하다. 본문의 영광스런 성전은 예수를 주로 고백하는 그리스도의 몸인 교회, 모든 성도들이라 할 수 있다.

더 살펴보기

1. '곡'연합군에 가담한 족속들(겔 38:1~6)

본문에서는 로스와 메섹과 두발의 통치자인 곡 왕이 여러 지역의 군대로 구성된 연합군을 이끌고 선민 이스라엘을 공격하리라는 것이 예언되어 있다. 이 연합군들을 살펴보면, (1) 로스, 메섹, 두발: 당시 가장 북쪽 지역으로 인식되었던 흑해 인근과 그 북쪽 지역에 거주하였던 족속들(겔 27:13), (2) 바사: 이스라엘의 북동쪽 지역에 위치하였던 페르시아(스 1:1), (3) 구스: 북아프리카 지역의 에디오피아(대상 1:8-10), (4) 붓: 북아프리카의 푼트(Punt)를 지칭(겔 30:5), (5) 도갈마: 이스라엘의 북부, 현재의 터어키 지역에 거주하였던 족속. 야벳 족속에 속하는 아르메니아인으로 추정(겔 27:14), (6) 고멜: 흑해 북쪽에서 이주해 온 앗수르 계열의 기미라이 족속을 가리킨다.

2. 이스라엘에 대한 열방들의 죄악상(겔 25:1~17, 렘 46~51장)

(1) 암몬 - 발람에게 이스라엘을 저주하게 하려 함(신 23:4) · 이스라엘 자손을 학대함(삿 10:8~9) · 북 이스라엘 침입 시 임산부의 배를 가르는 잔인한 일을 행함(왕하 8:12, 암 1:13) · 남유다의 멸망을 기뻐함(겔 25:1-7)

(2) 모압 - 미디안과 함께 이스라엘을 저주함(민 22:4) · 출애굽한 이스라엘의 모압 땅 통과를 거절함(삿 11:17,18) · 이스라엘을 유혹하여 음행과 우상 숭배에 빠지게 함(왕상 11:7, 계 2:14) · 남 유다의 멸망을 조롱함(겔 25:8~11)

(3) 에돔 - 출애굽한 이스라엘의 에돔 땅 통과를 거절함(민 20:18~21, 21:4) · 복수심을 갖고 남유다를 침략함(겔 25:12~14) · 피 흘리는 일을 즐거워함(겔 35:5~6) · 예루살렘 함락을 조소하고 교만함(겔 35:12~15)

(4) 블레셋 - 이스라엘에 적개심을 가지고 자주 침략함(삿 10:6,7, 삼상 4:1~11) · 하나님의 궤를 모욕함(삼상 5:1~2) · 선민을 멸시함(겔 25:15~17)

(5) 두로 - 이스라엘과 맺은 형제의 계약을 파기함(삼하 5:11, 암 1:9~10) · 예루살렘 함락을 기뻐함(겔 26:1~6). 도덕적, 종교적 타락의 온상이 됨(사 23:7)

(6) 시돈 - 이스라엘을 유혹하여 우상을 숭배하게 함(삿 10:6, 왕상 11:5) · 이스라엘을 압제함(삿 10:12) · 남 유다의 은과 금을 약탈함(욜 3:4~5) · 뛰어난 지혜로 부정한 무역 거래를 함(슥 9:2~4) · 남 유다를 멸시함(겔 28:24)

(7) 애굽 - 이스라엘을 학대함(출 1:11, 22) · 우상숭배를 전함(겔 20:7~8) · 남 유다로 자국을 의지하게 하여 죄를 짓게 함(겔 29:16)

에스겔 44~48장

이스라엘 장래의 영광 (중요구절 겔 48:35하반절)

새 성전의 세부적인 모습과 그 측량이 시행된 다음 성전에서 수종을 드는 자들에 대한 말씀이 나온다(44장). 먼저 하나님에게 드릴 거룩한 땅에 대한 말씀이 나오며(45장), 왕과 백성이 어떻게 예배드릴 것인가에 대한 제사 규례가 나온다(46장). 그리고 이어서 하나님의 성전의 문지방에서 흘러나온 물이 생명강을 이룰 것에 대한 것이 보이며(47장), 마지막으로 이스라엘 12지파에게 땅을 나누어주는 계시가 보인다. 성전과 제사장, 레위인, 성읍, 왕에 대하여 각각 땅의 분깃이 배정될 것이 기록되었다. 이와 같이 이스라엘은 복되고 영광스런 모습으로 회복될 것이다. 그 성읍의 이름은 '여호와 삼마'로 일컬어질 것이다(48장).

44
성전에서 수종 드는 자들
그들이 내 성소에서 수종 들어

45
거룩한 땅의 구별
제비 뽑아 땅을 나누어

46
제사법에 대한 규례
번제를 드릴 것이요

47
성전에서 흐르는 물
이 물로 모든 생물이 살고

48
새 땅의 분배
기업이 되게 할 땅이요

1. 안뜰에서 제단에 관한 설명을 들은 후에 에스겔은 인도자에 이끌리어 바깥뜰의 동문 밖으로 나오게 되었다. 그러자 그 문은 영원히 닫혔는데, 여호와의 영광이 들어온 길이기 때문에 인간이 그 문을 사용함으로써 그곳을 더럽히지 않도록 하기 위함이었다(44:1~3). 또한 새로운 성전에 임재하신 하나님께서 다시는 그곳을 떠나지 않고 자기 백성들과 항상 함께 계시겠다는 의미가 반영되었다.
2. 포로민들을 향한 예언에서 갑자기 사회적인 문제로 "너희는 포악과 겁탈을 제거하여 버리고 정의와 공의를 행하며 내 백성에게 속여 빼앗는 것을 그칠지니라"(45:9)며 그 실천적인 말씀으로 공정한 계량(저울, 에바, 밧)을 요구한다(10~12절). 이러한 관심은 예언자들이 전한 말씀에 한결 같이 나타나는데 에스겔도 그러했다(18:7~18). 그것은 "정의와 공의"(9절)를 세우기 위함이었다.
3. 군주(통치자, 45:8~9)가 권력을 남용하지 못하도록 한다. 군주에게 기업(땅)이 집중되는 것을 막기 위하여 기업은 가문 대대로 전해져야 하는 규정을 말한다. 율법에서는 희년에 땅을 돌려준다(레 25:10). 한편 군주는 아들을 위하여 백성의 기업을 빼앗지 못하게 한다(46:16~18).
4. 생명수는 성전에서 흘러나와 강을 이루면서 사해를 향해 흘러갔다. 이 강물은 황무지를 옥토로 바꾸고 수많은 초목에 수분을 제공하여 각종 열매와 약초를 키워낸다(47:1~12). 여기에서 우리는 그리스도의 보혈로 죄 씻음 받고 생명을 누리게 됨을 하나님께 감사해야 한다. 또한 주

님이 생수의 강(요 4:10, 7:38)이심을 믿고 그분만을 의지하여야 할 것이다.

5. 이스라엘의 구원이 완성된 날 이후로 그 성읍의 이름이 '여호와 삼마'(여호와께서 거기 계시다)라고 불릴 것을 말씀하고 있다(48:35). 이것은 장차 예수 그리스도의 재림으로 하나님이 영원히 우리와 함께 하시고, 우리도 주님과 영원히 함께 거하게 될 것을 예시한다.

더 살펴보기

1. 생명수 환상을 통해 본 복음의 특징(겔 47:1-12)

이 환상은 궁극적으로 생명을 풍성하게 하시는 그리스도의 복음을 상징하는 바(요 10:10) 본문이 보여주는 복음의 특징을 살펴보면 다음과 같다. (1) 복음의 근원은 하나님(1,12절), (2) 복음은 온 세상에 신속히 확장(1-5절), (3) 복음은 풍부한 은혜 공급(3-5,12절), (4) 복음은 모든 것을 소성하게 함(8-10절), (5) 복음이 닿는 곳마다 변화가 일어남(8-10절), (6) 복음을 거절하는 자에게는 생명이 없음(11절), (7) 복음에는 열매를 맺게 하는 풍성한 생명력이 있음(12절).

2. '여호와 삼마'의 의미(겔 48:35)

"여호와 삼마"란 '여호와께서 거기 계신다'라는 뜻이다. 에스겔이 이스라엘의 회복을 예언하면서 마지막으로 언급한 이 말은 〈에스겔〉의 전체 주제라 할 수 있는 말이다. 이 말은 에스겔 당시의 선민인 이스라엘 백성뿐 아니라 영적 이스라엘인 현대의 성도들에게도 하나님의 동행과 보호를 깊이 인식하게 해 주는 중요한 의미를 지니고 있다. 여호와 삼마가 담고 있는 사상은 다음과 같다.

(1) 하나님이 자기 백성 가운데 영원히 거하심(마 1:23)

(2) 세상의 모든 것은 유한하지만 하나님은 영원히 계심(시 90:1)

(3) 하나님이 계심으로 하나님 백성인 이스라엘이 다시 회복됨(슥 10:6~10)

'하나님의 영광과 성전'의 관점에서 본 〈에스겔〉

에스겔의 예언에는 여호와의 영광의 움직임을 추적하듯 목격한 것을 기록하고 있다.

(1) 여호와의 영광이 보좌를 두르고 있었다(1:26~28).

(2) 여호와의 영광이 성전에 임했다(10:4).

(3) 여호와의 영광이 성전을 떠났다(10:18~19).

(4) 하나님의 영광이 성전에 다시 돌아오는 것을 보았다(43:1~5).

(5) 여호와의 영광이 성전에 가득한 것 보았다(44:4). 이어서 하나님께서는 44:5이하에서 새 성전에 대한 규례를 말씀하신다(44~46장)

(4) 성자 하나님이신 예수 그리스도의 재림이 실현됨(살전 4:16,17)

(5) 하나님께서 완전한 통치권을 행사하는 나라가 곧 도래할 것임(눅 17:21)

(6) 성도가 하나님의 영원한 백성이 됨(계 21:3)

4. 에스겔이 본 미래의 성전(겔 40~48장)

〈에스겔〉의 마지막 아홉 장(40~48장)은 새 예루살렘에 세워질 미래의 성전과 성읍에 대한 환상이 나온다. 옛 성전에서 행하던 우상숭배 때문에 그곳을 떠나셨던 하나님께서(8~11장) 이 성전 안으로 다시 돌아오신다. 성전에 대한 묘사는 이해하기가 쉽지 않다. 여러 가지가 불분명하지만 다음의 평면도는 이해에 도움을 준다.

옆 평면도 그림은 독일 괴팅겐의 판렌회크 루프레히트 출판사가 1969년 펴낸《구약성서 총서》제 22-2권에 나온 것이다. (독일성서공회판 성서에 소개된 것을 재인용하였으며 평면도의 각 명칭은 독일《관주해설 성경전서》부록 참고)

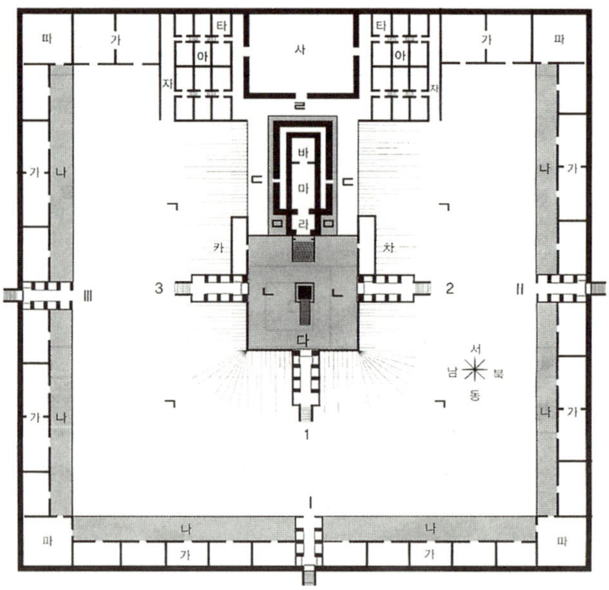

I, II, III : 바깥 뜰로 들어가는 문
1, 2, 3 : 안 뜰로 들어가는 문
ㄱ : 바깥 뜰(40:17~27)
ㄴ : 안 뜰(40:28~46)
ㄷ, ㄹ : 성전 건물 둘레의 빈 터(41:9~11)
ㅁ : 성전 건물의 테라스('지대'? 41:8,11)
가 : 성전 방문자들을 위한 방(40:17)
나 : 방 앞의 '박석 깔린 땅'(40:17~18)
다 : 번제단(40:47, 43:13~17)
라 : 성전 건물의 앞방('성전 문 현관', 40:48~49)
마 : 성전 건물의 중앙 공간('성소', 41:1~2)
바 : '지성소'('내전', 41:3~4)
사 : 그 쓰임새를 알 수 없는 건물(41:12의 '건물')
아 : 제사장들의 '골방'(42:1~14)
자 : 제사장들의 골방으로 가는 길(42:4,7~8)
차 : 일반 업무를 수행하는 제사장들의 방(40:44~45)
카 : 제사 업무를 수행하는 제사장들의 방(40:44,46)
타 : 제사장들의 부엌(46:19~20)
파 : 성전 방문자들의 부엌(46:21~24)

B I B L E

성경 질문지

에스겔 1~5장 에스겔의 소명과 행위 예언

제1장 [여호와의 영광]
다음 묻는 말에 답하시오.

1. 에스겔이 하나님의 모습을 보며 여호와의 말씀이 임한 장소는?(1~3)
   -
2. 에스겔이 하나님의 모습을 보았던 그 때는?(2)
   -
3. 에스겔은 자기를 무엇으로 소개하고 있는가?(3)
   -
4. 네 생물들의 얼굴 모양은 어떤 얼굴들인가?(4~14, 답은 10절에서)
   -
5. 겔 10:14~17에 그룹들의 네 면은 어떤 얼굴들인가?(15~21)
   -
6. 생물의 머리 위에는 무슨 형상이 있으며 또 그 형상 위에는 무슨 형상이 있는가?(22~28절)
   -
7. 생물들이 행할 때에 그 날개 소리는 무엇과 같이 들렸는가?(22~25)
   -
8. 보좌의 형상의 허리 아래의 무지개 같은 사방 광채의 모양은 누구의 모양이었는가?(26~28절)
   -

제2장 [에스겔이 사명 받음]
다음 말이 맞으면 O표, 틀리면 X표 하되 틀린 곳에 밑줄을 긋고 고치시오.

1. 하나님은 에스겔에게 "이스라엘 자손 곧 패역한 백성, 나를 배반하는 자에게 보내노라"고 말씀하시고, 그들과 그 조상들이 범죄했음을 말씀하셨다. (　　　)→
2. 하나님은 바벨론 자손이 얼굴이 뻔뻔하고 마음이 굳은 자라고 하셨다. (　　　)→
3. 선지자는 이스라엘 자손들에게 듣든지 아니 듣든지 전해야 했다.(5, 7절) (　　　)→
4. "인자야, 너는 비록 가시와 찔레와 함께 있으며 전갈 가운데에 거주할지라도 그들을 두려워 하지 말고 그들의 말을 두려워 하지 말지어다"라는 말씀에서 '그들'은 바벨론 백성을 가리킨다. (　　　)→
5. 두루마리 책은 안팎으로 글이 있는데 찬미와 찬송과 축복의 말이 기록되어 있었다. (　　　)→
6. 다음 옳은 것에는 O표, 틀린 것에는 X표 하시오.
   1) 이스라엘 자손은 얼굴이 뻔뻔하고 마음이 굳음 (　　　)
   2) 인자는 이방인에게로 보내심을 받음(　　　)
   3) 두루마리 책은 이스라엘의 역사책임(　　　)
   4) 두루마리 책에는 축복과 저주가 기록됨 (　　　)

제3장 [파수꾼의 임무]
다음 괄호 안을 채워서 성구를 완성하시오.

1. 내가 네게 주는 이 (　　　　)를 네 배에 넣으며

네 (   )에 채우라 하시기에 내가 먹으니 그 것이 내 입에서 달기가 (   ) 같더라(1~3).

2. 너를 언어가 다르거나 (   )이 어려운 백성에게 보내는 것이 아니요. (   ) 족속에게 보내는 것이라(4~5).

3. 네 (   )를 화석보다 굳은 (   ) 같이 하였으니 그들이 비록 반역하는 족속일지라도 두려워하지 말며 그들의 (   )을 무서워하지 말라(6~11).

4. 내가 근심하고 분한 마음으로 가니 (   )이 힘 있게 나를 (   )시키시더라(12~15).

5. 인자야 내가 너를 이스라엘 족속의 (   )으로 세웠으니 너는 내 입의 (   )을 듣고 나를 대신하여 그들을 깨우치라(16~21).

6. 가령 내가 악인에게 말하기를 너는 꼭 죽으리라 할 때에 네가 (   ) 아니하거나 말로 악인에게 일러서 그 악한 길을 떠나 생명을 (   )하게 하지 아니하면 그 악인은 그의 죄악 중에서 죽으려니와 내가 그의 피 값을 네 (   )에서 찾을 것이고…… (16~21)

7. 내가 너와 말할 때에 네 (   ) 너는 그들에게 이르기를 (   )이 이러하시다 하라. 들을 자는 들을 것이요. 듣기 싫은 자는 듣지 아니하리니 그들은 (   )임이니라(22~27).

제4장 [예루살렘 포위 예언]
다음 물음에 답하시오.

1. 하나님은 에스겔에게 토판에 무엇을 그리게 하여 이스라엘의 징조가 되게 하셨는가?(1~3)
   -

2. 이스라엘 족속의 죄악과 관련된 날수는 며칠인가?(5절) -

3. 유다 족속의 죄악과 관련된 날수는 며칠이며 실제는 몇 년인가?(6절) -

4. 성인의 하루 분 식량과 물의 3분의 1에 해당하는 매우 적은 분량이 본문에 나타나는데 그것은 각각 얼마인가?(10~11) -

5. 떡을 만들어 먹되, 이스라엘 자손 눈앞에서 인분(똥)으로 불을 피워 구워 먹으라고 했는데, 이처럼 이스라엘 자손이 포로 되어 간 땅에서 부정한 떡을 먹을 것을 예언한 구절은? - (절)

6. 에스겔이 영혼을 더럽히거나 율법에 금한 것을 먹지 않았다고 하는 구절은? - (절)

7. 하나님은 에스겔에게 인분대신 무엇으로 떡을 굽도록 허락하셨는가? -

8. 예루살렘이 떡과 물이 부족하여지면 어떻게 되는가?(16~17) -

제5장 [머리털, 수염의 표징]
다음 물음에 간단히 답 하시오.

1. 하나님은 에스겔에게 머리털과 수염을 깎아, 저울에 달아 나누었다가 3분의 1씩 어떻게 하라셨나?
   1) 첫째 3분의 1 -
   2) 둘째 3분의 1 -
   3) 셋째 3분의 1 -

2. 다음은 이스라엘의 죄목과 벌이다. 몇 절에 나오는지와 (   )를 채우시오.
   1) (절) "그가 내 규례를 거슬러서 이방인보다 악을 더 행하며 내 율례도 그리함이……"
   2) (절) "네가 모든 미운 물건과 모든 가증한 일로 내 성소를 더럽혔은즉……"
   3) (절) "아버지가 아들을 잡아먹고 아들이 그 아버지를 잡아먹으리라"
   4) (절) "너희 가운데에 삼분의 일은 (   )으로 죽으며 (   )으로 멸망할 것이요. 삼분의 일은 너의 사방에서 (   )에 엎드러질 것이며, 삼분의 일은 내가 사방에 (   ) 버리고 또 그 뒤를 따라가며 (   )을 빼리라"

3. 하나님께서 노를 다한즉 그들(이스라엘)은 무엇

을 알게 되는가?

-

에스겔 6~12장 경고와 심판의 말씀

제6장 [우상숭배의 징벌]

다음 보기에서 적당한 단어를 골라 적으시오.

보기 성읍 / 기근 / 분향제단들 / 전염병 / 산당 / 칼 / 이방인들

1. (　　　절) "너희 (　　　)을 멸하리니……"

2. (　　　절) "너희 제단들이 황폐하고 (　　　)이 깨뜨려질 것이며"

3. (　　　절) "내가 너희가 거주하는 모든 (　　　)이 사막이 되게 하며"

4. (　　　절) "너희 중에서 칼을 피하여 (　　　) 중에 살아 남은 자가 있게 할지라"

5. (　　　절) "먼 데 있는 자는 (　　　)에 죽고, 가까운 데 있는 자는 (　　　)에 엎드러지고 남아 있어 에워싸인 자는 (　　　)에 죽으리라"

제7장 [유다의 종말 임박]

다음 단락에 이 말이 나오는 횟수를 숫자로 쓰시오(1~4문). / 다음 말씀의 절수를 찾아 그 절 전체를 완성하시오(5~7문).

1. 1~9절에서 '끝' - (　　　)번

2. 10~11절에서 '몽둥이' - (　　　)번

3. 14~22절에서 '오물' - (　　　)번

4. 23~27절에서 '쇠사슬' - (　　　)번

5. (　　　절) - 그들이 굵은 베로 허리를 묶을 것이요, (　　　)이 그들을 덮을 것이요, 모든 얼굴에는 (　　　)가 있고, 모든 머리는 (　　　)가 될 것이며……

6. (　　　절) -내가 극히 악한 (　　　)을 데려와서 그들이 그 집들을 점령하게 하고, 강한 자의 (　　　)을 그치게 하리니 그들의 (　　　)가 더럽힘을 당하리라.

7. (　　　절) -환난에 환난이 더하고 소문에 소문이 더할 때에 그들이 (　　　)에게서 묵시를 구하나 헛될 것이며, (　　　)에게는 율법이 없어질 것이요, (　　　)에게는 책략이 없어질 것이며……

제8장 [환상에 본 우상 숭배]

다음 서로 관계가 있는 내용끼리 연결하시오.

1. 여섯째해 여섯째 달 초닷새 •　　• 1) •　　• a)
2. 제단 문 어귀 북쪽 •　　• 2) •　　• b)
3. 담을 헐니 한 문이 있더라 •　　• 3) •　　• c)
4. 여호와의 전으로 들어가는 북문 •　　• 4) •　　• d)
5. 성전문 곧 현관과 제단 사이 •　　• 5) •　　• e)
6. 인자야 네가 무엇을 보았느냐? •　　• 6) •　　• f)

1) 질투의 우상
2) 불같은 형상이 있어
3) 장로 칠십 명
4) 약 스물 다섯 명
5) 유다의 가증한 일
6) 여인들……

a) 하나님의 환상 가운데로 이끌림
b) 부르짖을지라도 듣지 아니하리라
c) 눈을 들어 북쪽을 바라보라
d) 각기 향로를 들고 있었다
e) 담무스를 위하여 애곡
f) 동쪽 태양에 예배

제9~10장 [대학살 환상]

다음 물음에 답하시오.

1. 성읍을 관할하는 여섯 사람의 손에 들려 진 것은?(9:1~2) -

2. 먹 그릇을 찬 사람이 예루살렘 누구의 어디에 표

해야 하나요?(9:3~8) - 모든 가증한~

3. 다 죽이되 누구에게는 가까이 말라고 하셨나요?(9:3~8) -

4. 여호와께서 이 땅을 버리셨으며 보지 아니하신다는 무엇이 중하기 때문에 하신 말씀인가? (9:9~11) -

5. "바퀴 사이 곧 그룹들 사이에서 불을 가져가라"는 말씀은 누가 누구에게 한 말씀인가?(10:1~8) -

6. 그룹들은 각기 네 면이 있는데 각 면에는 어떤 얼굴인가?(10:9~14)
-

7. '여호와의 영광'이란 말씀이 10장에 몇 번 나오며 그 절들은? - (　　　번 /　　　절)

제11장 [방백들에 대한 심판]
다음 빈칸을 채우시오.

1. 그 문에 사람이 스물 다섯명이 있는데 내가 그 중에서 앗술의 아들 (　　　　)와 브나야의 아들 (　　　　)를 보았으니 그들은 백성의 (　　　) 이라(1~4).

2. 이 성읍 중에서 너희가 죽인 시체는 그 (　　　)요. 이 성읍은 그 (　　　)인데…… (5~13)

3. 내가 너희를 (　　　) 가운데에 모으며 너희를 흩은 (　　　　) 가운데에 모아 내고 이스라엘 땅을 너희에게 주리라…… 그들이 그리로 가서 그 가운데의 모든 (　　　　)과 (　　　　　)을 제거하여 버릴지라(14~25).

제12장 [포로에 대한 예언]
다음 말씀의 절수와 구절의 나머지 부분을 쓰시오(문장이 끝나는 곳까지).

1. (　절) 귀가 있어도 듣지 아니하나니 그들은~

2. (　　　절) 또 말하기를 나는 너희 징조라 내가 행한 대로 그들도 포로로~

3. (　　　절) 인자야 너는 떨면서 네 음식을 먹고~

4. (　　　절) 나는 여호와라 내가 말하리니 내가 하는 말이 다시는~

에스겔 13~19장 와야 할 파멸과 그 이유

제13장 [거짓 선지자 심판]
다음 물음에 답하시오.

1. 어떻게 예언하는 선지자는 우매한가?(1~7절 읽고 답은 3절에서)
-

2. 이스라엘의 거짓 선지자들을 무엇(누구)과 같은가?(4~5)
-

3. 여호와께서 말씀하셨다 하나 실제는 무엇을 말하나?(6~7)
-

4. 거짓 선지자들을 담에 회칠하는 자들에 비유한 이유는?(8~16절 읽고 답은 10, 16절에서)
-

5. 거짓 선지자들은 다음 사람들에게 어떻게 했기에 하나님께서 백성을 그들의 손에서 건져낸다고 하셨나?(17~23)
1) 죽지 아니할 영혼 -
2) 살지 못할 영혼 -
3) 의인 -
4) 악인 -

제14장 [우상숭배 질책]
다음 (/) 안의 말에서 틀린 것에 두 줄로 지우시오.

1. 장로 두어 사람을 하나님이 용납하지 않은 것은

(우상을 마음에 들였기/ 여호와께 물었기) 때문이다(1~5).

2. 선지자의 죄악과 그에게 묻는 자의 죄악이 (같은 것/ 다른 것)은 거짓 선지자가 미혹을 받았음이다(6~11).

3. 가령 불법하는 나라를 벌할 때에 보내는 것(13, 15, 17, 19절)은 (노아, 다니엘, 욥 / 칼, 기근, 사나운 짐승, 전염병)이며, 세 사람이 거기 있을지라도 그들은 자기의 공의로 자기의 (사명 / 생명)만 건진다(12~23).

제15장 [쓸모 없는 포도나무 비유]
"따옴표"안의 말이 나온 절수나 장수를 쓰시오.

1. 하나님은 에스겔을 "인자"라 칭하신다. 그 의미는 하나님만을 의지해야 하는 연약한 존재, 하나님의 권위로 왕적 신분을 가짐, 제사장이요 선지자로서 하나님을 나타내야하는 존재의 칭호이다 (　　　절).

2. "포도나무가 모든 나무보다 나은 것이 무엇이랴?"함은 이스라엘 사람도 하나님 앞에는 이방인과 꼭 같은 죄인이요, 자랑할 것이 없는 존재임을 지적한 말씀이다(　　　절).

3. 포도나무가 "불에 던질 땔감이 될 뿐이라"하는 이유는 이스라엘이 하나님 말씀 안에 거하지 아니하고 범법했기 때문이었다(　　　절). 요한복음 15장 (　　　절)과 비슷하다. 아래에 쓰시오.
- 사람이 내 안에

4. 에스겔 15장의 '포도원'에 관한 내용은 이사야 5장과 27장 중에 (　　　장: 포도원의 노래)과 비슷하다.

제16장 [부정한 아내의 비유]
다음 성구의 (　　)를 채우되 / 이하의 해설 내용은 참고하시오.

1. 네 근본과 난 땅은 (　　　)이요 네 아버지는 (　　　) 사람이요 네 어머니는 (　　　) 사람이라. - (　　　절) / 이 말씀은 이스라엘이 이방나라와 비교해 볼 때 나을 것이 없음을 의미한다.

2. 네가 날 때에 네 (　　　)을 자르지 아니하였고 너를 물로 씻어 (　　　) 하지 아니하였고 네게 (　　　)을 뿌리지 아니하였고 너를 (　　　)로 싸지도 아니하였나니…… 네 몸이 천하게 여겨져 네가 (　　　)에 버려졌느니라. - (　　　~　　　절) / 애굽에서의 억압받던 시기를 비유적으로 설명하는 구절

3. 내 옷으로 너를 덮어 (　　　) 것을 가리고 네게 맹세하고 (　　　)하여 너를 내게 속하게 하였느니라. - (　　　절) / 종된 이스라엘을 구속의 사랑으로 덮었고, 시내 산 언약(출 19~24장)을 생각나게 한다.

4. (　　　)가 큰 네 이웃 나라 (　　　) 사람과도 음행하되 심히 음란히 하여 내 (　　　)를 샀도다. - (　　　절) / 이방인 애굽을 의지함과 우상섬김에 열중하므로 하나님의 노를 격동시켰음을 말한다.

5. 너의 즐거워하는 (　　　)와 (　　　) 모든 자와 (　　　) 모든 자를 모으되 사방에서 모아 너를 대적하게 할 것이요.- (　　　절) / '정든 자와 사랑하던 자'는 애굽이나 바벨론이나 앗수르를 가리키며, '미워하던 자'는 암몬과 모압을 가리킨다. 하나님은 이 모든 나라들이 이스라엘을 대적하게 되리라 하신다.

6. 또 (　　　)하고 사람의 (　　　) 여인을 심판함 같이 너를 심판하여…… - (　　　절) / 이스라엘은 하나님 대신 열국(이방)을 의지하였으니 '간음'을 했고, 그 자녀들을 죽여 우상에게 바쳤으니 '피 흘린 자'이다.

7. 네가 그들보다 더욱 (　　　)를 범하므로 그들이 너보다 (　　　) 되었나니 네가 네 형과 아우를 (　　　) 하였은즉…… (　　　절) / 이스라엘의 죄악이 사마리아와 소돔보다 크므로

그들이 의롭게 보인다는 뜻.

8. 너의 어렸을 때에 너와 세운 ( )을 기억하고 너와 ( )을 세우리라. - (절) / '어렸을 때의 언약'은 아브라함과의 언약을 의미하며(창 15:5, 17:7). '영원한 언약'은 그리스도와 세우실 구원 언약이다.

제17장 [독수리와 포도나무 비유]
다음 본문의 말씀이 의미하는 것은? ('더 살펴보기' 참고)

1. 큰 독수리(2절) -
2. 연한 가지(4 절) -
3. 그 땅의 종자(5,13) -
4. 다른 큰 독수리(7절) -
5. 백향목 꼭대기의 높은 가지, 연한 가지(22절) -

제18장 [심판의 정당성]
다음 물음에 간단히 답하시오.

1. "범죄하는 영혼이 죽으리라"는 것은 어느 속담에 대한 하나님의 바른 말씀이신가?(1~4)
   -
2. 정의와 공의를 따라 행하는 아버지, 또는 아버지는 악하나 여호와의 규례를 행하는 아들은 정녕 어떻게 되는가?(5~9, 14~17, 19)
   -
3. 가증한 일을 행하는 아들, 또는 아들은 선한데 아비가 악을 행하면 정녕 어떻게 되는가?(10~13, 18, 20) -
4. 이스라엘 족속은 주의 길이 어떻다고 잘못 판단하고 있었나?(21~32) -
5. 이스라엘은 범한 모든 죄악을 버리고 어떻게 해야 하는가?(25~32)
   -

제19장 [생포될 사자 비유]
다음 물음에 답하시오.

1. 암사자가 키운 첫 번째 젊은 사자(참고: 여호아하스 왕)는 잡혀서 어느 땅으로 갔는가?(1~4)
   -
2. 다시 새끼를 키운 젊은 사자(참고: 여호야김 왕)는 잡혀서 어느 왕에게로 갔는가?(5~9)
   -
3. 젊은 사자 둘이 범한 공통의 죄는?(3, 6절)
   -
4. 이스라엘의 과거의 번영과 행복을 비유한 나무는?(10~14) - 물가에

에스겔 20~24장 심판에 대한 말씀과 경고들

제20장 [배역 이스라엘의 역사]
다음 ( )를 채워 완성하시오.

1. 내가 그들이 거주하는 ( )의 눈 앞에서 그들에게 나타나 그들을 ( )에서 인도하여 내었나니 이는 ( )을 위함이라. 내 이름을 그 이방인의 눈 앞에서 ( ) 하려고 행하였음이라(1~9).
2. 젖과 꿀이 흐르는 땅이요 모든 땅 중의 ( )으로 그들을 인도하여 들이지 아니하리라 한 것은 그들이 마음으로 ( )을 따라 나의 규례를 업신여기며...... 나의 ( )을 더럽혔음이니라(10~17).
3. 또 내가 그들에게 선하지 못한 율례와 능히 지키지 못할 규례를 주었고 그들이 ( )를 다 화제로 드리는 그 예물로 내가 그들을 더럽혔음은 그들을 멸망하게 하여 나를 여호와인 줄 알게 하려 하였음이니라(18~26).
4. 너희가 다니는 산당이 무엇이냐 하였노라 그것을 오늘날까지 ( )라 일컫느니라(27~32).

5. 너희를 인도하여 (　　　　)에 이르러 거기에서 너희를 대면하여 심판하되 내가 애굽 땅 광야에서 너희 조상들을 심판한 것 같이 너희를 심판하리라(33~39).

6. 내가 너희를 인도하여 (　　　　) 가운데서 나오게 하고 너희가 (　　　　) 가운데에서 모아낼 때에 내가 너희를 (　　　)로 받고 내가 또 너희로 말미암아 내 (　　　)을 여러나라의 목전에서 나타낼 것이며(40~49).

제21장 [칼의 심판]

다음 말씀이 몇 절에 나오는 지 그 절수를 쓰시오. (차례대로가 아님)

1. (　　　절) 인자야 탄식하되 너는 허리가 끊어지듯 탄식하라 그들의 목전에서 슬피 탄식하라

2. (　　　절) 인자야 너는 바벨론 왕의 칼이 올 두 길을 한 땅에서 나오도록 그리되 곧 성으로 들어가는

3. (　　　절) 인자야 너는 주 여호와께서 암몬 족속과 그의 능욕에 대하여 이같이 말씀하셨다고 예언하라

4. (　　　절) 인자야 너는 부르짖어 슬피 울지어다. 이것이 내 백성에게 임하며 이스라엘 모든 고관에게 임함이로다.

5. (　　　절) 인자야 너는 얼굴을 예루살렘으로 향하며 성소를 향하여 소리 내어 이스라엘 땅에게 예언하라.

6. (　　　절) 인자야 너는 예언하여 여호와의 말씀을 이같이 말하라 칼이여 칼이여 날카롭고도 빛나도다

제22장 [예루살렘의 죄]

다음 서로 관계 있는 말씀을 연결하시오.

1. 이 피 흘린 성읍을 심판하려느냐 •　　　• 가)
2. 피를 흘려 벌 받을 때가 이르게 하며 •　　　• 나)
3. 너는 정결함을 얻지 못한 땅이요 •　　　• 다)
4. 이스라엘 족속이 내게 찌꺼기가 되었나니 •　　　• 라)
5. 그 제사장들은 내 율법을 범하였으며 •　　　• 마)
6. 그 선지자들이 그들을 위하여 회를 칠하고 •　　　• 바)
7. 이 땅 백성은 포악하고 강탈을 일삼고 •　　　• 사)

가) 모든 가증한 일을 그들이 알게 하라
나) 진노의 날에 비를 얻지 못한 땅
다) 쇠나 납이며 은의 찌꺼기로다
라) 우상을 만들어 스스로 더럽히는 성아
마) 나의 성물을 더럽혔으며
바) 가난하고 궁핍한 자를 압제하였고
사) 스스로 허탄한 이상을 보며

제23장 [두 음녀 – 사마리아, 예루살렘]

다음 물음에 답하시오.

1. 두 여인 곧 그 형은 오홀라요 아우는 오홀리바라. 이들은 각각 어디를 가리키는가?(1~4)
   -

2. 두 자매가 음행을 행한 두 나라 이름을 쓰시오(5~21절, 참고: 갈대아=바벨론).
   -

3. 오홀라와 오홀리바 둘 중 누가 그 간음이 더 심하였는가?(11)
   -

4. 22~35절은 그 주요 내용이 바벨론의 침공인가? 애굽과의 결별인가?
   -

5. 음란을 행한 것(우상숭배한 것) 이 외에 그들이 하나님께 범한 죄는?(36~42)
   -

6. 군대가 와서 우상숭배자들을 어떻게 하여 심판하는가?(43~49 읽고 답은 47절로)
   -

제24장 [녹슨 가마의 비유]

다음 물음에 답하시오

1. 녹슨 가마는 실제 무엇을 표현하고 있는 것인가?(1~14절 읽고 답은 6, 9절에서)
 -

2. 녹슨 가마의 더러운 녹 중에 하나는 무엇으로 표현되어 있는가?(13절) -

3. 15~27절에는 누구의 죽음을 통하여 이스라엘에게 교훈하고 있나? -

4. 너희(이스라엘)의 영광, 기쁨, 아낌이 되는 것을 여호와께서 더럽히겠다고 한 것은? -

5. 에스겔의 행동은 이스라엘 백성에게 무엇이 되는가? (24, 27절에 나타나는 단어) -

에스겔 25~32장 열방들에 대한 심판 예언

제25장 [암몬, 모압, 에돔, 블레셋의 심판]

다음 물음에 답하시오.

1. 암몬 족속은 유다 족속이 사로잡힐 때(멸망할 때) 어떤 태도를 보였나?(6절)
 -

2. 모압과 세일(에돔)은 어떤 말로 유다 족속을 비웃었는가?(8~11)
 -

3. 에돔 족속은 하나님의 백성인 유다 족속을 침으로 심히 범죄하였다. 하나님은 에돔의 어디서부터 어디까지 황폐하게 하리라고 하셨는가?(13절) - (　　　)에서부터…… (　　　)까지.

4. 이스라엘을 옛날부터 미워하여 멸시하는 마음으로 원수를 갚아 진멸하고자 하였던 사람은?(15~17)
 -

5. 여호와께서 벌을 내리고 원수를 갚으므로 그들이 누구를 알게 되는가?(5, 7, 11, 17절 끝 부분)
 -

제26장 [두로에 대한 심판]

다음 말씀에서 잘못된 부분을 찾아 밑줄을 긋고 맞게 고치시오.

1. 예루살렘이 두로에 관하여 이르기를 아하 만민의 문이 깨져서 내게로 돌아왔도다. 그가 황폐하였으니 내가 충만함을 얻으리라(1~6). →

2. 여러민족들이 와서 너를 치게 하리니 그들이 애굽의 성벽을 무너뜨리며 그 망대를 헐 것이요(1~6). →

3. 너를 맨 바위가 되게 한즉 네가 그물 말리는 곳이 되고 다시 건축되리니(7~14). →

4. 그들이 너를 위하여 기쁜노래를 불러 이르기를 항해자가 살았던 유명한 성읍이여 너와 너의 주민이 삼림 가운데에 있어 견고 하였었도다. 해변의 모든 주민을 두렵게 하였더니 어찌 그리 멸망하였는고?(15~18) →

5. 너를 그 구덩이에 내려간 자와 함께 땅 깊은 곳 예로부터 한적한 곳에 살게 하리라(19~21). →

제27장 [두로에 대한 애가]

다음 물음에 답하시오.

1. 두로의 백성은 바다 어귀에 거주하며 어떤 일을 하였나요?(1~11)
 -

2. 다음은 몇 절에 나오는 말인가?
 1) 시돈과 아르왓 거민들 (　　　절)
 2) 그발의 노인 (　　　절)
 3) 바사와 룻과 붓 (　　　절)

3. 두로와 교역한 나라(혹은 도시)들의 이름을 쓰시오(12~25).
 -

4. "네 물품을 바다로 실어 낼 때에 네가 여러 백성을 풍족하게 하였음이여 네 재물과 무역품이 많으므로 세상 왕들을 풍부하게 하였었도다"(27:33)는 요한계시록 18장의 어느 나라와 유사한 내용인가?
-

제28장 [두로 왕에 대한 예언, 시돈에 대한 예언]
다음 물음에 간단히 답하시오.

1. "나는 신이라. 내가 하나님의 자리 곧 바다 가운데에 앉아 있다."는 누구의 말인가?(1~10)
-

2. 두로 왕의 마음은 하나님의 마음 같은 체 하였다. 두로 왕의 마음(성품)을 두 글자로 쓰시오.
-

3. 두로는 완전한 길을 가다가 불의가 드러나고 범죄하게 된 이유는?(11~19) -

4. 여호와가 전염병과 칼로 상하게 하는 벌을 내릴 사람들은?(20~24) -

5. 20~26절에 "…… 여호와인 줄을 그들이 알리라"는 몇 번 나오는가? -

제29장 [애굽에 대한 심판]
다음 ( ) 속에 알맞은 말을 적으시오.

1. 1~16절은 여호야긴이 바벨론 포로된 지 (째 해 째 달 째 날)에, 17~21절은 제 (째 해 째 달 째 날)에 에스겔에게 임한 ( )의 말씀이다.

2. 애굽 왕 바로는 교만하여 "나의 이 ( )은 내 것이라. 내가 ( ) 만들었다"고 하였다(1~7).

3. 내가 너와 네 강들을 쳐서 애굽 땅 ( )에서부터 ( ) 곧 구스 지경까지 황폐한 황무지 곧 ( )이 되게 하리니(8~16)

4. 주 여호와께서 이같이 말씀하셨느니라 ( )년 끝에 내가 만민 중에 흩은 ( )사람을 다 시 모아 내되(8~16)

5. 내가 애굽 땅을 바벨론의 ( ) 왕 에게 넘기리니…… 이것이 그 군대의 ( )이 되리라(17~20).

6. 그날에 나는 이스라엘 족속에게 ( )이 돋아나게 하고 나는 또 네가 그들 가운데에서 입을 열게……(21)

제30장 [애굽과 동맹국의 파멸]
다음 말씀이 몇 절에 나오는 지 그 절수를 쓰시오.

1. (절) 여호와의 날이 가깝도다 구름의 날일 것이요 여러 나라들의 때이리로다.

2. (절) 내가 또 바벨론의 느부갓네살 왕의 손으로 애굽의 무리들을 끊으리니……

3. (절) 내가 바드로스를 황폐하게 하며 소안에 불을 지르며 노 나라를 심판하며

4. (절) 아웬과 비베셋의 장정들은 칼에 엎드러질 것이며 그 성읍 주민들은 포로가 될 것이라.

5. (절) 내가 바벨론 왕의 팔은 들어 주고 바로의 팔은 내려뜨릴 것이라

제31장 [레바논 백향목의 비유]
다음 관계 있는 말씀끼리 연결하여 완성하시오.

1. 여러 나라의 포악한 다른 민족이 그를 찍어버렸으므로 • — • 가)
2. 레바논의 뛰어나고 아름다운 나무들이 • — • 나)
3. 볼지어다 앗수르 사람은 가지가 아름답고 • — • 다)
4. 꼭대기가 구름에 닿아서 높이 솟아났으므로 • — • 라)
5. 그 뿌리가 큰 물가에 있으므로 • — • 마)
6. 하나님의 동산의 백향목이 능히 그를 가리지 못하며. • — • 바)

가) 지하에서 위로를 받게 하였느니라
나) 그 가는 가지가…… 골짜기에 떨어졌고
다) 마음이 교만하였은즉
라) 그늘은 숲의 그늘 같으며
마) 잣나무가 그 굵은 가지만 못하며
바) 그 나무가 크고

제32장 [바로를 위한 애가]
다음 말씀은 누구(무엇)인지와 또는 물음에 답하시오.

1. 너를 여러나라에서 사자로 생각하였더니 실상은 바다 가운데의 큰 악어라(1~10).
   -

2. 내가 네 위에서 어둡게 하여 어둠을 네 땅에 베풀리로다(1~10).
   -

3. 주 여호와께서 이같이 말씀하셨느니라, 누구의 칼이 네게(애굽에) 오는 것인가?(11~16)
   -

4. 애굽(바로와 그 군대)이 구덩이(음부[陰府]의 세계)에 내려가서(17~21) 칼에 살인을 당해 내려온 다른 자(22~30)들을 보고 그 무리로 말미암아 받을 것(31~32)은 무엇인가?(17~32)
   -

5. '할례를 받지 아니한 자, 곧 칼에 죽임을 당하여 엎드러진 자'로서 다음의 족속(나라)의 이름이 나온 절수는?
   1) 앗수르 - (　　　절),
   2) 엘람 - (　　　절)
   3) 메섹과 두발 - (　　　절)
   4) 에돔 - (　　　절)

에스겔 33~37장 이스라엘의 회복 예언

제33장 [파수꾼의 임무]
다음 괄호에 알맞은 말씀 및 절수를 넣으시오.

1. (　　　절) - 그러나 (　　　)이 임함을 파수꾼이 보고도 나팔을 불지 아니하여 백성에게 (　　　)하지 아니하므로 그 중의 한 사람이 그 임하는 (　　　)에 제거 당하면 그는 자기 (　　　)으로 말미암아 제거 되려니와……

2. (　　　절) - 인자야. 내가 너를 이스라엘 족속의 (　　　)으로 삼음이 이와 같으니라. 그런즉 너는 내 입의 말을 듣고 나를 대신하여 그들에게 (　　　)할지어다.

3. (　　　절) - 가령 내가 의인에게 말하기를 너는 살리라 하였다 하자. 그가 그 공의를 스스로 믿고 (　　　　) 그 모든 의로운 행위가 하나도 (　　　)되지 아니하리니 그가 그 지은 (　　　)으로 말미암아 곧 그 안에서 죽으리라.

4. (　　　절) - 만일 악인이 돌이켜 그 악에서 떠나 (　　　　)대로 행하면 그가 그로 말미암아 살리라.

5. (　　　절) - 우리가 사로잡힌 지 (　　　)에 예루살렘에서부터 도망하여 온 자가 내게 나아와 말하기를 그 (　　　)되었다 하였는데……

6. (　　　절) - 내가 그들이 행한 모든 (　　　)로 말미암아 그 땅을 (　　　)와 (　　　)이 되게 하면 그때에 내가 (　　　)인 줄을 그들이 알리라 하라.

제34장 [참 목자 주 여호와]
다음 말씀이 옳으면 O, 틀리면 X표 하고 틀린 곳에 밑줄을 긋고 고치시오.

1. "목자들이 양 떼를 먹이는 것이 마땅하지 아니하냐"라고 했는데 자기만 먹는 이스라엘의 목자들

은 화(禍)를 자초하였다(1~3). - (　　　)

2. "목자가 없으므로 그것들이 흩어지고 흩어져서 모든 들짐승의 밥이 되었도다"에서 '그것들'은 짐승들을 가리키고 있다(4~6). - (　　　)

3. "나 곧 내가 내 양을 찾고 찾되…… "에서 '나'는 에스겔 선지자를 가리킨다(7~16). - (　　　)

4. "내가 친히 내 양의 목자가 되어 그것들을 누워 있게 할지라"는 말씀에서 '나'는 여호와를 가리킨다(7~16). - (　　　)

5. "내가 한 목자를 그들 위에 세워 먹이게 하리니 그는 내 종 다윗이라 그가 그들을 먹이고 그들의 목자가 될지라"에서 '다윗'은 메시아이신 예수 그리스도를 가리키는 예언이다(17~31, 요 10장). - (　　　)

제35장 [에돔의 멸망]
다음 구절들을 이어서 쓰시오 .(해당 절 안에서만)

1. (　　　절) 세일 산아. 내가 너를 대적하여~

2. (　　　절) 내가 나의 삶을 두고 맹세하노니~

3. (　　　절) 네가 피를 미워하지~

4. (　　　절) 너희가 나를 대적하여~

5. (　　　절) 세일 산아. 너와 에돔 온 땅이~

제36장 [이스라엘의 귀환]
다음 물음에 답하시오.

1. 이스라엘 사방에 있는 이방인은 어떻게 되는가?(1~7절 읽고 답은 7절에서)
   -

2. 이스라엘 백성들이 올 때가 가까워오면 이스라엘의 산들은 어떻게 해야 하는가?(8절)
   -

3. 귀환한 이스라엘에게 주실 약속 중에 다음에 대한 여호와의 말씀은?(8~15절 읽고 답은 15절에서)
   1) 여러 나라의 수치를 -
   2) 만민의 비방을 -
   3) 네 나라(이스라엘) 백성을 -

4. 이스라엘 족속이 들어간 여러 나라에서 여호와께서 아낀 것은?(16-21절)
   -

5. 26절의 내용은 에스겔 11장 몇 절에 유사하게 나타나는가?(11:14-21에서 찾으시오)
   -〈에스겔〉11장　　　절

6. 28절의 내용은 출애굽기 6장 몇 절에 근거하는가?(출 6:2-9에서 찾으시오, 렘 30:22 참고)
   -〈출애굽기〉6장　　　절

제37장 [마른 뼈 환상]
다음 물음에 답하시오.

1. 골짜기의 마른 뼈들이 살아서 무엇이 되었으며, 이 뼈들은 누구를 가리키는가?(1~11)
   -　　,

2. "그들이 다시는 두 나라 두 민족이 되지 아니하며"(22)라 했는데 두 나라로 된 각각의 이름은?(15~23)
   -

3. "둘이 하나가 되리라"(17, 19)는 것은 남북으로 갈렸던 어느 나라의 연합을 말하나?(15~23)
   -

4. 남북 왕조가 한 나라가 되었을 때 누가 영원히 그 왕이 되는가?(24~28)
   -

5. 하나님이 이스라엘과 영원한 언약을 세우실 때 열국이 하나님을 어떤 분으로 알게 되는가?(24~28) -

에스겔 38~43장 곡과 마곡, 새 성전 이상

제38장 [곡과 마곡]
다음 말씀의 (　　)를 채워 완성하시오

1. 인자야 너는(　　　) 땅에 있는 로스와 메섹과 두발 왕 곧 (　　)에게로 얼굴을 향하고 그에게 예언하여(1~6).
2. 곡아, 끝날에 내가 너를 이끌어다가 내 (　　　) 하리니 이는 내가 너로 말미암아 이방 사람의 눈앞에서 내 (　　　)을 나타내어 그들이 다 나를 알게 하려 함이라(7~16).
3. 그날에 큰 (　　　)이 이스라엘 땅에 일어나서…… 모든 (　　　)이 땅에 무너지리라(17~23).
4. 여러 나라의 눈에 내 (　　　)과 (　　　)을 나타내어 나를 알게 하리니 내가 (　　　)인 줄을 그들이 알리라(17~23).

제39장 [곡의 완전 멸망]
다음 물음의 답을 보기에서 찾아 쓰시오.

보기 / 죄악 / 하몬곡 골짜기 / 여호와의 거룩한 이름 / 곡 / 일곱달 / 일곱해 /

1. 북쪽 끝에서부터 나와서 이스라엘 산 위에 엎드러진 왕은?(1~5) -
2. 곡과 그 연합군의 병기를 불사르는 기간은?(6~10) -
3. 바다 동쪽 사람의 통행하는 골짜기로서 곡과 모든 무리를 장사하는 매장지는?(11~16)
   -
4. 이스라엘 족속이 그들(곡과 무리)을 장사하고 정결하게 하는 기간은?(11~16)
   -
5. 여러민족은 이스라엘이 무엇으로 말미암아 사로잡혀(바벨론 포로) 갔던 줄로 아는가?(17~24)
   -
6. 여호와가 사로잡힌 자를 돌아오게 하며 사랑을 베푸는 것은 무엇을 위함인가?(25~29)
   -

제40장 [새 성전 – 바깥뜰과 안뜰]
다음 물음에 답하시오.

1. 새 성전에 대한 환상을 본 때는 예루살렘 성이 함락된 후 언제인가?(1~4)
   -
2. 여호와의 권능이 에스겔 선지자를 이끌어 어느 땅으로 데려 가셨는가?(1~4)
   -
3. 놋 같이 빛난 사람의 손에 가지고 있던 것은?(1~4) -
4. 5~27절에는 '성전 바깥뜰'을 측량했다. 다음의 측량은 몇 절에 나오는가?(처음 나온 절만)
   1) 담 : (　　　절)
   2) 동쪽을 향한 문의 통로 : (　　　절)
   3) 안문의 현관 : (　　　절)
   4) 바깥 뜰 북쪽을 향한 문간의 길이와 너비 : (　　　절)
   5) 남쪽을 향한 문간의 벽과 현관 : (　　　절)
5. 28-47절은 '성전의 안 뜰'을, 48-49절은 '현관'을 측량했다. "측량"이라는 단어가 몇 번 나오는가? -
6. 남쪽을 향한 방과 북쪽을 향한 방은 각각 무엇을 지키는 제사장이 쓸 것이며 이들은 누구의 후손인가?(45-46절) -

제41장 [새 성전 – 성전 내부]
다음 (　　)를 채우시오.

1. 그가 성소를 측량하니 그 길이는 (　　　) 척이요 그 너비는 (　　　) 척이며…… (1~2)
2. 그가 내전을 측량하니 길이는 (　　　) 척이요 너비는 스무 척이라…… 이는 (　　　)니라(3~4).
3. 골방은 (　　　) 층인데 골방 위에 골방이 있어 모두 (　　　)이라(5~11절).
4. 그룹에 두 얼굴이 있으니 하나는 (　　　)의 얼굴이라 …… 하나는 (　　　)의 얼굴이라(12~20).
5. 나무 제단의 높이는 (　　　) 척이요 길이는 (　　　) 척이며…… .이는 여호와의 앞의 (　　　)이라(21~26).

제42장 [새 성전 – 안뜰 내의 방들]
다음 물음에 답하시오.

1. 북쪽 뜰에 방이 몇 개 있었으며, 방은 몇 층이었는가?(1~9)
   -
2. 좌우 골방 뜰 앞 곧 북쪽과 남쪽에 있는 방들을 '거룩한 방'이라 하는 이유는?(10~14절)
   -
3. 동쪽을 향한 문 밖에 있는 사방 담은 무엇을 구별하는 것인가?(15~19절)
   -

제43장 [새 성전 – 제단]
다음 (/) 안의 말씀 중에 맞는 것을 골라 O표 하시오.

1. 여호와의 영광이 (동문 / 북문)을 통하여 성전으로 들어가고 (영, 성은)이 나를…… (1~5)
2. 이 성전을 (이스라엘 / 이방) 족속에게 보여서 그들이 자기의 (죄악 / 행위)을 부끄러워하고……(6~12)
3. 네가 그 피를 가져다가 제단의 (다섯 / 네) 뿔과 아래층 (여섯 / 네) 모퉁이와 사방 가장자리에 발라 속죄…… (13~27)
4. 이같이 칠일 동안 제단을 위하여 (속건제 / 속죄제)를 드려 정결하게 하며 드릴 것이요(18~27).

에스겔 44~48장 이스라엘 장래의 영광

제44장 [성전에서 수종드는 자들]
다음 물음에 답하시오.

1. '성소의 동쪽을 향한 바깥문은 닫고 다시 열지 못할지니'라고 하신 이유는?(1~3)
   -
2. 이스라엘 족속은 성전을 어떻게 더럽혔는가?(4~8)
   -
3. 사독의 자손 레위 사람 제사장들은 왜 여호와 가까이 수종을 들 수 있었는가?(15~16)
   -
4. 제사장이 할 수 있는 것에는 "함", 할 수 없는 것에는 "못함"이라 쓰시오(9~31).
   1) 우상을 좇은 레위 사람의 제사장 직분 - (　　　)
   2) 우상을 좇은 레위 사람이 전을 지키고 수종드는 일 - (　　　)
   3) 머리털을 깍기만 하는 일 - (　　　)
   4) 이스라엘 처녀나 제사장의 과부에게 장가가는 일 - (　　　)
   5) 시체를 가까이하는 일 - (　　　)
   6) 소제나 속죄제와 속건제의 제물을 먹는 일 - (　　　)
   7) 새나 가축이 저절로 죽은 것이나 찢겨서 죽은 것을 먹는 일 - (　　　)

제45장 [거룩한 땅의 구별]
다음 (   )를 채우시오.

1. 한 구역을 거룩한 땅으로 삼아 (   )로 드릴지니…… .그 중에서 (   )에 속할 땅은 길이가 오백 척이요 너비가 오백 척이니 (   )하며 그 외에 사방 쉰 척으로 전원이 되게 하되…… (1~4)

2. 또 길이는 이만 오천 척을 너비는 만 척을 측량하여 성전에서 수종드는 (   )에게 돌려 그들의 거주지를 삼아 (   )을 세우게 하고 구별한 거룩한 구역 옆에…… 측량하여 성읍의 기지로 삼아 (   )에게 돌리고…… 그 나머지 땅은 이스라엘 족속에게 그 (   )대로 줄지니라(5~8).

3. 너희는 포악과 겁탈을 제거하여 버리고 (   )를 행하여 내 백성에게 속여 빼앗는 것을 그칠지니라(9~12).

4. 너희는 (   ) 저울과 (   ) 에바와 (   ) 밧을 쓸지니…… (9~12)

5. 첫째 달 초 하룻날에 흠 없는 (   ) 한 마리를 가져다가 성소를 (   ) 하되 (18~25)

6. 첫째 달 열나흗날에는 (   )을 칠 일 동안 명절로 지키며 (   ) 을 먹을 것이라(21~25)

제46장 [제사법에 대한 규례]
서로 관계가 있는 말씀을 연결하시오..

1. 안식일에 군주가 여호와께 드릴 번제 •   • 가)
2. 초하루에 드릴 것 •   • 나)
3. 명절과 성회 때의 소제 •   • 다)
4. 아침마다 드릴 번제 •   • 라)

가) 수송아지 한 마리에 밀가루 한 에바. 숫양 한 마리에도 한 에바
나) 일 년 되고 흠 없는 어린 양 하나
다) 흠 없는 어린 양 여섯 마리와 흠 없는 숫양 한 마리라
라) 흠 없는 수송아지 한 마리와 어린 양 여섯 마리와 숫양 한 마리

제47장 [성전에서 흐르는 물]
다음 물음에 답하시오.

1. 물은 어디서 흘러 나와 어느 방향으로 흐르는가? (1절)
   -

2. 물이 어디에 오르게 되었으며 가득하여 어떠한 물이 되어 건너지 못할 강이 되었는가?
   - 발목,   ,   ,   .

3. 어디서부터 어디까지 그물 치는 곳이 되겠다고 하였는가?(6~12)
   -

4. 이스라엘 십이 지파에게 땅을 나누어 기업이 되게 할 때에 누구에게 두 몫을 주라 했는가?(13~23) -

5. 북쪽 경계선은?(17절)
   -

6. 동쪽 경계선은?(18절)
   -

7. 남쪽 경계선은?(19절)
   -

8. 서쪽 경계선은?(20절)
   -

제48장 [새 땅의 분배]
다음 (   )를 채우시오.

1. 새 땅의 분배를 받는 열두 지파의 이름을 쓰시오 (1-9, 23-29).

2. 성소와 가장 가까이에 위치한 지파는 북쪽으로는 (　　　　) 지파, 남쪽으로는 (　　　　) 지파다(8, 23절).

3. 이스라엘 맨 북쪽에 기업을 받을 지파는 바로 (　　　) 지파다(1절).

4. 이스라엘 맨 남쪽에 기업을 받을 지파는 (　　　) 지파다(27절).

5. 성읍 동쪽의 문 셋은 (　　　)문, (　　　)문, (　　　)문이다(30~35절).

6. 그 사방의 합계는 (　　　　)이라. 그 날 후로는 그 성읍의 이름을 (　　　　)라 하리라(35절).

다니엘 | 예언서 |

Daniel

제목에 대한 해설

'다니엘'이란 책 이름은 예언자 다니엘의 이름을 따라 지어졌다. 그는 본서의 주인공이고 본서 전체의 예언적 이상을 받아 장래에 일어날 일들을 예언했다. 이름의 뜻은 '하나님은 나의 재판관'이다.

후대의 역들도 모두 같은 이름인 〈다니엘〉을 사용하였다.

〈다니엘〉은 현대의 역들에서는 예언서로 분류되지만 히브리어 성경에서는 성문서에 속한 역사서로 〈다니엘〉과 함께 〈에스라〉, 〈느헤미야〉, 〈역대기〉도 모두 여기에 속한다.

저자 및 저작 연대

〈다니엘〉은 표면적으로 볼 때에 전반부에서는 다니엘을 6세기 후반 포로기의 인물로 보기에는 어려움이 없으며 자연히 다니엘을 저자로 본다.

그러나 예언적 부분인 후반부에서는 포로기로 보는 데에 어려움이 있다. 9장 1절을 근거로 다리오 2세(주전 423~404년), 다리오 3세(주전 336~331년)가 거론되고 있으나 다니엘을 이렇게 후대까지 생존하는 인물로 보기는 어렵다. 이에 대하여 익명의 묵시문학을 기록하는 사람에 의해 다니엘의 이름을 빌린 후대의 예언이 〈다니엘〉에 첨가되었다고 주장하기도 한다. 특히 주전 333년 헬라가 바사를 정복한 후에 헬라의 통치를 받게 되는데, 극악한 박해 시대엔 안티오쿠스 에피파네스의 통치 때(주전 175~164년), 마카비 독립운동(주전 167~165년)을 거치면서 유다인들이 신앙적 무장을 위해 종말론적인 묵시문학이 일어났으며 이 과정에서 본서가 기록되었다고 주장한다. 그렇지라도 그 기본 전승은 포로 시대의 유명한 다니엘로부터 왔음을 부인할 수는 없다.

역사적 배경

다니엘이 바벨론에 포로로 잡혀간 여호야김 3년은 주전 605년이고 나이를 20세가량으로 추정하여 고레스 시대(바벨론을 무찌르고 538년에 해방령을 내린 바사 왕, 스 1:1)까지도 활동했다면 70년 이상을 예언했을 것이고, 그의 나이 거의 100세 가까이 활동했을 것으로 계산된다. 하지만 예언 부분은 달리 본다. 덧붙이면 〈다니엘〉은 〈요한계시록〉과 함께 묵시문학에 속한다. 묵시문학은 비유와 상징의 언어로 저술되고 그 내용은 역사의 종말과 종말에 앞서 일어날 일들을 다룬다. (묵시문학에 대해서는 301~302쪽 '중간시대'를 보라.)

교훈과 메시지

(1) 절대 주권적이며 초월적인 신관

본서는 이스라엘의 역사나 포로기에 대한 것이 아니고 다니엘의 전기적 사건을 통하여 하나님께서 자신의 백성들을 위한 계획을 성취하기 위해서 어떻게 권능으로 섭리하시며, 역사 속에서 왕들을 징벌하시며 능력을 나타내시는가를 교훈하기 위한 것이다. 〈다니엘〉의 총 주제는 "세계에 대한 하나님의 통치"이다. 메시지는 하나님께서 이방 땅에서도 그의 백성들을 보호하신다는 것이다. 그런 점에서 〈에스겔〉의 신관을 닮았으며, 예언자의 신학이나 〈에스더〉에서처럼 '남은 자 사상(The Remmnant)'을 교훈하기 위한 것이다.

(2) 하나님 나라와 메시아 사상

종말론 사상을 나타내는 느부갓네살이 본 신상은 하나님이 역사의 주관자이심을 말한다. 정금으로 된 머리는 첫째 왕국 바벨론, 은으로 된 가슴과 팔은 둘째 왕국 메대, 놋으로 된 배와 넓적다리는 셋째 왕국 바사, 철로 된 종아리는 넷째 왕국 헬라, 철과 진흙으로 된 발은 알렉산더 사후 여러 나라로 분립될 것을 말한다(독일성서공회판《관주해설 성경전서》, 박대선 외 공저,《구약성서 개론》). 한편 메대-바사를 둘째 왕국으로, 헬라를 셋째 왕국으로, 로마를 넷째 왕국으로 해석하기도 한다.

2:44에 "이 여러 왕들의 시대에 하늘의 하나님이 한 나라를 세우시리니 이것은 영원히 망하지도 아니할 것이요 그 국권이 다른 백성에게로 돌아가지도 아니할 것이요 도리어 이 모든 나라를 쳐서 멸망시키고 영원히 설 것이라"했다. 하나님의 나라는 초자연적으로 임하며 폐하지 않고 영원한 나라임을 강조한다(7:14, 27).

2장의 느부갓네살의 꿈에서 '뜨인 돌'은 초월적으로 임해서 이 땅의 왕국을 무너뜨리고 하나님의 나라를 건설하는 메시아임을 볼 수 있다. 이 메시아는 예수 그리스도이며 이러한 심판은 보편적이며 발전된 종말론 사상으로서 신약에 직접적으로 이어지는 종말론 사상인 것이다.

다니엘 1~6장

이방에서의 다니엘(역사) (중요구절 단 1:8)

바벨론 포로로 잡혀간 다니엘과 그의 세 친구는 느부갓네살 왕을 섬기기 위한 훈련을 받게 되지만 신앙의 절개를 지킨다(1장). 다니엘의 지혜는 하나님이 주신 것으로 느부갓네살의 꿈을 회상시켜 해석한다(2장, 4장). 그의 세 친구는 신상에게 절하지 않아 풀무불 속에 던짐을 받으나 신의 아들과 같은 사람과 함께 하여 상하지 않는다(3장). 벨사살의 잔치에서 다니엘은 손가락이 나와 벽에 쓴 글을 해석한다(5장). 바사 왕 다리오 시대에 다니엘의 적들은 그를 사자굴 속에 던지지만 아무 해도 입지 않는다(6장).

1. 성경에는 세 명의 '다니엘'이 등장한다. (1) 다윗이 아비가일을 통해 낳은 아들(대상 3:1), (2) 에스라 시대의 레위인(스 8:2, 느 10:6-7), (3) 본서의 주인공(단 1:5 이하). 이 중에 본서 주인공 다니엘은 "여호야김이 다스린 지 삼 년"(1:1, 주전 605년, 대하 36:5~8)에 바벨론에 포로로(발탁되어) 오게 되었다. 비록 타의에 의한 일이었지만 다니엘은 바벨론에서 믿음을 지켰다. 이 이야기를 읽게 되는 성도들은 박해를 받을 때 용기를 얻을 수 있다.
2. "다니엘은 뜻을 정하여"(1:8) 자신을 더럽히지 않았다. 이방 땅에서 왕을 모시기 위한 특별 훈련 중에도 그는 신앙의 절개를 지켰다. 왕의 진미는 아마도 율법(레 11장)에 어긋나는 음식과 우상의 제물이 있었을 것이다. "채소"(16절)만 먹었다고 하여 이를 채식주의의 우월성을 주장하는 것은 바른 적용이 아니다. 다만 우리의 삶에서도 신앙의 절개를 지키기 위하여 선한 뜻을 정해야 한다.
3. 다니엘의 세 친구는 이방 신상에게 절하지 않았고 풀무불에서 하나님께서 구해 주시리라 믿었으며 "그렇게 하지 아니하실지라도" 절하지 아니하겠다고 단호하게 말한다(3:17~18). 이처럼 '그래서'신앙이 아니라 '아니하실지라도'라는 믿음을 지키는 것은 더 고결한 신앙이다. 상황이 좋은 상태에서 신앙생활은 쉬우나 어려운 상황 하에서는 생명을 거는 것이다. 한국 역사에서도 일제 시대나 공산 치하에서 신앙을 지키는 것은 감옥행이나 죽음을 상징했으나 믿음을 지켰다.
4. 벨사살 왕의 잔치는 예루살렘에서 가져온 성전 기물로 술을 마시는 오

1
바벨론 왕궁
다니엘은 뜻을 정하여

2
느부갓네살의 꿈
하늘에 계신 하나님

3
금신상과 풀무불
그렇게 하지 아니하실지라도

4
왕의 정신이상
짐승의 마음을 받아

5
벨사살의 운명
저울에 달아보니 부족함

6
사자굴 속에서도
전에 하던대로 기도

만을 범했고(5:1~2), "그 때에 사람의 손가락들이 나타나서 왕궁 촛대 맞은편 석회벽에 글씨를 쓰는데"(5절). 이에 왕은 두려워했고, 다니엘이 그 글자를 해석해 준다. "메네 메네 데겔 우바르신" 즉 '세어보고 세어보니 부족하여 나라가 나뉘어 진다'는 예언이었다. 결국 "그 날 밤에 갈대아 왕 벨사살이 죽임을 당하였고 메대 사람 다리오가 나라를 얻었다"(30~31). 하나님 앞에 교만은 죽음이다.

더 살펴보기

내용 분해
1~6장 – 역사적 기록
(이방에서의 다니엘)
7~12장 – 예언적 기록
(이상을 본 다니엘)

1. 〈다니엘〉의 내용

(1) 바벨론은 갈그미스 전투에서 애굽을 무찌른다(주전 605년, 대하 36:5~7, 렘 46:2). 다니엘을 비롯한 왕족과 귀족들이 포로로 잡혀갔고(단 1:1~5) 그 후 3차에 걸쳐 포로로 잡혀갔다. 즉 597년(왕하 24:14), 587년(왕하 25:6~12, 예루살렘 성전 파멸), 582년(왕하 25:22~26, 렘 40~44장 , 52:30).

(2) 〈다니엘〉은 〈요한계시록〉과 함께 묵시문학에 속한다. 묵시문학은 비유와 상징의 언어로 저술되고 그 내용은 역사의 종말과 이 종말에 앞서 일어날 일들을 다룬다.

예언자 다니엘의 모습
다니엘은 바벨론에 포로로 가 있었지만 신앙의 절개를 지킨 선지자이다. 바티칸 시스틴 성당에 있는 것으로 미켈란젤로의 '위대한 프레스코화'의 하나로 천정의 그림 주제와 연결된 초상화이다. 1501-1512년에 그려졌다.

2. 묵시문학은 어떤 책들인가?

경건한 유대인 무리들은 자신들의 미래 예견의 근거를 하나님의 묵시에 두었다. 곧 '은밀한 것을 나타내시는(묵시하시는) 하늘의 하나님'(단 2:47, 17~23, 27~30)에 두었던 것이다. 이 사람들은 '묵시(헬라어 아포칼뤼프테인, 아포칼뤼프시스)'라는 말로부터 '묵시론자'라는 이름을 얻게 되었다. 그들의 세계관과 역사관, 그들의 꿈과 환상은 '묵시문학적'이라 했고, 문학 작품들은 '묵시록'이라 불리게 되었다. 묵시문학적인 구약성경 본문들 가운데 중요하고 전형적인 것은 〈다니엘〉 2장과 7~12장이다. 또한 예언서의 후기 본문들도 묵시문학적인 특성을 강하게 드러내고 있다(사 24~27

장, 겔 38~39장, 욜 2~3장, 슥 9~14장 참고). (독일성서공회판,《관주해설 성경전서》)

3. 네 강대국에 대한 느부갓네살의 꿈(단 2장)

느부갓네살이 꾼 꿈을 다니엘만 해석을 한다(2:27-49). 꿈에서 본 신상을 통하여 묘사된 네 강대국의 특징은 그 영광과 권력이(금에서 진흙으로) 점점 줄어들고 그 혹독함과 완고함은 점점 늘어나는데 있다. 금으로 된 첫째 나라 바벨론 제국, 다음에 둘째 나라로 메대 제국이 나타나는데, 이는 오히려 바벨론 제국과 같은 때에 있다가 나중에 고레스에 의해 바사 제국에 통합되었다. 바사 제국이 여기서는 셋째 나라로 묘사된 것으로 보인다. 넷째 나라는 알렉산더 대왕의 헬라 제국이다(8:21~22). 알렉산더가 죽은 다음, 나라가 둘로 나뉘어(2:41~44) 애굽 지역에는 프톨레미 왕조가 이루어지고, 시리아 메소포타미아 지역에는 셀류시드 왕조가 들어선다. 그러나 "하늘의 하나님이 한 나라를 세우시리니"(2:44)라 하였는데, 이는 장래의 메시아 왕국에 대한 예언으로 해석한다(독일성서공회판,《관주해설 성경전서》). 한편 첫째는 바벨론 제국, 둘째는 메대-바사 제국, 셋째는 헬라 제국, 넷째는 로마 제국으로 보는 해석도 있다(다음 쪽의 도표 참고).

풀무불에서도 구원(단 3장)
사드락, 메삭 그리고 아벳느고는 금 신상에 절하지 않아 풀무불에 던져졌으나 상하지 않고 구원받았다. 핍박받던 성도들은 이 말씀을 읽을 때마다 용기를 얻었다.

4. 다니엘의 활동 시대 도표(단 2장, 7장)

다니엘은 유다가 바벨론의 1차 포로가 되었을 때부터 바사 통치 초기까지 약 70년간 활동했다(1:1~4, 21, 5:30, 6:1). 2장과 7장은 느브갓네살의 꿈과 다니엘이 본 이상으로 미래의 역사를 보여 준 것이다. 도표는 그 예언이 말한 시대에 관한 것으로 왕국의 흥망성쇠를 보여 준다. (다음 178쪽에 있는 도표는 독일성서공회판,《관주해설 성경전서》가 말한 네 강대국 해석이 달라 넷째 왕국을 로마 제국으로 보았다.)

612.나보폴라살
606.느브갓네살 539.고레스 333.알렉산더 63년 주전 / 주후

국가들	앗수르 제국	바벨론 제국 주전605–539년	메대–바사 제국 주전538–333년	헬라 제국 주전333–63년	로마 제국 주전63–주후476	예수님 주전,후 기원
주요사건	*721년 사마리아 멸망	*587년 예루살렘 멸망 다니엘의 활동시대		*165~63년까지 유다 독립시대	*로마제국은 주후 476년까지 존속	
*느브갓네살이 꿈에 본 이상 → *다니엘이 본 이상(네 짐승)→		순금으로 된 머리 (2:32) 사자(7:4)	은으로 된 가슴, 팔 (2:32) 곰(7:5)	놋 배, 넓적다리 (2:32) 표범(7:6)	쇠, 흙의 종아리, 발 (2:33) 열 뿔 가진 짐승(7:7)	*뜨인돌: 태산은 하나님의 왕국. (2:33,34,44)

다니엘 7~12장

이상을 본 다니엘(예언) (중요구절 단 12:3)

〈다니엘〉의 후반부로서 주로 다니엘이 본 이상에 대한 기록이다. 시기적으로는 바벨론 포로 이후에 대한 것들과 헬라시대에 대한 것들로 역사적으로 일치한 사건들이다. 헬라시대에 관해서는 구약성경에 구체적인 기록들이 없으므로 '중간시대'에 대해 별도로 공부해야 한다. 〈다니엘〉을 왕정 시대의 다니엘로 한정하기 어렵다는 것을 알 수 있다. ('다니엘 개요'와 '중간시대' 참고).

1. 다니엘은 환상 중에 네 짐승을 보았고(7:1~12) 천사는 다니엘에게 "그 일의 해석을 알려주며…… 그 네 짐승은 세상에 일어날 네 왕이라"(16~17절)며 뜻을 풀이해 준다. 그리고 미래의 영광을 보여준다. "지극히 높으신 이의 성도들이 나라를 얻으리니 그 누림이 영원하고 영원하고 영원하리라"(18절)며 하나님께 바쳐진 사람들에게 임할 영원한 복을 약속하신다. (〈다니엘〉 1~6장 해설 참고)
2. 다니엘은 세 이레 동안 금식을 하는데 이는 하나님의 계획을 더 알기 원하였던 것이다. 하나님은 선한 결심을 하면 첫 날부터 그 말을 들으신 바 된다. "네 하나님 앞에 스스로 겸비하게 하기로 결심하던 첫 날부터 네 말이 응답 받았으므로"(10:12)처럼 내 마음을 어떻게 결정하는가이다. 하나님의 마음에 합당한 성도가 되어야 한다.
3. 적그리스도와 성도들의 모습을 보여 준다(11:31~35). 하나님을 아는

백성은 강하고 용맹을 발한다(32절). 지혜로운 자는 사람을 가르친다(33절). 성도 중 일부는 연단을 받아 정결하게 되며 희어진다(35절). 따라서 하나님의 사람은 승리를 한다.

4. 언제 종말이 올 것인지에 대한 천사의 계시로 끝난다. "그 때에"(12:1)는 앞 절(11:45) 안티오쿠스의 죽음을 가리킨다. 종말은 세상이 이제껏 겪어 본 적이 없는 최악의 환난 다음에 올 것이다(욜 2:1~2, 마 24:21, 막 13:19, 계 7:14, 16:18). 선한 자든 악한 자든 많은 사람들이 부활할 것이다. 다니엘은 책을 닫고 끝날 때까지 내용을 밝히지 말라는 명령을 받는다(12:4, 9, 8:26). 다니엘이 죽음에서 부활하여 상급(12:13)을 받으리라는 확신으로 끝을 맺는다.

더 살펴보기

1. 숫양과 숫염소, 네 뿔, 작은 뿔은 무엇인가?(단 8장)

(1) "두 뿔 가진 숫양은 곧 메대와 바사 왕들이요 털이 많은 숫염소는 곧 헬라 왕이요"(8:20~21)라 했다. '숫염소'는 헬라요 '현저한 뿔'(8:5)은 알렉산더 대왕인데, 주전 336년에 마게도냐 왕이 되어 332년에 수리아와 애굽을 점령하고, 331년에는 바벨론을 정복하고, 330년에 다리오 3세(코도마누스)를 무찌름으로써 바사 제국을 끝장낸다. 7년 뒤 이 뿔은 부러졌다(11:4). 즉 알렉산더는 그 힘이 강성할 때에 죽고(323년) 그의 제국은 네 후계자의 나라로 나누어진다(8:22). 즉 마게도냐와 헬라(카산더), 트라키아와 소아시아(리시마쿠스), 수리아와 인더스 지역에 이르는 바벨론과 바사(셀류시드), 애굽(프톨레미)이 그 넷이다.

(2) 작은 뿔(8:9, 7:8)은 안티오쿠스 4세인 '에피파네스'인데(7:27), 그의 통치 영역에는 하나님의 거룩한 백성(8:24)의 아름다운 땅인 유다도 들어간다. 8장 10~12절은 안티오쿠스가 자기에게 굴복한 여러 민족의 예배에 간섭하는 종교정책을 암시한다(9:27, 11:36~37). (UBS, 《Good News Study Bible》, 독일성서공회판 《관주해설 성경전서》, NIV,

7
큰 짐승 넷의 모양
큰 짐승은 네 왕이라

8
수양과 수염소 예언
메데 · 바사, 헬라 왕이요

9
다니엘의 기도
일흔 이레의 예언

10
한 사람의 환상
결심하던 첫 날부터

11
남방 왕과 북방 왕
남방 왕의 딸이 북방 왕에게로

12
대 환난
별과 같이 빛나리라

《Study Bible》, Zondervan)

2. 일흔 이레(seventy weeks) 예언(단 9장)

하나님은 다니엘 당대를 기점으로한 이후의 세계 역사와 메시아의 초림으로 전개될 종말의 상황들을 상징적이나마 일흔 이레(seventy weeks, 9:24) 예언을 통해 계시하셨다. 이 일흔 이레는 문자적으로 해석하여(70X7=490) 역사의 전개 상황을 억지로 꿰어 맞추어서는 안 되며 묵시 문학이 지닌 상징성을 인정하여, 성경이 계시하는 바 구속사적인 역사 안목으로써 각 기간들을 살펴보아야 한다. 한편 70 이레는 7이레 + 62이레 + (중간공백) + 1이레 등으로 4분류할 수 있으며(단 9:20~27) 이를 〈요한계시록〉과 연관지어(계 11:1~13) 생각해 보면 아래의 도표와 같은 내용으로 추정해 볼 수 있다.

	메시아 탄생				
예루살렘 중건을 명함		기름부음 받은 자(메시아)가 끊어질 것	언약 체결	언약 파기 / 아마겟돈 전쟁	
7주	62주	중간 공백기	최후 1 주		영원한 세상
주전 538 고레스 원년 주전 520 성전 봉헌	주전 444 예루살렘 성벽 수축	주후 30 – 70 예루살렘 성전파괴	전 3년반(핍박미약)	후 3년반(핍박치명)	
			7년 대환난	백보좌 심판	

3. 다니엘의 예언과 성취(단 11장)

다니엘의 저작을 '포로 시대'로 볼 때는 다니엘의 예언은 정확하게 성취되었다. 그러나 '포로 후'의 기록으로 볼 때는 당시의 상황을 예언한 것으로 볼 수 있다. 포로시대로 볼 경우엔 미래에 나타날 인물과 나라까지 예언된 것은 합리적이지 못하고, 포로 후기로 볼 경우엔 나타난/났던 현상을 기록한 것으로 보아 더 설득력이 있다. (〈다니엘〉 개요 참고)

(1) 11:2에 바사에서 또 세 왕들이 일어날 것이라 하였는데, 이는 '캄비세스', '가우마타', '다리오'이며 그 뒤에 일어난 넷째 왕은 '크셀크세스'

(Xerxes, 아하수에로)이다. 한편 "세 왕들"을 고레스에 이은 '캄비세스', '다리오 1세', '아하수에로' 그 후의 '넷째 왕'을 '아닥사스다'로 해석하기도 한다. (《성경핵심전과1》410쪽 내용 참고)

(2) 11:5~19은 남방 왕(애굽의 프톨레미)과 북방 왕(시리아의 셀류시드)의 전쟁을 예언한다.

(3) 11:20~45은 안티오쿠세스 4세인 에피파네스의 출현과 멸망에 대해 예언한다. (674쪽 '성경 한눈에 익히기' 내용 참고)

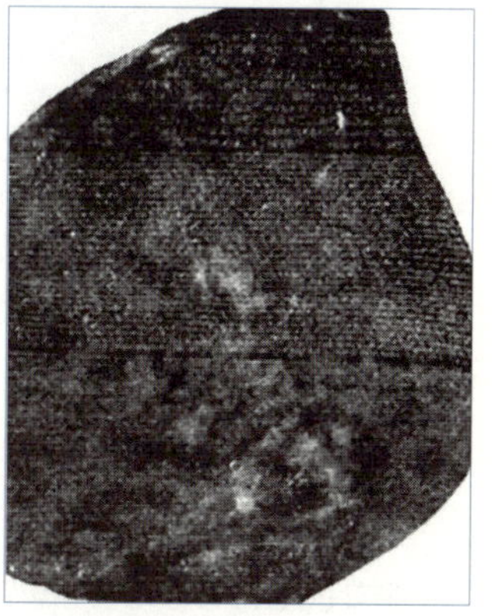

로제타석(Rosetta Stone)

다니엘은 벽에 쓰인 독특한 글자를 해석하였다(단 5장). 이 비문은 1798년 프랑스 나폴레옹 군대에 의해 이집트의 로제타에서 발견된 것으로 프톨레미 통치 시대(주전 203-181년)를 담고 있다. 애굽어(상형문자, 민용문자)와 헬라어 등 3가지가 함께 기록되어 있다. 프랑스의 샹폴리옹이 헬라어를 통해 1822년 애굽의 상형문자 해독에 결정적 역할을 했다.

B I B L E

성경 질문지

다니엘 1~6장 이방에서의 다니엘(역사)

제1장 [바벨론 왕궁에 선 다니엘]

성경을 읽고 빈칸을 알맞은 말로 채우시오

1. 다니엘은 유다 왕 (   )이 다스린 지 (   ) 년에 바벨론 왕 (   )의 포로가 되어 갈대아 사람의 학문과 (   )를 (   ) 년간 가르침을 받게 되었다(1~4).
2. 환관장 (   )는 유다 자손들의 이름을 고쳐 다니엘은 (   ), 하나냐는 (   ), 미사엘은 (   ), 아사랴는 (   )라 하였다(5~7).
3. 다니엘은 (   )을 정하여 왕의 음식과 (   )로 자신을 더럽히지 아니하니 환관장이 열흘 동안 시험하여 (   )과 (   )을 먹고 마셨으나 살이 더욱 윤택했다(8~16).
4. 다니엘은 또 모든 (   )과 (   )을 깨달아 알았고, 네 소년의 지혜와 총명이 온 나라 박수와 술객보다 (   ) 배나 나았으며 다니엘은 (   ) 왕 원년까지 있었다(17~21).

제2장 [느부갓네살의 꿈]

다음 말이 맞으면 O표, 틀리면 X표 하시오,

1. 느부갓네살은 자신이 꾼 꿈의 내용을 갈대아 술사들에게 말했으나 그들은 해석을 못했다 (1~13). - (   )
2. 다니엘은 꿈을 해석하지 못하면 죽임을 당한다는 것을 알고도 주께 감사하고 찬양하였다(14~24). - (   )
3. 다니엘은 하늘의 하나님이 보이신 환상으로 꿈이 왕에게 후일에 될 일을 알게 하셨음을 말했다(25~30). - (   )
4. 꿈에 본 신상은 네 부분으로 돌이 이것을 부숴뜨리는 나라의 흥망성쇠에 관한 꿈이다(31~45). - (   )
5. 느부갓네살 왕이 다니엘에게 절하고 바벨론 한 지방을 다스리는 권세를 주었다(46~49).- (   )

제3장 [금신상과 풀무불]

다음 빈칸에 알맞은 말을 쓰시오.(1규빗=약 45Cm=0.45m)

1. 금신상의 크기는 얼마인가?(1)
   - 1) 높이:(규빗=   m),
   2) 너비:(규빗=   m   Cm)
2. 낙성식에서 악기 소리를 들을 때에 어떻게 하라고 했는가?(2~7)
   -
3. 금신상에게 절할 기회를 다시 준다고 할 때 다니엘의 세 친구의 대답은? - (~   절)
4. 풀무불은 평소보다 (   ) 배 뜨겁게 하였으며, 세 사람을 불에 넣었으나 (   ) 사람이 불 가운데로 다니는데 넷째의 모양은 (   )과 같았으며, 불 속에서 모두 건짐을 받았다(19~27).

제4장 [느부갓네살의 꿈]
다음 묻는 말에 답하시오.

1. 다니엘을 벨드사살이라 함은 무엇을 좇아 이름한 것인가?(1-9)
   -

2. 왕이 짐승의 마음을 받아 일곱 때를 지나게 될 것은 인생으로 무엇을 알게 하려 함인가?(10-18)
   -

3. 왕이 어떤 모습으로 일곱 때를 지낼 것이라 하였나?(19-27)
   -

4. 기한이 차매 느부갓네살의 총명이 돌아와서 어떻게 하였나?(28-37)
   -

제5장 [벨사살의 운명]
다음 서로 관계 있는 것 끼리 연결하시오.

1. 벨사살 왕이 잔치를 베풀고 • • 가)
2. 사람의 손가락들이 왕궁 벽에 글씨를 • • 나)
3. 메네 메네 데겔 우바르신 • • 다)
4. 갈대아 왕 벨사살이 죽임을 당함 • • 라)

가) 왕이 다리가 녹는 듯하고 무릎이 부딪힘
나) 메대 사람 다리오가 나라를 얻음
다) 예루살렘 성전에서 가져온 금 그릇으로 술마심
라) 세어보고 세어보니 부족하여 나라가 나뉜다

제6장 [사자굴에서 살아난 다니엘]
다음 ( ) 안에 알맞은 말을 적으시오.

1. 고관 백이십 명을 세워…… 그들 위에 총리 ( )을 두었으니 ( )이 그 중의 하나이라

2. 다니엘이 이 조서에 ( )이 찍힌 것을 알고도 자기 집에 돌아가서는 윗방에 올라가 ( ) 으로 향한 창문을 열고 전에 하던 대로 하루 ( ) 무릎을 꿇고 ( )하며 그의 하나님께 ( )하였더라

3. 나의 하나님이 이미 그 ( )를 보내사 사자들의 ( )을 봉하셨으므로 사자들이 나를 상해하지 못하였사오니 이는 나의 ( )이 그 앞에 명백하오며……

다니엘 7~12장 이상을 본 다니엘(예언)

제7장 [큰 짐승 넷의 모양]
다음 물음에 답하시오.

1. 다니엘이 침상에서 꿈을 꾸며 머리 속으로 환상을 받고 그 꿈을 기록한 때는?(1) -

2. 다음 말은 다니엘이 환상 중에 본 큰 짐승 넷 중에 어느 것인지 보기에서 고르시오(2~8).

보기 사자 / 곰 / 표범 / 열 뿔 짐승 /

1) 등에 새의 날개 넷이 있고 머리 넷이 있으며 권세를 받았다. -
2) 독수리의 날개가 있더니 그 날개가 뽑혔고 두 발로 서며 사람의 마음을 받았다. -
3) 쇠로 된 큰 이가 있어서 먹고 부서뜨리고, 열 뿔이 있는데 그 사이에서 작은 뿔이 나더니 먼저 뿔 셋을 뿌리까지 뽑았고 작은 뿔에는 사람의 눈 같은 눈이 있고 입이 있어 큰 말을 하였다. -
4) 몸 한쪽을 들었고 잇 사이에는 세 갈빗대가 물렸는데 그에게 "많은 고기를 먹으라"고 말함. -

3. 옛적부터 항상 계신 이의 심판으로 짐승은 어떻게 되었는가?(9~12)
   -

4. 인자 같은 이의 권세와 나라는 어떻게 되는가?(13~14) -

5. 네 큰 짐승은 누구를 상징하는 것인가?(15~22절 읽고 답은 17절에서) -

6. 강대한 땅의 넷째 나라는 멸망하고 나라와 권세와 위세는 어떻게 되는가?(23~28)
   -

제8장 [수양과 수염소의 예언]
성경을 읽으면서 다음 (   ) 안에 알맞는 말을 적으시오

1. 다니엘이 (   ) 왕 제삼 년에 다시 환상을 보았는데…… 몸은 (   )에 있었고 환상을 보기는 (   )에서이다(1~4).
2. 두 뿔 가진 (   )과 두 눈 사이에 현저한 뿔이 있는 한 (   )를 보았는데, 숫염소가 숫양과 싸워 이겼고, 숫염소가 강성할 때에 큰 뿔이 꺾이고 그 대신에 (   )이 하늘 사방을 향하여 났다(1~8).
3. 환상에 나타난 바 (   )와 망하게 하는 죄악에 대한 일과 (   )와 백성이 내어준 바 되며 짓밟힐 일의 기간은 (   )까지이다(9~14).
4. 두 뿔 가진 숫양은 곧 (   ) 왕들이요, 숫염소는 곧 (   ) 왕이다(15~22)
5. 이 환상은 정한 때 (   )이므로 다니엘에게 그 환상을 (   )하라 하였다(15~27, 답은 17, 19, 26에서).

제9장 [일흔 이레: 다니엘의 기도]
하나님에 대한 다니엘의 기도가 나오는 절을 쓰시오.

1. (절) 크시고 두려워 할 주 하나님, 언약을 지키시고 그에게 인자를 베푸시는 이.
2. (절) 하나님께는 긍휼과 용서하심이 있다.
3. (절) 하나님 여호와의 행하시는 모든 일이 공의로우시다.
4. (절) 지금 주의 종의 기도와 간구를 들으시는 하나님.
5. (절) 예루살렘을 중건하라는 영이 날 때부터…… 일곱 이레와 예순두 이레가 지날 것이다.

제10장 [한 사람의 환상]
다음 물음에 답하시오.

1. 1) 10장은 무엇에 관한 환상이며 -
   2) 몇 이레 동안 음식을 제한했는가?(1-9) -
2. 힛데겔 강 가에서 본 한 사람의 모습은?(1-9)
   -
3. 언제부터 다니엘의 말이 하나님의 사자에게 들으신 바 되었나?(10-17) -
4. 하나님의 사자를 도와서 바사군주와 헬라의 군주를 대적하는 자는 누구인가?(18-21) -

제11장 [바사와 헬라에 대한 예언]
다음 설명이 맞는 것은 O표, 틀린 것은 X표로 답하시오

1. 바사에서 일어난 넷째 왕은 후에 헬라 왕국을 칠 것이나 강성할 때에 그 나라가 갈라질 것이다(1~4). - (   )
2. 남방 왕(애굽을 통치한 프톨레미 왕조, 주전 305-181)과 북방 왕(수리아를 통치한 셀류커스 왕조)은 화목했다(5~19). - (   )
3. 왕위를 이은 북방 왕(안티오커스 에피파네스: 적그리스도)은 스스로 높여 모든 신 보다 크다 한다(20~45). - (   )

제12장 [대환난]
다음 구절을 이어서 완성하시오.(해당 절만)

1. 땅의 티끌 가운데에서~
2. 다니엘아 마지막 때까지~
3. 많은 사람이 연단을 받아~

호세아 | 예언서 |

Hosea

제목에 대한 해설

〈호세아〉부터 〈말라기〉까지 12권은 소예언서(소선지서)로서 히브리어 성경에는 12소예언서를 한 묶음으로 하여 〈열두 예언자〉라고 한다.《칠십인역(LXX)》 사본에는 그 순서가 좀 다르다. 〈호세아〉, 〈아모스〉, 〈미가〉, 〈요엘〉, 〈오바다〉, 〈요나〉 등의 순서이다. 어떤 사본에는 12소예언서가 대예언서 앞에 놓여 있다. 히브리어 성경에서는 연대기적인 배려가 12소예언서의 배열을 지배한 것으로 보인다.

본서는 예언자 '호세아'의 이름을 따라 작명되었다.《칠십인역》이나《불가타역(Latin Vulgate)》 모두 표기는 달라도 예언자의 이름에 근거하였다.

저자 및 저작 연대

〈호세아〉는 예언자 자신의 예언을 기록한 것이다. 그의 활동은 이사야의 생존 시기에 행해졌다. 호세아는 브에리의 아들이었고 북국 이스라엘에서 예언했다.

한편 호세아의 글이 아닌 부분이 있음을 주장하는 학자들의 견해는

11:8~11, 14:2, 9절과 같은 복(福) 또는 구원의 예언과 남쪽 유다에 대한 약간의 언급을 포함하는 구절이다. 그러나 호세아의 것이 아니라고 주장하는 이유가 미흡하다.
호세아는 이스라엘 여로보암 2세(주전 786~749년)의 후반기에 예언을 시작하여 이스라엘 멸망 때까지 예언한 것으로 본다(주전 750~721년).

역사적 배경

브에리의 아들 호세아는 문서예언자 중에 유일하게 북 이스라엘 출신으로 조국에 대하여 예언했다. 북 이스라엘에서 활동한 다른 선지자로는 아모스가 있지만 출신은 남 유다이다. 북국 열 지파에 멸망의 기운이 무르익자 선지자 호세아가 보냄을 받는다. 영적 음행인 우상을 숭배하는 패역한 이스라엘에 타락한 그의 아내 고멜을 통하여 상징적으로 하나님의 사랑을 나타낸다.
호세아가 소명을 받은 것은 여로보암 2세 때로서 이스라엘이 외형적으로 부강한 때였으나 하나님 보시기에는 우상숭배로 타락한 시대였다. 호세아의 예언 기간을 북 왕국 마지막 왕인 호세아 왕까지 여러 해 동안 활동한 것으로 보는 견해도 있다.

호세아의 소명과 생애

호세아는 그가 3인칭으로 등장하는 전기 부분(1장)에 보면 '고멜과의 결혼'을 통하여 소명을 받게 된다. 호세아가 음란한 여인 고멜과 결혼하는 것이 우상숭배를 하는 이스라엘과 여호와 사이의 관계를 상징하는 것으로 호세아의 결혼이 곧 소명이다. 자녀들도 상징적인 이름을 갖는 소명의 유형으로 나타난다.
호세아의 직업에 대해서는 7장 4절 이하에 근거하여 '빵 굽는 자', '농부'라 하고 또 제의에 관심을 갖는 것으로 보아 중앙 성소를 반대하는 지방성소의 레위 지파와 관계성이 있을 것이라는 학자들의 주장도 있다.

예언의 일부는 상징행위로 나타나는데, 〈예레미야〉 16:1~9나 〈에스겔〉 24:15~24과 유사성이 있다. 상징행위는 선포된 말씀의 진실성을 보증하고 하나님의 관점에서 그 사건을 상징적으로 미리 일으킨다.

교훈과 메시지

(1) 하나님을 아는 지식과 사랑(헤세드)

〈호세아〉는 유일신적 신관을 갖고 있으며 하나님께 범죄하는 이스라엘의 우상 숭배와 혼합주의에 대하여 맹렬히 비난하고 있다. "나(여호와)는 인애를 원하고 제사를 원치 아니하고 하나님을 아는 것을 원하노라"(6:6)라고 하였다. 인애(헤세드)는 계약적인 관계에서 신뢰와 충성을 묘사하기 위해서 쓰인다. 하나님을 아는 지식도 그의 백성을 위한 여호와의 애굽에서의 구원과 광야에서의 인도하심(13:4~6)을 기억하는 것과 직접 관련되어 있다.

(2) 고난에 대한 이해

〈호세아〉는 이스라엘의 고난이나 재앙은 매우 지혜자적이어서 연단은 심판이나 재앙이 아니고 여호와를 떠난 백성이 '아버지께 돌아오는 아들'처럼, 그리고 '행음하는 아내가 본 남편에게 돌아오는 것'처럼 다시 여호와께로 돌아오도록 하기 위한 사랑의 채찍으로 이해했다(6:1~4). 〈아모스〉가 '공의의 하나님'을 선포한다면 〈호세아〉는 '사랑의 하나님'을 선포하고 있다.

이스라엘이 갱신할 것을 선포하며(2:19~23), 여호와께로 돌아와서 싸매어 주심을 받고 여호와를 힘써 알며(6:1~3), 마음의 묵은 땅을 갈아엎는 회개를 통한 갱신을 호소하고 있다.

1
음란한 여자와 결혼
이스르엘, 로루하마, 로암미

2
아내의 타락을 막음
가시로 그 길을 막음

3
음녀를 사 옴
그 여자를 사랑하라

4
이스라엘에 대한 책망
이 땅 주민과 논쟁하시니

5
이스라엘에 대한 심판
그들에게서 떠나셨음

6
거절된 기도
우리가 여호와를 알자

7
에브라임의 죄와 악
어리석은 비둘기 같이

호세아 1~7장

이스라엘의 상징적 예언 (중요구절 호 2:19~20)

호세아는 하나님의 명령대로 음란한 여자, 고멜을 아내로 취하여 자녀를 낳는다(1장). 연애하는 자를 따라가는 고멜을 막는 호세아(2장). 가출한 아내를 사 오는 호세아, 이는 우상숭배를 하는 이스라엘을 버리지 않고 사랑하시는 하나님의 모습이다(3장). 그럼에도 하나님을 떠난 이스라엘에 대한 책망과 심판을 보여준다(4~5장). 이스라엘은 여호와께로 돌아가야 하고 여호와를 힘써 알아야 하는 데도 그들은 듣지 않았다(6장). 에브라임은 이방족과 혼합되어 종교적 정치적 활동이 마치 뒤집지 않은 전병 같은 꼴로서 앗수르와 애굽과 동맹을 하지만 얻은 것이 없다(7장).

1. 호세아는 문서 예언자들 중에 유일하게 북국 이스라엘 출신으로 조국인 이스라엘을 향하여 예언을 하였다. 아모스도 북국을 향해 예언했지만 그는 남국 유다 출신이다. 우리는 〈호세아〉에서 호세아가 부정한 여인 고멜을 아내로 맞아 사랑하는 모습을 통해, 사랑의 하나님께서 타락한 이스라엘을 향하여 아픈 사랑을 하시는 모습을 보게 된다.
2. "가서 음란한 여자를 맞이하여 음란한 자식들을 낳으라"(1:2)는 호세아를 향한 하나님의 말씀을 순종하기란 쉽지 않았으나 호세아는 이를 실천하여 이스라엘에게 메시지가 되게 한다. 내게 힘든 소명이 임한다 해도 이를 따라야 하지만, 그리스도인들이 자신의 이익만을 따라 신앙을 선택하는 문제가 있다.
3. 애인을 따라 나섰던 고멜은 후회하며 말한다. "내가 본 남편에게로 돌아가리니 그 때의 내 형편이 지금보다 나았음이라"(2:7). 호세아에게는 진실한 애정이 있으나 쾌락만을 추구하는 애인이 줄 것은 무엇인가? 즉 하나님을 떠나 우상 숭배를 하던 자들이 얻은 것이 무엇인가? 눈에 보이는 것만 따라 여기저기 방황하여서 얻어진 것이 무엇인가? 오늘 내 교회, 내 목자의 진정한 사랑을 알아야 한다.
4. 교회는 형식이나 의식을 가지고 있다. 그러나 이것이 진실한 마음을 수반할 때 비로소 가치를 얻게 된다. 이스라엘은 종교에 열심이었지만 실제는 외형적이었다. 그러기에 하나님은 "나는 인애를 원하고 제사를 원하지 아니하며 번제보다 하나님을 아는 것을 원하노라"(6:6)고 말씀하신다. 우리가 매주 예배를 드리며 새벽마다 기도하되 거기에 참

된 의미를 부여해야 하나님께서 기뻐 받으신다.

5. 교만과 영적 무지 상태에 빠진 이스라엘은 하나님을 찾는 일을 포기했다. 하나님을 섬김보다 "곡식과 새 포도주로 말미암아 모이며"(7:14) 하나님을 거역하였다. 우리의 예배와 기도회, 기타의 모임들이 내 필요를 얻기 위한 것은 아닌지? 모임의 진정한 목표는 언제나 하나님의 영광임을 기억하자.

더 살펴보기

1. 〈호세아〉의 내용

이스라엘이 남북으로 분열되고(왕상 12장) 북쪽은 여로보암 왕(주전 922~901)이 통치했는데, 호세아의 예언은 그 후 여로보암 2세(주전 786~749년)인 풍요하던 시대에 시작하여 조국의 멸망을 본 것으로 추정된다(주전 950~721년).

내용 분해

1~3장 – 호세아의 소명과 결혼생활

4~13장 – 호세아의 설교 (여호와를 배반한 이스라엘)

14장 – 용서와 회복

2. 〈소예언서〉에 들어가면서

소예언서는 〈호세아〉부터 〈말라기〉까지 12권의 선지서를 말하는데, 이는 예언의 분량이 적은 것이지 선지자의 사명이 작거나 연대기적으로 분류한 것도 아니다. 소예언서를 공부함에 있어서 그 예언의 시기를 파악하며 각 책의 개요를 살펴보아야 한다. 대개 1:1에 보면 당시 왕들의 통치 연대로 시대를 알 수 있으나 12권 중에 6권에는 나타나지 않아 어려움이 있다. 이 교재 문제에서는 해석적인 것보다 평면적인 읽기에 중점을 두므로 각 책 개요를 잘 읽기 바라며 적절한 참고서를 보는 것도 한 방법이다. 하나님의 말씀은 절대적이지만, 제한된 인간의 해석은 다양성이 있으며 절대적이 아닐 수 있음도 인정해야 한다.

3. 〈호세아〉에서 보여 준 하나님의 사랑과 구속

(1) 자녀들의 이름이 보여 준 구속과 사랑 - 고멜과의 사이에서 낳은 세

이스라엘의 건포도(호 3:1)
여호와께서 호세아에게 "이스라엘 자손이 다른 신을 섬기고 건포도 과자를 즐길지라도 여호와가 그들을 사랑하나니"(호 3:1)라 하였다. 호세아가 음녀가 된 여자를 사랑하는 것은 하나님께서 우상숭배하는 이스라엘에 대한 사랑의 상징이다.(©이원희,)

자녀는 이스라엘의 형편과 미래를 보여 준다. 즉 '이스르엘'은 예후가 아합 왕족을 암살한 피의 현장으로 '심판'을 뜻하며, '로루하마'(1:6)는 '긍휼히 여김을 받지 못하는 자'라는 뜻이고, '로암미'(1:9)는 '내 백성이 아니다'라는 뜻이다. 즉 하나님의 무서운 심판과 우상 숭배로 긍휼을 얻지 못하며 '나는 너희 하나님이요 너희는 내 백성이라'(출 19:6, 레 12:26 등)는 언약이 파기되었다. 그러나 하나님의 끝없는 사랑은 '루하마(긍휼히 여김을 받는다, 2:1)', '암미(백성, 2:1)'라 하여 긍휼을 얻고 하나님의 백성이 되는 회복이 있다(2:23). 앞에서 보듯이 '로루하마'와 '로암미'에서 이름 앞에 부정어 '로(아니다)'가 빠지므로 긍정적인 이름이 되었는데 이는 하나님의 구속의 사랑을 나타내는 것이다.

(2) 아내 사랑이 보여 준 헤세드 사랑 - 음란한 아내 고멜은 다른 남자를 따라 나섰으나 그 길을 막으며(2:6), 가출한 아내를 다시 사 온다(3:2). 이것은 우상 숭배를 하는 이스라엘을 그래도 사랑하시는 하나님의 긍휼하신 헤세드의 사랑을 보여 주는 것이다.

4. 하나님을 아는 지식

이스라엘의 죄는 '여호와를 아는 지식이 없다'(4:1)는 것이다. '지식'은 하나님과의 친밀한 관계인데(창 4:1), 이스라엘은 영적 간음을 하였다(5:4). 그래서 호세아는 회개하라는 권고를 하면서 "우리가 여호와를 힘써 알자"(6:3)고 했으며 하나님께서는 회복시켜 주시겠다는 약속의 절정인 "네가 여호와를 알리라"(2:20)고 하였다. 그러나 이스라엘은 이런 말뿐이었지 하나님께로 돌아오지 않았기에 아픈 사랑을 하는 호세아는 자신의 삶으로 호소하였다.

호세아 8~14장

이스라엘의 회개와 축복 (중요구절 호 14:4)

에브라임은 들나귀처럼 앗수르로 갔으며 많은 제단을 만들었으나 범죄하게 하는 것이 되었다(8장). 우상 숭배하는 이스라엘에 임할 형벌의 날이 이르렀고(9장), 그 받을 징벌은 크다(10장). 하나님은 신실하게 남아 있는 자들에 대하여 위로와 평안을 약속하신다(11장). 조상 야곱을 인용하여 북 이스라엘과 남유다의 패역한 모습을 말씀하신다. 그들은 하나님께서 보낸 선지자의 말씀에 반대하였다(12장). 하나님을 배반하고 사람의 손으로 만든 바알과 금송아지를 의지했기에 철저한 하나님의 심판을 언급하고 있다(13장). 회개의 촉구와 하나님의 축복에 관한 말씀을 하신다. 하나님의 진노가 떠났다(14장).

1. 호세아는 여호와의 신실하신 사랑을 떠나 바알 숭배에 마음을 빼앗기고 있는 이스라엘을 향해 하나님의 심판이 가까웠음을 선포했으나 이스라엘은 번영으로 인해 취해 있었다. 거짓 선지자들은 사람들을 기쁘게 하는 예언을 했으나 호세아는 하나님의 말씀을 선포하였다. "형벌의 날이 이르렀고 보응의 날이 온 것을 이스라엘이 알지라"(9:7). 선지자의 눈에는 멸망해 가는 이스라엘이 보였다.
2. '하나님의 사랑'을 노래한 11장에서 애타는 하나님의 심정을 만나게 된다. 그토록 사랑해 주었건만 이스라엘은 알지 못했다. 그럼에도 이들에 대한 하나님의 "긍휼이 온전히 불붙듯"(11:8) 하였다. 이것이 하나님의 아픈 사랑이다. 호세아의 삶은 애인을 따라 나간 아내를 다시 사오는 모습을 통해 하나님의 사랑을 보여 준다.
3. 하나님의 말씀을 접하므로 진정 하나님을 믿게 된다. 모세가 하나님의 말씀을 듣지 아니했더라면 미디안 땅에서 십보라와 함께 즐거운 목양 생활을 했을 것이지만 파란만장한 그의 생애는 인간적인 행복을 앗아가 버렸다. "내가 광야 마른 땅에서 너를 알았거늘"(13:5)이라는 말씀처럼 하나님은 광야 마른 땅, 그 구체적인 삶의 현장에서 만나 주신다. 하나님의 말씀에 순종하면 광야에서 길을 인도해 주시고 사막에 물이 흐르게 해 주신다. 하나님은 시내 산에서 언약을 맺으시고(출 20:2~3, 19~24장 시내 산 언약)'광야 마른 땅'에서 이들을 먹이셨다. 그러나 가나안에 정착한 이스라엘은 하나님을 잊었다. 그러기에 이스라엘은 고통을 당하게 되었다.

8
우상숭배와 악한 동맹
들나귀처럼 앗수르로 갔고

9
에브라임에 임할 심판
형벌의 날, 보응의 날

10
죄 값으로 받을 징벌
두 마음을 품었으니

11
하나님의 사랑
사랑의 줄로 그들을 이끌었고

12
선포한 말씀에 대한 반대
선지자에게 말하였고

13
진노하시는 하나님
바알로 말미암아 범죄하므로

14
이스라엘의 회개와 축복
진노가 그에게서 떠났음

4. "우리가 앗수르의 구원을 의지하지 아니하며 말을 타지 아니하며" (14:3)라 했다. 당시 '앗수르'는 최강의 나라이며 '말'은 최강의 전쟁 무기였다('말을 타지 아니하며'라는 표현은 '애굽에 원조를 청하지 않겠다'는 뜻으로 해석하기도 한다). 이스라엘은 외세(앗수르나 애굽)를 의지하며 강해지고 난국을 극복하고자 했으나 호세아는 '진정으로 우리를 도와주실 분은 하나님이다'라며 하나님께 돌아오는 것이 살길이라고 외친다. 한창 번영에 취해 있는 사람들에게 하나님의 말씀은 들리지 않았으며 호세아의 '이스라엘은 망한다'는 말이 헛소리로 들렸을 것이다.

더 살펴보기

1. 하나님께서 호세아의 특이한 삶을 활용하는 이유

(1) 경험적 이유: 호세아는 부정한 아내와 결혼함으로써 여호와를 저버리고 끊임없이 영적 음행과 간음을 저지르는 북 왕국 이스라엘 때문에 번민하시는 하나님의 마음을 다른 선지자들보다도 잘 이해할 수 있었다. 하나님께서도 흔히 자신과 이스라엘의 관계를 혼인 관계로 비유하셨다(사 62:5, 호 2:19, 렘 3:14).

(2) 예증적 이유: 그의 결혼은 그가 이스라엘에 전해야 할 메시지의 살아있는 본보기가 될 것이다.

(3) 예언적 이유: 하나님께서는 그의 자녀들을 장차의 응징과 모든 이스라엘의 종국적 회복을 묘사하는 이름으로 부르도록 명령하셨다.

성경에 나오는 5명의 호세아

〈호세아〉의 저자와 동명이인은 성경에서 5명을 찾아볼 수 있다.

(1) 구약 〈호세아〉의 저자(호 1:1),
(2) 여호수아의 처음 이름(민 3:8),
(3) 다윗 왕 때에 에브라임 지파의 관장(대상 27:20),
(4) 북 이스라엘의 최후의 왕(왕하 15:30),
(5) 느헤미야 때의 인친 자 중에 한 사람(느 10:23)

2. 북 왕국 이스라엘을 '에브라임'으로 부르는 이유와 별명

이스라엘을 '에브라임'이라 부르는 이유는 에브라임이 이스라엘의 열두 지파 중에 가장 컸으며 그러나 제일 먼저 타락한 지파였기 때문일 것이다. 이들에게는 여러 별명들이 있다. ① 완강한 암소(4:16), ② 달궈진 화덕(7:4), ③ 뒤집지 않은 전병(7:8), ④ 어리석은 비둘기(7:11), ⑤ 속이는 활(7:16), ⑥ 깨어진 그릇(8:8), ⑦ 홀로 떨어진 들나귀(8:9), ⑧ 바짝 마른 뿌리(9:16), ⑨ 열매 없는 포도나무(10:1). 이러한 별명과 함께 하나님의 에브라임에 대한 말씀들을 다음 구절에서 살펴볼 수 있다(2:19, 23, 3:5, 6:1~3, 11:1, 4, 8~9, 13:10, 14, 14:4~7)

3. '여호와의 도(다르케 아도나이, 14:9)

먼 과거에 쓰여진 〈호세아〉는 마지막 절에서 명확하게 진술하고 있듯이 미래 세대들이 그 메시지를 이해할 수 있도록 하기 위해서 기록된 것이다.

(1) 〈호세아〉의 끝 절에 "여호와의 도는 정직하니 의인이라야 그 길로 다니거니와"(14:9)라고 하였는데 이는 〈다니엘〉 끝 절(단 12:10)과 유사하다. '여호와의 도'(다르케 아도나이, the ways of the Lord)는 바른 목적지에 이르게 하는 참 길을 의미한다(신 32:4). 예수님께서는 "나는 길이요 진리요 생명이라"(요 14:6) 하신 바로 그러한 길이다. 그 길에서만 인간은 의로워지고 그 영혼이 소생한다(시 119:37, 사 26:7).

(2) '여호와의 도'는 〈호세아〉의 주제로서 계약법의 명령들이다. 의인은 그 뜻을 따라 행함으로 생명을 얻고 죄인은 그 뜻을 거역하여 넘어지게 될 것이라고 한다. 여기에 관계된 구절들을 보라(호 14:1, 시 19:8, 잠 4:11-12, 11:5, 15:19, 사 26:7, 렘 31:9 등). 선택은 그대의 몫이다. 우리 자신이 이 세상에서 고아와 같은 자들임을 인식할 때 호세아를 통하여 선포된 "내가…… 기쁘게 그들을 사랑하리니"(14:4)라는 하나님의 사랑의 말씀을 다시 들을 수 있는 것이다.

계약의 석주(石柱)
호세아는 하나님의 명령을 따라 음란한 아내 고멜을 취한다(호 1장). 사진은 젊은 남녀의 혼인계약, 또는 군주 사이에 맺어지는 계약으로 보이는 다정한 모습의 석주이다. (주전 10세기경 우가리트 라스샤므라 출토, 루브르박물관)

B I B L E

성경 질문지

호세아 1~7장 이스라엘의 상징적 예언

제1장 [음란한 여인과 결혼한 호세아]

다음 (/) 안에 맞는 말에는 O표, 틀린 것은 두 줄로 지우시오

1. 여로보암이 이스라엘 왕이 된 시대에 (브에리, 호세아)에게 여호와의 말씀이 임했다(1:1).

2. 호세아 시대에 남국 유다의 왕들은 (웃시야, 요담, 아하스, 히스기야 / 브에리, 여로보암)이고 북국 이스라엘의 왕은 (웃시야 / 여로보암)이다(1:1). 이 때에 유다에는 (이사야 / 예레미야)가 예언했다(사 1:1, 렘 1:1~3).

3. 여호와의 말씀대로 취한 음란한 여자 (디블라임 / 고멜)과의 사이에 낳은 자녀는 (1남2녀 / 2남1녀)이다.

4. 세 자녀의 이름이 뜻하는 것과 그 이름이 바뀐 것과 관계가 있는 것을 연결하시오(1:3~2:1).

   1) 이스르엘 • • 가) • • a)
   2) 로루하마 • • 나) • • b)
   3) 로암미 • • 다) • • c)

가) 긍휼히 여김을 받지 못함 나) 내 백성이 아니다 다) 예후의 집에 대한 피의 보복
a) 루하마 b) 이스라엘의 활을 꺾음 c) 암미

제2장 [아내의 타락을 막는 호세아]

다음 물음에 답하거나 ( )안에 알맞은 말을 적으시오

1. 호세아의 아내의 얼굴과 유방 사이에서 제할 것은 각각 무엇인가?(1-7)
   -

2. 호세아의 아내(자식들의 어미)가 사랑하는 자들을 따르며 하는 말은 무엇인가?(5)
   -

3. 호세아는 그러한 아내에 대해 어떤 조치를 취했나?(답은 6절에서)
   -

4. :2:8~13에서 앞의 호세아는 ( )을, 고멜은 우상숭배하던 ( ) 백성을 상징한다(본문 및 해설 참고).

5. 여호와께서 무엇을 폐하신다고 했는가?(11)
   -

6. 하나님이 이스라엘을 긍휼히 여기셔서 하나님과 이스라엘은 어떤 관계가 되는가?(14~23)
   1) 하나님 백성 아니었던 자에게 이르기를 -
   2) 이스라엘은 이르기를 주를 향하여 -

제3장 [음녀를 사 오는 호세아]

다음 말에서 맞는 것에 O표하고 근거 구절을 쓰시오.

1. 여호와께서 이스라엘이 다른 신을 섬길지라도 사랑하신다( ), 미워하신다( ). - (절)

2. 호세아가 음녀가 된 여인을 산 것은 자발적인 행

동이다(   ), 여호와께서 사랑하라 하셨기에 한 행동이다(   ) - (절)

3. '음행하지 말며 다른 남자를 따르지 말라'는 권면은 호세아가 고멜에게 한 말이다(   ), 하나님이 호세아에게 한 말이다(   ). - (절)

4. 이스라엘 자손이 여러 날 동안 왕, 지도자, 제사, 주상, 에봇, 드라빔도 없이 지내다가 그 후에 구한 것은 에봇과 드라빔이다(   ), 여호와와 다윗이다(   ). - (절)

제4장 [이스라엘에 대한 책망]
다음에 이어지는 말씀을 적으시오.(해당 절 안에서만)

1. 이 땅에는~

2. 오직 저주와~

3. 내 백성이 지식이 없으므로~

4. 그들이 먹어도~

5. 이스라엘아~

6. 에브라임이~

제5장 [이스라엘에 대한 심판]
다음 물음에 간단히 답하시오

1. 누구에게 심판이 있다 하였나?
   -

2. 그들(이스라엘, 에브라임)이 여호와께로 돌아오지 못하는 까닭은?
   -

3. 양 떼와 소 떼를 끌고 여호와를 찾으러(제사하러) 갈지라도 만나지 못하는 이유는?
   -

4. 에브라임이 어느 나라 누구에게 사람을 보내나 고치지 못한다 하였는가?
   -

제6장 [회개하지 않는 이스라엘]
다음 구절을 이어서 쓰시오.

1. (절) 오라 우리가 여호와께로 돌아가자~

2. (절) 우리가 여호와를 알자~

3. (절) 나는 인애를 원하고~

4. (절) 유다여~

제7장 [에브라임의 죄]
다음 (   ) 안에 알맞는 말을 넣어 성구를 완성하시오.(6번은 물음에 답)

1. (절) 내가 이스라엘을 치료하려 할 때에 (   )와 (   )이 드러나도다.

2. (절) 그들이 그 악으로 (   )을, 그 거짓말로 (   )을 기쁘게 하도다.

3. (절) (   )은 어리석은 비둘기 같이 지혜가 없어서 (   ) 부르짖으며 (   )로 가는도다.

4. (절) 화 있을진저 그들이 나를 떠나 (   )이니라. 패망할진저 그들이 내게 (   )이니라

5. (절) 성심으로 나를 부르지 아니하였으며

오직 침상에서 슬피 부르짖으며 (   )로 말미암아 모이며 나를 (   )하는도다.

6. 7장에서 에브라임(이스라엘)을 '~과 같이'로 비유한 4가지는 무엇인가?(4, 8, 11, 16)
   (1)
   (2)
   (3)
   (4)

호세아 8~14장 이스라엘의 회개와 축복

제8장 [우상숭배와 악한 동맹]

다음 물음에 답하시오

1. 원수가 독수리처럼 여호와의 집에 덮치는 이유는 무엇인가?(1~3)
   -
2. 이스라엘이 장차 여호와께 부르짖을 말은 무엇인가?(1~3)
   -
3. 이스라엘이 세운 왕이나 지도자들에 대한 하나님의 평가는 무엇인가?(4~7)
   -
4. 송아지는 하나님께 드리는 제물인가? 자기들을 위한 우상인가?(4~7)
   -
5. 이스라엘은 홀로 떨어진 들나귀처럼 어디로 갔는가?(8~10)
   -
6. 하나님이 이스라엘을 위하여 율법을 만 가지로 기록하였으나 이스라엘의 태도는?(11~14)
   -
7. 이스라엘의 죄악을 기억하여 그 죄를 벌하면 이스라엘은 어디로 다시 가게 되는가?(11~14)
   -

제9장 [에브라임에 임할 심판]

다음 말이 맞으면 O표 하고 틀리면 X표 하되 근거 구절을 쓰시오.

1. (절) 이스라엘은 음행하여 하나님을 떠나고 음행의 값을 좋아하였다.(   )
2. (절) 포도주를 부어 드리지 못하며 여호와께서 기뻐하시는 바도 되지 못할 것이라.(   )
3. (절) 그들이(이스라엘) 멸망을 피하여 갈지라도 애굽은 그들을 도왔고 놉은 길을 열었다.(   )
4. (절) 에브라임은 나의 하나님과 함께 한 파수꾼이며…… 그의 하나님의 전에는 원한이 있도다.(   )
5. (절) 에브라임의 영광이 새 같이 날아가리니 해산하는 것이나 아이 배는 것이나 임신하는 것이 있으리라.(   )
6. (절) 그들이 자식을 기를지라도 하나님은 그 자식을 없이하되 몇 사람은 남기시리라.(   )
7. (절) 그들이 듣지 아니하므로 하나님이 그들을 버려 여러 나라 가운데 떠도는 자가 되리라.(   )

제10장 [죄 값으로 받을 징벌]

다음 물음에 답하시오.(읽을 말씀 / 답을 찾는 절수)

1. 이스라엘이 열매가 많고 땅이 번영 할수록 어떻게 했는가?(1~3 / 1)
   -
2. 두 마음을 품었다는 것은 누구와 누구를 함께 섬긴다는 말인가?(1~3 / 2)
   -
3. 백성이나 제사장들이 슬퍼하는 이유는 무엇인가?(4~8 / 5)
   -

4. 이스라엘의 죄 곧 아웬의 산당이 파괴될 때에 그들이 산과 작은 산더러 무엇이라 말하는가?(4~8 / 8)
-

5. 암소 같은 에브라임에 멍에를 메울 때 유다와 야곱은 무엇을 하는가?(9~11 /11)
-

6. 자기를 위하여 공의를 심고 인애를 거두기 위해 지금 무엇을 해야 하는가?(12~15 / 12)
-

제11장 [하나님의 사랑]
다음에 해당하는 말씀이 들어있는 절을 적으시오.(순서대로 아님)

1. (절) 에브라임(이스라엘)에 대한 사랑으로 결코 포기하지 못하시는 하나님의 불붙는 마음. - "어찌 너를 놓겠느냐"
2. (절) 이스라엘의 초기에 하나님이 그들을 사랑하여 애굽에서 불러내 주셨다. - "어렸을 때에 내가 사랑하여"
3. (절) 아이를 사랑하듯 에브라임에게 걸음을 가르치고 팔로 안아 주었으나 그들은 알지 못했다. - "젊음을 가르치고 내 팔로 안았음에도"
4. (절) 다시는 에브라임을 멸하지 아니하시는 하나님은 거룩한 이이다. - "내가 하나님이요"
5. (절) 하나님께 돌아오기를 싫어하니 앗수르의 포로가 되어 앗수르 사람이 그 임금이 된다. - "내게로 돌아오기를 싫어하니"

제12장 [선지자가 선포한 말씀에 반대]
다음 말씀 내용이 나온 절수와 관계된 구절을 쓰시오

보기 〈창세기〉25:26 / 〈창세기〉28:5~6
〈창세기〉32:24~26 / 〈출애굽기〉13:3
〈예레미야〉7:25 / 〈아모스〉8:5 / 〈미가〉6:8

1. (절) 야곱은 모태에서 그의 형의 발 뒤꿈치를 잡았다. -
2. (절) 천사와 겨루어 이기고 울며 간구하였다. -
3. (절) 인애와 정의를 지키며 하나님을 바랄지니라. -
4. (절) 손에 거짓 저울을 가지고 속이기를 좋아하는도다. -
5. (절) 여러 선지자에게 말하였고 이상을 많이 보였으며…… -
6. (절) 야곱이 아람의 들로 도망하였으며 이스라엘이 아내 얻기 위하여……

   -

7. (절) 이스라엘을 애굽에서 인도하여 내셨고 이스라엘의 한 선지자로 보호받았거늘……
   -

제13장 [진노하시는 하나님]
다음에 물음에 답하시오.

1. 이스라엘은 무엇으로 말미암아 범죄하므로 망하였나?(1~3) -
2. 우상숭배의 결과 이스라엘은 무엇과 같은 지 비유로 들은 네 가지를 쓰시오.(1~3)
   1)
   2)
   3)
   4)
3. 이스라엘이 배가 부름으로 말미암아 어떻게 했

나?(4~8)

-

4. 이스라엘이 패망하는 이유는 무엇인가?(9~14)

-

5. 전에 이스라엘에게 왕을 준 것은 하나님의 뜻이었나 이스라엘의 요구였나?(9~13. 삼상 8:4~7)

-

6. 동풍, 곧 광야에서 일어나는 바람은 어떤(누구의) 바람인가?(15~16)

-

7. 사마리아가 그들의 하나님을 배반한 결과는 무엇인가?(15~16)

-

제14장 [이스라엘의 회개와 축복]
다음 (　　) 안에 알맞은 말을 적어 성구를 완성하시오

1. 네 하나님 여호와께로 (　　　　). 네가 (　　　　)으로 말미암아 엎드러졌느니라.

2. 모든 (　　　　)를 제거하시고 (　　　　)를 받으소서. 우리가 (　　　　)를 대신하여 입술의 열매를 주께 드리리이다.

3. 우리가 (　　　　)을 의지하지 아니하며 (　　　　) 아니하며 다시는 우리의 (　　　　)을 향하여 너희는 우리 신이라 하지 아니하오리니 이는 (　　　　)가 주께로 말미암아 (　　　　)을 얻음이니이다.

4. 내가 그들의 (　　　　)을 고치고 기쁘게 그들을 (　　　　) 나의 진노가 그에게서 (　　　　).

5. 누가 (　　　　)가 있어 이런 일을 깨달으며 누가 (　　　　)이 있어 이런 일을 알겠느냐 여호와의 도는 (　　　　)하니 의인은 그 (　　　　)로 다니거니와 그러나 악인은 그 길에 (　　　　) 넘어지느니라.

요엘 | 예언서 |

Joel

제목에 대한 해설

〈요엘〉은 예언자 요엘의 이름을 따라 붙여졌다. 요엘이라는 이름의 뜻은 '여호와는 하나님이시다'로서 경건한 부모의 신앙고백이라 할 수 있다.

저자 및 저작 연대

본서의 저자는 '브두엘의 아들 요엘'이라는 것 외에는 알려진 것이 없다. 1:1에 요엘에게 임한 하나님의 말씀임을 선포하고 있다. 부분적으로 저자가 다르다고 주장하는 학자들도 있으나 전승과정에서 일부 변형되었다(칼빈, 랑게 등)는 학설에 많은 관심을 기울인다.

기록 연대는 주전 830년경(초기연대설)으로 유다 왕 요아스의 재위 중이라고 본다. 한편 주전 400년경(후기연대설)을 주장하는 경우는 본서의 초두에 다른 예언서들과는 다르게 왕들에 대한 언급이 없으므로 유다 왕국의 멸망(주전 587년) 후이며, 용어들 가운데 "여호와께 수종드는"(1:9, 2:17) 등의 표현은 포로 후기의 용어로 보기 때문이다.

역사적(시대적) 배경

요엘의 예언 연대는 학자들에 따라 주전 9~4세기까지 다양하다. 어느 시대로 보든지 가뭄으로 흉년의 고통이 계속되는 시기(1:19~20)이며, 메뚜기 떼로 인해 남은 것마저 황폐화되었고, 여호와께 드릴 제물마저 없어져서 제사장들도 슬퍼하게 된 때다(1:4~12). 이 메뚜기 재앙이 '여호와의 날'에 임할 여호와의 진노의 심판에 대한 전조이므로 이 기회에 금식하고 애통하며 회개할 것을 부르짖는 예언인 것이다(2:12~14).

교훈과 메시지

(1) 여호와의 날

본문에 여러 번 언급되는 '여호와의 날'(1:15, 2:1, 11, 31, 3:14)에서 〈요엘〉의 종말론 사상을 엿볼 수 있다. 이는 이스라엘 백성들이 하나님의 심판이 가까웠으니 회개해야 한다는 말씀과 더불어 신약 시대를 사는 우리에게도 깨달음을 준다. 구약성경에서 여호와의 날은 현 시대를 마감할 역사적인 사건이나 종말론적인 전쟁을 언급한다.

① 여호와의 날은 북 왕국(앗수르 치하, 암 5:18, 20)과 유다(바벨론 치하, 애 1:12, 2:1, 21~22, 겔7:19, 13:5, 습 2:2~3)를 포함한 하나님의 백성에 대한 심판이며 또는 우주적인 심판이다(사 2:12, 습 1:18).
② 여호와의 날은 바벨론(메대 치하, 사 13:6, 9), 애굽(바벨론 치하, 렘 46:10, 겔 30:3), 에돔(사 34:8~9), 곡에 의해 주도된 종말적인 북쪽 연맹(겔 39:8)을 포함하는 이방에 대한 심판이다.
③ 여호와의 날은 이스라엘의 정화와 회복(사 6:12, 말 4:5)은 물론 고된 고통(슥 14:1~3)을 가져다 줄 것이다. 북 왕국의 몰락, 바벨론 포로, 바벨론의 애굽 정복, 바벨론의 몰락을 포함한다.
〈요엘〉에는 이 세 요소가 모두 '여호와의 날'과 관련되어 나타난다. 심판은 1:15에서 위협적으로 보이고, 그 구원은 2:28~32에서 미리 보이며, 나

라들에 대한 우주적인 심판은 3장에 묘사되어 있다.

(2) 재난의 의미와 내면적인 회개

메뚜기 떼가 모든 것을 황폐케 하는 재앙은 여호와의 날이 어둡고 캄캄한 날임을 예고하는 것이며 이스라엘을 대적하기 위하여 땅 끝에서부터 쳐들어오는 열방의 군대를 예표한 것이다. 요엘은 여호와의 날의 재앙이 닥치기 전에 신앙의 새로움을 촉구했다. 이것은 〈아모스〉, 〈이사야〉, 〈호세아〉, 〈미가〉로부터 〈예레미야〉와 〈에스겔〉 등에서 나타나는 내면적인 신앙의 촉구와 영적인 흐름을 같이한다.

(3) 성령을 부어 주심

〈요엘〉은 모든 사람에게 성령강림이 있을 것을 예언했고(2:28~32), 베드로는 오순절 성령강림 사건(행 2:1~4, 16~21)이 〈요엘〉의 예언의 성취임을 선포했다. 요엘의 성령강림에 대한 예언은 〈예레미야〉와 〈에스겔〉의 '새 마음과 새 영 사상'의 영향이며, 〈다니엘〉과 〈스가랴〉의 '묵시적인 요소'의 영향인 것으로 보인다. 백성들이 하나님의 음성을 듣기 위하여 몇몇 예언자의 소리에 더 이상 의존하지 않고 개개인 모두가 환상을 볼 것을 예언했다. 또한 "여호와의 이름을 부르는 자는 구원을 얻으리라"라는 말씀을 통하여 공동체의 의(義)의 유전이 아닌 개인의 신앙으로 구원받는 것을 분명히 하고 있다.

요엘 1~3장

여호와의 날 예언 (중요구절 욜 3:20)

요엘은 메뚜기 재앙으로 인해 황폐하게 된 상황과 온 백성이 제사장들과 함께 부르짖어야 함을 선포한다(1장). 메뚜기 재앙보다 더 무서운 일이 닥칠 것을 설명하면서 회개를 촉구한다(2장). 하나님은 원수들을 심판하시고 이스라엘을 구원하신 후에 그들과 영원히 계심을 약속한다(3장)

1

갑자기 닥친 메뚜기 재앙
팥중이, 메뚜기, 느치, 황충

2

회개에의 새로운 요청
하나님 여호와께로
돌아올지어다

3

영광스런 미래의 약속
유다는 영원히 있겠고
예루살렘은 대대로

1. 〈요엘〉 1장에서는 "늙은 자들아 너희는 이것을 들을지어다"(1:2), "취하는 자들아 너희는 깨어 울지어다"(5절), "제사장들아 너희는 굵은 베로 동이고 슬피 울지어다"(13절)고 명령한다. 각 상황의 사람들에게 '들어라, 깨어 울어라, 슬피 울어라'는 명령은 조상들이 듣지도 보지도 못한 재앙에 대한 경고이며, 술 취하며 연락하는 자들에게, 또한 수고하고도 대가를 얻지 못하는 농부들에게(11절), 그리고 백성들의 지도자인 제사장들은 하나님께 드릴 제물마저 없음에 울어야 했다. 이처럼 하나님의 심판으로 인한 재난에 대해 백성들은 회개하며 하나님께 돌아와야 했던 것이다.
2. 요엘은 메뚜기 떼의 습격을 예언한다. 팥중이 - 메뚜기 - 느치 - 황충으로 이어지는 철저하게 먹어 치우는 메뚜기 떼(1:4), 그들은 생계의 기반인 포도나무, 무화과나무의 껍질까지 말갛게 벗겨 버린다. 이러한 곤궁에 처한 이스라엘을 향해 요엘은 "금식일을 정하고 성회를 소집하여…… 여호와께 부르짖을지어다"(1:14)라고 한다. 요엘처럼 오늘날 곤궁에 처한 인생들도 하나님께 부르짖어야 살 수 있다.
3. 선지자 요엘이 전한 "그 후에 내가 내 영을 만민에게 부어 주리니"(2:28)라는 하나님의 약속을 베드로는 오순절에 이 말씀을 인용하여 새롭게 변화됨을 증거한다(행 2:1~4, 16~21, 28). 성령의 역사는 특정한 사람이 아닌 기다리는 사람들에게 보편적으로 내린다(민 11:29). 성령의 역사는 약속의 성취이다(행 1:4, 2:33). 성령의 역사는 시대를 초월하여 어둔 눈을 뜨게 해 주므로 성령 충만해야 한다(행 4:31, 7:55, 엡 5:18). 이러한 자는 "여호와의 이름을 부르는 자"(32절)이므로 구원을

얻는다.

4. 하나님께서 민족들을 부르셔서 전쟁을 독려하신다(3:9). "너희는 보습을 쳐서 칼을 만들지어다 낫을 쳐서 창을 만들지어다"(10절)라는 말씀은 이사야 2:4이나 미가 4:3을 뒤집는다. 따라서 평화가 아닌 전쟁의 시대가 온다는 것이다. 그러나 이는 실제 '전쟁'을 말한다기보다 오히려 하나님의 백성을 대적하는 적들을 '심판'하신다는 말씀이다. 그래서 거둘 '곡식'에 낫을 쓰며, '포도주 틀'을 밟는 것은 마지막 심판을 상징한다(막 4:29, 계 14:14~20, 사 63:1~6). 결국 하나님의 백성을 보호하시므로 "유다는 영원히 있겠고 예루살렘은 대대로 있으리라"(20절) 약속하신다.

더 살펴보기

1. 〈요엘〉의 내용

요엘의 예언 사역 시대가 나타나지 않기에 추정할 따름이다(바벨론 포로 이전, 포로 직전, 포로 이후 등). 〈요엘〉은 성령강림이 모든 사람들에게 있을 것을 예언했고(2:28~32), 베드로는 오순절 성령강림 사건이 요엘의 예언의 성취임을 선포하였다(행 2:1~4, 16~21). 본문에 나타난 '여호와의 날'(1:15, 2:1, 11, 31, 3:14)은 요엘의 종말론 사상을 엿볼 수 있다. 이는 이스라엘 백성들이 하나님의 심판이 가까왔으니 회개해야 한다는 말씀이다.

내용 분해
1:1~2:17 - 메뚜기 재앙으로 인한 폐해
2:18~3:21 - 하나님의 백성에 대한 구원의 약속

2. 본문에 많이 나오는 "메뚜기"를 해석하는 세 가지 방법

(1) 풍유적 해석 - 당시에 실제로 공격한 곤충이 아니라 이스라엘의 적군을 상징하는 것으로 본다.
(2) 문자적 해석 - 실재하던 곤충으로 당시에 메뚜기를 통한 재앙이 정말로 있었던 것으로 본다.
(3) 계시적 해석 - 메뚜기 재앙을 당시에 일어난 사건으로 보고 그것은 또한 미래에 있을 전쟁으로 인한 피해를 상징하는 것으로 본다.

떼를 지어 피해를 주는 메뚜기
요엘은 메뚜기 떼로 인한 무서운 재난이 있음을 예고한다(1:1-2:27). 장차 무서운 징벌이 임할 것을 경고한다(욜 2:28~3:8). 로커스트 메뚜기.

본문 1:2~4을 보면 메뚜기 재앙이 정말 있었음을 알 수 있으며 또한 1:6과 2:4~11을 보면 메뚜기 재앙이 이방 군대의 침략 행위를 상징하는 것임을 알 수 있다. 따라서 위의 세 가지 해석 방법 중에 보편적으로 '계시적인 해석 방법'이 지지를 얻는다.

3. '팥중이 – 메뚜기 – 느치 – 황충'에 대한 해석(1:4)

메뚜기 재앙을 예고하며 "팟중이가 남긴 것을 메뚜기가 먹고 메뚜기가 남긴 것을 늣이 먹고 늣이 남긴 것을 황충이 먹었도다"(1:4)고 하였다. '팟중이'를 '풀무치'(《표준새번역》,《공동번역》)로, '늣'은 '누리'(《표준새번역》,《공동번역》)로 번역하였다. 이런 이름들은 메뚜기의 성장 네 단계를 나타낸다. 곧 애벌레, 기는 상태, 뛰는 상태, 날수 있는 성충의 단계를 가리킨다고 본다. 한 종류의 곤충인 메뚜기를 네 가지 이름으로 부른 것은 메뚜기 재앙이 시간 간격을 두고 점진적으로 임할 것임을 강조한 것이라고 본다.

4. 〈요엘〉에 나오는 "여호와의 날"(욜 1:15, 2:1,11, 3:14)

요엘의 예언은 이스라엘의 미래 신앙에서 중요한 자리를 차지하는 '여호와의 날'이라는 한 가지 주제를 중심으로 다룬다. 요엘은 극심한 메뚜기 재앙을 하나님이 온누리를 심판하실 조짐으로 해석한다(1:2~2:11). 하나님의 백성은 하나님께서 새롭게 은혜를 베풀 수 있도록 탄원하고 참되게 회개하라는 권고를 받는다. 여호와의 날에는 분명히 조짐이 있는데, 이에 대해 예언자가 본 것은 2:28~3:21에서 다루고 있다. 마지막 때 이루어질 완성을 예고하는 여러 가지 징조 가운데 하나님의 영을 온 세상에게 부어 주신다는 것이 중요한 자리를 차지한다(2:28~29). 〈사도행전〉 2:16~21에서는 이 약속이 오순절 성령강림에서 이루어졌다고 본다. (독일성서공회판《관주해설 성경전서》 요엘 해설)

BIBLE

성경 질문지

요엘 1~3장 여호와의 날 예언

제1장 [갑자기 닥친 메뚜기 재앙]
다음 (　　) 안에 알맞는 말을 적거나 물음에 답하시오

1. 〈요엘〉 전체를 읽으면서 "여호와의 날"("여호와의 크고 두려운 날" 포함)이라는 말이 몇 장 몇 절에 나오는지를 모두 쓰시오.
   -
2. 〈요엘〉은 "(　　　　)의 아들 (　　　　)에게 임한 여호와의 말씀"이다(1~4).
3. 이 일을 너희 자녀에게 → (　　　　　)에게 → (　　　　)에 말하라 했다(1~4).
4. 팥중이가 남긴 것 → (　　　)가 먹고 → (　　　) 가 먹고 → (　　　　)이 먹었다(1~4).
   (이름만 쓰시오.)
5. 다른 한 민족으로 일컫는 메뚜기로 인한 피해는 무엇인가?(5~7) - 7절:
6. 다음 사람들이 울어야 하는 이유는?(5~13) - 간단히 쓰시오.
   1) 취하는 자들, 포도주를 마시는 자들(5~7)
   -
   2) 농부, 포도원을 가꾸는 자(8~12) -
   3) 제사장들(9, 13) -
7. 이런 재앙의 때에 제사장은 어떻게 해야 하나? (13~20) - **답은 14절에서**
   -

제2장 [회개에의 새로운 요청]
다음 말씀의 (　　)를 채우고 몇 절에 나오는지 절수 쓰시오

1. (　　　~　　　절) 여호와의 날이…… 이제 임박하였으니 곧 어둡고 (　　　　) 날이요.
2. (　　　　절) 그의 모양(메뚜기 떼)은 (　　　) 같고 그 달리는 것은 (　　　) 같으며……
3. (　　　　절) 너희는 옷을 찢지 말고 (　　　)을 찢고 너희 하나님 (　　　)께로 돌아올지어다.
4. (　　　　절) 여호와를 섬기는 (　　　)들은…… 울며 이르기를 여호와여 (　　　　　)을 불쌍히 여기소서.
5. (　　　　절) 그 때에 여호와께서 (　　　　　)을 극진히 (　　　)하시어 그의 백성을 (　　　　) 여기실 것이라.
6. (　　　　절) (　　　　　) 너희는 너희 하나님 여호와로 말미암아 (　　　　) 즐거워할지어다.
7. (　　　~　　　절) 내 (　　　)을 만민에게 부어 주리니 너희 자녀들이 (　　　　)을 말할 것이며 너희 늙은이는 (　　　　　) 너희 젊은이는 (　　　　　)이며…… 내 영을 (　　　)과 (　　　)에게 부어 줄 것이며.
8. (　　　　절) 누구든지 (　　　　　　)는 구원을 얻으리니……

제3장 [영광스런 미래의 약속]

다음 설명에 해당하는 단어를 보기에서 골라 쓰시오.

보기 헬라 족속 / 예루살렘 / 여호사밧 골짜기 / 칼, 창 / 두로, 시돈, 블레셋 / 단포도주, 젖, 물, 샘

1. 만국을 모아 데리고 내려가서 이스라엘을 위하여 심문(審問)하는 곳은?(1-3)
   -

2. 은과 금을 취하고 여호와의 진기한 보물을 자신들의 신전으로 가져간 자들은?
   -

3. 두로 시돈 블레셋은 유다 자손과 이스라엘 자손을 누구에게 팔았는가?(4-8)
   -

4. 보습과 낫을 쳐서 만드는 것은?(9-13)
   -

5. 거룩하여 다시는 이방 사람이 그 가운데로 통행하지 못하리라는 곳은?(14-17)
   -

6. 그날(회복의 날)에 산과 시내와 여호와의 성전에서 흘러나오는 것은?(18-21)
   -

아모스 | 예언서 |

Amos

제목에 대한 해설

〈아모스〉는 예언자 아모스의 이름을 따라 붙여졌다. 아모스에게 임한 말씀(1:1)이며, 아모스를 가리킬 때 '내가'라 하여 1인칭을 사용하고 있다(5:1, 7:1, 4, 7, 8, 8:1, 2, 9:1). 본서의 저자 아모스(아모스, '짐을 진 자'라는 뜻)와 이사야 선지자의 아버지 아모스(아모츠, '강한 자'라는 뜻, 사 1:1)는 서로 다른 인물로서 히브리어 글자로는 차이가 있다.

저자 및 저작 연대

본서의 저자 아모스는 주전 800~750년경 예루살렘에서 남쪽으로 16km 떨어진 드고아에 살았다(삼하 14:2, 대하 11:6, 20:20, 렘 6:1). 그는 양을 치며 뽕나무(돌무화과: 쉬크마)를 배양하던 가난한 목자로서(드고아의 목자, 1:1~2, 7:14) 은둔한 야인(野人)이라고 주장하는 학자도 있다. 그는 직업적인 선지자는 아니었으나 하나님께로부터 직접 소명을 받아 유다 출신이지만 북 이스라엘 벧엘에서 예언(7:15)했으며, 벧엘에서 강력한 반발로 인해 유다로 돌아와 예언의 글을 기록한 것으로 보인다.

기록 연대는 아모스가 호세아와 동시대의 선지자로(호 1:1) 유다의 웃시야(주전 783~742년)와 이스라엘의 여로보암 2세(주전 786~746년)의 통치 기간 중에 활동했고 앗수르의 침략이 예언으로 기록된 것으로 보아 주전 745년 이전일 것으로 추정한다.

역사적 배경

유다 왕 웃시야와 이스라엘 왕 여로보암 2세가 다스리던 시대는 평화와 번영의 시대였다. 북 왕국을 위협하던 아람 왕 벤하닷 3세(주전 796~776년)가 앗수르에 패배하였기 때문이다. 다메섹은 여로보암 2세의 통치권하에 들어갔고(왕하 14:28) 북 왕국의 영토는 하맛까지 확장되었다. 그러나 북 왕국의 번영은 사회적 부패 현상을 초래했고(2:6~8, 5:11~12), 가나안 사람들의 신인 바알 숭배로 타락하였다. 이런 일은 정의의 타락, 상류계층의 사치스럽고 방종하는 생활 태도와 사회 전반에 걸친 부패로 이어졌는데, 아모스는 바로 이런 시대에 예언하였다.

교훈과 메시지

(1) 절대주권, 종말론적 신관

아모스의 하나님에 대한 언급은 직설적인 표현으로 하나님은 무한한 능력을 가진 분이며(9:2 이하), 창조주로서 지진을 일으키시고(9:5), 산과 바람과 빛을 다스리시는(4:13) 절대주권적인 하나님이다.
아모스의 예언은 선민의 시각에서 열방의 시각으로, 그리고 현 역사의 시각에서 종말론적인 시각으로 확대되고 발전되었는데 이것은 구약의 예언 전통에서 신기원을 이룩하는 획기적인 변화이다.

(2) 보편적, 윤리적 신관과 하나님의 공의

〈아모스〉에서의 심판은 이방 나라인 다메섹, 가사, 두로, 에돔, 암몬, 모압,

그리고 선민 유다와 이스라엘을 심판하시는 것으로 전 우주적인 심판으로 확대된다. 아모스의 신관은 선민에게도 동일하게 심판이 임한다고 하는 보편적 윤리적인 신관으로 나타난다. 아모스의 공의를 부르짖는 메시지(5:24)는 율법의 행위만을 강조하는 것이 아니라, 호세아와 에스겔과 예레미야를 거쳐서 신약으로 흘러가는 신앙의 내면화를 촉구하는 것으로서 이는 아모스에게서 비롯된 것이다.

(3) 여호와의 날과 남은 자 사상(The Remnant)

구약 예언서의 다른 책들처럼 〈아모스〉에도 '여호와의 날' 사상과 '남은 자' 사상(5:14~15)이 중요하게 나타난다. '여호와의 날'을 장례식의 애가(哀歌) 형식으로 소개했다(5:16~18, 왕상 13:30, 렘 22:18). 여호와의 날 사상은 포로 후기의 초자연적인 종말론에 시동을 건 셈이 되었다. 또한 〈아모스〉의 '계약사상'은 선민의 권위보다는 특별한 책임을 진 신분(3:1~2)으로 하나님과 맺은 계약 안에서 공의를 무시하는 것은 계약의 남용이었다. 살기 위해서는 여호와를 찾으며 선을 사랑하고 공의를 세우는 것으로 이스라엘이 회복될 것이라는 영적인 갱신의 예언을 한다(9:11~15).

(4) 〈아모스〉의 예배관

〈아모스〉의 예배관은 독특하고 혁명적이다. 아모스에 의하면 여호와는 희생 제물, 종교적 절기, 음악, 공중 앞에서 드리는 기도, 기타 일체의 종교의식을 원치 않으신다(5:21~23). 그는 오히려 사회정의를 외쳤다. "오직 정의를 물 같이 공의를 마르지 않는 강 같이 흐르게 할지어다"(5: 24)라는 근거는 하나님이 의로운 분이기 때문이다.

오바댜 | 예언서 |

Obadiah

제목에 대한 해설

예언서 가운데 가장 짧은 책인 〈오바댜〉는 예언자 오바댜를 책 제목으로 정하였다. 70인역(LXX)에서는 '옵디오우(Obdiou)', 불가타역(Latin Vulgate)에서는 '아브디아스(Abdias)'로 나타나며 후대의 역들도 모두 예언자 이름을 책명으로 하였다.

오바댜(오바디야)라는 이름의 뜻은 '여호와의 종', '여호와를 예배하는 자'이며 신분, 생업, 혈통은 알 수 없다.

저자 및 저작 연대

저자가 오바댜라는 데는 별 이견이 없다. 다만 여러 오바댜(성경에 12명 등장) 중에 누구냐는 과제이다. 여호사밧 때 방백 중에 한 사람이며 유대나라에서 율법을 가르쳤던 오바댜(대하 17:7~9), 에돔이 유다에 적대하였던 아하스 통치 때(주전 735~715년)로 보기도 한다. 그러나 예루살렘의 멸망(왕하 25장)을 지켜본 것으로 더 후대의 오바댜로 본다.

이는 오바댜의 예언의 시기와 맞물린다. 〈오바댜〉는 이스라엘의 이웃인

'에돔의 심판'에 관한 말씀으로 다만 11~14절 말씀의 시기를 정하는 것이 과제이다. 에돔 족속이 예루살렘 성의 침공에 관계되었으며(11~14절, 시 137편), 그 시기를 바벨론에 의한 예루살렘의 멸망(왕하 25장)으로 보는 것이다.

역사적 배경

주전 587년 예루살렘은 바벨론에 의하여 멸망당한다. 이 재난을 틈타서 예루살렘에 쳐들어와 약탈했던(옵 11절) 에돔에 대한 심판을 예언하는 것이 〈오바댜〉이다. 에돔의 약탈에 대해서는 〈예레미야애가〉 4: 21과 〈에스겔〉 35:1에도 언급되었다.

이스라엘과 에돔(에서의 후예)의 불화는 야곱과 에서의 갈등(창 25:23, 27:39~40)으로부터 통일왕국 시대에 다윗은 에돔 사람 1만 8천 명을 죽이고 이스라엘의 속국으로 삼았으며(삼하 8:13~14), 요람 왕의 통치 때(주전 849~842년)에 에돔이 유다에 반란을 일으켜 독립하려 했으나 실패했다. 그 후 잠시 독립을 했으나 주전 732년에 앗수르의 속국이 되었다.

시드기야 왕이 바벨론에 반기를 들었을 때 에돔은 바벨론 편을 들어 유다와 예루살렘을 약탈하였다. 후에 헤브론 근방에 이주하여 살았고 포로 후기에는 이두메로 알려졌다. 마카비 시대에는 유다 군인들이 이들을 유대교로 개종시켰고, 헤롯 대왕은 이두메 출신으로 정통 유다인들에게 신임을 얻지 못하였다.

이처럼 역사적으로 유다와 감정이 좋지 못한 에돔이 주전 587년 예루살렘을 약탈한 것이 〈오바댜〉의 시대적 배경이며 오바댜는 이러한 에돔을 저주하는 예언을 한다.

교훈과 메시지

(1) 주의 날 사상과 하나님 나라의 도래

〈오바댜〉의 중심사상은 열국에 대한 하나님의 도덕적 심판이며, 이 심판의 대상은 에돔이다.

1~16절에는 에돔을 향하여 여호와께서 저주하시고 에돔이 하나님의 심판의 선고를 듣는 신탁 형식으로 되어 있다. 그러나 그 중에 15~16절은 심판의 영역이 확대되어 에돔이 심판을 당하는 날이 만국에 대한 심판을 하는 날임을 예언하면서 종말에 있을 주의 날을 열방 심판과 연결시킨다. 17~21절은 여호와께서 이스라엘을 향하여 말씀하시는 형식을 띠고 있는데, 에돔을 누르고 승리하는 이스라엘의 회복을 약속하는 내용이다.

(2) 국수주의적인 예언의 문제

동시대 예언자인 예레미야나 에스겔과는 달리 오바댜는 유다와 예루살렘의 죄악은 지적하지 않고 에돔에 대해서만 책망하고 저주한다. 오바댜는 왕궁 예언자이기에 왕을 돕는 직업적인 예언자로서 제의 예언자 출신이었을 것이다. 오바댜는 왕정 체제의 모순이나 우상 숭배 등의 죄악을 지적하기보다는 이방에 대한 승리를 예언하는 여당적인 예언자였다. 따라서 동시대 예언자들과 예언의 시각이 달랐을 것으로 본다. 즉 하나님께서 예언자를 통해서 말씀하실 때에 예레미야나 에스겔처럼 죄악에서 회개할 것을 말씀하시지만, 에돔의 약탈로 인해 낙심하면서 여호와의 능력을 의심하는 백성들을 향해서 오바댜는 예언을 통해 하나님께서 위로하시고 소망을 가지게 하신다는 점을 기억해야 할 것이라고 하였다.

아모스 1~6장

열방과 이스라엘의 죄와 심판 (중요구절 암 5:24)

〈아모스〉는 이스라엘 역사에서 풍요로웠던 여로보암 2세 때에 선포된다. 주변 국가로부터 형제 국가, 하나님의 백성들에게까지 경고의 말씀이 주어진다(1~2장). 이스라엘에 대한 경고(3장)와 심판(4장)은 죄의 결과이다. 하나님은 정의와 공의를 원하신다(5장). 지도자들의 죄는 하나님의 심판을 부른다(6장).

1. 하나님은 "드고아의 목자"인 아모스를 불러 이스라엘을 깨우쳤다(1:1). 오늘날로 말하면 정통 신학교를 졸업하지 않은 목회자와 같다고 할 수 있을 것이다. 그래서인지 아모스는 벧엘에서 예언을 하다가 아마샤로부터 "다시는 벧엘에서 예언하지 말라"(7:13)는 박해를 당한다. 그러나 목자 출신인 아모스는 목자의 심정을 가졌다. 목자는 양을 먹이고 보호하고 양보다 앞서가는 사람이다. 하나님께서 목자인 아모스를 부르셨듯이 우리도 부르셔서 능력과 사명을 주신다(고전 1:27~29).
2. 하나님의 심판은 다양하지만 본문에서는 "불을 보내리니"(1:4, 10, 12, 14)라고 하셨다. 삶에서 다가오는 불을 예방하는 길은 하나님의 경고의 음성을 듣고 순종하는 것이다. 아모스의 예언도 "지진 전 이 년"(1:1)으로서 뭔가 징조를 보이셨다. 징조를 보고 깨닫는 영적 지혜가 필요하다.
3. 사마리아의 치맛바람을 일으키는 여인들에게 "바산의 암소들아"(4:1)며 책망하기를 "힘 없는 자를 학대하며 가난한 자를 압제"하였으면서도 "아침마다 너희 희생을, 삼 일마다 너희 십일조를 드리며"(4절) 각종 제사를 드렸다. 하나님은 이들의 예배와 제물을 받지 않으시고 "너희가 기뻐하는 바니라"(5절)고 조롱하신다. 내 열심이 나를 기쁘게 하는 것인지, 하나님을 기쁘게 하는 것인지 돌아보자.
4. 하나님의 백성은 예배와 생활이 일치해야 하는데, 아모스 시대 사람들은 "번제나 소제"(5:22)를 드리면 행복과 번영의 수단으로 오해했고 삶으로 이어지지 않았다. 그래서 아모스는 "오직 정의를 물 같이, 공의를

1 2
서너 가지 죄와 받을 벌
아모스가 이상으로 받은 말씀

3
이스라엘을 향한 경고
내가 너희만을 알았나니

4
이스라엘에 내리는 재앙
돌아오지 아니 하였느니라

5
이스라엘의 애가
정의를 물 같이
공의를 마르지 않는 강 같이

6
안일한 자의 슬픔
화 있을진저

마르지 않는 강 같이 흐르게 할지어다"(5:24)고 책망하며 요청을 하는 것이다.

5. 아모스가 예언하던 시대에는 풍요로웠던 여로보암 2세 때였다. 풍요하면 타락하기 쉬운데 당시에 향락에 빠진 지도자들의 모습이 드러난다(6:1~6). 상류층의 안일함(3절, 흉한 날이 멀다), 사치(4절, 상아 상에 누우며 어린 양과 송아지를 먹고), 혼돈(5절, 노래를 지절거리며), 자기중심(5절, 다윗은 예배를 위하여 악기를 제조했으나 이들은 자신을 위해서였다), 폭음(6절, 대접으로 포도주를 마시며), 사치(6절, 귀한 기름을 몸에 바른다), 영적 둔감(6절, 요셉의 환난에 대해서는 근심치 아니했다) 등 다양하게 어리석음이 드러난다. 지도자의 타락은 결국 심판이다.

더 살펴보기

내용 분해

1:1~2:16 – 여러 민족들에 대한 심판
3:1~6:14 – 상세한 심판 메시지
7:1~9:6 – 이스라엘의 파괴를 알리는 다섯 가지 환상
9:7~15 – 다윗 왕조의 회복

1. 〈아모스〉의 내용

아모스는 예루살렘 남쪽 16Km 떨어진 드고아 출신으로(삼하 14:2, 대하 11:6, 20:20, 렘 6:1), 양을 치며 뽕나무를 배양하던 목자였다. 직업적인 선지자는 아니었으나 하나님께로 부터 소명을 받았다(7:15). 유다 출신이지만 북국 이스라엘의 벧엘에서 예언했으며 강력한 반발로 인해 유다로 돌아와 예언의 글을 기록했다.

2. 비밀을 말씀하시는 하나님과 예언자의 사명(암 3:7)

(1) 시한부 종말론자들이 예수님의 재림과 세상 종말의 시간을 잘 알고 있다며 사람들을 미혹하는 구절 중에 "주 여호와께서는 자기의 비밀을 그 종 선지자들에게 보이지 아니하시고는 결코 행하심이 없으시리라"(3:7)는 말씀으로 하나님과 예언자의 특별한 관계를 말하고 있다.

(2) 3:3~6에서 예언자는 원인과 결과의 필연적인 관계를 보여주는 일상생활의 여러 보기를 들고, 이것들을 마무리하면서 6절에서는 하나님이 재앙을 일으키신다는 일반적인 확신을 질문 형식을 빌어 표현한다.

이렇게 잇달아 질문을 던지는 의도는 8절에 계속되는 내용에서 비로소 분명해진다. 곧 하나님이 예언자로 부르신 사람에게는 다른 선택의 여지가 없다는 것이다(7:15. 렘 20:7~9, 고전 9:16).

(3) 7절은 3~8절의 사상을 중단한다. 능히 독립할 수 있는 구절이지만 설명적으로 쓴 것으로 보인다는 주석가도 있다(黑崎幸吉). 아모스는 당시의 예언자 구룹(교단)에 속한 직업적 예언자가 아니고 일개의 목자였다(7:14). 그는 대담하게 여호와의 이름으로 이스라엘의 몰락을 예언하므로 엄청난 저항을 받는다(7:10~13). "사자가 부르짖은즉 누가 두려워하지 아니하겠느냐 주 여호와께서 말씀하신즉 누가 예언하지 아니하겠느냐"(3:8)며 여호와께서 말씀하시므로 예언을 한다는 분명한 입장이다. 바울도 그러하였다(갈 1:1).

블레셋의 정교한 예술품

블레셋은 바다의 백성들로 가나안에 정착하여 족속 이름이 그 땅의 이름이 되었다. 독창적인 문화를 가졌고, 전쟁에 능하였으나 하나님의 심판의 대상이었다. 본문 1:6절의 '가사'는 블레셋의 5대 두시국가 중의 하나이다. (사진은 돌의자 모양의 여신상으로 보인다.)

3. 하나님이 책망하는 본문에 나오는 여러 나라들(암 1~2장)

(1) 다메섹(1:3) - 이스라엘 북쪽에 있는 아람의 수도이다

(2) 가사(1:6) - 블레셋의 5대 도시국가 중에 하나이다(《성경핵심전과1》 267쪽 내용 참고)

(3) 두로(1:9) - 이스라엘의 북서쪽 해안 도시국가로서 베니게(페니키아) 성읍들 중에 가장 강하였다.

(4) 에돔(1:11) - 에서의 후예(창 31:1)로서 유다 남쪽에 거했다

(5) 암몬(1:13) - 아브라함의 조카 롯이 둘째 딸과의 사이에 낳은 벤암미가 이들의 조상으로(창19:30-38) 유다 동쪽에 거했다.

(6) 모압(2:10) - 롯이 큰 딸과의 사이에 낳은 모압이 그 조상이다.

(7) 유다(2:4) - 솔로몬 이후 남북으로 갈리워져 남국을 부르는 말이다

(8) 이스라엘(2:6) - 북국(수도: 사마리아)을 부르는 말이다(왕상 12장)

이들 나라들을 구분해 보면, "다메섹, 가사, 두로"는 이방 나라로서 하나님 백성의 원수였다. "에돔, 모압, 암몬"은 하나님 백성의 형제나라였다.

아모스 7~9장

다섯 가지 환상 (중요구절 암 8:11)

〈아모스〉에는 다섯 가지의 환상이 나온다. 땅의 풀을 다 먹어 버린 메뚜기, 모든 것을 삼켜 버리는 불, 정확하게 판단하는 다림줄(7장), 그리고 여름 과일 한 광주리(8장), 제단 곁에 서신 주님(9장)이다. 아모스는 이를 통하여 이스라엘이 당할 심판에 대해서 예언한다.

7
메뚜기, 불, 다림줄 환상
여호와께서
예언하라 하셨나니

8
여름 과일 광주리 환상
여호와의 말씀을
듣지 못한 기갈

9
이스라엘의 회복
보라 날이 이를지라

1. 예리한 아모스의 예언을 들은 벧엘의 제사장 아마샤는 "너는 유다 땅으로 도망하여 가서 거기에서나 떡을 먹으며 거기에서나 예언하고, 다시는 벧엘에서 예언하지 말라"(7:1213)며 박해한다. 벧엘 왕립 성소는 북국 여로보암에 의하여 남북 경계선에 세워졌던 곳이다(왕상 12:26~30). 아마샤의 박해에 아모스는 "여호와께서 내 백성 이스라엘에게 예언하라"고 하셨다며 예언을 쏟아낸다(7:10~17). 아모스의 이러한 담대함의 근원은 하나님의 소명에 근거했기에 어떠한 도전도 두려워하지 않았다.
2. "내가 기근을 땅에 보내리니 양식이 없어 주림이 아니며 물이 없어 갈함이 아니요. 여호와의 말씀을 듣지 못한 기갈이라"(8:11). 당시 이스라엘의 관심은 하나님을 두려워하지 않고 현실에서 무엇을 먹고 입고 마시나에 있었다. 진정한 기근은 양식 문제가 아니라 하나님의 말씀을 듣지 못한 기갈임을 선포한 아모스의 예언은 이 물질 중심이며 풍요의 세상에 다시 들어야 한다. 양식과 물이 없어서 죽는 것은 육체일 뿐이지만 하나님의 말씀이 없는 기갈은 그 영혼까지 죽는 것이다.

더 살펴보기

1. 〈아모스〉에 나오는 다섯 가지 환상(암 7~9장)

(1) 메뚜기 떼의 환상(7:1-3) - 메뚜기가 풀과 곡식을 먹어 버리는 재앙과 같이 이방 군대가 침입하여 생명과 재산을 빼앗을 것을 암시한다.

(2) 큰 불의 환상(7:4~6) - 불이 바다를 삼키고 육지를 먹으려는 것처럼

적군의 침입을 뜻한다.

(3) 다림줄의 환상(7:7~9) - 다림줄은 벽을 재기 위해서 쓰이듯, 하나님께서 이스라엘을 재시겠다는 것은 벽을 헐듯 멸망을 예고한다.

(4) 여름 과일의 환상(8:1~3) - 잘 익은 여름 과일을 곧 거두는 것처럼, 심판의 날이 가까이 왔음을 의미한다.

(5) 제단 곁에 서신 주님(9:1~4) - 많은 사람이 예배하는 성전 기둥머리를 쳐서 몰살시키듯 타락한 종교적 멸망을 말한다.

오바댜 1장

오바댜 : 에돔의 멸망 (중요구절 옵 1:3)

(1) 〈오바댜〉는 이스라엘의 이웃인 '에돔의 심판'에 관한 말씀으로 당시의 왕의 이름이 한 번도 나오지 않으므로 에돔 족속이 예루살렘 성의 침공에 관계한 역사적 배경을 기준으로 삼는다(11~14절, 시 137편), 그 시기에 대해서는 아래 '예루살렘 침략의 시기들'을 참고하라. 한편 에돔의 약탈에 대해서는 〈예레미야애가〉 4:21과 〈에스겔〉 35:1에도 언급되어 있으므로 연계하여 볼 수 있다.

(2) 〈오바댜〉는 왕정체제의 모순이나 우상숭배 등의 죄악을 지적하기보다는 이방에 대한 승리를 예언하는 여당적인 예언자였다. 따라서 동시대 예언자들과 예언의 시각이 달랐을 것으로 본다.

1. 에돔은 안정되고 부요하였으므로 교만하였다. 그들의 요세는 "바위틈에 거주하며 높은 곳에"(3절) 있었다. 그럼에도 하나님의 심판은 "내가 거기에서 너를 끌어내리리라"(4절)며 경고한다. 또한 남쪽의 아프리카(엘랏 항구) 및 아라비아와 북쪽의 수리아 및 베니게 지역을 잇는 거대한 교역로에 있었다. 그러나 그 부를 탐내는 도둑(다른 나라)들

에돔의 수도 셀라(페트라, Petra)
에돔의 거처는 난공불락의 요새였으나 오바댜는 이곳에 임할 심판을 예고했다. 페트라의 일부인 이곳은 왕의 무덤이었거나 신전이었을 것이다.

이 그것을 쓸어갈 것이라 한다. "혹시 도둑이 네게 이르렀으며 강도가 밤중에 네게 이르렀을지라도 만족할 만큼 훔치면 그치지 아니하였겠느냐"(5~6절)라며 경고한다. 하나님 없는 수고는 헛것이 되고 만다(시 127:1~2).

더 살펴보기

내용 분해

1~14절 – 에돔에 대한 하나님의 심판 선언

15~22절 – 심판은 여호와 날의 서곡

오바댜의 심판 예고 대상인 에돔 (옵, 암 1:11~12)

(1) 에돔은 이삭의 아들 '에서'의 후예로서 '붉다'는 뜻이 있다. 이는 에서가 장자권을 동생 야곱에게 붉은 죽한 그릇과 교환한 것에 기인한다(창 25:30).

(2) 에돔은 에서 자손들이 사는 땅을 가리키기도 한다(창 32:3, 36:20~21, 30). 처음에는 '세일 산'에 거주하였으므로(창 36:6), '세일 자손'이라는 별명도 얻었다(창 36:20~21, 대하 25:11~14) 그들은 세일 산지에 살다가 주전 587년 예루살렘이 파괴된 뒤에 사해와 홍해 사이의 저지대(광야)에 살았으며 독특한 건축 기술을 가졌다.

(3) 그러나 이 말이 집합적으로 쓰일 때는 '에서의 후손인 에돔 사람'을 가리킨다(민 20:18~21, 암 1:6, 11, 말 1:4).

1. 예루살렘 침략의 시기들(옵 1:11~14)

〈오바댜〉의 역사적 기점인 예루살렘 침략은 네 차례나 있었기에 어느 사건인지를 확정하기는 어려우나 일반적으로 유다의 마지막 왕 시드기야 때에 바벨론의 침략으로 보고 있다.

(1) 르호보암 통치(주전 922~915) 제5년에 애굽 시삭의 침략(주전 919년, 왕상 14:25~26)

(2) 여호람 통치(주전 849~842) 중에 블레셋 사람들과 아라비아 사람들의 침략(대하 21:16~17)

(3) 아마샤(주전 800-783) 통치 중 북 이스라엘 요아스의 침략(왕하 14:13~14)

(4) 시드기야(주전 597~587) 때 바벨론의 느브갓네살의 침략으로 예루살렘 성전 파괴와 포로(587년, 왕하 25장, 시 137편 참고)

B I B L E

성경 질문지

아모스 1~6장 열방과 이스라엘의 죄와 심판

제1~2장 [서너 가지 죄와 받을 벌]

다음 물음에 답하시오

1. 아모스가 예언하던 시대를 쓰시오(1:1)
   -

2. 1:3~10절에 나오는 '이방의 세 나라'중 다음 말은 어느 나라의 죄와 벌인가?
   1) 모든 사로잡은 자를 끌어 에돔에 넘겼음이라. 블레셋의 남아 있는 자가 멸망하리라. -
   2) 형제의 계약을 기억하지 아니하고…… 그 궁궐들을 사르리라. -
   3) 길르앗을 압박하였음이라…… 아람 백성이 사로잡혀 기르에 이르리라. -

3. 1:11~2:3은 '이스라엘 형제 세 나라'중에 어느 나라의 조상(1~2번)이며, 죄와 받을 벌에 대한 기록인지 나라 이름을 쓰시오(3~5번)
   1) 아브라함의 조카 롯이 그의 딸들을 통하여 낳은 두 아들로 이들의 조상이 되었다(창 19:30~38). -
   2) 이삭의 쌍둥이 아들로서 야곱보다 먼저 난 자이며 이들의 조상이 되었다(창 25:19~26, 31:1). -
   3) 에돔 왕의 뼈를 불살라 재를 만들었다.. 그리욧 궁궐들을 사르리라. -
   4) 칼로 그의 형제를 쫓아가며 긍휼을 버리며 항상 맹렬히 화를 내며 분을 끝없이 품었음이라.
   -
   5) 길르앗의 아이 밴 여인의 배를 갈랐음…… 그들의 왕은 그 지도자들과 함께 사로잡혀 가리라. -

4. 다음은 하나님의 백성(유다, 이스라엘)의 죄인데 어느 나라에 해당하는지 나라 이름을 쓰시오(2:4~8).
   1) 여호와의 율법을 멸시했다. -
   2) 거짓 것에 미혹하였다. -
   3) 은을 받고 의인을 팔았다. -
   4) 힘 없는 자의 머리를 티끌 먼지 속에 발로 밟는다. -
   5) 율례를 지키지 않았다. -
   6) 아버지와 아들이 한 젊은 여인에게 다녀오는 부정 -

5. 키가 크고 강하나 열매와 뿌리를 진멸한 나라는?(9-12) -

6. 여호와께서 이스라엘의 아들과 청년 중에서 누구를 일으켰는가?(9-12) -

7. 그날(심판의 날)에 용사 가운데 그 마음이 굳센 자는 어떻게 하는가?(13-16) -

제3장 [이스라엘을 향한 경고]

다음에 이어지는 성구를 쓰시오.

1. (　　　절) 땅의 모든 족속 가운데~

2. (　　　절) 여호와의 행하심이 없는데~

3. (　　　절) 주 여호와께서는 자기의 비밀을~

4. (　　　절) 이스라엘의 모든 죄를 보응하는 날에~

제4장 [이스라엘에 내리는 재앙]
다음 물음에 답하시오.

1. "너희가 내게(여호와께)로 돌아오지 아니하였느니라"는 말이 나온 절수를 모두 쓰시오.

   -

2. 아래의 재앙이 나온 구절은?
   1) 성읍 무너뜨리기를(전쟁) - (　　　절)
   2) 비를 멈추게 하여 어떤 성읍에는 내리지 않게(가뭄) - (　　　절)
   3) 곡식을 마르게 하는 재앙과 깜부기 재앙 - (　　　절)
   4) 이(齒)를 깨끗하게, 양식이 떨어지게(기근) - (　　　절)
   5) 전염병 보내기 - (　　　절)

제5장 [이스라엘의 애가]
다음 (　　) 안에 알맞은 말을 찾아 적으시오.

1. (　　　절) 너희는 (　　　)를 찾으라 그리하면 (　　　)

2. (　　　절) (　　　)를 쓴 쑥으로 바꾸며 (　　　)를 땅에 던지는 자들아.

3. (　　　절) 이런 때에 지혜자가 (　　　)하나니 이는 (　　　)임이니라.

4. (　　　절) 오직 (　　　)를 물 같이, (　　　)를 마르지 않는 강 같이 흐르게 할지어다.

5. (　　　절) 너희 왕 (　　　)과 (　　　)과 너희 우상들과 너희가…… 신들의 (　　　)을 지고 가리라.

제6장 [안일한 자의 슬픔]
다음 각 항의 지시대로 하시오

1. 다음 각항의 (　/　) 안에서 틀린 말은 두 줄로 지우시오.
   1) 6:1~6은 (지도자들의 죄악과 슬픔 / 악행에 대한 하나님의 심판)이 나오고
   2) 6:7~14은 (지도자들의 죄악과 슬픔 / 악행에 대한 하나님의 심판)이 나온다.

2. 다음 말에서 지도자의 죄악에는 '죄악', 하나님의 심판에는 '심판'이라 쓰시오.
   1) 흉한 날이 멀다 하는 자 - (　　　)
   2) 타격을 받아 큰 집은 갈라진다 - (　　　)
   3) 원수에게 넘기리라 - (　　　)
   4) 요셉의 환난에 대하여 근심하지 않는 자 - (　　　)
   5) 한 나라를 일으켜 너희를 치리라 - (　　　)

아모스 7~9장 다섯 가지 환상

제7장 [메뚜기, 불, 다림줄 환상]
다음 각 항의 물음에 답하시오. ('더 살펴보기' 참고)

1. 다음은 어느 환상(메뚜기, 불, 다림줄)에 대한 것인지 이름을 쓰시오.(1~9).
   1) 쌓은 담 곁에 주께서 손에 잡고 서셨다. - (　　　)
   2) 땅의 풀을 다 먹은지라. -(　　　)
   3) 주 여호와여 청하건대 그치소서. -(　　　)
   4) 큰 바다를 삼키고 육지까지 먹으려 하는지라. -(　　　)
   5) 이스라엘의 성소들이 파괴될 것이라. - (　　　)
   6) 이것이 이루어지지 아니하리라. -(　　　)

2. 다음은 누가 → 누구에게 한 말 (인용은 처음 말한 자)인지를 쓰시오(10~17)
   1) 이스라엘 족속 중에 아모스가 왕을 모반하나니 그 모든 말을 이 땅이 견딜 수 없나이다.
   (　　　　　→　　　　　)
   2) 여로보암은 칼에 죽겠고 이스라엘은 반드시 사로잡혀 그 땅에서 떠나겠다.
   (　　　　　→　　　　　)

3) 선견자야…… 다시는 벧엘에서 예언하지 말라.

(→)

4) 나는 선지자가 아니며…… 여호와께서…… 내 백성 이스라엘에게 예언하라 하셨나니……

(→)

5) 이스라엘은 반드시 사로잡혀 그의 땅에서 떠나리라.

(→)

제8장 [여름 과일 한 광주리 환상]
다음 말이 맞으면 O표, 틀리면 X표 하시오.

1. 주 여호와께서 아모스에게 보이신 환상은 '여름 과일 한 광주리'이다. - ( )

2. 이스라엘의 끝이 이르렀으나 여호와께서 '다시 저를 용서하리라'하셨다. - ( )

3. 월삭, 안식일이 지나기를 바라는 것은 월삭, 안식일에는 곡식을 팔 수 없기 때문이다. - ( )

4. 에바를 작게 하여 세겔을 크게 하며 거짓 저울로 속이는 것은 권장 사항이다.- ( )

5. 하나님의 심판은 절기를 애통으로, 노래를 애곡으로…… 그 결국으로 곤고한 날과 같게 하신다. - ( )

6. 이스라엘에게는 '여호와의 말씀을 듣지 못한 기갈'이 있었다. - ( )

제9장 [이스라엘의 미래의 회복]
다음 각항의 지시대로 하시오.

1. '제단 곁에 서신 주님'(5번째 환상: 피할 수 없는 심판)에서 관계가 있는 것끼리 연결하시오(1~4).

1) 스올로 들어갈지라도 • • 가)

2) 하늘로 올라갈지라도 • • 나)

3) 갈멜 산 꼭대기에 숨을지라도 • • 다)

4) 원수 앞에 사로잡혀 갈지라도 • • 라)

가) 내가 거기에서 붙잡아 내릴 것이며
나) 내가 거기에서 칼을 명령하여 죽이게 할 것이라.
다) 내 손이 거기에서 붙잡아 낼 것이요.
라) 내가 거기에서 찾아낼 것이요.

2. 하나님께서 야곱의 집에 대한 긍휼을 나타낸 구절을 쓰시오(5~10).

1) 8절: 그러나~

2) 9절: 이스라엘 족속을~

3. '이스라엘의 미래의 회복'을 나타낸 다음 구절의 ( )를 채워 완성하시오(11~15).

1) 그날에 내가 ( )을 일으키고 그것들의 틈을 막으며 그 허물어진 것을 일으켜서……

2) 내가 내 백성 이스라엘이 ( )을 돌이키리니 그들이 황폐한 ( )을 건축하여 거주하며……

3) 내가 그들을 그들의 ( )에 심으리니 그들이 ( )에서 다시 뽑히지 아니하리라.

오바댜

제1장 [에돔의 멸망]
다음 물음에 답하시오.

1. 에돔은 누구의 후손인가? 그 이름을 본문에서 찾아보시오(1~21, 창 31장).

-

2. "에서"가 나오는 절수를 쓰고 그 이름 뒤에 이어지는 말을 쓰시오.

1) (절) 에서가~

2) (절) 에서의 산에서~

3) (절) 에서의 산에 있는~

4) (절) 에서 족속은~

5) (절) 에서 족속에~

6) (절) 에서의 산과~

7) (절) 에서의 산을~

요나 | 예언서 |

Jonah

제목에 대한 해설

본서는 예언자의 이름을 따라 '요나'를 책 제목으로 정하였다. 《칠십인역(LXX)》에서는 요나스(Ionas)라 하였고 《불가타역(Latin Vulgate)》도 이를 음역하여 같은 이름인 요나스(Jonas)라 하였으며 후대의 역들도 모두 예언자 이름을 책명으로 하였다.

요나라는 이름의 뜻은 '비둘기'이다.

저자 및 저작 연대

〈요나〉의 저자 문제에 대해서는 단순한 듯하면서도 많은 논쟁이 있어 왔다. 저자 문제는 그 저작 시기를 함께 말해 준다.

(1) 〈열왕기하〉 14:25에 기록된 "이스라엘 하나님 여호와께서 그의 종 가드헤벨 아밋대의 아들 요나를 통하여 하신 말씀과 같이 여로보암이 이스라엘 영토를 회복하되"라는 말씀에 근거하여 북국 이스라엘 여로보암 2세(주전 786~749년에 통치) 때인 8세기 중엽의 요나가 저자라고 한다.

(2) 반면에 바벨론 포로 이후(주전 587년에 포로로 갔다가 538, 458, 445년에 귀환), 즉 4세기 중엽 〈요엘〉을 잘 아는 익명의 저자라고 본다. 이 시기로 볼 때 〈요엘〉을 언급하는 것은, 〈요나〉 3:9이 〈요엘〉 2:14에서, 〈요나〉 4:2은 〈요엘〉 2:13에서 온 것으로 보고 있기 때문이다. 아람어의 영향을 받은 용어(1:9, '하늘의 하나님')로 연대를 추정하기도 한다.

(3) 또한 중간적인 견해를 갖는 경우는 바벨론 포로 후(4세기)에 기록되었으며 요나가 기록한 것이 아니라 요나에 대하여 기록한 것이라는 암시로 3:3 등을 제시한다. 즉 주전 612년 니느웨가 멸망한 이후의 시기를 암시한다.

본서가 역사냐 비유냐 하는 논쟁의 일부는 그리스도께서 요나에 대해 언급하신 것을 중심으로 하고 있다(마 12:40, 눅 11:30). 요나를 역사적 인물이라고 하는 충분한 증거가 있다고 믿는 사람들은 그것만을 너무 강조한 나머지 〈요나〉의 메시지를 잊지 말도록 "이 책의 주제는 고래가 아닌 해외 선교이다"라고 경고한다(W. G. Scroggie).

역사적 배경

대개의 예언서들이 예언자의 예언의 기록인 데 반하여 〈요나〉는 요나 개인에 관한 전기적인 기록이다. 따라서 〈요나〉는 예언자의 전기적인 기록을 통해 메시지를 전하려고 했던 '지혜문학'(욥기, 잠언, 전도서처럼)에 속한다고 보는 학자도 있다.

요나의 예언 대상인 니느웨(앗수르의 수도)는 역사적으로 북국 이스라엘을 여러 번 괴롭혔고, 주전 721년에는 북국 이스라엘을 멸망시키고(왕하 17장) 앗수르 백성을 사마리아에 이주시켜 혼혈족을 만들었다. 그 후 701년에는 앗수르의 산헤립이 예루살렘을 침공하기도 했다(왕하 18장).

본서의 예언은 다른 예언서들과는 다른 몇 가지 특징을 갖는다. ① 예언의 말씀이 극히 적어서 3:4의 다섯 마디(사십 일이 지나면 니느웨가 무너지리라)뿐이다. ② 순종을 억지로 했다. 성경의 어디에도 요나처럼 불순종하고 하나님께 원망하는 선지자는 없다. ③ 그럼에도 불구하고 예언의 결과는 커서 니느웨가 회개하였고 재앙이 임하지 않았다. ④ 이스라엘에 대한 보호보다는 이방에 대한 하나님의 자비가 나타난다.

교훈과 메시지

(1) 만인구원에 대한 이스라엘의 사명

본서의 신관은 이스라엘을 이방으로부터 보호하려는 전통적인 신관이 아니라 니느웨의 죄악에 대하여 심판하시려는 〈요나〉의 하나님은 〈아모스〉 이후의 보편적 윤리적 신관에서 나타나는 하나님의 모습과 같다. 그러면서 악독한 니느웨라도 말씀을 듣고 회개한 것과 이스라엘 백성이 유다적 신관에 젖어 회개치 못한 것에 대비되는 구조이다.

(2) 유다 민족의 편협한 민족주의

요나의 모습은 민족주의에 사로잡혀 그들의 사명인 보편적인 구원에 대해 관심을 두지 않은 이스라엘을 대표하며 그들을 깨우쳐 이방 민족을 향한 하나님의 사랑을 깨닫게 하기 위함이다. 그래서 〈요나〉의 끝은 이들에게 질문을 하고 있다.

"하나님이 요나에게 이르시되 네가 이 박넝쿨로 말미암아 성내는 것이 어찌 옳으냐 하시니 그가 대답하되 내가 성내어 죽기까지 할지라도 옳으니이다 하니라 여호와께서 이르시되 네가 수고도 아니하였고 재배도 아니하였고 하룻밤에 났다가 하룻밤에 말라 버린 이 박넝쿨을 아꼈거든 하물며 이 큰 성읍 니느웨에는 좌우를 분변하지 못하는 자가 십이만여 명이요 가축도 많이 있나니 내가 어찌 아끼지 아니하겠느냐 하시니라"(욘 4:9~11).

요나 1~4장

이방에 대한 보편적 구원 (중요구절 욘 3:10)

여호와께서 앗수르의 수도인 니느웨에 말씀을 전하도록 요나를 부르시지만 그는 여호와를 피해 다시스(스페인)로 가는 배를 탄다. 그 배는 풍랑을 만나게 되고 그 원인이 요나에게 있다 하여 그를 바다에 던지자 바다는 잔잔해졌고 요나는 물고기에게 삼키운다(1장). 물고기 뱃속에서 기도하던 그는 해변에 토해냄을 당한다(2장). 하나님께서 다시 요나를 보내니 니느웨로 가서 외치자 회개의 역사가 일어난다(3장). 여호와께서 니느웨를 멸망시키지 않겠다는 데로 뜻을 돌이키시자 요나는 오히려 우울해 한다. 하나님은 자연을 통해 만인구원을 가르친다(4장).

1. 요나는 여호와로부터 "너는 일어나 저 큰 성읍 니느웨로 가서 그것을 향하여 외치라"(1:2)는 명령을 받고 일어났으나 니느웨는 "큰 성읍"(1:2, 3:2~3, 4:11)으로 "악독"(2절)한 이방이었기에 가기 싫었다. 그는 불순종하여 욥바로 내려가서 다시스(스페인이었을 것, 렘 10:9, 겔 27:12)로 가는 배를 탔으나 바다에 던짐을 받는다(15절). 이처럼 인간(요나, 또한 나 자신)이 하나님을 등지고 사명을 거부하는 자유가 있듯이 하나님은 추격하여 사로잡는 자유가 있다(1장). 순종을 배워야 한다.
2. 하나님을 등지면 '내려가는 삶'을 살게 된다. 요나는 욥바로 내려갔고(봐예레드, 1:3), 다시 배로 내려갔고('올랐더라'는 의역), 마침내는 배 밑창으로 내려갔다(5절). 환경도 그러하여 "여호와께서 큰 바람을 바다 위에 던지셨고(헤틸, '내리시매'는 의역, 4절), 배가 깨질 정도였고, 사람들이 배의 물건도 바다에 던졌고(5절), 풍랑의 원인이 요나임이 알려지고 사람들이 요나를 "바다에 던지매"(15절) 요나는 "물고기 뱃속"까지 내려간다. 즉 영, 육, 물질 모두 다 내려가고 던짐을 당하였다
3. 요나는 니느웨로 가라는 하나님의 명령을 피하여 다시스로 도망을 갔으며(1:1~3), 강제로 니느웨로 가서 메시지라고는 다섯 단어(3:4, 오드 아르바임 욤 웨니느웨 네흐파케트, "사십 일이 지나면 니느웨가 무너지리라")에 불과하다. 그럼에도 메시지에 큰 반응이 나타났다. 그로 인해 니느웨가 멸망하지 않자 못마땅하여 하나님께 죽겠다고 항변한다(4:1~3).
4. 메시지의 결실은 받아들이는 쪽에서 반응이 나타나야 한다. 요나의

1
사명을 져버린 요나
여호와의 얼굴을 피해 도망

2
기도하는 요나
다시 주의 성전을 바라보겠다

3
니느웨로 가는 요나
하나님이 뜻을 돌이키시고

4
자연을 통해 훈련 받는 요나
내가 어찌
아끼지 아니하겠느냐?

설교(3:4)를 들은 니느웨의 반응은 금식, 굵은 베옷, 부르짖음으로 인해 재앙이 사라졌다. 베드로의 설교를 들은 자들은 "어찌할꼬" 했으나, 스데반의 설교를 들은 자들은 "이를 갈거늘" 결국 돌로 쳤다(행 2:37~41, 7:54~60). 하나님의 말씀을 듣는 자는 '나를 깨우치는 말씀'으로 들어야지 '나를 치는 말씀'으로 들어서는 안 된다.

더 살펴보기

내용 분해
1장 – 요나의 소명과 불순종
2장 – 요나의 회개와 구원
3장 – 니느웨를 향한 요나의 메시지
4장 – 니느웨에 대한 하나님의 자비

1. 〈요나〉의 내용

〈요나〉는 유대 민족이 편협한 민족주의에 사로잡혀 그들의 본연의 사명인 보편적인 구원에 대해 관심을 두지 않기에 그들을 깨우쳐 이방민족을 향한 하나님의 사랑을 깨닫게 하기 위함이다.

2. 〈요나〉의 세 가지의 방향 전환(욘 3장)

〈요나〉에는 세 가지 방향전환이 나온다(H. W. Wolff, 한스 볼프《선교자 요나》).

(1) 요나 - 도망가던 요나가 니느웨로 방향 전환을 한다(3:3).
(2) 니느웨 사람들 - 악독한 니느웨 사람들이 하나님께로 방향 전환을 한다(3:5-6).
(3) 하나님 - 니느웨를 멸망시키려던 하나님이 뜻을 돌이키시는 방향전환을 한다(3:10).

우리도 좋은 쪽으로 방향전환을 하면 하나님이 기뻐하실 뿐아니라 내 인생이 정말로 좋아진다.

3. 요나를 가르치려고 예비하신 자연 세 가지(욘 4장)

하나님은 자연을 통하여 요나를 가르치신다. 이미 1장에서 '큰 바람'과 '큰 물고기'를 예비하셔서 하나님의 섭리를 이루어 가신다(1:4, 17). 그리고 4장에서는 다시 세 가지를 예비하셨다(4:6, 7, 8).

(1) 박 넝쿨 - 4:6 "하나님 여호와께서 '박 넝쿨을 예비'하사 요나를 가리게 하셨으니"

(2) 벌레 - 4:7 "하나님이 '벌레를 예비'하사 이튿날 새벽에 그 박 넝쿨을 갉아먹게 하시매 시드니라"

(3) 동풍 - 4:8 "해가 뜰 때에 하나님이 뜨거운 '동풍을 예비'하셨고 해는 요나의 머리에 쪼이매 요나가 혼미하여 스스로 죽기를 구하여 이르되 사는 것보다 죽는 것이 내게 나으니이다"

바다로 던져지는 요나(욘 1:1)
니느웨로 가라는 하나님의 명령을 떠나 다시스로 도망을 가던 요나는 사람들에 의해 바다에 던져진다. (터키 반호수 악다마르 교회당 벽 부조)

4. 선지자 요나의 표적과 그 현대적 확증

…… 포경선 [동방의 별]호는 1891년 2월 포클랜드 근해에서 스펌 고래를 발견했다. 두 개의 보트가 내려졌고 창잡이 중 하나가 고래에 창을 던졌다. 두 번째 보트에 있던 사람들이 작살을 꽂으려 했으나 보트가 뒤집혀 한 사람이 바다에 빠졌다. 이등선원인 바틀리(James Barthly)가 사라지고 없었다. 이윽고 고래가 죽고 배 옆으로 끌어 올려져 단단히 묶여 기름과 살을 떼어냈다. 다음 날 갑판 위에 고래의 위(胃)를 올려놓고 갈랐을 때 행방불명되었던 선원이 그 안에서 발견되었다. 그는 의식을 잃은 상태였으나 살아 있었다. 결국 그는 바다와 고래로 부터 소생함을 받았고 얼마 후 고래잡이 배에서 임무를 계속했다. (브리테니카 연구자료, 《Can you run away from God?》 by James M. Boice, 1977. SP Publishing)

BIBLE

성경 질문지

요나 1~4장 이방에 대한 보편적 구원

제1장 [사명을 져버린 요나]
다음 묻는 말에 답하시오

1. 다음에서 말하는 지명을 쓰시오.
   1) 하나님이 요나에게 가라고 한 성읍은?(1-3)
   -
   2) 요나가 배를 탄 곳은?(1-3) -
   3) 요나가 도망가고자 했던 곳은?(1-3) -

2. 하나님이 요나를 니느웨로 가서 외치라 하신 이유는?(1-3)
   -

3. 폭풍 만난 배에서 제비를 뽑은 이유는?(4-10)
   -

4. 요나가 자신에 대해 대답한 말은?(4-10)
   -

5. 바다가 잔잔해 지는 방법으로 요나가 제시한 것은?(11-17)
   -

6. 요나가 큰 물고기 뱃속에 밤낮 삼 일을 있게 된 것을 신약에서 예수님은 무슨 사건의 예표로 말씀하셨나?(17, 마 12:38-41)
   -

제2장 [기도하는 요나]
다음 말씀이 나오는 절수를 쓰고 요나의 기도를 완성하시오.

1. (　　　절) 내가 받는 (　　　)으로 말미암아 여호와께 불러 (　　　　) 주께서 내게 대답하셨고 내가 (　　　)의 뱃속에서 부르짖었더니 (　　　　) 내 음성을 들으셨나이다.

2. (　　　절) 내가 주의 (　　　)에서 쫓겨났을지라도 다시 주의 (　　　)을 바라보겠다 하였나이다.

3. (　　　절) 내 (　　　)이 내 속에서 (　　　) 할 때에 내가 (　　　　)를 생각하였더니 내 (　　　)가 주께 이르렀사오며 주의 (　　　)에 미쳤나이다.

4. (　　　절) 나는 (　　　)하는 목소리로 주께 (　　　)를 드리며 나의 (　　　)을 주께 갚겠나이다. (　　　)은 여호와께 속하였나이다 하니라.

제3장 [니느웨로 간 요나]
다음 답의 (　　) 에 O표 하시오.

1. 요나가 니느웨로 가서 외친 말은 무엇인가?(1-4)
   1) 네게 명한 바를 그들에게 선포하라 (　　　)
   2) 사십 일이 지나면 니느웨가 무너지리라 (　　　)
   3) 아무 것도 입에 대지 말라(　　　)
   3) 하나님을 믿고 금식하라(　　　)

2. 니느웨 백성들이 요나의 외침을 듣고 행한 일에는 O표 아닌 것에는 X표 하시오.(5-9)
   1) 하나님을 믿음 (　　　)
   2) 금식을 선포 (　　　)
   3) 어른만 금식 (　　　)
   4) 왕이 보좌에서 움직이지 않음 (　　　)
   5) 짐승은 물을 먹게 함 (　　　)

6) 여호와께 힘써 부르짖음 (   )

7) 하나님이 멸망의 뜻을 돌이키시리라 믿음 (   )

3. 하나님이 니느웨 백성에게 재앙을 내리지 않은 가장 큰 이유는?(10)

   1) 요나가 여호와의 말씀대로 순종했기 때문에
   2) 그 악한 길에서 돌이켰기 때문에
   3) 굵은 베옷을 입었기에
   4) 왕이 왕복을 입었기에

제4장 [자연을 통해 훈련 받는 요나]

다음 물음에 답하시오

1. 요나의 편협된 생각을 고치기 위하여 하나님께서 예비하셔서 사용한 세 가지 자연은?

   1) (6절:)
   2) (7절:)
   3) (8절:)

2. 요나가 "사는 것보다 죽는 것이 내게 나음이니이다"라고 한 이유 두 가지를 쓰시오(2~3, 8).

   1)
   2)

3. 요나와 비슷한 요구(죽기를 원함)를 했던 선지자는 누구인가? (3, 8, 왕상 19:1~8)

   -

4. 4장에서 하나님께서 요나에게 질문형식(~하냐?)으로 말씀하신 세 가지가 있다. 본문대로 옮겨 쓰되 여러 절로 된 것은 끝 절만 쓰시오.

   1) (절)

   2) (절)

   3) (~   절)

미가 | 예언서 |

Micah

제목에 대한 해설

본서는 예언자의 이름을 따라 '미가(히브리어로는 '미가야')'를 책 제목으로 정하였다. 〈사사기〉 17:1, 4에서는 동명이인이지만 '미가야후'로 좀 더 긴 형태로 나타난다. 《칠십인역(LXX)》에서는 미카이아스(Michaias)라고 했으며 《불가타역》에서는 미케우스(Michaeus)라 했고, 후대의 역들도 모두 예언자의 이름을 책명으로 하였다.

'미가'라는 이름의 뜻은 '여호와와 같은 자가 누구인가?'이다.

저자 및 저작 연대

저자는 모레셋 출신의 미가로서, 미가는 요담(주전 739~735년)과 아하스(735~725년) 시대 뿐 아니라 히스기야(725~697년) 시대에 여호와의 말씀을 받았다(1:1). 내용으로 보아 요담 당시의 예언은 찾아보기 힘들다. 그는 아모스, 호세아, 이사야와 함께 예언 활동의 황금시대인 주전 8세기 예언자 가운데 한 사람으로 예언서의 분량은 적으나 예언 기간은 길었다.

역사적 배경

미가는 주전 8세기 윤리적 예언자 중의 마지막 사람으로서 미가보다 시대적으로 앞선 윤리적 예언자 아모스, 호세아, 이사야의 예언을 종합한 예언의 진수를 보여 준 예언자이다.

미가는 주로 예루살렘에서 예언을 했으므로 이사야의 예언을 들었을 것이며 그의 고향 모레셋은 아모스의 고향 드고아와 28km 정도의 거리이므로 그는 아모스의 영향도 받았을 것이다.

미가는 사마리아와 예루살렘에 성행하였던 이교적(異教的) 제사 의식을 신랄하게 비판하였고 관리들의 부정(2:1, 3:2, 10)과 그릇된 상거래(6:10, 7:2) 및 거짓 선지자들을 비판했다(2:11, 3:5).

미가가 예언을 하던 당시, 앗수르는 고대 근동 지방을 정복하려는 야망을 품고 있었다. 디글랏 빌레셀 3세(Tiglath-Pileser Ⅲ, 주전 744~727년), 살만에셀 3세(727~722년), 사르곤 2세, 산헤립으로 이어지는 앗수르의 통치자들은 이스라엘과 유다를 정복하려고 많은 노력을 기울였다.

교훈과 메시지

(1) 심판과 구원

대부분의 예언서들이 심판과 구원이라는 구조를 가지고 있다. 〈미가〉에는 이스라엘과 유다의 심판과 구원의 대조가 다음 세 차례에 걸쳐 반복되고 있다. ① 1:2~2:11과 2:12~13, ② 3:1~12과 4:1~5:15, ③ 6:1~7:7과 7:8~20이다.

(2) 공의와 공평

미가는 모레셋 농촌 출신의 예언자로서 불평등한 부의 분배와 불평등한 재판과 불의한 정치로 인한 이스라엘이 당하는 운명을 유다도 당하게 되리라는 것을 확신했다. 이는 하나님의 백성들이 하나님의 축복을 누리지 못하는 불신앙적인 상황에 대하여 비난하는 아모스의 관점(5:24)과 같은 것이다.

(3) 메시아 사상

미가는 주전 700년 이전에 이미 이스라엘을 다스릴 자, 즉 메시아의 탄생 지점인 베들레헴을 예고했다(5:2, 마 2:5~6).

〈미가〉 4~5장은 특별히 종말론적인 예언으로 되어 있는데, 4:1~2은 〈이사야〉 2:2~4에 있는 종말론적인 예언과 문자적으로 거의 같으며, 우주적인 평화를 가져오는 메시아를 노래하고 있다.

〈미가〉의 메시아 사상은 독특한데, 다윗 왕의 후손으로 오는 메시아가 아니라 베들레헴에서 "그의 근본은 상고에, 영원에 있느니라"는 말씀처럼 하나님 자신이 강림하시는 것이며, 시골 베들레헴에서 낮은 자 가운데서 태어남으로써 백성들 가운데 임하며(5:2), 목자로서 평강을 주시며, 군대의 힘을 의지하는 자와 복수하는 자와 우상을 섬기는 자들을 벌하실 것이라는 것이다(5:3~15).

메시아 사상에 있어서 미가는 이사야의 영향을 받지 않고, 낮은 자로 오셔서 우주의 평화를 이루는 메시아에 관해 예언하는 독특성을 갖는다.

이스라엘과 유다의 심판과 구원
(중요구절 미 6:8)

사마리아와 유다의 멸망에 대한 메시지(1~2장), 멸망과 구원의 메시지(3~5장), 그리고 경고의 메시지가 나온다(6~7장). 본서에는 세 편의 예언적 설교로 구성되어 있다. 즉 심판의 위협(1~2장), 메시아적 선언(4~5장), 회개와 겸손에 이르는 충고와 권고(7장)이다.

1. 사마리아가 멸망할 것(1:6~7)을 생각하니 미가 선지는 두렵기 짝이 없었다. 미가는 슬픔을 드러내려고 "벌거벗은 몸으로 행하며(문자적으로는 '맨발로', '맨몸으로', 허리 부분만 가리고) 들개 같이 애곡하고 타조 같이 애통하리니"(1:8)라 하였다. 고통 중에 돌아다니며 그 심판은 북왕국의 경계에서 멈추지 않고 유다에도 미칠 것을 예언한다(1:9). 이사야도 이런 상징예언을 했다(사 20:2).
2. 미가의 대담하고 솔직한 심판의 예언을 들은 적들은 격분하여 미가에게 "너희는 예언하지 말라 이것은 예언할 것이 아니어늘 욕하는 말을 그치지 아니한다"(2:6)라고 하였다. 미가의 예언이 거짓이므로 박해를 하는 것이 아니라 너무나 진실하기에 두려워하는 것이다. 아첨하는 달콤한 말에 불안과 초조를 달랠 것이 아니라 진실한 하나님의 예언의 말씀이 선포될 때 귀를 기울여야 한다.
3. 하나님께서는 장래에 이루실 평화의 나라를 말씀하신다. 이방인들도 "야곱의 하나님의 산에 이르자"(4:2)고 하며 평화가 이루어져 "칼을 쳐서 보습을 만들며 창을 쳐서 낫을 만들 것이며" 전쟁을 연습하지 않을 것임을 말씀하신다(3절). 이는 동시대에 이사야의 예언과도 통한다(사 2:4). 오늘의 세상은 평화를 원하지만 도처에서 전쟁은 더 늘어난다. 평화를 이루어야 하는 사명이 인류에게 주어졌다.
4. 여호와께서 우리에게 구하는 것은 "오직 정의를 행하며 인자를 사랑하며 겸손하게 네 하나님과 함께 행하는 것이라"(6:8)고 했다. 정의를 행하는 것은 예언자마다 외쳤다(암 5:7,15,24, 6:12, 미 3:1,9, 사 1:17, 5:7, 호 6:5~6, 12:6). 오늘의 교회가 세상에서 정의를 행하는 능력이 있

1 2
사마리아와 유다의 멸망에 관한 묵시
야곱의 허물,
이스라엘의 죄를 인함이라

3
지도자들의 죄와 심판
이에 물 것이 있으면
평강을 외치나

4 5
예루살렘의 승리와 메시아
베들레헴 유브라다야

6
여호와의 쟁변
이스라엘과 변론

7
이스라엘에게 약속된 축복
주와 같은 신이
어디 있으리이까?

어야 한다. '하나님과 함께 행하는 것'은 주의 깊게 사는 것을 말한다.

5. 서로 믿지 못하고 산다는 것은 슬픈 일이다. 미가가 예언하던 그 시대에는 서로 불신하여 "이웃을 믿지 말며 친구를 의지하지 말며 네 품에 누운 여인에게라도 네 입의 문을 지킬지어다"(7:5)라고 하였다. 어느 시대를 막론하고 이러한 불신은 존재하기에 예수님도 제자들의 배신을 받았고 오늘의 교회도 불신하는 일들로 인해 고통을 당하고 있다. 서로 믿을 수 있는 자세가 필요하다.

더 살펴보기

내용 분해
1:1~3:12 – 이스라엘과 유다에 대한 심판
4:1~5:15 – 회복과 희망의 말씀
6:1~7:20 – 경고와 심판에 대한 자비의 승리

1. 〈미가〉의 내용

미가는 이사야와 거의 동시대 예언자로서 특히 메시아의 탄생 지점을 예언하여 더욱 알려졌다(5:2). 미가는 사마리아와 예루살렘에 성행하였던 이교적(異教的) 제사 의식을 신랄하게 비판하였고 관리들의 부정(2:1, 3:2, 10)과 그릇된 상거래(6:10, 7:2) 및 거짓 선지자들을 비난하기도 했다(2:11, 3:5).

2. 장래 구원의 약속 (미 2:12~13)

(1) 하나님은 포로생활이 끝난 뒤에 "이스라엘의 남은 자를 모으고 그들을 한 처소에 두기를 보스라의 양 떼 같이 하며 초장의 양 떼 같이 하리니 사람들이 크게 떠들 것"(2:12)을 약속하셨다. 이와 비슷한 말씀들은 〈에스겔〉 34:15, 36:37~38에서 찾아볼 수 있다.

(2) 그리고 13절에서는 출애굽 때에 그러하셨듯이(출 13:21~22, 사 52:12 참고) 하나님이 몸소 자기 백성의 갈 길을 닦아 두려고 하신다(사 42:13 참고). "그들의 왕이 앞서 가며 여호와께서는 선두로 가시리라"(2:13)고 하였다. 즉 하나님이 그들의 왕이라는 것이다. 하나님은 길을 여는 자(삼하 5:20, 사 42:13)처럼 사로잡힌 자들에게 성문을 열어 주신다.

3. 거짓 선지자(미 3:5~8)

하나님의 선지자들은 거짓 선지자들과 싸웠다. 아모스, 호세아, 또 후에는 예레미야도 거짓 선지자들과 싸워야 했다. 미가도 마찬가지였다(암 7장, 호 4:5, 렘 7:4, 23:25 이하, 28장 등). 거짓 선지자들의 공통된 점은 사욕을 위하여 예언을 하는 것이다. 자기에게 이익이 되는 사람에게는 아첨을 하고 근거 없는 평안을 예언하고 자신에게 이익을 가져다주지 않는 자에게는 가혹하였다. "내 백성을 유혹하는 선지자들은 이에 물 것이 있으면 평강을 외치나 그 입에 무엇을 채워 주지 아니하는 자는 전쟁을 준비하는도다"고 직업적 예언자들의 타락을 업신여겼고 하나님께서 심판하실 것을 예언하였다(3:5~8).

시골 출신의 미가 선지자
미가는 시골 모레셋 출신으로 사마리아와 예루살렘의 죄에 대하여 크게 책망하였다. (구스타프 도레의 판화)

4. 〈미가〉의 메시아 예언(미 5:2)

〈미가〉의 가장 유명한 구절은 메시아의 탄생 지점 예언일 것이다. 동방의 박사들이 별을 보고 유대 땅으로 메시아를 찾아 왔을 때, 대제사장과 서기관들이 바로 〈미가〉 5:2을 말했다(마 2:1~6). 두 구절(미 5:2의 예언과 마 2:6의 성취)을 비교해 보라.

5. '기억하라'는 말씀의 배경(미 6:5)

출애굽한 이스라엘이 모압 평지에 진쳤을 때에 모압 왕 발락은 이스라엘을 저주하기 위하여 당시의 메소보다미아의 유명한 거짓 예언자(점술가)였던 브올의 아들 발람에게 뇌물을 주고 그를 초대하였다. 그런데 발람은 하나님께서 나귀의 입을 통해 경고하신 말씀을 듣고 오히려 이스라엘을 축복하였다(민 22~24장, 신 23:4~5, 벧후 2:15). 이런 사건을 기억하라는 것이다.

BIBLE

성경 질문지

미가 1~7장 이스라엘과 유다의 심판과 구원

제1~2장 [사마리아와 유다의 멸망에 관한 묵시]
다음 물음에 답하시오

1. 미가는 유다의 어느 왕들이 통치하던 시대의 묵시(예언)인가요?

 -

2. 미가는 어디에 관한 묵시인가?

 -

3. 여호와께서 강림하사 심판하시면 어떻게 되는가?(1:1~7절을 읽고 답은 6~7절에서)

 -

4. 다음은 어느 지역에 관한 예언인지 지명을 쓰시오(1:8~16).
 1) 딸 시온의 죄의 근본이니 이는 이스라엘의 허물이 네게서 보였음이니라. -
 2) 내가 장차 너를 소유할 자로 네게 이르게 하리니 이스라엘의 영광이 아둘람까지 이를 것이라. -

5. 악을 행하는 결과로 여호와의 회중에서 어떠한 자가 하나도 없게 되는가?(2:1~5)

 -

6. 거짓된 자들이 하나님의 백성의 부녀들과 그 어린 자녀들에게 어떻게 했는가?(2:6~11)

 -

7. 여호와께서 반드시 이스라엘의 남은 자를 어떻게 하시는가?(2:12~13)

 -

제3장 [지도자들의 죄와 심판]
다음 ( ) 안에 알맞은 말을 적으시오.

1. (절) 내 백성을 (   )은 이에 물 것이 있으면 (   ) 그 입에 무엇을 채워주지 아니하는 자에게는 (   )하는도다.

2. (절) 오직 나는 (   )으로 말미암아 능력과 정의와 용기로 충만해져서 (   )과 (   )를 그들에게 보이리라.

3. (절) 그들의 우두머리들은 (   ) 재판하며, 그들의 제사장은 (   ) 교훈하며, 그 선지자는 (   ) 점을 치면서도 …… 재앙이 우리에게 임하지 (   )하리라 하는도다.

제4~5장 [예루살렘의 승리와 메시아]
서로 관계있는 것끼리 연결하시오(1~3번은 4장, 4~6번은 5장).

1. 끝날에 이르러는 여호와의 전의 산이 • • 가)
2. 그 칼을 쳐서 보습을 만들고 • • 나)
3. 바벨론까지 이르러 거기서 구원을 얻으리니 • • 다)
4. 베들레헴 에브라다야
 너는 유다 족속 중에 작을지라도 • 라)
5. 네 손이 네 대적들 위에 들려서 네 모든 원수를 • • 마)
6. 새긴 우상과 주상을 너희
 가운데에서 멸절하리니 • • 바)

가) 창을 쳐서 낫을 만들 것이며
나) 네 원수들의 손에서 속량하여 내시리라
다) 산들의 꼭대기에 굳게 서며
라) 이스라엘을 다스릴 자가 네게서 나올 것이라
마) 네 손으로 만든 것을 다시는 섬기지 아니하리라
바) 진멸하기를 바라노라

제6장 [여호와와 이스라엘의 쟁변]
다음 말에서 틀린 부분에 밑줄을 긋고 바르게 고치시오

1. 여호와께서 자기 백성과 변론하시며 이방 백성과 변론하실 것이라(1~5). →
2. 너는 모압 왕 발람이 꾀한 것과 브올의 아들 발락이 그에게 대답한 것을 기억하며 →
3. 여호와께서 네게 구하시는 것은 오직 정의를 행하며 인정을 사모하며 겸손하게 네 하나님과 함께 행하는 것이 아니냐?(6~8) →
4. 명예는 주의 이름을 경외함이니라(9~16). →
5. 만일 부정한 저울을 썼거나 주머니에 거짓 저울추를 두었으면 깨끗하리라(9~16). →

제7장 [이스라엘에게 약속된 축복]
다음 말을 이어서 완성하시오.(해당 절 안에서만)

1. (　　　절) 그 지도자와 재판관은~
2. (　　　절) 너희는 이웃을 믿지 말며~
3. (　　　절) 오직 나는 여호와를~
4. (　　　절) 주께서 나를 인도하사~
5. (　　　절) 그 날에는 앗수르에서~
6. (　　　절) 주와 같은 신이~

나훔 | 예언서 |

Nahum

제목에 대한 해설

본서는 예언자의 이름을 따라 '나훔'을 책 제목으로 정하였다. 나훔은 '위로', '평안', '구원'이란 뜻이 있다. 《칠십인역(LXX)》에서는 '나오움'으로, 《불가타역(Latin Vulgate)》에서는 '나훔'으로 발음상의 차이일 뿐이다.

저자 및 저작 연대

저자는 "엘고스 사람 나훔의 묵시의 글"(1:1)에 근거하여 나훔으로 본다. 그의 출신지인 엘고스가 어디인지 알 수 없으나 다음 네 곳 중에 하나일 것이다. ① 앗수르의 니느웨 북쪽, ② 예루살렘의 남서쪽, ③ 갈릴리 지방의 어느 곳, ④ 가버나움의 자리 등이다.

그의 활동 시기에 관하여는 왕들에 대한 기록이 없으므로 많은 논쟁의 대상이 되고 있는데 다음 두 가지 연대를 기준으로 추측해 본다.

3:8~10에서 상부 애굽의 수도 '노아몬'(테베)에 대해 말하는데 노아몬은 주전 663년에 앗수르 사람들의 손에 넘어갔다. 다른 한편으로는 〈나훔〉에서 니느웨의 멸망은 곧 일어날 사건으로 묘사한다. 니느웨는 주전 612

년 바벨론 사람들과 메대 사람들에게 파괴되었다. 그렇다면 그 기록 시기는 아마도 주전 612년 앗수르 제국이 멸망한 직후일 것이다. 또한 테베가 663년 앗수르의 앗수르바니팔(Ashur banipal, 주전 669~ 626년)에 의해 약탈당한 일(3:8)을 과거의 일로 언급한 것으로 보아 이 두 연대의 중간(주전 663~612년)으로 볼 수 있다. 히스기야 왕과 이사야 선지자의 동시대 예언자로 추정한다.

역사적 배경

〈나훔〉은 앗수르의 앗수르바니팔이 치리하던 때부터 주전 612년 니느웨의 함락까지의 기간 동안 일어난 일들의 기록으로 본다. 주전 721년 북 왕국 이스라엘이 함락된 지 약 1세기가 지난 때로서 예레미야, 하박국, 스바냐의 활동 기간과 동일하다(렘 3:6, 습 1:1). 국제적으로는 애굽과 앗수르가 지배권을 행사하던 시기이나 이제는 강성하게 된 바벨론이 메대와 동맹을 맺고 앗수르를 침략하게 되었다. 하나님께서 이스라엘을 징계하기 위하여 사용하였던 앗수르 제국이 하나님의 공의에 대한 심판을 받게 된 것이다.

교훈과 메시지

(1) 진노하시는 하나님

나훔은 이전의 예언자인 아모스, 호세아, 이사야, 미가 등과 동시대의 예언자 스바냐와 예레미야와는 달리 유다의 죄악에 대해서는 전혀 지적하지 않고 있다. 이런 점은 주전 587년에 예언했던 오바댜와 비슷한데, 나훔은 오바댜처럼 제의예언자, 궁중예언자일 것이다. 애국자이며 유다적인 국수주의자였던 나훔은 고통을 준 니느웨에 대한 하나님의 진노가 불처럼 쏟아질 것을 예언하고 있다(1:6). 하나님을 거스르는 죄인을 향한 하나님의 진노가 맹렬한 불 같으며, 어느 것도 대항하지 못하고 멸망할 것을 분명히 한다.

(2) 여호와의 현현(顯現)과 유다의 회복

1장 2~9절은 이합체시(acrostic poem, 알파벳 순서로 지은 시)로 되어 있다(《성경핵심전과1》 518쪽 〈시편〉 119편 해설 참고). 창조 시편인 104편과 비슷한데, 창조주 여호와의 현현과 그 위엄을 노래한다. 나훔은 포악한 앗수르와 같은 죄인들을 향하여 맹렬한 불 같은 진노를 가지고 쳐들어 오시기 위해서 현현하신다는 것을 증거한다.

(3) 앗수르의 죄악과 유다의 대망

앗수르의 죄는 군사력을 무자비하게 사용한 것(2:1~13)과 비양심적인 교역이었다(3:1~4). 이로 인해 주변국들이 죄를 더 짓도록 하는 역할을 하였다. 그러나 나훔은 유다 민족에게는 좋은 소식을 전달하는 사자가 오고 있다고 선언했다.

특히 1:1~13과 2:1, 3, 15절에서 유다의 회복에 대해서 예언한다. 1:12에서는 '멸절'이라는 용어를 씀으로 전쟁의 분위기가 더욱 짙으며, 또한 1:15에서는 유다로 하여금 '절기를 지키고 서원을 갚으라'고 함으로써 제의적인 분위기를 갖는데, 나훔은 제사장 출신으로서 유다의 왕정체제 내에서의 회복하고 번영할 것을 대망하고 있는 것으로 볼 수 있다.

(4) 문학적 걸작인가 보복시(詩)인가?

〈나훔〉은 구약성경에서 문학적으로 걸작임에도 '보복시'라는 비난을 받았다. 유다의 죄에 대해서는 언급을 하지 않고 원수의 멸망을 기뻐하는 편협한 민족주의적 노래로 종종 이해되었다. 하지만 유다의 죄가 언급되지 않는 대신 이스라엘이 겪은 고초가 하나님이 내린 것을 인정한다(1:12).

하박국 | 예언서 |

Habakkuk

제목에 대한 해설

본서는 예언자의 이름을 따라 책 제목을 〈하박국〉이라 하였는데, 이는 하박국이 하나님께로부터 받은 묵시이기 때문이다(1:1).
《칠십인역(LXX)》에서는 '함바쿠우크', 《불가타역(Latin Vulgate)》에서는 '아바쿠크'라 하였는데, 이는 같은 이름의 다른 표현일 뿐이다.

저자 및 저작 연대

저자는 전통적으로 하박국으로 본다. 하박국의 출신에 대해서는 여전히 논란이 있다. 3장에 기록된 시 형식의 노래가 예배형식적이므로 '레위인', '제사장'또는 '찬양대원'이었다고 추측하기도 하며, 〈하박국〉의 신학을 볼 때, 〈욥기〉와 비슷한 신정론(神正論)의 문제를 다루며 인내와 신뢰의 문제에 대해 철학적으로 다루고 있어서 '지혜자' 출신으로 보기도 한다.
현대 학자들 중에는 1:5~11이 전후 내용과 자연스럽게 연결되지 않으며, 3장은 다른 사람의 시를 따온 것이라며 하박국 혼자의 저작이 아니라 포로 후기의 저작설을 주장하는 사람들도 있다.

그러나 일반적으로 하박국의 활동 시기에 대해서는 주전 626~597년경으로 보므로 예언의 기록도 그 때로 본다.

역사적 배경

하박국의 활동 연대의 상한선은 주전 626년 이후여야 한다. 1:6에 '갈대아 사람을 일으켰다'한 것은 주전 626년에 갈대아(바벨론)의 나보폴라살이 바벨론의 지경을 확고하게 하는 등 위협적인 세력으로 등장했기 때문이다. 주전 612년에는 앗수르를 무찔렀고 주전 605년 갈그미스 전투에서 애굽의 느고 왕이 바벨론의 느부갓네살의 군대에 대패하여 바벨론이 수리아-팔레스틴 지역을 장악하는 새로운 강자로 군림하게 된다. 주전 597년, 587년에는 유다가 바벨론의 포로가 된다(왕하 24~25장).
하박국의 활동 연대는 주전 626~597년까지 유다의 극심한 고통의 시대에 하박국이 두 번에 걸쳐서 여호와께 질문을 했다고 본다(1:2~4, 12~17). 즉 '하나님은 옳으신가?' '하나님이 역사를 진행하는 방향은 의로우신가?'라는 역사에 대한 신정론적(神正論的) 질문이다.

교훈과 메시지

(1) 의인의 고난과 믿음(신정론, 神正論)

이스라엘의 전통적인 관념은 '의인은 여호와의 보호와 복을 받으며 고난은 죄악의 결과'로 보아왔다. 이것은 '순종하면 복이고 불순종하면 저주'라는 '신명기의 사관(史觀)'과도 같으며 또한 예언자적이며 윤리적인 사고이다. 지혜에 있어서도 의인의 축복에 대한 가르침이 고대로부터 전승된 지혜로서 〈잠언〉이 이에 속한다. 그러나 〈전도서〉를 거치면서 후기의 지혜에 이르러서는 의인의 고난에 대한 자각이 일어난다. 이스라엘의 역사가 고난으로 이어지면서 '왜 선민이 죄악으로 관영한 이방에 고난을 받아야 하는가'라는 역사에 대한 질문이 일어났고 〈욥기〉가 등장하였다.

〈하박국〉은 신명기적인 고난과 개념을 가지고 '왜 의인이 고난을 받는가?'라며 질문한다.

(2) 믿음으로 사는 사람

'의인은 믿음으로 말미암아 살리라'(2:4)는 〈하박국〉의 위대한 주제는 사도 바울(롬 1:17, 갈 3:11)과 히브리서 기자(히 10:38)에 의해 더욱 발전하였으며 16세기 종교개혁과 마르틴 루터의 개혁 이념이기도 하였다.

(3) 하나님의 현현(顯現)

2:6~19에는 '다섯 개의 화 있을진저'라고 부르는 조롱하는 시가 나온다(2:6). 첫째 노래는 느부갓네살, 둘째부터 다섯째 노래는 갈대아인에 대한 저주시인데, 그 분위기는 하나님의 위엄이 전 우주적이고 종말론적인 심판의 분위기를 느끼게 한다(2:20).

하박국의 기도이면서 찬송시인 3장은 시편 104편에서 느낄 수 있는 창조주 하나님의 현현에 대해 노래하고 그것은 출애굽기 19장의 시내 산 현현에서 그 주제를 찾을 수 있다.

1~2장은 갈대아인에 대한 심판이었으나 3장에서는 악인에 대한 심판으로 바뀐다(3:13). 그러나 끝부분인 3:17~19에 가서는 여호와에 대한 신뢰를 노래하고 있다.

나훔 1~3장

니느웨의 멸망 (중요구절 나 3:15)

하나님은 앗수르에 대한 보복과 진노를 품으시나 이것이 유다에게는 구원이요 위로이다(1장). 멸망당할 니느웨와 보존받을 유다에 대해 말씀하신다(2장). 그리고 니느웨의 멸망의 원인이 무엇인지 말씀하신다(3장). 〈나훔〉은 여러 곳이 박력 있고 미려(美麗)한 문장의 시(詩)로 되어 있다.

1
니느웨에 대한 하나님의 진노
여호와는
보복하시며 진노하시되

2
멸망 당할 니느웨
네 병거들을 불살라
연기가 되게 하고

3
니느웨의 멸망의 원인
음녀가 많은 음행을 함이라

1. 나훔이 전한 니느웨에 대한 심판의 말씀은 시(時)로 시작을 한다. "여호와는 질투하시며 보복하시는 하나님이시라…… 여호와는 노하기를 더디하시며 권능이 크시며"(1:2~3)는 하나님의 성품을 말하여 니느웨에 내릴 심판의 말씀으로 이어지지만 유다도 하나님이 함께 하셨던 자기들의 역사 속에서 어떻게 행했나를 기억해야 한다. "질투하시며"(2절, 출 20:5~6)는 하나님의 적극적인 사랑의 다른 표현으로도 이해한다. 하나님은 자비하셔서 "노하기를 더디하시며"(출 34:6, 민 14:18, 시 86:15, 103:8, 145:8, 사 48:9, 욜 2:13, 욘 4:2, 나 1:3) 다시 기회를 주신다.
2. 유다는 앗수르(수도는 니느웨)로 인해 고난을 많이 당한다. 자신들의 힘으로 어쩔수 없는 상황인데 하나님께서 "그들이 비록 강하고 많을지라도 반드시 멸절을 당하리니"(1:12)라 하였다. 그리고 유다에게는 "네 절기를 지키고 네 서원을 갚으라"(1:15, 사 52:7, 롬 10:15)고 권면하신다. 2:2의 성격과 같으며 해방과 구원, 그것을 위한 축제가 나타나고 있다. 구원도 평강도 여호와께로 부터이다. 하나님의 극진한 사랑으로 인해 새로운 생활이 시작된 기쁨이 있다. 내가 실패를 하고 냉정히 반성할지라도 스스로 새로워질 수는 없다. 하나님과의 만남없이 새로운 생활은 시작되지 않는다.
3. 앗수르의 수도 니느웨의 황폐를 예고하며 "니느웨는 예로부터 물이 모인 못 같더니 이제 모두 도망하니"(2:8)라 하였다. "물"은 니느웨 백성들을 가리키는 말인데, 자신들의 땅을 버리고 도망을 가는 패망을 예고한다. 하나님을 대적하는 인생은 멸망의 길을 가게 마련이다.
4. 니느웨의 멸망을 노래한 3장의 예언 첫 절은 "화 있을진저 피의 성이

여 그 안에는 거짓이 가득하고 포악이 가득하며 탈취가 떠나지 아니하는도다"(3:1) 하였다. 죄를 두려워 않던 니느웨 사람들이 마침내 하나님 앞에서 멸절을 당하는 비운을 맞이한 것이다. 마치 그렇게도 당당하게 내 세상인양 한국(조선)에서, 그리고 중국에서 거리를 활보하던 일본인들이 한 순간에 패망하자 집에 틀어 박혀 밖으로 나오지를 못했던 것처럼, 재앙은 그렇게 오는 것이다. "하나님의 사랑은 언제나 공의로운 분노에 의해 균형을 잃지 않으신다"(Raymond Calkins: 레이몬드 칼킨스).

더 살펴보기

1. 〈나훔〉의 내용

〈나훔〉에서는 앗수르의 죄악을 두 가지로 지적한다. 첫째, 군사력을 무자비하게 사용한 것이다(2:1~13). 둘째, 비양심적인 교역이었다(3:1~4). 이로 인해 주변국들이 죄를 더 짓도록 하는 역할을 하였다. 그러나 나훔은 유다 민족에게는 좋은 소식을 전달하는 사자가 오고 있다고 선언했다. 그리고 절기를 지키고 서원을 갚으라고 권면하였다(1:15). 본서는 문학적으로 좋은 평가를 받으며, 2~8절은 불완전하나마(히브리어 알파벳 22개 자음 중에 알렙~카프까지 8개의 자음 사용) 이합체시(알파벳시)로 이루어졌다. (《성경핵심전과1》 518쪽 〈시편〉 119편 내용 참고)

내용 분해
1:1~8 - 하나님께 드리는 찬미시
1:9~15 - 앗수르 멸망의 확실성
2:1~13 - 니느웨의 멸망
3:1~19 - 니느웨와 그 왕의 운명

2. 니느웨(앗수르)의 이스라엘과 유다 침공

앗수르(수도 니느웨, 1:1)는 백 년 남짓 중근동의 역사를 이끌어 가던 큰 나라였다. 이 지역에 있는 작은 나라들이 대부분 그랬듯이 북국 이스라엘이나 남국 유다도 앗수르의 위협을 느끼지 않을 수 없었다.

(1) 주전 721년 - 북국 이스라엘의 마지막 왕 호세아 때에 살만에셀 5세를 이은 사르곤 2세의 침략으로 북국 이스라엘은 멸망한다(왕하 17장). 본문에는 살만에셀이 사마리아를 3년간 포위한 것으로 나타난다(왕하

17:5~6). 역사가들은 앗수르의 사르곤 2세가 이 때에 형 살만에셀 5세를 죽으고 왕위에 오른 것으로 본다. 따라서 북 이스라엘을 멸망시킨 왕을 '살만에셀'이라고도 하고, '사르곤 2세'라고도 하는 것이다.

(2) 주전 701년 - 남국 유다 히스기야 통치 때에 산헤립이 유다를 침공하였다(왕하 18:13~19:37). 남국 유다 왕들은 그동안 앗수르의 지배권을 인정하고 조공을 바쳐왔었다. 그러나 주전 701년 히스기야 왕이 앗수르를 섬기지 않겠다고 하자, 앗수르가 쳐들어와서 유다 온 땅이 황폐해지고 예루살렘은 막판에서야 가까스로 파멸을 피할 수 있었다(왕하 18:13, 19:35~36).

3. 니느웨(앗수르)의 멸망(나 2장)

니느웨(앗수르)는 주전 612년에 바벨론의 나보폴라살에 의해 멸망을 당한다. 본문은 역설적으로 니느웨에게 무장하라는 촉구로 시작한다(2:1). 그 뒤를 이어 잘 준비된 무적의 군대가 침략하고 있다. 나훔은 마치 도성 안에서 침략을 지켜보고 있는 것처럼 말한다. 그 군대가 도성과 그 방어 시설을 향해 재빠르게 움직일 때 병거에 부착된 금속 장구가 햇빛에 번쩍거린다(3~5절). 코사르 강은 도시를 관통하고 티그리스 강으로 흘러 들어갔는데, 니느웨에는 이런 강의 흐름과 여러 관개시설이 있었다(6, 8절). 이 수문들 때문에 도시가 파괴되었다는 해석도 있으나 홍수는 종종 무력 침략의 이미지로 사용되기도 한다. (UBS 세계성서공회판《Good News Study Bible》, p.1350)

공성퇴로 공격하는 앗수르인
앗수르는 다양한 무기와 훈련된 보병으로 전쟁에 능하여 주변국들을 괴롭혔다. 나훔은 앗수르의 수도 니느웨의 멸망을 예고하였다. (이 부조는 앗수르의 니므롯에서 출토된 것으로 당시의 전쟁 무기들인 활과 공성퇴[攻城槌]가 보인다.)

하박국 1장~3장

의인의 고뇌 (중요구절 합 2:4)

하나님께서 불의를 그냥 두시는 것에 대하여 불만을 품은 하박국에게 오히려 갈대아의 침략을 예언한다(1장). 그러나 갈대아는 하나님의 도구일 뿐 그들 자신의 죄로 말미암아 형벌을 받을 것이다(2장). 하박국은 여호와로 말미암아 기뻐하고 즐거워하리라 하였다(3장).

1. 〈하박국〉의 시작에는 선지자 자신이나 그 시대에 대한 정보가 전혀 없다. 다만 안타까운 심정을 토로한다. “여호와여 내가 부르짖어도 주께서 듣지 아니하시니 어느 때까지니이까”(1:2, 시 18:6, 욥 19:7). 하박국은 “내가 강포로 인하여 외쳐도 주께서 구원하지 아니하니시나이다”고 하는 것은 당시의 험악한 상황을 보여준다. 3장에서 보면 이방의 침략이 있을 것을 예고 받는다. 즉 내외적으로 어려운 때에 하박국은 “의인은 그의 믿음으로 말미암아 살리라”(2:4)는 고백을 하여 하나님을 의지한다.
2. 갈대아인들, “그는 술을 즐기며”(2:5), “이웃에게 술을 마시게 하되”(2:15)라는 말처럼 술과 함께 살았다. 술을 즐기다가 실패한 자들이 많으므로 경계해야 한다. (1) 노아: 홍수 심판에서 구원받은 그가 포도주에 취하여 벌거벗고 수치를 드러냈다(창 9:21). (2) 나발: 아비가일의 남편이요, 갈멜의 부자로서 다윗을 박대했고 대취하여 몸이 돌처럼 굳어져 죽었다(삼상 25:36 이하). (3) 벨사살: 바벨론 왕이었으나, 성전 기명으로 술을 마시고 우상을 찬양하다가 벌을 받아 죽었다(단 5:4이하).
3. “의인은 그의 믿음으로 말미암아 살리라”(2:4). 조국의 미래에 적국인 바벨론의 침략의 예고를 받고도 하박국은 ‘의인은 믿음으로 산다’고 고백한다. 이런 고백은 바울서신과 히브리서 기자도 이 말씀을 인용했고(롬 1:17, 갈 3:11, 히 10:38) 마르틴 루터는 종교개혁의 모토로 삼았다. 어떤 상황 하에서도 믿음으로 사는 것은 신앙인의 기본자세로 알고 있지만 실제 그렇게 사는 사람은 많지 않다. 입에 붙은 신앙이 아니라 실천적인 믿음의 삶이 필요하다.

1
의인의 고뇌와 응답
갈대아 사람을 일으켰나니

2
다섯 가지의 저주
의인은 그의 믿음으로 말미암아 살리라

3
선지자 하박국의 기도
여호와로 말미암아 기뻐하고 즐거워

4. 유다를 위협하는 바벨론에 대하여 "피로 성읍을 건설하며 불의로 성을 건축하는 자에게 화 있을진저"(2:12)라고 하였다. 피 흘린 죄가 다시 언급된다(8절, 미 3:10, 렘 22:13, 17 참고). 바벨론의 여러 성읍은 포로민들의 노동력으로 건설되었고 많은 사람이 목숨을 잃었다. 이렇게 불의로 건축한 성이 불탈 것임은 만군의 여호와로 인한 심판임을 경고한다(13절, 렘 51:58 참고). 하나님을 떠나 자신의 욕심을 따라 이룬 것은 결국 잃어버리게 되는 것이다.
5. '하박국의 시편'이라는 별명이 있는 3장에서 하박국은 적들이 다가올 것이라는 예고와 현실적으로는 열매와 소출과 짐승이 없어도 "여호와로 말미암아 즐거워하며 나의 구원의 하나님으로 말미암아 기뻐하리로다. 주 여호와는 나의 힘이시라"(3:17~18) 하였다. 내 기쁨의 근원이 소득이 많아졌고, 자녀들이 좋은 성적을 얻으므로 오는 것인가? 오히려 그 반대의 때에도 하박국처럼 여호와를 말미암아 기뻐하고 즐거워하는 의인의 믿음을 갖는다면 당신은 차원 높은 하나님의 사람이다.

더 살펴보기

내용 분해
1:1~2:4 - 하박국의 불평과 하나님의 응답
2:5~20 - 불의한 자의 운명
3:1~19 - 하박국의 기도

소예언자들의 예언의 대상
〈오바댜〉는 에돔, 〈나훔〉과 〈요나〉는 앗수르(니느웨)의 운명을 예언했다.
〈호세아〉와 〈아모스〉는 북 이스라엘에 대하여 예언했다. 〈요엘〉, 〈미가〉, 〈하박국〉, 〈스바냐〉는 남 유다에 대하여, 〈학개〉, 〈스가랴〉는 바벨론 포로 후에 귀환한 유다인에게 예언했고 〈말라기〉는 유대인에게 바벨론의 운명을 예언하였다. ('예언서란 무엇인가?' 참고)

1. 〈하박국〉의 내용

〈하박국〉은 불의하고 비도덕적인 세력(갈대아)이 세계를 통치하는 것에 대한 의인의 고뇌로 시작한 것은 〈욥기〉와 비슷하고, 선지자가 하나님의 해결하심을 체험함으로 끝난다는 점은 〈요나〉와 비슷하다. 〈하박국〉의 많은 내용(약 2/3 가량)이 하나님과 대화로 되어 있다. 그는 "어찌하여"하며 하나님께 항의한다.

2. 《베데스다 못 가에서》지(誌)에 나온 '승천의 소식'

결핵으로 27년간 투병해 오다가 부름 받은 한 자매의 유서이다. 그녀는 죽음 직전에 포장지 뒷면에 이 글을 급히 쓴 것이다. 결혼한 지 2년 후에 병이 악화되어 입원하였으므로 어린 자식에게 어머니다운 보살핌도 베풀지 못하였다. 남편에게는 이혼을 당해 고독 속에 죽어간 것이다. 그러나 예수님의 사랑을 알았기에 죽음 앞에서도 이러한 찬송을 할 수 있었다. 이방의 침략에 직면한 하박국의 노래처럼(3:16~19).

《승천의 소식》 귀한 부르심입니다. / 환희로 넘칠 뿐입니다. / 저는 참으로 축복을 받은 환자였습니다. / 제게 생명을 부여하여 도구로 삼아 주시고 / 이제 죽음을 통해 / 하나님 곁으로까지 이끌어 주시는 / 예수님께 감사드립니다. / 보살펴 주신 많은 분들의 사랑과 정성 / 그것이야말로 저의 최고 보물이었습니다. / 정말 고마웠습니다. 그럼 다시 천국에서 만나 뵙겠습니다. / 안녕히…… (1971년 10월 17일 쯔네꼬로부터)

하박국 선지자의 무덤
하박국은 적군이 쳐들어 온다는 예언의 말씀을 듣고도 여호와로 말미암아 용기를 얻었다(합 3장) (이란 하마단[악메다, 엑트파나] 남쪽 60km 오늘날 투이사르켄. ©이원희.)

3. 예언자의 믿음(합 3:16~19)

예언자는 환상 가운데에서 보고 들은 바에 너무 충격을 받으면 자신의 몸에서 힘이 다 빠져버리는 것을 다니엘에게서도 본다(단 8:27, 10:8). "썩이는 것이 내 뼈에 들어왔으며"(3:16)는 '내 뼈가 물러졌다'는 뜻이다. 히브리어 본문의 낱말 순서와 흐름으로 16절을 보면 "내 입술이 떨렸고 내 뼈에 썩이는 것이 들어왔으며 내 몸은 내 처소에서 떨리는도다. 그래도 나는 우리를 치러 올 백성에게 닥칠 환난날을 기다리는도다"로 옮기는 것이 더 낫다. 그럴 경우 이는 하박국이 엄청난 충격을 받았지만 바벨론 사람들에게 예고된 형벌이 현실로 되기를 간절히 바라며 기다린다는 것을 뜻한다(2:3). 하박국은 우선 이 바벨론 사람들이 이스라엘에 대한 하나님의 심판을 집행하여야 한다는 것과(1:5~11) 또 이로써 무서운 곤경의 시기가 이스라엘에게 곧 닥칠 것을 알고 있다(3:17). 그렇지만 하박국이 이제부터는 하나님의 공의와 이스라엘의 궁극적인 구원을 확신하므로 하나님을 자신의 구원으로 찬양할 수 있게 된 것이다(18~19절). (독일성서공회판《관주해설 성경전서》, 본문 해설)

B I B L E

성경 질문지

나훔1~3장 니느웨의 멸망

제1장 [니느웨에 대한 하나님의 진노]
다음 (/   ) 안의 단어 중에서 틀린 것은 두 줄로 지우시오.

1. 〈나훔〉는 (다메섹 / 니느웨)에 대한 중한 경고로서 앗수르의 수도이다. ~ (절)
2. 나훔은 (엘고스 / 벧엘) 사람이며 예언 당시 왕들(시대)에 대한 정보는 없다. ~ (절)
3. 여호와는 보복하시며 진노하시되 자기를 거스르는 자에게 (보복 / 진노)하시며 자기를 대적하는 자에게 (보복 / 진노)를 품으시며…… – (절)
4. 여호와는 (선하시며 / 악하시며) 환난 날에 (산천 / 산성)이시라. 그는 자기에게 (피하는 자 / 더나가는 자)들을 아시느니라. – (절)
5. 아름다운 소식을 알리고 (환란 / 화평)을 전하는 자의 (발 / 팔)이 산 위에 있도다. – (절)

제2장 [멸망당할 니느웨]
다음 물음에 해당하는 인명이나 지명을 쓰시오

1. "파괴하는 자가 너를 치러 올라왔나니…… "라고 했는데 여기서 "너"는 누구인가?(1~7) (참고: 하나님께 멸망당할 대상으로 앗수르의 수도이다)
   –
2. 여호와께서 야곱의 영광을 회복하시되 무엇 같게 하시는가?(1~7) –
3. '예로부터 물이 모인 못 같던 곳'은 어디인가?(8~13) –
4. 누가 니느웨의 대적이 되어 병거들을 불살라 연기가 되게 하는가?(8~13) –

제3장 [니느웨의 멸망의 원인]
다음 물음에 답하시오

1. 니느웨의 멸망의 원인 중에 하나는 무엇인가?(1~7절 읽고 답은 4절로)
   –
2. 노아몬(남애굽의 수도)의 힘이 되고 돕는 자가 되었던 나라들은?(8~11)
   –
3. 니느웨는 노아몬보다 낫다는 말인가, 원수들 때문에 피난처를 찾게 된다는 말인가?(8~11)
   –
4. 다음 니느웨에 속한 것들은 어떻게 되는가?(12~17)
   1) 모든 산성 –
   2) 장정들 –
   3) 성문들 –
   4) 빗장들 –
   5) 상인 –
   6) 방백 –
5. 니느웨의 멸망 소식을 듣는 자가 손뼉을 치는 이유는 무엇인가?(18~19)
   –

† 특별 문제

다음 예언자들은 어느 곳의 멸망을 예언했는지 [ ] 를 채우시오(성구 및 해설 참고).

1. 오바댜는 [ ]의 운명을(1:1),
2. 나훔은 [ ]의 운명을(1:1),
3. 하박국은 [ ]의 운명을(1:6) 예언하고 있다.

하박국 1~3장 의인의 고뇌

제1장 [의인의 고뇌와 응답]

다음 ( ) 안에 알맞은 말을 적으시오.

1. 〈하박국〉은 "선지자 ( )로 받은 경고"이다.(1:1)
2. "~ 어느 때까지리이까?", "~ 패역을 눈으로 보게 하시나이까?"라던 당시의 영적 상태는?(2~4)
   1) 율법이~
   2) 정의가 전혀~
   3) 악인이~
   4) 정의가~
3. "사납고 성급한 백성"(1:6)은 하나님이 일으킬 ( ) 사람이다(5~11).
4. 갈대아(=신바벨론)의 군마는 ( )보다 빠르고 ( ) 보다 사납다. 그들의 마병은 ( )의 날음과 같다(짐승 이름만 쓰시오)(5~11).
5. 그들(갈대아인)은 자기들의 ( )을 자기들의 신으로 삼는 자들이다(5~11).
6. 주께서는 눈이 ( ) 악을 차마 보지 못하시며 패역을 차마 보지 못하시거늘 거짓된 자들을 방관하시며 악인이 자기보다 ( )을 삼키는데도 잠잠하시나이까? (12~17)
7. 악인이 그물에 제사하며 투망 앞에 분향하는 이유는 그것을 힘입어 ( )이 풍부하고 ( )이 풍성하게 됨이다(12~17).

제2장 [다섯 가지의 저주]

다음 각 항의 지시를 따라 답하시오.

1. 다음은 무엇에 관한 설명인지 한 단어로 답하시오(1~3). - ( )

> 달려가면서도 읽을 수 있게 판에 새겨라. / 정한 때가 있다. / 결코 거짓되지 않다.

2. "의인은 그의 믿음으로 말미암아 살리라"(2:4)는 말씀을 인용한 신약성경의 절수를 쓰시오.
   1) 〈로마서〉 1장 (절)
   2) 〈갈라디아서〉 3장 (절)
   3) 〈히브리서〉 10장 (절)
3. 다섯 번의 "화 있을진저"라는 말이 나오는데 그 절수는?(5~20절에서)

   - (, , , , 절)
4. 다음 단락에 해당하는 저주의 대상을 보기에서 찾아 적으시오.

> **보기** 부당한 이익을 취하는 자 / 여러 나라를 노략하는 자 / 우상을 만드는 자 / 불의로 성을 건축하는 자 / 이웃에게 술을 마시게 하는 자.

   1) 5~8절:
   2) 9~11절:
   3) 12~14절:
   4) 15~17절:
   5) 18~20절:

제3장 [선지자 하박국의 기도]

다음의 성구를 이어서 쓰시오(해당 절 안에서만)

1. (절) 여호와여 주는 주의 일을~

2. (　　　절) 그의 광명이 햇빛 같고~

3. (　　　절) 비록 무화과 나무가 무성하지 아니하며~

4. (　　　절) 주 여호와는 나의 힘이시라~

스바냐 | 예언서 |

Zephaniah

제목에 대한 해설

본서는 예언자의 이름을 따라 책 이름을 '스바냐'라 하였는데, 이 이름은 구약의 다른 부분에서도 언급된다(대상 6:36~40, 렘 21:1, 슥 6:10).
《칠십인역(LXX)》은 이 책을 '소포니아스'라 했으며, 《불가타역(Latin Vulgate)》도 동일하다.
스바냐라는 이름의 뜻은 '여호와에게 숨겨진 자', '여호와께서 보호하신 자'이다.

저자 및 저작 연대

본서에 의하면 예언은 스바냐에게 내려졌다. 스바냐는 유다의 종교개혁자인 요시야 왕(주전 642~609년) 시대에 사역하였다(1:1). 저자 스바냐는 유다 왕 히스기야의 4대 손(히스기야 - 아마랴 - 그다랴 - 구시 - 스바냐)으로 왕족 출신인 그가 오히려 귀족들의 악행을 혹독하게 책망(3:3~6)한 것으로 보아 상당한 지위에 있었을 것으로 추측된다. 실제 예언의 시대보다 앞서 길게 4대 왕을 말함은 아마도 그의 조상 가운데 히스기야 같은 훌륭한 왕이 있었음을 말하기 위함일 것이다.

기록 연대는 요시야의 통치와 연결해 보면, 요시야는 주전 621년 성전 수리 중에 율법책을 발견하고(왕하 22~23장, 대하 34~35장 참고) 종교개혁을 시행한 왕인데, 내용으로 보아 종교개혁(주전 621) 전에 예언했을 것이며 그 기간도 짧았을 것이다. 이때를 그 기록 연대로 보면 된다.

역사적 배경

스바냐가 예언하던 시대의 국제정세는 동시대인 앞의 〈하박국〉을 참고하고, 여기서는 국내 정세만을 살펴본다.

선한 왕이었던 히스기야가 주전 697년에 죽고 약 10년간 공동통치가 있었다. 그 후 므낫세(주전 687~ 643년)와 아몬(주전 643~641년)의 통치 기간에는 히스기야의 종교개혁은 역전되어 우상 숭배가 극에 달하였다(왕하 21~23장). 정치적으로 쇠퇴기에 이른 앗수르를 의지하였다. 주전 641년 요시야가 즉위하였을 때에도 우상 숭배와 부정과 종교 지도자들의 타락까지 있었다(습 1:1~8, 3:1~7).

비록 전반적인 타락 속에서도 신앙을 유지하고 있던 소수의 남은 자들은 "여호와의 분노의 날에 숨김을 얻게"(2:3) 될지라도 민족 전체에게 임할 여호와의 심판을 피할 수는 없는 상황이었다.

교훈과 메시지

(1) 의로우신 하나님

패역하고 불의한 백성들과 간사한 선지자들과 성소를 더럽히는 타락한 제사장들 사이에 거하시는 여호와는 "의로우사 불의를 행하지 아니하시고 아침마다 빠짐없이 자기의 공의를 비추시는" 의로우신 하나님이지만 그들은 수치를 알지 못하였고(3:5) 모든 행위를 더럽게 하므로(3:7) 여호와께서 탄식하신다. 하나님은 이스라엘의 우상 숭배와 도덕적 타락에 대해 이들을 멸절하겠다는 의롭고 정결한 분이다(1:2~6).

(2) 주의 날과 남은 자 사상

'주의 날'에 대해서 〈스바냐〉와 〈아모스〉(암 5:18)가 흡사하다. 스바냐는 '여호와의 날'은 용사가 애곡하며, 분노의 날이며 환난, 고통, 황폐, 패망, 구름과 흑암의 날이며, 모든 군대와 성읍들을 치는 날(1:14~16)로서 무서운 현현은 다른 예언자들을 능가하고 있다.

〈스바냐〉의 종말론은 민족적인 특성과 보편적인 특성을 함께 지니고 있는데 〈이사야〉나 〈에스겔〉에서처럼 선민의 이방에 대한 승리의 메시지는 없고, 선민과 이방에 공히 임하는 어두운 종말론적인 심판에 대해서만 말씀하며, 다만 개인 신앙에 의거하여 겸손하고 낮은 자들이 구원받는 '남은 자' 사상과 모든 이방 민족들도 공히 여호와를 경배하게 되는 종말론에 대해서 말씀하고 있다(2:11, 3:9~13). 이것은 후기 묵시문학의 시초가 되었을 것이다.

(3) 보편주의와 개인 신앙

보편주의적 심판에 대해서 강조하고 있는 구절은 1:2~3, 18, 2:4~15, 3:8 등이다. 이러한 보편주의적 메시지는 개인 신앙 차원으로 발전하는데(1:7, 2:3, 3:9~13), 이러한 사상은 주전 8세기 예언자 중에 아모스의 영향을 받은 것으로 보이며 이런 사상이 포로 후기에는 이방인은 누구나 개인 신앙으로 구원받을 것이라는 데 영향을 미쳤다.

학개 | 예언서 |

Haggai

제목에 대한 해설

본서의 명칭은 예언자의 이름을 따라 〈학개〉라 하였는데, 이는 학개가 하나님께로부터 받은 묵시이기 때문이다(1:1).
《칠십인역(LXX)》에서는 히브리어의 제목을 음역하여 '악가이오스'라 하였고, 《불가타역(Latin Vulgate)》에서는 '악게우스'라 하였다.
본서의 저자인 학개는 히브리어로 '축제', '절기'라는 뜻이 있는데 그의 부모가 오랜 포로생활에서 귀환 날을 기대하며 지은 듯하다.

저자 및 저작 연대

본서의 저자인 학개의 개인적인 생애는 전혀 알려져 있지 않고, 다만 〈에스라〉 5:1, 6:14에 그의 활동이 간략히 언급되었다.
그의 활동 기간은 다리오 왕 2년인 주전 520년 6월 1일에 시작되어(1:1) 9월 24일(2:10)까지 짧은 기간인데, 여러 정황으로 보아 더 길게 잡는다면 주전 516/5년에 성전 건축이 완공되기까지(스 6:15) 계속되었다고도 볼 수 있다.

〈학개〉는 주전 587년 예루살렘 성전이 무너지기 전의 성전을 목격한 것으로 보면(2:3), 학개가 예언할 당시의 연령은 70세가 넘었을 것이며, 동시대의 스가랴는 청년으로 학개의 예언을 도와 성전 건축을 위해서 예언하며, 학개와 함께 성전 건축에 참여한 것이 된다(스 5:1, 6:14).

역사적 배경

바사 왕 고레스의 해방령으로 538년에 귀환한 유다인들은 이듬해 성전 재건을 시작하였다(스 1:1, 3:8). 그러나 고레스의 사후에 사마리아 총독은 귀환한 유다인들이 성전을 건축하여 바사를 배반하려 한다고 바사에 모략하므로(스 4:11~12) 성전 건축은 중단되고 17년 동안 방치되었다(스 4:5, 24). 그 후 학개와 스가랴의 예언을 힘입어 스룹바벨과 여호수아(예수아)를 중심으로 유다인들이 성전 건축을 다시 시작하였는데(스 5:1~2), 바로 이때가 다리오 왕 2년인 주전 520년이다(학 1:1).

주전 520년에 다시 성전을 건축하기 시작하여 다리오 왕 6년인 주전 515년에 성전이 완공되고 봉헌되었다(스 6:15).

교훈과 메시지

(1) 여호와의 말씀

학개의 예언의 특징은 그의 예언이 여호와께로부터 온 것임을 반복하여 강조하는 것이다. 〈학개〉의 38절로 된 짧은 말씀 가운데, '만군의 여호와'는 14번, '여호와'는 19번이나 사용하고 있다.

학개는 자신을 여호와의 말씀을 전달하는 사자로 이해했으며, 그가 가장 최우선으로 그의 삶에서 준행한 것은 그 당시에 성전을 지으라는 여호와의 말씀을 증거하는 것이다. 학개의 예언은 이와 같이 여호와의 말씀에 대한 뜨거운 사명감이라고 할 것이다.

(2) 성전 건축과 자신의 삶

유다의 흉년과 핍절의 원인은 영적 상태의 침체였다. 그들은 성전을 건축할 시기가 이르지 않았다고 하면서 자기들의 집을 짓는 데 바빴다(1:2~4). 학개는 백성들의 이러한 탄식에 대하여 오히려 어려운 상황은 그들이 하나님의 집인 성전을 건축하지 않고 종교적인 의무에 대해 무관심한 태도를 취하기 때문이라고 예언한다(1:4~10).

하나님의 백성들은 하나님의 성전을 소홀히 하고 자신만을 위하는 것이 오히려 재앙이 됨을 알고 먼저 주님의 일을 해야 한다.

(3) 성전 건축과 종교적 순수성

학개의 예언은 현실주의적인 예언이다. 다른 예언자들처럼 우상 숭배에 대한 지적도 없다. 전체적인 예언의 분위기는 현실적이며 종말론에 대한 암시도 마지막 부분인 2:6~7, 20~23 외에는 나타나지 않는다. 학개는 예언자로서 미래에 대한 예언보다는 당면한 성전 건축 문제와 경제적인 곤란을 해결하기 위하여 목회적인 활동을 하였다.

성전을 건축하면 성전에 여호와의 영광이 충만할 것이며, 열방이 넘어지더라도 스룹바벨을 중심으로 평강하게 될 것이고, 풍년과 풍요가 약속될 것이라고 예언하면서 신앙의 순수성을 호소한다.

남은 백성 회복 (중요구절 습 3:17)

설교에서 별로 다루지 않는 책 중에 하나가 〈스바냐〉이다. 그러나 여기에서는 하나님의 백성인 예루살렘의 심판에 대한 경고들, 즉 여호와의 날에 대해 예언한다(1장). 회개를 권고하며 이방에 내릴 심판을 상세히 경고한다(2장). 예루살렘이 심판을 받아야 하는 이유와 미래의 축복에 대해 예언한다(3장).

1. 구약성경의 예언서들 중에 예언자의 계보를 4대(히스기야-아마랴-그다랴-구시)에 걸쳐 기록한 책은 오직 〈스바냐〉 뿐이다(1:1). 이는 스바냐가 내세울 만한 가문 출신으로 스바냐의 고조부가 히스기야 왕이었다는 것을 말한다. 즉 왕가 출신으로 이사야처럼 예루살렘의 정치 활동을 잘 알고 있었을 것이다. 첫 마디는 "여호와께서 이르시되 내가 땅 위에서 모든 것을 진멸하리라"(1:2)며 강경한 말씀으로 시작을 한다. 스바냐는 이방이 아닌 하나님의 백성이 사는 예루살렘에 대한 경고를 하였다.
2. "여호와의 날"은 "분노의 날이요 환난과 고통의 날이요 황폐와 패망의 날이요 캄캄하고 어두운 날이요 구름과 흑암의 날이요"(1:14~15)라 하였다. 하나님은 전쟁을 통해 심판하신다(16절). 부자들은 "은과 금"으로 그들을 건지지 못할 것이다(18절). 여호와의 날이 어떤 이에게는 심판의 날이고, 어떤 이에게는 구원의 날이 될 것이다. 마치 시험을 치르는 학생이 장학금을 받는 계기도 되고 낙제하는 계기도 되듯이, 신앙에 대한 자세가 내게 복이 되기도 하고 심판이 되기도 한다.
3. "그 때에 내가 여러 백성의 입술을 깨끗하게 하여 그들이 다 여호와의 이름을 부르며 한 가지로 나를 섬기게 하리니"(3:9). 하나님의 미래에 대한 복은 먼저 더럽혀진 입술을 깨끗하게 하여 여호와의 이름을 부르게 하는 일이다. 입은 '말'을 하고 '먹는' 기능이 있다. 이사야는 부름을 받을 때에 자신의 입술의 부정을 깨닫고 회개한다(사 6:5). 하와는 선악을 알게 하는 나무의 열매를 먹으므로 죄를 짓는다(창 3:6). 우리의 입술에 대해서 〈야고보〉의 가르침(약 3장)이나 〈잠언〉의 가르침을 함

1
예루살렘에 임할 심판
땅 위에서 모든 것을
진멸하리라

2
열방에 임할 심판 경고
오직 나를 경외하고
교훈을 받으라

3
미래의 축복에 대한 약속
그 값은 진주보다 더하니라

께 살펴보며 깨끗한 입술이 되도록 해야 한다.

4. '실망의 예언자'또는 '공포의 예언자'. 이것이 스바냐의 별명들인데, 어디 그에게 합당한 별명인가? 하나님의 심판에 대한 스바냐의 예언들이 어두운 만큼 마지막 구절들은 기쁨의 재연합에 대한 화음들로 울려 퍼진다. "너의 하나님 여호와가 너의 가운데에 계시니 그는 구원을 베푸실 전능자이시라. 그가 너로 말미암아 기쁨을 이기지 못하시며, 너를 잠잠히 사랑하시며, 너로 말미암아 즐거이 부르며 기뻐하시리라" (3:17). 나는 여호와께서 '그의 백성 가운데 계신다'(3:5, 15, 17)는 감격함을 갖는가?

더 살펴보기

내용 분해

1:1~2:3 - 여호와의 심판의 날
2:4~15 - 유다의 이웃 민족들의 운명
3:1~20 - 예루살렘의 운명과 구속

1. 〈스바냐〉의 내용

왕족 출신인 스바냐의 예언은 직선적이고 단호한 어법과 생동감이 넘치는 언어로 구사하고 있다(1:2, 14, 2:1, 2, 3:8, 17). 예언서의 일반적인 예언 순서와 같이 먼저 심판을, 뒤에는 구속(구원)을 선포한다.

2. 하나님의 도성(예루살렘)에 대한 심판

(1) 예루살렘의 어문(魚門)에서부터 울부짖는 소리가 일어난다. 이 소리는 예루살렘에서 가장 높은 곳에서도 들릴 만큼 성문 곳곳에서 일어날 것이다(1:10).

(2) 하나님께서는 등불을 가지고 예루살렘을 두루 찾아 죄인들을 벌하실 것이다(1:12, 13).

(3) 예루살렘의 지도자들(방백, 재판관, 선지자, 제사장)은 울부짖는 사자처럼, 굶주린 이리처럼 간사하고 경솔하며, 율법을 범하는 자들은 심판을 받을 것이다(3:1~7).

3. 멸망의 예언 대상인 블레셋(습 2:4~7)

블레셋 사람들이 어디서 왔는지에 대해서 상세히 밝혀져 있지 않으나 이들이 맨 처음에 살던 지역과는 별도로 에게 해 지역에서 그레데와 구브로를 거쳐 이스라엘보다 조금 앞선 시대에 가나안으로 이주해 온 것으로 보인다(렘 47:4, 암 9:7의 갑돌=그레데). 블레셋 사람들은 주전 2천년대 헷 사람들의 나라를 무너뜨린 바다 민족들(해적) 가운데 하나였을 것이다. 이들은 도시 동맹을 맺어서 '펜타폴리스'(다섯 성읍)라 불렸는데, 가사와 가드와 아스돗과 아스글론과 에그론이 그 다섯 성읍이다(2:4에는 가드를 제외한 4개의 성읍이 나온다. 〈사사기〉 개요 참고). 이들은 전쟁에 능한 민족으로서 여러 시대를 거쳐 이스라엘을 괴롭혔다.

4. 예루살렘에 대한 심판(습 3:1~8)

〈스바냐〉는 〈이사야〉(사 1:21~23)나 나중의 〈에스겔〉(겔 22:2~12)과 비슷하게 예루살렘의 죄악을 낱낱이 지적한다. 예루살렘은 죄 없는 사람들의 피로써 더럽혀졌다(3:1에 '더러운 곳'. 애 4:13, 겔 22:3~13). 제사장들은 율법을 무시했고(겔 22:26, 말 1:6~8), 그 결과 성전도 더럽혔으며, 불의를 감싸주는 식으로 율법을 풀이함으로써(말 2:6~9) 백성을 잘못 이끌었다. 여호와께서 그 중에 곧 예루살렘의 시온 산 위에 거처를 두고 계시는데도(시 76:2) 이 모든 일이 일어났다. 그러나 여호와는 의로우시므로 불의한 자들이 짓밟는 공의를 거듭 일으켜 세우신다(2:3). 이스라엘은 이러한 자비를 힘입어 회개하려 하지 않고(롬 2:4) 마음을 굳게하여 계속 하나님을 거스렸기에 심판이 다가오는 것이다(3:7 이하).

5. 심판을 넘어 구원으로(습 3:9~20)

〈스바냐〉에 있어서 두드러진 것은 이방 나라들이 언젠가는 이스라엘의 하나님을 섬길 것이라는 행복한 계시이다(3:9~10). 하나님의 뜻에 귀를 기울이지 않고 자만하는 하나님의 백성들에 관한 스바냐의 진단은 그리스도인들에게도 중요하다. 스바냐의 신학은 오늘날 독자들에게도 신앙을 통하여 하나님이 스바냐의 하나님처럼 현실적이고 생생한 지를 스스로에게 물으라고 도전한다. (Leslie C. Allen, 《Bible Study Commentary, Hosea~Malachi》)

학개 1장~2장

성전건축 촉구 (중요구절 학 1:8)

바벨론 포로에서 귀환한 유대인들이 성전 건축 중에 사마리아인들의 방해로 중단된 지 17년이 되었을 때 다리오 왕 2년에 스가랴와 함께 성전 재건을 독려하여 재건 작업이 착수되었다 (학 1:1, 슥 1:1, 스 6:13~15, 《성경핵심전과1》 406쪽 내용 참고). 선지자 학개는 포로에서 돌아온 백성들이 성전 건축을 중단한 채 자기 집에 빨랐음을 책망한다(1장). 낙심 가운데 있는 그들을 격려하고 미래의 복을 약속한다(2장)

1 **무관심을 책망함**
내 집은
황폐하였으되

2 **성전 건축을 격려함**
은도 내 것이요
금도 내 것이라

〈학개〉 1:8
너희는 산에 올라가서 나무를 가져다가 성전을 건축하라. 그리하면 내가 그것으로 말미암아 기뻐하고 또 영광을 얻으리라.

1. 바벨론이 주전 539년 바사에 의하여 멸망을 당하고, 바사 왕 고레스 원년(주전 538년)에 칙령으로 유다인들은 해방을 맞아 고토로 돌아온다(스 1장). 예루살렘으로 돌아온 유다인들은 하나님의 성전에 이른지 이듬 해(주전 537년) 성전 재건 공사를 시작했으나(스 3:8) 반대자들로 인해 성전 건축은 중단된다(스 4:1~6). 그로부터 17년 가량이 흐른 후 학개와 스가랴가 다리오 왕 2년(주전 520년)에 등장하여(스 5:1, 학 1:1, 슥 1:1) 성전 건축을 촉구하여 드디어 다리오 왕 6년(주전 516/5년)에 성전을 완공한다(스 6:15). 여기서 보듯이 학개는 성전 건축을 촉구한 선지자이다.
2. 〈학개〉에는 "만군(萬軍)의 여호와"라는 표현이 15번, 여호와로는 19번 나오는데, 하나님에 대한 이 명칭은 〈사무엘상〉 1:3에 처음 나타난다. '만군'(군대, 무리)의 여호와(또는 하나님)의 호칭은 언약궤와 결부되어 있고 전쟁 상황과 관련하여 쓰이므로(삼상 4:4, 15:2~3, 17:45, 시 24:7~10) '이스라엘의 군대들'을 생각할 수 있다. 그렇지만 이 칭호가 나오는 예언서에서는 모든 신들 위에 뛰어난 주님이심을 선포하는 온갖 세력과 권능의 여호와라는 뜻을 지닌다. 〈출애굽기〉 12:41에서는

이스라엘 백성을 "여호와의 군대"라고 하기도 했다. 한편 '하나님'(엘로힘)이라는 이름은 '창조자'를 나타내며 〈학개〉에서 3회 사용되었다(1:12, 12, 14). 나는 만군의 여호와의 능력을 실제로 의지하는가?

3. 학개의 책망은 "내 집은 황폐하였으되 너희는 각각 자기의 집을 짓기 위하여 빨랐음이라"(1:9)는 예언에 잘 나타나 있으며 이것이 그 당시의 영적 형편이었다. 이로 인해 고통을 겪고 있으면서도 사람들은 자기 중심이 되어서 살고 있기에 거기서 헤어 나오지 못하고 있다. 학개는 "너희의 행위를 살필지니라"(1:5, 7)라고 하였듯이 내가 하나님의 교회보다 앞서고 있는 것은 무엇인지 살펴보자.
4. "이 성전의 나중 영광(현재 재건하는 스룹바벨 성전, 제2성전)이 이전(以前) 영광(과거에 있던 솔로몬 성전, 제1성전)보다 크리라"(2:9)는 말씀을 들으며 백성들은 위로를 얻었을 것이다. 비록 초라하지만 영광은 더욱 크다고 호소하는 학개의 메시지는 백성들에게 큰 자부심을 주었을 것이다. 크고 작음보다 하나님의 함께하심이 중요하다.
5. 〈학개〉에는 하나님께서 선지자를 통해 백성들을 향하여 책망성 질문을 한다. 여섯 번 나오는 "~냐"는 말이 나오는 곳을 찾아 표시를 하고 그 말씀의 의미를 살펴보라. ① 1:4, ② 1:9, ③ 2:3, ④ 2:12, ⑤ 2:13, ⑥ 2:19. 이는 하나님께서 유다 백성들에게 책망을 하며 질문을 하는 것이 실제는 책망보다 문제를 깨닫고 새롭게 하라는 가르침의 또 다른 방편으로 보인다.

학개와 스가랴의 예언과 관계된 시기

(1) 주전 538년(고레스 원년) 스룹바벨의 인도로 오만여 명이 예루살렘으로 1차 귀환(스 1장)
(2) 주전 537년 2월 성전 재건공사가 시작되나 중단(스 3:8~4:24)
(3) 주전 520년 6월 (다리오왕 2년) 학개가 성전재건 예언 시작(스 5:1, 6:14, 학 1:1)
(4) 주전 520년 8월 (다리오왕 2년) 스가랴의 예언 시작(스 5:1, 6:14, 슥 1:1~6)
(5) 주전 515년 아달월 3일(아달월은 2~3월, 다리오 왕 6년) 성전이 완성(스 6:13~15)
(6) 주전 458년 5월 (아닥사스다 왕 7년) 에스라의 인도로 2차 귀환(스 7:6~10)
(7) 주전 455년 예루살렘에 온 에스라의 개혁들(스 9~10장, 느 8장 등). 한편 말라기의 예언도 이 때인 듯 한데, 에스라의 개혁과는 다른 입장이다(스 10:18~19 - 이혼, 말 2:16 - 이혼금지).
(8) 주전 445년 느헤미야의 인도로 3차귀환(아닥사스다 20년) 및 성벽재건(느 2:1~10, 12:27~43).

더 살펴보기

1. 〈학개〉의 내용

① 첫 번째 예언(1:1~15) - 성전 건축보다는 자기 집에 빨랐음을 책망하고 있다.

② 두 번째 예언(2:1~9) - 둘째 성전(스룹바벨)의 영광은 첫째 성전(솔로몬)의 영광보다 크다.

③ 세 번째 예언(2:10~19) - 제사장에게 질문하며, 죄가 만연되어 있음을 책망한다.

④ 네 번째 예언(2:20~23) - 스룹바벨에게 은혜가 주어짐을 선포한다.

2. 스룹바벨의 오묘함(학 2:20~23)

다리오 왕 제2년 9월 24일에(2:10, 20) 학개는 1차 귀환의 지도자요(스 1:8) 유다 총독인 스룹바벨에게 전할 말씀을 받는다. 하나님은 스룹바벨을 "인장(도장 반지)으로 삼으리라"고 하셨다. 즉 스룹바벨은 하나님이 예언자 학개를 통해 하신 약속(1:8, 2:9,19)이 이루어지리라는 것을 보증하신다는 표이다. 도장 반지의 비유에는 이보다 더 깊은 뜻도 있다. 스룹바벨은 바벨론에 사로잡혀 가서 사면받고 죽은 여호야긴 왕의 손자이다(대상 3:17~19, 왕하 25:27~30). 하나님이 스룹바벨을 자신의 '인장'으로 삼으심은 여호야긴에게 대한 저주를 거두어 들이시고(렘 22:24) 스룹바벨이라는 인물을 통해 다윗 왕가를 다시 옛 자리 곧 하나님의 오른쪽에 두신다는 것을 뜻한다(삼하 7:16). 스룹바벨은 그가 성전을 건축할 때 맡은 역할(스 3:2, 8, 슥 4:6~10)로 더욱 다윗과 솔로몬에 가까이 다가서게 된다. 학개의 이 말씀 가운데서는 다윗 집안의 임금(메시아)에게 마지막 구원의 때에 주어질 역할을 맡은 인물로 등장한다. "내 종"은 다윗에게만 붙은 칭호가 아니라(삼하 7:5,8, 시 78:70) 약속된 '새 다윗'에 대한 칭호이기도 하다(겔 34:23~24, 37:24~25). "택하였음이니라"도 스룹바벨을 다윗이 받은 약속과 이어준다(삼하 6:21, 왕상 8:16, 시 89:3-4). 그 뒤에 스룹바벨이 어떻게 되었는지에 대해서는 이상하게도 알려진 바가 없다. 전통적으로 스룹바벨은 '다윗의 아들 나사렛 예수'를 예언적으로 암시한다고 생각해 왔다. 예수님의 조상들 족보에 왕이었던 분들 중에 스룹바벨이 들어 있는 것은 흥미롭다(마 1:12, 눅 3:27). (독일성서공회판《관주해설 성경전서》, 학개 해설에서 요약 인용 및 가필)

다리오 왕에게 공물을 가져온 베니게(페니키아) 사람들
두 사람의 베니게 사람이 가져온 공물로 두 마리의 말이 끄는 전차이다. 말갈기의 장식과 박력 있는 말[馬], 그리고 인물들의 정교한 묘사가 뛰어난 부조(浮彫)이다. 다리오는 학개와 스가랴의 예언 시대에 유다의 성전 재건에 도움을 준 왕이다(스 6장, 학 1장) (페르세폴리스의 알현전(謁見殿)은 세 기단으로 되어 있고, 23개국의 사절단 모습이 부조되어 있다.)

B I B L E

성경 질문지

스바냐 1~3장 남은 백성 회복

제1장 [여호와의 날]

다음 물음의 답이나 ( ) 안에 알맞은 말을 적으시오

1. 스바냐에게 여호와의 말씀이 임할 때에 유다 왕은 (   )이다(1).

2. 스바냐의 족보는 '히스기야 - (   ) - 그다랴 - (   ) - 스바냐'로 이어졌다(1).

3. 유다와 예루살렘 모든 주민들 위에 손을 펴서 멸절할 우상 네 가지 이름은?(2~6)
   -

4. "여호와께서는 (   )도 내리지 아니하시며 (   )도 내리지 아니하시리라"(7~13).

5. 그날(여호와의 날)은 어떠한가?(14~18)
   1) (분노)의 날
   2) (   )과 고통의 날
   3) 황폐와 (   )의 날
   4) (   )하고 어두운 날
   5) 구름과 (   )의 날
   6) 나팔을 불어 (   ) 하며
   7) (   )을 치며
   8) (   )를 치는 날이로다(14~18).

6. 그들의 은과 금이 여호와의 분노의 날에 능히 그들을 (   ) 것이다.

제2장 [열방에 임할 심판 경고]

다음의 열방들이 받을 심판 내용과 관계있는 것에 —줄로 이으시오.

1. 가사 •	• 가) 대낮에 쫓겨나며
2. 아스글론 •	• 나) 폐허가 되며
3. 아스돗 •	• 다) 버림을 당하며
4. 에그론 •	• 라) 주민이 없게 하리라
5. 가나안 •	• 마) 뽑히리라
6. 모압 •	• 바) 소돔 같으며
7. 암몬 •	• 사) 멸하며
8. 구스 •	• 아) 황폐하게 하여
9. 앗수르 •	• 자) 고모라 같을 것이라
10. 니느웨 •	• 차) 칼에 죽임을 당하리라

제3장 [예루살렘의 심판 이유와 미래의 축복에 대한 약속]

다음 물음에 답하시오.

1. 패역하고 더러운 곳, 포학한 성읍(예루살렘)이 하지 아니한 것 4가지는?(2절: 심판을 받아야 하는 이유) -
   1)
   2)
   3)
   4)

2. 다음 예루살렘 지도급 사람들의 악한 행위를 기록하시오(1~4).
   1) 방백들 -
   2) 재판장 -
   3) 선지자 -
   4) 제사장 -

3. 어떻게 하면 형벌을 받지 아니하는가?(6~8절을 읽고 답은 7절에서)

-

4. 여호와의 이름을 의탁하여 보호를 받을 '남은 자'는?(9~13절 읽고 13절로)

-

5. 시온의 딸(이스라엘, 예루살렘 딸)이 기뻐하며 즐거워해야 할 이유는 무엇인가?(14~20, 답은 15절로)

1) 여호와가 네~

2) 이스라엘 왕 여호와가 네~

6. 하나님께서 다음 사람에게 어떻게 하시는가?

1) 괴롭게 하는 자 -

2) 저는 자 -

3) 쫓겨난 자 -

4) 수욕을 받는 자 -

학개 1~2장 성전건축 촉구

제1장 [성전건축에 무관심을 책망함]

다음 ( ) 안에 알맞은 말을 찾아 적으시오.

1. 여호와의 말씀이 학개로 말미암아 주어진 두 사람의 신분과 함께 이름을 쓰시오(1~4).

1)

2)

2. 하나님의 집은 황폐하였으나 백성들이 자기 집들에 대해서는 어떠했는가?(4, 9)

-

3. 어떻게 하면 하나님이 기뻐하시고 영광을 얻으시는가?(7~11)

-

4. 스룹바벨과 여호수아, 백성들이 학개의 말을 들은 이유는?(12~15)

-

5. 여호와께서 누구의 마음을 감동시키셨는가?(12~15)

-

6. 하나님의 전(殿) 공사를 시작한 시기는 언제인가?(12~15)

-

제2장 [성전 건축을 격려함]

다음 ( )안에 알맞은 말을 쓰거나(1~3문) 물음에 답하시오(4~6문)

1. 너희 가운데에 ( ) 중에서 이 ( )의 이전 ( )을 본 자가 누구냐? - (절) …… 이 성전의 ( )이 이전(以前) 영광보다 크리라. - (절)

2. ( )도 내 것이요. ( )도 내 것이니라. ( )의 말이니라. - (절)

3. 스룹바벨아 ( ). 여호사닥의 아들 대제사장 여호수아야 ( ) 이 땅 모든 백성아 ( ) 일할지어다. 내가 너희와 ( ) 하노라. - (절)

4. 학개의 두 가지 질문과 제사장들의 답변, 그리고 질문의 뜻을 쓰시오.

(1) 첫째 질문:(12절) -

제사장의 답변 -

(2) 둘째 질문:(13절) -

제사장의 답변 -

(3) 질문의 뜻:(14절)

-

5. 바사에서 귀환하여 이듬해 아홉째 달 이십사일은 무엇을 한 날인가?(15~19, 스 3:8)

-

6. 하나님께서 스룹바벨을 세우고 인장으로 삼는 이유는 무엇인가?(20~23)

-

7. 학개가 예언한 시기를 차례대로 써보시오(다리오 왕 몇 년 몇 월 며칠인지를 쓰는 것임)

   (1) 1:1 -
   (2) 2:1 -
   (3) 2:10 -
   (4) 2:20 -

8. 〈학개〉 1~2장에서 질문 형식(~냐?)으로 된 말씀의 여섯 절은?(해설 참고).

   -

9. '만군의 여호와'라는 구절이 몇 번 나왔는가?

   - 1장 - (번), 2장 - (번)

10. 2장에서 '추억'하라는 말이 나오는 절수 세 곳을 쓰시오.

   -

스가랴 | 예언서 |

Zechariah

제목에 대한 해설

본서는 예언자의 이름을 따라 책 이름을 〈스가랴〉라 하였는데, 이는 스가랴가 하나님께로부터 받은 말씀이기 때문이다(1:1).
히브리어로는 '제칼야하'로, 《칠십인역(LXX)》은 '제카리아스'라 하였고, 《불가타역(Latin Vulgate)》도 같다.
그 이름의 뜻은 '여호와께서 기억하시는 자'이다.

저자 및 저작 연대

본서의 저자는 스가랴로서 하나님의 말씀이 직접 그에게 임하였고(1:1, 7, 4:8, 6:9, 7:8, 8:18 등) 자신을 1인칭인 '내가'로 칭한다(1:8, 9, 14, 2:1 등). 구약성경에는 29명의 스가랴가 나오는데, 본서의 스가랴는 잇도의 손자요 베가랴의 아들이다. 제사장 가문으로(느 12:1~4) 어릴 때에 선지자의 사명을 받았고(2:4), 학개와 동시대에 예언하였다.
그는 다리오 왕 2년(주전 520년) 8월부터(1:1) 다리오 왕 4년(주전 518년, 7:1) 9월까지 만 2년에 걸쳐 예언 활동을 하였다. 따라서 이 기간에 본서가 기록된 것으로 본다.

현대 학자들 중에는 9~14장은 스가랴의 예언 초기가 아니라 주전 480년경 스가랴에 의해서 다시 재개된 예언이거나 다른 스가랴의 예언으로 추측한다.

역사적 배경

〈스가랴〉의 배경은 〈학개〉의 배경과 같다. 성전의 기초는 이미 놓여 있었으나 성전 건축은 중단된 상태였다(1:16). 백성이 당하는 경제적인 곤란과 영적인 침체상황은 스가랴에서도 입증된다(1:17, 8:10). 학개는 주로 성전건축을 위한 예언을 했으나 스가랴는 학개의 성전 건축을 위해 협조했으면서도 주로 성전 건축 뒤의 메시아 왕국의 영광과 그 왕국의 통치자를 스룹바벨과 여호수아로 상징적으로 예표하면서 메시아 사상에 관심을 가졌다(3:8, 6:12). 그러나 스룹바벨이 예루살렘 성곽을 정비함으로써 일반 백성들의 관심이 집중되자 위협을 느낀 바사 정부는 그의 총독직을 박탈하고 '사레셀'을 새 총독으로 임명하였다. 이를 암시하는 것이 7장 2절이다(왕하 19:37 참고).

교훈과 메시지

(1) 환상과 메시아 왕국

스가랴는 다윗 집의 기름 부음 받은 메시아 왕에 의해서 다스려지는 메시아 왕국을 예루살렘에 세울 것인데, 그 나라는 스룹바벨이 통치자로, 여호수아가 제사장으로 다스리는 환상으로 보았다. 이 소망이 스가랴의 여덟 개의 환상들을 해석하는 열쇠가 된다.

1~8장에서 메시아는 아직 그림자에 가려 있어서 스룹바벨로 예표되었으며, 9:9과 14:9에서는 더욱 분명하게 계시된다. 이때 메시아는 우주적인 이상을 실현하는 초월적인 메시아로서 신정통치가 이러한 메시아를 통하

여 이루어질 것을 계시하고 있다.

(2) 하나님의 성품

스가랴의 예언에서 하나님은 온 세계에 뛰어나시며 의로우시며 전능하신 분이다. 이러한 하나님의 성품은 포로 중기와 후기에 서서히 관심을 끌게 되었는데, 〈스가랴〉에서 하나님은 '멀리 계신 하나님'이며, 인간이 접근할 수 없는 곳에 거하시며, 하늘 보좌에 계신다. 이와는 달리 〈아모스〉와 〈예레미야〉는 직접 여호와와 대화하는 것으로 나타나지만, 〈스가랴〉에서는 주로 천사를 통해 대화하는 것으로 나타난다.

하나님은 하늘에서뿐 아니라 땅에서도 전능하신 분으로 메시아의 나라가 오직 여호와의 신으로 되는 초월적인 역사임을 선포한다(4:6).

하나님은 인간에게 소망을 주시는 사랑의 하나님이다. 하나님은 약속하시고 구원하시고 복을 주신다. 하나님은 예루살렘에 돌아오시며 그의 백성과 함께 거하시고 계약을 맺으신다(8:1~8).

(3) 보편적 종말론적 환상

9~14장은 전 세계에 임할 종말론에 관한 비유와 환상으로 되어 있다. 9~11장은 새로운 신정을 약속하는 예언인데 이것은 12~14장만큼 보편주의적 종말론에 가깝지 않고 민족주의적인 예언의 분위기에 머무른다. 12~14장은 새로운 신정의 승리와 다가오는 여호와의 날을 묘사하는 예언이다. 이 부분은 종말론적이며 묵시문학적인 광경을 그리고 있다.

1
환상 ① ②
붉은 말 탄 자
네 뿔과 네 대장장이

2
환상 ③
측량줄

3
환상 ④
대제사장 여호수아

4
환상 ⑤
순금 등잔대와 두 감람나무

5
환상 ⑥ ⑦
날아가는 두루마리
에바 가운데 여인

6
환상 ⑧
네 병거

7 8
금식과 절기
오월 중에 울며
근신하리이까

스가랴 1~8장

여덟 가지 환상과 설교 (중요구절 슥 1:3)

"너희는 내게로 돌아오라. 만군의 여호와의 말이니라. 그리하면 내가 너희에게로 돌아가리라"(1:3)는 말씀은 〈스가랴〉 메시지의 요약이다(슥 1:3~4). 여덟 가지의 환상(아래의 '더 살펴보기' 참고)과 설교가 나온다(1~6장). 그로부터 2년 후(다리오 왕 제4년) 벧엘 사람들은 예루살렘 멸망과 살해된 통치자 그다랴를 기념하는 금식이 성전이 재건된 지금에도 필요한가 묻는다. 여기에 대한 하나님의 응답과 온 세상의 중심지가 될 예루살렘에 대해 말씀하신다(7~8장).

1. 예언자 스가랴(다리오 왕 2년 8월)는 학개(다리오 왕 2년 6월)보다 약 2개월 늦게 예언을 시작했다(슥 1:1, 학 1:1). 학개의 예언은 4개월을 넘기지 못하고 마치는데 비하여, 스가랴는 2년 1개월을 활동하므로 학개와 스가랴의 예언 시기는 약 2개월은 겹치게 된다. 학개가 '성전재건'을 강조했다면, 스가랴는 성전재건과 함께 '도덕적인 개혁'에 더 관심을 가졌다. 각자에게 주어진 사명을 따라 일한다.
2. 스가랴의 첫 예언은 '여호와께로 돌아오라'는 메시지이다(1:3). 예루살렘 회중들은 바벨론 포로에서 돌아와 이듬해 성전재건을 서둘렀지만 반대에 부딪히자 성전재건은 17년 가량이나 중단되었다(스 4:4~5:24). 하나님의 자비를 잊어버리고 "조상들"(4절)이 저질렀던 잘못에 다시 빠질 위험에 처하였다. 옛 선지자들은 더 이상 있지 않았고(5절) 스가랴는 이들에게 고통으로 가득 찬 과거를 돌아보며 "우리에게 행하려고 뜻하신 것"(6절), 그것은 불순종한 자에게는 무서운 심판임을 상기시킨다.
3. 〈스가랴〉에는 여덟 가지의 환상이 나온다. '환상'은 꿈 꾼 것을 말하는 것이 아니라 의식이 완전한 채 영적으로 본 것을 말하는 것이다. 이런 환상에 대한 해석에는 어려움이 있으므로 성서학자들의 도움을 얻는다(옆의 '더 살펴보기' 내용 참고). 하나님께서 특별한 사람들에게 환상이나 계시적인 말씀을 준다하더라도 개인적인 체험을 보편화하려는 것은 문제가 있으므로 주의해야 한다.
4. 벧엘 사람의 보냄을 받은 자들이 매년 금식하며 애도하는 관습을 폐지

할 수 있는지에 대해 제사장에게 묻기 위해 예루살렘에 왔다(7:1~7). 이는 예루살렘에 돌아온 유다인들의 신앙을 엿볼 수 있는 것이다. "포로기의 이들 유대인들에게는 예루살렘 멸망을 기리기 위해 유대인들이 제정한 금식의 날을 지킬 의무가 있었다. 그것은 하나님 말씀의 보증을 받은 바 없는 온전히 그들 자신의 의지에 의한 것이었다. 처음에는 진실한 헌신으로 이 날을 지켰던 것이 분명하다. 그러나 이제 그것은 단순한 의식이 되어 있었다. 이방으로 흩어진 유대인들은 그 날을 없애려 했지만 제사장으로부터 공인을 받으려고 하였던 것이다. 현대 유사 기독교의 많은 문제들처럼 이 문제는 그 자체가 비성경적이고 형식적이며 무익한 것이었다"(뉴 스코필드 성경, 《New Scofield Bible》, p.969).

더 살펴보기

1. 〈스가랴〉의 내용

스가랴는 선지자이며 제사장이다(1:1). 그는 바벨론 포로 중에 태어났을 것이며, 주전 538년 1차 귀환 때에 예루살렘에 돌아왔고, 520년(다리오왕 2년) 학개와 동시대에 예언했다(학 1:1, 슥 1:1, 6:13~15). 〈스가랴〉는 1~8장과 9~14장이 상이(相異)하므로 〈이사야〉처럼 후자를 '제2스가랴'라고도 주장하는 학자들이 있다.

내용 분해
1~8장 – 여덟 가지 환상과 설교
9~14장 – 메시아적 왕과 왕국

2. 여덟 가지 환상에 대한 간략한 해석

이 해석은 보편적인 것이며 절대적인 것은 아니다(Harold Willmington, 《Bible Study》 요약 인용).

(1) 붉은 말을 탄 자(1:7~17) – 예루살렘을 감시하는 몇몇 천사들과 함께 오신 그리스도의 직접적 출현.
(2) 네 뿔과 네 대장장이(1:18~21) – 이스라엘을 흩어버렸던 이방 세계의 네 세력과 다시 이들을 무찌른 세력을 상징함

1) 네 뿔: 앗수르(북 왕국 점령), 바벨론(남 왕국 점령), 바사(유대인 학살 음모, 에스더 참고), 로마(이스라엘을 흩음)

2) 네 대장장이: 해석① - 최초의 네 가지 인(印)친 심판(전쟁, 기아, 사나운 짐승, 온역)을 가리키는 듯함(계 6:1~8, 겔 14:21) 해석② - 네 국가를 쳐부순 세력 (고레스: 바벨론 정복, / 알렉산더: 바사 정복, / 로마 장군들: 헬라 정복, / 그리스도: 부흥한 로마제국을 완전히 멸망시킴)인 듯(단 5장, 8장,계 19장).

(3) 측량줄을 가진 자(2:1~13) - 천년왕국 때에 있을 예루살렘 측량을 말함(겔 40:1~5, 48:30~35)

(4) 대제사장 여호수아(3:1~10) - 국가의 죄와 성결, 회복의 환상.

(5) 순금 등잔대와 두 감람나무(4:1~14) - 1) 역사적 의미: 기름부음 받은 스룹바벨과 여호수아를 가리키는 듯함, 2) 예언적 의미: 엘리야와 모세를 가리키는 듯함(계 11:3~12 참고)

(6) 날아가는 두루마리(5:1~4) - 의미: 땅에 대한 하나님의 심판. 사람은 도덕적 율법을 범함

(7) 에바 가운데 있는 여인(5:5~11) - 여인: 죄와 반역, 덮개: 제어하는 하나님의 권능, 목적지: 바벨론에 자리 잡음.

(8) 네 병거(6:1~8) - 하늘의 네 바람(천사들)이 두 놋산 사이에서 나와 병거들을 몬다. 병거들은 〈요한계시록〉 6장에 나오는 최초의 네 가지 재앙을 나타내며 산은 하나님의 심판을 나타낸다.

〈스가랴〉의 내용 분해 도표

1~8장(주전 520~516년)	9~14장(주전 516~458년)
여덟 가지 환상과 설교	메시아적 왕과 왕국
1. 예언자의 환상(1~6장) 1) 경고의 말씀(1:1~6) 2) 환상의 연속(1:7~6:8) 3) 상징적 행동(6:9~15)	1. 유다와 이스라엘의 회복(9~11장) 1) 원수의 멸망(9:1~8) 2) 백성들의 회복(9:9~10장) 3) 선한 목자와 악한 목자(11장)
2. 금식과 절기(7~8장) 1) 금식에 관한 질문(7:1~3) 2) 절기와 네 가지 대답(7:4~8장) (대답: 7:4~7, 7:8~14, 8:1~17, 8:18~23)	2. 심판과 구원(12~14장) 1) 메시아의 예상(12:1~13:6) 2) 메시아의 방법(13:7~14:15) 3) 메시아의 승리(14:16~21)

스가랴 9~14장

이방의 심판과 이스라엘의 미래 (중요구절 슥 9:9)

하나님의 양 떼에 대한 신탁과 비유를 통해 하나님이 자기 백성을 구원함은 그들이 자기 양 떼이기 때문이며 그 양 떼를 지도할 참 목자상을 보여 준다(9~11장). 유다와 예루살렘에 대한 권고와 신탁으로 장차 임할 유다의 승리와 이 승리와 결부된 예루살렘의 특수한 상태와 다가오는 하나님의 날을 상징적으로 묘사한다(12~14장).

1. 나귀(새끼)를 타고 예루살렘에 입성하실 것을 예언한 〈스가랴〉 9:9은 말씀대로 성취되었다(마 21:1~11, 막 11:1~10, 눅 19:29~38, 요 12:12~19). 이 성취가 나에게 주는 말씀은 무엇인가? 왕 되신 예수 그리스도, 그 분은 예언대로 (1) 공의로우시며, (2) 구원을 베풀며, (3) 겸손하시다. 그래서 나귀의 작은 것 곧 나귀 새끼를 타셨다. 그 예언 그대로 우리 예수님은 그렇게 내게로 다가 오셨다. 그러므로 성도들도 주님을 배워 주님의 모습을 나타내며 살아야 한다.
2. 이스라엘은 역사적으로 많은 시련을 겪었다. 애굽의 종살이를 하였는가 하면 가나안에 들어가 이스라엘 나라를 건설하고는 분단이 되었고, 북국 이스라엘은 앗수르 포로가 되었으며 남국 유다는 바벨론 포로가 되었다. 이런 역사 속에도 하나님께서는 "내가 그들이 고난의 바다를 지나갈 때에 바다 물결을 치리니"(10:11)라며 자신의 백성들을 지켜 주심을 약속하신다. 우리는 그 은혜로 산다.
3. 모든 양 떼가 돌보는 이 없이 잡혀 죽을 양 떼처럼 되었지만 그 가운데 '가련한 양'이 있다. 이는 메시아를 기다리는 양, '남은 자(The Remnant)'이다. 목자의 "막대기 둘"은 "은총"(사랑받음, 아름다움)과 "연합"(Union, 내적 조화)이었다(11:7). 이는 메시아 예수님께서 남은 자를 보호하시는데 하나는 '사랑의 막대기'로 그들을 몰아서 그 울타리에 머물게 하시고, 또 하나는 '연합의 막대기'로 백성들을 흩어지지 않도록 서로 연결시켜 놓는다는 말이다. 이러한 보호를 받고 사니 감사할 뿐이다.

1
왕으로 오심
나귀를 타시니 나귀 새끼

2
목자장으로 오심
요셉 족속을 구원할지라

3
선한 목자, 악한 목자
잡혀 죽을 양 떼를 먹이라

4 4
예루살렘의 미래
내 백성, 내 하나님

5
예루살렘과 열국
여호와께서 천하의 왕이 되시리니

4. 예루살렘에 여러 민족들이 순례를 하러 올 정도로 회복이 된다(14:16). "그 날에는 말 방울에까지 '여호와께 성결'이라 기록될 것이라. 여호와의 전에 있는 모든 솥이 제단 앞 주발과 다름이 없을 것이니"(20절)라고 하였다. 대제사장의 이마에 두르는 금패에 '여호와께 성결'이라고 적는다(출 28:36). 비판적으로 보던 '말'(9:10) 조차도 성소의 일에 쓰일 것이다. 이와 마찬가지로 '솥'도 격이 높아져 거룩한 그릇들이 되어 성전 제사에 쓰일 것이다. 이러한 모든 것은 예루살렘에 모일 자가 많을 것이기 때문이며 하나님의 거룩하심이 모든 것에 미친다.

더 살펴보기

주의: 혼동하지 마시오.
'스'는 〈에스라〉, '에'는 〈에스더〉
'습'은 〈스바냐〉, '슥'은 〈스가랴〉
그럼 〈나훔〉의 약자는? - 나? 훔? 과거에는 통상 '훔'으로 썼으나 언제부터인지는 모르겠으나 현재는 대한성서공회의 약자표에는 '나'로 변경되었고 집필에서도 모두 〈나훔〉의 약자로 '나'를 쓴다.

1. 〈스가랴〉 9장 예언에 대하여

〈스가랴〉 9:9은 예수님께서 나귀를 타고 예루살렘에 입성하심을 예언한 말씀이며 그 말씀의 성취로 유명하다(마 21:4~5). 한편 9장의 예언은 알렉산더 대왕 때에 그대로 성취되었다고 하는 성경학자들도 있다. ① 마게도니아 왕 빌립이 366년 세상을 떠나고 젊은 아들 알렉산더가 왕위에 올라 페르시아(바사: 다리오 왕)를 쳐부수고 이어서 다메섹, 두로와 시돈, 마지막에는 팔레스틴 지방, 애굽까지 점령하여 남쪽으로 국토를 확장하였다. ② 알렉산더 대왕은 가는 곳마다 도시(알렉산드리아)를 건설하여 모든 국가에 헬라문화를 심는데 힘썼다. ③ 알렉산더가 신약 성경에 보이지 않는 공헌을 한 것은 헬라문화의 영향으로 가는 곳마다 헬라어가 공용어가 되었으므로 신약성경도 헬라어로 기록되었고 누구나 읽을 수 있게 된 것이며, 히브리어 구약성경도 헬라어로 번역되었다(70인역). (Harold Willmington, 《Bible Study》)

2. 단어 해설(그냥 지나치기 쉬운 단어들을 점검하여 보라)

(1) 드라빔(10:2) - 가신(家神)으로 집안에 둔 우상이다. 때로는 휴대하기도 했다. 야곱의 아내 라헬이 아버지의 가신인 드라빔을 훔쳐 오기도

했다(창 31:34). 우상숭배로 정죄되었다(삼상 15:23, 왕하 23:24) (《성경핵심전과1》54쪽 '더 살펴보기' 참고)

(2) 복술자(卜術者)(10:2) - 점쟁이(《표준새번역》, 《공동번역》)들로 거짓 예언자가 포함되며 점을 치거나 예언을 하여 참선지자들에게 상응하는 역할을 했다.

(3) 모퉁잇돌(10:4) - 〈이사야〉 28:16에 근거한 말로 시온의 기초돌이다. "건축자가 버린 돌이 집 모퉁이의 머릿돌이 되었나니"(〈시편〉 118:22~23)라 했으며, 예수 그리스도를 나타낸다(마 21:42, 행 4:11).

(4) 말뚝(10:4) - 유목민들이 천막을 칠 때에 천막 안과 밖에 말뚝이 있다(삿 4:21). 즉 메시아는 천막을 칠 수 있도록 하는 힘이 되고 또 그 안에서 모든 것을 보급해 주는 힘이 되는 것을 말한다.

(5) 싸우는 활(10:4) - 전쟁터에서 쓰는 활로서 정복자의 모습을 나타내는 말이다. 메시아가 오시면 그가 모든 악한 것을 다 정복하신다. 이러한 것(모퉁잇돌, 말뚝, 싸우는 활)들이 말탄 자(헬라인)를 부끄럽게 할 것이라고 하였다.

(6) 구속(10:8, 건질 救, 살 贖) - 죄와 악에서 건져낸다는 말인데 특히 '속'(贖)의 의미는 값을 주고 산다는 뜻이 있어 그리스도의 구속의 의미를 더 해 준다. 법적 용어인 拘束(구속)을 여기에 사용하면 틀린다.

(7) 고난의 바다(10:11) - 괴로움이 많은 세상을 바다에 비유하여 이른 말인데, 여기서는 모세가 건너간 '홍해'를 말한다.

나귀 타고 입성하는 예수님(슥 9:9). 스가랴의 예언 그대로 예수님은 나귀를 타고 입성하셨다(마 21:4~5, 요 12:14).

BIBLE

성경 질문지

스가랴 1~8장 여덟 가지 환상과 설교

제1~2장 [서론, 환상① 붉은 말을 탄 자, 환상② 네 뿔과 대장장이]

제2장 [환상③ 측량줄]

다음 물음에 간단히 답하시오

1. 다음의 예언 시기를 말하시오.
   1) 1:1~6 -
   2) 1:7~6장의 환상 -
   3) 7장 이하 -

2. 여호와께로 돌아가면 여호와께서는 어떻게 하시나?(1:1~6)
   -

3. 1) 화석류 나무 사이와 뒤에 무엇이 있었나? (1:7~8)
   -
   2) 여호와께서 불쌍히 여겨 예루살렘에 돌아온 결과는?(1:16)
   -

4. 1) 네 뿔은 무엇을 나타내는가?(1:18~21)
   -
   2) 네 대장장이들은 무엇을 떨어뜨리려 왔는가?(1:18~21)
   -

5. 한 사람이 '측량줄'을 잡고 어디에 무엇을 하러 가는가?(2:1~5)
   -

6. 시온의 딸이 기뻐하고 즐거워할 수 있는 이유는?(2:6~10)
   -

7. 여호와께서 장차 어떤 일을 하시는가?(2:11~13)
   -

제3장 [환상④ 대제사장 여호수아]

다음 말은 누가 누구에게 했는지를 쓰시오.

1. 사탄아 여호와께서 너를 책망하노라…… 이는 불에서 꺼낸 그슬린 나무가 아니냐?
   - (　　　　→　　　　)

2. 내가 네 죄악을 제거하여 버렸으니 네게 아름다운 옷을 입히리라. - (　　　　→　　　　)

3. 정결한 관을 그의 머리에 씌우소서(참고:나=스가랴). - (　　　　→　　　　)

4. 내가 내 종 싹을 나게 하리라.
   - (　　　　.　　　　)

5. 보라 한 돌에 일곱 눈이 있느니라. 내가 거기에 새길 것을 새기며 이 땅의 죄악을 하루에 제거하리라. - (　　　　→　　　　)

제4장 [환상⑤ 순금 등잔대와 두 감람나무]

다음에 이어지는 성구를 완성하시오.(~표 있는 절은 다음 절까지)

1. (　　~　　절) 네가 무엇을 보느냐~

2. (　　　절) 여호와께서 말씀하시되 이는 힘으로 ~

3. (　　　절) 스룹바벨의 손이~

4. (　　　절) 금 기름을 흘리는~

제5~6장

5장 [환상⑥ 날아가는 두루마리, 환상⑦ 에바 가운데 여인], 6장 [환상⑧ 네 병거]

다음 말씀을 읽으며 몇 절에 나오는 지와 (　　)안에 알맞은 말을 적으시오.

1. (　:　~　절) [환상⑥ 날아가는 두루마리] "날아가는 두루마리를 보나이다 그 길이가 (　　　) 규빗이요 너비가 (　　　) 규빗이니이다. 그가 내게 이르시되 이는 온 땅 위에 내리는 (　　　)라."

2. (　:　~　절) [환상⑦ 에바 가운데 여인] "에바 가운데에는 (　　　)이 앉았느니라 하니 그 때에 둥근 납 한 조각이 들리더라 그가 이르되 이는 (　　　)이라 하고 그 여인을 (　　　) 속으로 던져 넣고"

3. (　:　절) [환상⑧ 네 병거] "첫째 병거는 (　　　)들이, 둘째 병거는 (　　　)들이, 셋째 병거는 (　　　)들이, 넷째 병거는 (　　　)들이 메었는지라…… .이는 (　　　)인데 온 세상의 주 앞에 서 있다가 나가는 것이라"

4. (　:　절) "(　　　)으로 나간 자들이 북쪽에서 내 (　　　) 하였느니라"

5. (　:　절) "은과 금을 받아 (　　　)을 만들어 여호사닥의 아들 대제사장 (　　　)의 머리에 씌우고 말하여 이르기를 만군의 여호와께서 이같이 말씀하시되 보라 (　　　)이라 이름하는 사람이 자기 곳에서 돋아나서 (　　　)을 건축하리라"

6. (　:　절) "먼 데 사람들이 와서 (　　　)을 건축하리니(　　　)께서 나를 너희에게 보내신 줄을 너희가 알리라"

제7~8장 [금식과 절기]

다음 물음에 답하시오..

1. 유다가 칠십 년 동안 다섯째 달과 일곱째 달에 금식하고 애통함은 누구를 위함인가?(7:1~7)
   -

2. 여호와께서 이미 이르신 말씀에 대해 유다는 청종하였나? 청종하지 않았나?(7:8~14)
   -

3. 여호와께서 돌아와 예루살렘은 (　　　)의 성읍, 여호와의 산은 (　　　)이라 일컫게 된다(8:1~8)

4. 전과 다른 "이제는"에서 다음 중심 단어가 나오는 절수는?(8:9~17)
   1) 씨앗 -　　　　　　2) 복 -
   3) 은혜 -

5. 금식이 변하여 유다 족속에게 (　　　)과 (　　　)과 (　　　)의 절기들이 될 것이다(8:18~23).

스가랴 9~14장 이방의 심판과 이스라엘의 미래

제9장 [왕으로 오심]

다음 물음에 답하시오.

1. 심판 받을 이방 나라나 도시의 이름을 모두 쓰고 그 중에 블레셋의 5대 도시 국가에는 밑줄을 그으시오(1~8, 삼상 6:17). 〈본문에는 블레셋의 도시국가 넷이 나옴〉
   -

2. 신약성경 〈마태복음〉 21:4~5, 〈요한복음〉 12:14~16은 〈스가랴〉 9장 몇 절의 예언의 성취

인가? -

3. 유다와 에브라임, 즉 시온의 자식을 일으켜 누구를 치게 하는가?(11~17)

-

4. 이 날(심판의 날)에 하나님 여호와께서 그들을 무엇과 같이 구원하시는가?(11~17)

-

제10장 [목자장으로 오심]

다음 ( ) 안에 알맞는 말을 써서 성구를 완성하시오.

1. ( )들은 허탄한 것을 말하며 ( )는 진실하지 않은 것을 보고 ( )을 말한즉 그 위로가 헛되며 백성들이 ( ) 같이 유리하며 ( )가 없으므로 곤고를 당하나니……

2. 내가 ( )을 견고하게 하며 ( )을 구원할지라. 내가 그들을 ( ) 여김으로 그들로 돌아오게 하리니 그들은 내가 내버린 일이 없었음 같이 되리라.

3. 에브라임이 ( ) 같아서 포도주를 마심 같이 마음이 ( ) 것이요. 그들의 자손은 보고 ( )하며 여호와로 말미암아 마음에 ( )하리라.

4. 내가 그들을 ( )에서 돌아오게 하며 그들을 ( )에서부터 모으며 ( )으로 그들을 이끌어 가리니 그들이 거할 곳이 부족하리라.

제11장 [선한 목자, 악한 목자]

다음 물음에 답하시오

1. 레바논의 백향목을 사르게 될 때에 곡하거나 부르짖는 네 가지는 무엇인가?(1~3)

   1) 2)

   3) 4)

2. 하나님께서 목자에게 어떤 양을 먹이라고 하셨는가?(1~14절 읽고 답은 4, 7절 참고)

   -

3. 양 떼를 인도하는 막대기 둘을 각각 무엇이라 했으며, 이 막대기를 잘랐다는 것은 무엇을 의미하는가? (7, 10, 14)

   1) ( ) -

   2) ( ) -

4. 1) 목자가 양 떼를 돌본 품삯은 얼마인가? (11~13)

   -

   2) 이를 가룟 유다가 예수님을 판 값이나 종의 값과 비교하면?(마 27:1~10, 출 21:32)

   -

   3) 여호와의 말씀을 따라 목자는 은전을 어떻게 했는가?(11~13)

   -

5. 어리석은 목자, 못된 목자는 양을 어떻게 돌 볼 것인가?(15~17)

   - 16절:

제12~13장 [이스라엘의 미래]

다음은 누구에 관한 설명인지 이름이나 지명을 쓰시오 (12장: 1~5문, 13장: 6~7문)

1. 하늘을 펴시며 땅의 터를 세우시며 사람 안에 심령을 지으신 이

   -

2. 그 날에는 이곳으로 모든 민족에게 무거운 돌이 되게 하리니 그것을 드는 자는 크게 상한다.

   -

3. 이들은 마음속으로 '예루살렘 주민이 그들의 하나님 만군의 여호와로 말미암아 힘을 얻었다'한다.

   -

4. 다윗의 집의 영광과 예루살렘 주민의 영광이 유다보다 더하지 못하게 하려고 여호와께서 먼저 구원하는 곳

   -

5. 찌른 바 그를 보고 예루살렘에서 크게 애통하는 족속은?(족속 이름만 쓰시오)

-

6. 여호와께서 그날에 이 땅에서 끊거나 떠나게 할 것은?

-

7. 그날에 예언할 때에 그 환상을 부끄러워할 것이며 사람을 속이려고 털옷도 입지 아니할 자.

-

제14장 [예루살렘과 열국]

다음 말씀은 몇 절에 나오는 지를 쓰시오.(본문 요약도 있음)

1. 그 날에는 말방울에까지 '여호와께 성결'이라 기록될 것이라. - (　　　절)

2. 너희가 도망하되 유다 왕 웃시야 때에 지진을 피하여 도망하던 것 같이 하리라. - (　　　절)

3. 열국이 예루살렘과 싸울 때에 여호와께서 그 열국을 치시되 전쟁 날에 싸운 것같이 하시리라.
   - (　　　~　　　절)

4. 다시는 저주가 있지 아니하리니 예루살렘이 평안히 서리로다. - (　　　절)

5. 여호와께 경배하러 예루살렘에 올라오지 아니하는 자들에게는 비를 내리지 아니하실 것이다.
   - (　　　절)

6. 여호와께서 천하의 왕이 되시리니 그 날에는 여호와께서 홀로 한 분이실 것이요. - (　　　절)

말라기 | 예언서 |

Malachi

제목에 대한 해설

본서는 예언자의 이름을 따라 책 이름을 〈말라기〉라 하였는데, 이는 "여호와께서 말라기를 통하여 이스라엘에게 말씀하신 경고"이기 때문이다(1:1).
《칠십인역(LXX)》에서는 말라기를 고유명사(이름)로 보지 않고 보통명사로 간주하였다. 즉 '말라기'를 사람이 아니라 그 말이 '나의 천사'또는 '나의 사자(使者)'라는 뜻으로 보았다. 그렇다 할지라도 "여호와께서 그의 사자의 손으로 말미암아 이스라엘에게 하신 경고의 말씀이라"라고 번역한다. 그러나 전통적으로 고유명사로 간주하였다. 이는 다른 예언서들은 익명이 아닌데, 본서만 예외라면 이상하다. 말라기가 고유명사라면 그것은 3:1의 "나의 사자"와도 관계가 있는 것으로 보인다.

저자 및 저작 연대

전통적으로 저자는 말라기로 보는데, 아람어역 탈굼이나 《불가타역(Latin Vulgate)》의 완성자 제롬 등은 '에스라'라고 주장하였다. 말라기에 대해서는 알려진 것이 없다.
예언 시기는 근사한 시기를 결정할 수 있다. 성전은 준공되었고 희생이 드려졌다(1:7~10, 3:8). 바사의 총독이 예루살렘을 다스리고 있었다. 그러므로 〈말라기〉가 〈학개〉와 〈스가랴〉의 연속선상에 있었음을 알 수 있다.
따라서 예언이나 기록 연대는 주전 450~358년까지 다양한 연대를 주장하는데, 다만 바벨론 포로 이후 시대라는 것에는 일치한다.

역사적 배경

말라기가 예언할 당시 이스라엘은 암담하였다. 정치적으로는 팔레스틴이 바사의 지배하에 있었으므로 식민지 백성들은 각종 세금에 시달렸다. 사회적으로는 가뭄의 피해와 포도원의 병충해, 특히 황충(메뚜기)이 휩쓸었다(3:11). 종교적으로는 이스라엘이 바벨론 포로로부터 돌아올 때의 하나님이 주셨던 영광스러운 약속의 말씀(사 49:8~26, 학 2:1~9)이 곧 성취될 것으로 믿었으나 그 약속이 바로 실현되지 않자 백성들은 하나님 나라에 대한 회의와 무관심이 일반화되었다(2:17, 3:14~15). 영적 지도자들인 제사장들도 제사 임무를 소홀히 했다(1:7, 10, 13).
거기에다가 백성들은 타락하여 이방 여인들과 잡혼을 하는 등 하나님의 자녀로서의 순결을 잃어버린 이런 때에 말라기가 예언을 했다(2:10~16).

교훈과 메시지

(1) 〈말라기〉의 영적 교훈

① 신앙에 필수적인 십일조와 헌물이 영적이고 도덕적인 내면에서 나온 것이어야 한다(1:11).
② 율법을 어긴 제사, 무성의한 희생 제물은 하나님이 기뻐하지 않으신다(1:8~10).
③ 이혼과 이방인과의 결혼을 하나님은 원하지 않으신다(2:11, 16).

④ 율법은 항상 읽혀야 하며 생활에 적용되어야 한다(온전한 십일조 - 3:7~12, 율례와 법도 - 4:4).

(2) 하나님의 공의와 주의 날

포로로부터의 해방은 이스라엘의 죄악에도 불구하고 그의 백성을 보존하시는 하나님의 사랑을 입증하셨다. 일부 이스라엘 백성들은 하나님이 불의하다고 불평했지만, 그들의 불평에는 다가올 주의 날에 계약 공동체 내에서 악을 행하는 자를 제거하고, 신실하게 순종하는 자들에게는 보상하심으로써 하나님의 공의를 입증하실 것을 말한다. 말라기의 주의 날 사상의 특징은 다른 예언자들의 종말론적인 예언보다는 여호와의 공의에 대한 문제를 더욱 강조한 것이다. 본서의 '주의 날'은 종말론적인 심판을 통해서 악인과 의인의 구별이 드러나며, 여호와의 공의가 해 같이 빛나는 날이라는 점에서 다른 예언자들과 차이가 있다.

(3) 신앙의 순수성 회복

본서는 어렵고 고통스러운 상황에서 주의 공의를 의심하고 불평하는 자들은 악인이며, 레위의 언약을 기억하며 여호와를 경외하는 자들은 의인이라는 날카로운 대비를 한다. 이런 점에서 〈말라기〉는 당시 현실의 치유에 더욱 많은 관심이 있었고 내면적인 신앙부흥을 위하여 호소하였다. 즉 순수한 영적인 회복을 통해 하나님을 경외하는 신앙이 회복되어야 함을 촉구했다. 이는 신약성경에까지 이어지는 영적인 흐름이다.

말라기 1~4장

회개하고 돌아오라 (중요구절 말 3:10)

하나님은 이스라엘 백성들에게 사랑을 베푸셨으나 깨닫지 못하고 불의를 행하는 것을 엄히 책망하신다(1장). 제사장들의 타락을 책망하며, 백성들의 잡혼에 대한 책망을 하신다(2장). 메시아의 도래에 대한 예언과 십일조에 대한 책망과 교훈을 하신다(3장). 풀무불 같은 심판의 날을 예고하면서 한편 의로운 백성에 대한 축복의 약속을 하시며 율법을 준수할 것을 가르치신다(4장).

1. 〈말라기〉에는 사람들이 하나님께 무례한 질문을 하는 "~하였나이까" 형식의 글이 많다. 대부분 하나님을 향해 도전적이거나 변명하는 것들이다. 혹시 내가 잘 하는 말들과 같지는 않은가?
   (1) 주께서 어떻게 우리를 사랑하셨나이까(1:2).
   (2) 우리가 어떻게 주의 이름을 멸시하였나이까(1:6).
   (3) 우리가 어떻게 주를 더럽게 하였나이까(1:7).
   (4) 이 일이 얼마나 번거로운고(이 얼마나 싫증나는 일인가?, 1:13).
   (5) 우리가 어떻게 여호와를 괴롭혀 드렸나이까(2:17).
   (6) 우리가 어떻게 하여야 돌아가리이까(3:7).
   (7) 우리가 어떻게 주의 것을 도둑질하였나이까(3:8).
   (8) 우리가 무슨 말로 주를 대적하였나이까(3:13).
2. 〈말라기〉는 십일조를 드리지 않으므로 "온 나라가 나의 것을 도둑질하였으므로 너희가 저주를 받았느니라"(3:9)고 지적한다. 그래서 "너희의 온전한 십일조를 창고에 들여 나의 집에 양식이 있게 하고 그것으로 나를 시험하여 내가 하늘 문을 열고 너희에게 복을 쌓을 곳이 없도록 붓지 아니하나 보라"(10절)는 실제적인 말씀을 한다. 온전한 십일조를 드림은 '모든 것이 주께로부터 왔으매 다시 주께 드리며 감사한다'는 표현이지만 하나님은 거기에 따른 큰 복을 약속하신다. 즉 메뚜기를 금하여 토지 소산을 먹어 없애지 못하게 하시며 포도나무 열매가 기한 전에 떨어지지 않게 하신다(11절). 나는 손실은 기억하지 않고 십일조 드리기를 힘겨워하지는 않는가?
3. 사람들은 "공의로운 해가 떠올라서 치료하는 광선을 비추리니"(4:2)라

1
하나님의 사랑과 책망
내가 너희를 사랑하였노라

2
타락한 제사장과 백성들
제사장은
만군의 여호와의 사자

3
온전한 십일조
복을 쌓을 곳이 없도록

4
주의 날에 대한 예고
공의로운 해가 떠올라서

는 말씀을 문자적으로만 해석해서 육체의 치료에만 관심을 갖는다. 여호와의 날에 여호와의 영광은 떠오르는 태양과 같다(사 60:1, 19). 공의의 태양이신 그리스도께서 죄와 허물로 죽을 수밖에 없는 자들을(엡 2:1, 5) 치료(구원)하심을 예언하는 말씀으로도 보아 먼저 내 심령을 치료하는 그리스도의 능력을 체험해 보라.

더 살펴보기

내용 분해

1:1~5 - 하나님의 사랑, 에돔의 멸망
1:6~3:15 - 이스라엘에 대한 하나님의 진노
3:6~4:6 - 의인과 악인에 대한 장래

1. 〈말라기〉의 배경

〈말라기〉에는 말의 수식이 많고 문체는 명백하고 힘차고 직설적이다. 본문의 특징은 질문과 대답 형식으로 되어 있다.

말라기 선지자가 연설(설교)을 하는 대상은 바벨론 포로에서 돌아와 성전을 재건한 뒤(주전 515년 경) 바사 총독의 지배를 받는 유다 백성이다. 그의 연대는 주전 5세기 중반(400년대)으로 볼 수 있다. 이 시기는 에스라와 느헤미야가 시행한 개혁의 후유증이 있었고, 학개와 스가랴의 예언으로 성전을 건축되었으나 다른 개혁들은 물거품이 되면서 일어난 무관심과 환멸의 시대였다. 제사장은 자기 책임을 소홀히 하였고(1:6-2:9) 에스라 시대의 이방 혼인에 대해 강요된 이혼으로 반발들이 있었고 또한 이방 여인과 재혼하는 일들로 민족이 우상숭배에 빠지게 되는 심각한 문제가 생겼으며(2:10-15), 십일조와 봉헌물도 소홀히 하였다(3:6-12). 바로 이런 시대에 말라기는 예언을 하였다.

2. 하나님께서 야곱은 사랑하셨고 에서는 미워하셨다?(1:2~3)

하나님께서 야곱은 사랑하셨고 에서는 미워하셔서 에서의 후손인 에돔은 멸망되었다(1:2~5). 이러한 하나님의 선택은 인위적인 조건이나 이유 때문이 아니라 하나님의 무조건적이고 절대 주권적인 결정에 의한 것이다(사 43:1 - 야곱아 너를 창조하신 여호와께서 지금 말씀하시느니라…… 너는 두려워하지 말라. 내가 너를 구속하였고 내가 너를 지명하여 불렀나니 너는 내 것이라). 그러므로 하나님의 선택에 대하여 인간은 결코 불평할 수 없으며 우리를 선택해 주신 하나님의 사랑에 감사할 뿐이다(롬 9:19~24).

3. 세례 요한에 대한 〈말라기〉의 예언(3:1, 4:5)

(1) "보라 내가 내 사자를 보내리니"(3:1)에서 하나님의 사자(使者)는 '세례 요한'임을 예수님과 공관복음서 기자들이 증거 한다(마 3:3,15, 막 1:1~4, 눅 1:13~18, 요1:23). 세례요한은 광야에서 회개의 세례를 전파하며 오실 메시아를 증거하는 사역을 하였다(마 3:1~6, 막 1:2~8, 눅 3:3~6, 요 1:19~34).

(2) 하나님께서 이스라엘에게 보낼 "선지자 엘리야"(4:5)도 ① 일반적으로 '세례 요한'을 가리킨다고 보지만 다른 설도 있다. ② 죽지 않고 승천한 엘리야가 그리스도가 오시기 전에 다시 온다. ③ 이 엘리야의 예언이 세례요한에게 이루어진 것은 사실이지만 부분적인 성취이고 그리스도가 재림할 때에 살아 승천했던 엘리야가 다시 나타남으로써 말라기의 예언이 완전히 성취된다고 하는 '두 엘리야설(說)'도 있다.

4. 온전한 십일조(3:7~12)

하나님께서는 온전한 십일조를 드리는 자에게 복을 주실 것을 약속하셨다(3:7~12). 온전한(히. 콜) 십일조는 자신의 소득의 10분의 1을 모두 드린다는 것이다(대하 31:5~12). 구약시대 십일조는 이스라엘에 부과된 의무(신 14:22)로서 충성과 순종의 표시이다. 이것은 신약 시대에서도 폐지되지 않았다(마 23:23). 오늘의 그리스도인들도 수입의 십일조를 드리며 우리의 삶을 하나님께 전적으로 맡기는 것이다(시 50:10~12, 마 25:14~30, 눅 16:1~11).

고대 저울과 추

율법이나 예언자들은 공정한 저울과 추를 사용하도록 강조했다(레 19:36, 신 25:15, 사 28:17, 미 6:11). 속이는 저울과 추는 하나님의 심판을 초래하였다. 〈말라기〉는 온전한 십일조를 하나님께 드리도록 강조하였다(말 3:7~12).

B I B L E

성경 질문지

말라기 1~4장 회개하고 돌아오라

제1장 [하나님의 사랑과 책망]

다음 맞는 답의 번호에 O표 하시오(1~3) / 물음에 답하시오(4~5)

1. 〈말라기〉는 여호와께서 말라기를 통해 누구에게 경고하신 말씀인가?
   1) 유다　　2) 이스라엘
   3) 에돔　　4) 블레셋

2. 어느 왕 때의 예언인가?(예언의 시기는 예언서 1:1에 나오는데 일부는 정보가 제공되지 않아 알 수 없음)
   1) 히스기야　　2) 여로보암
   3) 다리오　　4) 알 수 없음

3. 에돔에 대한 다음 말 중에서 여호와의 말씀은 무엇인가?(1~5)
   1) 황폐된 곳을 다시 쌓으리라
   2) 쌓을지라도 나는 헐리라
   3) 여호와의 영원한 진노를 받은 백성이라

4. 다음에서 제사장들의 말이나 행동에는 '제사장'이라, 여호와의 말에는 '여호와'라 쓰시오(6~14).
   1) 우리가 어떻게 주의 이름을 멸시하였나이까?(　　　)
   2) 더러운 떡을 주의 제단에 드림 (　　　)
   3) 너희가 눈먼 희생…… 병든 것을 드리는 것이 어찌 악하지 아니하냐?(　　　)
   4) 여호와의 식탁은 더러워졌고…… 먹을 것은 경멸히 여길 것이라. (　　　)
   5) 흠 있는 것으로 속여 내게 드리는 자는 저주를 받으리니…… (　　　)

5. 말라기에는 "만군의 여호와"라는 이름이 각 장에 몇 번씩 나오나?
   - 1장(　　번),　　2장(　　번),
   3장(　　번),　　4장(　　번).

제2장 [타락한 제사장과 백성들]

다음 (　　) 안에 알맞는 말을 찾아 적으시오

1. 너희가 만일 (　　　) 마음에 두지 아니하여 내 (　　　) 하지 아니하면 내가 너희에게 (　　　) 너희의 복을 저주하리라(1~3).

2. 레위와 세운 나의 언약은 (　　　)이라. 내가 이것을 그에게 준 것은 그로 (　　　) 하려 함이라(4~9).

3. 제사장의 입술은 (　　　) 하겠고 사람들은 그의 입에서 (　　　) 할 것이니 제사장은 만군의 (　　　)가 됨이거늘…… (4~9)

4. 나 만군의 여호와가 너희에게 이르노니 너희가 (　　　)을 깨뜨렸느니라(4~9).

5. 우리는 (　　　)를 가지지 아니하였느냐? (　　　)께서 지으신 바가 아니냐?(10~16)

6. (　　　)는 거짓을 행하였고 (　　　)과 (　　　) 중에서는 가증한 일을 행하였으며 유다는 여호와께서 사랑하시는 그 (　　　)을 욕되게 하여 (　　　)과 결혼하였으니…… (10~16)

7. 이스라엘의 하나님 여호와가 이르노니 나는

(　　　　　)과 (　　　　　　)를 미워하노라 (10~16).

제3장 [온전한 십일조]

다음에 이어지는 말씀을 쓰시오(해당 절 안에서만)

1. 보라 내가 내 사자를~

2. 사람이 어찌 하나님의 것을~

3. 너희의 온전한~

4. 내가 너희를 위하여 메뚜기를~

5. 여호와를 경외하는 자와~

제4장 [주의 날에 대한 약속]

다음 말에서 틀린 부분에 밑줄을 긋고 바르게 고쳐 쓰시오.

1. 보라 풍로 불 같은 날이 이르리니 교만한 자와 악을 행하는 자는 다 초막 같을 것이라.

   →

2. 내 이름을 경영하는 너희에게는 공의로운 해가 떠올라서 치료하는 광경을 비추리니 너희가 나가서 외양간에서 나온 송아지 같이 뛰리라.

   →

3. 보라, 여호와의 크고 어두운 날이 이르기 전에 내가 선지자 엘리사를 너희에게 보내리니……

   →

B I B L E

성경 질문지

이사야~말라기 예언서 총정리

예언서(선지서)에 대하여

1. 예언자(선지자, 선견자)는 구약성경의 여러 곳에서 개인들의 호칭으로 불려졌다. 아브라함(창 20:7, 시 105:15), 모세(신 18:15~19, 34:10) 등도 때로는 선지자로 불렸으나 일반적으로 선지자:예언자(The Prophets)라 하면 주전 8세기 후반에서 주전 6세기 중반 바벨론 포로 시기(〈다니엘〉, 〈에스겔〉). 그리고 포로 후의 일부 기간 동안(〈학개〉, 〈스가랴〉, 〈말라기〉) 활동한 부름 받은 자들을 일컫는 말이다. (예언서에 대해서는 31~34쪽 '예언서는 무엇인가?'를 보시오).

2. 예언서는 〈이사야〉에서 〈말라기〉까지 17권이다. 〈이사야〉에서 〈예레미야애가〉까지 5권은 대예언서(〈예레미야애가〉와 〈다니엘〉은 유대교에서 성문서에 속함)이고 〈호세아〉에서 〈말라기〉까지 12권은 소예언서이다. 대예언서와 소예언서라는 구분은 예언자의 능력이나 사명의 크기, 시대순에 따른 구분은 아니다. 다만 대예언서는 각 책의 분량이 많고 소 예언서는 각 책의 분량이 적다.

3. 예언서는 이해하기 어려운 여러 환상들이나 미래의 사건들에 대한 예언들도 많으므로 이러한 것에 대한 해석은 담임목사님의 지도를 받으며 적절한 책을 소개받아 함께 공부할 수 있다. 무엇보다 중요한 것은 성령의 조명하심을 따라 기도하며 말씀을 읽어야 한다.

대예언서 〈이사야〉~〈다니엘〉

준비 구약 대예언서 5권의 책 이름(〈예레미야애가〉 포함)을 쓰시오(참고: 〈이사야〉~〈다니엘〉).

1) 2) 3)
4) 5)

이사야

다음 물음에 답하거나 ( ) 안에 알맞은 말을 적으시오.

1. 이사야가 예언하던 시대의 유다 왕들 넷은?(1:1)
   -

2. 〈이사야〉는 어디에 대하여 본 이상인가?(1:1)
   -

3. "내가 좋은 포도 맺기를 기다렸으나 들포도를 맺힘은 어찜인고?"가 나온 곳은? - (5장 절)

4. "내가 여기 있나이다. 나를 보내소서"(8절) 이사야의 소명은 몇 장에 나오는가? - (장)

5. "보라 처녀가 잉태하여 아들을 낳으리니"(마 1:23)는 이사야 7장 몇 절의 예언 성취인가?
   -

6. 〈이사야〉 9:6은 무슨 예언인가?(맞는 것에 O표).
   1) 이사야의 아들에 대한 예언이다 ( )
   2) 메시아 예수에 대한 예언이다 ( )

7. 〈이사야〉 13~23장은 무슨 예언인가?
   1) 이방 나라에 대한 예언이다 ( )

2) 메시아에 대한 예언이다 (　　　)

8. 너희는 (　　　　)의 마음에 닿도록 말하며 그것에게 외치라. 그 (　　　　)가 끝났고 그의 (　　　　)을 받았느니라(사 40:2).

9. 다음 메시아의 예언 중에 고난에 대한 기록은 몇 장에 나오는가?(맞는 것에 O표)
   1) 9장 (　　　)　　2) 32장 (　　　)
   3) 53장 (　　　).　　4) 66장 (　　　)

10. '고레스'는 유다에 대하여 무엇을 한 바사 왕인가?(45:1, 스 1:1)(맞는 것에 O표).
   1) 바벨론 포로에서 해방(　　　)
   2) 유다를 정복(　　　)

11. 내 집(하나님의 집: 성전)은 무엇을 하는 집인가?(56:7)
   -

12. 하나님은 무엇을 창조하신다고 하셨나?(65:17)
   -

예레미야

다음 물음에 답하거나 (　　　) 안에 알맞은 말을 적으시오.

1. 예레미야는 누구인가?(1:1)
   -

2. 하나님은 예레미야에게 무엇이 되어 주신다고 하셨나?(1:18에서 세 가지)
   -

3. 이스라엘의 구원은 누구에게 있나?(3:23)
   -

4. 하나님이 예레미야에게 금하신 것 세 가지는?(16:2, 5, 8 / 간단하게)
   -

5. 유다의 죄는 무엇으로 기록된 것과 같은가?(17:1)
   -

6. 예레미야의 마음은 어떠하였나?(20:9)
   -

7. 예레미야가 전한 예언은 갈대아인(바벨론)에게?(38:2, 17~19)
   1) 저항하라 (　　　)　　2) 항복하라 (　　　)

8. 예루살렘 성의 함락은 어느 왕 언제인가?(39:1~2, 52:1~11)
   -

9. 예레미야는 어디로 끌려갔는가?(43:1~7)
   1) 애굽(　　　)　　2) 바벨론(　　　)

10. 〈예레미야〉 46~51장은 어디에 대한 예언인가?
   1) 이방에 대한 예언 (　　　)
   2) 예루살렘의 함락 예언 (　　　)

예레미야애가

다음 물음에 답하거나 (　　　) 안에 알맞은 말을 적으시오.

1. 〈예레미야애가〉는?
   1) 바벨론 포로를 두려워한 애가 (　　　)
   2) 예루살렘 함락에 대한 애가 (　　　)

2. 예루살렘이 무엇을 하므로 조소거리가 되었나?(1:8)
   -

3. 처녀 성곽 곧 멸망당한 유다 백성이 밤낮으로 강처럼 흘려야 하는 것은?(2:11~19)
   -

4. (4:13) 그 선지자들의~

5. (5:21) 여호와여, 우리를 주께로 돌이키소서. 그리하시면 우리가 (　　　　) 우리의 날을 다시 새롭게 하사 (　　　) 하옵소서.

에스겔

다음 물음에 답하거나 (　　　) 안에 알맞은 말을 적으시오.

1. 에스겔이 예언을 시작한 때는 여호야긴 왁이 바벨론에 사로잡힌 지 몇 년부터인가?(1:1~3)
   -

2. 에스겔이 본 네 생물의 모양은 무슨 얼굴인지 넷을 쓰시오?(1:4~14)
   -

3. 에스겔이 먹은 두루마리 책에는 무엇이 기록되어 있는가?(2:8~3:3)
   -

4. 예루살렘의 근본과 난 땅은 (　　　　), 아버지는 (　　　　), 어머니는 (　　　　)이라(16:3).

5. 에스겔을 향한 하나님의 칭호는?(21:2, 6, 9, 12, 14, 19, 28 등)
   -

6. 〈에스겔〉 25~32장까지는?
   1) 이스라엘에 대한 예언이다 (　　　)
   2) 이방에 대한 예언이다 (　　　).

7. 마른 뼈에 생기를 불어 넣어 군대를 일으킨은 어느 족속에 대한 소망의 이상인가?(37:11)
   -

8. 〈에스겔〉 40장 이하는?
   1) 새 성전에 대한 이상이다 (　　　)
   2) 새 하늘과 새 땅에 대한 예언이다 (　　　)

다니엘

다음 물음에 답하거나 (　　　) 안에 알맞은 말을 적으시오.

1. 다니엘은 유다 왕 (　　　　)이 다스린 지 (　　　) 년이 되는 해에 바벨론 왕 (　　　　)의 포로가 되어 그 곳의 학문과 언어를 (　　　) 년간 가르침을 받게 되었다(1:1~7).

2. 꿈에 본 신상에서 금머리는 누구를 가리키나?(2장 전체 읽고 답은 38절 참고)
   -

3. 다니엘을 '벨드사살'이라 함은 무엇을 따라 이름한 것인가?(4:8)
   -

4. 벨사살 왕이 본 '메네 메네 데겔 우바르신'이란 글의 뜻은?(5장)
   -

5. 다니엘이 이상 중에 본 네 큰 짐승은 누구를 상징하는 것인가?(7:17)
   -

6. 두 뿔 가진 숫양은 곧 (　　　　) 왕들이요. 털이 많은 숫염소는 곧 (　　　) 왕이다(8:15~22)

7. 하나님의 사자를 도와서 바사 군과 헬라 군을 대항할 자는 누구인가?(10:18~21)
   -

8. 남방 왕(애굽을 통치한 프톨레미 왕조)과 북방 왕(수리아를 통치한 셀류커스 왕조)은 화친하다가 전쟁을 하는데 그 결과는 어느 왕이 이기는가?(11:5~19)
   -

9. (12:3) 지혜 있는 자는~

소예언서 〈호세아〉~〈말라기〉

준비 **구약 소예언서 12권의 책이름을 쓰시오(첫자로 암기). 호욜암옵 욘미나 합습학슥말.**

1)	2)	3)
4)	5)	6)
7)	8)	9)
10)	11)	12)

† 다음의 말들은 어느 예언서(〈호세아〉~〈말라기〉)에 대한 것인지 이름을 쓰시오.

(참고: 책의 순서대로 아님, 소예언서 책들에서 다음의 성구를 찾으면 책 이름을 알게 된다.)

1. 다리오 왕 이 년 유 월부터 예언했는데 성전 재건을 촉구하였다(1:8).
   -

2. 엘고스 사람으로 니느웨(앗수르의 수도)에 대한 경고했다(1:1). 어느 왕 때인지는 알 수 없다.
   -

3. 하나님이 갈대아 사람을 일으킨다는 말에 놀라며 의인의 고난에 대해 괴로워 하지만 "의인은 그 믿음으로 말미암아 살리라"(2:4)고 한다.
   -

4. 아밋대의 아들로 니느웨로 가라 외치라 했으나 도망하다가 바다에 던져져서 물고기 뱃속에 들어갔으나 나온 후 니느웨 전도를 통해 니느웨가 회개한다(3:5~6).
   -

5. 유다 요담, 아하스, 히스기야 시대에 모레셋 사람으로 사마리아와 예루살렘에 관한 묵시를 전했다(1:1).
   -

6. 요시야 왕의 시대에 예언했는데 '실망의 예언자'라는 별명이 있느나 아름다운 시와 같아 곡을 붙여 부르기도 한다.(3:17 …… 너의 하나님 여호와가 너의 가운데 계시니……)
   -

7. 이스라엘에 말씀하신 경고로서 십일조에 대한 책망과 가르침도 나오고(3:10~11) 이스라엘은 하나님께 "~하였나이까?"라는 항의성 질문을 많이 한다.
   -

8. 주로 여로보암 시대에 북국 이스라엘의 예언자로서 그의 삶에 등장하는 부정한 아내 고멜과 자녀(이스르엘, 로루하마, 로암미, 1:4, 6, 9)가 메시지 자체이다.
   -

9. 학개와 동시대(다리오 왕 2년 8월, 1:1) 예언자로서 성전재건과 함께 도덕적 개혁을 촉구했으며 여덟 가지 환상이 나온다.
   -

10. 메뚜기의 재앙을 통해 다가올 여호와의 날(심판)과 회복을 예언. 또 성령강림 예언이 나온다(2:28~29).
   -

11. 에서의 후예인 에돔의 멸망에 대한 예언(1:1)을 한 한 장으로 된 예언서이다.
   -

12. 선지자도 아니요 선지자의 아들도 아닌(7:14), 드고아 목자로서 여로보암 시대의 지진 전 이 년에 예언을 시작했다. 다섯 가지의 환상을 보았다.
   -

13. 예언의 시기가 언제인지 분명하게 나타나지 않은 소예언서들은?(1:1에 당시의 왕이 나오지 않는 책 6권)
   -

14. 1) 소예언서 중에 가장 짧은 책은? -

    2) 소예언서 중에 가장 긴 책은? -

15. (통상) 바벨론 포로 이후의 소예언서로 보는 책은?(끝에 3권)
   -

† 성경에 대한 상식

다음 (　　)안에 들어갈 말을 차례대로 맞춰 보시오(보기 참고).

보기 (참고서 : 민영진, 국역성서연구, 성광문화사, 68~102쪽 참고)
/ 39권, 27권, 66권, 1189장, 31,373절, 개역한글판, 개역개정판, 표준새번역, 표준새번역개정판, 공동번역, 공동번역개정판, 가톨릭새번역, 1956년, 2005년. 1993년, 2001년, 1977년, 1999년, 2005년, 히브리어, 헬라어. / 대한성서공회 발행의 성경전서 참고. (1) (2) (3) (4)
(1) 본문의 뜻을 보완하여 줌.
(2) 주석적 성격을 지닌 본문이나 문맥의 흐름을 끊는 본문. (　　)
(3) 어떤 사본에는 있고 어떤 사본에는 없어서 원문의 반영임이 분명하지 않은 본문. [ ]
(4) 후대의 첨가된 본문이지만 교회에서 일찍부터 중요하게 여기고 읽어온 본문. [(　　)]

1. 구약 성경은 (　　)권이고 신약성경은 (　　)권으로 모두 (　　)권이다(3X9=27로 암기).
2. 신구약 성경은 (　　)장이고 (　　)절이다.
3. 2013년 현재 한국의 공인성서 7가지는 다음과 같다. (성경의 이름과 초판 발행 연도)
   1) (개역 한글판　　:　　)
   2) (　　:　　)
   3) (　　: 1993년)
   4) (　　:　　)
   5) (　　:　　)
   6) (공동번역 개정판　　:　　)
   7) (　　:　　)
4. 성경이 기록된 언어는 1) 구약 성경은 대부분 (　　: 일부는 아람어)로 기록되었다.
   2) 신약성경은 대부분 (　　)로 기록되었다.

아래 문제(5~8)의 답은 위의 네모상자 안의 보기를 참고하여 쓰시오.

5. 대한성서공회 발행 성경 본문에 '작은 글자'는 무슨 의미인가?(예: 시 136:12, 마 10:2)

   -

6. 성경 가운데 소괄호(　　)로 된 곳은 무엇인가?(예: 대상 5:1~2, 요 1:38)

   -

7. 성경 가운데 대괄호[　　]로 된 곳은 무엇인가?(예: 막 3:14, 요 5:3~4)

   -

8. 성경 가운데 겹괄호[(　　)]로 된 곳은 무엇인가?(예: 막 16:9~20)[　　]로도 표시

   -

중간시대란 무엇인가?

〈말라기〉~〈예수님〉 사이의 시대로 중간시대에 관한 것은 성경에는 나타나지 않으나 외경에는 〈마카베오상〉, 〈마카베오하〉(이 책을 읽기 원하면 외경이 포함된 《공동번역 성서》를 보라)에 나오며 다른 역사적인 자료에서 찾을 수 있다. (용어에 있어서 우리 성경 번역을 따라 예수님 이전은 '유다', '유다인'으로, 이후는 '유대', '유대인'으로 사용한다.)

[1] 신구약 중간시대(예언자가 없던 시대)

1. 400년 간 격동의 시대

'중간시대'(Inter-testamental Period)란 보통 구약성경의 마지막 책인 〈말라기〉와 신약성경의 첫 책인 〈마태복음〉 사이의 약 400년 동안을 일컫는 말로 이해를 한다. 그러나 학자마다 그 기간은 달라 넓게는 바벨론 포로로부터 귀환인 538년부터 세례요한 등장까지를, 또는 주전 200년경(198년) 셀류커스 왕조의 유대에 대한 헬라화 정책 때부터 예수님 등장 때까지로 구분하기도 한다. 《중간시대》라는 전문 서적들을 보면 책마다 중간시대에 대한 기준을 다르게 하는 것을 보게 된다.

이 시대에는 예언자들이 없었다고 하여 '침묵의 400년'이라고 하지만 실제적으로는 엄청난 역사적 변혁들이 있었고 뿐만 아니라 믿음을 지켜려는 혈투들이 있었으며 유대교가 공고해진 시기이기도 하다. 이 시대를 아는 것은 복음서를 이해하고 예수님의 말씀이라든지 그 당시 예수님과 만났던 부류의 사람들을 이해하는데 도움이 된다.

2. 시작

먼저 주전 400년이 시작될 때의 유다인의 정황을 살펴본다. 그보다

200년 전인 주전 587년에 예루살렘은 파괴되었고 백성들은 바벨론의 포로로 잡혀갔다(왕하 26장, 대하 36장). (북왕국 이스라엘은 그보다 135년 전인 주전 721년에 앗수르에게 멸망되었다). 다니엘에 의해 예언된 대로(단 2장, 7장) 바벨론은 메데-바사왕국에게 망했다. 바벨론은 주전 539년에 바사의 고레스에게 멸망을 당하고 고레스 원년인 주전 538년에 유다인들에게 고국에 돌아가 성전을 건축하도록 격려했다. 그리하여 스룹바벨의 인도로 538년에 '남은 자들'이 돌아왔고(스 1장, 고레스 원년), 20여년 후인 515년에 성전을 재건하였다(스 6장, 다리오 6년). 에스라도 적은 무리를 데리고 458년에 돌아와서 성전에서의 예배를 회복했으며(스 7장, 아닥사스다 7년) 그로부터 10여 년 후에 느헤미야가 와서 445년에 예루살렘 성벽을 재건했다(느 2장, 아닥사스다 20년). 남은 유다인이 돌아오고 성전과 예루살렘이 재건되고 예배가 회복되었다. 그러나 더 많은 유다인들이 포로의 땅 바사에서 살고 있었다.

3. 정치적 배경 – 〈말라기〉와 〈마태복음〉 사이의 400년의 유대 역사는 여섯 시대로 나누어진다.

① 바사 - 주전 538년	② 헬라 - 주전 332년
③ 애굽 - 주전 323년	④ 시리아 - 주전 198년
⑤ 마카비 - 주전 165년	⑥ 로마 - 주전 63년에서 그리스도까지

4. 바사 통치(주전 538~333년)

팔레스틴에 대한 바사 통치는 바사가 바벨론을 무찌른 539년(고레스 원년은 538년)부터 헬라 왕국의 알렉산더 대왕 때까지 계속되었다(주전 333년). 이 왕국은 다니엘이 언급한 두 번째 나라이다. 이것은 유다인들이 말라기의 말기에 바사의 통치 아래 있었으며 바사의 통치는 중간기의 처음 60년간 계속되었다. 이때에 사마리아인들에 대한 차별이 시작되었다. 북왕국이 주전 721년에 앗수르에 의해 멸망당한 뒤 메데의 성읍들로 흩어져 살게 되었다. 정복군인 앗수르 사람과 사마리아 사람들 사이에 혼혈

이 생겨났다. 그 후 이들은 느헤미야가 예루살렘에서 일할 때 그의 일을 방해했던 자들이다(느 2:10, 4:1～3). 이러한 적대감은 신약시대에도 찾아볼 수 있다(요 4:9).

5. 헬라 통치(알렉산더, 주전 333～323년)

마게도니아 왕 필립이 헬라 세계를 통일하고 죽자 그의 아들 알렉산더 대왕은 마게도니아와 헬라의 군대를 이끌고 동방으로 전진하여 3년만인 333년에 애굽과 바사를 정복하였다. 알렉산더는 10년만인 323년에 애굽에서 죽고 그의 세 장수에 의하여 정복한 지역에서 통치가 이루어진다(네 곳이라고 할 때는 헬라 본국 포함). 따라서 유다는 헬라의 지배하에 있게 되어 그 문화가 파고들어 왔다. 다니엘은 그에 대해 〈다니엘〉 7:6, 8:1～7, 21～23에서 말하고 있다.

6. 애굽 통치(프톨레미 왕조, 주전 323～198년)

이 통치가 중간의 여섯 개 시대 중 가장 긴 기간이다. 알렉산더 대왕이 죽자 유다는 첫 프톨레미소터(프톨레미는 애굽을 통치한 헬라의 왕조)의 손에 들어갔고 두 번째 프톨레미 필라델푸스는 헬라화의 일환으로 많은 서적들을 헬라어로 번역하였다. 그 중에 하나는 히브리어로 된 구약성경의 헬라어 번역으로 이는 흩어진 유대인들이 당시의 통용어인 헬라어로 성경을 읽게 되었다. 이 유명한 구약성경 70인역(LXX)은 신약성경의 기록에도 이 번역을 인용하였다. 한편 애굽과 시리아의 중간에 낀 팔레스틴은 애굽(프톨레미 왕조)과 시리아(셀류커스 왕조)의 전쟁터가 되어 가고 있었다.

7. 시리아 통치(셀류키스 왕조, 주전 198～165년)

이 기간이 유다인에게 있어 중간시대 중 가장 처참한 때였다. 주전 167년 안디오커스 에피파네스가 정권을 잡은 후 그는 유다인들에게 공포 정치를 시행했다(〈마카비상〉 1:41~64, 〈마카비하〉 6:1~11). 예루살렘을 파괴하고 성벽을 헐었으며 백성들을 학살했다. 정기적으로 드리는 제사를 금했고, 안식일 준수를 금했고, 율법의 소지를 금했고, 할례를 금했다. 그리고 유대인의 금기 음식인 돼지고기를 먹도록 강요했다(〈마카비하〉 6:18~31). 심지어는 167년 12월에는 올림피아 제우스(Zeus Olympius) 신의 제사가 예루살렘 성전에 도입 되었고 제단에 돼지로 제물을 드렸다(단 8:13). 이러한 철저한 헬라화를 위한 과정이 유대인으로서는 치욕적이었고 저항하는 계기를 만들어 주었다.

8. 마카비 통치(주전 165년 성전정화 / 주전 143~63년 독립)

제사장 맛다디아 집안을 중심으로 일어난 저항 운동의 때가 중간시대 역사 중에서 가장 영웅적인 기간이었다. 안디오커스 에피파네스의 과격한 정치는 나이 많은 제사장 맛다디아의 혁명을 유발시켰고 그의 아들 유다 마카비가 이를 성공시켰다. 유다 마카비는 더럽혀졌던 성전을 주전 165년에 회복하고 성전을 청결케하여 하나님께 바치는 의식을 행하였다. 이것을 하누카('헌납한다'로서 빛의 절기이다)라고 하며 신약에서는 수전절(요 10:22)이라고 한다. 그리고 정통 예배가 다시 드려지게 했다. 그러나 유다 마카비는 시리아(셀류커스 왕조)와의 한 전투에서 전사하고 말았다 그러자 그의 동생 요나단이 지도자 겸 대제사장이 되어 민정권과 성직권을 한 사람이 가짐으로써 대제사장 하스몬 계보가 이루어지게 되었다. 하스몬은 마카비의 증조부였다. 그 후 요나단이 죽자 그의 동생 시몬이 지도자가 되었고 여세를 몰아 로마의 도움으로 주전 143년 헬라로부터 독립을 하였다. 이런 일련의 과정에서 하시딤(헬라화를 반대하는 경건한 유대인 무리)들이 지지를 하고 참여하였다. 그 후 시몬이 죽게 되자 그의 뛰어난 아들 요한 힐카누스가 29년 동안 통치하게 된다. 하스몬계 지도자들이 몇 번이나 바뀌고 난 뒤에 로마 시대의 장을 열면서 그후 헤롯 가계가 등장하게 된다.

9. 로마 통치(주전 63년부터)

유다 내에서는 여러 정치적이고 종교적인 갈등으로 로마를 끌어 들이게 되었고 주전 63년에 로마는 무혈입성을 하여 유다를 정복하였고 유다는 로마 왕국의 한 지방이 되었다. 마카비 계보가 끊어지자 율리우스 가이사는 주전 47년에 안디바를 유다의 지도자로 세웠다. 안디바는 헤롯으로 하여금 갈릴리를 통치하게 했다. 헤롯은 이두메(에돔) 사람인데 힐카누스 시대에 이두메를 정복하여 유다에 편속시켰고 할례를 행하고 강제로 유대인으로 만들었다. 로마는 주전 39년에 헤롯을 유다 왕으로 세웠고 그는 그의 아내와 아들들을 포함한 가족들을 제외하고는 거의 모두를 살해하였다. 헤롯은 바로 이두메 출신이기에 정통 유대인들에게 인정을 받지 못하였다. 헤롯은 유대인들의 인정을 받기 위하여 성전을 대대적으로 수축하는 일을 했다. 이 사람이 바로 주님께서 태어나실 때 왕이었던 '헤롯 대왕'이다.

이상이 400년 동안의 유다의 정치적 배경이다.

10. 400년 동안의 종교적 배경

정치적 배경이 유다를 변화시켰고 한편 유대교는 공고해졌으며 의견을 달리하는 사람들로 인해 여러 종파가 생겨났다. 많은 사람들이 헬라화에 반대를 하였으며 특히 하시딤이 그러했다. 마카비 혁명 이후에 자연스럽게 형성이 되었을 것으로 보이는 '바리새파'(하시딤 후예, 반헬레니즘, 성문 율법과 구전 율법, The Oral Law or Oral Tradition 모두 인정)가 대표적이다. 그리고 '사두개파'(친헬레니즘, 천사도 영도 부활도 없다고 주장, 구전 율법은 인정하지 않고 성문 율법만 인정), '에센파'(은둔공동체, 금욕주의, 쿰란공동체와 동일시하기도, 세례요한을 이 종파의 출신으로 보기도), '쿰란종파'(주전 2세기부터 주후 70년경 마사다 항전 때까지, 많은 문서를 남김) 등이 생겨났다. 또한 '열심당'(제롯당, 갈릴리인 유다가 로마에 대항하는 반란을 일으킨 주후 6년경 시작으로 보며 로마에 공물 바치는 것 반대), '헤롯당'(로마가 임명한 헤롯을 지지하며 이득을 얻으려는 자들). 그리고 '회당'이나 '산헤드린'과 같은 기관도 생겨났다.

특히 주전 2세기경의 박해 시대에 후손들에게 전해 내려온 유전이 주후 2세기말쯤에 《탈무드》에 기록되었다. 유다인들은 오늘날까지도 그 권위를 인정하고 있다. 주님 당시에는 그 유전(전통)들이 주로 기록되어 있지 않았었다. 예수님은 이 유전(장로들의 전통)을 공격하셨으며(마 15:1~9), 산상보훈에서는 여섯 번이나 거듭 "너희가 들었으나 나는 너희에게 이르노니"(마 5:21~22, 27~28, 31~32, 33~34, 38~39, 43~44)라고 말씀하고 계신다. 예수님께서 구약성경을 인용하실 때는 "기록된 바"라고 하셨다.

[2] 예수 그리스도의 오심

1. 때가 찼다.

예수님은 왜 팔레스틴에 오셨는가? 이는 하나님의 경륜의 때가 찼기 때문(갈 4:4. "때가 차매 하나님이 그 아들을 보내사 여자에게서 나게 하시고 율법 아래에 나게 하신 것은")이지만, 이런 측면에서도 들여다 볼 수 있다. 예루살렘의 성분교회는 예수님의 무덤 자리에 세워진 교회인데 학자들은 이곳이 세계의 중심(허브, 배꼽)이라고 한다. 팔레스틴은 아시아와 유럽과 아프리카를 연결하는 세계의 중간지점이며 그 중에서 예수님께서 탄생하신 베들레헴은 중간이 되는 지점이다. 그러므로 지리적으로도 팔레스틴에 오시도록 하나님이 섭리하셨다고 본다. "흑암에 앉은 백성이 큰 빛을 보았고 사망의 땅과 그늘에 앉은 자들에게 빛이 비치었도다 하였느니라"(마 4:16).

2. 당시의 정치적 상황

예수님께서 오실 즈음에 세계가 정치적 통일시기였다. 세계의 경계를 로마제국이 무너뜨렸고 가는 곳마다 로마 깃발이 휘날렸다. 이러한 현실이 그리스도의 복음이 나타남에 있어서 세 가지 사실로 크게 공헌하였다.

(1) 로마의 세계평화 : 로마가 세계를 통일하고 평화(무력으로 했지만)를 정착 시켰을 때 그리스도가 오셨기에 복음은 세계를 향해 뻗어 나가게 되었다(1세기 전이었다면 쇄국주의로 문이 닫혀 있었을 것이다). 그러나 로

마의 평화인 로만팍스(Roman Pax)는 강압적인 평화로 성경의 샬롬 평화와는 전연 달랐다.

(2) 로마의 도로 : 제국의 끝에서 끝까지 도로가 있었기에 이 도로를 타고 복음은 세계의 동서남북으로 삽시간에 퍼져 나갈 수 있었다, 그리하여 복음의 불꽃은 세계 도처에 훨훨 타오르고 있었다. 바울의 선교도 이러한 도로를 이용하므로 효과적인 힘을 얻었을 것이다.

(3) 언어의 통일과 유대의 마지막 날들 : 초대교회 전도자들이 언어의 통일 덕분에 어디를 가든지 자기들이 쓰는 말로 통할 수 있었기에 복음의 세계화를 촉진하게 되었다. 당시에는 헬라어를 사용했으며 신약성경도 헬라어로 기록되었고 이미 주전 3세기에는 구약성경의 헬라어역인《칠십인역(LXX)》이 시작되어 주전 2세기에는 완성되었다.

한편 영적으로는 로마 황제가 자신이 신이라며 기독교를 박해했고 백성들을 탄압하였다. 특히 요한을 밧모 섬에 유배시킨 것으로 유명한 주후 81~96년에 통치한 도미티안의 박해는 극심했다. 헬라와 로마의 수많은 신들이 백성들의 갈증을 채워주지 못했다. 이런 암흑 속에 예수님의 오심은 밝은 빛이 되었다.

주후 68~70년에 제1차 유대 전쟁의 실패로 많은 사람이 죽었고, 최후의 항전터인 맛사다는 훗날 유대인의 자긍심을 키워주고 있다. 132~135년에 있은 제2차 유대전쟁(바-코흐바 전쟁)은 유대의 완전한 멸망을 가져왔고, 나라 없는 민족으로서 1800년간을 지나다가 1948년 5월 14일에 유엔의 도움으로 신생 이스라엘을 재건하여 오늘에 이르고 있다.

[3] 유다교의 특징들

1. 예언에서 묵시로

신구약중간시대에 유다인들은 많은 기록들을 남겼다. 이 기록들은 '외경'과 '위경'으로 분류된다. 이 기록들 가운데 "묵시 문학"이 들어 있다 즉

〈에녹서〉, 〈모세의 승천기〉, 〈에스라4서〉, 〈바룩의 묵시록〉, 〈12족장의 유언〉, 〈쿰란문서〉들이다. 묵시문학은 주전 2세기에서 주후 1세기 사이에 나타나는데, 페르시아와 헬라사상의 영향을 받았다. '묵시'(묵시를 가리키는 용어로는, '묵시적 종말론', '묵시문학', '묵시운동'들이 있다)는 이 세상을 악으로 가득 찬 것으로 규정하고, 인간의 노력의 무위함을 강조하며, 하나님의 초월적이고 초역사적인 사역을 이야기한다.

종말의 때에는 하나님의 군대와 악한 세력과의 싸움이 벌어지고, 우주적인 차원에서 종말의 징조가 나타난다. 그리고 마지막 때에는 인간이 상상할 수 있는 가장 끔찍한 일들이 벌어지지만, 결국 하나님의 군대가 승리하고 의인들은 살아남게 된다. 이런 시나리오를 갖는 '묵시'는 지상적인 메시아 왕국을 말하는 '예언의 실패'로 인해서 나타났으며, 예언과는 달리 시간적 · 공간적으로 개방적인 성격을 갖는다. 이 세상과 저 세상을 구분하는 이원론적인 측면도 있다. 그리고 결정론적인 역사관을 보여 준다.

유다 묵시사상은 기독교에 영향을 미치게 된다. 주후 135년 바-코바 전쟁이 끝난 다음, 유다교는 묵시사상을 거부하고, 회당에서 묵시서를 읽지 못하게 하는데, 그래서 묵시사상은 유다교가 아닌 기독교로 이어지게 된다. 묵시사상은 유다인들의 전통적인 희망이 성취될 수 없는 상황에서 그들이 만들어낸 신앙형태이다. 여기서도 유다인들의 투철한 신앙계승의 모습을 보게 된다

2. 성전에서 회당으로

예루살렘 성전이 여러 번 파괴되고, 또 유다인들이 세계 각지에 흩어져 삶으로써, 제사드리는 것이 사실상 어렵게 되자, 유다인들은 그들이 거주하는 곳에 회당을 짓고, 회당중심의 생활을 하게 되었다. 회당에서는 제사를 드리는 대신, 기도하고 예배를 드리고 말씀을 연구하고 가르쳤다. 회당은 유다인 자녀들의 교육의 장이었다. 나중에는 팔레스타인에도 회당들이 세워졌다. 회당은 바로 유다인들이 찾아낸 새로운 삶의 방식인 것이다. 기독교 예배 형식도 회당 제도에서 온 것으로 보인다.

3. 말씀선포에서 말씀기록과 연구로

구약시대에는 하나님의 말씀이 사람들에게 직접 선포되었다. 그러나 후대에 가면 과거에 선포된 하나님의 말씀을 기록하고, 그것을 보존하고 정리해서 모으고, 연구하는 쪽으로 가게 된다. 엄격한 훈련을 받은 율법학자들은 이 분야의 전문가들이었다. 랍비들의 작업에는 교훈적인 내용을 담은 '할라카'와 비교훈적인 내용을 담은 '하가다'가 있다. '할라카'는 후에 '미쉬나'로, '하가다'는 '게마라'로 묶어지고, 할라카에 들지 못한 후대의 것들을 따로 모아서 이것을 '토셉타(증가분)'로 부르게 된다. 이것들을 모두 묶은 것이 바로《탈무드》라는 것이다. 탈무드는《팔레스타인 탈무드》와《바벨론 탈무드》가 있는데, 바벨론 탈무드가 후대의 것이고 분량이 더 방대하다. 이러한 유다 랍비들의 작업과 전승이 유다교를 풍성하게 만들어왔다. ('유대교의 특징들'단락은 [CSS목회자료]에 나온 기사[Article]에서 일부를 인용. 원저자는 한일장신대학교 이종록 교수)

[4] 외경(外經)과 위경(僞經)

중간시대의 종파들은 신약으로 이어지는데, 신약 본문을 공부할 때에 부분적으로 다루었으므로 여기서는 중간시대의 문서들을 살펴본다. 중간시대 400년 기간의 중요한 사건 가운데 하나는 구약성서의 헬라어 번역(주전 280~150년경)인《칠십인역(LXX)》이다. 당시의 상용어(통용어)로 번역되므로 히브리어를 사용하는 유다인에게만 국한되었던 구약성서(타나크)의 진리가 그리스-로마 세계에 전달되었다. 이와 함께 중간시대에 특히 주전 200년에서 후대의 것은 주후 200년경까지 많은 종교적인 문서들이 집필되었다.

1. 외경(Apocrypha, 아포크립파)

(1) 외경은 구약 정경이 편집된 이후 구약과 신약 중간시대에 기록된 14권의 책에 붙여진 명칭이다. 이 외경들은 구약 히브리 정경(Canon)에 하나도 포함되지 않았다. 이 책들은 칠십인역과 불가타역에 수록되어 구

약과 신약 사이에 놓여졌다. 로마가톨릭교회는 14권 가운데 11권을 소위 '제2의 정경'으로 인정하여 주후 1546년 트렌트 공의회에서 성경의 한 부분으로 선포하였다. 그러나 개신교에서는 내적, 외적증거로 하여 이 책들의 정경적 지위를 부정하였다. 이 외경들은 유대인들이나 신약성서에 의해서 또한 그 증거를 객관적으로 조사한 교부들 중 어느 누구에 의해서도 결코 성경으로 인정된 일이 없다.

(2) 외경에 속한 책들은 다음과 같다. 〈토비트서〉, 〈유딧서〉, 〈에스더〉, 〈지혜서〉, 〈집회서〉, 〈마카베오상〉, 〈마카베오하〉, 〈바룩〉, 〈다니엘: 세 젊은이의 노래, 수산나, 벨과 용〉이다. 가톨릭은《칠십인역》에 있던 외경 중에서 후대에 〈제1에스드라서〉, 〈제2에스드라서〉, 〈마카베오 3〉, 〈마카베오 4〉, 〈므낫세의 기도〉 등 일부는 받아들이지 않았고, 〈다니엘〉 아래 세 권을 묶기도 했다.

2. 위경(Pseudepigrapha, 세드피그라파)

(1) 외경 이외에도 '위경(허위문서)'이라고 불리는 문서들이 있다. 이 종교적인 작품들은 아담, 에녹, 노아, 모세, 스바냐, 바룩 같이 구약의 훌륭한 인물들이 저작자라고 허위 주장한다. 외경(로마가톨릭교회는 14권 가운데 11권을 정경으로 인정함)과는 달리 위경 문헌들은 한 번도 정경의 위치에 오른 적이 없다. 이 책들은 주로 묵시서, 교훈집, 전설적인 이야기들이다.

(2) 위경의 대표적인 책들은 다음과 같다. 〈모세 승천서〉, 〈이사야 승천서〉, 〈에녹서〉, 〈희년서〉, 〈시빌신탁서〉, 〈솔로몬의 시편〉, 〈십이족장 예언서〉 등이다. 이 중에서 〈모세 승천서〉와 〈에녹서〉는 〈유다서〉에 인용되었다. (580쪽 〈유다서〉 해설 참고)

(3) 한편 연구에 의하면 현존하는 구약의 외경과 위경은 40권 가량이며, 신약의 외경과 위경은 80권 가량이다. 신약은 위경의 경우 9세기까지 포티우스(Photius)가 약 280개의 목록을 제시하기도 했을 만큼 많다. 기독교(개신교)의 전통은 외경도 위경도 정경으로 받아들이지는 않았으나 문헌 연구에는 사용하고 있다.

복음서란 무엇인가?

복음서는 '예수님의 전기'이다.

[1] 주전 / 주후를 나눈 것은 주후 6세기이다

주전(BC. Before Christ)과 주후(AD. Anno Domini)를 나눈 사람은 Dionysius Exiguus(디오니시우스 엑시구스)로서 다음은 그에 대한《브리태니커 사전》의 기록이다.

Dionysius Exiguus, (영)Denis the Little. 500경 스키티아~560경 로마(?). 6세기의 유명한 교회법학자, 그리스도교력의 창안자로 여겨지는 인물이다.

그가 새로 만든 부활절 계산표가 사용되면서 그의 그리스도교력이 널리 보급되었다. 6세기 교회사가 카시오도루스는 그를 수사라고 부르지만, 전승에 따르면 대수도원장이라고 한다. 교황 성 겔라시우스 1세로부터 교황청 문서국 조직을 의뢰 받고 로마로 갔으나, 도착했을 때는 교황이 죽은 뒤였다(496년). 그 뒤 로마에서 학자로 활동하다가 525년 교황 성 요한네스 1세의 요청으로 연표를 작성했는데, 이것은 오늘날까지도 통용된다. 이 연표는 아키텐의 빅토리우스가 제안한 바 있는 532년 주기(週期)에 기초하여 알렉산드리아 계산법(알렉산드리아 총대주교 테오필루스가 발전시킨

95년 계산표)을 수정한 것이었다. 또한 그는 그리스도의 탄생 연대를 로마의 체계에 따라(즉 로마 건국 이후 754년) 753년 12월 25일로 잘못 잡았다(주전 4년).

신학자이자 능숙한 수학자 · 천문학자로 크게 이름을 떨친 디오니시우스는 성서와 교회법에 능통했다. 사도교회법(the apostolic canons)과 니케아 · 콘스탄티노플 · 칼케돈 · 사르디스 공의회의 교령을 포함한 401개의 교회법 모음집과 성 시리키우스(384~399년)부터 아타나시우스 2세(496~498년)에 이르는 교황들의 교령집이 그의 작품으로 인정된다. 그는 또한 현존하지 않는 많은 그리스 저작들을 라틴어로 번역했는데 그 중에는 성 파코미우스의 전기와 콘스탄티노플의 성 프로클루스의 교훈집이 있다.

[2] 공관복음서와 제4복음서는 어떤 차이가 있는가?

1. 공관복음서(共觀福音書)와 제4복음서(第四福音書)

네 복음서 중 처음의 세 복음서에는 공통적인 자료를 가지고 있는 반면 〈요한복음 -제4복음서-〉는 다소 다르다는 인상을 받는다. 1774년 독일의 그리스바흐(J. J. Griesbach)는 처음의 세 복음서를 '공관적(共觀的: Synoptic)'이라고 표현했는데, 그 이유는 세 복음서에 공통적인 자료들이 많기 때문으로 〈공관복음〉(共觀福音)이라는 용어가 생기게 되었다.

제4복음서(第四福音書)라 일컬어지는 〈요한복음〉의 저자에게는 예수님의 영광이 특별하게 계시되었다. 이 책은 예수님의 기원이 영원 전부터 하나님의 영원성 안에 근거한다고 본다. 영의 복음으로서 성령이 주는 통찰력으로 철저히 그리고 가장 강력하게 조명되어 있다(3:5, 6:63, 7:39, 14:16~17, 14:26, 15:26, 16:13~14, 20:22 참고).

2. 복음서의 주제 비교(137쪽 '네 생물과 복음서' 내용 참고)

〈마태복음〉 - 이스라엘의 왕, 〈마가복음〉 - 섬기는 종,

〈누가복음〉 - 사람의 아들, 〈요한복음〉 - 하나님의 아들

3. "복음"이란 무엇인가?

'복음(福音, 유앙게리온)'이란 말 그대로 '좋은 소식', '복된 소식'이라는 뜻이 있는데, 이는 하나님의 아들 예수 그리스도에 관한 기쁜 소식이 네 기자(마태, 마가, 누가, 요한)들에 의해 기록되어 전해진 것이다. 신약에는 '복음'이란 말이 직접 기록되어 있지는 않으나 이것은 언제나 기쁜 소식으로서 많은 사람이 기록으로 남기려 했으나 실패하는 사람이 많았다(눅 1:1~4). 복음은 하나이지만 성령의 역사로 네 사람에 의하여 네 가지 방법으로 기록된 복음으로 한 그리스도를 만난다.

[3] 예수님의 생애(공관복음 중심)

1. 예수님의 출생과 유년기

(1)탄생 사건(마 1:18~23, 눅 2:1~20)

(2)출생지: 베들레헴(마 2:1~12, 눅 2:1~2)

(3)출생 년대: 주전 4년(독일 신학계는 주전 7년, 마 2:1~12),

헤롯의 영아학살과 죽음(주전 4년, 마 2:13~23)

구레뇨의 호적/인구령(주전 7/6년, 눅 2:1~6)

2. 예수님의 세례와 시험

(1)세례 받음(막 1:9~11, 마 3:13~17, 눅 3:21~22)

(2)광야의 시험(막 1:12~13, 마 4:1~11, 눅 4:1~13)

3. 예수님의 선교 활동

*** 활동기간의 문제(1~3년),**

나이 언급 - 12살(눅 2:42), 30세쯤(눅 3:23)

1년(마 26:1, 막 14:1, 눅 22:1) - 십자가 사건을 앞둔 한 번의 유월절이

언급됨

3년(요 2:13, 6:4, 11:55) - 세 번의 유월절이 언급됨(예수님의 생애 33년 근거)

(1) 제1단계(갈릴리 선교) - 3대 선교

① 하나님의 나라 선포(막 1:14)

② 제자 훈련(막 1:16~20, 3:13~19, 6:7~13)

③ 봉사 선교(치유)(막 1:23~28, 1:32~34 등)

(2) 제2단계(가이사랴 빌립보 지방 전도)

① 베드로의 메시아 고백(막 8:29~30)

② 수난 예고(막 8:30~33, 9:31~32, 10:32~34)

③ 제자도(막 8:34 이하, 9:33 이하, 10:35 이하)

④ 변화 산(막 15:1~15)

(3) 제3단계(예루살렘 전도)

① 수난사건(막 14~15장)

② 유대재판(막 14:53~65)

③ 로마재판(막 15:1~15)

(4) 예수님의 죽음과 부활

① 십자가에 달림(막 15:16~41)

② 예수의 부활: 빈 무덤(막 16:1~10)

마태복음 | 복음서 |

Matthew

제목에 대한 해설

(1) 사복음서 - 〈마태, 마가, 누가복음〉을 공관복음(共觀福音)이라고 하는데 이는 〈요한복음〉과는 달리 그리스도의 생애에 관한 공관성(共觀性)을 갖기 때문이다. 유사성이 있는 반면에 서로의 차이점도 분명히 있다. 〈요한복음〉은 제4복음서(第四福音書)라 하여 다른 세 복음서에 나와 있는 것과 겹치는 부분이 많이 있지만 다른 복음서에는 없는 독특한 내용도 있어서 별도로 취급하였다.

(2) 〈마태복음〉 - 헬라어 제목은 '카타 마타이온'으로 '마태에 의한'이라는 뜻인데 후대에 '유앙게리온(복음)'이 첨가되어 〈마태에 의한 복음서〉 또는 〈마태복음〉이 되었다. 신약성경의 첫 자리에 놓인 것은 복음서들 중에 가장 먼저 기록되었다는 견해 때문일 것이며 현대의 주석가들 중에도 같은 주장을 하는 사람이 있다. 그러나 〈마태복음〉을 기록할 때에 이미 〈마가복음〉이 있었다는 사실은 〈마가복음〉의 모든 자료와 전체 구조가 〈마태복음〉 안에 그대로 포함되어 있음으로 알 수 있다. 〈마가복음〉의 661절 중에 606절이 〈마태복음〉과 같다는 통계도 있다.

저작에 관하여

(1) 저자: 본서에서 말해 주지 않으나 〈마가복음〉 2장 14절에 등장하는 세관원 레위가 본서에서는 12제자단의 하나인 마태(마 10:3, 막 3:18, 눅 6:15, 행 1:13)와 동일한 인물로 보며, 주후 2세기 이후에 사도 마태가 〈마태복음〉을 썼다는 것이 알려졌다. 마태는 헤롯 안티파스의 영지인 수리아 지역에 살던 유대인 출신으로 예수님의 부름을 받았다(눅 5:27).

(2) 수신자: 유대교에서 그리스도교로 개종한 헬라어를 사용하는 유대인을 염두에 두었다.

(3) 연대: 예수께서 죽으신 후 많은 시간이 경과하였다고 보며, 예루살렘 멸망에 관한 내용이 미래에 성취될 사건으로 취급했다고 보아 예루살렘 함락 이전인 50~70년경으로 보지만, 현대 학자들 중에는 본서가 예루살렘 함락 이후의 유대교와 격렬한 논쟁을 벌이던 시기로 〈마가복음〉보다 훨씬 뒤로 보아 80~100년으로 본다.

(4) 장소: 헬라어가 주로 사용된 수리아의 안디옥에서 기록한 것으로 추정한다.

특징 및 기록 목적

(1) 〈마태복음〉은 유대적인 요소가 강하여 ① 유대 랍비적이며, ② 율법의 절대 유효성을 강조하고, ③ 예수님의 활동을 이스라엘에만 국한하고, ④ 유대적 신종 용어('하나님 나라' 대신 '하늘나라')를 사용하며, ⑤ 구약을 많이 인용한다.

(2) 마태는 교회의 권위와 그 질서를 위한 말씀을 독점한다. 즉 16:18~19, 18:15~18 등에서 보면 교회, 천국 열쇠, 교회의 질서와 치리 문제 등에 대하여 독점적으로 말한다.

(3) 본서는 유대 독자들에게 예수님은 메시아임을 입증하려고 그리스도를 왕으로 묘사했다.

(4) 5대 설교가 있다 - ① 산상보훈: 5~7장, ② 열두 제자 파송: 10장, ③ 천국비유: 13장, ④ 천국백성: 18장, ⑤ 종말론: 24~25장.

시대적 배경

〈마태복음〉이 로마의 디도 장군에 의하여 예루살렘의 멸망(주후 70년) 이전에 기록되었다고 보는 견해는 27:8, 28:15 등을 근거로 제시한다. 한편 70년 이후로 보는 견해는 21:41, 22:7이 예루살렘의 파괴를 가리키고 있음이 분명하며 27:25에 쓰인 낱말도 이것을 암시한다고 본다. 당시는 유대교와 격렬한 대결을 벌이던 상황이어서 유대교는 70년의 대재난 이후에 바리새적 서기관들의 주도하에 새롭게 정비되는 단계에 놓여 있었다. 동시에 바리새적인 가르침에 순응하지 않는 집단을 구별해서 추방하는데, 맨 먼저 숙청 대상은 수리아-팔레스틴 지역의 유대계 그리스도교 공동체였다. 자연히 유대계 그리스도교 공동체들과 유대교와의 분리는 현실이었다.

특기사항

"예수님의 톨레도트(toledoth)"

마태는 "예수 그리스도의 계보(系譜)라"는 말로 서두를 열고 있다. '족보(族譜)', '세계(世系)'또는 '출생'으로 번역된 헬라어 게네세오스(genesews)는 히브리어로는 '톨레도트'이다. 따라서 〈마태복음〉은 그 첫 장에서 계보(세대, genealogy)를 제시해 주는 족보에 관한 책이며 또한 예수님의 톨레도트(toledoth)로 읽혀야 한다(톨레도트는 〈창세기〉 서론 참고).

마태복음 1~4장

예수 그리스도의 오심 (중요구절 마 4:17)

아브라함으로부터 예수 그리스도에 이르기까지의 족보(계보, 게네세오스)에 이어서 임마누엘 되신 예수 그리스도의 탄생기사가 나온다(1장). 동방으로부터 박사들의 방문과 예수님의 피신 사건들(2장), 세례 요한의 등장과 그의 활동(3장), 그리고 예수님이 시험받으신 이후에 제자들을 부르시며 공생애가 시작이 된다. 예수님의 오심은 흑암의 백성들에게 큰 빛이 되었다(4장).

1
예수 그리스도의 족보
그의 이름은
임마누엘이라 하리라

2
동방박사들의 방문
유대인의 왕으로 나신 이

3
세례 요한의 활동
회개에 합당한 열매를 맺고

4
시험받으심,
제자들을 부르심
너희를 사람을 낚는
어부가 되게 하리라

1. 주의 사자가 요셉에게 현몽하여 "아들을 낳으리니 그 이름을 예수라 하라. 이는 그가 자기 백성을 그들의 죄에서 구원할 자이심이라"(1:21)고 전했다. '예수'는 히브리어 '여호수아'가 헬라화된 형태이며 그 뜻은 '여호와는 구원이시다'라는 뜻이다. 구약성경에서 동일한 이름을 가진 사람은 모세의 후계자인 '여호수아'와 스룹바벨 시대의 제사장 '여호수아'이다(수 1:1, 슥 3:1). 또한 예수님의 별명 중에 '임마누엘'은 "하나님이 우리와 함께 계시다"(23절)라는 뜻이다. 임마누엘로 오신 예수님은 승천 때에도 "볼지어다 내가 세상 끝날까지 너희와 항상 함께 있으리라"(28:20) 하시며 임마누엘을 약속하셨다.
2. 요셉은 어려운 일을 만날 때 어떻게 처신해야 하는가를 보여 준다(1:18~25). 그는 "의로운 사람"(1:19)으로서 마리아의 잉태 사실을 알고 ① 드러내지 않고 가만히 끊고자 하여 – 이는 상대의 인격을 파괴하지 않으려는 자세이다. ② 이 일을 생각할 때에 – 즉 기도와 묵상의 자세로 신중을 기했다. ③ 주의 사자가 현몽하여…… 마리아 데려오기를 두려워하지 말라 – 주의 사자의 분부대로 행하였다.
3. 동방으로부터 온 박사들의 예물(2:11)에는 예수님께서 이 땅에 오신 목적이 나타난다. ① 황금: 왕에게 드리는 예물 – 세네카는 파르디아(Parthia)에서는 황금을 가지지 않고는 왕에게 나아갈 수 없는 관습이 있었다 한다. 예수 그리스도는 만왕의 왕이시다. ② 유향: 제사장을 위한 향유 – 향기가 좋은 유향이 사용되는 곳은 성전예배와 성전 희생제에서였다. 예수님은 인간과 하나님 사이에 교량을 세우는 분이시다(Bridge-builder). ③ 몰약: 죽은 자를 위한 방부제 – 예수님은 죽기 위

해 세상에 오셨으며 이 세상의 사람을 위하여 살다가 사람을 위하여 죽으셨다. (《버클레이 주석》)

4. 예수님은 성령에게 이끌리어 광야로 가서 마귀에게 세 가지 시험을 받으셨으나 모두 신명기 말씀(4절=신 8:3, 7절=신 6:16, 10절=신 6:13)으로 물리치셨다(1:1~17). 이는 예수님께서 앞으로 하실 사역을 보여 주는 것이기도 하다. 언제나 아버지 하나님의 말씀을 근거로 행하셨음을 알 수 있다.

더 살펴보기

1. 메시아의 족보를 시기적으로 14대씩 나누었다(마 1:17)

마태는 메시아의 족보(계보, 게네세오스)를 14대씩 맞추었다(1:1~17). 14는 다윗의 히브리어 이름의 자음 숫자의 합이라고 하나 확실한 것은 알 수 없다. 14대씩 맞추기 위하여 "요람은 웃시야를 낳고"(8절)에서 실제 그 사이에는 '3대(아하시야, 요아스, 아마샤)가 생략'되었고 "요시야와 여고냐"(11절) 사이에도 '여호야김이 생략'되었다. 이는 유대인들의 역사 기록 방식으로서, 성경에는 모든 역사와 모든 이름을 다 기록한 것이 아니라 구속사에 필요한 내용을 기록했으므로 생략된 부분이 있음을 감안해야 한다.

2. 마태는 세리 출신(마 9:9)으로 숫자에 능하여 3, 7을 사용하여 조직적으로 기록했다.

(1) 3을 사용한 예 - 3구분의 족보(1:1~17) / 3번의 천사고지(1:20, 2:13, 19) / 3가지 예물(2:11)/ 3가지 시험(4:1~11) / 3가지 의에 대한 예(6:1~18) / 3가지 이적(8:23~9:8) / 3번의 두려워 말라(10:26, 28, 31) / 3번의 내게 합당하지 아니하고(10:37, 37, 38)/ 3번의 작은 자(18:6, 10, 14) / 3개의 예언적 비유(21:28~22:14) / 3가지 질문과 대답(22:15~40) / 3번의 겟세마네의 기도(26:39~44) / 3번의 베드로의 부인(26:69~75). 이렇게 세 번을 강조한 것은 두세 사람의 증인에 의한

〈마태복음〉과 〈누가복음〉의 족보 비교

(1) 유사점과 차이점 비교

1. 처음 14명의 이름은 두 복음서가 같다(아브라함~다윗).
2. 족보에 기록된 이름들은 대부분 다르다.
3. 마태는 아브라함~예수까지, 누가는 예수~아담, 그 이상은 하나님으로 더 길게 기록하였다.
4. 마태는 다윗과 스알디엘 사이에 16명, 누가는 22명의 이름이 기록되어 있어서 마태가 누가보다 생략을 더 많이 하였다.
5. 마태는 하향식(아버지~아들로)으로, 누가는 상향식(아들~아버지로)으로 기록했다.

(2) 족보의 차이점 이유

1. 마태는 요셉의 가계를 따라 기록, 누가는 마리아의 가계를 따라 기록했다.
2. 마태는 법률적인 측면에서 족보를 기록했기에 누가와 차이가 있다.
3. 마태는 유대인을 향한 복음으로 아브라함부터의 기록은 자연스러운 일이다.
4. 누가는 세계인을 위한(이방인을 향한) 복음으로 '아담과 그 이상은 하나님'이라 함은 자연스러운 일로 전 인류의 메시아임을 나타내기 때문이다.

증언을 필요로 하는 모세의 율법(신 19:15)의 영향이라고 볼 수 있다.

(2) 7을 사용한 예 - 7악령(12:45) / 7개의 떡과 7광주리(15:34, 37) / 7번 죄 용서(18:21~22) / 7형제(22:25) / 7번의 화 있을진저(23:13~36).

3. 〈마태복음〉 족보에 나오는 다섯 여인(마 1:1~17)

유대인의 족보에 여인의 이름이 기록되는 일은 드문 일이며 더구나 이 여인들 중 마리아를 제외하고는 모두 특별한 배경을 갖고 있다. 이들로 메시아 족보를 잇는 것은 죄인을 구원하는 하나님의 섭리이다.

(1) 다말 - 창녀로 변장하여 시아버지를 유혹해서 관계를 갖고 아이를 낳았다(창 38:13~30).

(2) 라합 - 여리고의 기생이었다(수 2:1).

(3) 룻 - 이방 모압의 여인이었다(룻 1:1~5).

(4) 우리야의 아내(밧세바) - 다윗과 불륜이 있었다(삼하 11:1~5).

(5) 마리아 - 요셉과 약혼하고 동거하기 전에 예수님을 성령으로 잉태한 순전한 여인이다.

4. 하나님 나라를 외친 세례 요한(마 3:1~12)

세례 요한은 이사야의 예언대로(사 4:3) "광야에 외치는 자"(3:3)였다. 그는 후에 예수님께서 외치는 말씀과 동일한 "회개하라 천국이 가까이 왔느니라"(2절, 4:17)고 한다. '하나님 나라'라 하지 않고 "천국" 즉 '하늘 나라'라고 하는 것은 당시 유대인들이 하나님이라는 말을 입에 담지 않는 공경함 때문일 것이다. (사진은 약대 털옷을 입고 광야에서 말씀을 전하는 세례 요한의 모습을 새긴 판화이다. 발치에 그의 목이 놓여 있어 장차 다가올 순교를 연상시킨다. "회개하라 천국이 가까이 왔느니라…… 이미 도끼가 나무뿌리에 놓였으니"의 성구가 쓰여 있고 복을 주시는 하나님의 손이 그려져 있다.)

세례 요한의 이콘(성상, 聖像)
세례 요한은 헤롯의 죄를 지적하고 순교자가 되었다(마 14:1~12).(설명적인 요소와 양식은 15세기 그리스의 비잔틴 예술의 전통을 나타내고 있다.)

왕의 교훈(산상보훈,山上寶訓) (중요구절 마 6:33)

〈마태복음〉 5~7장(산상보훈, 산상수훈)을 통틀은 '천국의 대헌장'이라고 하였다. 여기에는 기독교의 윤리와 교리, 그리고 복음 내용을 요약한 말씀으로 복음 전체의 중심이라고까지 칭송을 아끼지 않는 사람들이 많다. 천국생활의 절대표준이며 생명의 원천이라고 해도 과언이 아닌 이 말씀을 공부하고 암송하여 말씀의 감격 속에 은혜 받는 천국의 시민으로 살아야 한다.

1. 팔복(5:3~12)은 마치 천국의 계단과도 같다. "복이 있나니"(마카리오이[오 축복이여])라는 감탄어로 되어 있는 원문의 복의 의미는 소유함으로 얻어지는 만족감이 아니라 하나님께서 직접 주시는 영적인 복이요 마음의 복이다. 구약에서는 외적인 번영이나 물질적인 것에 비중을 둔 반면에, 신약에서는 오히려 내면적인 복을 더 고려하고 있다. 오늘 그대가 이러한 복을 누리는 주인공이다.
2. 예수님은 우리에게 이미 "너희는 세상의 소금이니…… 너희는 세상의 빛이라"(5:13~14)고 하셨다. 그러므로 빛이 되고 소금이 되려는 노력이 아니라 이미 소금이고 빛이므로 그 기능을 발휘하기만 하면 된다. 그렇지 못하면 오히려 세상 "사람에게 밟힐 뿐이니라"고 경고하셨다.
3. 유대인의 "의를 행"함에(6:1) 세 가지 경건 행위인 "구제(자선, 2~4절), 기도(5~15절), 금식"(16~18절)에 있어서 예수님은 "외식(外飾)하는 자"들을 경계할 것과 그들에 대해 책망을 하셨다. 우리가 낮아지신 예수님을 본 받아야지(빌 2:1~11), '예수 귀족' 행세를 하면 상을 잃는다.
4. 그리스도인의 행위는 어떤 형태로든 '상(賞)을 받게 되어 있다'(6장). 사람들에게 보이려고 외식을 하면 "사람들에게 영광"(칭찬)으로 상을 받고, 하나님께 보이려고 하면 "은밀한 중에 보시는 너희 아버지"(하나님)께서 갚으시는 상이 있다. 눈에 보이는 사람들의 칭찬이 없어도 하나님은 다 아시므로 하나님의 인정을 받고 상 받음을 소망하는 믿음으로 사는 것이다.
5. 인생의 어떤 집을 짓는가? 예수님은 산상보훈의 결론으로 집 짓는 비유로 말씀하신다(7:24~29). "반석 위에" 짓든 "모래 위에" 짓든, 그 책

5
팔복의 말씀, 율법의 재해석
복이 있나니,
나는 너희에게 이르노니

6
구제, 기도, 금식
은밀한 중에 보시는 아버지

7
비판하지 말라, 좁은 문
집을 반석 위에 지은
지혜로운 자

임은 본인에게 있다. 인생에 있어서도 한 시간이 아니라 자투리 시간이라도 소중히 여겨 미래를 위하여 투자하는 자는 반석 위에 집을 짓는 것이 될 것이지만, 허송세월 보내면 모래 위에 집을 짓는 것이 될 것이다. 하물며 신앙에 있어서 말씀을 사모하고 기도를 하며 영적인 일에 투자하는 일이야말로 반석 위에 집을 짓는 것이 된다.

더 살펴보기

1. 율법에 대한 예수님의 재해석(마 5:21~48)

〈마태복음〉 5:21~48에서는 "옛사람에게 말한 바…… 너희가 들었으나 나는 너희에게 이르노니"라는 일정한 형식이 여섯 번 나온다. 즉 유대인들은 모세를 통하여 율법을 받았으나 그들이 율법의 진정한 의미를 몰라서 잘못 해석해 왔다. 그러기에 예수님은 율법을 받은 자(모세)에 대한 부여자로서 혁명적인 권위로 말씀을 하신다. 우리도 하나님의 말씀을 아전인수격으로 해석해서 남에게 짐을 지우고 자신은 합리화하는 어리석음을 범하지 말아야 한다(마 23:3~4).

2. 산상보훈(마 5장~7장)('평지복음'이라 불리는 〈누가복음〉 6:17~49도 보라.)

산상보훈은 천국시민의 생활 자세를 가르쳐 준다. 예수님은 먼저 영적 생활의 높은 경지에 올라가는 여덟 단계(팔복)를 열거하셨다(5:1~12. 이 팔복은 반드시 암송해야 한다). 그 다음 하나님 나라의 기본적인 진리들을 상세히 설명하셨다. (이 분류는 《The New Chain-Reference Bible》 부록)

1. 5:1~12 팔복	11. 42 자선	20. 25~32 신뢰
2. 13~16 감화	12. 43~47 넓은 사랑	21. 33 먼저 하나님의 나라를
3. 17~20 율법의 영원성	13. 48 하나님의 표준	-----------
4. 21~22 자제	-----------	22. 7:1~5 관대함
5. 23~26 화목	14. 6:1~4 구제	23. 6 진리의 청지기
6. 27~30 내적 성결	15. 5~15 기도	24. 7~11 하나님의 자비
7. 31~32 신성한 결혼	16. 16~18 금식	25. 12 황금률
8. 33~37 말을 삼가함	17. 19~21 하늘에 투자	26. 13~14 길에 관한 율법
9. 38~40 무저항	18. 22~23 영적 통찰력	27. 15~20 인생의 열매
10. 41 제한 없는 동행	19. 24 한 주인을 섬김	28. 21~27 순종(반석)

3. 주님이 가르쳐 주신 기도(마 6:5~13)

모든 교회는 주께서 가르쳐 주신 기도를 모범으로 수용한다. 이 주기도문의 내용과 의미를 참으로 이해하고 깨달으며 우리의 기도로 삼아 주님 앞에 드리고 있는가? 이 기도를 '주기도문', '주의 기도' 혹은 '주기도'라고 하는데, 정확하게 명칭을 부여한다면 "주께서 가르쳐 주신 기도문" 이지, 주의 기도가 아니다. 왜냐하면 "우리가 우리에게 죄지은 자를 사하여 준 것 같이 우리 죄를 사하여 주시옵고"(6:12)라는 기도가 예수님에게 필요 없으심은 '죄가 없으신 분'이기 때문이다(히 4:15). 이것은 모범적인 기도로 가르쳐 주신 것이므로 나의 기도로 삼아 바르게 해야 한다. 한 때 어느 단체는 하루에 '주의 기도를 여러 번 한다'며 계수기를 판매하면서 몇 초 안에 주기도를 할 수 있으며 한 시간 동안 몇 번 한다는 등 빠른 속도로 기도하는 시범을 보이기도 했다. 의미 없이 미신적인 몇 번이 중요한 것이 아니라 바른 기도를 하는 것이 중요하다.

가버나움에 있는 회당의 유적

유대인에게 있어서 회당은 말씀을 배우는 장소로서 구약 시대에는 없던 것이다. 아마도 바벨론 포로 당시에 생겨난 것이 포로 후기에 이어진 것으로 보인다. 예수님은 회당에서 사람들을 가르치셨고(마 4:23), 바울도 회당에서 말씀을 전하였다(행 13:5, 14~15 등).

복음서

마태복음

8
병자들을 고치심
깨끗함을 받으라

9
이적과 가르침
너희 믿음대로 되라

10
열두 제자를 보내심
거저 받았으니 거저 주라

11
세례 요한, 주님의 초청
수고하고 무거운 짐 진 자들아

12
안식일의 주인
아버지의 뜻대로 하는 자

13
천국의 비유
천국은 마치 이와 같으니

마태복음 8~13장

왕의 복음 선포 (중요구절 마 11:28)

예수님의 능력 행하심은 병에 눌린 자가 고침을 받고, 귀신에 눌린 자가 해방을 맛본다(8장). 믿음을 보시고 중풍병자도 고쳐 주시고, 열두 해를 혈루증으로 앓던 여인 등 많은 병자들을 고쳐 주시니 그 소문은 온 땅에 퍼져 나간다(9장). 열두 제자에게 능력을 주어 보내신다(10장). 메시아임을 드러내시나(11장), 반면 예수님을 반대하는 무리들은 '어떻게 하여 예수를 죽일까'의논한다(12장). 예수님은 여러 비유를 통하여 천국을 소개하신다(천국은 마치 ~와 같으니)(13장).

1. 회당장(야이로)의 딸을 향하여 예수님은 "이 소녀가 죽은 것이 아니라 잔다"(9:24) 하시므로 사람들이 비웃었으나 실제 자는 사람을 깨우듯이 죽은 소녀를 살리셨다. 예수님은 우리에게 오셔서 죽은 심령을 살리셨고, 영원히 사는 것을 믿게 해 주신다. 이 믿음을 가진 자는 천국에서 다시 사는 것이다.
2. 주님의 부드러운 초청은 계속된다. "수고하고 무거운 짐 진 자들아 다 내게로 오라 내가 너희를 쉬게 하리라"(11:28) 하셨다. 주님 안에서 쉼을 얻음은 감사한 일이며, 쉼의 기본은 마음의 평안이 다. "나의 평안을 너희에게 주노라 내가 너희에게 주는 것은 세상이 주는 것과 같지 아니하니라"(요 14:27) 하셨으니 진정한 쉼과 평안은 주님 안에만 있다.
3. "성령을 모독하는 것은 사하심을 얻지 못하겠고"(12:31~32)라 하셨다. 모독이란 심한 반발을 갖고 비방하는 것(9:3)을 말하는데, 예수님께서 하나님의 능력으로 귀신을 쫓아냈는데도 바리새인들은 귀신을 힘입었다고 조롱함은 하나님을 모독함이며 성령을 훼방하는 죄를 짓는 것이다. 이런 악의적이고 지속적인 죄는 용서받는 길을 스스로 차단하는 악한 삶이다.
4. '좋은 씨를 뿌렸으나 잘 때에 원수가 와서 가라지를 덧뿌리고 갔더니'(13:24~30). 처음엔 가라지나 알곡이 비슷하여 알 수 없고, 자란 후에는 가라지를 뽑다가 알곡마저 뽑힐까봐 추수 때까지 그냥 둘 수밖에 없다. 교회에도 하나님의 말씀 사이에 사탄의 가라지가 돋아나지 않게 조심해야 한다.

5. "천국의 제자된 서기관마다 마치 새것과 옛것을 그 곳간에서 내오는 집주인과 같으니라"(13:52). 냉장고에 음식은 가득 들어 있는데 적절히 요리하지 못하여 가족들을 굶긴다면 얼마나 미련한 일인가? 하나님의 말씀의 곳간인 성경은 늘 풍성하므로 그 안을 잘 들여다보고 필요한 것을 끄집어내어야 영적으로 풍성한 상을 차릴 수 있다. 그래서 성경통독도 하는 것이 아닌가?

기적을 훔치는 여인(마 9:18~27)
혈루증을 앓는 한 여인의 겸손한 믿음의 행위가 모자이크 속에 잘 나타나 있다. 이스탐불의 카리에자미 사원(코라 교회)의 모자이크화(14세기 비잔틴 미술).

더 살펴보기

1. 가죽부대(마 9:17)

"새 포도주를 낡은 가죽 부대에 넣지 아니하나니…… "(9:17)에서 '가죽부대'는 양, 산양, 송아지 가죽으로 만든 것이다. 가죽을 통으로 벗겨서 털 부분을 안으로 하고 네 다리와 꼬리의 구멍을 막고 목 자른 부분을 아구로 한 것으로 동물의 원형을 갖추고 있다. 이 가죽 부대는 물(창 21:14), 우유(삿 4:19), 포도주(수 9:4, 13)등을 넣어서 저장하였다. 새 가죽 부대는 신축성이 있지만, 헌 가죽 부대에 새 포도주를 넣으면 발효가 끝나지 않아 헌 가죽부대는 찢어지고 만다. 즉 유대교의 옛 인습의 틀 가운데 메시아의 새 시대 및 활발한 생명력을 넣는다는 것은 불가능하다. 새로운 생활 태도와 생활 방식의 새로운 가죽 부대가 필요하다. (가죽 부대: 《성경핵심전과1》 50쪽 사진 내용 참고)

2. 제자들을 보내심(마 10장)

〈마태복음〉에서는 열두 명으로 구성된 제자단의 임명(막 3:13~15, 명단은 16~19절)이 독자적으로 보도되지 않는다. 제자 집단의 과제와 영적인 준비가 중요한 일로서 파송 연설(5~42절)에 잘 나타난다. 열두 제자는 예수님의 전권에 동참해야 한다(1절, 9:35, 4:23). 〈마태복음〉 저자는 특히 시몬 베드로를 강조하여 맨 먼저 언급하며(16:17~19), 마태를 세리와 동일한 인물로 본다(9:9). 열두 제자의 파송은 배타적으로 이스라엘에게만 타당

귀신이 쫓겨 나가는 사건
(마 8, 9, 12, 17장)
〈마태복음〉 중에는 귀신 들린 자에게서 귀신이 쫓겨 나가는 몇 개의 사건이 나온다. 8:28~34(군대귀신), 9:32~34(벙어리 귀신), 12:22~29(바알세불 논쟁), 17:14~20(귀신들린 아이) 등이다. 성도는 귀신을 쫓아내는 권능이 있다(10:1). 귀신들린 자의 특징을 8장의 사건으로 분석해 본다.

(1)악령이 사람 속에 거주한다(28절).
(2)굉장한 힘이 있다(사나워, 28절).
(3)발작을 한다(소리질러, 29절).
(4)이중성품(하나님의 아들이여 라고 외쳤다. 29절)
(5)영적인 것 싫어한다(무슨 상관이 있나이까? 29절)
(6)통찰력이 있다(우리를 괴롭게 하려고, 29절)
(7)때로는 다른 목소리를 낸다(무당들이 죽은 자의 목소리를 흉내 내는 것은 귀신이 무당을 이용하는 것뿐이다).
(8)다른 데로 이주한다(돼지 떼에게 옮겨감, 32절).

14
오병이어의 기적
안심하라
내니 두려워하지 말라

15
가나안 여인의 딸을 고침
네 믿음이 크도다

16
베드로의 신앙고백
그리스도요
살아 계신 하나님의 아들

17
변화 산상의 변화
사랑하는 아들, 내 기뻐하는 자

18
잃은 양의 비유
내 이름으로 모이는 곳에는

19
이혼에 대한 교훈
사람이 나누지 못할지니라

하다(15:24). 그리고 이방인 선교의 때는 28:16~20과 더불어 시작된다고 볼수 있다. 열둘이라는 수효는 이스라엘의 열두 지파와 맥을 같이하는 것으로 보인다.

3. 예수님의 메시아 성(마 11장)

예수님께서 메시아라는 사실은 그의 말씀과 행하심에서 나타난다. 예수님은 세례 요한이 보낸 자들에게 "맹인이 보며 못 걷는 사람이 걸으며 나병환자가 깨끗함을 받으며 못 듣는 자가 들으며 죽은 자가 살아나며 가난한 자에게 복음이 전파된다 하라"(11:5)고 말씀하셨다. 이 말씀은 이사야 선지자가 〈이사야〉 29:18, 35:5~6, 42:7, 61:1 등에 예언한 것이 예수 그리스도를 통하여 성취되었다.

마태복음 14~19장

천국복음 선포와 반대자들 (중요구절 마 16:16)

의인 세례 요한은 죽임을 당하고 예수님의 오병이어의 기적과 물위를 걸으신 사건은 예수님이 진실로 하나님의 아들이심을 나타낸다(14장). 장로들의 전통이 하나님의 말씀을 폐함에 대해 예수님은 맹인이 맹인을 인도하는 꼴이라 하셨다. 가나안 여인의 믿음은 칭찬을 들었다(15장). 예수님은 베드로의 신앙고백 후에 비로소 죽으심과 부활에 관해 말씀하신다(16장). 변화 산상의 변모, 간질병 아이를 고침, 성전세에 관한 이적 등은 예수 그리스도의 메시아이심과 만왕의 왕이심을 나타낸다(17장). 천국에서의 큰 자는 섬기는 자요 용서하는 자이다(18장). 갈릴리에서 유대로 들어 오셨고 예루살렘을 향하셔서 십자가 사건까지 이어진다. 이혼에 대한 교훈과 부자 청년에 대해 하나님과의 바른 관계를 말씀하신다(19장).

1. "자녀의 떡을 취하여 개들에게 던짐이 마땅하지 아니하니라"(15:26)는 예수님이 가나안 여인을 향한 말씀은 모욕적인 표현이 아니다. '개들'에 해당하는 헬라어 '퀴나리아'는 애완동물로 키우는 작은 강아지를 가리키는 말로서 여기서는 예수 그리스도의 은혜를 간구하는 이방인을 가리킨다. 그리고 '떡'은 하나님의 복음을, '자녀'는 이스라엘 백성을 가리킨다. 가나안 여인의 요청을 거절한 것이라기보다는 그녀의 믿

음을 다시 한 번 시험하기 위한 의도라고 볼 수 있다. 결국 이 여인은 "여자여 네 믿음이 크도다. 네 소원대로 되리라"(15:28)고 하는 말씀을 듣는다.

2. 예수님이 높은 산에 올라가셨을 때 "모세와 엘리야가 예수님과 더불어 말씀하는 것"(17:3)을 제자들이 보았다. 모세는 율법을, 엘리야는 선지자를 대표하는 것으로 이해를 한다(5:17, 7:12, 11:13, 22:40). 구름 속의 "이는 내 사랑하는 아들이여 내 기뻐하는 자"(5절)는 예수님의 신분을 보여 준다.
3. 양 백 마리 가운데 한 마리를 잃었을 때에 그 "길 잃은 양"(18:12)을 찾기 위하여 아흔 아홉 마리를 우리에 두고 찾으러 가는 목자는 우리의 목자장이신 예수 그리스도를 상징한다(12~14절). 그 백분의 일의 문제가 아닌 하나의 중요성을 깨닫게 된다. 교회도 그 하나하나가 모여 수십 수천을 이룬다.
4. 용서와 함께 인간이 하나님 앞에 얼마나 큰 죄인인가를 보여 준 탕감의 비유(18:21~35)를 말씀하실 때 사용한 화폐의 단위를 보면 한 달란트는 약 6천 데나리온으로 일만 달란트는 몇 백 억은 되는 큰 돈이다. 한 데나리온은 노동자의 하루 품삯(20:2)이며, 백 데나리온은 60분의 1달란트(18:28)이므로 용서가 그만큼 컸음을 비유하고 있다. -(322쪽 도표 참고)

더 살펴보기

1. 바리새인들과 사두개인들은 어떤 인물들인가?(마 16:1)

이들은 유대교의 대표적인 종파로 그 기원은 바벨론 포로 이후 헬라가 지배하던 주전 2세기경에 생겼으므로 구약성경에는 기록이 없다. 상반된 견해로 대립하는 입장이지만 예수님을 대적할 때는 함께 했다.

(1) 종교: 바리새인 - 장로들의 전통을 철저히 지키는 전통주의자. 구전율법(口傳律法)도 중시했다.

오병이어 교회 강단 앞의 모자이크
예수님은 떡 5개와 물고기 2마리로 5천명을 먹이고도 12광주리나 남기는 이적을 행하셨다(마 14장). 이 아름다운 모자이크는 갈릴리호수 서쪽 다브카의 오병이어교회의 바닥에 있는 것으로 여러 차례의 건축과 파괴로 현 건물은 후대에 다시 지어졌으나 이 바닥의 모자이크는 약 4세기경 비잔틴 시대의 것으로 알려지고 있다.

사두개인 - 천사와 부활을 믿지 않았으며 메시아에도 무관심했다(행 23:6~10). 기록된 율법만 중시했다.

(2) 정치: 바리새인 - 비정치 단체로서 종교의 자유만 허락되면 어떤 정치 체제도 용납하였다.

사두개인 - 로마제국과 협력관계를 맺으며 정치 단체의 성격까지 띠었고 권세를 누렸다.

2. 성경 시대의 화폐들

시대	명칭	비교치	가치	성구	비고
유대	게라	1/20 세겔	은 0.57g	출 30:13	
	베가	1/2 세겔	은 5.7g	출 38:26	
	세겔	은-11.4g, 금-15 은세겔	노동자 4일 품삯	삼하 24:24	성전세에 버금
	므나	1/60 달란트	은 570g	눅 9:13~25	기본 화폐
	달란트	은-6000드라크마, 금-15 은달란트	1드라크마 = 1데나리온	출 38:27 대상 29:4	
헬라	렙돈	1/2 고드란트	최소 가치	막 12:42	로마까지 전래
	드라크마	1 데나리온	노동자 하루 품삯	눅 15:8~9	은화(銀貨)
	디드라크마	2 드라크마	2일 품삯	마 17:24	성전세, 공물
	스타테르	4 드라크마	4일 품삯	마 17:27	금전(金錢)
로마	렙돈	1/2 고드란트	최소 가치	눅 21:2	작은 동화(銅貨)
	고드란트	1/4 앗사리온		마 5:26	한 푼
	앗사리온	1/16 데나리온	참새 두 마리	마 10:29	'아스'
	데나리온	1/100 므나	노동자 하루 품삯	마 18:28	기본화폐
	아르끼리온	1 드라크마	노동자 하루 품삯	행 19:19	은화(銀貨)
	크뤼소스	25 데나리온	근 한달치 품삯	마 10:9	'금'

3. 부자 청년에게 주신 계명(마 19:18~19)

예수님은 한 부자 청년에게 먼저 계명을 지킬 것을 말씀하셨다. 십계명은 시내 산 언약(출 19~24장) 중에 출애굽기 20장에 나오고 또한 신명기 5장에서 반복하여 나온다. 예수님이 말씀하신 6, 7, 8, 9, 5계명과 함께 "네 이웃 사랑하기를 네 자신과 같이 사랑하라"(레 19:18)는 것이다(19:16~22). 즉 5~10계명을 통하여 대인관계를 바르게 해야 할 것을 말씀하시므로 실생활 강조와 함께 물질만 의지하는 그에게 소유를 팔아 가난한 자들에게 주라는 구체적 실천을 가르쳤다. (《성경핵심전과1》92쪽 십계명 해설 참고)

마태복음 20~24장

왕의 예루살렘 사역 (중요구절 마 21:21)

예루살렘 입성을 앞두신 예수님은 섬김의 도에 관해 말씀하신다(20장). 겸손의 상징인 나귀를 타고 예루살렘에 입성하신 예수님은 성전을 청결하게 하고 성전에서 대제사장과 장로들의 도전에 비유로 가르치신다(21장). 바리새인들과 사두개인들과의 변론을 통하여 그들의 잘못된 의식을 책망한다(22장). 그리고 그들이 받을 화에 대하여 신랄한 책망의 말씀을 하시고(23장), 종말에 대한 가르침을 주신다(24장). 십자가는 더욱 가까이 와 있었다.

1. 예수님은 "도리어 섬기려 하고…… 대속물로 주려"(20:28)고 오신 목적과 함께 성도들에게 본이 되어 주셨다. 섬김이란 낮아지지 않는한 도무지 이루어지지 않는 것이므로 낮아지는 훈련부터 해야 한다. 어느 선교 단체는 선교사 지망생에게 그의 경력이나 학력 등에 관계없이 청소부터 시키며 섬김을 배우게 한다. 섬김 받음을 자랑할 것이 아니라 남을 섬기므로 주님을 본받아야 한다.
2. 예수님께서 잎사귀만 무성한 무화과나무에게 "이제부터 영원토록 네가 열매를 맺지 못하리라"(21:18~19)는 말씀은 우리에게도 열매를 원하심을 알 수 있다. 당시 유대교의 찬란한 역사와 이름의 잎사귀에 비하여 지도자들은 열매가 없었다. 열매 없으면 잘려서 불에 태워버림을 당하고(요 15:1~8), 맛을 잃은 소금은 밖에 버려져 사람들에게 밟힐 뿐임(마 5:13)을 기억해야 한다.
3. 일곱 번 반복되는 "화 있을진저 외식하는 서기관들과 바리새인들이여"(23장)라는 주님의 책망은 이미 6장에서 "사람에게 보이려고"하는 외식(위선)행위와 같은 거짓된 믿음을 책망했다. 또한 "나 여호와는 중

20
섬기러 오신 예수님
예루살렘으로 올라가노니

21
예루살렘 입성
호산나 다윗의 자손이여

22
말씀으로 가르치심
하나님의 것은
하나님께 바치라

23
바리새인의 위선을 책망
화 있을진저, 외식하는 자들아

24
예루살렘의 멸망과 종말
돌 하나도 돌 위에 남지 않고

심을 보느니라"(삼상 16:7)고 하셨다. 겉을 꾸미기 위하여 목소리를 낮게 깔고 잘 웃지 않으며 심각한 얼굴빛을 하면 거룩한 것인 줄 착각하는 사람이 있는가?(23:25~28)

4. 신약성경의 묵시문학 본문으로는 공관복음(막 13장과 병행본문 마 24장, 눅 21장)과 〈요한계시록〉이다. 묵시(계시)란 '아포칼뤼프테인'으로 하나님께서 나타내 보여 주신 것이다. 예수님은 종말에 대하여 "그 날과 그 때는 아무도 모르나니…… 오직 아버지만 아시느니라"(24:36)고 했으면 그냥 모르고 준비하는 것도 복이다. 다미선교회에서는 1992년 10월 28일에 주님이 재림하여 성도들이 휴거를 한다고 하여 많은 문제를 일으켰다. 예수님의 재림은 확실하지만 알리지 않고 오는 도둑에 비유하셨음을 기억한다면 그렇게 혼란하지는 않을 것이다(마 24:43, 눅 12:39, 살전 5:2, 벧후 3:10, 계 3:3).

더 살펴보기

1. 예수님께서 나귀를 타고 입성하심(마 21장)

스가랴 선지자의 예언대로(슥 9:9), 예수님께서 나귀를 타고 입성하셨다(21:1~11). 그 사건은 여러 가지 의미를 주고 있다.

(1) 겸손하신 주님이시다(21:5, 슥 9:9, 창 49:11).

(2) 나귀 새끼를 징발할 권리를 가지신 분이다.

(3) 사람들이 겉옷을 길 위에 깔고 또는 종려나무 가지를 흔든 것은 왕에 대한 예우였다.

(4) 호산나 찬송하리로다…… 함은 〈시편〉 118:26에 예언한 대로 주(하나님)의 이름으로 오시는 분이다.

(5) 예수님은 다윗의 나라, 곧 메시아 왕국을 세우러 오시는 분이다.

예수님의 수난 예고(마 16, 17, 20장)

예수님은 당신의 수난에 대하여 베드로의 신앙 고백 후에 "비로소" 직접 말씀하셨다(16:21). 그 이전에는 주로 행함으로 메시아임을 나타내셨다. 예수님은 수난에 대해 세 번 예고하셨다.

(1) 첫 번째 - 16:21~22,
(2) 두 번째 - 17:22~23,
(3) 세 번째 - 20:18~19

수난 예고 후에는 예수님께서 섬김에 대한 말씀을 하신다(16:24~28, 20:20~28). 이는 십자가의 길처럼 제자들도 고난과 섬김이 있어야 함을 가르치고 있는 것이다.

2. 유대교의 종파와 정치적인 이해(마 22:15~22)

바리새인들이 보낸 제자들과 헤롯 당원들이 예수님께 물은 가이사에게

세를 바치는 납세문제는 당시 유대인들에게 사회적 정치적인 문제일 뿐 아니라 종교적인 문제이기도 했다(22:15~22). 바리새인과 헤롯당은 서로 다른 의식을 가졌음에도 예수님을 시험하고 반대하는 일에는 함께 하는 모순에 빠졌다.

(1) 바리새인들은 하나님의 선민 이스라엘로부터 세금을 취하는 이방인을 하나님의 권한을 침범하는 불손한 무리라고 생각하여 로마의 총독이나 헤롯 왕에 대해서 세금 납부하는 것을 못마땅하게 여겨 과격하게 반대한 자들이 열심당이었다.

(2) 이와 반대로 헤롯가를 재흥시켜 선대 헤롯 대왕 시대로 돌이키려고 소원하고 로마에 적극적으로 납세를 권장하는 자들이 헤롯당원들이었다. 따라서 이들은 로마제국에 호의를 보내고 헬라문화를 즐기는 세속적 귀족 계급인 사두개인에 가까웠다.

고라신의 회당에서 발굴된 '모세의 자리'(마 23:2)
이 돌 의자는 등받이가 떨어져 나가고 없다. '모세의 자리'라는 글이 새겨져 있는 명예로운 특별석으로 모세의 권위가 유대인들에게 얼마나 컸던가를 보여 주고 있다.

복음서
마태복음

3. '모세의 자리'로 일컬어지는 돌 의자(마 23:2)

예수께서 "서기관들과 바리새인들이 모세의 자리에 앉았으니…… 그들이 말하는 바는 행하고 지키되"(23:2~3)라고 했다. 유대인의 모세에 대한 신뢰는 무엇보다 모세가 하나님께로부터 율법을 전수 받았기 때문이다. 서기관과 바리새인들은 이 자리에 앉아 모세의 율법을 가르치되 기쁜 약속과 복음이 아닌 율법으로 말미암는 의를 나타낼 뿐인 점에서 백성들에게 무거운 짐을 지웠다(23장).

마태복음 25~28장

십자가에 죽으심과 부활 (중요구절 마 28:19~20)

예루살렘에서 예수님은 종말에 대한 말씀의 결론으로 천국의 비유 세 가지를 말씀한다(25장). 십자가를 앞에 두시고 유월절 잔치를 통해 당신의 몸과 피로 새 언약을 세우신다. 그리고 겟세마네 기도 후에 잡히시고, 베드로는 예수님을 저주까지 하면서 부인한다(26장). 예수님은 십자가에 죽으심으로 온 인류에게 구속의 은혜를 주신다(27장). 죽은 자 가운데서 살아 나셨고 하늘과 땅의 모든 권세를 가지신 주님은 우리와 항상 함께 있으리라고 약속하신다(28장).

1. '믿음으로 구원 얻는다'는 당위성을 내세우다 보니 행함에 대해서는 소홀한 경우가 많다. 그러나 양과 염소의 비유만을 볼 때는 행위를 얼마나 강조했는가?(25:31~46). 예수님은 "선한 일을 행한 자는 생명의 부활로, 악한 일을 행한 자는 심판의 부활로 나오리라"(요 5:29)고 했다. 부자와 나사로의 비유에서도 설교자들이 부자의 거지에 대한 무관심을 지적하지 않는가? "지극히 작은 자 하나에게 한 것이 곧 내게(주님께) 한 것"(25:40)이라는 말씀이 오늘도 유효하다.
2. 예수님께 향유 붓는 것을 보고 제자들이 "무슨 의도로 이것을 허비하느냐"(26:8)며 시비를 했지만 이것은 거룩한 허비였다. 교회도 전도비, 선교비, 구제비 등에 재정을 쓸 때 허비한다고 생각하지 말아야 한다. 마치 강에 씨를 뿌리면 범람하여 평야에서 거둘 때가 있듯이 결실이 있다(전 11:1). 또한 이 사건은 자신도 모르게 예수님의 장례를 준비한 것이 되었다(12절). 하나님의 일이란 이처럼 거룩한 목표를 갖고 하면 다른 측면으로도 결과를 얻을 수 있다.
3. 입맞춤은 스승에 대한 예의였으나 유다는 이것을 "군호"로 악용했으니 가장 추한 인간이 되고 말았다(26:48). 배신이란 이처럼 거룩한 것을 추한데 사용한다. 베드로의 배신도 예수님을 저주하며 맹세하는 데까지 이른다(26:74). 베드로는 다행히 돌아왔다(요 21:15~23).
4. 예수님의 십자가 사건(27:38)은 온 인류를 구원하였다. 백부장은 "진실로 하나님의 아들이었도다"(54절)고 고백했고, "아리마대 부자 요셉이…… 바위 속에 판 자기 새 무덤"(57~60절)을 예수님께 제공하였

25
세 가지 천국 비유
열 처녀, 달란트, 양과 염소 비유

26
수난당하시는 예수님
향유를 부음은 내 장례를 위하여

27
십자가에 죽으심
엘리 엘리 라마 사박다니

28
승리의 부활
죽은 자 가운데서 살아 나셨고

다. 그리고 "안식 후 첫날…… 막달라 마리아"(28:1) 등 여인들은 첫 새벽에 무덤을 향하는 사랑을 보였다. 우리가 교리적으로 배운 예수님의 대속에만 머무를 것이 아니라 헌신했던 믿음의 사람들을 배워서 고백하며 행동하는 감동이 있어서 한다.

더 살펴보기

1. 종말 비유 세 가지(마 25장)

(1) 25장에는 세 가지의 종말에 대한 비유가 나온다. 즉 열 처녀 비유(25:1~13), 달란트 비유(14~30), 양과 염소 비유(31~46)로서 모두 종말을 말한다.

(2) 달란트 비유에서 금 한 달란트는 약 6,000 데나리온이었다. 한 데나리온 이란 노동자의 하루 품삯이었으므로 약 20년의 품삯이 되는 셈이다. 달란트 비유에서 주는 몇 가지 교훈 가운데 하나는 하나님의 은혜가 이처럼 크다는 것이다.

2. 예수님의 죽으심(마 27장)

예수님께서는 사람들이 그를 십자가에 달아 죽였기 때문에 죽으신 것이 아니라, 자신이 죽음을 선택하셨기 때문에 죽으신 것이다. 즉 온 인류를 위하여 구속(救贖)을 이루셨다.

(1) 예수님의 죽음은 '자발적'이었다. 유월절을 위하여 예루살렘에 올 필요도 없었고, 유대 지도자들과 부딪힐 필요도 없었다. 동산에서도 죽음을 피하여 다른 곳으로 갈 수도 있었고, 밤이어서 그곳을 빠져 나와 교외로 빼 돌려줄 사람도 얼마든지 있었다. 체포 현장에서 하나님의 능력으로 원수들을 전멸시킬 수도 있었다. 그러나 예수님은 자신의 생명을 구출하려는 것이 아니라 스스로 내어놓으신 것이다.

(2) 예수님의 죽음은 인류를 구원하고자 하시는 '하나님의 목적'을 위한 길이었다. 그 길은 이미 구약에서 예언자들이 예언한 그 길이었다. 인

예수님의 무덤(마 27:57~61)
아리마대 요셉은 예수님의 시신을 가져다가 바위 속에 판 자신의 새 무덤에 장사지냈다. 어려운 상황에서 요셉의 용기는 오늘 그리스도인들에게 귀감이 된다. 예루살렘은 팔레스티나를 지나면서 능선을 이루는 석회암 언덕 마루 위에 자리 잡고 있다. 언덕에는 흙이 거의 없으므로 매장은 동굴이나 바위를 깎아 만든 무덤을 이용하는 것이 보통이다. 예루살렘처럼 역사가 오랜 도시 주변에는 여러 시대를 걸쳐 무덤을 파 놓은 벌집 모양의 무덤들이 수 없이 널려 있다. 예수님의 무덤이라고 주장하는 몇 개의 무덤이 예루살렘에 있으며 예루살렘 부활의 교회 내에도 있으나 실제 확인된 것이 아니고 발견된 무덤들을 통해 예수님의 무덤을 추측할 뿐이다.

류를 구원하는 사랑만이 유일한 길이었다.

유대인의 유골함
예루살렘 성전이 내려다보이는 맞은편 산 눈물교회 옆에서 발굴되어 원형 그대로를 보존한 돌로 된 유골함이다.

3. 임마누엘로 시작, 임마누엘로 마감(28장)

부활하신 예수님은 처음 제자들을 부르셨던 갈릴리에서, 권세를 가지시고 자기 백성들을 모으신다. 예수님은 그들을 대사들(ambassadors)로 세우시면서, 복음을 전파하고 세례를 베풀고 신앙의 교훈을 세워주라고 말씀하신다. 만일 이스라엘이 거절한다면 복음은 세상의 남은 자들에게 제시될 것이다. 임마누엘이라는 이름으로 시작(마 1:23)되었던 〈마태복음〉은 임마누엘의 분명한 약속으로 끝을 맺는다. "볼지어다 내가 세상 끝날까지 너희와 항상 함께 있으리라"(마 28:20).

B I B L E

성경 질문지

마태복음 1~4장 예수 그리스도의 오심

제1장 [예수님의 탄생]

다음 물음에 답하시오.

1. 1~17절은 예수님의 족보를 나타내 주고 있다. 다음 족보의 빈칸을 채우시오.
   1) 아브라함 (　　　) → 야곱 → 유다 → 베레스 → 헤스론 → 람 → (　　　　　) → 나손 → 살몬 (　　　　　) → 오벳 → 이새.
   2) 이새 (　　　) → 솔로몬 → 르호보암 (　　　) → 아사 → 여호사밧 → 요람 (　　　).
   3) 여고냐 → 스알디엘 (　　　　　) → 아비훗 → …… 야곱 (　　　)의 남편 요셉 → (　　　).

2. 메시아의 족보에 나오는 5명의 여인 이름을 쓰시오(1~17, 위의 족보에서 밑줄 친 곳과 연관)
   1) 3절 -
   2) 5절 -
   3) 5절 -
   4) 6절(삼하 11:3) -
   5) 16절 -

3. 예수 그리스도의 탄생과 관계해서 맞는 것에는 O표, 틀린 것에는 X표 하시오(18~20).
   1) 마리아가 요셉과 동거한 후에 성령으로 잉태하였다. - (　　　)
   2) 요셉은 의로운 사람이다. - (　　　)
   3) 마리아는 성령으로 잉태된 일을 몰랐다. - (　　　)
   4) 주의 사자의 현몽은 요셉의 의문을 풀어 주었다. - (　　　)

4. 다음 이름의 뜻을 쓰시오(21~25).
   1) 예수(21절) -
   2) 임마누엘(23절) -

제2장 [동방박사들의 방문]

다음은 누구의 말이나 행동인지 그 이름이나 신분을 쓰시오.

1. "유대인의 왕으로 나신 이가 어디 계시냐?"(1~12) -

2. "그리스도가 어디서 나겠느냐?"(이름까지 쓰시오) -

3. "유대 베들레헴이오니 이는 선지자로 이렇게 기록된 바…… "-

4. "유대 땅 베들레헴아, 너는 유대 고을 중에서 가장 작지 아니하도다…… "라는 6절의 예언을 한 선지자는?(참고: 성경 관주를 보시오) -

5. "아기에 대하여 자세히 알아보고 찾거든 내게 고하여 나도 가서 그에게 경배하게 하라."-

6. 박사들이 누구와 누가 있는 것을 보고 엎드려 경배하고 황금, 유향, 몰약을 드렸는가? -

7. 헤롯이 박사들에게 속은 줄 알고 누구를 죽였는가?(13~18) -

8. 애굽으로 피하고, 후에 나사렛으로 돌아오라는 주의 사자의 현몽을 받은 사람은?(13~14, 19~23) -

복음서

마태복음

제3장 [세례 요한의 활동]

다음 말씀을 완성하시오(~ 표 있는 곳은 다음 절까지).

1. (　　　절) 회개하라~

2. (　　　절) 광야에 외치는 자의~

3. (　　　절) 자기들의 죄를~

4. (　　　~　　　절) 회개에 합당한~

5. (　　　절) 나는 너희로 회개하게 하기 위하여 ~

6. (　　　절) 이제 허락하라~

제4장 [시험을 받으심, 제자들을 부르심]

다음 서로 관계된 것끼리 연결하시오.

1. 이 돌들로 떡덩이가 되게 하라 • •가) • •a)
2. 성전 꼭대기에 세우고…… 뛰어내리라 • •나) • •b)
3. 만일 내게 엎드려 경배하면 • •다) • •c)
4. 마귀는 예수를 떠나고 • •라) • •d)
5. 선지자 이사야를 통하여 말씀을 • •마) • •e)
6. 베드로(시몬)와 그 형제 안드레가 • •바) • •f)
7. 세베대의 아들 야고보와 형제 요한. • •사) • •g)
8. 회당에서 가르치시며 • •아) • •h)

가) 사탄아 물러가라
나) 천사들이 나아와서
다) 하나님의 입…… 말씀으로 살 것.
라) 주 너의 하나님을 시험하지 말라.
마) 스불론 땅과 납달리 땅과
바) 그물 깁는 것을 보시고
사) 천국 복음을 전파하시며
아) 그물 던지는 것을 보시니

a) 주 너의 하나님께 경배
b) 〈신명기〉 6:16
c) 〈신명기〉 8:3
d) 수종드니라
e) 큰 빛을 보았고
f) 병과 약한 것 고침
g) 사람 낚는 어부
h) 배와 아버지를 버리고

마태복음 5~7장 왕의 교훈 (산상보훈, 山上寶訓)

제5장 [팔복의 말씀]

다음 각 항의 지시를 따라 답을 쓰시오.

1. 다음 팔복의 말씀에 이어지는 말씀을 적으시오(1~12). 그리고 암송해 보시오.
   1) 심령이 가난한 자는~

   2) 애통하는 자는~

   3) 온유한 자는~

   4) 의에 주리고 목마른 자는~

   5) 긍휼히 여기는 자는~

   6) 마음이 청결한 자는~

7) 화평하게 하는 자는~

8) 의를 위하여 박해를 받은 자는~

2. 다음 물음에 답하시오.
   1) 소금이 그 맛을 잃으면 어떻게 되는가?(13)
      -
   2) '세상의 빛'이란 결국 어떤 행실이며 그 결과는?(14~16) -
   3) 예수님은 율법을 어떻게 하러 오셨는가?(17~20) -

3. 다음은 어떤 율법에 대한 예수님의 재해석인지 그 율법을 쓰시오(21~48).
   1) 형제에게 노하는 자마다 심판을 받게 되고…… 미련한 놈이라 하는 자는 지옥 불에 들어가게 되리라.
      -
   2) 음욕을 품고 여자를 보는 자마다 마음에 이미 간음하였느니라.
      -
   3) 도무지 맹세하지 말지니…… 오직 너희 말은 옳다, 아니라 하라.
      -
   4) 악한 자를 대적하지 말라. 네 오른편 뺨을 치거든 왼편도 돌려 대며 너를 고발하여……
      -
   5) 너희 원수를 사랑하며 너희를 박해하는 자를 위하여 기도하라.
      -

제6장 [구제, 기도, 금식]
다음 물음에 답하시오.

1. 구제(2절), 기도(5절), 금식(16절)에서 한결 같이 경계하는 것을 한 단어로 쓰시오. -

2. 다음의 자세가 옳은 것은 O표, 바르지 못한 것은 X표 하시오(1~18).
   1) 사람에게 영광을 얻으려고 구제한다. (　　)
   2) 오른손이 하는 것을 왼손이 모르게 한다. (　　)
   3) 골방에서 은밀한 중에 계신 아버지께 기도한다. (　　)
   4) 기도할 때에 중언부언하라. (　　)
   5) 금식할 때에 얼굴을 흉하게 하라. (　　)
   6) 사람에게 보이려고 금식하지 말라. (　　)

3. 6:9~13을 보통 무슨 기도라고 하는가? - (　　　　). 본문을 아래에 쓰시오.

4. 다음 성구에서 (　　) 안에 말을 적으시오.
   1) 보물을 (　　)에 쌓아 두라…… 네 보물 있는 그곳에는 네 (　　)도 있느니라(19~21).
   2) 한 사람이 (　　)을 섬기지 못할 것이니…… 너희가 하나님과 (　　)을 겸하여 섬기지 못하느니라(22~24).
   3) 목숨을 위하여 무엇을 (　　) 무엇을 마실까 (　　)을 위하여 무엇을 입을까 (　　)하지 말라(25~30).
   4) 너희는 먼저 그의 (　　)와 그의 (　　)를 구하라. 그리하면 이 모든 것을 너희에게 (　　) 하시리라(31~34).

제7장 [비판하지 말라]
다음 말씀을 완성하시오(해당 절 안에서만, ~절은 다음 절까지).

1. (　　절) 어찌하여~

2. (　　절) 구하라~

3. (　　절) 남에게 대접을~

4. (　　~　　절) 좁은 문으로~

5. (　　절) 그들의 열매로~

6. (　　절) 나더러 주여~

7. (　　절) 누구든지 나의 이 말을~

8. (　　　~ 절) 예수께서 이 말씀을~

마태복음 8~13장 왕의 복음 선포

제8장 [병자들을 고치심]

다음 물음에 답하시오.

1. 나병환자가 고침을 받은 후 제사장에게 가서 어떻게 하라고 했는가?(1~4, 참고 레 14:4,10)
   -
2. 예수님이 백부장을 칭찬한 "이만한 믿음"(10절)은 어떤 것인가?(5~13, 답은 8절에서)
   -
3. 예수님이 귀신을 쫓아내심과 병 고침은 이사야의 어떤 말씀의 성취인가?(14~17)
   -
4. 한 서기관이 예수님께 "선생님이여, 어디로 가시든지 저는 따르리이다"할 때에 쉽지 않다는 의미로 하신 예수님의 말씀은?(18~22) -
5. 배가 물결에 덮이게 되었을 때에 제자들은 어떻게 했는가?(23~27)
   -
6. 귀신들린 자 둘이 예수님을 누구로 알았나?(28~34) -

제9장 [이적과 가르침]

다음 성경을 읽으며 (　　) 안에 알맞은 말을 적으시오.

1. 예수님은 침상에 누운 중풍병자를 데려온 자들의 (　　　)을 보시고 고쳐 주셨고 무리가 하나님께 (　　　)을 돌렸다(1~8).
2. 예수님은 세관에 앉아 있는 (　　　)에게 "나를 따르라"하여 제자를 삼았고, 마태의 집에서 음식을 잡수실 때에 (　　　　)들이 '세리와 (　　　)들과 함께 잡수시느냐'며 비난했다(9~13).
3. '신랑을 빼앗길 날이 이르리니 그때에는 (　　　)하라'고 하셨고, 새 포도주는 (　　　) 에 넣어야 둘 다 보전된다고 하셨다(14~17).
4. (　　　) 해 동안이나 혈루증으로 앓는 여자가 예수의 겉옷만 만져도 (　　　)을 받겠다는 믿음이 있었다(18~26).
5. 예수께서 맹인의 눈을 만지시며 '너희 (　　　) 대로 되라' 하시니 눈이 밝아졌다(27~31).
6. 귀신 쫓아낸 일을 보고 바리새인들은 '그가 (　　　　　)을 의지하여 귀신을 쫓아낸다'고 했다(32~34).
7. 예수님은 회당에서 (　　　　　) 천국 복음을 (　　　　　) 모든 병과 모든 (　　　　　)을 고치셨다(35~38).

제10장 [열두 제자를 보내심]

다음 묻는 말의 답의 번호에 O표 하시오.

1. 열두 제자에게 주신 것은?
   1) 권위　2) 권세
   3) 권능　4) 권리
2. 베드로의 형제로 제자된 자는?
   1) 시몬　2) 안드레　3)세베대　4) 야고보
3. 열두 제자에게 가라고 한 곳은?
   1) 이방인　2) 사마리아인
   3) 이스라엘 집의 잃어버린 양
4. 남의 집에 들어가면 무엇을 비는가?
   1) 평안　2) 축복　3) 사랑　4) 진실
5. 무엇 같이 순결해야 하는가?
   1) 뱀　2) 참새　3) 비둘기　4) 사슴
6. 어려운 때에 말할 것을 주시는 분은?
   1) 관원　2) 제자들　3) 형제　4) 성령
7. 선지자를 영접하면 무슨 상을 받는가?
   1) 의인의 상　2) 선지자의 상

3) 제자의 상　　　　　4) 소자의 상

제11장 [세례 요한에 관한 말씀]
다음 말씀 중에서 틀린 부분에 밑줄을 긋고 맞게 고치시오.

1. 요한이 제자들을 예수께 보내어 다른 이(메시아)를 기다리겠다고 했다. →
2. 천국에서는 극히 작은 자라도 요한과 같다.

   →
3. 사람들이 요한에게 귀신이 들렸다 함은 먹고 마셨기 때문이다. →
4. 심판 날에 두로와 시돈이 너희(고라신, 벳세다)보다 견디지 못하리라. →
5. 나는 온유하고 겸손하니 나의 멍에를 메고 내게 배우라고 세례 요한은 말했다. →

제12장 [안식일의 주인]
다음 말과 관계된 것을 보기에서 찾아 적으시오.

> **보기** 바리새인 / 호 6:6 / 제자들 / 삼상 21:1~6 / 요나의 표적 / 다윗의 자손 / 성령을 모독 / 말

1. 다윗이 시장할 때에 한 일 -
2. 인애를 원하고 제사를 원하지 않는다 -
3. 어떻게 하여 예수를 죽일까 -
4. 말 못하는 사람이 보게 된 후 무리들 -
5. 사하심을 받지 못하는 죄 -
6. 무엇으로 의롭다함, 정죄함을 받는가 -
7. 예수님이 보이시는 표적은 -
8. 나의 어머니와 동생들을 보라 -

제13장 [천국 비유]
다음 각 항의 지시를 따라 답하시오.

1. 씨 뿌리는 비유에 대해 서로 관계 있는 것끼리 - 줄로 연결하시오(1~9, 18~23).

   1) 길가　　　　가) 백배 육십배 삼십배 결실
   2) 돌밭　　　　나) 뿌리가 없으므로 말랐음
   3) 가시떨기　　다) 가시가 자라서 기운을 막음
   4) 좋은 땅　　 라) 새들이 와서 먹어 버렸음

   a) 마음에 뿌려진 말씀을 빼앗음
   b) 세상 염려 재물의 유혹을 받음
   c) 환난이나 박해의 때에 넘어짐
   d) 말씀을 듣고 깨달아 결실 함

2. 천국은 마치 무엇과 같은 지 다음 비유의 제목에 적합한 것을 보기에서 골라 쓰시오.

> **보기** 겨자씨 비유 / 가라지 비유 / 감추인 보화 비유 / 그물 비유 / 누룩 비유 / 값진 진주 비유

   1) 24~30, 36~43 :
   2) 31~32 :
   3) 33 :
   4) 44 :
   5) 45~46 :
   6) 47~50 :

3. 비유로 말씀하신 이유는 무엇인가?(10~17절을 읽고 답은 13절에서 쓰시오)

   -

4. 예수님은 (　　　)의 아들로서 어머니는 (　　　), 형제들은 (　　　, 　　　, 　　　, 　　　) 이고, 그 (　　　)들도 고향에 있었다(51~58).

마태복음 14~19장 천국복음 선포와 반대자들

제14장 [오병이어의 기적]
다음은 누가 한 말인지를 쓰시오.

1. 이는 세례 요한이라. 그가 죽은 자 가운데서 살아났으니 그러므로 이런 능력이(1~4) -

2. 당신이 그 여자를 차지한 것이 옳지 않다(1~4).
   -

3. 세례 요한의 머리를 소반에 얹어 여기서 내게 주소서(5~12). -

4. 무리를 보내어 마을에 들어가 먹을 것을 사 먹게 하소서(13~21). -

5. 갈 것 없다 너희가 먹을 것을 주라(13~21).

   -

6. 안심하라. 나니 두려워하지 말라(22~33).

   -

7. 주여, 만일 주님이시거든 나를 명하사 물 위로 오라 하소서(22~33). -

8. 진실로 하나님의 아들이로소이다(22~36).

   -

제15장 [가나안 여인의 딸을 고침]
다음 묻는 말에 답하시오.

1. 장로들의 전통은 누구의 계명이 되고 마는가?(1~10절 읽고 답은 9절로) -

2. 15:5~6을 히브리말로 무엇이라 하는가?(막 7:9~13) -

3. 입에서, 결국에는 마음에서 나와 사람을 더럽게 하는 것은?(11~20절, 7가지)
   -

4. 예수님이 가나안 여인의 어떤 말을 듣고 '네 믿음이 크도다'하시며 칭찬했는가?(21~28)
   -

5. 큰 무리가 이스라엘의 하나님께 영광을 돌린 이유는?(29~31) -

6. 떡과 생선(물고기)으로 사람들을 먹이신 두 사건의 차이는? (사람의 수는 여자와 아이 외의 수)
   1) 14:13~21 - 떡(　　　개),
   생선(　　　마리), 먹은 사람:(　　　명),
   남은 조각: (　　　)바구니
   2) 15:32~39 - 떡(　　　개),
   생선(　　　마리), 먹은 사람:(　　　명),
   남은 조각: (　　　)광주리

제16장 [베드로의 신앙고백]
다음 (　　) 안에 알맞은 말을 쓰시오.

1. 악하고 (　　　) 세대가 표적을 구하나 (　　　)의 표적 밖에는 보여 줄 표적이 없느니라.

2. 오직 (　　　　)과 사두개인들의 (　　　)을 주의하라 하시니…… 그들의 (　　　)을 삼가라고 말씀하신 줄을 깨달으니라.

3. 시몬 베드로가 대답하여 이르되 주는 (　　　)시요 살아 계신 (　　　　　　　　).

4. 이 반석 위에 내 (　　　)를 세우리니 (　　　)의 권세가 이기지 못하리라.

5. 이때로부터 예수 그리스도께서 자기가 (　　　)에 올라가…… 많은 (　　　)을 받고 죽임을 당하고 제 (　　　)에 살아나야 할 것을 제자들에게 (　　　) 나타내시니

6. 네가 (　　　　)의 일을 생각하지 아니하고 도리어 (　　　)의 일을 생각하는 도다.

7. 누구든지 나를 따라오려거든 자기를 (　　　)하고 자기 (　　　)를 지고 나를 따를 것이니라.

제17장 [변화산상에서의 변모]
다음 각 항에서 관계 없는 한 가지에는 =줄을 그어 지우시오.

1. 높은 산(변화산)에 예수님과 함께 오른 제자(1~8)
   1) 베드로　2) 요한　3) 야고보　4) 빌립

2. 더불어 말씀하신 분들(1~8)

1) 모세 2) 엘리사 3) 예수 4) 엘리야

3. 구름 속의 소리

1) 사랑하는 아들 2) 기뻐하는 자

3) 초막을 지어라 4) 그의 말을 들으라

4. 엘리야가 먼저 와야(9~13)

1) 모든 일 회복 2) 심판의 주

3) 임의로 대우 4) 세례 요한

5. 내 아들을 불쌍히 여기소서(14~23)

1) 간질로 고생 2) 꾸짖으니 귀신 나감

3) 믿음이 작은 까닭 4) 충만한 믿음

6. 반 세겔(성전세) 받는 자(24~27)

1) 아들들은 세를 면함

2) 바다에 그물을 던져라

3) 실족하지 않게 하기 위하여

4) 고기 입을 열면 한 세겔을 얻을 것이니

제18장 [잃은 양의 비유]

성경을 읽으며 다음 (　　) 안에 알맞은 말을 적으시오.

1. (　　　절) 누구든지 이 (　　　　)와 같이 자기를 (　　　　) 사람이 천국에서 (　　　　)니라.

2. (　　　절) 만일 네 (　　　　)이 너를 범죄하게 하거든 빼어 내버리라. 한 눈으로 (　　　　)에 들어가는 것이 두 (　　　　)을 가지고 (　　　　)에 던져지는 것보다 나으니라.

3. (　　　절) 이와 같이 이 (　　　　) 중의 하나라도 잃는 것은 (　　　　)에 계신 너희 아버지의 뜻이 (　　　　).

4. (　　~　　절) 네 형제가 (　　　　)를 범하거든 가서 너와 그 사람과만 상대하여 (　　　　)하라…… 만일 듣지 않거든 (　　　　)을 데리고 가서 두 세 (　　　　)의 입으로 말마다 확증하게 하라. 만일 그들의 말도 듣지 않거든 (　　　　)에 말하고…… 듣지 않거든 (　　　　)과 세리와 같이 여기라.

5. (　　　절) (　　　　) 사람이 내 (　　　　)으로 모인 곳에는 나도 그들 중에 (　　　　).

6. (　　~　　절) 주여 형제가 내게 (　　　　)를 범하면 몇 번이나 (　　　　)하여 주리이까?…… 네게 이르노니 일곱 번뿐 아니라 (　　　　) 까지라도 할지니라.

7. (　　　절) 너희가 각각 (　　　　)으로 형제를 (　　　　)하지 아니하면 (　　　　)께서도…… 이와 같이 하시리라.

제19장 [이혼에 대한 교훈]

다음 말이 맞으면 O표, 틀리면 X표 하시오.

1. 〈마태복음〉 19:5은 〈창세기〉 2:24의 인용이다(1~12). - (　　　)

2. 음행한 이유 외에 아내를 버릴 때는 이혼 증서를 써 주면 된다(1~12). - (　　　)

3. 어린아이들이 예수님께 가까이 오는 것을 금해야 한다(13~15). - (　　　)

4. 부자 청년에게 예수님이 지켜야 될 계명을 말씀한 것은 5~9계명이다(16~22). - (　　　)

5. 약대가 바늘귀로 들어가는 것이 부자가 하나님의 나라에 들어가는 것과 같다(23~30). - (　　　)

6. 주의 이름을 위하여 집이나 형제나 자매나 부모나 자식이나 전토를 버린 자마다 여러 배를 받고 또 영생을 상속 받는다(23~30). - (　　　)

마태복음 20~24장 왕의 예루살렘 사역

제20장 [섬기러 오신 예수님]

다음 물음에 답하시오.

1. 품꾼들이 각각 몇 시에 왔는지를 쓰되 (　　　) 안에는 오늘의 시간을 쓰시오(6을 더하면 오늘

복음서 마태복음

의 시간).

1) 이른 아침

2) 시 ( )

3) 시 ( )

4) 시( )

5) 시 ( )

2. 먼저 온 자들이 십일 시(오후 5시)에 온 자들보다 품삯을 더 받을 줄 알았던 이유는?(8~12)

-

3. 주인의 뜻은 무엇인가?(13~16) -

4. 수난 예고(죽임 당함과 살아남)는 세 번 나오는데 (16장 절), (17장 - 절), (20장 - 절)에 나온다. (16:13~28, 17:14~23, 20:17~19에서 찾으시오. 해설 참고)

5. 주의 나라에서 좌우편에 앉기를 원했던 세베대의 아들들은 누구인가?(20~28, 막 10:35~45)

-

6. 크고자 하는 자는 ( ) 자가 되어야 하고 으뜸이 되고자 하는 자는 ( )이 되어야 한다(20~28).

7. 맹인 둘이 예수님을 향하여 무엇이라 외쳤는가?(29~34) -

제21장 [승리의 입성]

다음 물음에 답하시오.

1. 나귀를 타고 입성하신 의미는?(1~11을 읽고 답은 5절에서) -

2. 성안의 무리들이 예수님을 누구라고 했는가?(10~11) -

3. 다음은 구약의 어느 곳의 인용인지 보기에서 찾아 적으시오.

보기 〈이사야〉 56:7 / 〈시편〉 8:2
〈스가랴〉 9:9 / 〈시편〉 118:22

1) 5절(나귀 타고 입성) -

2) 13절(만민의 기도하는 집) -

3) 16절(어린 아이와 젖먹이의 입에서) -

4) 42절(건축자들의 버린 돌이) -

4. 무화과나무에게 '영원토록 열매를 맺지 못하리라'고 저주한 이유는?(18~22)

-

5. 성전에서 가르치는 예수님께 대제사장과 장로들이 물은 말은?(23~27) -

6. 세리와 창기는 몇째 아들로 비유되고 있는가?(28~32) -

7. 포도원 주인이 마지막으로 보낸 아들을 보고 농부들이 한 일은?(33~46) -

제22장 [말씀으로 가르치심]

다음 (/) 안의 말에서 틀린 것은 두 줄로 지우시오.

1. 22:1~14은 혼인잔치 비유로 (천국 / 임금)을 소개하고 있다(1~14)

2. 바깥 어두운 데로 쫓겨 나가는 자는 (초청장이 없는 자 / 예복을 입지 않은 자)이다(1~14).

3. 바리새인들이 제자들을 헤롯 당원과 함께 보내 예수님께 (가이사에게 세금 바치는 일 / 하나님께 헌금하는 일)에 대해 물은 것은 (배우기 위하여 / 시험하려고)함이다(15~22).

4. 사두개인들은 부활이 (없다 / 있다) 하는 자들로 부활에 대해 물은 것 자체가 자기 모순이다(23~33).

5. 예수님이 말씀하신 두 계명 즉 '하나님 사랑'은 (신명기 6:5 / 레위기 19:18)의 인용이고, '이웃 사랑'은 (신명기 6:5 / 레위기 19:18)의 인용이다(34~40).

6. 다윗이 성령에 감동하여 그리스도를 (주 / 자손)라 하였는데 이 말씀은 시편 110:1의 인용이다

(41~46).

제23장 [바리새인들의 위선을 책망]
다음 각 항의 지시를 따르시오.

1. 다음은 "화 있을진저-"라는 일곱 번의 말씀 중 몇 번째에 나오는지 숫자로 쓰시오(13~36).
   1) 박하와 회향과 근채의 십일조는 드리되 율법의 더 중한 바 정의와 긍휼과 믿음은 버렸도다. - (　　　)
   2) 한 사람을 얻기 위하여 바다와 육지를 두루 다니다가…… 배나 더 지옥 자식이 되게 하는도다. - (　　　)
   3) 뱀들아, 독사의 새끼들아, 너희가 어떻게 지옥의 판결을 피하겠느냐? - (　　　)
   4) 어리석은 맹인들이여 어느 것이 크냐? 그 금이냐? 금을 거룩하게 하는 성전이냐? - (　　　)
   5) 너는 먼저 안을 깨끗이 하라. 그리하면 겉도 깨끗하리라. - (　　　)
   6) 겉으로는 사람에게 옳게 보이되 안으로는 외식과 불법이 가득하도다. - (　　　)
   7) 천국 문을…… 닫고 너희도 들어가지 않고 들어가려 하는 자도 들어가지 못하게 하는도다.- (　　　)

2. 다음은 누구에 대한 말인가?(1~12, 37~39)
   1) 모든 행위를 사람에게 보이고자 하여…… 랍비라 칭함을 받는 것을 좋아하느니라.
   -
   2) 너희는 지도자라 칭함을 받지 말라. 너희 지도자는 하나이다. 여기서 '하나'는?
   -
   3) 선지자들을 죽이고 네게 파송된 자들을 돌로 치는 자(유대인을 상징하는 도시를 의인화).
   -

제24장 [예루살렘의 멸망과 종말]
다음 구절을 완성하시오(해당 절만 쓰시오).

1. (　　　절) 많은 사람이 내 이름으로 와서~
2. (　　　절) 이 천국 복음이 모든~
3. (　　　절) 거짓 그리스도들과~
4. (　　　절) 그가 큰 나팔소리와 함께~
5. (　　　절) 그 날과 그 때는 아무도~
6. (　　　절) 너희도 준비하고~

마태복음 25~28장 십자가에 죽으심과 부활

제25장 [세 가지 천국 비유]
다음 물음에 답하시오.

1. 천국에 관한 세 가지 비유를 구절로 구분하고 관계가 있는 것끼리 연결하시오(1~46).
   1) 열 처녀 비유(　　~　절) •　　　• a)
   2) 달란트 비유(　　~　절) •　　　• b)
   3) 양과 염소 비유(　　~　절) •　　　• c)

   a) 작은 자 하나에게 한 것이 곧 내게 한 것이니라
   b) 신랑이 오므로 함께 혼인 잔치에 들어가고
   c) 착하고 충성된 종아 네가 적은 일에 충성하였으매

2. 슬기 있는 자들은 등과 함께 무엇을 가져갔는가?(1~13) -
3. 늘 깨어 있어야 하는 이유는?(13절) -
4. 다섯 달란트와 두 달란트를 남긴 자들이 주인에게로부터 들은 칭찬의 말은?(14~30)
   -
5. 양과 염소로 분별하는 것 같이 영생과 영벌로 구분하는 때는 언제인가?(31~46을 읽고 답은 31절로) -
6. 지극히 작은 자 하나에게 한 것도 결국 누구에게 한 것이 되는가?(40절) -

제26장 [수난당하신 예수님]
다음 (　/　) 안에 말 중 틀린 것은 두 줄로 지우시오.

복음서

마태복음

1. 유월절(逾越節: 넘을 유, 건널 월, 마디 절, passover)의 기원은 (여호와께서 고난을 이기게 하심을 기념하여 양을 잡아먹는 규례 / 여호와께서 애굽 사람을 치실 때에 이스라엘 집을 넘으사 구원하심을 기념하는 규례)이다(마 26:1~5, 출 12:21~28).
2. 예수님께 향유를 부은 것은 결국 (예수님의 장례를 준비 / 여자의 행한 일을 기념)하기 위함이다(6~12).
3. "한 사람이 나를 팔리라", "차라리 태어나지 아니하였더라면" 등은 (가룟 유다 / 대제사장)에 관한 말이다(14~25).
4. 예수님께서 떡으로는 자신의 (피 / 몸)을, 잔으로는 자신의 (피 / 몸)를 상징했다(26~30).
5. "모두 주를 버릴지라도 나는 결코 버리지 않겠나이다"라고 말한 제자는 (유다 / 베드로)이다(31~35).
6. 예수님이 기도하신 내용은 (자신의 원대로 / 아버지의 원대로) 하기 위함이다(36~46).
7. 가룟 유다가 군호를 사용한 것은 (입을 맞추는 자 / 손을 잡는 자)를 잡으라는 것이다(47~56).
8. 예수님을 사형에 해당한다고 말한 근거는 대제사장이 예수님께 (네가 왕이냐? / 네가 하나님의 아들 그리스도인지?)라는 물음에 "네가 말하였느니라"고 했기 때문이다(57~68).
9. 베드로가 세 번 예수님을 부인한 순서는 (맹세하고 부인 → 저주 → 부인했다 / 부인 → 맹세하고 부인 → 저주하며 맹세했다)(69~75).

제27장 [십자가에 죽으심]

다음은 누구의 말이나 행동인지 그 신분이나 이름을 쓰시오.

1. 예수님을 죽이려고 함께 의논하고 총독 빌라도에게 넘겨 준 자들 -
2. "내가 무죄한 피를 팔고 죄를 범하였도다"하며 은을 성소에 던져 넣고 목매어 죽은 자 -
3. "내가 누구를 너희에게 놓아주기를 원하느냐? 바라바냐? 그리스도라 하는 예수냐?" -
4. "예수의 옷을 벗기고 홍포를 입히며 가시관을 엮어 그 머리에 씌우고" -
5. "그가 남은 구원하였으되 자기는 구원할 수 없도다" -
6. "엘리 엘리 라마 사박다니, 나의 하나님 나의 하나님 어찌하여 나를 버리셨나이까?" -
7. "이는 진실로 하나님의 아들이었도다" -
8. 빌라도에게 가서 "예수의 시체를 달라"하여 자기 새 무덤에 장례한 자는? -
9. "그 무덤을 사흘까지 굳게 지키게 하소서" -

제28장 [승리의 부활]

다음 물음에 간단히 답하시오.

1. 여인들이 무덤을 보려고 간 때는 언제인가?(1절) -
2. 주의 천사의 모습은 어떠했는가?(2~6)

   -
3. 천사가 여자들에게 "빨리 가서 제자들에게 이르라"고 한 말을 두 가지로 요약하면?(7~10)

   1)

   2)
4. 대제사장들과 장로들이 군병들에게 돈을 주고 어떻게 말하라는 요구를 했는가?(11~15)

   -
5. 제자들이 갈릴리에서 예수를 뵈옵고 어떻게 했는가?(16~17) -
6. 예수님은 무슨 권세를 받으셨는가?(18~19)

   -

마가복음 | 복음서 |

Mark

제목에 대한 해설

'마가에 의한 복음서'로서 복음서 중에 제일 먼저 기록되었을 것이라는 것이 일반적인 견해이다. 그래서 〈마태복음〉과 〈누가복음〉에 〈마가복음〉의 순서와 내용이 그대로 옮겨져 있는 것이 많다.

저작에 관하여

(1) 저자: 본서에 언급되어 있지는 않으나 전통적인 견해는 '마가'가 본서를 기록했다고 보는 것이 지배적이다. 고대의 '파피아스 비망록'의 증언은 마가는 베드로의 선교 여행에 동반한 그의 통역자 마가라 하였고 그는 베드로가 한 설교를 기록한 것이라고 한다. 마가는 예루살렘의 마리아의 아들로서 마리아는 처음 교회의 일원이며(행 12:12), 바나바는 그의 친척이다(골 4:10).

(2) 수신자: 로마 교회의 성도들이나 이방인들이라는데 견해가 일치한다.

(3) 연대: 기록 연대를 확인하기는 어렵다. 13장은 적어도 유대 전쟁이 임박했음을 나타내기 때문에 주후 60년 이전으로 보기는 어렵다. 대부

분의 견해는 유대 전쟁(주후 66~70년) 시작보다 2년 전인 주후 64년에서 예루살렘 함락(주후 70년) 이전인 주후 69년 사이로 본다.

(4) 장소: 속사도교부 파피아스(70?~156?)에 의하면 '로마'에서 기록된 것으로 본다. 그 근거는 ① 많은 로마의 군대 용어, 로마의 연대, 로마의 돈의 단위 등이 사용된 것과(3:21, 5: 9~15, 6:37, 7:4, 12:14, 15:15, 15:39, 44 등), ② 여자의 이혼권을 인정한 것으로(10:12) 이는 유대적이 아니라 로마적이다. 한편 막센은 '갈릴리' 지방을 기록 장소로 본다. 그 이유는 지역적으로 갈릴리를 그토록 중요시한 마가의 입장은 그가 그 지역과 관련되지 않고는 생각하기 어렵다는 것이다.

특징 및 기록 목적

(1) 교훈보다는 사건 중심이며, 문체는 힘 있고 박진감이 있다. '역사적 현재'라는 헬라어의 독특한 용법을 많이 사용하였다. 그래서 '즉시'라는 부사가 41번이나 사용되었다. 이러한 것은 기록자가 독자들에게 신앙생활에 영향을 주려고 했다는 것이다.
또한 독자들에게 관찰자가 아닌 사건에 직접 참여하기를 원한 것이라는 특징이 있다.

(2) 하나님의 아들인 예수 그리스도를 통하여 하나님의 백성들이 생명을 얻도록 하는 데 그 목적을 두며 종으로 오신 예수님을 묘사하였다.

(3) 본서는 예수님을 '하나님의 아들'로 묘사하고 있다(1:1, 11 3:11, 9:7, 12:1~12, 15:39).

시대적 배경

당시 유대는 사회적 정치적으로 긴장과 혼란의 소용돌이 속에 있었다, 주전 40년경 헤롯 대왕은 로마와 동맹을 맺고 갈릴리와 베레아를 다스렸고 유대와 사마리아 및 이두매는 로마제국의 총독 본디오 빌라도에 의해 통치를 받으며 철저히 로마의 통제하에 있었다. 주전 63년경 로마의 폼페이우스 장군이 예루살렘을 점령한 이후 유다인들은 세금을 로마에 바치고 있어서 경제적으로 어려움을 겪고 있었는데, 본서에서 세리에 대한 비난과 멸시는 이러한 배경에 기인한 것이다.

특기사항

공관복음서에 나타난 그리스도

마태 · 마가 · 누가, 이 세 사람은 공관복음의 저자로서 그리스도를 보는 관점의 공통점도 있으나 차이도 있으므로 자연히 그리스도에 대한 묘사에 차이가 있다.

(1) 마태: 그리스도를 당시 유대인들의 사상과 비슷한 능력의 메시아로 묘사했다. 즉 예수님은 다윗의 혈통에서 나시고 모든 사람의 왕이신 메시아로 기록했다(2:2, 21:5, 25:34).

(2) 마가: 예수 그리스도의 인성과 신성을 언급하면서도 그것보다는 '종의 형체'를 입고 오신 예수 그리스도의 모습을 강조하고 있다. 그런 면에서는 〈마태복음〉과 특별히 대조된다.

(3) 누가: 예수 그리스도의 신성에 초점을 맞추어 죄인과 병자들 그리고 버림받은 자들의 친구로서 그들의 요구에 대해서 민감하게 반응하신 분으로 기록했다(10: 30~37, 15:4~7, 11~32, 18:10~14, 19:2~10, 23: 39~43).

마가복음 1~5장

복음의 시작 (중요구절 막 1:38)

〈마가복음〉을 통하여 '섬기러 오신 예수님'을 만나게 된다.
세례 요한은 "회개하라"외치며 예수님의 길을 준비한다. 예수님의 등장으로 어둡던 인생들에게 새 빛이 비치어 온다(1장). 죄인을 부르러 오신 예수님은 안식일에도 주인이시다(2장). 열두 제자를 택하시고(3장), 비유의 말씀으로 하나님의 나라를 소개한다(4장). 예수님의 능력으로 각종 병든 자, 귀신들린 자, 죽은 자에게 능력이 나타난다(5장).

복음서

마가복음

1 **복음의 시작** 나를 따라 오너라

2 **안식일의 주인** 죄인을 부르러 왔노라

3 **제자를 부르심** 식사할 겨를도 없는지라

4 **하나님의 나라 소개** 씨 뿌리는 비유를 통한 마음 밭

5 **병자를 고치심** 군대귀신, 혈루증, 달리다굼

1. 〈마가복음〉은 "하나님의 아들 예수 그리스도의 복음의 시작이라"(1:1)며 시작을 한다. 뿐만 아니라 예수님께서도 "하나님의 나라가 가까이 왔으니 회개하고 복음을 믿으라"(1:15)고 복음을 선포한다. 하나님의 나라는 장소적인 개념보다는 하나님께서 다스리시는 '통치 영역'을 말한다. 그러므로 예수님의 오심은 하나님 나라의 임재이다. 나의 속에는 하나님 나라가 이루어졌는가? 바울은 "이제는 내가 사는 것이 아니요 오직 내 안에 그리스도께서 사시는 것이라"(갈 2:20)고 고백했다.
2. 예수님은 "새벽 아직도 밝기 전에" 기도하셨다(1:35). 하물며 우리가 핑계로 새벽기도를 소홀히 할 수 있겠는가? 또한 예수님은 복음사역에 식사할 겨를도 없었다(3:20).
3. 씨 뿌리는 비유(4장)는 어떤 면에서 보면 '마음밭의 비유'이다. 나의 마음 밭은 어떤지 자신을 냉정하게 살펴보자. 좋은 땅처럼 말씀을 듣고 받아 결실이 있어야 한다. 아무리 좋은 땅이라고 자부해도 실제로 마음 밭이 굳어 있으면 결실이 없다. 30배, 60배, 100배의 결실이 있기를 기도해야 한다.
4. "열두 해를 혈루증으로 앓아 온 한 여자"(5:25)는 경제적, 사회적, 육체적, 정신적으로 고난을 받았으나 예수님을 향한 믿음 덕분에 구원을 받았다(25~34절). 그 때에도 많은 사람들이 예수님의 주변에 왔으나 믿음의 손을 내밀어 구원받은 사람은 오직 한 여인뿐이었다. 오늘날도 마찬가지이다. 많은 사람들이 교회마다 와서 예배를 드리지만 은혜를

받는 사람은 일부이다. 나는 어떠한가?

5. 자신의 믿음을 통하여 예수님의 권능을 받는 것이 정상적이다. 혈루증 앓던 여인은 자신의 믿음으로 나음을 얻었으나(5:34), 중풍병자는 그를 메고 온 사람들의 믿음으로(2:5), 소녀는 회당장인 아버지의 믿음으로(5:36) 치유되었다. 그러므로 우리는 '중보기도'가 얼마나 중요한지를 새삼 깨닫게 된다. 어찌 이웃을 위해, 믿음의 식구를 위해, 자녀를 위해 기도하지 않을 수 있겠는가?

더 살펴보기

1. 마가는 누구인가?

마가를 '마가요한'이라고도 부른다('마가'는 로마식 이름, '요한'은 헬라식 이름 - 행 12:12). 처음에 그는 불충한 전도자로 바울의 제1차 전도 여행에 따라 갔다가 밤빌리아에서 돌아왔고(행 13:13), 2차 전도 여행 때는 바울의 반대로 인해 마가는 바나바와 전도 여행을 하여 차츰 신실한 일꾼으로 훈련되었다(행 12:25, 13:13, 15:36~40). 후에는 바울의 인정을 받았다(골 4:10, 딤후 4:11). 주후 112년에 사도적 교부(사도들과 교분이 있었던 교부라는 뜻)인 파피어스(브르기아 지방 히에라폴리스의 감독)는 마가가 '베드로의 통역관'이었다고 하였다.

내용 분해

1:1~8:26 - 복음의 시작 및 갈릴리에서의 사역
8:27~10장 - 예루살렘으로의 여정
11~13장 - 예루살렘에서의 대결과 종말에 대한 가르침
14~16장 - 예수님의 고난, 죽음, 부활
※〈마가복음〉은 복음서 중에 가장 짧되 상세한 묘사와 예수님의 공생애를 강조했다.

2. 공관복음(Synoptic) - 〈마태복음〉, 〈마가복음〉, 〈누가복음〉

처음 세 복음서에는 공통적인 자료가 있는 반면 〈요한복음(제4복음서)〉은 다소 다르다는 인상을 받는다. 1774년 독일의 그리스바흐(J. J. Griesbach)는 처음의 세 복음서를 '공관적(共觀的: Synoptic)'이라고 했는데, 이는 세 복음서에 공통적인 자료들이 많기 때문으로 〈공관복음〉이라는 용어가 생겼다. 〈마가복음〉은 661절인데 606절이 〈마태복음〉에 완전히 또는 부분적으로 나타나고, 〈누가복음〉에는 약 380절이 나타나고 있다. 물론 〈마가복음〉에는 없고 〈마태복음〉과 〈누가복음〉만이 공통적으로

갖는 구절도 240절이나 된다.

	세례 요한의 세례	예수님의 세례
종류	물세례, 회개의 세례	불세례, 성령세례
행위	외적 표현	내적 표현
관계성구	마 3:8, 막 1:4, 8	마 3:11, 요 3:5
횟수	단회적	연속적
결과	회개에 합당한 열매	거듭난다(중생)

3. 세례 요한의 세례와 예수님의 세례(막 1:1~11)

(1) 요한의 세례는 물세례요 회개의 세례였으나 예수님의 세례는 불세례요 성령세례이다. 세례 요한은 신약의 엘리야이다(말 4:5, 막 9:13). 요한과 엘리야의 유사점을 볼 수 있다(왕하 1:8).

(2) 왜 죄 없으신 예수님께서 세례를 받으셨는가?(1:1~11) ① 모든 의를 이루시기 위해서 세례를 받으셨다(마 3:15). ② 인간과 동일시하기 위해서 세례를 받으셨다(그러나 인간의 죄에는 가담하지 않으심, 사 53:12, 히 4:15). ③ 하나님의 뜻을 성취하시기 위해서 세례를 받으셨다(요 5:30).

4. 예수님의 제자 선택은 독특하고 그 목적이 분명하였다.(막 3:13~15)

(1) 원하는 자들을 부르셨다. - 제자가 스승을 선택하는 것이 아니라 스승이 제자를 선택했다.

(2) 자기와 함께 있게 하셨다. - 기쁠 때뿐만 아니라, 힘들 때도 같이 하는 것이 제자이다.

(3) 전도를 하셨다. - 주님의 부름을 받은 성도도 전도는 필수적인 것임을 잊어서는 안 된다.

(4) 귀신을 내쫓는 권능도 있게 하셨다. - 주님의 제자된 자는 이러한 권능을 받을 수 있다.

예수님의 사역들 (중요구절 막 10:45)

열두 제자가 파송 되고 요한은 순교를 당한다(6장). 예수님의 새 인식은 잘못된 전통을 깨뜨린다(7장). 드디어 예수님은 자신이 그리스도(메시아)이심을 선포하신다. "너희는 나를 누구라 하느냐?"(8장). 예수님은 제자들을 가르치는데 중점을 두어 변화 산의 사건도 결국 당신이 받으실 고난과 죽음에 대한 가르침이었다(9장). 공생애의 말기에 갈릴리의 전도 사역을 끝내고 예루살렘을 향하신다. 노중에서의 사건은 주로 베레아를 중심으로 이루어진다(10장). 드디어 십자가의 사건이 기다리는 예루살렘성에 입성하시고 도전적인 말씀으로 대적들 앞에 선다(11장).

1. 세례 요한은 헤롯에게 "동생의 아내를 취한 것이 옳지 않다"(6:18) 하므로 헤롯에 의해 순교를 당한다(14~29절). 해바라기 권력아부형의 지도자들은 권력자 앞에서 아부하며 진실과 거짓을 구분하지 못하고 자기 이익과 편리대로 산다. 이런 자들은 힘의 논리로 살고자 하지만 하나님 앞에 서야할 때가 있음을 기억해야 한다. 이 시대에 세례 요한의 진실과 정의를 지녀야 한다.
2. 부자, 청년, 관원으로서 예수께 달려 왔고(열심), 꿇어앉았으며(겸손, 구도자의 자세), 영생에 관한 질문(생의 근본문제에 관심), 율법 준수를 잘한 이 건실한 사람에게 예수님이 "한 가지 부족한 것이 있으니"(10:21)라는 지적을 하자 그는 근심하며 어둠 속으로 사라졌다. 오늘 그대에게 한 가지 부족한 것이 무엇인지를 발견해야 한다. 이 문제 해결을 못하면 '다 좋은데 그 한 가지 때문에'라는 지적을 받게 된다. 바로 그 건실한 청년처럼!
3. 네 가지 치유 사건을 살펴보자. 귀먹고 말더듬는 자가 듣게 되고(7:31 이하), 맹인이 보게 되고(8:22이하), 벙어리 귀신이 쫓겨나고(9:14이하), 맹인이 잃었던 시력을 되찾는(10:46이하) 사건이 곧 그것들이다. 작은 자들에 대한 예수님의 사랑이 실천적으로 나타난 것이다. 자신을 보면 그 치유의 대상이 내가 되어야 한다는 것을 깨닫게 된다. 영적으로 약한 시력, 약한 청력을 지녔다.
4. 예수님께서 저주하셨던 잎만 무성하고 열매 맺지 못하는 무화과나무

6
열두 제자의 파송
고향에서, 오병이어, 유령?

7
정결의식 논쟁
고르반, 자녀의 떡, 에바다

8
베드로의 신앙고백
나를 누구라 하느냐?

9
수난에 대한 예고
변화 산, 믿음 없는 자, 섬기는 자

10
베레아에서의 전도사역
어린아이 축복, 부자청년

11
예루살렘의 입성
열매 없는 무화과, 성전청결

는 종교적으로 외식하며 진정한 열매가 없는 이스라엘 국가와 당시의 유대교 지도자들을 상징한다(11:12~14). 오늘의 교회도 무성한 잎처럼 종교적 의식, 율법적 사고, 외식적인 삶으로 내적 열매 없음을 감추고 있지는 않은 지 돌아보며 열매 있는 교회가 되어야 한다.

더 살펴보기

1. 장로들의 전통(유전)과 정결 의식(막 7장)

(1) 장로의 전통(7:9, 유전, 遺傳, Tradition)은 바벨론 포로시대의 산물로 여겨진다. 산헤드린의 모체였던 회당(Synagogue)과 더불어 비롯되었을 것이다. 에스라에 의해 부흥되고 후대의 서기관들에 의해 강조되었던 성경에 대한 존경과 관심은 대대로 전해져 내려왔다. 유대의 지도자들이 주장한 '구전율법'이 백성들의 지지를 받게 되자 그것의 권위는 '성문율법(成文律法)'의 권위와 맞먹는 정도로 백성들의 양심을 구속하게 되었으며 그 결과 그에 대한 존경심이 한층 더 높아지게 되었다. 후대에는 이것이 변질되어 성경보다 더 중요하게 취급되었다. 그러기에 예수님은 이러한 전통을 무시하였던 것이다.

(2) 이러한 전통 중에 정결 의식은 식사하기 전에 반드시 손을 씻어야 하며 시장에서 돌아와서도 손을 씻어야 할 뿐 아니라 잔과 주발과 놋그릇 등을 깨끗이 씻는 것을 말한다. 이 의식은 처음에는 정결에 목적을 두었겠지만, 후대에 와서는 행위적인 의식을 신성시하는데 그 목적을 두었다.

유대의 은전들
유대 전쟁(주후 67~70년)의 최후는 맛사다에서 로마군대에 대한 항전이다. 이 은전은 후대에 맛사다에서 출토된 것들이다.

(3) 당시에 유대인들은 이 의식을 신성시 여겨 철저히 지켰다. 유대인들의 종교적인 생활을 다룬 〈소할서(the book of Sohar)〉에는 "손 씻기를 태만히 하는 것은 현세 및 내세에 벌을 받아 마땅한 행위이다", "그는 사형에 해당하는 죄를 짓고 있다" 등의 내용들은 이를 잘 대변해 준다. 그러기에 바리새인과 서기관들은 예수님의 제자들이 손을 씻지 않고 음식을 먹자 이를 종교적인 죄로 판단하여 시비를 하였으나 예수님을

오히려 이런 장로들의 전통이 하나님의 계명을 어긴다고 책망하였다.

2. 성전은 만민이 기도하는 집(막 11:15~18, 사 56:7)

예루살렘 성전은 여러 구역으로 나누어져 유대인(남자)의 뜰, 여자의 뜰, 이방의 뜰이 있었다. 성전 안에서 장사를 한 곳은 이방인의 뜰이었다. 예수님은 '성전은 만민이 기도하는 집'이라고 하셨다. 즉 이방인들이 하나님께 나올 수 있는 길을 차단하는 유대인의 횡포였고 보편적 은혜를 저지하는 비복음적 행동임을 지적하셨다. 그리고 예수님은 이들을 쫓아냈다. 성전은 역사적으로 솔로몬 성전, 스룹바벨 성전, 헤롯 성전이 있었는데, 예수님 당시에는 헤롯 성전이었다.

이방인의 성전출입 금지 비문

"이방인(non jews)은 성전주위의 난간과 경내에 들어올 수 없다. 위반자는 그 결과로서 일어나는 죽음의 처벌에 대하여 책임을 져야한다"는 글이 적혀 있어서 유대인들은 이방인들이 하나님께로 나올 수 있는 길을 원천적으로 차단하여 '만민이 기도하는 집'(막 11:17)이 되지 못하게 했다. 1871년 예루살렘에서 발견된 완전한 것이며, 1936년에는 붉은 글씨로 쓴 것도 발견되었다. (이스탄불 고고학 박물관 소장)

3. 〈마가복음〉 전체 이해하기

1:1~8:26에서 예수께서는 행함으로 자신이 누구인가를 보여 주셨다. 그런데 8:27~30에서 "사람들이 나를 누구라 하느냐?" 물으셨던 질문을 통해 자신이 그리스도(메시아)이심을 말씀으로 나타내시고, 8:31~16:20에서는 말씀으로 그리스도이심을 선포하신다.

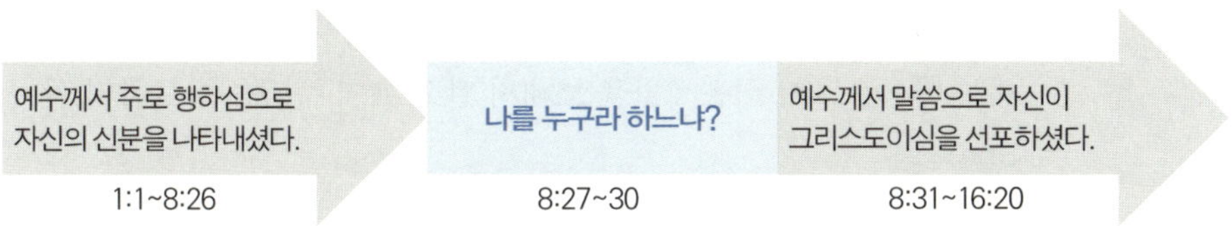

12
예루살렘에서의 가르침
포도농부 비유,
과부의 두 렙돈

13
종말에 대한 예언
환난의 날, 깨어 있으라

14
유월절 만찬
옥합을 깨뜨림,
겟세마네의 기도

15
십자가 사건
빌라도의 심문,
십자가와 장사

16
승리의 부활
내가 주를 보았다

마가복음 12~16장

예수님의 고난과 부활 (중요구절 막 13:13)

예루살렘에 입성하신 예수님은 잘못된 지도자들을 신랄하게 말씀의 칼로 치시며 가르치신다(12장). 예수님은 감람 산에서 예루살렘을 내려다보시며 제자들에게 종말에 관한 말씀을 하시며 깨어 있으라고 강조한다(13장). 각종 흉계 속에서도 유월절 만찬을 통해 몸과 피를 주심을 가르치신다. 가룟 유다의 배반과 예수의 체포는 연속적으로 이루어져 대제사장 앞에 서신다(14장). 빌라도는 충동받은 백성들의 요구대로 예수님을 십자가에 못 박도록 내어준다. 예수님은 많은 수모를 받으시며 십자가에 못 박히신다(15장). 누가 진리를 거스르며 하나님의 하시는 일을 막겠는가? 그는 살아나셨고 만민에게 복음을 전파하라고 하신다(16장).

1. 한 가난한 과부는 헌금함에 "두 렙돈 곧 한 고드란트"(12:42)를 넣었다. 렙돈은 헬라의 화폐로서 로마의 돈인 고드란트의 1/2이었다. 고드란트는 앗사리온의 1/4에 해당되며 앗사리온은 하루 품삯인 데나리온의 1/16이다. 따라서 두 렙돈은 고작 몇 백원 정도였다. 그럼에도 예수께 칭찬을 들은 것은 "가난한 중에서 자기의 모든 소유, 곧 생활비 전부를"넣었기 때문이다(12:41~44).
2. 예수님은 종말에 대한 말씀을 하면서 "그때에"(13:21, 24, 25, 26, 27)라는 표현을 여러 번 반복하신다. 성도들은 '인자가 오시는 그 때'에 깨어 있어 주님을 맞아야 한다. 언제나 '그 때'가 있음을 깨닫고 준비하는 마음으로서 허송세월을 보내지 말고 깨어 주님을 사모하며 살아야 한다.
3. 예수님의 많은 모욕과 조롱받으심은(15:16~20, 26~32) 십자가의 피흘림보다 더 아팠으리라. 어디 그뿐이랴! 가룟 유다의 배신, 입성 때 환영하던 무리들의 배신적인 거짓 증언(14:53~65). 이 아픔을 참으심은 누구를 위함인가? 오늘날 나 자신이 십자가에 달린 예수님을 조롱하듯, 거짓증인이 되듯, 모든 것을 상황이나 대세 따라 움직이는 변절자는 되지 말아야지.
4. 그리스도의 부활(16장)은 우리에게 확실한 소망이 되고, 인류구원을 위한 결정적인 관문이다. 문제는 나 자신이 부활을 확신하고 있으며 부활의 현재성의 삶을 사느냐에 있다(요 5:24~25, 11:25~26, 고전

15:31~34). 어느 교회에서 항존직들에게 '부활을 믿느냐?'고 물었더니, '목사님께서 하도 부활을 믿어야 한다기에 믿어 준다'고 했다 한다. 그러나 부활은 확실한 역사적 사건이며, 성도들의 미래에 일어날 일이므로 〈사도신경〉으로도 '몸이 다시 사는 것'을 고백한다.

더 살펴보기

1. 예루살렘 파멸 예언의 문자적 성취(막 13:1~4)

제자들이 거대한 성전에 감탄하며 "선생님이여 보소서" 했으나 예수님은 "무너뜨려지리라"는 무서운 말씀을 하신다. 당시에 성전은 헤롯에 의해 주전 19년부터 수축되고 있었으며 주후 64년에 완공되었는데 그 후 불과 6년 만인 주후 70년에 로마의 티토(Titus)에 의해 파멸되고 말았다. 즉, 예수님의 예언 후 약 40년 만에 이루어진 일이다. 로마 군대는 성전에 불을 질렀는데 이때 성전 내부에 장식되었던 금들이 녹아 돌 사이에 끼게 되었고 군인들이 그 금들을 취하기 위해 돌을 들추었으므로 "네가 이 큰 건물들을 보느냐 돌 하나도 돌 위에 남지 않고 다 무너뜨려지리라"(13:2)는 예언이 성취되었다. 또한 성전이 무너진다는 것은 부활하신 분을 통한 신약 교회 건설과 관련된다(14:58, 11:12~20, 요 2:13~22).

사두개파 사람들(막 12:18)
유대 종파의 하나로서 종교적이라기보다는 정치적이었다. 그 기원은 솔로몬 때의 제사장인 사독(삼하 8:17) 이후라고 주장한다. 이들의 구성은 제사장과 관련을 맺고 대단히 귀족적 성격을 띠고 있다. 바리새인들이 구전율법(口傳律法: Oral Law=Tradition)도 중시 여긴 반면에 사두개인들은 부정하였고 오직 기록된 모세오경(成文律法)에만 경전적 권위를 두었다. 그들은 죽은 자의 부활도 없고 내세의 기쁨이나 슬픔까지도 없다고 주장함으로써 하나님과의 관계성도 제거해 버렸고, 천사와 영의 존재도 부인하였다(행 23:8).

2. 죄패(罪牌)에는 '유대인의 왕'이라 적었다(막 15:26)

마태: "이는 유대인의 왕 예수라"(마 27:37), **누가**: "이는 유대인의 왕이라"(눅 23:38), **요한**: "나사렛 예수 유대인의 왕"(요 19:19)이라 했다. 이처럼 복음서마다 약간의 차이가 있는 것은 '핵심만을 기록'했기 때문일 것이다. 빌라도가 죄패를 붙이게 한 것은 두 가지 면에서 추측해 볼 수 있다.

(1) 십자가에 달린 예수와 유대인을 조롱하기 위해 썼을 가능성이 있다.

(2) '자칭'유대인의 왕이라고 쓰라는 대제사장의 요구를 묵살하고 "내가 쓸 것을 썼다"(요 19:19~22)라는 단호한 말을 한 것을 볼 때 빌라도가 예수님의 무죄함을 알고도 죽게 내어 준 데 대한 일말의 죄책감과 동

헤롯 성전의 모형
헤롯은 유대인들의 환심을 사려고 스룹바벨 성전에 대한 대대적인 보수를 하였다. 화려한 이 성전을 80여년 걸려 완공됐고 사람들은 '헤롯 성전'이라 불렀으나 완공 후 불과 6년만에 함락되었다(막 11:17).

정심에서 썼을 가능성이 있다.

3. 성소 휘장이 위로부터 아래까지 찢어진 사건(막 15:38)

성전의 성소에는 휘장이 둘 있었는데 하나는 성소로 들어가는 입구에 있는 것이고 하나는 성소와 지성소 사이에 있는 휘장이다. 〈히브리서〉 6:19, 9:3, 10:20에 근거해 볼 때 본문에 '찢어진 휘장'은 내부의 휘장(출 26:31~33, 36:36, 대하 3:14)으로 생각된다.

휘장이 찢어진 사건은 진정한 대제사장이신 예수님의 죽음으로 말미암아 누구든지 직접 거룩하신 하나님 앞에 나아갈 수 있는 길이 열리게 되었음을 의미한다(히 9:3~15, 10:19~20). 예수 그리스도의 이름으로 하나님께 직접 기도하여 우리 죄의 용서를 구할 수 있으니 큰 은혜이다.

B I B L E

성경 질문지

마가복음 1~5장 복음의 시작

제1장 [복음의 시작]

다음 물음에 답하거나 (   ) 안에 알맞은 말을 써넣으시오.

1. 〈마가복음〉 1:1을 외워서 쓰시오.

   -

2. 3절의 "너희는 주의 길을 준비하라. 그의 오실 길을 곧게 하라"는 선지자 (   )의 글이다 (1~3).

3. 세례 요한의 세례는 (   )의 세례(4절), 또는 (   )세례(8절)라고 한다면, 예수님(나 보다 능력 많으신 이, 7절)의 세례는 (   )세례이다(8절).

4. 예수님이 세례 받으시고 물에서 올라오실 새 (   )이 비둘기 같이 자기에게 내려오심을 보았다(9~11).

5. 광야에서 (   ) 일을 계시면서 (   )에게 시험을 받으시며…… (   )들이 수종들더라 (12~13).

6. 갈릴리에서 예수께서 하나님의 복음을 전파하신 내용은?(14~15)

   -

7. 1) 그물을 던지다가 부름 받은 제자는?(16~20)

   - (   ) (   )

   2) 그물을 깁다가 부름 받은 제자는?(16~20)

   - (   ) (   )

8. 베드로의 장모는 (병)이 나은 후 그들에게 (   ) 들었다(21~34).

9. 예수님이 한적한 곳으로 가셔서 기도하신 때는 (   ) 아직도 (   )이었다(35~39).

제2장 [예수의 능력 행하심]

다음 질문에 대한 답의 번호에 O표 하시오.

1. 예수께서 누구의 믿음을 보시고 중풍병자를 일으키셨나?(1~11)

   1) 중풍병자 자신
   2) 중풍병자를 메고 온 사람들
   3) 무리들
   4) 서기관

2. 레위에 관한 것이 아닌 것은?(13~17, 마 9:9, 막 3:18)

   1) 세관에 앉아 있을 때 부름 받았다.
   2) 예수께서 레위의 집에서 식사하셨다.
   3) 의사였다.
   4) 다른 이름은 마태이다.

3. 금식에 관한 질문에 대해 예수님이 비유로 가르친 것이 아닌 것은?(18~22)

   1) 신랑과 혼인집 손님
   2) 생베 조각과 낡은 옷
   3) 요한과 바리새인
   4) 새 포도주와 낡은 가죽 부대

4. 예수님(인자)은 어디에도 주인이신가?(23~28)

1) 밀밭　　　　2) 안식일
3) 진설병　　　4) 새 부대

5. 예수님은 안식일 논쟁 때 〈사무엘상〉 21:1~6의 사건을 〈마가복음〉 2장 (　　~　　절)에 인용하셨다.

제3장 [예수의 제자들]
다음 관계된 사람을 보기에서 골라 쓰고(1~6문), 묻는 말에 답하시오(7~10문).

보기 시몬 / 열둘 / 바리새인들 / 헤롯당 / 더러운 귀신들 / 야고보 / 요한 / 손 마른 사람

1. 네 손을 내 밀라 -
2. 어떻게 하여 예수를 죽일까 의논 -
3. 당신은 하나님의 아들이니이다 -
4. 함께 있게, 전도하며, 권능 있게 -
5. 베드로란 이름을 더하셨고 -
6. 보아너게(우레의 아들) -
7. 열두 제자의 이름을 쓰고 외우시오(13~19).
   -
8. 예수님의 친족들이 예수님을 붙들러 온 이유는?(20~21) -
9. 사하심을 영원히 받지 못하는 죄는?(22~30)
   -
10. 예수님이 말하는 영적인 가족(형제, 자매, 어머니)이 되는 자격은?(31~35)
   -

제4장 [비유의 말씀]
다음 질문에 답하시오.

1. 씨 뿌리는 비유(마음밭 비유)에서 서로 관계가 있는 것끼리 연결하시오(1~20).

1) 길가 •	• 가) •	• a)
2) 돌밭 •	• 나) •	• b)
3) 가시떨기 •	• 다) •	• c)
4) 좋은 땅 •	• 라) •	• d)

가) 기운을 막음
나) 흙이 얇음
다) 결실
라) 새가 먹음

a) 사탄이 말씀을 빼앗아 감
b) 말씀 듣고 받아 100, 60, 30배 결실
c) 세상의 염려, 재리의 유혹
d) 말씀의 뿌리가 없어 넘어짐

2. 다음 구절에 알맞은 제목을 보기에서 찾아 옮겨 쓰시오(21~41).

보기 자라나는 씨 비유 / 풍랑을 다스리신 예수 / 겨자씨 비유 / 비유로 가르치신 예수 / 등불의 비유

1) 21~25 -
2) 26~29 -
3) 30~32 -
4) 33~34 -
5) 35~41 -

제5장 [병자를 고치심]
다음 물음에 답하시오.

1. 다음은 누가 한 말인지, 또는 누구의 행동인지를 보기에서 찾아 쓰시오(1~20).

보기 예수 / 읍내와 여러 마을의 사람들 / 귀신 들렸던 사람 / 귀신 / 귀신 들린 사람

1) 무덤 사이에 거처함. 아무나 쇠사슬로도 맬 수 없음. -
2) 더러운 귀신아 그 사람에게서 나오라.
   -
3) 내 이름은 군대니 우리가 많음이니이다.

-

4) 예수께 그 지방에서 떠나기를 간구함.

-

5) 예수께서 자기에게 어떻게 큰 일 행하신 것을 전파함. -

2. (/) 안의 말 중에서 맞는 것에는 O표, 틀린 것에는 = 로 지우고 해당 절을 쓰시오(21~43).

1) 예수를 보고 발아래 엎드리어(간곡히 / 조금) 구하여 이르되 내 어린 딸이(살게 / 죽게) 되었사오니 오셔서 그 위에 (발 / 손)을 얹으사 그로 (구원 / 건강)을 받아 살게 하소서. - (~ 절)

2) (삼십팔 년을 / 열두 해를) 혈루증으로 앓아 온 한 여자가 있어…… 네 (믿음 / 진실)이 너를 구원하였으니(열심히 / 평안히) 가라. 네 (병 / 죄)에서 놓여 건강할지어다. - (~ 절)

3) 그 아이의 손을 잡고 (달리다굼 / 에바다) 하시니 번역하면 곧 소녀야 내가 네게 말하노니 (일어나라 / 걸어가라) 하심이라. - (절)

마가복음 6~11장 예수님의 사역들

제6장 [열두 제자의 파송]

다음 물음에 간단히 답하시오.

1. 예수의 육신의 형제 이름을 쓰시오(1~6).

-

2. 예수를 배척한 결과는?(1~6) - 거기(고향)서는

3. 보냄 받은 제자들이 한 일 세 가지는?(7~13절 읽고 답은 12~13절에서) -

4. 예수님에 대하여 들은 헤롯과 어떤 이들은 예수님을 누구라고 했나? -

5. 요한이 무슨 말을 해서 옥에 갇히게 되었나?(14~29) -

6. 다음 숫자와 단위를 쓰시오(30~44).

1) 떡을 살 경우 금액 - ( )

2) 바쳐진 떡 - ( ), 물고기 - ( )

3) 남은 것 - ( )

4) 떡을 먹은 사람 - (여자와 아이 외에:)

7. 풍랑 중에 예수님을 유령인가 하며 놀란 근본적인 이유는?(45~56) -

제7장 [정결의식 논쟁]

다음 묻는 말에 답하시오.

1. 다음의 구절이 나온 본문의 절수를 쓰고, 구약의 인용 근거를 보기에서 골라 쓰시오(1~13).

> **보기** 〈출애굽기〉 20:12 / 〈레위기〉 20:9 / 〈이사야〉 29:13.

1) 이 백성이 입술로는 나를 공경하되 마음은 내게서 멀도다(절). -

2) 모세는 네 부모를 공경하라 하고…… (절) -

3) 아버지나 어머니를 모욕하는 자는 죽임을 당하리라 하고…… (절) -

2. 속에서, 곧 사람의 마음에서 나와서 사람을 더럽게 하는 것은?(14~23)

-

3. 다음의 뜻을 간단히 쓰시오. -

1) 고르반(1~23) -

2) 에바다(31~37) -

제8장 [베드로의 신앙고백]

다음 단락들에 나온 단어들과 예수의 말씀을 서로 연결하시오.

1. 1~10 •	• 가) •	• a)
2. 11~21 •	• 나) •	• b)
3. 22~26 •	• 다) •	• c)
4. 27~38 •	• 라) •	• d)

가) 맹인, 침, 안수, 나무 같은 것, 만물
나) 표적, 바리새인의 누룩, 헤롯의 누룩
다) 주는 그리스도, 하나님의 일, 자기를 부인
라) 떡 일곱 개, 생선 두어 마리, 사천 명

a) 나를 누구라 하느냐?
b) 무엇이 보이느냐?
c) 아직도 깨닫지 못하느냐?
d) 떡이 몇 개 있느냐?

제9장 [수난에 대한 예고]
다음 (/) 안의 말에서 맞는 것에는 O표, 틀린 것은 =표 하시오

1. (절) 우리가 초막 셋을 짓되 하나는 (주 / 나)를 위하여, 하나는 (아론 / 모세)를 위하여, 하나는 (엘리야 / 엘리사)를 위하여 하사이다.
2. (절) 문득 둘러보니 아무도 보이지 아니하고 오직(모세 / 예수)와 (엘리야 / 자기들)뿐이었더라.
3. (절) 이르시되 (엘리야 / 엘리사)가 과연 먼저 와서 모든 것을 (회복 / 파멸)하거니와 어찌 (세례 요한 / 인자)에 대하여 기록하기를 많은 (고난 / 영광)을 받고
4. (절) (소망 / 믿음)이 없는 세대여, 내가 얼마나 너희와 (함께 / 따로) 있으며 얼마나 너희에게 (참으리요 / 가르치리요)
5. (절) 이르시되 (기도 / 사랑) 외에 다른 것으로는 이런 유가 나갈 수 (있느니라 / 없느니라)
6. (절) 또 인자가 (사람 / 천사)들의 손에 넘겨져 (죽임 / 살림)을 당하고 죽은 지 (사일 / 삼일) 만에 살아나리라는 것을 말씀하셨기 때문이더라.
7. (절) 누구든지 첫째가 되고자 하면 뭇 사람의 (처음 / 끝)이 되며 뭇 사람을 (섬기는 자 / 지배하는 자)가 되어야 하리라.
8. (절) 너희를 (그리스도 / 교회)에게 속한 자라 하여 (물 / 국) 한 그릇이라도 주면 그가 결코 (상 / 벌)을 잃지 않으리라.

제10장 [베레아에서의 전도사역]
다음에서 틀린 부분에 두 줄을 긋고 맞게 고치시오.

1. 하나님이 짝지어 주신 것을 사람이 나눌 수 있느니라(1~12). -
2. 누구든지 하나님의 나라를 어린아이와 같이 소홀히 여기지 않는 자는 결단코 천국에 들어가지 못하리라(13~16). -
3. 그 사람은 재물이 많은 고로 이 말씀을 인하여 기쁜 기색을 띠고 감사하며 가니라(17~22).
-
4. 나(예수)와 복음을 위하여 집이나 형제나 자매나 어머니나 아버지나 자식이나 전토를 버린 자는 현세에 있어…… 백 배나 받되 핍박만 많이 받고 내세에 영생을 받지 못할 자가 없느니라(23~31).
-
5. 인자가 온 것은 섬김을 받으려 함이 아니라 도리어 섬김을 받고 자기 목숨을 일부 사람의 대속물로 주려 함이니라(33~45). -
6. 예수께서 말씀하여 이르시되 네게 무엇을 하여 주기를 원하느냐? 맹인이 이르되 선생님이여 좋은 집과 돈을 원하나이다(46~52). -

제11장 [예루살렘 입성]
다음은 몇 절에 나오며 누가 한 말인지를 쓰시오.

1. (절) 아무도 타 보지 않는 나귀새끼의 매여 있는 것을 보리니 풀어 끌고 오라. -
2. (절) 나귀새끼를 풀어 무엇 하려느냐? -
3. (절) 호산나 찬송하리로다. 주의 이름으로 오시는 이여 -

4. (절) 기록된 바 내 집은 만민이 기도하는 집이라 칭함을 받으리라. -

5. (절) 무엇이든지 기도하고 구하는 것은 받은 줄로 믿으라. -

6. (절) 무슨 권위로 이런 일을 하느뇨 누가 이런 일할 권위를 주었느냐? -

마가복음 12~16장 예수님의 고난과 부활

제12장 [예루살렘에서의 가르침]

단락의 제목을 보기에서 찾아 적고, 관계 성구에 두 줄을 그으시오.

보기 다윗의 자손 문제 / 납세에 대한 문제 / 첫째가는 계명 / 부활에 대한 질문 / 과부의 헌금 / 서기관들을 조심하라 / 포도원 농부의 비유

1. 1~12 (   ) •   • 가)
2. 13~17 (   ) •   • 나)
3. 18~27 (   ) •   • 다)
4. 28~34 (   ) •   • 라)
5. 35~37 (   ) •   • 마)
6. 38~40 (   ) •   • 바)
7. 41~44 (   ) •   • 사)

가) 건축자들의 버린 돌이 모퉁이의 머릿돌
나) 하나님은…… 산 자의 하나님이시라
다) 모든 사람보다 많이 넣었도다
라) 네가 하나님의 나라에서 멀지 않도다
마) 하나님의 것은 하나님께 바치라
바) 그 받는 판결이 더욱 중하리라
사) 어찌 그의 자손이 되겠느냐

제13장 [종말에 대한 예언]

다음 (   ) 안에 알맞은 말을 찾아 적으시오.

1. (절) 예수께서 이르시되 네가 이 큰 (   )들을 보느냐? (   ) 하나도 (   ) 위에 남지 않고 다 무너뜨려지리라.

2. (절) 너희가 (   )으로 말미암아 모든 사람에게 (   )을 받을 것이나 끝까지 (   )는 (   )을 받으리라.

3. (절) 그 날들은 (   )이 되겠음이라. 하나님이 (   )하신 시초부터 지금까지 이런 환난이 없었고 (   )에도 없으리라.

4. (절) 거짓 (   )들과 거짓 (   )들이 일어나서 이적과 (   )를 행하여 할 수만 있으면 (   )을 미혹하려 하리라.

5. (절) (   )는 없어지겠으나 내 (   )은 없어지지 아니하리라.

6. (절) 그 날과 그 때는 아무도 (   ) 하늘에 있는 천사들도, (   )도 모르고 (   )만 아시느니라.-

제14장 [유월절 만찬]

다음 말이나 행동은 누가 한 것인지를 쓰시오.

1. 민란이 날까 하노니 명절에는 하지말자. -

2. 복음이 전파되는 곳에는 이 여자가 행한 일도 말하여 그를 기억하리라. -

3. 돈을 주기로 약속하니 예수를 어떻게 넘겨줄 기회를 찾더라. -

4. 우리가 어디로 가서 선생님께서 유월절을 잡수시게 준비하기를 원하시나이까? -

5. 이것은 많은 사람을 위하여 흘리는 나의 피 곧 언약의 피니라. -

6. 내가 주와 함께 죽을지언정 주를 부인하지 않겠나이다. -

7. 나의 원대로 마옵시고 아버지의 원대로 하옵소서. -

8. 네가 찬송 받을 이의 아들 그리스도냐? -

9. 너도 나사렛 예수와 함께 있었도다. -

제15장 [십자가 사건]

다음 질문에 간단히 답하시오.

1. 1) 명절에는 어떤 전례가 있었으며

   -

   2) 그에 따라 놓임을 받은 사람은?(6~15)

   -

2. 1) 빌라도는 대제사장들이 예수를 무엇 때문에 넘겨준 줄 알았으며 -

   2) 그럼에도 그는 실제 예수를 어떻게 했는가?(6~15) -

3. 군병들이 브라이도리온이라는 뜰에서 예수님에게 어떻게 했나?(16~20)

   -

4. 구레네 사람 시몬은 무엇을 했나?(21~32)

   -

5. 제 삼시, 육시, 구시를 오늘날의 시간으로 계산하고 그때에 일어난 일이 무엇인지 쓰시오(21~41). - (참고: 성경의 시간을 오늘의 시간으로 계산하려면 대개 6을 더한다)

   1) 삼시(오전 　시) -
   2) 육시(낮 　시) -
   3) 구시(오후 　시) -

6. 예수님을 향하여 섰던 백부장의 고백은 무엇인가?(33~41) -

제16장 [승리의 부활]

다음의 말이 맞으면 O표, 틀리면 X표 하고 틀린 곳을 맞게 고치시오.

1. 여인들이 향품을 가지고 안식일 날 매우 일찍이 무덤으로 갔다.

   (　　) →

2. 무덤에서 흰옷 입은 청년(천사)이 "예수는 살아나셨고 여기 계시지 아니하니라"고 했다.

   (　　) →

3. 부활하신 예수는 야고보의 어머니 마리아에게 제일 먼저 보이셨다.

   (　　) →

4. 열한 제자에게 나타나신 예수는 그들의 큰 믿음과 마음이 담대한 것을 칭찬하셨다.

   (　　) →

5. 예수를 믿는 사람에게 따르는 표적 중에 "병든 사람에게 손을 얹은즉 나으리라"하셨다.

   (　　) →

누가복음 | 복음서 |

Luke

제목에 대한 해설

본서의 헬라어 제목은 '카타 루콘'으로, '누가에 의한'이라는 뜻이며, 후대에 '유앙겔리온(복음)'이 첨가되어 〈누가에 의한 복음서〉 또는 〈누가복음〉으로 불렸다.

저작에 관하여

(1) 저자: 본서는 〈사도행전〉의 저자와 같은 대상인 데오빌로에게 보낸 것과 사도행전(행 1:1)에서 먼저 쓴 저작을 지적했다는 것과 두 책의 언어와 양식, 사상의 연관성이 있다. 그러나 그 저자가 '누가'라는 언급은 없다. 저자가 '누가'이며 그가 바울의 동역자요 의사였다 함은 무라토리 단편에 의한 것이다. 이른바 '사랑하는 의사 누가'(골 4:14, 딤후 4:9~12)를 뜻한다. 본문에서 의학적 언어에 익숙하다는 것이 입증한다. 누가가 '역사가'로 불리기도 하는 것은 1:1~4의 서언, 2:1과 3:1~2, 그리고 〈사도행전〉 전체를 고려하면 이러한 평가는 적절하다.

(2) 수신자: 데오빌로 각하에게 보내어 믿음의 교훈을 전해 주었을 뿐만

아니라 헬라 문화가 지배하던 당시의 세계에 보내진 것이다.

(3) 연대: 본서는 〈마가복음〉이 기록된 후에 기록되었다고 보아야 한다. 마가와 비교할 때 누가는 70년의 예루살렘 함락을 반영하고 있다 (21:20, 24, 19: 43~44). 〈사도행전〉의 저작 시기(90~100년) 이전이어야 하므로 약 80년경(70~90년 사이)으로 본다.

(4) 장소: 팔레스틴 밖이라는 데는 이견이 없으나 그 장소는 가이사랴, 아가야(그리스), 데가볼리, 로마 등 여러 곳이 제시된다. 그 중에서 로마가 지지를 많이 받는다.

특징 및 기록 목적

(1) 〈누가복음〉은 예수님의 생애에 관한 자료 중에 가장 완전한 것을 제공하고 있다. 그는 예수의 생애인 〈누가복음〉과 교회의 시작(기독교의 발단)에 대한 기록인 〈사도행전〉을 동일 인물에게 보내는 글로 기록했다 (눅 1:1~3, 행 1:1~2).

(2) 이방인(1:2, 데오빌로는 이방인)이 파악할 수 없거나 이해할 수 없는 것이라고는 하나도 없다.

(3) 예수를 만민의 구주로, 그의 오심을 전 세계적인 사건으로 각각 보여주고 있다.

시대적 배경

당시는 예수의 시대로부터는 꽤 떨어져 있는 시기이며 거짓 교사들의 출현에 대항하던, 그리고 거짓 그리스도교적 및 가짜 사도적 '비밀 전승들'에 대항하던 시대이다. 즉 그리스도인들이 기초하고 있는 그 전통을 보호하는 일이 긴급하게 요청되던 시기이다. 행 20:29~30, 딤전 1:3~7, 6:3~5, 20~21, 딤후 1:13~14, 4:3~5 같은 구절들을 보면 그리스도인들이 어떤 시대를 맞이하고 있었는지를 감지할 수 있다.

특기사항

(1) '복음(유앙겔리온)'이란 무엇인가?

'좋은 소식', '복된 소식'이라는 뜻이 있는데, 이는 하나님의 아들 예수 그리스도에 관한 기쁜 소식이 네 기자(마태, 마가, 누가, 요한)에 의해 기록되어 전해진 것이다. 신약에는 이 '복음'이란 말이 직접 기록되어 있지는 않으나 이것은 언제나 기쁜 소식으로서 많은 사람이 기록으로 남기려 했으나 실패하는 사람이 많았다(눅 1:1~4). 복음은 하나이지만 성령의 역사로 네 사람에 의하여 네 가지 방법으로 기록된 복음을 통하여 한 그리스도를 만나게 되는 것이다.

(2) 〈누가복음〉은 보편적이다.

〈누가복음〉에서 모든 장벽은 무너지고 예수 그리스도는 차별 없이 만민을 위한 구주로서 소개된다. 〈누가복음〉에 나타난 예수님의 모습이다.

(1) 사마리아 사람에 대하여 닫혀 있지 않다(9: 51~56, 10:30~37, 17:11~19).

(2) 유대인들이 멸시하는 이방인에 대해서 호의를 가진다(4:25~27, 7:9, 13:29).

(3) 가난한 사람들에 대하여 남다른 관심을 가진다(2:24, 7:22, 16:19~31).

(4) 죄인과 버림받은 자들의 친구이다(7:36~50, 18:9~14, 19:1~10, 23:43, 15:11~32).

1
메시아의 탄생 예고
주의 여종이오니 말씀대로

2
예수님의 탄생과 어린 시절
내가 내 아버지 집에 있어야

3
세례 요한의 출현
능력이 많으신 이가 오시나니

4
갈릴리 전도 시작
주의 은혜의 해를 전파

5
제자들을 부르심
네가 사람을 취하리라

6
평지의 설교
인자는 안식일의 주인

누가복음 1~6장

예수님의 출현과 제자를 부르심 (중요구절 눅 4:43)

말씀의 목격자인 저자(누가로 추정)는 데오빌로 각하에게 이 글을 써서 보낸다. 천사가 나타나 사가랴에게는 '요한'을, 마리아에게는 '예수'가 태어날 것을 수태고지(受胎告知)를 한다. 엘리사벳, 마리아, 사가랴의 찬양이 나온다(1장). 예수님께서 베들레헴에서 탄생하신다. 정결 예식의 날에 시므온과 안나의 예언, 그리고 열두 살 때에 성전에서의 일이 소개된다(2장). 세례 요한의 전도와 예수님의 족보(3장), 그리고 광야에서 시험받으신 후 갈릴리 전도를 하시는 모습이 나온다(4장). 예수님은 열두 제자를 택하신다(5장). 예수님의 평지에서의 설교는 산상수훈(마 5~7장)을 연상시킨다(6장).

1. 누가는 다른 사람이 쓴 그리스도의 이야기에 만족하지 않아서인지 "나도"이 글을 쓴다고 하여 개인적인 발견을 강조하고 있다. 또한 "이는 각하가 알고 있는 바를 더 확실하게 하려 함이로라"(1:4). 이것이 바로 〈누가복음〉의 목적이다. 우리가 하나님의 말씀을 배웠다면 확실하게 알고 있어야 하며 이를 다른 사람에게도 전하는 것이 〈누가복음〉의 저자와 같은 자세이다.
2. 아비야 반열의 사가랴는 24제사장 반열 가운데 여덟 번째다. 각 조는 일 년에 두 번씩 일주일 동안 성전 제의를 수행하기 위하여 예루살렘으로 올라갔다(1:7~8, 대상 24:19, 대하 31:2). 분향 제물을 누가 바칠지는(출 30:7) 제비뽑기로 정했다. 일 년에 한두 번 오는 분향하는 일을 사가랴가 맡아 성소에 들어갔으니 명예였고, 또한 아들에 대한 약속까지 받았으니 그가 곧 요한이다(1:13).
3. 우리는 주변 사람들을 잘 인정하지 않으려는 경향을 갖는다. 남모르는 고생과 정열을 바친 그 당사자에 대해 '제 까짓게'라고 함부로 판단하기 쉽다. 예수님도 그런 대접을 받으셨다. 그래서 "선지자가 고향에서는 환영을 받는 자가 없느니라"(4:24)고 말씀하신다. 그러나 소중한 사람은 가까이에 있다.
4. 베드로가 예수님의 무릎아래 엎드려서 "주여 나를 떠나소서. 나는 죄인이로소이다"(5:8)라고 말한 것은 고기를 많이 잡게 해 주셨기 때문

이 아니라 예수님의 말씀을 따르고 은혜를 알았기 때문이다. 은혜를 깨달은 사람의 특징은 먼저 겸손해지는 것이다.

5. 예수님의 오신 목적을 한두 가지로 말하기는 어렵지만 그 중에 하나는 "죄인을 불러 회개시키러 왔노라"(5:32)는 말씀에도 있다. 영혼이 병든 인생의 의사로 오신 예수님은 우리 인생들에게 회개를 요구하신다. 주님의 부르심에 응답하는 사람에게는 사는 길이 열린다.

더 살펴보기

1. 〈누가복음〉의 내용

〈누가복음〉은 예수님의 생애에 관한 자료 중에 가장 완전한 것을 제공하고 있다. 저자는 예수님의 생애인 〈누가복음〉과 교회의 시작(기독교의 발단)에 대한 기록인 〈사도행전〉을 동일 인물인 로마 사람 데오빌로 각하에게 보내는 글로서 이방인이 파악할 수 없거나 이해할 수 없는 내용이 들어 있지 않다.

내용분해
1~2장 – 인자의 출현
3장~4:13 – 공생애 준비
4:14~9:50 – 예수님의 사역
9:51~19:27 – 배척받으심
19:28~24장 – 고난과 부활

2. 헤롯 대왕(눅 1:5)

세례 요한의 출생 사건을 말하기 위하여 그의 아버지 사가랴 제사장을 말하려고, "유대 왕 헤롯 때에"라고 했다. 여기서 헤롯은 '헤롯 대왕'으로 주전 37년부터 주전 4년까지 전 이스라엘을 통치한 왕이다. 또한 '유대'란 팔레스틴(갈릴리 - 사마리아 - 유대)에서 남부 지역이 아니라 이스라엘 나라 전체를 의미한다.

〈누가복음〉은 '보편적인 복음'이다.
〈누가복음〉은 보편적이다. 모든 장벽은 무너지고 예수 그리스도는 만민을 차별하지 않는 존재로서 소개된다.

〈누가복음〉에 나타난 예수님을 다음과 같이 정리할 수 있다.

(1) 사마리아 사람에 대하여 닫혀 있지 않다(9:51~56, 10:30~37, 17:11~19).
(2) 유대인들이 멸시하는 이방인에 대해서 호의를 가진다(4:25~27, 7:9, 13:29).
(3) 가난한 사람들에 대하여 남다른 관심을 가지신다(2:24, 7:22, 16:19~31).
(4) 죄인과 버림받은 자들의 친구이다(7:36~50, 15:11~32, 18:9~14, 19:1~10, 23:43).

3. 〈누가복음〉은 '찬양의 복음'이다

(1) 〈누가복음〉에서 하나님을 찬양하는 구절은 신약성경의 세 복음서에서 나오는 횟수를 전부 합한 것보다 더 많다. 이 찬양은 교회가 그 전 세대를 통해서 노래한 세 가지 위대한 찬송, 즉 ① 마리아의 송가(1:46~55), ② 사가랴의 송가(1:68~72), 그리고 ③ 시므온의 송가

가브리엘 천사(우측)
마리아에게 수태를 알리는 가브리엘 천사(눅 1장)의 모습을 담은 동상이다. 나사렛의 수태고지(受胎告知)교회의 뜰에 있다.

(2:29~32)에서 절정에 이르고 있다. 〈누가복음〉에는 마치 하늘의 광채가 지상의 사물에 닿는 것처럼 아름다운 광채가 깃들여져 있다.

(2) '마리아의 송가(찬양)'(1:46~52)는 '미리암의 송가'(출 15:20~21), '한나의 송가'(삼상 2:1~10)와 함께 여인의 삼대 송가로서 '마그니피카트'라 하여 유명하다. 스탠리 존스(Stanley Jones)는 마그니피카트(Magnificat)를 혁명적인 문서라 하였는데 이 이름은 라틴어 가사의 첫째 줄 "Magnificat anima mea Dominum(내 영혼이 주님을 찬양합니다)"의 첫 단어를 따온 것이다.

(3) 주석가 버클레이는 마리아는 세 가지 혁명을 말하고 있다고 분석했다. 즉 ① 도덕적 혁명 : "마음의 생각이 교만한 자들을 흩으셨고", ② 사회적 혁명 : "권세 있는 자를 그 위에서 내리치셨으며 비천한 자를 높이셨고", ③ 경제적 혁명 : "주리는 자를 좋은 것으로 배불리셨으며 부자는 빈 손으로 보내셨도다"(1:51~53).

누가복음 7~12장

제자 파송과 기도 (중요구절 눅 12:12)

많은 이적과 기사를 통하여 병든 자를 고치시고 죽은 자를 살리시며, 죄를 사해 주시는 하나님의 아들로서의 모습을 드러낸다(7~8장). 예수님은 열두 제자를 파송 하신다. 첫 번째 수난 예고가 나오며 예수님을 반대하는 무리들도 많아진다(9장). 예수님은 칠십 인을 파송하신다. 선한 사마리아인의 비유는 〈누가복음〉에만 나온다(10장). 제자들에게 기도를 가르치시고, 반대자들과 바리새인들을 책망하신다(11장). 어리석은 부자의 비유, 먹고 입는 것보다 더 중요한 것이 무엇인지와 종말에 대한 말씀을 하신다(12장).

1. 막달라 마리아, 요안나, 수산나, 다른 여자가 함께 하여 "자기들의 소유로 그들을 섬기더라"(8:1~3)고 했는데, 섬김이란 남의 것으로 하는 것이 아니라 자기의 것으로 섬기며 손을 벌려 베푸는 것이다. 이러한 자에게는 하나님께서 갚아 주신다(빌 4:16~19).
2. 신앙은 이론만이 아니라 체험으로 이어져야 생명력 있는 신앙이 된다. 예수님은 율법사에게 "이를 행하라. 그러면 살리라…… 가서 너도 이

와 같이 하라"(10:28, 37) 하셨고 "하나님의 말씀을 듣고 지키는 자가 복이 있느니라"(11:28) 하셨다. 행위가 따라야지 말로는 무엇을 못하겠는가? (약 2:14~20)

3. 〈누가복음〉은 기도에 관한 많은 모습을 보여 준다. '한밤중에 찾아 온 친구의 비유'(11:5~13)에서 "비록 벗됨으로 인하여는 일어나서 주지 아니할지라도 그 간청함을 인하여" 떡을 주게 되는 경우처럼 '간청하는 기도'를 가르치신다. '불의한 재판관의 비유'(18:1~8)에서도 과부의 끈질긴 요구를 결국 듣게 되듯, 우리가 "항상 기도하고 낙심하지 말아야 할 것"(18:1)을 가르쳐 주셨다.
4. 더러운 귀신이 사람에게서 나갔다가 귀신 일곱을 데리고 다시 들어가서 거하니 그 사람의 나중 형편이 전보다 더 심하게 되었다(11:24~26). 문제는 "청소되고 수리"되었으나 예수로 채워지지 않았기에 귀신의 거처가 다시 되었다. 구원받은 사람이 술, 도박, 불건전한 모임을 끊고서 많은 시간이 생겼으나 할 일이 없어지면 옛날을 추억하게 된다. 교회는 일 할 수 있는 '꺼리'를 만들어 주어야 한다.
5. "이것도 행하고 저것도 버리지 말아야 할지니라"(11:42) 즉 십일조도 하고 공의와 하나님께 대한 사랑도 해야 함을 가르치신다. 어느 한쪽에 절대적인 가치를 두고 몰입하면 마치 한 쪽 날개를 잃은 새처럼 균형 감각을 잃어버리는 문제가 있다. 온전한 십일조를 실천하는가? 공의를 행하는가? 하나님을 사랑하는가? 이것도 저것도 다 귀한 일이므로 모두 행하고 버리지 말아야 할 가치이다.

더 살펴보기

1. 열두 제자의 파송(눅 9:1~6)

(1) 열두 제자들이 예수님의 특별한 파송을 받는 것은 그들에게 부여된 '사도'의 칭호에 상응한 것이다. 이미 예수님께서 "그 제자들을 부르사 그 중에서 열둘을 택하여 사도라 칭하셨으니"(6:13)라 하였다.

7
병든 자 치료, 죽은 자 살림
청년아, 일어나라

8
씨 뿌리는 비유
듣고 지키어 인내로 결실

9
제자파송, 수난 예고
너희는 나를 누구라 하느냐

10
칠십 인 제자 파송
추수할 일꾼들을 보내 주소서

11
기도에 대한 가르침
그 간청함을 인하여

12
미래에 대한 경고
너희도 준비하고 있으라

(2) 제자들을 보내심은 '하나님 나라의 전파', '앓는 자를 고치게 하려'(9:2)는 분명한 방향이 있다. 파송 받은 제자들의 태도는 철저한 정신적 무장에 비하여 물질적으로는 빈곤이 뚜렷한 대조를 이룬다. 심지어 유대인들의 필수품인 '지팡이 하나'(9:3)라도 금하는 정도였다.

2. 〈누가복음〉은 '기도의 복음'

〈누가복음〉은 주님의 생애의 중요한 시점에서 한결 같이 기도에 임하시는 예수님을 보여 주고 있다. 즉 세례 받으실 때(3:21), 바리새인과 충돌을 앞두고(5:16), 열두 사도를 택하시기 전(6:12), 자신의 죽음에 대하여 처음 예고하시기 전(9:18), 변화 산에서(9:29), 십자가 상에서(23:34), 베드로가 받을 시험을 위하여 (22:32) 기도하신다. 또한 한밤중에 찾아온 친구의 비유(11:5~13), 불의한 재판관의 비유(18:1~8)로서 기도를 가르치고 있는 것은 〈누가복음〉 뿐이다.

3. 예수님 시대의 여러 종파들(〈누가복음〉에서는 6:2, 6:15, 7:36~47을 찾아보라.)

분파명	기 원	특 징	예수님과 합치점	예수님과 불일치점	관련성경
바리새파 (Phariaee)	하시딤(Hasidim)이라 일컬어진 경건한 무리들로서 그 기원은 주전 2세기(마카베오 시대)경으로 추정(그 뿌리는 에스라 시대까지 연결됨)	• 율법과 유대 전통에 철저했던 자들 • 유대의 여러 종교 분파 가운데 주류 • 회당 문화에 영향력 행사	• 율법 존중 • 죽음에서의 부활을 믿음 • 하나님의 뜻에 철저히 복종	• 예수의 무흠과 메시아성을 믿지 않음 • 자신들의 유전과 전통을 파기한 자로 매도	마 5:20, 23:1~36 눅 6:2, 7:36~47
사두개파 (Sadducess)	하스모니아(Hosmonean)시대(주전 166~163)로 추정. 그 명칭은 솔로몬시대의 사독에게서 유래(삼하 8:17). 주후 70년 예루살렘 멸망과 함께 사라짐	• 부유한 기득권층, 유대 제사장 계급을 독점 • 모세 오경만을 인정 • 성전 장사들에게서 금품착취 • 바리새파와 함께 유대공회의 양대 세력	• 모세 오경과 성전 등을 광의적 측면에서의 해석	• 부활사상을 거부 • 성전을 상품 교환 및 장사의 장소로 사용하는 것을 용인함	마 3:7, 16:11,12 막 12:18 눅 20:27 행 23:8
서기관 (Scribes)	바벨론 포로 당시 율법 연구 및 복사를 전문적으로 하는 무리들의 필요로 생겨남	• 전문적인 율법 해석자들 • 전통 고수 및 창출자들 • 바리새인들이 주축을 이룸	• 율법 존중 • 하나님께 철저히 순종함	• 율법을 재해석하신 예수의 권위 부정 • 전통을 부정했다며 예수님의 메시아성 거부	마 7:29 막 2:6,16 마 23:1~36

헤롯당 (Herodian)	헤롯 왕조의 출현 때에 점차 세력화된 무리들로서 특히 헤롯 안디바 시절에 그 위세를 떨침	• 헤롯왕의 적극 지지자들로서 정치적 세력을 형성한 편당	• 거의 전무 • 복음서 내에서는 대부분 예수 살해 의도만 묘사	• 예수를 정치적 견제 세력으로 간주 • 로마로부터 자신들의 실추된 세력을 회복하려는 큰 야망의 거침돌로서 예수를 적대시함.	마 22:16 막 3:6, 12:13
열심당 (Zealots)	헤롯대왕 당시(주전 6년경)에 조직되어 주후 73년 마사다(Massada) 항전 때까지 존속함	• 이스라엘 내의 로마통치를 몰아내고자 결성된 극단적인 민족주의자들	• 메시아 존재는 믿었으나 예수가 하나님께로부터 보냄을 받은 그 분임을 부인함	• 로마 압제로부터 이스라엘을 회복할 위대한 지도자라는 정치적 메시아상을 고집함	마 10:4 눅 6:15 행 1:14
엣세네파 (Essenes)	원래는 하시딤 곧 바리새파에 속했다가 분리된 것으로 추정 (마카베오상 2:42, 7:13), 경건을 추구하는 무리로서 마카베오 시대 (주전 165~155) 때 수리아 왕조에 대항해 은둔과 세속 분리를 목적으로 조직	• 금욕적이고 분리주의적인 유대 종파 • 개인적 경건 훈련 및 각종 정결 예식 강조 • 세례 요한을 엣세네파로 추정함	• 공의와 정직과 선행 및 공동체 생활을 추구함	• 엄격한 규율에 따라 수행하며 정결 예식을 최상의 의(義)로 간주	마 9:14 눅 5:33참고

누가복음 13~18장

비유와 가르침 (중요구절 눅 17:10)

천국의 비유와 예루살렘의 멸망에 대한 예고를 하신다(13장). 잔치에 청함을 받은 자가 오지 않으므로 길과 산울타리 가에서 사람을 강권하여 채우는 비유를 통하여 이방인의 구원을 보여 준다. 또한 예수님의 제자가 되는 자세를 가르쳐 주신다(14장). 하나님은 잃은 영혼 찾음을 기뻐하신다. 잃었다 찾은 기쁨에 관한 세 편의 가장 아름다운 이야기는 감동적이다(15장). 불의한 청지기 비유, 부자와 나사로의 비유를 통하여 바른 물질관을 가르치신다(16장). 끝없는 용서에 대한 가르침, 인자의 날에 대한 예고(17장), 그리고 비유를 통하여 기도에 대한 가르침, 세 번째 수난 예고를 말씀하신다(18장).

1. 〈누가복음〉 15장은 '잃었다가 찾은 기쁨' 세 가지(양, 은전, 아들)를 말해주는 아름다운 이야기이다. 잃었다 찾은 기쁨은 잔치로 이어졌다. 우리가 한 영혼을 구원하여 죄인 한 사람이 회개하는 놀라운 이 일은 하나님이 기뻐하시고 또한 성도가 사명을 감당하는 일이기도 하다.
2. "하나님의 나라는 너희 안에 있느니라"(17:21) 하셨는데 너희 안의 의미는 무엇인가? ① 이 말씀을 하시는 예수님께서 사람들 가운데

(among) 계시므로 그 자체가 하나님의 나라이다. ② 말씀을 듣는 너희 자신 안에(within), 즉 주님으로 인한 내부의 인간 혁명을 말한다. 하나님의 나라는 이미 임했고 우리가 이루어 가며 미래에 이를 곳이다. 우리 가운데 계신 주님과 함께 하나님의 나라를 세워 나간다.

3. 감사하는 마음은 아름답고 그 자체가 더 큰 복으로 이어진다. 열 명의 나병환자가 고침을 받았으나 "그 중의 한 사람이…… 예수의 발아래에 엎드리어 감사하니 그는 사마리아 사람이라"(17:15~16). 예수님께서 이 사람에게 "일어나 가라. 네 믿음이 너를 구원하였느니라"(17:19) 하셨다. 육신과 함께 영혼의 구원을 얻었다. 아홉 명의 그냥 가버린 사람이 아닌, 진정 감사하는 사람에게는 보너스가 더 주어진다.

더 살펴보기

1. 예루살렘의 멸망 예고(눅 13:34~35)

(1) 예수님은 예루살렘을 보시며 "예루살렘아 예루살렘아 선지자들을 죽이고 네게 파송된 자들을 돌로 치는 자여"라며 유대인의 역사적인 죄를 지적하셨다. 사형은 성 밖에서 행하여졌고 두 명 이상의 증인이 필요했다(신 17:6). 돌로 쳐 죽이는 행위는 가장 저주받은 형벌이며, 회중이 참가하는 공개 처형법이다. 이러한 형을 선지자들과 복음 전도자들에게 집행한 것은 곧 진리를 대적하였던 것이며, 그래서 예수님은 예루살렘의 멸망을 예고하셨다.

(2) 히브리 사회에 있어서 돌로 쳐 죽이는 형벌은 ① 우상숭배, 일월성신(日月星辰)을 섬길 때(신 17:2~17), ② 우상을 섬기도록 유혹할 때(신 13:6~11), ③ 신성모독을 할 때(레 24:14~23, 왕상 21:10~15), ④ 몰렉에게 자식을 바칠 때(레 20:2~5), ⑤ 신접하거나 박수가 된 때(레 20:27), ⑥ 안식일을 범할 때(민 15:32~36), ⑦ 간음 행위를 할 때(신 22:21~24), ⑧ 아들이 부모에게 복종하지 않을 때(신 21:18~21), ⑨ 하나님께서 금하신 물건을 속여 탈취하였을 때(수 7:25), ⑩ 소가 사람

을 죽였을 때(출 21:28~32) 등이다. (강병도,《QA성경연구시리즈, 누가복음》)

2. 부자와 나사로 비유 분석(눅 16:19~31)

이 비유는 직접적인 표현보다는 상황을 통해 말하므로 한 마디의 단어에도 신중을 기해야 한다. 그렇지 않으면 추측으로 해석을 해서 부자는 하나님을 믿지 않았고, 거지 나사로는 가난했으나 하나님을 믿고 소망을 가졌다는 본문에도 없는 말을 덧붙여 자의적인 해석을 하는 오류를 범하기 쉽다.

(1) 부자(디베스) - 고가의 자색 옷과 고운 베옷을 입었고(극도의 사치), 날마다(육 일 동안 일하고 칠 일째에는 안식일을 지켜야 했음에도), 연락(宴樂, 이국적이고 값진 요리로 흥청)을 하였다. 고대에 음식은 손으로 먹었는데, 부유층은 두껍게 썬 빵 덩어리에 손을 닦아 버렸기에 나사로는 이것을 기다렸다.

(2) 나사로(뜻: 하나님은 나의 도우심) - 거지이며 부자의 상에서 떨어지는 부스러기(손을 닦은 빵 덩어리 같은)로 연명했으며, 몸의 헌데를 핥는 들개를 쫓을 힘도 없었다.

(3) 죽은 후 - 거지는 죽어서 아브라함의 품에, 부자는 음부(지옥)에서 고통 중에 있었다. 부자의 죄는 무엇인가? 나사로를 자기 집에서 나가라고도 하지 않았고 빵을 주워 먹지 못하게 하지도 않았다. 의도적으로 나사로를 학대하지 않았으나 단지 부자는 나사로가 고통과 굶주림에 시달리고 있어도 자연스럽고 당연한 것으로 여겼지 그에게 관심을 갖고 그를 위한 조치를 취하지 않았다. 즉 부자는 나쁜 짓을 한 것 때문이 아니라 약자를 향해 아무것도 행하지 않은 죄가 있는 것이다. (버클레이《누가복음》주석)

예루살렘이 내려다 보이는 눈물교회

예수님께서 우시며 예루살렘의 멸망을 내다보며 기도한 곳에 세워진 감람산의 눈물 교회로서 지붕이 눈물이 흘러내리는 모습이다(눅 13:34).

〈누가복음〉에 나타난 예언의 성취

①동정녀 탄생 (사 7:14→눅 1:26~35),
②탄생의 시각(단 9:25→눅 2:1~7),
③베들레헴 탄생 (미 5:20→눅 2:4~7),
④여자의 후손(창 3:15→눅 2:5~7),
⑤성령이 임함(사 61:1→눅 4:18),
⑥유다 지파의 후손 (창 49:10→눅 3:33),
⑦아브라함에게 약속된 자손 (창 12:3, 18:18→눅 3:34),
⑧야곱에게 약속된 자손 (창 28:14, 민 24:17→눅 3:34),
⑨유대인의 배척 (시 2:2, 사 53:2→눅 4:29),
⑩죄인들과 함께 못 박힘 (사 53:12→눅 23:33~34),
⑪원수를 위해 기도함 (시 109:4, 사 53:12→눅 23:34),
⑫부활(시 16:10→눅 24:36~38),
⑬승천(시 68:18→눅 24:50~51).

19
예루살렘 입성
내 집은 기도하는 집이라

20
예루살렘에서의 논쟁
내 사랑하는 아들을 보내리니

21
예루살렘 파멸 예고
돌 하나도 돌 위에 남지 않고

22
체포되신 예수님
유월절 먹기를 원하고

23
십자가에 못 박히심
내 영혼을 아버지 손에

24
부활하신 예수님
살아나셨느니라

누가복음 19~24장

예수님의 고난과 부활 (중요구절 눅 22:42)

나귀 새끼를 타시고 예루살렘 성에 입성하시므로 고난을 향해 한 걸음 더 다가가셨다. 성전을 청결하게 하신다(19장). 예루살렘에 입성(19:28~40)하신 예수님 앞에 마지막 한 주간의 숨 막히는 사건들이 전개된다. 성전에서 논쟁을 통한 말씀으로 백성들을 가르치신다(20장). 예루살렘 성전 파멸과 재난에 대한 예언을 하신다(21장). 가룟 유다는 예수님을 배반한다. 예수님은 제자들과 유월절 최후의 만찬을 하시고 감람산에서 기도하신 후에 체포되신다(22장). 심문을 받으시고 십자가에 못 박히시며 장사 지낸 바 되신다(23장). 그러나 죽음의 권세를 깨뜨리시고 부활하신다(24장).

1. 예수님은 가난한 과부의 두 렙돈 헌금하는 것을 보시고 "이 가난한 과부가 다른 모든 사람 보다 많이 넣었도다"(21:3)고 칭찬 하셨다. 가난한 중에서 전부를 넣었기 때문이다. 액수는 많아도 온전한 십일조를 드리지 못하는가 하면 가난한 자가 문병 온 분들의 위로금에서 온전한 십일조도 드린다.
2. 예수님의 경계에도 불구하고 이단자들의 미혹에 넘어가는 성도들은 계속 있어 왔다. "내 이름으로 와서 이르되 '내가 그라'하며 '때가 가까이 왔다'하겠으나 그들을 따르지 말라"(21:8)고 하셨다. 이처럼 거짓 예수들, 거짓 때(시기)에 대한 미혹에 빠지지 말아야 한다.
3. 어떤 습관은 사람을 나쁜 쪽으로 어떤 습관은 좋은 쪽으로 이끌고 간다. 예수님은 기도하는 습관을 가지셨다. "예수께서 나가사 습관을 따라 감람 산에 가시매…… "(22:39)라며 좋은 모범을 우리에게 보이신다. 잘못된 습관을 버리고 좋은 습관을 잘 살리면 더 나은 미래가 약속된다.
4. 예수님의 십자가 사건을 통하여 몇 사람들의 두드러진 모습을 보게 된다. 베드로는 '큰소리 쳤으나 예수님을 부인'했고(22:33, 54~62), 백부장은 "이 사람은 정녕 의인이었도다"(23:47)하며 신앙고백을 한다. 공회 의원 아리마대 사람 요셉은 그 살벌한 분위기 속에서도 '예수님의 시체를 달라 하여 장사하는 용기와 자신의 무덤을 제공하는 헌신'(23:50~53)을 한다. 나라면 어떻게 했을까?

5. 낙담하여 엠마오로 향하던 제자들은 "눈이 가리어져서"(24:16) 동행하는 예수님을 알아보지 못했으나, 예수님께서 떼어 주시는 떡을 먹고 "눈이 밝아져"(31절) 예수님을 알아보았다. "성경을 풀어 주실 때에 마음이 뜨겁지 아니하더냐"(32절), 뿐만 아니라 "그들의 마음을 열어 성경을 깨닫게"(45절) 하셨다. 생명의 떡이신 예수님(요 6:35)의 말씀을 듣고 눈을 뜨고 마음이 열려야 한다.

사마리아인들의 유월절 행사
예수님은 유월절 양으로 우리에게 오셨다(눅22:19~20). 사진은 사마리아인들이 유월절 행사를 위하여 양을 잡는 모습이다.

더 살펴보기

1. 열 므나 비유의 역사적 배경(눅 19:11~27)

이 비유는 실제의 역사적 사건에 근거한 이야기이다. 어떤 왕이 왕위를 받으려 떠나고 그 적대자들은 그가 왕위를 받지 못하도록 저지하기 위해서 전력을 다했다는 것이 그 배경이다. 헤롯 대왕이 주전 4년에 죽었을 때에 그는 자기 왕국을 헤롯 안티파스와 헤롯 빌립, 아켈라오에게 분할해주었다. 그 분할을 성립시키는 데는 팔레스틴의 대군주인 로마 정부에 의한 인준이 필요했다. 유대 지방을 분할 받은 아켈라오는 황제 아우구스투스에게 유산의 영토에 들어가는 허가를 청원하기 위해 로마에 갔다. 이때에 유대인들은 그가 왕이 되는 것을 원치 않음을 알리기 위해서 로마로 50명의 사절단을 보냈다. 사실상 아우구스투스는 그에게 실제적인 왕의 칭호는 주지 아니하고 그의 유산은 인정해 주었다. 유대에 사는 사람은 누구나 예수님의 이 비유를 듣고 역사적 상황을 상기했을 것이다. (버클레이, 《누가복음 주석》)

십자가 위의 일곱 말씀 : 가상칠언(架上七言)

(1) "아버지 저들을 사하여 주옵소서 자기들이 하는 것을 알지 못함이니이다"(눅 23:34).

(2) "내가 진실로 네게 이르노니 오늘 네가 나와 함께 낙원에 있으리라"(눅 23:43).

(3) "여자여 보소서 아들이니이다. … … 보라 네 어머니라"(요 19:26~27).

(4) "나의 하나님, 나의 하나님, 어찌하여 나를 버리셨나이까"(마 27:46).

(5) "내가 목마르다"(요 19:28).

(6) "다 이루었다"(요 19:30).

(7) "아버지여 내 영혼을 아버지 손에 부탁하나이다"(눅 23:46).

※성경 첫 글자: 눅눅요마요요눅

2. 확인되지 않았으나 통상적으로 사용하는 말들

(1) 동방박사들은 세 명이다? - '박사들(마기)'이라고 복수를 사용했으므로 둘 이상이며, 셋이라 말함은 세 가지 예물(황금, 유향, 몰약)을 드렸기 때문에 그렇게 추측한 것이다(마 2:1~12). 또한 찬송가 제목에서도 "동방박사 세 사람"이라 했다(《새찬송가》는 "동방에서 박사들"로 수정, 116

십자가에 달리신 예수님
예수님의 십자가 현장에는 여인들도 함께했다(눅 23:27). (바티칸의 사도박물관 소장 성경 삽화, 1492~1503)

장).

(2) 오른쪽의 강도는 회개했다? - 행악자가 예수님의 우편과 좌편에 있더라 했다. 그중에 누가 "예수여 당신의 나라에 임하실 때에 나를 기억하소서"라고 했는지는 알 수 없으나 통상적으로 '오른쪽'을 긍정적으로 표현하는 관습에 의해 오른쪽의 강도가 회개했다고 말해 왔다(눅 23:32~33, 39~43).

(3) 예수님의 생애는 33년이다? - 예수님은 "삼십 세쯤"(눅 3:23) 사역을 시작하셨다. '3년간'에 대한 해석은 매년 지키는 '유월절'을 기준으로 삼는다. 공관복음에는 십자가 사건을 앞두고 1번씩만 나오지만, 〈요한복음〉에는 3번 나오는 것(2:13, 6:4, 11:55)에 근거해서 3년간 활동한 것으로 계산한다.

B I B L E

성경 질문지

누가복음 1~6장 예수님의 출현과 제자를 부르심

제1장 [메시아의 탄생 예고]
다음 물음에 답하시오.

1. 복음서 저자(누가)가 데오빌로 각하에게 이 글을 써서 보내는 이유는?(1~4)
   - 이는 ~

2. 사가랴에 대하여(5~7) -
   1) 신분:
   2) 아내는 누구 자손:
   3) 아내 이름:
   4) 자녀: 5) 나이:

3. 태어날 아기 '요한'은 어떤 인물이라 했는가?(8~17 읽고 답은 15~16절에서만)
   -

4. 잉태의 소식을 전해준 천사의 이름은 무엇이며, 그의 직무는?(18~25 읽고 답은 19절에서)
   -

5. 제사장 사가랴가
   1) 벙어리가 된 이유는? (18~25) -
   2) 언제 말을 다시 하게 되었는가?(57~66)
   -

6. 천사는 마리아가 잉태하여 낳을 아들 '예수'에 대해 어떻게 말했는가?(26~38 읽고 답은 32~33절로) -

7. 다음 노래(찬양)가 나온 절수와 말한 자는?(39~56, 67~80)

보기 엘리사벳, 마리아, 사가랴

1) (절,) 주리는 자를 좋은 것으로 배불리셨으며 부자는 빈손으로 보내셨도다.
2) (절,) 주의 백성에게 그 죄 사함으로 말미암는 구원을 알게 하리니
3) (절,) 이제 후로는 만세에 나를 복이 있다 일컬으리로다.
4) (절,) 아이가 내 복중(腹中)에서 기쁨으로 뛰놀았도다.
5) (절,) 우리를 위하여 구원의 뿔을 그 종 다윗의 집에 일으키셨으니

제2장 [예수의 탄생과 어린 시절]
누구의 말이나 행동(설명)인지 그 이름(또는 신분)을 쓰시오.

1. 천하로 다 호적하라. -

2. 갈릴리 나사렛 동네에서 유대를 향하여 베들레헴이라 하는 다윗의 동네로…… 호적하러 -

3. 해산할 날이 차서 첫아들을 낳아 강보로 싸서 구유에 뉘었으니…… -

4. 무서워하지 말라. 보라 내가 온 백성에게 미칠 큰 기쁨의 좋은 소식을 너희에게 전하노라. -

5. 높은 곳에서는 하나님께 영광이요. 땅에서는 하나님이 기뻐하신 사람들 중에 평화로다. -

6. 베들레헴으로 가서 주께서 우리에게 알리신 바 이 이루어진 일을 보자. -

7. 이는 이스라엘 중 많은 사람을 패하거나 흥하게

하며 비방을 받는 표적이 되기 위하여 -

8. 이 사람이 성전을 떠나지 아니하고 주야로 금식하며 기도함으로 섬기더니…… -

9. 아기가 자라며 강하여지고 지혜가 충만하며 하나님의 은혜가 그의 위에 있더라. -

10. 내가 내 아버지 집에 있어야 될 줄을 알지 못하셨나이까? -

제3장 [세례 요한의 출현]

서로 관계가 있는 말씀을 연결하시오.

1. 디베료 황제 •	• 가)
2. 본디오 빌라도 •	• 나)
3. 헤롯 •	• 다)
4. 빌립 •	• 라)
5. 루사니아 •	• 마)
6. 요한 •	• 바)
7. 선지자 이사야 •	• 사)
8. 무리에게 •	• 아)
9. 세리들에게 •	• 자)
10. 군인들에게 •	• 차)
11. 능력 많으신 이 •	• 카)
12. 헤로디아의 일 •	• 타)
13. 예수의 가르침 •	• 파)
14. 그 위는 아담 •	• 하)

가) 유대의 총독
나) 갈릴리의 분봉 왕
다) 통치한 지 15년
라) 아빌레네의 분봉 왕
마) 이두래와 드라고닛 분봉왕
바) 회개의 세례를 전파
사) 주의 길을 준비하라
아) 독사의 자식들아
자) 강탈하지 말라
차) 성령과 불로 세례를 베푸심
카) 부과된 것 외에는 거두지 말라
타) 그 위는 하나님이시니라
파) 삼십 세쯤 되시니라
하) 요한을 옥에 가둠

제4장 [갈릴리 전도 시작]

다음 각 단락의 제목으로 적합한 것을 보기에서 골라 쓰시오.

보기 다른 동네들에서도 전도 / 귀신들린 사람 고침 /갈릴리 전도 / 나사렛에서의 배척 / 마귀의 시험 / 온갖 병자들 고침

1. 1~13 -
2. 14~15 -
3. 16~30 -
4. 31~37 -
5. 38~41 -
6. 42~44 -

제5장 [제자들을 부르심]

다음 (   ) 안을 채우고 이 말은 누가 → 누구에게 했는지를 쓰시오.

1. (절) 깊은 데로 가서 그물을 내려 (   )를 잡으라. (→   )

2. (절) 주여 나를 떠나소서. 나는 (   ) 이로소이다. (→   )

3. (절) 오직 하나님 외에 누가 능히 (   )를 사하겠느냐? - (   )의 의논.

4. (절) 내가 의인을 부르러 온 것이 아니요. (   )을 불러 회개시키러 왔노라.

(→   )

5. (　　　절) 새 포도주는 (　　　　)에 넣어야 할 것이니라. (　　　　→　　　　)

제6장 [안식일의 주인, 평지의 설교]
다음 물음에서 맞는 것에 O표하거나 답을 하시오.

1. 바리새인들이 "안식일에 하지 못할 일을 하느냐" 라는 말을 왜 했는가?
   1) 남의 밀을 먹었기 때문이다.(　　　)
   2) 안식일을 범했다고 생각했기 때문이다. (　　　)
2. 서기관과 바리새인들이 예수님을 고발할 증거를 찾는 것은?
   1) 의료행위 문제 (　　　)
   2) 안식일 문제 (　　　)
3. 열두 제자 이름을 쓰시오.(12~16) -

4. 다음 〈누가복음〉의 '평지복음'이 '산상보훈'(마 5~7장)의 어느 절과 같은 지(유사) 절수를 쓰시오.
   1) (6:　　　) 가난한 자는 복이 있나니 하나님의 나라가 너희 것임이요.(마 5:1~12 /　　절)
   2) (6:　　　) 남에게 대접을 받고자 하는 대로 너희도 남을 대접하라.(마 7:1~12 /　　절)
   3) (6:　　　) 어찌하여 형제의 눈 속에 있는 티는 보고 네 눈 속에 있는 들보는…… (마 7:1~6 /　　절)
   4) (6:　　　) 듣고 행하지 아니하는 자는 주추 없이 흙 위에 집 지은 사람과 같으니.(마 7:20~27 /　　절)

누가복음 7~12장 제자 파송과 기도

제7장 [병든 자, 죽은 자를 살리심]
다음 말씀의 단락과 제목으로 적합한 것을 보기 1, 2에서 골라 쓰시오.

보기1 1) 1~10 / 2) 11~17 / 3) 18~23 / 4) 24~35 / 5) 36~50

보기2 백부장의 종을 고치심 / 용서받을 죄 많은 여인 / 세례 요한이 보낸 사람들/ 세례 요한에 대한 예수의 증언/ 살아난 과부의 아들

1. (36~50절) 사함을 받은 일이 적은 자는 적게 사랑하느니라. - 용서받은 죄 많은 여인
2. (　　　　절) 하나님의 나라에서는 극히 작은 자라도 그보다 크니라. -
3. (　　　　절) 오실 그 이가 당신이오니이까? 우리가 다른 이를 기다리오리이까? -
4. (　　　　절) 이스라엘 중에서도 이만한 믿음은 만나보지 못하였노라. -
5. (　　　　절) 청년아, 내가 네게 말하노니 일어나라. -

제8장 [씨 뿌리는 비유, 거라사의 광인]
다음 물음에 간단히 답하시오.

1. 예수님의 복음전파에 함께 하여 자기들의 소유로 섬겼던 여인들은?(1~3) -
2. 다음 비유의 뜻을 그 결과만 간단히 설명하시오 (4~15).
   1) 씨 -
   2) 길 가에 있다 -
   3) 바위 위에 있다 -
   4) 가시떨기에 떨어졌다 -
   5) 좋은 땅에 있다 -
3. 바람과 물결을 꾸짖어 잔잔하게 하신 예수님께 대하여 배에 있던 사람들의 말은?(16~25)

   -
4. 귀신 들린 사람에 대하여 다음 물음에 답하시오

(26~39).

1) 거하는 곳 -

2) 예수께서 귀신에게 명하신 말씀은? -

3) 귀신의 이름이 군대인 이유는? -

4) 귀신 나간 사람이 성내에서 한 일은? -

5. 회당장 야이로가 예수님의 발아래 엎드려 자기 집에 오시기를 간구한 이유는?(40~42)

-

6. "딸아 네 믿음이 너를 구원하였으니 평안히 가라"는 말은 누구에게 한 것인가?(43~56)

-

제9장 [제자 파송, 수난 예고]
다음에 이어지는 말씀을 적으시오(해당 절 안에서만).

1. (　　　절) 제자들이 나가 각 마을에 두루 다니며~
2. (　　　절) 너희는 나를 누구라 하느냐~
3. (　　　절) 이는 나의 아들 곧 택함을~
4. (　　　절) 이 말을 너희 귀에 담아 두라~
5. (　　　절) 누구든지 나를 영접하면 곧~
6. (　　　절) 손에 쟁기를 잡고~

제10장 [칠십인 제자 파송, 선한 사마리아인 비유]
다음 물음에 답하시오.

1. 예수님이 보낸 전도자가 어느 집에 들어가든지 먼저 해야 하는 말은?(1~16) -
2. 전도자의 말을 듣는 자는 곧 누구의 말을 듣는 것인가?(1~16) -
3. 전도자는 무엇을 기뻐해야 하는가?(17~20) -
4. 예수께서 성령으로 기뻐하시며 무엇을 감사했는가?(21~24) -
5. 율법사의 대답(하나님 사랑, 이웃 사랑)에 대하여 예수님은 무엇이라 했는가?(25~28) -
6. 제사장, 레위인, 사마리아 사람 중에서 강도 만난 자의 이웃은?(29~37) -
7. 마리아가 택한 '좋은 편'이란 무엇인가?(38~42) -

제11장 [기도에 대한 가르침, 반대자와 바리새인들 책망]
다음 (　　) 안에 알맞은 말을 적으시오.

1. (　　　　　) 이름이 거룩히 여김을 받으시오며 (　　　)가 임하시오며……
2. 비록 벗됨으로 인하여서는 일어나서 주지 아니할지라도 그 (　　　　　) 일어나 그 요구대로 주리라.
3. 하물며 너희 하늘 아버지께서 (　　　　　)에게 (　　　　)을 주시지 않겠느냐?
4. 내가 만일 (　　　　)을 힘입어 귀신을 쫓아낸다면 (　　　　)가 이미 너희에게 임하였느니라.
5. 예수께서 이르시되 오히려 하나님의 말씀을 (　　　　　　)가 복이 있느니라 하시니라.
6. 요나가 니느웨 사람들에게 (　　　)이 됨과 같이 (　　　)도 이 세대에 그러하리라.
7. 너희 (　　　　　)이여, 너희가 박하와 운향과 모든 채소의 (　　　　)는 드리되 (　　　)와 하나님께 대한 (　　　)은 버리는도다. 이것도 행하고 저것도 버리지 말아야 할지니라.
8. 창세 이후로 흘린 모든 (　　　　　)를 이 세대가 담당하되 곧 (　　　)의 피로부터…… 사가랴의 피까지.

제12장 [미래에 대한 경고]
다음 말에서 (/) 안에서 틀린 것은 두 줄로 지우시오(7번은 별도).

1. 바리새인들의 누룩 곧 (외식 / 숨은 것)을 주의하라(1~3).

2. 죽인 후에 또한 지옥에 던져 넣는 권세 있는 그를 (두려워하지 말라 / 두려워하라)(4~7).

3. 누구든지 말로 인자를 거역하면 사하심을 (받지 못하려니와 / 받으려니와) 성령을 모독하는 자는 사하심을 (받지 못하리라 / 받으리라)(8~12).

4. 어리석은 자여, 오늘 밤에 네 (영혼 / 재물)을 도로 찾으리니 그러면 네 준비한 것이 누구의 것이 되겠느냐?(13~21)

5. 너희는 무엇을 먹을까 무엇을 마실까 하여 구하지 말며 (금식/ 근심)하지도 말라(22~34).

6. 그러므로 너희도 (예배 / 준비)하고 있으라. 생각하지 않은 때에 (인자 / 임자)가 오리라 하시니라(35~40).

7. "그 종들은(종은) 복이 있으리로다."고 말한 세 절은?(　　　,　　　,　　　절) 〈35~53절에서〉

8. 너희가 천지의 기상은 (분별 / 분간)할 줄 알면서 어찌 이 시대는 (분별 / 분간)하지 못하느냐?(54~59)

누가복음 13~18장 비유와 가르침

제13장 [하나님의 나라 비유]
다음은 몇 절에 나오는 지와 본문을 쓰시오. (~는 다음 절까지)

1. (　　　~　　　절) 주인이여 금년에도~

2. (　　　절) 열여덟 해 동안 사탄에게~

3. (　　　~　　　절) 내가 하나님의 나라를 무엇으로 비교할까~

4. (　　　~　　　절) 사람들이 동서남북으로부터~

5. (　　　절) 예루살렘아 예루살렘아~

제14장 [청함 받은 자의 핑계]
다음 말씀이 어디 있는지 단락의 절수를 쓰시오. (예: 7~11절)

1. (　　　~　　　절) 안식일에 병 고쳐 주는 것이 합당하다. 아들이나 소가 우물에 빠졌으면 안식일이라도 끌어낸다.

2. (　　　~　　　절) 청함을 받았을 때에 높은 자리에 앉지 말라. 자기를 낮추는 자는 높아진다.

3. (　　　~　　　절) 잔치에 가난한 자, 몸 불편한 자, 맹인들을 청하면 갚을 길이 없어 네게 복이 된다.

4. (　　　~　　　절) 큰 잔치에 청함 받은 자가 오지 않았으니 길과 산울타리가로 나가서 사람을 강권하여 데려다가 내 집을 채우라.

5. (　　　~　　　절) 자기의 모든 소유를 버리지 아니하면 능히 내 제자가 되지 못하리라.

제15장 [잃었다 찾은 기쁨]
다음 제목에 해당되는 본문을 나눠 보시오. 그리고 해당 성구에 나온 말씀을 연결하시오.

1. 잃었다 찾은 양 (　　　~　　　절) •　　• 가)
2. 잃었다 찾은 은전 (　　　~　　　절) •　　• 나)
3. 잃었다 찾은 아들 (　　　~　　　절) •　　• 다)

* 한 기호에 두 번호가 연결되기도 함

• 라)
• 마)

가) 아버지 내가 하늘과 아버지께 죄를 지었사오니
나) 나와 함께 즐기자. 잃은 드라크마를 찾아내었노라.
다) 그 중의 하나를 잃으면…… 찾아내기까지 찾아다니지 아니하겠느냐?
라) 죄인 한 사람이 회개하면 하늘에서는 회개할 것 없는 의인 아흔 아홉으로 말미암아 기뻐하는 것보다 더하리라.
마) 내 아들은 죽었다가 다시 살아났으며 내가 잃었다가 다시 얻었노라.

제16장 [불의한 청지기, 부자와 나사로]
다음 (/) 안의 말 중에 틀린 것은 =로 지우시오.

1. 주인이 청지기에게 "청지기 직무를 계속하지 못하리라"한 것은 주인의 소유를 (허비 / 셈) 하였기 때문이다.
2. 주인에게 빚진 자들을 불러 그 빚을 줄여 준 청지기에게 주인은 (지혜 있게 / 어리석게) 했다고 칭찬했다.
3. 율법과 선지자는 요한의 때까지요 그 후부터는 하나님 나라의 (복음 / 율법)이 전파되어 사람마다 그리로 침입한다.
4. 부자는 호화롭게 즐기는데 (개들 / 나사로)는 부자의 대문 앞에 누워 주인의 상에서 떨어지는 것으로 배불리려 했다.
5. "아버지 아브라함이여, 손가락 끝에 물을 찍어 내 혀를 서늘하게 하소서"는 (부자 / 나사로)의 말이다.
6. 주님은 "…… 죽은 자 가운데서 살아나는 자가 있을지라도 (권함 / 진실)을 받지 아니하리라." 고 하셨다.

제17장 [종의 의무, 인자의 날]
다음 물음에 답하시오.

1. 용서는 어느 정도까지 해야 하는가?(1~4) -
2. "겨자씨 한 알만한 믿음"은 사도들이 무엇을 요구했을 때에 하신 말씀인가?(5~6) -
3. 종의 자세는 명령을 다 행한 후에도 어떻게 말하는가?(7~10) -
4. 깨끗함을 받은 열 사람의 나병환자 중에 예수께 감사한 자는 누구인가?(11~19) -
5. 하나님의 나라는 어디 있다고 하였는가?(20~21) -
6. 인자(人子)의 때는 누구와 누구의 때와 같다고 했는가?(22~30) -
7. 그날에 두 사람이 각각 어떻게 되는가?(31~37) -

제18장 [기도에 대한 가르침, 수난 예고]
다음 말이나 행동은 누가 한 것인지 이름이나 신분을 쓰시오. 몇 절에 나오는 지도 쓰시오.

1. (　　　절) "내 원수에 대한 나의 원한을 풀어 주소서." -
2. (　　　절) "이 과부가 나를 번거롭게 하니 내가 그 원한을 풀어 주리라." -
3. (　　　절) "나는 이레에 두 번씩 금식하고 또 소득의 십일조를 드리나이다." -
4. (　　　절) "하나님이여 불쌍히 여기소서. 나는 죄인이로소이다." -
5. (　　　절) "하나님의 나라를 어린아이와 같이 받아들이지 않는 자는 결단코 거기 들어가지 못하리라." -
6. (　　　절) "선한 선생님이여 내가 무엇을 하여야 영생을 얻으리이까?" -
7. (　　　절) "재물이 있는 자는 하나님의 나라에 들어가기가 얼마나 어려운지" -

8. (　　　절) "보라, 우리가 예루살렘으로 올라가노니…… 인자가 이방인들에게 넘겨져 희롱을 당하고" -

9. (　　　절) "더욱 크게 소리 질러 다윗의 자손이여 나를 불쌍히 여기소서." -

누가복음 19~24장 예수님의 고난과 부활

제19장 [열 므나 비유, 예루살렘 입성]
다음 물음에 답하시오.

1. 삭개오의 결단을 나타내는 말씀은?(7~8) -
2. 인자(예수님)가 온 것은 어떤 이유인가?(10절) -
3. 각각 은화 한 므나를 받은 종들은 몇 므나 씩을 만들었으며, 이들에게 몇 고을씩을 차지하게 했는가?(11~27)
   1) 첫째 -　　　　　,
   2) 둘째 -　　　　　,
   3) 또 한 사람 -　　　　　,
4. 그 임자들이 "어찌하여 나귀 새끼를 푸느냐"에 대한 제자들의 대답은?(28~40) -
5. 예수님이 예루살렘 성 가까이 오사 성을 보시고 어떻게 하셨는가?(41~44) -
6. 성전에서 장사하는 사람들을 내쫓으실 때에 인용한 이사야의 말씀은?(45~48)
   - 내 집은 ~

제20장 [예루살렘에서의 논쟁]
다음 성경을 읽으며 (　　) 안을 채우고 말한 사람을 쓰시오.(비유도 이야기 속의 말한 자)

1. (　　　절) 당신이 무슨 (　　　)로 이런 일을 하는지 이 권위를 준 이가 누구인지 우리에게 말하라. -
2. (　　　절) (　　　　　)가 하늘로부터냐? 사람으로부터냐? -
3. (　　　절) 어찌할까 내 (　　　　　)을 보내리니 그들이 혹 그는 존대하리라. -
4. (　　　절) 이는 상속자니 (　　　　　) 그 유산을 우리의 것으로 만들자. -
5. (　　　절) 가이사의 것은 가이사에게, (　　　　)은 하나님께 바치라. -
6. (　　　절) 하나님은 죽은 자의 하나님이 아니요 (　　　　　　　　　　)이시라. -
7. (　　　절) 시장에서 문안 받는 것과 회당의 (　　　　)와 잔치의 (　　　　)을 좋아하는 이 사람은? -

제21장 [예루살렘의 파멸 예고]
다음 말에서 틀린 곳에 밑줄을 긋고 바르게 고치시오.

1. "가난한 과부가 다른 모든 사람보다 많이 넣었도다"라고 칭찬한 것은 헌금을 많이 넣었기 때문이다. →
2. "내 이름으로 와서 이르되 내가 그라"하면 그들을 따라야 한다. →
3. "예루살렘이 군대들에게 에워싸이는 것을 보거든 그 회복이 가까운 줄 알라"고 하셨다. →
4. "예루살렘은 이방인의 때가 차기까지 유대인들에게 밟히리라"하셨다. →
5. "인자(예수님)가 불수레를 타고 능력과 큰 영광으로 오는 것을 보리라"하셨다. →
6. "스스로 조심하라 그렇지 않으면…… 그날이 도둑같이 너희에게 임하리라"하셨다. →

제22장 [체포 되신 예수님]
다음 물음에 답하시오.

1. 가룟인 유다가 예수님을 넘겨주는 일을 하는 것은 그에게 무엇이 들어갔기 때문인가?(1~6) -
2. 떡을 주시며 하신 말씀은?(7~23절 읽고 답은 19

절로) -

3. 잔을 주시며 하신 말씀은?(20절) -

4. 예수님은 시몬(베드로)을 위하여 무엇을 기도하셨는가?(24~38) -

5. 예수님이 감람 산에서 아버지의 뜻을 위하여 기도하신 것은 몇 절에 나오는가?(39~46) -

6. 베드로가 밖에 나가 심히 통곡한 이유는?(47~62) -

7. 공회에서 예수님께 물은 두 가지는?(63~71) -

제23장 [십자가에 못 박히심]
다음 물음에 답하거나 빈칸에 알맞은 말을 적으시오.

1. 무리가 빌라도에게 예수님을 고발하는 죄목 세 가지 무엇인가?(1~7)

*빌라도의 답은?: 이 사람에게 ~
  1) 백성을 -
  2) 가이사에게 -
  3) 자칭 왕 -

2. 헤롯이 예수님을 보고 기뻐한 이유는?(8~12) -

3. 빌라도는 예수님을 놓고자 했으나 무리들의 요구는 무엇인가?(13~25) -

4. 예수님이 십자가에 못 박힌 곳은 어디인가?(26~38) -

5. "오늘 네가 나와 함께 낙원에 있으리라"는 말은 예수님이 누구에게 한 것인가?(39~43) -

6. 다음 구절은 [보기]의 구약성경 어느 곳의 인용인가?

보기	/〈시편〉31:5 /〈이사야〉56:7 /〈이사야〉61:1~2 /〈말라기〉3:1 /

  1) 〈누가복음〉 4:18~19 갈릴리에서의 설교 - (　　　　　　)
  2) 〈누가복음〉 7:27 요한에 대한 칭찬 - (　　　　　　)
  3) 〈누가복음〉 19:46 성전 청결 - (　　　　　　)
  4) 〈누가복음〉 23:46 십자가 위에서 - (　　　　　　)

7. 십자가 사건을 본 백부장의 고백은?(44~49) -

8. 예수님의 시체를 달라하여 장사한 요셉은 어떤 사람인가?(50~56) -

제24장 [부활하신 예수님]
다음 (　　) 안에 알맞은 말을 쓰시오.

1. (　　　　) 새벽에 이 여자들이 그 준비한 향품을 가지고 (　　　)에 가서……

2. 어찌하여 (　　　　)를 죽은 자 가운데서 찾느냐? 여기 계시지 않고 (　　　) 나셨느니라.

3. 예수께서 가까이 이르러 그들과 동행하시나 그들의 (　　　　　) 그인 줄 알아보지 못하거늘…… 떡을 가지사 축사하시고 떼어 그들에게 주시니 그들의 (　　　　) 그인 줄 알아보더니……

4. 길에서 우리에게 (　　　)하시고 우리에게 (　　　)에 우리 속에서 마음이 뜨겁지 아니하더냐.

5. 내 손과 발을 보고 나인 줄 알라. 또 나를 (　　　　). 영은 살과 뼈가 없으되 너희 보는 바와 같이 나는 (　　　　　　).

6. 너희에게 말한 바 곧 (　　　　)과 (　　　　)과 (　　　)에 나를 가리켜 기록된 모든 것이 이루어져야 하리라.

7. 큰 기쁨으로 (　　　　　　)에 돌아가 늘 (　　　)에서 하나님을 (　　　)하니라.

요한복음 | 복음서 |

John

제목에 대한 해설

'요한에 의한 복음서'로서 앞의 세 복음서를 공관복음이라 했는데, 〈요한복음〉은 제4복음서(第四福音書)라 하여 특별한 의미를 갖는다.

저작에 관하여

(1) 저자: 본서에 사도 요한이라고 명기되어 있지는 않지만 성경의 내적 증거로는 "예수의 사랑하시는 제자"(21:20~24)이다. 이 제자를 평소 그리스도의 총애를 받던 사도 요한으로 본다(19:26~27).
요한은 세베대와 살로메의 아들로 사도 야고보의 동생이다(막 1:19). 어부 출신(눅 5:1~11)으로 세례 요한의 제자였으나 갈릴리에서 그리스도의 제자가 되었다(1:35~39). 초대교회의 문헌에 의하면 노년에 에베소에서 설교와 저술을 했고 도미티안 황제(81~96년)의 기독교 박해 때에 밧모 섬으로 유배되었다. 그곳에서 〈요한계시록〉을 기록했다. 보통 〈요한일이삼서〉의 저자로 본다(해당 책의 해설 참고).

(2) 수신자: 분명하게 나타나지 않으나 에베소에서 기록되었다고 볼 때에

아마도 소아시아 여러 지역에 사는 그리스도인들을 위하여 기록되었을 것이라고 할 수 있다.

(3) 연대: 공관복음 이후일 것이며 요한이 밧모 섬에 유배(주후 96년)되기 이전이어야 한다면 대략적으로 85~95년경으로 볼 수 있다.

(4) 장소: 에베소로 알려진 것은 이레나이우스의 견해가 전해진 것이며 내적 증거는 없다. 혹자는 예루살렘을 거쳐 에베소에서 완성되었다고도 하고 영지주의가 영향을 끼친 시리아라고도 하나 모두 가설이다.

특징 및 기록 목적

(1) 저술 목적을 분명히 한다. "오직 이것을 기록함은 너희로 예수께서 하나님의 아들 그리스도이심을 믿게 하려 함이요 또 너희로 믿고 그 이름을 힘입어 생명을 얻게 하려 함이니라"(20:31).

(2) 본서는 영지주의와 그에 따른 이원론에 입각한 예수 그리스도의 실체를 부정하는 가현설(Docetism)을 반박하며(1:14), 구약성경에 약속된 메시아를 배척함으로써 드러난 유대교의 모순을 지적하기 위해 기록했다(4:3~30).

(3) 예수를 만민의 구주로, 그의 오심을 전 세계적인 사건으로 각각 보여주고 있다.

시대적 배경

이방 세계에서 사도 요한의 증거는 그들의 문화 양식을 고려하여야 했다. 헬라적 사고 개념을 도입하여 심오한 진리를 증거하려 했음이 잘 드러났다(예: 로고스 사상, 말씀, 요 1:1). 또한 영지주의(그노시스)는 당시 아시아를 중심으로 일어난 물질은 악하고 영은 선하다는 이원론으로 그리스도의 육체적 부활마저 부인했다.

특기사항

〈요한복음〉과 공관복음의 공통점과 차이점

예수님의 생애를 기록한 것에 있어서는 같아 보이지만 내적인 면에서는 차이를 갖는다.

(1) 공관복음은 예수님을 주로 갈릴리 지방에서 활동하시다가 마지막 일 주일을 예루살렘에서 체류한 것으로 기록하는데, 〈요한복음〉은 최소한 세 번 예루살렘을 방문한 것으로 되어 있고(2:13, 5:1, 7:10), 그 대부분이 예루살렘과 유대 지방의 사역을 서술한다.

(2) 〈마가복음〉은 예수님의 공생애에서 한 번(또는 두 번) 유월절이 나타난다. 〈마가복음〉 2:23 이하의 추수기는 유월절 전후를 뜻하는 것 같고, 〈마가복음〉 14:1은 그의 최후의 유월절이다. 그러나 〈요한복음〉에는 세 번 유월절이 언급되고(2:13, 6:4, 11:55 〈12:1, 18:28〉) 한 번은 그저 '명절'(5:1)로 되어 있는데 이것이 유월절이라면 3년을 넘으며, 그것을 빼더라도 2년이 넘는다(통상 예수님의 공생애를 3년이라 함은 요한에 의한 것이다).

(3) 공관복음은 수난사 외에는 단편적인 기록들을 연결시킨 데 대하여 〈요한복음〉도 그런 면은 있으나(2:1~10, 13~21, 4:46~53, 12:1~9, 12~15, 13:36~38), 어떤 하나 또는 몇 개의 주제를 중심으로 전개시킨 말씀들이 그 중심을 이루고 있다(4~6, 9, 11장).

1
세상에 오신 하나님의 아들
말씀이 육신이 되어

2
가나에서의 첫 표적
항아리에 물을 채우라

3
니고데모를 가르치심
거듭나지 아니하면

4
사마리아 여인 전도
네게 말하는 내가 그라

5
예수님의 증거
하나님과 동등됨

6
생명의 떡 그리스도
내가 곧 생명의 떡이니

7
하나님께로서 오신 예수
내가 스스로 온 것이 아니라

요한복음 1~7장

하나님의 아들의 출현 (중요구절 요 3:16)

요한은 예수님의 수태 및 탄생에 대한 내용을 생략하고 곧장 영원하신 하나님이 인간이 되어 '세상 죄를 지고 가는 어린 양'이라며 메시아임을 밝히고 있다(1장). 그리고 갈릴리 가나의 혼인잔치에서 물로 포도주를 만드시는 첫 표적을 소개한다(2장). 유대인의 관원으로 종교적인 니고데모와의 대화를 통해 참된 믿음과 거듭남에 대하여 강조하신 예수님의 가르침과 하나님의 사랑 때문에 예수님을 세상에 보내셨으며 오직 그를 믿음으로 누구든지 구원받는다는 것을 가르친다(3장). 사마리아 여인과의 대화에서 요한은 한 여인의 영혼에 깊은 관심을 가지신 예수님의 세심한 배려와 사랑을 사람들에게 강조하고 있다(4장). 예수님은 베데스다 못 가에서 38년 된 병자를 고치셨으나 안식일이었기에 유대인들은 반대했고 하나님의 아들이라고 가르치는 예수님을 죽이려 했다(5장). 5천 명을 먹이신 이적 후에 많은 사람들이 예수님을 따랐으나, 생명의 떡에 관한 가르침 후에 많은 이들이 떠나갔다(6장). 예수님은 초막절에 성전에서 가르치셨고 그를 잡으러 온 바리새인의 하속들도 가르침에 감동을 받았다(7장).

1. 요한은 "영접하는 자 곧 그 이름을 믿는 자들에게는 하나님의 자녀가 되는 권세를 주셨으니"(1:12)라고 하였다. 영접이라는 말은 '마음을 열고 받아들인다'는 말이다. 우리는 과연 마음을 열고 예수님을 하나님의 아들이시며 나의 주님으로 영접하고 살며 하나님의 자녀로서의 권세를 누리는가?
2. 예수님의 첫 번째 이적은 갈릴리 가나의 혼인 잔치집에서 일어났다(2:1~11). 마리아는 포도주가 부족함을 보고 예수님께 도움을 요청하므로 이적은 일어났다. 우리는 부족한 것이 있을 때 가장 먼저 예수님께 도움을 구해야 한다. 혼인잔치의 기쁨은 천국에서의 기쁨의 예표이기도 하다.
3. 예수님이 사마리아로 들어가셔서 우물가에서 사마리아 여자를 만나 대화를 한 것은(4장) 당시 유대인들의 상식을 깨트린 것이어서 비난받을 일이었다(9절). 그러나 주님은 한 영혼을 구원하시기 위해서 그렇게 하셨고 그 여자는 기다리던 메시아 그리스도를 발견하고 증언하였다(28~29, 39절). 우리는 한 영혼을 구원하기 위해서는 반대와 조롱에도 불구하고 복음을 전해야 한다.
4. 예수님은 "성경이 곧 내게 대하여 증언하는 것이니라"(5:39)고 하셨다. 당시에 성경이란 구약성서에서 예수님을 예언한 것을 말하였고 오늘

의 우리는 신구약성서를 가지고 있다. 성경을 읽고 공부하면서 예수님을 발견하지 못하고 교훈과 상식만 찾는다면 성경의 의미는 퇴색되어 버린다.

하나님의 어린 양(요 1:29)
예수님을 '어린 양'으로 비유함은 출애굽 때 유월절 양(출 12장)과 연결된다. 세례 요한은 "보라 세상 죄를 지고 가는 하나님의 어린 양이로다"(요 1:29) 하였다. (베네치아의 산마르코 대성당의 시리아 풍 제단 부조, 16세기)

더 살펴보기

1. 〈창세기〉의 태초와 〈요한복음〉의 태초(요 1장, 창 1장)

〈요한복음〉과 〈창세기〉는 '태초'라는 말로 시작하지만 서로 다른 의미를 갖는다. 〈요한복음〉의 "태초에 말씀이 계시니라"(요 1:1)의 '태초(알케, in the beginning)'는 창조 전부터의 태초이며(요일 1:1 참고), 〈창세기〉의 "태초에 하나님이 천지를 창조하시니라"(창 1:1)의 '태초(뻬레쉬트, in the beginning)'는 만물의 시작, 시간의 시작으로 어느 시점이다. 따라서 시간적으로 〈요한복음〉의 '태초'가 〈창세기〉의 태초보다 앞선다.

2. 세상 죄를 지고 가는 하나님의 어린 양(요 1장)

(1) 예수님을 '유월절 양'이라고 하는 개념은 애굽에서 양을 잡아 피를 문설주에 발라 히브리 백성이 구원을 얻었듯이(출 12:22), 또한 구약의 제사에서 양의 피를 흘리게 함 같이(레 17:11) 예수님께서 십자가에서 죽어 그 피로 인류를 구원하셨음을 뜻한다.

(2) "보라 세상 죄를 지고 가는 하나님의 어린 양이로다"(1:29, 36)라는 말 속에는 "세례 요한이 이르러 광야에서 죄 사함을 받게 하는 회개의 세례를 전파하니"(막 1:4)라는 말에서 생길 수 있는 오해에 대한 해명이 들어 있다.

(3) '세상의 죄'는 요한의 세례에 힘입어서 제거하는 것이 아니라, 오직 예수님의 희생적 죽음에 힘입어서만 제거될 수 있다. '하나님의 어린 양'이라는 예수상에는 '하나님의 종'의 모습(사 52:13~53:12)과 신약성경적인 '유월절 양'이신 예수님의 모습(고전 5:7, 벧전 1:19, 요 19:36)이 함께 들어 있다. 어린 양의 예수상은 〈요한계시록〉 5:6~14, 7:14, 12:11, 13:8에도

〈요한복음〉과 유월절
공관복음이 한 번의 유월절을 기록함으로 예수님의 사역이 1년 동안 진행된 것처럼 표현하고 있지만, 〈요한복음〉은 세 번의 유월절을 기록함으로(2:13, 6:4, 11:55), 최소한 예수님의 사역이 3년 이상 진행되었음을 가르쳐 준다. 예수님의 이 땅에서의 생애를 33년이라고 하는 것은 이런 것에 근거한다(눅 3:23). 공관복음이 예수님의 '갈릴리 사역'을 중심으로 기록하고 있는 반면에, 〈요한복음〉은 예수님의 '유대사역'을 강조하고 있다. 공관복음이 예수님의 가르침을 중심으로 '하나님 나라'를 다루고 있으나, 〈요한복음〉은 예수님 자신에 관한 문제, 성부 하나님과 성자 예수님의 관계, 신자들과 예수님의 절대적인 관계를 밝힌다.

가나 혼인잔치(요 2장)
예수님의 첫 이적은 물로 포도주를 만드는 것이었다. (막시미아누스-Maximianus 대주교석에 부착된 39개의 상아 패널 중 하나. 이탈리아 두오모 대주교 박물관 소장)

나타난다.

3. 예수님의 첫 번째 이적(요 2장)

(1) 예수님의 첫 번째 이적은 가나의 혼인 잔치에서 일어난다. 이스라엘의 미래적인 구원의 때를 혼인 예식이라는 상징을 통해서 볼 수 있었던 것 같이(호 2:16~25, 사 62:2~5), 혼인 예식은 하나님을 통한 모든 인간적인 삶의 궁극적인 성취와 행복을 단편적으로 앞당겨 맛보게 해주는 것이다.

(2) 포도주는 종말적인 기쁨과 삶의 풍요를 미리 맛보는 것이며 그것에 대한 상징이다(욜 3:18, 암 9:13, 창 49:10~12). 예수님의 '때'는 궁극적으로 그의 죽음의 때이며(7:30, 8:20, 12:27, 13:1), 동시에 예수님께서 영화롭게 되는 때이며(12:23, 13:31~32, 17:1,5), 새롭고 영원한 생명이 세상을 위하여 열리는 때이다(7:37~39, 12:31~32, 17:1~3).

요한복음 8~14장

하나님 아들에 대한 반대 (중요구절 요 8:31~32)

계속되는 논쟁 속에 예수님과 당시 지도자들 사이의 갈등은 깊어갔고, 실로암의 맹인을 고치신 기적은 화제 거리가 되었다(8~9장). 유대인들은 선한 목자이신 예수님을 마침내 돌로 쳐 죽이려고까지 하였다(10장). 죽은 지 나흘이나 지난 나사로를 무덤에서 불러내심으로 예수님은 생명의 주님이심을 보여 주신다(11장). 예수님은 나귀를 타고 예루살렘으로 입성하시며 군중들은 종려나무 가지를 들고 호산나 찬송하며 환영했다. 헬라인(이방인)이 예수님을 찾아옴은 복음이 온 세계에 전파됨을 암시한다(12장). 예수님은 제자들의 발을 씻기셨고 서로 사랑하는 것이라는 새 계명을 선포하셨다(13장). 예수님께서 떠나실 것을 말씀하시자 제자들은 근심하기 시작했고 예수님은 그들을 위로하셨다(14장).

1. 예수님이 베푸시는 기적들의 공통점은 순종하는 믿음을 요구하신다. 38년 된 병자에게는 "네 자리를 들고 걸어가라"(5:8)고 하셨고, 5천 명을 먹이실 때는 "이 사람들로 앉게 하라"(6:10)하셨으며, 고침 받은 맹인에게는 "실로암에 가서 씻으라"(9:11)고 말씀하셨다. 순종은 기적으

로 이어진다.

2. 예수님은 "나는 선한 목자라"(10:11)고 자신을 소개하신다. 목자를 믿고 따를 때 푸른 초장과 쉴만한 물가로 갈 수 있는 양처럼, 인생길의 목자 되신 예수님을 믿고 따르는 삶에는 영혼의 쉼터가 있다.
3. 죽은 지 나흘이나 지나 시체 썩는 냄새가 나는 나사로의 무덤 앞에서 예수님은 "돌을 옮겨 놓으라"고 말씀하셨고 "네가 믿으면 하나님의 영광을 보리라"(11:39~40)고 말씀하셨다. 우리의 삶에서 하나님의 영광과 복을 경험하지 못하는 이유는 대부분 믿음이 없어서이다. 돌을 옮겨 놓을만한 믿음이 있는가?
4. 하나님이 우리에게 가르치시는 사랑은 어떤 수준일까? 그것은 "내가 너희를 사랑한 것 같이 너희도 서로 사랑하라"(13:34)는 것이다. 예수님의 사랑에 비하면 우리들의 사랑은 얼마나 초라하고 낮은 수준인지 모른다. 너무도 쉽게 변질되는 사랑을 말하는 시대 속에서 우리를 위하여 목숨을 주신 그 사랑을 본받아 진정한 그리스도인이라 인정받는 삶을 살아야 할 것이다.
5. 세상에서 버림받은 경험이 있는가? 주님은 제자들에게 "내가 너희를 고아와 같이 버려두지 아니하고"(14:18)라며 함께 하심을 약속하신다. 예수님의 이런 은혜를 감격으로 받고 사는 행복이 있다.
6. "나의 평안을 너희에게 주노라. 내가 너희에게 주는 것은 세상이 주는 것과 같지 아니하니라"(14:27). 주님이 주시는 이러한 평화를 맛보았는가? 실제 이 은혜를 누리고 사는가?

더 살펴보기

1. 유대인의 수전절(요 10:22)

성경에 단 한 번 기록된 수전절(修殿節)은 구약성경에 나오지 않는 절기이다. 주전 164년에 유다 마카비가 헬라의 안티오커스 에피파네스로부터 더럽혀진 성전을 되찾아 청결하게 하고 다시 봉헌한 것을 기념하는 '빛의 절기(하누카)'이다. 더럽혀진 것을 정결하게 하는 날마다의 〈하누카〉가 우리 삶에 이루어져야 한다. 이 절기에 대해서는 '중간시대'와 676쪽 '성경 한눈에 익히기'를 참고하라.

2. 왜 나사로를 죽도록 두셨는가?(요 11장)

마리아와 마르다가 나사로를 살려 달라고 간청할 때 예수님은 왜 지체하셨을까? 사랑이 부족했거나 유대인을 두려워했기 때문이 아니다. 예수님은 하나님의 계획이 이루어질 때를 기다리고 계셨던 것이다. 그리고 나사로의 부활을 통해 자신이 바로 생명이며 부활이라는 것을 사람들에게 가르치기 원하셨다.

3. 예수님의 이적(공관복음서[共觀福音書 : 〈마태복음〉, 〈마가복음〉, 〈누가복음〉]에는 없고 〈요한복음〉에만 있는 이적은 *표 6가지)

	이적 내용	마태복음	마가복음	누가복음	요한복음
육체적 질병의 치료	나병환자를 낫게 함	8:2~3	1:40~42	5:12~13	
	백부장의 하인을 낫게 함	8:5~13		7: 2~10	
	베드로의 장모의 열병을 치료	8:14~5	1:30~31	4:38~39	
	중풍병자를 낫게 함	9:2~7	2:3~12	5:18~25	
	혈루증 앓는 여자를 낫게 함	9:20~22	5:25~29	8:43~48	
	두 맹인의 눈을 뜨게 함	9:27~31			
	한쪽 손 마른 사람을 고침	12:10~13	3:1~5	6: 6~10	
	바디매오와 다른 한 맹인을 고침	20:29~34	10:46~52	18:35~43	
	귀먹고 말 더듬는 자를 낫게 함		7:31~37		
	벳세다의 맹인을 보게 함		8:22~26		
	수종병 든 자를 낫게 함			14: 1~4	
	열 명의 나병환자를 고침			17:11~19	
	말고의 잘려진 귀를 붙여 줌			22:50~51	
	*가버나움의 왕의 신하 아들을 고침				4:46~54
	*베데스다 못가의 병자를 치료				5: 1~9
	*나면서부터 맹인 된 자를 보게 함				9: 1~41

정신적 질환과 귀신들린 병의 치료	거라사인 두 사람을 고침	8:28~34	5:1~15	8:27~35	
	귀신들려 말 못하는 사람을 고침	9:32~33			
	귀신들려 눈멀고 말 못하는 사람을 고침	12:22		11:14	
	가나안 여자의 딸을 치료	15:21~28	7:24~30		
	간질하는 소년을 치료	17:14~18	9:17~29	9:38~43	
	회당의 더러운 귀신들린 자를 치료		1:23~26	4:33~35	
	꼬부라져 펴지 못하는 여자를 치료			13:11~13	
자연현상에 관한 이적	풍랑을 잔잔하게 하심	8:23~27	4:37~41	8:22~25	
	물위를 걸으심	14:25	6:48~51		6:19~21
	오천 명을 먹이심(오병이어 기적)	14:15~21	6:35~44	9:12~17	6: 5~13
	사천 명을 먹이심(칠병이어 기적)	15:32~38	8: 1~9		
	물고기 입 속에서 돈을 꺼냄	17:24~27			
	열매 없는 무화과나무를 마르게 함	21:18~22	11:12~26		
	많은 물고기를 잡게 함			5:1~11	
	*물로 포도주를 만드심				2:1~11
	*많은 물고기를 잡게 함(부활 이후)				21:1~11
죽음을 이긴 이적	야이로의 딸을 살림	9:18~26	5:22~43	8:41~56	
	나인성 과부의 외아들을 살림			7:11~15	
	*죽은 나사로를 살림				11:1~44

요한복음 15~21장

하나님 아들의 고난과 부활 (중요구절 요 20: 21)

예수님은 성도의 여러 관계를 포도나무 비유로 제자들에게 가르치셨다(15장). 제자들 곁을 떠날 준비를 하시며 대신에 성령을 보내실 것을 말씀하신다(16장). 또한 이 땅에 남겨둘 제자들이 힘 있는 사역을 감당할 수 있도록 그들을 위한 중보 기도를 드린다(17장). 하나님의 아들 예수님은 마침내 제자 유다의 배신으로 체포 되셨으며, 빌라도와 헤롯 사이를 오가며 심문과 고난을 당하셨다(18장). 그리고 골고다에서 이 세상의 죄를 대신 지고 십자가에 못 박혀 죽으셨다(19장). 장사된 지 사흘 만에 말씀하신 대로 다시 살아 나셨으며 여인들과 제자들에게 친히 나타나셨다(20장). 예수님을 세 번씩이나 모른다며 부인했던 베드로를 찾아가 그에게 다시 "내 양을 먹이라"며 사명을 주신다(21장).

1. 예수님은 "나는 포도나무요 너희는 가지라"(15:5)라 하셨다. 가지가 열매를 맺으려면 줄기에 붙어 있어 영양분을 공급받아야 한다. 그리스도인으로써 풍성한 삶을 살기 위해서는 반드시 주님께 붙어 있어서 매일의 삶에 주님이 공급하시는 능력을 받아 풍성한 열매를 맺어야 한다.

2. 예수님은 무서운 경고를 하신다. "때가 이르면 무릇 너희를 죽이는 자가 생각하기를 이것이 하나님을 섬기는 일이라 하리라"(16:2)고 하셨다. 당시 유대인들은 하나님의 일이라고 생각했겠지만 실제는 남을 죽이면서도 그것을 신앙으로 합리화했던 것이다. 오늘날에도 사탄의 앞잡이 노릇을 하면서 '하나님의 일(뜻)'이라고 우기는 무리들이 얼마나 많은지, 안타까운 일이다.
3. 〈요한복음〉의 기록 목적을 "이것을 기록함은 너희로 예수께서 하나님의 아들 그리스도이심을 믿게 하려 함이요. 또 너희로 믿고 그 이름을 힘입어 생명을 얻게 하려 함이니라"(20:31) 하였다. 〈요한복음〉 공부를 통하여 진정 예수님이 그리스도이심을 믿는 것과 영생의 확신이 있어야 한다.
4. 예수님은 고기를 잡지 못한 베드로에게 오셔서 문제를 해결해 주셨듯이 오늘도 어려움을 겪는 현장으로 오셔서 말씀을 하신다(21장). 네 가지 말씀 속에서 결국 인생의 문제에 대한 답이 있다.

(1) 5절: 너희에게 고기가 있느냐?(주님 오늘 내 하는 일이 잘 안 됩니다.)
(2) 6절: 그물을 배 오른편에 던지라.(내게도 방법을 가르쳐 주세요.)
(3) 10절: 지금 잡은 생선을 좀 가져오라.(모든 것이 주께로부터 왔는데 드려야지요.)
(4) 12절: 와서 조반을 먹으라.(웬 떡! 떡과 생선을 오늘 우리의 생업과 삶에도 베풀어 주소서!)

더 살펴보기

1. 십자가에서 다리를 꺾는 이유는?(요 19:31~34)

(1) 예수님의 십자가 처형에 대한 복음서의 기록은 매우 사실적이다. 로마의 사형 방법은 목을 자르는 '참수형', 굶주린 맹수들의 먹이로 넘겨주는 '맹수형', 그리고 나무에 달아매는 '십자가형'이다. 로마제국에 반기를 든 정치범은 십자가형에 처해졌다.

(2) 십자가에 달린 죄수는 극심한 고통을 겪는다. 고통을 조금이라도 덜어 주려 '몰약을 탄 포도주'를 해면에 적셔 마시게 했는데 아마 약간의 마취효과가 있었던 모양이다. 십자가 죄수는 손목에 못을 박았으니 손목 동맥 파열로 인한 과다출혈로 숨을 거두었다고 생각할지 모르나 실은 질식사였다. 몸이 아래로 처지면 횡격막이 눌려 숨을 못 쉬게 되고 못으로 고정된 발의 힘을 빌려 몸을 추스르는 과정을 여러 번 반복하다가, 마침내 몸을 추스를 기운이 빠지면 호흡 곤란으로 죽는 것이다. 그래도 죽지 않을 경우 완전히 숨을 거두게 하기 위해 '다리를 꺾어'발에 힘을 못 주게 하는 조치를 취했다.

(3) 형리로 선발된 군인들은 사형수의 죽음을 눈으로 직접 확인해야 할 의무가 있었으므로 누구인가 예수에게로 다가가 창으로 옆구리를 찔러 보았다. 만일 이때 작은 신음 소리라도 들렸다면 여지없이 '다리꺾기'를 하였을 것이다. 그러나 예수님은 이미 숨을 거둔 상태라 창에 찔린 곳에서 물과 피만 흘러 나왔으므로 다리를 꺾지는 않았다(요 19:31~34). 예수님은 미처 3시간을 못 버텼는데 이는 3년의 공생애 동안 고생과 영양 공급이 부실했기에 그만큼 몸이 쇠약해졌기 때문일 것이다. (박태식[서강대],《2007 예배와 강단》, 기독교문사, pp.381~385 요약)

보혜사 성령은 누구신가? (요 14~16장)

성령은 비인격체가 아니시다. 성령은 생각하시며(롬 8:27), 그의 뜻과 목적을 갖고 계시며(고전 12:11), 모든 것을 아는 지식이 있으시고(롬 8:27, 고전 2:10~12), 사랑하시고(롬 15:30), 슬퍼하기까지 하시는(엡 4:30) 인격적인 분이시다. 또한 성령은 하나님 아버지와 예수님과 동등하신 하나님이시다. 성령은 영원히 계시며(히 9:14), 어디나 계시고(시 139:7~10), 전능(욥 26:13, 눅 1:35), 전지(요 14:26, 16:12~13)하시다. 거룩하시고(눅 11:13), 자비하신(느 9:20) 진리의 영이시다(요일 5:7). '보혜사'라는 뜻은 '옆에서 늘 같이 있는 분', '그리스도인들을 힘 있고 강건하게 하며 능력을 주시는 분'이라는 뜻이다.

2. 베드로에게 사명을 맡기다(요 21장)

(1) 예수님은 자신을 부인했던 베드로에게 찾아가셔서 사랑을 확인하셨고, 중요한 사명을 맡기셨다. 베드로에게 세 번 물으심은 그가 세 번 부인한 것과 관계된다(13:38, 18:15~18, 25~27). 베드로에게 돌보라고 맡기시는 양들은 예수님의 양들이다(15~17절. 10장). 교회를 설립하던 시기에 베드로가 모든 양떼를 위하여 어떻게 했는지를 볼 수 있다(행 1~10장. 1:15, 2:14, 38, 3:1, 4:8, 5:3 등).

(2) 21:15~17에 "내 어린 양을 먹이라, 내 양을 치라, 내 양을 먹이라"(보스케 타 아르니아 무, 포이마이네 타 프로바타 무, 보스케 타 프로바타 무) 말씀하신다. 이는 부름 받은 사람들의 사명이다.

내 양을 먹이라(요 21장)

예수님은 자신을 배반했던 베드로에게 나타나셔서 "내 양을 먹이라"하신다. (가버나움 베드로 수위권 교회의 청동조각)

B I B L E

성경 질문지

복음서

요한복음

요한복음 1~7장 하나님의 아들의 출현

제1장 [세상에 오신 하나님의 아들]
다음 (   )안에 알맞은 말을 쓰시오

1. (   )에 말씀이 계시니라. 이 말씀이 하나님과 함께 계셨으니 이 말씀은 곧 (   )이시니라.
2. 영접하는 자 곧 (   )들에게는 (   )가 되는 권세를 주셨으니.
3. 본래 (   )을 본 사람이 없으되 아버지 품 속에 있는 (   )이 나타내셨느니라.
4. 율법은 (   )로 말미암아 주신 것이요 은혜와 진리는 (   )로 말미암아 온 것이라.
5. 요한이…… 이르되 보라 (   )를 지고 가는 (   )이로다.
6. 그가 (   ) 자기의 형제 시몬을 찾아 말하되 우리가 (   ) 하고……
7. 나다나엘이 이르되 (   ). 빌립이 이르되 (   ) 하니라.
8. 나다나엘이 대답하되 랍비여 당신은 (   )이시요 당신은 (   )이로소이다.

제2장 [첫 번째 표적]
다음 물음에 답하시오.

1. 예수님이 첫 표적을 행하신 곳은 어디인가?(1~11) -
2. 예수께서 하인들에게 항아리에 물을 채우라 하셨을 때 하인들이 어떻게 했는가?(1~11) -
3. 예수님의 표적으로 만든 포도주를 맛 본 사람들의 반응은?(1~11) -
4. 예수님은 내 아버지의 집(성전)으로 무엇을 만들지 말라고 하셨는가?(12~22) -
5. 예수께서 사흘 동안에 일으키신다고 하신 성전은 무엇을 말하는가?(12~22) -
6. 예수께서 예루살렘에 계실 때 많은 사람이 그 이름을 믿은 이유는?(23~25) -

제3장 [니고데모를 가르치심]
다음 서로 관계있는 것끼리 연결하시오.

1. 니고데모는 • • 가)
2. 니고데모가 예수님을 찾아온 때 • • 나)
3. 사람이 하나님의 나라에 들어가려면 • • 다)
4. 하나님이 세상을 이처럼 사랑하사 • • 라)
5. 그는 흥하여야 하겠고 나는 쇠하여야 하리라 • • 마)
6. 아들을 믿는 자는 • • 바)
7. 아들에게 순종하지 아니하는 자는 • • 사)

가) 밤
나) 바리새인, 유대인의 지도자
다) 독생자를 주셨으니
라) 물과 성령으로 나야 한다.
마) 하나님의 진노가 그 위에 머물러
바) 세례 요한
사) 영생이 있고

제4장 [사마리아 여인 전도]
다음 물음에 답하거나 (   ) 안에 알맞은 말을 쓰시오.

1. 예수님께서 세례를 직접 베푼 것인가 제자들이 베푼 것인가?(1~2) -

2. 예수님께서 우물곁에 앉으셨고 한 여자가 물 길으러 왔을 때는 몇 시쯤인가?(5~6) -

3. (13~14절) 예수께서 대답하여 이르시되~

4. 아버지께서는 어떻게 예배하는 자들을 찾으시는가?(23) -

5. 여인에게 '네가 말하는 내가 그로라'는 것은 무엇을 말하는 것인가?(25~26) -

6. 여자는 예수님을 누구라고 전하였는가?(28~29) -

7. 예수님께서는 '나의 양식'을 무엇이라 말씀하셨는가?(34) -

8. 여자의 예수님에 대한 증언의 결과는 무엇인가?(39) -

9. 아들이 살아나므로 그 결과는 무엇인가?(53) -

제5장 [예수님의 증거]
다음 말씀이 몇 절에 나오는지와 (   )를 채워 성경구절을 완성하시오.

1. (~   절) 예루살렘에 있는 양문 곁에 히브리 말로 (   )라 하는 못이 있는데 거기 (   )이 있고 그 안에 많은 (   ), 맹인, 다리 저는 사람, 혈기 마른 사람들이 누워……

2. (절) 예수께서 가라사대 (   ) 네 자리를 들고 (   ) 하시니……

3. (절) 내가 진실로 진실로 너희에게 이르노니 내 말을 (   ) 또 나 보내신 이를 (   ) 자는 (   )을 얻었고(   )에 이르지 아니하나니(   )에서(   ) 으로 옮겼느니라.

4. (절) 너희가 (   )에서 영생을 얻는 줄 생각하고 (   )을 연구하거니와 이 (   )이 곧 (   ) 하는 것이로다.

제6장 [생명의 떡 그리스도]
다음 말씀이 몇 절에 나오는 지와 누가 한 말인지 이름을 쓰시오.

1. (절) "각 사람으로 조금씩 받게 할지라도 이백 데나리온의 떡이 부족하리이다" -

2. (절) "여기 한 아이가 있어 보리떡 다섯 개와 물고기 두 마리를 가지고 있나이다. 그러나 그것이 이 많은 사람에게 얼마나 되겠사옵나이까" -

3. (절) "내니 두려워하지 말라" -

4. (절) "이는 요셉의 아들 예수가 아니냐 그 부모를 우리가 아는데 자기가 지금 어찌하여 하늘에서 내려왔다 하느냐." -

5. (절) "인자의 살을 먹지 아니하고 인자의 피를 마시지 아니하면 너희 속에 생명이 없느니라" -

6. (절) "주여 영생의 말씀이 주께 있사오니 우리가 누구에게로 가오리이까" -

제7장 [하나님께로서 오신 예수]
다음의 내용이 맞으면 O표, 틀리면 X표를 하시오.

1. 예수님이 유대를 떠나 갈릴리에서 사역하심은 유대인들이 예수님을 죽이려 했기 때문이다(1~9) - (   )

2. 예수님의 형제들은 다 예수님을 믿었다(1~9). - (   )

3. 예수님은 초막절에 형제들만 유대에 보내시고 자신은 갈릴리에 머무르셨다(10~24). - (   )

4. 유대인들이 예수님을 잡지 못한 이유는 하나님을 두려워했기 때문이다(25~36). - (   )

5. "나를 믿는 자는…… 생수의 강이 흘러 나리라" 하심은 믿는 자의 받을 성령을 가리켜 말씀하신 것이다(37~53). - (   )

복음서

요한복음

요한복음 8~14장 하나님의 아들에 대한 반대

제8장 [참된 자유]

다음 물음에 답하시오.

1. 서기관들과 바리새인들이 음행중에 잡힌 여자를 예수님께 데리고 온 실제 이유는?(1~11) -
2. 예수님이 무슨 말씀을 하셨기에 어른으로 시작하여 젊은이까지 떠나갔나?(1~11) -
3. 예수님은 자신을 무엇이라고 소개를 했나?(12~20) -
4. 두 사람에 대한 율법의 증언처럼 예수님을 증언하는 둘은 누구인가?(17~18) -
5. 무엇이 사람을 자유롭게 하는가?(31~41) -
6. 영원히 죽음을 보지 아니하는 비결은 무엇인가?(42~59) -

제9장 [세상의 빛 그리스도]

다음 말씀은 몇 절에 있는지 그 절수를 쓰시오.

1. 내가 세상에 있는 동안에는 세상의 빛이로라. - (절)
2. 실로암 못에 가서 씻으라 하시니 이에 가서 씻고 밝은 눈으로 왔더라. - (절)
3. 유대인들이 누구든지 예수를 그리스도로 시인하는 자는 출교하기로 결의하였으므로…… - (절)
4. 그가 죄인인지 내가 알지 못하나 한 가지 아는 것은 내가 맹인으로 있다가 지금 보는 그것이니이다. - (절)
5. 이르되 주여 내가 믿나이다 하고 절하는지라. - (절)

제10장 [선한 목자 그리스도]

다음 (   )를 채워 성구를 완성하시오.

1. 양의 우리에…… 문으로 들어가는 이는 (   )라…… 진실로 진실로 너희에게 말하노니 나는 (   )이라(1~10).
2. (   )는 양들을 위하여 (   )을 버리거니와 (   )은 목자도 아니요 양도 제 양이 아니라…… 나는 양을 위하여 (   )을 버리노라(11~18).
3. 우리에 들지 아니한 (   )들이 내게 있어 내가 (   )하여야 할 터이니 그들도 내 (   )을 듣고(11~18)
4. 내가 그들에게 (   )을 주노니 영원히 멸망하지 (   ) 것이요. 또 그들를 내 손에서 빼앗을 자가 없느니라(19~29).
5. 만일 내가 내 (   )을 행하지 아니하거든 나를 믿지 말려니와 내가 (   ) 나를 믿지 아니할지라도 그 일은 (   ). 그러면 너희가 아버지께서 (   )에 계시고 내가 (   )에 있음을 깨달아 알리라(30~42).

제11장 [나사로를 살리심]

다음의 성구에서 틀린 두 곳들마다 밑줄을 긋고 바르게 고치시오.

1. 어떤 병든 자가 있으니 이는 마리아와 그 자매 마르다의 마을 베들레헴에 사는 나사렛이라(1~16).→
2. 우리 원수 나사로가 잠들었도다. 그러나 내가 재우러 가노라(1~16).→
3. 나는 부활이요 생명이니 나를 보는 자는 죽어도 살겠고 무릇 살아서 나를 믿는 자는 영원히 살지 아니하리니 이것을 네가 믿느냐?(17~30)

   →
4. 그를 어디 묻었느냐 이르되 주여 와서 보옵소서 하니 제자들이 눈물을 흘리시더라(31~44).

   →
5. 마르다가 이르되 "주여 죽은 지가 사흘이 되었

으매 벌써 냄새가 나나이다". 예수께서 이르시되 "내 말이 '내 말이 네가 믿으면 하나님의 영화를 보리라'하지 아니하였느냐?"하시니(31~44). →

6. 유대인의 초막절이 가까우매 많은 사람이 자기를 성결하게 하기 위하여 유월절 후에 시골에서 예루살렘으로 올라갔더니(45~57).

→

제12장 [승리의 예루살렘 입성]
다음의 말씀의 절수와 서로 관계있는 것을 연결하시오.

1. (　　　절) 지극히 비싼 향유 나드 한 근을 예수의 발에 붓고 머리털로 그 발을 닦음 •　　• 가)
2. (　　　절) 이 향유를 삼백 데나리온에 팔아 가난한 자들에게 주지 아니하였느냐 •　　• 나)
3. (　　　절) 그를 가만 두어 나의 장례할 날을 위하여 그것을 간직하게 하라 •　　• 다)
4. (　　　절) 이 사람 때문에 많은 유대인들이 가서 예수를 믿음이러라 •　　• 라)
5. (　　　절) 두려워하지 말라. '보라 너의 왕이 나귀 새끼를 타고 오신다'는 예언자 •　　• 마)
6. (　　　절) 명절에 예배하러 올라온 사람 중에 빌립에게 청하여 예수를 뵈옵고자 함 •　　• 바)
7. (　　　절) 믿는 자가 바리새인들 때문에 출교를 당할까 드러나게 말하지 못함 •　　• 사)
8. (　　　절) 내가 온 것은 세상을 심판하려 함이 아니요 세상을 이것하려 함이로다. •　　• 아)

가) 나사로
나) 헬라인
다) 가룟 유다
라) 마리아
마) 예수님
바) 구원
사) 관리
아) 스가랴

제13장 [서로 사랑하라]
다음 물음에 답하시오.

1. 예수님은 누구께로 돌아가실 때가 이른 줄 아셨는가?(1~3) -
2. 누가 가룟 유다의 마음에 예수를 팔려는 생각을 넣었는가?(1~3) -
3. 베드로가 '내 발뿐 아니라 손과 머리도 씻어 주옵소서'할 때에 예수님의 대답은?(4~11) -
4. 예수님이 가룟 유다에게 말씀하신 '네가 하는 일'이란 무엇인가?(12~30) -
5. 예수님이 주신 새 계명은 무엇인가?(31~35) -
6. 베드로가 '주를 위하여 내 목숨을 버리겠나이다'라는 말에 대한 예수님의 대답은?(36~38) -

제14장 [근심하지 말라]
다음 (　　)안에 맞는 말을 써 넣으시오.

1. (　　　절) 너희는 마음에 (　　　)하지 말라 하나님을 (　　　) 또 (　　　)를 믿으라.
2. (　　　절) 예수께서 이르시되 내가 곧 (　　　)이요, (　　　)요 (　　　)이니 나로 말미암지 않고는 아버지께로 올 자가 없느니라.
3. (　　　절) 나의 (　　　)을 (　　　　) 자라야 나를 사랑하는 자니 나를 (　　　)하는 자는 내 아버지께 (　　　)을 받을 것이요 나도 그를 (　　　)하여 그에게 나를 나타내리라.

4. (　　　절) (　　　　) 곧 아버지께서 내 이름으로 보내실 (　　　　) 그가 너희에게 모든 것을 가르치고……

요한복음 15~21장 하나님 아들의 고난과 부활

제15장 [포도나무이신 그리스도]

다음 서로 관계가 있는 것을 연결하시오.

1. 나(예수님) •　　　　• 가)
2. 내(하나님) 아버지 •　　　　• 나)
3. 열매를 맺지 아니하는 가지 •　　　　• 다)
4. 열매를 맺는 가지 •　　　　• 라)
5. 너희(그리스도인, 제자들) •　　　　• 마)
6. 가장 큰 사랑 •　　　　• 바)
7. 세상이 너희를 미워하면 •　　　　• 사)
8. 아버지께로서부터 보낼 것 •　　　　• 아)

가) 포도나무 가지
나) 더 열매를 맺게 깨끗하게 하심
다) 아버지께서 제거해 버리심
라) 참 포도나무
마) 포도원 농부
바) 보혜사 곧 진리의 성령
사) 친구를 위하여 목숨을 버림
아) 먼저 나(예수님)을 미워한 줄을 알라

제16장 [성령을 보내실 그리스도]

다음의 물음에 답하시오.

1. "내가 떠나가는 것이 너희에게 유익이라"(7절)는 예수님 말씀은 누가 오시기 때문인가? -
2. 그(보혜사 성령)가 오셔서 무엇에 대하여 세상을 책망하시는가?(세 가지) -
3. 우리가 하나님께 구할 때 누구 이름으로 구하라고 하셨나? -
4. 예수님은 누구에게서 나와 세상에 왔으며 다시 세상을 떠나 누구께로 가시는가? -
5. 우리가 세상에서 환난을 당하나 담대할 수 있는 이유는 무엇인가? -

제17장 [예수님의 기도]

다음 물음에 답하시오. (본문 전체를 읽으시오)

1. 영생은 무엇인가?(3) -
2. 어떻게 해야 아버지를 영화롭게 하는가?(4) -
3. 예수님이 비옵는 것은?(15) -
4. 진리는 무엇인가?(17) -
5. 세상으로 무엇을 믿게 하기를 원하셨나?(21) -

제18장 [체포/심문 당하심]

다음 내용을 시간 순서대로 (　　) 안에 숫자로 나열하고 해당 절수를 쓰시오.

1. (　　　) 유다가 군대와 및 대제사장들과 바리새인들의 아랫사람들을 데리고 함께 옴. - (　　　절)
2. (　　　) 예수께서 제자들과 함께 (겟세마네) 동산에 (기도하러) 들어가심. - (　　　절)
3. (　　　) 예수님을 안나스(대제사장 가야바의 장인)에게 끌고 감. - (　　　절)
4. (　　　) 베드로가 예수님을 부인함. - (　　　,　　　,　　　절)
5. (　　　) 베드로가 대제사장의 종 말고의 귀를 칼로 베어버림. - (　　　절)
6. (　　　) 유대인들이 소리 질러 바라바를 놓아주기를 원함. - (　　　절)
7. (　　　) 빌라도가 이르되 "그러면 네가 유대인의 왕이냐?" - (　　　절)

제19장 [돌아가신 그리스도]

다음 단어들이 나오는 구절과 그 내용을 바르게 연결하시오.

1. (　　　절) 가시나무로 관 •　　　　• 가)
2. (　　　절) 십자가 •　　　　• 나)
3. (　　　절) 다른 두 사람 •　　　　• 다)
4. (　　　절) 제비 •　　　　• 라)
5. (　　　절) 포도주 •　　　　• 마)
6. (　　　,　　　,　　　,　　　절) 십자가 위에서의 말씀 •　　　　• 바)
7. (　　　절) 다리 •　　　　• 사)
8. (　　　절) 세마포 •　　　　• 아)

가) 너희가 친히 데려다가 십자가에 못 박으라.
나) 군인들이 가시나무로 관을 엮어 그의 머리에 씌우고
다) 신포도주를 적신 해면을 우슬초에 매어 예수의 입에 대니
라) 그들이 내 옷을 나누고 내 옷을 제비 뽑나이다 한 것을 응하게
마) 예수의 시체를 가져다가…… 그 향품과 함께 세마포에 쌌더라.
바) 예수를 십자가에 못 박을 새 다른 두 사람도 그와 함께 좌우편에
사) 이미 죽은 것을 보고 다리를 꺾지 아니하고
아) 여자여 보소서 아들이니이다. 보라 네 어머니라. 내가 목마르다. 다 이루었다.

제20장 [부활하신 그리스도]

다음 설명하는 사람의 이름을 쓰시오.

1. (　　　절). 안식 후 첫날 일찍이 무덤에 와서 돌이 옮겨진 것을 본 여자 -
2. (　　　절). 베드로와 함께 무덤에 달려갔으나 들어가지는 않고 있다가 나중에 들어간 자 -
3. (　　　절). 마리아에게 '여자여 어찌하여 우느냐'고 말한 자 -
4. (　　　절). 마리아에게 '여자여 어찌하여 울며 누구를 찾느냐'고 말한 자 -
5. (　　　절). 제자들에게 가서 '내가 주를 보았다'고 말한 자 -
6. (　　　절,　　　절,　　　절). 제자들에게 '너희에게 평강이 있을지어다'고 말한 자 -
7. (　　　절). '내 손가락을 그 옆구리에 넣어 보지 않고는 믿지 아니하겠노라'고 한 자 -

제21장 [베드로의 고백]

다음 물음에 답하거나 (　　)를 채워 성구를 완성하시오.

1. 1~14절에 나온 예수님의 말씀 네 가지를 쓰시오.
   (1) (　　　절).
   (2) (　　　절).
   (3) (　　　절).
   (4) (　　　절).
2. 예수께서 (　　　　)에게 이르되 요한의 아들 시몬아 네가 이 사람들보다 나를 (　　　　) 하시니 이르되 (　　　) 그러하나이다. 내가 주님을 (　　　)하는 줄 주님께서 아시나이다.(15)
3. 이르시되 내 (　　　)을 먹이라…… 이르시되 내 양을 (　　　)…… 내 양을 (　　　). (15~17)
4. 내가 올 때까지 그를 머물게 하고자 할지라도 네게 무슨 (　　　)이냐 너는 (　　　　) 하시더라.(22)
5. 예수께서 행하신 일이 이 외에도 많으니 만일 (　　　) 기록된다면 이 (　　　)이라도 이 기록된 책을 두기에 부족할 줄 아노라.(24~25)

사도행전 | 역사서 |

Acts

제목에 대한 해설

본서의 명칭은 시내 산 사본(4세기)에는 '행전(헬, 프락세이스)', 바티칸 사본(4세기 중반)과 베자 사본(5, 6세기)에서는 '사도들의 행전(헬, 프락세이스 아포스톨론)'으로 나타난다. 초대 교부들은 '사도행전(라, 악타 아포스톨로룸)'이라 불렀다. 결국 본서의 명칭은 모든 사본들이 내용의 성격을 따라 부른 〈사도행전〉이 보편화되었다.

저작에 관하여

(1) 저자: 본서의 저자를 〈누가복음〉을 기록한 누가로 보는데 이것은 같은 대상인 데오빌로에게 보낸 것과 본서에서 먼저 쓴 저작을 지적(1:1)했다는 것과 두 책의 언어와 양식, 사상의 연관성이 있기 때문이다(〈누가복음〉 개요 참고).

누가는 수리아 안디옥 출신의 헬라인으로(11:20) 의사였다(골 4:14). 그리스도를 믿게 된 시기는 알 수 없으며 바울의 2차 전도 여행 때 드로아에서 바울과 동행했고(16:10~11), 바울의 동역자(몬 1:24)로서 빌럽보 전도(16:40)에도 참여할 정도로 열심 있는 자였다. 바울의 3차 여행을 함께 마쳤고(20:6, 21:17), 바울의 로마 옥중 생활 때에도 끝까지 함께 한 의리 있는 사람이다(27:1~28:16, 딤후 4:11).

(2) 수신자: 〈누가복음〉에 이어 두 번째로 데오빌로에게 보내기 위해 기록되었다. 더 나아가 그리스도를 사랑하는 모든 그리스도인이다.

(3) 연대 및 장소: 〈누가복음〉을 바울의 투옥생활이 끝나기 전인 61~63년으로 일찍이 보는 견해들에 따라 〈사도행전〉의 저작 시기를 바로 뒤로 보는데, 실제로 이보다 훨씬 뒤인 70년 이후로 보며 〈누가복음〉과 〈사도행전〉의 언어적 차이와 누가가 바울서신을 모르는 것으로 보아 80~90년 사이로 본다.

저작 장소로는 고대로부터 로마, 에베소, 마게도냐, 아가야 등 많은 주장이 있었으나 저자가 바울과 동반자였다는 전제에 근거하여 로마설이 가장 지배적이다.

특징 및 기록 목적

(1) 본서는 신약성경 중에 유일한 역사서다. 복음서가 그리스도의 전기를 기록했다면, 본서는 사도들 특히 앞부분(1~12장)에서는 베드로의 행적을, 그리고 뒷부분(13~28장)에서는 바울의 행적을 기록했다.

(2) 본서의 목적은 〈누가복음〉에 기록한 대로(눅 1:1~4) 데오빌로로 하여금 "그 배운 바의 확실함을 알게 하려는 데"있으며, 더 나아가 로마인에게 기독교를 변증하기 위함이며, 유대인에게는 복음의 진실성을 알리며, 헬라인에게는 동방의 신비주의 사상을 벗기고 기독교를 가르치는 것이다.

(3) 본서는 복음서의 속편이며 뒤따르는 서신서들의 배경이다. 예수님의 부활을 증거하고 본서의 수많은 사건들에 대한 설명과 해석이 서신서들 속에 기록되어 있다.

역사서

사도행전

특기사항

(1) 복음 전파의 지리적 배열

안디옥에서 로마(19:21~28)까지다. 이것을 세분하면 예루살렘(1:1~8:3), 사마리아와 해안 지대(8:4~ 11:18), 안디옥 지대(11:19~15:35), 에게 해안 지역(15:36~19:20), 그리고 예루살렘에서 로마(19:21 ~28)로 되어 있다 (바울의 〈사도행전〉 28장 이후의 생애에 대해서는 〈디도서〉 해설 참고).

〈사도행전〉에 나오는 예루살렘으로부터 땅 끝까지 복음 선교의 여정은 바꾸어 말하면 예루살렘으로부터 로마에 이르는 여정이다. 로마는 고대 이방 세계의 모든 길이 합류하는 곳이다. 이러한 선교 여정은 단지 지리적으로 넓게 잡혔을 뿐 아니라 또한 무엇보다도 신학적으로 처리해야 할 긴장과 모험과 위기로 가득 차 있다. 이 사역에 처음에는 베드로가, 나중에는 바울이 헌신하였다.

(2) 오순절과 성령강림

구약성경 〈요엘〉에 예언된 성령의 역사가 직접적으로 나타난 성령강림이 기록되어 있다(욜 3: 28~29, 행 2:1~4). 사도들이 능력을 받고 이방 세계에 복음을 알리는 데 공헌하였다. 두려워 떨던 사도들은 성령의 능력을 받고 담대히 주의 복음을 증거하였다(2:14, 4:31). 스데반은 성령의 충만한 역사로 복음을 위해 순교했으며(7:55~56), 빌립은 성령의 인도하심을 따라 에티오피아 내시에게 복음을 증거했다(8:29). 베드로는 성령 계시를 통해 가이사랴 백부장 고넬료의 가정에 복음을 증거했고(10:19), 성령과 믿음이 충만한 바나바의 도움으로(11:24~25) 바울은 세계 선교의 토대를 마련하여 이방 선교를 하게 되었다.

이러한 이유로 〈사도행전〉은 '성령행전'이라는 별명으로 불리기도 한다.

사도행전 1~4장

교회의 능력 (중요구절 행 1:8)

예수님은 승천하시고 제자들은 아버지의 약속하신 것(성령)을 기다리며 기도했다. 가룟 유다 대신에 사도의 수에 맛디아가 더해진다(1장). 오순절에 성령의 강림은 활력을 주어 사도들이 밖으로 나가 말씀을 전하여 구원받는 사람들의 수가 더해 간다(2장). 베드로와 요한은 나사렛 예수 그리스도의 이름으로 못 걷게 된 이를 고치고 이 일로 예수 그리스도의 이름이 널리 전파된다(3장). 이 일로 특히 부활을 부인하는 사두개인들은 당황하여 이들을 붙잡는다. 그러나 이튿날 공회의 경고만 받고 풀려난다(4장).

1. 예수님은 부활하신 후 승천하기까지 40일 동안 무엇을 하셨을까? "사십 일 동안 그들에게 보이시며 하나님 나라의 일을 말씀하시니라"(1:3)고 누가는 전한다. '하나님 나라'는 예수님이 오셨을 때부터 중심 메시지이며(마 4:17, 막 1:15), 오늘의 교회도 변하지 않고 전파하는 사명을 다해야 한다.
2. 예수님은 사도들에게 "요한은 물로 세례를 베풀었으나 너희는 몇 날이 못되어 성령으로 세례를 받으리라"(1:5)고 하셨고 "성령이 임하시면 권능을 받고…… 증인이 되리라"고 하셨다(1:8). 제자들은 백이십여 명이나 되는 무리들과 함께 "마음을 같이하여 오로지 기도에"(1:14) 힘쓰며 성령을 기다렸다. 아버지의 약속하신 것"(눅 24:29, 요 14:16)은 오순절에 성령강림으로 성취되었다(2:1~36). 우리는 〈사도행전〉에서 복음이 성령을 통하여 어떻게 전해졌는가를 보게 된다.
3. 베드로는 설교에서(2:14~36) 선지자 요엘의 예언 성취를 말한다. 요엘이 "그 후에"(욜 2:28)라고 표현한 것을 베드로는 "말세에"(17절)로 대치하여 말세가 도래했다고 하였다. 신약성경은 '그리스도의 초림과 재림간의 전 기간을 말세'라고 한다. 오늘 우리에게 말세는 '이미(already)'와 있으나 '아직(not yet)'다 지나가지 않았다(F. F. 브루스). 2:22~36에서 베드로의 설교는 사도적 설교의 모델이 될 만한 네 가지 특징, 즉 ① 예수님에 관한 이야기 ② 구약의 예언이 성취되었음 ③ 설교자 개인의 증거 ④ 듣는 자들에게 회개와 믿음을 촉구한다.
4. 유대지도자들은 베드로의 말을 듣고 "본래 학문 없는 범인(凡人)으로

1
예수의 승천과 맛디아를 보선
성령이 임하시면……
증인이 되리라

2
오순절 성령 강림
다 성령의 충만함을 받고

3
못 걷게 된 이를 일으킴
예수 그리스도의
이름으로 걸으라

4
베드로와 요한이 잡힘
보고들은 것을
말하지 않을 수 없다

알았다가"(4:13) 놀라게 된다. 그들이 베드로와 요한에게 "예수의 이름으로 말하지도 말고 가르치지도 말라"는 말에 "우리는 보고 들은 것을 말하지 아니할 수 없다"(18~20절)고 하였다. 사도들은 위협에도 굴하지 아니하였듯이 성도는 자신의 사명을 위하여 어떤 상황에서든지 포기할 수 없으며 주님을 전해야 한다.

더 살펴보기

1. 〈사도행전〉은 복음서와 바울서신을 연결

내용 분해
1~12장 – 베드로의 사역과 교회 탄생
13~28장 – 바울의 사역과 교회 확장

사복음서는 그리스도의 전기를 기록하였고 〈사도행전〉은 사도들의 행적의 기록으로 예수님을 증거했다. 본서는 바울서신에 대한 이해를 도와준다(예, 행 16:19~24 = 살전 2:2).

2. 오순절(五旬節)에 대하여

(1) 오순절은 삼대 절기 중에 하나이다(레 23장, 출 23:14~19).

① 유월절과 무교절(레 23:4~8, 출애굽을 기념, 갈보리-어린 양 예수의 죽음-를 상징함), ② 칠칠절(맥추절, 레 23:15~21, 성령강림의 오순절을 상징함), ③ 초막절(수장절, 레 23:33~43, 천년왕국을 상징함)이다. 기타 절기로는 ① 초실절(레 23:9~14), ② 나팔절(레 23:23~25), ③ 속죄일(레 16장, 23:26~32), ④ 부림절(에 9:26), ⑤ 수전절(요 10:22) 등이 있다. (절기에 대해서는 《성경핵심전과1》 129쪽 내용 참고)

(2) 오순절에 임한 성령의 의미

신약성경의 오순절은 구약성경의 오순절(맥추절, 칠칠절)과 비교될 수 있다. 구약성경의 오순절은 이스라엘이 애굽을 떠난 후 50일째 되는 날 시내 산에서 모세가 율법을 받은 날이다(출 19장). 신약성경의 오순절은 그리스도께서 죽은 자 가운데서 부활하신 후 50일째 되는 날을 기념하는 것이다. 물론 예수님은 유월절 주간에 십자가에 못 박히셨다(요 19:14). 그리고 부활 후에 40일 동안 제자들과 함께 보내셨다(행 1:3). 다시 10일 후(행

1:5, 2:1)에 신약성경의 오순절에 성령강림 사건이 발생하였다.

구약 시대의 오순절은 이스라엘 민족의 탄생과 율법을 받은 것을 기념하는 날이었다(출 19:5). 반면에 신약 시대의 오순절은 교회의 탄생을 기념하는 날이 되었다(행 2:41~47). 구약 시대의 오순절 날에 약 3천 명이 죽음을 당했으나(출 32:28), 신약 시대의 오순절 날에는 베드로의 설교를 듣고 약 3천 명의 영혼이 구원을 받았다(행 2:41).

예수님의 승천터

예루살렘 맞은 편 감람 산 중턱에 있는 예수님 승천터로 알려진 곳이다. 승천터가 있는 건축물의 돔은 회교도들이 만들었고, 지금도 이 돔의 관리나 모금도 회교도들이 하고 있다.

3. 초대교회의 설교자와 메시지

(1) 〈사도행전〉에서 대표적인 두 설교자는 '베드로'와 '바울'이고 '스데반'의 설교도 관심을 끈다. 베드로는 2~3장에 설교가 나온다. 그리고 스데반은 7장에서, 바울은 13장 이후에 등장하며 가는 곳마다 큰 반향을 불러일으킨다.

(2) 초대교회 메시지의 중심은 두 가지이다. 하나는 예수님은 부활하셨다(2:31~32, 4:2, 33, 17:18, 31, 23:6, 26:8, 23)라는 것이고, 다른 하나는 예수님은 그리스도이시다(2:36, 5:42, 8:5, 17:3, 18:5, 28)라는 것이다. 사두개인들은 부활을 부인했는데 사도들이 예수님의 부활을 전하자 당황한 것은 자신들의 교리와 달랐기 때문이다(4:1~2).

사도행전 5~9장

교회의 진보와 박해 (중요구절 행 9:31)

초대교회가 성장해 가는 과정에서 아나니아와 삽비라가 죽임을 당하는 사건이 생긴다(5장). 구제에 대한 문제로 인해 일곱(집사?) 사람을 택하고 사도들은 오로지 기도하는 일과 말씀 사역에 힘쓴다(6장). 스데반의 순교(7장)와 함께 교회가 박해를 받으나 오히려 초대교회의 확산을 이루는 계기가 되어 사마리아에도 복음이 확장된다(8장). 박해자 사울은 다메섹 도상에서 예수님을 만난 후 예수님을 그리스도라고 증언하는 전도자가 된다(9장).

1. "여러분 부형들이여 들으소서"(7:2). 스데반의 설교(7:2~53)는 비록 공회원들과 자신을 고소한 자들에게 하는 변증이지만 예의를 갖추어

시작하였다. 그의 설교는 역사적인 설교였다. 〈사도행전〉 2장의 베드로의 설교도 그렇고, 13장의 바울의 설교도 모두 구약성경의 사건을 떠나지 않았다. 설교가 성경을 멀리 떠나서 간증으로만 흘러가면 결국 자신이 망가지는 수가 많다.

2. 하나님의 말씀은 생명력으로 인해 언제나 반응이 있게 마련이다. 스데반의 설교를 들은 사람들은 "마음에 찔려" 이를 갈았다(7:54). 베드로의 설교를 들은 사람들도 "마음에 찔려 우리가 어찌할꼬"(2:37) 하였다. 같은 교회에서 같은 설교를 들어도 '이(齒)를 가는 사람'이 있고, 어찌할꼬 하는 '회개로 향하는 사람'이 있다.
3. 초대교회의 박해는 오히려 복음 확산의 계기가 되었다. 1:8에서 예언한 대로 복음이 예루살렘에서 "유대와 사마리아 모든 땅으로 흩어지니라"(8:1). 복음은 핍박 속에서 찬란한 꽃을 피우는 것이다. 힘들고 어렵다고 포기한다면 기독교는 전파되지 않았을 것이다. 한국 선교 초기에도 대동강 가에서 뜨거운 순교의 피를 흘린 토마스 선교사 같은 순교자들이 있었기에 그 영혼의 강력한 토양아래 한국 교회는 성장했던 것이다.
4. 사울의 회심(9장)은 극적이다. 스데반의 처형에도 참여했고(7:58), "그가 죽임 당함을 마땅히 여기"(8:1)는 사울이 다메섹을 향하여 가다가 부름을 받는다(9장). 그는 하나님이 택한 특별한 그릇이었다(9:15). 바울은 자신의 회심에 대해 여러 번 간증을 한다. 22장과 26장에서 자신의 체험을 고관들에게 강력하게 증언한다. 그대는 하나님의 부르심에 대한 분명한 간증이 있는가? 그대는 예수 그리스도에 대한 고백을 어떻게 하는가?

더 살펴보기

1. 헬라파 유대인과 히브리파 유대인(행 6:1~2)

오순절 성령강림으로 복음이 확산되어 가는 가운데 첫 번째로 갈등이 일어났다. 초대교회는 "제자가 더 많아졌는데, 헬라파 유대인들이 자기의 과부들이 매일의 구제에 빠지므로(누락되므로) 히브리파 사람을 원명하니"(6:1)라는 말씀처럼 두 파로 갈라진 교우들 간의 갈등을 사도들이 해결해 간다.

(1) 헬라파 유대인 - 본래는 유대인이었으나 각처에 흩어져 살게 되어 이방 세계에서 출생한 2세들이다(왕하 25:8, 26, 단 1:1~16). 이들은 헬라 문화권에서 살았기에 대개 헬라어를 사용하였다.

(2) 히브리파 유대인 - 팔레스틴에서 출생하여 히브리어를 사용하는 유대인들이다. 이들은 율법과 전통을 엄격히 고수하였다.

(3) 이 둘은 한 핏줄이었으면서도 성장 과정이 달라 사상과 사회 관습이 달랐고 갈등을 빚게 되었다. 히브리파 유대인들은 기득권을 가졌기에 헬라파 유대인 과부들에게 차별된 구제를 하여 불평을 샀다.

2. 일곱(집사?)을 택한 일(행 6:3~6)

(1) 성령과 지혜가 충만하여 칭찬 듣는 사람 일곱을 택하여 세웠다(6:3).

(2) 이들을 보통 '집사'라고 하는데 본문에 집사라는 말은 없다. 그러나 점차로 집사의 직제(職制) 등이 생기게 되었으므로 후대에 조직된 교회의 직제로 인해 보통 집사라고 해석한다(행 21:8은 약 20년 후이다. 딤전 3:8~13).

(3) 이들은 구제하는 일로 시작해서 '스데반'은 말씀을 전하다가 순교했다(7장), '빌립'은 전도자로 사마리아 전도를 했고, 그 후에도 여러 해 일했다(행 8:5이하, 21:8). '니골라'를 〈요한계시록〉 2:6의 니골라 당과 연결하려는 것은 근거가 없으므로 무리이다. 그 외의 사람(집사)에 대해서는 알려진 바가 없다.

성령의 역사(役事)가 초대교회에 미친 영향

(1) 오순절 마가 다락방의 성령의 역사(2:1~4)로 능력을 받은 사람들은 예수 그리스도의 복음을 담대하게 증언하며 교회를 설립하고 이방 세계에 그리스도를 전하는데 공헌하였다. 〈사도행전〉을 '성령행전'이라 부르기도 한다(Thiessen).

(2) 사도들은 성령의 강림으로 능력을 받고 담대하게 복음을 증언 하였다(2:14, 4:31). 베드로와 요한은 사마리아에서 사람들에게 안수를 하므로 성령이 임하였다(8:17). 스데반은 성령의 충만한 역사로 복음을 위해 순교하였다(7:55~56). 빌립은 성령의 인도하심으로 에티오피아 내시에게 복음을 증언 하였다(8:29).

(3) 베드로는 성령의 계시로 가이사랴 백부장 고넬료의 집에 복음을 증언하였다(10:19). 바울은 성령과 믿음이 충만한 바나바의 도움으로(11:24~25) 세계선교의 토대를 마련하게 되었고 이방 세계에 복음을 전하게 되었다(16:6~7).

다메섹 도상의 사울(바울, 행 9장)

다메섹으로 가는 도상에 부활한 예수님을 만나 말에서 떨어져 앞을 보지 못한다(행 9장). 다메섹에 있는 아나니아 기념교회 내의 성화이다.

사도행전 10~14장

바울의 1차 전도 여행 (중요구절 행 13:2)

복음의 세계화가 이루어져 간다. 고넬료는 이달리야 부대의 백부장이지만 베드로를 초청하여 말씀을 듣고 성령강림을 체험한다(10장). 이방인이 하나님 말씀을 들었다는 사실에 유대인들은 베드로를 비난하지만 베드로는 그들에게 성령의 역사를 설명하니 인정하게 된다. 이방 땅에 안디옥 교회가 설립되고 예루살렘 교회는 바나바를 파송한다(11장). 헤롯이 교회를 박해하지만 교회는 흥왕하여 간다(12장).
13장부터는 주로 '바울의 활동상'에 대한 기록이다. 안디옥 교회의 바울과 바나바는 성령의 보내심을 받아 '바울의 1차 전도 여행'이 이루어진다(13~14장).

10
고넬료 가정의 성령강림
이방인에게도 성령 부어 주심

11
이방 세계를 향한 복음
헬라인에게도 주 예수를 전파

12
헤롯의 교회 박해
쇠사슬이 그 손에서
벗어지더라

13
바울의 제1차 전도 여행
안디옥 교회의 이방 선교
바나바와 사울을 따로 세우라

14
바울의 제1차 전도 여행
이고니온 루스드라 전도
살아계신 하나님께 돌아오라

1. 이방인 고넬료의 모범(10장)은 모든 성도들에게 귀감이 된다. 기도 가운데 베드로를 초청한 일이며, 일가친척을 모아 베드로를 기다림, 엎드려 절하는 겸손함, 하나님 앞에서 말씀을 듣겠다는 태도, 이런 준비된 마음으로 말씀을 듣는 자들에게 성령이 임하는 것은 자연스러운 일이다. 뿐만 아니라 하나님은 고넬료의 기도와 구제도 알고 있었다.
2. 대부분의 유대인들은 복음의 세계화에 있어서 편협한 생각들을 가졌다. "유대인으로서 이방인과 교제하며 가까이 하는 것이 위법인 줄은 너희도 알거니와"(10:28, 베드로). "이방인들에게도 성령 부어 주심으로 말미암아 놀라니"(10:45, 할례 받은 신자들). "비난하여 이르되 네가 무할례자의 집에 들어가 함께 먹었다 하니"(11:2~3, 예루살렘의 할례자). "유대인에게만 말씀을 전하는데"(11:19, 흩어진 자들). 그러나 바울은 이방 선교에 마음이 열린 사도였다. 결국 두 그룹 사이에 다툼이 일어났고 이방 선교의 문제를 해결하기 위하여 예루살렘 공의회로 모여야 했다(15장). 하나님의 복음은 인종과 출신, 학력, 경제, 사상에 차별 없이 전해져야 한다.
3. 루스드라에서 발을 쓰지 못하는 한 사람이 고침 받은 것은 "구원받을 만한 믿음이 그에게 있는 것"(14:9) 때문이다. 믿음은 바라는 것들의 실상(히 11:1)이므로 믿음이 있는가를 먼저 점검해야 한다. 믿음이 있는 사람은 현실을 보는 것이 아니라 하나님의 능력을 바라보고 믿음으로 행하게 된다.

4. "나도 사람이라"는 베드로의 겸손(10:25~26)과 "우리도 여러분과 같은 성정을 가진 사람이라"는 바울의 겸손(14:8~18)은 본이 된다. 대접이 지나쳐도 문제이며 그것을 누리려는 주의 종들도 하나님의 영광을 가로채는 죄를 범하게 되므로 겸손해야 한다(3:12, 16, 12:21~25).

더 살펴보기

1. 세계 선교의 산실 안디옥 교회(행 13장)

안디옥 교회의 구성원은 다양해서 "선지자들과 교사들"(13:1)이 있었다. '선지자'는 어느 한 교회에 속해 있지 않고 자신의 전 생애를 다 바쳐 하나님의 말씀에 귀를 기울이고 그것을 사람들에게 전하는 순회전도자들이다. 반면에 '교사'는 지교회에 정착해 있으면서 예수님을 믿게 된 사람들을 가르쳐 주는 임무를 띠고 있는 사람들이다.

이들의 명단이 나오는데 복음의 세계성의 상징과 같다. '바나바'는 구브로 출신 유대인이다. '니게르라 하는 시므온'은 특별나다. 시므온은 유대 이름인데 니게르란 이름 때문에 그 출신은 아프리카라는 설과 로마라는 설이 있다. '루기오'는 북아프리카 구레네 사람이다. '헤롯의 젖동생 마나엔'은 왕실에 관계된 출신인 듯하다. 사울(후에 바울로 개명)은 길리기아 다소 출신의 유대인으로 교육을 받은 랍비였다. 이처럼 서로 다른 출신들이 오직 예수라는 이름에 일치하여 안디옥 교회를 이루었고 이들이 세계 선교의 전초기지를 만들었다.

바울의 전도 여행(행 13~28장)
바울은 3차에 걸친 이방 전도 여행과 로마 여행으로 나눌 수 있다.
(1)제1차 전도 여행 - 13:4~14:28
(2)제2차 전도 여행 - 15:36~18:22
(3)제3차 전도 여행 - 18:23~21:16
(4)로마 전도 여행 - 27:1~28:31

2. 바울의 1차 전도 여행 경유지(행 13:4~14:28)

(1) 구브로 섬의 바보 - 13:4~12 / *전도대의 구성은 바울, 바나바, 요한 마가임. *바울이 첫 번째로 기록된 기적을 행함 - 엘루마가 맹인이 됨. *바울은 이때 처음으로 이방 이름(바울)으로 불림, *바울이 바보의 총독을 그리스도에게 인도함.

(2) 비시디아 - 13:13~50 / *처음으로 메시지를 전파함 (여섯 가지 사항의

지적과 초청 - 1) 출애굽의 구원, 2) 광야 유랑, 3) 가나안 정복, 4) 사울과 다윗의 통치, 5) 세례 요한의 설교, 6) 다윗의 씨인 그리스도의 십자가 죽음과 부활. *많은 이방인들과 소수의 유대인들은 그의 메시지를 받아들임. *그러나 유대의 지도자들은 그것을 거부하고 그를 마을 밖으로 쫓아냄. *이방인에게로 향한다는 자신의 의도를 밝힘.

(3) 이고니온 - 13:51~14:5 / *역시 이곳에서도 많은 사람들이 복음을 받아들임. *그러나 유대인들은 또 다시 말썽을 일으킴.

(4) 루스드라 - 14:6~25 / *바울이 발을 쓰지 못하는 사람을 고침. *무리들이 바울과 바나바를 희랍의 신 제우스(쓰스)와 헤르메스(허메)로 예배하려 함(411쪽 '헬라신들' 참고). *그들이 주는 영예를 거부하고 돌에 맞아 죽은 자로 여겨져 내버림을 당함. *초자연적 능력으로 일으킴을 받고 루스드라와 주변 도시에서 계속 복음을 전함.

(5) 수리아의 안디옥 - 14:26~28 / *역사상 최초의 선교자에 의한 '해외 전도 보고서'를 가지고 안디옥으로 돌아옴. *신약성경에 기록된 바울의 첫 번째 책인 〈갈라디아서〉를 안디옥에서 기록한 것 같음.

사도행전 15~18장

바울의 2차 전도 여행 (중요구절 행 17:11)

예루살렘 공의회는 이방선교를 위한 적절한 결정을 하여 선교의 자유가 넓어졌다(15장). 바울의 2차 전도 여행은 오늘날 유럽의 첫 교회인 빌립보 교회를 세우고(16장), 많은 박해 중에도 여러 곳에서 전도했으며 아덴(아테네)에서도 하나님의 존재와 예수 그리스도의 죽음과 부활을 전한다(17장). 고린도 및 에베소 등에서 전도하고 안디옥으로 돌아온다(18장).

1. 하나님의 일을 할 때에 의견 다툼으로 인해 손을 놓는 경우가 있다면 이들의 모범을 보라. 2차 전도 여행에 바나바는 마가 요한을 데리고 가려 했으나 바울은 밤빌리아에서 밤에 도망한 마가를 데려가지 않으려 하여 다툼이 일어났다. 이로 인해 각각 선교의 길로 나가 바울은 실

라와 동행했고, 바나바는 마가와 동행하였다(15:36~41). 악을 변하여 선하게 하시는 하나님의 은혜로 복음의 일은 계속 확산되는 계기가 되었다.

2. 빌립보 교회(16장)는 은혜 가운데 세워졌다. 하나님께서 바울 일행을 그리로 보냈고 선교는 박해 가운데서 결실을 맺었다. 경제적 능력 있는 루디아, 귀신들려 점치는 여종, 공무원인 간수 등 이처럼 하나님의 교회는 다양한 사람들의 변화를 통해 일치를 이루며 세워져간다.
3. "베뢰아에 있는 사람들은 데살로니가에 있는 사람들보다 더 너그러워서 간절한 마음으로 말씀을 받고 이것이 그러한가 하여 날마다 성경을 상고하므로"(17:11). 간절함과 날마다 성경을 상고(자세히 연구)하는 것은 너그러운(마음이 열린) 자세이다. 말씀 읽는 것이 습관이 되어야 한다.
4. 바울의 아덴에서의 전도는 특별한 환경에 대한 도전이었다(17:16~34). 다신론을 가진 헬라인들은 심지어 '알지 못하는 신'도 있었고 인구수보다 신들의 수가 많았기에 바울의 설교는 여기에서부터 시작되었으나 사람들의 반응은 시큰둥했다. 아덴 사람들은 행동뿐 아니라, 결론까지도 원하지 않고 오직 정신적 유희와 정신적 산책의 자극만 원했다. 그들은 변론에 열중하였다. 바울의 설교(17~31) 중에 특히 부활에 대한 반응은 ① 거부(조롱도 하고), ② 유보(다음에 다시 듣겠다), ③ 수용(몇 사람이 그를 가까이하여 믿으니) 하였다. 사람들은 바울의 아덴에서의 설교는 실패라고 하는데 결코 그렇지 않다. 복음의 세계적 호소력으로 아레오바고 관원 '디오누시오'와 '다마리'라는 여인과 또 '다른 사람들'로서 천하보다 귀한 생명을 얻었다.

15
예루살렘 공의회
이방인 중에…… 괴롭게 말고

16
바울의 제2차 전도 여행 출발
빌립보: 주 예수를 믿으라

17
아덴에서의 설교
예수와 몸의 부활을 전함

18
2차 전도 여행 마침
고린도, 에베소: 돌아오리라

더 살펴보기

1. 예루살렘 공의회에 대하여(행 15장)

(1) 제1차와 제2차 전도 여행 중간에 '구원에 있어서 할례가 필요하냐'의

문제로 개최되었다. 이 일은 율법 대 복음, 유대주의 기독교 대 이방인의 기독교 문제에 관한 주요한 분기점이었다. 하나님의 은혜로 유대주의, 율법주의 기독교는 패하였으나 이 문제가 〈갈라디아서〉에서 다른 모습으로 재론되었다.

(2) 바울과 바나바도 할례 문제로 논쟁한 것(15:1~2)은 사도들도 처음에는 유대주의적인 기독교 신앙을 가졌음을 알 수 있다.

(3) 회의는 3개의 소회기(小會期)로 나누어진다. - ① 1차 전체 회의(15:4~5), ② 사도와 장로들만의 회의(6절), ③ 2차 전체 회의(7~21) - 이 회의에서 베드로의 보고(7~11), 바울과 바나바의 보고(12), 야고보의 보고(13~21)로 이어진다.

(4) 결정된 사항 - 예루살렘 교회의 목회자인 야고보에 의해 이루어졌다. - "그러므로 내 의견에는 이방인 중에서 하나님께로 돌아오는 자들을 괴롭게 하지 말고 다만 우상의 더러운 것과 음행과 목매어 죽인 것과 피를 멀리하라고 편지하는 것이 옳으니"(15:19~20)

(5) 이 결정은 네 사람(바울, 바나바, 유다, 실라)에 의해 문서로 각 교회로 보내졌다(15:22~35).

2. 바울의 2차 전도 여행 경유지(행 15:36~18:22)

(1) 루스드라 - 16:1~5 / *디모데의 합류, *그가 바울에게 할례를 받음.

(2) 드로아 - 16:6~10 / *성령은 바울이 아시아 또는 비두니아에서 전도하는 것을 금함, *마게도냐인에 대한 환상을 봄, *누가의 합류.

(3) 빌립보 - 16:11~40 / *세 명의 구원 - 자색 옷감 장사 루디아, 귀신들린 여종, 간수.

(4) 데살로니가 - 17:1~9 / *바울이 야손의 집에서 3주간 체류함, *불신앙의 유대인에게 복음 전도가 방해를 받음.

(5) 베뢰아 - 17:10~14 / *성경을 사랑함, *유대인들이 복음 전도를 훼방.

(6) 아덴 - 17:15~34 / *바울은 홀로 아덴에 감, 후에 디모데와 실라가 합류할 예정, *아레오바고 설교(알지 못하는 신, / 반응: 조롱, 다시 듣겠다, 믿

는 자).

(7) 고린도 - 18:1~18 / *천막공인 아굴라 브리스길라를 만남, *실라와 디모데의 합류, *이방인에게 가는 의도를 두 번째로 천명, *회당장 그리스보의 구원, *환상 중에 용기를 얻음, *유대인들이 바울을 재판 받도록 시도했으나 실패, 오히려 회당장을 때림. *1년 6개월 간 체류함, *〈데살로니가전·후서〉 기록함.

(8) 에베소 - 18:19~21 / *잠시 동안 체재함, *아굴라와 브리스길라 동행, 그들은 에베소 잔류.

(9) 안디옥 - 18:22 / *본 교회로 돌아옴.

사도행전 19~23장

바울의 3차 전도 여행 (중요구절 행 20:24)

바울의 에베소 선교가 비방을 받게 되자 바울은 두란노서원을 세워 두 해 동안 강론을 한다. 아데미 여신을 섬기는 자들로부터의 소요가 있었다(19장). 밀레도에서 에베소 장로들을 불러 행한 고별설교는 생명도 아끼지 않는 복음의 사도, 바울을 보게 된다(20장). 예루살렘에서 체포되지만(21장), 그는 두려워하지 않고 회중과 공회 앞에서 변증을 한다. 그를 죽이려는 음모로 인해 가이사랴에 있는 총독에게 호송된다(22~23장).

1. 에베소 교인들은 믿으면서도 "성령이 계심도 듣지 못하"였다(19:2). 그러나 "바울이 그들에게 안수하매 성령이 그들에게 임하셨다"(19:6). "또 성령으로 아니하고는 누구든지 예수를 주시라 할 수 없느니라"(고전 12:3) 하였으니 결국 성령으로 믿고 고백하지만, 성령 충만을 위해서는 열심 있는 신앙이 필요하다(엡 5:18). 우리가 예수님을 주님으로 고백하는 것은 모두 성령을 받은 사람이라는 증거이다(고전 12:3).
2. 초대교회의 사도들은 유대교의 전통을 따라 안식일(토요일)에 회당에 말씀을 전하러 가야 했지만(13:42, 44 등) 차츰 "그 주간의 첫날"(20:7), 즉 주일(일요일)에 모이게 되었다. 신앙생활에 있어서 어떤 무엇보다

19
에베소에서의 바울
에베소 사람의 아데미여

20
바울의 고별 설교
주 예수께 받은 사명

21
예루살렘에서 체포된 바울
예루살렘에서 죽을 것도 각오

22
회중들 앞에서의 변증
변명하는 말을 들으라

23
바울을 죽이려는 음모
로마에서도 증언하여야

모임(예배와 친교)에 함께 하지 않는다면 바른 믿음이라 할 수 없다.

3. 선지자 아가보가 바울이 예루살렘으로 가면 체포되리라는 것을 예언하므로 사람들이 바울의 예루살렘 길을 만류한다. 그럼에도 바울은 “여러분이 어찌하여 울어 내 마음을 상하게 하느냐 나는 주 예수의 이름을 위하여 결박당할 뿐 아니라 예루살렘에서 죽을 것도 각오하였노라”(21:13)고 한다. 바울이 예루살렘으로 가지 않는다고 비겁하다고 할 어느 누구도 없었지만 그는 어려운 선택을 한다. 결과적으로는 로마에까지 가는 길(27장)이 열리지만 죄수의 신분으로 갔다. 그대라면 어떤 선택을 하겠는가? 언제나 편하고 배부른 결과를 얻었다고 성공은 아니다.

4. “담대하라. 네가…… 로마에서도 증언하여야 하리라”(23:11)는 것은 예루살렘에서 체포되어 있는 바울에게 밤에 주께서 나타나셔서 주신 위로와 용기의 말이다. 바울은 복음을 위하여 “나의 생명조차 조금도 귀한 것으로 여기지 아니하노라”(20:24)는 결단을 한 위대한 사도이다. 하나 뿐인 생명이기에 귀하지만, 사명을 위하여 바치는 것이다. 예수님은 우리 위해 목숨을 주셨는데 거기에 대해 나는 어떻게 응답하고 사는가?

더 살펴보기

에베소 극장(행 19장)
바울과 그의 동료들에 대한 군중의 반대시위 현장인 에베소 극장의 유적

1. 바울의 3차 전도 여행 경유지(행 18:23~21:16)

(1) 에베소 - *18:24~28 / 에베소와 고린도에서의 아볼로의 사역 : 요한의 세례만 알고 있었음, *아굴라와 브리스길라에게 배움. *훗날 고린도 교회의 목회자가 되었음(고전 3:5), *19:1~20:5 - 에베소에서의 바울의 사역, *안수하므로 성령 받음, *두란노 서원에서 강론, *스게와의 그릇됨과 회심자들의 헌신, *아데미(출산과 풍요의 신) 숭배자들의 소요(411쪽 ‘헬라신들’ 도표 내용 참고), *바울의 결단.

(2) 드로아 - 20:6~12 / *죽은 유두고를 살림.

(3) 밀레도 - 20:19~30 / *과거 회고(2년 동안 체류, 공중 앞에서나 집에서 가르침, 하나님의 온전하신 뜻을 선포, 사람의 재물을 탐하지 않음), *현재 언급(자신과 장로들의 상황), *미래 전망(기도와 경고).

(4) 두로 - 21:4 / 예루살렘에 가지 말라고 제자들이 말함.

(5) 가이사랴 - 21:8~11 / 빌립과 그의 네 딸을 방문함, 예루살렘에 가지 말라고 아가보에게 경고를 받음.

△ 헬라의 12신들 △

순	헬라명	로마명	맡은 일	관련성구
1	제우스(쓰스)	쥬피터	천지창조.통치	행 14:12
2	헤라	쥬노	생산, 결혼	
3	포세이돈	넵츈	바다	
4	하데스	플루토	음부(지옥)	
5	아레스	마즈	전쟁	
6	헤르메스(허메)	머큐리	상업	행 14:12
7	헤파이스투스	볼칸	대장간	
8	아프로디테	비너스	연애	
9	아폴로	졸	음악, 문예	
10	아데미스	디아나	사냥	행 19:27
11	세레스		농업	
12	미레르바		지식	

2. 자기 피로 사신 교회(행 20:28)

에베소에서의 그리스도인에 대한 책임은 바울에게서 교회 장로들에게 이행(移行)되고 있다. 그들은 "자기를 위하여 또는 온 양떼를 위하여" 마음을 쏟아야 할 임무를 하나님으로부터 위탁받고 있다. 왜냐하면 "성령이 그들 가운데 여러분을 감독자로 삼고 하나님이 자기 피로 사신 교회를 보살피게" 하셨기 때문이다. 여기서 "자기 피로 사신"이라는 말은 바울의 교리적인 표현으로 인간은 죄를 지어 마귀에게 팔린 바가 되었는데, 예수 그리스도께서 십자가에 죽으심으로 그 피 값으로 우리를 마귀에게서 샀다(buy)는 말이다. 한자로 '구속(救贖)'이란 '사서(贖 살 속) 구해(救) 주었다'는 말

아데미 여신(행 19:21~41)
에베소 사람들이 섬긴 아데미(다이아나) 여신. 다산(多産)의 신으로 가슴에 유방처럼 보이는 것을 유방이 아닌 황소의 고환으로 보기도 한다.

로 이것을 잘 표현해 주고 있다.

사도행전 24~28장

바울의 로마 여행 (중요구절 행 28:31)

체포된 바울은 유대인들이 살해하려는 계략을 피하여 가이사랴에 호송되어 있었다(23:12~35). 바울은 로마의 유대주 총독부 소재인 가이사랴에서 2년 간을 지나며(60년경), 세 차례에 걸쳐 당국자들 앞에 불려 간다. 총독인 벨릭스 앞에서(24장), 후임 총독인 베스도 앞에서(25장), 아그립바 왕 앞에서 변증을 한다(26장). 바울의 요구에 따라 로마에 가서 재판을 받도록 베스도가 조처해서 로마로 호송되나 도중에 유라굴로라는 광풍을 만나 멜리데 섬에 상륙한다(27장). 로마에 도착하여 자택 연금된 상황에서 하나님의 나라를 전파한다(28장).

24
벨릭스 앞에 선 바울
옳지 않은 것을 보았는가

25
베스도 앞에 선 바울
가이사에게 호소하노라

26
아그립바 왕 앞의 바울
참되고 온전한 말

27
로마로 호송되는 바울
이제는 안심하라

28
로마에서의 바울
하나님 나라를 전파

1. 하나님을 의지하는 성도는 어려운 상황 아래에서도 낙담하지 말아야 한다. 바울이 빌립보 선교에서 귀신들린 여종을 고쳐주었으나 누명을 쓰고 옥에 갇히게 되었다. 그러나 간수를 전도하는 아름다운 결과를 얻었다(16장). 마찬가지로 복음을 전하러 다녀야할 바울이 체포되어 수감되는 것은 이해되지 않는 일이지만 그 결과 고관들에게 전도하며 당시 세계의 핵심부인 로마에 가서 복음을 전하게 되었다(23~28장). 미래를 내다보는 믿음의 눈을 가져야 한다.
2. 바울의 말을 들은 베스도는 "네 많은 학문이 너를 미치게 한다"(26:24) 하였고 아그립바 왕은 "네가 적은 말로 나를 권하여 그리스도인이 되게 하려 하는도다"(26:28) 하였다. 그러나 바울은 "참되고 온전한 말을 하나이다"(26:25)라고 항변한다. 반대나 박해를 받을 때도 낙담하지 말 것은 예수님도 자기 땅에 오매 백성들이 영접하지 않았고(요 1:11) 사도들도 박해를 받았기 때문이다(행 4:18).
3. 풍랑을 만나 멜리데 섬에 임시 상륙했을 때에 그곳은 진정한 피난처가 아니었다. 궂은 날씨, 독사, 미신, 바울을 살인자라는 오해 등(28:1~6)이 있었다. 이 세상에 안식하며 평안한 피난처가 어디 있겠는가? 우리가 하나님의 품에 안길 때에 만 진정한 피난처가 되는 것이다.

4. 날씨가 차서 불을 피웠을 때에 바울이 나무를 불에 넣다가 독사에게 물린다(28:2~3). 불 쬐는 사람은 괜찮고 봉사하는 사람은 뱀에 물리는 수모를 겪었다. 이처럼 하나님의 일꾼들은 시련을 만난다. 그럴지라도 하나님은 그 문제 속에 오셔서 도우신다. 바울이 그 지역 사람들에게 '살인자'로 오해받았다가 '신'이라고까지 생각을 하게 되었고 추장 보블리오의 부친을 고쳐주므로 후한 예로 대접을 받게 되었다(28:1~10).

더 살펴보기

1. 로마의 항소(抗訴) 제도(행 24~26장)

바울은 로마 시민권을 가지고 있었으므로(22:29) "내가 가이사의 재판 자리 앞에 섰으니 마땅히 거기서 심문을 받을 것이라…… 내가 가이사에게 상소하노라"(25:10~12) 할 수 있었다. 법 정신이 잘 실현되었다는 로마법은 시민들이 부정한 처벌을 받지 않도록 하는 장치가 제도화되어 있었다. 항소권에 대한 법령은 로마인이면 로마 시의 경계 밖에 있어도 항소권을 주장할 수 있었다. 중요도가 높은 문제를 로마에서 재판을 받게 되므로 황제가 직접 심리하거나 원로원 또는 칙명 재판소가 심리하였다. 24장에서 총독 벨릭스의 심문을 받는 장면이 이에 속한다. 바울의 항소는 단지 자신의 생명의 보호를 위한 것이 아니라 로마에 가서 복음을 전하기 위해서이다(25:10, 21). 19:21 - "로마도 보아야 하리라."

본문에 등장하는 총독과 왕들 (행 24~28장)

본문에 여러 총독과 왕들의 이름이 거론된다. 총독은 로마정부가 식민지인 유다에 파견한 관리(官吏)들이다.

벨릭스(23:24~35, 24장, 52~56년), 베스도(24:27~26:32, 56~60년)가 나오고, 왕은 아그립바(25:13 , 22~26 , 26:1, 2, 7, 19, 27, 28, 32)가 나오는데 그는 '헤롯 아그립바 2세'이다. 본문에 나온 가이사(시이저)(25:10)는 당시 로마 황제인 '네로 가이사'(주후 54~68년)로서 보통 황제 이름 다음에 가이사라는 관용어를 썼다(예, 디베료 가이사). (부록 2 '성경 한눈에 익히기' 내용 참고)

2. 로마에서의 생활과 〈사도행전〉 이후의 바울의 생애는?(행 28장)

(1) 바울은 죄수로 로마에까지 갔지만 그 곳에서 어느 정도 자유를 얻었고(28:16), 자택 연금된 이태(2년간)를 이용하여 "하나님의 나라를 전파하며 주 예수 그리스도에 관한 모든 것을 담대하게 가르치"는 일(28:30)을 계속했다. 그리스도인은 어떤 상황 속에서든지 그리스도를 나타내야 한다.

로마의 아피오 가도(街道)
신약 시대 복음의 확산에 큰 도움이 된 것은 로마의 사방으로 뻗은 길들이다. 바울도 이 길을 걸었을 것이며, 2000년의 장구한 세월에도 그 유적이 남아 말하고 있다.

(2) 로마 옥중에 있으면서 그 유명한 옥중서신(〈에베소서〉, 〈빌립보서〉, 〈골로새서〉, 〈빌레몬서〉)을 기록하므로 교회에 전해졌다.

(3) 66년경 네로의 박해로 순교했다고 하면, 60년경부터 62년에 이르는 로마의 수감과의 사이에 3~4년 간의 공간이 있게 된다.

(4) 전승 및 여러 상황을 살펴보면, 석방 후에 전도를 위하여 서반아(스페인)로 갔다가 헬라를 방문했고 그레데 및 에베소에 이르러, 다시 드로아를 거쳐 마게도냐에 건너가 에벨스의 니고볼리(딛 3:12)에서 한 겨울을 지난 자취가 있다(딤전 1:3, 딤후 4:13, 딛 1:5, 3:12).

(5) 64년 7월 로마의 대 화재 때에 네로의 박해로 바울은 다시 로마에 잡혀와 66년경 베드로의 순교를 전후하여 바울도 순교한 것으로 본다.

(6) 바울은 로마에 교회를 별도로 세우지는 않았다. 그러나 그 주변에는 여러 사람들이 함께 하기도 했고 배신하고 흩어지기도 했다(골 4:7~17, 딤후 4:9~21 등).

B I B L E

성경 질문지

사도행전 1~4장 교회의 능력

제1장 [예수의 승천과 맛디아를 보선]

다음 물음에 답하시오.

1. 〈사도행전〉의 저자가 "먼저 쓴 글"(〈누가복음〉으로 추정)에는 무엇을 기록했는가?(1~2)

   -

2. "아버지의 약속하신 것"은 무엇인가?(3~5)

   -

3. 성령이 임하시면 권능을 받고 무엇이 되는가? 한 단어로 답하시오(6~8). -

4. 흰옷 입은 두 사람이 갈릴리 사람들에게 무엇을 말했는가?(9~11)

   -

5. 1장에 나오는 열두 제자의 이름을 쓰시오(1명은 가룟 유다 대신 뽑힌 사도를 씀, 12~26).

   -

6. 사도는 무엇을 하는 사람으로 세우는 것인가?(15~26절 읽고 답은 22절에서)

   -

7. 사도를 세우기 전에 먼저 무엇을 했는가?(24절)

   -

제2장 [오순절 성령강림]

다음 각 항 중에 틀린 곳 한 가지의 번호에 X표 하시오.

1. 오순절 날(1~4)
   1) 한 곳에 모였음
   2) 바람 같은 소리
   3) 불의 혀 같이 뜨거운 것
   4) 다른 언어들로 말함

2. 여러 반응(5~13)
   1) 다 갈보리 사람이 아니냐
   2) 각 사람이 난 곳 방언으로 듣게 되는 것이 어찌 됨이냐
   3) 우리의 각 언어로 하나님의 큰일을 말함을 듣는도다
   4) 새 술에 취하였다

3. 베드로의 설교(14~24)
   1) 선지자 요엘을 통하여 말씀하신 것이니
   2) 내 영을 내 남종과 여종들에게 부어 주리니
   3) 주의 이름을 부르는 자는 구원을 받으리라
   4) 나실인 예수로 큰 권능과 기사와 표적을

4. 다윗의 예언(25~36)
   1) 내가 항상 내 앞에 계신 주를 뵈었음이여
   2) 주께서 생명의 길을 내게 보이셨으니
   3) 그가 음부에 버림이 되시고
   4) 네 원수로 네 발등상이 되게 하기까지 너는 내 우편에 앉아 있으라.

5. 반응과 응답(37~41)
   1) 우리가 어찌할꼬
   2) 회개하여 세례를 받고 죄 사함을 받으라
   3) 성령의 선물을 받으리라
   4) 신도의 수가 삼백이나 더하더라

6. 초대교회 모습(42~47)
   1) 사도의 가르침을 받음

2) 믿는 사람이 물건을 서로 통용, 필요를 따라 나눠 줌
3) 회당에 모이기를 힘씀
4) 온 백성에게 칭송을 받음

제3장 [못 걷게 된 이를 일으킴]
다음 성경을 읽으며 ( ) 안에 알맞은 말을 적으시오.

1. 제 구 시 ( )에 베드로와 요한이 ( )에 올라갈새 나면서 ( ) 이를 사람들이 메고 오니 이는 성전에 들어가는 사람들에게 ( ) 위하여 날마다 ( )이라는 성전 문에 두는 자라(1~3).

2. 베드로가 이르되 ( )은 내게 없거니와 내게 있는 이것을 네게 주노니 나사렛 ( )의 이름으로 걸으라 하고 오른손을 잡아 일으키니 ( )이 곧 힘을 얻고 뛰어 서서 걸으며…… (4~10)

3. 우리 ( )의 권능과 경건으로 이 사람을 걷게 한 것처럼 왜 우리를 주목하느냐? 아브라함과 이삭과 야곱의 하나님 곧 우리 ( )이 그의 종 예수를 ( )하셨느니라(11~15).

4. 그 ( )을 믿으므로 그 ( )이 너희가 보고 아는 이 사람을 성하게 하였나니 ( )로 말미암아 난 ( )이 너희 모든 사람 앞에서 이같이 ( ) 하였느니라(16~18).

5. 너희가 ( )하고 돌이켜 너희 ( )을 받으라. 이같이 하면 ( )이 주 앞으로부터 이를 것이요. 또 주께서 너희를 위하여 예정하신 ( ) 곧 예수를 보내시리니…… (19~21)

6. 너희는 ( )의 자손이요 또 하나님이 너희 조상과 더불어 세우신 ( )의 자손이라(22~26).

제4장 [베드로와 요한이 잡힘]
다음 물음에 답하시오.

1. 사도들이 잡힌 이유는 무엇인가?(1~4) -

2. 다른 이로써는 구원을 얻을 수 없는 이유는?(5~12) -

3. 관리들이 "도무지 예수의 이름으로 말하지도 말고 가르치지도 말라"는 데 대한 베드로와 요한의 대답은?(13~22) -

4. 사도들이 놓인 후 함께 기도하는 중에 "주여~ " 이하에 이어지는 기도를 쓰시오(23~31).
-29~30절 :

5. 사도들이 큰 권능으로 증언한 것은?(32~37)
-

사도행전 5~9장 교회의 진보와 박해

제5장 [아나니아와 삽비라의 죽음]
다음은 누구의 말이나 행동인지 이름이나 신분을 쓰시오.

1. 소유를 팔아 그 값에서 얼마를 감추었다가 성령을 속이므로 죽었다. -

2. 사람에게 거짓말한 것이 아니요 하나님께로다.
-

3. 손을 통하여 민간에 표적과 기사가 많이 일어났다. -

4. 마음에 시기가 가득하여 일어나서 사도들을 잡아 옥에 가두었다. -

5. 성전에 서서 이 생명의 말씀을 다 백성에게 말하라. -

6. 너희 가르침을 예루살렘에 가득하게 하니 이 사람의 피를 우리에게로 돌리고자 함이로다. -

7. 너희가 나무에 달아 죽인 예수를 우리 조상의 하

역사서 사도행전

나님이 살리시고 이스라엘에게 회개함과……

-

8. 만일 하나님께로부터 났으면 너희가 그들을 무너뜨릴 수 없겠고 도리어 하나님을 대적하는 자가 될까 하노라. -

9. 성전에 있든지 집에 있든지 예수는 그리스도라고 가르치기와 전도하기를 그치지 아니하니라.

-

제6장 [성령과 지혜의 사람 일곱을 세움]
다음 물음에 답하시오.

1. 사도들이 일곱을 택하라는 사람의 기준은?(1~6) -

2. 사도들이 기도하고 안수한 일곱 사람의 이름은?(1~6) -

3. 하나님의 말씀이 왕성하여 이 도에 복종한 허다한 무리는 누구인가?(7) -

4. 거짓 증인들을 세워 스데반에 대하여 한 말은(8~15) -

5. 공회 중에 앉은 사람들이 본 스데반의 얼굴 모습은?(15) -

제7장 [스데반의 설교와 순교]
'스데반의 역사 설교'에서 관계 있는 것을 연결하시오.

1.아브라함 •	• 가) •	• a)
2. 이삭 •	• 나) •	• b)
3. 야곱 •	• 다) •	• c)
4. 요셉 •	• 라) •	• d)
5. 모세 •	• 마) •	• e)
6. 아론 •	• 바) •	• f)
7. 여호수아 •	• 사) •	• g)
8. 다윗 •	• 아) •	• h)
9. 솔로몬 •	• 자) •	• i)

가) 내가 네게 보일 땅으로 가라
나) 열두 조상을 낳음
다) 여드레 만에 할례를 받음
라) 인도할 신 만들라는 요구받음
마) 여러 조상이 시기하여 애굽에
바) 하나님 보시기에 아름다운 자
사) 하나님을 위하여 집을 지었음
아) 이방인의 땅을 점령함
자) 증거의 장막이 이때까지도 이름

a) 그가 야곱을 낳음
b) 이 땅을 아직 자식도 없는 그와 그의 후손에게
c) 애굽에 곡식 있다는 말을 듣고 우리 조상들을 보냄
d) 송아지를 만들어 우상 앞에 제사하며 기뻐하게 됨
e) 애굽의 통치자가 되어 아버지 야곱과 친족을 청함
f) 하나님은 "다 내 손으로 지은 것이 아니냐"하심
g) 애굽과 홍해와 광야에서 사십 년간 기사와 표적을
h) 광야에서 증거의 장막을 가지고 들어감
i) 하나님의 처소를 준비하게 하여 달라고 함

제8장 [박해 받음과 교회의 확산]
다음 말이 맞으면 O표, 틀리면 X표 하고 근거 구절을 쓰시오.

1. 스데반의 설교를 들은 사람들이 마음에 찔림을 당해 회개하였다. - (　　/ 7:54)

2. 사울이 스데반의 죽임 당함(순교)을 마땅하게 여겼다. - (　　/　　:　　)

3. 빌립이 사마리아 성에 내려가 그리스도를 백성에게 전파했고 그 성에 큰 기쁨이 있었다.
- (　　/　　:　　,　　)

4. 마술사 시몬도 믿고 세례를 받았으나 전심으로 빌립을 따라 다니지는 않았다.
- (　　/　　:　　)

5. 두 사도(베드로와 요한)가 사마리아 사람들에게 안수하매 성령을 받았다.
   - (　　/　　:　　)

6. 시몬은 돈으로 성령의 권능을 사고자 했으나 '은과 네가 함께 망할지어다'하는 베드로의 책망을 들었다. - (　　/　　:　　~　　)

7. 빌립이 에디오피아 여왕의 내시가 읽던 성경(<이사야> 53:7~8)에서 시작하여 예수를 가르쳐 율법을 전하였다. - (　　/　　:　　)

제9장 [사울의 회심]
다음에 이어지는 말씀을 써서 완성하시오(해당 절만).

1. (　　　절) 주여 누구시니이까~
2. (　　　절) 가라 이 사람은 내 이름을~
3. (　　　절) 사울은 힘을 더 얻어~
4. (　　　절) 베드로가 사람을 다 내어보내고~

사도행전 10~14장 바울의 1차 전도 여행

제10장 [고넬료 가정의 성령 임재]
다음 (　　) 안에 알맞은 말을 쓰시오.

1. 가이사랴에 (　　　)라 하는 사람이 있으니 (　　　　)라 하는 군대의 (　　　)이라. 그가 (　　　) 하여 온 집안과 더불어 하나님을 (　　　)하며 백성을 많이 (　　　)하고……

2. 천사가 이르되 네 기도와 구제가 (　　　　) 되어 기억하신 바가 되었으니 네가 지금 사람들을 (　　　)에 보내어 (　　　　)라 하는 시몬을 청하라.

3. 베드로가 (　　　)하려고 지붕에 올라가니…… 황홀한 중에…… 베드로야 일어나 (　　　　) 하거늘 베드로가 이르되 주여 (　　　　) 속되고…… 두 번째 소리 있으되 하나님께서 (　　　)을 네가 속되다 하지 말라.

4. 마침 베드로가 들어올 때에 고넬료가 맞아 (　　　) 절하니 베드로가 일으켜 이르되 일어서라 나도 (　　　　　　) 하고……

5. 이제 우리는 (　　　　) 당신에게 명하신 모든 것을 듣고자 하여 다 (　　　　)에 있나이다.

6. 만유의 주 되신 예수 (　　　　)로 말미암아 (　　　)을 전하사 이스라엘 자손들에게 보내신 말씀…… 나사렛 예수에게 (　　　　)을 기름 붓듯 하셨으매……

7. 베드로가 이 말을 할 때에 (　　　)이 (　　　) 모든 사람에게 내려오시니……

제11장 [이방 세계를 향한 복음]
다음 물음에 답하시오.

1. 예루살렘의 할례자들이 베드로를 비난하며 한 말은?(1~18) -

2. 베드로의 설명(변증)은 누가 자신을 이방인(고넬료)에게 보냈다고 했는가?(12) -

3. 할례자들이 베드로의 말을 듣고 무엇이라 했는가?(18) -

4. 흩어진 자들이 유대인에게만 전하다가 안디옥에서 누구에게도 주 예수를 전파했는가?(19~21) -

5. 예루살렘 교회가 안디옥에 파송한 바나바는 어떤 인물인가?(22~26 읽고 답은 24절로)

   -

6. 처음으로 "그리스도인"이라는 일컬음을 받게 된 지역은?(19~26) -

7. 무슨 일로 안디옥 교회가 유대에 사는 형제들(예루살렘 교회)에게 부조를 했는가?(27~30) -

제12장 [헤롯의 교회 박해]

다음에 이어지는 말씀을 적으시오(~절은 다음 절까지).

1. (절) 베드로는 옥에 갇혔고~
2. (절) 천사가 이르되 띠를 띠고~
3. (절) 그들이 말하되 네가 미쳤다~
4. (절) 주께서 자기를 이끌어 옥에서 나오게~
5. (~ 절) 이것은 신의 소리요 사람의 소리가~

제13장 [안디옥 교회의 이방선교: 바울의 1차 전도 여행]

( ) 안에 알맞은 말을 쓰시오.

1. 성령이 시키는 일을 위하여 ( )을 따로 세우고 이에 ( )하고 안수하여 보냈다.
2. 두 사람이 ( )의 보내심을 받아 간 곳들은? - ( ) ( ) ( ) → 바보
3. 10~11절의 저주는 바울(사울)이 총독 ( )을 믿지 못하게 힘쓰는 마술사 ( ) 에게 한 말이다.
4. 바보(밤빌리아:) (비시디아:) - 이곳에서 안식일에 설교 (~ 절)를 했다 (13~43).
5. 다음 안식일에는 유대인들이 시기했고 ( ) 들이 듣고 기뻐하여 하나님의 말씀을 찬송했다 (44~52).

제14장 [이고니온, 루스드라 전도: 바울의 1차 전도 여행]

( ) 안에 알맞은 말을 쓰시오.

1. 이고니온 → 루가오니아의 두 성 (,)와 그 근방으로 가서 복음을 전했다 (1~7).
2. 이고니온 성내 무리가 나뉘어 ( )을 따르는 자도 있고 ( )를 따르는 자도 있었다. 이방인과 유대인과 그 관리들이 두 사도를 ( )하며 돌로 치려고 달려들었다(1~7).
3. 루스드라에서 바울이 걷지 못하는 사람에게서 구원 받을 만한 ( )이 그에게 있는 것을 보고 "네 발로 ( )"하니 그 사람이 일어나 걸었다(8~10).
4. 바울이 한 일을 보고 "신들이 ( )으로 내려 오셨다"하여 바나바는 ( )라 하고 바울은 ( )라 하였다. 자신들에게 제사하려는 무리에게 "여러분에게 복음을 전하는 것은 이런 ( )을 버리고 살아 계신 ( )께로 돌아 오게 함이라"하여 제사를 못하게 했다 (11~18).
5. 유대인들이 ( )과 이고니온에서 와서 무리를 충동하여 돌로 바울을 쳐서 ( )로 알고 시외로 끌어 내치기도 했는데, 바울은 "하나님 나라에 들어가려면 ( )을 겪어야 할 것이라"하였다(19~28).
6. 더베 → 루스드라 → ( ) → ( ) → 비시디아 → ( ) → 버가 → ( ) → 안디옥에 도착 (참고: 21절은 '비시디아 안디옥'이며, 사도들이 돌아온 곳(26절)은 출발지인 '수리아 안디옥'이다.)

사도행전 15~18장 바울의 2차 전도 여행

제15장 [예루살렘 공의회]

다음 성경을 읽고 물음에 답하시오.

1. 유대로부터 온 자들이 구원의 조건으로 내 세운 것은?(1~3) -
2. 바울과 바나바의 다툼 문제를 해결하기 위해 어디로 보내기로 작정했는가?(1~3) -
3. '예루살렘 공회'의 다음 말이나 설명은 누구의 의견(주장)인지 이름(또는 종파)을 쓰시오(4~21).

1) 이방인에게 할례를 행하고 모세의 율법을 지키라 명하는 것이 마땅하다. -
2) 하나님이 우리에게와 같이 그들(이방인)에게도 성령을 주어 증언하시고 -
3) 우리는 그들(이방인)이 동일하게 주 예수의 은혜로 구원받는 줄을 믿노라. -
4) 하나님께서 자기들로 말미암아 이방인 중에서 행하신 표적과 기사를 말함 -
5) 다만 '우상의 더러운 것'과 '음행'과 '목매어 죽인 것'과 '피'를 멀리하라고 편지하는 것이 옳으니 -
6) 최종적으로 결정된 것은 누구의 의견이었는가?(19~21, 28~29) -

4. 이에 결정된 것을 교회에 전하는 자로 선택된 네 사람은?(22~35) -

5. 바나바와 바울의 다툼은 누구의 동행 문제 때문인가?(36~41, 13:13) -

6. 두 사도의 동행자와 각각 간 곳은?(36~41)
1) 바울 - (　　　), 수리아와 (　　　　　)
2) 바나바 - (　　　), (　　　　　)

제16장 [2차 전도 여행: 빌립보 교회의 탄생]
다음 각 항에 O, X로 답하시오.

1. 디모데에 관해(1~5)
1) 바울이 루스드라에서 만남. (　　　)
2) 어머니는 유대인. (　　　)
3) 아버지는 헬라인. (　　　)
4) 어머니가 유대인이므로 할례를 행함. (　　　)

2. 성령의 역사에 관해(6~10)
1) 아시아에서 말씀을 전하게 하심. (　　　)
2) 비두니아로 가고자 애쓰되 예수의 영이 허락하지 아니함. (　　　)
3) 마게도냐로 건너와서 도우라는 환상을 봄. (　　　)
4) 저(마게도냐) 사람들에게 복음을 전하라고 부르신 줄로 인정함. (　　　)

3. 빌립보 교회의 설립과 관계(11~40)
1) 마게도냐 지방의 첫 성이며 로마의 식민지임. (　　　)
2) 루디아와 그 집이 다 세례를 받음. (　　　)
3) 점치는 귀신들린 여종에게 예수 그리스도의 이름으로 귀신을 쫓아냄. (　　　)
4) 바울과 실라가 고발당한 죄는 귀신을 쫓아냈다는 것임. (　　　)
5) 옥에 갇힌 바울과 실라가 기도하고 하나님을 원망함. (　　　)
6) 큰 지진이 나서 옥터가 움직이고 옥문이 열리며 차꼬가 벗어져 바울과 실라가 도망함. (　　　)
7) 간수에게 '주 예수를 믿으라 그리하면 너와 네 집이 구원을 받으리라'고 함. (　　　)
8) 간수와 온 가족이 다 세례를 받음. (　　　)
9) 상관들이 바울이 로마 사람이라는 말을 듣고도 무시함. (　　　)

제17장 [아덴에서의 설교]
성경을 읽으면서 다음 사건의 (　　)를 채우시오(본문 요약임).

1. 데살로니가에 유대인의 (　　　)이 있어 세 (　　　)에 성경을 강론하여 '이 예수가 곧 (　　　　)'라 하니 경건한 (　　　　)의 큰 무리와 귀부인이 권함을 받았으나 (　　　　)들은 시기하였다(1~9).

2. (　　　)에 있는 사람들은 데살로니가에 있는 사람들보다 더 (　　　　)서 간절한 마음으로 (　　　　) 이것이 그러한가 하여 날마다 (　　　　) 하므로 믿는 사람이 많아졌다(10~12).

3. 데살로니가에 있는 유대인들은 바울이 (　　　　)을 베뢰아에서도 전하는 줄을 알고 거기도 가서 무리를 움직여 (　　　)하게 했다(10~15).

4. 바울은 (　　　)에서 그 성에 (　　　　　)을 보고 마음이 격분하여 회당과 장터에서 사람들과 변론하였다(16~31).

5. 바울은 (   ) 철학자들과 쟁론할 새 예수와 (   )을 전하였다. '알지 못하는 신에게'라고 새긴 단에 대해 알게 하겠노라하여 만민에게 (   )과 만물을 친히 주시는 하나님을 전했다(16~31).

6. 그들이 죽은 자의 부활을 듣고 어떤 사람은 (   )도 하고 어떤 사람은 이 일에 대하여 (   ) 했으며, 몇 사람이 바울을 가까이하여 (   ) 그 중에는 관리와 여자와 다른 사람들도 있었다(32~34).

제18장 [고린도, 에베소의 전도 : 2차 전도 여행을 마침]
다음의 물음에 답하고(1~6번 문제), (   )를 채우시오 (7~8번 문제).

1. 바울과 생업이 같은 천막 만드는 사람으로 이달리야로부터 고린도에 온 부부는?(1~4) -

2. 바울이 하나님의 말씀에 붙잡혀 유대인들에게 증언한 것은?(5~7) -

3. 바울이 고린도에 머문 기간은 얼마이며, 그들 가운데서 가르친 것은?(8~11) -

4. 유대인들이 바울을 재판받게 하려다가 실패하자 오히려 누구를 때렸는가?(12~17) -

5. 바울이 겐그레아에서 한 일과 그 이유는?(18)
   -

6. 바울이 에베소에서 작별하며 한 말은?(19~23)
   -

7. 바울의 3차 전도 여행은 안디옥에서 떠나 (   )와 (   )을 차례로 다녔다 (18:22~23).

8 아볼로에 대하여(18:24~28)
   1) 알렉산드리아에서 난 유대인으로 (   )에 왔음.
   2) 예수에 관한 것을 자세히 말하여 가르치나 (   )의 세례만 알 따름임.
   3) 성경으로써 예수는 (   )라고 증언함.

사도행전 19~23장 바울의 3차 전도 여행

제19장 [에베소에서의 바울의 사역]
다음 (   )를 채워 완성하시오.

1. 너희가 믿을 때에 (   )을 받았느냐?…… 바울이 그들에게 (   )하매 성령이 그들에게 임하시므로 (   )도 하고 (   )도 하니 모두 열두 사람쯤 되니라.- (19장 ~ 절)

2. 바울이 회당에 들어가 (   ) 동안 담대히 (   )에 관하여 강론하며 권면하되…… 이 도를 비방하거늘 바울이 그들을 떠나 제자들을 (   ) 세우고 (   )에서 날마다 강론하여 이같이 (   ) 동안을 하매 아시아에 사는 자는 유대인이나 헬라인이나 다 주의 말씀을 (   ). - (~   절)

3. 바울이 (   )와 아가야를 거쳐 (   )에 가기로 작정하여 이르되 내가 거기 갔다가 후에 (   ) 하리라 하고. - (절)

4. 23~41절을 읽고 답하시오.
   1) 은으로 아데미의 신상모형을 만들어 영업 타격으로 백성들을 선동한 사람은? -
   2) 에베소 사람들의 신은?(27~28) -
   3) 바울의 동역자로 연극장에 잡혀간 두 사람은? -

제20장 [바울의 고별 설교]
다음 물음에 답하시오.

1. 바울이 헬라에서 마게도냐로 다시 돌아가기를 작정한 이유는?(1~6)
   -

2. 바울이 죽은 유두고를 살려 주었는데 그가 죽었던 이유는?(7~12)
   -

3. 바울이 아시아에서 지체하지 않은 이유는?(13~16)

-

4. 바울이 유대인과 헬라인에게 무엇을 증언했다고 했는가?(17~21)

-

5. 바울이 결박과 환난이 기다린다는 성령의 증거를 받으며 결단한 것은?(22~25절을 읽고 답은 24절로) -

6. 바울의 눈물로 훈계한 에베소 선교는 몇 년간이었는가?(31절)

-

7. 복음서에는 기록되지 않았으나 바울이 전해준 주 예수님의 말씀은?(26~35, 답 35절로)

-

8. 바울이 에베소 장로들이나(36~38), 또는 제자들과 기도할 때(21:5)의 모습은?

-

제21장 [예루살렘에서 체포된 바울]
다음 서로 관계있는 것끼리 연결하시오.

1. 두로에 상륙 •	• 가) •	• a)
2. 가이사랴에 •	• 나) •	• b)
3. 아가보의 예언 •	• 다) •	• c)
4. 예루살렘의 야고보 •	• 라) •	• d)
5. 유대인들이 무리 충동 •	• 마) •	• e)
6. 천부장의 출동 •	• 사) •	• f)

가) 예루살렘으로 올라가지 말라
나) 일곱 집사 중 하나인 전도자 빌립
다) 제자들이 성령의 감동으로 바울에게
라) 우리가 말하는 이대로 하라
마) 바울을 두 쇠사슬로 결박하라
바) 헬라인을 데리고 성전에 들어갔다

a) 딸 넷이 있으니 처녀로 예언
b) 바울: 예루살렘에서 죽을 것도 각오
c) 예루살렘에 들어가지 말라
d) 바울: 당신에게 말할 수 있느냐?
e) 서원한 자에게 결례와 머리를 깎게
f) 전에 드로비모와 함께 있던 일 오해

제22~23장 [바울의 변증과 그를 죽이려는 음모]
다음 말에서 틀린 두 단어를 찾아 밑줄 긋고 바르게 고치시오.

1. 나는 헬라인으로 길리기아 다소에서 났고 가버나움의 문하에서 율법의 엄한 교훈을 받았고

→

2. 사울아 사울아 네가 왜 나를 결박하느냐? 나는 네가 박해하는 나사로 예수라.

→

3. 왜 저주하느냐? 일어나 주의 이름을 불러 세례를 받고 너의 눈을 씻으라.

→

4. 돌아가라. 내가 너를 유대인에게로 보내리라.

→

5. 천부장이 "나는 권력을 많이 들여 이(로마) 시민권을 얻었노라". 바울이 "나는 공부하면서 부터로라."

→

6. 네가 나를 법대로 심판한다고 앉아서 율법을 지키고 나를 치라 하느냐?

→

7. 사두개인은 부활과 천사가 있다 하고 바리새인은 다 없다 함이라.

→

8. 네가 로마에서 나의 일을 증언 한 것 같이 예루살

렘에서도 증언하여야 하리라.

→

9. 글라우디오 루시아는 제사장 벨릭스에게 바울을 "고발하는 것이 저희(유대인) 율법 문제에 관한 것 뿐이요 죽이거나 결박할 사유가 없음을 발견" 하였다며 가이사랴에 있는 제사장에게 보냈다 (12~35).

→

사도행전 24~28장 바울의 로마 여행

제24장 [벨렉스 앞에 선 바울]
성경을 읽으며 (　　) 안을 채우고 물음에 답하시오.

1. 대제사장 (　　　　　)와 함께 온 변호사 (　　　　　)가 바울을 고발하는 말 중에 바울을 "이 사람은 전염병 같은 자"라며 세 가지를 고소한 것은 무엇인가?(1~9)
   1) 천하에 흩어진 (　　　　　)하게 하는 자요.
   2) 나사렛 (　　　　　)라.
   3) 또 (　　　　　) 하려 하므로 우리가 잡았사오니
2. 바울은 유대교에서 이단이라 하는 (　　　)를 따라 조상의 하나님을 섬기며
   1) 어디에 기록된 것을 다 믿었는가?
   -
   2) 의인과 악인의 무엇이 있으리라 변증했는가?(10~16) -
3. 바울이 결례를 행했을 때 (　　　)도 없고 (　　　)도 없이 성전에 있었는데 유대인들이 고발하지 않았음을 말하며 다만 공회에서 무엇에 대하여 심문 받는다는 말이 시비가 된다고 했는가? (17~23) - 죽은 자의 (　　　).
4. 벨릭스가 그 아내 (　　　) 여자 드루실라와 함께 예수 믿는 도를 들으나 바울의 강론에 벨릭스가 (　　　　　) 여 '지금은 가라'하였고 자주 불러 같이 이야기하는 것은 무엇을 바랐기 때문인가?(24~27) -
5. 벨릭스를 이어 (　　　　　)가 유대 총독이 되었다. 벨릭스가 바울을 구류하여 둔 이유는?
   -

제25장 [베스도 앞에 선 바울]
다음 (/) 안의 말 중에 틀린 것은 =로 지우시오.

1. 대제사장들과 유대인 중 높은 사람들이 베스도에게 바울을 예루살렘으로 옮겨 보내기를 청한 이유는 (재판 받게 하려함 / 매복하였다가 죽이고자함)이었고, 베스도는 (고발하라 / 검토하라) 하였다(1~5).
2. 유대인들이 고발하되 증거를 대지 못하였고 바울은 (율법, 성전, 가이사 / 대제사장, 로마, 총독)에게 죄를 범하지 아니했다 하였다(6~8).
3. 베스도가 바울에게 (가이사 앞 / 예루살렘)에 올라가서 심문을 받으려느냐? 하였고 바울은 (가이사 / 베스도)에게 상소한다고 하였다(9~12).
4. 베스도는 아그립바 왕과 여러 사람들에게 바울의 짐작하던 것 같은 (자기들의 종교와 예수의 부활 전함 / 악행 사건)에 관한 문제로 고발하는 것이라 했다(13~22).
5. 베스도가 바울을 살피건대 (죽일 죄를 범한 일이 / 상소할 자료가) 없다고 하며 죄목을 밝히지 않고 죄수를 보내는 것은 (자연스러운 일 / 무리한 일)인 줄 안다고 했다(23~27).

제26장 [아그립바 왕 앞에 선 바울]
다음은 누구의 말인지를 쓰시오(1번은 빈칸 채우기).

1. 바울은 자신의 부름 받은 체험(9:1~18)을 여러 번 말(간증)한다(9장과 문자까지 같지 않으므로 대략적인 구절을 제시하시오).
   1) 군중들 앞에서 - 22:(　　　~　　　).
   2) 왕 앞에게 - 26:(　　　~　　　)에 말(간

증)을 하였다.

2. 여기 서서 심문 받는 것은 하나님이 우리 조상에게 약속하신 것을 바라는 까닭이니 -

3. 내가…… 높고 낮은 사람 앞에서 증언하는 것은 선지자들과 모세가 반드시 되리라고 말한 것밖에 없으니 -

4. 바울아, 네가 미쳤도다. 네 많은 학문이 너를 미치게 한다. -

5. 네가 적은 말로 나를 권하여 그리스도인이 되게 하려 하는도다. -

6. 결박된 것 외에는 나와 같이 되기를 하나님께 원하나이다. -

7. 이 사람이 만일 가이사에게 상소하지 아니하였더라면 석방될 수 있을 뻔하였다. -

제27장 [로마로 호송되는 바울]
다음 (　　)를 채우고 그 내용이 나온 절수를 쓰시오.

1. 이달리야(로마)에 가기로 작정되매 백부장 (　　　　)란 사람이 맡았다. - (　　　절)

2. 바울은 이번 항해가 하물과 배만 아니라 우리 (　　　)에도 타격과 많은 손해가 있을 것을 말했다. - (　　　절)

3. 섬 가운데로부터 (　　　　　　　)라는 광풍이 크게 일어났다. - (　　　절)

4. 이제는 (　　　)하라. 너희 중 아무도 생명에는 아무런 손상이 없겠고 배뿐이리라. - (　　　절)

5. 열 나흘째 되는 날 밤에 사공들이 어느 (　　　)에 가까워지는 줄을 짐작했다. - (　　　절)

6. 떡을 가져다가 하나님께 축사하고 먹으니 배에 있는 사람의 수는 (　　　　)명이다.

   - (　　　~　　　절)

7. 군인들은 죄수를 죽이려 했으나 백부장이 바울을 (　　　)하려 하여 그들의 뜻을 막았다.

   - (　　　~　　　절)

제28장 [멜리데, 로마에서의 바울]
다음 물음에 답하시오.

1. 바울이 독사에 물렸을 때 원주민들이 바울에 대해 처음과 나중에 각각 어떤 자로 알았는가?(1~6)

   1) 처음 -　　　　　　　2) 나중 -

2. 1) 멜리데의 추장(가장 높은 자) 이름은? -

   2) 바울이 그 부친에게 한 일은?(7~10) -

3. 석 달 후 멜리데에서 탄 로마로 가는 배의 이름(선적)과 배의 머리 장식은?(11~15) -

4. 로마에서 유대인들을 청하여 자신이 쇠사슬에 매인 이유를 무엇이라 했는가?(16~22) -

5. 바울이 아침부터 저녁까지 강론하여 권한 것은?(23~29) -

6. 바울이 얼마 동안 자기 셋집에 머물면서 하나님 나라를 전파했는가?(30~31) -

바울서신이란 무엇인가?

1. 바울서신에 대한 총론

(1) 바울의 서신들

바울서신은 13권(갈~딛)이며, 〈히브리서〉(저자 미상)를 포함하여 14권(7의 배수)으로 보기도 한다. 우리가 바울에 대하여 잘 안다고 생각하는 이유 중에 가장 중요한 것은 그가 많은 서신을 남겨 놓았기 때문이다. 따라서 초대교회의 본받을 점이나 문제점을 볼 수 있으며, 성도들을 사랑하는 위대한 바울의 심령까지 만날 수 있다.

바울의 편지를 읽을 때에 어려운 점들도 있다. 바울에게 대답을 요청한 편지들을 우리는 알지 못하고 바울이 처하였던 환경도 정확히 알 수가 없다. 단지 바울의 편지를 통해서 바울이 왜 그 편지를 써야 했는지 상황을 추측할 뿐이다. 이러한 편지가 기록된 원인을 정확히 이해하지 못하므로 이러한 편지들을 이해해야 하는 어려운 문제에 직면하게 된다. 우리는 다만 그 상황을 재구성해 보는 것이다.

(2) 고대의 편지를 통한 바울서신 이해

고대의 서신들은 주로 파피루스(애굽의 늪지에서 나는 갈대를 가공한 종이)를 사용하였다. 고고학에서 많은 문서들이 발굴되었는데, 그 중에 서신들도 다수가 나왔다. 그 형식이 계속 답습되어 왔는데, 그 중에 아피온(Apion)이란 군인이 그의 부친 에피마쿠스에게 보낸 서신(G. 밀리간, 헬라 파피루스 선집 36번)이다. 1800년 후에 현대의 독자들이 그 서신을 읽게 되었는데, 그 형식은 다음과 같다. 즉 ① 인사, ② 수신자의 건강 기원, ③ 신에게 드리는 감사, ④ 특별한 용무, ⑤ 끝으로 인사와 개인적인 문안.

실제적으로 바울의 모든 편지도 이와 같은 구성으로 되어 있다.

① 인사: 롬 1:1, 고전 1:1, 고후 1:1, 갈 1:1, 엡 1:1, 빌 1:1, 골 1:1~2, 살전 1:1, 살후 1:1

② 기원: 롬 1:7, 고전 1:3, 고후 1:2, 갈 1:3, 엡 1:2, 빌 1:32, 골 1:2, 살전 1:1, 살후 1:2

③ 감사: 롬 1:8, 고전 1:4, 고후 1:3, 엡 1:3, 빌 1:3, 골 1:3, 살전 1:2~3, 살후 1:3

④ 용무: 편지서의 중요한 부분이 특별한 내용으로 채워졌다.

⑤ 개인적인 문안: 롬 16장, 고전 16:19, 고후 13:13, 빌 4:21~22, 골 4:12~15, 살전 5:26

(3) 당면한 과제와 대서인

대부분의 바울서신은 어떤 사정에 당면하여 쓴 것들이다. 평화롭고 고요한 상태에서 정리한 논문이나, 긴급한 사정이 발생한 데 대하여 답변하는 것이 아니라 계획을 알리는 등의 사정에 의한 것이므로 후대의 독자들을 생각한 것이 아니라 당시의 수신자만을 생각했다.

바울은 당시 사람들의 관습처럼 본인이 필기구를 들고 직접 쓴 것이 아니라 비서로 하여금 자기가 부르는 대로 받아쓰게 한 것이다. 그리고 구술이 끝난 후에는 바울 자신이 자신의 편지라는 것을 보증하는 친서를 하였다. 예를 들면, 〈로마서〉 16:22에 비서 '더디오'가 편지를 끝내기 전에 자기 자신의 인사를 슬며시 삽입시킨 것 등이다. 또한 〈고린도전서〉 16:21의 "나 바울은 친필로 너희에게 문안하노니"(골 4:18, 살후 3:17 참고) 등 여러 곳에서 입증된다. 이처럼 바울의 편지는 살아 있으며, 생명력이 넘치며, 수신자들의 마음에 바울의 마음으로부터 쏟아 부어 주는 폭포수와 같은 말들이다.

2. 바울서신의 기록 순서

바울서신의 기록 순서를 정확하게 알 수 있는 것은 아니며, 몇 가지 근거로 대략 추측해 볼 수 있다. 일반적으로 〈갈라디아서〉가 가정 먼저 기록되었다는 주장이 있는가 하면, 그것은 바울의 후기 서신에 속한다고 주장하는 학자들도 있다.

〈고린도전서〉가 〈고린도후서〉 이전에 기록되었으며, 이 두 서신은 〈로마서〉 이전에 기록된 것으로 알고 있다. 바울은 〈고린도전서〉를 쓸 당시에 유대인 기독교인들을 위해 모은 헌금을 예루살렘으로 가져가야 하는지를 결정하지 못하고 있었다(고전 16:1~4). 그 뒤에 그는 〈고린도후서〉를 썼다. 〈고린도후서〉를 쓰고 있을 때에도, 그는 여전히 유대인 기독교인들을 위해 아가야 지방에 있는 교회로부터 모금하고 있었다(고후 8~9장). 그러나 〈로마서〉를 쓸 당시 그는 모금된 연보를 가지고 있는 다른 기독교인들과 함께 예루살렘으로 갈 준비를 하고 있었다(롬 15:22~33).

바울에게 있어서 유대인 기독교인들 간의 일치는 다른 어떤 것보다 중요했다. 연보도 일치를 위한 표현이었다. 일치를 위한 일은 어떤 계획보다 우선되었다. 이런 이유로 그는 그렇게 열망하던 서바나(스페인)에서의 새로운 선교사역도 뒤로 미루었던 것이다. 이 서신들을 순서대로 읽어 보면 우리는 예루살렘으로 가려는 계획이 어떻게 해서 세워졌는지, 이 여행이 얼마나 중요한 것이었는지를 알 수 있다.

3. 서신의 목적

(1) 제자들을 만들기 위해 기록

서신은 새로 입교한 교인들을 제자의 길로 인도하는 것이다. 이를 위해 저자들은 신입 교인들에게 예수님을 본받고(롬 15:5, 벧전 2:21), 저자를 본받거나(고전 4:16, 빌 3:17), 교회의 지도자들을 본받고(고전 4:6), 돌보아야 할 다른 기독교인들의 본이 될 것을 권면한다(딤전 4:16, 벧전 5:3). 기독교인들은 죄 된 삶에서 돌이켜 그리스도에 합당한 삶의 길로 나아가야 한다(롬 12:1~2, 고전 6장, 골 3:5~17, 살전 4:1~8, 벧전 4:2~5). 서신들은 기독교인들에게 불신자의 핍박 속에서도 믿음을 지킬 수 있도록 용기를 불어넣어 주었으며(히 10:32~36, 약 1:2~3, 벧전 1:6~7, 4:12~13), 거짓된 가르침에 맞서 경고를 하는 수단으로 기록되었다(롬 16:17~20, 갈 1:6~10, 골 2:16~23, 요일 2:26, 4:1, 벧후 3장, 유 1:4).

(2) 질문에 대답하기 위해 기록

서신들이 기록된 또 다른 목적은 교회에서 일어나는 여러 가지 문제에 답변하기 위한 것이다. 성과 결혼(고전 7장), 우상 제물(고전 8장), 성령의 은사(고전 12장), 부활(고전 15장), 그리스도 재림 이전에 죽은 신자들의 운명(살전 4:13~18) 등과 같은 여러 문제들이 있다.

(3) 추천서로서 기록

위의 목적 외에도 순회 전도자들을 추천하고(롬 16:1~2, 고전 16:10~11, 고후 3:1~2), 재정적 도움을 호소하고(고전 16:1~4, 고후 8~9장), 여행 계획을 밝히고(롬 15:22~29, 고전 16:5~9, 몬 1:22), 오해를 해명하기 위해(고전 5:9~11, 고후 1:12~2:4) 쓰였다. 한편 저자들이 교회에 있지 않을 때에 교인들의 신앙을 북돋우기 위해, 그리고 수신자들과의 돈독한 관계를 위한 서신도 있다.

(상기 1은《버클레이 주석》에서, 2와 3은 세계성서공회판[UBS[《Good News Study Bible》에서 일부 자료를 인용했다.)

로마서 | 서신서 |

Romans

제목에 대한 해설

헬라어 제목은 '프로스 로마이우스'로서 '로마인에게'라는 뜻이다. 따라서 〈로마인에게 보낸 편지〉, 〈로마서〉 등으로 불렸다.

저작에 대하여

(1) **저자**: 사도 바울(1:1). 바울은 로마 시민권을 가졌으나 본서를 저작할 때까지 로마에 가 본 적이 없었다(1:13, 15). 훗날 그는 죄수로서 호송되어 로마에 가게 되어(행 27장), 연금 상태로 재판을 기다리고 있었다(행 28장).

(2) **수신자**: 로마인들에게(430쪽 특기사항 '로마 교회에 대하여'참고).

(3) **연대 및 장소**: 57~58년경(제3차 전도 여행 말기, 행 20:1~6)이며 기록 장소는 고린도(롬 16:1~2, 23)이다. 〈고린도후서〉를 써 보낸 지 얼마 되지 않아서 바울은 마게도냐로부터 고린도에 이른다. 그리고 거기서 모금한 것을 가지고 예루살렘으로 떠나기 전까지 3개월을 머물러 있었다(15:25). 〈로마서〉처럼 내용이 광범하고, 상세하고, 사려 깊은 글을

쓰기에는 이 시기가 가장 적절하였다고 본다. 고린도의 항구 도시인 겐그리아의 여인 뵈뵈를 추천한 것도(16:1) 바울이 고린도에서 로마서를 썼다는 증거가 된다.

특징 및 기록 목적

(1) 본서에서는 인류가 모두 죄인이며 구원받아야 할 존재임을 인식시킨다. 따라서 예수 그리스도와 그의 십자가를 믿음으로 구원받음을 가르치며 죄와 율법, 그리고 죽음에서의 자유를 가르치는 논문식의 교리서이다.

(2) 본서의 기록 목적은 바울이 ① 서반아(스페인) 전도계획과 관련하여 앞으로 있게 될 로마 교회의 방문을 준비하기 위함이다(1:10~15, 15:22~29). ② 사도들로부터 직접적이며 체계적인 가르침이 없었던 로마 교회에 하나님의 구원의 기본 구조를 설명하기 위함이다. ③ 하나님의 구원 계획 속에서 유대인과 이방인들이 갖는 관계를 설명하기 위함이다.

특기사항

(1) 로마 교회에 대하여

바울이 교회를 세우지 않은 로마에 교회가 있었다는 증거는 〈로마서〉 자체와 〈사도행전〉 28:15의 기사다. 로마에 복음이 증거된 것은 ① 오순절에 복음을 듣고 그리스도인이 된 사람들 가운데 "로마로부터 온 유대인과 유대교 개종자들"이 있었다(행 2:10). ② 스데반의 순교 후 핍박을 피해 흩어진 그리스도인들이 있었다(행 7장 이후). 두 예를 보듯 이들이 로마로 돌아가 예수의 부활과 그리스도이심을 증거했다고 추정할 수 있다. 또 〈로마서〉 15:22 이하에 바울은 여러 해 동안 로마에 있는 형제들에게 가고자 하였음을 보면 적어도 50년 이전에 이미 로마 교회가 있었다고 볼 수 있

서신서

로마서

다. 로마 교회는 유대인보다 오히려 이방인들이 더 우세하였다(1:1~15, 15:14~16, 11:13~16에 언급된 인물들은 주로 로마나 헬라 출신이다). 바울이 로마 교회의 권위를 지닌 인물에 대하여 언급이 없는 것으로 보아 그때까지 조직 기구가 없거나 미미했을 것이다.

(2) 믿음으로 의롭다 함을 얻는다(以信得義)

"의인은 믿음으로 말미암아 살리라"(1:17)는 것은 〈하박국〉 2:4의 인용으로 〈갈라디아서〉 3:11, 〈히브리서〉 10:38에 의해 더욱 발전하였으며 16세기 마르틴 루터의 종교개혁 이념이기도 하다. 바울 사도에 의해 체계화된 "믿음으로 의롭다 하심을 얻는다"(3:24, 5:1)는 교리는 기독교의 구원론의 중심을 이룬다. "의롭다 하심을 얻는다"는 말의 헬라어 '디카이오오'는 '무죄를 선언하다'라는 뜻을 지닌 법률 용어로 전적으로 타락한 인간을 의롭다 하는 것은 하나님의 큰 은혜로서 악한 자를 선한 사람인 양 취급하신다(호 6:6). 이 말은 부정한 재판관이나 할 수 있는 행위로 간주되어 유대인들은 혼란을 겪었다(출 23:7, 잠 17:15). 그러나 예수님은 "내가 의인을 부르러 온 것이 아니요 죄인을 부르러 왔노라"(마 9:13) 하셨다. 인간이 근본적으로 의롭게 변화된 의인(義人)이 아니라 하나님에 의하여 의롭다 인정을 받는 의인(義認)이 된 것이다(창 15:6).

서신서
로마서

1
이방인들의 죄
오직 의인은 믿음으로

2
유대인의 죄
율법을 행하는 자

3
믿음으로 말미암는 의
모든 사람이
죄를 범하였으매

4
아브라함이 얻은 의
바라고 믿었으니

5
그리스도 안에서의 삶
한 사람의 순종하심으로

6
죄로부터 해방되어
의에게 종이 되었느니라

로마서 1~6장

인간의 불의와 하나님의 의 (중요구절 롬 1:16)

사도로 부르심을 받은 바울은 로마에 가서도 복음을 전하기 원한다(1:1~17). 온 인류(이방인)는 죄 가운데 있다(1:18~32). 유대인도 율법을 받았으나 지키지 못하여 이방인과 동일한 죄인이다(2장). 율법의 행위로는 의롭다함을 얻지 못하고 믿음으로 의롭다 함을 얻는다(3장). 아브라함도 약속하신 것을 이루실 줄 확신했고 하나님은 이 믿음을 의로 여기셨다(4장). 한 사람 예수로 말미암아 많은 사람이 의롭다 하심을 얻어 생명에 이르렀다(5장). 그러므로 구원받은 백성은 죄에게서 해방되어 의의 종이 되어야 한다(6장).

1. 사도 바울은 〈로마서〉를 쓸 때도 로마에는 가 보지를 못하였으나 "하나님의 뜻 안에서 너희에게로 나아갈 좋은 길 얻기를 구하노라"(1:10)며 간절한 바람이 있었다. 로마에 가고자 하는 두 가지 이유를 들고 있다. 첫째는 "신령한 은사"를 서로 나누고 싶었다(11~12절). 둘째는 "열매를 맺게 하려 함"(13절)이라는 말처럼 전도하고자 했다(13절, 15:14~24). 바울이 로마에 가고자 하는 간절한 이유가 분명하듯이 우리도 이러한 복음에 대한 간절함이 있어야 한다.
2. 하나님에게도 특례법이 있는가? 바울은 "율법 없는 이방인이 본성으로 율법의 일을 행할 때에…… 그 양심이 증거가 되어…… 그 마음에 새긴 율법의 행위를 나타내느니라"(2:14~15)고 하였다. 우리말 성경에 (괄호)로 묶여 있는데 이는 어떤 사본에는 없다는 것이다. 우리가 일반적으로 생각하는 교리와는 다른 느낌을 받으나 "하나님은…… 사람들의 은밀한 것(양심)을 심판하는" 것을 밝힌다(16절).
3. "모든 사람이 죄를 범하였으매 하나님의 영광에 이르지 못하더니……"(3:23). 인간은 하나님 앞에 죄인이라는 것이 성경의 인간관이다(갈 3:22 참고). 이러한 하나님과 인간과의 장벽을 없애기 위해 예수님은 오셨다. "그러므로 우리가 믿음으로 의롭다 하심을 받았으니 우리 주 예수 그리스도로 말미암아 하나님과 화평을 누리자"(5:1) 하였다. 진정 내 안에 예수로 말미암은 이러한 화평이 있는가?
4. "아브라함이 바랄 수 없는 중에 바라고 믿었으니…… 그가 백세나 되어 자기 몸이 죽은 것 같고 사라의 태가 죽은 것 같음을 알고도 믿음이

약하여지지 아니하고"(4:18~19). 하나님은 이러한 아브라함의 믿음을 의로 여기셨다. 감사한 것은 "아브라함만 위한 것이 아니요 의로 여기심을 받을 우리도 위함이라"(4:23~24)고 했다. 이 은혜를 우리가 누리자.

더 살펴보기

1. 〈로마서〉의 내용

〈로마서〉는 인류가 모두 죄인이며 구원받아야 할 존재임을 인식시킨다. 따라서 예수 그리스도와 그의 십자가를 믿음으로 구원받음을 가르치며 죄와 율법, 그리고 죽음으로부터의 자유를 가르친다. 전반부(1~11장)에서는 교리를, 후반부(12~16장)에서는 실천적인 삶을 가르친다.

내용 분해

교리 / 1:1~15 - 서문
1:16~8장 - 기독교 교리 기초
9장~11장 - 역사 속에 있는 하나님의 의
실천 / 12장~15:13 - 그리스도인의 삶
15:14~16장 - 맺는 말

로마 교회에 대하여

로마 교회는 바울에 의하여 세워지지 않았다. 로마에 복음이 증거 된 것은 ① 오순절에 복음을 듣고 그리스도인이 된 사람들 가운데 "로마로부터 온 유대인과 유대교 개종자들"이 있었다(행 2:10). ② 스데반의 순교 후 핍박을 피해 흩어진 그리스도인들이 있다(행 7장 이하). 이들이 로마로 돌아가 예수의 부활과 그리스도이심을 증언했다고 추정할 수 있다. 로마 교회는 유대인보다 오히려 이방인들이 더 우세하였다(1:1~15, 15:14~16, 11:13~16에 언급된 인물들은 주로 로마나 헬라 출신이다). 바울이 로마 교회의 권위를 지닌 인물의 언급이 없는 것으로 보아 그때까지 조직 기구가 없거나 미미했을 것이다.

결혼을 준비하는 여인
헬라의 꽃병에 장식된 그림으로 바울이 살던 시대에 헬라와 로마 세계의 부자들의 사치는 극에 달하였다.

2. 복음은 믿는 자에게 주시는 하나님의 구원(롬 1:16~17)

바울 사도는 〈로마서〉에게 믿음으로 의롭다 함을 강조한다(3:28). 그것은 곧 '구원'이다. 바울 사도가 복음을 자랑스러워하는 것은 그 안에 구원이 있기 때문이다. 바울보다 500년 전 사람들은 '이 세상이 무엇으로 구성 되었는가'하는 문제를 논의하는데 시간을 보냈다. 철학은 사변적이었다. 그러다가 차츰 폭군과 정복자들로 인해 위협으로 타락과 유약함이 나타났고 철학은 실제적인 것으로 즉, 자연철학에서 도덕철학으로 바뀌었다. 사람들이 구원을 갈망하던 시대에 바울이 제시하는 구원은 능력이었고 큰 희망의 메시지였다.

(1) 영육 양면의 구원 - 육신적인 질병으로부터의 구원은 전적으로 타계의 문제만이 아니라 육신과 영혼의 두 면의 구원이다(마 9:21, 눅 8:36). 위협으로부터의 구원은 온갖 위험이 전혀 없는 생명을 인간에게 주는 것이 아니라 어떤 일이 일어나더라도 영혼의 안전을 주어 이기게 하시는 구원이다(마 8:25, 14:30).

(2) 생의 악영향으로부터의 구원 - 사람이 구원을 받는 것은 비뚤어지고 사악한 세대에서 구원받은 것이다(행 2:40). 이 교훈을 받은 사람은 세상의 악으로부터 오염되지 않게 구원을 받은 것이다.

(3) 잃어버림으로부터 구원 - 예수님의 오심은 잃어버린 자를 찾아 구원하려 하심이다(마 18:11, 눅 19:10).

(4) 죄로부터의 구원 - 인간은 질병이나 잘못된 것을 알지만 치료는 한계에 있다. 영혼의 죄 문제의 해결도 예수 안에서만 구원이 있다(마 1:21). 하나님의 진노로부터 구원을 받고(롬 5:9), 더 나아가 이는 종말론적으로 구원을 이룬다(롬 13:11, 고전 5:5). (버클레이, 《로마서 주석》, 기독교문사)

로마서 7~11장

하나님의 의로우신 계획 (중요구절 롬 8:34)

그리스도와 연합하므로 율법에서 해방된다. 사람은 하나님의 법과 죄의 법 사이에서 갈등한다(7장). 그러나 예수 그리스도 안에 있는 자에게는 정죄함이 없고 해방의 자유를 누린다(8장). 바울은 자기 민족(유대인)의 구원에 대한 애착을 갖는다(9~11장).

이러한 배경은 "이 복음은 모든 믿는 자에게 구원을 주시는 하나님의 능력이 됨이라 먼저는 유대인에게요 그리고 헬라인에게로다"(1:16~17) 하였다. 인간의 죄와 칭의를(2~5장), 그리고 의롭게 된 새 삶에 대한 말씀을 한(6~8장) 후에 이제 자신의 민족의 구원을 말하고 있다(9~11장).

1. 성도는 자신과 싸우고 죄와 싸우며 사탄과 싸운다. "내 속 사람으로는 하나님의 법을 즐거워하되 내 지체 속에서 한 다른 법이 내 마음의 법과 싸워…… "(7:22~23)라며 곤고한 인간의 심리를 말하고 있다. 구원 얻은 성도도 이 땅에서는 죄의 영역을 완전히 벗어날 수는 없다. 그러기에 성령의 인도하심에 따라 사는 가운데 죄악에 대하여 승리해야 한다(잠 28:13, 갈 5:18, 25).
2. 하나님의 섭리는 너무도 치밀하고 계획적이심에 대하여 놀라며 감사하게 된다. "또 미리 정하신 그들을 또한 부르시고 부르신 그들을 또한 의롭다 하시고 의롭다 하신 그들을 또한 영화롭게 하셨느니라"(8:30) 하였다(미리 아심 - 정하심 - 부르심 - 의롭다 하심 - 영화롭게 하심).
3. "너희는 다시 무서워하는 종의 영을 받지 아니하고 양자의 영을 받았으므로 우리가 아빠 아버지라고 부르짖느니라"(8:15)고 하였다. 하나님을 우리의 아버지로 고백하는 것은 너무도 귀한 복이다. 예수님께서 우리에게 가르쳐 주신 기도의 첫 문장도 "하늘에 계신 우리 아버지여"(마 6:9)이다. 구약성경에서도 하나님을 아버지로 고백한 곳이 여러 곳 나온다(신 32:6, 시 68:5, 시 89:26, 사 9:6, 사 63:16, 사 64:8, 렘 3:4, 렘 3:19, 말 2:10). 신약성경에서 예수님은 기도하실 때 항상 이 표현을 사용했다(마 11:15, 요 11:41, 요 17장 등).
4. "만물이 주에게서 나오고 주로 말미암고 주에게로 돌아감이라"(11:36). 이 말씀은 기독교의 중요한 역사관(歷史觀)이다. 시작도 과정

7
죄와 율법의 갈등
하나님의 법, 죄의 법

8
생명의 성령의 법
죄와 사망의 법에서 해방

9
하나님의 계획
약속의 자녀가 씨로 여김

10
이스라엘의 무지
하나님의 의를 모르고

11
이스라엘의 상황
돌감람나무, 참감람나무

도 끝도 모두 주(主)로 인한 것이다. 이 사관(史觀)을 갖는 사람은 믿음의 사람이요 언제나 신전의식(神前意識)을 갖고 산다. 그대가 모든 시작과 과정과 결말도 주님의 은혜 가운데서 이루어 간다면 그대는 오늘도 '하나님 앞에서(코람데오)' 사는 것이다.

더 살펴보기

1. 그리스도인의 영적 자유(롬 8장, 갈 5장)

(1) 〈로마서〉 8장은 〈갈라디아서〉 5장과 함께 '그리스도인의 네 가지 영적 자유'에 대하여 말하고 있다.

1~4절에는 '심판'에서 해방, 5~17절은 '패배'에서 해방, 18~30절은 '실망'으로부터의 해방, 31~39절은 '두려움'에서 해방을 말한다. 이 해방은 예수 그리스도와 연합된 성도가 누리는 은혜이다. 이것은 성령의 역사하심으로 되어지는 일이므로 8장에서는 '성령'이란 단어가 19번이나 나온다.

(2) 〈로마서〉 8:31~39에서 바울은 하나님은 '우리를 위하시며 아들을 주셨고 성도들을 의롭다 하신 이'라고 강조한다. 그러므로 누구도 정죄할 수 없다. 어느 누구도 우리를 그리스도 안에 있는 하나님의 사랑에서 끊을 수 없다(38~39절, 고전 3:22, 롬 5:5 참고).

감람나무(Olive, 롬 11:17~19)
바울은 참감람나무와 돌감람나무 비유를 통하여 이스라엘과 이방인을 설명한다. 감람나무는 지중해 연안에 널리 분포되어 있다. 이 감람나무는 예수님의 심문 당하심을 보았다고 전해질 만큼 오래된 나무로 겟세마네 예수수난교회 정원에 있어서 성지 순례자들의 사랑을 받는다.

2. 돌감람나무와 참감람나무(11:13~24)

(1) 돌감람나무(wild olive)는 야생 감람나무이며 참감람나무(olive)는 과수원에서 재배하는 오래 묵은 감람나무이다. 본문에는 돌감람나무를 참감람나무에 접붙이는데, 실제는 참감람나무를 돌감람나무에 접붙인다(모든 접이 좋은 것의 가지를 나쁜 나무에 붙여 좋은 나무로 키운다). 본문은 접붙임을 반대로 말했지만 이 비유는 영적 진리를 위한 것이므로 굳이 식물학적으로 다룰 필요는 없다.

(2) 바울은 로마 교회를 향하여 "자랑하지 말라"(18절)하였다. 이는 돌감

람나무였던 이방인(로마 교회)이 참감람나무(이스라엘)에게 접붙임이 되었다고 묘사하므로(17절) 이스라엘과 이방인의 처지를 잘 말해준다. 그 기준은 하나님의 섭리에 따르는 것이므로 이방인으로써 자만해서는 안 된다.

(3) 그러면 이스라엘의 회복은 가능한가? 23~24절에 (이방인은) "본성을 거슬러"이루어진 접붙임을 비교하며, (이스라엘은) "얼마나 더…… 접붙이심을 받으랴"는 긍정적인 표현을 한다. 이스라엘이 성민(聖民)으로 회복될 '그때'를 내다본다(25~29절).

인간의 실존과 〈로마서〉에서 말하는 다섯 가지 법

(1) 바울은 인간의 실존을 이렇게 말한다. "내 속사람으로는 하나님의 법을 즐거워하되"(7:22, 참고 - 고후 4:16, 엡 3:16), 그러나 "선을 행하기 원하는 나에게 악이 함께 있는 것이로다"(7:21)는 한 법을 깨달았다. 이처럼 "마음으로는 하나님의 법을 육신으로는 죄의 법을"(7:25) 섬기는 인간의 실존이다.

(2) 〈로마서〉에서 언급한 성경의 다섯 가지 법 가운데 인간의 실존을 드러낸다. - ① 모세의 법(3:19), ② 믿음의 법(3:27), ③ 죄의 법(7:23, 25), ④ 마음의 법(7:23), ⑤ 성령의 법(8:2~4)

(3) "이 사망의 몸에서 누가 나를 건져내랴". 그 방법은 오직 예수 그리스도이심을 고백한다. "우리 주 예수 그리스도로 말미암아 하나님께 감사하리로다…… 그리스도 예수 안에 있는 자에게는 결코 정죄함이 없나니……"(7:24~8:1)라고 하였다.

로마서 12~16장

성도의 실천적인 삶 (중요구절 롬 13:12)

전반부 1~11장은 '교리편'이며, 후반부 12~16장은 '실천편'으로 주로 '의(義)의 실천 문제'를 다룬다. 우리 자신과 교회에서와 사회에서의 삶을 가르친다(12장). 그리고 권세에 대한 그리스도인의 자세와(13장), 의견을 달리하는 것들에 대한 양심의 문제(음식 문제는 〈고린도전서〉 8장을 보라) 및 절기 문제를 가르친다(14장). 그리스도를 본 받아 약한 자를 돕는 일과 자신의 로마와 서바나(스페인) 여행에 대한 계획을 언급한다(15장). 마지막으로 여러 사람들에 대한 문안으로 〈로마서〉는 끝이 난다(16장). 이후의 바울의 생애는 정확히 알려져 있지 않다. (413쪽 '더 살펴보기' 내용 참고)

1. "너희는 이 세대를 본받지 말고 오직 마음을 새롭게 함으로……"(12:2)라고 하였다. 여기서 '세대'는 시간(헬, 아이온)이 아닌 세상(헬, 코스모스)을 나타낸다. 어느 시대나 그 세대(세상)의 행동방식과 사고방식은 성도의 헌신 생활을 흐트러뜨리려고 도전해 왔다. 성도는 사탄을 자기 신으로 섬기는(고후 4:4) 이 악한 세상으로부터 건짐을 받았으나(갈 1:4) 여전히 이 세상에 발을 붙이고 산다.
2. 교회에 "채소만 먹는", 즉 "고기도 먹지 아니하고 포도주도 마시지 아니"(14:2, 21절)하는 자들이 있었다. 이들은 특정한 날들을 특별히 여기는 사람들과 동일한 집단일 것이다(5절). 교회 안의 다른 사람들은 이들을 "믿음이 연약한 자"(2절)라고 했다. 이는 고린도 교회의 우상

제사 고기에 대한 논의를 회상케 한다(고전 8~10장). 로마 교회 일부는 고기와 포도주는 자기를 부정하게 만든다고 생각해서 먹지 않았을 것이다(단 1:8~13). 바울은 상대편의 입장을 존중하라고 경고한다(3절).

3. 바울은 로마와 서바나(스페인)에 갈 계획을 말하면서 "내가 너희에게 나아갈 때에 그리스도의 충만한 복을 가지고 갈 줄을 아노라"(15:29) 하였다. 이처럼 주의 사역자의 방문은 개인적인 것이 아니라 하나님의 말씀과 복을 가지고 가는 심방이다. 은혜로 심방을 받으면 복이다.
4. 〈로마서〉의 마지막 16장에서는 바울이 문안하는 여러 사람들이 나온다. 교회의 일꾼, 나의 보호자, 처음 익은 열매, 나와 함께 갇혔던 자, 인정함을 받은 자, 수고하고 사랑하는 자 등 다양한 표현이 나온다. 나는 내 교회에서 어떤 평가를 받을까? 주의 종이 나를 어떻게 보며 궁극적으로는 주님께서 나를 어떻게 보실까를 생각하며 오늘의 믿음을 지켜야 한다.

더 살펴보기

1. 은사에 대하여(롬 12:6~8)

바울은 〈로마서〉에서 7가지 은사를 말한다. 〈고전도전서〉 12:8~10에서는 9가지 은사를, 〈에베소서〉 4:11에서는 5가지 은사를 말한다. 이런 은사들을 모두 합하여 성경에 은사가 몇 가지라고 말할 수는 없다. 이는 내용이 서로 겹치는 부분들도 있으며 아래의 본문 외에도 은사를 말하는 곳들도 많기 때문이다. 〈로마서〉 12:6~8에서 말하는 은사를 살펴본다.

(1) 예언 - 앞일을 말하는 것이 아니라, 청중의 과오를 깨닫게 하고 마땅히 행할 길을 가르쳐 주는 것이다(고전 12:28).
(2) 섬기는 일 - 성도의 물질적 요구를 관장하는 집사의 직분과 관련된 은사로서 헬라어 '디아코니아'이다.
(3) 가르치는 자 - 지식과 관련된 은사로 계시의 전달 수단인 예언과는 구별된다(고전 14:6). 이것은 성도의 삶에 실제적 도움을 주는 교사의

직분이다.

(4) 위로하는 자 - '권면'(딤전 4:13)이나 '위로'(행 15:31)라고 번역할 수 있다. 회당예배에서 예언이나 가르침이 끝난 후 권면의 기회도 있었다(행 3:15).

(5) 구제하는 자 - '섬기는 일'이 교회 내의 자선 행위라면 '구제하는 일'은 교회 외적인 자선 행위이다.

(6) 다스리는 자 - 헬라어 '프로히스타메노스'는 '감독', '장로'라는 말로도 사용된다(살전 5:12, 딤전 3:4, 5:17). 교인들을 지도, 통솔하는 은사이다.

(7) 긍휼을 베푸는 자 - 병든 자나 궁핍한 자를 방문하고 보살펴 주는 은사와 관련된 직무이다.

로마에 있는 콘스탄틴의 아치
로마 황제 콘스탄틴은 주후 313년에 '밀라노 칙령'을 선포하므로 기독교에 대한 박해는 끝났고 다른 종교와 동등한 지위를 받게 되었다.

서신서

로마서

2. 바울의 새로운 전도 여행 계획(롬 15:22~29)

(1) 바울의 1, 2, 3차 전도 여행은 주로 로마제국의 번영에 따라 지중해의 북부 연안 지역 및 소아시아를 전도하였다.

(2) 그러나 아직 남은 곳은 서바나(스페인)였으므로 이곳에 대한 간절한 소망을 가졌다. 먼저 예루살렘을 방문하여 구제 헌금을 전달하고, 로마 교회를 경유해 서바나로 갈 것을 계획하였다.

(3) 바울이 실제 서바나에 복음을 전했는가는 성경에 기록되어 있지 않다. 그러나 주후 1세기 말 교부 클레멘트의 글에 "바울은 온 세계에 의를 가르쳤으며 그가 서방의 끝에 도달했을 때 통치자들 앞에서 증거를 했으며"(고린도 교인들에게 보내는 편지)에서 나타난 '서방의 끝'은 서바나를 가리키는 것이라 하여 서바나의 복음 전도를 주장한다(행 19:21~22 참고).

B I B L E

성경 질문지

로마서 1~6장 인간의 불의와 하나님의 의

서신서

로마서

제1장 [복음을 부끄러워 아니함, 이방인들의 죄]

다음 물음에 답하시오.

1. 〈로마서〉의 저자 바울은 자신을 무엇이라 소개했는가? -
2. 육신으로는 다윗의 혈통에서 나셨고 성결의 영으로는 죽은 자들 가운데서 부활하신 자는?

   -
3. 바울이 할 수 있는 대로 로마에 있는 사람들에게도 하기를 원했던 일은?(15절) -
4. 복음은 믿는 자에게 무엇이 되는가?(16~17)

   -
5. 〈하박국〉 2:4을 인용한 구절은?

   - 〈로마서〉 1장 절
6. 죄인들이 썩어지지 않는 하나님의 영광을 무엇으로 바꾸었는가?(18~23)

   -
7. 본문에 나온 인간의 죄악 21가지를 쓰시오(28~32). - (참고: 불의~무자비한 자)

제2장 [하나님의 심판 원리와 유대인의 죄]

다음 ( ) 안에 알맞은 말을 적으시오.

1. (~ 절) 하나님께서 각 사람에게 그 ( ) 보응 하시되 참고 ( )을 행하여 영광과 존귀와 썩지 아니함을 구하는 자에게는 ( )으로 하시고, 오직 ( )을 지어 진리를 따르지 아니하고 불의를 따르는 자에게는 ( )로 하시리라.
2. (절) 하나님 앞에서는 율법을 ( )가 의인이 아니요 오직 율법을 ( )라야 의롭다 하심을 얻으리니.
3. (, 절) 유대인이라 불리는 네가 ( )하며 하나님을 자랑하며…… 율법을 자랑하는 네가 ( )으로 하나님을 욕되게 하느냐?
4. (절) 할례는 ( )에 할지니 영에 있고 율법 조문에 있지 아니한 것이라.

제3장 [믿음으로 말미암는 의]

다음 말에서 틀린 단어에 밑줄을 긋고 바르게 고치시오.

1. 유대인의 나음이 무엇이며…… 우선은 그들이 하나님의 말씀을 받았음이니라.→
2. 사람은 다 진실하되 하나님은 참되시다 할지어다.→
3. 유대인이나 헬라인이나 다 율법 아래 있다고 우리가 이미 선언하였느니라.→
4. 율법의 행위로 그의 앞에 의롭다 하심을 얻을 육

체가 없나니 율법으로는 의를 깨달음이니라.

→

5. 모든 사람이 죄를 사하였으매 하나님의 영광에 이르지 못하더니. →

6. 사람이 의롭다 하심을 얻는 것은 율법의 행위에 있고 믿음으로 되는 줄 우리가 인정하노라.

→

제4장 [아브라함이 얻은 의]
다음 맞는 답의 ( )에 O표, 틀린 것에는 X표 하시오.

1. 아브라함이 의롭다 하심을 얻은 것은?(1~8)
   1) '행위'이다( )
   2) '믿음'이다( )

2. 아브라함의 할례는?(9~12)
   1) 의롭다 하심을 받은 것이다( )
   2) 믿음으로 된 의를 인친 것이다( )

3. 아브라함의 믿음은?(13~22)
   1) 바랄 수 없는 중에 바라고 믿었다( )
   2) 바랄 수 있는 것만 바라고 믿었다( )

4. 아브라함은 백세나 되어 믿음이?(13~22)
   1) 약하여지지 않았다( )
   2) 약하여졌다( )

5. 의로 여기셨다 기록된 것은?(23~25)
   1) 아브라함만 위한 것이다( )
   2) 우리도 위함이다( )

제5장 [그리스도 안에서의 삶]
다음에 이어지는 말씀을 써서 성구를 완성하시오(~표는 다음절까지).

1. (절) 우리가 믿음으로 의롭다 하심을~

2. (~ 절) 우리가 환난 중에도 즐거워하나니~

3. (절) 우리가 아직 죄인 되었을 때에~

4. (절) 한 사람으로 말미암아 죄가 세상에 ~

5. (절) 한 범죄로 많은 사람이 정죄에~

제6장 [죄의 종에서 의의 종으로]
다음 (/) 안의 말 중에 틀린 것은 두 줄로 지우시오.

1. 아버지의 (영원 / 영광)으로 말미암아 그리스도를 죽은 자 가운데서 살리심과 같이 우리로 또한 (새 사람 / 새 생명) 가운데서 행하게 하려 함이라(1~5).

2. 너희 자신을 죄에 대하여는 (죽은 자 / 산 자)요 그리스도 예수 안에서 하나님께 대하여는 살아 있는 자로 여길지어다(6~11).

3. 너희 지체를 (불의의 / 의의) 무기로 죄에게 내주지 말고 …… 다시 살아난 자 같이 하나님께 드리며 너희 지체를 (불의의 / 의의) 무기로 하나님께 드리라(12~14).

4. 죄의 종으로 (사망 / 생명)에 이르고 혹은 순종의 종으로 (의 / 생명)에 이르느니라(15~20).

5. 죄의 삯은 (사망 / 영생)이요 하나님의 은사는 그리스도 예수 우리 주안에 있는 (사망 / 영생)이니라(21~23).

로마서 7~11장 하나님의 의로우신 계획

제7장 [죄와 율법의 갈등]
다음 ( ) 안에 알맞은 말을 적으시오.

1. 너희는 그 법(율법)이 ( )만 그를 주관하는 줄 알지 못하느냐? - (절)

2. 너희도 ( )으로 말미암아 율법에 대하여

(　　　)을 당하였으니 이는 다른 이 곧 죽은 자 가운데서 살아나신 이에게 가서 우리가 하나님을 위하여 (　　　)하려 함이니라. - (　　　절)

3. 이제는 우리가 얽매였던 것에 대하여 죽었으므로 (　　　　　) 이러므로 우리가 (　　　　) 것으로 섬길 것이요. (　　　　　) 것으로 아니 할지니라. - (　　　절)

4. 전에 (　　　)을 깨닫지 못했을 때에는 내가 살았더니 (　　　)이 이르매 죄는 살아나고 나는 (　　　) - (　　　절)

5. 내 속 사람으로는 (　　　　　)을 즐거워하되 내 지체 속에서 (　　　　　)이 내 마음의 법과 싸워 내 지체 속에 있는 (　　　　)으로 나를 사로잡는 것을 보는도다. - (　　　~　　절)

6. 오호라 나는 곤고한 사람이로다. 이 (　　　　　) 에서 누가 나를 건져내랴? 우리 주 예수 그리스도로 말미암아 (　　　　　)하리로다. 그런즉 내 자신이 마음으로는 (　　　　　)을 육신으로는 (　　　　)을 섬기노라. - (　　　~　　절)

제8장 [생명의 성령의 법]
다음 물음에 답하시오.

1. 우리를 죄와 사망의 법에서 해방시킨 것은 무엇인가?(1~2) -

2. 육신의 생각과 영의 생각은 각각 어떤 결과를 가져오는가?(3~11절 읽고 답은 6절에서)
   1) 육신의 생각 -
   2) 영의 생각 -

3. 어떤 사람이 그리스도의 사람이 아닌가?(7~11 읽고 답은 9절에서) -

4. 어떤 사람이 하나님의 아들인가?(12~17 읽고 답은 14절에서) -

5. '탄식'하는 자가 누구인지 셋을 쓰시오(18~27읽고 답은 22, 23, 26절에서).
   1)
   2)
   3)

6. 우리(성도)를 위하여 간구하시는 분은 누구누구인가?(26~27, 34)
   1)　　　　　　　　2)

7. 아들의 형상을 본받게 하기 위하여 하나님이 하시는 일의 순서는?(29~30)
   1) 미리 아심　　　　2)
   3) 부르심　　　　　4)
   5)

8. 어떤 것도 우리를 그리스도의 사랑에서 끊을 수 없는가?(31~39절 읽고 답은 35, 38~39절로)

제9장 [이스라엘과 이방인에 대한 하나님의 계획]
다음 말씀의 구약 사건을 보기에서 골라 쓰시오.

> **보기**　〈호세아〉 1:10 / 〈이사야〉 28:16 / 〈예레미야〉 18:6 / 〈출애굽기〉 9:16 / 〈이사야〉 10:22 / 〈창세기〉 18:10

1. (　　　절) 약속의 말씀은 이것이니 명년 이 때에 내가 이르리니 사라에게 아들이 있으리라.
   -

2. (　　　절) 바로에게 이르시되 내가 이 일을 위하여 너를 세웠으니 곧 너로 말미암아 내 능력을 보이고 내 이름이 온 땅에 전파되게 하려 함이라.
   -

3. (　　　절) 토기장이가 진흙 한 덩이로 하나는 귀히 쓸 그릇을, 하나는 천히 쓸 그릇을 만들 권한이 없느냐. -

4. (　　　절) 내가 내 백성 아닌 자를 내 백성이라,

사랑하지 아니한 자를 사랑한 자라 부르리라. 너희는 내 백성이 아니라 한 그 곳에서…… 하나님의 아들이라 일컬음을 받으리라. -

5. (　　　절) 이스라엘 자손들의 수가 비록 바다의 모래 같을지라도 남은 자만 구원을 받으리니 주께서 땅 위에서 그 말씀을 이루고 속히 행하시리라. -

6. (　　　절) 보라 내가 걸림돌과 거치는 바위를 시온에 두노니, 그를 믿는 자는 부끄러움을 당하지 아니하리라 -〈이사야〉28:16

제10장 [하나님의 의에 대한 이스라엘의 무지]
다음 말에서 틀린 단어에 밑줄을 긋고 바르게 고치시오.

1. 내 마음에 원하는 바와 하나님께 구하는 바는 이방인을 위함이니 곧 그들로 구원을 받게 함이라.→
2. 그리스도는 모든 믿는 자에게 의를 이루기 위하여 율법의 시작이 되시니라.→
3. 네 입으로 예수를 주로 시인하며 또 하나님께서 그를…… 살리신 것을 네 머리로 깨달으면 구원을 받으리라.→
4. 아름답도다. 좋은 소식을 전하는 자들의 입이여 함과 같으니라.→
5. 믿음은 들음에서 나며 들음은 좋은 말씀으로 말미암았느니라.→

제11장 [당시 이스라엘의 상황]
다음 서로 관계있는 말씀끼리 연결하시오.

1. 나도 이스라엘인이요 •	• 가) •	• a)
2. 내가 이방인의 사도인 만큼 •	• 나) •	• b)
3. 돌감람나무인 네가 •	• 다) •	• c)
4. 이방인의 충만한 수 •	• 라) •	• d)
5. 깊도다 하나님의 •	• 마) •	• e)
6. 만물이 주에게서 나오고 •	• 바) •	• f)

가) 아브라함의 씨에서 난 자요
나) 그들 중에 접붙임이 되어
다) 내 직분을 영광스럽게 여기노니
라) 이스라엘의 더러는 우둔하게
마) 주로 말미암고
바) 지혜와 지식의 풍성함이여

a) 참감람나무 뿌리의 진액을 함께
b) 베냐민 지파라.
c) 내 골육을 시기하게 하여 구원하려
d) 주에게로 돌아감이라.
e) 온 이스라엘이 구원을 받으리라.
f) 그의 판단은 헤아리지 못할 것이며

로마서 12~16장 성도의 실천적인 삶

제12장 [그리스도인의 공동체 삶]
다음 말씀이 나온 절수와 (　　) 안에 알맞은 말을 적으시오.

1. (　　　절) 너희를 권하노니 너희 몸을 하나님이 기뻐하시는 (　　　　)로 드리라. 이는 너희가 드릴 (　　　　)니라.
2. (　　　절) 너희는 (　　　)를 본받지 말고 오직 (　　　　) 함으로 변화를 받아 하나님의 선하시고 기뻐하시고 온전하신 (　　　)이 무엇인지 분별하도록 하라.
3. (　　~　　절) 우리에게 주신 은혜대로 받은 (　　　)가 각각 다르니 혹 예언이면 (　　　)대로, 혹 섬기는 일이면 (　　　　)로, 혹 가르치는 자면 (　　　　)로, 혹 위로하는 자면 (　　　)로, 구제하는 자는 (　　　　)으로, 다스리는 자는 (　　　　)으로, 긍휼을 베푸는 자는 (　　　　)으로 할 것이니라.
4. (　　　절) 부지런하여 게으르지 말고 (　　　)을 품고 (　　　)를 섬기라.

서신서
로마서

5. (　　　절) 성도들의 쓸 것을 (　　　)하며 (　　　)하기를 힘쓰라.

6. (　　　절) 즐거워하는 자들과 (　　　　)하고 우는 자들과 (　　　).

7. (　　　절) 할 수 있거든 너희로서는 모든 사람과 더불어 (　　　)하라.

8. (　　　절) 악에게 지지 말고 (　　　　)을 이기라.

제13장 [하나님께로서 난 권세]
다음 본문의 가르침이 맞으면 O표, 틀리면 X표 하시오.

1. (　　　절) 권세는 하나님으로부터 나지 않음도 있다. - (　　　)

2. (　　　절) 다스리는 자들은 선한 일에 대하여 두려움이 되지 않고 악한 일에 대하여 된다. (　　　)

3. (　　　절) 복종하지 않을 수 없으니 진노 때문에 할 것이 아니라 양심을 따라하는 것이 아니다. (　　　)

4. (　　　절) 사랑의 빚 외에는 아무 빚도 지지 말라. 남을 사랑하는 자는 율법을 다 이루었다. (　　　)

5. (　　　절) 주 예수 그리스도로 옷 입고 정욕을 위하여 육신의 일을 도모하라. (　　　)

제14장 [음식과 날에 대한 가르침]
다음 말씀을 이어서 성구를 완성하시오.

1. (모든 것을) 먹는 자는 먹지 않는 자를~
2. 우리가 살아도 주를 위하여 살고~
3. 내가 주 예수 안에서 알고 확신하노니~
4. 하나님의 나라는 먹는 것과~
5. 만물이 다 깨끗하되~
6. 의심하고 먹는 자는~

제15장 [약한 자를 도우라]
다음 물음에 답하시오.

1. 믿음이 강한 자는 약한 자에 대해 어떻게 해야 하는가?(1) -

2. 우리는 누구를 본받아 살아야 하는가?(3~6)

   -

3. 열방이 누구에게 소망을 두는가?(7~13 읽고 답은 12절에서) -

4. 바울이 하나님의 일에 대하여 자랑하는 것이 있으므로 어떤 것 외에는 말하지 않겠다고 했는가?(12~21) -

5. 그리스도의 이름을 부르는 곳에는 복음을 전하지 않겠다고 한 이유는?(14~21) -

6. 바울은 너희(로마 교회)를 지나 또 어디에 가고자 하는 계획을 갖고 있었는가?(22~33) -

제16장 [성도들을 향한 문안]
다음은 누구에 대한 말인지 그 이름을 쓰시오.

1. 겐그레아 교회의 일꾼으로 로마 교회에 추천하는 자매로서 여러 사람과 바울의 보호자였다. -
2. 바울의 목숨을 위하여 자기들의 목까지도 내어놓을 정도였다. -
3. 아시아에서 그리스도께 처음 맺은 열매이다. -
4. 바울의 친척으로 바울과 함께 갇혔던 자들로 바울보다 먼저 그리스도 안에 있는 자. -
5. 그리스도 안에서 인정함을 받은 자. -
6. 주 안에서 택하심을 입었으며 그 어머니를 바울은 내 어머니라 하였다. -
7. 이 편지(로마서)를 기록하는 사람. -
8. 이 복음으로 너희를 능히 견고하게 하실 분. -

고린도전서 | 서신서 |

1 Corinthians

제목에 대한 해설

서신서는 크게 두 가지로 제목이 붙여진다. 바울서신은 '수신자 이름'이 책 이름이 되었다. 반면에 공동서신은 그 '발신자의 이름'이 책 이름이 되었다. 바울은 모두 13권의 서신을 기록하였고(〈히브리서〉를 포함하면 14권), 공동서신은 7권이다.

본서의 헬라어 제목은 '프로스 코린티우스 알파'로 '고린도인에게 (보낸) 첫 번째 (편지)'라는 뜻이다. 후대의 번역본들에서 〈고린도인에게 보낸 첫 번째 편지〉, 〈고린도전서〉 등으로 부르게 되었다.

저작에 관하여

(1) **저자**: 바울이며 공동저자는 소스데네(1:1)다. 소스데네는 고린도의 유대인 회당장이었을 것이다(행 18:17).

(2) **수신자**: 고린도에 있는 그리스도인으로 바울은 이들을 세 겹의 수식구를 사용하여 그들의 특성을 나타낸다(1:2).

(3) **연대 및 장소**: 바울이 고린도 교회의 어려움과 분쟁에 대한 소식을 듣고

본 서신을 기록하기 시작했다. 고린도 교회의 분쟁이 바울이 3차 전도 여행(주후 53~ 58년)을 떠나기 직전에 발생한 점과 바울이 에베소 체류 기간이 3차 전도 여행 기간에 포함된다는 점을 감안할 때에 본서의 기록 연대는 주후 55년 전후로 본다. 또한 16:8에서 오순절까지 에베소에 머문 뒤 그곳을 떠나겠다고 했으므로 바울의 에베소 체류 기간(주후 53~56년) 중 말기에 완성되었다고 본다. 이보다 앞서 고린도 교인에게 보낸 편지는 분실된 것으로 추정된다(5:9).

고린도 교회 배경 이해

바울의 제2차 전도 여행 때인 주후 50년경, 바울은 실루아노, 디모데와 함께(행 18:5, 고후 1:19) 아덴으로부터 고린도에 와서 18개월을 체류하며 복음을 전하여 고린도 교회를 세웠다(행 18:1~17, 고후 11:7~9).

고린도는 헬라의 대도시로서 주전 1세기 중반경에 로마의 시저(가이사)에 의해 식민지가 되어 총독을 파송하였다. 동서로 바다를 끼고 아시아와 로마 지방과의 교통로에 있다.

바울 시대에는 부유하고 번화한 상업도시였다. 대체로 낮은 신분의 사람들이 살았다. 고린도 교회는 이교(異教)의 배경 아래에서 회심한 사람들이 많았다.

성경에 고린도 교회에 대한 기록은 ① 바울이 2년간 전도하여 교회를 설립한 일(행 18:1~8), ② 아볼로가 머물러 있었음(행 19:1), ③ 바울이 에라스도를 머물게 한 일(딤후 4:20), ④ 바울의 동역자인 그리스보, 가이오, 스데바나 등의 거주지(고전 1:14, 16, 행 16: 8) 등에서 볼 수 있다.

특기사항

(1) 현대 교회와 고린도 교회

당시에 바울은 고린도 교인들이 안고 있는 문제에 대한 질문 형식의 서신이나 직접 들은 일들에 대하여 답변을 하게 되었을 것이다(1:11, 5:1, 7:1, 16:17). 고린도 교회는 분파, 음행, 소송, 은사 활용에서의 무질서 등 몇 가지 큰 문제를 안고 있었다. 그러나 바울은 이러한 문제를 정확히 진단하고 문제 해결을 제시했으며 영적으로 혼란이 없도록 했다. 〈고린도서〉는 이러한 면에서 현대 교회들이 안고 있는 문제를 이 서신을 통하여 발견하며 그 치유의 방법도 이 서신을 통하여 발견할 수 있다는 점에서 귀하다.

(2) 〈고린도전서〉에서 바울에게 보고된 문제들

① 교회 안의 분쟁(분열. 1, 3장).
② 근친상간(近親相姦)의 사례(5장).
③ 교인들 간의 법정 시비(6장).
④ 기독교 자유의 남용(8장).
⑤ 예배와 만찬에 만연한 혼란(11:17~34).

(3) 고린도 교인들이 바울에게 한 질문들

① 결혼과 독신 생활에 관하여(7장).
② 우상들에게 바쳐진 음식과 신전들에서 거행되는 행사에 관하여(8장).
③ 여자들이 수건을 써야 할 지의 여부와 교회의 집회에서 여자들의 지위 문제에 관하여(11:1~16, 14: 34~36).
④ 성령의 은사들에 관하여(12, 13장).
⑤ 죽은 자의 부활의 의미에 관하여(15장).

고린도전서 1~6장

교회의 분쟁과 무질서 (중요구절 고전 4:1~2)

고린도 교회는 분쟁(분파, 파당)으로 인해 어려움을 겪고 있었다. 유대인은 표적을 구하고 헬라인은 지혜를 찾으나 그리스도인은 십자가에 못 박힌 그리스도를 전한다(1장). 바울은 고린도 전도 당시(행 18장)에 사람의 지혜로 하지 아니하고 하나님의 지혜로 했음을 회상한다(2장). 고린도 교회의 분쟁은 육신에 속한 신자의 행위라며 책망한다. 바울이나 바나바는 경쟁의 상대가 아닌 동역자이다(3장). 그들은 그리스도의 일꾼이며 하나님의 비밀을 맡은 자이다(4장). 또한 고린도 교회는 음행으로 어려움을 겪고 있었다(5장). 성도가 세상을 판단해야 하는데 오히려 세상의 판단을 받는 소송의 일도 있었다(6장).

1
십자가의 도
하나님의 능력이라

2
능력으로 전한 복음
성령의 나타남과 능력으로

3
육에 속한 신자
너희가 하나님의 성전

4
그리스도의 일꾼
맡은 자들에게 구할 것은 충성

5
음행에 대한 책망
이미 판단하였노라

6
성도와 송사
모든 것이 가하나
다 유익한 것이 아니요

1. "나는 바울에게, 나는 아볼로에게, 나는 게바에게, 나는 그리스도에게 속한 자라"(1:12)하여 고린도 교회는 분쟁으로 아픔을 겪고 있었고 이 소식을 들은 바울은 이러한 행동은 "육신에 속한 자"(3:3)라며 책망과 함께 권면한다. 한국 교회는 아직도 이러한 고린도 교회의 부끄러운 일을 답습하고 있다. 그런 사람일수록 가장 영적인 양 위선한다. 하나 되는 정신을 잃지 않아야 한다(12:12~31).
2. 바울은 고린도 전도를 회상하며 "내 말과 내 전도함이 설득력 있는 지혜의 말로 하지 아니하고 다만 성령의 나타나심과 능력으로"(2:4) 하였음을 강조한다. 많은 경우에 우리는 '설득력 있는 지혜의 말'로 전도를 해야 한다고 생각을 하지만, 바울은 오히려 이것이 아닌 '성령의 나타나심과 능력'으로 하였듯이 이 시대에는 더욱 인간적인 말이 아닌 바울처럼 성령의 능력을 입어야 한다.
3. 이제는 예루살렘에만 성전이 있는 것은 아니다. 바울은 "너희가 하나님의 성전인 것과 하나님의 성령이 너희 안에 계시는 것을 알지 못하느냐?"(3:16)라며 하나님을 믿는 사람들의 존재가치를 말한다. 당연히 '하나님의 성전'처럼 살아야 할 사명이 있다. 그래서 바울도 "누구든지 하나님의 성전을 더럽히면 하나님이 그 사람을 멸하시리라"(3:17)고 경고한다.
4. 고린도 교회의 또 다른 문제는 '음행'이었다. "이방인 중에라도 없는 그 아버지의 아내(첩이나 계모라고 해석한다)를 취하는 일"이며 이 문제

의 심각성에 대하여 교회의 대처도 바르지 못했음을 바울은 책망한다(5:1~5). 사탄은 하나님의 교회를 쓰러뜨리는 여러 전략을 가지고 있다. 그 중에 음행의 일로 교회를 어지럽게도 하고 때로는 실제가 아님에도 소문을 만들어 교회를 넘어뜨리는 사탄의 도구가 되는 경우도 있다. 영적으로 깨어서 바른 판단과 바른 행실을 실행해야 한다.

더 살펴보기

1. 〈고린도전서〉 안내

고린도 교회는 다양한 문제를 안고 있었다. 바울은 고린도 교회로부터 온 질문이나 해결해 줄 사항들에 대하여 대처를 한다. 따라서 오늘의 교회도 고린도서를 통하여 문제를 해결하는 지혜를 얻을 수 있다.

2. 십자가에 못 박힌 그리스도

바울은 하나님의 지혜가 인간의 지혜와 같지 않다는 것을 증명한다. 처음에 고린도 교회 사람들에게 설교할 때, 그의 말씀씨는 보잘것없는 것이었다(1:17, 고후 10:10, 11:6). 그러나 하나님의 성령은 고린도 교회 사람들에게 바울이 전한 메시지의 진실성을 확신시켜 주었다. 다른 편지에서처럼, 이곳에서도 바울은 하나님의 "증거"에 대해서 말한다(2:1). 〈골로새서〉에서 바울은 이 "증거"가 "그리스도"이며(골 2:2, 4:3), 이것이 과거에는 감추어져 있다가 이제 알려진 바 되었다고 진술한다(골 1:26~27). 그리고 특히 바울은 그리스도와의 연합 속에서 이방인들을 하나님의 백성 속에 포함시키려는 하나님의 계획에 대해서 말한다(골 1:27).

3. 십자가의 도(고전 1:18)

"십자가의 도(말씀)"(1:18)는 예수님의 죽으심을 통하여 인간의 죄 문제에 하나님께서 친히 개입하시는 구원 행위에 대한 말씀이다. 이방인들은 가장 고통스럽고 수치스러운 십자가 처형을 당한 한 사람의 죽음을 통하여

내용 분해

1~4장 – 분파 작용과 개인 숭배
5~6장 – 음행과 소송 문제
7장 – 혼인과 금혼에 대하여
8~10장 – 우상제물에 대하여
11장 – 예배에서 벌어지는 폐해들
12~14장 성령의 은사에 대하여
15장 – 죽은 사람들의 부활에 대하여
16장 – 고지 사항과 결미

고린도 교회에 대하여

(1) 고린도 교회는 바울의 제2차 전도여행 때인 주후 50년경에 세워졌다. 바울은 실루아노와 디모데와 함께(행 18:5, 고후 1:19) 아덴으로부터 고린도에 와서 18개월을 체류하며 복음을 전하여 고린도 교회를 세웠던 것이다(고전 4:12, 9:1이하, 고후 11:7~9).

(2) 고린도는 헬라의 대도시로서 주전 1세기 중반 경에 로마의 시이저(가이사)에 의하여 식민지가 되어 총독을 파송하였다. 동서로 바다를 끼고 아시아와 로마 지방과의 교통로에 있다. 바울 시대에는 부유하고 번화한 상업도시였다. 고린도 교회는 이교(異敎)의 배경 하에서 회심한 사람들이 많았다. 당시에 바울은 고린도 교인들로부터 안고 있는 문제에 대한 질문의 서신이나 직접 들은 일들에 대하여 답변을 하게 되었을 것이다. 바울은 이러한 문제를 진단하고 문제해결을 제시하여 혼란이 없도록 하였다.

몸을 정결하게 하는 의식

우리 몸은 하나님께로부터 받은 성령의 전이므로 정결하게 관리할 책임이 있다(고전 6:12). 1세기경의 로마 벽화이다.

인간이 하나님께 구원을 받는다는 말씀은 전적으로 미련한 것(허튼 소리)으로 들렸을 것이다. 그러나 하나님께서 이 치욕스러운 죽음을 통하여 죄에 빠져 있는 인간들에게 다가오신다는 것을 깨달은 사람에게는 이 말씀이 하나님의 사랑의 깊이와 능력을 나타내는 것이다.

고린도전서 7~11장

교회의 여러 문제들 (중요구절 고전 9:22~23)

바울의 결혼과 이혼에 대한 가르침은 고린도 교회의 일면을 들여다보게 해 준다(7장). 우상의 제물은 고린도라는 사회 속에서 자연스럽게 접하는 일들로 혼란을 주었기에 바울은 자유를 덕스럽게 활용할 것을 말한다(8장). 바울은 사도직의 권리를 변호하는 동시에 다양한 부류의 사람들을 위하여 여러 사람에게 여러 모습으로 대한다(9장). 이스라엘 역사의 교훈을 거울삼아 고린도 교인들에 대한 경고를 한다(10장). 여인들의 수건 쓰는 문제와 성찬의 문제를 통하여 교회의 질서를 잡아가는 모습을 본다(11장).

1. 바울은 7장에서 '결혼과 이혼'에 대한 다양한 가르침을 주고 있다. 결혼한 사람의 몸은 상대의 것으로 요구에 응하며 의무를 다 해야 한다(7:3~4). "분방(分房:잠자리를 같이하지 않는 것, 별거)하지 말라"고 했다. 매일 철야 기도를 한다거나 다른 핑계들로 인해 부부로서의 역할이 원만하지 않다면 사탄이 틈타서 타락하게 만들 것이다(7:5). 가정에서 만족을 얻지 못하면 어디서 해결하겠나? 미혹 받는 길로 내어준 책임이 있다.
2. 바울은 사도직에 대한 도전에 대해 자신이 사도로서 '권리가 없겠느냐'(9:4~6)고 여러 번 사도로서 받을 수 있는 권리를 비유로 말한다. "누가 자기 비용으로 군복무를 하겠느냐? 누가 포도를 심고 그 열매를 먹지 않겠느냐? 누가 양떼를 기르고 그 양떼의 젖을 먹지 않겠느냐?" "밭가는 자는 소망을 가지고 갈며 곡식 떠는 자는 함께 얻을 소망을 가지고 떠는 것이라"(9:7, 10). 이런 표현들은 바울이 그 권리를 누릴 수 있지만 "복음으로 말미암아 살리라"(9:14)고 함은 그의 위대함을 나타낸다.

3. 이스라엘의 과거사를 본보기(거울) 삼아 "~하지 말자"고 권면한다(10:1~13). 즉 우상숭배, 음행, 시험, 원망하지 말 것을 권면한다. 이스라엘은 광야의 이러한 죄로 말미암아 많은 고통을 당해야 했다. 이스라엘이 광야 생활에서 힘들고 어려워도 이러한 죄를 범하지 말아야 약속의 땅에 이르는 것이다. 우리도 천국을 향한 성도로서 이런 죄를 범하지 말아야 한다.

4. 그 당시 로마와 유대 사람들은 남편의 권위와 사회의 예절을 따라 수건을 쓰고 기도하도록 하였으나(11:5~6), 헬라 사람들은 수건을 쓰지 않았다. 성경을 문자적으로만 해석하면 오늘도 수건을 써야하지 않는가? 천주교는 여신도들이 미사보를 쓰며, 특정 교단들 중에서도 수건 쓰는 경우를 본다. 그러나 이것은 당시의 상황으로 이해해야 하며 오늘날은 이런 외형적인 것에 얽매이지 않는다.

더 살펴보기

1. 고린도 교회의 결혼과 독신에 대한 질문과 해답(고전 7장)

(1) 혼인한 부부가 회심한 후에도 계속 정상적인 성생활을 할 것인가?(1~7)

- 상대의 주장대로 잘 해야 한다.

(2) 독신자는 혼인해야 할 것인가?(8~9)

- 바울 자신은 독신을 택하였으나, 절제할 수 있는 사람만이 가능하다.

(3) 그리스도인들 간에 이혼이 허용되는가?(10~11)

- 이혼하지 말라.

(4) 회심하지 아니한 남편이나 아내에 대해서는 어떠한가?(12~16)

- 당사자가 이혼을 원하지 않는 한 그리스도인은 이교 사상을 가진 자나 불신자인 당사자와 살아야 한다.

(5) 약혼한 남녀는 결혼해야 할 것인가?(25~38)

- 질문 자체가 분명하지 않다. 개인이 결정을 내릴 문제이나 바울은

7
결혼과 이혼에 대한 교훈
각 사람을 부르신 그대로

8
우상의 제물에 대해
형제를 실족하지 않게

9
바울의 사도직
여러 사람에게 여러 모습으로

10
역사의 교훈과 경고
이런 일이 본보기가 되고

11
수건 쓰는 문제, 성찬 문제
사람이 자기를 살피고

말 달리는 모습의 부조(고전 9:24)
바울은 경주자(달리기)의 비유를 통해 우리의 믿음을 가르쳤다. 이 조각은 2세기경으로 추정되는 로마의 한 무덤에서 발견된 부조이다.

극심한 환난 때에 독신자가 사명 감당하기에 더 유리할 것이라 한다.

(6) 과부가 재혼할 수 있는가?(39~40)

- 할 수 있으나 바울은 이 경우에 단서를 붙이고 있다.

2. 우상의 제물을 먹는 문제(고전 8장)

고린도 교회의 고민거리 중에 하나는 우상의 제물 문제였다. 가게에서 파는 대부분의 고기가 우상에게 바쳐졌던 것들이다. "우상은 세상에 아무 것도 아니며"(8:4)라고 생각하여 우상제물을 먹는데 제한을 받지 않는 자유도 있고, 어떤 형제들은 우상 제물을 먹는 문제로 고민하였다. 바울은 자유가 옳다고 했으나 다만 다른 형제들의 약한 양심을 염려하였다(8:9~11). 바울은 약자를 생각하여 "만일 음식이 내 형제를 실족하게 한다면 나는 영원히 고기를 먹지 아니하여 내 형제를 실족하지 않게 하리라"(8:13)고 까지 하였다. 바울은 언제나 약자를 돌보는 마음을 가졌다. 오늘 거리낌 없는 내 자유를 다른 성도는 어떻게 받아들일까를 생각해야 한다.

3. 이것을 행하여 나를 기념하라(고전 11장)

성찬은 계속되어야 하므로 "나를 기념하라"(11:24, 25)는 예수님의 명령을 바울이 전한다. "너희가 이 떡을 먹으며 이 잔을 마실 때마다"에는 주의 만찬이 때때로 있어야 함을 암시한다. 주의 만찬에서는 "주의 죽으심"의 사실과 의미를 전하는 것이다. 또한 주의 만찬은 단순히 과거의 사건으로서의 십자가의 사실을 상기할 뿐 아니라 "주께서 오실 때까지"(15:23, 16:22)라고 한 것처럼 그리스도의 재림에 있어서의 완성을 기다리며 그 희망을 확증할 때이기도 하다. 이처럼 그리스도의 십자가와 미래의 구원의 완성을 대망한다는 두 가지 면은 최초의 주의 만찬에 있어서도 분명한 동기였다.

고린도전서 12~16장

은사, 부활, 연보(헌금) (중요구절 고전 15:58)

바울 사도는 고린도 교회가 안고 있는 몇 가지 문제(분파, 음행, 은사 활용) 중에 은사에 대한 바른 이해를 위하여 은사와 그것을 주신 분이 성령이심을 가르치며 공동체임을 역설한다(12장). (은사에 대해서는 〈로마서〉 12장과 〈에베소서〉 4장 참고) 더 큰 은사를 사모하라며 사랑을 말한다(13장). 은사의 사용에 있어서 바른 규칙들을 제시하며 질서를 유지하도록 가르친다(14장). 부활의 확실성과 흔들리지 말 것을 가르치며(15장), 바울은 앞으로의 계획과 함께 믿음의 여러 사람들에게 문안 인사를 한다(16장).

1. 유명한 은사 장(12장), 사랑 장(13장), 은사 활용 장(14장)이 나온다. 사랑은 12장의 은사문제 뒤에 "가장 좋은 길을 너희에게 보이리라"(12:31)하며 13장에서 사랑을 가르쳤고, 그 바탕 하에서 14장의 은사 활용을 말하는 것이다. 사랑은 노래, 소설, 영화, 전설, 동화, 미술 등 모든 예술의 주제들에서 빼고 말할 수 없는 것이다. 그러나 진정한 사랑이 어디 있는가? 오직 하나님의 사랑인 아가페만이 진정한 것이며 다른 사랑은 모두 이를 흉내 내는 것이다.
2. "은사는 여러 가지나 성령은 같고…… 각 사람에게 성령을 나타내심은 유익하게 하려 하심이라"(12:4,7) 하였다. 성령은 같으나 각 사람에게 성령을 나타내심처럼 내 은사와 다른 사람의 은사가 다른 만큼 그 은사를 소중히 여기고 서로를 인정해야 한다. 은사의 다양성은 〈로마서〉 12장에서도 보게 되는데, 특정한 은사를 선호하기보다는 "같은 한 성령이 행하사 그의 뜻대로 각 사람에게 나누어" 주시는 것(12:11)이므로 감사하며 각 특성을 따라 섬기는 것이다.
3. 14장에서는 은사 활용에 있어서 "덕 세우기를" 강조하고 있다(3, 4, 12, 17, 26절). 아무리 좋은 것도 덕을 세우지 못하고 분쟁과 자기 자랑과 교만으로 행한다면 무슨 소용이 있겠나? 은사 주신 원래의 목적을 따라 주님의 이름이 영광을 얻도록 해야 한다.
4. 바울은 부활하신 주님이 "만삭되지 못하여 난 자 같은 내게도 보이셨느니라"(15:8)며 자신을 겸손히 낮추며 주님을 체험함에 대한 감격을 표한다. 위대한 사도인 바울이 자신을 이렇게 낮추었다면 오늘의 우리

12
은사에 대한 가르침
한 성령이 그 뜻대로

13
가장 좋은 길 : 사랑
그 중에 제일은 사랑이라

14
은사들의 사용규칙
품위 있고
질서 있게

15
부활의 확실성
잠자는 자들의
첫 열매

16
바울의 계획과 문안 인사
매주 첫 날에
각 사람이 수입에 따라

가 '예수 귀족' 행세하려는 그 자체가 얼마나 어리석고 추한 모습인지 되돌아보기나 하는지? 한국 교회는 '섬김'보다 '섬김 받음'을 자랑하는 경향이 있기에 이를 바로 잡아야 한다.

더 살펴보기

1. 은사는 여러 가지이다(고전 12장, 롬 12장, 엡 4장)

성경에는 여러 가지 은사들이 나온다. 이런 은사들을 모두 합하여 성경에 은사가 몇 가지라고 말할 수 없는 것은 서로 겹치는 부분들도 있으며 이 본문 외에도 은사를 말하는 곳들도 많기 때문이다.

(1) 〈고린도전서〉 12:8~10(9가지 은사): "어떤 사람에게는 성령으로 말미암아 ① 지혜의 말씀을, 어떤 사람에게는 같은 성령을 따라 ② 지식의 말씀을, 다른 사람에게는 같은 성령으로 ③ 믿음을, 어떤 사람에게는 한 성령으로 ④ 병 고치는 은사를, 어떤 사람에게는 ⑤ 능력 행함을, 어떤 사람에게는 ⑥ 예언함을, 어떤 사람에게는 ⑦ 영들 분별함을, 다른 사람에게는 ⑧ 각종 방언 말함을, 어떤 사람에게는 ⑨ 방언들 통역함을 주시나니…… "라 했다.

(2) 〈로마서〉 12:6~8(7가지 은사): "우리에게 주신 은혜대로 받은 은사가 각각 다르니 ① 혹 예언이면 믿음의 분수대로 ② 혹 섬기는 일이면 섬기는 일로 ③ 혹 가르치는 자면 가르치는 일로 ④ 혹 위로하는 자면 위로하는 일로 ⑤ 구제하는 자는 성실함으로 ⑥ 다스리는 자는 부지런함으로 ⑦ 긍휼을 베푸는 자는 즐거움으로 할 것이니라."

(3) 〈에베소서〉 4:11(5가지 은사): "그가 ① 어떤 사람은 사도로, ② 어떤 사람은 선지자로, ③ 어떤 사람은 복음 전하는 자로, ④ 어떤 사람은 목사와 ⑤ 교사로 주셨으니"라고 하여 주로 직책에 대한 은사이다.

2. 여자는 오늘의 교회에서도 잠잠해야 하는가?(고전 14:34~36)

(1) "여자는 교회에서 잠잠하라 그들에게는 말하는 것을 허락함이 없나니

율법에 이른 것 같이 오직 복종할 것이요"(14:34)라 하였다. 이것은 당시에 교회의 질서를 위한 것이지 인격을 무시한 것은 아니다.

(2) "너는 남편을 원하고 남편은 너를 다스릴 것이니라"(창 3:16)에 근거하여 창조의 원리와 교회의 질서를 따라 당시 교회에서 은사나 윤리적인 문제로 무리를 빚고 있는 여자들을 절제시켰다(딤전 2:12).

(3) 성경은 여자의 은사와 활동에 대하여 인정하고 있으며(욜 2:16, 행 2:17, 21:9) 바울도 여자들의 활동에 대하여 긍정적이다(고전 11:5). 창조 질서나 교회 질서 유지라는 측면에서 남녀 누구라도 성경이 요구하는 참뜻을 저버릴 수 없다.

고대의 청동 거울(고린도 출토)

"우리가 지금은 거울로 보는 것 같이 희미하나"(고전 13:12)라고 했다. 바울 당시 거울은 광택을 낸 금속제로 희미하고 불완전했다.

3. 죽은 자를 위하여 세례를 받을 수 있는가?(고전 15:29)

몇 가지의 다양한 해석들이 있다.

(1) 죽은 다른 사람을 위하여 이웃이 대신 세례를 받는다. 그러나 죄 사함은 개인적인 체험이어야 하는데 대신 해 줄 수 있다는 것인가?

(2) 부활이 거짓이라면 그리스도를 통하여 옛날의 자신이 죽고 새로운 자신이 태어난다는 의미를 지닌 '죽음에 관한 세례('죽은 자를 위하여'의 재해석)'는 무가치하고 형식적인 절차에 불과하다는 것이다.

(3) 죽은 자를 위하여 세례를 받는 자들이 당시에 있었는데 이들이 '부활을 믿지 않는다면 이러한 일을 했겠느냐?'고 하여 죽은 자를 위한 세례를 교리로 인정한 것이 아니라 '만약 부활이 없다면 세례가 아무 것도 아니지 않겠느냐'하는 것이다. 이것이 해석상 무리가 없다.

B I B L E

성경 질문지

고린도전서 1~6장 교회의 분쟁과 무질서

제1장 [십자가의 도]

다음 (   ) 안을 채우시오.

1. 〈고린도전서〉에 대하여(1~3).
   1) 보내는 자 : (,   )
   2) 받는 자 : 고린도에 있는 (   ), 곧 그리스도 예수 안에서 거룩하여지고 (   )라 부르심을 받은 자들과…… 우리의 주되신 예수 그리스도의 (   )을 부르는 모든 자들에게.

2. 주께서 너희를 우리 주 예수 그리스도의 날에 (   )로 끝까지 견고하게 하시리라(4~9).

3. 너희가 각각 이르되 나는 (   )에게, 나는 (   )에게, 나는 (   )에게, 나는 (   )에게 속한 자라 한다는 것이니(10~16).

4. 그리스도께서 나를 보내심은 세례를 베풀게 하려 하심이 아니요 오직 (   )하심이로되(17)

5. 십자가의 도가 멸망하는 자들에게는 (   ) 것이요. 구원을 받는 우리에게는 (   )의 능력이라(18~21).

6. 유대인은 (   )을 구하고 헬라인은 (   )를 찾으나 우리는 십자가에 못 박힌 (   )를 전하니…… (22~23).

7. 이는 아무 육체도 하나님 앞에서 (   ) 하려 하심이라(26~31).

제2장 [하나님의 능력으로 전한 복음]

다음 물음에 답하시오.

1. 바울은 무엇 외에는 아무 것도 알지 아니하기로 작정하였나?(1~5) -

2. 바울의 말과 전도함은 무엇으로 하였나?(4절)

   -

3. 우리는 어디로부터 온 영을 받았나?(6~12)

   -

4. 육에 속한 사람은 무엇을 받지 아니하는가?(13~16) -

제3장 [육신에 속한 신자]

다음 말이 맞으면 O표, 틀리면 X표 하시오.

1. 바울은 고린도 교인들을 '아직도 육신에 속한 자'라 했는데 이는 시기와 분쟁이 있기 때문이다(1~4). (   )

2. 바울은 심었고 아볼로는 자라게 했고 하나님은 물을 주셨다(5~9). (   )

3. 바울이 지혜로운 건축자처럼 닦아둔 터는 예수 그리스도이다(10~15). (   )

4. 우리는 하나님의 성전이며 하나님의 성령이 우리 안에 계신다(16~17). (   )

5. 우리는 그리스도의 것이요 그리스도는 바울의 것이다(18~23). (   )

서신서

고린도전서

제4장 [그리스도의 일꾼]
다음 (　　) 안에 알맞은 말을 적으시오.

1. 사람이 마땅히 우리를 (　　　　　　)이요 (　　　　)을 맡은 자로 여길지어다. 그리고 맡은 자들에게 구할 것은 (　　　)이니라.

2. 다만 나를 심판하실 이는 (　　　)시니라. …… 그때에 각 사람에게 하나님으로부터 (　　　)이 있으리라.

3. 이 일에 나와 아볼로를 들어서 (　　　)을 보였으니 이는 너희로 하여금 (　　　　) 밖으로 넘어가지 말라 한 것을 우리에게서 배워 서로 대적하여 (　　　　　　　　　) 하려 함이라.

4. 우리가 지금까지 (　　　　　　)과 (　　　　　) 같이 되었도다.

5. 그리스도 예수 안에서 내가 (　　　)으로써 너희를 (　　　　)이라. 그러므로 내가 너희에게 권하노니 너희는 나를 (　　　　　　)가 되라.

6. 교만한 자의 말이 아니라 오직 그 (　　　)을 알아보겠으니 (　　　　　)는 말에 있지 아니하고 오직 (　　　)에 있음이라.

제5장 [음행에 대한 책망]
다음 물음에 답하시오.

1. 어떤 음행의 일을 했으며 그의 태도는?(1~2)

   -

2. 교회는 음행한 자를 어떻게 했나?(2)

   -

3. 음행한 자를 사탄에게 내어 준 의도는?(3~8)

   -

4. 음행하는 자들, 탐하는 자들, 속여 빼앗는 자들, 우상 숭배하는 자들이 이 세상 사람일 경우와 형제일 경우에 사귐은 각각 어떻게 하나?(9~13)

   1) 세상 사람(10절) :

   2) 믿는 형제(11절) :

제6장 [성도와 송사]
다음 말씀의 내용이 몇 절에 들어 있는지 적으시오.

1. (　　　절) "성도가 세상을 판단할 것을 너희가 알지 못하느냐?"며 세상의 판단을 받는 송사를 책망했다.

2. (　　　절) "형제가 형제로 더불어 송사할 뿐더러 믿지 아니하는 자들 앞에서 하느냐?"고 책망했다.

3. (　　　절) "이와 같은 자(죄 짓는 자)들이 있더니 주 예수 그리스도의 이름과 우리 하나님의 성령 안에서 씻음과 거룩함과 의롭다 하심을 받았느니라"하였다.

4. (　　　절) "너희 몸은 하나님께로부터 받은 바 너희 가운데 계신 성령의 전인 줄을 알지 못하느냐?"하였다.

고린도전서 7~11장 교회의 여러 문제들

제7장 [결혼과 이혼에 대한 교훈]
다음 말에 틀린 한 부분에 밑줄을 긋고 맞게 고치시오.

1. 아내의 몸은 남편이 주장하고 남편의 몸은 남편 자신이 주장한다(1~7). →

2. 기도하기 위하여 분방(分房:잠자리를 같이 하지 않는 것)하는 것은 언제나 할 수 있다(1~7).

   →

3. 미혼자나 과부는 정욕이 불같이 타도 결혼하지 않는 것이 좋다(8~17). →

4. 믿지 아니하는 아내가 있어 남편과 함께 살기를 원해도 그를 버려라(8~17). →

5. 주 안에서 부르심을 받은 자는 종이라도 그는 주

께 속한 종이다(18~24). →

6. 처녀는 임박한 환난으로 말미암아 결혼하지 않고 그냥 지내는 것이 좋다는 것은 주의 계명이다(25~28). →

7. 바울이 결혼을 금하지는 않았으나 권장하지 않는 것은 자신을 기쁘게 하기 위함이다(29~40). →

제8장 [우상의 제물에 대한 원칙]
다음 물음에 답하시오.

1. 우상은 무엇이며 하나님은 누구신가?(4절)
   1) 우상:
   2) 하나님:

2. 만물과 우리는 누구로 말미암았는가(났는가)?(6절) -

3. 내 자유함(우상 제물을 먹음)으로 말미암아 형제의 양심을 상하게 했다면 곧 누구에게 죄를 짓는 것인가?(12절) -

4. 당시 시장의 고기는 대부분 우상제물이었는데 바울은 음식으로 형제를 실족하지 않게 하기 위하여 어떻게 하겠다고 했나?(13절)

   -

제9장 [바울의 사도직]
다음 물음에 답하시오.

1. "~ 권리가 없겠느냐?"고 한 세 구절을 쓰시오(1~10).
   1)
   2)
   3)

2. 바울은 이러한 권리(복음의 일을 하고 그 대가를 받는 권리)을 가졌으면서도 쓰지 아니하고 참는 이유는 무엇인가?(11~18 읽고 답은 12절에서)

   -

3. 바울은 복음 전하는 상(賞)이 오히려 무엇이라고 했나?(18절) -

4. 바울은 사람을 구원하고자 어떻게 했나?(19~23) - 여러 사람에게~

5. 바울이 자신의 몸을 쳐 복종하게 하는 이유는?(24~27) -

제10장 [역사의 교훈과 경고]
다음 (　　) 안에 알맞은 말을 적으시오.

1. 다음 "~ 하지 말라(말자)"는 말들이 나온 절수와 본문을 기록하시오.(1~13)
   1) 우상숭배(　　　절) -
   2) 음행(　　　절) -
   3) 시험(　　　절) -
   4) 원망(　　　절) -

2. 너희가 (　　　　)과 (　　　　)을 겸하여 마시지 못하고 주의 식탁과 귀신의 식탁에 겸하여 참여하지 못하리라.

3. 무릇 시장에서 파는 것(대부분 우상의 제단에 바쳐졌던 제물이었다)은 (　　　)을 위하여 묻지 말고 (　　　).

4. 누가 너희에게 이것이 (　　　　) 말하거든 알게 한 자와 그 양심을 위하여 (　　　　).

5. 너희가 먹든지 마시든지 무엇을 하든지 다 (　　　　) 하라.

제11장 [수건 쓰는 문제, 성찬의 문제]
다음 서로 관계 있는 말씀끼리 연결하시오.

1. 내가 그리스도를 본받는 자가 된 것 같이 • • 가)
2. 남자의 머리는 그리스도, 여자의 머리는 남자 • • 나)
3. 여자로서 머리에 쓴 것을 벗고 기도나 예언 • • 다)
4. 주 안에는 남자 없이 여자만 있지 않고 • • 라)
5. 이것은 너희를 위하는 내 몸이니 • • 마)
6. 이 잔은 내 피로 세운 새 언약이니 • • 바)
7. 주의 몸을 분변하지 못하고 먹고 마시는 자는 • • 사)

가) 여자가 없이 남자만 있지 아니하니라.
나) 너희는 나를 본받는 자가 되라.
다) 그리스도의 머리는 하나님이시라.
라) 그 머리를 욕되게 하는 것이니
마) 이것을 행하여…… 나를 기념하라.
바) 자기의 죄를 먹고 마시는 것이니라.
사) 이것을 행하여 나를 기념하라.

고린도전서 12~16장 은사, 부활, 연보(헌금)

제12장 [은사에 대한 가르침]
다음 물음에 답하시오.

1. '예수를 주시라' 고백할 수 있는 것은 무엇으로 말미암는가?(1~3) -
2. 성령으로 주신 은사들은 어떤 것이 있는지 써 보시오(9가지)(8~10).
   - 지혜의 말씀,
3. 은사는 누가 그의 뜻대로 각 사람에게 나누어 주시는가?(4~11) -
4. "몸은 하나인데 많은 지체가 있고"에서 가리키는 것은?(12~27) - 너희는 ( )의 몸이요 지체의 ( )이라.
5. 하나님이 교회 중에 몇을 세우신 것은?(28~31) -

제13장 [제일 좋은 길 : 사랑]
다음의 성구의 ( )를 채워 완성하시오.

1. 산을 옮길 만한 모든 ( )이 있을지라도 ( ) 내가 아무 것도 아니요.
2. 사랑은 ( ) 사랑은 ( ) 시기하지 아니하며 사랑은 ( ) 아니하며……
3. 사랑은 언제까지 떨어지지 아니하되 ( )도 폐하고 ( )도 그치고 ( )도 폐하리라.
4. 지금은 내가 ( )으로 아나 그 때에는 주께서 나를 아신 것 같이 내가 ( ) 알리라.
5. 그런즉 (, ,) 이 세 가지는 항상 있을 것인데 그 중의 제일은 ( )이라.

제14장 [신령한 은사들의 사용규칙]
관계 있는 말씀끼리 서로 연결하시오(본문 요약도 있음).

1. 사랑을 추구하라 • • 가) • • a)
2. 방언은 자기의 덕을 • • 나) • • b)
3. 남을 가르치기 위하여 • • 다) • • c)
4. 방언은 불신자 위한 표적 • • 라) • • d)
5. 모일 때에 찬송시도 • • 마) • • e)
6. 하나님은 무질서의 • • 바) • • f)
7. 예언하기를 사모하며 • • 사) • • g)

서신서
고린도전서

가) 예언은 교회의 덕을
나) 다섯 마디 말하는 것
다) 신령한 것들을 사모
라) 예언은 불신자 아닌
마) 하나님이 아니시요
바) 방언을 금하지 말라
사) 말씀, 계시, 방언, 통역

a) 일만 마디 방언 보다 낫다.
b) 특별히 예언하기를 원하노라.
c) 특별히 예언을 하려고 하라.
d) 화평의 하나님이시니라.
e) 믿는 자들을 위함이니
f) 품위 있게 하고 질서 있게 하라.
g) 모든 것을 덕을 세우기 위하여

서신서

고린도전서

제15장 [부활의 확실성]
물음에 답하거나 이어서 말씀을 완성하시오(~ 절은 다음 절까지).

1. (1~11절)- 그리스도께서 성경대로 살아나사 누구누구에게 보이셨는지를 쓰시오.
   - (게바, , 오백여 형제, , , .)
2. (절) 만일 죽은 자의 부활이 없으면~
3. (절) 그리스도께서 다시 살아나신 일이 없으면~
4. (절) 우리의 바라는 것이 다만 이 세상의 삶뿐이면~
5. (절) 만물을 그에게 복종하게 하실 때에는~
6. (절) 내가 그리스도 예수 우리 주 안에서 ~
7. (절) 우리가 흙에 속한 자의 형상을~
8. (~ 절) 우리가 다 잠잘 것이 아니요~

제16장 [바울의 계획과 문안 인사]
다음 물음에 답하시오

1. 바울이 갈 때에 연보를 하지 않도록 미리 수입에 따라 모아 두어야 하는 날은?(1~9) -
2. 바울이 오순절까지 에베소에 머물려 하는 이유는?(1~9) -
3. "조심하여 그로 두려움이 없이 너희 가운데 있게 하라"에서 '그'는 누구인가?(10~12) -
4. "아가야의 첫 열매요 또 성도 섬기기로 작정한" 그들은 누구인가?(15~18) -
5. 초대교회에서 서로 문안하여 했던 인사 중에 하나는?(19~20) - 거룩하게 ( )으로 서로 문안.
6. 누구든지 주를 사랑하지 않으면 어떻게 되는가?(21~24) -

고린도후서 | 서신서 |

2 Corinthians

제목에 대한 해설

본서의 헬라어 제목은 '프로스 코린티우스 베타'로 '고린도인에게(보낸) 두 번째 (편지)'라는 뜻이다. 여기서 베타(B)는 두 번째라는 뜻으로 〈고린도전서〉와 구분하기 위해서다. 후대의 번역본들에서 〈고린도인에게 보낸 두 번째 편지〉, 〈고린도후서〉 등으로 부르게 되었다.

저작에 대하여

(1) **저자**: "바울과 및 형제 디모데"(1:1)로 되어 있으며 디모데는 바울의 2차 전도 여행 도중부터 바울과 동역했고 끝까지 바울의 훌륭한 믿음의 아들이요 동역자로서의 길을 잃지 않았다.

(2) **수신자**: 고린도에 있는 하나님의 교회와 온 아가야에 있는 모든 성도다.

(3) **연대 및 장소**: 〈고린도전서〉보다 약 1년 뒤인 주후 56년 가을경으로 보는 데 이견이 없다. 바울이 에베소를 떠나 마게도냐 지역으로 갔을 때에 기록한 것으로 본다(7:5, 8:1, 9:2~4, 행 20:1~20). 빌립보를 저작 장

소로 제시하는 경우도 있으나 빌립보 역시 마게도냐 지역이다(11:9).

배경 설명

고린도 교회의 설립자인 바울은 문제점을 바로잡기 위해 〈고린도전서〉를 기록했다. 그럼에도 그들이 회개하지 않자 방문하여 책망했으나 성과 없이 근심 중에 헤어졌다(고후 2:1, 5). 그 후 바울은 동역자 디도를 보내어 고린도 교회의 악습을 시정하고, 신자들을 격려하여 예루살렘 교회의 가난한 성도를 위한 연보를 모으도록 했다. 바울은 3년간 머물던 에베소를 떠나 마게도냐로 갔다(2:12~13). 그곳에서 디도가 고린도 교회로부터 가져온 소식은 그들이 악행을 회개하고 바울을 사모하게 되었다는 것이다(7:6~16). 그런데 여전히 바울을 불안하게 하는 것은 거짓 교사들에 대한 소식이었다. 이들은 바울이 방문 약속을 지키지 않았기 때문에(1:15~17) 바울이 전한 복음도 믿을 만한 것이 못 된다고 선전하였다. 바울은 고린도 교인들의 오해를 풀고, 그릇된 진리로 유혹하던 거짓 교사들에 대해 단호히 행동해야 할 필요성을 느끼게 되었다.

그래서 바울은 〈고린도후서〉를 써서, 자신이 곧 고린도 교회를 방문할 것과 거짓 교사들과 회개치 아니한 범죄자들을 징계할 것을 분명히 하였다.

본서는 바울의 서신 중에 친밀하고 개인적인 서신일 것이다. 모든 교회를 보살피는 바울의 짐(11:28)의 무게와 그들에 대한 바울의 사랑의 깊이와 그들의 영적인 성장에 대한 관심을 볼 수 있다.

특기사항

(1) 본서에 나타난 바울의 자화상

바울은 그리스도 안에 있는 사람, 그리스도의 종의 모습을 보인다. 그는 풍채는 형편없고 말씨가 보잘것없다고 자신을 소개한다(10:10). 그는 하나님과 그리스도에 대한 감사(1:3, 5:14)와 경외심(5:10~11), 교회에 대한 순수한 사랑을 지닌 사람으로(2:4, 11:1), 그리스도를 위해 고난을 받았고 (1:5, 4:10), 투옥되기도 했으며, '육체의 가시'를 가졌다(12:7).

(2) 본서를 특징짓는 표현들

① "마땅히 기쁘게 하다"(카이레인 데이) - 2:3, 6:10, 7:4, 9, 13, 16

② "환난 중에 위로"(파라클레시스 엔 들립세이) - 1:3~7, 7:4, 7, 13

③ "내가 부득불 자랑하다"(카우카스다이 데이) - 12:1

④ "약한 데서 온전하여지다"(뒤나미스 엔 아스테네이아) - 12:9

(3) 영지주의 사상 배격

본서는 그노스틱 사상(영지주의)을 배격한다. 그노스틱 사상에서 육을 벗은 영적 인간에게는 완전한 구원과 무조건적 도덕적 자유가 있다고 하였다. 고린도 교회가 그러한 영향을 받아 일반적으로 부도덕한 생활을 하고 있었기 때문에 그러한 그노스틱적 경향을 막고, 바른 교훈, 즉 십자가에 못 박혀 죽으셨다가 다시 사신 예수 그리스도에 관한 진리를 선포하기 위해서 이 서신을 기록한 것이다. (영지주의에 대해서는 577쪽 〈요한일이삼서〉 개요를 보라.)

1
위로의 하나님
하나님만 의지하게 하심

2
고린도 교회를 향한 사랑
넘치는 사랑이 있음을

3
새 언약의 일꾼
그리스도의 편지니

4
주를 위한 고난과 축복
이 보배를 질그릇에

5
헌신과 화목에 대한 권유
자신을 위하여 살지 않고

6
교회 생활과 제자도
지금은 은혜 받을 만한 때요

7
하나님의 뜻대로의 근심
세상 근심은 사망을 이룸

고린도후서 1~7장

바울의 복음사역의 태도 (중요구절 고후 4:16)

바울은 고린도 교회를 방문할 계획을 갖는다(1장). 고린도 교회를 향한 사랑과 그 동안의 자신의 형편을 설명한다(2장). 고린도 교회가 존재하는 것만으로도 자신에 대한 추천서였고 새 언약의 일꾼이었다(3장). 예수 그리스도의 주되신 것을 전파하는 바울은 고난과 핍박이 뒤따라도 영원한 영광의 중한 것을 바라보았다(4장). 헌신과 화목을 권유한(5장) 바울은 고린도 교인들이 하나님의 인정을 받는 일꾼으로 부끄러움이 없기를 기대했다(6장). 마음 문을 닫고 있던 고린도 교인들이 디도를 통해 바울의 편지를 받고 회개함으로 디도가 가져온 소식은 바울에게 큰 위로를 주었다(7장).

1. "자기를 의지하지 말고 오직 죽은 자를 다시 살리시는 하나님만 의지하게 하심이라"(1:9)는 말은 바울이 환난으로 인해 살 소망까지 끊어지고 사형선고를 받은 것 같은 상황에서의 고백이다. 그는 "내가 약한 그 때에 강함이라"(12:10)함도 하나님을 의뢰한 결과이다.
2. 성도는 "그리스도의 향기"(2:14~15)이며 "그리스도의 편지"(3:3)이다. 내 존재가 좋은 향기인지, 역한 향기(냄새)인지? 또한 그리스도를 잘 나타내는 편지인지, 잘못 전하는 편지인지 믿음의 눈으로 자신을 보아야 한다. 또한 "보배를 질그릇에 가졌으니"(4:7)라 하였다. 성도는 위대한 존재이다.
3. 바울이 전파하는 것은 두 가지로 말하기를 "그리스도 예수의 주 되신 것과 또 예수를 위하여 우리가 너희의 종이 된 것을 전파함이라"(4:5)고 말한다. 물론 이것은 예수님을 위하는 일이다. 아울러 "예수 그리스도의 얼굴에 있는 하나님의 영광을 아는 빛을 우리 마음에 비추셨느니라"(4:6)는 감격적인 사실이다. 이 시대 일부 사람들은 그리스도의 영광스러운 빛보다는 자신의 빛을 나타내려는 부끄러움이 있었다.
4. 바울은 "우리가 하나님과 함께 일하는 자로서 너희를 권하노니 하나님의 은혜를 헛되이 받지 말라"(6:1)하였다. 하나님께서 목적과 뜻이 있어서 은혜를 주셨는데 내가 주신 분의 뜻과는 다른 방향으로 가면 안 된다. 받은 은혜를 점검하며 또한 "지금은 은혜 받을 만한 때"(6:2)임도 알아야 한다.

5. 나는 무슨 일로 근심하는가? 바울은 "하나님의 뜻대로 하는 근심은 후회할 것이 없는 구원에 이르게 하는 회개를 이루는 것이요 세상 근심은 사망을 이루는 것이니라"(7:10)하였다. 당시 바울이 디도 편에 고린도 교인들에게 보낸 편지가 그들로 근심(고민)하게 했지만 이 일로 인해 이들은 회개에까지 이르게 된 것이다. 이처럼 하나님의 뜻대로 근심하면 좋은 결과를 얻는다.

고린도에 있는 사도 새고린도 교회
바울의 제2차 전도 여행 때인 주후 50년경, 바울은 실루아노와 디모데와 함께(행 18:5, 고후 1:19) 아덴으로부터 고린도에 와서 18개월을 체류하며 복음을 전하여 고린도 교회를 세웠다(고전 4:12, 9:1이하, 고후11:7~9). (©이원희)

더 살펴보기

1. 〈고린도후서〉 안내

본서는 바울의 서신 중에 친밀하고 개인적인 서신일 것이다. 모든 교회를 보살피는 바울의 짐(11:28)의 무게와 그들에 대한 바울의 사랑의 깊이와 영적인 성장에 대한 관심을 볼 수 있다.

내용 분해
1:1~2:13 - 편지 서두와 회고
2:14~7장 - 사도의 직무
8~9장 - 예루살렘 교회를 위한 모금
10~13장 - 적대자들과의 논쟁

2. 새 언약의 일꾼(고후 3:6)

(1) 바울은 하나님께서 자신들을 '새 언약의 일꾼'으로 삼아주셨다고 하였다(3:6). 그리스도의 전도는 이 새 언약의 일꾼으로 하는 것이다. '새 언약'이란 '구약'에 대한 '신약'을 말하는 것이다. 이 언약은 구약성경 가운데 하나님께서 약속하신 것으로서 예수 그리스도의 복음에서 성취되었다. 구약 시대에는 동물의 희생 제물에 나타났던 것이 신약 시대에는 예수 그리스도 안에 나타난다. 곧 계약(언약)이란 예수 그리스도께서 십자가에서 흘리신 피로써 성취하신 영원한 계약을 말한다(히 10:3~18, 13:20, 고전 11:25).

(2) 바울이 자신을 "새 언약의 일꾼"(3:6)이라고 부르는 것은 '옛 언약의 일꾼', 즉 유대주의자들을 염두에 두었기 때문이다. 구약에서 하나님의 구원 계획과 신약에 있어서의 그것과의 차이를 분명히 제시한다. 이 차이는 '새(카이노스)'로운 이라는 말로 나타난다. 헬라어 '네오스(새로운)'의 경우는 시간에서 새로운 것, 곧 젊음을 의미하지만 '카이

모세의 수건(고후 3:14, 출 34:24,29)
3:12~18에서 바울은 '모세의 수건'은 유대인들이 성경의 이해와 그리스도로 인해 구약이 성취되었다는 사실에 대해 바로 인식하지 못했다는 상징으로 말한다. "그 수건은 그리스도 안에서 없어질 것이라"(3:14) 했다. 모세의 수건 즉 예수 그리스도를 인정하지 않는 영적 무지는 주께로 돌아가면 벗어진다. '돌아가면'이란 말속에서 '돌이키다', '회개하다'라는 의미가 들어 있다.

로스'는 질(質)에서의 새로움, 즉 훨씬 뛰어나다는 것을 의미한다. (버클레이, 《고린도후서 주석》, pp.309~310)

3. 보이지 않는 것은 영원하다(4:16~18)

바울은 "우리의 겉사람은 낡아지나 우리의 속사람은 날로 새로워지도다"(4:16)라는 말씀은 인간의 죽을 부분과 죽지 않을 부분을 나누어서 서로 대립시키는 것이 아니다. 바울이 대립시키는 것은 한편으로 고난에 굴복하여 죽음에 내맡겨진 지상적 실존과, 다른 한편으로 인간이 그리스도와의 결합 속에서 받는 삶, 즉 이미 지금 부활의 능력으로 나날이 새롭게 창조되는 삶이다. 그래서 "우리가 잠시 받는 환난의 경(輕)한 것이 지극히 크고 영원한 영광의 중(重)한 것을 우리에게 이루게 함이니"(4:17)라 하였다. "우리가 주목하는 것"(18절), 즉 바라보는 것은 그들의 현실을 진지하게 받아들인다는 것으로 "보이지 않는 것", 즉 영원한 것을 바라본다는 뜻이다(롬 8:17~18 참고).

서신서

고린도후서

8
연보: 마게도냐 교회의 실례
힘에 지나도록 자원하여

9
연보: 심은 대로 거둔다
하나님은 즐겨 내는 자를 사랑

10
바울의 영적 권위
주께서 칭찬 하시는 자

11
거짓 교사들에 대한 경고
그리스도의 사도로 가장하는 자들

12
셋째 하늘의 체험
내 은혜가 네게 족하도다

13
고린도 교회의 방문 계획
너희가 믿음에 있는가?

고린도후서 8~13장

바울의 복음사역의 동기 (중요구절 고후 13:13)

예루살렘 교인들을 향한 연보를 드림에 있어서 마게도냐 교인들의 모범을 고린도 교인들에게 소개하며 이 일의 실천을 위해 디도와 한 형제를 고린도에 파송하는 것을 알린다(8장). 그리고 연보에 대한 바울의 가르침이 나온다(9장). 10~13장에서 바울은 자신을 향한 비난에 대해 항변한다. 바울은 고린도 교회의 일부 거짓 교사들로 인해 비난을 받고 있었으므로 여기에 대해 사도로서의 영적 권위를 말하며 주께서 칭찬하시는 자임을 말한다(10장). 고린도 교인들은 거짓 교사들이 전한 다른 예수, 다른 영, 다른 복음을 용납했으므로 책망을 받는다. 거짓 사도들은 의의 일꾼으로 가장한다. 바울은 복음을 위하여 고난을 당한 것보다 교회를 위한 염려가 더 큰 고통이었다(11장). 바울은 계시와 환상을 본 영적 체험이 있었음을 말한다(12장). 바울은 세 번째로 고린도 교회를 방문할 것이며 그 일에 대해 준비토록 하며 그의 방문은 파하려는 것이 아니요 세우려 하는 것임을 말한다(13장).

1. 바울은 많은 학문을 한 사람(행 26:24)으로 그의 글은 학문적인 배경 위에 영적인 힘이 실려 있다. 그러나 바울은 "그들의 말이 그 편지들은

무게가 있고 힘이 있으나 그가 몸으로 대할 때는 약하고 그 말도 시원하지 않다 하니"(10:10)라고 하였다. 바울은 글과 행함이 같다(10:11)고 하며 또한 "비록 말에는 부족하나 지식에는 그렇지 아니하"다(11:6)고 주장한다. 사람들은 말에 속는 경우가 많다. 달변이 아닌 진실에 귀를 기울여야 한다. 사기꾼 치고 말 못하는 사람 보았나?

2. 바울은 "옳다 인정함을 받는 자는 자기를 칭찬하는 자가 아니요 오직 주께서 칭찬하시는 자니라"(10:18) 했는데 자기를 칭찬하는 어리석은 자들이 많다(10:12). 자기 자랑을 하다 보니 주님은 뒷전이다. 주님께서 나를 어떻게 보실까? 주의 칭찬을 기대하는 바른 믿음으로 살아야 한다.
3. 복음을 위하여 바울만큼 고난을 당한 사람은 드물다(11:23~27). 그러나 바울은 그 고난은 고사하고 "날마다 내 속에 눌리는 일이 있으니 곧 모든 교회를 위하여 염려하는 것이라"(11:28) 하였다. 이것은 바울의 고린도 교회에 대한 애정 어린 관심이다.
4. "예수 그리스도께서 너희 안에 계신 줄을 너희가 스스로 알지 못하느냐? 그렇지 않으면 너희는 버림받은 자니라"(13:5). 이 말씀은 우리의 믿음의 위치를 돌아보게 한다. 나는 믿음에 있는가? 내 안에 그리스도가 계신가? 버림받은 자가 되지 않도록!

더 살펴보기

1. 유대 교사들의 세 가지 주장과 바울의 권위(고후 11:22)

바울은 유대 교사들에 대하여 자신을 "그들이 히브리인이냐 나도 그러하며 그들이 이스라엘인이냐 나도 그러하며 그들이 아브라함의 후손이냐 나도 그러하며"(11:22)라며 소개한다.

(1) 히브리인 - 바울 시대 히브리어 형태인 아람어의 형태로 고대 히브리어를 말하고 있는 사람들이다. 흩어진 유대인(디아스포라)은 대체로 헬라어를 사용하였다. 바울은 히브리어도 잘 알고 있었다.

터어키(소아시아)의 넓은 밀밭
바울은 헌금(연보)에 대한 원리를 농사일로 비유한다. "적게 심는 자는 적게 거두고 많이 심는 자는 많이 거둔다" 하는 말이로다"(고후 9:6) 하였다.

연보(헌금)에 대한 자세(고후 8~9장)

(1)마게도냐 교인들의 헌금의 자세는 모범이 된다(8:2~5).
① 가난에도 불구하고 넘치는 기쁨으로 풍성하게 드렸다.
② 고난을 당하고자 하는 간절한 마음이 있었다.
③ 자신들을 먼저 주께 드렸기 때문에 아낌없이 헌금할 수 있었다.

(2)한편 바울의 헌금에 대한 가르침은 이렇다(9:6~7).
① 많이 심으면 많이 거두는 원리로 헌금한다.
② 정한대로 하고 인색함으로 하지 않는다.
③즐겨 내야 한다.

(3) 연보(捐補)라는 단어가 《개역개정판》은 신약에만 8번(《개역한글판》은 구약에 3번, 신약에 11번) 나온다. 여기에는 연보라고 번역하기에는 애매한 단어까지 연보라고 번역하였다. 우리말 번역에 나온 '연보'에서 捐(버릴 연)은 '바치다', '주다', '기부하다'는 의미가 있고, 補(기울 보)는 '깁다', '더하다', '보수하다', '돕다'는 의미가 있다.

과부의 헌금(고후 8~9장, 막 12장)
예수님은 과부의 두 렙돈의 헌금을 칭찬하셨다. 바울은 마게도냐 교인들의 헌금을 칭찬하며 헌금의 자세에 대해 가르쳤다. (6세기의 모자이크화. 라벤나의 상 아폴리나레 누오보교회)

서신서

고린도후서

(2) **이스라엘인** - 하나님의 선민의 한 사람으로서의 유대인을 일컫는 말이다. 바울의 적대자들은 길리기아 다소 출신인 바울을 선민이 아닌 것처럼 대했다.

(3) **아브라함의 후손** - 자신들은 아브라함의 직계 후손으로 하나님께서 주신 약속(창 12:1~3)의 상속인이라고 한다. 그러나 바울도 순수한 그 후손임을 말한다(빌 3:5~6).

2. 바울이 말하는 환상과 계시(고후 12장)

(1) 바울이 환상을 본때는 "십사 년 전"(12:2)이라고 하는데 이때가 주후 41~42년이다. 곧 바울이 회심한 후 6~7년 가량 되었을 때로서 이방인을 위한 대사명을 받기 이전이다.

(2) 자신의 경험을 남의 이야기하듯 "그리스도 안에 있는 한 사람"이라 말한다. "셋째 하늘에 이끌려 갔다"고 했는데 이는 하나님 앞을 뜻하는 유대적인 표현이며, 고대인의 우주관은 하늘이 여러 층으로 되어 있다고 믿었는데 셋째 하늘은 그 중에 가장 높은 하늘이다. 바울은 자신의 체험을 듣는 사람들이 "지나치게 생각할까 두려워서" 결국 말하지 않는다(12:6).

(3) 위의 환상 외에도 복음 전도에서 여러 번 환상을 본다.
① 다메섹 도상에서의 환상(행 9:4 이하).
② 다메섹의 한 집에서 아나니아가 와서 자신에게 안수하여 다시 보게 하는 환상(행 9:12).
③ 드로아에서의 마게도냐 사람 하나가 우리를 도우라는 환상(행 16:8~10).
④ 예루살렘 성전에서의 환상(행 22:17 이하).

B I B L E

성경 질문지

고린도후서 1~7장 바울의 복음사역의 태도

제1장 [위로의 하나님]

다음 물음에 답하시오.

1. 〈고린도후서〉에 대하여(1절)
   1) 보내는 자 : 예수의 사도 된 ( )과 형제 ( ).
   2) 받는 자 : 고린도에 있는 ( ), 또 온 ( )에 있는 모든 ( )에게.
2. 하나님에 대한 묘사는?(3절)
   1) 우리 주 ( ),
   2) 자비의 ( ), 3) ( )의 하나님
3. 아시아에서 당한 환난으로 살 소망까지 끊어지고 사형 선고를 받은 줄 알았으니 이는 우리로 ( ) 하지 말고 오직 죽은 자를 다시 살리시는 ( )하게 하심이다(8~11).
4. 바울의 계획은 마게도냐 - ( ) - 유다로 가는 것이었다(15~17).
5. 바울과 함께 예수 그리스도를 전파한 동역자 둘을 쓰시오(19) -
6. 그리스도 안에서 굳건하게 하시고 우리에게 기름을 부으신 이는?(18~22) -
7. 우리에게 인(印)치시고 보증으로 우리 마음에 주신 것은?(21~22) -
8. 바울은 고린도 교인들에게 오직 어떤 자가 되려 하나?(23~24) -

제2장 [고린도 교인을 향한 사랑]

다음 ( ) 안에 알맞은 말을 적어 성구를 완성하시오.

1. (절) 내가 마음에 큰 눌림과 걱정이 있어 ( )로 너희에게 썼노니 이는 너희로 근심하게 하려 한 것이 아니요 오직 내가 너희를 향하여 ( )이 있음을 너희로 알게 하려 함이라.
2. (~ 절) 너희가 범사에 ( ) 그 증거를 알고자하여 내가 이것을 너희에게 썼노라. 너희가 무슨 일에든지 누구를 ( ) 나도 그리하고 내가 만일 ( ) 용서한 그것은 너희를 위하여 그리스도 앞에서 한 것이니 이는 우리로 ( )에게 속지 않게 하려 함이라.
3. (절) 항상 우리를 그리스도 안에서 ( ) 하시고 우리로 말미암아 각처에서 ( )를 나타내시는 하나님께 ( )하노라.
4. (절) 이 사람에게는 사망으로부터 ( )요. 저 사람에게는 생명으로부터 ( )라.

제3장 [새 언약의 일꾼]

다음 각 항에서 관계가 없는 한 가지를 고르시오.

1. 너희는 우리의 편지(1~5)
   1) 마음에 썼다.
   2) 뭇사람이 알고 읽는 바라.
   3) 그리스도의 편지.
   4) 하나님의 영으로 쓴 것.
   5) 영의 마음판에 쓴 것.
2. 새 언약의 일꾼(6~11)

서신서

고린도후서

1) 율법조문으로 하지 않고 영으로 한다.
2) 돌에 쓴 율법조문의 직분은 영광이 없다.
3) 영의 직분이 더 영광이 있다.
4) 정죄의 직분도 영광이 있으나 의의 직분은 더 영광.

3. 얼굴에 수건을 쓴 것같이(12~18)
1) 완고하여 구약을 읽을 때 벗어지지 아니함.
2) 그리스도 안에서 없어짐.
3) 주께로 돌아오면 벗어진다.
4) 주의 영으로 거울을 보는 것같이 주의 영광을 본다.

제4장 [주를 위한 고난과 축복]
다음 말로 시작하는 성구를 완성하시오(해당 절 안에서).

1. 우리는 우리를 전파하는 것이 아니라~

2. 우리가 이 보배를 질그릇에 가졌으니~

3. 우리 살아 있는 자가 항상 예수를 위하여~

4. 우리가 주목하는 것은~

제5장 [헌신과 화목에 대한 권유]
다음 성구의 순서를 ( ) 안에 번호로 적으시오.

1. 1) 믿음으로 행하고 보는 것으로 행하지 아니함이로라.( )
2) 땅에 있는 장막집이 무너지면…… 하늘에 있는…… ( )
3) 죽을 것이 생명에게 삼킨바 되게 하려 함이라.( )

2. 1) 반드시 그리스도의 심판대 앞에 나타나게 되어…… ( )
2) 차라리 몸을 떠나 주와 함께 있는 그것이라. ( )
3) 주를 기쁘시게 하는 자가 되기를 힘쓰노라. ( )

3. 1) 그리스도 안에 있으면 새로운 피조물이라. ( )
2) 그들을 대신하여 죽었다가 다시 살아나신 이를 위하여( )
3) 그리스도의 사랑이 우리를 강권 하시는도다.( )
4) 우리에게 화목하게 하는 직분을 주셨으니…… ( )

4. 1) 너희는 하나님과 화목하라.( )
2) 우리가 그리스도를 대신하여 사신(使臣)이 되어.( )
3) 하나님이 죄를 알지도 못하신 이를 죄로 삼으신…… ( )
4) 그 안에서 하나님의 의가 되게 하려 하심. ( )

제6장 [교회 생활과 제자도]
다음은 몇 절 말씀인지와 ( )를 채우시오.

1. (절) 하나님의 은혜를 ( ) 받지 말라.

2. (절) 보라, 지금은 ( ) 때요. 보라, 지금은 ( )의 날이로다.

3. (절) 매 맞음과 ( )과 ( )과 수고로움과 ( )과 먹지 못함과……

4. (절) 내가 ( )에게 말하듯 하노니 보답하는 양으로 너희도 마음을 ( ).

5. (절) 너희는 ( )와 멍에를 같이 하지 말라.

6. (절) 하나님의 ( )과 ( )이 어찌 일치가 되리요 우리는 살아 계신 ( )이라.

제7장 [하나님의 뜻대로 하는 근심]
다음 각 항에서 다른 것 하나의 번호를 X표로 지우시오.

1. 우리가 아무에게도 -
1) 불의를 행하지 않음
2) 해롭게 하지 않음
3) 속여 빼앗은 일이 있음

2. 마게도냐에 이르렀을 때 -

서신서
고린도후서

1) 육체가 편함
2) 사방으로 환난을 당함
3) 디도의 옴으로 위로

3. 편지로 근심하게 한 것 후회하지 아니함 -
   1) 잠시만 근심하게 함
   2) 근심함으로 회개함
   3) 해를 받음

4. 하나님의 뜻대로 하는 근심 -
   1) 후회할 것이 없음
   2) 구원에 이르게 하는 회개를 이룸
   3) 사망을 이룸

5. 내가 너희에게 쓴 것은 -
   1) 불의 행한 자를 위함
   2) 불의를 당한 자를 위한 것 아님
   3) 너희의 간절함이 하나님 앞에서 너희에게 나타나게 하려함.

고린도후서 8~13장 바울의 복음사역의 동기

제8장 [연보: 마게도냐 교회의 실례]
성경을 읽으면서 다음 성구나 설명의 ( )를 채우시오

1. 마게도냐 교인들은 환난의 시련 가운데서 넘치는 ( )과 극심한 ( )이 풍성한 연보를 하게 했다.

2. 그들이 ( ) 할 뿐 아니라 ( ) 자원하여 이 은혜와 성도 섬기는 일에 참여했다.

3. 주 예수 그리스도의 ( )를 너희가 알거니와 부요하신 이로서 ( ) 가난하게 되심은 그의 가난함으로 말미암아 너희를 ( ) 하려 하심이니라.

4. 너희(고린도 교회)의 넉넉한 것으로 그들의(예루살렘교회) ( )을 보충함은 후에 그들의 ( )으로 너희의 부족한 것을 보충하여 ( ) 하려 함이라.

5. 디도와 함께 고린도 교회로 파송 받은 자는 세 사람인데(18, 22, 23절), 한 형제는 "복음으로써 모든 교회에서 ( ) 자요", 한 형제는 "너희(고린도 교회)를 크게 ( ) 더욱 간절"하며, 바울은 "디도로 말하면 나의 ( )요 너희를 위한 나의 ( )요. 우리 형제들로 말하면 여러 교회의 ( )이요. 그리스도의 ( )이니라"하였다.

제9장 [연보: 심은 대로 거둔다]
다음 물음에 답하시오.

1. 아가야 교인들은 연보를 위하여 언제부터 준비하였나?(8:10, 9:1~5) -

2. 다음 절에 나타난 연보(헌금)에 대한 자세를 간단히 써 보시오.
   1) 5절 -
   2) 6절 -
   3) 7절 -

3. 다음 "감사"라는 단어가 나온 세 구절의 말씀을 쓰시오.
   1) 11절 -
   2) 12절 -
   3) 15절 -

제10장 [바울의 영적 권위]
다음의 내용이 들어 있는 성경 절수를 쓰시오

1. (절) 바울은 그리스도의 온유와 관용으로 고린도 교인들을 권한다.

2. (절) 우리의 싸우는 병기는 육신에 속한 것이 아니요 하나님 앞에서 견고한 진을 무너뜨리는 능력이다.

3. (절) 주께서 주신 권세는 무너뜨리려고 하신 것이 아니요 세우려고 하신 것이다.

4. (절) 바울은 고린도 교인들로부터 글(편지)은 잘 쓰고 권위가 있으나 말은 시원하지 않

다는 말을 들었다.

5. (　　　절) 오직 하나님이 우리에게 나누어주신 그 범위의 한계를 따라 자랑한다.

6. (　　　절) 옳다 인정함을 받는 자는 자기를 칭찬하는 자가 아니요 주께서 칭찬하시는 자이다.

제11장 [거짓 교사들에 대한 경고]
다음 물음에 간단히 답하시오

1. 바울은 자신이 열심을 내어 하는 일을 무엇에 비유했는가?(2절)
   1) 고린도 교인들 - 정결한 (　　　)
   2) 그리스도 - 한 (　　　)
   3) 자신 - (　　　)함이로다.
2. 거짓 교사들이 전한 것을 고린도 교인들이 용납한 것들은?(4절) -
3. 모든 사람 가운데서 모든 일로 나타낸 것은?(6절) -
4. 바울의 고린도 전도에 부족한 것(재정)을 보충해 준 자들은?(9절) -
5. 다음은 각각 무엇으로 가장(假裝)하는가?(13~15)
   1) 거짓 사도요 속이는 일꾼 :
   2) 사탄 :
   3) 사탄의 일꾼들 :
6. 거짓 교사들 못지않게 자신은 더욱 그렇다고 하는 것 네 가지는?(22-23)
   1) (　　　　)인,　2) (　　　　)인,
   3) (　　　)의 후손,　4) (　　　　)의 일꾼.
7. 바울이 그리스도의 일꾼으로 겪은 것들(23하~27절) 보다 더 큰 고통은 무엇이라 했는가?(28절) -

제12장 [셋째 하늘의 체험]
다음 보기에서 적당한 단어를 골라 적으시오.

보기 은혜 / 두려워 / 사탄의 사자 / 계시 / 셋째 / 낙원 / 영혼 / 사도 / 환상

1. (　　　절) 바울이 부득불 자랑하리라고 한 것은 주의 (　　　)과 (　　　)이다.
2. (　　　절) 바울은 "한 사람을 아노니"라며 자신이 (　　　) 하늘에 간 것을 말하려 한다.
3. (　　　절) 그가 (　　　)으로 이끌려 가서 말할 수 없는 말을 들었다고 한다.
4. (　　　절) 자만하지 않게 하시려고 바울에게 육체에 가시 곧 (　　　　)를 주셨다고 한다.
5. (　　　절) 세 번의 간구에 하나님은 "내 (　　　)가 네게 족하도다."고 응답하셨다.
6. (　　　절) 바울이 (　　　)의 표된 것은 모든 참음과 표적과 기사와 능력을 행한 것이다.
7. (　　　절) 바울은 고린도 교인들의 (　　　)을 위하여 기뻐함으로 재물과 자신을 사용하였다.

제13장 [고린도 교회의 방문 계획]
다음 말에서 틀린 두 단어에 밑줄을 긋고 맞게 고치시오

1. 내가 이제 네 번째 너희에게 가리니 두세 증인의 입으로 일마다 확정하리라. →
2. 죄 지은 자들과 그 믿은 모든 사람에게 미리 말하노니 내가 다시 가면 용서하리라. →
3. 예수 그리스도께서 너희 안에 계신 줄을 너희가 아느냐? 그렇지 않으면 너희가 두려운 자니라. -
4. 우리는 진리를 따라서 아무 것도 할 수 없고 오직 진리를 거슬릴 뿐이니. →
5. 떠나 있을 때에 이렇게 쓰는 것은 대화할 때에 주께서 너희를 피하려 하지 않고 세우려 하여. →
6. 형제들아 기분으로 하라. 온전하게 되며 위험을 받으며 마음을 같이하며 평안할지어다. →

갈라디아서 | 서신서 |

Galatians

제목에 대한 해설

갈라디아 여러 교회들(1:2)에 보낸 서신이므로 자연스럽게 〈갈라디아인에게 보낸 편지〉, 〈갈라디아서〉 등으로 불렸다.

저작에 대하여

(1) **저자**: 바울 사도(1:1, 5:2)

(2) **수신자**: 갈라디아 여러 교회들(1:2).

① 남 갈라디아설: 바울이 제1차 전도 여행 중에 세운 갈라디아 남부 지역의 교회들, 즉 비시디아 안디옥, 이고니온, 루스드라, 더베의 교회들에 보낸 서신으로 본다.

② 북 갈라디아설: 〈사도행전〉 16:6, 18:23에 브루기아와 갈라디아 지방을 언급하며 바울 일행이 그곳을 통과한 것과 제3차 전도 여행 초에 그 지방에 제자들이 있었다는 것으로 미루어 이곳에 보냈다고 한다.

(3) **연대 및 장소**: 제1차 전도 여행 후인 주후 48~49년경 수리아 안디옥에

서 기록하였다고도 본다. 또는 3차 전도 여행 시에 에베소에 도착하여 기록하였다고 보는데, 1:6에 갈라디아 신도들이 그렇게도 속히 복음을 저버렸다고 하였으니 에베소에 도착하자마자 그런 소식을 들었다는 뜻이 될 수 있다. 더구나 바울이 퍽 놀라는 것으로 보아 〈고린도전서〉를 쓰기 전에 본서를 기록했다고 본다. 즉 주후 53~55년에 에베소나 마게도냐에서 기록하였다는 견해도 있다.

본서의 특징

(1) 바울 서신은 13권으로 그 중에서 〈갈라디아서〉를 바울서신 중에서 제일 먼저 기록했으며 복음서보다도 먼저 기록되었다.

(2) 바울서신은 대체로 전반부는 교리, 후반부는 생활(실천)로 구성되어 있다. 〈갈라디아서〉도 1~4장은 교리적 부분이고, 5~6장은 실천적 부분이다.

(3) 〈갈라디아서〉는 신령한 폭탄이므로 건드리는 자는 폭발하지 아니할 수 없다(아란 콜, 《틴델 주석》 서문에서).

본서의 배경

초대교회의 어려운 일 중에 하나는 유대주의자들로 인한 문제였다. 이들은 유대인으로 그리스도인이 된 자들인데 구약의 많은 의식을 지키는 것이 신약 교회에 구속력이 있다고 믿고 가르치는 자들이다. 할례, 절기, 유전 등 율법적인 것들을 지켜야 구원받는다고 이방 교회들에게 가르치는데 대해 바울은 그것은 다른 복음이며 "오직 믿음으로 의롭다 함을 얻는다"라고 주장한다.

갈라디아 지방의 사람들은 바울이 처음으로 전도했을 때 환영하고 존경했으나(4:13~15) 거짓 교사들의 가르침을 따르자 바울은 그러한 가르침은 복음 자체를 무너뜨리고 유대교로 후퇴하게 하여 십자가의 죽음을 헛되게 하는 것이므로 이에 갈라디아 교회에 이 서신을 보냈던 것이다.

특기사항

(1) 〈갈라디아서〉의 중심 사상

인간은 본질적으로 타락하였기 때문에 스스로 구원이나 성화를 이룰 수 없는 존재라는 것이다(3:22, 5:19~21). 그러나 유대주의 그리스도인들은 구원받기 위하여 율법을 준수하는 것이 중요하다고 강조한다(2:4, 4:9~10, 21, 5:4, 6:12).

바울은 인간이 율법을 행함으로가 아니라 오직 믿음으로 의롭게 되며 구원을 받게 된다고 하였다(2: 16~17, 21, 3:11~14, 24). 인간이 거룩하게 되는 것은 성령의 능력으로 되는 것이다(4:6~7, 5:13~26). 결국 본서는 '믿음으로 말미암는 의(以信得義)와 구원'을 가르친다.

(2) 〈갈라디아서〉의 가치

본서를 '기독교 자유의 대헌장'이라고 일컬어 왔다. 종교개혁자 마르틴 루터는 〈갈라디아서〉에 자신의 아내 이름 '캐더린 폰 보라'를 별명으로 붙이고 "나는 이 책과 결혼하였다."라고 하였다.

이러한 사실은 예수 그리스도 안에 있는 하나님의 은혜를 통해서만 인간은 죄와 율법의 멍에에서 벗어나 어느 것에도 예속되거나 방종하지 않고 진정한 자유를 누리는 삶을 영위할 수 있다고 강력히 말하는 데(5: 1~12) 기인한 것이다. 본서는 참 자유를 얻는 길을 안내해 주는 책이기에 더욱 가치가 있다.

갈라디아서 1~6장

그리스도 안에서의 자유 (중요구절 갈 3:11)

서두에서 바울은 강력한 어조로 다른 복음을 전하는 자(유대주의 그리스도인 교사)는 저주를 받게 된다고 말한다(1장). 바울은 이방인의 사도로서 예루살렘에서 유대인 중심의 사도들과 친교의 악수를 했으며, 게바(베드로)의 안디옥에서의 외식(外飾)을 책망한다(2장). 그리스도의 자유를 율법과 바꾸려는 어리석은 자들을 책망하며 믿음으로 의롭다 하심을 얻음을 다시 강조한다(3장). 율법 아래 있는 자들은 육체를 따라 난 여종의 아들과 같고 그리스도인은 자유 있는 여자에게서 난 자녀와 같다(4장). 바울은 할례나 무할례에 대한 논쟁 자체를 싫어하여 차라리 베어버리기를 바랄 정도였다. 오직 사랑으로써 역사하는 믿음과 성령 안에서의 삶을 강조한다(5~6장).

1. 〈갈라디아서〉는 〈로마서〉 못지않게 이방인에 대한 구원 사상이 잘 나타나 있다. 강경한 어조로 사도행전 15장(예루살렘 공의회에서 이방인 선교를 위한 양해적 조처)에서의 결의를 무색하게 할 정도의 더 진전된 말씀들을 대하게 된다. 바울 자신이 이방인의 사도로 부름을 받은데 대한 확실한 사명이 자신감을 넘치게 했으며 그 의지는 〈갈라디아서〉에서 유대주의자들을 강력히 비난한다.
2. 예루살렘을 방문한 바울은 이방인(무할례자)의 사도로서 유대인(할례자)의 사도와 친교의 악수를 하는 아름다운 모습을 보인다(2:7~9). 한국 교회는 나와 조금 다르면 정죄하는 병적인 문제를 안고 있다. 각각의 부름에 차이가 있고 관심과 강조점이 다를 수 있다. 본질은 변할 수 없으되 그 형태는 달라질 수 있음을 인정하고 바울이 야고보와 친교의 악수를 한 것 같은 자세가 필요하다.
3. 그대는 진정 그리스도의 사람인가? 그렇다면 다음의 말씀을 새겨보라. "그리스도 예수의 사람들은 육체와 함께 그 정욕과 탐심을 십자가에 못 박았느니라"(5:24)라는 말씀처럼 사는가? 성경의 가르침을 삶에 적용하지 못하고 말씀을 떠날 때가 많지 않은가? 십자가에 못박힘에 대해서는 다음 말씀을 읽고 묵상하라(갈 2:19~20, 6:14, 롬 6:6).
4. 바울 사도는 "내 몸에 예수의 흔적을 지니고 있노라"(6:17)고 고백한다. 바울은 그리스도를 위하여 당하는 박해에서 몸에 흔적(상흔)을 가지게 되었고 이를 영광스러워했다(행 14:19, 16:22, 고후 4:10~11,

1
교리적 부분:
다른 복음은 없다
복음을 변하게 하려 함이라

2
교리적 부분:
이방인의 사도
무할례자를 위한 사도

3
교리적 부분:
믿음의 자유
의인은 믿음으로 살리라

4
교리적 부분:
그리스도를 통한 자유
그리스도의 형상을 이루기까지

5
실천적 부분:
자유자의 삶
성령을 따라 행하라

6
실천적 부분:
성도의 교제
믿음의 가정들에게

11:24~25). '흔적(스티그마)'이란 그 당시에 종에게 사용했던 주인의 상표와 같이, 바울의 흔적은 그가 예수의 종임을 드러낸다. 그대는 예수님의 사람으로 어떤 흔적을 가졌나?

더 살펴보기

1. 〈갈라디아서〉 내용

초대교회의 어려운 일 중에 하나는 유대주의자들로 인한 문제였다. 이들은 유대인으로 그리스도인이 된 자들인데 구약의 할례, 절기, 유전 등 율법적인 것들을 지켜야 구원받는다고 이방 교회들에게 가르쳤다. 이에 대해 바울은 그것은 '다른 복음'이며 "오직 믿음으로 의롭다함을 얻는다."라고 주장한다.

내용 분해

1~4장 - 교리적 : 자유와 믿음의 입증, 자유와 믿음의 정당성

5~6장 - 실천적 : 자유와 믿음의 삶

2. 다른 복음은 없다(갈 1장)

(1) 갈라디아는 소아시아에 위치해 있고 바울은 2차 전도 여행 중에 이 지역을 거쳐 왔다. 바울의 설교를 들은 사람들로 인해 교회가 생겨났고(행 16:6), 3차 전도 여행길에 다시 방문을 한다(행 18:23).

(2) 오래지 않아 그릇된 교리로 선도하는 자들이 교회에 침투했다는 소식을 듣는다. 그들은 기독교 신앙을 완성하기 위해서는 구약의 율법을 지키는 것과 무엇보다 할례를 하나님이 자기 백성과 맺으신 계약의 표시로서 이행해야 한다는 것을 강조했다. 따라서 바울은 이에 대항하여 "다른 복음을 전하면 저주를 받을지어다"(1:6~9) 하며 투쟁적인 서신을 쓰게 된 것이다.

(3) 이처럼 바울이 지적하는 것은 초대교회에 만연한 유대주의가 가장 경계의 대상이었다. 이 거짓 교사들은 예수님을 믿어도 할례나 절기 등을 지켜야 구원을 받는다는 '다른 복음'을 전했기에 바울은 이를 경계했던 것이다.

3. 의인은 믿음으로 살리라(갈 3:11)

(1) 바울의 경험을 재연한 사람은 개혁자 마르틴 루터이다. 신부였던 그는 "만일 수도생활로 구원을 받은 사람이 하나라도 있다면 나였을 것이다"라고 하였다. 그가 로마의 스칼라 상타(Scala Sancta), 즉 '거룩한 대계단'을 손과 무릎으로 기어 올라가며 공적을 쌓고 있을 때 하늘로부터 "의인은 믿음으로 살리라"(3:11) 하는 소리가 들려왔다. 하나님과의 평화는 노력이 아니라 주님께서 주신다(요 14:27).

(2) 이 말씀은 바로 〈하박국〉 2:4에서 온 것으로 사도 바울(롬 1:17, 갈 3:11)과 〈히브리서〉 기자(히 10:38)에 의해 발전하였으며, 마르틴 루터는 1517년 종교개혁의 시발이 된 95개 조항의 항의문을 가톨릭에 제시할 때에 이 말씀을 개혁 이념으로 삼았다.

서신서

갈라디아서

4. 율법에 종살이하는 것과 그리스도 안에서의 자유(갈 4:21~31)

(1) 바울은 두 개의 언약에 기초한 두 그룹을 나타내기 위하여 하갈과 사라를 예로 든다. 사라가 남편 아브라함에게 자식을 낳지 못하자 여종인 하갈을 남편에게 첩으로 주어 이스마엘을 낳지만 오히려 여종 하갈에게 무시를 당한다. 세월이 지난 후에 사라는 약속의 아들 이삭을 낳는다(창 16장, 21:1~3).

(2) 이스마엘은 '율법에 종노릇하는 것의 상징'이고, 이삭은 '자유를 가져오는 것의 상징'이다. 본문은 하갈이 여종이었던 것 같이 이 언약은 율법의 노예적 지배로 그 특징이 드러나는데, 율법의 이 노예적 지배 아래 유대교(예루살렘)가 살아가고 있다. 그러나 사라의 모습은 새 언약, 진정한 이스라엘에 대응한다. 약속에 의탁하여 자유 안에 있는 사람들은 새 언약 아래 살고 있다. 이로써 이방 민족들에게 문이 열렸기 때문에, 한때 임신하지 못하는 여인(창 11:30)이라고 불리던 사라가 거대한 후손을 가지게 되었다(4:27).

계명 : 1-10-613-1

계명이 몇 개라고 생각하는가? 이런 분석도 있다.

(1) 에덴 동산 - 1가지 계명. "선악을 알게 하는 나무의 실과는 먹지 말라 네가 먹는 날에는 정녕 죽으리라"(창 2:17).

(2) 모세 시대 - 시내 산에서 10가지 계명을 주셨다(출 20장). 1~4는 하나님 사랑, 5~10은 이웃 사랑을 명령하셨다.

(3) 시내 산에서 주신 계명은 613가지 계명으로 율법에 기록되었다. '~하라(do)'는 법은 248개이고, '~하지 말라(don't)'는 법은 365개이다. 이 율법을 지키면 7,474개의 복이 있다고 성경 전체에서 말한다(유대교 해석).

(4) 예수님을 통하여 주신 계명 - 두 가지로, 즉 하나님 사랑, 이웃 사랑(마 22:37~39)이다. 바울은 '율법이 무엇이냐'를 가르쳐 준다(갈 3:19).

B I B L E

성경 질문지

갈라디아서 1~6장 그리스도 안에서의 자유

제1장 [다른 복음은 없다]
다음 물음에 답하시오.

1. 〈갈라디아서〉의 저자인 바울이 사도가 된 것은 누구로 말미암은 것인가?(1절) -

2. 바울이 전한 복음은 누구로 말미암은 것인가?(11~12) -

3. 〈갈라디아서〉의 수신자(~에게)는 누구인가? (1~5) -

4. '다른 복음'을 전하면 어떻게 되는가?(6~10)
   -

5. 바울은 무엇을 위하여 부름을 입었는가? (15~16) -

6. 바울이 처음 부름을 받은 후에(행 9장) 어느 곳들을 갔었는가?(11~24)
   - 다메섹 → 와 → 다메섹 → 지방 →

제2장 [이방인의 사도인 바울]
다음 말이 맞으면 O표, 틀리면 X로 답하시오.

1. 바울은 십사 년 만에 바나바와 디도를 예루살렘에 보냈다.( )
2. 헬라인 디도를 억지로 할례 받게 했다.( )
3. 이방인의 사도는 바울과 바나바이고 유대인(할례자)의 사도는 야고보, 게바(베드로), 요한이다.( )
4. 할례자(유대인)의 사도와 무할례자(이방인)의 사도가 서로 교제하지 않았다.( )
5. 게바가 이방인과 식사 하다가 야고보에게서 온 어떤 이들(할례자 유대인)을 두려워하여 떠났다.( )
6. 사람이 의롭게 되는 것은 율법의 행위로 말미암거나 믿음으로 말미암는다.( )
7. 바울이 율법에 대하여 죽은 것은 하나님에 대하여 살려함이다.( )
8. 바울의 삶(그리스도인의 삶)은 '나를 위하여 자기 자신을 버리신 하나님의 아들을 믿는 믿음 안에서 사는 것'이다.( )

제3장 [믿음의 자유]
다음 빈칸을 채우시오.

1. 너희에게 ( )을 주시고 너희 가운데서 ( )을 행하시는 이의 일이 ( )에서냐 혹은 듣고 ( )에서냐?
2. 하나님 앞에서 아무도 ( )으로 말미암아 ( )이 분명하니 이는 ( ) 하였음이라.
3. 그리스도께서 우리를 위하여 ( )를 받은 바 되사 율법의 저주에서 우리를 ( )하셨으니……
4. 이 약속들은 아브라함과 그 ( )에게 말씀

하신 것인데…… 오직 한 사람을 가리켜 네 자손이라 하셨으니 곧 (   )라.

5. 율법이 우리를 그리스도께로 인도하는 (   )가 되어 우리로 하여금 (   )으로 말미암아 의롭다 함을 얻게 하려 함이라.

6. 너희가 그리스도의 것이면 곧 (   )이요 약속대로 (   )을 이을 자니라.

제4장 [그리스도를 통한 자유]

다음 서로 관계있는 것끼리 연결하시오(본문 요약임).

1. 때가 차매 그 아들을 보내심 • • 가) • • a)
2. 초등학문으로 돌아가서 종노릇 • • 나) • • b)
3. 내가 너희와 같이 되었은즉 • • 다) • • c)
4. 그리스도의 형상을 이루기까지 • • 라) • • d)
5. 여종에게서는 육체를 따라 • • 마) • • e)

가) 율법 아래 있는 자들을 속량
나) 너희에게 복음을 전한 것을
다) 날과 달과 절기와 해를 지키니
라) 자유 있는 여자에게서는 약속으로.
마) 해산하는 수고를 하노니

a) 나를 하나님의 천사같이 영접함
b) 아들의 명분을 얻게 하려 하심
c) 우리는 자유 있는 여자의 자녀
d) 수고한 것이 헛될까 두려워 함
e) 너희를 대하여 의혹이 있음이라

제5장 [자유자의 삶]

다음 말씀을 완성하시오(5번은 21절의 ~것들이라 까지, 6번은 23절까지).

1. (절) 그리스도께서 우리를 자유롭게 하려고~

2. (절) 그리스도 예수 안에서는~

3. (절) 너희가 자유를 위하여 부르심을 입었으나~

4. (절) 너희가 만일 성령의 인도하시는 바가 되면~

5. (~   절) 육체의 일은 분명하니~

6. (~   절) 오직 성령의 열매는~

제6장 [성도의 교제]

다음 (/   ) 안의 말에서 틀린 것은 두 줄로 지우시오.

1. 사람이 무슨 범죄한일이 드러나거든 온유한 심령으로 그러한 자를 (내어 쫓고 / 바로 잡고) 자신을 살펴본다.

2. 성령을 위하여 심는 자는 성령으로부터 (영생을 / 썩어진 것)을 거두리라.

3. 기회 있는 대로 모든 이에게 착한 일을 하되 더욱 (어려운 / 믿음의) 가정들에게 할지니라.

4. 내게는 우리 주 예수 그리스도의 십자가 외에 결코 자랑할 것이 (없으니 / 있으니) 그리스도로 말미암아……

5. 누구든지 나를 괴롭게 하지 말라. 내가 내 몸에 예수의 (흔적 / 모습)을 지니고 있노라.

에베소서 | 서신서 |

Ephesians

제목에 대한 해설

본서의 헬라어 제목은 '프로스 에페시우스'로서 '에베소인들에게'(1:1)라는 뜻이며, 자연스럽게 〈에베소인에게 보낸 편지〉, 〈에베소서〉 등으로 불렸다.

저작에 대하여

(1) **저자**: 사도 바울로서 자신을 '이방인의 사도인 바울'(1:1, 3:1)이라고 하였다.

(2) **수신자**: '에베소에 있는 성도들과 그리스도 예수 안에 있는 신실한 자들에게'(1:1)로 되어 있는데, 에베소 교회 뿐 아니라 회람용(回覽用)으로 사용된 서신이라는 주장도 설득력이 있다.

(3) **연도와 장소**: 주후 62년 로마 옥중에서 기록한 것으로(3:1, 4:1, 6:20), 바울의 4대 옥중서신(〈에베소서〉, 〈빌립보서〉, 〈골로새서〉, 〈빌레몬서〉) 중 하나다. 일부 학자들은 로마 옥이 아닌 로마로 가기 전 가이사랴의 옥에 있었을 때(행 23장)의 기록으로 보나 전통적인 견해를 뒤집지는 못했다.

본서의 목적과 배경

(1) **목적**: 본서는 바울의 다른 서신들과는 다르게 개인에 대한 언급이나 문안, 회고담이 나타나지 않으며, 특정한 교회의 문제를 해결하는 내용도 없다. 그러나 교회가 하나로 통일됨을 지향할 목적으로 기록되었다고 본다. 그리스도 안에서의 만유의 통일(1:10, 2:13~16, 4:4~6)을 중요시하였다. 이는 에베소뿐 아니라 소아시아 지역의 회람용 서신으로 볼 때 흩어진 교회들의 통일성을 강조할 필요성을 따라 기록했다고 볼 수 있다.

(2) **배경**: 바울은 그의 선교 사역의 상당 기간을 에베소에서 일했다. 2차 전도 여행 중에 전도하였고 브리스길라와 아굴라에게 남겨 두고 떠났다(행 18:21). 3차 전도 여행 중에 회당에서 3개월, 두란노서원에서 2년 이상 하나님 말씀을 가르쳤다(행 19:8~10, 20: 31). 에베소는 아데미 여신(다이아나)을 숭배하는 자들로 인한 소요(19:23~24)를 겪은 곳이며, 에베소 교회 장로들에게 행한 설교는 바울의 에베소 교회에 대한 애정을 볼 수 있다(행 20:17~21).

특기사항

(1) 〈에베소서〉와 〈골로새서〉의 관계

두 서신은 쌍둥이 서신이라 할 만큼 전개와 어휘 표현에 있어서 유사하여 매우 밀접한 관계성을 가지고 있다. 즉 두기고가 이 두 편지의 전달자로 보인다(골 4:7, 엡 6:21). 내용에 있어서 〈골로새서〉에 있는 낱말의 3분의 1 정도가 〈에베소서〉에 나타나며, 〈에베소서〉 2:6~9, 4:5~13, 5:29~33을 제외한 다른 모든 부분에 깔려 있다. 〈에베소서〉 155절 중 73절이 〈골로새서〉에서 자구적(字句的)으로 병행되어 있다(Goguel).

〈에베소서〉는 교회의 경건 문학과 신학서 중에서 교리적 내용이 가장 완벽하고 짜임새 있게 구성되어 있다는 평을 듣는다.

(2) 기존 신자를 위한 〈에베소서〉

신학자 메릴 데니는 말하기를 "처음 방문한 교회에 대하여 바울이 했다고 생각되는 설교의 견본을 〈로마서〉라고 본다면, 바울의 수양회식 기법의 견본은 〈에베소서〉이다."라고 하였다. 이 서신을 통독해 보면 본서는 초신자를 위한 것이 아니고 어느 정도 원숙한 신자를 보다 높은 지식으로 끌어올리며 보다 충실한 생활로 전진시키려는 의도에 기초하고 있는 것을 보게 된다. 더욱이 그 대상이 주로 이방인 그리스도 신자였다는 것을 보아도 일목요연하다.

(3) 경륜에 대하여

'경륜(經綸, dispensation, 헬: 오이코노미아)'은 신약성경에 19번 나오는데 그 중에 〈에베소서〉에 3번 나온다. 즉 ① 때가 찬 경륜(1:9), ② 하나님의 그 은혜의 경륜(3:2), ③ 비밀의 경륜(3:9)이다.

경륜은 '가사를 관리하고 꾸려나가는 것'으로, "인간이 특별히 계시된 하나님의 뜻에 복종하는지에 대하여 시험받는 기간"(《스코필드 성경》)이라고 정의하기도 한다. 성경에서 사용되는 경륜은 '청지기 직분, 관리, 다른 사람의 재산에 대한 감시, 혹은 경영'을 말한다. 결국 경륜은 하나님의 뜻을 성취할 때의 두드러진 섭리이다.

에베소서 1~6장

그리스도 안의 연합 (중요구절 엡 4:22~24)

교리적 부분(1~3장)에서는 세상 만민을 구원하시려는 하나님의 예정과 선택으로 시작하여 양자 됨, 죄의 용서, 성령의 인침, 은혜 등의 문제를 다룬다.

실천적 부분(4~6장)에서는 구원에 뒤따르는 삶의 문제, 즉 구원된 자들은 일치를 이루며 처지에 맞는 생활과 가정생활에 있어서의 의무와 책임에 대해 가르친다.

1
교리적 부분:
그리스도의 영광
창세 전에 우리를 택하사

2
교리적 부분:
이방에 대한 은혜
하나님의 선물이라

3
교리적 부분:
이방인의 사도
복음으로 말미암아

4
실천적 부분:
주 안에서 하나 된 교회
그리스도의 몸을 세우려 하심

5
실천적 부분:
빛의 자녀처럼
성령으로 충만함을 받으라

6
실천적 부분:
하나님의 전신갑주
복음의 비밀을 담대히

1. 성도는 "그리스도 안에서 그의 은혜의 풍성함을 따라 그의 피로 말미암아 속량, 곧 죄 사함을 받았느니라"(1:7)는 선언처럼 죄 사함에 대한 감격과 감사함이 넘쳐야 한다. 이런 성도는 "모든 일을 그의 뜻의 결정대로 일하시는 이의 계획을 따라 우리가 예정을 입어 그 안에서 기업이 되었으니"(11절)라고 하였다. '기업'이란 '유업', '상속'이라는 말로도 번역되는데, 그것은 우리의 노력이 아니라 하나님의 뜻이며 예정을 따라 기업이 되었다니 하나님께 감사함이 넘치며 찬양하게 된다.
2. 인간의 창조 목적을 여러 가지로 말하고 있는데, 그 중에 하나는 "그리스도 예수 안에서 선한 일을 위하여 지으심을 받은 자니"(2:10)라고 하였다. 성도가 "그 은혜에 의하여 믿음으로 말미암아 구원을 받았으니"(2:8)는 행위로 의롭다함을 얻는 것이 아니라는 말이지만 이는 선한 일을 등한시해도 된다는 말은 아니다. 그러므로 바울은 선한 일(행위)도 강조한다.
3. 바울은 "옛 사람을 벗어버리고…… 새 사람을 입으라"(4:22~24)고 권면한다. 그리스도인은 옛 것과 새 것 사이에서 갈등한다. 예수님은 "누구든지 나를 따라오려거든 자기를 부인"(마 16:24) 하라고 말씀하셨다. 그럼에도 벗어버린 것 같은 옛 사람이 튀어나오고, 자기 부인(否認)이 되지 않으면 곤란하다.

더 살펴보기

1. 구원을 찬양하는 긴 문장(엡 1:3~14)

(1) 바울의 서신들이 대부분 '감사'로 시작하는 것과는 달리, 〈에베소서〉는 긴 축복의 말로 시작한다. 헬라어 성경 원문에는 1:3~14이 하나의 긴 문장으로 되어 있는데, 우리말《개역개정판》은 5개의 문장으로 구분하여 성도들이 이해하기 쉽게 번역하였다. 이런 것은 〈베드로전서〉 1:3~12도 한 문장으로 길게 되어 있는데,《개역개정판》은 7개의 문장으로 구분하여 독자들의 이해를 돕고 있다.

(2) 〈에베소서〉 1:3~14 단락에서 바울은 그리스도의 죽으심으로 택하신 자들에게 베풀어 주신 하나님의 구원을 찬양한다. 하나님은 거룩하고 흠이 없는 백성들을(1:4) 만드시기를 원하시며, "하늘에 있는 것이나 땅에 있는 것이 다 그리스도 안에서 통일되는 것"(1:10)을 원하신다. 복음을 믿는 자들에게 하나님은 약속하신 성령을 받게 하심으로 그들이 구원 받았음을 증언해 주셨으며, 하나님이 시작하신 일을 하나님이 분명히 이루시리라는 확증을 주셨다(1:13~14 4:30, 롬 8:23, 고후 1:22 5:5) (UBS 세계성서공회판《Good News Study Bible》, 해당 본문 해설)

〈에베소서〉의 배경

바울은 그의 선교 사역의 상당 기간을 에베소에서 일했다. 2차 전도 여행 중에 그곳을 브리스길라와 아굴라에게 맡겨두고 떠났다(행 18:21). 3차 전도 여행 중에 회당에서 3개월, 두란노서원에서 2년 이상 하나님의 말씀을 가르쳤다(행 19:8~10, 20:31). 에베소는 아데미 여신을 숭배하는 자들로 인한 소동(행 19:23~24)을 겪은 곳이며, 에베소교회 장로들에게 행한 설교를 통해 에베소교회에 대한 바울의 애정을 엿볼 수 있다(행 20:17~21).

2. 영적인 무장(엡 6:10~17)

(1) 성도는 하나님의 편에 서 있지만 아직도 마귀와 그 세력들과의 싸움에서 이겨야 한다. 이 대결에서 이기기 위해서 그리스도인은 '하나님의 전신갑주'를 입어야 한다. 완전히 무장한 로마군 보병의 모습으로부터 시작해서 이 싸움에서 그리스도인들을 지켜주고 보호해줄 수 있는 방법을 열거한다. 곧 "진리, 의, 평안, 믿음, 구원(에 대한 소망)"이다. 이 전투에서 사용하는 유일한 공격용 무기는 "하나님의 말씀"이다. 이 말씀은 성령을 통하여 작용하며 효력을 낸다.

(2) 하나님이 해 주시는 무장에 대해서 〈시편〉 35:2~3, 59:17, 외경 〈지혜서〉 5:16~21에서 볼 수 있으며, 그리스도인의 무장에 대해서는 〈로마

새 사람과 그의 과업(엡 4:20~32)

(1)유혹의 욕심을 따라 구습을 좇는 옛 사람을 벗어버리라(4:22).

(2)의와 진리의 거룩함으로 지으심을 받은 새사람을 입으라(24).

(3)참된 것을 말하라(25).

(4)분을 품지 말고 마귀에게 틈을 주지 말라(26~27).

(5)도둑질하지 말라(28).

(6)성령을 근심하게 하지 말라(30).

서〉 13:12, 〈고린도후서〉 6:7, 10:4, 〈데살로니가전서〉 5:8, 〈베드로전서〉 4:1을 참고하라.

블레셋 병사의 두상

호전적인 블레셋 병사의 부조이다. 바울은 영적인 무장의 비유로 "하나님의 전신갑주를 입으라"고 하였다(엡 6:10~17).

3. 〈에베소서〉와 〈골로새서〉의 관계

〈에베소서〉와 〈골로새서〉 이 두 서신은 전개와 어휘 표현에 있어서 매우 유사하며 관계성을 가지고 있다. 그 예는 아래 표에서 볼 수 있다.

유사한 내용 및 표현	에베소서	골로새서
죄 사함으로 말미암은 속량	1:7	1:14
서두의 문안	1:15~19	1:3~12
하나님, 그리스도의 충만	1:23, 3:19	1:19, 2:9
하나님, 그 백성으로부터 떠남	2:12, 4:18	1:2
복음의 비밀을 맡은 사도직	3:1~13	1:23~29
그리스도 안에 뿌리가 박힘	3:17	2:7
서로 용납함	4:2	3:13
그리스도의 지체, 연합	4:16	2:19
옛 사람 벗고 새 사람 입으라	4:22~23	3:9~10
서로 용서하기를 그리스도께 하듯	4:32	3:13
탐심을 우상숭배로 규정	5:5	3:5
세월을 아끼라	5:16	4:5
노래와 찬양을 통한 감사 표현	5:19	3:16
남편과 아내	5:22,~23	3:18~19
부모와 자녀	6:1~4	3:20~21
종과 주인	6:5~9	3:22~25

4. 바울서신의 기록 시기

아래 도표에서 바울의 전도여행 시기를 〈사도행전〉과 대조해 볼 수 있으며, 또한 투옥 당시와 〈사도행전〉 이 후에 기록된 서신들을 볼 수 있다. 기록 시기에 대하여 보편적인 이 자료와는 다르게 보는 경향들도 있다.

1차 전도여행	휴가(공의회)	2차 전도여행	3차 전도여행	첫 번째 투옥	석방	마지막 투옥
					목회서신	
행 13:4~14:28	행 15:1~35	행 15:36, 18:22	행 18:23~21:16	행 28:16~31	사도행전 이후	
	갈라디아서	데살로니가전서 데살로니가후서	고린도전서 고린도후서 로마서 히브리서(?)	에베소서 골로새서 빌레몬서 빌립보서	디모데전서 디도서	디모데후서

B I B L E

성경 질문지

에베소서 1~6장 그리스도 안의 연합

제1장 [교회 안의 그리스도의 영광]
다음 물음에 답하거나 (　　)를 채우시오.

1. 〈에베소서〉는 누가 누구에게 보낸 서신인가? (1~2) -

2. 다음 말씀은 하나님(성부, 3~6), 그리스도(성자, 7~12), 성령(13~14) 중에서 누구의 사역인가?
   1) 그의 피로 말미암아 속량 곧 죄 사함을 받았다. -
   2) 믿어 약속의 이것으로 인치심을 받았다. -
   3) 하늘에 있는 것이나 땅에 있는 것이 다 이것 안에서 통일되게 하려 하심이라. -
   4) 창세 전에 그리스도 안에서 우리를 택하사 우리로 그 앞에 거룩하고 흠이 없게 하셨다. -

3. "그의 은혜의 영광을 찬송하게, 그의 영광의 찬송이 되게, 그의 영광을 찬송하게"가 나온 절은?
   -(　　　,　　　,　　　절)

4. "주 예수 그리스도의 하나님, 영광의 아버지께서 (　　　　)의 영을 너희에게 주사 하나님을 알게 하시고"

5. "만물을 그의 발아래 복종하게 하시고 그를 만물 위에 (　　　　)로 삼으셨느니라."

제2장 [이방에 대한 하나님의 은혜]
다음 각 항에서 틀린 것 한 가지를 골라 번호에 O표 하시오.

1. 허물과 죄로 죽었던 그 때(1~3) ~
   1) 이 세상 풍속을 따랐다.
   2) 공중의 권세 잡은 자를 따랐다.
   3) 불순종의 아들들 가운데서 역사하는 영을 따랐다.
   4) 죽었던 우리를 살리셨다.

2. 긍휼이 풍성하신 하나님(4~10) ~
   1) 허물로 죽은 우리를 그리스도와 함께 살리셨다.
   2) 예수 그리스도만 하늘에 앉히셨다.
   3) 은혜에 의하여 믿음으로 말미암아 구원을 받았다.
   4) 구원은 행위에서 난 것이 아니다.

3. 그때(구원 받기 전)(11~12) ~
   1) 이방인　　　2) 할례를 받은 무리
   3) 그리스도 밖　　　4) 이스라엘 나라 밖
   5) 하나님 없는 자

4. 이제(13~22) ~
   1) 그리스도의 피로 가까워짐
   2) 원수 된 것을 십자가로 소멸
   3) 오셔서 평안을 멸하심
   4) 이방인이 하나님의 권속이 됨
   5) 주 안에서 성전이 되어 가며 예수 안에서 함께 지어져 감

제3장 [이방인을 위한 바울의 사명]
다음에 이어지는 말씀을 쓰시오(~ 절은 다음 절까지).

1. (　　　절) 이방인들이 복음으로 말미암아~

2. (　　　절) 모든 성도 중에 지극히 작은 자보다

서신서

에베소서

~

3. (　　　~　　절) 믿음으로 말미암아 그리스도께서~

4. (　　　　절) 그 넓이와 길이와~

제4장 [주 안에서 하나 된 교회]
다음 물음에 간단히 답하시오.

1. '하나'라고 한 것들을 모두 써 보시오(3~6, 7개).
   -

2. 각 사람에게 무슨 직책을 주셨는가?(11)
   1)　　　　　　2)
   3)　　　　　　4)
   5)

3. 하나님이 직분을 주신 목적은?(12)
   1)
   2)
   3)

4. 무엇을 벗고 무엇을 입어야 하는가?(17~24)

   -

5. 하나님의 성령에 대한 자세는?(25~32)

   -

제5장 [하나님의 자녀다운 삶]
다음 물음에 답하시오.

1. 그리스도께서 우리를 어떻게 사랑하셨는가?(2)
   -

2. 누가 그리스도와 하나님의 나라에서 기업을 얻지 못하는가?(5)
   -

3. 전과 이제는 어떤 차이가 있는가?(8)

   -

4. 어떻게 행할지를 가르쳐 주는 다음에 이어지는 말을 쓰시오.(16, 18)
   1) 세월을 아끼라~

   2) 술 취하지 말라~

5. 부부간에 행할 자세를 권면한 다음 말씀을 이어서 쓰시오.(22, 25)
   1) 아내들이여~

   2) 남편들아~

제6장 [하나님의 전신갑주]
다음 (　　) 안을 채워서 성구를 완성하고 장절을 쓰시오.

1. (　　　절) (　　　　　　) 너희 부모를 (　　　　)하라. 이것이 옳으니라.

2. (　　　절) (　　　　　) 너희 자녀를 노엽게 하지 말고 오직 (　　　　)로 양육하라.

3. (　　　절) (　　　　) 두려워하고 떨며…… 육체의 상전에게 순종하기를 (　　　　) 하라.

4. (　　　절) (　　　　　) 너희도 그들에게 이와 같이 하고 (　　　)을 그치라. 이는 그들과 너희의 상전이 (　　　)에 계시고 그에게는 사람을 (　　　)로 취하는 일이 없는 줄 너희가 앎이라.

5. (　　　절) 마귀의 (　　　)를 능히 대적하기 위하여 (　　　　　　)를 입으라.

빌립보서 | 서신서 |

philippians

제목에 대한 해설

본서의 헬라어 제목은 '프로스 필립페시우스'로서 '빌립보인들에게'라는 뜻이다. 이를 〈빌립보 교회에 보낸 편지〉 또는 〈빌립보서〉 등으로 부르게 되었다.

저작에 대하여

(1) **저자**: 바울과 디모데(1:1). 바울서신 중 〈고후, 빌, 골, 살전, 살후, 몬〉 등 6권의 발신인이 바울과 디모데로 되어 있다.

(2) **수신자**: '빌립보에 사는 모든 성도와 감독과 집사들에게'(1:1)로 되어 있다. 빌립보 교회는 바울의 제2차 전도 여행 중에 마게도냐 지역(오늘의 유럽)에 처음 세워진 교회다(행 16장).

(3) **연대 및 장소**: 주후 62년경 로마 옥중(1:7, 1:13~14, 2:17)에서 기록하였다. 바울의 4대 옥중서신 중에 하나이다.

본서의 목적 및 특징

(1) **목적**

바울이 ① 빌립보 교인들에게 헌금을 보내준 것에 대해 감사의 뜻을 표하기 위해(4:10, 14~20), ② 자신의 투옥이 복음의 퇴보를 가져오는 것이 아님을 확인함으로 빌립보 교인들의 염려를 없애기 위해(1:12~26), ③ 왜 에바브로디도를 되돌려 보내는지 알게 하려고(2: 25~30), ④ 분열의 위험을 알고 한 마음으로 연합할 것을 권면(1:27, 2:1~11, 4:2 이하)하기 위해.

(2) **특징**

① 구약의 인용이 없다. 이는 빌립보에 유대인이 거의 없었고 회당도 없었기에(행 16:13) 이방인 교인들에게 굳이 구약성경을 인용할 이유가 없었다고 본다.

② 본서는 별명이 '기쁨의 서신'으로 '기쁨'이라는 단어가 16회나 나타난다. 옥중에 있는 바울이 옥 밖의 성도들에게 기뻐하라는 점에서 가치가 더 있다.

③ 빌립보 교회가 옥중에 있는 바울에게 에바브로디도 편에 보낸 후원금은 바울 개인에게 한 것이 아니라 하나님께 드린 것으로 "이는 받으실 만한 향기로운 제물이요 하나님을 기쁘시게 한 것이라"(4:18) 하였다. 이는 선교사역의 중요성과 선교사를 돕는 것은 결국 하나님을 기쁘시게 하는 것임을 가르쳐 준다.

(3) **바울의 옥중서신**

네 편의 서신, 즉 〈에베소서〉, 〈빌립보서〉, 〈골로새서〉, 〈빌레몬서〉를 일컫는 말이다. 〈사도행전〉에서 보면 바울은 빌립보(16:23), 예루살렘(21:33 이하), 가이사랴(23:33~35), 그리고 로마(28:16)의 감옥에 들어간 적이 있다. 이 중에서 옥중서신은 '로마 옥중'에서라는 것이 전통적인 견해다.

(4) **빌립보 도시**

주전 358/7년에 알렉산더 대왕의 아버지인 마게도냐의 왕 빌립 2세가 세웠고 그의 이름을 따라 명명된 도시이다. 바울은 2차 전도 여행 중인 49/50년경에 유럽의 최초 교회인 빌립보 교회를 세웠다(행 16장).

특기사항

(1) 그리스도 예수의 마음(2:5~11)

"너희 안에 이 마음을 품으라 곧 그리스도 예수의 마음이니"(2:5)에 이어지는 6~11절은 '그리스도의 찬가'이다. 하나님의 아들이 천상의 영광을 버리고 인간 존재의 비천한 처지로 내려와서 십자가의 죽음에 이르기까지 삶의 길을 서술한다(6~10절). 그리스도가 걸어가신 길에 대한 하나님의 응답, 곧 그리스도를 모든 사람 위에 주님으로 높이심이다(9~11절). 그리스도는 자의로 피조물로서의 인간 존재의 한계를 취하시고 인간의 간고와 죽음을 떠맡으심으로써 이기심과 죄와 죽음의 세력을 꺾으셨으며(롬 5:12~19), 만유의 지배자가 되셨다. 이 주님께 그리스도인들은 굴복하게 되었다. 그리스도가 걸으신 길은 그리스도인들의 삶의 근거, 힘, 모범이 되어야 한다(5절). 그리고 남을 위해 살아야 한다(5절). 6절의 '본체'와 7절의 '형체'는 단지 외적인 모습만 아니라 존재 양태를 표시한다.

(2) 하늘에 있는 시민권(3:20)

3:18~19에서 거짓 교사들은 그리스도 십자가의 원수로서 세상적인 것에 사로잡혀 있으며, 멸망의 길을 가고 있다. 그러나 그리스도인들은 아직은 그들의 참된 본향에서 멀리 떨어져 살고 있지만 이미 하늘의 시민이다(빌립보 사람들은 로마제국의 한 식민지의 시민으로 로마 시민권을 가지고 있었다). 거기로서 그리스도인들은 삶의 변화와 완성을 기다린다(고전 15: 49, 고후 5:1 참고).

그리스도 안에서의 기쁨 (중요구절 빌 2:5)

바울은 옥중에서도 빌립보 교인들을 생각하면 감사가 넘친다. 그의 매임은 오히려 복음의 진보가 된다(1장). 그리스도 예수의 마음을 품어 한 마음이 되기를 권면한다. 빌립보 교회가 파송한 에바브로디도를 돌려보내는 일에 대해 설명한다(2장). 성도들의 생활에 대해 가르친다(3장). 빌립보 교인들의 도움에 대하여 바울은 하나님이 받으실 만한 향기로운 제물이라고 칭찬한다(4장).

1
처음부터 복음에서 교제
전파되는 것은 그리스도니

2
그리스도 예수의 마음을 품으라
하나님이 그를 지극히 높여

3
푯대를 향하여
부름의 상을 위하여

4
향기로운 제물
모든 쓸 것을 채우시리라

1. 바울 사도는 빌립보 교회에 대한 남다른 애정을 가지고 있다. 2차 전도 여행 중에 설립한 교회이며(행 16장) 이 교회는 꾸준히 바울과 연계하여 후원을 하였다. 믿음 면에서도 칭찬을 받는다. "너희가 첫날부터 이제까지 복음을 위한 일에 참여하고 있기 때문이라"(1:5)며 빌립보 교회를 위하여 기쁨으로 간구하는 이유를 말한다. 성도들의 믿음이 한 순간이 아니라 지속적이어야 한다. 바울은 이들을 향해 "또 진실하여 허물없이 그리스도의 날까지 이르고"(1:10)라고 축원한다.
2. "나의 매임이 그리스도 안에서 모든 시위대 안과 그 밖의 모든 사람에게 나타났으니"(1:13)라는 바울의 고백은 당시 세계의 지배자였던 로마에 위대한 복음의 확산을 예고하는 것이다. 로마의 중심지인 시위대 안의 사람들에게 복음을 증거할 수 있게 되었으니 바울의 매임(옥에 갇힘)이 "도리어 복음 전파에 진전"(1:12)이 되었다. 하나님은 고난이나 악을 영광과 선으로 바꾸시는 능력이 있으시다.
3. 그리스도의 '비하'와 '승귀'로 일컫는 2:6~11은 그리스도를 노래한 초기 기독교인들의 찬송으로 본다. 그리스도는 하나님과 함께 계셨던 분인데, 그의 겸손한 삶과 고통스러운 죽음 때문에 하나님이 그를 하늘에서 지극히 높여주셨다는 것을 노래한다. 바울은 이 편지를 받는 수신자들이 겸손하신 그리스도를 본받기를 바라는 마음으로 이 찬양을 인용했을 것이다. 초기 기독교인들의 찬송 가사로 보이는 몇 곳들이 있다(요 1:1~18, 골 1:15~20, 딤전 3:16, 히 1:1~4). (489~491쪽의 〈빌립보서〉 해설 참고)

4. 빌립보 교회는 바울의 쓸 것을 여러 번 헌금해 준 믿음의 행실이 있는 교회이다(4:14~22). 옥중에 있는 바울을 위하여 헌금을 모아 에바브로디도 편에 보냈고 그것을 받은 바울은 그들을 칭찬하였고 하나님의 보상을 함께 말했다. "너희에게 유익하도록 풍성한 열매를 구함이라…… 향기로운 제물이요 하나님을 기쁘시게 한 것…… 너희 모든 쓸 것을 채우시리라"(4:17~20)하였다. 헌금 정신은 〈고린도후서〉 8~9장에서도 본다(468쪽 '연보에 대한 자세' 내용 참고).

더 살펴보기

1. 율법주의에 대한 경고(빌 3:2~11)

(1) 바울은 앞에서(2:19~30) 디모데와 에바브로디도의 헌신적인 행동을 칭찬했고, 3장 1절에서는 기뻐하라는 〈빌립보서〉에서 계속 강조한 주제를 언급하다가 갑자기 2절 이하에서 율법주의에 대한 경고로 "개들을 삼가고 행악하는 자들을 삼가고 몸을 상해하는 일을 삼가라"(3:2)며 빌립보 교인들을 단속한다. 율법주의에 대한 경고(경계)는 바울서신 중에 〈갈라디아서〉나 〈골로새서〉 등에 강력한 어조로 나타나는데 〈빌립보서〉에서는 생소한 느낌을 준다.

(2) 율법주의 거짓교사들은 자신들이 유대인임을 자랑한다. 이들의 자랑에 대하여 바울 자신도 뒤지지 않을 뿐 아니라 더 철저했음을 말한다(3:4~6, 고후 11:22 참고). 거짓교사들은 예수님을 믿어도 할례를 받아야 구원을 받는다고 했는데 당연히 이방인 그리스도인들에게도 이것을 강요했을 것이다. 바울은 날카로운 어조로 그들을 대적했고(3:5), 전에 유익한 것으로 여겼던 모든 것이 하나님과 자신을 가로막는 사실이었음은 부활하신 그리스도를 만남으로 깨닫게 되었다.

'빌립보'라는 도시

'빌립보'(행 16:13, 빌 1:1, 4:15, 살전 2:2)는 마게도냐의 중심 도시로서 주전 358/7년에 알렉산더 대왕의 아버지인 마게도냐의 왕 빌립 2세가 세웠고, 그의 이름을 따라 명명된 도시이다. 바울은 2차 전도 여행 중인 주후 49/50년경에 유럽의 최초 교회인 빌립보 교회를 세웠다(행 16장). 한편 '가이사랴 빌립보'(마 16:13, 막 8:27)는 갈릴리 북쪽 헬몬산 근처의 성읍으로 마게도냐에 있는 빌립보와는 전혀 다른 도시이다.

2. 푯대를 향한 그리스도인(빌 3:12~21)

(1) 바울은 기독교인의 신앙에 관하여 교훈할 때(고전 9:23~27, 딤전 4:7

고대 빌립보 시의 원형극장
옥중에 있는 바울은 오히려 감옥 밖의 빌립보 성도들을 향해 "기뻐하라"고 권면하였다(빌 4:4).

6:12, 딤후 2:5 4:7, 히 12:1), 자주 '하늘의 시민권을 가진 자들'로(3:20 엡 2:6,19 히 12:22 13:14), '하늘로부터 오시는 구원자 예수 그리스도를 기다리는 자들'(3:20)의 모습으로 묘사하는 것처럼, 여기서는 운동선수의 이미지를 이용하여 말하고 있다. 초기 교회는 예수가 하늘에서 하나님 오른쪽에 계시며(행 2:34, 롬 8:34, 히 8:1, 10:12), 곧 다시 오시리라고 믿었다(1:6, 고전 1:7, 살전 1:10, 2:19, 5:23, 딛 2:13).

(2) 바울은 빌립보 교인들이 '땅(이 세상)에 속한 것들만을 생각하는 그런 자들'을 따르지 말 것을 부탁한다(3:19, 롬 8:5~6, 골 3:2). 그런 사람들을 따르는 대신에, "나를 본받는 자가 되라"고 부탁한다(3:17, 4:9, 고전 4:16, 11:1, 살전 1:6). 이런 말을 하는 것은 바울이 교만하기 때문이 아니라, 자신이 아버지와 같은 역할을 수행해야 한다고 믿었기 때문이다. 이방인 기독교인들의 대다수는 새신자였으므로 그들을 위해서는 기독교인이 어떻게 살아야 하는가를 잘 보여 주는 긍정적인 모범이 필요하였다(히 13:7, 벧전 5:3). (UBS 세계성서공회판 《Good News Study Bible》, 해당 단락 해설)

B I B L E

성경 질문지

빌립보서 1~4장 그리스도 안에서의 기쁨

제1장 [처음부터 복음에서 교제]
다음 성구의 ( )를 채워 완성하시오.

1. 그리스도 예수의 종 ( )과 ( )는 그리스도 예수 안에서 ( )에 사는 모든 ( )와 또는 ( )들과 ( )들에게 편지하노니(1~2).

2. 너희 무리를 위하여 기쁨으로 항상 ( )함은 너희가 첫날부터 이제까지 ( )하고 있기 때문이라(3~7).

3. 너희가 내 마음에 있음이며, 나의 ( )과 ( )함과 확정함에 너희가 다 나와 함께 은혜에 참여한 자가 됨이라(3~7).

4. 예수 그리스도로 말미암아 ( )가 가득하여 하나님의 ( )이 되게 하시기를 원하노라(8~11).

5. 이러므로 나의 ( )이 그리스도 안에서 모든 ( ) 안과 그 밖의 모든 ( )에게 나타났으니(12~26).

6. 무슨 방도로 하든지 전파되는 것은 ( )니 이로써 나는 ( )하고 또한 ( )하리라(12~26).

7. 지금도 전과 같이 온전히 담대하여 살든지 죽든지 내 몸에서 ( ) 되게 하려 하나니 이는 내게 ( )이 그리스도니 ( )도 유익함이니라(12~26).

8. 그리스도를 위하여 너희에게 ( )은 다만 그를 믿을 뿐 아니라 또한 그를 위하여 ( )도 받게 하려 하심이라(27~30).

제2장 [그리스도 예수의 마음을 품으라]
각 항에서 맞는 두 곳은 O표, 틀린 두 곳은 X표 하시오.

1. 권면, 사랑, 위로, 교제, 긍휼, 자비가 있을 때의 자세는?(1~4)
   1) 마음을 같이 한다.( )
   2) 뜻을 합한다.( )
   3) 다툼이나 허영으로 한다.( )
   4) 남을 낮게 여긴다.( )

2. 우리에게 본이 된 그리스도 예수님의 마음은?(5~11)
   1) 자기를 비워 종의 형체를 가졌다.( )
   2) 하나님의 모양으로 나타나셨다.( )
   3) 죽기까지 복종하여 십자가에 죽으셨다.( )
   4) 하나님이 그를 지극히 높여 모든 교회 위에 뛰어난 이름을 주셨다.( )

3. 다음 권면의 말씀에서 옳으면 O표, 틀리면 X표 하시오.(12~18)
   1) 복종하여 두렵고 떨림으로 구원을 이루라.( )
   2) 모든 일을 원망과 시비로 하라.( )
   3) 그리스도의 날에 내가(바울) 자랑할 것이 있게 하려 한다.( )
   4) 너희도 나와 함께 슬퍼하라.( )

4. 바울의 계획과 당시 상황에서 옳으면 O표, 틀리면 X표 하시오.(19~30)

서신서

빌립보서

1) 디모데를 보내 너희 사정을 앎으로 안위를 받으려 한다.(　　　)

2) 디모데는 아버지가 자식에게 하듯 했다.(　　　)

3) 나(바울)도 속히 가기를 확신한다.(　　　)

4) 에바브로디도는 병들어 죽게 되어 있다.(　　　)

제3장 [푯대를 향하여]

다음 서로 관계된 말씀을 연결하시오.

1. 하나님의 성령으로 봉사 • • 가) • • a)
2. 이스라엘의 족속이요 • • 나) • • b)
3. 예수 그리스도를 아는 지식 • • 다) • • c)
4. 푯대를 향하여 • • 라) • • d)
5. 그리스도의 십자가의 원수로. • • 마) • • e)
6. 우리의 시민권은 하늘에 • • 바) • • f)

가) 히브리 인이요
나) 가장 고상함
다) 그리스도 예수로 자랑
라) 거기로부터 구원하는 자
마) 그리스도 예수 안에서
바) 마침은 멸망, 신은 배

a) 율법으로는 바리새인이요
b) 육체를 신뢰 않는 우리가 할례파
c) 모든 것을 배설물로 여김
d) 주 예수 그리스도를 기다리노니
e) 땅의 일을 생각하는 자라.
f) 부름의 상을 위하여 달려가노라

제4장 [향기로운 제물]

다음 물음에 답하시오.

1. 바울은 빌립보 교인들을 무엇이라고 불렀는가?(1절) -

2. 기도의 자세는?(6절) -

3. 평강의 하나님이 나와 함께 계시는 비결은?(9절) -

4. 어떠한 형편에든지 자족하기를 배운 바울의 비결은?(12~13절을 쓰시오) -

5. 빌립보 교인들이 바울에게 쓸 것(선교비)을 주므로 감사 기도한 내용은?(14~20)
   1) 너희에게 유익하도록~
   2) 받으실 만한~
   3) 하나님을~
   4) 그 풍성한 대로~

6. 빌립보서에 "기쁨(기뻐)"라는 단어가 몇 번이나 나오는지 전체를 읽고 답하시오. -　　　번

골로새서 | 서신서 |

Colossians

제목에 대한 해설

본서의 헬라어 제목은 '플로스 콜로싸에이스'로서 '골로새인에게'라는 뜻이다. 자연히 〈골로새 교회에 보낸 편지〉 또는 〈골로새서〉 등으로 불렸다.

저작에 대하여

(1) **저자**: "예수의 사도 된 바울과 형제 디모데"(1:1)이다. 바울서신 중 〈고후, 빌, 골, 살전, 살후, 몬〉 등 6권의 발신인이 바울과 디모데로 되어 있다. 바울이 도망쳤던 오네시모를 위해 골로새에 있는 주인 빌레몬에게 글을 쓰면서(몬 7~12) 골로새 교회에도 편지를 쓴 것이 〈골로새서〉이다.

(2) **수신자**: "골로새에 있는 성도들"(1:2)이 우선 수신자이지만 바울은 골로새 근방의 라오디게아 교회에서도 이 서신이 읽히기를 원하였다(4:16).

(3) **연대 및 장소**: 바울이 주후 61~63년경 로마 옥중에(행 28:16~31) 있을 때에 기록한 것으로서 보통 62년경을 본서의 기록 연대로 본다. 옥

중서신(〈에베소서〉, 〈빌립보서〉, 〈골로새서〉, 〈빌레몬서〉) 중의 하나이다 (4:3, 10, 18). 〈좀 더 구체적인 것은 '더 살펴보기' 참고〉

특징 및 배경

(1) 바울은 골로새에 교회를 세우지는 않았다(2:1). 제3차 전도 여행 중에 에베소에서 3년간 전도할 때에 복음을 듣고 회심한 사람들이 바울의 동역자가 되어 연고가 있는 도시에 가서 복음을 전하고 그곳에 교회를 세웠을 것이다. 골로새 교회는 에바브라의 전도 사역에 의해 세워졌을 가능성이 있으며, 이단 사상들로 인해 바울과 의논하였다(1:7~8, 4:12~13).

(2) 바울은 골로새 교회에 침투한 이단들을 대적하고 반박하기 위하여 그리스도의 완전하심을 말하고 있다. 즉 하나님의 형상인 그리스도(1:15), 만물의 창조주(1:16), 만물보다 먼저 계신 분(1:17), 죽은 자 가운데서 먼저 부활하신 분(1:18), 하나님의 충만한 신성을 몸에 지닌 분(1:19, 2:9), 또한 하나님과 인간을 화해시키는 유일한 중보자(1:20~22)임을 강조하고 있다.

특기사항

(1) 바울이 방문한 적 없는 골로새 교회

골로새는 바울이 인근 지역인 에베소의 전도 때에 에바브라가 그 열매였던 것으로 추측된다. 그 전도는 강력하여서 "아시아에 사는 자는 유대인이나 헬라인이나 다 주의 말씀을 듣더라"(행 19:10)고 하였다. 골로새 교회는 〈사도행전〉에 바울의 방문 기록이 없고 바울 자신이 "그리스도 예수 안에 너희의 믿음과 모든 성도에 대한 사랑을 들었음이요."(1:4)라든가, "내가 너희와 라오디게아에 있는 자들과 무릇 내 육신의 얼굴을 보지 못한 자들을 위하여"(2:1)라는 점에서 바울의 생애 중에 친히 골로새를 방문하지는 않은 것으로 보인다. 그리고 에바브라에 대하여 "성령 안에서 너희 사랑을 우리에게 알린 자니라"(1:8)고 하여 그의 역할을 인정해 준다.

(2) 골로새 교회에 침투한 이단적인 요소들

① 유대교의 의식주의 - 할례(2:11, 3:11), 음식에 관한 규례, 절기(2:16~17) 등 율법적인 의식들을 중시하는 유대교적인 사상이 골로새 교회를 위협했다.

② 거짓 철학 - 초기 영지주의(Gnostics)는 자신들의 체험(2:18)과 사람의 유전(전통, 2:8)에 근거하여 영적 지식(헬, 그노시스)을 내세우면서 교인들을 진리로부터 벗어나도록 유혹하였다. 그들은 스스로 영적 비밀을 깨달은 자로 자처하면서, 그리스도의 충만하신 신성과 주권을 부인하였다.

③ 금욕주의 - 거짓 교사들은 엄격한 규율을 육체에 가함으로써 육신의 욕망을 억눌러야 한다고 가르쳤다(2:21). 그들은 자신들의 몸을 괴롭게 하는 등 스스로 지어낸 방법으로 하나님을 숭배코자 했으며, 그렇게 함으로써 스스로 경건하고 겸손한 자인 체하였다(2: 18, 23).

④ 천사 숭배 - '천사를 숭배'한다기보다 '천사의 숭배'에 참여한다는 말이다(2:18). 즉 거짓 교사들은 천사들이 하나님께 드리는 경배에 자신들도 참여한다는 뜻에서 천사들의 경배를 흉내 내고자 했다. 자신들은 천사와 직접 교통할 수 있으며, 하나님과 사람 사이에 중보자가 반드시 필요한 것은 아니라고 했다.

골로새서 1~4장

그리스도 안에서의 생활 (중요구절 골 3:2~3)

그리스도의 우월성은(1:9~23) 다른 철학과 종교들을 기독교 진리와 동일시하려는데 대한 반박이다. 골로새 교회에서 이방인들은 자기들의 사상에 치우쳤고, 유대주의 거짓 교사들은 할례, 음식, 절기 등의 율법들을 고수하려는 일들에 대하여 바울은 강력히 그리스도의 권위와 완전하신 충족성을 강조한다. 그리스도인의 인격과 사역, 그리고 교회의 종으로서 바울이 하는 일을 말한다(1장). 그리스도 안에서의 충만한 삶과 그리스도와 함께 죽고 사는 삶을 가르친다(2장). 옛 생활과 새 생활, 새 삶에서의 부부 문제와 자녀 문제를 다룬다(3장). 상전으로서의 처신을 말하고 기도와 불신자들과 관계에 대하여 가르친다(4장).

1

그리스도의 완전 충족성
보이지 아니하는 하나님의 형상

2

거짓 교훈과 바른 자세
꾸며낸 겸손함과 천사 숭배

3

그리스도인의 생활 원칙
마음을 다하여 주께 하듯

4

권고와 소식 및 인사
전도할 문을 열어 주사

1. 초대교회에 "믿음, 소망, 사랑"(1:4~5)은 그리스도인들의 신분을 설명해 준다. "너희의 믿음의 역사와 사랑의 수고와 우리 주 예수 그리스도에 대한 소망의 인내를 우리 하나님 아버지 앞에서 끊임없이 기억함이니"(살전 1:3), " 믿음, 소망, 사랑, 이 세 가지는 항상 있을 것인데 그 중의 제일은 사랑이라"(고전 13:13). 기독교인들이 이 세 가지 덕목 갖는 것을 칭찬하며 실천할 수 있도록 격려한다(롬 5:1~5, 갈 5:5~6, 엡 1:15~18, 4:2~5, 골 1:4~5, 히 10:22~24, 벧전 1:3~9, 21~22).
2. '에바브라'는 골로새 교회의 설립자이거나 담임목사였을 것이다. 바울은 그에 대하여 "우리와 함께 종 된 사랑하는 에바브로에게 너희가 배웠나니 그는 너희를 위한 그리스도의 신실한 일꾼이요"(1:7, 4:12)라고 말한다. 어느 시대나 하나님의 종은 자기의 양떼들을 위하여 가르치고 기도하는 자이어야 한다. 타락한 시대를 살아간다 할지라도 세속에 물들지 않는 신실한 종이어야 한다.
3. 초대교회에는 유대주의자들로 인한 잘못된 가르침이 있었기에 바울은 이를 대처한다. 음식 규정이나(롬 14:1~12), 특정한 명절들 준수(골 2:16, 갈 4:10), "꾸며낸 겸손과 천사숭배"(2:18)는 오히려 복음에서 멀어지게 만들었기에 이를 경계한다. 오늘날도 의도적으로 겉으로는 점잖은 척하나 속에는 악독이 가득한 유대주의자들의 외식(外飾)과 같은 자들이 있다. ('더 살펴보기'연구 참고)
4. "하나님이 전도할 문을 우리에게 열어 주사 그리스도의 비밀을 말하

게 하시기를 구하라"(4:3). 교회는 전도의 사명을 가지고 있으면서도 결실이 없을 때는 낙담하기도 한다. 전도의 압박은 인간적인 노력으로 해결되는 것이 아니므로 오늘도 하나님께 "전도할 문"을 열어 달라고 기도해야 한다.

더 살펴보기

1. 〈골로새서〉에서 보인 그리스도

바울은 '골로새 교회에 침투한 이단들'(이단적인 요소들에 대해서는 〈골로새서〉 개요 참고)을 대적하고 반박하기 위하여 그리스도의 완전하심을 말하고 있다. 즉 그리스도께서 하나님의 형상인 그리스도(1:15), 만물의 창조주(1:16), 만물보다 먼저 계신 분(1:17), 죽은 자 가운데서 먼저 부활하신 분(1:18), 하나님의 충만한 신성을 몸에 지닌 분(1:19, 2:9), 하나님과 인간을 화해시키는 유일한 중보자(1:20~22)이심을 강조한다.

2. 이단자들의 그릇된 가르침(골 2:16~19)

골로새 교회는 이단자들과 싸워야 했다. 이들의 그릇된 가르침의 구체적 내용들을 2:16~18에서 지적한다. 즉 그것은 음식 규정(롬 14:1~12 참조), 특정한 명절날들의 준수(갈 4:10 참조), 천사 숭배, 위에 있는 세계에 대한 환상에 의지하는 것 등이다. 이러한 환상에 대한 정보는 종교적 비밀 단체에 가입할 때 제공되었을 것이다. "월삭이나 안식일"(2:16)의 규정들은 구약의 전통에서 나온 것들이다. 그러나 그것들은 당시로서는 하나님의 본질과 뜻에 대한 미래적 계시의 그림자에 불과한 것이지만 그 계시는 그리스도 안에서 현실이 되어 있다. 머리가 몸을 돌보듯이 그리스도는 자기의 교회를 지키시며 교회에 생명을 공급하신다(19절, 엡 4:15~16). 그러므로 그리스도에게 붙어 있는 것이 중요하다.

〈골로새서〉 저자와 〈에베소서〉와의 관계

〈골로새서〉에 나온 낱말의 1/3 가량이 〈에베소서〉와 병행을 이루고 있다. 어휘와 내용의 유사성이 두 서신 간의 문헌적 관계를 암시한다. 이런 사실에 대하여 간단하게 바울이 두 서신 모두를 기록하였기 때문이라고 설명하기도 하고, 바울의 영향을 받은 어떤 사람이 〈골로새서〉를 근간으로 하여 〈에베소서〉를 기록했을 것이라고 설명하기도 한다. 우리는 〈골로새서〉를 바울의 서신으로 보며(1:1, 23, 4:18), 감옥에 있을 때라고 추측하지만(4:3, 10, 18). 그 장소에 대해서는 가택 연금상태에 있던 로마였는지(행 28:16~31), 그보다 더 일찍이 가이사랴 감옥에서였는지(행 23:31~26:32), 다른 도시였는지 불확실하다(고후 11:23). 바울의 다른 서신들에서처럼 공동 발신자의 이름이 언급되었으나(1:1), "나는(1:24)", "내게(1:25)"등의 대명사가 보여주듯이, 이 서신의 진정한 저자는 바울 자신이다. (UBS,《Good News Study Bible》, 골로새서 개요)

골로새 지방의 산야(山野)

골로새 교회는 에바브라에 의해 시작되었으며(골 1:7), 율법주의와 영지주의의 도전을 받았으나 순수한 복음을 지켰다.

3. 가훈집(가정생활 지침)으로의 말씀(골 3:18~21)

"아내들아, 남편들아, 자녀들아, 아비들아"(3:18~21)라는 각 호칭을 사용하여 그리스도인 가정 내의 상호 관계를 규정하고 있으므로 이를 '가훈집(家訓集, 가정생활 지침)'이라 한다. 〈에베소서〉 5:21~6:9은 이보다 더 구체적인 의무가 종합되어 있고 비슷한 규정이 〈베드로전서〉 2:18~3:7에도 나와 있다. 바울은 〈골로새서〉에서 이 지침이 모든 것은 "주 안에서" 해야 한다는 단서를 달았고 〈에베소서〉에서는 이 권면들의 그리스도교적인 근거들을 더 발전시켜서 아내와 남편 사이의 행동을 상세히 기술했다. 즉 아내가 남편에게 복종한다(엡 5:22~24, 골 3:18)는 개념이 현대에는 받아들일 수 없다고 생각하는 사람들이 많지만, 이는 남편이 아내를 사랑할 때만이 요구될 수 있다. 남편은 "아내 사랑하기를 그리스도께서 교회를 사랑하시고 그 교회를 위하여 자신을 주심 같이 하라…… 아내 사랑하기를 자기 자신과 같이 할지니"(엡 5:25, 28)라 하였다. 즉 그리스도께서 교회(성도)를 위하여 죽으심처럼 남편은 아내를 위하여 죽을 정도가 되어야 아내에게 복종을 요구할 수 있는 것이다.

B I B L E

성경 질문지

골로새서 1~4장 그리스도 안에서의 생활

제1장 [그리스도의 완전 충족성]
다음 ( )를 알맞은 말로 채우시오.

1. 〈골로새서〉의 발신과 수신자에 대하여 다음 ( )를 채우시오(1~2).
   1) 보내는 자 : 예수의 사도 된 ( )과 형제 ( ).
   2) 받는 자 : ( )에 있는 성도들, 곧 그리스도 안에서 ( )들에게.

2. 기도할 때마다 하나님께 감사하는 이유는 무엇인지 ( )를 채우시오(3~8).
   1) 그리스도 예수 안에 너희의 ( )
   2) 모든 성도에 대한 ( )
   3) 하늘에 쌓아 둔 ( )

3. 우리와 함께 종 된 사랑하는 ( )에게 너희가 ( ) 그는 너희를 위하여 그리스도의 ( )이요(1:7, 4:12).

4. 우리를 ( )에서 건져 내사 그의 사랑의 ( )로 옮기셨으니 그 아들 안에서 속량 곧 ( )을 얻었도다. 그는 보이지 아니하는 ( )이시요. 모든 피조물보다 ( )시니……

5. 그의 ( )로 화평을 이루사 ( ) 곧 땅에 있는 것들이나 하늘에 있는 것들이 그로 말미암아 자기와 ( ) 되기를 기뻐하심이라.

6. 내가 ( ) 된 것은 하나님이 너희를 위하여 내게 주신 ( )을 따라 하나님의 말씀을 이루려 함이니라.

7. 우리가 그를 ( )하여 각 사람을 ( )하고 모든 지혜로 각 사람을 ( )은 각 사람을 그리스도 안에서 ( )로 세우려 함이니 이를 위하여…… 힘을 다하여 ( )하노라.

제2장 [거짓 교훈과 바른 자세]
다음 말씀에서 (/)의 말 중에 틀린 것은 =로 지우시오.

1. (절) 이는 그들로 마음에 (사랑 / 위안)을 받고 사랑 안에서 연합하여 확실한 이해의 모든 풍성함과 하나님의 비밀인 (은혜 / 그리스도)를 깨닫게 하려 함이니.

2. (~ 절) 그러므로 너희가 그리스도 예수를 주로 받았으니 그 안에서 (행하되 / 살피되)…… 교훈을 받은 대로 믿음에 굳게 서서 (행복함 / 감사함)을 넘치게 하라.

3. (절) 그러므로 먹고 마시는 것과 (절기 / 절제)나 초하루나 (금식일 / 안식일)을 이유로 누구든지 너희를 (변론 / 비판)하지 못하게 하라.

4. (절) 아무도 꾸며낸 (겸손 / 희생)과 (천군 / 천사) 숭배를 이유로 너희를 정죄하지 못하게 하라.

5. (절) 너희가 세상의 초등학문에서 그리스도와 함께 (살았거든 / 죽었거든) 어찌하여 세상에 사는 것과 같이 (규례 / 불법)에 순종하느냐.

제3장 [그리스도인의 생활 원칙]

다음 물음에 답하시오.

1. 위에 것을 찾으면 거기에 누가 계신가?(1~4)

   -

2. 죽여야 할 '땅에 있는 지체'란 어떤 것인가? (5~8) -

3. 새사람은 어떤 자인가?(9~11절 읽고 답은 10절로) -

4. 15~17절에서 각 절에 나오는 같은 단어는?

   -

5. 다음에 이어지는 말씀을 쓰시오.(3:18~4:1)

   1) 아내들아~

   2) 남편들아~

   3) 자녀들아~

   4) 아비들아~

   5) 종들아(22절만)~

   6) 상전들아~

제4장 [권고와 인사]

다음 말을 이어서 쓰시오(문장의 끝까지만, 1~3문). 누구에 대한 말인지 이름을 쓰시오(4~7문).

1. 기도를 계속하고~

2. 우리를 위하여 기도하되~

3. 외인에게 대하여는~

4. 사랑을 받는 의사 -

5. 주 안에서 받은 직분을 삼가 이루라 -

6. 사랑 받는 형제요. 신실한 일꾼이요. 주 안에서 함께 종이 된 자 -

7. 이 편지를 너희에게서 읽은 후에 이 교회에서도 읽게 하고 또 이 교회로서 오는 편지를 너희도 읽으라. -

서신서

골로새서

데살로니가전후서 | 서신서 |

1, 2 Thessalonians

제목에 대한 해설

데살로니가인의 교회(1:1)에 보낸 서신이므로 〈데살로니가에 보낸 첫 번째(또는 두 번째) 편지〉, 〈데살로니가전서(후서)〉 등으로 불렸다.

저작에 대하여

〈데살로니가전 · 후서〉는 같은 저자에 의해 기록되어 같은 교회에 보내졌으며 거의 같은 시기에 기록되었다.

(1) **저자**: 바울과 실루아노와 디모데(살전, 후 1:1). 바울서신 중 〈고후, 빌, 골, 살전, 살후, 몬〉 등 6권의 발신인이 바울과 디모데로 되어 있다.

(2) **수신자**: 데살로니가인의 교회(마게도냐의 수도).

(3) **기록 연대 및 장소**: 주후 51~52년경 고린도에서 기록했다. 다만 후서는 전서 기록 후 몇 달의 간격이 있었을 것이다.

기록의 배경 및 특징

〈데살로니가전서〉

(1) 바울과 실라는 제2차 전도 여행 중에 빌립보 감옥에 갇혔다가 석방된다. 바울과 실라(행 16장)는 동역자 디모데와 함께 남쪽 지방을 통과해 데살로니가에 이르러 교회를 세웠다. 후에 자신들을 핍박하던 유대인들을 피해 아덴으로 가므로(행 17:1~15) 데살로니가에 있던 이방 종교에서 회심한 신자들은 외부의 도움 없이 박해에 직면하게 되었다.

(2) 〈데살로니가전서〉는 '환난 중에 승리하는 교회의 모습'을 가졌으나 승리의 간증과 종말에 대한 잘못된 생각이 교인들 간에 만연해 있는 신앙적인 어려움이 있었다. 그래서 바울은 먼저 이들의 충성과 인내를 칭찬하며, 임박한 재림의 날을 고대하며 소망 중에 믿음의 선한 싸움을 독려하게 된다.

〈데살로니가후서〉

(1) 첫 번째 서신에 나타난 격려의 메시지와 함께 그리스도의 재림과 재림을 대망하는 성도들이 생활 가운데 구현해야 할 성결한 삶을 기록한 데서 보다 진전된 형태로 나타난다.

(2) 〈데살로니가전서〉를 받고 그리스도께서 갑작스럽게 임하시리라는 말씀을 오해했던 사람들에게 바울은 그리스도의 재림에 관해 자세히 알려 주어야 할 필요를 느낀다. 그리스도가 재림한다면서 돌아다니며 일상생활에 충실하지 않고 들떠 있는 사람들에게 바울은 다시 오실 그리스도를 기다리는 건전한 태도를 가르친다.

(3) 〈데살로니가후서〉 47절 중 18절이 '그리스도의 재림'에 관한 내용을 담고 있다.

특기사항

(1) 그리스도의 재림 신앙(살전 4:13~5:11)

예수님이 이 땅에 초림하셨을 때는 인간의 몸으로 초라하게 마구간에 오셨지만 장차 도래할 그리스도의 재림은 만왕의 왕으로서 영광 중에 오실 것이다(4: 16). 재림의 시기는 아무도 모르지만(5:1, 마 24:36, 막 13:32), 성경은 그리스도 재림의 구체적인 시기보다는 재림을 예비하는 성도들의 자세에 더 초점을 모으고 있다(5:4~8). 곧 다가올 그리스도의 재림을 예비하는 성도로서의 거룩한 삶의 실천을 강조하고 있는 것이다(5:23, 요일 3:3).

(2) 재림 전의 배도(背道)(살후 2:3~4)

데살로니가 교회에 "영으로나 혹 말로나 혹 우리에게서 받았다 하는 편지로나 주의 날이 이르렀다"(2:2)고 하면서 혼란스럽게 하는 자들이 있었다. 그러나 바울은 주님의 재림이 있기 전에 먼저 배도하는 일과 멸망의 아들(적그리스도)의 출현을 예고한다. 즉, 적그리스도가 수많은 사람을 미혹하여 그들과 함께 그리스도를 대적하리라는 것이다(2:10~11, 딤후 4:3~4). 하나님은 이러한 반역자들의 횡포를 일시적으로 허용하지만 종말에 엄히 심판하실 것이다(2:6~8),

(3) 일하기 싫어하거든 먹지도 말게 하라

〈데살로니가후서〉 3:6~13에는 〈데살로니가전서〉 4:11~12에서와 같이, 일을 하여 자기의 생계를 위한 노력을 거부하는 자들에 대한 경고가 나타나 있다. 이들은 극도로 긴장된 임박한 종말 기대로 말미암아 일을 하지 않았고, 심지어 일거리를 만드는 골치 아픈 사람들이었다. 바울은 자신의 처신을 모범으로 제시했다(살전 2:9, 고전 4:12, 9:3~17 참고).

데살로니가전서 1~5장

그리스도의 재림(격려) (중요구절 살전 2:13)

바울은 환난을 이긴 데살로니가 교인들에게 칭찬과 격려를 한다(1장). 바울의 소망이나 기쁨이나 자랑의 면류관은 데살로니가 교회 자체였다(2장). 바울은 아덴에서 디모데를 데살로니가에 보냈다가 그가 기쁜 소식을 가져옴으로 위로를 받는다(3장). 그리스도의 재림에 대한 바른 가르침과 항상 깨어 있을 것에 대해 가르친다(4~5장).

서신서

데살로니가전후서

1
데살로니가 교인들의 믿음
성령의 기쁨으로 말씀을 받아

2
바울과 데살로니가 교회
하나님의 말씀으로 받음이니

3
디모데의 파송과 보고
믿음과 사랑의
기쁜 소식

4
주 예수의 재림
하늘로부터 강림하시리니

5
때와 시기에 관하여
너희는 빛의 아들이요

1. 바울의 데살로니가 교회 설립과정은 힘들었지만(행 17:1~9) 그 결과는 아름다웠다. 따라서 바울은 데살로니가 교인들을 칭찬한다. "너희의 믿음의 역사와 사랑의 수고와 우리 주 예수 그리스도에 대한 소망의 인내"(1:3), "너희는 많은 환란 가운데서 성령의 기쁨으로 말씀을 받아 우리와 주를 본받는 자 되었으니"(6절), "모든 믿는 자의 본이 되었느니라"(7절) 외에도 재림에 대한 기대(10절) 등 여러 절에서 데살로니가 교인들의 믿음을 칭찬한다. 바울도 교인들도 모두 훌륭했다.
2. 바울은 데살로니가 교회에 대하여 "유모가 자기 자녀를 기름과 같이"(2:7) 하였으며 "아버지가 자기 자녀에게 하듯"(2:11) 하였다. 즉, 보모의 심정으로 교인들을 대하였다. 오늘의 교회가 이러한 아름다운 관계를 갖도록 한다면 한국 교회는 훨씬 더 나은 발전을 할 것이고 분열의 아픔은 줄어 들 것이다.
3. 데살로니가 교회의 환난에 대한 소식에 염려하던 바울은 디모데를 파송했고 그가 돌아와서 데살로니가 교인들의 "믿음과 사랑의 기쁜 소식"(3:6)을 전해주므로 큰 위로를 받았다. 주의 종들은 성도들에 대한 사랑의 염려를 해야 하며 그들이 믿음 안에 있다는 소식으로 위로를 받는다.
4. 우리의 영적인 삶이 '어두움이냐 빛이냐'에 따라 그리스도의 재림을 맞이하는 결과는 다르게 된다. 그리스도의 재림이 도둑 같이 임하지 않게 되는 것은 우리가 빛의 아들로 사는 것이다. "형제들아 너희는 어둠에 있지 아니하매 그 날이 도둑 같이 너희에게 임하지 못하리니"

(5:4)라는 권면처럼 언제나 그리스도의 빛 가운데 살아야 한다.

5. 신앙은 지속성이 있어야 한다. 바울은 데살로니가 교인들에게 '항상', '쉬지 말고', '범사에'(살전 5:16~18)의 신앙생활을 강조한다. 성도들이 기뻐하는 일은 쉬우나 '항상'기뻐하기는 힘들다. 성도들이 기도하기는 쉬우나 '쉬지 말고'기도하기는 힘들다. 성도가 감사하기는 쉬우나 '범사(凡事)'에 감사하기는 힘들다. 그럴지라도 하나님의 뜻은 지속적인 것을 원하신다.

그리스 데살로니가의 중심지 전경

데살로니가 교회는 박해 가운데 세워졌다(살전 1:6, 행 17장). 데살로니가 중심지의 화려한 모습이다.

더 살펴보기

1. 본이 된 데살로니가 교회(살전 1:3~10)

'믿음, 소망, 사랑'이라는 세 가지 개념으로 공동체의 그리스도인 상태를 서술한다(1:3, 고전 13:13, 골 1:4~5). 이어서 복음의 전달과정과 그 결과들에 대한 교회의 본을 보여 주고 있다.

(1) 말로만이 아닌 복음이 능력과 성령과 큰 확신으로 전해졌다(5절).

(2) 데살로니가 교인들은 환난 가운데서 성령의 기쁨으로 말씀을 받았다(6절).

(3) 마게도냐와 아가야에 있는 모든 믿는 자에게 본이 되고 믿음의 소문이 각처에 퍼졌다(7~8절).

(4) 그리스도인의 실존을 보인다. 즉 옛 우상들로부터 돌아섬, 하나님께로 돌아옴, 살아계시고 참되신 하나님을 섬김, 부활의 신앙과 재림의 소망을 가졌다(9~10절).

2. 자는 사람들에 관하여(살전 4:13~18)

(1) 바울은 〈데살로니가전서〉 다섯 장 중에 4~5장 부분을, 〈데살로니가후서〉 세 장 중에 제2장을 '재림 신앙'을 다루는데 비중을 두었고 다른 장들에서도 부분적으로 재림에 관하여 말하고 있다. 이 중에 4:13이하에서는 당시의 성도들의 잘못된 사상을 지적한다. 그리스도의 재림이

〈데살로니가전서〉 배경

데살로니가는 로마 영토인 마게도냐 지역(빌립보, 베뢰아도 속했다)의 수도였다. 남쪽에 있는 아가야 지역에는 고린도와 아덴과 같은 도시들이 속해 있었다. "마게도냐와 아가야"(1:7)를 함께 묶으면 대략 지금의 그리스에 해당한다. 바울은 빌립보를 떠난 후에, 데살로니가에 교회를 세웠다(행 17:1). 바울이 데살로니가에 머무는 동안 적어도 두 번 이상 기독교인들로부터 재정적 도움을 받았다(빌 4:16). 이는 〈사도행전〉 17:1~10에 언급된 3주보다 더 오랜 기간 머물렀다는 것을 암시한다. 데살로니가에서 바울은 유대교에 관심을 가지고 있었던 이방인들에게 복음을 전했으나 데살로니가에서 바울의 성공을 시기한 유대인의 반대에 부딪쳤다(행 17:5~9). 그럼에도 바울의 선교는 순교적이었다(2:7, 11).

사슬에 매인 옥중의 바울 사도
바울은 로마 옥중에서 4권의 서신(〈에베소서〉, 〈빌립보서〉, 〈골로새서〉, 〈빌레몬서〉)을 기록하여 교회에 보냈다.

자신들의 당대에 올 줄로 생각했다. 그래서 그리스도의 재림 이전에 죽은 사람들, 즉 "자는 자들"(4:13)은 영광에 참석할 수 없다고 염려하였다.

(2) 이 문제에 대한 바울의 해답은 이미 죽은 자들도 같은 영광이 주어진다는 것이다. 그래서 "소망 없는 다른 이와 같이 너희들은 슬퍼하지 않게"하려고 이 가르침을 준다. "예수 안에서 자는 자들도 하나님이 그와 함께 데리고 오시리라"(4:14)고 확신을 주고 있다.

(3) 재림의 날에 그리스도는 하늘에서 지상에 강림할 것이다. "주께서 호령과 천사장의 소리와 하나님의 나팔 소리로"(16절)로 강림하실 때 죽은 자나 산 자가 다 같이 "구름 속으로 끌어 올려 공중에서 주를 영접하게 하시리니"(17절)라고 위로를 한다.

2. 인간에 대한 2분설과 3분설(살전 5:23)

바울은 서신의 말미에서 이런 권면을 한다. "평강의 하나님이 친히 너희를 온전히 거룩하게 하시고 또 너희의 온 영과 혼과 몸이 우리 주 예수 그리스도께서 강림하실 때에 흠 없게 보전되기를 원하노라"(5:23). 이 본문에 따르면 사람은 '영과 혼과 몸'으로 3분되어 있는 것처럼 보이지만 이것은 인간이 '영과 육'으로 이루어졌다는 2분설이 히브리의 인간관이었으나, 신약에 이르러서 헬라적인 사고로 인해 3분설이 성행하여 인간은 '영과 혼과 몸'으로 이루어졌다고 말하게 된 것이다. 그러나 전인(全人)이라는 말처럼 결국 2분설이든 3분설이든 한 인간을 말하는 것이며 중요한 것은 말씀처럼 사는 것이다.

데살로니가후서 1~3장

주님의 날(설명) (중요구절 살후 3:16)

바울은 데살로니가 교인들의 믿음과 사랑과 인내를 칭찬하며 환난을 이기도록 격려한다(1장). 주의 날이 이르렀다고 마음이 흔들리거나 두려워하지 말도록 권면하며 먼저 배도하는 일과 멸망의 아들(적그리스도)이 나타날 것임을 말한다. 믿음의 사람들에게 굳게 서서 바른 가르침의 전통을 지킬 것을 권면한다(2장). 바울은 성도들에게 기도를 부탁한다. 그리고 주의 날에 대한 오해로 현실 도피적인 태도를 보이는 사람들에게 조용히 일하며 자기 양식을 먹을 것을 권면한다(3장).

1. 바울은 데살로니가 교회에 칭찬을 아끼지 않는다. "너희가 견디고 있는 모든 박해와 환난 중에서 너희 인내와 믿음으로 말미암아 하나님의 여러 교회에서 우리가 친히 자랑하노라"(1:4)는 말씀처럼 믿음을 잘 지켰다. 이 환난을 받는 성도에게는 "안식으로 갚으시는 것이 하나님의 공의"(1:7)이시다. 그러나 "환난을 받게 하는 자들에게는 환난으로 갚으시고…… 영원한 멸망의 형벌을 받으리로다"(1:6, 9) 하였다. 바울에게 있어서 불신자에 대한 심판 사상은 구약의 예언자들 못지않게 강함을 알 수 있다(살전 5:16, 롬 12:19, 사 66:15~16, 렘 10:25, 계 18:6~7, 19:14~15).
2. 거짓이 진실을 호도하는 세상에서 성도들은 미혹되지 말고 믿음에 굳게 서야 한다. 바울도 데살로니가 교회를 향하여 "굳건하게 서서 말로나 우리의 편지로 가르침을 받은 전통을 지키라"(2:15)고 권면하였다. 당시 사람들이 바울의 말보다 거짓된 말, 특히 "주의 날이 이르렀다"(2:2)는데 미혹되었다. 오늘의 우리도 자신이 속한 교회에서 가르쳐 주는 하나님의 말씀을 소중히 여기고 신앙이 흔들리지 않도록 해야 한다. 이단 사설에 귀를 기울이면 결국 호기심에 마약을 시작하는 것과 같다.
3. 바울 같이 위대한 사도도 성도들에게 기도 부탁을 하였다. "너희는 우리를 위하여 기도하기를"(3:1)이라며 기도의 중요성을 보여 준다. 바울은 복음 증거에서 하나님의 보호하심을 기대했다. 그러기에 데살로니가 성도들에게 "우리를 부당하고 악한 사람들에게서 건지시옵소서

1

환난 받는 자에 대한 격려
성도들에게서
영광을 받으시고

2

주의 재림에 대한 훈계
먼저 배교하는 일이 있고

3

우리를 위하여 기도하라
일하기 싫어하거든
먹지도 말게 하라

〈데살로니가후서〉의 재림 신앙

〈데살로니가후서〉는 격려의 메시지와 함께 그리스도의 재림과 이를 대망하는 성도가 구현해야 할 성결한 삶을 〈데살로니가전서〉보다 진전된 형태로 기록하고 있다. 〈데살로니가전서〉를 받고 그리스도께서 갑작스럽게 임하시리라고 오해한 사람들에게 '다시 오실'그리스도의 재림에 관해 자세히 알려 주어, 재림에 대비한다면서 일상생활에 충실하지 않고 살아가는 사람들에게 다시 재림을 기다리는 바른 삶의 태도를 가르친다. 따라서 본 서신의 47절 중 18절이나 '그리스도의 재림'에 관한 내용을 담고 있다.

하라"(3:2)고 기도를 부탁한다. 하물며 우리가 기도하지 않을 수 있으며, 목회자를 위하여 기도하지 않을 수 있겠는가?

4. "이 편지에 한 우리 말을 순종하지 아니하거든 그 사람을 지목하여 사귀지 말고 그로 하여금 부끄럽게 하라"(3:14)며 훈계를 받아들이지 않는 자와의 관계 단절을 말한다. 오늘로 말하면 '왕따를 시키라'는 말처럼 보이지만, "원수와 같이 생각하지 말고 형제 같이 권면하라"(3:15)며 징계의 자세를 가르친다.

주의 날에 대하여(살후 2장)

(1) 주의 날은 구약의 '여호와의 날'에 해당하며 이 날은 심판의 날로서 하나님께서 이스라엘의 적들에게 보복하시는 날이다(욜 1:15, 2:1, 3:14, 사 2:12, 13:9, 렘 30:7, 겔 13:5, 암 5:18). 신약에서의 주의 날은 그리스도께서 다시 오시는 때를 말한다.

(2) 바울은 그리스도의 다시 오심을 '그날'(고전 3:13, 롬 13:12, 살후 1:10), '그리스도의 날'(빌 1:10, 2:16), '우리 주 예수의 날'(고전 1:8, 고후 1:14) 등으로 표현했다. '주의 날'에 신자는 영광스럽게 부활하고, 불신자들은 진노하시는 하나님 앞에서 심판을 받을 것이다.

(3) 데살로니가 교회는 그리스도의 재림시기에 대한 오해로 인해 많은 문제가 발생했으므로 바울은 '주의 날'이 임할 때 발생하게 될 징조를 알려줌으로써 성도의 삶에 변화가 있게 했다. 곧 종말이 임박했다는 그릇된 가르침에 미혹되어 삶의 자리를 맹목적으로 이탈해서 남에게 의지하여 살던 사람들을 바로잡으며 교회의 교훈에 순종하지 않는 자들을 논박하기 위해 주의 날이 임하기에 앞서 배교하는 일과 불법의 사람이 나타나 진리를 왜곡하고 사람들을 미혹하는 일이 있을 것임을 밝히고 있는 것이다(살후 2:2~4, 단 9:27, 마 24:25, 계 11:7).

더 살펴보기

1. 일하기 싫거든 먹지도 말라(살후 3:6~13)

(1) 재림 신앙에 대한 오해는 실생활에서 문제가 발생했다. 즉 일은 하지 않고 임박한 종말사상으로 그리스도의 재림에 대한 기대로 인해 문제가 생기는 것이다. 이미 〈데살로니가전서〉 4:11~12에서도 "조용히 자기 일을 하고 너희 손으로 일하기를 힘쓰라"(살전 4:11)고 하여 자신의 양식 벌기를 거부하는 자들을 경고하였다. 그들은 임박한 종말사상 문제와 함께 "게으르게 행하여 도무지 일하지 아니하고 일을 만들기만 하는 자들"(3:11)이라는 지적으로 보아 성실하지 않았을 뿐아니라 또한 문제를 만드는 사람들이었다.

(2) 바울은 자신의 성실한 태도를 말하면서 "누구에게든지 음식을 값없이 먹지 않고 오직 수고하고 애써 주야로 일함은 너희 아무에게도 폐를 끼치지 아니하려 함이니"(3:8)라 하여 자신의 처신을 모범으로 제시하였다(살전 2:3, 고전 4:12, 9:3~17 참고). 이러한 생활 태도를 가진 바울은 데살로니가 교회에 잘못된 재림 신앙을 가진 자들을 향해 경고하기를 "누구든지 일하기 싫어하거든 먹지도 말게 하라"(3:10)고 하였다.

B I B L E

성경 질문지

데살로니가전서 1~5장 그리스도의 재림(격려)

제1장 [데살로니가 교인들의 믿음]

다음 성경을 읽으며 (   ) 속에 알맞은 말을 적으시오(본문 요약).

1. 데살로니가서는 (   )과 실루아노와 디모데가 (   )인의 교회에 보낸 편지이다.

2. 바울이 기도할 때에 이들(데살로니가 교인들)을 말함은 (   )의 역사와 (   )의 수고와 예수 그리스도에 대한 (   )의 인내를 하나님 앞에서 끊임없이 기억함이다.

3. 바울이 전한 복음은 말로만 이른 것이 아니라, 또한 (   )으로 된 것이다.

4. 데살로니가 교인들은 많은 (   ) 가운데서 성령의 기쁨으로 (   ) 우리와 주를 본받은 자가 되었다.

5. 복음을 받을 때와 과정과 현재를 나타낸 9~10절의 세 가지 믿음의 행위를 살펴보라.
   1) 우리가 어떻게 너희 가운데에 (   ),
   2) 어떻게 (   ) 하나님께로 돌아와서 (   ) 하나님을 섬긴 것,
   3) 그의 아들이 하늘로부터 (   )을 너희가 어떻게 기다리는지를 말하는 것.

제2장 [바울이 전한 복음]

다음 말씀이 몇 절에 나오는지 그 절수를 쓰시오(차례대로가 아님).

1. 유대인은 주 예수와 선지자들을 죽이고 우리를 쫓아내고 하나님을 기쁘시게 하지 아니하고 모든 사람의 대적이 되어. - (절)

2. 하나님께 옳게 여기심을 입어 복음을 위탁 받았으니…… 감찰하시는 하나님을 기쁘시게. - (절)

3. 우리는 너희 가운데서 유순한 자가 되어 유모가 자기 자녀를 기름과 같이 하였으니. - (절)

4. 우리가 너희 각 사람에게 아버지가 자기 자녀에게 하듯 권면하고 위로하고 경계하노니. - (절)

5. 우리의 소망이나 기쁨이나 자랑의 면류관이 무엇이냐? 그가 강림하실 때…… 너희는 우리의 영광이요 기쁨이니라. - (~   절)

6. 너희가 우리에게 들은 바 하나님의 말씀을 받을 때에 사람의 말로 받지 아니하고 하나님의 말씀으로 받음이니. - (절)

제3장 [디모데의 파송과 보고]

다음 말에서 틀린 하나의 단어에 밑줄을 긋고 바르게 고치시오.

1. 바울 일행은 아덴에 머물고 하나님의 일꾼인 디도를 데살로니가에 보냈다. →

2. 디모데가 아덴으로부터 돌아와서 믿음과 사랑의 기쁜 소식을 전하였다. →

3. 바울 일행은 궁핍과 환난 가운데서 데살로니가 교인들의 소망으로 말미암아 위로를 받았다.

→

서신서
데살로니가전후서

4. 바울은 기도하기를 "우리 주 예수께서 그의 모든 천사와 함께 강림하실 때에 하나님 우리 아버지 앞에서 거룩함에 흠이 없게 하시기를"구했다.

→

5. "굳건하게(굳게)"라는 표현이 나타난 곳은 2절, 7절, 13절이다. →

제4장 [주 예수의 강림]
다음 물음에 답하시오.

1. 하나님의 뜻, 즉 거룩함의 실제는 무엇인가? (1~8절 읽고 답은 3~6절로)
 -

2. 하나님이 우리를 거룩하게 하시려는 부르심을 저버리면 결국 누구를 저버리는 것인가?(7~8)
 -

3. 형제 사랑의 근거는 어디로부터 오는가?(9~12)
 -

4. 자는 자들(죽은 자들)에 관하여 말하는 이유는? (13~18) -

5. 다음 종말 사건을 순서대로 (　　) 안에 번호를 쓰시오(14~18).
 1) 공중에서 주를 영접함. (　　)
 2) 우리가 항상 주와 함께 있으리라.(　　)
 3) 천사장의 소리와 하나님의 나팔소리. (　　)
 4) 살아남은 자들도 함께 구름 속으로 끌어 올림. (　　)
 5) 그리스도 안에서 죽은 자들이 먼저 일어남. (　　)

제5장 [때와 시기에 관하여]
다음 서로 관계가 있는 말씀끼리 연결하시오.

1. 그날이 도둑 같이 너희에게 임하지 못하리니 • 　　• 가)
2. 하나님이 우리를 세우심은 • 　　• 나)
3. 악으로 악을 갚지 말게 하고 • 　　• 다)
4. 범사에 감사하라 • 　　• 라)
5. 범사에 헤아려 좋은 것을 취하고 • 　　• 마)
6. 너희의 온 영과 혼과 몸이 • 　　• 바)

가) 항상 선을 따르라.
나) 너희를 향하신 하나님의 뜻이니라.
다) 너희는 다 빛의 아들이요.
라) 그리스도로 말미암아 구원을 받게 하심이라.
마) 흠 없이 보전되기를 원하노라.
바) 악은 어떤 모양이라도 버리라.

데살로니가후서 1~3장 주님의 날(설명)

제1장 [환난 받는 자에 대한 격려]
다음 (　　) 안에 알맞은 말을 적어 성구를 완성하시오.

1. (　　　)과 (　　　)와 (　　　)는 하나님 우리 아버지와 주 예수 그리스도 안에 있는 (　　　)에 편지하노니 하나님 아버지와 주 예수 그리스도로부터 (　　　)이 너희에게 있을지어다.

2. 너희의 믿음이 (　　　) 너희가 다 각기 서로 사랑함이 (　　　) 그러므로 너희가 견디고 있는 모든 박해와 환난 중에서 너희 (　　　)으로 말미암아 하나님의 여러 교회에서 우리가 친히 (　　　)하노라.

3. 환난을 받는 너희에게는 우리와 함께 (　　　)으로 갚으시는 것이 (　　　)시니 주 예수께서 자기의 능력의 (　　　)들과 함께 하늘로부터 불꽃 가운데에 나타나실 때에 하나님을(　　　)들과 우리 주 예수의 복음에 (　　　)들에게 (　　　)을 내리시리니……

4. 우리도 항상 너희를 위하여 (　　　)은 우리

서신서 데살로니가전후서

하나님이 너희를 ( )로 여기시고 모든 선을 기뻐함과 ( )를 능력으로 이루게 하시고……

제2장 [주의 재림에 대한 훈계]

다음에 이어지는 말씀을 적으시오.

1. (절) 너희가 미혹되지 말라~

2. (절) 불법한 자가 나타나리니~

3. (절) 우리가 항상 너희에 관하여 마땅히 하나님께 감사할 것은~

4. (절) 형제들아 굳건하게 서서~

제3장 [우리를 위하여 기도하라]

다음 물음에 답하시오.

1. 우리를 위하여 기도해 달라는 내용은 무엇인가?
   - 〈참고: 주의 말씀이~건지시옵소서〉 (1~5)
   -

2. 어떤 자에게서 떠나라 하였는가?(6~15)

   -

3. 바울이 본을 보여 준 것은 무엇인가?(7~9)
   -

4. 어떤 자에게 조용히 일하여 자기 양식을 먹으라 했는가?(10~12) -

5. 〈갈라디아서〉 6:9과 비슷한 내용이 들어 있는 구절은?(6~15)

   - 〈데살로니가후서〉 3장 (절)

6. 순종하지 않는 자라도 어떻게 권면해야 하는가?

(14~15) -

서신서 데살로니가전후서

디모데전후서 | 서신서 |

1, 2 Timothy

제목에 대한 해설

헬라어 제목은 '프로스 티모테온 알파(베타)'로서 〈디모데에게 (보낸) 첫 번째(두 번째) 편지〉라는 뜻으로 알파, 베타는 전서, 후서의 구분이다. 또는 교회는 〈디모데전(후)서〉라 하였다.

저작에 대하여

(1) **저자**: 사도 바울(1:1). 현대 학자들 중에는 바울 사후에 다른 사람이 바울의 권위 있는 이름으로 썼다고 하는 이들도 있다.

(2) **수신자**: 디모데(1:2). 바울서신 중 〈고후, 빌, 골, 살전, 살후, 몬〉 등 6권의 발신인이 바울과 디모데로 되어 있는데, 〈디모데서〉에서는 수신자이다.

(3) **연대 및 장소**: 〈디모데전서〉의 기록 시기는 바울이 에베소에서 3년간 머물고 난 후(행 19:8~10, 20:31), 적어도 8년 경과된 때로서 대략 63~65년경 마게도냐에서 기록한 것으로 보인다. 한편 〈디모데후서〉는 66~67년경에 로마에서(1:15~17) 기록한 것으로 볼 수 있다.

본서의 배경 및 특징

〈디모데전서〉

(1) 바울은 디모데에게 편지를 하여 에베소 교회를 잘 돌보라고 권면하였다(딤전 1:3~4). 당시 바울은 마게도냐에 있었던 것 같다. 그는 가까운 장래에 에베소를 방문할 수 없다는 것을 깨닫고(3:14~15), 본 서신을 기록하였다.

(2) 본서의 목적으로 ① 거짓 교사들로 인해 악전고투하는 디모데를 격려하기 위하여, ② 디모데가 바울의 권위 아래 일하는 것을 교회들에게 보여 주기 위하여, ③ 교회 내의 제도화를 정비하기 위하여, ④ 교회 성도들 각 사람의 훈련을 위하여 등을 생각할 수 있다.

〈디모데후서〉

(1) 〈디모데전서〉와 〈디도서〉는 바울의 에베소 체류 이후에 그의 마게도냐 활동 시기에 속하며(행 20: 1~4), 〈디모데후서〉는 바울이 다시 로마에서 수감된 때인 64년 7월 로마 대화재 이후로 바울의 마지막 서신이다(행 28:16, 30~31).

(2) 디모데의 어머니는 유대인이고 아버지는 헬라인이었다. 디모데는 바울의 제2차 전도 여행 중에 바울에게 발탁되었다(행 16:1~3, 딤후 1:5). 바울은 신생 교회 방문에 디모데를 자주 파송했다(데살로니가, 고린도, 빌립보).

특기사항

(1) 목회서신에 대하여

〈디모데전서〉, 〈디모데후서〉, 〈디도서〉, 이 세 권은 '목회서신'으로 교회의 치리와 목회자(디모데, 디도)가 갖추어야 할 지침들을 교훈하고 있다. 중세의 신학자 토마스 아퀴나스(1227~1274)는 "이 세 편지는 모두 교회에서 양을 치는 것에 관해 다루었다."고 말하였다. 이것을 '목회서신'이라고 부르게 된 것은 1726년 폴 안톤(Paul Anton)이 〈목회서신 강의〉라고 명명한 유명한 연속 강의를 행한 이후이다.

목회서신은 편지의 형식으로 바울의 가장 친밀한 동역자 두 사람에게 보낸 것으로 〈디모데전서〉와 〈디도서〉에는 교회 조직에 관한 지시, 각 계층에 대한 보고, 거짓 교사들에 대한 논박과 교회의 제도 문제를 신학적 개념이나 언어나 문체에 있어서 동일하게 취급하고 있다. 반면에 〈디모데후서〉는 바울이 자기 제자에게 굳게 서서 이단과 싸우라고 한 권면을 수록하고 있다. 세 편지의 수신자가 모두 개인으로 되어 있지만 실제 개인적인 서신의 내용으로 된 것은 〈디모데후서〉뿐이다.

(2) 현대의 선교에 적응하는 서신

〈디모데서〉를 잘 읽어 보면 초대교회의 형태를 엿볼 수 있는데 이것은 〈디모데서〉의 흥미 있는 점이다. 초기였던 이 시기에서 당시의 교회는 이교도라는 대해에 떠 있는 고도와도 같았다. 이교도적 배경을 지녔던 사람들이라서 자신들이 당초에 벗어났던 이교적인 기반으로 되돌아간다는 것은 쉬운 일이었다. 그들의 맑은 마음을 흐리게 하는 불온한 분위기가 그들을 뒤덮고 있었다. 현대의 선교사들이 선교에 있어서 새로운 교회에 이 목회서신이 가장 직접적인 호소를 준다는 경험을 말한다. 즉 인도나 아프리카나 중국 등 초기의 교회들에서 이 말씀의 재현이 이루어진다. 왜냐하면 이 서신에서는 성장 도상에 있는 교회들에서 야기되는 문제들을 손쉽게 엿볼 수 있기 때문이다.

믿음을 보호함 (중요구절 딤전 3:15하반절)

〈디모데전서〉에서 바울이 그의 믿음의 아들 디모데에게 목회적인 지침들을 주고 있다. 먼저 다른 교훈을 가르치지 말라 권면한 것을 회상한다. 바울은 자신을 충성되게 여겨 직분을 주신 주님께 감사한다(1장). 모든 사람들을 위하여 기도할 것을 권하고(2장), 감독과 집사의 자격에 대한 가르침과 경건의 비밀을 말한다(3장). 잘못된 절제들에 대하여 지적하며 참된 경건을 가르친다(4장). 여러 성도들을 대하는 태도와 장로들을 존경하라고 권면한다(5장). 믿음의 선한 싸움을 싸우라고 한다(6장).

1. 바울은 "그리스도 예수 우리 주께 감사함은 나를 충성되이 여겨 직분을 맡기심이니"(1:12)라고 하였다. 그는 박해자였으나 하나님께서 부르신 은혜에 대한 본보기 인물이다(행 9:1~19, 고전 15:9~10, 갈 1:13~16). 자신이 "전에는 비방자요 박해자요 폭행자였으나 도리어 긍휼을 입은 것은"(13절)이라며 감사가 넘친다. 비록 "알지 못하고 행한 일"이지만 "죄인 중에 내가 괴수"(15절)로 자신을 낮추며 주님의 일꾼으로서 각오를 보인다. 우리도 지난날의 부족에도 불구하고 직분을 주심에 감사한다.
2. "육체의 연단은 약간의 유익이 있으나"(4:8)에서 '육체의 연단'은 훈련이 아니라 3절에서 말한 "혼인을 금하고 어떤 음식물은 먹지 말라"는 금욕 수행을 뜻한다. 이에 대조하여 경건 즉 믿음과 사랑 안에서 하나님과 함께 하는 삶을 연마하는 것은 더 유용하고 좋은 훈련이다. 그러기에 바울은 "경건에 이르도록 네 자신을 연단하라"(4:7)고 권면한다. 운동선수가 꾸준한 연습을 통해 좋은 경기를 할 수 있듯이 성도도 갑자기 경건한 사람이 되는 것이 아니라 주님 안에서 꾸준한 자기훈련을 통해서 된다.
3. 바울은 디모데에게 "내가 이를 때까지 읽는 것과 권하는 것과 가르치는 것에 전념하라"(4:13)고 권면하였다. '읽는 것'은 성경을 회중 앞에서 읽는 전통을 말한다(딤후 3:15~16). 이것은 어느 시대나 해야 할 교회의 기본적인 과정이다. 오늘 우리가 성경을 읽으며 공부를 하니 감사한 일이다.

1
내게 직분을 맡기심
믿음과 착한 양심을 가지라

2
바른 생활을 위한 가르침
이방인의 스승이 되었노라

3
감독, 집사의 자격
선한 일을 사모하는 것이라

4
경건에 이르기를 연습
하나님의 말씀과 기도로 거룩

5
교회를 다스리는 원칙
편견이 없이 이것들을 지켜

6
각급 성도들에게
믿음의 선한 싸움을 싸우라

4. 믿음은 선한 싸움의 행위이다. 바울은 디모데에게 "선한 싸움을 싸우며"(1:18)라 했고, 서신의 말미에도 "믿음의 선한 싸움을 싸우라"(6:12)고 권면한다. 이런 싸움은 목표를 향한 달음질이다(고전 9:25~26, 빌 3:12~14, 딤후 4:27). 선한 싸움을 통해 영생을 취하며 "이를 위하여 부르심을 받았고 많은 증인 앞에서 선한 증언을 하였도다"(12절). '선한 증언'이란 세례식이나 위임식에서 증언하는 것을 말할 것이다. 우리 믿음은 입술의 고백으로 나타난다.

더 살펴보기

1. 교회에서의 남자와 여자의 처신(딤전 2:9~15)

(1) 남자들에게는 '손을 들어 기도하라'고 간단히 권면한 반면, 여자에 대해서는 현대에는 받아들이기 힘든 것으로 여겨지는 충격적인 말씀들을 하고 있으나 여기에는 배경적인 이해가 필요하다. 당시에 교회 공동체는 영지주의자들에게 위협을 당하였는데, 그 집단에서 여자들은 주도적이며 선교적으로 공격적인 역할을 했다(2:12, 5:13, 딤후 3:6). 그들은 성경 이외의 자료들이 증거하는 바와 같이 여자들은 성적 역할을 극복해야 한다는 견해를 대변했음이 분명하며, 성관계와 혼인과 자녀 출산의 포기를 요구했다(4:3). 따라서 바울의 2:11~15 말씀은 이러한 주장에 대한 반응이다.

(2) 여자들은 순종해야 한다(2:11, 엡 5:22). 여자들이 공식 석상에서 가르치려고 한다면 이는 남자(남편)를 지배하려는 처사이다(2:12, 고전 14:34). 남자의 우위성은 〈고린도전서〉 11:9에서와 같이 창조기사에 근거를 두었다(창 2:18, 그렇지만 1:27 참고). 여자를 멸시하는 것은 타락 사회로 근거를 댄다(창 3:6).

(3) "그의 해산함으로 구원을 얻으리라"(2:15)라는 말씀도 위의 배경에서 보아야 한다. 구원은 자신의 역사성과 그 결과에 대하여 거부하는 자세를 취함으로써가 아니라 그것들을 하나님의 선물로 받아들이므로

이루어진다(5:14, 딛 2:4). 그러니까 15절은 아이를 낳는 것을, 그리스도에 대한 믿음과 독립적으로 여자들을 위한 구원의 길이라고 서술하는 것이 아니라 이른바 영지주의적 구원의 길을 위하여 여자들이 그들의 자연적 규정을 거부하는 태도로부터 그것을 풀어 주는 것이다.

(4) 따라서 이 전체 단락은 이단에 대한 규정이지 교회 안에서 여자의 역할을 모든 시대에 적용하도록 확정시키는 말씀이 아니다. 교회에서 거부되어야 하는 것은 여자로 하여금 여자가 되도록 하는 것을 막는 그러한 사랑, 구원론, 역할 규정들이다. (독일성서공회판,《관주해설 성경전서》, pp. 496~497)

2. '감독'과 '집사'(딤전 3장, 딛 1장)

(1) 바울은 이들이 교리적인 면보다는 불신 사회 속에서 좋은 평판을 받는 것과 인간성에 더 초점을 맞추고 있다. 교리와 믿음은 기본적인 것이기에 언급하지 않은 듯하다.

(2) "교회 지도자"는 전통적으로 "감독"이라고 번역한다. 바울 시대에 이 용어는 여러 교회의 영적 생활을 감독하는 한 개인에 대하여 훗날에 가졌던 전문적인 의미는 갖지 않았다. 오히려 이 용어는 같은 교인들 내부에서 직분을 담당하는 지도자들(또는 단 한 사람)에 대해서 사용되었다고 본다.

(3) "조력자들"은 전통적으로 "집사들"로 번역한다. 그러나 이 말은, 훗날 갖게 된 것과 같은 교회 지도체제의 분명한 질서를 나타내는 전문적인 의미를 지니는 것은 아니다.

	자 질	감독	집사	관련성구
1	책망할 것이 없음	■	■	딤전 3:2,10, 딛1:6~7
2	한 아내의 남편 됨	■	■	딤전 3:2,12, 딛 1:6
3	절제함	■		딤전 3:2, 딛 1:8
4	신중함	■		딤전 3:2, 딛 1:8
5	단정함, 정중함	■	■	딤전 3:2,8, 딛 1:7
6	나그네를 대접함	■		딤전 3:2, 딛 1:8
7	가르치기를 잘함	■	■	딤전 3:2, 5:17, 딛1:9
8	술을 즐기지 않음	■	■	딤전 3:3, 8, 딛 1:7
9	구타하지 않음	■		딤전 3:3, 딛 1:7
10	관용함	■		딤전 3:3
11	다투지 않음	■		딤전 3:3,
12	돈을 사랑하지 않음	■		딤전 3:3
13	자기 집을 잘 다스림	■	■	딤전 3:4, 12
14	새로 입교한 자는 불가	■		딤전 3:6
15	외인에게도 선한증거 얻음	■		딤전 3:7
16	더러운 이득을 탐하지 않음	■	■	딤전 3:8, 딛 1:7
17	깨끗한 양심		■	딤전 3:9
18	믿음의 비밀을 가짐		■	딤전 3:9
19	일구이언을 하지 않음		■	딤전 3:8
20	믿는 자녀를 둠	■	■	딤전 3:4,12, 딛 1:6
21	고집대로 하지 않음	■		딛 1:7
22	급히 분내지 않음	■		딛 1:7
23	선행을 좋아함	■		딛 1:8
24	의로우며 거룩함	■		딛 1:8

디모데후서 1~4장

믿음을 전파함 (중요구절 딤후 2:2)

바울은 이 서신을 쓰면서 죽음이 임박했음을 느낀다. 박해 중에도 에베소에서 교회를 돌보는 믿음의 아들 디모데에게 마지막 서신을 보내 참된 믿음을 격려하고 계속해서 복음의 능력 위에 굳게 설 것을 권면한다(1장). 그리고 복음을 다른 사람들에게도 부탁하여 진리가 드러나도록 명령한다(2장). 바울은 헛된 종교나 거짓된 교리에 사람들이 미혹될 것을 염려한다(3장). 하나님의 사람으로서의 직무를 말하고 여러 사람들을 언급하며 다양한 평가를 한다(4장).

1. 디모데는 그 출신이 독특하다. 바울의 2차 전도 여행 때에 발탁되었다. "바울이 더베와 루스드라에 이르매 디모데라 하는 제자가 있으니 그 어머니는 믿는 유대 여자요 아버지는 헬라인이라"(행 16:1)고 하였다. 그의 성품이 온화한 것으로 추측되는 것은 바울의 가르침에 "네 연소함을 업신여기지 못하게 하고"(딤전 4:12), "주를 위하여 갇힌 자된 나를 부끄러워 말고"(1:8), "너는 청년의 정욕을 피하고"(2:22) 등에서 디모데의 성품을 조금이나마 엿볼 수 있다. 디모데의 "이 믿음은 먼저 네 외조모 로이스와 네 어머니 유니게 속에 있더니 네 속에도 있는 줄을"(5절)이라는 말처럼 모계 쪽에 믿음의 유산을 가진 복된 자이다. 우리도 믿음의 유산을 잘 이어가야 한다.
2. 주의 일꾼은 주를 위하여 사는 자이다. "오직 하나님의 능력을 따라 복음과 함께 고난을 받으라"(1:8) 하였고, "너는 그리스도 예수의 좋은 병사로 나와 함께 고난을 받으라"(2:3)고 하였다. 주를 위해 사는 자는 영광보다 고난이 많을 수 있다. 한국 교회는 영광만 추구하지 고난에 동참하는 자세가 부족하다. 주를 위한 고난을 감사했던 신앙의 선조들의 믿음을 배워서 고난에 대처해야 한다.
3. 성경은 "교훈과 책망과 바르게 함과 의로 교육하기에 유익"(3:16)한 하나님의 말씀이다. 그런데 현대 교회에서 교인들을 책망하고 있는가? 오히려 교인들 비위 맞추기에 급급한 현실이다. 이러한 지도자도 문제지만, 책망과 바르게 함을 위한 말씀을 거부하는 교인들도 문제이다. 책망 한 마디 듣고 거기에 열 마디를 붙여 온 교우들에게 광고하는 교

1
이 복음을 위하여
복음과 함께 고난을 받으라

2
인정받는 일꾼
그리스도 예수의 좋은 병사

3
가까워진 말세의 징조
말세의 고통하는 때가 이르러

4
바른 교훈을 전파
전제와 같이 내가 부어지고

인들이 얼마나 많은가?

4. 바울은 디모데에게 "너는 말씀을 전파하라"(4:2)고 권면하였다. 여기에는 세 가지의 원리가 있다 ① 때를 얻든지 못 얻든지, ② 항상, ③ 힘쓰라는 것이다. 누구든지 이 원리를 따른다면 전도를 못한다는 핑계는 할 수 없을 것이다. 우리도 말씀을 전파하여 전도의 결실 맺기를 기도하자.

더 살펴보기

1. 바울이 선포한 구원(딤후 1장)

"하나님이 우리를 구원하사 거룩하신 소명으로 부르심은 우리의 행위대로 하심이 아니요 오직 자기의 뜻과 영원 전부터 그리스도 예수 안에서 우리에게 주신 은혜대로 하심이라"(1:9) 하였다. 여기에서 말하는 '구원'은 만인을 위해 준비한 구원을 나타내며, '거룩한 소명'은 이 구원을 주시기 위하여 개인적으로 부르신다는 의미이다. 그런데 그 구원은 '하나님의 뜻'과 '우리에게 주신 은혜'이다. 즉 하나님의 주권적인 선행(先行) 행위이시다. 바울서신들의 여러 곳에서 이를 지적한다(롬 1:17, 3:20~24, 10:5~13, 11:6, 갈 2:16, 3:6~14, 6:14~15, 엡 2:9, 딛 3:5). 은혜로 구원하심은 우리에게 거저 주시는 것으로(엡 2:6~7), '영원 전부터', 즉 우리의 행위가 아닌 하나님의 은혜가 선행되었음을 말한다.

〈디모데후서〉가 말하려는 것

바울이 디모데에게 보내는 두 번째 편지인 〈디모데후서〉는 젊은 동역자요 보조자인 디모데에게 주는 개인적인 권고로 구성되어 있다(행 16:1). 주된 주제는 인내이다. 바울이 디모데에게 권고하고 격려하는 내용은, 모든 고난과 반대에 직면하여도, 예수 그리스도를 계속 충실하게 증언하고, 복음과 구약의 참된 가르침을 견지하고(3:15 설명), 선생으로서 복음 전도자로서 의무를 다하라는 것이다. 디모데는 특별히 "망령되고 헛된 말"에 휩쓸리게 되는 위험에 대한 경고를 받고 있다(2:16). "망령되고 헛된 말"은 이 말을 듣는 사람들을 파멸시키는 일 이외에 유익한 점이 조금도 없다. 이 모든 권고 가운데, 디모데는 바울 자신의 삶과 목적의 모본, 즉 그의 믿음, 인내, 사랑, 고난의 견딤, 박해에서 오는 고통 등을 특별히 기억하라는 것이다. (UBS 세계성서공회판《Good News Study Bible》, 디모데후서 개론)

2. "전제와 같이 부어지고"라는 의미(딤후 4:6~7)

"전제와 같이 내가 벌써 부어지고 나의 떠날 시각이 가까웠도다. 나는 선한 싸움을 싸우고 나의 달려갈 길을 마치고 믿음을 지켰으니."

(1) "부어지고"로 번역된 말은 제사 용어로서 제물 위에 포도주를 '전제(奠祭, drink offering)로 붓는 것'을 의미한다(민 15:1~10). 바울은 잃어버린바 된 자를 그리스도께 인도하는 자신의 사역을 하나님께 대한 제물로 생각했으며(롬 15:16, 빌 2:17), 또한 자신이 이제 임박한 죽음으로

써 그러한 희생을 완성할 것이라 생각하고 있었다.

(2) "떠남"이란 말은 '천막을 걷는', '막사를 철거하는', '닻을 푸는'것을 의미한다. 4:17에 나타난 그의 증거는 〈다니엘〉 4:16~23에서의 다니엘이 사자굴 속에서 구원받은 일과 대조될 것이다.

로마의 부유한 여인들의 몸단장
로마 부유층의 두 여인이 몸종들로부터 몸에 기름을 바르며 좋은 옷을 입고 있는, 로마의 벽화이다. 성경에서는 머리나 금이나 진주가 아닌 선행으로 단장하라고 권한다(딤전 2:9~10).

4. 버림 받았던 바울(딤후 1:15, 4:17)

바울은 자신의 선교 사역을 거의 마감하는 이 때에 지난 날들을 되돌아보며 "아시아에 있는 모든 사람이 나를 버린 이 일을 네가 아나니"(1:15)라 하면서 자신이 감옥에 갇혔을 때 사람들의 상반된 태도를 지적한다. 자신을 버린 부겔로와 허모게네에 반하여 오네시보로는 바울을 자주 격려하였다. 또한 "내가 처음 변명할 때에 나와 함께 한 자가 하나도 없고 다 나를 버렸으나"(4:16)라고 하였는데, 이것을 바울의 1차로 로마 감금(행 28:16~31)의 맥락에서 일어나 소송과 관련된 것으로 보기도 하는데, 그보다는 첫 번째 어떤 재판 심리를 말하는 것 같다. 그 때에 동역자들이 바울을 다 버리고 떠나 버렸던 일을 회상하면서 섭섭했겠지만, 바울은 결국 예수님의 심정으로 "그들에게 허물을 돌리지 않기를 원하노라"(4:16)고 하였다.

B I B L E

성경 질문지

디모데전서 1~6장 믿음을 보호함

제1장 [내게 직분을 맡기심]
다음 물음의 답을 ( )를 채워 완성 하시오.

1. 디모데서의 발신 및 수신자는?(1~2) - ( ) 이 ( )에게 보낸 서신이다.
2. 디모데에게 '에베소에 머물라'한 이유는?(3~4) -
3. 교훈의 목적은?(5절) - 청결한 ( )과 선한 ( )과 거짓이 없는 ( )에서 나오는 사랑이다.
4. 바울이 주께 감사하는 이유는?(12~17) - 나를 ( ) 되이 여겨 내게 ( )을 맡기심.
5. 바울이 전에는 어떤 자였으며 지금은?(13) - ( )요, ( )요, ( ) 였으나 도리어 ( )을 입음.
6. 예수님의 오심과 바울은?(15~17) - 예수께서 ( )하시려고 세상에 임하셨다…… 죄인 중에 내가 ( )니라.
7. 양심을 버렸고 믿음에 관하여는 파선한 자는?(18~20) - 그 가운데 ( )와 ( )가 있으니……

제2장 [바른 생활을 위한 가르침]
다음 물음에 답하시오.

1. 모든 사람을 위하여 할 것은?(1~7절 읽고 답은 1절에서 네 단어로) -
2. 하나님이 원하시는 것?(2~4)

   -
3. 하나님과 사람 사이에 중보자는 누구신가?(5~6) -
4. 각 처에서 남자들이 어떻게 해야 하는가?(8절)

   -
5. 여자들은 무엇으로 자기를 단장해야 하는가?(9~15절 읽고 답은 9절로)

   -
6. 당시에 여자가 가르치는 것과 남자를 주관하는 것에 대한 바울의 입장은?(12절)

   -

제3장 [감독, 집사의 자격]
다음 말이 해당하는 '감독', '집사', 둘 다 해당되면 '감, 집'이라 쓰시오.

1. 선한 일을 사모한다. - ( )
2. 한 아내의 남편이 되며 - ( )
3. 단정하고 일구이언을 하지 아니하고 - ( )
4. 술을 즐기거나 인박이지 아니하고 - ( )
5. 깨끗한 양심에 믿음의 비밀을 가진 자

   - ( )
6. 가르치기를 잘하며 - ( )
7. 책망할 것이 없으며 - ( )

8. 자기 집을 잘 다스리는 자 - (　　　)

9. 구타하지 아니하며 관용하며 - (　　　)

10. 돈을 사랑하지 아니하며 - (　　　)

11. 절제하며 - (　　　)

12. 외인에게서도 선한 증거를 얻은 자 - (　　　)

제4장 [경건에 이르기를 연습]
다음 말이 맞으면 O표 하고 틀리면 X표 하시오.

1. '혼인(婚姻)을 금하고 어떤 음식물은 먹지 말라'는 가르침은 경건함으로 받을 일이다.- (　　　)
2. 하나님의 말씀과 기도로 거룩하여 진다.- (　　　)
3. 망령되고 허탄한 신화를 따르며 경건에 이르도록 자신을 연단해야 한다.- (　　　)
4. 바울은 디모데가 연소(年少)하였으나 믿는 자에게 본이 되라고 권면하였다.- (　　　)
5. '읽는 것과 권하는 것과 가르치는 것에 전념하라'고 권면하였다.- (　　　)

제5장 [교회를 다스리는 원칙]
다음 물음에 답하시오.

1. 다음 사람에게 누구에게 하듯 해야 하는지 보기에서 고르시오.

보기 / 형제 / 자매 / 아버지 / 어머니 / 존대하라

1) 늙은이: 　　　　2) 젊은이:
3) 늙은 여자: 　　　4) 젊은 여자:
5) 참 과부(돌볼 자식 없는 과부):

2. 불신자보다 더 악한 자는?(4~16)

   -

3. 믿는 여자에게 과부 친척이 있으면 어떻게 해야 하는가?(4~16) -
4. 다음 사람에 대한 예우는 어떻게 해야 하는가?(17~20)
   1) 잘 다스리는 장로 -
   2) 말씀과 가르침에 수고하는 이 -
5. '위장과 자주 나는 병을 위하여 조금씩 쓰라'고 한 것은?(21~25) -

제6장 [교회의 각급 성도들에게]
다음에 이어지는 성구를 써서 완성하시오.(해당하는 절에서만)

1. 우리가 먹을 것과~
2. 돈을 사랑함이~
3. 믿음의 선한 싸움을~
4. 선을 행하고~
5. 디모데야 망령되고~

디모데후서 1~4장 믿음을 전파함

제1장 [이 복음을 위하여]
다음 물음에 답하시오.

1. 바울은 어떻게 그리스도 예수의 사도가 되었는가?(1절) -
2. 바울은 디모데를 누구처럼 생각했는가?(1:2, 2:1) -
3. 디모데의 믿음은 어디로부터 이어져 왔는가?(5절) -
4. 하나님이 우리에게 주신 마음은?(7절) -
5. 하나님이 우리를 부르심은 예수 안에서 주신 무엇대로 하신 것인가?(9절) -
6. 바울은 복음을 위하여 무엇으로 세우심을 입었는가?(11절) -
7. 오네시보로는 바울을 어떻게 도왔는가?(15~

서신서
디모데전후서

18) -

8. 1장에서 "부끄러워하지 말고(아니하고)"라는 표현이 나온 절은?(3곳) -

제2장 [인정받는 일꾼]

다음 물음의 답을 (　　) 안에 알맞은 말로 채우시오.

1. 복음을 전달하는 4세대는?(1~2)

   - 바울 → (　　　) → 충성된 사람들 → (　　　)

2. 사역자의 비유로 들은 세 사람은?(3~7)

   1) 좋은 (　　　), 2) (　　　)하는 자, 3) 수고하는 (　　　)

3. 바울은 복음으로 말미암아 죄인과 같이 매임을 받았으나 매이지 않는 것은?(8~13) -

4. 말다툼은 어떤 결과를 가져오는가?(14~19)

   - 유익이 (　　　　　) 도리어 듣는 자들을 (　　　) 함.

5. 후메내오와 빌레도가 진리에 대하여 그릇된 것은?(14~19) - (　　　)이 이미 지나갔다 함.

6. 주인의 쓰심에 합당한 그릇은?(20~22)

   - 자기를 (　　　　) 하면 모든 (　　　　)에 준비함이 된다.

7. 주의 종의 자세는?(23~26)

   - (　　　　) 아니하고 모든 사람에 대하여 (　　　)하며 (　　　　)를 잘하며 참으며 거역하는 자를 (　　　　　　) 할지니……

제3장 [가까워진 말세의 징조]

다음 물음에 답하시오.

1. 말세에 고통하는 때가 이르면 사람들이 어떻게 하는가?(1~5) -

2. 마음이 부패하고 믿음에 관하여는 버림 받은 자들이 유인한 여자들의 결과는?(6~9, 그 여자는~ 없느니라). -

3. 박해는 누가 받는가?(10~12) -

4. 성경은 무엇이며 어떤 역할을 하는가?(13~17, 답은 16~17절에서) -

제4장 [바른 교훈을 전파]

서로 관계있는 말씀을 연결하시오.

1. 너는 말씀을 전파하라 •	• 가) •	• a)
2. 신중하여 고난을 받으며 •	• 나) •	• b)
3. 선한 싸움을 싸우고 •	• 다) •	• c)
4. 데마는 이 세상을 사랑하여 •	• 라) •	• d)
5. 네가 올 때에 •	• 마) •	• e)
6. 구리 세공업자 알렉산더가 •	• 바) •	• f)
7. 내가 처음 변명할 때에 •	• 사) •	• g)
8. 나에게 힘을 주심은 •	• 아) •	• h)
9. 에라스도는 고린도에 머물렀고 •	• 자) •	• i)

가) 때를 얻든지 못 얻든지
나) 믿음을 지켰으니
다) 전도자의 일을 하며
라) 나를 버리고
마) 드로아 가보의 집에 둔
바) 선포된 말씀이 온전히 전파되어
사) 함께한 자가 하나도 없고
아) 내게 해를 많이 입혔으매
자) 드로비모는 병들어서 밀레도에

a) 의의 면류관이 예비 되었음.
b) 네 직무를 다하라.
c) 항상 힘쓰라.
d) 데살로니가로 갔고
e) 겉옷과 책을 가져오라.
f) 이방인이 듣게 하려 하심
g) 그 행한 대로 갚으시리니
h) 그들에게 허물을 돌리지 않기를
i) 너는 겨울 전에 어서 오라.

서신서 디모데전후서

디도서 | 서신서 |

Titus

제목에 대한 해설

헬라어 제목은 '프로스 티톤'으로 '디도에게'라는 뜻이다. 그러므로 자연히 〈디도에게 보낸 편지〉 또는 〈디도서〉라 불렸다.

저작에 대하여

(1) **저자**: 사도 바울(1:1)이라는 데는 초대 교부들부터 오늘에 이르기까지 무리가 없다. 그러나 현대 학자들 중에는 목회서신(딤전, 딤후, 디도)에 나타난 바울의 행적이 〈사도행전〉과 일치하지 않는 점과, 사용된 언어와 문체가 바울의 다른 서신들과 상이하며 영지주의에 대한 반박이 바울 시대와 맞지 않다는 등의 이유로 후대의 다른 인물이 바울의 이름으로 기록했다고 하는 이들도 있다.

(2) **수신자**: "나의 참 아들 디도에게 편지하노니"(1:4)라고 한 것으로 보아 그 수신자는 디도이다.

디도는 이방인 그리스도인으로 〈사도행전〉에 전혀 나타나지 않는다. 〈갈라디아서〉 2:1~3에 의하면 바울이 예루살렘 회의에 디도를 동반했고, 거기서 디도에게 할례를 받게 하라는 요구를 막아 낸다. 그는 고린도 교회와 바울 사이의 부조화를 해결하였고, 의연금 모금 성과를 올렸으며(고후 2:13, 7:6~7, 13 이하), 그 사명을 수행한 후에 다시 바울의 선구자로서 〈고린도후서〉를 가지고 마게도냐에서 고린도로 갔다(고후 8: 6, 16이하, 12:18). 〈디모데후서〉 4:10에 의하면 디도는 로마에서 바울과 함께 있다가 달마디아로 여행한 것으로 보인다.

(3) **연대 및 장소**: 바울이 로마 옥에서 나온 후에 부도덕한 그레데의 여러 도시에서 복음을 전한 것으로 추정한다. 바울이 디도를 그레데에 남겨놓고 교회 조직하는 일을 마무리 짓게 했다(1:5). 이 편지는 교법사 세나와 및 아볼로 편에 전달한 것으로 보이는데(3:13), 그들이 고린도에서 사역하였다는 사실(행 19:1, 고전 2:12, 3:4~6, 4:6, 16:12)과 바울이 본서를 기록할 당시에는 아직 니고볼리에 당도하지 않았다는 점(3:12) 등으로 보아 고린도에 있던 주후 63년경에 기록한 것으로 추정된다.

본서의 특징

본서는 〈디모데서〉와 어휘, 문체, 사상, 시대적 배경 등이 비슷하지만 또 다른 특색이 있다.

(1) 바울은 본서에서만 자신을 "하나님의 종"이라고 언급했다(1:1). 다른 서신에서는 "예수 그리스도의 종"이라 했다.

(2) 이방인 저술가의 글귀를 인용하고 있다(1:12). 본서 외에 이방인 저술가의 글귀 인용은 〈사도행전〉 17:28, 〈고린도전서〉 15:33에서 뿐이다.

(3) 12절에 나온 그레데인에 대한 언급은 주전 600년경 그레데 성 출신인 에피메니데스의 "신탁에 관하여"란 6행시에서 인용한 것이다. 고대에 그레데인, 길리기아인, 갑바도기아인은 악명이 높았다. 특히 그레데인은 거짓말로 유명하여 "그레데인처럼 말한다"의 헬라어 '크레티조'는

'거짓말하다'라는 뜻을 가질 정도다.

특기사항

(1) 교회의 직제가 형성된 시대

디모데와 디도가 바울로부터 교회 확립을 위하여 받은 사항 중에 중요한 것은 '직제 문제'다. 장로들, 감독들(딤전 3:1 이하, 5:17 이하, 딛 1:5 이하)은 안수를 받고 취임한 자들이며, 집사들과 과부들(딤전 3:8, 5:9 이하)도 있었다. 예언자에 관해서는 약간 언급하는 정도다(딤전 1:18, 4:14).

(2) 바울의 생애 마지막(〈사도행전〉 이후)

① 이태(2년)를 로마에 있으면서 증거의 삶을 살았던 바울(행 28:30~31)의 그 후의 생애는 정확히 알 수가 없다. ② 로마 옥중에 있으면서 옥중서신(〈에베소서〉, 〈빌립보서〉, 〈골로새서〉, 〈빌레몬서〉)을 기록했고, ③ 66년경 네로의 박해로 순교했다고 보면, 63년경 석방과 로마의 재수감 사이에 3~4년의 공백이 있게 된다. ④ 전승 및 여러 상황으로 보면, 석방 후에 전도를 위하여 서반아(스페인)로 갔다가 헬라를 방문했고 그레데 및 에베소에 이르러, 다시 드로아를 거쳐 마게도냐에 건너가 니고볼리에서 한겨울을 지난 자취가 있다(딤전 1:3, 딤후 4:13, 딛 1:5, 3:12). ⑤ 64년 7월 로마의 대화재 때에 네로의 박해로 다시 로마에 잡혀 와서 66년경 베드로의 순교를 전후하여 바울도 순교한 것으로 본다.

빌레몬서 | 서신서 |

Philemon

제목에 대한 해설

〈빌레몬에게 보낸 편지〉, 또는 〈빌레몬서〉로 불렸는데, 바울의 서신은 모두 교회에 보낸 것이고 본서만이 개인에게 보낸 사신(私信)이다. 물론 〈디모데서〉와 〈디도서〉도 개인의 이름으로 되어 있지만 실제의 내용은 사신(私信)이 아닌 공적인 의미를 갖는다.

저작에 대하여

(1) **저자**: 바울이라는 데 이견이 없다. 초대교회 시대의 마르시온의 바울서신 목록에도 본서가 들어 있다.

(2) **수신자**: 빌레몬이라는 부유한 성도에게 보낸 바울의 편지로서 바울이 빌레몬을 개인적으로 알고 있었는 지 알 수는 없다(몬 1:5, 골 1:4).

(3) **연대 및 장소**: 〈빌레몬서〉는 〈골로새서〉와 함께 두기고에 의해서 전달되었다고 볼 때, 〈골로새서〉와 같은 연대의 서신으로 단정하여 주후 62년경으로 보며, 또는 56~58년경으로 보기도 한다.

바울이 로마 옥중에서 기록하였다. 바울의 옥중서신은 〈에베소서〉, 〈

빌립보서〉, 〈골로새서〉 그리고 본서 〈빌레몬서〉이다.

본서를 읽기 위한 해설

〈빌레몬서〉는 빌레몬이라는 부유한 신도에게 보낸 바울의 편지다. 빌레몬의 종 오네시모가 주인의 재산을 도둑질해 가지고 달아났다(15~16절). 빌레몬은 그의 누이 압비아와 그리고 아킵보라는 사람과 자기 집에 모이는 교회와 함께(2절) 골로새에서 살았다(골 4:9에 의하면 오네시모를 가리켜 '너희 중에 한 사람', 즉 골로새 사람이라고 불렀다). 달아났던 오네시모는 무슨 이유인지 모르지만 감금되어 있는 바울을 만났다. 빌레몬의 집에 있을 때 바울의 말을 들었는지는 알지 못하며, 또 오네시모가 체포되어 감옥에서 바울을 만났는지도 모른다.

어쨌든 오네시모는 바울의 전도를 받고 회개했으며(10절), 바울과 밀접한 사이가 되었다(12~13, 16~ 17절). 바울은 만약 바울이 오네시모를 그냥 돌려보냈다면 오네시모는 주인에게 심한 벌을 면할 수 없었을 것이다. 바울은 사도의 권위를 가지고 빌레몬에게 명령을 할 수도 있지만(8~9, 14, 21절) 그렇게 하지 않았다.

오네시모를 형제로 영접해 달라고 부탁하며 자신의 선교 조력자로 쓸 수 있도록 해 달라고 요청했다.

오네시모가 이그나시우스의 글에 나오는 에베소의 감독 오네시모와 동일인이라고 보는 것(Goodspeed, Knox, Harrison, Moule)은 타당성 있는 추측이다. (더 많은 정보는 〈빌레몬서〉 '더 살펴보기'를 보라.)

특기사항

(1) 〈빌레몬서〉의 가치

바울서신들은 대체로 심오한 교리가 들어 있는 신학적인 서신들이 많다. 그러나 본서는 이런 모습은 나타나지 않고 오히려 정이 넘치는 사도의 모습으로 등장한다. 그래서 빌레몬에게 오네시모에 대한 선처를 부탁한 것이다. 여기서 인간 바울이 그리스도의 사랑을 어떻게 아름답게 실천하는지를 보여 준다.

(2) 바울의 노예에 대한 자세

독자들은 바울이 이 편지 속에서 노예제도 전반에 걸쳐서 언급하지 않은 것을 의문시한다. 왜 이 기회를 통하여 고대 사회에 형성되어 있는 노예제도를 공격하지 않느냐고 비판을 한다. 노예제도는 고대 사회에 있어서 필요 불가결한 요소였으며 사회 전체가 그것을 기초로 형성되었으므로 바울이 그것을 인정한 것이 당시로서는 당연한 것이었는지도 모른다.
실제로 기독교가 노예를 선동하여 해방을 위한 폭동을 일으켰다면 틀림없이 잔인하게 진압되었을 것이고, 그 결과 기독교는 혁명적이며 망국적인 종교로 낙인이 찍혔을 것이다. 그러므로 바울은 오히려 노예들에게 피해를 주기보다는 발효소가 작용될 때까지 세상을 기다리지 않으면 안 되었을 것이다.

(3) 바울의 소원

바울은 이 서신을 오네시모를 통해 빌레몬에게 보낸다. 오네시모는 헬라어로 '유익하다'는 뜻이다. 오네시모가 전에는 무익한 자였으나 이제 그는 유익한 자가 되었다. 빌레몬은 그를 잠시 동안 잃었던 것이지만 참으로 그것은 영원히 그를 얻기 위함이었을 것이다. 빌레몬은 그를 노예가 아닌 형제로 맞아야 했다. 오네시모는 믿음 안에서 바울의 아들이기에 바울을 영접하듯 오네시모를 영접해야 하는 것이다.

디도서 1~3장

믿음을 실천 (중요구절 딛 3:14)

바울은 거짓된 가르침이 있는 그레데에서 복음사역을 하는 디도에게 목회 지침을 전한다(1장). 교회의 질서 확립, 거짓 가르침의 배격, 하나님의 은혜를 말한다(2장). 세상 안에서 그리스도인이 사도의 대리인으로서 강력한 권한 행사 등을 언급한다(3장).

1. "오직 너는 바른 교훈에 합당한 것을 말하며"(2:1)에서 '바른 교훈'이란 목회서신(딤전, 딤후, 딛)에서는 불순물이 섞이지 않은 바울의 유산에 충실한 교회의 설교, 실천, 질서를 지칭한다(딤전 6:3, 딤후 1:13, 4:3, 딛 1:9, 13, 2:1~2, 8). 어떤 교훈을 받느냐에 따라 천국과 지옥으로 갈라진다.
2. 구원은 인간 쪽의 행위가 아니라 하나님의 은혜이다. "우리를 구원하시되 우리가 행한 바 의로운 행위로 말미암지 아니하고 오직 그의 긍휼하심을 따라 중생의 씻음과 성령의 새롭게 하심으로 하셨나니"(3:5)라는 말처럼 이 은혜를 우리가 입은 것이므로 보답하는 삶을 살아야 한다.

1
그레데에서 일하는 디도
그들을 엄히 꾸짖으라

2
바른 교훈과 권면
모든 권위로 책망하여

3
선행에 대한 교훈
좋은 일에 힘쓰기를 배우게

더 살펴보기

1. 디도에 대하여

디도는 바울에게 있어 최초의 순전한 이방인(헬라인) 출신 동역자였다. 그는 사도회의에도 바울과 동반했고(갈 2:1~5), 바울과 고린도 교회 사이의 화해를 이루어 내는 성과를 거두었다(고후 2:13, 7:6, 13). 그는 예루살렘 교회를 위한 모금을 수행하는 임무를 위임받았다(고후 8:6, 16, 23, 24, 12:18). 디도는 그레데에서 목회활동을 하고 있었으며(딛 1:5), 에페루스에 있는 니고볼리로 바울을 만나러 오라는 전갈을 받는다(3:12). 〈디모데후서〉 4:10에 의하면 그는 달마디아로 나아갔다.

디도 무덤교회 유적
바울은 디모데와 디도에게 교회를 섬기는 법을 가르쳤다. 디도는 이방인(헬라) 출신으로 바울의 인정을 받았다. (그레데섬 고르티. ©이원희).

2. 〈디도서〉를 바르게 보기 위하여

〈디도서〉는 세 가지 주된 관심사를 보이고 있다.

(1) 특별히 나쁜 성격을 가진 많은 그레데 사람들이 보는 앞에서, 교회 지도자들이 어떤 성품을 지녀야만 하는가를 디도에게 상기시키고 있다.

(2) 디도에게 어떻게 교회에 있는 다양한 그룹을 가르치는가를 충고하고 있다. 이들 그룹은 나이 많은 남자들, 나이 많은 부인들, 젊은 남자들, 그리고 노예들이다.

(3) 저자는 디도에게 기독교인의 행동에 관해서 권면하고 있는데, 평화적이고 우호적이어야 하며, 교회에서 미움과 논쟁과 분열을 피해야 할 필요성을 특별히 강조하고 있다. (UBS 세계성서공회판, 《Good News Study Bible》, 〈디도서〉 해설)

빌레몬서 1장

형제를 용서 (중요구절 몬 1:15~17)

빌레몬의 종 오네시모가 주인의 재산을 도둑질하여 달아났다(15~16절). 빌레몬은 압비아(아내이거나 누이인 듯) 그리고 아킵보(골 4:17)라는 사람과 자기 집에 모이는 교회와 함께(2절) 골로새에서 살았다(골 4:9). 달아났던 오네시모는 감금되어 있는 바울을 만났고 바울의 전도로 회개했으며(10절), 바울과 밀접한 사이가 되었다(12~13, 16~17절). 바울은 복음 전파를 위하여 오네시모를 자기 곁에 두기를 원했으나 주인인 빌레몬에게로 돌려보내며 그의 사도 권위로 빌레몬에게 명령을 할 수도 있지만(8~9, 14, 21절), 오네시모를 형제로 영접해 달라고 부탁한다. 그리고 자신의 선교 조력자로 쓸 수 있도록 요청한다. "오, 형제여"(20절)라는 말에서는 바울의 뜨거운 사랑을 더욱 느끼게 된다.

1. 고대 사회에서 종(노예)은 주인의 소유물로서 생사여탈을 주장할 수 있었다. 빌레몬의 종이었으나 도망쳤다가 바울을 만나 변화된 오네시모를 주인에게 돌려보내며 바울은 빌레몬에게 "그가 전에는 네게 무익하였으나 이제는 나와 네게 유익하므로"(1:11) 하였고, 그를 종이 아닌 "사랑받는 형제"(1:16)로 받도록 권면하였다. 나는 유익한 자인가? 누구나 형제로 대하는 자세가 있는가?

더 살펴보기

1. 바울이 갇혀 있다가 오네시모를 만난 감옥은 어디인가?

바울이 갇혀 있는 곳이 어딘지는 언급되지 않는다. 그것을 '로마'로 보는 통설에 대한 반대 논거로서는 바울이 빌레몬을 곧 방문하겠다고 하는 언급(22절)과 로마가 골로새로부터 먼 거리에 떨어져 있다는 사실을 들 수 있다. '가이사랴'로 보는 통설에 대해서도 위의 논거는 역시 타당하다. 그래서 오늘날에는 '에베소'에 갇혀 있었다고 생각하는 사람이 많다. 골로새와 에베소 사이의 거리는 약 180km이다. 그럼에도 전통적으로 옥중서신 네 권(〈에베소서〉, 〈빌립보서〉, 〈골로새서〉, 〈빌레몬서〉)의 저작 장소를 로마 감옥으로 보는 데는 별 무리가 없다.

2. 오네시모는 에베소 감독이 되었다고 본다.

바울이 오네시모를 그의 주인인 빌레몬에게 보내는 본문의 사건 후 약 50년의 세월이 흘렀다. 위대한 그리스도교 순교자의 한 사람인 이그나티우스(Ignatius 주후 30~35년경 출생, 107~115년 경 순교, 안디옥 감독)는 처형당하기 위하여 안디옥 교회로부터 로마로 연행되었다. 그 도중에 그는 지금까지도 남아 있는 편지를 소아시아의 여러 교회 앞으로 띄운다. 서머나에 머물 때에 그는 에베소 교회에 편지를 썼는데 그 편지의 첫 장에서 그들의 감독에 대하여 높이 평가하고 있다. 그 감독의 이름이 무엇이었는가?

그것은 '오네시모'인 것이다. 그리고 이그나티우스도 바울처럼 똑같은 결말을 쓰고 있다. 그는 명실상부하게 그리스도에게 유익한 이름인 오네시모인 것이다. 도망자인 노예였던 오네시모가 후년에 와서 에베소의 고명한 감독인 오네시모가 된 것이 틀림이 없다(버클레이 주석 및 기타 자료 검색).

B I B L E

성경 질문지

디도서 믿음을 실천

제1장 [그레데에서 일하는 디도]
다음 물음에 답하거나 빈칸에 알맞은 말을 적으시오.

1. 바울이 사도 된 것에 대한 근거를 쓰시오.(1~4 읽고 답은 1~2절로, 참고: 하나님이~ 위함이라)
   -
2. 바울이 디도에게 말한 장로의 자격은?(5~6)
   -
3. 감독의 자격에 대해서는 본문 〈디도서〉 1장 (　　~　　절)에 나왔고, 〈디모데전서〉 (　　장) 2~7절에도 나왔다.
4. 헛된 말을 하며 속이는 자가 많은 중 특히 그러한 (심한) 자들은?(10~16) -
5. 그레데 인에 대한 선지자가 말한 세 가지 별명은?(12절)
   -
6. 그레데 인들을 '엄히 꾸짖으라'는 이유는? (12~16) -

제2장 [바른 교훈과 권면]
다음 (　　)를 채우고 누구에 대한 권면인지를 쓰시오.(본문 순서대로 아님)

1. 교훈에 부패하지 아니함과 단정함과 책망할 것이 없는 (　　　　　)을 하게 하라. -
2. 거슬러 말하지 말며 훔치지 말고 오히려 모든 (　　　　　)을 나타나게 하라. -
3. 남편과 자녀를 사랑하며 신중하며 순전하며 집안일을 하며 선하며 자기 (　　　　　)하게 하라.
   -
4. 절제하며 경건하며 신중하며 믿음과 사랑과 인내함에 (　　　　　) 하라. -
5. 행실이 거룩하며 모함하지 말며 술의 종이 되지 아니하며 선한 것을 (　　　　　)들이 되라.-
6. 이것을 말하고 권면하며 모든 (　　　　　)하여 누구에게서든지 업신여김을 받지 말라.
   -

제3장 [선행에 대한 교훈]
다음 (　/　)의 말에서 틀린 것은 =로 지우시오.

1. 우리도 전에는 (어려운 / 어리석은) 자요, 순종하지 아니한 자요, (속은 / 속인) 자요, 여러 가지 (정욕 / 정열)과 (향락 / 행락)에 종노릇 한 자요, 악독과 (시기 / 투기)를 일삼은 자요, 가증스러운 자요.
2. 우리를 (구제 / 구원)하시되 우리가 행한 바 의로운 (품위 / 행위)로 말미암지 아니하고 오직 그의 긍휼하심을 따라 (영생 / 중생)의 씻음과 (성령 / 성품)의 새롭게 하심으로 하셨나니…… 우리로 그의 은혜를 힘입어 의롭다 하심을 얻어 (영생 / 중생)의 소망을 따라 (대리자 / 상속자)가 되게 하려 하심이라.

3. (이단 / 불의)에 속한 사람을 한두 번 (접대 / 훈계)한 후에 멀리하라.

4. 열매 (맺는 / 없는) 자가 되지 않게 하기 위하여 (필요한 / 피로한) 것을 준비하는 (좋은 일 / 좋은 말)에 힘쓰기를 배우게 하라.

빌레몬서 형제를 용서

제1장 [형제를 용서]
다음 묻는 말에 답하시오.

1. 바울은 자신이 갇힌 자 됨은 누구를 위하여 라고 했는가?(1) -

2. 빌레몬서의 수신자는?(1~3)

   -

3. 1) 바울이 빌레몬에게 돌려보내는 사람은?(8~12) -

   2) 바울이 오네시모를 빌레몬에게 돌려보내는 이유는?(11~12)

   -

4. 바울이 오네시모에 대하여 빌레몬에게 요청하는 것은?(13~16)

   1) 종과 같이 대하지 아니하고 ~

   2) 영접하기를 ~

   3) 불의를 하였거나 네게 빚진 것이 있으면 ~

5. 바울과 함께 빌레몬에게 문안하는 자들(이름)은? -

서신서 디도서 | 빌레몬서

히브리서 | 서신서 |

Hebrews

서신서

히브리서

제목에 대한 해설

헬라어 표제는 '프로스 에브라이우스'로서 '히브리 인들에게'라는 뜻이다. 따라서 〈히브리 사람에게 보낸 편지〉 또는 〈히브리서〉로 불렸다.

저작에 대하여

(1) **저자**: 단정하기는 어렵다. 다만 디모데(13:23)와 개인적인 관계가 있는 인물이라고 추측할 뿐이다. 특히 바울을 선두로 바나바, 아볼로, 누가, 디모데, 빌립 등이 추정되기도 한다.

(2) **수신자**: 유대 그리스도인들을 위한 서신으로 알려졌다. 그것은 하나님의 새 계약과 예수 그리스도의 제사장직과 그의 우월성을 증언하기 위하여 구약성경을 많이 인용했기 때문이다.

(3) **연대 및 장소**: 성전 제사 제도가 살아 있을 때이며(13:10~14, 9:1~12), 예루살렘 성전의 비극(70년 1차 유대전쟁)에 대한 이야기가 없는 것으로 보아 65~70년경으로 본다. 다른 견해로는 〈클레멘트1서〉(96년)에 인용된 것으로 보아 하한선은 96년이며, 디모데가 생존해 있을 때이

며, 1차 박해 시대는 끝났고 2차 박해 시대(도미티안, 81~96년)로 본다면 약 80~90년경으로도 추정한다.

저작 장소로는 로마, 애굽, 에베소, 안디옥 등이 거론된다.

특징 및 기록 목적

(1) 〈히브리서〉는 유창한 헬라어로 되어 있는 논설형식의 서간문으로, 한글 번역은 정독을 해야 문장을 이해할 수 있다. 여러 번역들과 함께 반복해서 읽으며 성령의 조명을 사모하라.

(2) 본서는 유대교에 대한 기독교와 그리스도의 우월성(기독론, Christology)을 말하고 있다.

① 그리스도는 구약이 말하는 모든 사람과 그 당시의 제도들보다 더 위대함을 나타내고 있다. ② 예수님이 구약의 모든 희망과 약속을 성취하신 분임을 나타내 보이고 있다. ③ 유대교로 돌아가려는 독자들에게 그리스도에 대한 신앙을 고수토록 격려한다.

(3) 본서는 구약성경을 많이 인용하고 있다(직접, 간접으로 약 80곳 인용, 특히 율법서는 51회나 인용). 구약성경을 인용할 때에 몇 곳 외에는 그가 인용한 성경의 인간으로서의 저자를 도외시했다. '하나님이 말씀하시기를'이라는 말을 사용하지 않으면서도 일반적으로 자기가 인용한 구절을 하나님께서 하신 말씀으로 돌린다(2:11~12, 3:17, 10:5 이하 등 참고). 이는 구약성경의 저자가 하나님이심을 강조하는 것이다.

특기사항

(1) 천사에 대하여(1:4~14)

하나님의 아들 예수 그리스도는 천사보다 뛰어나심을 말하고 있다. 천사는 피조된 영적 존재며, 그의 주된 속성은 힘과 지혜인 것이다(삼하 14:20, 시 103: 20, 104:4). 천사는 헤아릴 수 없을 만큼 많다(마 26:53, 히 12:22, 계

5:11, 시 68:17). 힘은 상상할 수 없을 만큼 강하고(왕하 19:35), 그들의 위치는 하나님 보좌 가까이에 있다(계 5:11, 7:11). 그럴지라도 그리스도의 신분과 지위는 그보다 훨씬 더 높음을 〈히브리서〉 1:4 이하에서 말하고 있다. 몇 가지를 비교해 보면 다음과 같다.

① 천사는 소식을 전하는 자 - 예수는 하나님의 아들(1:4~5). ② 천사는 경배자 - 예수는 경배를 받으시는 분(1:6). ③ 천사는 피조물 - 예수는 창조자(1:7~12). ④ 천사는 구원을 위해 섬기는 자 - 예수는 구원의 창조자(1:13~14). ⑤ 천사는 다가올 세상의 복종자 - 예수는 다가올 세상의 지배자(2:5~16).

(2) 예수 그리스도는 대제사장(3~5장)

〈히브리서〉는 예수님을 인간 대제사장보다 뛰어난 분으로 소개하고 있다. "멜기세덱의 반차를 따른 대제사장"이라 하였다(5:10).

종교개혁자 마르틴 루터는 '만인제사장론'을 말하여 신자의 제사장적인 직무를 강조했다. 성도는 그리스도의 몸의 한 지체로서 다른 사람을 위하여 기도하며(딤전 2:1), 다른 사람들을 하나님께로 인도하며(벧전 2:11~12), 기르고, 다른 사람들에게 예배의 참된 의미를 가르쳐 주는 제사장의 일을 담당하며(벧전 2:9), 뛰어나신 대제사장 예수 그리스도를 섬기는 것이다.

히브리서 1~6장

더 나으신 그리스도 (중요구절 히 4:16)

그리스도는 유대인들이 하나님 다음으로 생각하는 천사보다 뛰어나시고(1장), 성육신하신 그리스도는 죽음의 고난으로 높아지셨다(2장). 그리스도는 모세보다 뛰어나시다. 모세 시대 사람들은 불신앙 때문에 약속의 땅을 물려받지 못하였다(3장). 그리스도는 여호수아보다 뛰어나시다. 여호수아가 약속의 땅으로 들어갔으나 완전한 안식을 누린 것은 아니다. 우리는 대제사장이신 예수님을 통해 안식에 들어갈 확신이 필요하다(4장). 그리스도는 레위인 아론 계통의 대제사장의 역할뿐 아니라 이에서 더 뛰어난 멜기세덱의 반차를 따른 대제사장이시다(5장). 이런 예수님을 사랑하는 자는 그리스도의 도의 초보를 버리고 완전한 곳으로 나아가 믿음의 소망을 굳게 해야 한다(6장).

1. "우리가 이같이 큰 구원을 등한히 여기면 어찌 그 보응을 피하리요"(2:3) 하였다. '큰 구원'은 그리스도의 삶과 죽음, 부활과 재림 등을 증거하는 것이라면 여기에 상대적으로 '작은 구원'은 예수 믿으면 부자 된다, 병 낫는다, 자식문제 해결된다는 등의 세상 삶에 중심을 둔 구원일 것이다. 부자는 못 되어도, 병은 못 고친다 해도 예수님은 믿어야 하지 않는가? 큰 구원을 소중히 여겨야 한다.
2. "사도이시며 대제사장이신 예수를 깊이 생각하라"(3:1)는 요청에 응답하고 사는가? 세상은 많이 생각하고 예수님은 조금 생각하는가? "그의 권위와 그의 위엄과 그의 거룩하심과 그의 고난과 부활과 승천과 간구하심을 생각하라. 우리가 사랑하는 친구에 대해서도 많이 생각했지만 주 예수 같은 친구가 어디 있을까"(앨버트 바네스[Albert Barnes],《히브리서의 노트(Notes to the Hebrews)》p.73)
3. 그대는 젖이나 먹는 신자인가? 단단한 음식을 먹을 수 있는 신자인가?(5:11~14). 오랜 신앙의 연륜에 걸맞지 않게 기초적인 교리에만 머물러 있고 신령한 은혜, 심오한 영적인 차원으로 나아가지 못하는 신자들이 많다. 신앙 인격도 젖이나 먹는 어린아이처럼 자기만 알고 옹고집까지 있다면 염려스럽지 않은가? 젖먹이 신자들로 인해 교회는 어려움을 당할 때가 많다.
4. "다시 새롭게 하여 회개하게 할 수 없나니"(6:4~6). 실제로 거듭난

1
천사보다 뛰어난 그리스도
아름다운 이름을 기업으로

2
그리스도와 성육신
시험받는 자들을 도우심

3
모세보다 뛰어난 그리스도
하나님의 집을 맡은 아들로서

4
여호수아보다 뛰어난 그리스도
시험을 받으신 이로되
죄는 없으심

5
대제사장 예수
영원한 구원의 근원

6
믿음을 굳게 지켜라
완전한 데로 나아갈지니라

체험을 한 자는 결코 타락할 수 없다는 것이 성경의 가르침이다(요 6:38~40, 롬 8:30~40, 살후 3:3). 여기서 언급하고 있는 자들은 교회 가운데 알곡과 함께 섞여 있는 가라지 신자들이다. 그들은 잠시나마 은혜 가운데 사는 것처럼 삶을 가장하지만 진정 회개할 수 없고 결국에는 멸망의 심판에 이른다.

더 살펴보기

서신서

히브리서

내용 분해

1:1~3 – 서두: 하나님의 계시를 완성하신 그리스도

1:4~2:18 – 그리스도는 천사보다 뛰어나다

3:1~4:13 – 그리스도는 모세와 여호수아보다 뛰어나다

4:14~7:28 – 그리스도의 제사장 직분은 뛰어나다

8:1~9:22 – 그리스도의 언약은 뛰어나다

9:23~10:39 – 그리스도의 희생은 뛰어나다

11:1~12:29 – 믿음의 우위성

13:1~25 – 마지막 권면과 결론

1. 〈히브리서〉에 대하여(〈히브리서〉 내용 설명 참고)

(1) 본서는 유창한 헬라어로 되어 있고, 유대교에 대한 기독교와 그리스도의 우월성에 대해 말하고 있다.

(2) 구약성경을 많이 인용하고 있으며, 그 구약성경의 저자가 하나님이심을 강조한다. 〈히브리서〉의 구약성경 인용 횟수는 아래 표를 보라.

	직접인용	간접인용
율법서	12회	39회
역사서	1회	
시가서	시편 11회	시편 2회, 잠언 1회
예언서	4회	11회

2. 마지막에는 아들을 통하여 말씀하신다(히 1:1~4).

(1) 〈히브리서〉의 첫 단락에서는 "옛적에 선지자들을 통하여…… 말씀하신 하나님이 이 모든 날 마지막에는 아들을 통하여 우리에게 말씀하셨으니"(1:1~2)라고 하여 하나님의 아들인 예수님의 권위를 선포하고 찬양한다. 즉 선지자들(구약)과 하나님의 아들 예수님(신약)이 하나님의 말씀하심의 사건에서 하나로 결합되는 것이다. 그러나 옛 계약(언약)에서 하나님은 각기 역사와 상황과 관련해서 선지자를 통해서 이스라엘 백성에게 말씀하셨다. 이제 모든 날의 마지막인 기다리던 종말의 때에 하나님의 아들이 약속된 메시아로(시 2:7~8) 만유를 다스리신다.

(2) 또한 창조의 중재자로서 첫 아들이시며(고전 8:6, 골 1:16). 하나님의 모형이시다(3절. 골 1:15, 고후 4:4). 창조주와 마찬가지로(창 1:3, 6, 9 등, 시 33:6, 9, 148:5) 예수님은 창조 세계를 말씀으로 지탱하셔서 "만물을 붙드시고"(1:3, 요 1:1~3 참고). 더욱이 그는 십자가에서 "죄를 정결하게 하는 일을 하시고"(3절) 즉, 모든 죄를 없애심으로써 이 세계를 새롭게 하셨다. 〈히브리서〉 저자는 그의 부활과 승천을 올리우심(빌 2:9)이라는 하나의 사건으로 합하여 관찰하며, 시편 110:1의 말씀을 인용하여 서술한다. 올려지신 분으로서 그는 "천사보다 훨씬 뛰어남은 그들보다 더욱 아름다운 이름을 기업으로 얻으심이니"(4절, 빌 2:9 참고)라 하여 예수님의 권위를 당시의 사람들이 숭상하던 천사보다 뛰어남을 선언하였다.

나팔 부는 천사의 모습

예수 그리스도는 천사보다 뛰어나다(히 1장). 천사의 모습은 상상할 수 있을 뿐이지 실제는 알 수 없다. (춘천 에티오피아 한국전 참전 기념비 조각)

3. 우리의 대제사장이신 그리스도(히 4:14~10:18)

4:14~10:31은 〈히브리서〉의 핵심 부분이다. 여기에서 대제사장으로서의 예수님이 서술된다. 이 가르침을 통하여 낙담하고 생기를 잃은 채 신앙에서 떨어질 위협을 받고 있는 교회를 돕는다. 이러한 의도는 특히 처음의 몇 문장들에서 읽을 수 있다. 4:14은 2:17과 3:1에 연결되어 "승천하신"(하늘에 오르신)은 9:11~12, 24~26에서 분명해진다. "믿는 도리"는 세례받을 때에 고백하는 예수 그리스도에 대한 신앙고백을 말하는 것 같다(3:1, 10:23). 우리의 연약함 속에서 우리에게 보이신 예수 그리스도의 연대 관계(15절)는 2:14~18에서 논의했다. "우리와 똑같이 시험을 받으신 이로되 죄는 없으시니라"(16절)하시므로 예수님은 대제사장으로서 죄가 있는 교회를 도울 수 있다. 그러므로 교회(성도)는 "돕는 은혜를 얻기 위하여 은혜의 보좌 앞에 담대히 나아갈"(16절) 수 있는 것이다.

7

멜기세덱의 반차
의의 왕, 살렘 왕, 평강의 왕

8

새 언약의 제사장
더 좋은 언약의 중보자시라

9

영원한 속죄
피흘림이 없은즉
사함이 없느니라

10

온전한 믿음
예수 그리스도의 몸을 단번에

11

믿음의 선진들
믿음으로 살고 믿음으로 죽고

12

하나님의 징계
주께서 사랑하시는 자를 징계

13

하나님을 기쁘시게 하는 제사
찬송의 제사를
하나님께 드리자

히브리서 7~13장

더 나으신 제사장 (중요구절 히 12:1)

멜기세덱의 반차를 좇은 대제사장 예수 그리스도는 우리를 위하여 단번에 속죄 제사를 드렸다(7장). 모세를 통해 이스라엘에 주어졌던 옛 언약이 이제는 그리스도를 통해 새 언약으로 바뀌었다(8장). 그는 자기 피로 영원한 속죄를 이루사 단번에 성소에 들어가셨다(9장). 그리스도는 우리의 죄를 속하기 위하여 영원한 제사를 드림으로 우리는 그 피를 힘입어 성소에 들어갈 담력을 얻었다(10장). 그러므로 우리는 믿음의 삶을 산 선진들처럼 믿음으로 살아야 하며(11장), 믿음의 주요 온전하게 하시는 이인 예수를 바라보아야 한다(12장). 또한 하나님을 기쁘시게 하는 삶을 통한 제사를 드려야 한다(13장).

1. 믿음의 격려를 많이 하고 있는 10장을 통하여 다음과 같은 질문들을 자신에게 할 수 있다. 나에게 대제사장 예수 그리스도가 계신가?(21절), 나는 하나님께 가까이 가서 살고 있는가?(22절), 나는 하나님의 보좌에 들어갈 확신이 있는가?(19절), 나는 소망의 확신을 든든히 붙잡고 있는가?(23, 35절), 나는 배교에 관한 하나님의 경고를 기억하고 있는가?(26~31절), 나는 짐짓 범하는 죄에 대해 나의 영혼을 보호하고 있는가?(26절), 나는 과거의 영적 승리를 생각하고 있는가?(32절), 나는 영혼을 보호하는 믿음을 소유한 자임을 세상에 보여 주고 있는가?(39절)
2. '믿음의 장'으로 일컬어지는 11장은 첫 절에서 "믿음은 바라는 것들의 실상이요 보이지 않는 것들의 증거니"라고 말씀한다. 나는 무엇을 바라는가? 하나님은 믿음의 분량대로 주신다(롬 12:3). 믿음은 없고 바라기만 하는 것은, 헛된 망상에 빠지지만 진정 믿음의 사람은 오늘을 살면서 내일의 실상을 볼 수 있다. 11장은 믿음의 영웅들을 칭찬하기 위함보다는 이들이 신실하시며 믿음에 대하여 보상하시는 하나님께 뿌리박은 신앙을 소유하고 있음을 보여 주기 위함이다.
3. 삶의 경주를 위하여 12장에서 다음 세 가지를 특별히 발견할 수 있다. (1) 인내를 갖자(1절), (2) 징계를 달게 받자(11절), (3) 화평함과 거룩함을 따르자(14절). 이것을 통하여 "믿음의 주요 또 온전하게 하시는 이인 예수를 바라보는"(12:2) 것이다.

4. 나를 인도하는 주의 사역자들에게 순종하고 복종하며 즐거움으로 일하도록(13:17) 하고 있는지? 현대에는 자의식이 강하여 순종이라는 말을 옛말처럼 생각을 하지만, 성경의 가르침을 따라 순종하고 복종하는 것은 믿음의 은혜이다. 나는 어떻게 믿음 생활을 하는지 자신에게 냉정히 물어 보자.

더 살펴보기

1. 멜기세덱과 예수님의 제사장직(히 6:20~9장)

(1) 멜기세덱은 구약 〈창세기〉 14:17~20과 〈시편〉 110편에서 찾아볼 수 있다. '멜기'는 왕(王)이라는 뜻이고, '세덱'은 의(義)라는 뜻이다(비교, 히 7:2). 그는 '살렘 왕'이라고 했는데, '살렘'은 예루살렘을 가리키는 말이다. 예루살렘은 '평화의 성읍'으로서 멜기세덱을 '정의의 왕', 또는 '나의 임금(하나님)은 정의 내지 구원이시다'를 뜻한다.

(2) 6:20~9장은 구약 시대의 제사장과 예수님의 제사장직을 대조한다. 이스라엘의 제사장직 계통은 레위에게로 소급되지만 멜기세덱은 이 계통에 속하지 않는다. 예수 그리스도는 영원한 제사장으로 레위 계통의 대제사장과 구별된다. 예수님은 영원히 계시므로 그의 제사장직도 영원하다(7:24).

2. 〈히브리서〉의 구조

(1) 〈히브리서〉 앞부분이 교리적이라면 뒷부분은 실천적이다. 서신들은 대부분 이런 구조를 갖는다. 10:19에서부터 실천적인 말씀은 선행으로 살아갈 것을 촉구하고 있다(10:24). 믿음에 관한 위대한 본을 보인 11장에 이어 마지막인 13장까지는 모든 그리스도인이 본받아야 할 믿음의 행위들을 강조한다.

(2) 다음 구절을 여러 번 읽고 마음에 새기자. "평강의 하나님이 모든 선한 일에 너희를 온전하게 하사 자기 뜻을 행하게 하시고 그 앞에 즐거운

것을 예수 그리스도로 말미암아 우리 가운데서 이루시기를 원하노라" (히 13:20~21)

(3) 〈히브리서〉를 통하여 대제사장이신 예수 그리스도가 우리에게 계심을 볼 수 있었다. 예수는 천사보다, 모세보다, 여호수아보다, 아론보다 뛰어나신 분이므로 우리는 그 안에서 담력을 얻었다. 그로 인하여 삶을 통한 제사가 필요함을 말씀하고 있다. 〈히브리서〉의 구조를 다음의 도표로 살펴보며 읽자.

우리가 무엇을 가졌는가?	이러한 대제사장이 우리에게 있다.	그러므로…… 얻었나니…… 하자
1:1~7:28	8:1~10:18	10:9~13:25
교리적 부분		실천적 부분

더 좋은 것을 위하여

다음 성구에 나온 '더 좋은(나은) 것'을 보기에서 골라 쓰면, 〈히브리서〉에서 강조한 것을 보게 된다.

보기 더 나은 본향 / 더 좋은 부활 / 더 좋은 제물 / 더 좋은 언약의 보증 / 더 좋은 피(더 나은 것을 말하는 뿌린 피) / 더 좋은 것(축복) / 더 나은 제사 / 더 낫고 영구한 소유 / 더 좋은 소망 / 더 좋은 약속

(1) 7:19 –
(2) 7:22 –
(3) 8:6 –
(4) 9:23 –
(5) 10:34 –
(6) 11:4 –
(7) 11:16 –
(8) 11:35 –
(9) 11:40 –
(10) 12:24 –

B I B L E

성경 질문지

히브리서 1~6장 더 나으신 그리스도

제1장 [천사보다 뛰어난 그리스도]

다음 ( )를 채우거나, O X로 답하시오.

1. 다음 예수 그리스도에 관해 ( )를 채워 말이 되게 하시오.
   1) 선지자들을 통하여 말씀하신 하나님이 모든 날 마지막에는 ( )을 통하여 우리에게 말씀하심,
   2) 만유의 ( )로 세우심,
   3) 모든 ( )를 지으심,
   4) 하나님의 영광의 ( )시요,
   5) 하나님 본체의 ( )이심,
   6) ( )을 붙드심,
   7) 죄를 ( )하게 하는 일하심,
   8) 크신 이의 ( )에 앉으심,
   9) ( )보다 뛰어남,
   10) 모든 ( )들은 경배함,
   11) 보좌는 ( )함,
   12) 주는 ( )할 것임,
   13) 주는 ( )하여 연대가 다함이 없음.
2. 다음 천사에 관한 말 중에 맞으면 O표, 틀리면 X표 하시오.
   1) 천사는 그리스도 보다 뛰어남 - ( ),
   2) 하나님께서 천사에게 "너는 내 아들이라 오늘 내가 너를 낳았다"하셨음 -( ),
   3) 모든 천사들은 그리스도께 경배하라 하심 - ( ),
   4) 천사들을 바람으로 삼으심 -( ),
   5) 내(하나님) 우편에 앉으라 하심 - ( ),
   6) 구원 받을 상속자들을 섬기라고 보내심 - ( )

제2장 [그리스도의 성육신과 성도]

말씀 내용이 들어 있는 절수를 쓰시오.(본문 순서 아님)

1. 그리스도는 죽음의 세력을 잡은 자, 곧 마귀를 멸하신다.- (절)
2. 큰 구원을 등한히 여기지 말라. 이 구원은 주로 말씀했고 들은 자들이 확증했다.- (절)
3. 6절~8절은 〈시편〉의 어디에서 인용했는가?- (시 8편 ~ 절)
4. 그리스도 자신이 시험을 받아 고난을 당해 보셨기에 시험받는 자들을 도우신다.- (절)
5. 예수는 죽음의 고난 받으심으로 말미암아 영광과 존귀로 관을 쓰셨다.- (절)
6. 그리스도는 거룩하게 함을 입은 자(성도)를 형제라 부르시기를 부끄러워하지 아니한다.- (절)

제3장 [모세보다 뛰어난 그리스도]

다음 지시를 따라 ( ) 안에 알맞은 말을 적으시오.

1. 다음 말에서 예수(그리스도)에 관한 것에는 "예수"라 쓰고, 모세에 관한 것에는 "모세"라 쓰시오.
   1) 믿는 도리의 사도시며 대제사장이심 - ( )
   2) 하나님의 온 집에서 종으로 신실함 - ( )
   3) 하나님의 집을 맡은 아들로 신실함

-( )

4) 모세보다 더욱 영광을 받을 만하다

-( )

2. 다음 ( ) 안에 알맞은 말을 적어 넣으시오.

1) (~ 절) 너희가 그의 음성을 듣거든…… 너희 마음을 ( ) 하지 말라.

2) (절) 누가 믿지 아니하는 ( )을 품고 살아 계신 ( )에게서 떨어질까 조심할 것이요.

3) (절) 시작할 때에 확신한 것을 끝까지 ( ) 잡고 있으면 그리스도와 함께 ( ) 자가 되리라.

4) (절) 하나님이 ( ) 동안 누구에게 노하셨느냐? 그들의 시체가 ( )에 엎드러진 ( ) 자들에게가 아니냐?

5) (절) 이로 보건대 그들이 ( ) 능히 들어가지 못한 것이라.

제4장 [여호수아보다 뛰어난 그리스도] 물음에 답하시오.

1. 하나님의 안식에 들어갈 약속이 있는 우리가 왜 두려워해야 하는가? -

2. 복음 전함을 먼저 받은 자(유대인)들이 왜 안식에 들어가지(유익하지) 못했는가? -

3. 본문 7절의 다윗의 글은 〈시편〉 95편 몇 절에서 인용한 것인가?

4. 우리가 안식에 들어가기를 왜 힘써야 하는가? -

5. 하나님의 말씀은 어떠한가?(12절을 쓰시오) -

6. 우리의 대제사장(예수님)은 어떤 분인가?

   1) 우리 ( )함을 동정하심,

   2) ( )을 받으신 이,

   3) ( )는 없으심.

7. 긍휼하심을 받고 때를 따라 돕는 은혜를 얻기 위하여 어떻게 해야 하는가? -

제5장 [대제사장이신 그리스도]
다음 설명이 아론 계통 사람 대제사장직에 관한 것이면 '아론', 그리스도의 대제사장직에 관한 것이면 '그리스도'라고 쓰시오.

1. (절) 영원히 멜기세덱의 반차를 따르는 제사장 - ( )

2. (절) 존귀는 아무도 스스로 취하지 못하고 하나님의 부르심을 받은 자 - ( )

3. (절) 무식하고 미혹된 자를 용납할 수 있는 것은 자기도 연약에 휩싸여 있기 때문 - ( )

4. (절) 받으신 고난으로 순종을 배워서 순종하는 자에게 구원의 근원이 되심 - ( )

5. (절) 육체에 계실 때에 구원하실 이에게 통곡과 눈물로 간구와 소원을 올림 - ( )

6. (절) 하나님께 속한 일에 사람을 위하여 예물과 속죄하는 제사를 드림 - ( )

7. (절) 스스로 영광을 취하심이 아니고, 말씀하신 이가 너는 내 아들이라 하심 - ( )

제6장 [믿음을 굳게 지키라] 다음 물음에 답하시오.

1. 그리스도의 도의 초보를 버리고 완전한 데로 나아가야 하는데, 도의 초보는 무엇인가?

   1)

   2)

   3)

   4)

   5)

   6)

2. 다시 새롭게 하여 회개할 수 없는 자는 어떤 자인가?(참고: 한 번 ~ 타락한 자들) -

3. 13~20절을 읽고 18절의 "두 가지 변하지 못할 사실"은 무엇인가?(13~17절에서 반복 강조하는 두 단어) 1) 2)

4. 우리가 소망을 가지고 있는 것은 무엇과 같다고

비유하고 있는가? -

히브리서 7~13장 더 나으신 제사장

제7장 [멜기세덱의 반차를 따른 대제사장]

다음 틀린 단어에 밑줄을 긋고 바르게 고치시오.

1. 멜기세덱에 관한 신약의 기록은 〈창세기〉 14:17~20과 〈시편〉 110편에 나온다. →
2. 멜기세덱은 사마리아 왕으로 지극히 높으신 하나님의 제사장이다. →
3. 아브라함은 의의 왕이요 평강의 왕으로 멜기세덱이 그에게 십일조를 드렸다. →
4. 멜기세덱은 아버지도, 어머니도, 족보도, 시작한 날도, 생명의 끝도 있다. →
5. 멜기세덱은 하나님의 아들과 닮아서 필요시에 제사장으로 있다. →
6. 유다 계통의 제사장 직분으로 말미암아 온전함을 얻을 수 있다. →
7. 예수는 더 좋은 언약의 직분이 되셨다. →
8. 예수는 자기를 힘입어 하나님께 나아가는 자들을 온전히 구제하실 수 있다. →
9. 율법은 장점을 가진 사람들을 제사장으로 세웠다. →

제8장 [새 언약의 제사장]

다음 ( ) 안에 알맞은 말을 적어 넣으시오.

1. 이러한 (　　　　)이 우리에게 있다는 것이라. 그는 (　　　)에서 지극히 크신 이의 (　　　)에 앉으셨으니 (　　　)와 참 장막에서 섬기는 이시라.
2. 그들이 섬기는 것은 (　　　)에 있는 것의 (　　　)과 그림자이다.
3. 그는 더 아름다운 (　　　)을 얻으셨으니 그는 더 좋은 (　　　)으로 세우신 더 좋은 (　　　)의 중보자시라.
4. 볼지어다. 날이 이르리니 내가 이스라엘 집과 (　　　) 집과 더불어 (　　　　)을 맺으리라.
5. 내가 그들의 불의를 (　　　) 여기고 그들의 죄를 다시 (　　　　　) 아니하리라.

제9장 [그리스도의 영원한 속죄]

다음 말씀의 뒷부분을 완성하시오.(해당 절 안에서만)

1. 사면을 금으로 싼 언약궤가 있고~
2. 오직 자기의 피로~
3. 그는 새 언약의 중보자이시니~
4. 율법을 따라 거의 모든 물건이~
5. 한번 죽는 것은 사람에게 정해진 것이요~

제10장 [온전한 믿음]

다음 물음에 답하시오.

1. 율법은 장차 올 좋은 일의 그림자인가? 참 형상인가? -
2. 황소와 염소의 피가 죄를 없이 할 수 있는가? 못하는가? -
3. 예수 그리스도의 몸을 단번에 드리심으로 우리가 얻은 것은? -
4. 1) 서로 돌아보아 무엇을 격려해야 하는가? -
   2) 어떤 사람들의 무슨 습관과 같이 해서는 안 되는가? -
5. 원수 갚는 것은 누구에게 있다고 하였는가?(〈신명기〉 32:35 참고) -
6. 〈히브리서〉 10:38의 "나의 의인은 믿음으로 말미암아 살리라"는 구약의 〈하박국〉 (2:　　　)의 인용으로 신약의 〈로마서〉 (1:　　　)과 〈갈라

서신서

히브리서

디아서〉(3:　　　)에서도 인용한 말씀이다.

제11장 [믿음의 선진들]
다음은 누구에 관한 말씀인지 그 이름을 쓰시오.

1. (　　　절) 죽음을 보지 않고 옮겨졌으니 하나님을 기쁘시게 하는 자라 하는 증거를 받았다. -
2. (　　　절) 보이지 않는 일에 경고하심을 받아 방주를 준비하여 의의 상속자가 되었다. -
3. (　　　절) 나이가 많이 단산하였으나 잉태할 수 있는 힘을 얻었다. -
4. (　　　절) 하나님이 능히 죽은 자 가운데서 다시 살리실 줄로 생각했다. -
5. (　　　절) 장차 있을 일에 대하여 야곱과 에서에게 축복하였다. -
6. (　　　절) 요셉의 각 아들에게 축복하고 그 지팡이 머리에 의지하여 경배하였다. -
7. (　　　절) 이스라엘 자손들이 떠날 것을 말하고, 자기 뼈를 위하여 명하였다. -
8. (　　　절) 하나님의 백성과 함께 고난 받기를 잠시 죄악의 낙을 누리는 것보다 더 좋아했다. -
9. (　　　절) 정탐꾼을 평안히 영접하였으므로 순종하지 아니한 자와 함께 멸망하지 아니하였다. -

제12장 [하나님의 징계]
다음 (　　) 안에 알맞은 말을 적으시오.

1. (　　　)의 주요 또 (　　　　　) 하시는 이인 (　　　)를 바라보자.
2. 주의 (　　　　)을 경히 여기지 말며 그에게 (　　　　)을 받을 때에 낙심하지 말라.
3. 하나님이 (　　　)과 같이 너희를 대우하시나니 어찌 아버지가 (　　　)하지 않는 아들이 있으리요.
4. 무릇 (　　　)가 당시에는 즐거워 보이지 않고 (　　　) 보이나 후에 그로 말미암아 (　　　) 받은 자들은 의와 (　　　　)를 맺느니라.
5. 모든 사람과 더불어 (　　　　)과 (　　　　)을 따르라. 이것이 없이는 아무도 (　　　)를 보지 못하리라.
6. 우리가 흔들리지 않는 나라를 받았은즉 (　　　)를 받자. 이로 말미암아 (　　　　)과 (　　　　)으로 하나님을 기쁘시게 (　　　　) 우리 하나님은 (　　　　)이심이라.

제13장 [하나님을 기쁘시게 하는 제사]
다음 서로 관계있는 것끼리 연결하시오.

1. 예수 그리스도는 •	• 가) •	• a)
2. 돈을 사랑하지 말고 •	• 나) •	• b)
3. 형제 사랑하기를 계속 •	• 다) •	• c)
4. 주는 나를 돕는 이시니 •	• 라) •	• d)
5. 인도하는 자들에게 •	• 마) •	• e)
6. 예수로 말미암아 •	• 바) •	• f)
7. 예수도 자기 피로써 •	• 사) •	• g)

가) 손님 대접하기
나) 무서워 아니하겠노라
다) 어제나 오늘이나
라) 있는 바를 족한 줄로
마) 백성을 거룩하게 하려.
바) 순종하고 복종하라
사) 항상 찬송의 제사를

a) 사람이 내게 어찌하리요.
b) 영원토록 동일하시니라.
c) 버리지도 떠나지도 아니하리라.
d) 부지중에 천사들을 대접하였다.
e) 너희 영혼을 위하여 경성했다.
f) 성문 밖에서 고난을 받으셨다.
g) 하나님께 드리자.

공동서신이란 무엇인가?

1. 어떤 책이 공동서신인가?

신약성경 27권 중에서 21권이 서신이다. 바울 서신 13권과 바울서신과 깊은 관계가 있어 보이는 작자 미상의 〈히브리서〉를 포함하여 14권의 서신을 제외한 7권을 '공동서신'이라고 부른다. 그런데 이 일곱 권은 바울서신이 아닌 것들을 모은 그룹으로 볼 수 있다.

공동서신 일곱 권은 바로 ① 〈야고보서〉, ② 〈베드로전서〉, ③ 〈베드로후서〉, ④ 〈요한일서〉, ⑤ 〈요한이서〉, ⑥ 〈요한삼서〉, ⑦ 〈유다서〉로서 '일반서신'이라고도 한다.

'바울서신'이 '수신자의 교회나 개인 이름'이 책 이름이 된 것에 반하여 '공동서신'의 책 이름은 '발신자의 개인 이름'에서 기인했다. 수신자는 공동으로 읽는 회람용(回覽用)으로 여러 교회가 돌려가며 읽었다 하나 일부(요한삼서)는 개인적인 서신이라는 느낌이 든다.

2. 공동서신의 수신자들

바울서신이 특정한 교회나 개인에게 보낸 것과는 달리 공동서신은 일반적이며 광범위한 사람들에게 보내졌다.

"흩어져 있는 열두 지파에게"(약 1:1), "본도, 갈라디아, 갑바도기아, 아시아와 비두니아에 흩어진 나그네…… 택하심을 받은 자들에게"(벧전 1:1~2). "우리 하나님과 구주 예수 그리스도의 의를 힘입어 동일하게 보배로운 믿음을 우리와 함께 받은 자들에게"(벧후 1:1). "부르심을 받은 자 곧 하나님 아버지 안에서 사랑을 얻고 예수 그리스도를 위하여 지키심을 받은 자들에게"(유 1:1).

이처럼 요한서신 외에는 수신자들이 광범위하게나마 지정되어 있다. 그러나 〈요한일서〉는 특별히 수신자가 지정되어 있지 않다. 그래서 이 서신이 특정한 교회나 개인이 아닌 일반적(보편적) 수신인 앞으로 되어 있는 내용으로 말미암아 이 서신에 '공동'이라는 이름이 붙은 처음 책이 되었다. 또한 〈요한이서〉는 "택하심을 입은 부녀와 그 자녀에게", 〈요한삼서〉는 "사랑하는 가이오"에게 보낸 편지로서 다분히 개인서신으로서 아주 짧은 글이다.

3. 공동서신이라 불린 계기

(1) 이들 책에 '공동(카돌리케)'이라고 부르는 형용사를 붙인 것은 2세기 말부터이다. '공동서신'이라는 말은 최초 동방교회 반(反)몬타누스파에 속하는 아폴로니우스가 몬타니우스파인 데미손을 공박하기 위하여 197년에 처음 붙인 칭호로 알려지고 있다. 즉 교회사가 유세비우스(Eusebius, 약 260~339년)는 몬타누스파의 이단 운동을 언급하는 중에서 아폴로니우스는 몬타누스파의 한 사람인 데미손이라는 인물을 "대담하게도 사도들을 흉내 내서 그 사도보다도 우수한 신앙의 사람들을 교화하기 위하여 '공동서신'을 작성코자 하였다"고 비판하였다(《유세비우스 교회사》V 10:5). 그 중에서 '흉내낸 사도'와 '공동서신'이 무엇을 말하는 것인가에 대한 해석은 둘로 나누이고 있다. 즉 사도요한의 〈요한일서〉라는 주장과 베드로의 〈베드로후서〉를 지칭하는 것이라는 주장이다.

(2) 뿐만 아니라 같은 2세기 말에 로마에서 기록되었다고 생각되는 무라토리의 정경목록에 〈유다서〉와 두 권의 〈요한의 서신〉이 '공동적'인 것

으로 열거된 것은 아마 교회에서 공동적으로 받아들여졌다는 의미일 것이다. 그러다가 차츰 한 권씩 추가되어 역사가 유세비우스가 현재의 일곱 권을 경전으로 인정하였고 '공동서신'이라는 이름이 보편화되었으니 4세기 초로 본다.

(3) 일곱 권의 서신들은 신약성경 중에서 바울 서신 그룹에 포함되지 않는 모든 서신이었다. 〈히브리서〉는 오늘날 작자 미상으로 보지만, 동방교회에서는 2세기 이후, 서방교회에서는 4세기 이후 바울의 서신 구룹에 포함시켰다.

바울서신은 일찍이 정경(Canon)으로 받아 들여졌다. 공동서신은 이보다 후대인 서방 라틴 교부 사이에서도 특별히 히에로니무스(350~420년) 이후 '일곱 권의 공동 서신'이라고 일반화 되었으며 이 서신에 대하여 차츰 '일곱 권의 정경 서신'이라고 불리워졌다. (일본《新聖書註解 공동서신》, 고영민 외 역, 기독교문사, 日本: 生命の言社)

4. 공동서신 일곱 권의 의미

(1) 공동서신이 일곱 권으로서 '7'이라는 완전 숫자를 가지게 된 것은 다행이다. 〈요한계시록〉에도 소아시아의 일곱 교회로 보내는 편지가 있고(계 2~3장), 바울도 일곱 교회(로마, 고린도, 갈라디아, 에베소, 빌립보, 골로새, 데살로니가)로 서신을 보냈는데, 그 숫자는 7×2=14서신으로 간주하여 7의 배수가 되었다(〈히브리서〉를 포함해서). 그러므로 공동서신 일곱 책은 성경으로서의 완전성을 확립시켜 주는 숫자라 하겠다.

(2) 그러면 그 일곱 서신의 순서를 야고보 - 베드로 - 요한 - 유다로 배열했는가 하는 의문이 생긴다.

여기에 대하여 〈갈라디아서〉 2:9의 "또 기둥 같이 여기는 야고보와 게바와 요한도 내게 주신 은혜를 알므로 나와 바나바에게 친교의 악수를 하였으니 우리는 이방인에게로, 그들은 할례자에게로 가게 하려 함이라"는 구절에 등장하는 인물인 '야고보, 게바(베드로), 요한'의 순서를 따랐다는 설이 있을 뿐 기록 연대 순서에 따른 배열은 아닌 것이 분명하다.

5. 공동서신의 두 가지 중심 주제

공동서신들이 주된 관심을 가지고 있는 두 가지 중심 주제가 있다. 공동서신은 이미 '믿는자가 실제적으로 어떤 생활을 해야 하는가' 라는 윤리적인 문제와 '거짓 교사들의 가르침에 대해서 어떻게 대응할 것인가' 라는 변증론적인 주제가 중심이다.

(1) 공동서신들은 앞의 바울 서신들이 교리와 신학적인 문제에 비중을 많이 둔데 비하여 대조적으로 보다 실제적이고 생활 윤리적인 문제에 많은 관심을 기울이고 있다. 그 중에 대표적인 것은 〈야고보서〉라고 할 수 있다. 야고보는 바울이 그토록 강조한 바 있는 '믿음'(롬 1:17, 4:12, 10:9~10)도 만일 행함이 함께 하지 않는다면 헛것에 불과하다고 지적한다(약 2:2). 또한 〈요한일서〉나 〈요한이서〉는 교제나 사랑을 강조하며 〈요한삼서〉는 성도들을 영접함을 강조한다. 그리고 〈베드로전서〉와 〈베드로후서〉도 성도들이 실천할 덕목인 성실, 순종, 인내 등을 가르치고 있다.

(2) 공동서신들은 말세가 됨에 따라 많이 등장할 거짓 교사들과 이단사설(異端邪說)에 대한 신앙적 지침을 제공하는 데에 큰 강조점을 두었다. 베드로 사도는 재림을 부정하는 '거짓 선지자', '거짓 선생', '멸망할 이단'(벧후 2:1~2) 등을 말하면서 재림 대망의 신앙을 권고하고 있으며 〈요한서신〉들과 〈유다서〉는 영지주의적 이단 사상에 대해 기독교의 복음을 대변하고 있다(요일 4:1~3, 요이 1:7, 유 1:4).

야고보서 | 서신서 |

James

제목에 대한 해설

공동서신(아래의 "특기사항"참고)은 발신자(저자)의 이름이 책 이름으로 되었다.

본서의 헬라어 제목은 '아이코프 에피스톨레'로서 〈야고보의 편지〉 또는 〈야고보서〉로 불렸다.

저작에 대하여

(1) **저자**: '하나님과 주 예수 그리스도의 종 야고보'라 하였다(1:1, 막 6:3, 행 12:17). 신약성경에 야고보는 다섯 사람이 나오며 그 중에 예수님의 동생 야고보가 유력하다. 예수님의 제자는 아니었다. 그는 부활 직후에 개종한 사람이지만(고전 15:7) 그 후 곧 잘 알려진 지도자가 되었다(행 12:17, 21:18, 갈 2:12). 그는 베드로와 요한과 함께 초대 '교회의 기둥'(갈 2:9)과 같은 중요한 지도자였다. 예루살렘 종교회의 때도 새로운 법령(행 15:20)을 제안하기도 했다.

(2) **수신자**: "흩어져 있는 열두 지파"(1:1)라고 했는데, 수신자가 누구이며

어디를 목표로 했는지 애매하다. 유대 지역보다는 팔레스틴 밖에 사는 유대인으로 추측되며 전체 내용으로 보아 순유대인만은 아니다. 이 땅 어디든지 흩어져 사는 모든 그리스도인을 위한 기록이라 할 수 있다.

(3) **연대 및 장소**: 야고보의 생애 말년(62년에 순교)으로 본다. 또는 1세기 말엽으로 보는 경우도 있다. 그리고 기록 장소는 '수리아'나 '로마'라는 설이 있다.

(4) **서신의 구조**: 본서의 본문에 대해 그 주제를 따라서, 여러 개의 단락으로 나누고 있다. 저자는 누구나 쉽게 인식할 수 있는 형태나 구도로 자신의 사상을 발전시키고 있지 않다. 서신은 원래 교회의 가르침 속에서 구두 전승의 형태로 회람되었던 자료를 간직하고 있는 것 같고, 서신의 저자는 약간 느슨하게 그 자료를 다양한 주제들과 논제들에 연결하였다. 서신의 전체적인 관심은 일관성 있는 기독교인의 행동을 고취하는 데 있는데, 저자는 그러한 관심을 공동체의 관련성 속에서 표현하고 있다.(UBS 세계성서공회판《Good News Study Bible》〈야고보서〉 해설 중)

본서의 특징 및 메시지

(1) 행위를 강조

"믿음으로 의롭다 함"을 얻는 가르침이 부정되어(2:14~26) 종교개혁자 마르틴 루터는 이 서신을 '지푸라기 서신'이라고 평가절하했다. 예수의 속죄적 죽음과 그의 부활에 대한 것을 찾아볼 수 없는 서신이기에 그리스도인들이 들어야 할 최초의 성경은 아니며, 오히려 구원의 도리를 깨달은 성도들이 믿음의 완성을 구체적인 행위로 실천함을 가르쳐 주는 서신으로 받을 수 있다(2:22, 26).

(2) 〈야고보서〉의 특징

① 유대교적 윤리관과 기독교적 윤리관을 연결시켜 주고 있다.

② 유대교의 지혜문학과 헬레니즘의 윤리 사상을 다각도로 활용한다.

③ 문장 구조가 극히 단순하고 헬라어를 뛰어나게 구사하고 있다.

(3) 〈야고보서〉의 메시지

① 세 번이나 가난한 사람들을 옹호하면서 부자들을 공박한다(1:9~11, 2:5~12, 5:1~6). 야고보의 이러한 청빈 사상은 예수님의 가르침과 맥을 같이 한다.

② 저자는 신자들이 교리는 배운 것으로 전제하고 그 믿음에 상응하는 생활을 강조한다. 즉 행함이 없는 믿음을 인정하지 않고 있다(2:14~26).

③ 혀의 잘못된 사용에 대해 경고한다(3:1~12). 이러한 경고성의 메시지는 구약의 예언자들과 비슷하고, 예수님께서 행하신 산상설교(마 5~7장)의 사상과도 일치한다.

베드로전후서 | 서신서 |

1, 2 Peter

제목에 대한 해설

일반서신에 속하며 저자의 이름과 보낸 순서에 따라 첫 번째 서신은 〈베드로전서〉, 두 번째 서신은 〈베드로후서〉로 불렸다.

저작에 대하여

(1) **저자**: 〈베드로전서〉는 베드로 사도가 실루아노를 통하여 기록(1:1, 5:1, 12)하였다. 〈베드로후서〉도 그가(1:1)가 저자이며, 그는 예수의 영광스런 변모를 목격했다(1:16~18). 〈베드로후서〉 3:1에 본서를 '둘째 편지'라 하므로 베드로전서도 자신의 글임을 밝힌다. 그러나 언어와 주제는 〈베드로전서〉와 차이가 있다. 현대 학자들은 〈베드로후서〉는 베드로 자신이 아니라 후대의 가명문서[假名文書, 베드로의 유훈(遺訓)에 사도적 권위를 부여하기 위하여 베드로의 이름을 서두에 붙였다]으로 보지만 입증하기 어려운 견해이다. 정경(Canon)에 들어온 신약의 문서들 가운데 최후의 것으로 본다. 그러나 전통적으로는 사도 베드로의 글로 알려져 있다.

베드로는 그의 형제 안드레와 함께 어촌 벳새다 출신이며 예수님이 그를 부를 때에 그들은 갈릴리 호수 북단의 가버나움에 살고 있었다. 베드로는 그의 형제 안드레를 통해 예수님을 만났다(요 1:40~42).

(2) **연대 및 장소**: 〈베드로전서〉는 네로 황제가 로마에서 그리스도인들을 박해(64년)한 이후에 기록된 것으로 추측된다(〈베드로전서〉 5:13의 "바벨론에 있는 교회"는 '로마 교회'를 가리키는 말이다). 또는 이보다 후대인 도미티안 황제가 소아시아에서 박해를 시작한 시기(96년)에 기록했다고도 본다.

〈베드로후서〉는 저작 장소나 수신처를 언급하지 않고 있다. 내용으로 보아 〈유다서〉와 밀접한 관계가 있으며 〈베드로전서〉와의 관계성으로 보아 저작 장소를 '로마'라고도 하고, 내용으로 보아 당시 재림을 부정하는 가현주의(假現主義)가 성행한 '애굽'으로 보는 이도 있으나 모두 추측일 뿐이다. 저작 년대도 2세기 초 이후로도 본다.

특기사항

(1) 전승을 주로 사용한 〈베드로전서〉

문헌상의 직접적인 인용보다 주로 전승을 사용한 것으로 보인다.

① 〈베드로전서〉는 〈로마서〉 및 〈에베소서〉와 상통하는 점들이 있다. 1:14 = 롬 12:2 / 1:22 = 롬 12:9~10 / 2:5 = 롬 12:1 / 1:14~18, 4:2~3 = 엡 4:17 / 2:1, 3:8 = 엡 4:25, 32 / 3:1 = 엡 5:22 / 5:8~9 = 엡 6:11~13 등

② 〈베드로전서〉는 〈야고보서〉와 〈히브리서〉와도 비슷한 점이 많이 보인다. 1:6~7 = 약 1:2~3 / 1:23~2:2 = 약 1:18~22 / 5:5~6 = 약 4:6, 10 / 5:9 = 약 4:7 / 1:17, 2:11 = 히 11:13 / 1:2 = 히 12:24 / 3:18 = 히 9:28 / 3:9 = 히 12:17 / 4:14=히 13:13 등

③ 〈베드로전서〉는 공관복음서의 기초를 이룬 초대교회의 전승, 즉 예수님의 말씀, 용어, 사상 등을 알고 있었던 것으로 여겨진다. 그러나 예수

님의 말씀을 직접 인용하지 않은 것으로 보아 주로 구전(口傳) 전승을 사용한 것 같다.

(2) 소망의 서신인 〈베드로전서〉

베드로 사도는 사람들에게 소망을 주고 있다(1:3, 13, 21, 3:15). 당시 그리스도인들은 주변의 이교도들로부터 적대와 멸시를 당하고 있었다. 그리스도인들의 처신의 방향인 '나그네 됨'이라는 개념이 자신들은 누구이며 당시 상황을 설명해 준다(1:1, 17, 2:11). 본서에는 위대한 사도 바울과 베드로의 유산이 있다. 그들은 그리스도를 전했고 이미 그 당시에는 '그리스도인'(4:16)이라는 이름으로 고난을 당하고 있었다.

〈베드로전서〉는 ① 소망 가운데 삶(1:1~2: 10), ② 세상에서 취할 모범적인 태도(2:11~4:11), ③ 고난 가운데에서 믿음을 입증함(4:12~5:14)으로 구성되어 있다.

(3) 재림에 확신을 강조한 〈베드로후서〉

〈베드로후서〉는 3:1~4에서 기록목적이 나타난다. 그리스도의 재림설을 비웃으며 조롱하는 자들이 나타나서 미혹하므로, 신자들에게 예언자들의 말씀과 사도들의 가르침을 상기시켜 그리스도의 재림에 대한 확신을 심어 주기 위하여 기록했다. 그리스도의 재림은 하나의 학설이 아니라 그리스도인의 확실한 소망이므로 오늘날에도 그 소망이 약해져서는 안 된다.

〈베드로후서〉는 ① 그리스도교의 소망에 대한 보증(1장), ② 거짓 선생들의 투쟁(2장), ③ 예수님의 재림과 새 창조의 확실성(3장)으로 구성되어 있다.

야고보서 1~5장

역사하는 믿음 (중요구절 약 2:26)

<야고보서>는 공동서신 7권 중에 첫 책이다.
믿음의 특성을 시련과 시험의 관점에서 설명한다(1장). 믿음은 사람을 외모로 차별하는 것이 아니며, 의롭다함을 얻는 것은 믿음으로만 아니라 행함이 필요함으로 행함이 없는 믿음을 죽은 것이라 말한다(2장). 가장 다스리기 어려운 혀(말)에 대한 교훈을 주고 있다(3장). 세상과 벗되고자 하는 자는 하나님과 원수가 됨을 지적하였다(4장). 악한 부자들의 가난한 자에 대한 학대를 경고하고, 인내와 기도에 대한 가르침을 주고 있다(5장)

1. "시험을 당하거든 온전히 기쁘게 여기라", "시험을 참는 자는 복이 있나니"(1:2, 12) 등 시험에 관한 많은 교훈은 오늘의 현실에 많이 적용되는 말씀들이다. 시험 자체가 복은 아니기에 좋아할 사람은 없으나 그 결과를 내다보며 시험이 복의 통로가 됨을 알고 더욱 하나님을 의지해야 한다.
2. 가난한 자들에게 관심을 보인 본서는 이러한 가르침도 주고 있다. "만일 형제나 자매가 헐벗고 일용할 양식이 없는데…… 그에게 덥게 하라, 배부르게 하라 하며 그 몸에 쓸 것을 주지 아니하면 무슨 유익이 있으리요"(2:15~16)라며 행함이 없는 믿음의 무가치성을 지적한다. 믿음은 행함이 따라야 한다는 야고보의 가르침은 "믿음은 구원"이라는 공식에만 얽매인 한국 교회를 향한 삶의 실천에 좋은 교훈이 되고 있다. 양과 염소의 비유(마 25:31~46)에서도 얼마나 믿음의 행위를 강조했던가?
3. "말(馬)들의 입에 재갈을 물리는 것은…… 순종하게 하려고 그 온 몸을 제어하는 것"이고 또한 "배를 보라…… 작은 키로써 사공의 뜻대로 운행하나니"(3:3~4)라고 하여 혀를 잘 통제해야 하며 또한 작은 혀가 미치는 큰 영향이 있으므로 조심해야 한다는 것을 교훈한다. "혀도 작은 지체로되 큰 것을 자랑하도다"(3:5) 하였고 이를 "작은 불이 얼마나 많은 나무를 태우는가"라며 영향력이 있음을 비유한다(7~8절). 또한 한 입으로 두 말을 하는 것을 "찬송, 저주…… 단 물, 쓴 물…… 무화과나

1
믿음, 시험, 유혹
시험을 당하거든
기쁘게 여기라

2
행함이 없는 믿음
행함으로 의롭다하심을

3
말에 대한 교훈, 하늘의 지혜
한 입에서 찬송과 저주가

4
세상과 벗되지 말라
마귀를 대적하라

5
악한 부자에 대한 경고
병이 낫기를 위하여
서로 기도하라

무가 감람 열매를, 포도나무가 무화과를"(9~12)이라며 대칭적으로 교훈한다.

4. 기도는 그리스도인들의 무기이다. 고난당하는 자는 기도해야 하며, 병든 자도 기도해야 한다(5:13~14, 16). 말로만 아니라 실제로 기도하고 사는가? 히스기야는 죽을병에서 기도하므로 생명이 15년 연장 되었으며(왕하 20:1~11), 나아만도 나병에서 고침을 받았다(왕하 5장).

더 살펴보기

1. 행함이 없는 믿음(약 2장)

(1) 〈야고보서〉의 가장 중심되는 부분이 '믿음과 행함'이다. "만일 사람이 믿음이 있노라 하고 행함이 없으면 무슨 유익이 있으리요 그 믿음이 능히 자기를 구원하겠느냐"(2:14)고 하여 행함을 구원과 연계시키고 있다. 헐벗고 양식이 없는 자에게 말로만 하는 아무 소용 없는 태도를 지적하면서 "행함이 없는 믿음은 그 자체가 죽은 것이라"(17절, 26절, 마 25:31~46 참고)며 "나는 행함으로 내 믿음을 네게 보이리라"(18절)고 행함의 실제적인 것을 강조한다. 심지어 "하나님이 한 분이신 줄을 믿느냐 잘하는 도다 귀신들도 믿고 떠드느니라"(19절)며 "행함이 없는 믿음이 헛된"(20절)이라며 신랄하게 비난한다. 이러한 야고보의 가르침은 믿음으로 구원받는다는 바울의 가르침과 달라 초대교회에서 정경(Canon) 채택에 많은 논쟁이 있었다.

(2) 믿음과 행함에 관하여 두 사람의 예를 든다. "아브라함이 이삭을 제단에 바칠 때에 행함으로 의롭다 하심을 받은 것"(2:21)과 "기생 라합이 사자들을 대접하여 다른 길로 나가게 할 때에 행함으로 의롭다 하심을 받은 것"(25절)을 강조한다. 이 말의 전제는 "믿음이 그의 행함과 함께 일하고 행함으로 믿음이 온전하게 되었느니라"(22절)고 하여 '믿음'과 '행함'의 상호보완적인 관계를 말한다. 오늘날 그리스도인의 삶도 믿음과 행함의 적절한 조합만이 바른 신앙을 세워나갈 수 있는 것이다.

2. 실행해야할 진리(약 5:19~20)

"내 형제들아 너희 중에 미혹되어 '진리'를 떠난 자를 누가 돌아서게 하면" (5:19)

(1) 그리스도의 '진리'는 그곳으로부터 행동을 옮겨 나오는 것이다. 즉 단순한 진리, 철학적, 명상적, 추상적이 아니라 진리는 항상 도덕적이다. 단순한 견해가 아니라 그것에서 행동으로 그 아름다운 결과를 향하여야 한다. 신약성경에서는 진리와 연관하여 여러 곳에서 명확한 표현을 한다.

(2) 진리는 사람이 사랑하지 않으면 안 된다(살후 2:10). 진리는 사람이 복종하지 않으면 안 된다(갈 5:7). 진리는 사람이 생활 가운데서 발휘해야 한다(고후 4:2). 진리는 사랑으로 말한다(엡 4:15). 진리는 증거하지 않으면 안 된다(요 18:37). 진리는 사랑의 생활로 나타내지 않으면 안 된다(요일 3:19). 진리는 자유를 주는 것이다(요 8:23). 진리는 예수 그리스도에 의하여 보내신 성령의 선물이다(요 16:14).

(3) 가장 명백한 것은 "진리를 따르는 자는 빛으로 오나니 이는 그 행위가 하나님 안에서 행한 것임을 나타내려 함이라 하시니라"(요 3:21)는 말씀처럼 그리스도교의 진리는 행하지 않으면 안 된다는 사실을 분명하게 말해 준다. 그리스도교의 진리는 지식인의 운동이 아니라 항상 도덕적인 진리이다. 그리스도교의 진리는 마음으로 복종할 것이 아니라 전 생활을 통하여 복종해야 할 것이다. 그리스도교의 진리는 단순히 연구회나 토론 그룹에서 취급할 것이 아니라 인생에 직접 관계되는 사건인 것이다. (윌리엄 버클레이, 《야고보서 주석》, 기독교문사)

예루살렘 '통곡의 벽'에서의 기도
"믿음의 기도는 병든 자를 구원하리니"(약 5:15)라 하였다. 예루살렘 성전 통곡의 벽에 손을 대고 기도하는 한 유대인의 모습이 진지하다.

베드로전서 1~5장

고난 중의 인내 (중요구절 벧전 3:15~16)

소망 가운데 삶(1:1~2:10)과 세상에서 취할 모범적인 태도(2:11~4:11), 그리고 고난 가운데서 믿음을 입증하는 방법(4:12~5:14)에 대하여 베드로 사도는 증거하고 있다.

1
부르심을 받은 생활
행실에 거룩한 자가 되라

2
산 돌, 거룩한 백성
아름다운 덕을 선포하게

3
선행을 위한 수난
옥에 있는 영들에게 선포

4
그리스도인이 받을 고난
그 이름으로 하나님께 영광

5
양 무리의 본이 되라
시들지 아니하는 영광의 관

1. "믿음의 확실함은…… 금보다 더 귀하여…… 믿음의 결국 곧 영혼의 구원"(1:7, 9)은 성도들에게 오는 은혜이다. 구약 시대에 이미 "선지자들이 연구하고 부지런히 살펴서"(1:10) 그리스도에 대하여(사 52:13~53:12에서 처럼). "그 받으실 고난과 후에 받으실 영광을 미리 증언하여 누구를 또는 어떠한 때를 지시하시는지 상고"(11절) 하였다. 이처럼 구약은 오실 메시아를, 신약은 오신 메시아를 증언한다.
2. "헛된 행실에서 대속함을 받은 것은 은이나 금 같이 없어질 것으로 된 것이 아니요…… 그리스도의 보배로운 피로 된 것이니라"(1:18~19) 하였다. 간증의 찬송 〈마음에 가득한 의심을 깨치고〉(257장)에서 특히 2절은 본문의 인용이다. 그리스도의 보배로운 피로 구속의 은혜를 받았으니 이 감격함을 누려야 한다.
3. 성경은 우리에게 사랑을 가르친다. 예수님이 그러하셨고, 그의 제자들도 같은 가르침을 준다. 베드로 사도는 "마음으로 뜨겁게 서로 사랑하라"(1:22)고 하였고, "무엇보다도 뜨겁게 서로 사랑할지니 사랑은 허다한 죄를 덮느니라"(4:8)고 하였다. 이러한 가르침처럼 사랑하는 성도가 되기 위해 기도하라.
4. 그리스도 안에서 거듭난 성도는 '산 돌'로서 신령한 성전(하나님의 교회)을 건축하는데 쓰이는 사람들에게 이스라엘 민족에게 부여된 명예로운 칭호들을 부여한다. "택하신 족속"(2:9, 사 43:20~21). "왕 같은 제사장"(출 19:6). "거룩한 나라요 그의 소유된 백성"(신 7:6)이 되었는데, 이는 하나님의 특별한 은혜의 선물이다. "하나님의 백성…… 긍휼을 얻은 자"(10절)는 자기 백성이 아닌 자를 자기 백성으로 여겨주시는

하나님의 은혜를 얻게 된 것이다(호 2:1, 23).

5. "거류민과 나그네 같은 너희를 권하노니"(2:11)라 하여 서신의 대상자를 나그네라 하였다. 나그네는 비유적으로 그들의 진정한 집은 하늘에 있다는 의미(1:1, 17, 2:11, 히 11:13)로 시민으로서 완전한 권리나 보장도 없이 거주하는 외국인을 말한다. 성도는 이 세상에서 천국을 향하는 나그네이다.
6. "의를 위하여 고난을 받으면 복 있는 자니"(3:14)는 예수님의 가르침과 같다(마 5:10). "너희 속에 있는 소망에 관한 이유를 묻는 자에게는 대답할 것을 항상 준비"(15절)하는 것은 믿음의 확실성에서 온다. 성도는 믿음을 확실히 증거할 수 있을 때 고난도 이길 수 있다(17절).

더 살펴보기

1. 옥에 있는 영들에게 전파(벧전 3장~4장)

"옥에 있는 영들에게 선포하시니라"(3:19), "죽은 자들에게도 복음이 전파되었으니"(4:6)라는 본문을 동시에 보아야 한다. 〈베드로전서〉 3:18의 종결은 옛 제의적 문형처럼 보인다(딤전 3:16). 그리스도는 육신으로는 썩어 없어질 죽임을 당하셨다. 그러나 영으로는, 부활하시는 하나님의 권능에 따라 살아나시게 되었다. 〈베드로전서〉 3:19~20의 내용은 성경에 한 번 나온다. 그리스도의 재림 전에 죽은 사람들은 옥에 갇혀 있듯이 죽음 안에 갇혀 있다는 사상을 전제한다. 그러나 그리스도는 이 죽음의 세계로 내려가셨으며 노아 시대의 불순종한 사람들에게 말씀을 전하셨다(4:6은 노아 시대의 불순종한 사람만을 말하는 것이 아님을 보여 준다). 그리스도는 죽음에 완전히 버려진 것처럼 보이는 자들에게도 역시 복음을 대면시키시고(전파하시고) 그들에게 생명의 길을 열어주셨다.

〈베드로전서〉의 수신지 갑바도기아(벧전 1:1)
베드로 사도는 자신의 서신을 "본도, 갈라디아, 갑바도기아, 아시아와 바두니아에 흩어진 나그네"(벧전 1:1)에게 보낸다고 하였다. 오늘날 갑바도기아에는 자연이 만든 기이한 모습으로 인해 관광객들이 몰리고 있다. (©이원희)

2. 베드로는 사도인가 장로인가?(벧전 5:1)

베드로는 '사도'인데, "나는 함께 장로 된 자요"(5:1)라며 자신을 '장로'라고도 소개한다. 실제 초대교회에서는 '장로'란 포괄적인 의미에서 장로와 목사를 통칭하는 말로 사용되기도 했다. 초대교회 당시에는 장로, 감독, 목사 등 교회의 지도자를 통칭하는 칭호로 사용되기도 했다(요이 1:1, 행 21:18, 약 5:14 참고). 예를 들면, 〈디모데전서〉 5:17의 '다스리는 장로'와 '말씀과 가르침에 수고하는 이'는 다르게 구분한다.

3. "바벨론에 있는 교회"(벧전 5:13)

이 표현은 실제 메소포타미아에 있는 바벨론(Babylon)에 있는 교회가 아니라 전통적으로 '로마(Rome)에 있는 교회'를 가리키는 것으로 해석한다(계 14:8, 16:19, 17:5, 18:2, 10, 21, 24). '바벨론'은 그들의 진정한 집이 하늘에 있는 자들을 위한 유배지(1:17, 2:11)이거나, 또한 하나님께 반대한 악한 도시(렘 51장)로도 보인다. 로마의 물질적인 부요함과 도덕적인 타락 때문에, 당시의 묵시문학에서 '로마'는 그리스도인들과 유대인 작가들에게 뿐만 아니라 로마문학에서도 통상 바벨론으로 불려졌다. 한편 본 절로 미루어 보아 베드로가 당시 로마에 머물고 있었다고 추정한다.

4. "사랑의 입맞춤으로 서로 인사하라"(벧전 5:14)

'입맞춤으로 인사하라'는 권고는 여러 세기 동안 그리스도교의 교제와 예배에 귀중한 부분이었다. 유대인의 경우, 제자가 랍비의 뺨에 입맞추며 주인의 어깨에 손을 얹는 것이 관습이었다. 유다가 예수님에게 한 입맞춤도 그러하다(마 14:44). 바리새인 시몬이 예수님께 입맞추지 않아서 책망을 받았다(눅 7:45). 바울도 입맞춤을 권면하였다(롬 16:16, 고전 16:20, 고후 13:12, 살전 5:26). 입맞춤은 기도하고 나서, 성찬식에 앞서, 헤어질 때에, 결혼식에서, 장례식에서 죽은 자에게 했다. 그러나 차츰 아내가 그리스도인이 된 이교도인 남편들의 저항이 있었고, 일부 교부들은 교회의 평판을 염려했던 기록도 있다. 나중에는 동성 간에만 하게 했고 차츰 사라졌다.

베드로후서 1~3장

거룩한 성도 (중요구절 벧후 3:9)

은혜와 진리 안에서의 성장과 그리스도교의 소망에 대한 보증을 말한다(1장). 거짓 선생들의 특징을 자세히 말함으로 미혹에 빠지지 않게 한다(2장). 미래에 나타날 일들을 예언한다. 즉 예수님의 재림과 새 창조의 확실성을 보여 준다(3장).

1. "세상에서 썩어질 것을 피하고 신성한 성품에 참여하는 자가 되게 하려 하셨느니라."(1:4). 이 얼마나 놀라운 은혜인가? 행복, 불멸과 같은 신성한 성품에 참여하는 그리스도인은 정욕 때문에 얽매여 있던 세상의 썩어질 것에서 먼저 해방되어야 한다. 그리고 더욱 힘써 믿음, 덕, 지식, 절제, 인내, 경건, 형제 우애, 사랑을 더해야 한다(1:5~7).
2. 예언에 대한 경솔함을 경계하여 "성경의 모든 예언은 사사로이 풀 것이 아니니……"(1:20)라고 하였다. 대부분의 이단 사설은 성경을 잘못 해석한 데서 비롯하였다. "성령의 감동하심을 받은 사람들이 하나님께 받아 말한 것"(1:21)이므로 언제나 성령의 조명 아래서만 성경을 바르게 볼 수 있다(시 119:18).
3. 구약에서 세 가지 예를 들어 심판을 예고한다. ① "범죄한 천사들"(2:4)의 죄는 반역죄로 본다(창 6:1~4, 유 1:6, 계 12:7). ② 노아 시대에 "경건하지 아니한 자들"(5절) 그리고 ③ "소돔과 고모라 성을 멸망하기로 정하여 재가 되게 하사"(6절)는 당연한 심판이지만 "고통 당하는 의로운 롯을 건지셨으니"(6~7절, 창 19장 참고)를 보면 구약의 사건만으로는 다 알 수가 없다. "그 의로운 심령이 상함"(8절)이라는 것으로 보아 구원의 결정권은 하나님께 있음을 보여 준다(딤후 2:19).
4. "거짓 선생들"(2:1)을 "말세에 기롱하는 자들"(3:3)이라며 그들의 오해를 지적한다. "주께서 강림하신다는 약속이 어디 있느냐 조상들이 잔 후로부터 만물이 처음 창조될 때와 같이 그냥 있다"(4절)라며 재림을 부인했다. 여기에 대한 답변으로 과거에 "세상은 '물'이 넘침으로 멸망"(6절, 창 6~7장 홍수 사건)했고 "이제 하늘과 땅은 그 동일한 말씀으

1

그리스도를 아는 지식
신성한 성품에
참여하는 자가 되게

2

거짓 선생들에 대한 경고
임박한 멸망을 취하는 자

3

재림의 확실성
다 회개하기에 이르기를

사랑하는 자들아 주께는 하루가 천 년 같고 천 년이 하루 같다는 이 한 가지를 잊지 말라.

-〈베드로후서〉3:8

로 '불'사르기 위하여"(7절)라는 주님의 재림과 함께 임할 "심판과 멸망"(7절)을 경고한다. 미혹자들은 성경의 가르침을 왜곡하므로 경계해야 한다.

5. "주 앞에서 점도 없고 흠도 없이 평강 가운데서 나타나기를 힘쓰라"(3:14)라 하여 심판에 합격할 것을 권면한다. 저자는 바울을 "우리가 사랑하는 바울"(15절)이라고 하며 "그 중에 알기 어려운 것이 더러 있으니 무식한 자들과 굳세지 못한 자들이 다른 성경과 같이 그것도 억지로 풀다가 스스로 멸망에 이르느니라"(16절)고 말하여 잘못된 성경 해석을 경계한다.

더 살펴보기

1. 〈베드로후서〉에 대하여

(1) 〈베드로후서〉는 공관복음서에 기초를 이룬 초대교회의 전승을 잘 알고 있었다. 즉 예수님의 말씀, 용어, 사상 등을 알고 있었던 것으로 여겨진다. 그러나 예수님의 말씀을 직접 인용하지 않은 것으로 보아 주로 구전(口傳) 전승을 사용한 것 같다.

(2) 현대의 학자들은 〈베드로후서〉가 정경(Canon)에 들어온 신약의 문서들 가운데 최후의 것으로 보고 있다. 이 서신은 어떤 저자가 베드로의 이름으로(가명서신) 2세기 초 이후에 썼다고 주장하나, 전통적으로는 사도 베드로의 글로 보며 〈베드로전서〉 기록 직후 네로의 박해 때인 65년경으로 본다.

2. 〈베드로후서〉의 메시지

〈베드로후서〉의 핵심적인 표현들을 보면 베드로 사도가 주고 싶었던 메시지를 알 수 있게 된다. 즉, "일깨우다"(1:12, 3:1), "생각나게 하다"(1:15, 20, 3:2), "일깨워 생각나게 하다"(1:13), "잊어 버렸다"(1:9), "잊지 말라"(3:8)고 하였다. 베드로는 이런 단어들을 통하여 사도들에 의해서 전달된

〈베드로후서〉와 〈유다서〉의 유사성

〈베드로후서〉 2장과 〈유다서〉는 그 내용과 표현에 있어서 거의 일치한다. 2:1~18은 〈유다서〉 1:4~16과 병행을 이룬다. 3:3은 〈유다서〉 1:18을 거의 그대로 인용한 것이며 3:7은 〈유다서〉 1:6~7에 의거했다. 이 외에도 비슷한 부분이 상당히 많다. 그래서 보통 〈유다서〉가 〈베드로후서〉 2장의 전거가 된다고 본다.

(1) 〈베드로후서〉 2장에는 〈유다서〉의 내용이 거의 수록되어 있고, 그 밖에 그리스도의 재림에 관한 새로운 내용이 더 첨가되어 있다. 〈베드로후서〉의 저자가 〈유다서〉를 자기의 글에 삽입하고 그 앞뒤에 1장과 3장을 덧붙인 것으로 보지만, 〈유다서〉의 저자가 〈베드로후서〉의 글을 인용한 것으로 보기도 한다.

(2) 구약의 사건(고사, 故事)을 예로 드는 경우에 〈유다서〉보다 〈베드로후서〉의 경우가 훨씬 치밀하고 구약의 순서와 더 일치하는 것을 볼 수 있다.

전승들, 특히 '그리스도의 재림'과 '하나님의 심판'에 관한 전승들을 기억해야 할 것을 독자들에게 요구하고 있다. 또한 베드로 사도는 거짓 교사들이 이 전승을 의도적으로 "잊어 버렸다"고 한다. 즉, 고의적으로 거부하였다는 것이다. 베드로는 또한 기독교 신앙은 특별히 사랑과 같은 확실한 덕목을 행동으로 표현하는 데 있다고 독자들을 일깨우고 있다(1:5-8).

3. 현재 세계에 대한 하나님의 심판(벧후 3:7~12)

〈베드로후서〉 3:7 이하에는 하나님의 심판에 대한 기록이 있다. 이 구절에 관해 헨리 모리스 박사(Henry Morris, 창조연구소[Institute for Creation Research] 소장)는 다음과 같이 쓰고 있다.

핵무기의 폭발로 세계는 결국 멸망될 것인가?

40년대 세대는 1945년 8월, 히로시마에서의 가공할 만한 파괴를 묘사한 신문 1면의 믿을 수 없는 첫 제목을 여전히 기억하고 있다. 그때 최초의 원자 폭탄이 정체를 드러냈고 세계는 핵무기 시대로 접어들었다. 성경을 믿는 그리스도인들은 그때 〈베드로 후서〉 3:10의 위대한 예언을 생각해냈던 것을 기억한다.

"주의 날이 도적같이 오리니 그날에는 하늘이 큰 소리로 떠나가고 체질이 뜨거운 불에 풀어지고 땅과 그 중에 있는 모든 일이 드러나리로다."그렇다. 세상은 원자폭탄의 폭발로 이루어질 대격변의 파괴를 마침내 실제적으로 경험할 것이다. 위의 구절에서 "체질(elements)"로 번역된 말의 헬라어는 사실상 물질의 기본 단위를 의미한다. 그것은 현대의 화학 원소에 대한 과학적 개념과 서로 상응한다.

"풀어진(melt)"으로 옮겨진 말은 '산산조각이 나다'를 의미한다. "떠나가다(pass away)"란 구절은 '멸절되다'를 의미하는 것이 아니라 오히려 '시야에서 사라지다'를 나타낸다. "하늘"은 별이 아니라 '창공'혹은 '공중'이다. 결국 "큰 소리"와 "뜨거운 불"은 본질적으로 핵폭발과 관련이 있다.

그러므로 베드로의 예언은 당연히 최후의 대격변을 묘사하고 있다. 그때는 지구 자체가 그 대기와 함께 거대한 핵연쇄 반응을 경험하며 가공할 핵무기의 폭발로 멸망할 것이다. 성경에 그러한 놀라운 예언이 존재한다는 것은 영감론에 대한 증거이다. 물질이 에너지로 전환될 수 있다는 과학적 발견은 20세기 과학의 위대한 승리 가운데 하나이다. 핵분열이 `뜨거운 불'을 낳는다는 이 평범한 예언은 1,900년 동안 성경에 간직되어 있었다. (《월밍턴 성경연구》, 신약편, p.549)

B I B L E

성경 질문지

야고보서 1~5장 역사하는 믿음

제1장 [믿음, 시험, 유혹]

다음 (   ) 안에 알맞은 말을 적거나 물음에 답하시오.

1. 〈야고보서〉는 예수 그리스도의 종 (   )가 흩어져 있는 (   )에게 보낸 회람용 서신이다.

2. '시험'에 대한 다음 말씀의 (   )를 채워 완성하시오.(2~18)

   1) (절) 여러 가지 시험을 당하거든 (   ) 여기라.

   2) (절) 시험을 참는 자는 (   )이 있나니 이는 (   )을 견디어 낸 자가…… 생명의 면류관을 얻을 것이기 때문이라.

   3) (절) 하나님은 (   )에게 시험을 받지도 아니하시고 친히 (   ) 하시느니라.

3. 지혜가 부족할 때에 어떻게 해야 하는가?(5절) -

4. 자랑할 것은?(9~11)

   1) 낮은 형제: 2) 부한 자:

5. 하나님을 어떤 분으로 묘사하고 있는가?(17절) - 그는~

6. 1) 속히 할 것은?(19~20) -

   2) 더디 할 것은? -

7. 하나님 아버지 앞에서 정결하고 더러움이 없는 경건은?(21~27) -

제2장 [행함이 없는 믿음은 죽은 것]

다음 설명이 맞으면 O표, 틀리면 X표 하시오.

1. 회당에 아름다운 옷 입은 사람과 남루한 옷 입은 사람이 들어오면 구별하여 앉혀라(1~4).

   - (   )

2. '네 이웃 사랑하기를 네 몸과 같이 하라'는 성경에 기록된 대로란 레위기 19:18이다(5~9).

   - (   )

3. 온 율법을 지키다가 그 하나를 범하면 그 한 가지 율법만 범한 자가 된다(10~13). - (   )

4. 행함으로 믿음을 보일 수 있다(14~18).

   - (   )

5. 아브라함이나 라합이 믿음으로만 아니라 행함으로 의롭다함을 받았듯이, 행함이 없는 믿음은 죽은 것이다(18~26). - (   )

제3장 [말에 대한 교훈, 하늘의 지혜]

다음 성구를 이어 써서 완성하시오.(~ 표는 다음 절까지)

1. (절) 너희는 선생된 우리가 ~

2. (절) 우리가 다 실수가 많으니 ~

3. (절) 혀는 곧 불이요 ~

4. (~   절) 이것으로 우리가 주 아버지를 찬송하고 ~

5. (~   절) 오직 위로부터 난 지혜는 ~

제4장 [세상과 벗하지 말라]
다음 물음에 답하시오.

1. 구하여도 받지 못하는 이유는?(1~3) -
2. 세상과 벗이 되고자 하는 자는 어떻게 되는가?(4~6) -
3. 1) 하나님이 물리치시는 자는? -

   2) 은혜를 주시는 자는? -
4. 마귀를 어떻게 대해야 하는가?(7~10) -
5. 형제를 비방하거나 판단하는 자는 무엇을 비방하고 판단하는 자인가?(11~12) -
6. 생명을 어떤 비유로 표현했는가?(13~17) -
7. 무엇이 죄인가?(13~17) -

제5장 [악한 부자에 대한 경고]
다음 말씀의 (　　)를 채우고 몇 절에 나오는지 절수를 쓰시오.

1. 부한 자들아, 너희에게 임할 고생으로 말미암아 (　　　　　)하라. - (　　　절)
2. 형제들아, 주께서 강림하시기까지 길이 (　　　　　). - (　　　절)
3. 형제들아 서로 (　　　　)하지 말라. - (　　　절)
4. 보라, 인내하는 자를 복되다 하나니 너희가 (　　　)를 들었고 주께서 주신 결말을 보았거니와…… - (　　　절)
5. 고난당하는 자가 있느냐 그는 (　　　　)할 것이요. 즐거워하는 자가 있느냐 그는 (　　　　)할지니라. - (　　　절)
6. 너희 죄를 서로 고백하며 병이 낫기를 위하여 (　　　　　)하라. - (　　　절)
7. 〈야고보서〉에서 "내 (사랑하는) 형제들아", "형제들아"등 형제를 부르는 말이 나오는 장절을 모두 쓰시오.

   (1:2, 　　　　　　　　　　　/ 합계 　　번)

베드로전서 1~5장 고난 중의 인내

제1장 [부르심을 받은 생활]
다음 물음에 답하거나 (　　) 안을 채우시오.

1. 〈베드로전서〉의 수신자인 '흩어진 나그네'는 영적으로 어떤 자들인가?(2절)

   -
2. (　　　　절) 예수 그리스도를 죽은 자 가운데서 (　　　　)하게 하심으로 말미암아 우리를 거듭나게 하사 (　　　　　)이 있게 하시며.
3. (　　　　절) 너희 (　　　　)의 확실함은 불로 연단하여도 없어질 (　　　　　) 더 귀하여 예수 그리스도께서 나타나실 때에 (　　　　)과 (　　　　)과 (　　　　)를 얻게 할 것이니라.
4. (　　　　절) 오직 너희를 부르신 (　　　　　)처럼 너희도 모든 행실에 (　　　　　　)가 되라.
5. (　　　　절) 너희 조상이 물려준 (　　　　　)에서 대속함을 받은 것은 은이나 금 같이 (　　　　　)으로 된 것이 아니요 오직 흠 없고 점 없는 어린 양 같은 (　　　　　　　　　　)로 된 것이니라.
6. (　　　　절) 너희가 (　　　　　　)은 썩어질 씨로 된 것이 아니요, 썩지 아니할 씨로 된 것이니 살아 있고 항상 있는 (　　　　　)으로 되었느니라.

제2장 [산 돌, 거룩한 백성]
다음에 이어지는 성구를 쓰시오. (해당 절 안에서만)

1. 갓난아기들 같이~
2. 사람에게는 버린 바가 되었으나~
3. 너희는 택하신 족속이요~
4. 거류민과 나그네 같은 너희를 권하노니~

5. 너희는 자유가 있으나 그 자유로~

6. 선을 행함으로 고난을 받고~

7. 친히 나무에 달려 그 몸으로~

제3장 [남편과 아내, 선행을 위한 수난]
각 항에서 관계 있는 것은 O표, 관계 없는 하나는 X표 하시오.

1. 아내들
   1) 남편에게 순종 ( )
   2) 행실로 불신 남편 구원 ( )
   3) 단장은 외모로 하라 ( )
   4) 남편에게 순종함으로 단장 ( )

2. 남편들
   1) 아내와 동거 ( )
   2) 아내는 더 연약한 그릇 ( )
   3) 귀히 여기라 ( )
   4) 기도가 막히게 하려 함 ( )

3. 복을 이어 받게
   1) 마음을 같이 ( )
   2) 형제를 사랑 ( )
   3) 겸손하며 ( )
   4) 악을 악으로 욕을 욕으로 갚으라 ( )

4. 주(主)
   1) 눈: 의인을 향함 ( )
   2) 입: 선행자에게 ( )
   3) 귀: 간구에 기울임 ( )
   4) 얼굴: 악행 하는 자들을 대하심 ( )

5. 너희 마음
   1) 그리스도를 주으로 삼음 ( )
   2) 소망에 관한 이유를 묻는 자에게 대답할 것을 항상 준비 ( )
   3) 온유와 두려움으로 ( )
   4) 선한 양심을 가지라 ( )

6. 그리스도의 죽으심
   1) 의로운 자를 대신 ( )
   2) 육체로는 죽으심 ( )
   3) 영으로는 살리심 ( )
   4) 옥에 있는 영들에게 선포 ( )

제4장 [은혜의 선물, 그리스도인이 받을 고난]
다음 (/) 안의 말 중에 틀린 것은 두 줄로 지우시오.

1. 그리스도께서 이미 (육체의 고난 / 영혼의 고난)을 받으셨으니 너희도 같은 마음으로 (갑격 / 갑옷)을 삼으라.

2. 만물의 마지막이 가까이 왔으니 그러므로 너희는 (정열 / 정신)을 차리고 근신하여 (기도 / 거룩)하라.

3. 무엇보다도 뜨겁게 서로 (사랑 / 사모)할지니 사랑은 허다한 (꿈 / 죄)를 덮느니라.

4. 너희를 (시험 / 연단)하려고 오는 (불 시험 / 불 시련)을 이상한 일 당하는 것 같이 이상히 여기지 말고 오히려 너희가 그리스도의 (영광 / 고난)에 참여하는 것으로 (즐거워 / 슬퍼)하라.

5. 또한 선을 행하는 가운데에 그 영혼을 미쁘신 (창조주 / 조상님)께 의탁할지어다.

제5장 [양 무리의 본이 되라]
다음 물음에 답하시오.

1. 양 무리를 칠 때(주의 교회를 돌볼 때)의 자세를 쓰시오.(1~5절 읽고 답은 2~3절로)
   -

2. "겸손한 자들에게 은혜를 주신다", "마귀를 대적하라"는 〈베드로전서〉 5:5~10의 말씀과 유사한 내용은 〈야고보서〉 (장) 6~8절에도 나온다.

3. 〈베드로전서〉의 저자는 사도 베드로이지만 '대서자(代書者)'는 누구인가?(12~14) -

베드로후서 1~3장 거룩한 성도

제1장 [그리스도를 아는 지식]

다음 성구의 (　　)를 채우시오.

1. 그 보배롭고 지극히 (　　　　)을 우리에게 주사 이 약속으로 말미암아 너희가 정욕 때문에 세상에서 썩어질 것을 피하여 (　　　　)가 되게 하려 하셨느니라.(　　　절)
2. 더욱 힘써 믿음→ (　　　) → 지식 → 절제 (　　　) (　　　) → 형제우애 → (　　　)을 더하라.(　　　~　　　절)
3. 형제들아 더욱 힘써 너희 (　　　　)을 굳게 하라…… 실족하지 아니하리라. 이같이 하면 우리 주 곧 구주 예수 그리스도의 (　　　　)을 넉넉히 너희에게 주시리라. (　　　절)
4. 우리 주 예수 그리스도의 (　　　)을 너희에게 알게 한 것이…… 우리는 그의 크신 위엄를 친히 본 자라.(　　　절)
5. 먼저 알 것은 성경의 모든 (　　　) 예언은 언제든지 사람의 뜻으로 낸 것이 아니요, 오직 성령의 감동하심을 받은 사람들이 (　　　　)임이라.(　　　~　　　절)

제2장 [거짓 선생들]

다음 말에서 틀린 두 단어에 밑줄을 긋고 바르게 고치시오.(본문은 요약되었음)

1. 거짓 선생들은 멸망하게 할 이단을 가만히 끌어들여 자신들을 사신 주를 시인하고 임박한 재림을 스스로 취하는 자들이다. →
2. 하나님이 범죄한 천사들을 용서하지 아니하시고 낙원에 던져 어두운 구덩이에 두어 심판 때까지 자유하게 하셨다. →
3. 옛 세상을 용서하시고…… 무법한 자들의 음란한 행실로 말미암아 고통 하는 외로운 롯을 건지셨다. →
4. 주께서 불의한 자는 시험에서 건지시고 경건한 자는 형벌 아래에 두어 심판 날까지 지키신다. →
5. 발람은 불의의 삯을 사랑하다가 자기의 불법으로 말미암아 칭찬을 받되 말하지 못하는 나귀가 사람의 소리로 말하여 이 선지자의 미련한 행동을 저지하였다. →
6. 그들이(거짓 선생) 의의 도(우리 주 예수 그리스도)를 안 후에 받은 거룩한 명령을 순종하는 것보다 알지 못하는 것이 도리어 그들(거짓 선생)에게 나쁘다. →

제3장 [재림의 확실성]

다음 물음에 답하시오.

1. 이 둘째 편지 〈베드로후서〉를 써서 보내는 이유는?(1~2, 너희의 진실한 마음을~ 기억하게 하려 하노라) -
2. 말세에 조롱하는 자들이 무엇이라고 말하는가?(3~4) -
3. 처음 세상은 물로 멸망 받았으나 이제는 무엇을 위하여 심판과 멸망의 날까지 보존하여 두시는가?(5~7) -
4. 잊지 말아야 할 주님의 시간은?(8절)
   -
5. 주의 약속은 더딘 것이 아니라 무엇인가?(9절)
   -
6. 어떤 사람이 되어야 마땅한가?(11~12)
   -
7. 우리가 바라보아야 할 것은?(13절)
   -
8. 우리는 어디에서 자라가야 하는가?(14~18절 읽고 답은 18절로) -

요한일이삼서 | 서신서 |

1, 2, 3 John

서신서

요한일이삼서 | 유다서

저작에 대하여

(1) **저자**: 초대교회 교부들의 전통을 따라 〈요한복음〉, 〈요한계시록〉, 〈요한일이삼서〉를 '사도 요한'의 저작으로 본다. 그는 그리스도께서 하신 일을 목격했고(1:1~4), 권위 있는 말투는 사도적인 언급이다(명령 - 요일 2:15, 24, 4:1, 5:21 / 확고한 주장 - 요일 2:6, 3:14, 4:12 / 잘못을 지적 - 1:6, 8, 2:4, 22).

〈요한복음〉과 〈요한서신〉의 표현 방식이 매우 유사하여 동일 저자로 보게 한다(예: 빛과 어두움, 생명과 죽음, 진리와 거짓, 사랑과 미움 등의 대조). 〈요한일이삼서〉의 '장로'가 이름이 기록되지 않아서 요한을 가리키는 지는 논쟁이 있다.

(2) **수신자**: 〈요한일서〉 - 특별한 언급이 없으나 소아시아 지역의 회람서신으로 추정. / 〈요한이서〉 - 한 특정한 공동체에 보낸 것이다. 그 공동체는 1절에서 '택하심을 입은 부녀'라고 일컬어졌다. / 〈요한삼서〉 - '가이오'라는 성도에게 보낸 것이다.

(3) **연대 및 장소**: 〈요한일서〉는 〈요한복음〉과 같이 '요한공동체'에서 생긴 것이다. 〈요한복음〉 기록 이후인 85~95년경 에베소에서 기록한 것으

로 보인다.

〈요한이서〉는 〈요한삼서〉와 마찬가지로 〈요한일서〉보다 후대에 기록된 것으로 보인다. 〈요한이서〉 9~10절에 "그리스도의 교훈" 등 후대의 표현들이 나온다. 이 서신들이 기록된 시기는 1세기의 마지막 10년일 것으로 보는 견해가 강하다.

특기사항

(1) 〈요한일서〉: 영지주의에 대한 경계

당시의 상황은 교회 회중의 한 집단이 사도들의 선포와는 다른 구원 교리를 따르므로 결국은 갈려 나갔다(2:19). 이들이 영지주의자(Gnosticism)들이다.

① 이단자, '영지주의(靈知主義, 그노시스)'

1) 이들은 예수 그리스도의 죽으심(목숨 바침)을 통해서가 아니라 자신의 본래적 본질에 대한 지식을 통하여 인간이 그리스도 안에서 구원을 받는다고 한다.

2) 그리스도는 단지 가현적(假現的)으로만 사람이 되셨으며(4:2~3). 실제로는 십자가에서 죽지 않으셨다고 한다(2:22, 4:3). 그리스도가 하신 일은 인간들에게 그들의 본래의 천성에 대한 '지식'을 가져다 준 것이라 한다.

3) 인간은 본질에 있어서 하나님과 하나이기 때문에 영지주의자들은 지식과 영적 관조를 통해 하나님과 합일할 수 있으며 모든 지상적인 속박으로부터 자유롭게 된다고 생각했다.

② 이단에 대한 그리스도적 고백

1) 예수는 '그리스도'이시다. 하나님의 아들이 실제로 사람이 되시고 죄를 위하여 속죄 제물로 죽으셨다는 것을 믿는 사람만이 참으로 하나님과 친교를 누린다(2:23, 4:2, 15, 5:1, 5).

2) 하나님과의 친교는 '형제들', 즉 그리스도 교회의 형제자매들에 대한

구체적 사랑에서 입증되어야 한다(1:6~7, 2:4, 5, 9~11 등).

(2) 〈요한이서〉: 거짓 교훈 대적

〈요한이서〉가 기록된 상황은 〈요한일서〉로부터 도출해 낼 수 있는 상황과 일치한다. 〈요한일서〉와 〈요한이서〉에서 문제가 된 자들은 같은 거짓 교사들이다(7절). 그러나 짧은 글에서는 그들과의 논쟁이 기록되지는 않는다. 공동체 회중은 거짓 교훈의 전도자들을 집에 들이지도 말고 인사조차도 하지 말라고 경고한다(10~11절). 다른 한편으로 그들은 서로 얽매이는 현재 사랑의 계명을 기억하라고 권고한다(5~6절).

(3) 〈요한삼서〉: 자발적인 접대

〈요한삼서〉에서 장로는 '가이오'에게, 파송한 선교사(순회 전도자)를 후하게 접대했음을 감사한다(3~6절). 그러나 이러한 일이 그 외에는 가이오의 교회에서 일어나지 않음에 아픔을 표현한다. 지도자적인 지위에 있는 듯한 디오드레베는 장로를 비방하고 그가 보낸 전도자를 영접하지 아니하고 또한 남들이 접대하지 못하도록 방해했다(9~10절). 〈요한이서〉에서는 거짓 교사들을 집에 영접하지 말라고 했으나 〈요한삼서〉에서는 전도자들을 배척하는 디오드레베에게 경고한다. 아마 그는 〈요한이서〉 7절에 나온 거짓 교리의 대변자일 수도 있다. 장로는 방문할 때에 디오드레베에게 답변을 추궁할 수 있으리라고(10절) 확신하며 갈등을 해소하리라 희망한다. 이 편지는 12절에 의하면, 순회전도자들 가운데 한 사람인 데메드리오를 위한 추천장으로 교회가 그를 맞아들이라는 것이다.

유다서 | 서신서 |

Jude

제목에 대한 해설

공동서신(일반서신)은 회람용으로 저자가 그 책의 이름이 되었다. 따라서 본서의 헬라어 제목은 〈이오다〉로 '유다'라는 이름 그대로이다. 〈유다의 편지〉, 또는 〈유다서〉로 불렀다. (공동서신에 대해서는 553~556쪽 내용을 참고하라.)

저작에 대하여

(1) **저자**: 저자는 자신을 '예수 그리스도의 종이요 야고보의 형제'(1:1)라고 말한다. 성경에는 5명의 유다가 나온다. 본서의 저자 유다의 형제 야고보는 주의 형제요(마 13:55, 막 6:3), 예루살렘 교회의 첫 번째 목회자이며(행 15:12~21), 사도(갈 1:19)로 알려져 있다. 예수님의 제자로서 야고보의 아들 유다(눅 6: 16, 행 1:13)도 있으나 본서 저자는 아닐 것이다.

(2) **수신자**: 이름이나 거주지가 나와 있지 않은 것으로 보아 저자는 모든 사람이 이 서신을 읽기를 원한 것 같다. 굳이 수신자를 선정한다면 소

아시아나 수리아 지방을 들 수 있는데 이 지역들의 영지주의나 도덕 폐기론을 비판하고 있기 때문이다.

(3) **연대 및 장소**: 사도 시대 말기 및 직후(17~18절)인 70~80년경으로 본다. 유다가 70~80년경에 순교했다고 보면 적어도 80년 이전에 기록했을 것이다. 혹은 70년의 예루살렘 멸망에 관한 언급이 없으므로 70년 직전이라고도 보며, 또는 위경 〈에녹서〉(30~50년경)의 인용(1:14)으로 보아 〈에녹서〉 이후이며, 영지주의(1세기 후반부터 일어남)를 언급한 것으로 보아 70~80년경으로 본다. 기록 장소는 유대인들이 살던 지방으로 본다.

특징 및 주제

(1) 특징

① 본서는 자유 방종주의자들, 영지주의자들(그노시스), 거짓 교사들에 대한 이단 공격문서로서 표현이 직설적이고 신랄하다.

② 배경은 고린도 부근에서 파급되었던 음탕, 방종주의와 같은 것이 이 편지의 독자들에게도 영향을 끼쳤으므로 유다가 경계할 필요를 절감했기 때문일 것이다.

③ 본서는 모든 문장의 표현이 강경하고 매우 준엄하다. 그것은 본 서신이 배도하는 일을 엄히 꾸짖었기 때문이다.

④ 본서의 주제는 "믿음의 도를 위하여 힘써 싸우라"(1:3)는 것이다. '믿음'은 모든 성도의 삶의 기초인 동시에 잘못된 교훈으로부터 지켜져야 할 대상으로 설명하고 있다(1:20~21).

(2) 〈유다서〉의 위경 인용문제

유다는 정경(Canon)이 아닌 책 〈모세 승천기〉(9절)와 〈에녹서〉(14~15절)를 인용하였다. 그렇다고 유다가 이 위경을 정경(Canon)으로 사용했다고는 볼 수 없다. 당시 독자들에게도 이 책이 잘 알려져 있었으므로 유다가 이해를 돕기 위하여 이것을 인용한 것 같다. 바울도 〈디도서〉 1:12을 보면 주전 600년경 그레데 성 출신의 이교(異教)인 에피메니데스의 "신탁에 관하여"란 6행시에서 인용하여 말하고 있다.

(3) 〈유다서〉와 〈베드로후서〉의 관계성

신약성경의 〈사사기〉라고 불리는 〈유다서〉는 〈베드로후서〉 2장과 유사하므로 한쪽이 다른 한쪽을 인용하였다고 볼 수 있다. 그렇더라도 각각 독립된 책으로 사용되었으므로 가치가 낮아지는 것은 아니다. 어느 책이 먼저 있었는가는 확실히 말하기 어렵지만 베드로는 거짓 교사들의 사역이 미래에 있을 것으로 보았으나(벧후 2:1), 유다는 그런 행위가 이미 존재하는 것으로 보았으므로(1:4), 〈베드로후서〉가 먼저 기록된 것이라는 주장이 있다. 그러나 나중에 기록된 것이 더 구체적이므로 〈유다서〉가 먼저 기록되었고, 〈베드로후서〉는 신약 최후의 문서로 보는 견해도 있다.

(4) 이단에 속한 거짓 교사들(8~10절)

① 꿈꾸는 자: 허망한 가르침으로 사람들을 미혹하는 거짓 선지자들을 비난하는 표현이다(신 13:1).

② 훼방하는 자: 훼방은 사단의 일로서 훼방하는 자는 용서받을 수 없다(마 12:31~32).

③ 이성 없는 짐승: 자신의 욕망에 사로잡혀 짐승처럼 살아가며 결국 짐승처럼 죽는다. 진리를 떠난 자는 짐승과 같다(시 49:20).

요한일서 1~5장

그리스도와의 교제 (중요구절 요일 5:10)

우리는 하나님과 그의 아들 예수 그리스도와의 사귐(교제)을 통하여 기쁨이 충만하게 되며 그에게 죄를 자백하면 모든 불의에서 건지신다(1장). 주님과 사귀는 자는 빛 가운데 거하므로 죄를 범하지 않는다(2장). 하나님의 사랑 안에 거하는 자는 형제를 사랑한다(3장). 서로 사랑하며 주가 성령을 주심으로 예수님을 하나님의 아들이라 시인하며 하나님의 사랑 안에 거하는 자는 하나님 안에 거하고 하나님이 그 안에 거한다(4장). 예수님이 그리스도이심을 믿는 자마다 하나님께로부터 난 자이며 영생이 있다(5장).

1
교제(사귐)의 조건
우리 죄를 자백하면

2
교제의 행위
빛 가운데 거하여

3
교제의 특성
행함과 진실함으로 사랑

4
사랑의 교제
하나님은 사랑이심이라

5
교제의 근거
영생이 있음을 알게 하려

1. 우리의 사귐(교제)은 성도들로 더불어 "아버지와 그의 아들 예수 그리스도와 더불어"(1:3) 하며 그러한 사귐은 큰 기쁨을 준다. 나의 사귐이 나만을 위한 것인지 진정 다른 성도와 주님을 위한 것인지!
2. "만일 우리가 ~하면"으로 표현된 세 구절(1:8~10)의 배경에는 영지주의자들을 부정하기 위하여 그들의 말을 인용했다. 즉 "우리가 죄가 없다"(8절), "우리가 범죄하지 아니하였다"(10절)는 것은 잘못이다. 하나님과의 사귐은 구체적인 삶인 그리스도인들 사이에 사귐에서 입증되어야 한다(3:11, 2:7~11). "우리 죄를 자백하면…… 우리 죄를 사하시며"(9절)라고 하여 용서받을 희망을 주며(시 32:5, 잠 28:13)하나님과 다른 사람과도 사귐이 있게 된다(1:6~7).
3. "세상에 있는 모든 것이 육신의 정욕과 안목의 정욕과 이생의 자랑이니……"(2:16)라고 하였다. 현대의 모든 분야가 이러한 것을 야기하고 있다. 그러므로 보는 것, 듣는 것, 먹는 것, 노는 것 모두를 잘 살펴보고 하나님 앞에 바른 선택을 해야 한다.
4. "지금도 많은 적그리스도가 일어났으니"(2:18)라고 경계를 하는데, 성경에서 "적그리스도"는 〈요한서신〉에만 나오는 특별한 용어이다(요일 2:18, 22, 4:3, 요이 1:7). 그들은 "거짓말하는 자…… 예수께서 그리스도이심을 부인하는 자"로서 영지주의자들을 일컫는다(22절, 4:2~3, 15, 5:1, 5), 이단은 초대교회로부터 오늘까지 계속 교회 주변에 있으므로 늘 경계해야 한다.
5. "말과 혀로만 사랑하지 말고 행함과 진실함으로 하자"(3:18)는 권면은

야고보의 가르침과 통하는 면이 있다(약 2장, 5:1~3). 우리가 스스로 돌아볼 때에도 "책망할 것이 없으면…… 담대함을 얻고 무엇이든지 구하는 바를 받나니"(21~22절)라고 했는데 조건을 표현하는 것은 아니다. 여기서 다시 앞에서 논의된 계명의 실천인 '형제 사랑'을 말한다. "예수 그리스도의 이름을 믿고 그가 우리에게 주신 계명대로 서로 사랑할 것이니라"(23절).

더 살펴보기

1. 〈요한일서〉에 대하여

당시 상황은 교회 회중의 한 집단이 다른 교리를 따르므로 갈려져 나갔다(2:19). 그들은 예수 그리스도께서 '육체로 오신 것'을 부인하였다(4:2~3). 또한 하나님의 아들이 고난을 당하고 죽으신 지상의 예수와 동일한 분이라는 사실을 부인하였다(2:22, 4:3). 그러나 요한은 그리스도께서 가르치신 대로 하나님의 아들 예수 그리스도를 믿으라는 하나님의 말씀에 순종하고 서로 사랑하는 것이다(3:23).

요한일서	요한복음
1:1	1:1,14
1:4	16:24
1:6~7	3:19~21
2:7	13:34~35
3:8	8:44
3:14	5:24
4:6	8:47
4:9	1:14,18, 3:16
5:9	5:32, 37
5:12	3:36

■ 두 책의 병행구절

2. 〈요한일서〉의 주요 주제

그리스도인의 삶은 하나님의 아들이 세상에 오신 것과, 성도들이 주님과 성도들과 더불어서 연합되는 것에 근거한다(1:6~7). 이러한 주제는 여러 가지 단계로 발전되고 있다.

(1) 하나님은 사랑이시다. 그는 그의 아들 예수 그리스도를 보내심으로써 우리에게 그의 사랑을 보여주셨다(3:1, 16, 4:9~10).

(2) 성도들은 서로 사랑해야 한다(2:9~10, 3:11, 14, 16, 18, 4:11~12, 21).

'요한문서'에 대하여

(1) '요한문서'란 〈요한복음〉, 〈요한일서〉, 〈요한이서〉, 〈요한삼서〉, 〈요한계시록〉 등 5권이고 '요한서신'이란 〈요한일서〉, 〈요한이서〉, 〈요한삼서〉을 일컫는 서신에 붙여진 이름으로 서로 구분이 된다.

(2) 초대교회 교부들의 전통은 〈요한복음〉, 〈요한일이삼서〉, 〈요한계시록〉에 공유되는 부분들이 많기 때문에 한 저자인 사도 요한으로 보았다. 물론 이견들도 있다. 그러나 요한은 그리스도께서 하신 일을 목격했으며(1:1~4), 권위 있는 말투와(명령 - 2:15, 24, 4:1, 5:21. 확고한 주장 - 2:6, 3:14, 4:12. 잘못을 지적 - 1:6, 8, 2:4, 22). 또한 표현 방식이 유사하다(예: 빛과 어두움, 생명과 죽음, 진리와 거짓, 사랑과 미움 등의 예리한 대조). (옆의 도표를 참고하라.)

가인이 동생 아벨을 죽임(요일 3:12)
가인은 분노하여 동생을 쳐 죽인다(창 4:1~12). 이 사건은 교훈이 되어왔으며 요한은 "가인같이 하지 말라"고 권면하기도 했다(요일 3:12). 이 부조에는 가인의 일생이 묘사되었다. (기베르티 작, 이탈리아 피렌체, 두오모 성당 부속 세례당의 천국문 부조.)

그렇게 함으로써 그들은 서로 연합하고 또한 하나님과 예수와 연합하는 삶을 살게 된다(2:24, 27~28, 3:6, 4:16).

(3) 성도들의의 사랑은 태도와 행동에 있어서 실제적인 결과를 가지고 있다. 그러므로 그리스도께서 행하신 것처럼 살아야 한다(2:6, 3:3,7, 4:17).

(4) 하나님에 의해 보내심을 받은 거룩한 성령은 성도들로 하여금 그리스도께서 명령하신 사랑의 삶을 살게 하실 수 있다(2:20, 27, 4:2, 4, 13).

(5) 성도들은 하나님의 자녀라는 확신 속에서 살아야 한다(3:2, 9~10, 5:1). (UBS 세계성서공회판,《Good News Study Bible》〈요한일서〉 개론 해설 중)

3. 예수님의 이 땅에 오신 목적(요일 3:8, 4:9).

예수님께서 오신 목적을 한두 가지만으로 다 설명할 수는 없다. 죄인을 부르러 오셨고(마 9:13, 눅 5:32), 잃어버린 자를 구원하러 오셨고(눅 19:10), 인류를 구원하시려고(살리려고) 오셨으며(요일 4:9), 섬기려 하고, 자기 목숨을 대속물로 주려 오셨고(막 10:45), 완전하게 하려고 오셨고(마 5:17), 전도하러 오셨으며(눅 4:43), 양으로 생명을 얻게 하려고 오셨다(요 10:10). 또한 "하나님의 아들이 나타나신 것은 마귀의 일을 멸하려 하심이라"(요일 3:8)고 하였다. 그럼에도 특정한 한 구절만을 들어 예수님의 오심이 '마귀를 멸하려 하심'이라고만 강조한다면 문제가 된다. 편협한 성경해석 방법에 현혹되지 말아야 한다.

황금으로 그려진 사도 요한
12세기의 한 비잔틴 화가가 황금과 에나멜로 그린 것. 성 마르코(마가) 교회의 황금 제단 중 일부이다.

요한이서 1장

거짓 교훈 대적 (중요구절 요이 1:10)

이 서신이 기록된 상황은 〈요한일서〉로부터 도출해 낼 수 있는 상황과 일치한다. 〈요한일 · 이서〉에서 문제가 되어 있는 자들은 같은 거짓 교사들이다(7절). 그러나 짧은 글에서는 그들과의 논쟁이 기록되지는 않는다. 공동체 회중들은 거짓 교훈의 전도자들을 집에 들이지도 말고 인사조차도 하지 말라고 경고한다(10~11절). 다른 한편으로 그들은 서로 얽매이는 현재 사랑의 계명을 기억하라고 권고한다(5~6절).

1. 하나님의 종의 기쁨은 성도들이 믿음으로 바르게 사는 것을 보는 것이다. "아버지께 받은 계명대로 진리를 행하는 자를 내가 보니 심히 기쁘도다"(1:4) 하였고 "내가 내 자녀들이 진리 안에서 행한다 함을 듣는 것보다 더 기쁜 일이 없도다"(요삼 1:4) 하였다. 진리 안에 살면 모두에게 기쁨이다.
2. "미혹하는 자, 적그리스도"에 대해서는 "집에 들이지도 말고 인사도 하지 말라"(1:7~11)고 경계한다. 교회의 역사처럼 이단의 역사도 2천 년이다. 이단에 넘어가는 자들의 대부분은 잘못된 욕심과 소속 교회에 대한 불만을 가진 자들이 많다. 바른 가르침에 귀를 기울여야 한다.
3. 이단자에 대한 태도를 분명히 해야 한다(1:10~11). 폴리갑이 마르키온(Marcion, 구약성경을 부정)과 상봉했을 때에 마르키온이 폴리갑에게 "내가 누구인지 아는가?"라는 말에 "사탄의 맏아들로 안다."라고 대답했다. 요한 자신도 이단자 케린투스(Cerinthus)가 공중목욕탕에 들어왔을 때에 거기서 도망한 사람이다. 호기심으로 따라가면 자신도 이단의 잘못된 영의 지배를 받게 되므로 경계해야 한다.

사도 요한의 모습(요한문서의 저자)
사도 요한은 사랑의 사도이다. 성경의 인물들은 화가마다 다르게 그리는데 이 그림에서는 결연한 표정이 돋보인다. 이 교재에만 사도 요한 그림이 3종류나 나온다(앞쪽, 계 19~22장 해설). (박광래 화백(목사), 2009).

요한문서의 용어와 문체

(1) 〈요한복음〉과 〈요한서신 - 요한일이삼서〉에 공통적으로 나오는 단어들은 '세상', '빛 - 어둠', '죽음 - 영원한 생명', '진리', '증거', '자녀들', '아이들', '독생자', '승리', '나타나다', '빛나다', '본다', '증거한다', '머물다' 등이다.

(2) 유사성은 용어만 아니라 문체에도 보인다.

①관계사의 사용이 적은 것이다. 사상을 전개함에 있어서 "~이 아니고 ~이다", "만일 ~라고 한다면", "~는 무엇이고 ~는 아니다"라는 형식을 갖는다.

②"이것이 ~이다"라고 하는 형식으로 말하려는 것을 강조하고 있다.

③구성문의 간결성이고 특히 같은 것의 반복이 많다.

더 살펴보기

1. 〈요한이서〉, 〈요한삼서〉는 딱 한 장의 짧은 편지이다.

(1) 〈요한이서〉는 13절이고 〈요한삼서〉는 15절의 짧은 서신으로 고대의 종이(양피지와 파피루스) 중에 대중적인 파피루스 딱 한 장(보통

25X20cm) 정도의 길이이다. 〈요한이서〉, 〈요한삼서〉는 초대교회 시대의 편지 양식에 따라 쓰였는데, 신약성경에서 이 서신처럼 그 사실을 분명하게 보여 주는 것은 없다.

(2) 한 선장인 이레나이우스(Irenaeus)가 자신의 동생인 아폴리나리우스(Apolinarius)에게 쓴 파피루스 편지가 있는데, 〈요한이서〉, 〈요한삼서〉의 형식과 똑같다. 즉 문안으로 시작하여 할 말(용건, 소식을 실은 본문)을 하고 문안으로 맺는 것으로서, 오늘날의 편지 형식도 이런 오랜 전통의 산물이다. (《버클레이 주석》, 요한서신 개요)

2. 적그리스도(요일 2:18, 요이 1:7)

(1) '적그리스도'라는 말은 신약성경에 5회 사용되었고, 모두 요한서신에만 나온다(요일 2:18, 18, 22, 4:3, 요이 1:7). 그러나 같은 의미의 말들이 다른 본문에도 많다.

(2) 바울은 "불법의 사람", "멸망하는 자"(살후 2:3, 10)라고 하여 인물의 성질을 나타내어 불렀다. 요한은 "한 짐승"(계 13:1), "적그리스도의 영"(요일 4:3)이라 했다. 예수님께서는 "많은 사람이 내 이름으로 와서 이르는"데 더욱 "멸망의 가증한 것"이 출현한다고 말씀하셨다(마 24:5, 15).

(3) 주의 오실 때와 세상 끝의 전조(前兆)로서 그가 출현한다(마 24:7~8, 21~22, 29). "많은 사람이 내 이름으로"라는 말처럼 적그리스도의 수가 많을 것이며, "나는 그리스도라"고 하여 "많은 사람을 미혹"한다고 지적한다(마 24:5). 그런 의미에서 그는 거짓 그리스도이다. 적그리스도의 출현은 '예수님 직후의 시대'나, '사도 요한의 시대'를 포함하여 마지막 그의 출현은 '주님의 재림 직전'이다(살후 2:6, 8).

자발적인 영접 (중요구절 요삼 1:11)

〈요한삼서〉는 장로가 "가이오"에게 보내는 개인적인 서신으로, 파송한 순회 전도자를 후하게 영접했음을 감사한다(3, 5, 6절). 그러나 이러한 일이 그 외에는 가이오의 교회에서 행하지 않는 데서 오는 아픔을 표현한다. 지도자적인 지위에 있는 듯한 디오드레베는 장로를 비방하고 그가 보낸 전도자를 맞아들이지 아니하고 또한 남들이 맞아들이지 못하도록 방해했다(9~10절).

1. 요한은 서신의 시작에서 두 번이나 "사랑하는"이라는 말을 한다(요삼 1:1~2). 이 요한서신에서 '아가페(사랑)'라는 말을 열 번이나 사용하고 있다. 요한서신들은 엄격한 것이요, 경고와 힐책의 서신이지만 그래도 어투는 '사랑'의 말이다. 하나님은 우리를 사랑하셔서 예수님을 보내셨고, 예수님은 우리를 위해 십자가에서 죽기까지 사랑하셨다. 그대도 사랑의 실천자이어야 한다.
2. '남이 잘 되는 꼴을 못 보는 사람'이 있다면 자신도 피곤하고 남도 괴롭게 한다. "으뜸되기를 좋아하는 디오드레베"는 악한 말로 주의 일꾼들을 비방하였고 "맞아들이지도 아니하고 맞아들이고자 하는 자를 금하여 교회에서 내쫓는도다"(요삼 1:9~10)고 지적하였다. 한국 교회는 음주 흡연은 죄인 양 취급하면서 시기, 질투, 거짓 증거, 평론, 중상모략, 모사 등 진정 더 무서운 죄는 지나쳐 버리는 일들이 많다.

더 살펴보기

1. 가이오는 성경에 세 명이나 나온다.(요삼 1:1)

〈요한삼서〉는 "장로인 나는 사랑하는 가이오 곧 내가 참으로 사랑하는 자에게 편지하노라"(1:1)고 하여 저자는 〈요한이서〉와 마찬가지로 "장로"라고 하는데, 이름이 나오지 않지만 전통적으로 사도요한으로 여겨왔다. 반면에 수신자는 "가이오"인데 신약성경에 가이오가 세 명이나 나오기에 다음에서 어떤 가이오인지, 또 다른 어떤 가이오인지도 알 수 없다.

〈요한이서〉와 〈요한삼서〉는 사정이 다르다.

〈요한삼서〉는 신약성경 가운데 가장 짧은 서신(책이라고 하기에는 용어가 벅차다)이다. 〈요한이서〉처럼 파피루스 한 장에 기록될 분량인데, 헬라어 본문은 〈요한이서〉보다 〈요한삼서〉가 한 줄 가량 적다. 〈요한이서〉는 "부녀"에게 썼고, 〈요한삼서〉는 "가이오"에게 섰다. 일부 주석가들은 '부녀'와 '가이오'가 같은 교회에 속한 사람으로 보는 경향도 있어서, 두 서신 간에 집필 사정을 연결시키는 주석가들도 많다. 그러나 〈요한삼서〉에서는 〈요한이서〉에서 보이는 것과 같은 거짓교사들은 전혀 언급이 없고, 디오드레베의 문제는 교리적인 것이 아니고 행실, 즉 교회정치 문제였다. 따라서 두 서신은 서로 다른 사정에서 기록되었다고 보는 것이 타당하다. (일본《新聖書註解 요한서신》, 박만제 외 역, 기독교문사)

(1) 고린도 출신(롬 16:23), (2) 마게도냐 출신(행 19:29), (3) 더베 출신(행 20:4~5).

2. 디오드레베의 죄는 다섯 가지이다.(요삼 1:9~11)

초대교회의 선교사들은 순회 전도자(설교자)였다. 여러 곳을 다녔는데, 지방의 숙소는 초라하였고 경비가 소요되므로 성도들의 집에 거쳐하는 경우가 많았다. 가이오는 자신의 집을 이들에게 개방하였고 사도 요한은 이러한 행위를 칭찬하였다. 그러나 디오드레베는 이와 반대로 행하였으며 요한은 이러한 그의 행위를 책망했다. 오늘날에도 교회에는 가끔 디오드레베 같은 인물들이 있어서 교회를 휘어잡기를 원하는 잘못된 악한 자들이 있다. 디오드레베의 잘못은 다음의 다섯 가지로 분석할 수 있다.

(1) 기어코 맨 윗자리(으뜸되기)를 차지해야겠다는 것. (2) 실제로 요한을 영접하지 않으려 했다는 것. (3) 사도들에 대하여 악의에 찬 험담(평론)을 했다는 것. (4) 선교사(순회전도자)들을 맞아들이기를 거절했다는 것. (5) 선교사들을 맞아들이고자 하는 사람들을 출교시켰다는 것. (버논 맥기,《성경통론》p.292, 〈Harold Willmington,《Bible Study》신약편에서 재인용〉)

유다서 1장

신앙 변론 (중요구절 유 1:20~21)

〈유다서〉는 자유 방종주의자들, 영지주의자들(그노스틱), 거짓 교사들을 배격하는 이단 공격문서이다. 그 배경은 고린도 부근에서 파급되었던 음탕, 방종주의와 같은 것이 독자들에게도 접근했기 때문에 유다는 베드로 사도가 〈베드로후서〉 2장에서 경계를 했던 것과 같은 경계를, 자신이 할 필요를 절감했기 때문이다. 유다는 야고보(〈사도행전〉 15장에 나오는 예루살렘 교회의 첫 번째 목회자이자 〈야고보서〉 기자)의 형제요, 예수님의 형제이다(막 6:3).

1. 유다는 자신을 "예수 그리스도의 종이요 야고보의 형제인 유다"(1절, 막 6:3)라고 소개한다. 예수님의 육신의 형제이지만 그런 언급을 하지는 않고 오히려 야고보처럼(약 1:1) 자신을 "예수 그리스도의 종"으로 지칭하며 이를 명예로운 이름으로 여긴다. 제자는 아니었다. 수신자는

"부르심을 받은 자"(고전 1:2, 롬 1:6 참고)라며 그 이하에 누가 그런 자인지를 말한다.

2. 유다는 "단번에 주신 믿음의 도를 위하여 힘써 싸우라"(3절)고 권한다. 신앙은 하나님께서 헌신된 사람들에게 맡겨 수호하여서 다음 세대에 전하게 한다. "가만히 들어온 사람"(4절)은 영지주의자(그노시스)들일 것이다. 이들은 영만이 선하고 물질은 본질적으로 악하다고 한다. 그러므로 인간이 자기 육체로 행하는 일은 아무 문제가 되지 않으며, 욕구를 마음껏 충족시켜도 좋다고 한다. 그러나 이런 사상은 얼마나 부도덕하고 타락을 조장하는 일인가? 초대교회가 이런 악한 사상들과 싸워야 했듯이 오늘도 이단들과 싸워 교회를 지켜야 한다.
3. 성도들이 몰라서 말씀대로 살지 못하는 것이 아니라 잊고(혹은 알면서도 만성이 되어) 사는 경우가 많다. 유다는 "너희가 본래 모든 사실을 알고 있으나 내가 너희로 다시 생각나게 하고자 하노라"(5절)고 했다. 언제나 우리는 하나님의 말씀을 다시 생각나는 일을 반복해야 말씀 안에 살게 된다. 초대교회의 문서에 "생각나게"(고후 1:12~15)라는 표현이 많이 나오는 것은 배운 바를 실천하라는 것이다.
4. 거짓 교사들과는 달라야 했던 성도들을 향하여 "너희의 지극히 거룩한 믿음 위에 자신을 세우며 성령으로 기도하며…… 우리 주 예수 그리스도의 긍휼을 기다리라"(20~21절)고 권면한다. 그리고 "의심하는 자들을 긍휼히 여기라", "불에서 끌어내어 구원하라", "육체로 더럽힌 옷까지도 미워하되 두려움으로 긍휼히 여기라"(22~23절)고 권면한다. 이처럼 성도는 믿음 위에 서고 성령으로 기도하며 긍휼의 실천자들이어야 한다.

천사장 미가엘(유 1:9)
사탄과의 투쟁에서 하나님의 세력을 대표하는 천사장 미가엘의 장엄하고 위엄 있는 모습이 묘사되었다. (14세기의 이콘[Icon]. 판자에 그린 템페라화. 아테네의 비잔틴미술관 소장. 168×80cm)

배교에 대한 성경구절들
성경에는 여러 번 배교에 대한 경고를 하고 있다. 즉 〈누가복음〉 18:8, 〈데살로니가후서〉 2:3, 〈디모데전서〉 4:1, 〈디모데후서〉 4:3, 〈베드로후서〉 2:1, 3:3에 나오고 배교에 관한 전체 성경의 교훈이 〈유다서〉에서 절정에 이른다. 〈유다서〉에는 거짓 교사들의 모습을 다양하게 표현하여 배교의 모습을 보여 주고 있다.

더 살펴보기

1. 거짓 교사들에게 내릴 심판(유 1:4)

유다는 "가만히 들어 온 사람"(1:4)인 거짓 교사들을 경계하고 있다. 이들은 "주 예수 그리스도를 부인하는 자"(4절)로서 8~13절에 여러 가지로 정의하고 있다. 이들이 받을 하나님의 심판을 구약성경에서의 실례를 들어 은혜의 상태로부터 다시 떨어져 나간다는 것을 경고한다.

(1) 광야 세대에 내린 징벌 심판을 일깨워 준다. 하나님께서 이스라엘을 "애굽에서 구원하여"(5절) 내셨지만 그들은 하나님을 의뢰하지 않았기 때문에 그들을 멸하셨다(민 13~14장, 14:29~37, 히 3:7~19).

(2) "자기 처소를 떠난 천사"(타락한 천사, 6절)의 운명은 유대교의 전승을 암시한다(창 6:1~2).

(3) "소돔과 고모라"(7절)와 함께 멸망당한 아드마와 스보임(신 29:23)은 간음과 남색에 대한 하나님의 징벌 심판을 말한다. "다른 육체"(다른 색)는 롯을 방문한 천사들을 의미한다고도 볼 수 있다(창 19:1~10). 이들 도시들 위에 내린 불심판은 유대교적 전통에서 영원한 지옥불로 해석된다. 이처럼 거짓 교사들에게도 이런 심판이 있을 것을 경고한 것이다.

2. 〈유다서〉에 나온 정경(Canon)이 아닌 두 권의 책

〈유다서〉에는 정경(Canon)이 아닌 두 권의 책을 언급한다. "천사장 미가엘이 모세의 시체에 관하여 마귀와 다투어 변론할 때에"(9절, 〈모세 승천기〉에서 인용)처럼 마귀는 모세의 시체를 요구했다. 왜냐하면 모세가 격정에 빠져 한 사람을 죽였기 때문에(출 2:12~13) 자기편으로 여겼던 것이다. 천사장 미가엘은 높은 계급의 천사임에도(단 10:13, 21, 계 12:7) 타락한 천사인 마귀를 단죄하지 못했다. 따라서 거짓 교사들에 대해서 "이 사람들은 무엇이든지 그 알지 못하는 것을 비방하는도다"(10절)라고 하여 그들의 태도가 잘못 되었음을 지적하였다. 다른 하나는 14~15절(〈에녹서〉 인용)로서 에녹이 주께서 불순종하는 자들을 심판하시기 위하여 임재하실 것을 예언한 것으로 당시 사람들이 모두 알고 있는 내용이었을 것이다. 유다가 위경(외경보다 낮은 단계의 책)을 정경으로 인정해서 인용한 것은 아닐 것이다.

〈유다서〉에 나오는 중요한 용어

(1) 믿음의 도(3) – 믿기만 하면 단번에 구원을 얻게 되는 복음으로 하나님께서 '주신'것이다.

(2) 다른 육체(7) – 정상의 남녀관계가 아닌 동성간, 수간(獸姦) 등으로 육체의 욕심에 잘못된 방법으로 만족을 채우려는 것이다(롬 1:26).

(3) 가인의 길(11) – 동생 아벨을 살해한 가인과 같은 행위로서(창 4:8) 이는 하나님께 대한 부정한 태도이다(히 11:4)

(4) 발람의 길(11) – 모압의 발락 왕의 요구로 돈을 받고 이스라엘을 저주하려한 발람의 악행과 이스라엘을 음행하게 한 악행(민 22~25장).

(5) 고라의 패역(11) – 고라가 모세와 아론의 직책에 대적하여 반역을 하였듯이(민 16장), 영적 지도자에게 반대하는 태도이다(딛 1:9).

(6) 애찬의 암초(12) – 더러워진 사람이 친교의 식사에 참여하여 암초 같이 애찬을 더럽히며 그릇된 목적에 사용한다(고전 11:20).

성경에서 다른 글 인용

바울 사도도 이교(異敎) 시인의 글을 인용하였다. 〈사도행전〉 17:28상반절(우리가 그를 힘입어 살며 기동하며 존재하느니라)은 스토아 철학의 문구를 인용한 것인데 그 사상 자체는 플라톤에게 소급된다. 28절 하반절(너희 시인 중 어떤 사람들의 말과 같이 우리가 그의 소생이라 하니)은 주전 3세기 헬라 시인 아라투스(Aratus)의 말을 인용한 것이다.

또한 〈디도서〉 1:12(그레데인 중에 어떤 선지자가 말하되 그레데인들은 항상 거짓말쟁이며 악한 짐승이며 배만 위하는 게으름뱅이라 하니)의 인용문은 그리스어로 6운각 시구인데 그레데 시인 에피메니데스에게서 유래한다. 그는 '선지자'라고까지 일컬어질 만큼 신뢰를 받는 자였다.

B I B L E

성경 질문지

요한일서 1~5장 그리스도와의 교제

제1장 [교제(사귐)의 조건]

다음 묻는 말에 답하거나 이어지는 말씀(해당 절만)을 쓰시오.

1. 태초부터 있는 생명의 말씀에 관한 요한의 고백은 어떻게 나타났나?(1~2)
   (1) 귀:
   (2) 눈:
   (3) 손:

2. 보고 들은 바를 전하는 이유는?(3절)

   -

3. (1) 만일 우리가 하나님과 사귐이 있다 하고 어둠에 행하면~

   (2) 만일 우리가 죄가 없다고 말하면~

   (3) 만일 우리가 범죄하지 아니하였다 하면~

4. 만일 우리가 우리 죄를 자백하면~

제2장 [교제의 행위]

다음 말씀의 ( ) 안을 채워 완성하고 절수를 쓰시오(1~6문, 7문은 별도).

1. 만일 누가 죄를 범하여도 아버지 앞에서 우리에게 (　　　)가 있으니 곧 (　　　　　) 그리스도시라. 그는 우리 죄를 위한 (　　　　) 이니…… 온 세상의 (　　　)를 위하심이라.- (　　~　　절)

2. 형제를 (　　　)하는 자는 (　　　) 가운데 거하여 자기 속에 거리낌이 없으나…… - (　　　절)

3. 앞의 (　　　)에 이 말씀의 대상자를 쓰시오. (답: ~들아)
   (1) (　　　　) 죄를 범하지 않게 하려 함이라. - (　　　절)
   (2) (　　　　) 너희 죄가 그의 이름으로 말미암아 사함을 받았음이요. - (　　　절)
   (3) (　　　　) 태초부터 계신 이를 알았음이요. - (　　　절)
   (4) (　　　　) 너희가 악한 자를 이기었음이라. - (　　　절)
   (5) (　　　　) 너희가 아버지를 알았음이요. - (　　　절)

4. 세상에 있는 모든 것이 (　　　　)과 (　　　　)과 (　　　　)이니 다 아버지께로부터 온 것이 아니요. (　　　)으로부터 온 것이라. - (　　　절)

5. 우리에게 약속하신 것은 이것이니 곧 (　　　　)이니라. - (　　　절)

6. 그가 (　　　)하실 때에 우리로 담대함을 얻어 그 앞에서 (　　　　) 하려 함이라. - (　　　절)

7. "적그리스도"라는 말은 성경에서 요한서신에만 네 곳에서 다섯 번 나온다. 다음 구절을 쓰시오.
   (1) 요일 2:18 -

서신서 요한일이삼서 | 유다서

(2) 요일 2:22 -

(3) 요일 4:3 -

(4) 요이 1:7 -

제3장 [교제의 특징]
다음 ( )를 채우고 이 말씀의 절수를 쓰시오.(본문을 요약한 곳도 있음).

1. 지금은 하나님의 자녀이며, 장래에 그가 나타나시면 우리가 ( )을 안다.- (절)
2. 하나님의 아들이 나타나신 것은 ( )을 멸하려 하심이다.- (절)
3. 하나님께로서 난 자마다 죄를 짓지 아니하나니 이는 ( )가 그의 속에 거함이다.- (절)
4. 우리가 말과 혀로만 사랑하지 말고 ( ) 으로 하자.- (절)
5. 하나님의 계명은 그 아들 예수 그리스도의 이름을 믿고, 그가 우리에게 주신 계명대로 ( )할 것이니라. - (절).

제4장 [사랑의 교제]
다음 물음에 답하시오.

1. 하나님의 영은 무엇으로 아는가?(1~6)

   -

2. 하나님이 우리를 살리려 하신 일은?(7~11)

   -

3. 우리가 하나님 안에 거하고 하나님이 우리 안에 거하시는 비결은?(12~16)

   (1) 우리가 서로 ( ) 하면
   (2) 그의 ( )을 우리에게 주시므로
   (3) 예수를 ( )이라 시인하면
   (4) ( ) 안에 거하는 자가 되면

4. 보는 바 그 형제를 사랑하지 아니하는 자는 누구도 사랑할 수 없는가?(17~21) -

제5장 [교제의 근거]
다음 말에서 틀린 한 단어에 밑줄을 긋고 바르게 고치시오.

1. (절). 예수께서 그리스도이심을 아는 자마다 하나님께로부터 난 자니……

   →

2. (절). 하나님을 사랑하는 것은 이것이니 우리가 그의 사명들을 지키는 것이라.

   →

3. (절). 세상을 이기는 승리는 이것이니 우리의 미움이니라. →
4. (~ 절). 증거하는 이가 셋이니 성부와 물과 피라 또한 이 셋이 합하여 하나이니라.

   →

5. (절). 아들이 있는 자에게는 생명이 있고 하나님의 아들이 없는 자에게는 생산이 없느니라. →
6. (절). 우리가 가진 바 담대함은 이것이니 그의 꿈대로 무엇을 구하면 얻은 줄을 또한 아느니라. →
7. (절). 하나님께로서 나신 자가 그를 지키시매 악한 자가 저를 죽이지도 못하느니라.

   →

요한이서 사랑의 계명, 거짓 교훈 대적

다음 묻는 말에 답하시오.

1. (1) 〈요한이서〉를 보내는 자는 누구인가? -

 (2) 이 서신은 누구에게 보낸 편지인가? -

2. 바울서신(〈로마서〉~〈빌레몬서〉)이나 여러 서신들의 전통적인 인사(대개 1~3절에 나타난다)에는 "은혜와 평강"을 빌었는데 〈디모데전후서〉와 〈요한이서〉에만 덧붙여진 말(단어)은 무엇인가?
 -

3. 기뻐하는 이유는 어디에 있나? -

4. "서로 사랑하자"는 계명은 언제부터 가진 것인가? -

5. (1) 사랑은 무엇인가? -

 (2) 계명은 무엇인가? -

6. 미혹하는 자, 적그리스도는 무엇을 주장하는 자인가? -

7. 그리스도 교훈 안에 거하는 사람은 누구를 모시는가? -

8. 바른 교훈을 가지지 않은 자(이단, 미혹하는 자, 적그리스도)에 대한 성도의 처신은?
 -

요한삼서 자발적인 영접

성경을 읽고 빈칸을 알맞은 말로 채우시오

1. 〈요한삼서〉는 사랑하는 (　　　)에게 편지한 것이다. (이름을 쓰시오.)

2. "사랑하는 자여 (　　　　)이 잘됨 같이 네가 (　　　)에 잘되고 (　　　)하기를 내가 간구하노라."

3. "내가 내 자녀들이 (　　　　　　) 함을 듣는 것보다 더 (　　　)이 없도다."

4. "사랑하는 자여 네가 무엇이든지 형제 곧 (　　　　)에게 행하는 것은 신실한 일이니 그들이 교회 앞에서 (　　　　　)하였느니라."

5. "우리가 이같은 자들을 (　　　　)하니 이는 우리로 진리를 위하여 함께 (　　　　　　)가 되게 하려 함이라."

6. "그들 중에 (　　　)되기를 좋아하는 (　　　)가 우리를 (　　　　　　) 그러므로 내가 가면 그 (　　　)을 잊지 아니하리라. 그가 악한 말로 우리를 (　　　)하고도 오히려 부족하여 형제들을 (　　　　　) 아니하고 맞아들이고자 하는 자를 (　　　) 교회에서 내어 쫓는도다."

7. "데메드리오는 (　　　　)에게도, (　　　)에게도 증거를 받았으매 우리도 증언하노니 너는 우리의 증언이 (　　　)을 아느니라."

8. 〈요한복음〉 15:13~17에서 주님이 제자들에 대한 칭호와 〈요한삼서〉 15절의 문안하는 자에 대한 칭호는 무엇인지 한 단어로 말하시오. -

유다서 신앙변론

다음 물음에 답하거나 (　　　) 안의 말을 채우시오.

1. 〈유다서〉의 저자인 유다는 자신을 어떻게 소개했는가?(1절) -

2. 이 편지의 수신자에 대한 설명은?(1절)
 -

3. 유다는 무엇을 권하여야 할 필요를 느꼈나?(3

절) -

4. 가만히 들어온 사람들은 누구를 부인하는 자인가?(4절) -

5. 역사적 실례를 통한 경계인 다음 말씀의 (　　　)를 채우고 이어지는 말씀을 쓰시오(5~7절).
   1) 주께서 백성을 (　　　)에서 구원하여 내시고 후에~
   2) 자기 처소를 떠난 (　　　)들을~
   3) 소돔과 고모라와…… 음란하며 (　　　)를 따라 가다가~

6. 천사장 미가엘이 모세의 시체에 관하여 마귀와 다투어 변론할 때에 한 말은?(8절)

   -

7. 이 사람(거짓 교사들, 배교자들)들은 알지 못하는 것을 비방하므로 결국 무엇으로 멸망을 받는가?(10절) -

8. 다음의 비유는 구약의 어느 사건인지 보기에서 골라 (　　　) 안에 쓰고 간단히 설명하시오(11절).

보기 〈창세기〉 4장, 〈민수기〉 16장, 〈민수기〉 22~25장 (설명은 본문을 읽고 《성경핵심전과1》 해당 '더 살펴보기' 내용 참고)

   1) 가인의 길 (　　　) -
   2) 발람의 어그러진 길 (　　　) -
   3) 고라의 패역 (　　　) -

9. 거짓 교사들에 대한 행위와 심판에 대해 무엇이라 말했는가?(12~13절)
   1)　　　　　2)
   3)　　　　　4)
   5)　　　　　6)

10. 뭇 사람을 심판하여 정죄하는 것은 무엇으로 인함인가?(15절, 이어지는 말씀을 쓰시오)
   1) 모든 경건하지 않은 자가~
   2) 경건하지 않은 죄인들이~

11. 이 사람들은 (　　　　　) 자며, (　　　　　) 자며, (　　　　　) 자라(16절).

12. 이 사람들은 (　　　　　) 자며, (　　　　　) 자며, (　　　　　) 자니라(19절).

13. 신앙의 성숙을 위하여 해야 할 일을 이어서 쓰시오(22~23절).
   1) 어떤 의심하는 자들을~
   2) 또 어떤 자를~
   3) 또 어떤 자를~

14. 하나님을 어떤 분으로 소개하고 있는가?(24절)
   -

묵시문학이란 무엇인가?

묵시문학으로 분류되는 책은 구약에서 〈다니엘〉이며 신약에서 〈요한계시록〉이다. 일부 학자들은 〈에스더〉를 묵시문학으로 보려는 경향도 있으나 큰 지지를 받지는 못한다.

1. 유대 묵시문학

유대 묵시문학은 신구약성서의 중간시대에 생겨났으며 구약의 계속이라고 볼 수 있다. 이는 히브리 예언의 발전 형태이기 때문이다. 다른 한편 묵시문학은 신약의 전위역할을 하였다. 그 이유는 이들 묵시문학에 나타난 신조들이 기독교에 계승되고 발전하는 중요한 계시가 되었기 때문이다. 특히 메시아 사상은 '사람의 아들'과 연결시킨 것과 '사후의 생명'에 관한 교리에서 찾아볼 수 있다. 이 두 개념이 신구약 중간기에 종교적인 교리로 발전함에 있어서 묵시문학에 큰 공헌을 하였다. 유대 묵시문학은 〈요한계시록〉과 〈마가복음〉 13장의 소묵시록에서 분명히 찾을 수 있다.

대부분의 묵시문학은 고대의 유대 문학가들을 모방한 것들이었다. 유대 묵시문학 저자들의 메시지는 기독교의 기대와 희망과 거의 동일 선상에 놓여 있었기 때문이다. 이 메시지는 사람들로 하여금 고통스럽고 죄 많은 세상에서 시야를 돌려 역사를 주관하시고 온 세상을 섭리하시는 전능하신 하나님의 위대한 목표를 향하게 한다. 이 날은 하나님의 힘으로 개입해서 의와 평화의 왕국을 건설하므로써 속히 임할 것으로 믿었다, 그러나 대심판의 날은 악인의 파멸과 의인의 승리를 증명해 줄 것이다. 새 시대는 임박했고 하나님의 왕국은 곧 도래할 것이라고 믿었다. 이러한 사상이 기독교회에서 높이 평가되었다는 사실은 기독교인이 믿고 있는 동일한 왕국의 승리를 예언한 것이기 때문이다.

주전 165년부터 주후 90년 사이에 널리 유행했던 유대 묵시문학은 구약 예언자들의 영향뿐 아니라 페르시아의 조르아스타교 종말론의 영향을 받았다. 그러나 묵시문학은 안티오커스 에피파네스 4세의 핍박에서 출발했으며, 이 왕조의 통치기간 동안 팔레스틴에 널리 자행되었던 압제, 고문, 죽음의 위협의 상황 아래서 더욱 더 활발히 전개되었다. 그 씨는 〈에스겔〉 38~39장, 〈스가랴〉 9~14장, 〈요엘〉의 일부, 〈이사야〉 24~27장과 같은 말씀에 이미 잉태되어 있었다. 묵시문학 가운데 최대의 작품으로는 〈다니엘〉을 꼽으며 여러 종류의 책들 중에 성경의 정경으로 받아들여졌다. (D. S. Russell, 《Between the Testament : 신구약 중간시대》, 임태수 역, 컨콜디아사, pp.105~107 요약)

2. 묵시문학의 특색

묵시문학은 크게 두 가지로 나누어서 문학적 특생과 사상적 특색으로 나눌 수 있다.

(1) 문학적 특색

묵시문학은 어떤 의미에서는 예언의 형식이 발전한 것으로 예언과 비슷한 점도 있지만 차이점도 있어서 양자를 확실하게 구별하기가 곤란한 경우도 있다. ① '예언자'는 계시를 통하여 메시지를 받는데 그들의 주된 관심은 하나님의 '말씀'에 있지만, '묵시문학'에는 하나님의 말씀의 계시는 묵시로서의 '환상'을 통하여 보여주므로 해석을 하지 않으면 무슨 말인지 알기가 어렵다. ② '예언자'는 하나님의 영에 의해 감동될 때에 실제로 내적, 심리적 경험으로서 환상을 보여주지만. '묵시문학'의 작가는 이러한 예언자의 경험을 모방하는 경우가 많고 실제적 경험이 아닌 경우들이 있어서 문학적 수사(修辭)인 경우가 있다. ③ 묵시문학은 '상징'을 많이 사용하고 있다. 박해의 시대에 역사적 인물이나 사건을 실명(實名)이나 사건 자체를 명시하는 것은 위험하므로 상징을 사용하여 기록한다. ④ '예언자'는 주님의 이름을 통하여 말하고 있지만, 말라기 시대 이후에 있어서는 하나님께서 예언자를 통하여 말씀하시지 않았기 때문에 '묵시문학자'들은 작품에 권위를 부여하려고 에녹, 모세, 에스라, 바룩 등 구약의 유명한 인물들을 내세우므로 위작(僞作)인 것들이 많다. ⑤ 묵시문학은 저작자의 시대보다 훨씬 앞선 시대로 거슬러 올라가서 사후 예언(이미 일어난 일들을 열거하여 예언)의 형식을 빌어서 역사를 재진술하므로 기록된 최후 사건보다도 후대를 저작 연대로 보아야 한다.

(2) 사상적 특색

묵시문학의 사상적 특징은 ① 현재와 미래가 확실히 대조되어 있는 점이다. 현재는 악의 힘이 지배하는 시대이며 성도들은 고난을 맛보고 있다. 그러나 미래는 하나님의 나라가 실현되며 성도들에게는 구원과 기쁨의 시대가 된다고 한다. 이 대립을 '현세'와 '내세'의 두 가지 사상이라는 사고방법으로 표현하고 있다. 현세에서 내세로 옮길 때 하나님은 초자연적인 힘을 가지고 개입하는 것이다. ② '예언서'에서는 그 당시의 역사적 상황가운데서 종말적인 하나님 나라를 기대하고 있다는 현재와 미래와의 긴장 관계가 있지만, '묵시문학'에서는 이와 같이 미래와 대조시켜서 현재의 상황을 본다기 보다는 역사를 신학적으로 해석하기 위하여 역사 전체를 하나의 흐름으로 생각하고 있는 것이다. 묵시문학은 현재에 대하여 비관적이어서 현세에서는 하나님께서 하나님의 백성(의인)을 도와주지 않지만 내세는 이 의인들의 참된 구원의 때라고 생각한다. ③ '묵시문학'에 있어서는 하나님은 이러한 내세가 도래하는 때를 정해 놓았다고 하는 사상이 있다. 따라서 마지막 때가 올 때까지 얼마의 기간이 남아 있다는 식으로 구체적인 정해진 때를 나누어서 역사적 경과를 생각한다. ④ '예언자'들은 이스라엘 백성에 대하여 배교의 죄를 회개하고 하나님께 돌아올 것을 외치고 있지만 '묵시문학'에서는 이러한 면이 없고 오히려 의로운 백성으로서 '남은 자'사상이 강하며 회개를 촉구하는 것보다 하나님 나라의 도래의 기다림을 강조한다. (新聖書註解 시리즈, 신약 12, 일본 : 생명의 말씀사, 1975〉)

요한계시록 | 묵시문학 |

Revelation

제목에 대한 해설

신약성경 27권의 마지막 책으로, 헬라어 제목은 '아포칼륩시스 요안누' 이며 그 뜻은 '요한의 계시'이다. 우리말 성경에서는 〈요한계시록〉이라 하였다. 영어 성경들은 'Revelation'이라 하였다. 헬라어 아포칼륩시스(Apocalypse)와 함께 두 단어 모두 '가려진 것을 드러낸 것', '비밀을 열어 보임'이라는 의미로 해석할 수 있다.

저작에 대하여

(1) 저자: 사도 요한. 초대교회 교부들의 전통을 따라 〈요한복음〉, 〈요한계시록〉, 〈요한일 · 이 · 삼서〉를 사도 요한이 기록했다고 본다.

(2) 연대 및 장소: 로마 황제 도미티안 통치(81~96년) 말년인 95년경 밧모섬에서 기록한 것으로 본다.

(3) 수신자: 소아시아(터키)의 일곱 교회.

(4) 예언의 성격: 묵시문학으로 계시(1:1)이며, 예언(1:3)이며, 서신(1:4, 22:21)이다.

본서의 기록 배경

당시의 황제는 도미티안으로 그가 정권을 잡을 때는 베수비오 화산 폭발(주후 79년)로 폼페이와 헤르쿨레니움이 파괴되고 또 한 번의 화재(처음 대화재는 64년 네로 당시) 사건과 괴질(81년)로 로마는 폐허와 같았다. 이런 상황에서도 정치욕이 강한 도미티안은 자신을 '신(神)'의 위치에 올려놓은 후 불복하는 자는 처벌하였으므로 초대교회 박해 상황을 짐작할 수 있다. 또한 이교 사상의 팽배와 유대주의자들의 위협에 직면하였을 때 기록되었다.

특기사항

(1) 〈요한계시록〉 해석에 대한 견해들

① 과거파: 사도 요한 당대의 삶의 정황 속에서 당대의 독자들에게 의미를 주기 위해 쓰였다.

② 역사파: 역사의 시발과 종점이 제시되어 있으므로 세계사(교회사) 전체를 계시해 준다고 본다.

③ 온건미래파: 처음 세 장을 제외하고는 거의가 주의 재림 직전의 어느 기간 동안에 일어날 종말 사건을 다룬다고 한다.

④ 극단미래파(세대주의): 1:19에 근거하여 1장은 부활하신 예수님의 환상, 2~3장은 교회사 전체, 4장 이하는 장차 될 일을 다룬다고 본다.

(2) 천년에 대한 해석들(20:1~6)

사탄이 일천 년 동안 결박당하여 무저갱(無底坑)에 던져진다. 성도는 그리스도와 더불어 천 년 동안 왕 노릇 한다. 20:1~3은 지상의 사건이고, 4~6절은 바로 하늘의 사건이다. 천년왕국에 대한 대표적인 세 가지 학설이 있다.

① **전천년설**(前千年說) - 천 년을 문자적으로 해석하여 그리스도께서 먼저(前) 재림하시고 그 후에 천년왕국이 건설된다는 견해다(저스틴, 이레

묵시문학
요한계시록

나이우스, 터툴리안, 파피아스 등 후사도 시대에 유행했던 학설이며, 세대주의자들도 여기에 속한다. 한국에서는 박형룡, 박윤선, 이광복 등이 주장한다). 세대주의자들의 주장도 여기에 속한다.

② 후천년설(後千年說) - 예수님의 재림이 천년왕국 후(後)에 있다는 학설이다(A. H. 스트롱, C. H. 핫지, 헹게스텐버그, 횟티 등이 주장한다).

③ 무천년설(無千年說) - 문자적으로 천 년을 부정하고 다른 부분에서와 같이 영적으로 해석한다(어거스틴, 칼빈, 카이퍼, 렌스키, 벌코프, 보스, 워필드 등이 주장하고 한국에서는 이종성, 신성종 등 대개 복음주의 교회들이 주장한다).

〈요한계시록〉과 묵시문학

일반적으로 〈요한계시록〉을 묵시문학이라고 하는데 공통점이 있는가 하면 차이점도 있다. ① 요한은 '예언'이라는 것을 강조한다(1:3, 22:7, 10, 18, 19). 묵시문학에는 예언자적 의식이 결여되어 있다. ② 본서는 위작(僞作)이 아니다. ③ 요한은 자신이 처한 위치에서 말하고 있으며 '사후예언'형식을 취하지도 않았다. ④ 본서는 예언자들에게서 볼수 있었던 것처럼 현재와 미래에 긴장관계가 있다. ⑤ 묵시문학은 현세에 비관적이지만 본서는 미래를 복음을 통해 낙관적으로 보았다. ⑥ 본서는 윤리적 경고가 많다. 예를 들면 일곱 교회를 향한 편지(2~3장)에도 몇 차례 나온다.

요한계시록 1~5장

일곱 교회를 향한 편지 (중요구절 계 1:3)

〈요한계시록〉의 처음 세 장은 일곱 교회를 향한 말이다. 이 교회들을 향한 주님의 모습을 보게 되며 더욱 경외심을 갖게 된다(1~3장). 하나님의 보좌와 거기에 경배하는 신실한 백성을 대표하는 장로들과 전 피조물을 대표하는 생물들의 경배가 나온다(4장). 보좌에 앉으신 하나님의 손에 인봉(印封)한 책이 들려 있고, 보좌와 네 생물과 장로들 사이에 어린 양이 이 책을 취하신다(5장).

1. 이 계시는 "그 종들(그리스도인들)에게 보이시려고 그의 천사를 요한에게 보내어 알게 하신 것"(1:1)이다. "이 예언의 말씀을 읽는 자와 듣는 자와 그 가운데에 기록한 것을 지키는 자는 복이 있나니"(1:3)라고 하여 "읽는 자(낭독자)"나 "듣는 자(회중)"모두에게 복인데 "지키는 자"는 얼마나 큰 복인가?
2. 앞의 1:1~3절은 요한 자신의 글을 "계시(묵시)"로서의 서문이면, 이제 4~11절은 "편지"의 서두로서 "요한은 아시아에 있는 일곱 교회에 편지하노니"(1:4)라며 "예수 그리스도로 말미암아 은혜와 평강이 너희에게 있기를 원하노라"(5절)고 인사를 한다. 예수님에 대하여 "피로 우리 죄에서 우리를 해방", "우리를 나라와 제사장으로 삼으신"(6절, 출 19:6, 벧전 2:9), "구름을 타고 오시리라"(7절, 마 24:30, 26:64, 막 14:62, 눅 21:27, 재림), "알파와 오메가"(8절) 등 다양하게 소개하신다.
3. 예수님은 그 오른 손에 "일곱 별(일곱 교회의 사자[使者])"을 붙잡고 "일곱 금 촛대(일곱 교회)"를 거니신다. 그리고 행위와 수고와 인내를 아신다(1:20~2:2). 나는 내가 아니요 교회도 내 교회가 아니다. 주인은 주님이시다. 주의 종도 주의 교회도 모두 주님 앞에 합당하도록 해야 한다.
4. 아시아의 일곱 교회('에서버두사빌라'첫 자로 기억)를 향한 말씀에서 '이기는 자에게 주어지는 약속'들은 너무 크고 찬란하여 감격스럽다(2~3장). 각 교회들을 말할 때에 어떤 약속을 해주셨는지를 보라. 이것은 내게 다가올 실상들임을 믿음으로 바라보고 느끼며 감사하며 기대하는 것이다.

1
예수 그리스도의 계시
일곱 교회에
편지하노니

2
일곱 교회 중 네 교회
에베소, 서머나,
버가모, 두아디라

3
일곱 교회 중 세 교회
사데, 빌라델비아, 라오디게아

4
보좌에 앉으신 하나님
영광과 존귀와 능력을
받으시는 것이 합당

5
인봉된 책과 어린 양
이 향은 성도의
기도들이라

5. 요한은 "보좌에 앉으신 이의 오른 손에 두루마리가 있으니 안팎으로 썼고 일곱 인으로 봉"(5:1)한 것을 보았다. 장로 중 한 사람이 "유대 지파의 사자 다윗의 뿌리가 이겼으니 그 두루마리와 일곱 인을 떼시리라"(5절)고 한다. 이 "두루마리"에는 다음에 나오는 장면들이 보여 주듯 하나님의 마지막 때의 역사 계획이 들어 있다. "일곱 인"은 하나님의 비밀의 모든 것을 지시한다. 이 인을 뗄 자는 바로 "유대 지파"(창 49:9) 출신이며 "다윗의 뿌리"에서 나온 줄기(사 11:1, 10)이신 그리스도이시다.

더 살펴보기

내용 분해 :
시제(時制)를 따라 세 가지로 분류
머리말 - 1:1~8
(1)과거 계시(네가 본 것) - 1:9~20
(2)현재 계시(있는 것들) - 2장~3장
(3)미래 계시(이후에 될 일들) - 4장~22:5
맺음말(22:6~20)

1. 주님께서 일곱 교회를 향해 자신을 소개한 말씀(2~3장)

일곱 교회를 향한 말씀은 일정한 형식을 갖는다. 즉 ① 주님의 모습, ② 칭찬, ③ 책망, ④ 권면과 당부, ⑤ 승리자에 대한 약속이다. 각 교회에 첫 마디로 '주님께서 자신을 어떻게 소개했는지'를 살펴본다.

(1) 에베소 교회(2:1) - 오른손에 있는 일곱 별을 붙잡고 일곱 금 촛대 사이를 거니시는 이
(2) 서머나 교회(2:8) - 처음이며 마지막이요 죽었다가 살아나신 이
(3) 버가모 교회(2:12) - 좌우에 날선 검을 가지신 이
(4) 두아디라 교회(2:18) - 그 눈이 불꽃 같고 그 발이 빛난 주석과 같은 하나님의 아들
(5) 사데 교회(3:1) - 하나님의 일곱 영과 일곱 별을 가지신 이
(6) 빌라델비아 교회(3:7) - 거룩하고 진실하사 다윗의 열쇠를 가지신 이 곧 열면 닫을 사람이 없고 닫으면 열 사람이 없는 그
(7) 라오디게아 교회(3:14) - 아멘이시요 충성되고 참된 증인이시요 하나님의 창조의 근본이신 이

2. 두루마리 안에는 무엇이 기록되어 있나?(5:1~10)

요한은 "보좌에 앉으신 이의 오른 손에 두루마리가 있으니 안팎으로 썼고 일곱 인으로 봉하였더라"(5:1)고 하였다. 이 두루마리와 그 일곱 인을 떼실 이는 유대 지파의 사자, 다윗의 뿌리로서 그리스도를 가리킨다.

(1) 두루마리 안에 쓰인 것이 정확하게 무엇인지에 대해서는 많은 논란이 되어 왔다. 그것은 유언인가, 혹은 성경(즉 구약성경) 안에 있는 하나님의 계시인가, 혹은 세계사의 기술인가, 혹은 '종말'의 줄거리인가, 혹은 구속에 대한 하나님의 계획인가? 모든 이론들이 제안되었지만 〈요한계시록〉의 문맥에 따르면 이 두루마리는 그 역사의 순간에 하나님의 백성을 핍박하고 있던 사람들에 대한 하나님의 심판을 펼쳐 보이는 것으로 보인다. 이것은 전형적인 묵시의 용법으로 모든 이론 가운데 가장 문맥에 맞는 것 같다.

(2) 어린 양은 일곱 뿔과 일곱 눈을 소유하였는데(5:6) 묵시에서 뿔은 보통 권세를 지칭하며(민 23:22, 신 33:17, 단 7:20), 눈은 지혜 또는 통찰력을 뜻한다. "일곱 눈은 온 땅에 보내심을 입은 하나님의 일곱 영"이라고 말하고 있다. 즉 어린 양은 완전한 권세와 완전한 지혜를 가지고 있음을 나타낸다. 더구나 일곱(7)은 완전수이기도 하다.

(3) 어린 양은 하나님으로부터 두루마리를 취한다. 이러한 행위는 메시아의 희생을 강조하는 찬송시와 또 다른 예배 장면을 펼쳐 보이게 함으로써 모든 땅으로부터 온 사람들이 구속받고 하나님의 새 백성에 속할 수 있도록 한다. "우리 하나님 앞에서 나라와 제사장을 삼으셨으니 그들이 땅에서 왕 노릇 하리로다"(5:10). '왕 노릇'하는 것은 천년왕국에서의 지배를 가리키는 것으로 해석된다. (제임스 M 이훠드[James M Efird], 《현대를 위한 계시록(Revelation for Today an Apocalytic Approach)》, 이달 역, 한국장로교출판사, p.60, ; 신성서 주해, 《성서주석시리즈 요한계시록》, 日本: 生命の言社, p.109)

6
첫째~여섯째 인을 떼심
어린 양이 일곱 인을 떼심

7
십사만 사천의 찬송
구원이 하나님과 어린 양께

8 9
일곱째 인과 나팔 재앙
일곱 천사가 일곱 나팔을

10
천사와 작은 두루마리
입에는 다나 배에는 쓰다

11
두 증인, 일곱째 나팔
두 감람나무와 두 촛대

요한계시록 6~11장

일곱 인(印), 일곱 나팔 재앙 (중요구절 계 8:3~4)

〈요한계시록〉을 시제(時制)로 보면 1장은 과거, 2~3장(일곱 교회를 향한 말씀)은 현재, 그리고 4~22장은 미래를 보여 주는 계시(4:1, 마땅히 될 일)로 해석한다.
일곱 인을 떼며 그 때마다 신비한 환상들을 보게 된다(6~7장). 일곱째 인을 뗄 때에 일곱 나팔의 재앙으로 이어진다(8~9장). 요한은 하나님께서 주신 작은 책을 받아먹는다(10장). 복음의 두 증인의 사역과 능력과 순교에 대한 말씀이 나온다. 천사가 일곱 번째 나팔을 불며 그 재앙이 소개된다(11장).

1. 성도의 기도는 참으로 아름다운 것이다. "이 향은 성도의 기도들이라"(5:8), "금 향로를 가지고 많은 향을 받았으니 이는 모든 성도의 기도와 합하여 보좌 앞 금단에 드리고자 함이라"(8:3). 이처럼 성도의 기도는 하나님께 드려지는 고귀성이 있다. 어찌 한 마디의 기도라도 헛되겠는가? 오늘도 아름다운 향내 나는 기도로 그대 인생이 풍성하기를 소망한다.
2. 큰 무리가 흰옷을 입고 외치기를 "구원하심이 보좌에 앉으신 우리 하나님과 어린 양에게 있도다"(7:10) 하였다. 이 아름다운 외침에 곡을 붙이기도 했다(복음성가). 우리 구원은 하나님과 어린 양 예수를 떠나서 될 수는 없다. 이 은혜를 입은 우리도 찬양의 소리가 가슴 깊은 곳으로부터 울려 나와야 한다.

더 살펴보기

1. 십사만 사천은 누구인가?(7:4, 14:3)

(1) 이단자들은 자신들만이 구원받는다는 잘못된 선민사상(選民思想)을 가지고 있다. 구원받는 십사만 사천(144,000)이 자신들 뿐이라고 강조한다(특히 안식교, 여호와의 증인, 몰몬교 등). 그렇다면 성경이 말하는 실제적인 의미는 무엇인가?

(2) 〈요한계시록〉 7:4에서는 "인침 받은 자(도장 받은 자)"의 총수가 144,000이라 했고 14:3에서는 "속량함을 받은 자"라 했다. 두 곳의 말

씀은 같은 것으로 단순히 유다 지파나 유대인 성도들만을 의미하는 것이 아니라 구속받은 모든 성도들을 총칭한 완성된 교회이다. 7장에서 144,000은 아직 대환란을 겪지 않았으나 14장에서는 대환란을 경험하고 천년왕국 시대에 들어서고 있다. 7장에서 그들이 단순히 인치심을 받는 반면 14장에서는 이제 그들에게는 이마에 어린 양과 아버지의 이름이 새겨져 있다.

2. 두 증인은 누구인가?(11:3~5)

(1) 두 증인은 '두 선지자'라고 불리어지고 있으며(10절) 보다 더 비유적으로는 '이 땅의 주 앞에 섰는 두 감람나무와 두 촛대'로 일컬어지고 있다(4절).

(2) 두 증인을 '두 감람나무와 두 촛대'로 비유한 것은 교회가 세상의 빛으로 그 사명을 다하기 위해서는 교회의 기둥 역할을 하는 예수 그리스도의 신실한 증인들이 소멸하여서는 안 된다는 사실을 강조하기 위해서이다(1:20, 2:5, 슥 4:1~14).

(3) 두 증인의 신분에 대해서는 역사적으로 여러 견해가 있으므로 어느 하나를 독단적으로 취하지 않는 것이 지혜롭다. ① '에녹과 엘리야'이다(초대 기독교시대 교부 터툴리안). ② 다시 돌아온 '모세와 엘리야'이다(이 견해는 유대교의 일반화된 인식인데, 초기 기독교가 수용하였다). 또는 '모세와 엘리야와 동일한 직능을 수행할 미래의 두 예언자'로 간주하기도 한다. ③ 두 증인을 '교회'로 본다. 교회의 왕과 제사장 기능을(브루스), 또는 순교자의 대표자를 가리킨다고 했다(모리스). ④ 두 증인은 '베드로와 바울'이다(문크). 즉 교회 안의 '유대인 신자와 이방인 신자'들의 대표이다(리시). (강병도, ≪QA 성경연구, Vol.15≫, 기독지혜사, p. 427~8 요약)

3. 일곱 인(印) 재앙과 관계된 재앙들 구조

아래의 도표는 사도 요한이 받은 계시로서 세상 종말에 발생할 사건을 상징하는 일곱 인(印) 재앙의 대계(大系)이다. 각 내용들은 예수님의 감람산 강화 중 소개된 마지막 날의 징조를 연상하게 한다(마 24:2~35). 아래 도표에서 보듯이 일곱 인의 주기(cycle, 6~7장)는 다른 두 주기, 즉 일곱 나팔 주기(8~11장)와 일곱 대접 주기(11, 16장)와 연결이 된다. 즉, 일곱 나팔의 재앙은 일곱 인 재앙의 마지막 단계와 연결된다. 8장에서 일곱째 인의 재앙이 일곱 나팔 재앙으로 연결되어 더욱 확대 세분화된 것이며 시간적으로 연속된 일련의 사건들이다. 그리고 일곱 대접 재앙과 일곱 나팔 재앙과의 상관관계도 위와 마찬가지이다. 하나님은 태초(太初)에 만물을 질서 있게 창조하셨듯이 태말(太末)에도 만물을 질서 있게 심판하실 것이다. 이것이 성경의 참된 역사관이다(롬 11:36).

일곱 인의 재앙	일곱 나팔의 재앙	일곱 대접의 재앙	내용	본문
1			흰 말, 큰 전쟁에서의 승리와 끝없는 정복	6:1~2
2			붉은 말, 전쟁과 반란, 살인으로 평화가 붕괴됨	6:3~4
3			검은 말, 극심한 기근, 인플레로 인한 경제 파탄	6:5~6
4			청황색 말, 전쟁과 기근으로 수많은 사람들이 죽음	6:7~8
5			순교자의 영혼들이 하나님께 호소함	6:9~11
6			지진과 천체의 대혼란으로 악한 자들이 두려워함	6:12~17
7	1		피 섞인 우박과 불로 땅과 식물의 1/3이 불 탐	8:1~2, 7
	2		불붙는 큰산이 바다에 던져져 바다 생물과 배의 1/3 소멸	8:8~9
	3		쓴 쑥이란 이름의 큰 별로 인하여 강과 물샘의 1/3이 쓰게 됨	8:10~11
	4		천체(해, 달, 별)의 밤낮 1/3 어두워짐	8:12~13
	5		황충이 다섯 달 동안 사람들을 괴롭게 함	9:1~12
	6		네 천사와 이만만(2억)의 마병대가 사람의 1/3을 죽임	9:13~21
	7	1	짐승의 표를 받은 자와 우상숭배자들에게 독한 종기가 생김	11:15~19, 16:2
		2	바다가 피같이 되어 그 속의 모든 생물이 죽음	16:3
		3	강과 샘이 피로 인해 악한 자들이 그 피를 마심	16:4~7
		4	태양이 뜨거워져 사람들을 태움	16:8~9
		5	어둠과 질병으로 큰 고통을 당함	16:10~11
		6	귀신의 영들이 하나님을 대적하기 위해 사람들을 모음	16:12~16
		7	번개, 지진, 우박으로 큰 성 바벨론이 멸망함	16:17~21

요한계시록 12~18장

보충 계시 및 일곱 대접 재앙 (중요구절 계 18:20)

해(태양)를 옷 입은 여자가 큰 붉은 용, 즉 사탄과의 싸움이 소개된다(12장). 바다와 땅에서 짐승이 나온다. 이는 적그리스도로 해석되어 왔다(13장). 어린 양과 함께 시온 산에서 144,000이 새 노래를 부른다(14장). 일곱째 천사의 나팔은 11:5에서 불었으나 그 내용은 15장에 나온다. 일곱 천사에 의한 일곱 대접 재앙(그리스도께서 재림하셔서 세상을 심판하시기 바로 직전)의 준비가 상징적으로 묘사되고 있다(15장). 일곱 대접의 재앙으로 임하는 심판을 말한다(16장). 음녀의 심판(17장)과 바벨론의 멸망(18장)과 같은 사건을 두 가지 다른 측면에서 묘사한 것으로 둘 다 '세상'을 말한다.

1. 내가(사도 요한) "천사의 손에서 작은 두루마리를 갖다 먹어 버리니 내 입에는 꿀 같이 다나 먹은 후에 내 배에서는 쓰게 되더라"(10:10)고 하였다. 하나님의 말씀은 내게서 소화가 되어 그 말씀에 젖어야 한다. 하나님은 에스겔에게도 "인자야 너는 발견한 것을 먹으라. 너는 이 두루마리를 먹고 가서 이스라엘 족속에게 말하라"(겔 3:1 이하 참고)고 하였다. 말씀이 믿는 자에게는 구원의 복음으로 달지만, 그것을 거절하는 자에게는 심판의 메시지로 쓰게 마련이다.
2. 성도는 어린 양 예수와 함께 시온 산에 선 144,000이 되어 새 노래를 부르는 복된 날을 사모한다. 그 노래를 부를 자는 (1) "여자와 더불어 더럽히지 아니하고 순결한 자"(우상 숭배하지 않고 하나님께 신앙의 정절이 있는 자), (2) "어린 양이 어디로 인도하든지 따라가는 자"(순종), (3) "속량함을 받아 처음 익은 열매로 하나님과 어린 양에게 속한 자", (4) "거짓말이 없고 흠이 없는 자"이다(14:1~5).
3. 요한은 "불이 섞인 유리 바다 같은 것"(15:2)을 보았는데, '불'은 정결과 심판의 상징으로 악인들에 대한 하나님의 공의를 의미한다(3:18, 11:5). "유리 바다 가에 서서 하나님의 거문고를 가지고 하나님의 종 모세의 노래, 어린 양의 노래를"(15:3) 부르는 자들은 짐승과 우상을 이기고 승리한 자들이다. '유리 바다'는 깨끗하고 순결한 것을 나타내는 말이다. 천국에서 이것을 누리게 될 것이다.
4. 예수님은 "보라 내가 도둑 같이 오리니 누구든지 깨어 자기 옷을 지켜

12
여자와 용의 싸움
여자가 아들을 낳으니

13
짐승의 활동
육백육십육

14
새 노래를 부름
십사만 사천 인

15
일곱 대접의 준비
모세의 노래, 어린 양의 노래

16
진노의 일곱 대접
깨어 자기 옷을 지켜

17
음녀의 받을 심판
어린 양은
그들을 이기실 터이요

18
바벨론의 멸망
무너졌도다
큰성 바벨론이여

벌거벗고 다니지 아니하며 자기의 부끄러움을 보이지 아니하는 자는 복이 있도다"(16:15)라고 하였다. 어린 양 예수를 따르는 성도는 깨어 사탄의 미혹에 넘어가지 않도록 주의해야 하며 주님께 충성을 다해야 한다. 예수님이 "도적 같이 오리니"라고 사데 교회(3:2~4)에도 말씀 하셨다(3:18도 참고).

더 살펴보기

1. 미가엘과 용의 싸움(계 12:9)

하나님의 천사 미가엘은 용과 싸우나 그들은 쫓김을 당한다. 용은 하나님을 대적하는 세력이다(사 51:9, 시 74:13~14). "큰 용이 내 쫓기니 옛 뱀 곧 마귀라고도 하고 사탄이라고도 하고 온 천하를 꾀는 자라"고 하였다. 따라서 그를 추종하던 자들도 함께 내쫓긴다. 하나님을 대적하는 자는 망하게 마련이다.

육백육십육(666)이란?(계 13:18)
"총명한 자는 그 짐승의 수를 세어 보라 그것은 사람의 수니 육백육십육이니라"(13:18). 인침을 받은 하나님의 백성(7:3~4)에 대한 반대 표시로 그 짐승(적그리스도)의 추종자들은 식별 표시를 받는다. 그 식별은 황제를 신으로 추종하는 사람들만 상거래를 할 수 있다는 것을 의미한다. 666은 당시 관습의 전제로 특정한 수치에 해당하는 자모를 알고 있었다. 1831년 필랑체의 해석은 유력한데, 666이란 수는 히브리 글자로 '네로 황제(Neron Qesar)'를 나타낸다고 풀이한다. 다른 해석으로 666은 각 단계 모두 완전수인 7보다 하나 적은 수이므로 '적그리스도'를 나타낸다고 하는 이들도 있다(브릭스, 미리간 등).

2. 전쟁의 대명사 '아마겟돈'(계 16장)

일곱 대접 재앙 중에 "여섯째 천사가 그 대접을 큰 강 유브라데에 쏟으매 강물이 말라서 동방에서 오는 왕들의 길이 예비되었더라"(16:12)고 하였다. 동서를 가르던 유브라데 강의 경계는 사라지고 무서운 전쟁이 일어난다. 그 장소는 "아마겟돈"(16:16)으로 므깃도의 산(언덕), 즉 갈멜 산맥 통로를 감시할 수 있는 이스르엘 평지 끝의 요새로서 수많은 전쟁을 치른 곳이기에 므깃도는 전쟁의 대명사이다. 혹자는 이곳에서 제3차 세계대전이 일어날 것이라고 주장하기도 한다. '아마겟돈'을 주제로 최후의 전쟁에 대한 영화나 책자들은 성경적인 것은 아니다. 주전 605년 애굽과 바벨론의 전쟁 때에 요시야 왕이 애굽의 바로느고에게 죽임을 당한 곳이 므깃도이다(왕하 23:29).

3. 바벨론의 멸망(계 17~19장)

(1) 바벨론에 대하여 17장에서는 "음녀", "여자", "어미"(1, 4, 5절)로, 18장에서는 "큰 성", "귀신의 처소", "더러운 영이 모이는 곳", "더럽고 가증한 새들이 모이는 곳"(18:2)으로 묘사한다. 이사야 선지자는 바벨론이 소돔과 고모라 같이 될 것을 말했다(사 13:19~20). 힘 있고 찬란한 성 바벨론이 "무너졌도다 무너졌도다"(18:2)라고 하였다. 멸망 원인은 영적 음행, 즉 우상숭배 때문이다(18:3).

(2) 바벨론의 멸망에 대한 예언(17:1~19:5)들은 구약의 모든 큰 멸망에 관한 예언들의 사상과 언어를 반영해 준다(45쪽 사 13~14장, 108~109쪽 렘 50~51장, 147~148쪽 겔 26~28장 내용 참고). 이들은 악을 발판으로 하여 세력을 키우고 사람들을 팔고 사는 단순한 상품으로 취급한다(18:13). 바벨론은 세계를 지배하는 강대국인데 과거에 거룩한 도시를 파괴했으며 그 때문에 심판을 받는다. 바벨론은 여기서는 주후 70년에 예루살렘을 파괴한 '로마'의 별명으로 사용되었다.

일곱 대접 재앙(계 16:1~21)
일곱 천사가 하나님의 진노의 일곱 대접을 쏟고 있다. 이는 하나님의 심판이다. 작자 미상의 이 그림은 진노의 대접을 든 천사들의 모습을 보여 주고 있다.

요한계시록 19~22장

새 하늘과 새 땅 (중요구절 계 22:20)

〈요한계시록〉의 마지막 부분으로, 그 어조(語調)가 완전히 달라졌다. 네 번의 '할렐루야' 찬미가 나오며 어린 양 그리스도와 그의 신부인 교회의 혼인 잔치를 보게 된다. 반면에 짐승과 거짓 선지자들은 유황 불못에 던져진다(19장). 마귀는 붙잡혀 천 년 동안 결박을 당하고 승리한 자들은 살아서 그리스도와 더불어 천 년 동안 왕 노릇한다(20장). 처음 하늘과 처음 땅은 사라지고 새 하늘과 새 땅이 보인다(21장). 생명 강가의 생명나무는 달마다 열매를 맺히며 구원받은 자들은 주님의 얼굴을 직접 보며 햇빛은 쓸 데 없으니 하나님이 그들에게 비치심이라. 아멘 주 예수여 오시옵소서(22장).

1. "어린 양의 혼인잔치"(19:9)에서 어린 양은 신랑 되신 예수님이시며(요 1:21), 그 신부는 교회(성도)이다. "빛나고 깨끗한 세마포 옷을 입도록 허락하셨으니 이 세마포 옷은 성도들의 옳은 행실이로다"(19:8) 하였다. 천국에 이를 수 있는 자들에게 이처럼 의롭고 순결한 행실을 강

19
어린 양 혼인 잔치
세마포는
성도의 옳은 행실

20
사탄의 결박과 천년왕국
그리스도로 더불어
왕 노릇 하리라

21
새 하늘과 새 땅
하나님의 영광이
비취고

22
생명수 강과 생명나무
아멘, 주 예수여
오시옵소서

책을 편 학자적인 모습의 사도 요한
요한은 "예언의 말씀을 읽는 자 듣는 자 지키는 자들이 복이 있다"고 하였다(계 1:3). 사진은 에히델낫하의 복음서 초록(抄錄)의 삽화이다. (쥐르메르크 국립도서관 소장)

조하고 있다.

2. 용(옛 뱀, 마귀, 사탄)은 잡혀서 천 년 동안 결박하여 무저갱에 던져 넣고(20:3), 예수를 증언하고 순교를 당하고 우상에게 경배하지 않고 이마와 손에 짐승의 표를 받지 아니한 자들이 "그리스도와 더불어 천 년 동안 왕 노릇"(4절)할 것을 말씀하신다. 성도들에게 최고의 날이 될 것이다.
3. 요한에게 보여 준 새 하늘과 새 땅의 신비한 것을 인간의 언어로 어찌 표현이 되겠는가? 그럼에도 계시록의 마지막 부분에 소개된 설명만으로도 감격스럽다. "보석으로 꾸며졌고(21:19), 생명나무에서 각종 열매가 열리는 곳(22:2), 주 하나님이 비치심으로 등불과 햇빛이 쓸 데 없는 곳"(22:5)이다. 내가 이 땅에서 본 어디에도 천국은 비교될 수 없는 좋은 곳이다.
4. 주님은 "보라 내가 속히 오리니 내가 줄 상이 내게 있어 각 사람에게 그의 행한 대로 갚아 주리라"(22:12)하였다. 주님 맞을 준비가 되었는가? 상 받을 만큼 행한 것이 있나? 주님은 갚아 주신다고 약속하셨다. "그대로"(22:11)라는 말이 네 번이나 나옴을 눈여겨보고 지체하지 말며 준비해야 한다.

더 살펴보기

1. 아멘, 주 예수여 오시옵소서(계 22:20)

(1) 사도 요한은 신비한 하나님의 나라의 계시를 받고 최종적인 말씀인 "내가 진실로 속히 오리라"는 말씀의 응답으로 "아멘, 주 예수여 오시옵소서"(22:20)라고 고백한다. 성도들은 핍박의 때에 주님의 재림을 기다렸고 새 하늘과 새 땅을 바라보며 순교하였다. 기독교 신앙에서 재림을 빼면 우리가 무엇을 기다리겠나? 그렇다고 이단자들처럼 현세를 무시하고 재림만 기다리는 것도 성경적인 가르침은 아니다.

(2) '마라나타'를 성경의 최종 단어라는 분들이 있으나 〈고린도전서〉

16:22의 "우리 주여 오시옵소서"가 "마라나타"이다. 물론 22: 20의 "아멘, 주 예수여 오시옵소서"(아멘 엘코우 큐리에 예수)도 초대교회의 예배에 사용한 아람어 표현인 '마라나타'에 해당한다. '마라나타'외침은 후대의 증언에 의하면 성만찬 예식에서 유래되었을 것으로 본다.

(3) 마지막 구절은 "주 예수의 은혜가 모든 자들에게 있을지어다 아멘"(22:21)으로 축원을 하고 있다. 시작인 1:4과 끝인 22:21에 있는 은혜의 축원은 〈요한계시록〉이라는 책에 하나님의 초대형 편지 형식을 제공한다. 즉 요한은 주님의 위탁을 받아서 교회를 향한 소식을 편지형식으로 전했다.

2. 〈창세기〉와 〈요한계시록〉 비교

	창세기	요한계시록
1	에덴 동산(1:1) - (처음 하늘과 처음 땅)	하나님의 나라(21:1) - (새 하늘과 새 땅)
2	생명나무(3:22~24) - (타락 후 금지된 나무)	생명나무 (22:2) - (허락된 나무)
3	죄, 슬픔, 고통의 시작(3:16)	죄, 슬픔, 애통이 끝남(21:4)
4	첫 사망(2:17)	사망이 없음(21:4)
5	첫 아담의 통치(고전 15:22, 45)	둘째 아담의 통치(고전 15:22, 45)
6	바벨탑(반역) (11장)	바벨론의 멸망(18장)
7	사탄이 하나님의 말씀을 가감(3:3)	말씀의 가감자에 대한 심판(22:1~19)
8	만물의 시작(1:1)	만물의 종말(22:20)

신구약성경은 서로 유기적인 관계를 가지고 있으므로 단편적인 해석을 할 수는 없다. 〈창세기〉와 〈요한계시록〉은 성경에서 시작과 끝이면서 오히려 서로 가장 가까운 관계에 있다. (《성경핵심전과1》41쪽 내용 참고)

B I B L E

성경 질문지

요한계시록 1~5장 일곱 교회를 향한 편지

제1장 [인자의 환상]
다음 물음에 답하시오.

1. 예수 그리스도의 계시인 〈요한계시록〉은 어떤 말씀인가?(1절)

   -

2. 이 예언의 말씀에 대한 우리의 자세는?(3절)

   -

3. 다음 본문의 (　　)를 채우고 "하나님"과 "예수님"중 어느 분에 대한 묘사인지 쓰시오(4~20).

   (1) 나는 알파와 (　　　)라 이제도 있고 전에도 있었고 장차 올 자요. - [　　　　]

   (2) 일곱 영과 또 충성된 증인으로 죽은 자들 가운데에서 먼저 나시고 땅의 임금들의 (　　)가 되신 이. - [　　]

   (3) 우리를 사랑하사 그의 (　　)로 우리 죄에서 우리를 해방하시고 그의 (　　　) 하나님을 위하여 우리를 나라와 (　　　) 삼으신 이. - [　　　]

   (4) 촛대 사이에 (　　) 같은 이가 발에 끌리는 옷을 입고 가슴에 (　　)를 띠고. - [　　]

   (5) 그 오른손에 (　　)이 있고 그 입에서 좌우에 날 선 (　　)이 나오고 그 얼굴은 해가 힘 있게 비치는 것 같은 이 - [　　　]

4. 요한은?(9~20절) -

   (1) 당시 어디에 있었으며 :

   (2) 큰 음성을 들은 날은? :

5. 편지를 써서 보낼 아시아의 일곱 교회의 이름은?(4, 11절) - 첫 자로 암기도 하시오(에서버두사빌라). -

6. 다음은 무엇을 가리키나?(20절)

   1) 일곱 별 :

   2) 일곱 금 촛대 :

 # 먼저 다음 쪽에 나오는 2~3장 관련 도표 문제를 푸시오.

제4장 [보좌에 앉으신 하나님]
다음 물음에 답하시오.

1. 보좌 위에 앉으신 이의 모양은 무엇과 같은가?(2~3) -

2. 이십사 보좌에 앉은 장로들의 모습은 어떠한가?(4) -

3. 보좌 앞에 일곱 등불 켠 것은 무엇인가?(5)

   -

4. 네 생물은 무엇과 같은가?(6~8, 참고: 겔 1:10, 10:14) -

   1)　　　　　　2)

   3)　　　　　　4)

5. 누가 보좌에 앉으신 이에게 경배하고 자기의 관을 보좌 앞에 드렸나?(10) -

묵시문학
요한계시록

제2~3장 [일곱 교회에 보낸 편지]

다음 해당 절을 참고해서 도표의 빈칸을 완성하시오.

참고 어떤 교회는 칭찬이나 책망이 없기도 함. 내용상 아래처럼 구분하기 매우 어려운 것도 있음.

칸이 좁으므로 요약해서 적어도 됨. 성경 본문 참고.

교회 / 성경	주님의 모습	칭찬	책망	권면 / 당부	승리자에 약속
에베소 교회 2:1~7	1절/ 오른 손에 일곱 별을 붙잡고 일곱 금 촛대 사이에 다니시는 이.	2~3절/	4절/	5절/ 회개하여 처음행위를 가지라. 회개하지 아니하면 촛대를 옮기리라.	7절/
______ 교회 2:8~11	8절/	9/ 환난과 궁핍을 아노니 실상은 부요한 자	없음	10/	10~11/ 생명의 면류관을 주리라. 둘째 사망의 해를 받지 아니하리라.
버가모 교회 2:12~17	12/	13/ 나를 믿는 믿음을 저버리지 아니하였다.	14~15/ 발람의 교훈을 지키는 자 있다. 니골라당의 교훈을 지키는 자 있다.	16/	17/
두아디라 교회 2:______	18/ 눈이 불꽃같고, 그 발이 빛난 주석 같은 하나님이 아들	19/	20~21/	22~25/ 회개하지 않으면 큰 환란에 던지고 자녀를 죽인다. 행한 대로 갚아 주리라.	26~28/
사데 교회 3:1~6	3:1/	4/	1~2/ 살았다는 이름은 가졌으나 죽은 자. 행위의 온전한 것을 찾지 못했다.	3/	5/
______ 교회 3:7~13	7/	8/ 적은 능력을 가지고도 내 말을 지키며 내 이름을 배반하지 아니하였도다.	없음	11/	12/ 하나님 성전의 기둥이 되게 하리니. 새 예루살렘의 이름과 새 이름을……
라오디게아 교회 3:______	14/ 아멘이시오 충성되고 참된 증인이시오 하나님의 창조의 근본이신 이.	없음	15~17/ 차지도 더웁지도 않다. 곤고 가련 가난 눈먼 것 벌거벗은 것을 알지 못한다.	18~19/	21/

묵시문학
요한계시록

제5장 [인봉된 책과 어린 양]

다음 ( )안에 알맞은 말을 쓰시오 (다음 쪽의 것 먼저 하시오)

1. 보좌에 앉으신 이의 오른손에 ( )가 있으니 안팎으로 썼고 ( )으로 봉하였더라. - (절)

2. 장로 중에 한 사람이 내게 말하되 ( ) 유대 지파의 사자 ( )가 이겼으니 그 두루마리와 그 ( )을 떼시리라. - (절)

3. 보좌와 네 생물과 장로들 사이에 ( )이 섰는데 일찍이 죽임을 당한 것 같더라. 일곱 뿔과 일곱 눈이 있으니 이 눈들은 온 땅에 보내심을 받은 ( ) 이더라. - (절, 4:5 참고)

4. 네 생물과 이십사 장로들이 그 ( ) 앞에 엎드려 각각 거문고와 향이 가득한 금 대접을 가졌으니 이 향은 ( )들이라. - (절)

5. 죽임을 당하신 ( )은 능력과 ( )와 지혜와 ( )과 존귀와 ( )과 찬송을 받으시기에 ( )하도다. - (절)

요한계시록 6~11장 일곱 인, 일곱 나팔 재앙

제6장 [첫째~여섯째 인을 떼심]

다음 ( )안에 해당 절수를 쓰고 서로 관계있는 내용을 연결하시오.

1. 첫째 인 (1~2절) •	• 가) •	• a)
2. 둘째 인 ( ) •	• 나) •	• b)
3. 셋째 인 ( ) •	• 다) •	• c)
4. 넷째 인 ( ) •	• 라) •	• d)
5. 다섯째 인( ) •	• 마) •	• e)
6. 여섯째 인( ) •	• 바) •	• f)

가) 붉은 말
나) 검은 말
다) 흰 말
라) 청황색 말
마) 큰 지진
바) 죽임 당한 영혼

a) 활을 가졌고 면류관을 받고 이김.(성결, 승리 상징)
b) 손에 저울을…… 한 데나리온에 밀 한 되.(기근 상징)
c) 화평을 제하여 버리며…… 큰 칼을 받았음.(전쟁 상징)
d) 흰 두루마기를 주시며…… 죽임을 당하여.(순교자의 신원)
e) 하늘의 별들이 떨어지며 하늘은 떠나가고.(종말 사건)
f) 검과 흉년과 사망과 땅의 짐승으로써.(공포, 죽음 상징)

제7장 [십사만 사천의 찬송]

다음은 누가 한 말인지 그 이름이나 신분을 보기에서 골라 쓰시오.

보기 큰 무리 / 나(사도 요한) / 장로 중의 하나 / 주님 / 천사.

1. 우리가 우리 하나님의 종들의 이마에 인치기까지 땅이나 바다나 나무들을 해하지 말라. -

2. 인침을 받은 자의 수를 들으니…… 각 지파 중에서 인침을 받은 자들이 십사만 사천이니. -

3. 구원하심이 보좌에 앉으신 우리 하나님과 어린 양에게 있도다. -

4. 이 흰 옷 입은 자들이 누구며 또 어디서 왔느냐? -

5. 어린 양의 피에 그 옷을 씻어 희게 하였느니라. -

묵시문학 요한계시록

제8장 [일곱째 인과 일곱 나팔]

다음 (　　) 안을 채우시오(1~3문)

1. (　　　~　　　절) 일곱째 인을 떼실 때에 하늘이 반 시간쯤 (　　　)하더니 내가 보매 하나님 앞에 (　　　　　　　　)가 서 있어 (　　　　　　)을 받았더라.

2. (　　　절) 또 (　　　　　)가 와서 제단 곁에 서서 (　　　　)를 가지고 많은 (　　　)을 받았으니 이는 모든 성도의 (　　　)와 합하여 보좌 앞 (　　　　　　)에 드리고자 함이라.

3. (　　　절) 천사가 향로를 가지고 제단의 불을 담아다가 땅에 쏟으매 (　　　)와 (　　　)과 (　　　)와 (　　　)이 나더라

제8~9장 [일곱째 인과 나팔 재앙]

다음 (　　)를 채우며 몇 번째 천사가 나팔을 불 때인지를 쓰시오..(본문 순서가 아님)

1. 큰 별이 하늘에서 떨어져 (　　　)들의 삼분의 일과 여러 (　　　)에 떨어져 물들이 쓰게 됨.

   -

2. 피 섞인 우박과 불이 나와서 (　　　)에 쏟아지매 땅, 수목, 푸른 풀도 타 버렸다. -

3. 불 붙는 큰 산과 같은 것이 (　　　)에 던져지매 바다의 삼분의 일이 (　　　)가 되고 -

4. (　　　) 삼분의 일과 (　　　) 삼분의 일과 (　　　)들의 삼분의 일이 타격을 받아 그 삼분의 일이 어두워지니 -

5. 큰 강 유브라데에 결박한 (　　　　　)를 놓아 주라 하매…… 사람 삼분의 일을 죽이기로 준비된 자들이더라. -

6. 하늘에서 땅에 떨어진 (　　　) 하나가 있는데 그가 무저갱의 열쇠를 받았더라…… 또 (　　　)이 연기 가운데로부터 땅 위에 나오매…… 권세를 받았더라. -

7. 오직 이마에 (　　　)을 받지 아니한 사람들만 해하라 하시더라. -

8. 그날에는 사람들이 (　　　　　　) 죽지 못하고 (　　　　　　) 죽음이 그들을 피하리라. -

제10장 [천사와 작은 두루마리]

다음에 (　　) 안을 채우거나 물음에 답하시오.

1. 힘 센 천사의 모습을 기록하시오.
   (1) (　　　)을 입음.
   (2) 머리 위에 (　　　　　)가 있음.
   (3) 얼굴은 (　　　) 같음.
   (4) 발은 (　　　　　) 같음.
   (5) 손에는 펴 놓인 (　　　　　)을 들음.
   (6) 오른 발은 (　　　)를 밟고 왼발은 (　　　)을 밟음.
   (7) 사자의 부르짖는 것 같이 (　　　　)로 외침.

2. 일곱 우레가 말한 것을 (　　　)하고 (　　　)하지 말라.

3. 세세토록 살아 계신 이는 무엇과 그 가운데 있는 물건을 창조하신 이인가?(한 단어씩만 쓰시오)
   1)　　　　　　　　2)
   3)

4. 일곱째 나팔을 불려고 할 때에 무엇이 이루어지리라고 하는가?

   -

5. 작은 두루마리의 맛은 어떠한가? -

제11장 [두 증인 : 두 감람나무, 두 촛대]

다음에서 (　　) 안에 알맞은 말로 채우시오.

1. '지팡이 같은 갈대'는 하나님의 성전과 제단과 경배하는 자들을 (　　　)하는데 사용되는 것이다.

2. 이방인이 거룩한 성을 짓밟는 기간은?

   - (　　　달 =　　　년　　　개월)

묵시문학
요한계시록

3. 두 증인이 굵은 베옷을 입고 예언하는 기간은?

- (　　　　일 = 　　년 　　개월)

4. 두 증인은 이 땅의 주 앞에 서 있는 무엇인가?

- (두 　　　　와 두 　　　)

5. 두 증인의 권능은 어떠한가?

(1) 입에서 (　　　)이 나서 그들의 원수를 삼킬 것이다.
(2) 예언하는 날 동안 (　　　)가 오지 못하게 한다.
(3) 물을 (　　　)로 변하게 한다.

6. 짐승이 그들(두 증인)과 더불어 전쟁을 일으켜 그들을 이기고 그들을 죽일터인즉 그 성은 영적으로 하면 (　　　, 　　　)이라고도 하니 곧 주께서 (　　　　)에 못 박히신 곳이니라.

7. 일곱째 천사가 나팔을 불매 하늘에 큰 음성들이 나서 이르되 '세상 나라가 우리 (　　　)와 그의 그리스도의 (　　　)가 되어 그가 세세토록 (　　　　　) 하시리로다.'

8. 하늘에 있는 하나님의 (　　　　　)이 열리니 성전 안에 하나님의 (　　　　)가 보이며

요한계시록 12~18장 보충 계시 및 일곱 대접 재앙

제12장 [해를 입은 여자와 붉은 용]
이어지는 말을 써서 성구를 완성하시오.(해당 절만)

1. (　　　절) 해를 옷 입은 한 여자가~
2. (　　　절) 한 큰 붉은 용이~
3. (　　　절) 큰 용이 내쫓기니~
4. (　　　절) 어린 양의 피와~
5. (　　　절) 용이 자기가 땅으로 내쫓긴 것을 보고~

제13장 [짐승의 활동]
다음 모습이나 행위가 어디에서 나온 짐승에 대한 것인가?('바다', '땅'이라 씀)

1. 1~10절에 짐승이 나온 곳 -
2. 11~18절에 짐승이 나온 곳 -
3. 어린 양 같이 두 뿔이 있고 용처럼 말함 -
4. 뿔이 열이요 머리가 일곱이라 -
5. 마흔 두 달 동안 일할 권세를 받음 -
6. 이적을 행함으로 땅에 거하는 자들을 미혹 -
7. 표는 짐승의 이름이나 그 수, 육백육십육 -
8. 우상에게 경배하지 아니하는 자는 다 죽임 -
9. 표범과 비슷, 곰의 발, 사자의 입 -
10. 생명책에 기록되지 못한 자는 그 짐승에게 경배 -
11. 입을 벌려 하나님을 향하여 비방 -
12. 오른 손이나 이마에 표를 받게 함 -

제14장 [새 노래를 부름]
다음 물음에 답하시오.

1. 어린 양과 함께 시온 산에 선 십사만 사천의 이마에 쓴 것은?(1~3) -
2. 구속함을 받은 십사만 사천은 어떤 사람들인가?(4~5)
   -
3. 다른 천사가 공중에 날아가는데 무엇을 가졌는가?(6~7) -
4. 둘째 천사가 '무너졌도다'하는 바벨론은 어떤 일을 했는가?(8)
   -
5. 짐승과 그 우상에게 경배하고 이마에나 손에 표

를 받으면 어떤 고난을 받게 되는가?(9~12)

-

6. 곡식과 포도를 거둔 이는 각각 누구인가?
(14~20) - 1) 곡식:

2) 포도:

제15장 [일곱 대접의 준비]
다음은 물음에 답하시오.

1. 일곱 천사가 가진 것은 무엇인가?(1) -
2. 유리 바다 가에 서서 하나님의 거문고로 노래를 부르는 자들은 누구인가?(2~4) -
3. 이들은 누구의 노래를 불렀나?(2~4)

-

4. 내가(요한이) 무엇이 열리는 것을 보았나?(5~8)
-
5. 네 생물 중에 하나가 일곱 천사에게 준 것은 무엇인가?(5~8) -
6. 하나님의 영광과 능력으로 말미암아 성전에 가득 차게 된 것은?(5~8) -

제16장 [진노의 일곱 대접]
몇 번째 대접을 어디에 쏟을 때 일어난 일인 지와 성구의 (   )를 채우시오. (성경 본문 순서가 아님)

1. (다섯째 : 짐승의 왕좌) 그 나라가 곧 (   ) 사람들이 아파서 자기 혀를 깨물고 아픈 것과 종기로 말미암아 하늘의 하나님을 (   )하고 자기 행위를 회개하지 아니하더라.
2. (:   ) 죽은 자의 (   ) 같이 되니 바다 가운데 모든 (   )이 죽더라.
3. (:   ) 강물이 말라서 (   )에서 오는 왕들의 길이 (   )되었더라.
4. (:   ) 전에도 계셨고 지금도 계신 거룩하신 이여 이렇게 (   ) 하시니 의로우시도다.
5. (:   ) 큰 음성이 (   )에서 보좌로부터 나서 이르되 (   ) 하시니.
6. (:   ) (   )의 표를 받은 사람들, 우상에게 (   ) 자에게 독한 종기가.
7. (:   ) 이 재앙들을 행하는 권세를 가지신 (   )을 비방하며.
8. 내가 보매 개구리 같은 세 더러운 영이 (   )의 입과 (   )의 입과 (   )의 입에서 나오니…… 세 영이 히브리어로 (   )이라 하는 곳으로 왕들을 모으더라.(,   절)
9. 큰 성 (   )이 하나님 앞에 기억하신바 되어 그의 맹렬한 (   ) 잔을 받으매……(절)

제17장 [음녀의 받을 심판]
다음 물음에 답하시오.

1. 음녀는 무엇을 가리키는가?(1, 18)

-

2. 음녀는 누구와 더불어 음행을 하였는가?(2)

-

3. 음녀의 이마에 기록된 이름 셋은 각각 무엇인가?(5) -
1)   2)   3)
4. 음녀는 무엇에 취했는가?(6) -
5. 음녀의
1) 일곱 머리는 무엇을 가리키는가?(3, 9)
-
2) 열 뿔은 무엇을 가리키는가?(3, 12)
-
6. 어린 양과 함께 승리에 함께 있는 자들은 누구인

묵시문학
요한계시록

지 세 가지로 쓰시오?(14)

1) 부르심을 받고

2)

3)

제18장 [바벨론의 멸망]

다음 서로 관계가 있는 것끼리 연결하시오.

1. (절) 무너졌도다 큰 성 바벨론이여 • • 가)
2. (절) 내 백성아 거기서 나와 • • 나)
3. (절) 자기를 영화롭게 하였으며 사치하였든지 • • 다)
4. (절) 화 있도다 화 있도다 큰 성이여 • • 라)
5. (절) 하늘의 성도들과 사도들과 선지자들아 • • 마)
6. (절) 신랑 신부의 음성이 결코 다시 • • 바)

가) 그의 죄에 참예하지 말고 재앙들을 받지 말라.
나) 그만큼 고난과 애통으로 갚아 주라.
다) 귀신의 처소, 더러운 영과 새들이 모이는 곳.
라) 네 안에서 들리지 아니하리로다.
마) 꾸민 것인데 부(富)가 한 시간에 망하였도다.
바) 하나님이 너희를 위하여 심판을 행하셨음.

요한계시록 19~22장 새 하늘과 새 땅

제19장 [어린 양 혼인 잔치]

다음은 누구(무엇)의 말이나 행동, 또는 설명인지 그 이름(또는 사물)을 쓰시오.

보기 세마포 / 하늘에 허다한 무리 / 하나님의 말씀 / 할렐루야 / 이십사 장로와 네 생물 / 어린 양 / 유황 불 붙는 못.

1. (, , , 절) "여호와를 찬양하라"는 뜻이 있는 이 단어는 1~6절에 네 번 나온다. -
2. (절) 엎드려 보좌에 앉으신 하나님께 경배하여 이르되 '아멘 할렐루야'하니……

   -
3. (절) 할렐루야 구원과 영광과 능력이 우리 하나님께 있도다. -
4. (절) 빛나고 깨끗한 이 옷은 성도들의 옳은 행실이로다. -
5. (절) 혼인 잔치에 청함을 받은 자들은 복되다. 누구의 혼인 잔치인가? -
6. (~ 절) 백마 탄 자의 이름은 충신과 진실이며 또 피 뿌린 옷을 입었는데 그 이름은?

   -
7. (절) 짐승과 거짓 선지자 이 둘이 산 채로 던지우는 이 못은? -

제20장 [사탄의 결박과 천년왕국]

다음 물음에 답하시오.

1. 1) 천사가 손에 가지고 내려온 것 두 가지는 무엇인가?(1~3) -

   2) 이것으로 무엇을 했는가? -
2. 용의 다른 이름 세 가지는?(1~3)

   -
3. 첫째 부활에 참예하는 자들은 그리스도의 제사장이 되어 무엇을 하는가?(4~6)

묵시문학 요한계시록

-

4. 불과 유황 못에 던져지는 자 셋은 누구인가?(7~10) -

5. 책들에 기록된 대로 심판을 받는데 흰 보좌 앞에 무엇이 펴져 있는가?(11~15) -

제21장 [새 하늘과 새 땅]

다음 성구의 이어지는 부분을 기록하여 완성하시오.(~는 다음 절까지)

1. (절) 또 내가 보매~

2. (절) 내가 들으니~

3. (절) 보좌에 앉으신 이가~

4. (절) 그러나 두려워하는 자들과~

5. (절) 그 성에 성곽에는~

6. (~   절) 그 성의 성곽의 기초석은~

7. (절) 그 성은 해나 달의~

제22장 [생명수 강과 생명나무]

다음 말에서 틀린 단어 두 곳에 밑줄을 긋고 맞게 고치시오.

1. 강 좌우에 생명나무가 있어 열두 가지 열매를 맺되 날마다 그 열매를 맺고 그 나무 잎사귀들은 만국을 소생하기 위하여 있더라. →

2. 다시 밤이 없겠고 등불과 햇빛이 쓸 데 있으니 이는 주 하나님이 그들에게 비치심이라. 그들이 세세토록 종 노릇 하리로다. →

3. 보라 내가 속히 가리니 이 두루마리의 예언의 말씀을 아는 자가 복이 있으리라 하더라. →

4. 이 두루마리의 예언의 말씀을 인정하지 말라. 때가 지나갔음이라. →

5. 자기 두루마리를 빠는 자들은 복이 있으니 이는 그들이 생명나무에 나아가며 문들을 통하여 집에 들어갈 권세를 받으려 함이로다. →

6. 나 예수는 교제들을 위하여 내 사자를 보내어 이것들을 너희에게 증거하게 하였노라. 나는 다윗의 뿌리요 자손이니 곧 광명한 새벽 종이라 하시더라. →

7. 만일 누구든지 이것들 외에 제하면 하나님이 이 두루마리에 기록된 재물들을 그에게 더하실 것이요. →

8. 내가 오늘도 속히 오리라 하시거늘 아멘 참 예수여 오시옵소서. →

B I B L E

성경 질문지(총정리)

신약

총정리

복음서(마~요), 사도행전

마태복음

다음 물음에 답하거나 (　　) 안에 알맞은 말을 적어 넣으시오.

1. 메시아의 족보에 나오는 다섯 명의 여인 이름을 쓰시오.(1:1~16)

   1) 3절 -　　　　　　　2) 5절 -

   3) 5절 -　　　　　　　4) 6절 -

   5) 16절 -

2. 이름의 뜻을 쓰시오.

   1) 예수(1:21) -

   2) 임마누엘(1:23) -

3. 동방에서 온 박사들이 예수님께 드린 예물 세 가지는 무엇인가?(2:11) -

4. 요한의 세례와 예수님의 세례는 어떤 차이가 있는가?(3:11~12)

   -

5. 예수님이 광야에서 마귀에게 받은 세 가지 시험은 무엇인가?(4:1~11)

   1) 3절 -

   2) 6절 -

   3) 9절 -

6. 예수님이 하신 일 세 가지는 무엇인가?(4:23, 9:35) -

7. 말씀을 이어 쓰시오.(5:1~12, 해당절만) - 마음이 청결한 자는 ~

8. 성도를 세상의 무엇과 무엇으로 비유했는가?(5:13~16) -

9. 예수님이 가르쳐주신 기도(주기도문)가 나온 곳은 6장 몇 절인가? - (　　　절 ~　　　절)

10. 다음 구절에서 공통적으로 나오는 단어는 무엇인가?(6:33, 12:28, 19:24, 21:31, 43) -

11. 황금률이라 일컫는 7:12을 쓰시오.

    -

12. 백부장이 하인의 중풍병으로 인해 간구하니 예수님은 무엇이라 했는가?(8:5~7)

    -

13. 예수님이 8~9장에서 강조한 것을 한 단어로 말하면 무엇인가?(8:10, 13, 26, 9:2, 22, 28, 29)

    -

14. 예수님이 열두 제자에게 무엇을 주셨는가?(10:1) -

15. 아버지(하나님)를 아는 자는 누구인가?(11:27)

    -

16. 예수님은 누가 '내 형제요 자매요 어머니'라 하셨는가?(12:48~50) -

17. 씨 뿌리는 비유에 나오는 4가지 종류의 땅은 무엇인가?(13:1~23) -

18. 물 위를 걷다가 빠진 베드로를 향한 예수님의 말씀은?(14:31) -

19. 딸이 귀신 들려 예수님께 나온 여인이 들은 마지막 말씀은?(15:28) -

20. 14:13~21(5병2어)과 15:32~39(7병2어)에서 먹은 사람은 모두 몇 명인가? -

21. 베드로는 예수님을 누구라고 고백했는가?(16:16) -

22. 예수님과 더불어 말씀을 했던 구약의 두 인물은 누구인가?(17:1~3) -

23. 천국에서 큰 자는 누구라고 하는가?(18:4)

-

24. 두 사람이 합심하여 구하면 어떤 일이 나타나는가?(18:19) -

25. 영생에 대해 물으러 왔던 청년이 왜 근심하고 돌아 갔는가?(19:16~22) -

26. 인자(예수님)가 오신 이유를 20:28에 근거해서 쓰시오. -

27. 예수님은 무엇을 타고 예루살렘에 들어가셨는가?(21:1~11) -

28. 율법을 요약하면, 누구와 누구를 사랑하라는 것인가?(22:34~40) -

29. 예수님은 십일조에 대해 어떻게 말씀하셨는가?(23:23) -

30. 예수님은 어느 때에 오실 것이라 하는가?(24:44) -

31. 25장의 세 가지 비유는 몇 절인가?
- 열 처녀(　~　절), 달란트(　~　절),
양과 염소(　~　절)

32. 베드로는 예수님을 부인한 후에 어떻게 했는가?(26:75) -

33. 백성들은 빌라도에게 예수님을 어떻게 해달라고 요구했는가?(27:22) -

34. 예수님의 살아나심을 천사는 무엇이라고 전해 주었는가?(28:6) -

마가복음

다음 물음에 답하거나 (　) 안에 알맞은 말을 적어 넣으시오.

1. 광야에 외치는 자는 누구인가?(1:1~8) -

2. 제자 중 (　,　)는 그물을 던지다가, (　,　)은 그물을 깁다가 부름받았다(1:16~20).

3. 예수님은 누구를 부르러 오셨는가?(2:13~17) -

4. 예수님의 12제자의 이름을 적으시오.(3:13~19)
-

5. 씨가 좋은 땅에 뿌려졌다는 것은 말씀을 듣고 몇 배를 결실하는 자인가?(4:20) -

6. 달리다굼의 뜻은 무엇인가?(5:41) -

7. 예수님의 육신의 형제 이름을 쓰시오(6:1~6).

-

8. 보리떡 (　)개와 물고기 (　)마리로 다 배불리 먹고 (　)바구니에 차게 거두었다.(6:30~44)

9. 고르반과 에바다의 뜻은 무엇인가?(7:11, 34)

-

10. 예수님께서 비로소 제자들에게 가르치신 것은?(8:31) -

11. 예수님께서 제자들 중에 누구를 높은 산에 데리고 가셨는가?(9:2) -

12. 하나님의 나라를 어떻게 받들어야 천국에 들어갈 수 있다고 하는가?(10:15) -

신약
총정리

13.10:45을 쓰고 암송하시오. -

14.하나님의 집은 무엇이라 칭함을 받는가?(11:17)
-

15."무엇이든지 ( )하고 구하는 것은 받은 줄로 ( ). 그리하면 너희에게 그대로 되리라."(11:24)

16.계명 중 첫째는 ( ) 사랑, 둘째는 ( ) 사랑이다.(12:28~34)

17.주의 재림의 "그 날과 그 때"는 누구만 아시는가?(13:32) -

18.한 여인이 값진 향유를 예수께 부은 것은 무엇을 미리 준비한 것이 되었는가?(14:8) -

19."이것은 많은 ( )을 위하여 흘리는 나의 ( ) 곧 ( )니라"(14:24).

20.빌라도는 예수를 "네가 유대인의 ( )이냐"고 물었고 예수는 "네 말이 ( )" 하셨다(15:1~3).

21.예수님의 숨지심을 보고 백부장은 무엇이라 했는가?(15:39) -

22.예수님은 어느 날에 부활하셨으며, 누구에게 먼저 보이셨는가?(16:1~11)

-

23.예수님의 마지막 부탁 말씀은 무엇인가?(16:15)
-

누가복음

다음 물음에 답하거나 ( ) 안에 알맞은 말을 적어 넣으시오.

1. 누가복음은 저자가 ( ) 각하가 그 알고 있는 바를 더 ( )하게 하기 위해 썼다.(1:1~4)

2. 사가랴와 엘리사벳의 가정에서 태어난 아기의 이름은 무엇인가?(1:13, 63) -

3. 2:49은 예수님이 몇 살 때, 어디에서 하신 말씀인가?(2:41~51) -

4. 예수께서 가르치심을 시작하실 때의 나이는 몇이었는가?(3:23) -

5. 예수께서 광야에서 ( ) 동안 성령에게 이끌리시며 ( )에게 시험을 받으시더라.(4:1~2)

6. "내가 ( )을 부르러 온 것이 아니요 ( )을 불러 회개시키러 왔노라."(5:32)

7. "너희를 저주하는 자를 위하여 ( )하며 너희를 모욕하는 자를 위하여 ( )하라."(6:28)

8. 씨가 좋은 땅에 떨어져 백배의 결실을 하였다는 것의 어떤 의미인가?(8:8, 15)

   -

9. 베드로는 예수님을 누구시라고 고백했는가?(9:20) -

10.귀신들이 항복하는 것으로 기뻐하지 말고 무엇을 기뻐하라고 하시는가?(10:20)

   -

11.하나님의 나라를 무엇에 비유하고 있는가?(13:18~21) - ( ) 한 알, 부풀게 한 ( )

12."길과 산울타리가로 나가서 사람을 ( )하여 데려다가 ( )."(14:23)

13.모세와 선지자들에게 듣지 아니한 자가 살아나는 자가 있다면 권함을 받는가?(16:31) -

14.불의한 재판관의 비유는 '항상 ( )하고 ( ) 하지 말아야 할 것'을 가르치신다(18:1~8).

15.“인자가 온 것은 (   )를 찾아 (
) 함이니라”(19:10).

16.부활이 없다고 주장하는 자들은 누구인가?(20:27) -

17.“이것은 너희를 위하여 주는 (   )이라……
이 잔은 내 (   )이니.”(22:19~20)

18.무리가 예수님을 고발하는 죄목 세 가지는 무엇인가?(23:1~2)

1)

2)

3)

19.십자가 위의 일곱 말씀 중에 23장에 나오는 세 가지는 몇 절에 있는가? - (,   ,   절)

20.“큰 (   )으로 예루살렘에 돌아가 늘 (   )에서 하나님을 (   ) 하니라.”(24:52~53)

요한복음

다음 물음에 답하거나 (   ) 안에 알맞은 말을 적어 넣으시오.

1. “태초에 (   )이 계시니라. 이 말씀이 하나님과 함께 계셨으니 이 (   )이시니라.”(1:1)

2. 예수님의 처음 이적은 갈릴리 (   )의 혼례에서 (   )로 (   )를 만든 것이다.(2:1~11)

3. 3:16을 쓰고 암송하시오

   -

4. 4:24을 쓰고 암송하시오

   -

5. “믿는 자는 (   )을 얻었고 (   )에 이르지 아니하나니 (   )으로 옮겼느니라.”(5:24)

6. “하나님께서 (   )를 믿는 것이 (   ) 이니라.“(6:29)

7. “나를 믿는 자는 (   )에 이름과 같이 그 배에서 (   )이 흘러나오리라.“(7:38)

8. 예수님께서 땅에 글을 쓰시던 중간에 하신 말씀은 무엇인가?(8:6~8)

   -

9. 맹인이 눈을 씻고 보게 된 연못의 이름과 그 뜻은 무엇인가?(9:6~7) -

10.“나는 (   )라. 선한 목자는 양들을 위하여 (   )을 버리거니와”(10:11).

11.“나는 (   )이니 나를 믿는 자는 죽어도 살겠고.”(11:25)

12.명절에 예배하러 올라온 사람 중에 예수님을 뵙고자했던 사람들은 어디 출신인가?(12:20~21)
-

13.예수님께서 주신 새 계명은 무엇인가?(13:34)

-

14.(14:6) 예수께서 이르시되~

15.보혜사 성령은 모든 것을 (   ), 모든 것을 (   ) 하신다.(14:26)

16.보혜사(성령)가 오시면 무엇에 대하여 세상을 책망하시는가?(16:8) -

17.영생은 곧 무엇을 아는 것이라고 하는가?(17:3)
-

18.예수님이 체포될 때에 베드로는 칼로 무엇을 했는가?(18:1~11) -

19.예수님께서 십자가 위에서 하신 말씀(架

上七言 중에 본문에 3가지가 나옴)을 쓰시오.(19:26~30)

1) 26~27절: 여자여 보소서 아들이니이다. 보라 네 어머니라.
2) 28절:
3) 30절:

20. 예수님의 장례에 큰 역할을 한 두 사람의 이름은 무엇인가?(19:38~42) -

21. "여자여 어찌하여 울며 누구를 찾느냐?"는 말은 누가 한 말인가?(20:11~16) -

22. 예수님의 부탁(21:15~17)

1) 내 (   )을 먹이라.
2) 내 양을 (   ),
3) 내 양을 (   ).

사도행전

다음 물음에 답하거나 (   ) 안에 알맞은 말을 적어 넣으시오.

1. 성령이 임하시면 어떻게 되는가?(1:8)

-

2. "너희 가운데서 하늘로 올려지신 이 예수는 (   )을 본 그대로 (   ) 하였느니라." (1:11)

3. "누구든지 (   )을 부르는 자는 (   )을 받으리라."(2:21)

4. 베드로가 나면서 못 걷게 된 이에게 누구의 이름으로 일어나 걸으라고 했는가?(3:6)

-

5. "사도들이 큰 권능으로 (   )을 증언하니 무리가 (   )를 받아."(4:33)

6. 성전에 있든지 집에 있든지 날마다 그치지 아니한 일은 무엇인가?(5:42) -

7. 공회 중에 앉은 사람들이 본 스데반의 얼굴 모습은 어떠했는가?(6:15) -

8. 예루살렘에 있는 교회에 큰 박해가 있어 사람들이 어디로 흩어졌는가?(8:1) -

9. 사울(후에 바울)은 누구에게 예수님을 전하기 위해 택함 받았는가?(9:15) -

10. 회심한 사울은 예수님을 누구라고 전파(증언)했는가?(9:20, 22)

1)   2)

11. 안디옥에 파송된 바나바는 어떤 사람인가?(11:24) -

11. 헤롯의 핍박으로 베드로가 옥에 갇혔을 때 교회는 무엇을 했는가?(12:5) -

12. 최초의 선교사 파송에 관해 아래의 내용을 적으시오.(13:1~5)

1) 교회: 2) 따로 세운 사람:
3) 보낸자: 4) 수행원:

13. 사도회의 결과 이방인에게 멀리하라는 4가지는 무엇인가?(15:20)

-

14. 마게도냐(현재의 유럽)에 세워진 첫 번째 교회는 어느 곳인가?(16:11~15) -

15. 바울은 아덴에서 무엇을 전했는가?(17:18)

-

16. 바울이 고린도에 머문 기간과, 그들 가운데서 가르친 것은 무엇인가?(18:11) -

17. 에베소 사람들은 어떤 신을 섬겼는가?(19:27~28) -

18. 바울의 결심은 무엇까지 각오한 것인가?(20:24, 21:13) -

19. "주께서 바울 곁에 서서 이르시되 (   )…… 바울아 (   ) 말라."(23:11, 27:24)

20. 바울이 예수를 증거한 결과 베스도 총독의 반응

은 어떠했는가?(26:24) -

21.로마에서 바울이 강론한 것은 어떤 내용인가?(28:23) -

바울서신(롬~몬), 히브리서

로마서

다음 물음에 답하거나 ( ) 안에 알맞은 말을 적어 넣으시오.

1. 복음은 모든 믿는 자에게 무엇이 되는가?(1:16) -
2. "할례는 ( )에 할지니 영에 있고 ( )에 있지 아니한 것이라."(2:29)
3. "율법의 행위로 그의 앞에 ( )을 얻을 육체가 없나니 율법으로는 ( )이니라."(3:20)
4. "모든 사람이 ( )를 범하였으매 ( )에 이르지 못하더니."(3:23)
5. 아브라함이 의롭다 하심을 받은 것은 행위와 믿음 중 무엇을 인함인가?(4:1~8) -
6. (5:8) 우리가 아직 죄인 되었을 때에~
7. "죄의 삯은 ( )이요 하나님의 은사는 그리스도 예수 우리 주 안에 있는 ( )이니라."(6:23)
8. "이제는 우리가 얽매였던 것에 대하여 죽었으므로 ( ) 이러므로 우리가 ( ) 것으로 섬길 것이요 ( ) 것으로 아니할지 니라."(7:6)
9. "내 자신이 마음으로는 ( )을 육신으로는 ( )을 섬기노라."(7:25)
10. 육신의 생각과 영의 생각은 무엇인가?(8:6) -
11. 의를 따르지 아니한 이방인들이 얻은 의는 어떤 의인가?(9:30) -
12. "사람이 마음으로 믿어 ( )에 이르고 입으로 시인하여 ( )에 이르느니라."(10:10)
13. "누구든지 ( )는 구원을 받으리라."(10:13)
14. 돌감람나무는 ( )을, 참감람나무는 ( )을 비유한 것이다.(11:13~24, 해설 참고)
15. 〈로마서〉 12장과 〈고린도전서〉 12장은 '사랑, 은사, 봉사'중 무엇에 대한 기록인가? -
16. (12:11) 부지런하여~
17. 성도는 어떤 옷을 입어야 하는가?(13:12, 14) -
18. 하나님의 나라는 성령 안에 있는 무엇인가?(14:17) -
19. 바울이 복음전도를 위하여 로마를 거쳐서 가고 싶어 했던 곳은 어디인가?(15:23, 28) -
20. 바울이 겐그레아 교회의 일꾼으로 추천한 자매는 누구인가?(16:1~2) -

고린도전서

다음 물음에 답하거나 ( ) 안에 알맞은 말을 적어 넣으시오.

1. 고린도 교회 교인들은 각각 누구에게 속했다고 분쟁했는가?(1:11~12) -
2. 십자가의 도가 구원을 받는 우리에게는 무엇이 되는가?(1:18) -
3. 바울은 무엇으로 말하고 전도했는가?(2:4) -
4. "나는 ( ) 아볼로는 ( ) 오직 하나님은 ( ) 하셨나니."(3:6)
5. (4:20) 하나님의 나라는~
6. 주제에 맞은 제목을 쓰시오.

신약 총정리

보기 그리스도인과 법정 / 우상의 제물 / 음행자 판단 / 결혼과 이혼

1) 5장 - 2) 6장 -
3) 7장 - 4) 8장 -

7. 바울이 여러 사람에게 여러 모습이 된 이유는 무엇인가?(9:22) -
8. 먹든지 마시든지 무엇을 위하여 하라고 하였는가?(10:31) -
9. 주의 몸을 분별하지 못하고 (성찬을) 먹고 마신 결과는 무엇인가?(11:29) -
10. 예수님을 주(主)시라 하는 자의 고백은 누구로 인한 것인가?(12:3) -
11. "그런즉 (, ,) 이 세 가지는 항상 있을 것인데, 그 중의 제일은 ( )이라."(13:13)
12. "방언을 말하는 자는 ( )을 세우고 예언하는 자는 ( )을 세우나니."(14:4)
13. 부활하신 예수님은 누구에게 나타나셨는지 모두 쓰시오(15:4~8). -
14. "깨어 ( )에 굳게 서서 남자답게 강건하라. 너희 모든 일을 ( )으로 행하라."(16:13~14)

고린도후서

다음 물음에 답하거나 ( ) 안에 알맞은 말을 적어 넣으시오.

1. 하나님은 우리 주 ( )의 하나님, ( )의 아버지, ( )의 하나님이시다.(1:3)
2. 우리는 하나님 앞에서 그리스도의 ( )이며, 그리스도의 ( )이다.(2:15, 3:3)
3. 주는 영이시니 주의 영이 계신 곳에는 무엇이 있는가?(3:17) -
4. (5:17) 그런즉 누구든지~
5. 하나님의 뜻대로 하는 근심은 무엇인가?(7:10) -
6. 마게도냐 교회의 연보가 풍성하게 넘침은 무엇 때문인가?(8:1~2) -
7. 연보(헌금)의 결과는 무엇인가?(9:6) -
8. 자랑하는 자는 누구 안에서 자랑해야 하는가?(10:17) -
9. 거짓 교사들이 전파한 것은 무엇인가?(11:4) - 다른 ( ), 다른 ( ), 다른 ( ).
10. 그리스도를 위하여 능욕과 박해를 받은 바울은 언제 강해진다고 하는가?(12:10) -
11. (13:13) 주 예수 그리스도의 ~

갈라디아서

유대주의에 대처하여 믿음으로 구원 강조

1. "우리가 너희에게 전한 복음 외에 다른 복음을 전하면 ( )를 받을지어다."(1:8~9)
2. "사람이 의롭게 되는 것은…… 오직 ( ) 말미암는 줄 알므로."(2:16)
3. 〈하박국〉 2:4에서 인용한 갈 3:11, 롬 1:17, 히 10:38의 말씀은 무엇인가? -
4. 그리스도께서 우리를 어디에서 속량(贖良, 값으로 사서 자유하게 했다) 하셨는가?(3:13) -
5. 갈라디아 교인들은 바울을 어떻게 영접하였는가?(4:14) -
6. 성령의 9가지 열매는 무엇인가?(5:22~23) -
7. 성령을 위하여 심는 자는 무엇을 거두는가?(6:8) -

에베소서

교회의 일치

1. 옥중서신에 해당하는 네 권의 책 이름은 무엇인가?(해설 참고) -

2. 〈에베소서〉는 누가 누구에게 보낸 편지인가?(1:1~2) -

3. 몇 절에 나온 단어인가?(1:1~14)
   1) 택하사: (절) 2) 예정: (, , 절)
   3) 통일: (절)

4. 무엇이 하나님의 선물이라고 하는가?(2:8) -

5. 그리스도의 역할을 한 단어로 말하면 무엇인가?(2:14~15) -

6. (3;12) 우리가 그 안에서~

7. 각 사람에게 어떤 직책을 주셨는가?(4:11) -

8. "( ) 취하지 말라. 이는 방탕한 것이니 오직 ( )을 받으라."(5:18)

9. "남편들아 아내 사랑하기를 그리스도께서…… 그 ( )를 위하여 ( ) 같이 하라."(5:25)

10. "자녀들아 ( ) 너희 부모에게 ( ) 하라. 이것이 옳으니라."(6:1)

빌립보서

사랑에 대한 감사와 기뻐하라는 권면

1. "무슨 방도로 하든지 전파되는 것은 ( )니 이로써 나는 기뻐하고 또한 기뻐하리라."(1:18)

2. 우리는 누구의 마음을 품어야 하는가?(2:5) -

3. 우리의 시민권은 어디에 있는가?(3:20) -

4. (4:4) 주 안에서~

5. 빌립보 교인들이 바울에게 쓸 것(선교비)을 주므로 일어나는 결과는 무엇인가?(4:14~20)
   1) 너희에게 유익하도록~
   2) 받으실 만한~
   3) 하나님을~
   4) 그 풍성한 대로~

6. 〈빌립보서〉에서 "기쁨(기뻐, 기쁘)"이라는 단어가 몇 개의 절에 나오는가? - (개절)

골로새서

골로새교회에 침투한 이단 대처

1. 신실한 일꾼으로 골로새 교인들을 가르치고 위하여 기도한 자는 누구인가?(1:7, 4:12) -

2. "그의 ( )로 화평을 이루사 ( ) 곧 땅에 있는 것들이나 하늘에 있는 것들이 그로 말미암아 자기와 ( ) 되기를 기뻐하심이라."(1:20)

3. "그 안에 뿌리를 박으며…… 교훈을 받은 대로 ( )에 굳게 서서 ( )을 넘치게 하라."(2:7)

4. 새사람은 어떤 자인가?(골 3:9~11 읽고 답은 10절로) -

5. (3:21) 아비들아~

6. (4:2) 기도를 계속하고~

데살로니가전서, 데살로니가후서

1. 바울은 데살로니가교회의 무엇을 기억하고 있었는가?(살전 1:3, 고전 13:13의 세 단어와 동일)
   1) ( )의 역사
   2) ( )의 수고
   3) ( )의 인내

2. 바울은 데살로니가 교회에 복음을 무엇으로 전했는가?(살전 1:5) -

3. 데살로니가 교인들은 바울에게 말씀을 받을 때 무엇으로 받았다고 하는가?(살전 2:13) -

4. 디모데의 데살로니가 방문 보고는 바울에게 위로가 되었는가, 시험이 되었는가?(살전 3:1~10) -

5. 살전 4:13~18은 '잠자는 자'에 대한 말인가, 아니면 '주의 재림'에 대한 말인가? -

6. 성도들을 향하신 하나님의 뜻은 무엇인가?(살전 5:16~18) -

7. 주 예수께서 강림하실 때에 흠 없이 보전되어야 하는 것은 무엇인가?(살전 5:23) -

8. "환난을 받게 하는 자들에게는 ( )으로 갚으시고, 환난을 받는 너희에게는 우리와 함께 ( )으로 갚으시는 것이 ( )시니." (살후 1:6~7)

9. 주의 날 이전에 먼저 어떤 일이 있을 것이라고 하는가?(살후 2:2~3) -

10. 바울은 아무에게도 누를 끼치지 아니하려고 어떻게 했는가?(살후 3:7~8) -

디모데전서, 디모데후서, 디도서

1. 교훈의 목적은 무엇인가?(딤전 1:5) -

2. 하나님은 사람들이 어떻게 하기를 원하시는가?(딤전 2:4) -

3. 감독의 자격은 디모데전서 3장 (~ 절)에, 집사의 자격은 (~ 절)에 기록되었다.

4. 다음 사람들을 누구에게 하듯 대하라고 권면하는가?(딤전 5:1~2)
   1) 늙은이 -
   2) 젊은이 -
   3) 늙은 여자 -
   4) 젊은 여자 -

5. 말씀과 경건에 관한 교훈을 따르지 아니하면 무엇을 좋아하는 자인가?(딤전 6:3~4) -

6. 디모데 속에 있는 믿음은 누구와 누구를 거쳐 왔는가?(딤후 1:4~5) -

7. 복음의 4세대는 '바울 → ( ) → ( ) → 다른 사람들'로 이어졌다.(딤후 2:2)

8. 성경은 어떤 지혜가 있게 하는가?(딤후 3:15) -

9. "너는 ( )하라. 때를 얻든지 못 얻든지 ( ) 힘쓰라."(딤후 4:2)

10. 장로의 자격은 무엇인가?(딛 1:5~6) -

11. 그레데인들의 별명 세 가지는 무엇인가?(딛 1:12) -

12. 이단에 속한 사람을 어떻게 대하라고 하는가?(딛 3:10) -

빌레몬서

1. 〈빌레몬서〉는 바울이 누구에게 보낸 편지인가?(몬 1~2) -

2. 바울이 오네시모를 빌레몬에게 돌려보내는 이유는 무엇인가?(몬 11~12) -

3. "나는 네가 ( )할 것을 확신하므로 네게 썼노니"(몬 21)

히브리서

1. 하나님은 옛적과 마지막 날에 누구를 통해 각각 말씀하셨는가?(1:1~2) -

2. 예수님이 누구보다 더 뛰어나다고 표현하는가?(1:4~14) -

신약 총정리

3. 예수님이 누구보다 더 영광을 받을 만하다고 표현하는가?(3:3) -

4. "하나님의 말씀은 ( ) 활력이 있어…… 마음의 ( )과 ( )을 판단하나니." (4:12)

5. 인간 대제사장은 ( )과 같이 하나님의 부르심을 받은 자이며, 그리스도께서 대제사장 되심은 영원히 ( )의 반차를 따르는 제사장이다.(5:1~6)

6. 다음 말은 몇 절에 나오는가?(7:11~25) - 1) 더 좋은 소망 (절), 2) 더 좋은 언약 (절)

7. "볼지어다 날이 이르리니 내가 이스라엘 집과 유다 집과 더불어 ( )을 맺으리라."(8:8)

8. "율법을 따라 모든 물건이 ( ) 정결하게 되나니 ( )이 없은즉 사함이 없느니라."(9:22)

9. "믿음의 주요 또 온전하게 하시는 이인 ( )."(12:2)

10. "너희를 인도하는 자들에게 ( )하고 ( )하라. 그들은 너희 ( )을 위하여." (13:17)

공동서신(약~유), 요한계시록

야고보서

1. "시험을 참는 자는 ( )이 있나니 시련을 견디어 낸 자가…… 생명의 ( )을 얻을 것이기 때문이다."(1:12)

2. 하나님 아버지 앞에서 정결하고 더러움이 없는 경건은 어떤 것인가?(1:27) -

3. "믿음이 그의 ( )과 함께 일하고 행함으로 ( ) 되었느니라."(2:22)

4. 영혼 없는 몸이 죽은 것같이 행함이 없는 믿음은 어떤 것인가?(2:26) -

5. "화평하게 하는 자들은 화평으로 심어 무엇을 거두는가?(3:18) -

6. "너희는 하나님께 ( ) 할지어다. 마귀를 ( )하라. 그리하면 너희를 피하리라. 하나님을 ( )하라. 그리하면 너희를 가까이 하시리라."(4:7~8)

7. "너희 생명이 무엇이냐 너희는 ( )니라."(4:14)

8. 사람이 선을 행할 줄 알고도 행하지 아니하면 무엇인가?(4:17) -

9. "형제들아 주께서 ( )하시기까지 길이 참으라…… 형제들아 서로 ( )하지 말라" (5:7~9)

10. 다음 상황에 처한 사람들은 어떻게 하라고 하는가?(5:13~14)
   1) 고난당하는 자 -
   2) 즐거워하는 자 -
   3) 병든 자 -

베드로전서

1. 믿음의 확실함은 예수 그리스도께서 나타나실 때에 무엇을 얻게 하는가?(1:7) -

2. 거듭난 것은 썩지 아니할 씨인 무엇으로 된 것인가?(1:23) -

3. 성도의 네 가지 신분은 무엇인가?(2:9)
   1) ( ) 족속
   2) 왕 같은 ( )
   3) ( ) 나라
   4) 하나님의 소유된 ( )

4. "죄가 있어 매를 맞고 참으면 무슨 ( )이 있

으리요. 그러나 선을 행함으로 (　　　)을 받고 참으면 이는 하나님 앞에 아름다우니라"(2:20).

5. "악을 (　　　)으로, 욕을 (　　　)으로 갚지 말고 도리어 (　　　)을 빌라"(3:9).
6. 의를 위하여 고난을 받으면 무엇이 있는 자인가?(3:14) -
7. 만물의 마지막이 가까이 왔으니 어떻게 하라고 했는가?(4:7) -
8. 그리스도인으로 고난을 받으면 부끄러워하지 말고 어떻게 해야 하는가?(4:16) -
9. 하나님이 교만한 자와 겸손한 자들을 어떻게 하시는가?(5;5) -
10. (5:7) 너희 염려를~

베드로후서

1. "이는 내 사랑하는 아들이요 내 기뻐하는 자"라는 말씀은 〈마태복음〉 3장 몇 절에 있는가?(1:17) -
2. 예언은 무엇을 받은 사람들이 하나님께 받아 말한 것인가?(1:21) -
3. 아브라함의 조카 롯을 〈베드로후서〉에서는 무엇이라고 하는가?(2:7) -
4. "주께서 경건한 자는 (　　　)에서 건지실줄 아시고 불의한 자는 (　　　) 아래에 두어 심판 날까지 지키시며"(2:9).
5. "주의 약속은…… 더딘 것이 아니라 오직 주께서는 너희를 대하여 오래 참으사 아무도 (　　　)하지 아니하고 다 (　　　)하기에 이르기를 원하시느니라"(3:9).
6. "우리는 그의 약속대로 의가 있는 곳인 (　　　)을 바라보도다"(3:13).

요한일서, 요한이서, 요한삼서

1. 성도의 사귐은 누구와 더불어 누리는 것이라고 하는가?(요일 1:3) -
2. (요일 1:9) 우리 죄를 자백하면 ~
3. 하나님 앞에 있는 우리의 대언자는 누구인가?(요일 2:1) -
4. "세상에 있는 모든 것이 (　　　　)과 (　　　)과 (　　　)이니"(요일 2:16).
5. 예수께서 그리스도이심과 아버지와 아들을 부인하는 자는 누구인가?(요일 2:22) -
6. 하나님의 아들이 나타나신 것은 무엇을 하려 하심인가?(요일 3:8) -
7. 형제를 미워하는 자마다 무엇 하는 사람인가?(요일 3:15) -
8. "자녀들아 우리가 말과 혀로만 사랑하지 말고 (　　　)과 (　　　)으로 하자"(요일 3:18).
9. "하나님이 이같이 우리를 (　　　)하셨은즉 우리도 (　　　　　)하는 것이 마땅하도다"(요일 4:11).
10. "하나님은 (　　　)이시라. 사랑 안에 거하는 자는 (　　　) 안에 거하고"(요일 4:16).
11. "보는바 그 형제를 사랑하지 아니하는 자"는 누구도 사랑할 수 없다고 하는가?(요일 4:20)
 -
12. 세상을 이기는 승리는 무엇으로 가능한가?(요일 5:4) -
13. 생명이 있는 자는 누가 함께 있는 것인가?(요일 5:12) -
14. 처음부터 우리가 가진 '새 계명'은 무엇인가?(요이 5) -

15. 미혹하는 자, 즉 적그리스도는 무엇을 부인하는가?(요이 7) -

16. 으뜸 되기를 좋아했고 형제들을 맞아들이지도 아니하고 맞아들이고자 하는 자를 금하여 교회에서 내쫓는 사람은 누구인가?(요삼 9~10)

-

17. 뭇사람에게도 진리에게서도 증거를 받은 사람은 누구인가?(요삼 12) -

유다서

1. 유다가 "일반으로 받은 구원"에 관해 편지로 권해야 할 필요를 느낀 것은 무엇인가?(3절)

-

2. 꿈꾸는 이 사람들(거짓 교사)의 행위는 어떠한가?(8절) -

3. 이 사람들(거짓 교사)의 악행을 비유한 구약의 세 사람은 누구인가?(11절) -

4. 권면하는 20~21절의 말씀을 쓰시오 -

요한계시록

1. "이 예언의 말씀을 (   )와 (   )와 그 가운데에 기록한 것을 (   )는 복이 있나니 때가 가까움이라"(1:3).

2. 요한에게 무엇을 기록하라 하셨는가?(1:19)

-

3. 다음은 무엇을 가리키는가?(1:20)

   1) 일곱별 :

   2) 일곱 촛대 :

 # 먼저 다음 632쪽에 나오는 4번 도표 문제(2~3장)를 푸시오.

5. 누가 보좌에 앉으신 이 앞에 엎드려 경배하고 자기의 관을 드렸는가?(4:10~11) -

6. "거문고와 향이 가득한 (   )을 가졌으니 이 향은 (   )들이라."(5:8)

7. 일곱 인(印) 중에 다음의 인을 뗄 때에 어떠한 말(馬)이 나타났는가?(6:1~8)

   1) 첫째 인 -

   2) 둘째 인 -

   3) 셋째 인 -

   4) 넷째 인 -

8. 큰 지진이 나며 해가 검어지고 달은 피같이 되는 것은 몇째 인을 뗄 때인가?(6:9~17) -

9. 인(印)침을 받은 자의 수는 몇인가?(7:4)

-

10. 큰 무리가 보좌 앞과 어린 양 앞에 서서 무엇이라 외쳤는가?(7:9~10) -

11. 큰 환란에서 나오는 자들의 모습은?(7:14)

-

12. 일곱째 인을 뗄 때에 일곱 천사는 무엇을 받았는가?(8:1~2) -

13. 향연이 무엇과 함께 천사의 손으로부터 하나님 앞으로 올라갔는가?(8:4) -

14. 어떤 사람들만 해하라고 했는가?(9:4)

-

15. 입에서 나와 사람 삼분의 일을 죽이는 세 재앙은 무엇인가?(9:13~18) -

16. 작은 두루마리를 먹어 버리니 그 맛은 어떠한가?(10:9~10) -

4. 다음 '일곱 교회에 보낸 편지'에서 해당 절을 참고해서 도표의 빈칸을 완성하시오.(2~3장)
(칭찬이나 책망이 없는 교회도 있음. 내용상 아래처럼 구분하기 어려운 것도 있음. 요약해서 기록 가능)

교회/성경	주님의 모습	칭찬	책망	권면 / 당부	승리자에 약속
에베소 교회 2:1~7	1절/ 오른 손에 일곱 별을 붙잡고 일곱 금 촛대 사이에 거니시는 이.	2~3절/	4절/	5절/ 회개하여 처음행위를 가지라. 회개하지 아니하면 촛대를 옮기리라.	7절/
______ 교회 2:8~11	8절/	9절/ 네 환난과 궁핍을 알거니와 실상은 부요한 자니라.	없음	10절/	10~11절/ 생명의 관을 주리라. 둘째 사망의 해를 받지 아니하리라.
버가모 교회 2:12~17	12절/	13절/ 나를 믿는 믿음을 저버리지 아니하였도다.	14~15절/ 발람의 교훈을 지키는 자와 니골라 당의 교훈을 지키는 자 들이 있다.	16절/	17절/
두아디라 교회 2:____	18절/ 눈이 불꽃같고, 그 발이 빛난 주석과 같은 하나님의 아들	19절/	20~21절/	22~25절/ 회개하지 아니하면 큰 환란에 던지고 자녀를 죽인다. 행한대로 갚아 주리라.	26~28절/
사데 교회 3:1~ 6	1절/	4절/	1~2절/ 살았다 하는 이름은 가졌으나 죽은 자로다. 행위의 온전한 것을 찾지 못했다.	3절/	5절/
______ 교회 3:7~13	7절/	8절/ 작은 능력을 가지고도 내 말을 지키며 내 이름을 배반하지 아니하였도다.	없음	11절/	12절/ 하나님 성전에 기둥이 되게 하리니. 새 예루살렘의 이름과 새 이름을 그 위에 기록하리라.
라오디게아 교회 3:____	14절/ 아멘이시요 충성되고 참된 증인이시요 하나님의 창조의 근본이신 이.	없음	15~17절/ 차지도 뜨겁지도 않다. 곤고, 가련 가난, 눈먼 것, 벌거벗은 것을 알지 못한다.	18~19절/	21절/

신약
총정리

17.“그들이(이방인) 거룩한 성을 (   ) 동안 짓밟으리라. 내가 나의 (   )에게 권세를 주리니 그들이 굵은 베옷을 입고 (   )을 예언하리라”(11:2~3).

18.하늘에 있는 하나님의 성전이 열리니 성전 안에 무엇이 보이는가?(11:19) -

19.하늘의 전쟁은 누구와 누구의 싸움인가?(12:7) -

20.큰 용의 정체는 무엇인가?(12:9)

-

21.바다에서 나온 짐승은 어떠한 모습인가?(13:1) -

22.짐승의 표를 모든 자의 어디에 받게 했는가?(13:16~17) -

23.어린 양과 시온 산에 선 십사만 사천의 이마에 무엇을 쓰여 있었는가?(14:1) -

24.어떻게 하면 진노의 포도주를 마시게 되는가?(14:9~10) -

25.불을 다스리는 천사가 예리한 낫 가진 자에게 거두라고 한 것은 무엇인가?(14:18) -

26.하나님의 거문고를 가지고 어디에서 어린 양의 노래를 불렀는가?(15:2~3) -

27.성전에 연기가 가득 차매 무엇이 마치기까지는 성전에 들어가지 못하는가?(15:8)

-

28.성전에서 난 음성은 일곱 천사에게 무엇을 하라 했는가?(16:1) -

29.세 더러운 영은 어느 입에서 나왔으며, 왕들을 어느 곳으로 모았는가?(16:13, 16)

-

30.붉은 빛 짐승을 탄 여자의 이마에 기록된 이름은 무엇인가?(17:3, 5) -

31.“그들이 어린 양과 더불어 싸우려니와 어린 양은 (   )시요 (   )이시므로”(17:14).

32.귀신의 처소, 더러운 영이 모이는 곳, 가증한 새들이 모이는 곳은 어디인가?(18:2) -

33.하나님이 바벨론에게 심판을 행하셨으므로, 누구에게 즐거워하라고 하는가?(18:20)

-

34.하늘 찬양의 소리에 언제나 나오는 단어는 무엇인가?(19:1~6에 네 번 나옴) -

35.어린 양의 신부가 입는 세마포 옷은 무엇을 상징하는가?(19:7~8) -

36.짐승과 거짓 선지자들은 산채로 어디에 던져지는가?(19:20) -

37.첫째 부활에 참여하는 자들은 천년 동안 무엇을 하는가?(20:6) -

38.“누구든지 (   )에 기록되지 못한 자는 (   )에 던져지더라”(20:15).

39.처음 하늘과 처음 땅과, 바다는 없어지고 무엇이 보이는가?(21:1) -

40.새 예루살렘 성 안에 성전은 누구인가?(21:22)

-

41.새 예루살렘 성에는 어떠한 자들이 들어갈 수 있는가?(21:27) -

42.예수님은 자신을 무엇으로 소개하는가?(22:16) -

43.이것을 증거하신 이의 마지막 말씀은 무엇인가?(22:20) -

부록

B I B L E

모범 해답

- 해답은 가능한 성경 본문을 그대로 옮겼으므로 어떤 곳은 문장이 어색한 곳도 있습니다.
- 사용 중에 해설이나 문제에 오류를 발견하면 실로암성경학교로 연락주시기 바랍니다. 검토한 후 반영하겠습니다.
- 문제지에 해답을 기록할 공간이 부족한 것은 지면 관계이므로 양해 바랍니다.

〈1〉 성경의 분류
성경 책 이름은 성경 목록 참고

〈2〉 성경이 말하는 성경
1. 성경, 성경을 연구, 증언 / 2. 성경, 그리스도 예수, 구원, 하나님의 감동, 교훈과 책망과 바르게 함과 의로 교육 / 3. 사람, 성령의 감동, 하나님께 받아 / 4. 모세의 율법, 선지자의 글, 시편 / 5. 읽는 자, 듣는 자, 지키는 자

〈3〉 성경에 대한 상식
1. 39권, 27권, 66권 / 2. 1,189장, 31,373절 / 3. ①개역한글판, ②개역개정판, ③표준새번역, ④표준새번역개정판, ⑤공동번역, ⑥공동번역개정판, ⑦가톨릭새번역.

구약 : 예언서

이사야 1~6장

[예언서 개요] 1. 1) 이사야, 2) 예레미야, 3) 예레미야 애가, 4) 에스겔, 5) 다니엘 / 2. 1) 호세아, 2) 요엘, 3) 아모스, 4) 오바댜, 5) 요나, 6) 미가, 7) 나훔, 8) 하박국, 9) 스바냐, 10) 학개, 11) 스가랴, 12) 말라기 / 3. 꼭 읽으세요. **[제1장]** 1. 1) 웃시야, 2) 요담, 3) 아하스, 4) 히스기야 / 2. 1) 황폐하였고, 2) 불에 탔고, 3) 이방인에게 삼켜졌으며, 4) 포도원의 망대 같이 참외 밭의 원두막 같이 에워 싸인 성읍 같이 겨우 남았도다 / 3. 11절, 무수한 제물, 13절, 헛된 제물 / 4. 15절, 기도할지라도, 피가 가득함 / 5. 18절, 눈, 양털 / 6. 26절, 처음, 본래, 회복 **[제2장]** 1. 보습, 낫, 전쟁, 4절 / 2. 여호와의 빛, 5절, / 3. 높임, 11절, / 4. 우상, 우상, 20절, / 5. 인생, 22절 **[제3~4장]** 1.-다) / 2.-가) / 3.-나) / 4.-마) / 5.-바) / 6.-라) / 7.-사) **[제5장]** 1. 들 포도를 맺었다 / 2. 이스라엘 족속, 유다 사람 / 3. 아침에 일찍이 일어나 독주를 따라 가며 밤이 깊도록 머물러 포도주에 취하는 그들 / 4. 공평하심, 의로우심 / 5. 화 있을진저 / 6. 여호와 **[제6장]** 1. 웃시야 왕 / 2. 스랍들 / 3. 이사야 / 4. 스랍 중의 하나 / 5. 주(여호와) / 6. 이사야 / 7. 여호와

이사야 7~13장

[제7장] 1. 1절, 아하스 / 2. 1절, 베가 / 3. 4절, 여호와 / 4. 12절, 아하스 / 5. 14절, 이사야 / 6. 20절, 아수르 왕 **[제8장]** 1. 다메섹의 재물과 사마리아의 노략물이 앗수르 왕 앞에 옮겨질 것이다 / 2. 1) 여호와의 능력, 2) 앗수르 왕과 그의 위력 / 3. 임마누엘: 이는 하나님이 우리와 함께 계심이라. / 4. 1) 거룩하신 하나님, 2) 두려워하며 무서워할 자 / 5. 징조와 예표 **[제9장]** 1, 1~2절 / 2. 기묘자, 모사, 전능하신 하나님, 영존하시는 아버지, 평강의 왕 / 3. 1) 르신, 2) 아람, 3) 블레셋 / 4. 돌아오지 아니하며, 찾지 / 5. 에브라임, 므낫세, 유다 **[제10장]** 1, 5절, 그는 내 진노의 막대기요 그 손의 몽둥이는 내 분노라 / 2. 12절, 주께서 주의 일을 시온 산과 예루살렘에 다 행하신 후에 앗수르 왕의 완악한 마음의 열매와 높은 눈의 자랑을 벌하시리라 / 3. 17절, 그의 거룩하신 이는 불꽃이 되실 것이니라 하루 사이에 그의 가시와 찔레가 소멸되며 / 4. 20절, 야곱 족속의 피난한 자들이 다시는 자기를 친 자를 의지하지 아니하고 이스라엘의 거룩하신 이 여호와를 진실하게 의지하리니 / 5. 27절, 무거운 짐이 네 어깨에서 떠나고 그의 멍에가 네 목에서 벗어지되 기름진 까닭에 멍에가 부러지리라 / 6. 32절, 놉에서 쉬고 딸 시온 산 곧 예루살렘 산을 향하여 그 손을 흔들리로다 **[제11~12장]** 1.-나) / 2.-다) / 3.-가) / 4.-바)

부록

/ 5.- 마) / 6.- 라) **[제13장]** 1. 이사야, 바벨론 / 2. 구별한 자들, 용사들, 전하게, 3절 / 3. 맹렬히 노하는 날, 하늘의 별, 별, 해, 달, 9~10절 / 4. 메대 사람, 갈대아 사람, 바벨론, 소돔, 고모라, 17, 19절 / 5. 궁성, 화려하던 궁전, 22절

이사야 14~20장

[제14장] 1. 여호와의 땅(예루살렘) / 2. 안식을 주시는 날 / 3. 바벨론 왕 / 4. 아침의 아들 계명성(루시퍼) / 5. 여호와의 말 / 6. 앗수르 / 7. 아하스 왕이 죽던 해 **[제15장]** 1. 모압 알(모압의 수도, 현재는 랍바), 모압 기르(기르는 길하레셋, 16:7, 11), 바잇, 디본, 느보, 메드바, 헤스본, 엘르알레, 야하스, 소알, 에글랏 슬리시야, 루힛, 호로나임, 니므림, 에글라임, 브엘엘림, 디몬 / 2. 1) 모압 알과 모압 기르, 2) 소알과 에글랏 슬리시야, 3) 니므림, 4) 디몬 **[제16장]** 1. 2절, 아르논 나루에서 떠다니는 새 같고 보금자리에서 흩어진 새 새끼 같을 것이라 / 2. 5절, 왕위가 굳게 설 것이요 그 위에 앉을 자는 충실함으로 판결하며 정의를 구하며 공의를 신속히 행하리라 / 3. 12절, 피곤하도록 봉사하며 자기 성소에 나아가서 기도할지라도 소용없으리로다 / 4. 14절, 품꾼의 정한 해와 같이 삼년 내에 모압의 영화와 그 큰 무리가 능욕을 당할지라 그 남은 수가 심히 적어 보잘것없이 되리라 하시도다 **[제17장]** 1. 이루고 →이루지 못하고 / 2. 영혼이 →영광이 / 3. 거짓된 →거룩하신 / 4. 영접하시리니 →꾸짖으시리니 **[제18장]** 1. 구스, 갈대 배 / 2. 지상에 사는, 기치, 나팔 / 3. 예물, 이름을 두신 곳 **[제19장]** 1. 애굽 / 2. 우상, 마술사, 신접한 자, 요술객 / 3. 어리석었고 우둔하여졌다 / 4. 멸망의 성읍 / 5. 이스라엘, 애굽, 앗수르 **[제20장]** 1. X / 2. O / 3. X

이사야 21~27장

[제21장] 1. 1) 바벨론, 2) 두마, 3) 아라비아 / 2. 두마 / 3. 바벨론 / 4. 아라비아 / 5. 바벨론 **[제22장]** 1. 4절, 말지어다 나는 슬피 통곡하겠노라 내 딸 백성이 패망하였음으로 말미암아 나를 위로하려고 힘쓰지 말지니라 / 2. 5절, 여호와께로부터 이르는 소란과 밟힘과 혼란의 날이여 성벽의 무너뜨림과 산악에 사무쳐 부르짖는 소리로다 / 3. 14절, 진실로 이 죄악은 너희가 죽기까지 용서하지 못하리라 하셨느니라 주 만군의 여호와의 말씀이니라 / 4. 22절, 그의 어깨에 두리니 그가 열면 닫을 자가 없겠고 닫으면 열 자가 없으리라 / 5. 25절, 못이 삭으리니 그 못이 부러져 떨어지므로 그 위에 걸린 물건이 부서지리라 하셨다 하라 나 여호와의 말이니라 **[제23장]** 1. 두로, 다시스, 깃딤, 시돈, 시홀, 나일, 애굽, 가나안, 갈대아, 앗수르, / 〈=로 지울 것〉 2. 농업, / 3. 다시스, / 4. 멸망. **[제24장]** 1. 1) 제사장, 2) 상전, 3) 여주인, 4) 파는 자, 5) 빌리는 자, 6) 이자를 내는 자/ 2. 그들이 율법을 범하며 율례를 어기며 영원한 언약을 깨뜨림이라 / 3. 세계 민족 / 4. 영화롭게 한다 / 5. 벌하신다 **[제25장]** 1. 1절, 나의 하나님, 높이고, 찬송, / 2. 3절, 주를 영화롭게, 주를 경외 / 3. 6절, 만군의 여호와, 기름진, 포도주, 기름진 것, 맑은 포도주 / 4. 8절, 멸하실, 눈물을 씻기시며, 제하시리라, 말씀 / 5. 9절, 구원, 여호와, 구원을 기뻐하며 **[제26장]** 1. 3절, 심신이 →심지가, 인도하시리니 →지키시리니 / 2. 7절, 정확함이여 →정직함이여, 첩자 →첩경 / 3. 10절, 악을 →의를, 피하고 →행하고 / 4. 12절, 주를 →우리를, 주를 →우리를 / 5. 21절, 거리의 →거민의, 사랑한 →살해당한 **[제27장]** 1. 3) / 2. 3) / 3. 3) / 4. 1)

이사야 28~33장

[제28장] 1. 교만한 면류관, 술에 빠진 자, 교만한 면류관, 밟힐 / 2. 백성의 남은 자, 영화로운 면류관 / 3. 이들은, 제사장과 선지자 / 4. 한 돌, 시험한 돌, 기촛돌, 믿는 이 / 5. 브라심 산, 기브온, 진노 **[제29장]** =로 지울 것. 1. 열방 즉 이방나라, / 2. 포도주와 독주 / 3. 입술은 / 4. 빈핍한 자, **[제30장]** 1.- 다), / 2.- 라) / 3.- 가) / 4.- 마) / 5.- 나) **[제31장]** 1. 1절, 말, 병거의 많음, 마병의 심히 강함 / 2. 5절, 예루살렘을 보호할 것이라 / 3. 8절, 앗수르 / 4. 9절, 시온, 예루살렘 **[제32장]** 1. 1) 피하는 곳, 2) 가리는 곳, 3) 냇물 같을 것, 4) 큰 바위 그늘 같다. 5) 감기지 아니할 것이요. 6) 기울일 것이며, 7) 지식을 깨닫고, 8) 민첩하여 말을 분명히 할 것이라 / 2. 1) 그 그릇이 악하여 악한 계획을 세워 거짓말로 가련한 자를 멸하며 가난한 자가 말을 바르게 할지라도 그리함이거니와, 2) 존귀한 일을 계획하나니 그는 항상 존귀한 일에 서리라. 3) 당황할지어다. 옷을 벗어 몸을 드러내고 베로 허리를 동일지어다 / 3. 영원한 평안과 안전이라 **[제33장]** 1. 6절, 구원과 지혜와 지식이 풍성할 것이니 여호와를 경외함이 네 보배니라 / 2. 13절, 내가 행한 것을 들으라 너희 가까이에 있는 자들아 나의 권능을 알라 / 3. 20절, 네 눈이 안정된 처소인 예루살렘을 보리니 그것은 옮겨지지 아니할 장막이라 그 말뚝이 영영히 뽑히지 아니할 것이요 그 줄이 하나도 끊어지지 아니할 것이며 / 4. 22절, 여호와는 우리에게 율법을 세우신 이요 여호와는 우리의 왕이시니 그가 우리를 구원하실 것임이라

이사야 34~39장

[제34장] 1. 2) / 2. 4) / 3. 2) **[제35장]** 1. 1) 밝을 것이다, 2) 열릴 것이다, 3) 사슴같이 뛸 것이다. 4) 노래한다 / 2. 구속함을 입은 자들 / 3. 여호와의 속량함을 받은 자. **[제36~37장]** 1. 산헤립, / 2. 랍사게, 히스기야 / 3. 엘리아김, 셉나, 요아, 랍사게 / 4. 랍사게, 앗수르 왕 / 5. 히스기야 왕 / 6. 이사야, 여호와, 히스기야 왕의 신하에게 / 7. 히스기야 / 8. 이사야, 여호와, 히스기야 왕 **[제38장]** 1. 살고 죽지→죽고 살지 / 2. 성전→벽, 원망하여→기도하여 / 3. 십 년→십오 년, 앞으로 십도를 더가게→뒤로 십도를 물러가게 / 4. 새 생명→큰 고통을 / 5. 떡 반죽을→무화과를 **[제39장]** 1. 보물 창고, 곧 은금과 향료와 보배로운 기름과 모든 무기고에 있는 것 / 2. 날이 이르리니 네 집에 있는 모든 소유와 네 조상들이 오늘까지 쌓아 둔 것이 모두 바벨론으로 옮긴바 되고 남을 것이 없으리라 / 3. 사로잡혀 바벨론 왕궁의 환관이 되리라

이사야 40~48장

[제40장] 〈O표 할 곳, 나머지는 =로 지움〉 1. 눅 3:4~6 / 2. 모세, 벧전 1:24~25 / 3. 강한, 팔 / 4. 장인, 장색 / 5. 창조, 만상 / 6. 앙망, 날개, 곤비, 피곤 **[제41장]** 1. 1) 내 앞에 잠잠하라. 2) 힘을 새롭게 하라. 3) 그리고 말하라 / 2. 1) 너 이스라엘아, 2) 야곱아, 3) 아브라함의 자손아 / 3. 1) 내가 너와 함께 함이라. 2) 나는 네 하나님이 됨이라. 3) 참으로 나의 의로운 오른손으로 너를 붙들리라 / 4. 내가 기쁜 소식 전할 자를 예루살렘에 주리라 / 5. 그들이 부어 만든 우상들은 바람이요 공허한 것뿐이니라 **[제42장]** 1. 내가(하나님이) 붙드는 나의 종, 내 마음에 기뻐하는 자 곧 내가 택한 사람 / 2. 상한 갈대를 꺾지 아니하며 꺼져가는 등불을 끄지 아니하고 진실로 정의를 시행한다 / 3. 1) 백성의 언약, 2) 이방의 빛이 되게 한다 / 4. 새 노래로 노래하며 땅 끝에서부터 찬송하라 / 5. 물리침을 받아 크게 수치를 당하리라 / 6. 탈취를 당하게 하고 약탈자들에게 넘기신다 **[제43장]** 1. 1절, 내가 너를 구속하였고 내가 너를 지명하여 불렀나니 너는 내 것이라 / 2. 7절, 오게 하라 그를 내가 지었고 그를 내가 만들었느니라 / 3. 19절, 이제 나타낼 것이라 너희가 그것을 알지 못하겠느냐 반드시 내가 광야에 길을 사막에 강을 내리니 / 4. 21절, 지었나니 나를 찬송하게 하려 함이니라 / 5. 25절, 도말하는 자니 네 죄를 기억하지 아니하리라 **[제44장]** 1.- 나) / 2.- 가) / 3.- 마) / 4.- 라) / 5.- 다) **[제45장]** 1. 고레스 / 2. 여호와 / 3. 우상을 만드는 자 / 4. 이스라엘 자손 / 5. 5, 6, 14, 18, 21, 22절 **[제46장]** 〈O표 할 곳, 나머지는 X표〉 1. 1) / 2. 2) / 3. 1) / 4. 2) **[제47장]** 1. 4절, 2) / 2. 9절, 1) / 3. 9절, 1) / 4. 14절, 2) **[제48장]** 1. 야곱, 이름, 유다, 여호와, 맹세, 기념, 공의, 1절 / 2. 쇠, 놋, 4절 / 3. 이름, 영광, 11절 / 4. 바벨론, 갈대아, 알게, 야곱을 구속하셨다. 20절

이사야 49~55장

[제49장] 1. 4) / 2. 3) / 3. 2) / 4. 4) **[제50장]** 1. 죄악, 배역함 / 2. 곤핍한 자를 말로 어떻게 도와 줄 줄을 알게 하시고 아침마다 깨우치신다 / 3. 6절 / 4. 1) 부끄러워, 2) 수치, 3) 정죄 / 5. 여호와의 이름을 의뢰하며 자기 하나님께 의지할지어다 **[제51장]** 1. 아브라함이 혼자 있을 때에 하나님이 부르고 그에게 복을 주어 창성하게 하였음을 알라는 것이다 / 2. 율법 / 3. 공의, 구원 / 4. 노래하며 시온으로 돌아오니 영원한 기쁨이 그들의 머리 위에 있고 슬픔과 탄식이 달아나리이다 / 5. 여호와 / 6. 1) 분노의 잔, 2) 네 손에서 거두어서 네게 다시는 마시지 못하게 한다 **[제52장]** 1. 1절, 깰지어다 네 힘을 낼지어다 거룩한 성 예루살렘이여 네 아름다운 옷을 입을 지어다 이제부터 할례 받지 아니한 자와 부정한 자가 다시는 네게로 돌아옴이 없을 것임이라 / 2. 3절, 팔렸으니 돈 없이 속량되리라 / 3. 7절, 평화를 공포하며 복된 좋은 소식을 가져오며 구원을 공포하며 시온을 향하여 이르기를 네 하나님이 통치하신다 하는 자의 산을 넘는 발이 어찌 그리 아름다운가 / 4. 12절, 이스라엘의 하나님이 너희 뒤에서 호위하시리니 너희가 황급히 나오지 아니하며 도망하듯 다니지 아니하리라 **[제53장]** 1. 2절, 연한 순, 뿌리, 풍채, 흠모, 아름다운 / 2. 4절, 질고, 슬픔, 징벌, 고난 / 3. 5절, 우리의 허물, 우리의 죄악, 평화를 누리고, 우리는 나음 / 4. 7절, 입을 열지 아니 / 5. 12절, 죄, 범죄자, 기도 **[제54장]** 1. 네가 좌우로 퍼지며 네 자손은 열방을 얻으며 황폐한 성읍들을 사람 살 곳이 되게 할 것이므로 / 2. 1) 너를 지으신 이, 2) 네 남편, 3) 만군의 여호와, 4) 네 구속자, 5) 이스라엘의 거룩한 이, 6) 온 땅의 하나님 / 3. 1) 네게 노하지 아니한다. 2) 너를 책망하지 아니한다. 3) 네게서 떠나지 아니한다, 4) 나의 언약은 옮기지 아니한다 / 4. 여호와의 교훈을 받을 것이며 큰 평안이 있을 것이다 **[제55장]** 〈O표 할 것, 나머지는 =로 지움〉 1. 없는 자, 사 먹되, 사라 / 2. 언약, 다윗 / 3. 만날 만한 때에, 부르라 / 4. 말, 뜻

이사야 56~60장

[제56장] 1. 복 / 2. 이방인 / 3. 영영한 이름 / 4. 기도 / 5. 파수꾼 /

부록

6. 포도주, 독주 **[제57장]** 1. 3,5절, 무당, 음녀, 음욕, 도살 / 2. 13절, 땅을 차지, 거룩한 산 / 3. 15절, 통회, 겸손한 자, 통회하는 자 / 4. 18절, 고쳐 줄, 위로, / 5. 21절, 평강이 없다 **[제58장]** 1. 오락을 구함, 온갖 일을 시킴, 논쟁하며 다투며 악한 주먹으로 침 / 2. 흉악의 결박을 풀어 주며 멍에의 줄을 끌러주며 압제 당하는 자를 자유하게 하며 모든 멍에를 꺾는 것, 주린 자에게 네 양식을 나누어주며 유리하는 빈민을 집에 들이며 헐벗은 자를 보면 입히며 또 네 골육을 피하여 스스로 숨지 아니하는 것 / 3. 8~12절, / 4. 네 발을 금하여 내(여호와) 성일에 오락을 행치 아니하고 안식일을 일컬어 즐거운 날이라 여호와의 성일을 존귀한 날이라 하여 이를 존귀히 여기고 네 길로 행하지 아니하며 네 오락을 구하지 아니하며 사사로운 말을 하지 않는 것 / 5. 7번 **[제59장]** 1. 1절, X / 2. 2절, O / 3. 12절, X / 4. 17절, O / 5. 21절, O **[제60장]** 1. 1절, 이는 네 빛이 이르렀고 여호와의 영광이 네 위에 임하였음이니라 / 2. 5절, 내며 네 마음이 놀라고 또 화창하리니 이는 바다의 부가 네게로 돌아오며 이방 나라들의 재물이 네게로 옴이라 / 3. 15절, 당하며 미움을 당하였으므로 네게로 가는 자가 없었으나 이제는 내가 너를 영원한 아름다움과 대대의 기쁨이 되게 하리니 / 4. 19절, 되지 아니하며 달도 네게 빛을 비추지 않을 것이요 오직 여호와가 네게 영원한 빛이 되며 네 하나님이 네 영광이 되리니

이사야 61~66장

[제61~62장] 1. 누가복음 4:16~21 / 2. 1) 화관, 2) 기쁨의 기름, 3) 찬송의 옷 / 3. 1) 여호와의 제사장, 2) 하나님의 봉사자 / 4. 정의를 사랑하며 불의의 강탈을 미워하며 성실히 그들에게 갚아주고 그들과 영영한 언약을 맺을 것이다 / 5. 그들은 여호와께 복 받은 자손이라 / 6. 구원의 옷, 공의의 겉옷 / 7. 1) 나의 기쁨이 그녀 안에 있다. 2) 결혼한 여자 / 8. 여호와를 찬송할 것이다 / 9. 1) 거룩한 백성, 2) 여호와의 구속하신 자, 3) 찾은바 된 자, 4) 버림 받지 아니한 성읍 **[제63장]** 1.-나)-c), / 2.-가)-a), / 3.-다)-d, / 4. 라)-b) **[제64장]** 1. 아버지, 진흙, 토기장이, 8절 / 2. 공의를 행하는 자, 주를 기억하는 자, 범죄, 구원, 5절 / 3. 거룩, 성전, 황폐, 11절 / 4. 주의 이름, 주 앞, 2절 **[제65장]** 1. 1) 동산에서 제사, 2) 벽돌 위에서 분향, 3) 무덤 사이에 앉음, 4) 은밀한 처소에서 밤을 지냄, 5) 돼지고기를 먹음, 6) 가증한 것들의 국을 그릇에 담음 / 2. 1) 양 떼의 우리가 되겠다, 2) 소 떼가 눕는 곳이 되겠다. / 3. 1) 주릴 것, 2) 갈할 것, 3) 수치를 당할 것, 4) 울며 통곡할 것, 5) 저줏 거리가 될 것, 6) 죽임을 당할 것 / 4. 하나님께서 새 하늘과 새 땅을 창조할 때 / 5. 1) 백세에 죽는 자를 젊은이라. 2) 가옥을 건축하고 그 안에 살겠다 3) 포도나무를 심고 열매를 먹을 것이다, 4) 그 손으로 일한 것을 길이 누릴 것이다. 5) 이리와 어린 양이 함께 먹을 것이다. 6) 사자가 소처럼 짚을 먹을 것이다. 7) 뱀은 흙으로 식물(食物)을 삼을 것이다. 등 **[제66장]** 1. 2절, 심령에 통회하며 내 말을 듣고 떠는 자 그 사람은 내가 돌보려니와 / 2. 9절, 하는 이인즉 어찌 태를 닫겠느냐 하시니라 / 3. 12절, 강 같이 그에게 뭇 나라의 영광을 넘치는 시내 같이 주리니 너희가 그 성읍의 젖을 빨 것이며 너희가 옆에 안기며 그 무릎에서 놀 것이라 / 4. 16절, 모든 혈육에게 심판을 베푸신 즉 여호와께 죽임 당할 자가 많으리니 / 5. 22절, 새 땅이 내 앞에 항상 있는 것같이 너희 자손과 너희 이름이 항상 있으리니 여호와의 말이니라

예레미야 1~6장

[제1장] 1. 아나돗, 힐기야 / 2. 요시야, 십삼, 시드기야 / 3. 선지자, 아이 / 4. 살구나무, 끓는 / 5. 견고한 성읍, 쇠기둥, 놋 성벽 **[제2장]** 1. 첫 열매 / 2. 1) 여호와께서 어디 계시냐 말하지 아니하며, 2) 나를 알지 못하며, 3) 나에게 반역하며, 4) 바알의 이름으로 예언하고 무익한 것을 따랐느니라 / 3. 1) 생수의 근원 되는 나(여호와)를 버린 것, 2) 스스로 웅덩이를 판 것 / 4. 애굽과 앗수르, 수치를 당하게 된다 / 5. 이방 포도나무의 악한 가지가 되었다. / 6. 유다의 성읍 수 / 7. 나는 죄를 범하지 아니하였다 **[제3~4장]** 1. 3:2, 기다린 것이 광야에 있는 아라바 사람 같아서 음란과 행악으로 이 땅을 더렵혔도다. / 2. 3:12, 나의 노한 얼굴을 너희에게로 향하지 아니하리라 나는 긍휼이 있는 자라 노를 한 없이 품지 아니하느니라 여호와의 말씀이니라 / 3. 3:15, 너희에게 주리니 그들이 지식과 명철로 너희를 양육하리라 / 4. 3:23, 우리 하나님 여호와께 있나이다 / 5. 4:6, 도피하라 지체하지 말라 내가 북방에서 재난과 큰 멸망을 가져오리라 / 6. 4:14, 씻어버리라 그리하면 구원을 얻으리라 네 악한 생각이 네 속에 얼마나 오래 머물겠느냐 / 7. 4:19, 내 마음속이 아프고 내 마음이 답답하여 잠잠할 수 없으니 이는 나의 심경이 나팔 소리와 전쟁의 경보를 들음이로다 / 8. 4:22, 어리석은 자요 지각이 없는 미련한 자식이라 악을 행하기에는 지각이 있으나 선을 행하기에는 무지하도다 **[제5장]** 1. 1절, 2), / 2. 9절, 1), / 3. 11절, 2), / 4. 20절, 2), / 5. 28절, 1). **[제6장]** 〈O표 할 것, 나머지는 =로 지움〉 1. 2

부록

절, 시온 / 2. 8절, 훈계, 없는 땅 / 3. 10절, 할례 / 4. 14절, 없도다 / 5. 22절, 북방, 땅끝

예레미야 7장~12장

[제7장] 1. 여호와의 집 문에서 유다사람들에게, / 2. 1) 정의를 행하며, 2) 압제하지 아니하며, 3) 이곳에서 흘리지 아니하며, 4) 뒤를 따라 화를 자초하지 아니하며 / 3. 도적의 소굴 / 4. 우상숭배 (자식들은 나무를 줍고 아버지들은 불을 피우며 부녀들은 가루를 반죽하여 하늘 여왕을 위하여 과자를 만들며 그들이 또 다른 신들에게 전제를 부음으로) / 5. 여호와를 순종하지 아니하며 귀를 기울이지 아니하고 목을 굳게 하여 너희 조상들보다 악을 더 행하였다 / 6. 기뻐하는 소리, 즐거워하는 소리, 신랑의 소리, 신부의 소리 **[제8장]** 1. 1절 - 라) / 2. 5절 - 나) / 3. 7절 - 다) / 4. 11절 - 가), / 5. 15절 - 바) / 6. 18절 - 마) / 7. 19절 - 사) **[제9장]** 〈X표 할 것〉 1. 2) / 2. 3) / 3. 2) / 4. 2) / 5. 1) **[제10장]** 1. 2절, 배우지 말라 이방사람들은 하늘의 징조를 두려워하거니와 너희는 그것을 두려워하지 말라 / 2. 6절, 주의 이름이 그 권능으로 말미암아 크시니이다 / 3. 10절, 참 하나님이시오 살아계신 하나님이시오 영원한 왕이시라 그 진노하심에 땅이 진동하며 그 분노하심을 이방이 능히 당하지 못하느니라 / 4. 14절, 무식 하도다 은장이마다 자기의 조각한 신상으로 말미암아 수치를 당하나니 이는 그가 부어 만든 우상은 거짓 것이요 그 속에 생기가 없음이라 / 5. 16절, 이같이 아니하시니 그는 만물의 조성자요 이스라엘은 그의 기업의 지파라 그 이름은 만군의 여호와시니라 / 6. 23절. 자신에게 있지 아니하니 걸음을 지도함이 걷는 자에게 있지 아니하니이다 **[제11장]** 1. 2절, 유다인과 예루살렘 주님에게 말하라 / 2. 3절, 저주를 받을 것이니라 / 3. 4절, 쇠 풀무 애굽 당에서 이끌어내던 날에 그들에게 명령한 것이라 곧 내가 이르기를 너희는 내 목소리를 순종하고 나의 모든 명령을 따라 행하라 그리하면 너희는 내 백성이 되겠고 나는 너희의 하나님이 되리라 / 4. 5절, 주리라한 언약을 이루리라 한 것인데 오늘이 그것을 증언 하느니라 하라 하시기로 내가 대답하여 이르되 아멘 여호와여 하였노라 / 5. 6절, 선포하여 이르기를 너희는 이 언약의 말을 듣고 지키라. / 6, 8절, 그들이 행하지 아니한 이 언약의 모든 규정대로 그들에게 이루게 하였느니라 하라 / 7. 10절, 이스라엘 집과 유다 집이 내가 그들의 조상들과 맺은 언약을 깨뜨렸도다 **[제12장]** 1. 1절, 형통, 평안함, 입, 마음 / 2. 6절, 속이며, 크게 외치나니, 말지니라 / 3. 13절, 가시를 거두며, 소득이 없은즉, 여호와의 분노 / 4. 16절, 백성의 도, 여호와, 바알, 세움

예레미야 13~19장

[제13장] 1. 띠가 썩어서 쓸 수 없게 되었다 / 2. 유다의 교만과 예루살렘의 큰 교만을 이같이 썩게 하리라 / 3. 포도주 / 4. 구스인이 그의 피부를, 표범이 그의 반점을 변할 수 있느냐? / 5. 예루살렘 **[제14장]** 1. 7절 / 2. 9절 / 3. 12절 / 4. 14절, / 5. 20절 **[제15장]** 1. 아론→사무엘, 사랑→마음 / 2. 침→칼, 매→새 / 3. 착하게→강하게, 막게→받게 / 4. 주를 이용하여→주의 이름으로, 들었사오니→먹었사오니 / 5. 성전→성벽, 이롭지→이기지 **[제16장]** 1. 1) 이 땅에서 아내를 맞이하지 말며 자녀를 두지 말지니라. 2) 초상집에 들어가지 말라. 가서 통곡하지 말며 그들을 위하여 애곡하지 말라. 3) 잔칫집에 들어가서 그들과 함께 앉아 먹거나 마시지 말라 / 2. 여호와께서 우리에게 이 모든 큰 재앙을 선포하심은 어찌됨이며, 우리의 죄악은 무엇이며, 우리가 우리 하나님 여호와께 범한 죄는 무엇이냐? / 3. 이스라엘 자손을 북방 땅과 그 쫓겨났던 모든 나라에서 인도하여 내신 여호와의 살아계심 / 4. 그 미운 물건의 시체로 내 땅을 더럽히며 그들의 가증한 것으로 기업에 가득하게 하였음이니라 / 5. 힘, 보장, 환난 **[제17장]** 1. 금강석 끝 철필, 마음 판, 제단 뿔, / 2. 사람, 육신, 떠난, 의지, 의뢰, 복 / 3. 만물, 마음 / 4. 찬송, 고치소서 / 5. 안식일, 짐, 거룩히 **[제18장]** 1. 3) / 2. 2) / 3. 3) / 4. 4) **[제19장]** 1. 자기 아들들을 바알에게 번제로 불살라 드렸다 / 2. 도벳, 죽임의 골짜기 / 3. 사람이 토기장이의 그릇을 한 번 깨뜨리면 다시 완전하게 할 수 없나니 이와 같이 내가 이 백성과 이 성을 무너뜨리리니 / 4. 목을 곧게 하여 하나님의 말씀을 듣지 아니함으로

예레미야 20~25장

[제20장] 1. 바스훌, 마골밋사빕 / 2. 부, 소득, 귀중품, 보물 / 3. 선포, 불 붙는 것 / 4. 실족하기 / 5. 3장 **[제21장]** 1. 바스훌, 스바냐 / 2. 1) / 3. 바벨론 왕과 군대, 예루살렘 / 4. 1) 진노, 분노, 대노, 2) 전염병, 칼, 기근, 3) 느부갓네살 왕의 손, 그들의 원수의 손, 그들의 생명을 찾는 자들의 손 / 5. 2) / 6. 1) **[제22장]** 1. 3절, 정의, 공의, 이방인, 고아, 과부, 무죄한 / 2. 8~9절, 큰 성읍, 여호와의 언약, 다른 신 / 3. 21절, 내 목소리, 네 습관 / 4. 예루살렘, 나귀, 여호야김 / 5. 자식, 형통하지 못할 자, 고니야 / 6. 못하고, 죽으리니, 살룸 **[제23장]** 1. 2절, 거짓, / 2. 5절, 참, / 3. 16절, 거짓, / 4. 17절, 거짓, / 5. 28절, 참, / 6. 32절, 거짓, / 7. 36절, 거짓.

부록

[제24장] 1. 유다 왕 여호야김의 아들 여고냐와 유다 고관들과 목공들과 철공들 / 2. 좋은 무화과 / 3. 내 백성이 되겠고 나는 그들의 하나님이 되리라 / 4. 유다 왕 시드기야와 그 고관들과 예루살렘의 남은 자로서 이 땅에 남아 있는 자와 애굽 땅에 사는 자들 **[제25장]** 〈해당 성구를 참조〉 1. 3절, 요시야 왕 열셋째 해부터 오늘까지 이십삼 년 동안 여호와의 말씀이 내게 임하기로 내가 너희에게 꾸준히 일렀으나 너희가 순종하지 아니하였느니라 / 2. 7절, 너희 손으로 만든 것으로써 나의 노여움을 일으켜 스스로 해하였느니라 여호와의 말씀이니라 / 3. 11절, 놀랄 일이 될 것이며 이 민족들은 칠십년 동안 바벨론의 왕을 섬기리라 / 4. 12절, 내가 바벨론의 왕과 그의 나라와 갈대아인의 땅을 그 죄악으로 말미암아 벌하여 영원히 폐허가 되게 하되 / 5. 27절, 마시며 취하여토하고 엎드러져 다시는 일어나지 말아라 하셨느니라 / 6. 32절, 나라에서 나라에 미칠 것이며 큰 바람이 땅 끝에서 일어날 것이라 / 7. 19~26절.

예레미야 26~31장

[제26장] 1. 1) 유다 왕 요시야의 아들 여호야김이 다스리기 시작할 때, 2) 유다 왕 요시야의 아들 여호야김이 다스리기 시작할 때에 / 2. 유다 모든 성읍에서 여호와의 성전에 와서 예배하는 자 / 3. 1) 그들의 악행으로 말미암아 그들에게 재앙을 내리려 하던 뜻을 돌이키리라. 2) 실로 같이 되게 하고 세계 모든 민족의 저줏거리가 되게 하리라 / 4. 1) 죽는 것이 합당하다, 2) 죽음이 부당하니라, 3) 옳지 않다 해도 죽이지 말라(히스기야가 거짓선지자 미가에게 한 예를 들어 '죽이면 우리 생명을 스스로 해롭게 하는 것이라' 하였다) / 5. 우리야 / 6. 여호야김이 사람을 보내어 애굽에서 연행하여 칼로 죽임 / 7. 예레미야를 도와주어 예레미야를 백성의 손에 내어주지 아니하여 죽이지 못하게 하니라 **[제27장]** 〈=로 지울 것〉 1. 거짓 선지자를 섬김, / 2. 애굽, 앗수르, 아람, 갈대아, / 3. 바른 예언, / 4. 대항하라, / 5. 다시는 옮겨오지 못한다. **[제28장]** 1. 하나냐, 예레미야 / 2. 하나냐, 예레미야 / 3. 예레미야, 하나냐 / 4. 하나냐, 예레미야 / 5. 여호와, 예레미야 / 6. 예레미야, 하나냐 **[제29장]** 1. 포로 중 남아 있는 장로들과 제사장들과 선지자들과 모든 백성에게 / 2. 그 성읍이 평안함으로 너희도 평안할 것임이라 / 3. 칠십 년, / 4. 온 마음으로 하나님을 구하고 찾으면 / 5. 칼, 기근, 전염병 / 6. 여호와께서 선지자들을 꾸준히 보내었으나 이스라엘이 여호와의 말을 듣지 않았다 / 7. 스마야 **[제30장]** 1. 이스라엘, 유다, 조상들에게 준 땅 / 2. 멍에, 포박, 다윗 / 3. 먼 곳, 잡혀가 있는 땅 / 4. 상처, 부상, 새 살, 고쳐 / 5. 영도자, 그들 중, 백성, 하나님 **[제31장]** 1. 9절, 출 4:22 / 2. 33절, 출 6:7 / 3. 30절, 신 24:16 / 4. 15절, 마 2:18 / 5. 38절, 슥 14:10. 듣지 아니하였다 / 7. 스마야

예레미야 32~38장

[제32장] 1. 네가 어찌하여 이같이 예언하였느냐 / 2. 아나돗에 있는 밭 / 3. 하나님 말씀에 청종하지 아니함 / 4. 악을 행하였음 / 5. 그들을 떠나지 아니하리라 **[제33장]** 1. 3절, 내가 네게 응답하겠고 네가 알지 못하는 크고 은밀한 일을 네게 보이리라 / 2. 15절, 다윗에게서 한 공의로운 가지가 나게 하리니 그가 이 땅에 정의와 공의를 실행할 것이라 / 3. 22절, 자손과 나를 섬기는 레위인을 번성하게 하리라 하시니라 / 4. 26절, 버리고 다시는 다윗의 자손 중에서 아브라함과 이삭과 애굽의 자손을 다스릴 자를 택하지 아니하리라 내가 그 포로된 자를 돌아오게 하고 그를 불쌍히 여기리라 **[제34장]** 1. O / 2. O / 3. X / 4. X **[제35장]** 1. 포도주 / 2. 너희와 너희 자손은 영원히 포도주를 마시지 말며 집도 짓지 말며 파종도 하지 말며 포도원도 소유하지도 말고 너희는 평생동안 장막에 살아라 / 3. 이 백성(이스라엘)은 내게(여호와)를 순종하지 아니하도다 / 4. 레갑의 아들 요나답에게서 내 앞에 설 사람이 영원히 끊어지지 아니하리라 **[제36장]** 1. 4 / 2. 1 / 3. 3 / 4. 5 / 5, 6 / 6. 2 **[제37장]** 1. 1) 시드기야, 2) 느부갓네살 / 2. 너는 우리를 위하여 우리 하나님 여호와께 기도하라 / 3. 자기 땅 애굽 / 4. 다시 온다 / 5. 1) 이리야, 2) 노여워하여 예레미야를 때려서 서기관 요나단의 집에 가두었다 / 6. 1) 여호와께로부터 받은 말씀이 있느냐? 2) 왕이 바벨론의 왕의 손에 넘겨 지리이다 **[제38장]** 1. 반항하는→항복하는 / 2. 물이 있는→물이 없는 / 3. 사다리로→줄로 / 4. 듣고 잊으리이다→듣지 아니하시리이다 / 5. 두려워하지 않노라→두려워하노라 / 6. 회복되는→함락되는

예레미야 39~45장

[제39장] 1. 시드기야, 느부갓네살, 예루살렘, 제십일년 넷째 달 아홉째 날에, 예루살렘 / 2. 도망, 동산길, 아라바 / 3. 눈 앞, 아들들, 귀족, 눈을 빼게, 결박 / 4. 느부사라단, 선대, 해하지, 행하라. / 5. 감옥 뜰, 그다랴, 백성 / 6. 여호와, 구원, 두려워하는 사람들. **[제40~41장]** 1. 느부사라단, / 2. 그다랴, / 3. 바벨론의 왕, / 4. 요하난, / 5. 이스마엘, / 6. 1) 이스마엘, 2) 열 사람, / 7. 암몬 자손. **[제42장]** 1. - 나), / 2. - 다), / 3. - 가), / 4. - 마), / 5. - 라). **[제43**

부록

장] 1. X / 2. X / 3. O / 4. O **[제44장]** 1. 애굽 땅에 사는 모든 유다 사람 / 2. 그것들이 황무지가 되었고 사는 사람이 없다 / 3. 자기 영혼 / 4. 13절 / 5. 하늘의 여왕 / 6. 너희 선조, 왕들, 고관들, 유다 땅 백성 / 7. 애굽의 바로 호브라 왕 **[제45장]** 1. 3) / 2. 4) / 3. 1) / 4. 2)

예레미야 46~52장

[제46장] 1. 이방나라들에 관한 예언이다 / 2. 애굽을 논한 것이다 / 3. 애굽의 바로느고 왕이다 / 4. 북방쪽 유브라데 강가이다 / 5. 처녀 딸, 암송아지 / 6. 북쪽 백성의 손에 붙임을 당 할 것이다 **[제47장]** 1. 가사, 불레셋, 두로, 시돈, 갑돌, 아스글론 / 2. 가사, 아스글론 / 3. 1) 유린함, 2) 대머리가 됨, 3) 잠잠하게 됨 **[제48장]** 1. 10절, 게을리 하는 자는 저주를 받을 것이요 자기 칼을 금하여 피를 흘리지 아니하는 자도 저주를 받을 것이로다 / 2. 13절, 의뢰하므로 수치를 당한 것 같이 모압이 그모스로 말미암아 수치를 당하리로다 / 3. 29절, 심한 교만 곧 그의 자고와 오만과 자랑과 그 마음의 거만이로다 / 4. 35절, 그 신들에게 분향하는 자를 내가 끊어버리리라 / 5. 42절, 멸망하고 다시 나라를 이루지 못하리로다 **[제49장]** 1. - 라) - d) / 2. - 나) - b) / 3. - 다) - a) / 4. - 마) - e) / 5. - 가) - c) **[제50~51장]** 1. 50:2, 바벨론, 벨, 므로닥 / 2. 50:17, 흩어진 양, 앗수르 왕, 바벨론의 느부갓네살 왕 / 3. 50:29, 여호와, 교만 / 4. 50:34, 강, 만군의 여호와 / 5. 51:8, 바벨론, 파멸, / 6. 51:24, 바벨론, 갈대아 / 7. 51:37, 돌무더기, 탄식거리 / 8. 51:58, 성벽, 높은 문 **[제52장]** 1. 약 1년 6개월 / 2. 바벨론의 느부갓네살 왕의 열아홉 째해 다섯째 달 열째날에 어전 사령관 느부사라단 / 3. 놋기둥, 받침, 놋대야, 가마, 부삽, 불집게, 주발, 숟가락, 놋그릇, 잔, 화로, 솥, 촛대, 바리, 금, 은 / 4. 1) 3,023명, 2) 832명, 3) 745명, 4) 4,600명 / 5. 37년, 에윌므로닥 왕

예레미야애가 1~5장

[제1장] 1. 1) 어찌 그리 적막히 앉았는고, 2) 과부 같이 되었고, 3) 강제 노동을 하는 자가 되었도다 / 2. 떠나감이여 / 3. 크게 범죄함으로 / 4. 모든 보물들 / 5. 내가 우니 내 눈에 눈물이 물같이 흐름이여 / 6. 주께서 이렇게 행하신 것(예루살렘 멸망)을 기뻐하였다 **[제2장]** 1. 딸 / 2. 주(여호와) / 3. 여호와의 묵시 / 4. 모든 원수들 / 5. 눈물 / 6. 진노하시는 날 **[제3장]** 1. 1절, 분노의 매, 나로다 / 2. 8~9절, 도움, 물리치시며, 막으사 / 3. 21~23절, 마음, 소망, 인자, 무궁, 아침마다 새로우니 / 4. 26절, 잠잠히 기다림 / 5. 33절, 고생하게, 근심, 본심 / 6. 38절, 화, 복 / 7. 41절, 하늘에 계신 하나님 / 8. 55절, 깊은 구덩이, 주의 이름 **[제4장]** 〈해당 성구fmf 참조〉 1. 1절 / 2. 6절, / 3. 13절 / 4. 17절 / 5. 22절 **[제5장]** 1. 19절, 4 / 2. 12절, 2 / 3. 6절, 1 / 4. 16절, 3 / 5. 21절, 5

에스겔 1~5장

[제1장] 1. 갈대아 땅 그발 강 가 / 2. 여호야긴 왕이 사로잡힌 지 오 년 그 달 넷째 달 초닷새 / 3. 부시의 아들 제사장 / 4. 사람, 사자, 소, 독수리 / 5. 그룹, 사람, 사자, 독수리. / 6. 수정 같은 궁창의 형상, 보좌의 형상 / 7. 많은 물소리와도 같으며 전능자의 음성과도 같으며 떠드는 소리 곧 군대의 소리와도 같다 / 8. 여호와의 영광의 형상의 모양 **[제2장]** 1. O / 2. X, 바벨론 자손→이스라엘 자손, / 3. O, / 4. X, 바벨론 백성→이스라엘 자손, / 5. X, 찬송과 찬미와 축복의 말→애가와 애곡과 재앙의 말, / 6. 1) O, 2) X, 3) X, 4) X **[제3장]** 1. 두루마리, 창자, 꿀 / 2. 말, 이스라엘 / 3. 얼굴, 이마, 금강석 / 4. 여호와의 권능, 감동 / 5. 파수꾼, 말 / 6. 깨우치지, 구원, 손 / 7. 입을 열리니, 주 여호와의 말씀, 반역하는 족속 **[제4장]** 1. 예루살렘 / 2. 390일 / 3. 40일, 40년 / 4. 이십 세겔 중 / 5. 13절 / 6. 14절, / 7. 쇠똥. / 8. 떡과 물 **[제5장]** 1. 1) 성읍 안에서 불사르고 2) 성읍 사방에서 칼로 치고 / 3) 바람에 흩으라 / 2. 1) 6절, 2) 11절, 3) 10절, 4) 전염병, 기근, 칼, 흩어, 칼, 12절 / 3. 여호와가 열심히 말한 줄을 알리라

에스겔 6~12장

[제6장] 1. 3절, 산당 / 2. 4절, 분향제단들 / 3. 6절, 성읍 / 4. 9절 이방인 / 5. 12절, 전염병, 칼, 기근 **[제7장]** 1. 6번 / 2. 2번 / 3. 2번 / 4. 1번 / 5. 18절, 두려움, 수치, 대머리 / 6. 24절, 이방인들, 교만, 성소 / 7. 26절, 선지자, 제사장, 장로 **[제8장]** 1. - 2) - a) / 2. - 1) - c) / 3. - 3) - d) / 4. - 6) - e) / 5. - 4) - f) / 6. - 5) - b) **[제9~10장]** 1. 죽이는 무기 / 2. 모든 가증한 일로 말미암아 탄식하며 우는 자의 이마에 표를 그리라. / 3. 이마에 표 있는 자 / 4. 이스라엘과 유다의 죄악, / 5. 하나님이 베옷 입은 자에게 / 6. 그룹, 사람, 사자, 독수리. / 7. 3번, 4절, 18절, 19절. **[제11장]** 1. 야아사냐, 블라댜, 고관 / 2. 고기, 가마 /3. 만민, 여러나라, 미운 물건, 모든 가증한 것 **[제12장]** 1. 2절, 반역하는 족속임이라 / 2. 11절, 사로잡혀 가리라 / 3. 18절, 놀라고 근심하면서 네 물을 마

부록

시며 / 4. 25절, 더디지 아니하고 응하리라

에스겔 13~19장

[제13장] 1. 자기 심령을 따라 예언하는 자 / 2. 황무지에 있는 여우 / 3. 허탄한 것과 거짓된 점괘를 본다/ 4. 예루살렘에 대하여 예언하여 평강이 없으나 평강의 묵시를 보았다고 하였다 / 5. 1) 거짓말을 지어내어 죽이고, 2) 살리는도다, 3) 거짓말로 근심하게 함, 4) 손을 굳게 하여 그 악한 길에서 돌이켜 떠나 삶을 얻지 못하게 함. **[제14장]** =로 지울 것. 1. 여호와께 물었기 / 2. 다른 것 / 3. 노아, 다니엘, 욥 / 4. 사명. **[제15장]** 1. 2절 / 2. 2절 / 3. 4절, 6절, 사람이 내 안에 거하지 아니하면 가지처럼 밖에 버려져 마르나니 사람들이 그것을 모아다가 불에 던져 사르느니라 / 4. 5장 **[제16장]** 1. 가나안, 아모리, 헷, 3절 / 2. 배꼽줄, 정결하게, 소금, 강보, 들, 4~5절 / 3. 벌거벗은, 언약, 8절 / 4. 하체, 애굽, 26절 / 5, 정든 자, 사랑하던, 미워하던, 37절 / 6. 간음, 피를 흘리는, 38절 / 7. 가증한 죄, 의롭게, 의롭게, 52절 / 8. 언약, 영원한 언약, 60절 **[제17장]** 1. 바벨론왕 느부갓네살 / 2. 여호야긴왕 / 3. 시드기야왕 / 4. 애굽왕 / 5. 메시야(그리스도) **[제18장]** 1. 아버지가 신포도를 먹었으므로 아들의 이가 시다 / 2. 살리라 / 3. 죽을지라 / 4. 공평하지 않다 / 5. 마음과 영을 새롭게 할지어다 **[제19장]** 1. 애굽 땅 / 2. 바벨론 왕 / 3. 사람을 삼킴 / 4. 물가에 심긴 포도나무

에스겔 20~24장

[제20장] 1. 이방인, 애굽 땅, 내 이름, 더럽히지 아니 / 2. 아름다운 곳, 우상, 안식일 / 3. 장자 / 4. 바마 / 5. 여러나라 광야 / 6. 여러나라, 흩어진 여러민족, 향기, 거룩함 **[제21장]** 1. 6절 / 2. 26절 / 3. 16절 / 4. 17절 / 5. 2절 **[제22장]** 1.-가) / 2.-라) / 3.-나) / 4.-다) / 5.-마) / 6.-사) / 7.-바) **[제23장]** 1. 사마리아와 예루살렘 / 2. 애굽, 바벨론(갈대아) / 3. 오홀리바 / 4. 바벨론의 침공 / 5. 성소를 더럽히고 안식일을 범한 일 / 6. 그들(유다인)을 돌로 치며 칼로 죽이고 그 자녀도 죽이며 그 집들을 불사르리라 **[제24장]** 1. 피를 흘린 성읍(예루살렘) / 2. 음란 / 3. 에스겔의 아내 / 4. 성소 / 5. 표징

에스겔 25~32장

[제25장] 1. 아하 좋다 / 2. 유다 족속은 모든 이방과 다름이 없다 / 3. 데만, 드단 / 4. 블레셋 / 5. 여호와인 줄을 너희가 알리라 **[제26장]** 1. 예루살렘이 두로에 관하여 → 두로가 예루살렘에 관하여 / 2. 애굽 → 두로 / 3. 벨사살 → 느부갓네살 / 4. 다시 건축되리니 → 다시는 건축되지 못하리니 / 5. 기쁜노래 → 슬픈노래, 삼림 → 바다 / 6. 한적한 → 황폐한 **[제27장]** 1. 바다 어귀에 거주하면서 여러 섬 백성과 거래하는 자 / 2. 1) 8절, 2) 9절, 3) 10절 / 3. 다시스, 야완, 두발, 메섹, 도갈마, 드단, 아람, 유다, 이스라엘, 다메섹, 워단, 아라비아, 게달. 스바, 라아마. 하란, 간네, 에덴, 스바, 앗수르(다메섹) / 4. 바벨론 **[제28장]** 1. 두로 왕 / 2. 교만 / 3. 그룹 / 4. 시돈 / 5. 4번 **[제29장]** 1. 열, 열, 열두, 스물일곱, 첫, 초하루, 여호와 / 2. 강, 나를 위하여 / 3. 믹돌, 수에네, 사막 / 4. 사십, 애굽 / 5. 느부갓네살, 보상 / 6. 한 뿔 **[제30장]** 1. 14절 / 2. 3절 / 3. 25절 / 4. 13절 / 5. 17절 / 6. 6절 / 7. 10절 **[제31장]** 1.-나) / 2.-가) / 3.-라) / 4.-다) / 5.-바) / 6.-마) / 7.-사) **[제32장]** 1. 애굽의 바로 왕 / 2. 하늘의 모든 밝은 빛 / 3. 바벨론 왕의 칼 / 4. 위로를 받음 / 5. 1) 22절, 2) 24절, 3) 26절, 4) 29절

에스겔 33~37장

[제33장] 1. 6절, 칼, 경고, 칼, 죄악 / 2. 7절, 파수꾼, 경고 / 3. 13절, 죄악을 행하면, 기억, 죄악 / 4. 19절, 정의와 공의 / 5. 21절, 열두째 해 열째 달 다섯째 날, 성이 함락 / 6. 29절, 가증한 일, 황무지, 공포의 대상, 여호와 **[제34장]** 1. O, / 2. X, 짐승 → 양 떼(이스라엘 백성) / 3. X, 에스겔 선지자 → 여호와 / 4. O. / 5. O **[제35장]** 1. 3절, / 2. 6절, / 3. 6절, / 4. 13절, / 5. 15절, / 이어서 쓸 말씀은 본문 참조. **[제36장]** 1. 자신들의 수치를 당하리라 / 2. 가지를 내고 이스라엘을 위하여 열매를 맺음. / 3. 1) 듣지 아니 하게 하며, 2) 다시 받지 아니하게 하며, 3) 다시 넘어뜨리지 아니하게 하리라. / 4. 여러나라에서 더럽힌 여호와의 이름. / 5. 19절 / 6. 7절. **[제37장]** 1. 극히 큰 군대, 이스라엘 온 족속. / 2. 유다, 이스라엘. / 3. 유다, 이스라엘. / 4. 다윗. / 5. 이스라엘을 거룩하게 하는 여호와

에스겔 38~43장

[제38장] 1. 마곡, 곡. / 2. 땅을 치게, 거룩함, / 3. 지진, 성벽. / 4. 위대함, 거룩함, 여호와. **[제39장]** 1. 곡. / 2. 일곱해. / 3. 하몬곡 골짜기. / 4. 일곱 달. / 5. 죄악. / 6. 여호와의 거룩한 이름. **[제40장]** 1. 열넷째 해 첫째 달 열째 날. / 2. 이스라엘 땅 / 3. 삼줄, 측량하는 장대. / 4. 1) 5절, 2) 6절, 3) 8절, 4) 20절, 5) 24절, / 5. 7번, / 6. 성전, 제단, 레위의 후손 중 사독의 자손. **[제41장]** 1. 40,

부록

20 / 2. 20, 20, 지성소, / 3. 3, 30 / 4. 사람, 어린 사자. / 5. 3, 2, 상. **[제42장]** 1. 2개, 3층 / 2. 제사장들이 지성물을 먹는 곳이며 소제와 속죄제와 속건제의 제물을 두는 곳. / 3. 거룩한 것과 속된 것을 구별하는 것. **[제43장]** 1. 동문, 영, / 2. 이스라엘, 죄악, / 3. 네, 네. / 4. 속죄제

에스겔 44~48장

[제44장] 1. 이스라엘 하나님 여호와께서 그리로 들어오셨기 때문 / 2. 할례 받지 않은 이방인을 데려와 떡과 기름과 피를 드릴 때 성소 안에 있게 함 / 3. 이스라엘 족속이 그릇하여 여호와를 떠날 때에 사독 자손은 성소의 직분을 지킴 / 4. 1) 못함, 2) 함, 3) 함, 4) 함, 5) 못함, 6) 함, 7) 못함, **[제45장]** 1. 여호와께 예물, 성소, 네모 반듯. / 2. 레위 사람, 마을 스물, 이스라엘 족속, 지파, / 3. 정의와 공의, / 4. 공정한, 공정한, 공정한, / 5. 수송아지, 정결하게, / 6. 유월절, 누룩 없는 떡. **[제46장]** 1.-다), / 2.-라), / 3.-가), / 4.-나). **[제47장]** 1. 성전 오른쪽 제단 남쪽으로 흘러 내리더라 / 2. 발목, 무릎, 허리, 헤엄할 물. / 3. 엔게디에서부터 에네글라임까지 / 4. 요셉 / 5. 바닷가에서부터 다메섹 경계선에 있는 하살에논까지요 또 북쪽끝에 있는 하맛까지. / 6. 하우란과 다메섹과 및 길르앗과 이스라엘 땅 사이에 있는 요단 강까지. / 7. 다말에서부터 므리봇 가데스 물에 이르고 애굽 시내를 따라 대해까지. / 8. 대해, 남쪽 경계에서부터 맞은쪽 하맛 어귀까지. **[제48장]** 1. 단, 아셀, 납달리, 므낫세, 에브라임, 르우벤, 유다, 베냐민, 시므온, 잇사갈, 스불론, 갓. / 2. 유다, 베냐민 / 3. 단 / 4. 갓 / 5. 요셉, 베냐민, 단 / 6. 만 팔천 척, 여호와삼마

다니엘 1~6장

[제1장] 1. 여호야김, 삼, 느부갓네살, 언어, 삼, / 2. 아하부나스, 벨드사살, 사드락, 메삭, 아벳느고, / 3. 뜻, 포도주, 채식, 물, / 4. 환상, 꿈, 십, 고레스 **[제2장]** 1. O, / 2. O, / 3. O, / 4. O, / 5. X. **[제3장]** 1. 1) 60규빗, 27m, 2) 6규빗, 2m 70Cm, / 2. 금신상에게 절하라. / 3. 16~18절, / 4. 칠, 네, 신들의 아들, **[제4장]** 1. 바벨론의 신의 이름을 좇아, / 2. 지극히 높으신 이가 사람의 나라를 다스리시며 자기의 뜻대로 그것을 누구에게든지 주시며 또 지극히 천한 자를 그 위에 세우시는 줄을 알게 하려 함이니라. / 3. 왕이 사람에게서 쫓겨나서 들짐승과 함께 살며며 소처럼 풀을 먹으며 하늘 이슬에 젖을 것이요. / 4. 지극히 높으신 이에게 감사하며 영생하시는 이를 찬양하고 경배하였다. **[제5장]** 1.-다), / 2.-가), / 3.-라), / 4.-나). **[제6장]** 1. 셋, 다니엘, / 2. 왕의 도장, 예루살렘, 세 번씩, 기도, 감사, / 3. 천사, 입, 무죄함.

다니엘 7~12장

[제7장] 1. 바벨론 벨사살 왕 원년, / 2. 1) 표범, 2) 사자, 3) 열 뿔 짐승, 4) 곰, / 3. 죽임을 당함, / 4. 그의 권세는 소멸되지 아니하는 영원한 권세도 그의 나라는 멸망하지 아니할 것이니라 / 5. 네 왕, / 6. 지극히 높으신 이의 거룩한 백성인바 되리니 그의 나라는 영원한 나라이라. 모든 권세 있는 자들이 다 그를 섬기며 복종하리라. **[제8장]** 1. 벨사살, 엘람지방 수산성, 을래 강변, / 2. 숫양, 숫염소, 현저한 뿔 넷, / 3. 매일 드리는 제사, 성소, 이천삼백 주야, / 4. 매대와 바사, 헬라, / 5. 끝에 관한 것, 간직. **[제9장]** 1. 4절, / 2. 9절, / 3. 14절, / 4. 17절, / 5. 25절. **[제10장]** 1. 1) 큰 전쟁에 관한 것, 2) 세 이레, / 2. 세마포 옷을 입었고 허리에는 우바스 순금 띠를 띠었고 그 몸은 황옥 같고 그 눈은 횃불 같고 그 팔과 발은 빛난 놋과 같고 그 말소리는 무리의 소리와 같더라. / 3. 하나님 앞에 스스로 겸비하게 결심하던 첫 날부터, / 4. 미가엘. **[제11장]** 1. O, / 2. X, / 3. O. **[제12장]** 〈해당 성구를 참조〉 1. 2절, / 2. 4절, / 3. 10절.

호세아 1~7장

[제1장] 〈O표 할 것, 나머지는 =로 지움〉 1. 호세아 / 2. 웃시야, 요담, 아하스, 히스기야, 여로보암, 이사야 / 3. 고멜, 2남1녀 / 4. 1) - 다) - b), 2) - 가) - a), 3) - 나) - c) **[제2장]** 1. 음행, 음란 / 2. 나는 나를 사랑하는 자들을 따르리니 그들이 내 떡과 내 물과 내 양털과 내 삼과 내 기름과 내 술들을 내게 준다 / 3. 가시로 그 길을 막으며 담을 쌓아 그로 그 길을 찾지 못하게 한다 / 4. 하나님, 이스라엘 / 5. 모든 희락과 절기와 월삭과 안식일과 모든 명절 / 6. 너는 내 백성이라, 주는 내 하나님이시라 **[제3장]** 1. O 사랑하신다, 1절 / 2. X, 1절 / 3. O, 3절 / 4. X,O, 5절 **[제4장]** 〈답은 해당 구절에서〉. 1. 1절 / 2. 2절 / 3. 6절 / 4. 10절 / 5. 15절 / 6. 17절 **[제5장]** 1. 제사장들, 이스라엘 족속, 왕족들 / 2. 음란한 마음이 그 속에 있어 여호와를 알지 못하는 까닭에 / 3. 이미 그들에게서 떠나셨음으로 / 4. 앗수르 야렙 왕 **[제6장]** 〈답은 해당 구절에서〉 1. 1절 / 2. 3절, / 3. 6절 / 4. 11절 **[제7장]** 1. 1절, 에브라임의 죄, 사마리아의 악 / 2. 3절, 왕, 지도자들 / 3. 11절, 에브라임, 애굽을 향하여, 앗수르 / 4. 13절, 그릇 갔음, 범죄하였음 / 5. 14절, 곡식과 새 포도주, 거역 / 6. (1) 달궈진 화덕, (2) 뒤집지

부록

않은 전병, (3) 어리석은 비둘기, (4) 속이는 활

호세아 8~14장

[제8장] 1. 그들이 내(여호와) 언약을 이기며 내 율법을 범함이라 / 2. 나의 하나님이여 우리 이스라엘이 주를 아나이다 / 3. 내게로(여호와께로) 난 것이 아니며, 내가 모르는 바이다 / 4. 자기들을 위한 우상 / 5. 앗수르 / 6. 이상한 것으로 여겼다 / 7. 애굽 **[제9장]** 1. O, 1절 / 2. X, 4절 / 3. X, 6절 / 4. O, 8절 / 5. X, 11절 / 6. X, 12절 / 7. O, 17절 **[제10장]** 1. 제단을 많게 하고 주상을 아름답게 하였다 / 2. 하나님과 우상(제단, 주상) / 3. 그 영광이 떠나감으로 / 4. 우리를 가리라, 우리 위에 무너지라 / 5. 유다가 밭을 갈고 야곱이 흙덩이를 깨뜨리리라(포로 생활에서 농사일을 하는 모습을 말함) / 6. 지금이 곧 여호와를 찾을 때니 묵은 땅을 기경해야 한다 **[제11장]** 1. 8절 / 2. 2절 / 3. 3절 / 4. 9절 / 5. 5절 **[제12장]** 1. 3절, 창세기 25:26 / 2. 4절, 창세기 32:24~26 / 3. 6절, 미가 6:8 / 4. 7절, 아모스 8:5 / 5. 10절, 예레미야 7:25 / 6. 12절, 창세기 28:5~6 / 7. 13절. 출애굽기 13:3 **[제13장]** 1. 바알, / 2. 1) 아침 구름, 2) 쉬 사라지는 이슬, 3) 타작마당에서 광풍에 날리는 쭉정이, 4) 굴뚝에서 나가는 연기 / 3. 배가 부르니 마음이 교만하여 하나님을 잊었다 / 4. 너(이스라엘)를 도와주는 나(여호와)를 대적하였다 / 5. 이스라엘의 요구 / 6. 여호와의 바람 / 7. 형벌을 당하여 칼에 엎드러질 것이요 그 아이는 부서뜨려지며 아이 밴 여인은 배가 갈라지리라 **[제14장]** 1. 돌아 오라, 불의함 / 2. 불의, 선한 바, 수송아지 / 3. 앗수르의 구원, 말을 타지, 손으로 만든 것, 고아, 긍휼 / 4. 반역, 사랑하리니, 떠났음이니라 / 5. 지혜, 총명, 정직, 길, 걸려

요엘 1~3장

[제1장] 1. 1:5, 2:1, 2:11, 2:31, 3:14 / 2. 브두엘, 요엘 / 3. 자기 자녀, 후세 / 4. 메뚜기, 느치, 황충 / 5. 포도나무를 멸하며 무화과 나무를 긁어 말갛게 벗겨서 버리니 그 모든 가지가 하얗게 되었다 / 6. 1) 단 포도주가 입에서 끊어졌음이여, 2) 밀과 보리 때문이라. 밭의 소산이 없어졌음이로다. 3) 소제와 전제를 하나님의 성전에 드리지 못함이로다 / 7. 금식일을 정하고 성회를 소집하여 장로들과 이 땅 모든 주민들을 너희 하나님 여호와의 성전으로 모으고 여호와께 부르짖을지어다 **[제2장]** 1. 캄캄한, 1~2절 / 2. 말, 기병, 4절, / 3. 마음, 여호와, 13절 / 4. 제사장, 주의 백성, 17절 / 5. 자기의 땅, 사랑, 불쌍히, 18절 / 6. 시온의 자녀들아, 기뻐하며, 23절 / 7. 영, 장래 일, 꿈을 꾸며, 이상을 볼 것, 남종, 여종, 28~29절 / 8. 여호와의 이름을 부르는 자, 32절 **[제3장]** 1. 여호사밧 골짜기 / 2. 두로, 시돈, 블레셋 / 3. 헬라 족속 / 4. 칼, 창 / 5. 예루살렘 / 6. 단포도주, 젖, 물, 샘

아모스 1~6장

[제1~2장] 1. 유다 왕 웃시야의 시대, 곧 이스라엘 왕 요아스의 아들 여로보암의 시대의 지진 전 이 년 / 2. 1) 가사, 2) 두로, 3) 다메섹 / 3. 1) 모압, 암몬, 2) 에돔, 3) 모압, 4) 에돔, 5) 암몬, / 4. 1) 유다, 2) 유다, 3) 이스라엘, 4) 이스라엘, 5) 유다, 6) 이스라엘 / 5. 아모리 사람 / 6. 선지자, 나실인 / 7. 벌거벗고 도망하리라 **[제3장]** 〈답은 해당 구절에서〉 1. 2절 / 2. 6절 / 3. 7절 / 4. 14절 **[제4장]** 1. 6, 8, 9, 10, 11절 / 2. 1) 11절, 2) 7절, 3) 9절, 4) 6절, 5) 10절 **[제5장]** 1. 6절, 여호와, 살리라 / 2. 7절, 정의, 공의 / 3. 13절, 잠잠, 악한 때 / 4. 24절, 정의, 공의 / 5. 26절, 식굿, 기윤, 별 형상 **[제6장]** 1. 1) 악행에 대한 하나님의 심판, 2) 지도자들의 죄악과 슬픔 / 2. 1) 죄악, 2) 심판, 3) 심판, 4) 죄악, 5) 심판

아모스 7~9장, 오바댜 1장

- **아모스**

[제7장] 1. 1) 다림줄, 2) 메뚜기, 3) 불, 4) 불, 5) 다림줄, 6) 메뚜기 / 2. 아마샤 → 여로보암, 2) 아모스 → 여로보암(또는 '아마샤'로 볼 수도 있음), 3) 아마샤 → 아모스, 4) 아모스 → 아마샤, 5) 여호와 → 이스라엘 **[제8장]** 1. O / 2. X / 3. O / 4. X / 5. O / 6. O **[제9장]** 1. 1) – 다), 2) – 가), 3) – 라), 4) – 나) / 2. 1) 야곱의 집은 온전히 멸하지는 아니하리라. 2) 이스라엘 족속을 만국 중에서 체질하기를 체로 체질함 같이 하려니와 그 한 알갱이도 땅에 떨어지지 아니하리라 / 3. 1) 다윗의 무너진 장막, 2) 사로잡힌 것, 성읍, 3) 땅, 내가 준 땅

- **오바댜**

[제1장] 1. 에서 / 2, 〈답은 해당 구절에서〉 1) 6절, 2) 8절, 3) 9절, 4) 18절, 5) 18절, 6) 19절, 7) 21절

요나 1~4장

[제1장] 1. 1) 니느웨, 2) 욥바, 3) 다시스 / 2. 그 악독이 내(여호와) 앞에 상달되었으므로 / 3. 이 재앙(대풍)이 누구로 말미암아 우리에게 임하였나 알아 보자 하고 / 4. 나는 히브리 사람이요. 바

부록

다와 육지를 지으신 하늘의 하나님 여호와를 경외하는 자로다 / 5. 나를 들어 바다에 던지라 / 6. 인자도 밤낮 사흘 동안 땅 속에 있으리라.(그 후에 부활) **[제2장]** 1. 2절, 고난, 아뢰었더니, 스올, 주께서 / 2. 4절, 목전, 성전 / 3. 7절, 영혼, 피곤, 여호와, 기도, 성전 / 4. 9절, 감사, 제사, 서원, 구원 **[제3장]** 1. 2) O / 2. 1) O, 2) O, 3) X, 4) X, 5) X, 6) O, 7) O / 3. 2) O, **[제4장]** 1. 1) 박넝쿨, 2) 벌레, 3) 뜨거운 동풍 / 2. 1) 하나님이 니느웨에 재앙을 내리지 않음을 못마땅하게 생각했기에, 2) 해가 머리에 쬐매 혼미하여 / 3. 엘리야 / 4. 4절 – 네가 성내는 것이 옳으냐? 2) 9절 – 네가 이 박넝쿨로 말미암아 성내는 것이 어찌 옳으냐? 3) 10~11절 – ~ 하물며 이 큰 성읍 니느웨에는 좌우를 분변하지 못하는 자가 십이만여 명이요 가축도 많이 있나니 내가 어찌 아끼지 아니하겠느냐 하시니라

미가 1~7장

[제1–2장] 1. 요담, 아하스, 히스기야 / 2. 사마리아와 예루살렘 / 3. 사마리아를 들의 무더기 같게 하고 또 포도 심을 동산 같게 하며 또 그 돌들을 골짜기에 쏟아내리고 그 기초를 드러내며 그 새긴 우상들은 다 부서지고 그 음행의 값은 다 불살라지며 내가 그 목상들을 다 깨뜨리리니 그가 기생의 값으로 모았은즉 그것이 기생의 값으로 돌아가리라 / 4. 1) 라기스, 2) 마레사 / 5. 분깃에 줄을 댈 자 / 6. 그들의 즐거운 집에서 쫓아내고 그들의 어린 자녀에게서 하나님의 영광을 영원히 빼앗는다 / 7. 남은 자를 모으고 그들을 한 처소에 두어 양떼 같이 한다 **[제3장]** 1. 5절, 유혹하는 선지자들, 평강을 외치나, 전쟁을 준비 / 2. 8절, 여호와의 영, 야곱의 허물, 이스라엘의 죄 / 3. 11절, 뇌물을 위하여, 삯을 위하여, 돈을 위하여, 아니 **[제4–5장]** 1. – 다) / 2.– 가) / 3.– 나) / 4. – 라) / 5. – 바) / 6. – 마) **[제6장]** 1. 이방 백성 → 이스라엘 / 2. 발람 → 발락, 발락 → 발람 / 3. 인정을 사모 → 인자를 사랑 / 4. 명예 → 지혜 / 5. 깨끗하리라 → 깨끗하겠느냐 **[제7장]** 〈답은 해당 구절에서〉 1. 3절 / 2. 5절 / 3. 7절 / 4. 9절 / 5. 12절 / 6. 18절

나훔 1~3장, 하박국 1~3장

- **나훔**

[제1장] 〈O표 할 것〉 1. 니느웨, 1절 / 2. 엘고스, 1절 / 3. 보복, 진노, 2절 / 4. 선하시며, 산성, 피하는 자, 7절 / 5. 화평, 발, 15절 **[제2장]** 1. 니느웨 / 2. 이스라엘의 영광 / 3. 니느웨 / 4. 여호와 **[제3장]** 1. 음행(우상숭배)을 많이 함을 인함 / 2. 구스 애굽, 붓, 루빔 / 3. 원수들 때문에 피난처를 찾게 된다 / 4. 1) 무화과 나무의 처음 익은 열매가 흔들리기만 하면 먹는 자의 입에 떨어짐과 같으리라. 2) 여인 같고, 3) 원수 앞에 넓게 열리고, 4) 불에 타도다. 5) 느치가 날개를 펴서 날아감과 같고, 6) 메뚜기 같다 / 5. 네게(니느웨) 행패를 당하였으므로 **[특별문제]** 1. 에돔 / 2. 앗수르(수도: 니느웨) / 3. 바벨론

- **하박국**

[제1장] 1. 하박국이 묵시 / 2. 1) 해이하고, 2) 시행되지 못하오니, 3) 의인을 에워쌌으므로, 4) 굽게 행하여짐이니이다 / 3. 갈대아 / 4. 표범, 저녁 이리, 독수리 / 5. 힘 / 6. 정결하시므로, 의로운 사람 / 7. 소득, 먹을 것 **[제2장]** 1. 묵시, / 2. 1) 17절, 2) 11절, 3) 38절 / 3. 6, 9, 12, 15, 19절 / 4. 1) 여러 나라를 노략하는 자, 2) 부당한 이익을 취하는 자, 3) 불의로 성을 건축하는 자, 4) 이웃에게 술을 마시게 하는 자, 5) 우상을 만드는 자 **[제3장]** 1. 2절 / 2. 4절 / 3. 17절 / 4. 19절 (본문은 성구 참고)

스바냐 1~3장, 학개 1~2장

- **스바냐**

[제1장] 1. 요시아 / 2. 아마랴, 구시 / 3. 1) 바알, 2) 그마림, 3) 뭇별, 4) 말감 / 4. 복, 화 / 5. 1) 분노의 날, 2) 환난, 3) 패망, 4) 캄캄, 5) 흑암, 6) 경고, 7) 견고한 성읍들, 8) 높은 망대 / 6. 건지지 못할 **[제2장]** 1. – 다) / 2. – 나) / 3. – 가) / 4. – 마) / 5. – 라) / 6. – 바) / 7. – 자) / 8. – 차) / 9, – 사) / 10. – 아 **[제3장]** 1. 1) 명령을 듣지 않음, 2) 교훈을 받지 않음, 3) 여호와를 의뢰하지 않음, 4) 하나님께 가까이 나아가지 않음 / 2. 1) 사자 같이 부르짖음, 2) 저녁 이리 같이 이튿날까지 남겨 두는 것이 없음, 3) 경솔하고 간사함, 4) 성소를 더럽히고 율법을 범함 / 3. 오직 여호와를 경외하고 교훈을 받는다. 그러면 형벌은 받아도 거처가 끊어지지 않는다 / 4. 악을 행하지 않고 거짓을 말하지 않으며 거짓된 혀가 없고 두렵게 할 자가 없다 / 5. 〈답은 해당 구절에서〉 15절 참조 / 6. 1) 벌한다, 2) 구원한다, 3) 모은다, 4) 칭찬과 명성을 얻게 한다

- **학개**

[제1장] 1. 1) 유다 총독 스룹바벨, 2) 대제사장 여호수아 / 2. 판벽한 집에 거주하였으며 자기 집을 짓기 위하여 빨랐다 / 3. 산에 올라가서 나무를 가져다가 성전을 건축하면 / 4. 하나님 여호와께서 그를 보내셨음으로 / 5. 스룹바벨의 마음, 여호수아의 마음, 모든 백성의 마음 / 6. 다리오 왕 제이년 여섯째 달 이십사일 **[제**

부록

2장] 1. 남아 있는 자, 성전, 영광, 3절, 나중 영광 9절 / 2. 은, 금, 만군의 여호와, 8절 / 3. 스스로 굳세게 할지어다, 스스로 굳세게 할지어다, 스스로 굳세게 하여, 함께, 4절 / 4. 1) 사람이 옷자락에 고기를 쌌는데 그 옷자락이 만일 떡에나 국에 닿았으면 그것이 성물이 되겠느냐?, 아니니라. 2) 시체를 만져서 부정하여진 자가 만일 그것들 가운데 하나를 만지면 그것이 부정하겠느냐? 부정하겠느니라. 3) 여호와 앞에서 모든 것이 부정하다(백성, 나라, 손의 일, 드리는 것...) / 5. 여호와의 성전 지대를 쌓던 날 / 6. 여호와가 스룹바벨을 택하셨으므로 / 7. (1) 제2년 여섯째 달 1일, (2) 제2년 일곱째 달 21일, (3) 제2년 아홉째 달 24일, (4) 제2년 아홉째 달 24일. / 8. (1) 1:4, (2) 1:9, (3) 2:3, (4) 2:12, (5) 2:13, (6) 2:19, / 9. 5번, 9번, / 10. 15절, 18절, 18절.

스가랴 1~8장

[제1~2장] 1. 1) 다리오 왕 제이년 여덟째 달, 2) 다리오 왕 제이년 열한째 달, 3) 다리오 왕 제사년 아홉째달 곧 기슬래월 사일 / 2. 내(여호와)가 너희에게로 돌아오리라 / 3. 1) 붉은 말을 탄 사람, 붉은 말, 자줏빛 말, 백마, 2) 내(여호와) 집이 그 가운데에 건축되리니 / 4. 1) 유다와 이스라엘과 예루살렘을 흩뜨린 뿔, 2) 유다 땅을 흩뜨린 여러 나라의 뿔들을 떨어뜨리려 하느니라 / 5. 예루살렘을 측량하여 그 너비와 길이를 보고자 / 6. 내(여호와)가 와서 네(시온의 딸)가운데에 머물 것이므로 / 7. 유다를 거룩한 땅에서 자기 소유를 삼으시고 다시 예루살렘을 택하신다 **[제3장]** 1. 여호와→사탄 / 2. 여호와→여호수아 / 3. 스가랴→여호와의 천사 / 4, 여호와→여호수아 / 5. 여호와→여호수아 **[제4장]** 〈답은 해당 구절에서〉 1. 2~3절 / 2. 6절 / 3. 9절 / 4. 12절 **[제5~6장]** 1. 5:2~3, 이십, 십, 저주 / 2. 5:7~8, 한 여인, 악, 에바 / 3. 6:2~5, 붉은 말, 검은 말, 흰 말, 어룽지고 건장한 말, 하늘의 네 바람 / 4. 6~8, 북쪽, 영을 쉬게 / 5. 6:11~12, 면류관, 여호수아, 싹, 여호수아의 전 / 6. 6:15, 여호와의 전, 만군의 여호와 **[제7~8장]** 1. 자기를 위하여 / 2. 청종하지 않았다 / 3. 진리, 성산 / 4. 1) 12절, 2) 13절, 3) 15절 / 5. 기쁨, 즐거움, 희락

스가랴 9~14장

[제9장] 1. 다메섹, 하맛, 두로, 시돈, 아스글론, 가사, 에그론, 아스돗, 블레셋 (블레셋의 5대 도시는 앞에 나온 아스글론, 가사, 에그론, 아스돗과 함께 가드가 포함된다) / 2. 9:9, / 3. 헬라 자식들 / 4. 양 떼같이. **[제10장]** 1. 드라빔, 복술자, 거짓 꿈, 양, 목자. / 2. 유다 족속, 요셉 족속, 긍휼히 / 3. 용사, 즐거울, 기뻐, 즐거워 / 4. 애굽 땅, 앗수르, 길르앗 땅과 레바논 **[제11장]** 1. 1) 잣나무, 2) 상수리나무들, 3) 목자들, 4) 어린 사자 / 2. 잡혀 죽을 양 떼 / 3. 1) 은총: 모든 백성들과 세운 언약을 폐하려 하였음, 2) 연합: 유다와 이스라엘 형제의 의리를 끊으려 함이었느니라 / 4. 1) 은삼십 개, 2) 같다, 3) 여호와의 전에서 토기장이에게 던짐 / 5. 없어진 자를 마음에 두지 아니하며 흩어진 자를 찾지 아니하며 상한 자를 고치지 아니하며 강건한 자를 먹이지 아니하고 오히려 살진 자의 고기를 먹으며 또 그 굽을 찢는다 **[제12~13장]** 1. 여호와 / 2. 예루살렘 / 3. 유다의 우두머리들 / 4. 유다의 장막 / 5. 다윗, 나단, 레위, 시므이 / 6. 우상, 거짓 선지자, 더러운 귀신 / 7. 선지자들 **[제14장]** 1. 20절 / 2. 5절 / 3. 3~4절 / 4. 11절 / 5, 17절 / 6. 9절

말라기 1~4장

[제1장] 1. 2) / 2. 4) / 3. 2) / 4. 1) 제사장, 2) 제사장, 3) 여호와, 4) 제사장, 5) 여호와 / 5. 1장 - 8번, 2장 - 6번, 3장 - 7번, 4장 - 2번 **[제2장]** 1. (말을) 듣지 아니하며, 이름을 영화롭게, 저주를 내려 / 2. 생명과 평강의 언약, 경외하게 / 3. 지식을 지켜야, 율법을 구하게 되어야, 여호와의 사자 / 4. 레위의 언약 / 5. 한 아버지, 한 하나님 / 6. 유다, 이스라엘, 예루살렘, 성결, 이방신의 딸 / 7. 이혼하는 것, 옷으로 학대를 가리는 자 **[제3장]** 〈답은 해당 구절에서〉 1. 1절 / 2. 8절 / 3. 10절 / 4. 11절 / 5. 16절 **[제4장]** 1. 풍로→용광로, 초막→지푸라기 / 2. 경영→경외, 광경→광선 / 3. 어두운→두려운, 엘리사→엘리야

예언서 총정리 문제 . 〈이사야〉~〈말라기〉

- **대예언서**

1. 1) 이사야, 2) 예레미야, 3) 예레미야 애가, 4) 에스겔, 5) 다니엘

- **이사야**

1. 웃시야, 요담, 아하스, 히스기야 / 2. 유다와 예루살렘 / 3. 4절 / 4. 6장 / 5. 14절 / 6. 2) / 7. 1) / 8. 예루살렘, 노역의 때, 죄악이 사함 / 9. 3) / 10. 1) / 11. 만민의 기도하는 집 / 12. 새 하늘과 새 땅

- **예레미야**

1. 베냐민 땅 아나돗의 제사장 힐기야의 아들 / 2. 견고한 성읍,

부록

쇠기둥, 놋성벽 / 3. 하나님 여호와 / 4. 아내와 자식(결혼), 상가집, 잔칫집 / 5. 금강석 끝 철필 / 6. 내가 다시는 여호와를 선포하지 아니하며 그 이름으로 말하지 아니하리라 하면 나의 중심이 불 붙는 것 같아서 골수에 사무치니 답답하여 견딜 수 없나이다 / 7. 2) / 8. 시드기야의 제십일년 사월 구일(주전 587년) / 9. 1) / 10. 2)

• **예레미야 애가**

1. 2). / 2. 크게 범죄함 / 3. 눈물 / 4. 죄들과 제사장들의 죄악들 때문이니 그들이 성읍 안에서 의인들의 피를 흘렸도다 / 5. 주께로 돌아가겠사오니, 옛적 같게

• **에스겔**

1. 오 년 / 2. 사람, 사자, 소, 독수리 / 3. 애가와 애곡과 재앙의 말 / 4. 가나안, 아모리 사람, 헷 사람 / 5. 인자 / 6. 2) / 7. 이스라엘 온 족속 / 8. 1)

• **다니엘**

1. 여호야김, 삼, 느브갓네살, 이 / 2. 바벨론 왕 느브갓네살 / 3. 느브갓네살이 섬기는 신의 이름 / 4. 세어보고 달아보니 부족하여 나누인다 / 5. 네 왕 / 6. 메대와 바사, 헬라 / 7. 미가엘 / 8. 북방 왕 / 9. 지혜 있는 자는 궁창의 빛과 같이 빛날 것이요 많은 사람을 옳은 데로 돌아오게 한 자는 별과 같이 영원히 빛나리라

소예언서

준비 – 1) 호세아, 2) 요엘, 3) 아모스, 4) 오바댜, 5) 요나, 6) 미가, 7) 나훔, 8) 학개, 9) 스가랴, 10) 하박국, 11) 스바냐, 12) 말라기

◇ 1. 학개 / 2. 나훔 / 3. 하박국 / 4. 요나 / 5. 미가 / 6. 스바냐 / 7. 말라기 / 8. 호세아 / 9. 스가랴 / 10. 요엘 / 11. 오바댜 / 12. 아모스 / 13. 요엘, 오바댜, 요나, 나훔, 하박국, 말라기 / 14. 1) 오바댜, 2) 호세아 / 15. 학개, 스가랴, 말라기

성경에 대한 상식

1. 39권, 27권, 66권 / 2. 1189장, 31373절 / 3. 1) 1956년, 2) 개역개정판, 2005년, 3) 표준새번역, 4) 표준새번역개정판, 2001년, 5) 공동번역, 1977년, 6) 1999년, 7) 가톨릭새번역, 2005년. / 4. 히브리어, 헬라어 / 5. 본문의 뜻을 보안하여 줌 / 6. 주석적 성격을 지닌 본문이나 문맥의 흐름을 끊는 본문. ( ) / 7. 어떤 사본에는 있고 어떤 사본에는 없어서 원문의 반영임이 분명하지 않은 본문. [ ] / 8 후대의 첨가된 본문이지만 교회에서 일찍부터 중요하게 여기고 읽어온 본문. [( )]

신약 : 복음서

마태복음 1~4장

[제1장] 1. 1) 이삭, 아미나답, 보아스, 2) 다윗, 아비야, 웃시야, 3) 스룹바벨, 마리아, 예수 / 2. 1) 다말, 2) 라합, 3) 룻, 4) 우리야의 아내(밧세바), 5) 마리아 / 3. 1) X, 2) O, 3) X, 4) O / 4. 1) 그가 자기 백성을 그들의 죄에서 구원할 자이심, 2) 하나님이 우리와 함께 계시다 **[제2장]** 1. 동방 박사들 / 2. 헤롯 왕 / 3. 대제사장과 백성의 서기관 / 4. 미가 / 5. 헤롯 왕 / 6. 아기(예수)와 그의 어머니 마리아 / 7. 두 살 아래 사내 아이 / 8. 요셉 **[제3장]** 1. (마 3:2) 천국이 가까이 왔느니라 하였으니 / 2. (마 3:3) 소리가 있어 이르되 너희는 주의 길을 준비하라 그가 오실 길을 곧게 하라 하였느니라 / 3. (마 3:6) 자복하고 요단강에서 그에게 세례를 받더니 / 4. (마 3:8~9) 열매를 맺고 속으로 아브라함이 우리 조상이라고 생각하지 말라 내가 너희에게 이르노니 하나님이 능히 이 돌들로도 아브라함의 자손이 되게 하시리라 / 5. (마 3:11) 물로 세례를 베풀거니와 내 뒤에 오시는 이는 나보다 능력이 많으시니 나는 그의 신을 들기도 감당하지 못하겠노라 그는 성령과 불로 너희에게 세례를 베푸실 것이요 / 6. (마 3:15) 우리가 이와 같이 하여 모든 의를 이루는 것이 합당하니라 하시니 이에 요한이 허락하는지라 **[제4장]** 1. – 다) – c) / 2. – 라) – b) / 3. – 가) – a) / 4. – 나) – d) / 5. – 마) – e) / 6. – 아) – g) / 7. – 바) – h) / 8. – 사) – f)

마태복음 5~7장

[제5장] 1. 1) ~복이 있나니 천국이 그들의 것임이요, 2) ~복이 있나니 그들이 위로를 받을 것임이요, 3) ~복이 있나니 그들이 땅을 기업으로 받을 것임이요, 4) ~복이 있나니 그들이 배부를 것임이요, 5) ~복이 있나니 그들이 긍휼히 여김을 받을 것임이요, 6) ~복이 있나니 그들이 하나님을 볼 것임이요, 7) ~복이 있나니 그들이 하나님의 아들이라 일컬음을 받을 것임이요, 8) ~복이 있나니 천국이 그들의 것임이라 / 2. 1) 아무 쓸데없어 다만

부록

밖에 버려져 사람에게 밟힐 뿐이니라, 2) 착한 행실, 하늘에 계신 아버지께 영광, 3) 폐하러 온 것이 아니요 완전하게 하려 함라 / 3. 1) 살인하지 말라. 누구든지 살인하면 심판을 받게 되리라, 2) 간음하지 말라, 3) 헛맹세를 하지말고 네 맹세한 것을 주께 지키라, 4) 눈은 눈으로 이는 이로 갚으라, 5) 네 이웃을 사랑하고 네 원수를 미워하라 **[제6장]** 1. 외식(外飾) / 2. 1) X, 2) O, 3) O, 4) X, 5) X, 6) O / 3. 주의 기도(또는 '주께서 가르쳐 주신 기도') / 4. 1) 하늘, 마음, 2) 두 주인, 재물, 3) 먹을까, 몸, 염려, 4) 나라, 의, 더 **[제7장]** 1, (마 7:3) ~형제의 눈 속에 있는 티는 보고 네 눈 속에 있는 들보는 깨닫지 못하느냐 / 2. (마 7:7) ~그리하면 너희에게 주실 것이요 찾으라 그리하면 찾아낼 것이요 문을 두드리라 그리하면 너희에게 열릴 것이니 / 3. (마 7:12) ~받고자 하는 대로 너희도 남을 대접하라 이것이 율법이요 선지자니라 / 4. (마 7:13~14) ~들어가라 멸망으로 인도하는 문은 크고 그 길이 넓어 그리로 들어가는 자가 많고 생명으로 인도하는 문은 좁고 길이 협착하여 찾는 자가 적음이라 / 5. (마 7:16) ~그들을 알지니 가시나무에서 포도를, 또는 엉겅퀴에서 무화과를 따겠느냐 / 6. (마 7:21) ~주여 하는 자마다 다 천국에 들어갈 것이 아니요 다만 하늘에 계신 내 아버지의 뜻대로 행하는 자라야 들어가리라 / 7. (마 7:24) ~듣고 행하는 자는 그 집을 반석 위에 지은 지혜로운 사람 같으리니 / 8. (마 7:28~29) ~마치시매 무리들이 그의 가르치심에 놀라니 이는 그 가르치시는 것이 권위 있는 자와 같고 그들의 서기관들과 같지 아니함일러라

마태복음 8~13장

[제8장] 1. 네 몸을 보이고 모세가 명한 예물을 드려 그들에게 입증하라 / 2. 주여 내 집에 들어오심을 나는 감당하지 못하겠사오니 다만 말씀으로만 하옵소서 그러면 내 하인이 낫겠사옵나이다 라는 절대적 믿음 / 3. 우리의 연약한 것을 친히 담당하시고 병을 짊어지셨도다는 말씀의 성취 / 4. 여우도 굴이 있고 공중의 새도 거처가 있으되 인자는 머리 둘 곳이 없다 / 5. 제자들은 예수님을 깨우며 '주여 구원하소서 우리가 죽겠나이다'라고 말했다 / 6. 하나님의 아들 **[제9장]** 1. 믿음, 영광 / 2. 마태, 바리새인, 죄인 / 3. 금식, 새 부대 / 4. 열두, 구원 / 5. 믿음 / 6. 귀신의 왕 / 7. 가르치시며, 전파하시며, 약한 것 **[제10장]** 1. 3) / 2. 2) / 3. 3) / 4. 1) / 5. 3) / 6. 4) / 7. 2) **[제11장]** 1. 다른 이를 기다리겠다고 했다. → 오실 그 이(메시아)가 당신이오니이까? 다른 이를 기다리오리이까? 라고 물었다 / 2. 요한과 같다 → 그(요한)보다 크다 / 3. 먹고 마셨기 → 먹지도 않고 마시지도 않았기 / 4. 견디지 못하리라 → 견디기 쉬우리라 / 5. 세례 요한 → 예수님 **[제12장]** 1. 삼상 21:1~6 / 2. 호 6:6 / 3. 바리새인 / 4. 다윗의 자손 / 5. 성령을 훼방 / 6. 말 / 7. 요나의 표적 / 8. 제자들 **[제13장]** 1. 1) – 라) – a), 2) – 나) – c), 3) – 다) – b), 4) – 가) – d) / 2. 1) 가라지 비유, 2) 겨자씨 비유, 3) 누룩 비유, 4) 감추인 보화 비유, 5) 값진 진주 비유. 6) 그물 비유 / 3. 그들이 보아도 보지 못하며 들어도 듣지 못하며 깨닫지 못하므로 쉽게 알도록 비유로 말씀하심 / 4. 목수, 마리아, 야고보, 요셉, 시몬, 유다, 누이

마태복음 14~19장

[제14장] 1. 분봉 왕 헤롯 / 2. 세례 요한 / 3. 헤로디아의 딸 / 4. 제자들 / 5. 예수님 / 6. 예수님 / 7. 베드로 / 8. 배에 있는 사람들 **[제15장]** 1. 사람의 계명 / 2. 고르반 / 3. 악한 생각, 살인, 간음, 음란, 도둑질, 거짓 증언, 비방 / 4. 주여 옳소이다마는 개들도 제 주인의 상에서 떨어지는 부스러기를 먹나이다 / 5. 말 못하는 사람이 말하고 장애인이 온전하게 되고 다리 저는 사람이 걸으며 맹인이 보는 것을 무리가 보고 놀랍게 여겨 하나님께 영광을 돌림 / 6. 1) 다섯 개, 두 마리, 오천 명, 열두, 2) 일곱 개, 두 마리, 사천 명, 일곱 **[제16장]** 1. 음란한, 요나 / 2. 바리새인, 누룩, 교훈 / 3. 그리스도, 하나님의 아들이시니이다 / 4. 교회, 음부 / 5. 예루살렘, 고난, 삼 일, 비로소 / 6. 하나님, 사람 / 7, 부인, 십자가 **[제17장]** 1. 4) / 2. 2) / 3. 3) / 4. 2) / 5. 4) / 6. 2) **[제18장]** 1. 4절, 어린 아이, 낮추는, 큰 자 / 2, 9절, 눈, 영생, 눈, 지옥 불 / 3. 14절. 작은 자, 하늘, 아니니라 / 4. 15~17절, 죄, 권고, 한두 사람, 증인, 교회, 이방인 / 5. 20절, 두세, 이름, 있느니라 / 6. 21~22절, 죄, 용서, 일곱 번을 일흔 번 / 7. 35절, 마음, 용서, 나의 하늘 아버지 **[제19장]** 1. O / 2. X / 3. X / 4. O / 5. X / 6. O

마태복음 20~24장

[제20장] 1. 1) 이른 아침, 2) 삼시(오전 9시), 3) 육시(낮 12시), 4) 구시(오후 3시), 5) 십일시(오후 5시) / 2. 제십일시에 온 자들이 한 데나리온 씩 받으므로 그보다 먼저 온 자들은 일을 더 했으므로 더 받을 줄 알았다 / 3. 나중 온 사람에게 너와 같이 주는 것 (註:나중에 믿어도 구원은 같다) / 4. 21절, 22~23절, 18~19절 / 5. 야고보, 요한 / 6. 섬기는, 종 / 7. 주여 우리를 불쌍히 여기소서, 다윗의 자손이여 **[제21장]** 1. 겸손하심 / 2. 갈릴리 나사렛에서 나온 선지자 예수 / 3. 1) 스가랴 9:9, 2) 이사야 56:7, 3) 시

부록

편8:2, 4) 시편 118:22 / 4. 시장하여 열매를 얻고자 했으나 잎사귀 밖에 찾지 못하시므로 / 5. 네가 무슨 권위로 이런 일을 하느냐? 또 누가 이 권위를 주었느냐? / 6. 둘째 아들 / 7. 이는 상속자니 자 죽이고 그의 유산을 차지하자 하고 이에 잡아 포도원 밖에 내쫓아 죽였다. **[제22장]** = 로 지울 것. - 1. 임금 / 2. 초청장이 없는 자 / 3. 하나님께 헌금하는 일, 배우기 위하여 / 4. 있다 / 5. 레위기 19:18, 신명기 6:5 / 6. 자손 **[제23장]** 1. 1) 4, 2) 2, 3) 7, 4) 3, 5) 5, 6) 6, 7) 1 / 2. 1) 서기관과 바리새인, 2) 그리스도, 3) 예루살렘 **[제24장]** 1. 5절 / 2. 14절 / 3. 24절 / 4. 31절 / 5. 36절 / 6. 44절 - 성경본문 참조

마태복음 25~28장

[제25장] 1. 1) 1~13절 - b), 2) 14~30절 - c), 3) 31~46절 - a) / 2. 그릇에 기름을 담아 등과 함께 가져갔다 / 3. 그 날과 그 때를 알지 못하므로 / 4. 잘 하였도다 착하고 충성된 종아, 네가 적은 일에 충성하였으매 내가 많은 것을 네게 맡기리니 네 주인의 즐거움에 참여 할지어다 / 5. 인자가 자기 영광으로 모든 천사와 함께 올 때 / 6. 내게(예수님에게) **[제26장]** =로 지울 것. 1. 여호와께서 고난을 이기게 하심을 기념하여 양을 잡아먹는 규례 / 2. 여자의 행한 일을 기념 / 3. 대제사장 / 4. 피, 몸 / 5. 유다 / 6. 자신의 원대로 / 7. 손을 잡는 자 / 8. 네가 왕이냐 / 9. 맹세하고 부인 → 저주 → 부인 **[제27장]** 1. 모든 대제사장과 백성의 장로들 / 2. 유다 / 3. 빌라도 / 4. 총독의 군병들 / 5. 대제사장들과 서기관들과 장로들 / 6. 예수님 / 7. 백부장과 및 함께 예수를 지키던 자들 / 8. 아리마대 부자 요셉 / 9. 대제사장들과 바리새인들 **[제28장]** 1. 안식 후 첫 날이 되려는 새벽 / 2. 그 형상이 번개같고 그 옷은 눈 같이 희었다 / 3. 1) 예수는 죽은 자 가운데서 살아나셨다, 2) 예수는 너희보다 먼저 갈릴리로 가시나니 거기서 너희가 뵈오리라 / 4. 예수의 제자들이 밤에 와서 우리(군병)가 잘 때에 그(예수 시체)를 도둑질하여 갔다 / 5. 경배하나 아직도 의심하는 사람들이 있었다 / 6. 하늘과 땅의 모든 권세

마가복음 1~5장

[제1장] 1. 하나님의 아들 예수 그리스도의 복음의 시작이라 / 2. 이사야 / 3. 회개, 물, 성령 / 4. 성령 / 5. 사십, 사단, 천사 / 6. 때가 찼고 하나님의 나라가 가까이 왔으니 회개하고 복음을 믿으라 / 7. 1) 시몬, 안드레, 2) 야고보, 요한 / 8. 열병(장티푸스), 수종 / 9. 새벽, 밝기 전 **[제2장]** 1. 2) / 2. 3) / 3. 3) / 4. 2) / 5. 23~26절. **[제3장]** 1. 6) / 2. 3) / 3. 4) / 4. 2) / 5. 1) / 6. 5) / 7. 시몬(베드로), 야고보, 요한, 안드레, 빌립, 바돌로매, 마태, 도마, (알패오의 아들) 야고보, 다대오, (가나안인) 시몬, 가룟 유다 / 8. 예수를 미쳤다고 했다 / 9. 성령을 모독하는 죄 / 10. 하나님의 뜻대로 하는 자. **[제4장]** 1. 1) - 라) - a), 2) - 나) - d), 3) - 가) - c), 4) - 다) - b) / 2. 1)등불의 비유, 2)자라나는 씨 비유, 3)겨자씨 비유, 4) 비유로 가르치신 예수, 5)풍랑을 다스리신 예수. **[제5장]** 1. 1)귀신 들린 사람, 2)예수, 3)귀신, 4)읍내와 여러 마을의 사람들, 5) 귀신 들렸던 사람 / 2. 1) ○ ~간곡히, 죽게, 손, 구원, =~조금, 살게, 발, 건강, 23~24절 / 2) ○ ~열두 해를, 믿음, 평안히, 병, =~삼십팔 년을, 진실, 열심히, 죄, 25~34절 / 3) ○ ~달리다굼, 일어나라, =~에바다, 걸어가라, 41절.

마가복음 6~11장

[제6장] 1. 야고보, 요셉, 유다, 시몬, 누이들 / 2. 아무 권능도 행하실 수 없었다 / 3. 회개하라 전파, 많은 귀신을 쫓아냄, 많은 병자에게 기름을 발라 고침 / 4. 세례 요한, 엘리야, 선지자 / 5. 헤롯에게 "동생의 아내를 취한 것이 옳지 않다"고 했다 / 6. 1) 200데나리온, 2) 5개, 2마리, 3) 12바구니, 4) 오천명 / 7. 떡 떼시던 일을 깨닫지 못하고 도리어 그 마음이 둔하여졌기 때문이다 **[제7장]** 1. 1) 6절, 이사야 29:13, 2) 10절, 출애굽기 20:12, 3)10절, 레위기 20:9 / 2. 악한 생각 곧 음란과 도둑질과 살인과 간음과 탐욕과 악독과 속임과 음탕과 질투와 비방과 교만과 우매함 / 3. 1) 하나님께 드림이 되었다, 2) 열리라. **[제8장]** 1. 라) -d) / 2. 나) -c) / 3. 가) -b) / 4. 다) -a). **[제9장]** 1. 5절, ○ ~주, 모세, 엘리야, =~나, 아론, 엘리사 / 2. 8절, ○ ~예수, 자기들, =~모세, 엘리야 / 3. 12절, ○ ~엘리야, 회복, 인자, 고난, =~엘리사, 파멸, 세례 요한, 영광 / 4. 19절, ○ ~믿음, 함께, 참으리요, =~소망, 따로, 가르치리요 / 5. 29절, ○ ~기도, 없느니라, =~사랑, 있느니라 / 6. 31절, ○ ~사람, 죽임, 삼일, =~천사, 살림, 사일 / 7. 35절, ○ ~끝, 섬기는 자, =~처음, 지배하는 자 / 8. 41절, ○ ~그리스도, 물, 상, =~교회, 국, 벌. **[제10장]** 1. 나눌 수 있느니라 → 나누지 못할지니라 / 2. 소홀히 여기지 → 받들지 / 3. 기쁜 기색을 띠고 감사 → 슬픈 기색을 띠고 근심 / 4. 핍박만 많아 → 핍박을 겸하여 / 5. 섬김을 받고 → 섬기려 하고, 일부 → 많은 / 6. 좋은 집과 돈을 → 보기를. **[제11장]** 1. 2절, 예수 / 2. 5절, 거기 섰는 사람 중 어떤 이들 / 3. 9절, 앞에서 가고 뒤에서 따르는 자들 / 4. 17절, 예수 / 5. 24절, 예수 / 6. 28절, 대제사장과 서기관과 장로들

부록

마가복음 12~16장

[제12장] 1. 포도원 농부의 비유 – 가) / 2. 납세에 대한 문제 – 마) / 3. 부활에 대한 질문 – 나) / 4. 첫째 가는 계명 – 라) / 5. 다윗의 자손 문제 – 사) / 6. 서기관들을 조심하라 – 바) / 7. 과부의 헌금 – 다). [제13장] 1. 2절, 건물, 돌, 돌 / 2. 13절, 내 이름, 미움, 견디는 자, 구원 / 3. 19절, 환난의 날, 창조, 후 / 4. 22절, 그리스도, 선지자, 기사, 택하신 자들 / 5. 31절, 천지, 말 / 6. 32절, 모르나니, 아들, 아버지 [제14장] 1. 대제사장들, 서기관 / 2. 예수 / 3. 유다 / 4. 제자들 / 5. 예수 / 6. 베드로 / 7. 예수 / 8. 대제사장 / 10. 여종 [제15장] 1. 1) 명절이 되면 백성들이 요구하는 대로 죄수 한 사람을 놓아 주는 전례가 있었다, 2) 바라바 / 2. 1) 시기로 예수를 넘겨 준 줄 알았다(10절), 2) 예수를 채찍질하고 십자가에 못박히게 넘겨주었다 / 3. 예수에게 자색 옷을 입히고 가시관을 엮어 씌우고 경례하여 이르되 유대인의 왕이여 평안할지어다 하고 갈대로 그의 머리를 치며 침을 뱉으며 꿇어 절하더라 / 4. 예수의 십자가를 대신 지고 갔다 / 5. 1) 9시, 십자가에 못 박으니라, 2) 12시, 온 땅에 어둠이 임하여 제 구시까지 계속, 3) 3시, 예수께서 크게 소리 지르시되 엘리 엘리 라마 사박다니 하시고…… 큰소리를 지르시고 숨지셨다 / 6. 이 사람은 진실로 하나님의 아들이었도다 [제16장] 1. 안식일 날 →안식 후 첫날, X / 2. ○ / 3. 야고보의 어머니 마리아 →막달라 마리아, X / 4. 큰 믿음과 마음이 담대한 것을 칭찬하셨다 →믿음 없는 것과 마음이 완악한 것을 꾸짖으셨다, X / 5. ○

누가복음 1~6장

[제1장] 1. 각하가 알고 있는 바를 더 확실하게 하려 함이로라다 / 2. 1) 제사장, 2) 아론 자손, 3) 엘리사벳, 4) 없음, 5) 많음 / 3. 그가 주 앞에 큰 자가 되며 포도주나 독한 술을 마시지 아니하며 모태로부터 성령의 충만함을 받아 이스라엘 자손을 주 곧 그들의 하나님께로 많이 돌아오게 하겠음이라 / 4. 가브리엘, 좋은 소식을 전하여 네게 말하라고 보내심을 받음 / 5. 1) 아들을 낳으리라는 천사의 전해준 말을 믿지 아니하므로, 2) 요한을 낳은 지 팔 일째 할례하는 날 서판에 이름을 쓴 후에 / 6. 그가 큰 자가 되고 지극히 높으신 이의 아들이라 일컬어질 것이요 주 하나님께서 그 조상 다윗의 왕위를 그에게 주시리니 영원히 야곱의 집을 왕으로 다스릴 것이며 그 나라가 무궁하리라 / 7. 1) 53절, 마리아, 2) 77절, 사가랴, 3) 48절, 마리아, 4) 44절, 엘리사벳, 5) 69절, 사가랴 [제2장] 1. 가이사 아구스도 / 2. 요셉 / 3. 마리아. / 4. 천사 / 5. 천군 천사 / 6. 목자 / 7. 시므온 / 8. 안나 / 9. 예수 / 10. 예수 [제3장] 1.– 다) / 2.– 가) / 3.– 나) / 4.– 마) / 5.– 라) / 6.– 바) / 7.– 사) / 8. – 아) / 9.– 카) / 10.– 자) / 11.– 차) / 12.– 하) / 13.– 파) / 14.– 타) [제4장] 1. 마귀의 시험 / 2. 갈릴리 전도 / 3. 나사렛에서의 배척 / 4. 귀신들린 사람 고침./ 5. 온갖 병자들 고침 / 6. 다른 동네들에서도 전도 [제5장] 1. 4절, 고기, 예수님 →시몬 베드로 / 2. 8절, 죄인, 시몬 베드로 →예수님 / 3. 21절, 죄, 서기관과 바리새인들 / 4. 32절, 죄인, 예수님 →바리새인과 서기관 / 5. 38절, 새 부대, 예수님 →바리새인과 서기관 [제6장] 1. 2) / 2. 2) / 3. 베드로(시몬), 안드레, 야고보, 요한, 빌립, 바돌로매, 마태, 도마, 알패오의 아들 야고보, 셀롯이라는 시몬, 야고보의 아들 유다, 가룟 유다 / 4. 1) 20절, 마 5:3, 2) 31절, 마 7:12, 3) 41절, 마 7:3, 4) 49절, 마 7:26

누가복음 7~12장

[제7장] 1, 36~50절, 용서받은 죄 많은 여인 / 2. 24~35절, 세례요한에 대한 예수의 증언 / 3. 18~23절, 세례 요한이 보낸 사람들 / 4. 1~10절, 백부장의 종을 고치심 / 5. 11~17절, 살아난 과부의 아들 [제8장] 1. 막달라 마리아, 요안나, 수산나, 다른 여자 / 2. 1) 하나님의 말씀, 2) 마귀가 말씀을 빼앗는 것, 3) 시련을 당할 때 배반하는 자, 4) 온전히 결실하지 못하는 자, 5) 결실하는 자 / 3. 그가 누구이기에 바람과 물을 명하매 순종하는가 / 4. 1) 무덤 사이, 2) 그 사람에게서 나오라, 3) 많은 귀신이 들렸기 때문, 4) 예수께서 큰 일 행하신 것 전파 / 5. 열두 살 된 외딸이 죽어감으로 / 6. 열두 해를 혈루증으로 앓던 여자 [제9장] 〈답은 해당 구절 참고〉 1, 6절 / 2. 20절 / 3. 35절 / 4. 6절 / 5. 48절 / 6. 62절 [제10장] 1. 이 집이 평안할지어다 / 2. 내(예수님) 말 / 3. 이름이 하늘에 기록된 것으로 기뻐하라 / 4. 지혜롭고 슬기 있는 자들에게는 숨기시고 어린아이들에게는 나타내심을 감사 / 5. 이를 행하라 그러하면 살리라 / 6. 사마리아 사람 / 7. 주의 발치에 앉아 말씀을 들음 [제11장] 1. 아버지여, 나라 / 2. 간청함을 인하여. / 3. 구하는 자, 성령 / 4. 하나님의 손, 하나님의 나라 / 5. 듣고 지키는 자 / 6. 표적, 인자 / 7. 바리새인, 십일조, 공의, 사랑 / 8. 선지자의 피, 아벨 [제12장] 〈=로 지울 것〉 1. 숨은 것 / 2. 두려워 말라 / 3. 받으리라 / 4. 재물 / 5. 금식 / 6. 예배, 임자 / 7. 37, 38, 43절 / 8. 분별, 분별

부록

누가복음 13~18장

[제13장] 〈답은 해당 구절에서〉 1. 8~9절 / 2. 16절 / 3. 20~21절 / 4. 29~30절 / 5. 34절 [제14장] 1. 1~6절 / 2. 7~11절 / 3. 12~14절 / 4. 15~24절 / 5. 25~35절 [제15장] 1. 3~7절 - 다), 라) / 2. 8~10절 - 나) / 3. 11~32절 - 가), 마) [제16장] 〈= 로 지울 것〉 1. 셈 / 2. 어리석게 / 3. 율법 / 4. 개들 / 5. 나사로 / 6. 진실 [제17장] 1. 하루에 일곱 번 죄를 짓고 일곱 번 회개하노라 해도 용서하라(끝 없는 용서) / 2. 우리에게 믿음을 더하소서 / 3. 우리는 무익한 종이라 우리가 하여야 할 일을 한 것뿐이라 / 4. 사마리아 사람. / 5. 하나님의 나라는 너희 안에 있느니라 / 6. 노아의 때, 롯의 때 / 6. 하나는 데려감을 얻고 하나는 버려둠을 당할 것이라 [제18장] 1. 3절, 과부 / 2. 4절, 재판장 / 3. 12절, 바리새인 / 4. 13절, 세리 / 5. 17절, 예수 / 6. 18절, 관리 / 7. 24절, 예수 / 8. 31~32절, 예수 / 9. 39절. 소경

누가복음 19~24장

[제19장] 1. 내 소유의 절반을 가난한 자들에게 주겠사오며 만일 누구의 것을 속여 빼앗은 일이 있으면 네 갑절이나 갚겠나이다 / 2. 잃어버린 자를 찾아 구원하려 함이니라 / 3. 1) 열 므나, 열 고을, 2) 다섯 므나, 다섯 고을, 3) 한 므나, 있는 것도 빼앗김. / 4. 주께서 쓰시겠다 / 5. 우시며 말씀하셨다 / 6. 기도하는 집이 되리라 [제20장] 1. 2절, 권위, 대제사장과 서기관과 장로 / 2. 4절, 요한의 세례, 예수 / 3. 13절, 사랑하는 아들, 포도원 주인 / 4. 14절, 죽이고, 농부들 / 5. 25절, 하나님의 것, 예수 / 6. 38절, 살아있는 자의 하나님, 예수 / 7. 46절, 높은 자리, 윗자리, 서기관 [제21장] 1. 헌금을 많이 → 생활비 전부를 / 2. 따라야 한다 → 따르지 말라 / 3. 회복 → 멸망 / 4. 유대인들에게 → 이방인들에게 / 5. 불수레를 → 구름을 / 6. 도둑 같이 → 덫과 같이 [제22장] 1. 사탄 / 2. 이것은 너희를 위하는 내 몸이라 너희가 이를 행하여 나를 기념하라 / 3. 이 잔은 내 피로 세우는 새 언약이니 곧 너희를 위하여 붓는 것이라 / 4. 믿음이 떨어지지 않기를 기도 / 5. 42절 / 6. 주의 말씀, 곧 닭 울기 전에 네가 세 번 나를 부인하리라는 말씀이 생각나서 / 7. 1) 네가 그리스도이거든 우리에게 말하라. 2) 네가 하나님의 아들이냐? [제23장] 1. * 죄가 없도다. 1) 미혹, 2) 세바치는 것을 금함, 3) 그리스도 / 2. 보고자 한 지 오래였고, 이적 행하심을 볼까 바랐던 연고 / 3. 십자가에 못 박게 하소서. / 4. 해골이라 하는 곳 / 5. 행악자 중 하나 / 6. 1) 이사야 61:1~2, 2) 말라기 3:1, 3) 이사야 56:7, 4) 시편 31:5. / 7. 이 사람은 정녕 의인이었도다 / 8. 공회의원으로 선하고 의로운 사람 [제24장] 1. 안식 후 첫날, 무덤. / 2. 살아있는 자, 살아. / 3. 눈이 가리어져서, 눈이 밝아져. / 4. 말씀, 성경을 풀어 주실 때. / 5. 만져 보라. / 6. 모세의 율법, 선지자의 글, 시편. / 7. 예루살렘, 성전. 찬송.

요한복음 1~7장

[제1장] 1. 태초, 하나님 / 2. 그 이름을 믿는 자, 하나님의 자녀 / 3. 하나님, 독생하신 하나님 / 4. 모세, 예수 그리스도 / 5. 세상 죄, 하나님의 어린 양 / 6. 먼저, 메시야를 만났다 / 7. 나사렛에서 무슨 선한 것이 날 수 있느냐, 와서 보라 / 8. 하나님의 아들, 이스라엘의 임금 [제2장] 1. 갈릴리 가나 / 2. 아귀까지 채웠다 / 3. 사람마다 먼저 좋은 포도주를 내고 취한 후에 낮은 것을 내거늘 그대는 지금까지 좋은 포도주를 두었도다 / 4. 장사하는 집 / 5. 성전된 자기 육체 / 6. 행하시는 표적을 보고 [제3장] 1. - 나) / 2. - 가) / 3. - 라) / 4. - 다) / 5. - 바) / 6. - 사) / 7. - 마) [제4장] 1. 제자들이 베푼 것 / 2. 여섯 시쯤(오늘의 시간으로 낮 12시쯤) / 3. (요 4:13-14) 예수께서 대답하여 가라사대~ 이 물을 마시는 자마다 다시 목마르려니와 내가 주는 물을 마시는 자는 영원히 목마르지 아니하리니 내가 주는 물은 그 속에서 영생하도록 솟아나는 샘물이 되리라 / 4. 참되게 영과 진리로 예배하는 자 / 5. 메시야 곧 그리스도 / 6. 그리스도 / 7. 나를 보내신 이(하나님)의 뜻을 행하며 그의 일을 온전히 이르는 것 / 8. 그 동네 중에 많은 사마리아인이 예수님을 믿었다 / 9. 온 집안이 다 믿었다 [제5장] 1. 2~3절, 베데스다, 행각 다섯, 병자 / 2. 8절. 일어나, 걸어가라 / 3. 24절, 듣고, 믿는, 영생, 심판, 사망, 생명 / 4. 39절, 성경, 영생, 성경, 내게 대하여 증언 [제6장] 1. 7절, 빌립 / 2. 9절, 안드레 / 3. 20절, 예수 / 4. 42절, 유대인 / 5. 53절, 예수 / 6. 68절. 베드로 [제7장] 1. O / 2. X / 3. X / 4. X / 5. O

요한복음 8~14장

[제8장] 1. 고발할 조건을 얻고자하여 예수님을 시험함 / 2. 너희 중에 죄 없는 자가 먼저 돌로 치라 / 3. 세상의 빛 / 4. 예수님 자신과 아버지 / 5. 진리를 알지니 / 6. 내 말(예수님 말씀)을 지키면 [제9장] 1. 5절 / 2. 7절 / 3. 22절 / 4. 25절 / 5. 38절 [제10장] 1. 양의 목자, 양의 문 / 2. 선한 목자 목숨, 삯군, 목숨 / 3. 다른 양, 인도, 음성 / 4. 영생, 아니할 / 5. 아버지의 일, 행하거든, 믿으라, 내 안, 아버지 안 [제11장] 1. 베들레헴 → 베다니, 나사렛 → 나사로 / 2. 원수 → 친구, 재우러 → 깨우러 / 3. 보는 자 → 믿는 자, 살지

→죽지 / 4. 묻었느냐→두었느냐, 제자들이→예수께서 / 5. 사흘→나흘, 영화를→영광을 / 6. 초막절→유월절, 후에→전에 **[제12장]** 1. 3절, -라) / 2. 4절, -다) / 3. 7절, -마) /4. 11절, -가) / 5. 15절, -아) / 6. 20절, -나) / 7. 42절, -사) / 8. 47절, -바) **[제13장]** 1. 아버지(하나님) / 2. 마귀 / 3. 이미 목욕한 자는 발밖에 씻을 필요가 없느니라. 온 몸이 깨끗하니라 너희가 깨끗하나 다는 아니니라 / 4. 예수님을 파는 일 / 5. 서로 사랑하라 / 6. 네가 나를 위하여 네 목숨을 버리겠느냐 내가 진실로 진실로 네게 이르노니 닭 울기 전에 네가 세 번 나를 부인하리라 **[제14장]** 1. 1절, 근심, 믿으니, 나 / 2. 6절, 길, 진리, 생명 / 3. 21절, 계명, 지키는, 사랑, 사랑, 사랑 / 4. 26절, 보혜사, 성령

요한복음 15~21장

[제15장] 1.-라) / 2.-마) / 3.-다) / 4.-나) / 5.-가) / 6.-사) / 7.-아) / 8.-바) **[제16장]** 1. 보혜사(성령) / 2. 죄, 의, 심판 / 3. 예수님 / 4. 아버지에게서 나와 아버지께로 가신다 / 5. 예수님이 이미 세상을 이기었기에 **[제17장]** 1. 유일하신 참 하나님과 그가 보내신 자 예수 그리스도를 아는 것 / 2. 아버지게서 내게(예수님께) 하라고 주신 일을 이룸 / 3. 그들을 세상에서 데려가시기를 위함이 아니요다만 악에 바지지 않게 보전하시기를 위함 / 4. 아버지의 말씀 / 5. 아버지께서 나(예수님)를 보내신 것을 믿게 **[제18장]** 1. 2, 3절 / 2. 1, 1절 / 3. 4, 13절 / 4. 5, 17,25,27절 / 5. 3. 10절 / 6. 7, 40절 / 7. 6, 33절 **[제19장]** 1. 2절 -나) / 2. 6절 -가) / 3. 18절 -바) / 4. 24절 -라) / 5. 29절 -다) / 6. 26, 27, 28, 30절 -아) / 7. 33절 -사) / 8. 40절 -마) **[제20장]** 1. 1절, 막달라 마리아 / 2. 8절, 다른 제자(요한) / 3. 13절, 천사들, 예수 / 4. 15절, 예수님 / 5. 18절, 막달라 마리아 / 6. 17절, 21절, 26절, 예수님 / 7. 25절, 도마 **[제21장]** 1. (1) 5절, 얘들아 너희에게 고기가 있느냐?, (2) 6절, 그물을 배 오른 편에 던지라 그리하면 잡으리라, (3) 10절, 지금 잡은 생선을 좀 가져 오라, (4) 12절, 와서 조반을 먹으라 / 2. 시몬 베드로, 더 사랑하느냐, 주여, 사랑 / 3. 어린 양, 치라, 먹이라 / 4. 상관, 나를 따르라 / 5. 낱낱이, 세상

신약 : 역사서

사도행전 1~4장

[제1장] 1. 예수께서 행하시며 가르치시기를 시작하심부터 그가 택하신 사도들에게 성령으로 명하시고 승천하신 날까지의 일 / 2. 성령으로 세례 받음 / 3. 증인 / 4. 갈릴리 사람들아 어찌하여 서서 하늘을 쳐다보느냐. 너희 가운데서 하늘로 올려지신 이 예수는 하늘로 가심을 본 그대로 오시리라 / 5. 베드로, 요한, 야고보, 안드레, 빌립, 도마, 바돌로매, 마태, 알패오의 아들 야고보, 셀롯인 시몬, 야고보의 아들 유다, 맛디아 / 6. 예수께서 부활하심을 증언하는 사람 / 7. 기도 **[제2장]** 1. 3) / 2. 1) / 3. 4) / 4. 3) / 5. 4) / 6. 3) **[제3장]** 1. 기도 시간, 성전, 못 걷게 된 이, 구걸하기, 미문 / 2. 은과 금, 나사렛 예수 그리스도, 발과 발목 / 3. 개인, 조상의 하나님, 영화롭게 / 4. 이름, 이름, 예수, 믿음, 완전히 낫게 / 5. 회개, 죄 없이 함, 새롭게 되는 날, 그리스도 / 6. 선지자들, 언약 **[제4장]** 1. 예수 안에 죽은 자의 부활이 있다고 백성을 가르치고 전함을 싫어하여 / 2. 천하 사람 중에 구원을 받을 만한 다른 이름을 우리에게 주신 일이 없으므로 / 3. 하나님 앞에서 너희의 말을 듣는 것이 하나님의 말씀을 듣는 것보다 옳은가 판단하라. 우리는 보고 들은 것을 말하지 아니할 수 없다 / 4. 주여~이제도 그들의 위협함을 굽어 보시옵고 또 종들로 하여금 담대히 하나님의 말씀을 전하게 하여 주시오며 손을 내밀어 병을 낫게 하시옵고 표적과 기사가 거룩한 종 예수의 이름으로 이루어지게 하옵소서 / 5. 주 예수의 부활

사도행전 5~9장

[제5장] 1. 아나니아와 삽비라 / 2. 베드로 / 3. 사도들 / 4. 대제사장과 사두개인의 당파 / 5. 주의 사자 / 6. 대제사장 / 7. 베드로와 사도들 / 8. 바리새인 가말리엘 / 9. 사도들 **[제6장]** 1. 성령과 지혜가 충만하여 칭찬 받는 사람 / 2. 스데반, 빌립, 브로고로, 니가노르, 디몬, 바메나, 니골라 / 3. 제사장 / 4. 이 사람이 이 거룩한 곳과 율법을 거슬러 말하기를 마지 아니하는도다. 그의 말에 이 나사렛 예수가 이 곳을 헐고 또 모세가 우리에게 전하여 준 규례를 고치겠다 함을 우리가 들었노라 / 5. 천사의 얼굴과 같더라 **[제7장]** 1.-가) - b) / 2.-다) - a) / 3.-나) - c) / 4. 마) - e), / 5.-바) - g) / 6.-라) - d) / 7.-아) - h) / 8.-자) - i) / 9.-사) - f) **[제8장]** 1. X, 7:54 / 2. O, 8:1 / 3. O, 8:5,8 / 4. X, 8:13 / 5. O, 8:17 / 6. O, 8:18~20 / 7. X, 8:35 **[제9장]** 1. (행9:5) ~이르시되 나는 네가 박해하는 예수라 / 2. (행9:15) ~이방인과 임금들과 이스라엘 자손들에게 전하기 위하여 택한 나의 그릇이라 / 3. (행9:22) ~예수를 그리스도라 증언하여 다메섹에 사는 유대인들을 당혹하게 하니라 / 4. (행9:40) ~무릎을 꿇고 기도하고 돌이켜 시체를 향하여 이르되 다비다야 일어나라 하니 그가 눈을

부록

떠 베드로를 보고 일어나 앉는지라

사도행전 10~14장

[제10장] 1. 고넬료, 이달리야 부대, 백부장, 경건, 경외, 구제 / 2. 하나님 앞에 상달, 욥바, 베드로 / 3. 기도, 잡아 먹으라, 그럴 수 없나이다, 깨끗하게 하신 것 / 4. 발 앞에 엎드리어, 사람이라 / 5. 주께서, 하나님 앞 / 6. 그리스도, 화평의 복음, 성령과 능력 / 7. 성령, 말씀 듣는 **[제11장]** 1. 네가 무할례자의 집에 들어가 함께 먹었다 / 2. 성령 / 3. 그러면 하나님께서 이방인에게도 생명 얻는 회개를 주셨도다 / 4. 헬라인 / 5. 착한 사람, 성령과 믿음이 충만한 사람 / 6. 안디옥 / 7. 흉년 **[제12장]** 1. (12:5) ~교회는 그를 위하여 간절히 하나님께 기도하더라 / 2. (12:8) ~신을 신으라 하거늘 베드로가 그대로 하니 천사가 또 이르되 겉옷을 입고 따라오라 한대 / 3. (12:15) ~하나 여자 아이는 힘써 말하되 참말이라 하니 그들이 말하되 그러면 그의 천사라 하더라 / 4. (12:17) ~하던 일을 말하고 또 야고보와 형제들에게 이 말을 전하라 하고 떠나 다른 곳으로 가니라 / 5. (12:22~23) ~아니라 하거늘 헤롯이 영광을 하나님께로 돌리지 아니하므로 주의 사자가 곧 치니 벌레에게 먹혀 죽으니라 **[제13장]** 1. 바나바와 사울, 금식하며 기도 / 2. 성령, 실루기아, 구브로, 살라미 / 3. 서기오 바울, 엘루마 / 4. 버가, 안디옥, 15~41절 / 5. 이방인 **[제14장]** 1. 루스드라, 더베 / 2. 유대인, 두 사도, 모욕 / 3. 믿음, 바로 일어서라 / 4. 사람의 형상, 제우스, 헤르메스, 헛된 일, 하나님 / 5. 안디옥, 죽은 줄, 많은 환난 / 6. 이고니온, 안디옥, 밤빌리아, 앗달리아

사도행전 15~18장

[제15장] 1. 모세의 법대로 할례를 받지 아니하면 능히 구원을 받지 못하리라 / 2. 예루살렘에 있는 사도와 장로들에게 / 3. 1) 바리새파, 2) 베드로, 3) 베드로, 4) 바나바와 바울, 5) 야고보, 6) 야고보 / 4. 바울, 바나바, 유다, 실라 / 5. 마가 요한 / 6. 1) 실라, 길리기아, 2) 마가, 구브로 **[제16장]** 1. 1) O, 2) O, 3) O, 4) X / 2. 1) X, 2) O, 3) O, 4) O / 3. 1) O, 2) O, 3) O, 4) X, 5) X, 6) X, 7) O, 8) O, 9) X **[제17장]** 1. 회당, 안식일, 그리스도, 헬라인, 유대인 / 2. 베뢰아, 너그러워, 말씀을 받고, 성경을 상고 / 3. 하나님의 말씀, 소동 / 4. 아덴, 우상이 가득한 것 / 5. 에피쿠로스와 스토아, 부활, 생명과 호흡 / 6. 조롱, 네 말을 다시 듣겠다, 믿으니 **[제18장]** 1. 아굴라, 브리스길라 / 2. 예수는 그리스도 / 3. 일년 육개월, 하나님의 말씀 / 4. 회당장 소스데네 / 5. 일찍이 서원이 있었으므로 머리를 깎았다 / 6. 만일 하나님의 뜻이면 너희에게 돌아오리라

사도행전 19~23장

[제19장] 1. 성령, 안수, 방언, 예언, 2~6절 / 2. 석 달, 하나님 나라, 따로, 두란노 서원, 두 해, 듣더라, 8~10절 / 3. 마게도냐, 예루살렘, 로마도 보아야, 21절 / 4. 1) 데메드리오, 2) 여신 아데미(다이아나), 3) 가이오, 아리스다고 **[제20장]** 1. 유대인들이 자기를 해하려고 공모하므로 / 2. 창에 걸터앉아 졸다가 삼 층에서 떨어짐 / 3. 될 수 있는 대로 오순절 안에 예루살렘에 이르려고 / 4. 하나님께 대한 회개와 우리 주 예수 그리스도께 대한 믿음 / 5. 내가 달려 갈 길과 주 예수께 받은 사명 곧 하나님의 은혜의 복음을 증언 하는 일을 마치려 함에는 나의 생명조차 조금도 귀한 것으로 여기지 아니하노라 / 6. 삼년 / 7. 주는 것이 받는 것보다 복이 있다(35절) / 8. 무릎을 꿇고 기도 **[제21장]** 1.- 다) - c) / 2.- 나) - a) / 3.- 가) - b) / 4.- 라) - e) / 5.- 바) - f) / 6.- 마) - d) **[제22~23장]** 1. 헬라인 → 유대인, 가버나움 → 가말리엘 / 2. 결박 → 박해, 나사로 → 나사렛 / 3. 저주 → 주저, 눈을 → 죄를 / 4. 돌아가라 → 떠나가라, 유대인 → 이방인 / 5. 권력 → 돈, 공부하면서 → 나면서 / 6. 법대로 → 율법대로, 지키고 → 어기고 / 7. 있다 → 없다, 없다 → 있다 / 8. 로마 → 예루살렘, 예루살렘 → 로마 / 9. 제사장 → 총독, 제사장 → 총독

사도행전 24~28장

[제24장] 1. 아나니아, 더둘로, 1) 유대인을 다 소요, 2) 이단의 우두머리, 3) 성전을 더럽게 / 2. 도, 1) 율법과 선지자들의 글, 2) 부활 / 3. 모임, 소동, 부활 / 4. 유대, 두려워, 돈을 받을까하여 / 5. 보르기오 베스도, 유대인의 마음을 얻고자 **[제25장]** <=로 지울 것> - 1. 재판 받게 하려 함, 검토하라 / 2. 대제사장, 로마, 총독 / 3. 가이사 앞, 베스도 / 4. 악행 사건 / 5. 상소할 자료가, 자연스러운 일 **[제26장]** 1. 1) 4~21, 2) 10~18 / 2. 바울 / 3. 바울 / 4. 베스도 총독 / 5. 아그립바 왕 / 6. 바울 / 7. 아그립바 **[제27장]** 1. 율리오, 1절 / 2. 생명, 10절 / 3. 유라굴로, 14절 / 4. 안심, 22절 / 5. 육지, 27절 / 6. 이백칠십육, 35~37절 / 7. 구원, 42~43절 **[제28장]** 1. 살인한 자, 신 / 2. 1) 보블리오, 2) 안수하여 병 고침 / 3. 알렉산드리아 배, 디오스구로 / 4. 이스라엘의 소망으로 말미암아 / 5. 하나님의 나라를 증언하고 모세의 율법과 선지자의 말을 가지고 예수에 대하여 권함 / 6. 이태(2년)

신약 : 서신서

로마서 1~6장

[제1장] 1. 예수 그리스도의 종이며 사도로 부름심을 받아 하나님의 복음을 위하여 택정함을 입은 자 / 2. 우리 주 예수 그리스도 / 3. 복음 전하기를 원함 / 4. 구원을 주시는 하나님의 능력 / 5. 17절 / 6. 썩어질 사람, 새와 짐승, 기어다니는 동물 모양의 우상 / 7. 불의, 추악, 탐욕, 악의가 가득한 자, 시기, 살인, 분쟁, 사기, 악독이 가득한 자, 수군수군하는 자, 비방하는 자, 하나님께서 미워하시는 자, 능욕하는 자, 교만한 자, 자랑하는 자, 악을 도모하는 자, 부모를 거역하는 자, 우매한 자, 배약(背約)하는 자, 무정한 자, 무자비한 자 **[제2장]** 1. 6~8절, 행한 대로, 선, 영생, 당, 진노와 분노 / 2. 13절, 듣는 자, 행하는 자 / 3. 17, 23절, 율법을 의지, 율법을 범함 / 4. 29절, 마음 **[제3장]** 1. 받았음이니라→맡았음이니라 / 2. 진실하되→거짓되되 / 3. 율법→죄 / 4. 의→죄 / 5. 사하였으매→범하였으매 / 6. 행위에 있고→행위에 있지 않고 **[제4장]** 1. 1) X, 2) O / 2. 1) X, 2) O / 3. 1) O, 2) X / 4. 1) O, 2) X / 5. 1) X, 2) O **[제5장]** 1. (5:1) ~ 받았으니 우리 주 예수 그리스도로 말미암아 하나님과 화평을 누리자 / 2. (5:3~4) ~ 이는 환난은 인내를 인내는 연단을 연단은 소망을 이루는 줄 앎이로다 / 3. (5:8) ~ 그리스도께서 우리를 위하여 죽으심으로 하나님께서 우리에 대한 자기의 사랑을 확증하셨느니라 / 4. (5:12) ~ 들어오고 죄로 말미암아 사망이 들어왔나니 이와 같이 모든 사람이 죄를 지었으므로 사망이 모든 사람에게 이르렀느니라 / 5. (5:18) ~ 이른 것 같이 한 의로운 행위로 말미암아 많은 사람이 의롭다 하심을 받아 생명에 이르렀느니라 **[제6장]** 〈두 줄로 지울 것〉 1. 영원, 새 사람 / 2. 산 자 / 3. 의의, 불의의 / 4. 생명, 생명 / 5. 영생, 사망

로마서 7~11장

[제7장] 1. 사람이 살 동안, 1절 / 2. 그리스도의 몸, 죽임, 열매를 맺게, 4절 / 3. 율법에서 벗어났으니, 영의 새로운, 율법 조문의 묵은, 6절 / 4. 율법, 계명, 죽었도다, 9절 / 5. 하나님의 법, 한 다른 법, 죄의 법, 22~23절 / 6. 사망의 몸, 하나님께 감사, 하나님의 법, 죄의 법, 24~25절 **[제8장]** 1. 그리스도 예수 안에 있는 생명의 성령의 법 / 2. 사망, 생명과 평안 / 3. 누구든지 그리스도의 영이 없으면 / 4. 하나님의 영으로 인도함을 받는 사람 / 5. 피조물, 우리, 성령 / 6. 성령, 그리스도 예수 / 7. 1) 미리 아심, 2) 미리 정하심, 3) 부르심, 4) 의롭다 하심, 5) 영화롭게 하심 / 8. 환난, 곤고, 박해, 기근, 적신, 위험, 칼, 사망, 생명, 천사들, 권세자들, 현재 일, 장래 일, 능력, 높음, 깊음, 다른 어떤 피조물 **[제9장]** 1. 9절, 창 18:10 / 2. 17절, 출 9:16 / 3. 21절, 렘 18:6 / 4. 25절, 호 1:10 / 5. 27절, 사 10:22 / 6. 33절, 사 28:16 **[제10장]** 1. 이방인→이스라엘 / 2. 시작→마침 / 3. 머리로 깨달으면→마음에 믿으면 / 4. 입이여→발이여 / 5. 좋은→그리스도의 **[제11장]** 1.- 가) - b) / 2.- 다) - c) / 3.- 나) - a) / 4.- 라) - e) / 5.- 바) - f) / 6.- 마) - d)

로마서 12~16장

[제12장] 1. 1절, 거룩한 산 제물, 영적 예배 / 2. 2절, 이 세대, 마음을 새롭게, 뜻 / 3. 6~8절, 은사, 믿음의 분수, 섬기는 일, 가르치는 일, 위로하는 일, 성실함, 부지런함, 즐거움 / 4. 11절, 열심, 주 / 5. 13절, 공급, 손대접 / 6. 15절, 함께 즐거워, 함께 울라 / 7. 18절, 화목 / 8. 21절, 선으로 악 **[제13장]** 1. 1절, X / 2. 3절, O / 3. 5절, X / 4. 8절, O / 5. 14절, X **[제14장]** 1. (14:3) ~ 업신여기지 말고 먹지 않는 자는 먹는 자를 비판하지 말라 이는 하나님이 그를 받으셨음이라 / 2. (14:8) ~ 죽어도 주를 위하여 죽나니 그러므로 사나 죽으나 우리가 주의 것이로다 / 3. (14:14) ~ 무엇이든지 스스로 속된 것이 없으되 다만 속되게 여기는 그 사람에게는 속되니라 / 4. (14:17) ~ 마시는 것이 아니요 오직 성령 안에 있는 의와 평강과 희락이라 / 5. (14:20) ~ 거리낌으로 먹는 사람에게는 악한 것이라 / 6. (14:23) ~ 정죄 되었나니 이는 믿음을 따라 하지 아니하였기 때문이라 믿음을 따라 하지 아니하는 것은 다 죄니라 **[제15장]** 1. 약한 자의 약점을 담당하고 자기를 기쁘게 하지 아니할 것이라 / 2. 그리스도 예수 / 3. 이새의 뿌리 곧 열방을 다스리기 위하여 일어나시는 이 / 4. 그리스도께서 이방인들을 순종하게 하기 위하여 나를 통하여 역사하신 것 / 5. 남의 터 위에 건축하지 아니하려함 / 6. 서바나(스페인) **[제16장]** 1. 뵈뵈 / 2. 브리스가와 아굴라 / 3. 에배네도 / 4. 안드로니고와 유니아 / 5. 아벨레 / 6. 루포 / 7. 더디오 / 8. 하나님

고린도전서 1~6장

[제1장] 1. 1) 바울, 소스데네, 2) 하나님의 교회, 성도, 이름 / 2. 책망할 것이 없는 자 / 3. 바울, 아볼로, 게바, 그리스도 / 4. 복음을 전하게 하려 / 5. 미련한, 하나님 / 6. 표적, 지혜, 그리스도 / 7. 자랑하지 못하게 **[제2장]** 1. 그리스도와 그의 십자가에 못 박히

부록

신 것 / 2. 성령의 나타나심과 능력으로 / 3. 하나님으로부터 온 영 / 4. 하나님의 성령의 일들 **[제3장]** 1. O / 2. X / 3. O / 4. O / 5. X **[제4장]** 1. 그리스도의 일꾼, 하나님의 비밀, 충성 / 2. 주, 칭찬 / 3. 본, 기록한 말씀, 교만한 마음을 가지지 말게 / 4. 세상의 더러운 것, 만물의 찌꺼기 / 5. 복음, 낳았음, 본 받는 자 / 6. 능력, 하나님의 나라, 능력 **[제5장]** 1. 아버지의 아내(계모나 첩)를 취하였으며, 교만하고 통한히 여기지 아니함 / 2. 쫓아내지 아니하였다 / 3. 육신은 멸하고 영은 주 예수의 날에 구원을 받게 하려 하심 / 4. 1) 사귀지 말라는 것이 아니다(사귀라는 말), 2) 사귀지도 말고 함께 먹지도 말라. **[제6장]** 1. 2절 / 2. 6절 / 3. 11절 / 4. 19절.

고린도전서 7~11장

[제7장] 1. 남편 자신이 → 아내가 (또는, 주장한다 → 주장하지 못한다) / 2. 언제나 → 합의상 얼마 동안 / 3. 타도 결혼하지 않는 것이 좋다. → 타는 것보다 결혼하는 것이 좋다 / 4. 원해도 그를 버려라. → 원하면 그를 버리지 말라 / 5. 종이다. → 자유인이다 / 6. 주의 계명이다. → 바울의 의견이다 / 7. 자신을 → 주를 **[제8장]** 1. 1) 세상에 아무 것도 아니다, 2) 한 분밖에 없는 줄 안다 / 2. 하나님, 예수 그리스도 / 3. 그리스도에게 / 4. 나는 영원히 고기를 먹지 아니하여 내 형제를 실족하지 않게 하리라 **[제9장]** 1. 1) 4절 – 우리가 먹고 마실 권리가 없겠느냐, 2) 5절 – 우리가 다른 사도들과 주의 형제들과 게바와 같이 자매된 아내를 데리고 다닐 권리가 없겠느냐, 3) 6절 – 어찌 나와 바나바만 일하지 아니할 권리가 없겠느냐 / 2. 그리스도의 복음에 아무 장애가 없게 하려 함이로다 / 3. 값없이 전하고 복음으로 말미암아 내게 있는 권리를 다 쓰지 아니하는 이것이로라 / 4. 여러 모습이 된 것 / 5. 남에게 전파한 후에 자신이 도리어 버림을 당할까 두려워서 **[제10장]** 1. 1) 7절 – 그들 가운데 어떤 사람들과 같이 너희는 우상 숭배하는 자가 되지 말라 기록된 바 백성이 앉아서 먹고 마시며 일어나서 뛰논다 함과 같으니라, 2) 8절 – 그들 중의 어떤 사람들이 음행하다가 하루에 이만 삼천 명이 죽었나니 우리는 그들과 같이 음행하지 말자, 3) 9절 – 그들 가운데 어떤 사람들이 주를 시험하다가 뱀에게 멸망하였나니 우리는 그들과 같이 시험하지 말자, 4) 10절 – 그들 가운데 어떤 사람들이 원망하다가 멸망시키는 자에게 멸망하였나니 너희는 그들과 같이 원망하지 말라 / 2. 주의 잔, 귀신의 잔 / 3. 양심, 먹으라 / 4. 제물이라, 먹지 말라 / 5. 하나님의 영광을 위하여. **[제11장]** 1. – 나) / 2. – 다) / 3. – 라) / 4. – 가) / 5. – 사) / 6. – 마) / 7. – 바)

고린도전서 12~16장

[제12장] 1. 성령으로 / 2. 지혜의 말씀, 지식의 말씀, 믿음, 병고치는 은사, 능력 행함, 예언함, 영들 분별함, 각종 방언 말함, 방언들 통역 / 3. 성령 / 4. 그리스도, 각 부분 / 5. 사도, 선지자, 교사, 능력, 병 고치는 은사, 서로 돕는 것, 다스리는 것, 각종 방언을 말하는 것 **[제13장]** 1. 믿음, 사랑이 없으면 / 2. 오래 참고, 온유하며, 자랑하지 / 3. 예언, 방언, 지식 / 4. 부분적, 온전히 / 5. 믿음, 소망, 사랑, 사랑 **[제14장]** 1. – 다) – c) / 2. – 가) – b) / 3. – 나) – a) / 4. – 라) – e) / 5. – 사) – g)./ 6. – 마) – d) / 7. – 바) – f) **[제15장]** 1. 게바, 열두 제자, 오백여 형제, 야고보, 모든 사도, 내게(바울) / 2. 13절 ~ 그리스도도 다시 살아나지 못하셨으리라 / 3. 17절 ~ 너희의 믿음도 헛되고 너희가 여전히 죄 가운데 있을 것이요 / 4. 19절~ 모든 사람 가운데 우리가 더욱 불쌍한 자이리라 / 5. 28절 ~ 아들 자신도 그 때에 만물을 자기에게 복종하게 하신 이에게 복종하게 되리니 이는 하나님이 만유의 주로서 만유 안에 계시려 하심이라 / 6. 31절 ~ 가진 바 너희에 대한 나의 자랑을 두고 단언하노니 나는 날마다 죽노라 / 7. 49절 ~ 입은 것 같이 또한 하늘에 속한 이의 형상을 입으리라 / 8. 51~52절 – 보라 내가 너희에게 비밀을 말하노니 우리가 다 잠 잘 것이 아니요 마지막 나팔에 순식간에 홀연히 다 변화되리니 나팔 소리가 나매 죽은 자들이 썩지 아니할 것으로 다시 살아나고 우리도 변화되리라. **[제16장]** 1. 매주 첫 날 / 2. 광대하고 유효한 문이 열렸으나 대적하는 자가 많으므로 / 3. 디모데 / 4. 스데바나의 집 / 5. 입맞춤 / 6. 저주를 받을 지어다

고린도후서 1~7장

[제1장] 1. 1) 바울, 디모데, 2) 하나님의 교회, 아가야, 성도 / 2. 예수 그리스도의 하나님, 아버지, 위로 / 3. 자기를 의지, 하나님만 의지 / 4. 고린도 / 5. 실루아노, 디모데 / 6. 하나님 / 7. 성령 / 8. 기쁨을 돕는 자 **[제2장]** 1. 4절, 많은 눈물, 넘치는 사랑 / 2. 9~11절, 순종하는 지, 용서하면, 용서한 일이 있으면, 사탄 / 3. 14절, 이기게, 그리스도를 아는 냄새, 감사 / 4. 16절, 사망에 이르는 냄새, 생명에 이르는 냄새 **[제3장]** 1. 5) / 2. 2) / 3. 3) **[제4장]** 1. 5절~ 오직 그리스도 예수의 주 되신 것과 또 예수를 위하여 우리가 너희의 종 된 것을 전파함이라 / 2. 7절~ 이는 심히 큰 능력은 하나님께 있고 우리에게 있지 아니함을 알게 하려 함이라 / 3. 11절~ 죽음에 넘겨짐은 예수의 생명이 또한 우리 죽을 육체에 나타나게 하려 함이라 / 4. 18절 ~ 보이는 것이 아니요 보이지

부록

않는 것이니 보이는 것은 잠깐이요 보이지 않는 것은 영원함이라 **[제5장]** 1. 1) 3, 2) 1, 3) 2 / 2. 1) 3, 2) 1, 3) 2 / 3. 1) 3, 2) 2, 3) 1, 4) 4 / 4. 1) 2, 2) 1, 3) 3, 4) 4. **[제6장]** 1. 1절, 헛되이 / 2. 2절, 은혜 받을 만한, 구원 / 3. 5절, 갇힘, 난동, 자지못함 / 4. 13절, 자녀, 넓히라 / 5. 14절, 믿지 않는 자 / 6. 16절, 성전, 우상, 하나님의 성전. **[제7장]** 1. 3) / 2. 1) / 3. 3) / 4. 3) / 5. 1).

고린도후서 8~13장

[제8장] 1. 기쁨, 가난 / 2. 힘대로, 힘에 지나도록 / 3. 은혜, 너희를 위하여, 부요하게 / 4. 부족한 것, 넉넉한 것, 균등하게 / 5. 칭찬을 받는, 믿음으로, 동료, 동역자, 사자들, 영광 **[제9장]** 1. 일 년 전 / 2. 1) 미리 준비, 2) 많이 심는 자는 많이 거둔다는 자세로, 3) 마음에 정한대로, 인색함으로나 억지로 하지 말지니 / 3. 11절 - 너희가 모든 일에 넉넉하여 너그럽게 연보를 함은 그들이 우리로 말미암아 하나님께 감사하게 하는 것이라, 12절 - 이 봉사의 직무가 성도들의 부족한 것을 보충할 뿐 아니라 사람들이 하나님께 드리는 많은 감사로 말미암아 넘쳤느니라, 15절 - 말할 수 없는 그의 은사로 말미암아 하나님께 감사하노라. **[제10장]** 1. 1절 / 2. 4절 / 3. 8절 / 4. 10절 / 5. 13절 / 6. 18절 **[제11장]** 1. 1) 처녀, 2) 남편, 3) 중매 / 2. 다른 예수, 다른 영, 다른 복음 / 3. 바울이 말에는 부족하나 지식에는 그렇지 아니하다 / 4. 마게도냐에서 온 형제들 / 5. 1) 그리스도의 사도로 가장, 2) 광명의 천사로 가장, 3) 의의 일꾼으로 가장 / 6. 1) 히브리, 2) 이스라엘, 3) 아브라함, 4) 그리스도 / 7. 모든 교회를 위하여 염려하는 것 **[제12장]** 1. 1절, 환상, 계시 / 2. 2절, 셋째 / 3. 4절, 낙원 / 4. 7절, 사탄의 사자 / 5. 9절, 은혜 / 6. 12절, 사도 / 7. 15절, 영혼 **[제13장]** 1. 네 번째 → 세 번째, 일마다 → 말마다 / 2. 믿은 → 남은, 용서하리라 → 용서하지 아니하리라 / 3. 아느냐 → 스스로 알지 못하느냐. 두려운 → 버림받은 / 4. 따라서 → 거슬러, 거슬릴 뿐이니 → 위할 뿐이니 / 5. 대화 → 대면, 피하려 → 무너뜨리려 / 6. 기분으로 하라 → 기뻐하라, 위험을 → 위로를

갈라디아서 1~6장

[제1장] 1. 오직 예수 그리스도와 그를 죽은 자 가운데서 살리신 하나님 아버지로 말미암아 됨 / 2. 오직 예수 그리스도의 계시로 말미암은 것 / 3. 갈라디아 여러 교회들에게 / 4. 저주를 받을지어다 / 5. 그의 아들(예수)을 이방에 전하기 위하여 / 6. 아라비아, 예루살렘, 수리아, 길리기아 **[제2장]** 1. X. / 2. X. / 3. O. / 4. X. / 5. O. / 6. X. / 7. O. / 8. O **[제3장]** 1. 성령, 능력, 율법의 행위, 믿음 / 2. 율법, 의롭게 되지 못할 것, 의인은 믿음으로 살리라 / 3. 저주, 속량 / 4. 자손, 그리스도. / 5 초등교사, 믿음 / 6 아브라함의 자손, 유업 **[제4장]** 1. - 가) - b) / 2. - 다) - d) / 3. - 나) - a) / 4. - 마) - e) / 5. - 라 - c) **[제5장]** 1. 1절 / 2. 6절 / 3. 13절 / 4. 18절 / 5. 19~21절 / 6. 22~23절 〈해당 성구를 참고〉 **[제6장]** 〈=로 지울 것〉 1. 내어 쫓고 / 2. 썩어진 것 / 3. 어려운 / 4. 있으니 / 5. 모습

에베소서 1~6장

[제1장] 1. 바울이 에베소에 있는 성도들과 그리스도 예수 안에 있는 신실한 자들에게 / 2. 1) 그리스도, 2) 성령, 3) 그리스도, 4) 하나님. / 3. 6, 12, 14절 / 4. 지혜와 계시 / 5. 교회의 머리 **[제2장]** 1. 4) / 2. 2) / 3. 2) / 4) 3) **[제3장]** 〈해당 성구를 참고〉 1. 6절 / 2. 8절 / 3. 17~18절 / 4. 19절 **[제4장]** 1. 몸, 성령, 소망, 주, 믿음, 세례, 하나님 / 2. 1) 사도, 2) 선지자, 3) 복음 전하는 자, 4) 목사, 5) 교사. / 3. 1) 성도를 온전하게, 2) 봉사의 일을 하게. 3) 그리스도의 몸을 세우려 / 4. 옛 사람을 벗어 버리고 새 사람을 입으라 / 5. 성령을 근심하게 하지 말라 **[제5장]** 1. 자신을 버리사 향기로운 제물과 희생 제물로 하나님께 드리셨다 / 2. 음행하는 자나 더러운 자나 탐하는 자 곧 우상 숭배하는 자 / 3. 전에는 어두움이더니 이제는 주 안에서 빛이라 / 4. 1) 때가 악하니라, 2) 이는 방탕한 것이니 오직 성령으로 충만함을 받으라 / 5. 1) 자기 남편에게 복종하기를 주께 하듯 하라, 2) 아내 사랑하기를 그리스도께서 교회를 사랑하시고 그 교회를 위하여 자신을 주심같이 하라 **[제6장]** 1. 1절, 자녀들아, 주안에서 순종 / 2. 4절, 아비들아, 주의 교훈과 훈계 / 3. 5절, 종들아, 그리스도께 하듯 / 4. 9절, 상전들아, 위협, 하늘, 외모 / 5. 11절, 간계, 하나님의 전신갑주

빌립보서 1~4장

[제1장] 1. 바울, 디모데, 빌립보, 성도, 감독, 집사 / 2. 복음을 위한 일에 참여 / 3. 매임, 복음을 변명 / 4. 의의 열매, 영광과 찬송 / 5. 매임, 시위대, 사람 / 6. 그리스도, 기뻐, 기뻐 / 7. 그리스도가 존귀하게 사는 것, 죽는 것 / 8. 은혜를 주신 것. 고난 **[제2장]** 1. 1) O, 2) O, 3) X, 4) X. / 2. 1) O, 2) X, 3) O, 4) X. / 3. 1) O, 2) X, 3) O, 4) X. / 4. 1) O, 2) X, 3) O, 4) X. **[제3장]** 1. - 다) - b) / 2. - 가) - a) / 3. - 나) - c) / 4. - 마) - f) / 5. - 바) - e) / 6. - 라)

부록

– d) **[제4장]** 1. 나의 사랑하고 사모하는 형제들, 나의 기쁨이요 면류관인 사랑하는 자들 / 2. 아무 것도 염려하지 말고 다만 모든 일에 기도와 간구로 너희 구할 것을 감사함으로 하나님께 아뢰라 / 3. 배우고 받고 듣고 본 바를 행하라 / 4. 비천에 처할 줄도 알고 풍부에 처할 줄도 알아 모든 일 곧 배부름과 배고픔과 풍부와 궁핍에도 처할 줄 아는 일체의 비결을 배웠노라 / 5. 1) 풍성한 열매를 구함이라. 2) 향기로운 제물이요. 3) 기쁘시게 한 것이라, 4) 너희 모든 쓸 것을 채우시리라 / 6. 16번

골로새서 1~4장

[제1장] 1. 1) 바울, 디모데, 2) 골로새, 신실한 형제 / 2. 1) 믿음, 2) 사랑, 3) 소망. / 3. 에바브라, 배웠나니, 신실한 일꾼 / 4. 흑암의 권세, 아들의 나라, 죄사함, 하나님의 형상, 먼저 나신 이 / 5. 십자가의 피, 만물, 화목하게 / 6. 교회의 일꾼, 직분 / 7. 전파, 권, 가르침, 완전한 자, 수고 **[제2장]** 〈=로 지울 것〉 1. 2절, 사랑, 은혜 / 2. 6~7절, 살피되, 행복함 / 3. 16절, 절제, 금식일, 변론 / 4. 18절, 희생, 천군 / 5. 20절, 살았거든, 불법 **[제3장]** 1. 그리스도께서 하나님 우편에 앉아 계시느니라 / 2. 음란, 부정, 사욕, 악한 정욕, 탐심(우상숭배) / 3. 자기를 창조하신 이의 형상을 따라 지식에까지 새롭게 하심을 입은 자 / 4. 감사 / 5. 1) 남편에게 복종하라 이는 주 안에서 마땅하니라. 2) 아내를 사랑하며 괴롭게 하지 말라. 3) 모든 일에 부모에게 순종하라. 이는 주 안에서 기쁘게 하는 것이니라. 4) 너희 자녀를 노엽게 하지 말지니 낙심할까 함이라. 5) 모든 일에 육신의 상전들에게 순종하되 사람을 기쁘게 하는 자와 같이 눈가림만 하지 말고 오직 주를 두려워하여 성실한 마음으로 하라. 6) 의와 공평을 종들에게 베풀지니 너희에게도 하늘에 상전이 계심을 알지니라 **[제4장]** 1. 2절: / 2. 3절: / 3. 5절: 〈성경 참고〉. / 4. 누가 / 5. 아킵보 / 6. 두기고 / 7. 라오디게아 교회

데살로니가전서 1~5장

[제1장] 1. 바울, 데살로니가 / 2. 믿음, 사랑, 소망 / 3. 능력과 성령과 큰 확신 / 4. 환난, 말씀을 받아 / 5. 1) 들어갔는지, 2) 우상을 버리고, 살아계시고 참되신, 3) 강림하실 것 **[제2장]** 1. 15절 / 2. 4절 / 3. 7절 / 4. 11절 / 5. 19~20절 / 6. 13절 **[제3장]** 1. 디도 → 디모데 / 2. 아덴으로부터 → 데살로니가로부터 / 3. 소망 → 믿음 / 4. 천사들과 → 성도 / 5. 7절 → 8절 **[제4장]** 1. 음란을 버리고 각각 거룩함과 존귀함으로 자기의 아내 대할 줄을 알고 하나님을 모르는 이방인과 같이 색욕을 따르지 말고 이 일에 분수를 넘어서 형제를 해하지 말라 / 2. 성령을 주신 하나님 / 3. 자신이 하나님의 가르치심을 받음 / 4. 소망 없는 다른 이와 같이 슬퍼하지 않게 하려 함이라 / 5. 1) 4, 2) 5, 3) 1, 4) 3, 5) 2 **[제5장]** 1. – 다) / 2. – 라) / 3. – 가) / 4. – 나) / 5. – 바) / 6. – 마)

데살로니가후서 1~3장

[제1장] 1. 바울, 실루아노, 디모데, 데살로니가인의 교회, 은혜와 평. / 2. 더욱 자라고, 풍성함이니, 인내와 믿음, 자랑 / 3. 안식, 하나님의 공의, 천사, 모르는 자, 복종하지 않는 자, 형벌 / 4. 기도함, 그 부르심에 합당한 자, 믿음의 역사 **[제2장]** 〈해당 구절 참고〉 1. 2~3절 / 2. 8절 / 3. 13절 / 4. 15절 **[제3장]** 1. 주의 말씀이 너희 가운데서와 같이 퍼져나가 영광스럽게 되고 또한 우리를 부당하고 악한 사람들에게서 건지시옵소서 / 2. 게으르게 행하고 우리에게서 받은 전통대로 행하지 아니하는 모든 형제 / 3. 무질서하게 행하지 아니하며 누구에게서든지 음식을 값 없이 먹지 않고 오직 수고하고 애써 주야로 일함 / 4. 게으르게 행하여 도무지 일하지 아니하고 일을 만들기만 하는 자들 / 5. 13절 / 6. 원수와 같이 생각하지 말고 형제같이 권면하라

디모데전서 1~6장

[제1장] 1. 바울, 디모데 / 2. 어떤 사람들을 명하여 다른 교훈을 가르치지 말며 신화와 끝없는 족보에 몰두하지 말게 하려 함 / 3. 마음, 양심, 믿음 / 4. 충성, 직분 / 5. 비방자, 박해자, 폭행자, 긍휼 / 6. 죄인을 구원, 괴수 / 7. 후메내오, 알렉산더 **[제2장]** 1. 간구, 기도, 도고, 감사 / 2. 모든 사람이 구원을 받으며 진리를 아는 데에 이르기를 원하시느니라 / 3. 사람이신 그리스도 예수 / 4. 분노와 다툼이 없이 거룩한 손을 들어 기도 / 5. 단정하게 옷을 입으며 소박함과 정절로 / 6. 허락하지 아니하노니 오직 조용할지니라 **[제3장]** 1. 감독 / 2. 감, 집 / 3. 집사 / 4. 감, 집 / 5. 집사 / 6. 감독 / 7. 감, 집 / 8. 감, 집 / 9. 감독 / 10. 감독 / 11. 감독 / 12. 감독 **[제4장]** 1. X / 2. O / 3. X / 4. O / 5. O **[제5장]** 1. 1) 아버지, 2) 형제, 3) 어머니, 4) 자매, 5) 경대하라 / 2. 자기 친족 특히 자기 가족을 돌보지 아니하면 / 3. 자기가 도와주고 교회가 짐지지 않게 하라 / 4. 1) 배나 존경, 2) (존경을) 더욱 그리할 것 / 5. 포도주 **[제6장]** 〈해당 구절 참고〉 1. 8절 / 2. 10절 / 3. 12절 / 4. 18절 / 5. 20절

디모데후서 1~4장

[제1장] 1. 하나님의 뜻으로 말미암아 그리스도 예수 안에 있는 생명의 약속대로 / 2. 사랑하는 아들 / 3. 외조모 로이스와 어머니 유니게 / 4. 능력과 사랑과 절제하는 마음 / 5. 은혜대로 / 6. 선포자 사도, 교사 / 7. 바울을 격려해 주고 바울의 사슬에 매인 것을 부끄러워 아니하고 로마에 있을 때에 바울을 부지런히 찾아와 만났다 / 8. 8절, 12절, 16절. **[제2장]** 1. 디모데, 다른 사람들 / 2. 1) 병사, 2) 경기, 3) 농부 / 3. 하나님의 말씀 / 4. 하나도 없고, 망하게 / 5. 부활 / 6. 깨끗하게, 선한 일 / 7. 다투지, 온유, 가르치기, 온유함으로 훈계 **[제3장]** 1. 사람들이 자기를 사랑하며 돈을 사랑하며 자랑하며 교만하며 비방하며 부모를 거역하며 감사하지 아니하며 거룩하지 아니하며 무정하며 원통함을 풀지 아니하며 모함하며 절제하지 못하며 사나우며 선한 것을 좋아하지 아니하며 배신하며 조급하며 자만하며 쾌락을 사랑하기를 하나님 사랑하는 것보다 더하며 경건의 모양은 있으나 경건의 능력은 부인하는 자. / 2. 그 여자는 죄를 중히 지고 여러 가지 욕심에 끌린 바 되어 항상 배우나 끝내 진리의 지식에 이를 수 없느니라 / 3. 그리스도 예수 안에서 경건하게 살고자 하는 자에게 / 4. 성경은 능히 너로 하여금 그리스도 예수 안에 있는 믿음으로 말미암아 구원에 이르는 지혜가 있게 하느니라. 모든 성경은 하나님의 감동으로 된 것으로 교훈과 책망과 바르게 함과 의로 교육하기에 유익하니 이는 하나님의 사람으로 온전하게 하며 모든 선한 일을 행할 능력을 갖추게 하려 함이니라 **[제4장]** 1.–가) – c) / 2.– 다) – b) / 3.– 나) – a) / 4.– 라) – d) / 5.– 마) – e) / 6.– 아) – g) / 7.– 사) – h) / 8.– 바) – f) / 9.– 자) – i)

디도서 / 빌레몬서

• 디도서

[제1장] 1. 하나님이 택하신 자들의 믿음과 경건함에 속한 진리의 지식과 영생의 소망을 위함 / 2. 책망할 것이 없고 한 아내의 남편이며 방탕하다 하는 비난을 받거나 불순종하는 일이 없는 믿는 자녀를 둔 자 / 3. 7~9절, 3장 / 4. 할례파 / 5. 거짓말쟁이, 악한 짐승, 게으름뱅이 / 6. 믿음을 온전하게 하고 유대인의 허탄한 이야기와 진리를 배반하는 사람들의 명령을 따르지 않게 하려 함 **[제2장]** 1. 바른 말, 젊은 남자 / 2. 참된 신실성, 종들 / 3. 남편에게 복종, 젊은 여자 / 4. 온전하게, 늙은 남자 / 5. 가르치는 자, 늙은 여자 / 6. 권위로 책망, 너(디도) **[제3장]** 〈=로 지울 것〉 1. 어려운, 속인, 정열, 향락, 시기 / 2. 구제, 품위, 영생, 성품, 중생, 대리자. / 4. 불의, 접대 / 4. 맺는, 피로한, 좋은 말

• 빌레몬서

[제1장] 1. 그리스도 예수 / 2. 빌레몬과 및 자매 압비아와 및 우리와 병사된 아킵보와 네 집에 있는 교회 / 3. 1) 오네시모, 2) 전에는 무익하였으나 이제는 나와 네게 유익하므로 / 4. 1) 종 이상으로 곧 사랑받는 형제로 둘 자, 2) 내게 하듯, 3) 그것을 내 앞으로 계산하라 / 5. 에바브라, 마가, 아리스다고, 데마, 누가

히브리서 1~6장

[제1장] 1. 1) 아들, 2) 상속자, 3) 세계, 4) 광채, 5) 형상, 6) 만물, 7) 정결, 8) 우편, 9) 천사, 10) 천사, 11) 영영, 12) 영존, 13) 여전 / 2. 1) X, 2) X, 3) O, 4) O, 5) X, 6) O **[제2장]** 1. 14절 / 2. 3절 / 3. 4~6절 / 4. 18절 / 5. 9절 / 6. 11절 **[제3장]** 1. 1) 예수, 2) 모세, 3) 예수, 4) 예수. / 2. 1) 7~8절, 완고하게, 2) 12절, 악한 마음, 하나님, 3) 14절, 견고히, 참여한, 4) 17절, 사십 년, 광야, 범죄, 5) 19절, 믿지 아니하므로 **[제4장]** 1. 혹 이르지(들어가지) 못할 자가 있을까 함이라 / 2. 듣는 자가 믿음과 결부시키지 아니함이라 / 3. 7~8절 / 4. 이는 누구든지 저 순종하지 아니하는 본에 빠지지 않게 하려 함이라 / 5. 히 4:12 참고 / 6. 1) 연약, 2) 시험, 3) 죄 / 7. 은혜의 보좌 앞에 담대히 나아갈 것이니라 **[제5장]** 1. 6절, 그리스도 / 2. 4절, 아론 / 3. 2절, 아론 / 4. 8~9절, 그리스도 / 5. 7절, 그리스도 / 6. 1절, 아론 / 7. 5절, 그리스도 **[제6장]** 1. 1) 죽은 행실을 회개함, 2) 하나님께 대한 신앙, 3) 세례들, 4) 안수, 5) 죽은 자의 부활 6) 영원한 심판에 관한 교훈 / 2. 한 번 빛을 받고 하늘의 은사를 맛보고 성령에 참여한 바 되고 하나님의 선한 말씀과 내세의 능력을 맛보고도 타락한 자들 / 3. 1) 약속, 2) 맹세 / 4. 영혼의 닻

히브리서 7~13장

[특별문제] 1. 더 좋은 소망 / 2. 더 좋은 언약의 보증 / 3. 더 좋은 약속 / 4. 더 좋은 제물 / 5. 더 낫고 영구한 소유 / 6. 더 나은 제사 / 7. 더 나은 본향 / 8. 더 좋은 부활 / 9. 더 좋은 것 / 10. 더 좋은 피 **[제7장]** 1. 구약 → 신약 / 2. 사마리아 → 살렘 / 3. 아브라함 → 멜기세덱, 멜기세덱 → 아브라함 / 4. 있다 → 없다 / 5. 필요시 → 항상 / 6. 유다 → 레위 / 7. 직분 → 보증 / 8. 구제 → 구원 / 9. 장점 → 약점 **[제8장]** 1. 대제사장, 하늘, 보좌 우편, 성소. / 2. 하늘, 모형. / 3. 직분, 약속, 언약. / 4. 유다, 새 언약. / 5. 긍휼히, 기억

부록

하지. [제9장] 〈해당 성구 참고〉 1. 4절 / 2. 12절 / 3. 15절 / 4. 22절 / 5. 27절 [제10장] 1. 그림자 / 2. 못한다 / 3. 거룩함 / 4. 1) 사랑과 선행, 2) 모이기를 폐하는 습관 / 5. 하나님 / 6. 2:4, 1:17, 3:11 [제11장] 1. 5절, 에녹. / 2. 7절, 노아. / 3. 11절, 사라. / 4. 19절, 아브라함. / 5. 20절. 이삭. / 6. 21절, 야곱 / 7. 22절, 요셉 / 8. 25절, 모세 / 9. 31절, 라합 [제12장] 1. 믿음, 온전하게, 예수 / 2. 징계하심, 꾸지람 / 3. 아들, 징계 / 4. 징계, 슬퍼, 연단, 평강의 열매 / 5. 화평함, 거룩함, 주 / 6. 은혜, 경건함, 두려움, 섬길지니, 소멸하는 불 [제13장] 1.- 다) - b) / 2.- 라) - c) / 3.- 가) - d) / 4.- 나) - a) / 5.- 바) - e) / 6. 사) - g) / 7.- 마) - f)

야고보서 1~5장

[제1장] 1. 야고보, 열두 지파 / 2. 1) 2절, 온전히 기쁘게, 2) 12절, 복, 시련 / 3) 13절, 악, 아무도 시험하지 아니 / 3. 모든 사람에게 후히 주시고 꾸짖지 아니하시는 하나님께 구하라 / 4. 1) 자기의 높음, 2) 자기의 낮아짐 / 5. 그는 변함도 없으시고 회전하는 그림자도 없으시니라 / 6. 1) 듣기, 2) 말하기, 성내기 / 7. 고아와 과부를 그 환난 중에 돌아보고 또 자기를 지켜 세속에 물들지 아니하는 그것이니라 [제2장] 1. X / 2. O / 3. X / 4. O / 5. O [제3장] 〈해당 성구 참고〉 1. 1절 / 2. 2절 / 3. 6절 / 4. 9~10절 / 5. 17~18절 [제4장] 1. 정욕으로 쓰려고 잘못 구하기 때문이라 / 2. 스스로 하나님과 원수 되는 것이니라 / 3. 1) 교만한 자, 2) 겸손한 자 / 4. 대적하라. 그리하면 피하리라. / 5. 율법 / 6. 잠깐 보이다가 없어지는 안개 / 7. 사람이 선을 행할 줄 알고도 행하지 아니하면 죄니라 [제5장] 1. 울고 통곡, 1절 / 2. 참으라, 7절 / 3. 원망, 9절 / 4. 욥의 인내, 11절 / 5. 기도, 찬송, 13절 / 6. 서로 기도, 16절 / 7. 1:2, 1:19, 2:1, 2:5, 2:14, 3:1, 3:12, 4:11, 5:7, 5:9, 5:10, 5:12, 5:19. 합계 13번

베드로전서 1~5장

[제1장] 1. 하나님 아버지의 미리 아심을 따라 성령이 거룩하게 하심으로 순종함과 예수 그리스도의 피 뿌림을 얻기 위하여 택하심을 받은 자들 / 2. 3절, 부활, 산 소망 / 3. 7절, 믿음, 금보다, 칭찬, 영광, 존귀 / 4. 15절, 거룩한 이, 거룩한 자 / 5. 헛된 행실, 없어질 것, 그리스도의 보배로운 피 / 6. 23절, 거듭난 것, 하나님의 말씀 [제2장] 〈답은 해당 구절에서〉 1. 2절 / 2. 4절 / 3. 9절 / 4. 11절 / 5. 16절 / 6. 20절 / 7. 24절 [제3장] 〈X표 할 것〉 1. 3) / 2. 4) / 3. 4) / 4. 2). / 5. 1). / 6. 1). [제4장] 〈=로 지울 것〉 1. 영혼의 고난, 감격 / 2. 정열, 거룩 / 3. 사모, 꿈 / 4. 시험, 불수레, 영광, 슬퍼 / 5. 조상님 [제5장] 1. 억지로 하지 말고 하나님의 뜻을 따라 자원함으로 하며 더러운 이득을 위하여 하지 말고 기꺼이 하며 맡은 자들에게 주장하는 자세를 하지 말고 양무리의 본이 되라 / 2. 4장. / 3. 실루아노(실라)

베드로후서 1~3장

[제1장] 1. 큰 약속, 신성한 성품에 참여하는 자, 4절 / 2. 덕, 인내, 경건, 사랑, 6~7절 / 3. 부르심과 택하심, 영원한 나라에 들어감, 11절 / 4. 능력과 강림하심, 16절 / 5. 예언은 사사로이 풀 것이 아니니, 하나님께 받아 말한 것, 20~21절 [제2장] 1. 시인 → 부인, 재림 → 멸망 / 2. 낙원 → 지옥, 자유하게 → 지키게 / 3. 용서하시고 → 용서하지 아니하시고, 외로운 → 의로운 / 4. 불의한 → 경건한, 경건한 → 불의한 / 5. 칭찬 → 책망, 미련한 → 미친 / 6. 순종하는 → 저버리는, 나쁘다 → 나으리라 [제3장] 1. 너희 진실한 마음을 일깨워 생각나게 하여 곧 거룩한 선지자들이 예언한 말씀과 주 되신 구주께서 너희의 사도들로 말미암아 명하신 것을 기억하게 하려 하노라 / 2. 주께서 강림하신다는 약속이 어디 있느냐 조상들이 잔 후로부터 만물이 처음 창조할 때와 같이 그냥 있다 / 3. 하늘과 땅은 그 동일한 말씀으로 불사르기 위하여 / 4. 주께는 하루가 천 년 같고 천 년이 하루 같다는 이 한 가지를 잊지 말라 / 5. 너희를 대하여 오래 참으사 아무도 멸망하지 않고 다 회개하기에 이르기를 원하신다 / 6. 거룩한 행실과 경건함으로 하나님의 날이 임하기를 바라보고 간절히 사모하라 / 7. 새 하늘과 새 땅 / 8. 우리 주 곧 구주 예수 그리스도의 은혜와 그를 아는 지식에서

요한일서 1~5장

[제1장] 1. 1) 들은 바, 2) 본 바, 3) 만진 바 / 2. 너희로 우리와 사귐이 있게 하려 함이다.(우리의 사귐은 아버지와 그의 아들 예수 그리스도와 더불어 누림이라) / 3. (1) 거짓말을 하고 진리를 행하지 아니함이거니와. (2) 스스로 속이고 또 진리가 우리 속에 있지 아니할 것이요. (3) 하나님을 거짓말하는 이로 만드는 것이니 또한 그의 말씀이 우리 속에 있지 아니하니라 / 4. 그는 미쁘시고 의로우사 우리 죄를 사하시며 우리를 모든 불의에서 깨끗하게 하실 것이요 [제2장] 1. 대언자, 의로우신 예수, 화목 제물, 죄, 1~2절. / 2. 사랑, 빛, 10절 / 3. (1) 나의 자녀들아, 1절, (2) 자녀들아, 12

부록

절, (3) 아비들아, 13절, (4) 청년들아, 13절, (5) 아이들아, 14절 / 4. 육신의 정욕, 안목의 정욕, 이생의 자랑, 세상, 16절 / 5. 영원한 생명, 25절 / 6. 강림, 부끄럽지 않게, 28절. / 7. 성경 본문 참고 **[제3장]** 1. 그와 같을 줄, 2절 / 2. 마귀의 일, 8절 / 3. 하나님의 씨, 9절 / 4. 행함과 진실함, 18절/ 5. 서로 사랑, 23절 **[제4장]** 1. 예수 그리스도께서 육체로 오신 것을 시인하는 영마다 하나님께 속한 것이요. 예수를 (육체로 오신 것을) 시인하지 아니하는 영마다 하나님께 속한 것이 아니니 이것이 곧 적그리스도의 영이니라 / 2. 자기의 독생자를 세상에 보내. / 3. (1) 사랑, (2) 성령, (3) 하나님의 아들, (4) 사랑 / 4. 보지 못하는 바 하나님 **[제5장]** 1. 1절, 아는→믿는 / 2. 3절, 사명→계명 / 3. 4절, 미움→믿음 / 4. 7~8절, 성부→성령 / 5. 12절, 생산→생명 / 6. 14절, 꿈대로→뜻대로 / 7. 18절, 죽이지도→만지지도

요한이삼서, 유다서

- **요한이서**

1. (1) 장로(사도 요한), (2) 택하심을 입은 부녀와 그의 자녀들에게 / 2. 긍휼 / 3. 너의 자녀들 중에 우리가 아버지께 받은 계명대로 진리에 행하는 자를 내가 보니 심히 기쁘도다 / 4. 처음부터 / 5. (1) 우리가 그 계명을 따라 행하는 것, (2) 너희가 처음부터 들은 바와 같이 그 가운데서 행하라 하심 / 6. 예수 그리스도께서 육체로 오심을 부인하는 자 / 7. 아버지와 아들을 모신다 / 8. 집에 들이지도 말고 인사도 하지 말라

[요한삼서] 1. 가이오 / 2. 네 영혼, 범사, 강건, / 3. 진리 안에서 행한다, 기쁜 일 / 4. 나그네 된 자들, 너의 사랑을 증언 / 5. 영접하는 것이 마땅, 일하는 자 / 6. 으뜸, 디오드레베, 맞아들이지 아니하니, 행한 일, 비방, 맞아들이지도, 금하여 / 7. 뭇 사람, 진리, 참된 줄 / 8. 친구

- **유다서**

1. 예수 그리스도의 종이요 야고보의 형제 / 2. 부르심을 받은 자 곧 하나님 아버지 안에서 사랑을 얻고 예수 그리스도를 위하여 지키심을 받은 자들 / 3. 성도에게 단번에 주신 믿음의 도를 위하여 힘써 싸우라는 편지 / 4. 우리 주 예수 그리스도 / 5. 1) 애굽, 믿지 아니하는 자들을 멸하셨으며, 2) 천사, 큰 날의 심판까지 영원한 결박으로 흑암에 가두셨으며, 3) 다른 육체, 영원한 불의 형벌을 받음으로 거울이 되었느니라. / 6. 주께서 너를 꾸짖으시기를 원하노라. / 7. 이성 없는 짐승 같은 본능으로 아는 그 것. / 8. 1) 창세기 4장, 동생 아벨을 살해한 가인과 같은 행위, 2) 민 22~25장, 모압의 발락 왕의 요구로 돈을 받고 이스라엘을 저주하려 한 발람의 악행과 이스라엘을 음행하게 한 악행, 3) 민 16장, 고라가 모세와 아론의 직책에 대적 / 9. 1) 애찬에 암초, 2) 자기 몸만 기르는 목자, 3) 물 없는 구름, 4) 열매 없는 가을 나무, 5) 바다의 거친 물결, 6) 유리하는 별들 / 10. 1) 경건하지 않게 행한 경건하지 않은 일, 2) 주를 거슬러 한 모든 악한 말 / 11. 원망하는, 불만을 토하는, 그 정욕대로 행하는 / 12. 분열을 일으키는, 육에 속한, 성령은 없는 / 13. 1) 긍휼히 여기라, 2) 불에서 끌어내어 구원하라, 3) 그 육체로 더럽힌 옷까지도 미워하되 두려움으로 긍휼히 여기라 / 14. 능히 너희를 보호하사 거침이 없게 하시고 그 영광 앞에 흠이 없이 기쁨으로 서게 하실 이

신약 : 묵시문학

요한계시록 1~5장

[제1장] 1. 하나님이 그에게 주사 반드시 속히 될 일을 그 종들에게 보이시려고 그 천사를 그 종 요한에게 보내어 알게 하신 것 / 2. 읽는 자와 듣는 자와 그 가운데 기록한 것을 지키는 자 되어 복 있는 자 되자 / 3. 1) 오메가, 하나님, 2) 머리, 예수님, 3) 피, 아버지, 제사장, 예수님, 4) 인자, 금띠, 예수님, 5) 일곱 별, 검, 예수님 / 4. 1) 밧모 섬, 2) 주의 날 / 5. 에베소, 서머나, 버가모, 두아디라, 사데, 빌라델비아, 라오디게아,(첫 자인 '에서버두사빌라'로 암기) / 6. (1) 일곱 교회의 사자, (2) 일곱 교회. **[제2~3장]** 〈도표를 채우는 것은 제시한 성경구절을 참고하시오〉 **[제4장]** 1. 벽옥과 홍보석 같고 또 무지개가 있어 보좌에 둘렸는데 그 모양이 녹보석 같더라 / 2. 흰 옷을 입고 머리에 금관을 쓰고 앉았더라 / 3. 하나님의 일곱 영 / 4. (1) 사자, (2) 송아지, (3) 사람, (4) 독수리 / 5. 이십사 장로들 **[제5장]** 1. 두루마리, 일곱 인, 1절 / 2. 울지 말라, 다윗의 뿌리, 일곱 인, 5절 / 3. 한 어린 양, 하나님의 일곱 영, 6절 / 4. 어린 양, 성도의 기도, 8절 / 5. 어린 양, 부, 힘, 영광, 합당, 12절

요한계시록 6~11장

[제6장] 1. 1~2절, - 다) - a) , / 2. 3~4절, - 가) - c), / 3. 5~6절, - 나) - b), / 4. 7~8절, - 라) - f), / 5. 9~11절, - 바) - d), / 6. 12~17절, - 마) - e). **[제7장]** 1. 천사 / 2. 나(사도 요한) / 3. 큰 무리 / 4. 장로 중의 하나 / 5. 주님 **[제8장]** 1. 12절, 고요, 일곱 천사, 일곱 나팔 / 2. 3절, 다른 천사, 금 향로, 향, 기도, 금 제단 / 3.

부록

5절, 우레, 음성, 번개, 지진 **[제8~9장]** 1. 강, 물샘, 셋째 / 2. 땅, 첫째 / 3. 바다, 피, 둘째 / 4. 해, 달, 별, 넷째 / 5. 네 천사, 여섯째 / 6. 별, 황충, 다섯째 / 7. 하나님의 인침, 다섯째 / 8. 죽기를 구하여도, 죽고 싶으나, 다섯째 **[제10장]** 1. (1) 구름, (2) 무지개, (3) 해, (4) 불기둥, (5) 작은 두루마리, (6) 바다, 땅, (7) 큰 소리, / 2. 인봉, 기록, / 3. (1) 하늘, (2) 땅, (3) 바다, / 4. 하나님이 그의 종 선지자들에게 전하신 복음과 같이 하나님의 비밀이 이루어지리라, / 5. 배에는 쓰나 입에는 꿀 같이 달다. **[제11장]** 1. 측량, / 2. 마흔두 달 = 3년 6개월, / 3. 천이백육십 일 = 3년 6개월, / 4. 감람나무, 촛대, / 5. (1) 불, (2) 비, (3) 피, / 6. 소돔, 애굽, 십자가 / 7. 주, 나라, 왕노릇 / 8. 하나님의 성전, 언약궤

요한계시록 12~18장

[제12장] 〈답은 해당 구절에서〉 1. 1절 / 2. 3절 / 3. 9절 / 4. 11절 / 5. 13절 **[제13장]** 1. 바다 / 2. 땅 / 3. 땅 / 4. 바다 / 5. 바다 / 6. 땅 / 7. 땅 / 8. 땅 / 9. 바다 / 10. 바다 / 11. 바다 / 12. 땅 **[제14장]** 1. 어린 양의 이름과 그 아버지의 이름 / 2. 여자와 더불어 더럽히지 아니하고 순결한 자, 어린 양이 어디로 인도하든지 따라가는 자, 사람 가운데서 속량함을 받아 처음 익은 열매로 하나님과 어린 양에게 속한 자, 그 입에 거짓말이 없고 흠이 없는 자들 / 3. 영원한 복음 / 4. 모든 나라에게 그의 음행으로 말미암아 진노의 포도주를 먹이던 자 / 5. 불과 유황으로 고난 / 6. 1) 인자와 같은 이(구름 위에 앉으신 이), 2) 천사 **[제15장]** 1. 일곱 재앙 / 2. 짐승과 그의 우상과 그의 이름의 수를 이기고 일어난 자들 / 3. 하나님의 종 모세의 노래, 어린 양의 노래 / 4. 하늘에 증거 장막의 성전 / 5. 하나님의 진노가 가득 담긴 금대접 일곱 / 6. 연기 **[제16장]** 1. 다섯째: 짐승의 왕좌, 어두워지며, 비방 / 2. 둘째: 바다, 피, 생물 / 3. 여섯째: 큰 강 유브라데, 동방, 예비 / 4. 셋째: 강과 물 근원, 심판 / 5. 일곱째: 공중, 성전, 되었다 / 6. 첫째: 땅, 짐승, 경배하는 / 7. 넷째: 해, 하나님의 이름 / 8. 용, 짐승, 거짓 선지자, 아마겟돈, 13, 16절 / 9. 바벨론, 진노의 포도주, 19절 **[제17장]** 1. 땅의 왕들을 다스리는 큰 성(세상) / 2. 땅의 임금들, 땅에 거하는 자들 / 3. 1) 비밀, 2) 큰 바벨론, 3) 어미 / 4. 성도들의 피와 예수의 증인들의 피 / 5. 1) 여자가 앉은 일곱 산, 2) 열 왕 / 6. 1) 부르심을 받고, 2) 택하심을 받은, 3) 진실한 자들 **[제18장]** 1. 2절 – 다) / 2. 4절 – 가) / 3. 7절 – 나) / 4. 16절 – 마) / 5. 20절 – 바) / 6. 23절 – 라)

요한계시록 19~22장

[제19장] 1. 1, 3, 4, 6절, 할렐루야 / 2. 4절, 이십사 장로와 네 생물 / 3. 6절, 하늘에 허다한 무리 / 4. 8절, 세마포 / 5. 9절, 어린 양. / 6. 11~13절, 하나님의 말씀 / 7. 20절, 유황불 붙는 곳 **[제20장]** 1. 1) 무저갱의 열쇠, 큰 쇠사슬, 2) 사탄을 잡아 천 년 동안 결박하여 무저갱에 던져 잠근다 / 2. 옛 뱀, 마귀, 사탄 / 3. 천 년 동안 그리스도와 더불어 왕 노릇 / 4. 미혹하는 마귀, 짐승, 거짓 선지자. / 5. 생명책 **[제21장]** 〈해당 성구 참고〉 1. 2절 / 2. 3절 / 3. 5절 / 4. 8절 / 5. 14절 / 6. 19~20절 / 7. 23절 **[제22장]** 1. 날마다 → 달마다, 소생 → 치료 / 2. 있으니 → 없으니, 종 노릇 → 왕 노릇 / 3. 가리니 → 오리니. 아는 자가 → 지키는 자가 / 4. 인정 → 인봉, 지났음이라 → 가까우니라 / 5. 두루마리 → 두루마기, 집에 → 성에 / 6. 교제 → 교회, 새벽 종 → 새벽 별 / 7. 제하면 → 더하면, 재물들을 → 재앙들을 / 8. 오늘도 → 진실로, 참 → 주

신약 총정리 문제 1. 복음서(마~요), 〈사도행전〉

• **마태복음]**

1. 1) 다말, 2) 라합, 3) 룻, 4) 우리아의 아내(밧세바), 5) 마리아 / 2. 1) 그가 자기 백성을 그들의 죄에서 구원할 자이심, 2) 하나님이 우리와 함께 계시다 / 3. 황금, 유향, 몰약 / 4. 요한: 회개하게 하기 위하여 물로 세례, 예수: 성령과 불로 세례 / 5. 1) 이 돌들로 떡덩이가 되게 하라, 2) 하나님의 아들이어든 성전 꼭대기에서 뛰어 내리라, 3) 내게 엎드려 경배하면 천하만국과 그 영광을 주겠다 / 6. 회당에서 가르치시며(교육), 천국복음을 전파하시며(선교), 모든 병과 약한 것을 고치심(봉사) / 7. 복이 있나니 그들이 하나님을 볼 것임이요 / 8. 소금, 빛 / 9. 9~13절 / 10. 하나님의 나라 / 11. 그러므로 무엇이든지 남에게 대접을 받고자 하는 대로 너희도 남을 대접하라 이것이 율법이요 선지자니라 / 12. 내가 가서 고쳐 주리라 / 13. 믿음 / 14. 더러운 귀신을 쫓아내며 모든 병과 모든 약한 것을 고치는 권능 / 15. 아들과 아들의 소원대로 계시를 받는 자 / 16. 하늘에 계신 내 아버지의 뜻대로 하는 자 / 17. 길가, 돌밭, 가시떨기, 좋은 땅 / 18. 믿음이 작은 자여 왜 의심하였느냐? / 19. 여자여 네 믿음이 크도다. 네 소원대로 되리라 / 20. 여자와 어인 아이 외에 오천 명 / 21. 주는 그리스도시요 살아 계신 하나님의 아들이시니이다 / 22. 모세, 엘리야 / 23. 어린 아이와 같이 자기를 낮추는 사람 / 24. 하늘에 계신 내 아버지께서 그들을 위하여 이루게 하신다 / 25. 재물이 많으므로 / 26. 섬기려 하고, 자기 목숨을 많은 사람의 대속물로 주려 함이다 /

27. 나귀(또는 나귀 새끼) / 28. 하나님 사랑, 이웃 사랑 / 29. 이것(정의, 긍휼, 믿음)도 행하고 저것(십일조)도 버리지 말아야 할지니라 / 30. 생각하지 않은 때 / 31. 1~13절, 14~30절, 31~46절 / 32. 밖에 나가서 심히 통곡했다 / 33. 십자가에 못 박혀야 하겠나이다 / 34. 그가 여기 계시지 않고 그가 말씀하시던 대로 살아나셨느니라. 와서 그가 누우셨던 곳을 보라.

• **마가복음**

1. 세례 요한 / 2. 시몬(베드로), 안드레, 야고보, 요한 / 3. 죄인 / 4. 시몬(베드로), 야고보, 요한, 안드레, 빌립, 바돌로매, 마태, 도마, (알패오의 아들)야고보, 다대오, (가나안인)시몬, 가룟 유다 / 5. 삼십 배나 육 십 배나 백 배 / 6. 소녀야 내가 네게 명하노니 일어나라 / 7. 야고보, 요셉, 유다, 시몬, 누이들 / 8. 다섯, 두, 열두 / 9. 고르반 : 하나님께 드림이 되었다, 에바다 : 열리라 / 10. 인자가 많은 고난을 받고 장로들과 대제사장들과 서기관들에게 버린바 되어 죽임을 당하고 사흘 만에 살아나야 할 것 / 11. 베드로, 야고보, 요한 / 12. 어린아이와 같이 / 13. 인자가 온 것은 섬김을 받으려 함이 아니라 도리어 섬기려 하고 자기 목숨을 많은 사람의 대속물로 주려 함이니라 / 14. 만민이 기도하는 집 / 15. 기도, 믿으라 / 16. 하나님, 이웃 / 17. 아버지(하나님) / 18. 예수님의 장례 / 19. 사람, 피, 언약의 피 / 20. 왕, 옳도다 / 21. 이 사람은 진실로 하나님의 아들이었도다 / 22. 안식 후 첫 날, 막달아 마리아 / 23. 너희는 온 천하에 다니며 만민에게 복음을 전파하라

• **누가복음**

1. 데오빌로, 확실 / 2. (세례)요한. / 3. 열두 살, 예루살렘 성전. / 4. 삼십 세쯤 / 5. 사십일, 마귀 / 6. 의인, 죄인. / 7. 축복, 기도 / 8. 착하고 좋은 마음으로 말씀을 듣고 지키어 인내로 결실하는 자 / 9. 하나님의 그리스도시니이다 / 10. 너희 이름이 하늘에 기록된 것 / 11. 겨자씨, 누룩. / 12. 강권, 내 집을 채우라 / 13. 받지 않는다 / 14. 기도, 낙심 / 15. 잃어버린 자, 구원하려 / 16. 사두개인 / 17. 내 몸, 피로 세우는 새 언약 / 18. 1) 백성을 미혹, 2) 가이사에게 세금 바치는 것을 금함, 3) 자칭 왕 그리스도 / 19. 34절, 43절, 46절 / 20. 기쁨, 성전, 찬송

• **요한복음**

1. 말씀, 말씀은 곧 하나님 / 2. 가나, 물, 포도주 / 3. (3:16) 하나님이 세상을 이처럼 사랑하사 독생자를 주셨으니 이는 그를 믿는 자마다 멸망하지 않고 영생을 얻게 하려 하심이라 / 4. (4:24) 하나님은 영이시니 예배하는 자가 영과 진리로 예배할지니라 / 5. 영생, 심판, 사망에서 생명 / 6. 보내신 이, 하나님의 일 / 7. 성경, 생수의 강 / 8. 너희 중에 죄 없는 자가 먼저 돌로 치라 / 9. 실로암, 보냄을 받았다 / 10. 선한 목자, 목숨 / 11. 부활이요 생명 / 12. 헬라인 / 13. 서로 사랑하라. 내가 너희를 사랑한 것같이 너희도 사로 사랑하라 / 14. (14:6) 예수께서 이르시되 내가 곧 길이요 진리요 생명이니 나로 말미암지 않고는 아버지께로 올 자가 없느니라 / 15. 가르치시고, 생각나게 / 16. 죄, 의, 심판 / 17. 유일하신 참 하나님과 그가 보내신 자 예수 그리스도를 아는 것 / 18. 대제사장의 종인 말고의 귀를 베었다 / 19. 1) 여자여 보소서 아들이니이다. 보라 네 어머니라, 2) 내가 목마르다, 3) 다 이루었다 / 20. 아리마대 사람 요셉, 니고데모 / 21. 부활하신 예수님 / 22. 1) 어린 양, 2) 치라, 3) 먹이라

• **사도행전**

1. 권능을 받고 예루살렘과 온 유대와 사마리아와 땅 끝까지 이르러 내 증인이 된다 / 2. 하늘로 가심, 오시리라 / 3. 주의 이름, 구원 / 4. 나사렛 예수 그리스도의 이름 / 5. 주 예수의 부활, 큰 은혜 / 6. 예수는 그리스도라고 가르치기와 전도하기 / 7. 천사의 얼굴과 같았다 / 8. 유대와 사마리아와 모든 땅 / 9. 이방인과 임금들과 이스라엘 자손들 / 10. 1) 하나님의 아들, 2) 그리스도 / 11. 착한 사람이요 성령과 믿음이 충만한 사람 / 간절히 하나님께 기도하더라 / 12. 1) 안디옥, 2) 바나바, 사울(바울), 3) 성령, 4) 요한 / 13. 우상의 더러운 것, 음행, 목매어 죽인 것, 피 / 14. 빌립보 교회 / 15. 예수와 부활 / 16. 일 년 육 개월, 하나님의 말씀 / 17. 여신 아데미 / 18. 죽을 것도 각오 / 19. 담대하라, 두려워하지 / 20. 바울아 네가 미쳤도다. 네 많은 학문이 너를 미치게 한다 / 21. 하나님 나라를 증언하고 모세의 율법과 선지자의 말을 가지고 예수에 대하여 권하였다

신약 총정리 문제 2. 바울서신(롬~몬), 〈히브리서〉

• **로마서**

〈1〉. 1. 구원을 주시는 하나님의 능력 / 2. 마음, 율법 조문 / 3. 의롭다 하심, 죄를 깨달음 / 4. 죄, 하나님의 영광 / 5. 믿음 / 6. (5:8) 우리가 아직 죄인 되었을 때에~ 그리스도께서 우리를 위하여 죽으심으로 하나님께서 우리에 대한 자기의 사랑을 확증하셨느니라 / 7. 사망, 영생 / 8. 율법에서 벗어났으니, 영의 새로운, 율법 조문의 묵은 / 9. 하나님의 법, 죄의 법 / 10. 사망, 생명과 평안 /

부
록

11. 믿음에서 난 의 / 12.의, 구원 / 13. 주의 이름을 부르는 자 / 14. 돌감람나무: 이방인(이 서신의 수신자인 로마교회를 포함하여), 참감람나무: 유대인 / 15. 은사 / 16. (12:11) 부지런하여~ 게으르지 말고 열심을 품고 주를 섬기라 / 17.빛의 갑옷, 그리스도로 옷 입고 / 18. 의와 평강과 희락 / 19. 서바나 / 20. 뵈뵈

• **고린도전서**

1. 바울, 아볼로, 게바 / 2. 하나님의 능력 / 3. 성령의 나타나심과 능력 / 4. 심었고, 물을 주었으되, 자라나게 / 5. (4:20) 하나님의 나라는~ 말에 있지 아니하고 오직 능력에 있음이라 / 6. 1) 음행자 판단, 2) 그리스도인과 법정, 3)결혼과 이혼, 4) 우상의 제물 / 7. 몇 사람이라도 구원하고자 / 8. 하나님의 영광 / 9. 자기의 죄를 먹고 마시는 것 / 10. 성령 / 11. 믿음, 소망, 사랑, 사랑 / 12. 자기의 덕, 교회의 덕 / 13. 게바, 열두 제자, 오백여 형제, 야고보, 모든 사도, 내게(바울) / 14.믿음, 사랑

• **고린도후서**

1. 예수 그리스도, 자비, 모든 위로 / 2. 향기, 편지 / 3. 자유 / 4. (5:17) 그런즉 누구든지 ~ 그리스도 안에 있으면 새로운 피조물이라 이전 것은 지나갔으니 보라 새것이 되었도다 / 5. 후회할 것이 없는 구원에 이르게 하는 회개를 이루는 것 / 6. 환난의 많은 시련 가운데서 그들의 넘치는 기쁨과 극심한 가난 / 7. 적게 심는 자는 적게 거두고 많이 심는 자는 많이 거둔다 / 8. 주 안에서 / 9. 예수, 영, 복음 / 10. 약한 그때 / 11. (13:13) 주 예수 그리스도의~ 은혜와 하나님의 사랑과 성령의 교통하심이 너희 무리와 함께 있을지어다

• **갈라디아서**

1. 저주 / 2. 예수 그리스도를 믿음으로 / 3. 오직 의인은 믿음으로 (말미암아) 살리라 / 4. 율법의 저주에서 / 5. 하나님의 천사와 같이 또는 그리스도 예수와 같이 / 6. 사랑, 희락, 화평, 오래 참음, 자비, 양선, 충성, 온유, 절제 / 7. 성령으로부터 영생을 거둔다

• **에베소서**

1. 에베소서, 빌립보서, 골로새서, 빌레몬서 / 2. 바울이 에베소에 있는 성도들과 그리스도 예수 안에 있는 신실한 자들 / 3. 1) 4절, 2) 5, 9, 11절, 3) 10절 / 4. 은혜에 의하여 믿음으로 말미암아 구원을 받은 것 / 5. 화평. / 6. (3:12) 우리가 그 안에서~ 그를 믿음으로 말미암아 담대함과 확신을 가지고 하나님께 나아감을 얻느니라 / 7. 사도, 선지자, 복음 전하는 자, 목사, 교사 / 8. 술, 성령으로 충만함 / 9. 교회, 자신을 주심 / 10. 주 안에서, 순종

• **빌립보서**

1. 그리스도 / 2. 그리스도 예수의 마음 / 3. 하늘 / 4. (4:4) 주 안에서~ 항상 기뻐하라 내가 다시 말하노니 기뻐하라 / 5. 1) 풍성한 열매를 구함이라, 2) 향기로운 제물이요, 3) 기쁘시게 한 것이라, 4) 너희 모든 쓸 것을 채우시리라 / 6. 14개절

• **골로새서**

1. 에바브라 / 2. 십자가의 피, 만물, 화목하게 / 3. 믿음, 감사함 / 4. 자기를 창조하신 이의 형상을 따라 지식에까지 새롭게 하심을 입은 자 / 5. (3:21) 아비들아~ 너희 자녀를 노엽게 하지 말지니 낙심할까 함이라 / 6. (4:2) 기도를 계속하고~ 기도에 감사함으로 깨어 있으라

• **데살로니가전서, 데살로니가후서**

1. 1) 믿음, 2) 소망, 3) 사랑 / 2. 능력과 성령과 큰 확신으로 / 3. 사람의 말로 받지 아니하고 하나님의 말씀으로 받음 / 4. 위로가 됨 / 5. 주의 재림 / 6. 항상 기뻐하라, 쉬지 말고 기도하라, 범사에 감사하라 / 7. 영과 혼과 몸 / 8. 환난, 안식, 하나님의 공의 / 9. 배교하는 일이 있고 저 불법의 사람 곧 멸망의 아들이 나타난다 / 10. 무질서하게 행하지 아니하며 누구에게서든지 음식을 값없이 먹지 않고 오직 수고하고 애써 주야로 일함

• **디모데전서, 디모데후서, 디도서**

1. 청결한 마음과 선한 양심과 거짓이 없는 믿음에서 나오는 사랑 / 2. 모든 사람이 구원을 받으며 진리를 아는데 이르기를 원하신다 / 3. 2~7절, 9~13절 / 4. 1) 아버지, 2) 형제, 3) 어머니, 4) 자매 / 5. 변론과 언쟁 / 6. 외조모 로이스와 어머니 유니게 / 7. 디모데, 충성된 사람들 / 8. 그리스도 예수 안에 있는 믿음으로 말미암아 구원에 이르는 지혜 / 9. 말씀을 전파, 항상 / 10. 책망할 것이 없고 한 아내의 남편이며 방탕하다는 비난을 받거나 불순종하는 일이 없는 믿는 자녀를 둔 자 / 11. 거짓말쟁이, 악한 짐승, 게으름뱅이 / 12. 한두 번 훈계한 후에 멀리하라

• **빌레몬서**

1. 동역자인 빌레몬과 자매 압비아와 우리와 함께 병사 된 아킵보와 교회 / 2. 전에는 네게 무익하였으나 이제는 나와 네게 유익하므로 / 3. 순종

• **히브리서**

1. 1) 선지자, 2) 아들(예수님) / 2. 천사 / 3. 모세 / 4. 살아 있고, 생각, 뜻 / 5. 아론, 멜기세덱 / 6. 1) 19절, 2) 22절 / 7. 새 언약 / 8. 피로써, 피흘림 / 9. 예수를 바라보자 / 10. 순종, 복종, 영혼

신약 총정리 문제 3. 공동서신(약~유), 〈요한계시록〉

• **야고보서**

1. 복, 면류관 / 2. 고아와 과부를 그 환난 중에 돌보고 또 자기를 지켜 세속에 물들지 아니하는 그것 / 3. 행함, 믿음이 온전하게 / 4. 죽은 것 / 5. 의의 열매 / 6. 복종, 대적, 가까이 / 7. 잠깐 보이다가 없어지는 안개 / 8. 죄 / 9. 강림, 원망 / 10. 1) 기도, 2) 찬송, 3) 장로를 청할 것

• **베드로전서**

1. 칭찬과 영광과 존귀 / 2. 살아 있고 항상 있는 하나님의 말씀 / 3. 1) 택하신, 2) 제사장들, 3) 거룩한, 4) 백성 / 4. 칭찬, 고난 / 5. 악, 욕, 복 / 6. 복 / 7. 정신을 차리고 근신하여 기도하라 / 8. 도리어 그 이름으로 하나님께 영광을 돌리라 / 9. 교만한 자를 대적하시되 겸손한 자들에게는 은혜를 주신다 / 10. (5:7) 너희 염려를~ 다 주께 맡기라 이는 그가 너희를 돌보심이라

• **베드로후서**

1. 마 3:17 / 2. 성령의 감동하심을 받은 사람들 / 3. 고통당하는 의로운 롯 / 4.. 시험, 형벌 / 5. 멸망, 회개 / 6. 새 하늘과 새 땅

• **요한일이삼서**

1. 아버지와 그의 아들 예수 그리스도 / 2. (요일 1:9) 우리 죄를 자백하면~ 그는 미쁘시고 의로우사 우리 죄를 사하시며 우리를 모든 불의에서 깨끗하게 하실 것이요 / 3. 의로우신 예수 그리스도 / 4. 육신의 정욕, 안목의 정욕, 이생의 자랑 / 5. 적그리스도(거짓말하는 자) / 6. 마귀의 일을 멸하려 하심 / 7. 살인하는 자 / 8. 행함, 진실함 / 9. 사랑, 서로 사랑 / 10. 사랑, 하나님 / 11. 보지 못하는 바 하나님. / 12. 우리의 믿음 / 13. 하나님의 아들 / 14. 서로 사랑하자 / 15. 예수 그리스도께서 육체로 오심을 부인하는 자 / 16. 디오드레베. / 17. 데메드리오.

• **유다서**

1. 성도에게 단번에 주신 믿음의 도를 위하여 힘써 싸우라 / 2. 육체를 더럽히며 권위를 업신여기며 영광을 비방한다 / 3. 가인, 발람, 고라 / 4. (1:20~21) 사랑하는 자들아 너희는 너희의 지극히 거룩한 믿음 위에 자신을 세우며 성령으로 기도하며 하나님의 사랑 안에서 자신을 지키며 영생에 이르도록 우리 주 예수 그리스도의 긍휼을 기다리라.

• **요한계시록**

1. 읽는 자, 듣는 자, 지키는 자 / 2. 네가 본 것과 지금 있는 일과 장차 될 일 / 3. 1) 일곱 교회의 사자, 2) 일곱 교회 / 4. 해당 성구 참고 / 5. 이십사 장로들 / 6. 금 대접, 성도의 기도 / 7. 1) 흰 말, 2) 붉은 말, 3) 검은 말, 4) 청황색 말 / 8. 여섯째 인 / 9. 십사만 사천. / 10. 구원하심이 보좌에 앉으신 우리 하나님과 어린 양에게 있도다 / 11. 어린 양의 피에 그 옷을 씻어 희게 하였다 / 12. 일곱 나팔 / 13. 성도의 기도 / 14. 이마에 하나님의 인침을 받지 아니한 사람들 / 15. 불과 연기와 유황 / 16. 입에는 꿀 같이 다나 먹은 후에 배에서는 쓰게 되었다 / 17. 마흔두 달, 두 증인, 천이백육십 일 / 18. 하나님의 언약궤 / 19. 미가엘과 그의 사자들 : 용과 그의 사자들 / 20. 옛 뱀 곧 마귀라고도 하고 사탄이라고도 하며 온 천하를 꾀는 자 / 21. 뿔이 열이요 머리가 일곱이라 그 뿔에는 열 왕관이 있고 그 머리들에는 신성 모독하는 이름들이 있더라 / 22. 오른손에나 이마 / 23. 어린 양의 이름과 그 아버지의 이름 / 24. 짐승과 그의 우상에게 경배하고 이마에나 손에 표를 받으면 / 25. 포도송이 / 26. 유리 바다 가 / 27. 일곱 천사의 일곱 재앙 / 28. 하나님의 진노의 일곱 대접을 땅에 쏟으라 / 29. 용 · 짐승 · 거짓 선지자, 아마겟돈 / 30. 비밀, 큰 바벨론, 땅의 음녀들과 가증한 것들의 어미 / 31. 만주의 주, 만왕의 왕 / 32. 큰 성 바벨론 / 33. 하늘, 성도들, 사도들, 선지자들 / 34. 할렐루야 / 35. 성도들의 옳은 행실 / 36. 유황불 붙는 못 / 37. 하나님과 그리스도의 제사장이 되어 천 년 동안 그리스도와 더불어 왕 노릇 / 38. 생명책, 불못 / 39. 새 하늘과 새 땅 / 40. 주 하나님 곧 전능하신 이와 및 어린 양 / 41 어린 양의 생명책에 기록된 자들 / 42. 다윗의 뿌리요 자손이니 곧 광명한 새벽 별이라 / 43. 내가 진실로 속히 오리라

B I B L E

성경 한눈에 익히기(성경 역사의 흐름)

이 자료는 〈실로암 성서연대표〉(실로암성경학교 별매)에 대한 간단한 해설입니다. 이 과정을 잘 살펴 공부하면 성경이 친근해지는 체험을 하게 됩니다. 다음 해설의 성경구절과 단어에 관심을 갖고 자신의 성경에 표시하고 여백에 적절하게 기록하여 자신의 성경으로 만들면 성경이 한눈에 보이는 신비함이 있습니다. 구체적인 것은 이 책의 해당 본문 자료를 보면 됩니다.

1. 율법서

[제1과] 창세기(인류시작)

원역사	창조(1~2장) - 1:1 타락(3~5장) - 3:6 홍수(6~9장) - 6:13 바벨(10~11) - 11:9	족장사	아브라함(12~23장) - 12:1 이삭(24~26장) - 21:3(이스마엘, 16:11~12) 야곱(27~36장) - 25:26(에서: 에돔, 36:1~4) 요셉(37~50장) - 애굽으로 37:28, 가족 애굽으로 46:27

열두 아들(지파:르시레유단납갓아잇스요베) → 해당 본문 내용 도표 참고, 성경에 표시

※창세기는 '톨레도트'(족보, 계보) 형식의 기록이다(10회). ① 2:4, ② 5:1, ③ 6:9, ④ 10:1, ⑤ 11:10, ⑥ 11:27, ⑦ 25:12, ⑧ 25:19, ⑨ 36:1(9), ⑩ 37:2 형식의 기록이다. – 이 구절들을 찾아 표시하라.

[제2과] 출애굽기(출애굽과 시내 산 언약)

※**모세의 애굽 출생** 2:2,10. → **미디안**으로 2:15. → 소명(3장, 호렙 산: 시내 산) → 애굽으로 4:19
(모세의 첫 번째 40년) (모세의 두 번째 40년)

→ 애굽에서의 **10대 재앙** (피개이파돌종우메흑장) → 성경에 표시

출애굽(유월절) 12:11-14,37 → 시내 산 도착 19:1(정월 15일 → 제3월(1일): 45일 소요?), 시내 산에서 율법 받기까지 5일(?), 즉 출애굽(유월절)부터 율법받기까지 약 50일(**오순절, 맥추절**)

(구약은 오순절이 '율법 받은 날', 신약은 '성령강림한 날'로 이해한다)

※시내 산 언약 - (19~24장) → 19:5~6, 제사장 나라, 거룩한 백성 / 나는 너희 하나님, 너희는 내 백성.

/ (모세의 세 번째 40년)은 출애굽부터 호르 산에서 죽을 때까지 광야의 삶

부록

십계명: 20장 성경에 표시

※성막 제도 및 건축 봉헌(25-40장). 정월 초일일에 봉헌(출애굽한 지 약 1년)

성막의 식양에 대한 명령과 시행을 찾기 성경에 표시

회막 밖: 번제단, 물두멍 / **성소:** 진설병상, 등잔대, 분향단 / **지성소:** 증거궤

[제3과] **레위기(제사제도 및 여호와께 성결)**

성막을 봉헌하고(출 40장), 이곳에서의 제사들과 정결 규례에 관한 말씀을 가르치고 있다. 장소의 이동은 없으며 시내 산에서 하신 말씀이다(7:38, 25:1, 26:46, 27:34).

1~7장: 희생제물 / ※5대 제사(규례)

① 번제 1:3 (6:9), ② 소제 2:1 (6:14), ③ 화목제 3:1 (7:11),

④ 속죄제 4:3 (6:25), ⑤ 속건제 5:15 (7:1)

8~10장: 제사장직

11~16장: 여호와께 성결

17~27장: 거룩함에 대하여 → 17:11 피가 죄를 속하느니라(히 9:22 참고).

※17~22장은 정결규례(Holiness Code)

※23, 25장: **절기** → (《성경핵심전과1》 129쪽 참고.) / **3대 절기**(유월절, 맥추절, 수장절)와 기타 절기 기억

[제4과] **민수기(광야 방랑 및 인구 조사)**

2차에 걸친 인구조사 *1차 → 시내 광야에서 - 1:1(출애굽 제2년 2월 1일), 1:3, 46 싸울 자(603,550명)

*2차 → 모압 평지에서 - 26:2, 51, 20세 이상, 전쟁에 나갈 만한 자(601,730명)

두 번째 유월절 - 9:5(1월 14일), 첫 번째 유월절은 출애굽 사건 (출 12:11~14, 37)

시내 산 출발 - 10:11~12(제2년 2월 20일). (시내 산 도착은 출 19:1 - 약 1년간 시내 광야 거주)

바란 광야 가데스에서 열두 정탐꾼 보냄 - 13:1~2 (결과는 14:33~34) - 40년 광야 생활의 원인

모압 평지(여리고 맞은편) 도착 - 22:1 / (22~36장): 여호와의 규례 - 26:1, 36:13, 신 1:5

[제5과] **신명기(율법의 재음미)**

신명기에서 '신'은 원전의 의미를 잘 나타내는 말이다. 무슨 뜻인가?

(神이 아닌 申으로 '다시', '반복'이다.)

요단 저편 모압 땅에서 율법 설명 - 1:5, 모세가 죽기 전 가나안에 들어갈 후세대들에게 말씀

이르되 - 1~4장: 첫 번째 설교(1:6 – 이르시기를) - 광야 생활 40년 요약

5~26장: 두 번째 설교(5:1 – 이르되) - 시내 산에서 받은 율법(호렙)

27~28장: 가나안 입성을 위한 설교(27:1–이르되),(27장부터 세 번째 설교로 분류하기도)

29~30장: 세 번째 설교(29:2 – 이르되) - 모압에서 받은 율법(언약 갱신)

31~34장: 모세의 마지막 - 설교 후에 이스라엘을 축복하고 모세는 죽음(34:5).

2. 역사서

신명기적 역사서 : 〈여호수아〉, 〈사사기〉, 〈사무엘〉, 〈열왕기〉. (〈룻기〉는 성문서)

①예배처소의 단일화(예루살렘) ②유일신 하나님 경배 ③이방 풍속 거부 및 혼인 · 교류 금지

④시각이 선지자적(잘못을 지적) ⑤기본 구조가 범죄(배신) – 심판 – 회개 – 구원 (예: 〈사사기〉)

⑥조건부 언약관계로 이해(순종하면 복, 불순종하면 저주)

[제1과] **여호수아(가나안 정복과 땅 분배)**

1~12장 : 가나안 정복 - (31왕을 멸함 - 12:7, 24).

13~22장 : 가나안 분배

23~24장 : 여호수아의 고별 설교 / "나와 내 집은 여호와를 섬기겠노라."

[제2과] **(1) 사사기(판관기, 왕이 있기 전 사사들이 통치하던 시대상)**

※왕정제도는 백성들의 요구(삼상 8장)에 의한 것이며, 사사시대는 지파동맹체(임펙티오니)로서 오히려 하나님이 원하는 체제로서 긍정적인 면이 있으나 제 소견에 옳은 대로 행한 혼란이 있었다.

"왕이 없으므로" - 17:6, 18:1, 19:1, 21:25 → "자기 소견에 옳은 대로 행하였더라"(혼란).

※사사를 세운 목적 2:16 → "여호와께서 사사들을 세우사 노략자의 손에서 그들을 구원하게"

※여호수아 시대에 가나안을 완전히 정복하지는 못했다. 1:27~33 → "쫓아 내지 못하였음"

그 이유 - 2:20~22 → "여호와와 동행하나 시험하려고"

부록

사이클 시대 (배신, 심판, 회개, 구원) - 해당 본문 내용 보기

열두 사사 이름 첫자 : 옷에삼드기돌야입입엘압삼 - 해당 본문 내용을 보고 성경에 표시, 여백에 기록

(2) 룻기(사사시대 초기, 다윗 왕조의 족보를 본다)

※사사시대 초기에 이방 모압 여인 룻이 다윗 왕조의 조상이 되는 과정을 보여준다(1:1).

※족보를 살펴보자→4:18-22. 살몬은 라합에게서(수 2:2 → 마 1:5) 보아스를 낳았고

보아스 → 오벳 → 이새 → 다윗 → …… → 예수 그리스도 (4:18~22)

[제3과] **(1) 사무엘상(사무엘 선지 / 통일왕국 사울 왕)**

1~8장 : 사무엘의 활동(선지자, 사사, 제사장)

9~24장 : 초대 왕 사울(베냐민 지파)

※이스라엘이 왕을 요구한 이유(8:4~5)

① 사무엘이 늙었다. ② 사무엘의 아들들은 행위가 나쁘다. ③ 모든 나라와 같이 왕을 세워 다스리게.

※사울의 등장 9:2 → 기름 부음 10:1 → 왕위 의식 10:24

※처음에는 잘 했으나 나중에 교만하여 타락 → 해당 본문 내용에 있는 도표 참고

(2) 사무엘하(〈역대상〉과 동시대 – 다윗 왕의 치세)

제2대 왕 다윗은 유다 지파 출신으로 다윗 이후 유다 지파만 왕이 되었다.

※왕으로 예선, 삼상 16:13 → 유다 지파 지지, 삼하 2:4 → 온 이스라엘 지지, 삼하 5:3

※북쪽엔 사울의 아들 이스보셋이 이스라엘 왕이 됨 (2:10, 2년간) → 죽임 당함(4:7~8)

※다윗은 헤브론에서 7년 6개월(유다의 왕) / 다윗과 하나님의 언약 (7장)

예루살렘에서 33년(유다와 온 이스라엘의 왕: 통일 왕국). 40년 간 통치(5:4~5)

※다윗 왕국의 확장 및 전승 (8장 이하) - 블레셋, 모압, 소바, 아람, 암몬, 에돔

부록

[제4과] **(1) 열왕기상(솔로몬의 통치 및 왕국 분열, 남1~4, 북1~8대왕)**

〈열왕기상하〉는 〈역대하〉와 동시대

솔로몬의 출생(삼하 12:24) ※왕위 쟁탈에서 부왕 다윗이 밧세바의 아들 솔로몬을 후계자로 지목.

- 아도니야 - 학깃의 아들, 지원자: 요압장군, 아비아달 제사장 - 아도니야 죽임 당함(2:25)
- 솔로몬 - 밧세바의 아들, 지원자: 브나야 장군, 사독 제사장, 나단 선지 - 다윗의 인정(1:30)

제3대 왕 솔로몬의 성전건축 (6:1, 애굽에서 나온 지 480년, 왕이 된 지 4년에 시작하여 11년에 완공)

일반 건축 - 성전과 왕국 건축 후 9:15 이하에 나타난 다양한 건축들

이방 여인 수입(왕권을 나타내지만, 우상숭배와 연계) 11:1~13 → 대적들 생김 23장 이하, 26장 이하~

왕국 분열(12장) - 르호보암(남, 유다 지파) 7절 - 2지파 (유다, 베냐민)

여로보암(북, 에브라임지파) 20절 - 10지파 (벧엘과 단에 금송아지, 28절)

남북 왕을 찾아 이름에 표시하고 여백에 몇 대 왕인지를 숫자로 표시: 남북 구분 옆 쪽 도표

※〈열왕기〉는 일정한 형식으로 기록되었으므로 이런 틀을 이해하며 읽으면 도움이 된다.

왕의 재위 비교 연대 / 즉위 나이 / 재위 기간 / 왕의 모친 / 죽음과 매장지 /
왕에 대한 비판과 예배에 대한 태도를 논하고 있다.

(2) 열왕기하(남 5~20대왕, 북 9~19대왕)

〈열왕기상하〉는 〈역대하〉와 동시대

북왕국 멸망(주전 721년) 17장, 앗수르 포로

※산헤립의 예루살렘 침공(주전 701년) 18장

※요시야의 종교개혁(주전 621년) 22~23장,

남왕국 멸망(주전 587년) 25장, 예루살렘 성전 파괴, 바벨론 포로 → 주전 538년부터 3차 귀환(스)

멸망의 원인은 남북 모두 하나님을 배반하고 우상숭배한 죄를 지적한다(17장, 25장).

① 주전 597년(여호야긴) - 겔 1:1~3, 왕하 24~25장, 렘 52:28

② 주전 587년(시드기야) - 왕하 24~25장, 대하 36장, 렘 52:28

③ 주전 582년 멸망 후, 렘 52:28~32 / (1차 포로를 605년 여호야김 때도 주장, 단 1:1, 대하 36:6~7).

역대기적 역사서 : 〈역대기〉, 〈에스라〉, 〈느헤미야〉. (〈에스더〉는 성문서)

①아담부터 이스라엘의 몰락, 국가재건까지 기록. ②남국 유다 중심으로 기록. ③다윗과 솔로몬의 성전중심의 치적 강조
④시각이 제사장적(포용과 화합), ⑤다윗(삼하11장)과 솔로몬의 문제점(왕상11장)은 기록 않음. ⑥레위인의 위상정립.

부록

[제5과] (1) 〈역대상〉(다윗의 통치로서 〈사무엘하〉와 동시대)

1~10장은 다윗의 등장에 대한 서언적인 족보 / **11장 이하**는 다윗의 통치 및 여러 목록들

역대기는 포로기 이후에 다윗 왕조의 회복을 기대하는 유다주의적인 관점에서 기록하였다.

(2) 〈역대하〉(솔로몬의 통치 및 왕국분열, 〈열왕기상하〉와 동시대)

1~9장은 솔로몬의 통치 / **10~36장**은 유다 열왕들 (남북 분열, 분열 왕들, 왕국의 멸망)

북국 이스라엘의 왕들(주전 922~721년) *번호에 선으로 구분한 것은 쿠데타로 왕조가 바뀐 것

왕조	번호	왕이름	지파	재위연대(통치기간)		선왕과 관계	성품	사망형태 (살해자)	남북 관계	관계성구		성경표시
				현대 견해	전통 견해					열왕기상	역대하	열왕기상
1	1	여로보암	에브라임	922~901	931~910(22)	아들	악함	하나님이 치심	전쟁	12:20~14:20	9:29~13:22	12:20
	2	나답	에브라임	901~900	910~909(2)		악함	살해됨(바아사)	전쟁	15:25~32	9:29~13:22	15:25
2	3	바아사	잇사갈	900~877	909~886(24)	무관함	악함	자연사	전쟁	15:27~16:7	16:1~6	15:33
	4	엘라	잇사갈	877~876	886~885(2)	아들	악함	살해됨(시므리)	전쟁	16:6~14		16:8
3	5	시므리	베냐민	876(7일)	885(7일)	병거장관	악함	자살(오므리 포위)	전쟁	16:9~20		16:11
4	6	오므리		876~869	885~874(12)	군대장관	악함	자연사	전쟁	16:16~28	0	16:22
	7	아합		869~850	874~853(22)	아들	악함	전쟁에서 부상	동맹	16:28~22:40	18:1~34	16:29
	8	아하시야		850~849	853~852(2)	아들	악함	창밖으로 떨어짐	화평	22:51~왕하1:18	20:35~37	22:51
										열왕기하		열왕기하
	9	여호람(요람)		849~842	852~841(12)	형제	악함	살해됨(예후)	동맹	3:1~8:24	22:5~7	3:1
5	10	예후		842~815	841~814(28)	무관함	악함	자연사	전쟁	9:1~10:36	22:17~24	9:13
	11	여호아하스		815~801	814~798(17)	아들	악함	자연사	화평	13:1~9	0	13:1
	12	요아스(여호아스)		801~786	798~782(16)	아들	악함	자연사	전쟁	13:10~14:16	25:17~24	13:10
	13	여로보암 II		786~749	793~753(41)	아들	악함	자연사	화평	14:23~29	0	14:23
	14	스가랴		746(6월)	753~752(6월)	아들	악함	살해됨(살룸)	화평	15:8~12	0	15:8
6	15	살룸		745(1월)	752(1월)	무관함	악함	살해됨(므나헴)	화평	15:10~15		15:13
7	16	므나헴		745~738	752~742(10)	무관함	악함	자연사	화평	15:14~22		15:17
	17	브가히야		738~737	742~740(2)	아들	악함	살해됨(베가)	화평	15:22~26		15:23
8	18	베가		737~732	752~731(20)	군대장관	악함	살해됨(호세아)	전쟁	15:27~31	28:5~8	15:27
9	19	호세아		732~721	731~722(9)	무관함	악함	앗수르의 포로됨	화평	17:1~6		17:1

남국 유다의 왕들(주전 922~721년) *아래 제시한 '성경에 표시' 성구를 찾아 표시하고 여백에 기록

번호	왕이름	지파	재위 연대(통치 기간)		즉위 나이	선왕 관계	성품	사망형태 (살해자)	남북 관계	관계성구		성경에 표시	
			현대 견해	전통 견해						열왕기상	역대하	열왕기상	역대하
1	르호보암	유다	922~915	931~913(17)	41	아들	악함	자연사	전쟁	11:42~14:31	10:1~12:16	12:17	9:31
2	아비얌(아비야)	유다	915~913	913~911(3)	?	아들	악함	자연사	전쟁	14:31~15:8	13:1~22	15:1	13:1
3	아사	유다	913~873	911~870(41)	?	아들	선함	자연사	전쟁	15:8~24	14:1~16:14	15:9	14:1
4	여호사밧	유다	873~849	873~848(25)	35	아들	선함	자연사	화평	22:41~50	17:1~20:37	22:41	17:1
										열왕기하		열왕기하	
5	여호람	유다	849~842	848~841(8)	32	아들	악함	하나님이 치심	화평	8:16~24	21:1~20	8:16	21:1
6	아하시야	유다	842	841(1)	22	아들	악함	살해됨(예후)	동맹	8:24~9:29	22:1~9	8:25	22:1
7	아달랴	아합의 딸	842~837	841~835(6)		모친	악함	살해됨(군대)	화평	11:1~20	22:10~23:21	11:1	22:10
8	요아스	유다	837~800	835~796(40)	7	손자	선함	살해됨(신복들)	화평	11:21~12:21	24:1~24:27	11:21	24:1
9	아마샤	유다	800~783	796~767(29)	25	아들	선함	살해됨(모반)	전쟁	14:1~22	25:1~28	14:1	25:1
10	아사랴(웃시야)	유다	783~742	792~740(52)	16	아들	선함	하나님이 치심	화평	15:1~7	26:1~23	14:21	26:1
11	요담	유다	742~735	740~732(16)	25	아들	선함	자연사	전쟁	15:32~38	27:1~9	15:32	27:1
12	아하스	유다	735~715	732~716(16)	20	아들	악함	자연사	전쟁	16:1~20	28:1~27	16:1	28:1
13	히스기야	유다	715~687	716~687(29)	25	아들	선함	자연사		18:1~20:21	29:1~32:33	18:1	29:1
14	므낫세	유다	686~642	687~643(55)	12	아들	악함	자연사		21:1~18	33:1~20	21:1	33:1
15	아몬	유다	642~640	643~641(2)	22	아들	악함	살해됨(신복들)		21:19~26	33:21~25	21:19	33:21
16	요시야	유다	640~609	641~609(31)	8	아들	선함	전쟁에서 부상		22:1~23:30	34:1~35:27	22:1	34:1
17	여호아하스	유다	609(3월)	609(3월)	23	아들	악함	애굽에 잡혀감		23:31~33	36:1~4	23:31	36:1
18	여호야김	유다	609~598	609~598(11)	25	형제	악함	포위 때 죽음(?)		23:34~24:5	36:5~8	23:34	36:5
19	여호야긴	유다	598(3월)	598~597(3월)	18	아들	악함	바벨론에 잡혀감		24:6~16	36:9~10	24:6	36:9
20	시드기야	유다	597~587	597~586(11)	21	숙부	악함	바벨론에 잡혀감		24:17~25:30	36:11~21	24:17	36:11

※연대는 학자마다 다양하므로 절대적인 것은 없으며, 현대견해는 주로 John Bright 의 〈이스라엘 역사〉에서, 전통견해는 많이 알려진 연대를 기초로 하였다.

※**주의**: 본문의 사건들이 북국을 말하는지 남국을 말하는지 구분할 줄 알아야 한다. / 선지자는 따로 표시하라.
예) 왕상 15:1 / 느밧의 아들 여로보암 왕 제 십팔 년에 아비얌이 유다 왕이 되고…… (남국 유다 왕 아비얌을 소개)
왕상 16:23 / 유다 왕 아사 제 삼십일 년에 오므리가 이스라엘 왕이 되어 십이 년을……(북국 이스라엘 왕 오므리 소개)

[제6과] 포로 후 시대(〈에스라〉, 〈느헤미야〉, 〈에스더〉), (바벨론이 539년에 바사에 멸망)

〈에스라〉, 〈느헤미야〉, 〈에스더〉는 바벨론 포로 후의 재건 (**성전, 율법, 성벽**)하는 모습을 보여 준다.
포로 후의 역사는 바사의 통치하에 있으므로 바사의 왕들을 기준으로 년대를 보게 된다.

바사 왕	통치 연대	관계 성경	한 일
고레스	559~530	스 1장	해방령
캄비세스	530~522	언급 없음	
가우마타	522(2월)	언급 없음	
다리오 1세	522~486	스 4:5, 24, 6:1~15	성전재건을 도움
아하수에로(크셀크세스)	486~465	스 4:6, 에 1~10장	에스더를 왕비로 맞음
아닥사스다 1세	464~424	스 4:7~23, 7:1, 느 2:1	에스라, 느헤미야 귀환 도움

• 바사의 왕들 일람표 / 바사(페르시아)는 539년에 바벨론을 무찌르고 제국이 되었으나, 333년에 헬라의 알렉산더에게 멸망한다.

(1) 에스라(포로에서 귀환하여 성전재건 및 개혁)

포로생활 **70년**(견해. ① 587~515 성전재건, ② 606~538년 포로귀환)은 〈예레미야〉 25:12의 예언 성취.

1~6장: 해방령과 **1차 귀환** (538년, 스룹바벨 주도).

*성전 공사 시작(3:8), 중단되었다가 다리오 6년(515년)에 **성전 재건** 완공(6:15)/ 학개, 스가랴 예언

7~10장: 2차 귀환(458년, 에스라 주도)과 개혁. 학사 겸 제사장으로 **율법 재건**하는 개혁을 시행한다.

(2) 느헤미야(3차 귀환을 인도하여 성곽 재건 및 개혁)

느헤미야는 아닥사스다 20년(445년, 느 1:1, 2:1)에 **3차 귀환**(445년)을 주도하여 귀환 후 **성곽을 재건**하고 (느 6:15, 12:27) 여러 개혁들을 에스라와 함께 시행한다(5장, 8장, 13장).

(3) 에스더(아하스에로–크셀크세스– 시대에 있던 구원역사)

〈에스더〉는 〈에스라〉 6장(성전재건, 515년)과 7장(에스라의 귀환 458년) 사이에 있었던, 유다인들이 죽게 되었을 때 에스더가 '죽으면 죽으리라'는 각오로 하만의 세력을 무찌르고 민족을 구원한 사건.
부림절의 기원(에 9:26).

3. 시가서

시가서는 〈욥기〉, 〈시편〉, 〈잠언〉, 〈전도서〉, 〈아가〉로 5권이다. - 첫 자로 외우기(욥시잠전아)

저술 시기는 지혜문학이 발전한 다윗과 솔로몬 시대이며, 일부는 헬라 지배하에 있던 중간시대로 보인다.

(1) 욥기 – 의인의 고난과 승리

지혜문서(욥, 잠, 전)의 하나로서 족장시대 분위기이지만 기록은 왕정시대 초기로 본다.

구성: 욥과 세 친구(엘리바스, 빌닷, 소발)의 논쟁과 엘리후의 연설과 하나님의 말씀

(2) 시편 – 히브리 시인들의 신앙고백

'시편(세펠 테힐림)'은 '현악기를 연주한다'는 의미를 포함한다.

전5권: 제1권(1-41편), 제2권(42-72편), 제3권(73-89편), 제4권(90-106편), 제5권(107-150편).

(3) 잠언 –지혜로운 격언 모음

솔로몬의 잠언(미쉘레 쉘로모)으로 속담, 격언, 비유, 수수께끼를 포함한다.

지혜와 우둔, 솔로몬의 잠언(1-2집), 지혜인의 어록, 아굴 · 르무엘의 잠언, 현숙한 여인의 교훈

(4) 전도서 – 인생의 허무와 인간의 본분

전도자(코헬렛)는 '회중을 모은 사람', '회중 가운데서 말하는 사람'이라는 뜻이다.

자연인의 시각으로만 보면 헛되지만, 계시의 시각으로 보면 하나님을 경외하는 것이 인생의 본분

(5) 아가 – 남녀의 사랑, 그리스도와 교회의 사랑을 노래

아가(쉬르 하쉬림)는 '노래 중의 노래'로서 화자(話者)를 찾아 읽어야 한다.

솔로몬과 술람미 여인의 사랑은 풍유적으로 그리스도와 교회(성도)의 사랑을 보여준다.

4. 예언서

1. 대예언서 5권 - 〈이사야〉, 〈예레미야〉, 〈애가〉, 〈에스겔〉, 〈다니엘〉 - 첫 자로 외우기(사렘애겔단)

예언자의 시대적 위치와 대상자를 찾는 것은 각 예언서 1장 1~3절에서 어느 왕 때인가를 보는 것이다.

- **〈이사야〉 (포로 전)** "유다 왕 웃시야와 요담과 아하스와 히스기야 시대에 아모스의 아들 이사야가 유다와 사마리아에 대하여 본 이상이라."(사 1:1)
  (1) 예언 시기 - 웃시야(주전 783-742), 요담(742~735), 아하스(735~715), 히스기야(715~687)
  (2) 예언 대상 - 남 유다(예루살렘)와 열국
- **〈학개〉 (포로 후)** "다리오 왕 이년 유월 곧 그 달 초하루에 여호와의 말씀이 선지자 학개로 말미암아 스알디엘의 아들 유다 총독 스룹바벨과 여호사닥의 아들 대제사장 여호수아에게 임하니라."(학 1:1)
  (1) 예언 시기 - 당시 유다에는 왕이 없었으니 자연히 바사(페르시아)의 왕을 기준으로 연대를 계산한다. 다리오는 주전 522~486년에 통치했으므로 다리오 2년은 주전 520년이 된다.
  (2) 예언 대상 - 바벨론 포로에서 귀환한 유다 백성이며, 대표자는 총독 '스룹바벨'과 제사장 '예호수아'이다.

예언자 / 내용	이 사 야	예 레 미 야	에 스 겔	다 니 엘
활동 연대	주전 740~ 680	주전 627~587	주전 593~ 570	주전 605~536
부름받은 장	사 6장	렘 1 : 4~19	겔 1~3장	
성경적 배경	왕하 15 ~20장 대상 26 ~ 30장	왕하 24~25장	단 1~6장	단 1~ 6장
역사적 배경 (통치자중심)	* 유다 왕: 웃시야, 요담, 아하스, 히스기야 (사 1:1)	* 유다 왕: 요시야, 여호야스, 여호야김, 시드기야(렘 1:2,3)	* 유다 왕: 시드기야 * 바벨론 왕: 느부갓네살	* 유다 왕: 여호야김, 여호야긴 * 이방 왕: 느부갓네살,다리오, 벨사살
정치적 배경	* 수리아와 북 이스라엘의 유다 침공 위협, * 앗수르의 유다 침공 * 북 이스라엘 멸망	* 앗수르 패망과 바벨론 흥기 * 애굽, 바벨론의 적대관계 * 1차 바벨론 포로	* 2차 바벨론 포로 * 예루살렘 훼파	* 1차 바벨론 포로(전통 견해) * 헬라의 유다 박해 때 성도들 위로(현대 견해)
종교적 배경	* 이방 우상의 흥왕 * 형식적 종교 * 종교 개혁(히스기야)	* 부흥기(요시야) * 요시야 이후의 영적, 도덕적 타락	최악의 영적, 도덕적 위기	* 선민으로서의 자질 상실 * 남은 자를 통한 섭리
사역 대상	유다 본토의 유다인	본토 및 포로지에 있는 유다인	바벨론 포로지의 유다인	열국 군왕 및 포로된 유다인
경고 대상	유다 및 열방 (예루살렘, 사 1:1, 2:1)	유다 및 열방 (렘 1:5,9-10, 2:1,2)	온 이스라엘 (겔 2:3-6, 3:4-10,17)	이방 및 이스라엘 (단 2-9장)
예언 내용	* 하나님의 공의의 심판 및 남은 자의 보호 * 오실 메시아	* 심판 연기에 따른 회개 촉구, * 필연적인 바벨론 포로 및 회복	* 멸망의 이유 고지 및 회복의 약속, 경건 생활의 고취	* 세계와 이스라엘의 역사를 주관 하시는 하나님의 주권, 회복의 약속, 메시아 왕국 도래
별 명	* 왕족 출신 선지자 * 메시아 복음의 선지자	* 눈물의 선지자 * 심판의 선지자	* 환상의 선지자 * 포로민들의 선지자	* 이방 세계의 선지자

부록

2. 소예언서 12권 – 〈호세아〉, 〈요엘〉, 〈아모스〉, 〈오바댜〉, 〈요나〉, 〈미가〉, 〈나훔〉, 〈하박국〉, 〈스바냐〉, 〈학개〉, 〈스가랴〉, 〈말라기〉 – 첫 자로 외우기(호욜암옵 – 욘미나 – 합습학슥말)

소예언서는 예언의 분량이 적은 것이지, 예언자의 사명이 작거나 연대기적으로 분류한 것이 아니다. 그 예언의 시기는 대개 1장 1~3절에 보면 왕들의 통치 연대로서 알 수 있으나 12권 중에 6권에는 왕들이 나타나지 않는다. 아래의 도표에서 '사역시기'에 ?표가 있는 책들 6권은 더 많은 연구가 필요하다(욜, 옵, 욘, 나, 합, 말).

내용 \ 예언자		이름의 뜻	사역시기	역사적 배경	경고 대상	예언 내용 · 특징
1	호세아	구원하다, 구해내다	주전 745~715	북: 여로보암 2세 남: 웃시야, 요담, 아하스, 히스기야 왕하 15장-18장	북 이스라엘	영적 음행(우상숭배)을 하는 이스라엘. 음란한 아내 고멜과 그 자식 자체가 메시지이다
2	요 엘	여호와는 하나님이시다	?830 경? 586~583	? 북: 여로보암 2세 ? 왕하 11:1-15:17	남 유다	'여호와의 날'이 임하였음을 선포하며 메뚜기의 재앙을 통해 이방의 침입과 경책을 한다.
3	아모스	짐지는 자	760~753	남: 웃시야 북:여로보암 2세 왕하 14:23, 15:7	북 이스라엘 및 이방	우상숭배와 사치와 방종이 만연하여 이를 책망하며 경고했다. 다섯 가지의 이상을 보았다.
4	오바댜	여호와의 종	?848~841	? 북 여로보암 2세 시대	에돔	에돔의 심판, 더 나가서 하나님의 공정한 심판과 이스라엘의 회복.
5	요 나	비둘기	?793~753	? 왕하 13장-14장	앗수르 수도 니느웨	유대 독자들에게 만인구원을 보여줌. 요나를 니느웨에 보내 이방의 회개와 구원을 이룸.
6	미 가	하나님과 같은 자 누구인가?	735~700	유다: 요담, 아하스, 히스기야.(이사야와 동시대)	사마리아와 예루살렘	사마리아와 예루사렘의 멸망, 구원, 경고의 메시지. 메시아의 탄생 지점 예고.
7	나 훔	위로	?664~654	유다: 히스기야 시대 (715~687)	앗수르 수도 니느웨	니느웨의 심판을 예언하며 아울러 세계를 지배하고 계신 하나님의 진노를 알림.
8	하박국	하나님께 안긴 자.(포옹)	?609~605	바벨론 침략이전	갈대아인을 두려워하는 유다인	불의한 세력(갈대아=바벨론)이 세계를 통치하는 것에 대한 의인의 고뇌와 해답.(2:4)
9	스바냐	여호와께서 숨기시다	632~628	유다: 요시야 (642-609)	예루살렘과 열방	거짓 예배에 대한 하나님의 진노인 여호와의 날과 남은 자에 대한 회복에 대한 예언이다.
10	학 개	나의 축제 나의 절기.	520	바사: 다리오 2년 6월 (스가랴와 동시대)	성전재건을 중단한 유다인	바벨론 포로에서 돌아와 성전 재건에 나섰다가 중단한 지 16년 될 때에 성전재건 독려를 받음.
11	스가랴	여호와께서 기억하신다	520~480	바사: 다리오 2년 8월 (학개와 동시대)	성전재건을 중단한 유다인	성전재건과 함께 도덕적 개혁을 촉구하였다. 여덟 가지 환상과 메시아 왕국에 대해 나온다.
12	말라기	나의 사자(使者)	?432~424	유다의 마지막 선지자	의문과 회의에 빠진 유다인	성전 재건 이후 침체된 영적인 분위기 속에 영적 회복을 위함. 죄를 지적하고 회개를 촉구함.

사역시기에 ?표가 있는 것은 성경에 어느 왕 때인지 나오지 않아 추정치이며 학자에 따라 다르게 본다.

중간시대 해당 내용은 교재 참고, 몇 가지 중요한 연대만 열거한다.

주전 333년 – 알렉산더의 동방원정으로 유다는 헬라의 지배권에 들어감.

323년 – 알렉산더가 죽은 후에 그가 지배했던 지역을 네 장수가 분할하여 통치.

323년 – 프톨레미 왕조(애굽)가 유다를 통치.

198년 – 셀류시드 왕조(시리아)가 유다를 통치.

165년 – 유다의 마카비 혁명으로 헬라로부터 성전 회복(하누카: 빛의 절기).

143년 – 유다가 로마의 도움으로 독립, 153년부터 대제사장을 겸직했던 요나단 피살됨.

140년 – 시몬이 유다 통치자 및 대제사장 겸직 / 하스몬 왕조 건설.

63년 – 로마의 유다 점령.

4년 – 예수 그리스도의 나심(주전 7년으로 보는 견해도 있음).

주후 70년 – 유대전쟁으로 예루살렘 함락.

135년 – 이최후의 독립전쟁 실패로 유다인이 디아스포라가 됨(유대 나라 멸망).

1948년 – 유엔의 결의로 신생 이스라엘 재건.

5. 신약시대

'신약'이라는 말은 '구약'에 대한 상대적인 단어인데, 이는 〈예레미야〉 31:31~33에서는 하나님께서 이스라엘 집과 유다 집에 '새 언약(신약)'을 맺겠다고 말씀하신데서 온 말이다. 유대인들은 자신들의 성경을 '구약성경'이라 하지않고, 토라(율법서) 네비임(예언서) 케투빔(성문서)에서 첫 자를 따 '타나크'라고 한다.

1. 복음서 (4권 – 마, 막, 눅, 요)

〈마태복음〉 〈마가복음〉 〈누가복음〉에는 공통적인 자료들이 많다하여 '공관복음'이라 한다.
〈요한복음〉은 '제4복음'로서 예수님의 영광이 특별하게 계시되었다.

2. 역사서 (1권 – 사도행전)

1~12장은 주로 베드로의 사역과 교회 탄생을 기록. 유대인 중심의 사역이다.
13~28장은 주로 바울의 사역과 교회 확장을 기록. 이방인 중심의 사역이다.
바울 사역은 3차에 걸친 이방 전도 여행과 로마 여행으로 나눌 수 있다.

(1) 제1차 전도 여행 - 13:4~14:28
(2) 제2차 전도 여행 - 15:36~18:22
(3) 제3차 전도 여행 - 18:23~21:16
(4) 로마 전도 여행 - 27:1~28:31

초대교회 메시지의 중심은 두 가지이다.

예수님은 부활하셨다(2:31~32, 4:2, 33, 17:18, 31, 23:6, 26:8, 23).

예수님은 그리스도이시다(2:36, 5:42, 8:5, 17:3, 18:5, 28).

〈사도행전〉은 '성령행전'이라는 별명이 붙을 장도로 성령의 다양한 역사를 본다.

3. 서신서 (바울서신 13권, 기타 1권, 공동서신 7권)

(1) 바울서신(수신자가 책 이름) 〈로마서〉〈고린도전서〉〈고린도후서〉〈갈라디아서〉〈에베소서〉
〈빌립보서〉〈골로새서〉〈데살로니가전서〉〈데살로니가후서〉〈디모데전서〉〈디모데후서〉
〈디도서〉〈빌레몬서〉

기타 : 〈히브리서〉 - 저자 미상이나 바울, 아볼로, 누가, 디모데, 빌립 등으로 추정

(2) 공동서신(발신자가 책 이름) 〈야고보서〉〈베드로전서〉〈베드로후서〉〈요한일서〉〈요한이서〉〈 요한삼서〉

공동서신이란 수신자가 공동이라는 말로 회람용으로 본다.

'요한문서' - 〈요한복음〉〈요한일서〉〈요한이서〉〈요한삼서〉〈요한계시록〉. 즉 요한의 이름으로 된 5권.

'요한서신' - 〈요한일서〉〈요한이서〉〈요한삼서〉, 즉 요한의 이름으로 된 편지 3권에 붙여진 이름.

4. 예언서 (1권 – 요한계시록)

헬라어 책 제목 아포칼륩시스(Apocalypsis)는 '가려진 것을 드러낸 것', '비밀을 열어 보임'이라는 의미.

로마의 도미티안 황제 박해 때에 사도 요한이 밧모 섬에 유배된 상태에서 기록한 묵시문학 형식이다.

1:1~8 - 머리말

1:9~20 – 과거 계시(네가 본 것)

2~3장 – 현재 계시(있는 것들)

4장~22:5 – 미래 계시(이후에 될 일들)

22:6~20 - 맺음말

신약시대 역사연표

로마 황제들	팔레스틴의 주요 사건들	예수 사건, 교회의 시작
주전30년~주후14년(아우구스투스:옥타비안)	주전4년: 헤롯대왕 사망(주전40년부터통치)	주전 4년(또는 7년)경 예수탄생 (마 2:1, 눅 2:1)
(아구스도 / 눅 2:1)	아켈라오: 유다, 사마리아, 이두메 (마 2:22)	주후5~6년경 바울의 다소 출생
주후14년~37년:티베리우스	헤롯 안디바: 갈릴리와 베뢰아 (막 6:14~29)	27~28년경 세례요한 활동(눅 3:10/ 예수의 세례)
(디베료 / 눅 3:1)	헤롯 빌립: 요단동쪽, 레바논산지(눅3:1)통치	29년경 – 세례요한의 죽음
	(*주후 6년 아켈라오가 유배됨, 그의 통치 지역이 로마	30년경 – 예수의 죽음 (4월 7일: 유월절 전날 금요일)
	의 지방 영토가 됨)	33년경 – 스데반의 순교 (행 7장)
	주후 26~36년:빌라도 로마총독(눅 3:1/유다,	34년경 – 바울의 개종 (행 9장)
	사마리아, 이두매 / 36년 로마에 소환, 처형)	35년경 – 바울의 예루살렘 교회 첫 방문
37~41년: 칼리굴라	37~44년 헤롯 아그립바	43년경 – 예루살렘 교회 박해
		제자 야고보 순교 (행 12:1~7)
41~54년: 클라우디우스		47~48년- 바울의 1차 전도여행 (행 13:2~14:28)
(49년 칙령:로마에서 유다인추방. 행 18:2)		48년 – 예루살렘 공회 (행15장)
"크리스토스(그리스도)란 인물로 인해 계속 소요	50년 헤롯 아그립바 2세	48/49~51/52년 – 바울의 2차 전도여행
를 일으키는 유다인들을 로마에서 추방하라" –	52~56 벨릭스 총독 (행 23:24~35, 24장)	(행 15:36~18:22)
Sueton 보고.		52~56년- 바울의 3차 전도여행 (행 18:21~21:16)
54~68년: 네로	60년(55년) 베스도총독(행 24:27~26:32)	57~60년- 체포된 바울 (예루살렘,가이사랴, 행 21장)
64년:로마대화제, 기독교박해		60년경 – 바울이 죄수로 로마행 (행 27장)
68년:네로 자살		62년경 – 주의 동생 야고보 순교
69~79년: 베스파시안	66년 유대전쟁	– 사도행전 보고 끝(행 28:30)
(70년 티투스에게 예루살렘 점령당함)	70년 예루살렘 함락(8월 29일)	64년경 – 바울, 베드로 순교
79~81년: 티투스가 황제가 됨	73년 맛사다 항쟁	66~70년 – 유다전쟁, 예루살렘 파괴(로마의 티투스)
81~96년: 도미티안 박해(81~90)	135년 이스라엘 멸망 .	100년 – 얌니아회의 (기독교인, 회당으로부터 추방)
96~138년: 네르바, 트라얀, 하드리안 등이 황제	(*1948년 5월 14일 이스라엘 재건)	132~135년 – 최후의 독립전쟁, 유대나라 완전멸망.

* 이 신약연표는 주로《독일성서공회판 성경》의 역사연대표(알프레드 옙센 교수) 부록 pp.69~72와 [장신대 출판부《신약총론》(성종현 교수), p.244. 참고하였음,

* 두 곳 모두 예수님 탄생을 주전 7년으로 보았음.

예루살렘 중심의 세계지도(1580년)

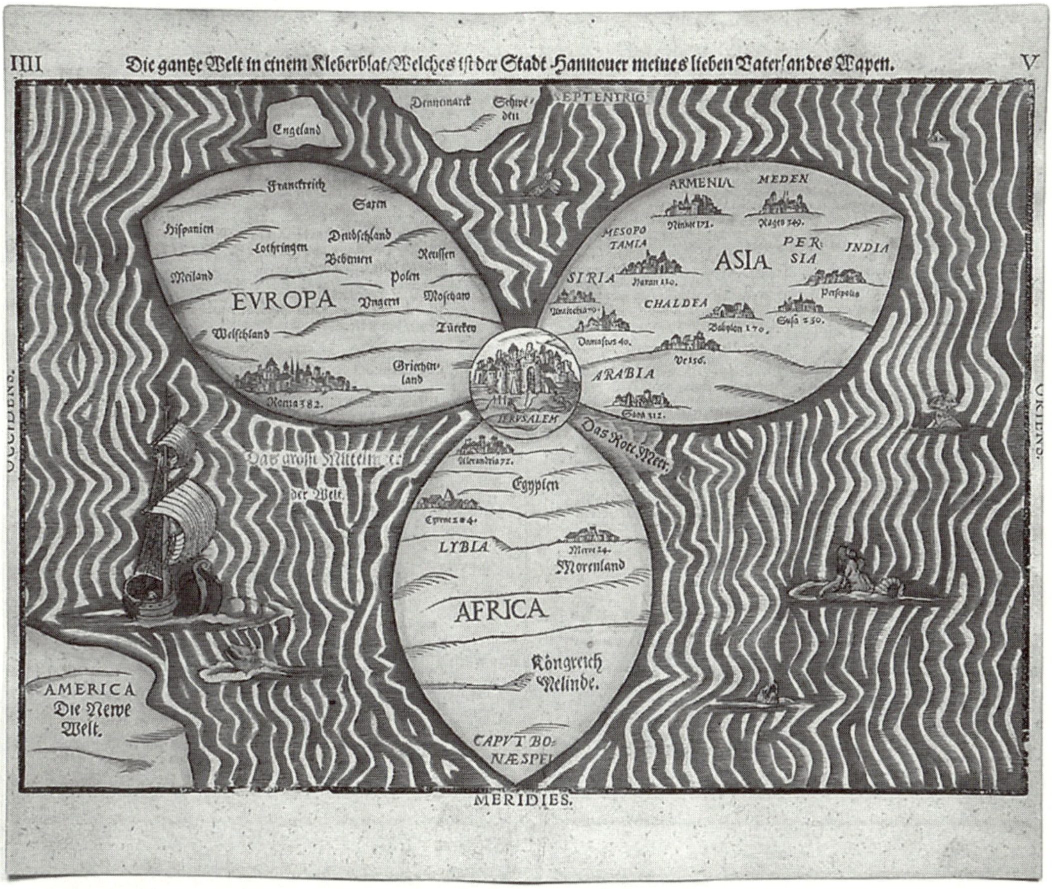

예루살렘을 중심에 그린 하인리히 분딩이 제작한 1580년 세계지도

이 지도는 하노버(Hanover) 태생의 하인리히 분딩(Heinrich Bunting, 1545~1606)에 의해 그려졌다. 그의 지도의 상상은 클로버 잎으로 구성 되었다. 비록 예수님의 생애보다 아주 후대에 만들어진 지도이지만 예루살렘이 세계의 중심 및 대표적인 인식임을 강조하는 것이다. 이 지도의 역할은 예루살렘이 세 대륙(아시아, 유럽, 아프리카)의 회전축으로서 예수님에 관한 사건들을 세계에 알리는데 중심이었음을 나타내고 있다. 아메리카는 100년에 걸쳐 알려졌지만 테라 노바(Terra Nova)라 불렸으며 지도의 왼쪽 하단 구석에 드러날 뿐이다.

신약성경 시대의 팔레스타인

바울의 1, 2차 전도 여행

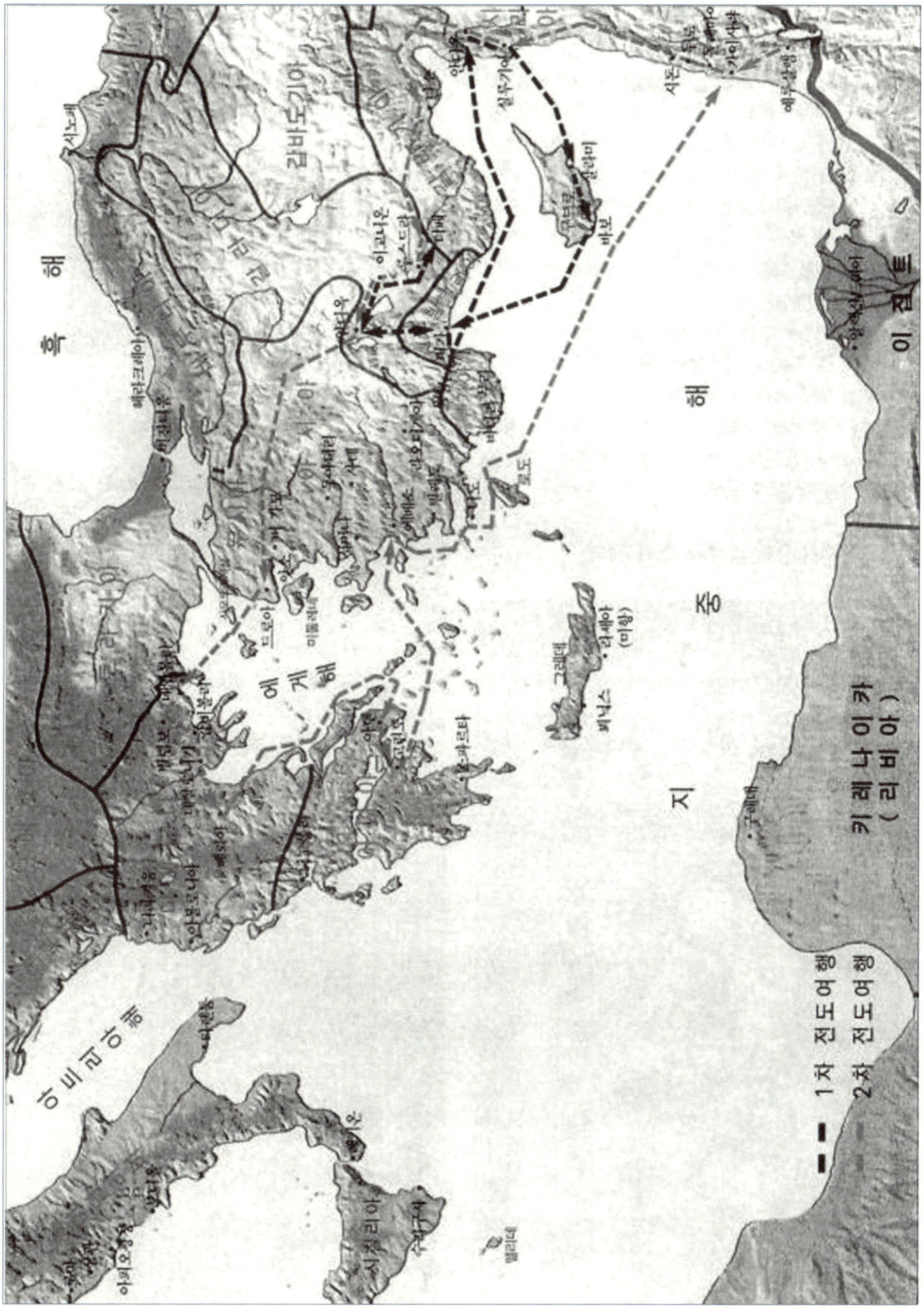

바울의 3차 전도 여행과 로마행

교회의 확산

흑 해
지 중 해
에 게 해
아드리아해
갈바두기아
시칠리아
구레네
알렉산드리아
예루살렘
가이사랴
안디옥
다소
구브로
살라미
바보
그레데
로도
밧모섬
시노페
비잔티움
아마스트리스
후에 그리스도교 사상의 본거지가 됨
오순절 성령강림으로 교회가 시작
바나바의 고향
바울의 전도 출발지
바울이 이 지역에 편지를 보냄
요한이 밧모섬에서 계시록을 씀
† 요한이 보낸 7개 교회
■ 사도시대의 교회